LA
BIBLIOTHÈQUE NATIONALE

CHOIX DE DOCUMENTS

POUR SERVIR A L'HISTOIRE

DE L'ÉTABLISSEMENT ET DE SES COLLECTIONS

PAR

LÉON VALLÉE

BIBLIOTHÉCAIRE A LA BIBLIOTHÈQUE NATIONALE

PARIS

TERQUEM

31 Rue, Boulevard Haussmann, 31

LA BIBLIOTHÈQUE NATIONALE

CHOIX DE DOCUMENTS

POUR SERVIR A L'HISTOIRE

DE L'ÉTABLISSEMENT ET DE SES COLLECTIONS

LA BIBLIOTHÈQUE NATIONALE

CHOIX DE DOCUMENTS

POUR SERVIR A L'HISTOIRE

DE L'ÉTABLISSEMENT ET DE SES COLLECTIONS

PAR

Léon VALLÉE

BIBLIOTHÉCAIRE A LA BIBLIOTHÈQUE NATIONALE

PARIS

É. TERQUEM

31 bis, Boulevard Haussmann, 31 bis.

1894

A LA MÉMOIRE DE MES ANCIENS CHEFS :

MM. TASCHEREAU, *Administrateur général de la Bibliothèque Nationale ;*

RAVENEL, *Conservateur-sous-Directeur au Département des Imprimés ;*

Olivier BARBIER,
René et Paul BILLARD, *Conservateurs adjoints au Département des Imprimés.*

leur élève reconnaissant,

L. VALLÉE.

AVERTISSEMENT

Dans ce *Choix de documents* nous avons voulu rapprocher les principaux ouvrages publiés sur la Bibliothèque nationale, donner le cadre bibliographique des catalogues imprimés des divers départements, et faciliter les recherches du public.

La nomenclature de ces écrits est très riche, et nous regrettons d'avoir été obligé de laisser de côté, comme trop spéciaux, quantité d'autres travaux relatifs à des livres, à des manuscrits, estampes, médailles ou antiquités qui font partie des collections de l'établissement.

On pourrait s'étonner de ne pas voir mentionnés ici certains documents ayant une véritable importance pour l'histoire de la Bibliothèque. Mais, imprimés dans des recueils officiels ou des périodiques, ils n'existent pas à l'état de tirages à part, et nous avons dû les réserver. Ils trouveront place dans un autre volume dont nous achevons la préparation.

Ce livre est un simple recueil de documents. Il reproduit, sans commentaire, approbation, ni réfutation, les idées, les affirmations et les chiffres de ceux qui ont écrit sur la Bibliothèque. Souvent même nous avons poussé le scrupule jusqu'à reproduire les termes employés par les auteurs pour rendre leur pensée. Il ne faudrait donc pas chercher ici l'expression de notre opinion personnelle sur tel ou tel point controversé.

Quant aux cotes qui suivent les titres des ouvrages cités, ce sont celles des exemplaires que nous avons consultés et nous les donnons comme simple renseignement.

GARDES
DIRECTEURS & CONSERVATEURS
DE LA BIBLIOTHÈQUE NATIONALE
DEPUIS SON ORIGINE JUSQU'EN 1893

I. — Gardes et Maîtres de la Librairie.

Gilles Mallet.	1373-1410
Antoine des Essarts	1410-1412
Garnier de Saint-Yon. 1412-1416,	1418-1429
Jean Maulin	1416-1418
Laurent Paulmier	1472
Robert Gaguin	1480
François de Refuge, Guillaume de Sanzay, Adam Laigre, Guillaume Petit, Jacques Lefèvre d'Étaples, gardes de la Librairie de Blois	1509-1530
Guillaume Budé, maître de la Librairie	1522-1540
Jean de la Barre, garde de la Librairie	1531
Mellin de Saint-Gelais, garde de la Librairie	1534-1545
Mathieu Lavisse, garde de la Librairie	1544-1560
Pierre du Chatel, maître de la Librairie	1540-1552
Pierre de Montdoré, maître de la Librairie	1552-1567
J. Amyot, maître de la Librairie.	1567-1593
Jean Gosselin, garde de la Librairie	1560-1604
J. Aug. de Thou, maître de la Librairie	1593-1617
François de Thou, maître de la Librairie	1617-1642
Isaac Casaubon, garde de la Librairie	1604-1610
Jérôme Bignon, maître de la Librairie	1642-1651
Nicolas Rigaut, garde de la Librairie	1615-1645
Pierre Dupuy, garde de la Librairie	1645-1651
Jacques Dupuy, garde de la Librairie	1645-1656
Jérôme Bignon fils, maître de la Librairie	1651-1683
Nicolas Colbert, garde de la Bibliothèque	1656-1676
Louis Colbert, garde de la Bibliothèque	1676-1683
Pierre de Carcavy, garde de la Bibliothèque[1]	1663-1683
Nicolas Clément, garde de la Bibliothèque	1670-1712
Camille Le Tellier, abbé de Louvois, bibliothécaire du Roi .	1683-1718
L'abbé Varès, garde de la Bibliothèque	1684
Melchisédec Thévenot, garde de la Bibliothèque	1684-1691
Boivin, garde de la Bibliothèque	1691-1726

1. Carcavy exerça les fonctions de garde sans avoir officiellement le titre

II. — Bibliothécaires et Directeurs.

L'abbé Jean-Paul Bignon, bibliothécaire du Roi	1718-1741	Gosselin, directeur, président du Conservatoire	1799-1800
Bignon de Blanzy, bibliothécaire du Roi	1741-1743	Capperonnier, administrateur	1800-1803
		Gosselin, directeur	1803-1806
Armand-Jérôme Bignon, bibliothécaire du Roi	1743-1772	Dacier, directeur, président du Conservatoire	1806-1829
Jean-Frédéric-Guillaume Bignon, bibliothécaire du Roi	1772-1783	Van Praet, président du Conservatoire	1829-1832
Lenoir, bibliothécaire du Roi	1783-1790	Letronne, président du Conservatoire	1832-1838
Lefèvre d'Ormesson de Noyseau, bibliothécaire du Roi	1790-1792	Jomard, président du Conservatoire	1838
Chamfort, bibliothécaire national	1792-1793	Charles Dunoyer, administrateur général	1839
Carra, bibliothécaire national	1792-1793		
Lefèvre de Villebrune, bibliothécaire national	1793-1795	Letronne, directeur, président du Conservatoire	1839
Barthélemy, directeur, président du Conservatoire	1795-1796	Naudet, directeur, président du Conservatoire	1840-1858
Capperonnier, directeur, président du Conservatoire	1796-1798	Taschereau, administrateur adjoint et administrateur général, directeur	1852-1874
Joly, directeur, président du Conservatoire	1798-1799	Léopold Delisle, administrateur général	1874
Millin, directeur, président du Conservatoire	1799		

DÉPARTEMENT DES IMPRIMÉS

Gardes et Conservateurs.

Abbé de Targny	1726-1728	Van Praet	1795-1838
Abbé Sallier	1726-1761	Lenormant	1837-1840
Jean Capperonnier	1761-1775	Naudet	1840-1847
Abbé des Aulnays	1775-1790	Magnin	1832-1862
Jean-Augustin Capperonnier	1795-1820	Ravenel	1848-1878
Dehanne	1820-1832	Thierry-Poux	1878

Conservateurs adjoints.

Barbier-Vémars	1820-1833	De Courson	1871-1884
Dubeux	1835-1848	Schmit	1875-1879
Dupaty	1843-1851	Billard (Paul)	1877-1880
Ballin	1832-1853	Pauly	1880
Dehanne fils, Edmond	1853-1863	Dauriac	1880-1890
Pillon	1848-1859	Lavoix fils	1884-1885
Richard	1864-1871	Marchal	1885
Barbier (Olivier)	1848-1874	Havet	1890-1893
Rathery	1859-1875	Letort	1890
Billard (René)	1874-1877	Blanchet	1890

Section des Cartes[1].

Jomard, conservateur	1828-1862	De Pongerville, conservateur adjoint	1851-1870
De Walckenaer, conservateur adjoint	1839-1852	Franck, conservateur adjoint	1852-1887

DÉPARTEMENT DES MANUSCRITS

Gardes et Conservateurs.

Boivin	1720-1726	Abel-Rémusat (pour les mss. orientaux)	1824-1832
Abbé de Targny	1726-1737	Daunou (pour les mss. modernes)	1800-1833
Abbé Sevin	1737-1741	Silvestre de Sacy (pour les mss. orientaux)	1833-1838
Melot	1741-1759		
Capperonnier	1759-1761		
Béjot	1761-1787	Champollion-Figeac, conservateur	1828-1848
Caussin de Perceval	1787-1792	Hauréau	1848-1852
Legrand d'Aussy (pour les mss. modernes)	1795-1800	Guérard	1833-1854
La Porte du Theil (pour les mss. grecs et latins)	1795-1813	Hase	1829-1864
		De Wailly	1854-1871
Langlès (pour les mss. orientaux)	1795-1824	L. Delisle	1871-1874
		Michelant	1874-1888
Gail (pour les mss. grecs)	1815-1829	Deprez	1890

Conservateurs adjoints.

Chézy	1824	Paulin Paris	1839-1872
Fauriel	1832-1839	Stanislas Julien	1839-1873
Berger de Xivrey	1852-1863	Wescher	1875-1887
Lacabane	1854-1871	Omont	1892

DÉPARTEMENT DES TITRES ET GÉNÉALOGIES[2]

Gardes.

Abbé Guiblet	1720-1747	Abbé D. Gevigney	1777-1785
Abbé D. La Cour	1747-1779	Abbé Coupé	1785-1790

DÉPARTEMENT DES MÉDAILLES

Gardes spéciaux.

Rascas de Bagaris	1610	Rainssant	1683-1689
Jean de Chaumont	1644	Oudinet	1689-1712
Abbé Brumot	1661-1666	Simon	1712-1719
P. de Carcavy	1667-1683		

1. Érigée en département spécial (1828 à 1839), elle a été rattachée ensuite (1839 à 1858) au département des Estampes; elle forme maintenant une division des Imprimés (1858-1893).
2. Le Cabinet des titres n'est plus, depuis la Révolution, qu'une division du département des Manuscrits.

Gardes et Conservateurs.

Gros de Boze . .	1719-1754	Raoul Rochette	1818-1848
Abbé Barthélemy	1754-1795	Lenormant	1840-1859
Barthélemy de Courçay .	1795-1799	Chabouillet	1859-1890
Millin	1795-1818	Lavoix père	1890-1892
Gosselin	1799-1830	Babelon	1892
Letronne	1832-1840		

Conservateurs adjoints.

Miornet	1828-1842	Dumersan	1842-1849

DÉPARTEMENT DES ESTAMPES

Gardes et Conservateurs.

Le Hay . . .	1720-1722	Joly fils . .	1795-1829
Ladvenant	1723-1729	Thévenir	1829-1838
Abbé de Chancey	1731-1735	Duchesne . .	1839-1855
Coypel	1735-1736	Devéria . . .	1855-1857
De la Croix	1737-1750	Delaborde . .	1858-1885
Joly	1750-1792	Duplessis	1885
Bonnieux	1792-1795		

Conservateurs adjoints.

Duchesne-Tausin	1839-1858	Dauban	1858-1876

PROFESSEURS D'ARCHÉOLOGIE

Raoul-Rochette	1824-1854	Rayet	1883-1885
Beulé	1854-1874	Wescher	1887-1890
François Lenormant	1874-1883		

ARCHITECTES

Robert de Cotte, père et fils, XVIIᵉ et XVIIIᵉ siècle.		Delannoy	1811-1823
		Visconti	1824-1854
Bellissen	1796	H. Labrouste	1854-1875
Bellanger	1797-1811	Pascal	1875

ADMINISTRATION

1 Lavedan, administrateur adjoint	1874-1876
Th. Mortreuil, conservateur adjoint hors cadre	1885

LA BIBLIOTHÈQUE NATIONALE

CHOIX DE DOCUMENTS

POUR SERVIR A L'HISTOIRE

DE L'ÉTABLISSEMENT ET DE SES COLLECTIONS

---

1. — **Abel de Sainte-Marthe.** — Discours au Roy sur le retablissement de la Bibliothèque royale de Fontainebleau. — (S. l.), 1668, in-4°, en 2 parties (20 p. et 24 p.) Q 191 ou inv. Q 1816

> La première partie n'est pas paginée. La seconde a pour titre de départ : « Preuves de l'establissement de la Bibliothèque royale de Fontainebleau. »
> Louis XIII ayant eu l'idée de rétablir une bibliothèque royale à Fontainebleau nomma, en 1627, Abel de Ste-Marthe garde de cette bibliothèque. Au mois d'août 1646, Abel donna sa démission en faveur de son fils qui, ne voulant pas se contenter d'une sinécure, supplia le roi, dans ce *Discours*, de reconstituer la bibliothèque puisqu'il avait nommé un bibliothécaire. La bibliothèque ne fut pas rétablie.

2. — **Abel-Rémusat.** — Mémoire sur les livres chinois de la Bibliothèque du roi, et sur le plan du nouveau catalogue dont la composition a été ordonnée par S. Exc. le Ministre de l'Intérieur; avec des Remarques critiques sur le Catalogue publié par E. Fourmont, en 1742. *Paris, Le Normant*, 1818, in-8°, 60 p.   Rés. inv. Q 771

> Extrait des *Annales Encyclopédiques*, année 1817.
> Le catalogue des livres chinois que Fourmont publia en 1742 contenait 389 articles. Abel-Rémusat constate que la B. R. possédait encore, en 1818, 175 articles principaux formant environ 2000 volumes; il passe en revue les articles les plus importants, tout en rectifiant certaines erreurs commises par Fourmont.

> — Voyez : Notices et extraits des mss. de la B. N.

3. — **Académie** des sciences morales et politiques. Collection des Ordonnances des rois de France. Catalogue des Actes de François Ier. *Paris, Imp. nationale, novembre* 1887-1890, 4 vol. in-4°.

Salle de travail 641 (1-4)

T. I, 734 p. comprend les Actes du 1er janvier 1515 au 31 décembre 1530.
T. II, 764 p. — id. — 1er janvier 1531 au 31 décembre 1534.
T. III, 769 p. — id. — 1er janvier 1535 à avril 1539.
T. IV, 788 p. — id. — 7 mai 1539 au 30 décembre 1545.

Un grand nombre de ces documents se trouvent, soit en original, soit en copie, au Département des Manuscrits de la B. N. Chaque article est accompagné de sa cote.

4. — **Accounts** and extracts of the manuscripts in the library of the King of France. — *London*, 1789, 2 vol. in-8°.

Traduction du T. I des « *Notices et extraits des manuscrits de la Bibliothèque du roi.* — Paris, 1787. »

5. — **Accroissement** de la collection géographique de la Bibliothèque royale en 1841. Extrait du *Bulletin de la Société de géographie* (cahier de décembre 1841). — *Paris, imp. de Bourgogne et Martinet*, in-8°, 16 p.

Sect. géogr. C 16310 || Rés. inv. Q 803

Par Jomard. — La collection géographique de la B. R. s'est enrichie, pendant le cours de l'année 1841, de 2742 pièces nouvelles, atlas, cartes, feuilles ou volumes. Jomard indique sommairement les principaux de ces articles qu'il cite d'après leur ordre de classement dans les collections de la B.

6. — **Acte** d'accusation contre Libri-Carrucci. — *Paris, Panckoucke*, 1850, in-8°, 62 p.
Rés. Ln^{27} 15672

Signé E. de Royer. — Tiré à 200 exemplaires, d'après les Suppléments nos 3 et 4 du *Moniteur* (3 août 1850).

Adda (Mis d'). — Voyez : Indagini storiche... sulla libreria Visconteo-Sforzesca del castello di Pavia...

7. — **Adele**. — Lettre à monsieur le marquis de Dangeau, sur une prétendue médaille d'Alexandre publiée par M. de Vallemont, où l'on traite plusieurs matières curieuses d'antiquité. — *A Paris, chez Pierre Cot, rue Saint-Jacques*, 1704, in-12.
J 1764 ou inv. J 16040 A

Il y a trois lettres adressées de Luxembourg. La 1re (datée du 12 mai 1704) a 34 p.; la 2e (27 mai), 32 p.; la 3e (15 juin), 35 p.

8. — **Affaire Libri**. (Deux jugements rendus par la cour d'assises et par le tribunal civil de la Seine.) — *Paris, typ. Panckoucke, (s. d.)*, in-8°, 3 p.
Rés. Ln^{27} 12682

Tiré à 200 exempl. — L'arrêt de la Cour d'assises de la Seine, rendu par contumace le 22 juin 1850, déclare que Libri, condamné à 10 ans de réclusion pour détournement de livres au préjudice des bibliothèques de l'État, est indigne de faire partie de la Légion d'honneur et le dégrade.
Libri s'étant marié à Londres et ayant fait à sa nouvelle épouse donation entre vifs de tous les objets lui appartenant à Paris et qu'il n'avait pu emporter dans sa fuite, Mme Libri obtient du tribunal civil de la Seine la levée des scellés apposés à l'ancien domicile de Libri. Le tribunal ordonne « qu'au fur et à mesure de la dite levée, il sera fait inventaire de tous les objets généralement quelconques qui se trouveront dans les lieux, et à la requête collective de la dame Libri et de l'administration des domaines, pour être le dit inventaire fait par distinction; tous droits et moyens des parties réservés. »

9. — **Albert** (J. M.). — Recherches sur les principes fondamentaux de la classification bibliographique, précédées de quelques mots sur la bibliographie, d'un exposé des principaux systèmes bibliographiques, et suivies d'une application de ces principes au classement des livres de la Bibliothèque royale. — *Paris, l'auteur, rue du Dragon,* 42, 1847, in-8°, 63 p. *Rés.* inv. Q 818 || Q 739 *ou* inv. Q 7460
8 кpc

Albert discute les divers systèmes bibliographiques connus jusqu'à lui et en propose un nouveau se divisant en quatre parties principales : polylogie, cosmologie, andrologie, théologie, qui comprendraient en totalité 663 subdivisions.

10. — **Album paléographique** ou recueil de documents importants relatifs à l'histoire et à la littérature nationales reproduits en héliogravure d'après les originaux des bibliothèques et des archives de la France, avec des notices explicatives par la Société de l'École des Chartes. — *Paris, Quantin,* 1887, gr. in-fol. 11 p. et 50 pl. L $\frac{44}{33}$

La préface est signée : L. Delisle. — Chaque planche est accompagnée d'une notice non paginée. Beaucoup des Mss. reproduits dans cet Album sont conservés à la B. N.

11. — **Allier de Hauteroche** (L.). — Essai sur l'explication d'une tessère antique portant deux dates ; et conjectures sur *l'ère* de la ville de *Béryte* en Phénicie ; suivies de la description d'une médaille grecque, anecdote, en argent, offrant les portraits de Démétrius Ier, roi de Syrie, et de Laodice sa femme. — *Paris, imp. Firmin Didot,* 1820, in-4°, 60 p. avec 1 pl. J 1117 *ou* inv. J 4328
2 k

Cette tessère unique est en plomb, longue de 2 pouces et demi, haute d'un pouce 3/4 et offre sur sa face antérieure trois lignes en caractères grecs ainsi qu'un trident auquel est enlacé un dauphin. Elle porte deux dates, l'une AEP, l'an 161 de l'ère des Séleucides, et MZ, l'an 47 de l'ère de Béryte (aujourd'hui Beyrout). L'inscription Διονυσιου Αγορανο donne le nom du préfet des vivres : Dionysius agoranomo.
M. Allier de Hauteroche a légué cette pièce importante au Cabinet des médailles.

12. — **Amanton** (C. N.). — Extrait du *Journal de la Côte-d'Or,* feuille du mercredi 28 septembre 1814. Nécrologie. [Chardon de la Rochette.] — *Dijon, imp. de Frantin,* (s. d.), in-8°, 6 p. Ln $\frac{27}{3967}$

Ameilhon. — Voyez : Notices et extraits des mss. de la B. N.

Amélineau. — Id. —

13. — **L'an** 1787. Précis de l'administration de la Bibliothèque du roi, sous M. Le Noir. Seconde édition, assurément plus correcte que la première ; avec un petit Supplément. — *A Liège,* 1788, in-8°, 19 p.
 Inv. Q 7438 || *Rés.* inv. Q 757

Par J. L. Carra, d'après Barbier. — Violent pamphlet contre les actes et l'administration de Le Noir.
La première édition (s. l. ni d.), a 15 p. *Rés.* inv. Q 755

— **Anquetil du Perron.** — Voyez : Zend-Avesta.

— **Ansse de Villoison** (d'). — Voyez : Notices et extraits des mss. de la B. N.

14. — *Antiquités romaines* trouvées à Berthouville, près Bernay, départ. de l'Eure, le 21 mars 1830, dessinées sur les lieux par Prétextat-Oursel. — *Paris, au musée Colbert, rue Vivienne, et à Bernay chez Mme veuve Oursel* (1830), in-fol., 2 p. et 10 pl.   Lj $^9_{870}$

Ces antiquités, connues sous la désignation de Trésor de Bernay, ont été acquises par le Dépt. des médailles de la B. R.

15. — *Arrest* du Conseil d'Estat du Roy, concernant la Bibliotheque de Sa Majesté. Du 11 octobre 1720. Extrait des Registres du Conseil d'Estat. — *Paris, imp. de Laurent Rondet, rue Saint Jacques, près la Fontaine Saint Severin, au Compas*, (s. d.), in-4°, 7 p.

Ms. franç. 21742. (Collection Lamare. Livres. T. 4, n° 100.)

Sur le transfert au Louvre des collections de Versailles et de la Bibliothèque royale ; sur le prêt des volumes ; l'ouverture de la B. R. ; le dépôt légal et la vente des doubles de la Bibliothèque.

16. — *Arrest* du Conseil d'Estat du Roy qui ordonne que les papiers trouvez sous les scellez des nommez Berthier et d'Ille seront portez à la Bibliothèque de Sa Majesté, etc. Du 27 decembre 1726. Extrait des Registres du Conseil d'Estat. — *Paris, imp. royale*, 1726, in-4°, 3 p.

Arch. Nat. AD. VIII $_1$

17. — *Arrêt* du Conseil d'État du Roi, qui attache irrévocablement à la Chancellerie de France une bibliothèque de législation, administration, histoire et droit public ; règle la destination, pourvoit à l'entretien et aux accroissemens de ladite bibliothèque, et en assure la communication à tous les départemens des ministres de Sa Majesté. Du 10 octobre 1788. Extrait des Registres du Conseil d'État. — *Paris, imp. Royale*, 1788, in-4°, 8 p.   Arch. Nat. AD. VIII $_1$

En 15 articles. — Signé : Laurent de Villedeuil.

18. — *Arrêté* du Directoire exécutif, qui prescrit des mesures provisoires pour la sûreté de la Bibliothèque nationale. Du 13 germinal (an VII). — (S. l. n. d.), in-4°, 2 p.   Arch. Nat. AD. VIII $_{15}$

Cet arrêté (n° 2795) est signé : P. Barras, président, et Lagarde, secrétaire général du Directoire exécutif.

19. — *Arrêté* qui nomme le c^{en} Dacier garde des manuscrits français de la Bibliothèque nationale. Du 29 frimaire an IX de la République. (Signé : Bonaparte, Maret et Chaptal.) — (S. l. n. d.), in-4°, 1 p.

Arch. Nat. AD. VIII $_{15}$

Arrêté n° 443. — Cet exemplaire est une découpure du *Bulletin des Lois de la République*, n° 61.

20. — **Arrêts**, décrets et ordonnances relatifs à l'affaire Libri. — *Paris*, 1851, in-8°, 10 p.   Rés. Lu $\frac{27}{12683}$

Déclaration de la Cour d'assises de la Seine, du 10 août 1850. Ordonnance du Tribunal civil de la Seine, du 13 août 1850. Arrêt de la Cour d'Appel de Paris, du 16 août 1850. Décrets du Président de la République, du 1er septembre 1850. Ordonnance de la Cour d'Appel de Paris, du 21 novembre 1850. Jugement du Tribunal civil de la Seine, du 27 nov. 1850.

Tous ces actes se rattachent à la condamnation prononcée par contumace contre Libri, le 22 juin 1850. — A la fin de la brochure sont deux lettres, l'une de MM. Lalanne et Bordier, du 16 décembre 1850, l'autre de M. Henri Celliez, avocat de M° Libri, du 19 déc. 1850.

21. — **Ashburnham manuscripts.** Return to an order of the honourable the House of Commons, dated 27 july 1883; for copy of papers relating to the purchase of the Stowe Collection by Her Majesty's government. — *London* (1883), in-fol., 72 p.   Ng 688

Ce document, dont l'impression fut ordonnée par la Chambre des Communes le 27 juillet 1883, contient la liste des 166 articles du fonds Libri et du fonds Barrois que M. Delisle recevait, pour la B. N., des mains du libraire Trübner. Cette liste, dressée le 9 mars 1883, avait été communiquée le même jour à l'administration du British Museum.

Dans ce document, les 166 manuscrits en question sont comptés pour 242 volumes. La collection, telle qu'elle a été livrée, consiste en 255 volumes, portefeuilles ou liasses.

22. — **Audley** (C. F.). — Notice nécrologique sur Louis Dubeux. Extrait du *Correspondant*. — *Paris, Charles Douniol*, 1863, in-8°, 7 p.
   Lu $\frac{27}{6346}$

Louis Dubeux naquit à Lisbonne, le 2 novembre 1798. Entré à la B. R. en 1820, il remplit les fonctions de conservateur adjoint au Dépt. des Imprimés de 1835 à 1848.

— **Autrepe** (d'). — Voyez : Mémoires lus dans la séance publique du bureau académique d'écriture.

23. — **Aymon** (Jean). — Lettre du sieur Aymon, ministre du saint Évangile et docteur ès-droits, à M. N., professeur en théologie, pour informer les gens de probité et les savants des insignes fourberies de plusieurs docteurs du papisme et du mouvement extraordinaire qu'ils se donnent maintenant, avec quelques réformez pervertis qui travaillent de concert à détruire, par leurs impostures, le sieur Aymon, et à le priver, par divers attentats, de plusieurs manuscrits, etc., etc. — *La Haye, Delo*, 1707, in-4°.

Défense d'Aymon qui avait volé à la B. R. divers mss., et, entre autres, les *Actes du Concile de Jérusalem*, de 1672.

24. — **Babelon** (Ernest). — Adrien de Longpérier. François Lenormant. Ernest Muret. Trois nécrologies. — *Berlin, S. Calvary*, 1885, in-8°, 25 p.

Tiré à un très petit nombre d'exemplaires.

25. — **Babelon (Ernest).** — Le cabinet des antiques à la Bibliothèque nationale, choix des principaux monuments de l'antiquité, du moyen âge et de la renaissance conservés au département des médailles et antiques de la Bibliothèque nationale. — *Paris, A. Lévy*, 1887, in-fol., xix-225 p., 60 pl.   fol. **Q** 96

Cet ouvrage dont l'*Introduction* donne l'histoire abrégée du Cabinet des médailles, contient les descriptions et les reproductions suivantes :

ANTIQUITÉ. — I. — *Camées.* — Le grand camée de France, ou l'agate de Tibère. — Canthare de sardonyx, dite Coupe des Ptolémées. — La Coupe des Ptolémées avec son ancienne monture. — Buste d'empereur romain (dit de Constantin), bâton cantoral de la Sainte Chapelle. — Buste d'empereur romain (dit de Constantin) ; son état avant la Révolution. — Camées antiques. Iconographie romaine : Auguste et Agrippa. Trajan, Septime Sévère et Julia Domna; Caracalla et Géta. Bustes de Caligula et de Drusilla. Buste de Messaline. Têtes de Jules César Auguste, de Tibère et de Germanicus, camée avec une monture attri... à Benvenuto Cellini. Apothéose de Germanicus. Claude. Néron et Agrippine. — Camées antiques : Le trésor de la cathédrale de Chartres (Jupiter de Charles V). Auguste, camée du trésor de St Denis (montures du moyen âge). Buste de Héra d'Argos. Buste de Mercure. Vénus marine sur des hippocampes. Achille vainqueur de Penthésilée. La courtisane Laïs. La dispute d'Athéna et de Poseidon. Taureau dionysiaque. Sapho. Thétis emportée par un Triton. Héros abreuvant ses chevaux (prétendu Pélops). Tête d'Alexandre avec les cornes d'Ammon. Tête casquée d'Alexandre. Buste de Minerve. Centaure et génies musiciens. — Offrande à Priape. — Tête de Méduse. — Buste de Diane.

II. — *Intailles.* — Intailles antiques : Tête de Méduse, signée de Pamphile. Taureau dionysiaque, signé d'Hyllus. Julie, fille de Titus, signée d'Evodus (monture carolingienne). Héraclès à la fontaine. Jeune homme calculant avec un abaque. Bellérophon sur Pégase. Amazone. Satyre en méditation. Ascalaphe. Athlète. Sculpteur. Brutus le jeune et ses licteurs. Dolon surpris par Ulysse et Diomède. Enée portant Anchise. La ville d'Antioche personnifiée. Achille citharède, signé de Pamphile. Thétis sur un hippocampe. Hermaphrodite dansant. Silène jouant de la double flûte. Satyre dansant. Buste de vieillard inconnu (le prétendu Mécène), signé de Dioscoride. Polymnie. La centauresse Hippa. — Intailles antiques de la collection de Luynes ; Apollon Philésios. Apobate. Philoctète à Lemnos. Compagnon d'Ulysse portant l'outre des vents. Cassandre au pied du palladium. Hermès portant Dionysios enfant. Héraclès et Echidna. Terme de Dionysios Pogonitès. Agavé. Jason à la conquête de la Toison d'or. Ulysse contemplant les armes d'Achille. Les Héraclides tirant au sort les villes du Péloponnèse. Achille, Priam et Hermès. Othryadès mourant. Vénus du Liban. Achille au bord de la mer. Le monstre marin Ægéon. Baaltars ou Zeus Arotrios. — Pandarès et le chien de Crète. Persée et la tête de Gorgone. Céphale et le chien Laelaps. Bacchant dans l'attitude du Diadumène. Capanée foudroyé. Marsyas et Olympus. Diomède portant la tête de Dolon. Apollon devin. Satyre, signé d'Epitynchanus. Satyre tireur d'épine. Polyidios et Glaucos. Achille au tombeau de Patrocle. Mercure assis. Buste de Bacchante. Satyre agenouillé et préparant un sacrifice. Neptune ouvrant la source de Lerne. Satyre dansant. Saturne dans un bige de serpents. Minerve et Acratès. Castor chez les Bébryces. — Génie perse achéménide. — Buste d'Apollon. — Buste de Caracalla (en saint Pierre).

III. — *Monuments d'or et d'argent.* — La patère d'or trouvée à Rennes. — Collier étrusque en or. — Bijou phénicien en or. — Pendant de collier (médaillon romain de Postume) en or. — Canthare des Centaures. Vase en argent du trésor de Bernay. — Canthare des masques. Vase en argent du trésor de Bernay. — Œnochoé en argent du trésor de Bernay : le triomphe et la mort d'Achille ; la mort de Patrocle et la rançon d'Hector. — Cotylé en argent du trésor de Bernay : les divinités des Jeux Isthmiques. — Poculum en argent du trésor de Bernay. — Manche de patère en argent du trésor de Bernay.

IV. — *Monuments de bronze*. — Héraclès combattant, statuette de bronze de la collection Oppermann. — Satyre dansant. Statuette de bronze. — Aphrodite Melænis. Statuette de la collection de Luynes. — Le Diadumène. Statuette de la collection de Janzé. — Jeune Pan. Statuette dans l'attitude du Doryphore. — Iphiclès, statuette de la collection de Janzé. — Hercule étouffant les serpents. — Eros fuyant. — Adonis. Statuette de la collection de Janzé. — Enfant criophore. Statuette de la collection de Luynes. — Esclave éthiopien. — Tête de nègre. Bronze de la collection de Luynes. — Tête de Méduse en bronze. Marteau de porte (collection de Luynes). — Buste de Mercure. Peson de balance romaine orné de clochettes. — Vache de bronze. — Céphale, figure d'applique en bronze. — Héra et Hébé. Figures d'applique en bronze. — Tête de nègre. Lampe de bronze de la collection de Luynes. — Pygmée, statuette de bronze de la collection Oppermann. — Vénus et Adonis. Miroir en bronze. Eros bachique. Bronze de la collection Oppermann. — Buste de Cybèle en bronze. — Hélios, buste en bronze de la collection de Luynes. — Tête de Méduse en bronze. — Médaillon de bronze de Lucille, femme de Lucius Vérus.

V. — *Vases peints et autres monuments en terre cuite.* — La coupe (cylix) d'Arcésilas. — Pélée et Atalante. Cylix de la collection de Luynes. — Œnochoé de style corinthien. Collection Oppermann. — Bas-relief grec en terre cuite (bige au galop) de la collection de Luynes. — Antéfixe grec en terre cuite. — Joueuse d'osselets. Statuette en terre cuite de la collection de Janzé.

VI. — *Monuments de marbre et de pierre.* — Tête colossale de femme en marbre (attribuée faussement au Parthénon). — Tête d'homme inconnu (portrait prétendu de T. Quinctius Flamininus) en marbre. — Marcus Modius Asiaticus médecin méthodique. Buste en marbre. — Vénus du Liban. — Statuette en pierre calcaire de la collection de Luynes. — Génie perse. Bas-relief achéménide en pierre calcaire de la collection de Luynes.

MOYEN AGE ET RENAISSANCE.

I. — *Camées et intailles*. — Camées de la Renaissance. — Le pape Paul III. Camillo Gonzaga, comte de Novellara et Barbara Borromeo. Barbara Borromeo. Portrait d'une inconnue. Elisabeth, reine d'Angleterre. Portraits de personnages inconnus. François Ier, Victoria Colonna. Henri IV. — Intailles de la Renaissance. Bacchanale (prétendu cachet de Michel-Ange). Le triomphe de Silène. Alexandre faisant placer l'Iliade dans le tombeau d'Achille. — Lion dévorant un taureau. — Camée byzantin. — Roi nègre. Camée de la Renaissance.

II. — *Montures de monuments antiques*. — Monture du Jupiter donnée par Charles V à la cathédrale de Chartres. — Monture du buste de Constantin (bâton cantoral de la Sainte-Chapelle). — Monture de l'aigue-marine représentant Julie, fille de Titus. — Monture de camée antique (Auguste, du trésor de Saint-Denis). — Monture de camée antique, attribuée à Benvenuto Cellini. — Monture du camée représentant un Centaure avec des amours.

III. — *Monuments divers*. — Gondole de sardonyx, avec une monture d'or et de pierreries. — La coupe de Chosroës Ier. — Coupe d'argent sassanide de la déesse Anaïtis. — Épée mauresque, dite épée de Boabdil, de la collection de Luynes. — Le trône de Dagobert, chaise curule romaine en bronze doré. — Pièces de jeux d'échecs en ivoire. — L'ancien oratoire dit de Charlemagne, au trésor de Saint-Denis. — Médaillon en marbre, signé de Mino de Fiésole. — Épée des grands maîtres de Malte, dite Épée de la Religion.

26. — **Babelon** (Ernest). — Catalogue des monnaies grecques de la Bibliothèque nationale. Les rois de Syrie, d'Arménie et de Commagène. — *Paris, C. Rollin et Feuardent*, 1890, gr. in-8°, ccxxii-268 p., 1 tableau et xxxii pl.

4° Q 463

L'Introduction, en ccxxii pages, contient un long exposé de l'histoire et de l'iconographie des divers rois de ces pays; elle se termine par un Tableau généalogique des Séleucides.

Chacun des articles du catalogue est précédé d'un numéro d'ordre : 1590 numéros sont consacrés aux monnaies des rois de Syrie, 30 numéros à celles des rois d'Arménie, et 46 à celles des rois de Commagène. Le catalogue est suivi : 1° d'une « Table des titres royaux inscrits sur les monnaies »; 2° d'une « Table alphabétique des matières principales ».

Les planches sont en héliotypie ; 28 sont relatives aux rois de Syrie, une aux rois d'Arménie, une aux rois de Commagène ; les deux dernières reproduisent 306 monogrammes.

27. — **Babelon** (Ernest). — Catalogue des monnaies grecques de la Bibliothèque nationale. Les Perses Achéménides, les Satrapes et les Dynastes tributaires de leur empire Cypre et Phénicie. — *Paris, C. Rollin et Feuardent*, 1893, gr. in-8°, cxciv, 412 p. 39 pl.

4° Q.545

Ce catalogue compte 2362 numéros.
L'introduction se divise en 6 chapitres : 1° Les monnaies du grand roi. — 2° Les monnaies des Dynastes tributaires du grand roi. — 3° Dynastes et satrapes en Asie-Mineure. — 4° Les Dynastes de Lycie. — 5° Les monnaies de l'île de Cypre (Salamine, Citium, Idalium, Amathonte, Curium, Paphos, Marium, Soli, Lapethos.) — 6° Les monnaies de la Phénicie.

Les monnaies sont classées dans l'ordre suivant :
Les Perses Achéménides (n°˚ 1-139).
Dynastes et Satrapes :
  Les rois de Cilicie (n°˚ 139-155).
  Tiribaze (n°˚ 156-166).
  Tissapherne (n° 167).
  Pharnabaze (n°˚ 168-180).
  Datame (n°˚ 181-200).
  Mazaios (n°˚ 201-285).
  Les généraux d'Alexandre, satrapes en Asie (n°˚ 286-313).
  Dynastes de Hiérapolis (Bambycé) (n°˚ 314-316).
  Dynastes de villes de la v° satrapie (n°˚ 317-330).
  Monnaies satrapales frappées en Égypte (n°˚ 331-371).
  Dynastes et Satrapes en Asie-Mineure (n°˚ 372-390).
  Dynastes de Carie (n°˚ 391-424).
  Dynastes de Lycie (n°˚ 425-554).
Cypre.
  Salamine (n°˚ 555-640).
  Citium (n°˚ 641-724).
  Idalium (n°˚ 725-728).
  Amathonte (n°˚ 729-741).
  Curium (n° 742).
  Paphos (n°˚ 743-769).
  Marium (n°˚ 770-774).
  Soli (n°˚ 775-782).
  Lapethos (n°˚ 783-785).
  Monnaies de Cypre sous la domination romaine (n°˚ 786-831).
Phénicie.
  Aradus (n°˚ 832-1177).
  Berytus (n°˚ 1178-1339).
  Botrys (n°˚ 1340-1341).
  Byblos [Gebal] (n°˚ 1342-1412).
  Césarée du Liban (n°˚ 1413-1419).
  Carné (n°˚ 1420-1423).
  Dora (n°˚ 1424-1438).
  Marathus (n°˚ 1439-1486).
  Orthosia (n°˚ 1487-1501).
  Ptolémaïs (Acé; Antioche de Ptolémaïde) (n°˚ 1502-1562).
  Sidon (n°˚ 1563-1839).
  Tripolis (n°˚ 1840-1978).

Tyr (n°° 1979-2362).
Le catalogue est suivi des tables suivantes :
Table alphabétique des légendes araméennes et phéniciennes. — Table alphabétique des légendes lyciennes. — Table méthodique des légendes cypriotes. — Table alphabétique des légendes grecques. — Table alphabétique des légendes latines. — Table alphabétique des matières principales. — Table méthodique des matières contenues dans le volume.

28. — **Babelon** (Ernest). — Description historique et chronologique des monnaies de la République romaine vulgairement appelées monnaies consulaires. — *Paris, Rollin et Feuardent*, 1885-1886, 2 vol. in-8°. T. I, XII-I-LVI, 562 p. T. II, 669 p. 8° **J** 1304

La première partie de cet ouvrage comprend, classées par ordre chronologique, toutes les monnaies de la République romaine, depuis les origines jusqu'en 750 de Rome (4 av. J. C.). Toutefois, dans cette liste chronologique on ne trouve la description complète et le dessin que des pièces dont le magistrat monétaire est inconnu. Pour toutes celles qui sont signées d'un nom de monétaire, ce nom est simplement inscrit à sa place chronologique ; l'explication et la description des espèces se trouvent alors dans le classement par noms de familles.
La seconde partie contient la liste des monnaies classées par ordre alphabétique des noms de famille ; ici sont décrites et figurées toutes les pièces qui portent un nom de monétaire. Dans chaque famille, les magistrats sont rangés chronologiquement. Une table alphabétique des matières principales termine l'ouvrage. Toutes les médailles décrites ici, sauf indications d'une autre provenance, sont au Cabinet des médailles, à la B. N.

29. —. — Mélanges numismatiques. Première série accompagnée de douze planches. — *Paris, C. Rollin et Feuardent*, 1892, in-8°, 332 p., XII pl. 8° **J** 5900

Réimpression d'articles de revues : 1° Alabanda et Antioche, villes de Carie. — 2° Quatre médaillons de bronze d'Asie-Mineure : Cyzique, Éphèse, Acmonia. — 3° Monnaies de la Cyrénaïque. — 4° Sur la numismatique des villes d'Asie-Mineure qui ont porté le nom de Comana. — 5° Marcus Annius Afrinus, gouverneur de Galatie. — 6° Tétradrachme d'Erétrie. — 7° Monnaies nabatéennes inédites. — 8° Tarcondimotus, dynaste de Cilicie. — 9° Marathus. — 10° Remarques sur des monnaies d'Afrique et d'Espagne. — 11° Bucchius Judæus. — 12° La tradition phrygienne du Déluge. — 13° Elagabale, fils d'Apollon, monnaie d'Alexandrie d'Égypte. — 14° Les monnaies d'or d'Athènes. — 15° La Victoire sur les monnaies d'or d'Alexandre-le-Grand. — 16° Aradus. — 17° Les monnaies et la chronologie des rois de Sidon sous la domination des Perses Achéménides. — 18° Une monnaie de Massinissa, roi de Numidie. — 19° Aba, ville de Carie.
La majeure partie des médailles dont il est question dans ces *Mélanges* se trouvent au Dép¹ des médailles à la B. N.

30. —. — Satyre dansant, statuette de bronze du Cabinet des médailles. (Extrait de la *Gazette archéologique* de 1886.) — *Paris. A. Lévy*, 1887, in-fol. 14 p., 2 pl. fol. **Q** 104

31. — **Bailly**. — Institut de France. Académie des beaux-arts. Notice sur M. Henri Labrouste lue dans la séance du 16 décembre 1876. — *Paris, typ. de Firmin-Didot*, 1876, in-4°, 23 p. **Ln** 27/29383

Pierre-François-Henri Labrouste naquit à Paris le 11 mai 1801 ; nommé, en 1854, architecte de la Bibliothèque nationale, il mourut le 25 juin 1875.

32. — **Bailly (J.-L.-A.)**. — Notice historique sur les bibliothèques anciennes et modernes, suivies d'un tableau comparatif des produits de la presse de 1812 à 1825, et d'un recueil de lois et ordonnances concernant les bibliothèques. — *Paris, Rousselon*, 1828, in-8°, 210 p.

Inv. Q 4574

<small>La notice relative à la B. N. occupe les pages 59-115.</small>

33. — **Barbet de Jouy (Henry)**. — Notice des antiquités, objets du Moyen-Age, de la Renaissance et des temps modernes composant le Musée des souverains. — *Paris, Charles Mourgues*, 1866, in-12, xxviii, 262 p.

L $\frac{37}{70}$

<small>En 1852, on retira, pour les porter au Louvre, une dizaine des plus précieux mss. de la Bibliothèque Impériale. Ils figurent dans cette notice aux pages 15, 21, 41, 61, 75, 85, 108, 127, 133, 154 et 166. Ils sont rentrés au Dépᵗ des Mss. en 1872.</small>

34. — **Barbier (Antoine-Alexandre)**. — Discours sur le rétablissement de la bibliothèque du palais de Fontainebleau, adressé à Napoléon, pendant son séjour dans cette résidence, en octobre 1810. — *Melun, imp. Michelin*, 1839, in-8°, 7 p.

8° Q Pièce. 203

<small>Extrait du 2ᵉ cahier de la 5ᵉ livraison de ses *Essais historiques, statistiques, chronologiques, etc., sur le département de Seine-et-Marne*.
Tiré à un très petit nombre d'exemplaires.</small>

35. —. — Particularités sur feu M. Mouchet, premier employé au Département des manuscrits de la Bibliothèque impériale, sur la vente de sa bibliothèque, etc. — *Paris, de l'imprimerie bibliographique, rue Git-le-Cœur*, 1807, in-8°, 14 p.

Ln $\frac{27}{14909}$

<small>Extrait du *Magasin Encyclopédique*, juillet.
Elève de Foncemagne et ensuite collaborateur de Sainte-Palaye et de Bréquigny, Mouchet mourut à Paris le 6 février 1807 à l'âge de 70 ans.
Il possédait dans son cabinet beaucoup de papiers qui lui avaient été remis pour servir à l'achèvement du *Glossaire français* de Sainte-Palaye. Acquis en 1807 par la B. I., ces papiers furent réunis à ceux de Sainte-Palaye et forment aujourd'hui les numéros 1677 à 1734 de la collection Moreau.</small>

36. — **Barbier (Jules)**. — Notice sur M. de Pongerville. Extrait de *l'Investigateur, journal de l'Institut historique*. — *Saint-Germain, imp. L. Toinon*, 1870, in-8°, 20 p.

Ln $\frac{27}{25978}$

<small>Jean-Baptiste-Antoine-Aimé Sanson de Pongerville naquit à Abbeville le 3 mars 1792 et mourut le 22 janvier 1870. Nommé, en 1846, conservateur à la Bibliothèque Sainte-Geneviève, il passa, en 1851, à la B. I. en qualité de conservateur adjoint de la Section des cartes.</small>

Barrois (J.). — Voyez : Bibliothèque protypographique.

Barth. — Voyez : Notices et extraits des mss. de la B. N.

37. — **Barthélemy (abbé)**. — Mémoire sur le Cabinet des Médailles, pierres gravées et antiques. — (S. l. ni d.), in-4°, 40 p. J $\frac{1196}{42}$ ou Inv. J 4943

Ce mémoire se divise en plusieurs paragraphes. 1° Médailles anciennes. — 2° Médailles modernes. — 3° Moyen de perfectionner ces suites par des acquisitions. — 4° Moyens de conservation. — 5° Des pierres gravées. — 6° Des antiques. — 7° Diverses remarques et nécessité d'augmenter le personnel du Cabinet en nombre et en appointements.
A la suite on trouve des *Notes*, 1° sur la B. N. — 2° sur le Cabinet des médailles.

38. — **Barthélemy (Jean-Jacq.).** — Mémoires sur la vie de l'abbé Barthélemy, écrits par lui-même; précédés d'une notice par Lalande et de jugemens sur le voyage d'Anacharsis; avec portrait. — *Paris, Etienne Ledoux*, 1824, in-8°, cx p.   Ln $^{27}_{1095}$

39. —. — Mémoires sur la vie et sur quelques-uns des ouvrages de Jean-Jacq. Barthélemy, écrits par lui-même en 1792 et 1793. — *Paris, imp. Didot jeune*, an VII, in-fol., cxii p.   Ln $^{27}_{1094}$

40. — **Barthélemy Saint-Hilaire.** — Letronne. — *Paris, typ. Henri Plon* (s. d.), gr. in-8°, 1 p.   Ln $^{27}_{12640}$

Extrait de la *Biographie universelle* (Michaud), publiée par M⁻ᵉ C. Desplaces, 52, rue de Verneuil à Paris (tome XXIV.)
Antoine-Jean Letronne, né à Paris le 25 janvier 1787, entra en 1832 à la B. R. comme conservateur des médailles et des antiques. De 1832 à 1838 il remplit les fonctions de Président du Conservatoire. Il mourut le 14 décembre 1848.

41. —. — Ministère de l'instruction publique, des cultes et des beaux-arts. Direction des sciences et des lettres. Bâtiments de la Bibliothèque nationale. Rapport. — *Paris, imp. nationale*, 1879, in-4°, 17 p.   Lf $^{242}_{75}$

Le titre de départ porte : « Rapport de la Commission instituée près du Ministère de l'Instruction publique... pour examiner la question de l'achat des immeubles attenant à la Bibliothèque nationale. (Arrêté du 8 mars 1878). »
Le rapporteur insiste sur la nécessité d'exproprier les 4 immeubles occupant les n°ˢ 3, 5, 7 et 9 de la rue Vivienne et faisant retour sur la rue Colbert. Ces immeubles sont, pour la B., une menace permanente d'incendie, et leur acquisition ajouterait 2,650 mètres de surface, c'est-à-dire un sixième en sus, aux 14,501 mètres dont l'établissement dispose déjà, mais qui sont tout à fait insuffisants pour recevoir les nouvelles collections qui arrivent chaque jour à la Bibliothèque.
Il existe des exemplaires de ce Rapport qui sont accompagnés de deux plans : 1° Plan d'ensemble de la Bibliothèque Nationale ; 2° Plan de détail des maisons particulières à acquérir.

42. — **Basan (F.).** — Catalogue raisonné des différens objets de curiosités dans les sciences et arts, qui composaient le cabinet de feu M. Mariette contrôleur général de la Grande Chancellerie de France, honoraire amateur de l'Académie R⁻ᵉ de peinture et de celle de Florence, par F. Bassan graveur. — *A Paris, chez l'auteur rue et hôtel Serpente et chez G. Desprez imprimeur du Roi et du Clergé de France*,

rue Saint-Jacques, 1775, in-8°, XVI, 418 p. et un Supplément de 23 pages (300 articles). Estampes **Yd** 104

A cette vente qui produisit 350,000 livres, le cabinet des Estampes acquit les estampes les plus curieuses et les œuvres les plus importantes, grâce à une somme de 50,000 livres mise à la disposition de M. Joly, le conservateur.

A la suite de ce volume on a relié cet autre catalogue : « Catalogue d'estampes des plus grands maîtres italiens, flamands et français, de divers recueils d'estampes, d'architecture de différents maîtres, et autres traités sur les arts, dépendants de la succession de M. Mariette, contrôleur général de la grande Chancellerie de France, honoraire amateur de l'Académie Royale de peinture et sculpture, et de l'Académie de Florence, dont la vente commencera le 1er février 1775, de relevée, et jours suivants sans interruption, dans une salle des Grands Augustins. — *Se distribue à Paris chez le dit sieur Basan, rue et hôtel Serpente et M. Chariot, huissier-priseur, quai de la Mégisserie*. (s. d.). in-8°, VIII, 79 p.

43. — **Baschet (Armand).** — Mémoire adressé à M. le ministre de l'Instruction publique sur le recueil original des dépêches des ambassadeurs vénitiens pendant le XVIe, le XVIIe et le XVIIIe siècle et sur la copie qui en a été entreprise pour être déposée au département des manuscrits de la Bibliothèque nationale. (Extrait des *Archives des Missions scientifiques et littéraires*, 3e série, t. IV). — *Paris, imp. nationale*, 1877, in-8°, 32 p. **Lg** $\frac{3}{12}$

I. — Considérations générales sur le *Recueil des dépêches des ambassadeurs vénitiens en France* et sur la publication qui devait d'abord en être faite partiellement, d'après un arrêté de M. le Ministre d'État du 14 juin 1863.

II. — Points à examiner relativement à l'entreprise de la transcription entière du *Recueil original* sous les auspices de M. le Ministre de l'Instruction publique.

III. — Dénombrement des *Dépêches de France* conservées en original aux Archives de Venise et répartition par périodes, depuis le règne de Henri II jusque sous le gouvernement du Directoire. État actuel du Recueil des copies exécutées à Venise et déposées au Dépt. des Mss. de la B. N. Copies qui sont à faire pour l'achèvement du Recueil.

IV. — Lacunes constatées dans le *Recueil original*. Indication de pièces à chercher pour compléter les copies.

V. — Dépêches écrites en chiffres dont l'interprétation n'avait pas été retrouvée jusqu'à présent pour les six ambassades des Vénitiens en France, sous Henri II, François II et Charles IX. Intérêt et utilité du travail récemment accompli par M. Luigi Pasini, employé aux Archives de Venise, pour recouvrer le sens inexpliqué d'un grand nombre de dépêches chiffrées au XVIe siècle.

VI. — Documents historiques vénitiens, autres que les dépêches proprement dites, dont la copie pourrait être effectuée à Venise pour rendre plus utile encore un recueil aussi spécial d'informations de tout genre concernant l'histoire de France.

44. — **Bastard (comte Auguste de).** — Librairie de Jean de France, duc de Berry, frère du roi Charles V, publiée en son entier pour la première fois ; précédée de la vie de ce prince, illustrée des plus belles miniatures de ses manuscrits, accompagnée de notes bibliographiques ; et suivie de recherches pour servir à l'histoire des arts du dessin au moyen-âge. — *Paris*, 1834, in-fol. 32 pl. **Rés. inv. V** 72

Il n'a été publié que 32 pl. auxquelles on devait joindre une notice sur la vie du duc de Berry. Les planches reproduisent des documents qui, presque tous, sont déposés au Dépt. des Mss. de la B. N.

45. — **Bastard (Auguste de)**. — Peintures et ornements des manuscrits classés dans un ordre chronologique pour servir à l'histoire des arts du dessin depuis le quatrième siècle de l'ère chrétienne jusqu'à la fin du seizième. — *Paris, imp. impériale*, 1832-1869, gr. in-fol. 8 tomes en 4 vol.
Rés. inv. V 16

46. — **Baudelot (Charles)**. — Feste d'Athenes représentée sur une cornaline antique du cabinet du Roy. — *Paris, Pierre Cot*, 1712, in-4°, xii-63 p.
J 1208 ou inv. J 5040

Il s'agit de la pierre connue sous la désignation de Cachet de Michel-Ange. Baudelot en donne 2 gravures : l'une d'après la pierre elle-même, l'autre d'après l'empreinte prise sur la pierre.

—. — Voyez : Réponse à M. G. où l'on examine plusieurs questions d'antiquité.

Beaumont (Élie de). — Voyez : Hauréau. Institut de France... Discours prononcé aux funérailles de M. Stanislas Julien.

Beauvoir (Hiver de). — Voyez : Librairie de Jean, duc de Berry.

47. — **Belfort (A. de)**. — Description générale des monnaies mérovingiennes par ordre alphabétique des ateliers, publiée d'après les notes manuscrites de M. le vicomte de Ponton d'Amécourt par A. de Belfort. — *Paris, au siège de la Société française de numismatique*, 1892-3, gr. in-8°. T. I, viii, 484 p., 5 pl. T. II, 464 p., T. III, 464 p.
Lj 25/37

Ces volumes contiennent la description de 4998 monnaies dont la plupart sont accompagnées, dans le texte, de leur fac-similé. Les 5 planches qui terminent le t. I donnent la reproduction de 185 médailles.
L'ouvrage se divise en deux parties : Dans la première figurent toutes les monnaies portant le nom ou l'indication d'un atelier; dans la seconde on a placé les monnaies dont l'atelier n'est pas déterminé, ou ne l'est que d'une manière insuffisante.
M. de Belfort indique la nature et le poids de chaque pièce, l'endroit où celle-ci est conservée et les principaux auteurs qui l'ont publiée. Beaucoup de ces monnaies se trouvent au Cabinet des médailles qui s'est enrichi d'une importante partie de la collection formée par le vicomte G. de Ponton d'Amécourt.

Belley (Auguste). — Voyez : Notice des ouvrages manuscrits de monsieur Du Cange.

48. — **Bengesco (Georges)**. — Voltaire. Bibliographie de ses œuvres. — *Paris, E. Rouveyre et G. Blond*, 1882-1889, 3 vol. in-8°.
8° Q 637

T. I, xix, 494 p. T. II, xviii, 438 p. et Index alphabétique. T. III (1889), xv, 611 p. — Ce dernier volume a été publié chez *Perrin*; le titre porte en plus : « T. III orné de deux fac-similés, enrichi de plus de cent lettres de Voltaire qui ne figurent dans aucune édition de ses œuvres, et suivi du répertoire chronologique de sa correspondance de 1711 à 1778, avec l'indication des principales sources de chaque lettre. »
Cette bibliographie donne les cotes des ouvrages de Voltaire qui se trouvent à la Bibliothèque Nationale.

49. — Berger (Philippe). — Rapport sur les inscriptions puniques récemment découvertes à Carthage, adressé à l'Administrateur général de la Bibliothèque nationale. Extrait des *Archives des missions scientifiques et littéraires*, 3ᵉ série, tome IV. — (Paris), *imp. Nationale*, 1877, in-8°, 11 p.

> Ces inscriptions puniques, gravées sur pierre, ont été données à la B. N. par M. de Sainte-Marie. Elles se trouvaient à bord du *Magenta* lors de l'explosion de ce bâtiment; et sur 2,088 stèles dont se composait l'envoi, 600 environ furent très détériorées ou complètement anéanties. Ces ex-voto ont une hauteur moyenne de 0ᵐ 30 et sont couverts, pour la plupart, d'inscriptions en écriture et en langue phéniciennes.
> Cent de ces pierres font l'objet du *Rapport* de M. Berger; elles sont actuellement exposées à la B. N. dans le vestibule qui précède l'entrée de la galerie Mazarine.

50. —. — Les Ex-voto du temple de Tanit à Carthage. Lettre à M. Fr. Lenormant sur les représentations figurées des stèles puniques de la Bibliothèque nationale. — *Paris, Maisonneuve*, 1877, in-4°, 31 p.

> Extrait de la *Gazette archéologique*, années 1876-1877.
> Ce n'est que le développement de la première moitié du *Rapport* précédent. Le texte est accompagné d'illustrations.

51. —. — Note sur 500 nouveaux Ex-voto de Carthage. Extrait des *Comptes rendus de l'Académie des Inscriptions et Belles-Lettres*; séance du 13 août 1886. — *Paris, imp. Nationale*, 1887, in-8°, p.

52. — Berger de Xivrey. — Notice d'un manuscrit grec du XIIIᵉ siècle conservé à la Bibliothèque impériale et renfermant le Nouveau Testament. — *Paris, Alb. L. Hérold*, 1863, in-8°, 24 p.

> Extrait de la *Bibliothèque de l'École des chartes*, 5ᵉ série, t. IV.
> Ce ms., du fonds Coislin, où il porte le n° 200, est un petit in-4° formé de 305 feuillets de parchemin. Montfaucon l'a décrit à la page 250 de la *Bibliotheca Coisliniana*. Le volume est relié en veau, avec dos de maroquin, par Lefèvre, et porte la fleur de lis avec les deux C adossés. L'écriture est petite et régulière; les titres courants au haut des pages et les initiales sont en or. Au commencement de chaque évangile, une espèce de cartouche peint en arabesques occupe les deux tiers supérieurs de la page; le ms. contient en outre 10 portraits sur fond d'or, offrant l'image des auteurs du Nouveau Testament. Ce volume fut envoyé à Saint-Louis en 1269, comme l'indiquent quelques lignes écrites en latin au recto du deuxième feuillet.

—. — Voyez: Notices et extraits des mss. de la B. N.

53. — Bernard (Auguste). — Archives de l'abbaye de Cluny. Plan de publication soumis à Son Excellence le Ministre de l'instruction publique. — *Paris, imp. Paul Dupont*, (s. d.), in-8°, 8 p.

> Un grand nombre des documents ayant appartenu à l'abbaye de Cluny sont conservés au Dépᵗ des Mss. de la B. N.

54. — Berthelot (Sabin). — Extrait du Rapport fait à la Société de géographie de Paris, à l'assemblée générale du 6 décembre 1839. — *Paris, imp. de Bourgogne et Martinet*, 1840, in-8°, 15 p.

Sect. géogr. C 16340 || Rés. inv. Q 800

Le titre de départ porte : « Extrait du Bulletin de la Société de géographie... (Collection géographique de la Bibliothèque royale.) »

Relatif surtout aux « Monuments de la géographie » que possède le Cabinet géographique de la B. R. Il existe un autre tirage ayant mêmes adresse, date, format et nombre de pages; mais la disposition typographique est différente. Le titre est : « Extrait du rapport fait à la Société de géographie de Paris, à l'assemblée générale du 6 décembre 1839, par M. Sabin Berthelot... (Collection géographique de la Bibliothèque royale. — Paris... »

55. —. — Extrait du Rapport annuel fait à la Société de géographie pour l'année 1840, par le secrétaire général. Appendice. (Collection géographique de la Bibliothèque royale.) — *Paris, imp. de Bourgogne et Martinet*, 1840, in-8°, 8 p. Sect. géogr. C 16340 || Rés. inv. Q 802

Tableau récapitulatif des principales acquisitions faites dans l'année 1840 par le Cabinet des cartes de la B. R. La collection s'est enrichie de mille articles environ représentant plus de 4,000 feuilles.

Extrait du *Bulletin de la Société de géographie*, décembre 1840.

Bertrandy. — Voyez : Nécrologie. Champollion-Figeac.

56. — **Beugnot.** — Rapport au nom de la sous-commission chargée d'examiner l'état des catalogues du département des imprimés et de la collection géographique de la Bibliothèque nationale. — *Paris, imp. nationale*, janvier 1851, in-4°, 40 p. Rés. Q 416 ou rés. inv. Q 427

Après avoir résumé l'état du département des imprimés et du catalogue avant 1838, Beugnot examine quel emploi a été fait du crédit extraordinaire (1,264,000 fr.) voté en 1838. Il constate qu'un dixième seulement du travail a été exécuté, bien que l'on ait dépensé 182,000 fr. au lieu de 80,000 fr., somme jugée d'abord suffisante pour rédiger le catalogue. Il expose le système adopté pour la rédaction de celui-ci, les critiques dont ce système a été l'objet, quels travaux ont été exécutés pour la rédaction de ce catalogue. De 1839 à 1849 on a fait 171,193 cartes.

Le bureau du catalogue compte 22 personnes. Au nom de la sous-commission, Beugnot demande que ce chiffre soit porté à 34 personnes. Il fournit pour chacune des années 1839 à 1850 le chiffre des dépenses de ce bureau (au total 217,000 fr.). Il se déclare partisan de l'impression des catalogues, lesquels se composeraient d'à peu près 65 volumes et coûteraient, comme impression, environ 450,000 fr.; cette dépense se répartirait en 18 annuités.

Au 25 juin 1850 le nombre des articles composant la collection géographique est de 13,035, qui représentent environ 83,000 feuilles dont l'enregistrement et le catalogue sont au courant, mais il reste à transcrire les bulletins sur des registres.

En résumé l'achèvement du catalogue du Dép. des imprimés exigerait encore 12 années de travaux et une dépense de 576,000 fr.; l'impression pourrait être exécutée en 18 ans avec une dépense de 450,000 fr. La collection géographique n'a besoin que de 18,000 fr., dont 6,000 fr. pour l'impression de son catalogue.

Le rapport se termine par un projet d'arrêté en 4 articles.

57. — **Bibliotheca** Baluziana : seu catalogus librorum bibliothecæ v. cl. d. Steph. Baluzii Tutelensis. Quorum fiet auctio die lunæ 8. mensis maii anni 1719, et seqq. à secundâ pomeridianâ ad vesperam, in ædibus Defuncti, viâ vulgò dictâ de Tournon. — *Prostat catalogus Parisiis, via Jacobea, apud Gabrielem Martin et Joannem Boudot*, 1719, 2 vol. en 3 tomes in-8°, 1097, 136 et 116 p.

Rés. Q 716 ou Rés. inv. Q 563-565. Inv. Q 7740-7741

La collection des manuscrits de cette bibliothèque fut acquise pour le roi et payée 30,000 livres. L'inventaire des manuscrits se trouve dans le T. III du catalogue.

58. — **Bibliotheca** Bigotiana manuscripta. Catalogue des manuscrits rassemblés au XVIIe siècle par les Bigot, mis en vente au mois de juillet 1706, aujourd'hui conservés à la Bibliothèque nationale. Publié et annoté par Léopold Delisle. — *Rouen, imp. de Henry Boisset*, 1887, in-8°, XXXII, 185 p. Rés. p. Z 358 (28)

Le faux titre porte : « Société des bibliophiles normands. »
L'Introduction contient un historique des Bigot et de leur bibliothèque. Au moment où celle-ci fut vendue on publia un catalogue dont voici le titre : « Bibliotheca Bigotiana. Seu catalogus librorum, quos (dum viverent) summâ curâ et industriâ, ingentique sumptu congessere viri clarissimi dd. uterque Joannes, Nicolaus, et Lud. Emericus Bigotii, Domini de Sommesnil et de Cleuville, alter Prætor, alii Senatores Rothomagenses. Quorum plurimi mss. antiqui bonæ notæ tàm Græci quàm Latini; alii ipsorum Bigotiorum, nec-non et diversorum doctrinâ Illustr. Virorum manu et annotatis ornati. Horum fiet auctio die 1 mensis Julii 1706 et seqq. à primâ pomeridianâ ad vesperam, Parisiis in Regiâ Gervasianâ, viâ Forneâ, vulgo college de Me Gervais rue du Fein. » Parisiis, apud J. Boudot, C. Osmont, G. Martin, 1706, » in-8°. Inv. Q 7784

La 3e et dernière partie de ce catalogue se compose de 31 pages et est consacrée aux manuscrits. Au nombre de plus de 500, ceux-ci furent acquis par l'abbé de Louvois pour la Bibliothèque du roi et payés seulement 1,500 livres. Les registres de la B. semblent indiquer que l'acquisition comprit tous les manuscrits portés au catalogue imprimé, sauf quelques articles, tels que les nos 1, 3 et 4; mais ces deux derniers se retrouvèrent plus tard dans la bibliothèque des De Mesmes et furent achetés par le roi en 1731.

59. — **Bibliotheca** Colbertina : seu catalogus librorum bibliothecæ, quæ fuit primum ill. v. d. J. B Colbert, regni administri; deinde ill. d. J. B. Colbert, march. de Seignelay, postea rev. et ill. d. J. Nic. Colbert, Rothomagensis archiepiscopi; ac demum ill. d. Caroli-Leonori Colbert, comitis de Seignelay. — *Parisiis, apud Gabrielem Martin et Franciscum Montalant*, 1728, in-8°, XVIII, 1362 p. Rés. Q 716 ou Rés. inv. Q 875

Ce catalogue compte 18,219 numéros.
La bibliothèque Colbertine est entrée presque entière à la B. R. Elle comprenait 6,645 mss. « anciens et de science » et environ 1,700 volumes remplis de copies diverses ou de documents modernes, quand le roi proposa au comte de Seignelay de l'acheter. Le 25 août 1728, le roi choisit pour arbitres l'abbé de Targny et Falconet fils; Lancelot et Montfaucon furent désignés par M. de Seignelay. L'expertise fut terminée en octobre 1731. Montfaucon et Lancelot demandaient 300,000 livres, tandis que les experts du roi évaluaient à 120,900 livres les mss. anciens et de science. C'est alors qu'en février 1732 M. de Seignelay offrit toute la collection et s'en remit, pour fixer l'indemnité, à la gé-

nérosité du roi. Celui-ci accorda 300,000 livres et les mss. de Colbert furent portés à la B. R. en septembre 1732, sauf 462 volumes, contenant les papiers du ministère de Mazarin, qui ont été mis au Dépôt des affaires étrangères. 600 autres mss., qui avaient été vendus en 1727 à Meigret de Sérilly, entrèrent à la B. en 1748.

60. — ***Bibliotheca*** insignis et regalis ecclesiæ sanctissimi Martialis Lemovicensis ; seu catalogus librorum manuscriptorum qui in eâdem Bibliothecâ asservantur; Juxta rectum ordinem dispositus, et in quatuor classes distributus. — *Parisiis, apud fratres Barbou*, 1730, in-8º, 37 p.

$$\text{Q } \tfrac{716}{103\,\text{F}} \text{ ou inv. Q } 7432$$

204 numéros. Les mss. qui figurent dans ce catalogue ont été transportés à la B. R. le 5 sept. 1730 et insérés, pour la plupart, parmi les mss. latins. Ils ont été payés une somme de 5,000 livres. Il existe, au Dépt. des Mss., une concordance entre les numéros de ce catalogue et les cotes actuelles des mss. de Saint-Martial.

61. — ***Bibliotheca*** Telleriana sive catalogus librorum bibliothecæ illustrissimi ac reverendissimi dd. Caroli Mauritii Le Tellier, archiepiscopi Ducis Remensis... — *Parisiis, e typographia regia*, 1693, in-fol., 446 p. et index. *Rés.* inv. Q 131

Le Tellier, archevêque de Reims, avait réuni une riche collection de manuscrits très importants. Elle contenait 14 volumes orientaux, un texte mexicain d'une grande valeur, 111 volumes grecs, 306 latins, 53 français et 16 italiens ou espagnols. Il les offrit à la Bibliothèque du roi à la fin de 1700, ne gardant par devers lui que 58 manuscrits liturgiques. Ces derniers furent remis à la Bibliothèque royale après la mort du prélat, en 1710.

62. — ***Bibliotheca*** Thevenotiana, sive catalogus impressorum et manuscriptorum librorum bibliothecæ viri clarissimi D. Melchisedecis Thevenot.—*Lutetiæ Parisiorum, apud Florentinum et Petrum Delaulne*, 1694, in-12, 249 p. Inv. Q 7431

M. Thevenot mourut le 29 octobre 1692. Quand ses héritiers vendirent sa bibliothèque, ils réservèrent les mss. dont ils s'exagéraient la valeur et qu'ils cédèrent enfin à des libraires pour une somme assez médiocre. En 1712, la B. R. racheta ces volumes au nombre de 290, et donna en échange des livres doubles estimés 2,000 livres.

63. — ***Bibliothecæ*** Baluzianæ pars tertia, complectens codices manuscriptos, diplomata et collectanea V. Cl. Stephani Baluzii. — *Paris*, 1719, in-12, 132 et 116 p.

Baluze avait légué ses collections à Mᵉ Le Maire, qui les vendit. Le catalogue précédent mentionne 957 mss., 700 chartes et des pièces modernes remplissant 7 armoires ; le tout fut estimé valoir 40,000 livres par D. Bernard de Montfaucon et par le P. Lelong. Madame Le Maire n'ayant pas accepté l'évaluation des experts, le roi dut payer 30,000 livres pour entrer en possession de ces collections qui furent livrées à l'abbé Bignon le 10 sept. 1719 pour la B. R.

64. — ***Bibliothèque*** de M. Guillaume Libri, membre de l'Institut; Archives et Bibliothèques de France. — *Paris, typ. Panckoucke, s. d.*, in-8º, 4 p. *Rés.* Ln $\tfrac{27}{12670}$

2

Signé De Rg. (de Reiffenberg). Extrait du *Bulletin du bibliophile belge*, publié par A. Jamar, 1849, T. VI, p. 219. — Cet article défend Libri.
Tiré à 200 exemplaires.

65. — **Bibliothèque** du Roi. Rapport du Comité des finances. — *Paris, Baudouin, imprimeur de l'Assemblée nationale*, 1789, in-8°, 8 p.

Le 29/1986

Le Rapport donne la liste nominale du personnel de la Bibliothèque (Médailles, Imprimés, Manuscrits, Généalogie, Estampes, Secrétariat, Trésorerie, Interprètes, Gagistes, Employés à Versailles, Employés à Choisy) avec le tableau des dépenses, 1° du règne actuel (73,800 livres), 2° du règne précédent (53,800 livres).
En 1789, les dépenses totales de l'établissement s'élevaient à 169,220 livres 10 sols; le Rapport propose de les réduire à 80,952 livres, 10 sols. Dans ce projet de budget la somme de 63,000 livres qui était antérieurement consacrée aux achats de volumes se trouve ramenée à 20,000 livres.

66. — **Bibliothèque** impériale. Cours d'archéologie. Le cours d'archéologie… ouvrira le mardi 21 janvier 1868, à trois heures… M. Beulé, professeur, continuera d'exposer l'*Histoire de l'art romain sous les successeurs d'Auguste*. — *Paris, Imprimerie impériale*, janvier 1868, in-fol. plano.   Inv. V 4667

Ce placard porte : « Approuvé : Paris, le 11 janvier 1868. Le Ministre de l'Instruction publique, V. Duruy. — L'Administrateur général, Directeur, J. Taschereau. »

67. — **Bibliothèque** impériale. Cours d'archéologie. Le cours d'archéologie… ouvrira le mardi 1er février 1870 à trois heures… M. Beulé, professeur, prendra pour sujet *Pompéi et Herculanum*… — *Paris, Imprimerie impériale*, janvier 1870, in-fol. plano.   Inv. V 4667

Ce placard porte : « Approuvé : le Ministre de l'Instruction publique, Segris. — L'Administrateur général, Directeur : J. Taschereau. »

68. — **Bibliothèque** impériale. Département des imprimés. Catalogue de l'histoire de France. Publié par ordre de l'Empereur. — *Paris, Firmin Didot*, 1855-1884, 11 vol. in-4° et 4 volumes de Supplément autographiés.   [Q. 1931

T. I., I-XXIV, 637 p., renferme 16,036 mentions. En tête de ce volume on trouve :
1° Un Rapport de M. Fortoul. Le Ministre de l'Instruction publique présente à l'Empereur le premier volume des catalogues de la bibliothèque et rappelle les efforts faits depuis 1700 pour arriver à publier les catalogues méthodiques de cet établissement.
2° Un Rapport de M. Taschereau au Ministre de l'Instruction publique.
Il rappelle les règles générales qui ont été appliquées pour la rédaction et l'impression du catalogue de l'histoire de France.
Au Dépt des Mss. il a fallu d'abord classer des collections considérables; pour plusieurs de celles-ci, le travail est à faire en entier. En 1850, les conservateurs estimaient que, dans *l'ancien fonds français et en langues modernes*, 11,000 volumes environ demandaient à être catalogués; que, dans le *fonds nouveau*, 24,000 (en y comprenant les latins) devaient l'être également; enfin, ils portaient à 4,000 le nombre des volumes nouveaux qu'on aurait à former d'abord et à cataloguer ensuite. Ils estimaient le temps nécessaire pour ces travaux à 12 années et la dépense à 97,000 fr

On peut commencer l'impression des catalogues des manuscrits orientaux; pour les autres fonds il faudra attendre.

Le Département des médailles prépare aussi son catalogue; le premier volume qui paraîtra comprendra les monnaies de l'Espagne et de la Gaule.

La Section des cartes et le Département des estampes classent leurs collections, réunissent les matériaux de leurs catalogues.

3° Règles suivies pour la confection du catalogue.

Ce premier volume contient :

CHAPITRE I. — *Préliminaires et généralités.*

Section I. — *Bibliographie générale de l'histoire de France.*
Section II. — 1.¹. *Traités généraux sur la France.*
Section III. — *Géographie de la France.*
  1.². Géographie générale de la Gaule.
  1.³. Divisions de la Gaule par ordre alphabétique.
  1.⁴. Peuplades de la Gaule par ordre alphabétique.
  1.⁵. Villes de la Gaule par ordre alphabétique.
  1.⁶. Voies romaines par ordre alphabétique.
  1.⁷. Géographies historiques.
  1.⁸. Géographies modernes.
  1.⁹. Tableaux géographiques.
  1.¹⁰. Géographies élémentaires.
  1.¹¹. Géographies en vers.
  1.¹². Jeux géographiques.
  1.¹³. Notices sur des cartes géographiques.
  1.¹⁴. Atlas.
Section IV. — *Description de la France.*
  1.¹⁵. Descriptions historiques et géographiques de la France.
  1.¹⁶. Dictionnaires géographiques.
  1.¹⁷. Descriptions des côtes de France.
  1.¹⁸. Dictionnaires hydrographiques.
  1.¹⁹. Fleuves et rivières par ordre alphabétique.
  1.²⁰. Descriptions générales historiques et géographiques des villes de France.
  1.²¹. Ouvrages généraux sur les châteaux de France.
  1.²². Ouvrages généraux sur les cathédrales et cimetières de France.
  1.²³. Indicateurs officiels des routes et postes.
  1.²⁴. Dictionnaires des Postes.
  1.²⁵. Itinéraires généraux des routes.
  1.²⁶. Itinéraires des routes par régions : Nord, Est, Sud, Ouest.
  1.²⁷. Itinéraires des chemins de fer classés par lignes.
  1.²⁸. Itinéraires des coches d'eau et bateaux à vapeur par ordre alphabétique des noms des fleuves et canaux.
  1.²⁹. Voyages généraux en France.
  1.³⁰. Voyages par régions : Nord, Est, Sud, Ouest.
Section V. — 1.³¹. *Statistique.*
Section VI. — *Histoire générale de la France.*
  1.³². Chronologies de l'histoire de France.
  1.³³. Tableaux chronologiques.
  1.³⁴. Philosophie de l'histoire de France.
  1.³⁵. Histoires générales.
  1.³⁶. Figures de l'histoire de France.
  1.³⁷. Biographies et iconographies générales des rois de France.
  1.³⁸. Biographies générales des reines de France.
  1.³⁹. Histoires élémentaires.
  1.⁴⁰. Histoires de France en vers.
  1.⁴¹. Mnémonique appliquée à l'histoire de France.
  1.⁴². Jeux historiques.
Section VII. — *Collections.*
  1.⁴³. Inventaires d'archives et recueils de cartulaires par ordre chronologique de publications.

L.⁶⁴. Recueils de chartes et de diplômes.
L.⁶⁵. Collections de chroniques, mémoires et documents originaux.
L.⁶⁶. Recueils de dissertations et mélanges par ordre chronologique de publications.

CHAPITRE II. — *Histoire par époques.*

Section I. — La¹. *Ethnographie.*
Section II. — *Histoire celtique et gauloise.*
  La². Histoire de l'ancienne Gaule.
  La³. Histoire de la Gaule sous la domination romaine.
Section III. — La⁴. *Origine des Francs.*
Section IV. — La⁵. *Généralités de la première race.*
Section V. — La⁶. *Généralités de la deuxième race.*
Section VI. — *Généralités de la troisième race.*
  La⁷. Ouvrages relatifs aux différentes branches capétiennes.
  La⁸. Généralités des Capétiens directs.
  La⁹. Généralités des Croisades françaises.
  La¹⁰. Généralités de la guerre des Albigeois.
  La¹¹. Généralités de la guerre contre les Anglais.
  La¹². Généralités des Valois.
  La¹³. Ouvrages relatifs à plusieurs règnes à partir de Philippe VI.
  La¹⁴. Ouvrages relatifs à plusieurs règnes à partir de Charles VI.
  La¹⁵. Ouvrages relatifs à plusieurs règnes à partir de Charles VII.
  La¹⁶. Ouvrages relatifs à plusieurs règnes à partir de Louis XI.
  La¹⁷. Généralités des guerres d'Italie et de la rivalité des Maisons de France et d'Autriche.
  La¹⁸. Généralités des Valois-Orléans et des guerres de religion.
  La¹⁹. Ouvrages relatifs à plusieurs règnes à partir de Louis XII.
  La²⁰. Ouvrages relatifs à plusieurs règnes à partir de François Iᵉʳ.
  La²¹. Ouvrages relatifs à plusieurs règnes à partir de Henri II.
  La²². Ouvrages relatifs à plusieurs règnes à partir de François II.
  La²³. Ouvrages relatifs à plusieurs règnes à partir de Charles IX.
  La²⁴. Ouvrages relatifs à plusieurs règnes à partir de Henri III.
  La²⁵. Généralités de la Ligue.
  La²⁶. Ouvrages généraux sur le règne des Bourbons.
  La²⁷. Ouvrages relatifs à plusieurs règnes à partir de Henri IV.
  La²⁸. Ouvrages relatifs à plusieurs règnes à partir de Louis XIII.
  La²⁹. Ouvrages relatifs à plusieurs règnes à partir de Louis XIV.
  La³⁰. Ouvrages relatifs à plusieurs règnes à partir de Louis XV.
  La³¹. Ouvrages relatifs à plusieurs règnes à partir de Louis XVI.
Section VII. — *Généralités de la Révolution française.*
  La³². Ouvrages généraux sur la Révolution.
  La³³. Collection de mémoires à partir de la Révolution et Mémoires particuliers par ordre alphabétique de noms de personnages.
  La³⁴. Généralités de l'Émigration.
  La³⁵. Généralités des guerres de la Vendée, chouannerie et autres guerres civiles.
Section VIII. — La³⁶. *Généralités de la dynastie impériale.*
Section IX. — La³⁷. *Ouvrages relatifs à plusieurs règnes à partir de Napoléon Iᵉʳ.*
Section X. — La³⁸. *Ouvrages relatifs à plusieurs règnes à partir de la Restauration.*

CHAPITRE III. — *Histoire par règnes.*

Section I. — *Première race.*
  Lb¹. Mérovée.
  Lb². Childéric Iᵉʳ.
  Lb³. Clovis, Sainte Clotilde.
  Lb⁴. Successeurs de Clovis : Fils de Clovis. Sainte Radegonde. Brunehaut. Dagobert Iᵉʳ. Sigebert II. Sainte Bathilde.
Section II. — *Deuxième race.*
  Lb⁵. Pépin.

Lb⁶. Charlemagne : vie et règne; détails sur sa personne; éloges; canonisation.
Lb⁷. Louis le Débonnaire ou le Pieux.
Lb⁸. Charles le Chauve.
Lb⁹. Successeurs de Charles le Chauve : Louis III. Charles le Gros. Raoul.
Section III. — *Troisième race.* - - *Capétiens directs.*
Lb¹⁰. Hugues Capet.
Lb¹¹. Robert.
Lb¹². Henri I⁽ᵉʳ⁾. Anne de Russie.
Lb¹³. Philippe I⁽ᵉʳ⁾.
Lb¹⁴. Louis VI, le Gros.
Lb¹⁵. Louis VII, le Jeune.
Lb¹⁶. Philippe II Auguste.
Lb¹⁷. Louis VIII, Cœur de Lion. Blanche de Castille.
Lb¹⁸. Louis IX : vie et règne; détails biographiques; Cœur de la Sainte-Chapelle; éloges.
Lb¹⁹. Philippe III, le Hardi.
Lb²⁰. Philippe IV, le Bel. Templiers.
Lb²¹. Successeurs de Philippe IV.
—. — *Valois.*
Lb²². Philippe VI de Valois.
Lb²³. Jean II, le Bon.
Lb²⁴. Charles V.
Lb²⁵. Charles VI.
Lb²⁶. Charles VII : généralités de la vie et du règne; siège d'Orléans; Jeanne d'Arc; détails du règne.
Lb²⁷. Louis XI : vie et règne; lutte contre Charles-le-Téméraire.
Lb²⁸. Charles VIII.
Lb²⁹. Louis XII. Anne de Bretagne. Marie d'Angleterre. Mort et éloges. Jeanne de Valois, sa canonisation.
Lb³⁰. François I⁽ᵉʳ⁾.
Lb³¹. Henri II.
Lb³². François II.
Lb³³. Charles IX. Saint-Barthélemy. Mort de Coligny. Elisabeth d'Autriche.
Lb³⁴. Henri III. Élection de Pologne. Expédition du duc d'Anjou dans les Pays-Bas. Catherine de Médicis, mort et histoires de sa vie. Louise de Lorraine.
—. — *Bourbons.*
Lb³⁵. Henri IV : généralités de la vie et du règne; lettres et mémoires; biographie antérieure au règne. Le cardinal de Bourbon, roi de la Ligue sous le nom de Charles X. Détails du règne de Henri IV. Siège de Paris. Bulles d'excommunication. Mort; oraisons funèbres; anecdotes; éloges; monuments. Marguerite de Valois.
Lb³⁶. Généralités de la régence de Marie de Médicis. Généralités de la vie et du règne. Généralités du ministère de Richelieu. Biographie antérieure au règne. Détails de la vie et du règne. Procès d'Urbain Grandier et Histoire des possédées de Loudun. Mort; oraisons funèbres; éloges et statue. Marie de Médicis.

T. II.

Publié en 1855. Ce volume a 781 pages et contient 20,272 mentions.

—. — *Bourbons* (suite).
Lb³⁷. Louis XIV : généralités de la régence d'Anne d'Autriche, du ministère de Mazarin et de la Fronde. Généralités de la vie et du règne. Lettres et mémoires sur le règne. Biographie antérieure au règne. Détails de la vie et du règne. Mort d'Anne d'Autriche. Mort de Marie-Thérèse. Mort de Colbert. Ambassade de Siam. Pacification et histoires générales de la guerre des Cévennes. Oraisons funèbres et éloges. Mélanges sur Louis XIV, et particulièrement sur ses dépenses en bâtiments. Statues.

Lb⁵⁸. Louis XV : généralités de la régence. Généralités de la vie et du règne. Lettres et mémoires sur le règne. Biographie antérieure au règne. Détails de la vie et du règne. Affaire des princes légitimés. Mort de Marie Leszczinska. Mort; oraisons funèbres et éloges.

Lb⁵⁹. Louis XVI : généralités de la vie et du règne. Lettres et mémoires sur le règne. Généralités de la vie de Marie-Antoinette. Généralités de la vie de Louis XVII. Biographie de Louis XVI antérieure au règne. Détails de la vie et du règne. Procédure du Châtelet sur les événements des 5 et 6 octobre. Affaire de Nancy. Mort de Mirabeau.

Lb⁴⁰. Actes et délibérations du département et de la commune de Paris; — des districts et bataillons de Paris; — des sections de Paris; — des clubs et sociétés populaires de Paris et des départements. — Jacobins de Paris. — Clubs divers de Paris. — Clubs et sociétés populaires des départements.

T. III.

Ce volume paru en 1856 compte 811 pages, et renferme 19,524 mentions.

Section IV. — *République française.*

Lb⁴¹. Convention : généralités de l'histoire de France sous la Convention. Détails de l'histoire de France sous la Convention. Procès et condamnation de Louis XVI. Mort de Louis XVI. Exhumation des restes de Louis XVI et de Marie-Antoinette, le 21 janvier 1815. Monuments à leur mémoire, élevés ou projetés. Mélanges sur Louis XVI. An II (22 sept. 1793). Siège de Lyon. Mort de Marie-Antoinette. An III (22 sept. 1794). Mort de Louis XVII. Expédition de Quiberon. An IV (23 sept. 1795).

Lb⁴². Directoire : généralités de l'histoire de France sous le Directoire. Détails de l'histoire de France sous le Directoire. Suite de l'An IV (27 oct. 1795). An V (22 sept. 1796). An VI (22 sept. 1797). An VII (22 sept. 1798). An VIII (23 sept. 1799).

Lb⁴³. Consulat : généralités de l'histoire de France sous le Consulat. Détails de l'histoire de France sous le Consulat. Suite de l'An VIII (11 nov. 1799). An IX (23 sept. 1800). An X (23 sept. 1801). An XI (23 sept. 1802). An XII (24 sept. 1803).

Section V. — *Empire.*

Lb⁴⁴. Napoléon Iᵉʳ : généralités de la vie et du règne. Œuvres, mémoires, correspondance et discours de Napoléon. Mémoires sur le règne. Joséphine. Marie-Louise. Biographie de Napoléon antérieure au règne. Détails de la vie et du règne.

Section VI. — *Première Restauration.*

Lb⁴⁵. Louis XVIII : généralités de la vie et du règne. Biographie antérieure au règne. Généralités du premier règne. Détails du premier règne.

Section VII. — *Cent-jours.*

Lb⁴⁶. Généralités du séjour de Napoléon à l'île d'Elbe. Généralités de l'histoire de France pendant les Cent-jours. Détails de l'histoire de France pendant les Cent-jours.

Section VIII. — Lb⁴⁷. *Napoléon II. Généralités de la vie. Détails de la vie et de la mort.*

Section IX. — *Seconde Restauration.*

Lb⁴⁸. Second règne de Louis XVIII : Généralités du second règne. Détails du second règne, 1815-1820. Mort du duc de Berry. Naissance du duc de Bordeaux, 1821. Histoire de la captivité de Napoléon à Sainte-Hélène. Mort de Napoléon. Testament et dernières pensées. Vers sur la mort. Jugements divers sur Napoléon. Anecdotes, amours et détails divers. 1822-1823. Expédition d'Espagne. 1824. Mort de Louis XVIII.

Lb⁴⁹. Charles X. Généralités de la vie et du règne. Biographie antérieure au règne. Détails de la vie et du règne. 1824-1830. Histoires de la Révolution de juillet.

Section X. — *Gouvernement de juillet.*

Lb⁵⁰. Lieutenance générale : Poésies sur les journées de juillet. Les morts de juillet. Départ de Charles X. 29 juillet au 8 août 1830.

— 23 —

Lb⁵¹. **Louis Philippe I**ᵉʳ : Généralités de la vie et du règne. Marie-Amélie. Biographie antérieure au règne. Détails de la vie et du règne. Suite de l'année 1830; 1831-1840. Translation des cendres de Napoléon. 1841-1842. Mort du duc d'Orléans. 1843 au 24 février 1848. Histoires des journées de février, jusqu'à la proclamation de la république.

T. IV

Ce volume a paru en 1857; il compte 707 pages, et renferme 16,613 mentions.

—. — Section XI. — *Seconde République.*
Lb⁵². **Seconde république.** Généralités de l'histoire de France sous la seconde république.
Lb⁵³. **Gouvernement provisoire :** Généralités de l'histoire de France sous le gouvernement provisoire. Détails de l'histoire de France sous le gouvernement provisoire.
Lb⁵⁴. **Pouvoir exécutif exercé, puis délégué par l'assemblée ;** Généralités de l'histoire de France sous le pouvoir de l'assemblée. Détails de l'histoire de France sous le pouvoir exécutif exercé par l'assemblée. Détails de l'histoire de France sous la commission exécutive. Détails de l'histoire de France sous l'administration du général Cavaignac.
Lb⁵⁵. **Présidence :** Généralités de l'histoire de France sous la présidence. Détails de l'histoire de France sous la présidence, jusqu'au 2 décembre 1851. Détails de l'histoire de France sous la présidence, après le 2 décembre 1851, jusqu'au 2 déc. 1852.
Section XII. — *Second Empire.*
Lb⁵⁶. **Napoléon III :** Collections des œuvres, et généralités de la vie et du règne. L'impératrice Eugénie. Détails de la vie et du règne 1852-1856.

CHAPITRE IV. — *Journaux et publications périodiques ou semi-périodiques.*

Section I. — *Journaux.*
Lc¹. **Histoire et bibliographie des journaux.**
Lc². **Journaux politiques et historiques.**
Lc³. **Journaux religieux.**
Lc⁴. **Journaux constitutionnels.**
Lc⁵. **Journaux administratifs ou relatifs à l'administration et aux réformes à y introduire.**
Lc⁶. **Journaux militaires.**
Lc⁷. **Journaux archéologiques.**
Lc⁸. **Journaux numismatiques.**
Lc⁹. **Journaux provinciaux.**
Lc¹⁰. **Journaux départementaux.**
Lc¹¹. **Journaux locaux.**
Lc¹². **Journaux coloniaux.**
Lc¹³. **Journaux de mœurs.**
Lc¹⁴. **Journaux de modes.**
Lc¹⁵. **Journaux nobiliaires.**
Lc¹⁶. **Journaux biographiques.**
Lc¹⁷. **Journaux statistiques.**
Section II. — *Publications des sociétés historiques et archéologiques.*
Lc¹⁸. **Sociétés générales et régionales.**
Lc¹⁹. **Sociétés provinciales.**
Lc²⁰. **Sociétés départementales.**
Lc²¹. **Sociétés locales.**
Section III. — *Annuaires.*
Lc²². **Annuaires politiques et historiques.**
Lc²³. **Annuaires religieux.**
Lc²⁴. **Annuaires constitutionnels.**
Lc²⁵. **Annuaires administratifs.**
Lc²⁶. **Annuaires militaires.**

— 24 —

Le[27]. Annuaires archéologiques.
Le[28]. Annuaires diocésains.
Le[29]. Annuaires provinciaux.
Le[30]. Annuaires départementaux.
Le[31]. Annuaires locaux.
Le[32]. Annuaires coloniaux.
Le[33]. Annuaires de mœurs.
Le[34]. Annuaires de modes.
Le[35]. Annuaires nobiliaires.
Le[36]. Annuaires biographiques.
Le[37]. Annuaires géographiques.

T. V.

Publié en 1858, ce volume renferme 15,702 mentions, a 803 pages et contient :

CHAPITRE V. — *Histoire religieuse de France.*

PREMIÈRE PARTIE. — *Culte catholique.*

Section I. Histoire — *Histoire ecclésiastique de France.*
  Ld[1]. Géographie ecclésiastique de France.
  Ld[2]. Généralités de l'histoire ecclésiastique de France.
  Ld[3]. Histoire ecclésiastique de France par époques : Généralités de l'histoire de l'établissement du christianisme dans les Gaules. Généralités de l'histoire ecclésiastique de France sous les deux premières races; sous la féodalité. Généralités de l'histoire des hérésies nées ou répandues en France au moyen-âge; pendant le schisme d'Occident; au XVIe siècle. Généralités de l'histoire de la réception en France du Concile de Trente. Généralités de l'histoire ecclésiastique en France à partir de Louis XIV. Généralités de l'histoire du premier Jansénisme en France. Généralités de l'histoire des discussions relatives à la Régale en France. Généralités de l'histoire ecclésiastique de France à partir de la Déclaration de 1682. Généralités de l'histoire du Quiétisme en France. Généralités de l'histoire des discussions sur les cérémonies chinoises. Généralités de l'histoire du Cas de conscience. Généralités de l'histoire des luttes et de la destruction de Port-Royal. Généralités de l'histoire du différend du cardinal de Noailles avec les évêques de Luçon et de la Rochelle. Généralités de l'histoire de la bulle *Unigenitus* en France. Généralités de l'histoire du vingtième imposé sur les biens du clergé de France. Généralités de l'histoire ecclésiastique de France pendant la Révolution; sous l'Empire; sous la Restauration; sous la Royauté de juillet.
  Ld[4]. Détails de l'histoire ecclésiastique de France.
Section II. — *Actes du clergé de France :*
  Ld[5]. Collections des Procès-verbaux du clergé. Collections des listes des députés aux Assemblées du clergé : Assemblées ordinaires se tenant tous les cinq ans; Assemblées extraordinaires. Collections des circulaires de l'agence générale du clergé. Collections des instruments administratifs émanés des Assemblées ou de l'agence générale du clergé. Détails des sessions des Assemblées du clergé.
Section III. — *Rapports de l'Église avec l'État en France.*
  Ld[6]. Généralités.
  Ld[7]. Pragmatiques et Concordats : Généralités. Pragmatique de saint Louis. Pragmatique de Charles VII. Concordat de François Ier. Concordat de 1801; de 1813; de 1817.
  Ld[8]. Indults accordés au roi; au parlement; à des particuliers.
  Ld[9]. Régale.
  Ld[10]. Libertés de l'Église gallicane.
Section IV. — Ld[11]. *État du clergé en France.*
Section V. — *Histoire des ordres religieux en France.*
  Ld[12]. Géographie monastique générale de France.
  Ld[13]. Histoire monastique générale de France.

Histoire des congrégations d'hommes en France, par ordre alphabétique.

Ld 14. Ordre de Saint-Antoine.
Ld 15. Ordre de Saint-Augustin : 1° Ermites Augustins : Généralités de l'histoire. Constitutions. Détails de l'histoire. — 2° Chanoines réguliers Augustins de la congrégation de Chancelade. — 3° Chanoines réguliers Augustins de la congrégation de France, ou de Sainte-Geneviève : Généralités de l'histoire. Constitutions. Décrets des chapitres et des diètes. Détails de l'histoire. — 4° Chanoines réguliers Augustins de la congrégation de Prémontré : chapitres de l'ordre. Détails de l'histoire. — 5° Chanoines réguliers Augustins de la congrégation de Saint-Ruf. — 6° Chanoines réguliers Augustins de la congrégation de Saint-Victor. — 7° Chanoines réguliers Augustins de la congrégation de Sainte-Croix.
Ld 16. Ordre de Saint-Benoît : 1° Bénédictins proprement dits : Généralités de l'histoire. Constitutions. Détails de l'histoire. — 2° Bénédictins de la congrégation des Camaldules. — 3° Bénédictins de la congrégation de Saint-Célestin : Généralités de l'histoire. Constitutions. Détails de l'histoire. — 4° Bénédictins de la congrégation de Chesal-Benoît. — 5° Bénédictins de la congrégation de Cluny : Géographie. Généralités de l'histoire. Convocations des chapitres. Convocations des diètes. Actes des diètes. Actes des définitoires. Constitutions. Détails de l'histoire. — 6° Bénédictins de la congrégation des Exempts. — 7° Bénédictins de la congrégation de Fontevrauld. — 8° Bénédictins de la congrégation de Saint-Denis. — 9° Bénédictins de la congrégation de Saint-Maur : Géographie. Généralités de l'histoire. Constitutions. Détails de l'histoire. — 10° Bénédictins de la congrégation de Saint-Vannes et de Saint-Hidulphe : Constitutions. Détails de l'histoire.
Ld 17. Ordre de Saint-Bernard : 1° Bernardins de la congrégation de Citeaux : Généralités de l'histoire. Constitutions et privilèges. Traités des chapitres. Convocations et actes des chapitres. Détails de l'histoire. — 2° Bernardins de la congrégation des Feuillants. — 3° Bernardins de la congrégation de la Trappe : Généralités de l'histoire. Constitutions. Détails de l'histoire.
Ld 18. Ordre de Saint-Bruno, ou des Chartreux.
Ld 19. Ordre des Carmes ou du Mont-Carmel.
Ld 20. Institut des Clercs séculiers vivant en communauté.
Ld 21. Congrégation des Pères de la Doctrine chrétienne, ou Doctrinaires.
Ld 22. Ordre de Saint-Dominique, ou des Frères Prêcheurs : Géographie. Détails de l'histoire.
Ld 23. Ordre de Saint-Étienne, ou de Grandmont : Généralités de l'histoire. Constitutions. Chapitres. Détails de l'histoire.
Ld 24. Ordre de Saint-François d'Assise, ou des Frères Mineurs : 1° Franciscains Capucins : Généralités de l'histoire. Détails de l'histoire. — 2° Franciscains proprement dits, ou Cordeliers : Généralités de l'histoire. Constitutions. Privilèges. Détails de l'histoire. — 3° Franciscains Récollets. — 4° Franciscains du tiers-ordre, ou Pénitents.
Ld 25. Ordre de Saint-François de Paul, ou des Frères Minimes : Privilèges. Détails de l'histoire.
Ld 26. Frères de la Croix.
Ld 27. Frères de la Doctrine chrétienne de Sion-Vaudémont.
Ld 28. Frères des Écoles chrétiennes ou du B. H. de La Salle, dits aussi de Saint-Yon.
Ld 29. Frères des Écoles chrétiennes du faubourg St-Antoine.
Ld 30. Frères de Saint-François d'Assise, ou Frères-Agriculteurs.
Ld 31. Frères de l'Instruction chrétienne, ou de Lamennais.
Ld 32. Frères de l'Instruction chrétienne, des Sacrés-Cœurs.
Ld 33. Frères de Nazareth.
Ld 34. Frères de la Sainte-Famille.
Ld 35. Frères de Sainte-Marie de Tinchebray.
Ld 36. Ordre de Saint-Guillaume.
Ld 37. Prêtres de Saint Hyacinthe.

Ld³⁸. Ordre de Saint-Jean de Dieu, ou de la Charité.
Ld³⁹. Compagnie de Jésus.
Ld⁴⁰. Société de Saint-Joseph.
Ld⁴¹. Société des Marianites.
Ld⁴². Société de Marie, ou Maristes.
Ld⁴³. Société des Mathurins, ou de la Sainte-Trinité et Rédemption des captifs : Privilèges, Processions, Détails de l'histoire.
Ld⁴⁴. Ordre de Notre-Dame de la Merci ; Généralités de l'histoire, Rachats des captifs, Détails de l'histoire.
Ld⁴⁵. Congrégation de la Mission de saint Vincent de Paul, ou des Lazaristes.
Ld⁴⁶. Missionnaires de Beaupré.
Ld⁴⁷. Missionnaires de la Compagnie de Marie, ou du Vénérable Montfort.
Ld⁴⁸. Missionnaires de N.-D. de Sainte-Garde.
Ld⁴⁹. Missionnaires du T. S. Cœur de Marie.
Ld⁵⁰. Missionnaires du T. S Sacrement.
Ld⁵¹. Missionnaires Oblats de Marie Immaculée.
Ld⁵². Congrégation des Missions de France.
Ld⁵³. Congrégation des Missions étrangères.
Ld⁵⁴. Congrégation de l'Oratoire.
Ld⁵⁵. Ordre de Saint-Paul, ou des Barnabites.
Ld⁵⁶. Institut des Petits-Frères de Marie.
Ld⁵⁷. Société de Picpus, ou des Sacrés-Cœurs de Jésus et de Marie et de l'Adoration perpétuelle du T. S. Sacrement de l'Autel.
Ld⁵⁸. Congrégation de Saint-Pierre-ès-Liens.
Ld⁵⁹. Congrégation de la Providence.
Ld⁶⁰. Congrégation de la Résurrection.
Ld⁶¹. Congrégation du Saint-Esprit.
Ld⁶². Association de N.-D. de Sainte-Croix.
Ld⁶³. Congrégation des Salvatoristes de N.-D. de Sainte-Croix.
Ld⁶⁴. Congrégation du Sauveur, ou du B. H. Pierre Fourier.
Ld⁶⁵. Congrégation de Saint-Sulpice.
Ld⁶⁶. Ordre des Théatins.
Ld⁶⁷. Société du Verbe-Divin.

Histoire des Congrégations de Femmes de France, par ordre alphabétique.

Ld⁶⁸. Sœurs de Saint-Aignan.
Ld⁶⁹. Sœurs de Saint-André, ou de la congrégation de la Croix.
Ld⁷⁰. Sœurs hospitalières de Saint-Augustin, ou de la Charité Notre-Dame.
Ld⁷¹. Congrégation des Béates.
Ld⁷². Institut des Béguines.
Ld⁷³. Sœurs Bénédictines de l'Institut de l'Adoration perpétuelle du T.-S.-Sacrement.
Ld⁷⁴. Sœurs Bénédictines de la congrégation de Fontevrauld.
Ld⁷⁵. Sœurs de Saint-Bernard.
Ld⁷⁶. Sœurs de la Bienheureuse-Vierge-Marie, Adoratrices perpétuelles du S. Sacrement.
Ld⁷⁷. Dames du Bon-Pasteur.
Ld⁷⁸. Filles du Bon-Sauveur.
Ld⁷⁹. Dames et sœurs du Calvaire.
Ld⁸⁰. Sœurs de Saint-Camille.
Ld⁸¹. Sœurs Capucines, ou Filles de la Passion.
Ld⁸². Sœurs Carmélites.
Ld⁸³. Sœurs de la Charité, ou de Saint-Vincent de Paul.
Ld⁸⁴. Sœurs de la Charité d'Evron.
Ld⁸⁵. Sœurs de la Charité de Saint-Louis.
Ld⁸⁶. Sœurs de la Charité de Sainte-Marie.
Ld⁸⁷. Sœurs de Saint-Charles.
Ld⁸⁸. Sœurs de Sainte-Claire.
Ld⁸⁹. Filles du Cœur de Marie.

Ld⁸⁹. Religieuses de la Crèche.
Ld⁹⁰. Religieuses de la Croix.
Ld⁹¹. Sœurs de la Doctrine chrétienne de Bordeaux.
Ld⁹². Sœurs de la Doctrine chrétienne de Digne.
Ld⁹³. Sœurs de la Doctrine chrétienne de Nancy, ou Sœurs Vatelotes.
Ld⁹⁴. Sœurs du tiers ordre de Saint-Dominique.
Ld⁹⁵. Sœurs des Écoles chrétiennes.
Ld⁹⁶. Filles de l'Enfance de N.-S. J.-C.
Ld⁹⁷. Filles de l'Enfant-Jésus.
Ld⁹⁸. Sœurs de l'Institution chrétienne.
Ld⁹⁹. Sœurs de l'Instruction charitable de l'Enfant-Jésus.
Ld¹⁰⁰. Sœurs de l'Instruction chrétienne.
Ld¹⁰¹. Filles de Jésus.
Ld¹⁰². Petite congrégation des Sœurs de Saint-Joseph.
Ld¹⁰³. Sœurs hospitalières de Saint-Joseph.
Ld¹⁰⁴. Sœurs de Saint-Joseph de Cluny.
Ld¹⁰⁵. Sœurs de Saint-Joseph des Vans.
Ld¹⁰⁶. Sœurs de Saint-Joseph dites Filles de Marie conçue sans péché.
Ld¹⁰⁷. Sœurs de Saint-Joseph, ou de la Providence.
Ld¹⁰⁸. Sœurs de Sainte-Madeleine.
Ld¹⁰⁹. Sœurs Marianites.
Ld¹¹⁰. Dames de la Retraite de la Société de Marie.
Ld¹¹¹. Sœurs de Marie-Joseph, ou des Prisons.
Ld¹¹². Sœurs de Sainte-Marthe.
Ld¹¹³. Sœurs de Sainte-Marthe de Romans.
Ld¹¹⁴. Sœurs de la Mère de Dieu.
Ld¹¹⁵. Sœurs hospitalières de la Miséricorde de Jésus.
Ld¹¹⁶. Sœurs de la Miséricorde de Bordeaux.
Ld¹¹⁷. Sœurs de la Miséricorde de Caen.
Ld¹¹⁸. Sœurs de la Miséricorde de Sées.
Ld¹¹⁹. Sœurs de la Nativité de la Vierge.
Ld¹²⁰. Sœurs de la Nativité de Notre-Seigneur.
Ld¹²¹. Religieuses de la congrégation de Notre-Dame ou du B.H. Pierre Fourrier.
Ld¹²². Sœurs de la congrégation de Notre-Dame fondée à Bordeaux par M. de Lestonnac.
Ld¹²³. Sœurs du tiers ordre de Notre-Dame.
Ld¹²⁴. Sœurs gardes-malades de Notre-Dame Auxiliatrice.
Ld¹²⁵. Sœurs de Notre-Dame de Charité.
Ld¹²⁶. Sœurs de Notre-Dame de Chartres.
Ld¹²⁷. Sœurs de Notre-Dame de la Compassion.
Ld¹²⁸. Sœurs de Notre-Dame de Grâce.
Ld¹²⁹. Sœurs de Notre-Dame de l'Immaculée-Conception.
Ld¹³⁰. Sœurs de Notre-Dame de la Miséricorde.
Ld¹³¹. Sœurs de Notre-Dame de la Présentation.
Ld¹³². Sœurs de Notre-Dame des Anges.
Ld¹³³. Sœurs de Notre-Dame du Refuge.
Ld¹³⁴. Congrégation des Nouvelles catholiques.
Ld¹³⁵. Sœurs aveugles de Saint-Paul.
Ld¹³⁶. Petites sœurs des Pauvres.
Ld¹³⁷. Dames de la Propagation.
Ld¹³⁸. Sœurs de la Providence établies par le P. Moye.
Ld¹³⁹. Sœurs de la Providence de Ruillé-sur-Loir.
Ld¹⁴⁰. Sœurs de la Providence du diocèse de Dijon.
Ld¹⁴¹. Filles de la Providence, établies par l'abbé de La Mennais.
Ld¹⁴². Sœurs hospitalières de la Providence.
Ld¹⁴³. Institut de la Providence du diocèse de Grenoble.
Ld¹⁴⁴. Sœurs de la Providence, ou de Saint-André.
Ld¹⁴⁵. Sœurs de la Providence, dites de Sainte-Thérèse.
Ld¹⁴⁶. Sœurs de Saint-Régis.

Ld 148. Dames du Sacré-Cœur de Jésus.
Ld 149. Sœurs du Sacré-Cœur de Jésus.
Ld 150. Filles du Sacré-Cœur de Jésus et de Marie.
Ld 151. Sœurs du Sacré-Cœur de Marie.
Ld 152. Filles des Sacrés-Cœurs de Jésus et de Marie, dites de Louvencourt.
Ld 153. Filles de la Sagesse ou du Vénérable Montfort.
Ld 154. Sœurs du Saint-Cœur de Marie.
Ld 155. Filles du Saint-Esprit.
Ld 156. Sœurs du Saint-Sacrement.
Ld 157. Sœurs chanoinesses du Saint-Sépulcre.
Ld 158. Filles de la Sainte-Enfance de Jésus.
Ld 159. Sœurs de la Sainte-Famille.
Ld 160. Sœurs de la Sainte-Famille de Nazareth.
Ld 161. Sœurs de Sainte-Marie.
Ld 162. Sœurs de Sainte-Marie de Lorette.
Ld 163. Dames de la Sainte-Union.
Ld 164. Filles de la Sainte-Vierge.
Ld 165. Filles des Saints-Cœurs de Marie et de Joseph.
Ld 166. Sœurs des Saints-Noms de Jésus et de Marie.
Ld 167. Sœurs hospitalières de Saint-Thomas de Villeneuve.
Ld 168. Sœurs Trappistines.
Ld 169. Sœurs du Très-Saint-Cœur de Marie.
Ld 170. Sœurs du Très-Saint-Sacrement.
Ld 171. Sœurs de la Très-Sainte-Trinité.
Ld 172. Sœurs Ursulines.
Ld 173. Sœurs de la Visitation de Sainte-Marie.

SECONDE PARTIE. — *Cultes non catholiques.*

Section I. — *Histoire des églises protestantes en France.*
Ld 174. Géographie et statistique générales des Églises protestantes de France.
Ld 175. Histoire des Églises vaudoises et des Églises protestantes de France des diverses confessions.
Ld 176. Détails de l'histoire des Églises protestantes de France.
Ld 177. Détails de l'histoire particulière des Églises protestantes de France, dites réformées ou Calvinistes, sous le régime de la liberté des cultes.
Ld 178. Détails de l'histoire des diverses circonscriptions particulières des Églises protestantes de France, dites réformées ou Calvinistes, par ordre alphabétique de localités en France et aux colonies.
Ld 179. Détails de l'histoire particulière des Églises protestantes de France, dites réformées-évangéliques ou non-salariées.
Ld 180. Détails de l'histoire particulière des Églises protestantes de France, dites de la Confession d'Augsbourg ou Luthériennes, sous le régime de la liberté des cultes.
Ld 181. Détails de l'histoire des diverses circonscriptions particulières des Églises protestantes de France, dites de la Confession d'Augsbourg, ou Luthériennes, par ordre alphabétique de localités en France et aux colonies.
Ld 182. Détails de l'histoire des diverses branches secondaires du protestantisme en France.

Section II. — *Histoire de la Synagogue en France.*
Ld 183. Généralités de l'histoire de la Synagogue en France.
Ld 184. Détails de l'histoire de la Synagogue en France.
Ld 185. Détails de l'histoire des diverses circonscriptions consistoriales de la Synagogue, par ordre alphabétique de localités en France et aux colonies.

Section III. — *Cultes divers.*
Ld 186. Généralités.
Ld 187. Cultes révolutionnaires.
Ld 188. Théophilanthropes : histoire générale; constitution religieuse; détails de l'histoire.

Id[96]. Église chrétienne primitive de l'abbé Palaprat, Nouveaux Templiers du même nom.
Id[97]. Saint-Simoniens.
Id[98]. Église catholique française de l'abbé Châtel, Église évangélique française de l'abbé Auzou, 1er démembrement de la précédente. Église chrétienne française de l'abbé Bandelier, 2e démembrement de la première.
Id[99]. Église constitutionnelle française de l'abbé Roch.
Id[100]. Œuvre de la Miséricorde d'Eugène (dit Pierre-Michel) Vintras.
Id[101]. Église catholique-primitive d'Orient.
Id[102]. Mormons.

TOME VI

A paru en 1859; 815 p. Ce volume renferme 17,637 mentions.

CHAPITRE VI. — *Histoire constitutionnelle de France.*

Section I. — Le[1]. *Généralités de l'histoire constitutionnelle de France.*
Section II. — *Constitutions françaises.*
  Le[2]. Recueils généraux.
  Le[3]. Constitutions successives : Loi salique, Constitutions de 1791, 1793, an III, an VIII, an XII Constitution sénatoriale de 1814, Charte de 1814. Acte additionnel de 1815, Charte de 1830, Constitutions de 1848 et de 1852.
Section III. — *Traités de la constitution française.*
  Le[4]. Traités généraux.
  Le[5]. Traités des majorités et régences.
  Le[6]. Traités de la succession à la couronne.
  Le[7]. Traités des États-généraux et assemblées représentatives.
Section IV. — Le[8]. *Régime électoral de France.*
Section V. — *États généraux et assemblées de notables antérieurs à Louis XVI.*
  Le[9]. États généraux de 1355.
  Le[10]. États généraux de Tours, en 1484.
  Le[11]. Assemblée des notables tenue à Paris, en 1540.
  Le[12]. États généraux convoqués à Meaux, puis à Paris, et tenus à Orléans, puis à Saint-Germain, en 1560 et 1561.
  Le[13]. États généraux de Blois, en 1576 et 1577.
  Le[14]. États généraux de Blois, en 1588 et 1589.
  Le[15]. États de la Ligue en 1593.
  Le[16]. Assemblée de notables tenue à Rouen en 1596.
  Le[17]. États généraux convoqués à Sens, et tenus à Paris, en 1614 et 1615.
  Le[18]. Assemblée de notables tenue à Rouen, en 1617.
  Le[19]. Assemblée de notables tenue à Paris, en 1626 et 1627.
  Le[20]. États généraux convoqués à Orléans en 1649, puis à Tours en 1651, et non tenus.
Section VI. — *États généraux convoqués par Louis XVI, devenus ensuite Assemblée nationale constituante.*
  Le[21]. Première assemblée préliminaire des notables, à Versailles, en 1787.
  Le[22]. Seconde assemblée préliminaire des notables, à Versailles, en 1788.
  Le[23]. Élections aux États-généraux de 1789.
  Le[24]. Cahiers des députés aux États généraux de 1789.
  Le[25]. Collections des portraits des députés aux États généraux de 1789.
  Le[26]. Liste des députés aux États généraux de 1789.
  Le[27]. Collections des Actes de l'Assemblée nationale constituante de 1789.
  Le[28]. Préliminaires de l'Assemblée nationale constituante de 1789.
  Le[29]. Détails des séances de l'Assemblée nationale constituante de 1789.
  Le[30]. Comptes rendus des députés à l'Assemblée nationale constituante de 1789.
Section VII. — *Assemblée nationale législative de 1791.*
  Le[31]. Élections à l'Assemblée nationale législative de 1791.
  Le[32]. Liste des députés à l'Assemblée nationale législative de 1791.
  Le[33]. Collection des Actes de l'Assemblée nationale législative de 1791.

Le[34]. Détails des séances de l'Assemblée nationale législative de 1791.
Section VIII. — *Convention nationale.*
Le[35]. Élections à la Convention nationale.
Le[36]. Liste des députés à la Convention nationale.
Le[37]. Collection des Actes de la Convention nationale.
Le[38]. Détail des séances de la Convention nationale.
Le[39]. Comptes rendus des représentants en mission.
Section IX. — *Assemblées délibérantes du Directoire.*
Le[40]. Élections aux deux Conseils.
Le[41]. Listes des députés des deux Conseils.
Le[42]. Collections des Actes aux deux Conseils.
Le[43]. Détails des séances du Conseil des Cinq-Cents.
Le[44]. Détails des séances de la Commission du Conseil des Cinq-Cents.
Le[45]. Détails des séances du Conseil des Anciens.
Le[46]. Détails des séances de la Commission du Conseil des Anciens.
Section X. — *Assemblées délibérantes du Consulat et de l'Empire.*
Le[47]. Élections à la liste nationale au Corps législatif et au Tribunat.
Le[48]. Histoires et collections des Actes du Sénat conservateur, du Corps législatif et du Tribunat.
Le[49]. Détail des séances du Sénat conservateur.
Le[50]. Détails des séances du Corps législatif.
Le[51]. Détails des séances du Tribunat.
Section XI. — Le[52]. *Assemblées délibérantes de la 1re Restauration.*
Section XII. — Le[53]. *Assemblées délibérantes des Cent-Jours.*
Section XIII. — *Assemblées délibérantes de la royauté constitutionnelle à partir de la 2e Restauration. (1815-1848).*
Le[54]. Élections à la Chambre des Députés, par dates, et par ordre alphabétique de départements dans chaque élection.
Le[55]. Listes des membres des deux Chambres; de la Chambre des Pairs; de la Chambre des Députés.
Le[56]. Règlements et administration intérieure de la Chambre des Pairs; de la Chambre des Députés.
Le[57]. Discours du Trône.
Le[58]. Collections officielles des Actes des deux Chambres.
Le[59]. Collections non officielles des discours prononcés aux deux Chambres: à la Chambre des Pairs; à la Chambre des Députés.
Le[60]. Histoire des sessions.
Le[61]. Détails des séances de la Chambre des Pairs.
Le[62]. Détails des séances de la Chambre des Députés.
Le[63]. Comptes rendus des Députés à leurs commettants.

T. VII.

A paru en 1861; 819 pages. Renferme 18,893 mentions.

CHAPITRE VI (suite).

Section XIV. — *Assemblée constituante de 1848.*
Le[64]. Élections à l'Assemblée constituante de 1848.
Le[65]. Listes des représentants du peuple à l'Assemblée constituante de 1848.
Le[66]. Organisation intérieure de l'Assemblée constituante de 1848.
Le[67]. Collection des Actes de l'Assemblée constituante de 1848.
Le[68]. Détails des séances de l'Assemblée constituante de 1848.
Le[69]. Comptes rendus des Représentants du peuple à l'Assemblée constituante de 1848.
Section XV. — *Assemblée législative de 1849.*
Le[70]. Élections à l'Assemblée législative de 1849.
Le[71]. Opérations extra-électorales des comités permanents.
Le[72]. Liste des Représentants du peuple à l'Assemblée législative de 1849.
Le[73]. Organisation intérieure de l'Assemblée législative de 1849.
Le[74]. Collection des Actes de l'Assemblée législative de 1849.

Lc⁷⁵. Détails des séances de l'Assemblée législative de 1849.
Lc⁷⁶. Comptes rendus des Représentants à l'Assemblée législative de 1849. Critiques de leurs votes.
Section XVI. — *Assemblées délibérantes de la Présidence décennale et du second Empire.*
Lc⁷⁷. Élections au Corps législatif, du 29 février 1852 au 18 décembre 1859.
Lc⁷⁸. Listes des membres des deux Chambres : du Sénat ; du Corps législatif.
Lc⁷⁹. Organisation intérieure du Sénat ; du Corps législatif.
Lc⁸⁰. Collections des Actes du Sénat ; du Corps législatif.
Lc⁸¹. Discours d'ouverture des sessions.
Lc⁸². Détails des séances du Sénat.
Lc⁸³. Détails des séances du Corps législatif.
Lc⁸⁴. Comptes rendus des Députés au Corps législatif.

CHAPITRE VII. — *Histoire administrative de France.*

PREMIÈRE PARTIE. — *Administration française sous l'ancien régime.*

Section I. — *Généralités.*
Lf¹. Histoires générales de l'ancienne administration française.
Lf². Histoires par époques de l'ancienne administration française.
Section II. — *Offices de France en général.*
Lf³. Histoires et traités généraux des offices de France.
Lf⁴. Détails de l'histoire des offices de France.
Section III. — *Grands officiers de la couronne.*
Lf⁵. Histoires et traités généraux des grands officiers de la couronne.
Lf⁶. Histoires et traités spéciaux des grands officiers de la couronne : Pairs ; Connétables ; Chanceliers et Gardes des sceaux ; Maréchaux ; Amiraux ; Grands maîtres de l'artillerie ; Porte-oriflamme.
Section IV. — *Maison du roi et des princes.*
Lf⁷. Maison du roi en général.
Lf⁸. Grands officiers de la maison du roi.
Lf⁹. Officiers commensaux de la maison du roi et des princes : liste des officiers ; privilèges.
Lf¹⁰. Chambre du roi. Historiographe de France.
Lf¹¹. Écuries du roi.
Lf¹². Vénerie du roi.
Lf¹³. Garde-meuble de la couronne.
Lf¹⁴. Bâtiments du roi.
Lf¹⁵. Maisons des princes.
Lf¹⁶. Apanages des princes.
Section V. — *Conseils du roi.*
Lf¹⁷. Histoires générales des conseils du roi. Listes des membres des conseils du roi.
Lf¹⁸. Détails de l'histoire des conseils du roi.
Lf¹⁹. Ministres d'État.
Lf²⁰. Secrétaires d'État : Histoire des secrétaires d'État ; Listes.
Lf²¹. Conseillers d'État.
Lf²². Grand conseil.
Section VI. — *Justice.*
Lf²³. Administration de la justice en général.
Lf²⁴. Chancelleries : Traités généraux et histoires. Liste des officiers de la chancellerie. Recueils de délibérations et de lettres de convocation. Statuts et règlements. Détails de l'histoire.
Lf²⁵. Parlements : Généralités de l'histoire. Recueils de harangues. Détails de l'histoire.
  Parlement de Paris rendu sédentaire en 1334 ; Généralités de l'histoire. Recueils de harangues. Présidents du Parlement. Recueils de listes des membres du Parlement.

Ressort du Parlement. Privilèges, règlements et ordres d'audience. Détails de l'histoire.
Parlement de Toulouse, créé en 1303, fixé en 1443.
Parlement de Dijon, créé en 1354.
Parlement de Rennes, créé en 1451.
Parlement de Bordeaux, créé en 1451.
Parlement de Grenoble, créé en 1453.
Échiquier de Normandie: Parlement de Rouen, créé en 1499.
Parlement d'Aix, créé en 1501.
Parlement de Pau, créé en 1626.
Parlement de Metz, créé en 1633.
Parlement de Besançon, créé en 1674.
Parlement de Tournai, créé en 1688.
Parlement de Nancy, créé en 1766.

I.f26. Conseils souverains; supérieurs; provinciaux.
I.f27. Chambres des comptes.
I.f28. Cours des aides.
I.f29. Cour des monnaies.
I.f30. Prévôté de l'hôtel.
I.f31. Trésoriers de France.
I.f32. Connétablie et maréchaussée.
I.f33. Amirautés.
I.f34. Châtelet.
I.f35. Bailliages et sénéchaussées.
I.f36. Présidiaux.
I.f37. Prévôtés, par ordre alphabétique de localités.
I.f38. Élections de France.
I.f39. Consulats, par ordre alphabétique de localités.
I.f40. Officiers ministériels de l'ordre judiciaire en général.
I.f41. Notaires : histoire et organisation. Détails, par ordre alphabétique de localités
I.f42. Procureurs : histoire et organisation. Procureurs du grand conseil. Procureurs des parlements, par ordre alphabétique. Procureurs des chambres des comptes et cours des aides, par ordre alphabétique de localités. Procureurs au Châtelet de Paris. Procureurs des bailliages et présidiaux, par ordre alphabétique de localités.
I.f43. Huissiers : Histoire et organisation. Huissiers du grand conseil et de la chancellerie. Huissiers des parlements : des chambres des comptes et cours des aides; de la prévôté de l'hôtel. Huissiers à cheval au Châtelet de Paris. Huissiers à verge au Châtelet de Paris. Huissiers audienciers et huissiers priseurs au Châtelet de Paris. Huissiers des aides et tailles de l'élection de Paris. Huissiers des consuls de Paris. Huissiers des bailliages et présidiaux.
I.f44. Greffiers.
I.f45. Receveurs des consignations.
I.f46. Receveurs aux saisies réelles.
I.f47. Commissaires enquêteurs examinateurs.
I.f48. Basoche : Généralités de l'histoire de la basoche. Clercs de procureurs; de la chambre des comptes; du Châtelet de Paris; clercs de notaires.
I.f49. Avocats.

Section VII. — *Armée.*

I.f50. Histoire de l'armée en général. Organisation de l'armée. Histoire des troupes étrangères au service de France.
I.f51. Garde royale : Histoires générales. Compagnies des gentilshommes de la maison du roi. Gardes du corps. Gardes de la porte du roi. Gendarmerie. Chevau-légers de la garde du Roi. Grenadiers à cheval du roi. Mousquetaires du roi. Gardes françaises. Archers écossais. Suisses. Cent-gardes suisses.
I.f52. État-major de l'armée.
I.f53. Génie.

Lf54. Artillerie.
Lf55. Cavalerie et dragons.
Lf56. Infanterie.
Lf57. Histoires spéciales des régiments et autres corps d'armée : cadets gentilshommes. Régiments.
Lf58. Recrutement de l'armée.
Lf59. Haras et remontes.
Lf60. Écoles militaires. Écoles diverses, par ordre alphabétique de localités.
Lf61. Administration de la guerre en général.
Lf62. Commissaires des guerres.
Lf63. Finances de l'armée.
Lf64. Fournitures de l'armée.
Lf65. Poudres et salpêtres.
Lf66. Hôpitaux militaires.
Lf67. Pensions militaires.
Lf68. Invalides.
Section VIII. — *Marine.*
Lf69. Histoire de la marine en général.
Lf70. Troupes et artillerie de la marine.
Lf71. Classes de la marine.
Lf72. Écoles de la marine.
Lf73. Fournitures de la marine.
Lf74. Hôpitaux de la marine.
Lf75. Invalides de la marine.
Section IX. — *Finances.*
Lf76. Traités des finances en général : Traités généraux. Histoires générales. Histoires par époques. Comptes rendus officiels. Liste du personnel. Organisation du personnel. Détails de l'histoire.
Lf77. Monnaies : Histoires générales des monnaies. Ferme des monnaies. Détails de l'histoire des monnaies. Hôtels des monnaies, par ordre alphabétique. Suppression des hôtels des monnaies.
Lf78. Loterie.
Lf79. Emprunts.
Lf80. Rentes : Liste des rentiers de Paris et listes de tirage pour les remboursements. Listes des rentiers de Lyon. Détails de l'histoire des rentes. Contrôle des rentes. Liste des payeurs de rentes. Statuts des payeurs de rentes. Histoire et organisation des payeurs de rentes.
Lf81. Pensions.
Lf82. Impôts en général.
Lf83. Fermes générales : Généralités de l'histoire des fermes. Baux des fermes réunies. Listes des fermiers généraux. Privilèges des commis des fermes. Détails de l'histoire des fermes. Baux des fermes provinciales.
Lf84. Taille.
Lf85. Capitation.
Lf86. Vingtième.
Lf87. Gabelles.
Lf88. Aides : Généralités de l'histoire des aides. Recueils de baux de la ferme des aides. Circonscriptions des aides. Personnel des aides. Détails de l'histoire des aides. Tiers retranché. Huitième du vin. Quatrième du vin. Anciens cinq sous. Annuel. Jurés vendeurs de vin. Subvention du vingtième. Péages ou rivières. Entrées de Paris. Octroi des villes. Poisson. Pied fourché. Suifs. Bûche de Paris. Poids-le-roi. Marque des fers. Marque d'or et d'argent. Formule et contrôle, ou Droits sur les papiers, bières, etc. Cuirs tannés. Marque des ouvrages de soie. Draps. Droits réunis. Droits rétablis. Grand devoir des États de Bretagne. Petit devoir des États de Bretagne.
Lf89. Traites.
Lf90. Domaines : Histoires générales des domaines. Baux de la ferme des domaines. Personnel des domaines. Détails de l'histoire des domaines.

Privilèges des officiers des eaux et forêts. Détails de l'histoire des eaux et forêts. Amortissements. Francs-fiefs et nouveaux acquêts. Contrôle des actes. Petits sceaux. Insinuations. Formules. Greffes. Offices domaniaux. Débets de quittances. Droit sur les fers. Cartes à jouer. Châtrerie.
Lf91. Tabacs.
Lf92. Postes et messageries.
Lf93. Ponts et chaussées.
Lf94. Officiers ministériels de finance.
Section X. — Lf95. *Administration provinciale*.

SECONDE PARTIE. — *Administration française depuis la Révolution*.

Section I. — *Généralités*.
Lf96. Histoires et traités de l'administration française en général.
Lf97. Histoires et traités du personnel administratif en général.
Section II. — *Administration centrale*.
Lf98. Gouvernement en général.
Lf99. Ministères en général : histoire. États officiels.
Lf100. Conseil d'état.
Section III. — *Maison du souverain*.
Lf101. Ministère de la maison du roi.
Lf102. Intendance générale de la liste civile.
Section IV. — *Ministère d'état et de la maison de l'empereur*.
Lf103. Administration centrale.
Lf104. Comptes rendus officiels.
Lf105. Maison de l'empereur.
Section V. — *Ministère de la Justice*.
Lf106. Administration centrale.
Lf107. Comptes rendus officiels.
Lf108. Administration de la justice en général.
Lf109. Organisation judiciaire en général.
Lf110. État de la magistrature en général.
Lf111. Cour de cassation.
Lf112. Cours impériales.
Lf113. Cours criminelles et cours d'assises : Histoires générales du jury. Listes du jury. Détails de l'histoire du jury. Cours d'assises. Exécuteurs des hautes œuvres.
Lf114. Tribunaux de 1re instance : histoire et organisation. Juges suppléants. Juges auditeurs. Tribunal de la Seine. Tribunaux par ordre alphabétique de localités. Jury d'expropriation.
Lf115. Tribunaux de commerce : Élections et règlements. Histoire et organisation. Tribunal de la Seine. Tribunaux par ordre alphabétique de localités. Agréés.
Lf116. Justices de paix.
Lf117. Greffiers.
Lf118. Officiers ministériels de l'ordre judiciaire en général.
Lf119. Notaires.
Lf120. Avoués.
Lf121. Huissiers.
Lf122. Commissaires priseurs.
Lf123. Gardes du commerce.
Lf124. Basoche.
Lf125. Avocats.
Lf126. Cultes.
Section VI. — *Ministère des affaires étrangères*.
Lf127. Administration centrale.
Lf128. Comptes rendus officiels.
Lf129. Service diplomatique.
Lf130. Douanes.

Section VII. — *Ministère de l'intérieur.*
Lf¹³¹. Administration centrale.
Lf¹³². Comptes rendus officiels : Administration centrale. Navigation. Administration départementale. Établissements de bienfaisance. Établissements pénitentiaires. Police. Établissements scientifiques. Gardes nationales. Ponts et chaussées. Monuments publics. Chemins vicinaux. Caisses d'épargne. Monts-de-piété. Salubrité. Émigration.
Lf¹³³. Garde nationale.
Lf¹³⁴. Sapeurs-pompiers de la garde nationale.
Lf¹³⁵. Chemins vicinaux : Rapports des agents. Organisation générale du service vicinal. Organisation du service par départements. Personnel.
Lf¹³⁶. Administration départementale et communale : Organisation générale. Organisation des conseils de préfecture. Personnel des préfectures et sous-préfectures. Analyse des vœux des conseils généraux, cantonaux, municipaux.
Lf¹³⁷. Police : Organisation. Officiers de police. Gardes champêtres.
Lf¹³⁸. Jeux publics.
Lf¹³⁹. État civil.
Lf¹⁴⁰. Archives et bibliothèques.
Lf¹⁴¹. École polytechnique.
Lf¹⁴². Ponts et chaussées.
Lf¹⁴³. Mines.
Lf¹⁴⁴. Instruction publique.
Lf¹⁴⁵. Cultes.
Lf¹⁴⁶. Bâtiments civils.
Lf¹⁴⁷. Poids et mesures.
Lf¹⁴⁸. Haras.
Lf¹⁴⁹. Conseils généraux près le ministère de l'Intérieur.
Lf¹⁵⁰. Officiers ministériels relevant du département de l'intérieur.

Section VIII. — *Ministère de la police.*
Lf¹⁵¹. Comptes rendus officiels.
Lf¹⁵². Histoire du ministère de la police et de la police en général.
Lf¹⁵³. Jeux publics.

Section IX. — *Ministère des finances.*
Lf¹⁵⁴. Histoires générales des finances.
Lf¹⁵⁵. Traités généraux des finances.
Lf¹⁵⁶. Budget : Budget proprement dit. Crédits supplémentaires. Comptes définitifs. Comptes des ministres. Vérification des comptes. Lois de finances. Ouvrages sur le budget.
Lf¹⁵⁷. Organisation des administrations financières : Caisse de l'extraordinaire. Direction générale de la liquidation. Trésorerie nationale. Comptabilité nationale. Administration des finances. Contributions directes. Enregistrement et domaines. Forêts. Contributions indirectes. Poudres et salpêtres. Tabacs.
Lf¹⁵⁸. Comptes et actes officiels : Caisse de l'extraordinaire. Direction générale de liquidation. Trésorerie nationale, trésor public. Comptabilité nationale. Administration des finances. Pensions de retraites. Pensions de la liste civile. Traitements des fonctionnaires. Contributions. Enregistrement et domaines. Timbre. Impôts indirects. Douanes. Octrois. Poudres et salpêtres. Tabacs. Messageries.
Lf¹⁵⁹. Cour des comptes.
Lf¹⁶⁰. Comptabilité publique.
Lf¹⁶¹. Revenus et dépenses publiques.
Lf¹⁶². Dette publique : rentes ; amortissement.
Lf¹⁶³. Monnaies et médailles : Papier-monnaie. Monnaies. Hôtel des monnaies. Médailles.
Lf¹⁶⁴. Pensions civiles.
Lf¹⁶⁵. Impôts en général.
Lf¹⁶⁶. Contributions directes en général.
Lf¹⁶⁷. Contribution foncière.

Lf⁴⁵. Cadastre.
Lf⁴⁶. Contribution personnelle et mobilière.
Lf⁵⁰. Portes et fenêtres.
Lf⁵¹. Patentes.
Lf⁵². Impôt sur les chiens.
Lf⁵³. Enregistrement.
Lf⁵⁴. Domaines.
Lf⁵⁵. Hypothèques.
Lf⁵⁶. Timbre.
Lf⁵⁷. Eaux et forêts.
Lf⁵⁸. Contributions indirectes en général.
Lf⁵⁹. Douanes.
Lf⁶⁰. Octrois.
Lf⁶¹. Droits réunis en général.
Lf⁶². Impôt des boissons.
Lf⁶³. Impôt du sel.
Lf⁶⁴. Poudres et salpêtres.
Lf⁶⁵. Tabacs.
Lf⁶⁶. Postes et messageries.
Lf⁶⁷. Loterie.
Lf⁶⁸. Officiers ministériels relevant du département des finances.
Section X. — *Ministère des contributions publiques.*
Lf⁶⁹. Administration centrale.
Lf⁹⁰. Comptes rendus officiels.
Lf⁹¹. Histoire des contributions publiques.
Section XI. Lf⁹². — *Ministère du Trésor public.*
Section XII. — *Ministère de la guerre.*
Lf⁹³. Administration centrale : histoires générales ; organisation des bureaux. Détails de l'histoire.
Lf⁹⁴. Comptes rendus et actes officiels : Administration de la guerre. Recrutement. Caisse de la dotation de l'armée. École polytechnique. Justice militaire. Pensions militaires. Invalides. Algérie.
Lf⁹⁵. Histoire et organisation de l'armée : Généralités de l'histoire. Statistique militaire. Constitution de l'armée. Détails de l'histoire et de l'organisation.
Lf⁹⁶. Gardes impériale et royale : Garde impériale du 1ᵉʳ Empire. Garde royale en général. Suisses. Régiments d'infanterie de la garde royale. Garde impériale du 2ᵉ Empire. Guides.
Lf⁹⁷. État-major : Maréchaux de France. Histoire et organisation du corps d'état-major. État-major des places.
Lf⁹⁸. Gendarmerie.
Lf⁹⁹. Garde municipale.
Lf²⁰⁰. Sapeurs-pompiers de Paris.
Lf²⁰¹. Génie.
Lf²⁰². Artillerie.
Lf²⁰³. Train.
Lf²⁰⁴. Cavalerie.
Lf²⁰⁵. Infanterie.
Lf²⁰⁵. Musiques régimentaires.
Lf²⁰⁶. Histoire des régiments et autres corps de l'armée.
Lf²⁰⁷. Recrutement de l'armée.
Lf²⁰⁸. Remontes militaires.
Lf²⁰⁹. École polytechnique.
Lf²¹⁰. Écoles militaires.
Lf²¹². Justice militaire.
Lf²¹³. Administration militaire en général.
Lf²¹⁴. Subsistances militaires.
Lf²¹⁵. Fournitures militaires.
Lf²¹⁶. Étapes militaires.
Lf²¹⁷. Équipages militaires.

Lf²¹⁸. Arsenaux et manufactures d'armes.
Lf²¹⁹. Service de santé militaire.
Lf²²⁰. Pensions militaires.
Lf²²¹. Invalides.
Lf²²². Justice civile en Algérie : Organisation de la justice en Algérie. Cour d'appel d'Alger. Tribunaux de 1ʳᵉ instance. Justices de paix.

Section XIII. — *Ministère de la marine et des colonies.*
Lf²²³. Administration centrale.
Lf²²⁴. Comptes rendus et actes officiels : Marine et colonies ; Justice coloniale. Hydrographie. Pensions. Invalides de la marine.
Lf²²⁵. Histoire de la marine en général.
Lf²²⁶. Personnel de la flotte.
Lf²²⁷. Matériel de la flotte.
Lf²²⁸. État-major de la marine.
Lf²²⁹. Artillerie et troupes de la marine.
Lf²³⁰. Classes de la marine.
Lf²³¹. Écoles de la marine.
Lf²³². Justice maritime.
Lf²³³. Administration de la marine en général.
Lf²³⁴. Ports et arsenaux de la marine.
Lf²³⁵. Service de santé de la marine.
Lf²³⁶. Pensions de la marine.
Lf²³⁷. Invalides de la marine.
Lf²³⁸. Justice coloniale.

Section XIV. — *Ministère des affaires ecclésiastiques et de l'Instruction publique.*
Lf²³⁹. Comptes rendus officiels.
Lf²⁴⁰. Histoire de l'Université en général.

Section XV. — *Ministère de l'Instruction publique et des cultes.*
Lf²⁴¹. Administration centrale.
Lf²⁴². Comptes rendus et actes officiels : Instruction publique. Institut. Collège de France. Observatoire. Bureau des longitudes. Muséum. Bibliothèques. Académie de médecine. École des chartes. École des langues orientales. Comité des travaux historiques.
Lf²⁴³. Conseil supérieur de l'instruction publique.
Lf²⁴⁴. Histoire de l'Université en général : Histoire et organisation. Personnel.
Lf²⁴⁵. Cultes.

Section XVI. — *Ministère du commerce et des manufactures (puis : du commerce et des travaux publics ; — du commerce ; — du commerce et de l'agriculture).*
Lf²⁴⁶. Administration centrale.
Lf²⁴⁷. Comptes rendus officiels.
Lf²⁴⁸. Administration départementale et communale.
Lf²⁴⁹. Ponts et chaussées et mines.
Lf²⁵⁰. Haras.
Lf²⁵¹. Poids et mesures.
Lf²⁵². Conseils de prud'hommes.
Lf²⁵³. Officiers ministériels relevant du département du commerce.

Section XVII. — *Ministère des travaux publics, de l'agriculture et du commerce (puis : des travaux publics).*
Lf²⁵⁴. Administration centrale.
Lf²⁵⁵. Comptes rendus officiels.
Lf²⁵⁶. Ponts et chaussées et mines.
Lf²⁵⁷. Bâtiments civils.
Lf²⁵⁸. Haras.
Lf²⁵⁹. Conseils de prud'hommes.
Lf²⁶⁰. Officiers ministériels relevant du département des travaux publics, de l'agriculture et du commerce.

Section XVIII. — *Ministère de l'agriculture et du commerce (puis : de l'agriculture, du commerce et des travaux publics).*
Lf²⁶¹. Administration centrale.

Lf²⁶². Comptes rendus officiels.
Lf²⁶³. Conseils généraux près le ministère de l'agriculture : Généralités des trois conseils. Conseil de l'agriculture. Conseil des manufactures. Conseil du commerce. Conseil réuni de l'agriculture, des manufactures et du commerce. Conseil des haras.
Lf²⁶⁴. Haras.
Lf²⁶⁵. Poids et mesures.
Lf²⁶⁶. Conseils de prud'hommes.
Lf²⁶⁷. Ponts et chaussées et mines.
Lf²⁶⁸. Officiers ministériels relevant du département de l'agriculture, du commerce et des travaux publics : Histoire et organisation. Agents de change. Courtiers de commerce. Courtiers gourmets.
Section XIX. — Lf²⁶⁹. *Ministère de l'Algérie et des colonies.*

CHAPITRE VIII. — *Histoire diplomatique de France.*

Section I. — *Généralités.*
Lg¹. Histoires générales de la diplomatie française.
Lg². Histoire de la diplomatie française par contrées.
Lg³. Histoire de la diplomatie française par époques.
Lg⁴. Mémoires diplomatiques généraux.
Lg⁵. Recueils généraux et traités.
Section II. — Lg⁶. *Détails de l'histoire diplomatique.*

CHAPITRE IX. — *Histoire militaire de France.*

Section I. — *Armée de terre.*
Lh¹. Histoires générales.
Lh². Histoires des guerres par contrées.
Lh³. Histoires des guerres par époques.
Lh⁴. Histoires par campagnes.
Lh⁵. Détails de l'histoire militaire.
Section II. — *Armée de mer.*
Lh⁶. Histoires générales.
Lh⁷. Histoires de la marine française par époques.
Lh⁸. Histoires de la marine française par campagnes.
Lh⁹. Détails de l'histoire de la marine française.

CHAPITRE X. — *Mœurs et coutumes des Français.*

Section I. — *Généralités.*
Li¹. Histoires générales des mœurs françaises.
Li². Histoires des mœurs françaises par époques.
Li³. Détails de l'histoire des mœurs françaises.
Section II. — *Caractère des Français.*
Li⁴. Caractère des Français en général.
Li⁵. Caractères des Français des divers états.
Li⁶. Physiologies.
Section III. — *Modes et costume français.*
Li⁷. Histoires générales des modes et du costume en France.
Li⁸. Détails de l'histoire des modes et du costume en général.
Li⁹. Histoire du costume de différentes classes en France.
Li¹⁰. Histoire de l'uniforme des différents corps militaires en France.
Li¹¹. Histoire des diverses parties du costume en France.
Li¹². Barbe, cheveux et cosmétiques.
Section IV. — Li¹³. *Mobilier français.*
Section V. — *Usages de la vie civile et administrative.*
Li¹⁴. Repas.
Li¹⁵. Jeux et amusements.
Li¹⁶. Voitures publiques et particulières, éclairage, etc.
Li¹⁷. Mariages.

Lj18. Sépultures.
Lj19. Coutumes diverses : généralités. Etrennes. Fête des Rois. Carnaval. Fête des Fous. Charivari. Usages des Universités. Cours d'amour.
Section VI. — Lj20. *Usages religieux*.
Section VII. — *Usages de la guerre*.
Lj21. Paix et trêve de Dieu. Cérémonies des gages de bataille. Poudre et armes.
Section VIII. — *Emblèmes nationaux de la France*.
Lj22. Histoire des armes de France : généralités. Fleurs de lis. Bonnet de la liberté. Arbres de la liberté. Aigle.
Lj23. Histoire des drapeaux français.
Section IX. — *Cérémonial français*.
Lj24. Généralités.
Lj25. Sacre et couronnement du souverain : Sacre. Sainte Ampoule. Guérison des écrouelles. Titres des rois de France. Communion des rois de France.
Section X. — *Mœurs, usages et costumes locaux*.
Lj26. Généralités : Mœurs. Amusements. Costumes. Armoriaux.
Lj27. Mœurs des différentes régions de la France.
Lj28. Mœurs des provinces, par ordre alphabétique.
Lj29. Mœurs des départements.
Lj30. Mœurs des arrondissements.
Lj31. Mœurs des localités.
Lj32. Mœurs de l'Algérie.
Lj33. Mœurs des colonies.

CHAPITRE XI. — *Archéologie française*.

Section I. *Archéologie proprement dite*.
Lj1. Généralités : Histoire et organisation de l'archéologie française. Ouvrages généraux sur l'archéologie française.
Lj2. Archéologie celtique et gauloise en général.
Lj3. Archéologie gallo-romaine en général.
Lj4. Archéologie des différentes régions de la France.
Lj5. Archéologie des provinces.
Lj6. Archéologie des départements.
Lj7. Archéologie des arrondissements.
Lj8. Archéologie des cantons.
Lj9. Archéologie des villes et localités diverses.
Lj10. Archéologie de l'Algérie.
Lj11. Spécialités archéologiques : archéologie religieuse, civile, sépulcrale.
Section II. — *Archives locales et privées*.
Lj12. Généralités.
Lj13. Archives des provinces.
Lj14. Archives des départements.
Lj15. Archives des localités.
Lj16. Archives des particuliers.
Section III. — *Épigraphie*.
Lj17. Généralités.
Lj18. Épigraphie des provinces.
Lj19. Épigraphie des départements.
Lj20. Épigraphie des localités.
Lj21. Épigraphie de l'Algérie.
Section IV. — *Numismatique*.
Lj22. Généralités.
Lj23. Numismatique gauloise en général.
Lj24. Numismatique gallo-romaine en général.
Lj25. Numismatique mérovingienne en général.
Lj26. Numismatique carolingienne en général.
Lj27. Numismatique des différents règnes.
Lj28. Numismatique seigneuriale en général.

Lj²⁹. Numismatique des provinces.
Lj³⁰. Numismatique des départements.
Lj³¹. Numismatique des villes et localités diverses.
Lj³². Numismatique de l'Algérie et des colonies.
Lj³³. Numismatique administrative.
Lj³⁴. Numismatique de mœurs.
Lj³⁵. Numismatique des familles.
Section V. — *Sphragistique.*
 Lj³⁶. Généralités.
 Lj³⁷. Sceaux individuels de rois et reines.
 Lj³⁸. Sceaux des provinces.
 Lj³⁹. Sceaux des départements.
 Lj⁴⁰. Sceaux des villes et localités diverses.
 Lj⁴¹. Sceaux administratifs.
 Lj⁴². Sceaux des particuliers.

T. VIII.

Paru en 1863; il compte 739 p. et renferme 19,233 mentions.

CHAPITRE XII. — *Histoire locale.*

Section I. — *France continentale.*
 Lk¹. Histoire des régions et grandes divisions de la France.
 Lk². Histoire des provinces et anciennes divisions de la France.
 Lk³. Histoire des diocèses de la France.
 Lk⁴. Histoire des départements de la France.
 Lk⁵. Histoire des districts et arrondissements de la France.
 Lk⁶. Histoire des cantons de la France.
 Lk⁷. Histoire des villes et localités diverses de la France.
Section II. — *France coloniale.*
 Lk⁸. Algérie.
 Lk⁹. Généralités des colonies françaises autres que l'Algérie.
 Lk¹⁰. Colonies d'Asie.
 Lk¹¹. Colonies d'Afrique (Algérie non comprise).
 Lk¹². Colonies d'Amérique.
 Lk¹³. Colonies d'Océanie.

T. IX.

Publié en 1855, ce volume compte 739 pages et contient 21,642 mentions.

Histoire locale (suite).

Section III. — *Histoire et délibérations des assemblées locales.*
 Lk¹⁴. États provinciaux.
 Lk¹⁵. Assemblées provinciales.
 Lk¹⁶. Conseils généraux des départements : élections, délibérations, comptes rendus.
 Lk¹⁷. Conseils de district et d'arrondissement.
 Lk¹⁸. Corps de ville et conseils municipaux.
 Lk¹⁹. Conseils coloniaux.

CHAPITRE XIII. — *Histoire des classes en France.*

Section I. — Ll¹. *Généralités.*
Section II. — *Histoire de la noblesse en France.*
 Ll². Généralités de l'histoire de la noblesse en France.
 Ll³. Détails.
Section III. — Ll⁴. *Histoire des classes moyennes en France.*
Section IV. — *Histoire des classes populaires en France.*
 Ll⁵. Généralités.

LI⁶. **Histoire de la classe agricole en France.**
LI⁷. **Histoire de la classe ouvrière en France.**
LI⁸. **Histoire des domestiques en France.**
Section V. — *Histoire des institutions nobiliaires en France.*
LI⁹. **Généralités.**
LI¹⁰. **Histoire des ordres de Notre-Dame du Mont-Carmel et de Saint-Lazare de Jérusalem en France.**
LI¹¹. **Histoire de l'ordre de Saint-Jean de Jérusalem, ou de Malte, en France.**
LI¹². **Histoire de l'ordre du Saint-Esprit de Montpellier, en France.**
LI¹³. **Histoire de l'ordre de Saint-Michel en France.**
LI¹⁴. **Histoire de l'ordre du Saint-Esprit en France.**
LI¹⁵. **Histoire de l'ordre de Saint-Louis en France.**
LI¹⁶. **Histoire de l'ordre du Mérite militaire en France.**
LI¹⁷. **Histoire de l'ordre de la Légion d'honneur en France.**
LI¹⁸. **Histoire de l'ordre du Lis en France.**
LI¹⁹. **Histoire de l'ordre de la Fidélité en France.**
LI²⁰. **Histoire de l'ordre du Saint-Sépulcre en France.**
LI²¹. **Histoire de l'ordre de la Croix en France.**
LI²². **Histoire de la croix de Juillet en France.**
LI²³. **Histoire de la médaille militaire en France.**
LI²⁴. **Histoire de la médaille de Sainte-Hélène en France.**
LI²⁵. **Histoire des ordres provinciaux en France.**

CHAPITRE XIV. — *Histoire des familles françaises ou histoire généalogique de France.*

Section I. — LIII¹. *Généralités.*
Section II. — LIII². *Nobiliaires provinciaux et locaux.*
Section III. — LIII³. *Histoires et généalogies particulières des familles françaises, par ordre alphabétique.*

CHAPITRE XV. — *Biographie française.*

Section I. — LIV¹. *Biographies générales.*
Section II. — LIV². *Biographies par époques.*
Section III. *Biographies spéciales.*
LIV³. Biographies des saints français et des célébrités religieuses des différents cultes.
LIV⁴. Biographies du clergé français.
LIV⁵. Biographies des hommes d'état et administrateurs français.
LIV⁶. Biographies parlementaires.
LIV⁷. Biographies de la magistrature et du barreau français.
LIV⁸. Biographies de l'armée française.
LIV⁹. Biographies des savants et hommes de lettres français.
LIV¹⁰. Biographies des artistes français.
LIV¹¹. Biographies des médecins français.
LIV¹². Biographies des industriels, artisans et financiers français.
LIV¹³. Biographies des membres des différents ordres français.
LIV¹⁴. Biographies des prix de vertu.
LIV¹⁵. Biographies des membres d'associations diverses.
LIV¹⁶. Biographies des condamnés.
LIV¹⁷. Biographies des dames françaises.
LIV¹⁸. **Biographies des jeunes Français et Françaises.**
LIV¹⁹. **Biographies des régions.**
LIV²⁰. **Biographies des provinces.**
LIV²¹. Biographies des diocèses.
LIV²². **Biographies des départements.**
LIV²³. **Biographies des arrondissements.**
LIV²⁴. Biographies des cantons.
LIV²⁵. Biographies des villes et localités diverses.
LIV²⁶. **Biographies de l'Algérie et des colonies.**

Section V. — Ln²³. *Biographies individuelles*, par ordre alphabétique de noms de personnes. (A-L.)

T. X.

Publié en 1870, ce volume a 770 pages et renferme 22,103 mentions. Il comprend :
Ln²³. *Biographies individuelles (suite)*, par ordre alphabétique de noms de personnes. (M-Z.)
La fin de ce volume, ou pages 347 à 770, contient un SUPPLÉMENT pour les divisions précédentes Lª à Lb⁶².
Les divisions de ce Supplément étant les mêmes que celles indiquées précédemment pour les parties correspondantes du catalogue, nous ne les reproduisons pas ici. Nous donnons seulement les subdivisions nouvelles.
Section XI. — La³⁹. *Ouvrages relatifs à plusieurs règnes à partir de Louis-Philippe.*
Section XII. — La⁵⁹. *Ouvrages relatifs à plusieurs règnes à partir de la République de 1848.*

T. XI.

A paru en 1879. Ce volume, de 747 pages, renferme 21,486 mentions. Il comprend les articles supplémentaires des divisions Lb⁵⁰ à Lc⁷. La seule subdivision nouvelle du catalogue est la suivante :

Section XIII. — *Troisième République.*
Lb⁵⁷. Généralités de la troisième République. Gouvernement de la Défense nationale. Présidence de M. Thiers ; généralités ; détails ; généralités de la Commune de Paris. Présidence du Maréchal de Mac-Mahon (jusqu'au 31 décembre 1875).
La Bibliothèque Nationale ne continue plus l'impression de ce catalogue, mais elle a complété certains de ces catalogues par des Suppléments autographiés. Ceux-ci ont été tirés à un petit nombre d'exemplaires. Ces suppléments répondent aux divisions suivantes du Catalogue :
Lj¹ ³². 1885, 88 p.
Lj¹⁻⁴². 273 p.
Lk¹⁻⁴⁵. 1880, 735 p.
Lm¹⁻³. /
Ln¹ ²⁷. (1884, 933 p.
Une table alphabétique générale de ces volumes est à l'impression.

69. — **Bibliothèque** impériale. Département des Imprimés. Catalogue des sciences médicales. Publié par ordre de l'Empereur. — *Paris, Firmin-Didot*, 1857-1889, 3 vol. in-4°.

Le premier volume commence par un Rapport de M. Taschereau qui rappelle à M. le Ministre de l'Instruction publique dans quelles conditions on a arrêté le plan adopté pour le Catalogue des sciences médicales. M. Taschereau insiste aussi pour que les crédits votés en faveur des catalogues soient plus considérables.
Après ce Rapport on trouve les « Règles suivies pour la confection du catalogue. »
Publié en 1857, le T. I a vi-795 p. et contient 15,352 mentions d'ouvrages.
PRÉLIMINAIRES ET GÉNÉRALITÉS :
Section I. — *Bibliographie générale des sciences médicales.*
Section II. — *Histoire.*
T¹. Histoire générale des sciences médicales.
T². Histoire des sciences médicales limitée à certaines époques.
T³. Histoire des sciences médicales limitée à certaines nations.
T⁴. Antiquités de la médecine.
T⁵. Histoire, exposition et critique des doctrines.

T⁶. Histoire et actes des écoles et des établissements de sciences médicales, classés géographiquement.
T⁷. Histoire et actes des sociétés, classés géographiquement.
Section III. — *Biographie.*
T⁸. Biographies générales. Biographies limitées à certaines nations.
T⁹. Listes, tableaux indicateurs des médecins, chirurgiens et pharmaciens.
Section IV. — *Organisation médicale.*
T¹⁰. Organisation de la médecine. (Projets d'organisation de la médecine rurale. Opinions et polémiques sur les questions d'organisation médicale soumises aux congrès.)
T¹¹. Organisation de la chirurgie.
T¹². Organisation des officiers de santé.
T¹³. Organisation des sages-femmes.
T¹⁴. Projets d'organisation des dentistes.
T¹⁵. Organisation de la pharmacie.
T¹⁶. Organisation de la médecine vétérinaire.
T¹⁷. Privilèges et obligations des praticiens de l'art de guérir. Patente.
T¹⁸. Contestations intérieures des corporations des médecins, des chirurgiens, des apothicaires, et contestations de ces corporations entre elles.
Section V. — *Philosophie, méthodologie et littérature, érudition et critiques médicales.*
T¹⁹. Philosophie médicale.
T²⁰. Méthodologie.
T²¹. Littérature, érudition et critique médicales.
Section VI. — *Polygraphie et traités généraux comprenant l'ensemble des sciences médicales.*
T²². Collections d'auteurs, encyclopédies, recueils de mémoires.
T²³. Polygraphes anciens classés par ordre chronologique d'auteurs. Œuvres d'Hippocrate. Polygraphes antérieurs à Galien. Œuvres de Galien. Polygraphes postérieurs à Galien.
T²⁴. Polygraphes du moyen âge, classés par ordre chronologique d'auteurs.
T²⁵. Polygraphes modernes.
T²⁶. Dictionnaires et répertoires généraux des sciences médicales.
T²⁷. Lexiques et dictionnaires des termes relatifs aux sciences médicales.
T²⁸. Traités généraux anciens, classés par ordre chronologique d'auteurs.
T²⁹. Traités généraux du moyen âge, classés par ordre chronologique d'auteurs.
T³⁰. Traités généraux modernes.
T³¹. Mélanges comprenant diverses parties des sciences médicales.
Section VII. — *Journaux et écrits périodiques médicaux.*
T³². Journaux de bibliographie, d'histoire, de littérature et de critique médicales.
T³³. Journaux généraux des sciences médicales.
T³⁴. Journaux d'anatomie et de physiologie.
T³⁵. Journaux de phrénologie.
T³⁶. Journaux d'hygiène et de médecine légale.
T³⁷. Journaux divers de pathologie spéciale.
T³⁸. Journaux de médecine militaire.
T³⁹. Journaux de chirurgie.
T⁴⁰. Journaux d'obstétrique.
T⁴¹. Journaux d'homœopathie.
T⁴². Journaux de magnétisme et de galvanisme.
T⁴³. Journaux de balnéologie et d'hydrologie.
T⁴⁴. Journaux de chimie médicale et de pharmacie.
T⁴⁵. Journaux de médecine vétérinaire.
T⁴⁶. Publications des sociétés médicales, classées géographiquement.
T⁴⁷. Annuaires des sciences médicales.
T⁴⁸. Annuaires d'hygiène.
T⁴⁹. Annuaires de médecine militaire.
T⁵⁰. Annuaires d'homœopathie.

T⁵¹. Annuaires de magnétisme.
T⁵². Annuaires de balnéologie et d'hydrologie.
T⁵³. Annuaires de chimie médicale et de pharmacie.
T⁵⁴. Annuaires de médecine vétérinaire.

PREMIÈRE PARTIE. — *Étude de l'organisme humain.*

LIVRE I. — ANATOMIE.

CHAPITRE I. — *Préliminaires et généralités de l'anatomie.*

Section I. — *Bibliographie.*
Section II. — Ta¹. *Considérations sur l'anatomie.*
Section III. — *Histoire de l'anatomie.*
 Ta². Histoire générale de l'anatomie.
 Ta³. Histoire de l'anatomie dans l'antiquité.
 Ta⁴. Histoire de l'anatomie dans les temps modernes.
 Ta⁵. Histoire de l'anatomie comparée.
Section IV. — Ta⁶. *Encyclopédies et dictionnaires anatomiques.*
Section V. — *Généralités de l'anatomie.*
 Ta⁷. Œuvres anatomiques.
 Ta⁸. Traités généraux anciens, classés par ordre chronologique d'auteurs.
 Ta⁹. Traités généraux modernes.
 Ta¹⁰. Traités généraux d'anatomie artistique.
 Ta¹¹. Traités généraux d'anatomie comparée.
Section VI. — *Mélanges.*
 Ta¹². Mélanges d'anatomie.
 Ta¹³. Mélanges d'anatomie artistique.
 Ta¹⁴. Mélanges d'anatomie comparée.

CHAPITRE II. — *Anatomie générale.*

Ta¹⁵. Traités généraux.
Ta¹⁶. Histologie ou anatomie de texture.
Ta¹⁷. Histologie comparée.

CHAPITRE III. — *Appareil de la locomotion.*

Section I. — *Ostéologie.*
 Ta¹⁸. Traités généraux d'ostéologie.
 Ta¹⁹. Traités généraux d'ostéologie comparée.
 Ta²⁰. Mélanges d'ostéologie.
 Ta²¹. Mélanges d'ostéologie comparée.
Section II. — Ta²². *Syndesmologie.*
Section III. — *Miologie.*
 Ta²³. Traités généraux de myologie.
 Ta²⁴. Traités généraux de myologie comparée.
 Ta²⁵. Mélanges de myologie.
 Ta²⁶. Aponévrologie.

CHAPITRE IV. — *Appareil de la circulation.*

Ta²⁷. Traités généraux d'angiologie.
Ta²⁸. Du cœur.
Ta²⁹. Des artères et des veines.
Ta³⁰. Des vaisseaux lymphatiques et chylifères.
Ta³¹. Anatomie comparée des vaisseaux lymphatiques.

CHAPITRE V. — *Appareil de l'innervation et des sensations.*

Ta³². Traités généraux de névrologie.
Ta³³. Traités généraux de névrologie comparée.

Ta³⁴. Mélanges de névrologie.
Ta³⁵. De l'encéphale et de ses annexes.
Ta³⁶. Anatomie comparée de l'encéphale.
Ta³⁷. Des organes des sens en général.
Ta³⁸. De l'organe du toucher.
Ta³⁹. De l'organe du goût.
Ta⁴⁰. De l'organe de l'odorat.
Ta⁴¹. De l'organe de la vue.
Ta⁴². Anatomie comparée de l'organe de la vue.
Ta⁴³. De l'organe de l'ouïe.
Ta⁴⁴. Anatomie comparée de l'organe de l'ouïe.

CHAPITRE VI. — *Splanchnologie ou anatomie des viscères.*

Section I. — Ta⁴⁵. *Traités généraux de splanchnologie.*
Section II. — Ta⁴⁶. *Adénologie ou traités des glandes en général.*
Section III. — *Appareil de la digestion.*
  Ta⁴⁷. Organes de la digestion.
  Ta⁴⁸. Anatomie comparée des organes de la digestion.
  Ta⁴⁹. Du péritoine.
  Ta⁵⁰. Du foie.
  Ta⁵¹. De la rate.
Section IV. — Ta⁵². *Appareil de la voix et de la respiration.*
Section V. — *Appareil génito-urinaire.*
  Ta⁵³. Traités généraux.
  Ta⁵⁴. Anatomie comparée des organes génito-urinaires.
  Ta⁵⁵. Des organes génito-urinaires de l'homme.
  Ta⁵⁶. Des organes génito-urinaires de la femme.
  Ta⁵⁷. Des reins.
Section VI. — Ta⁵⁸. *Anatomie du fœtus.*

CHAPITRE VII.

Ta⁵⁹. *Anomalies anatomiques.*

CHAPITRE VIII. — *Art de l'Anatomiste.*

Ta⁶⁰. De la dissection.
Ta⁶¹. De l'art d'injecter et de dessécher.
Ta⁶². De l'usage du microscope en anatomie.
Ta⁶³. De l'embaumement.
Ta⁶⁴. Anatomie artificielle, descriptions et catalogues des musées anatomiques.

LIVRE II. — PHYSIOLOGIE.

CHAPITRE I. — *Préliminaires et Généralités.*

Section I. — *Bibliographie.*
Section II. — Tb¹. *Considérations sur la physiologie.*
Section III. — *Histoire de la physiologie.*
  Tb². Histoire de la physiologie humaine.
  Tb³. Histoire de la physiologie comparée.
Section IV. — Tb⁴. *Dictionnaires physiologiques.*
Section V. — Tb⁵. *Œuvres physiologiques.*
Section VI. — *Traités généraux de physiologie humaine.*
  Tb⁶. Traités généraux anciens de physiologie humaine, classés par ordre chronologique d'auteurs.
  Tb⁷. Traités généraux modernes de physiologie humaine.
  Tb⁸. Traités généraux de physiologie comparée.
Section VII. — *Mélanges.*
  Tb⁹. Mélanges de physiologie humaine.
  Tb¹⁰. Mélanges de physiologie comparée.

CHAPITRE II. — *De la Vie chez l'Être humain.*

Tb[11]. Du principe de la vie et de la vitalité.
Tb[12]. Histoire naturelle de l'homme et de la femme.
Tb[13]. Des races humaines.

CHAPITRE III. — *Des Fluides animaux, de leur composition et de leur rôle dans l'économie.*

Tb[14]. Des humeurs ou fluides animaux en général.
Tb[15]. Esprits animaux.
Tb[16]. Salive.
Tb[17]. Suc gastrique.
Tb[18]. Chyle et lymphe.
Tb[19]. Bile.
Tb[20]. Suc pancréatique.
Tb[21]. Sang.
Tb[22]. Sur le sang dans la série animale.
Tb[23]. Fluide nerveux.
Tb[24]. Fluide lacrymal.
Tb[25]. Urine.
Tb[26]. Lait.

CHAPITRE IV. — *Fonctions de nutrition.*

Section I. — *Digestion et absorption.*
Tb[27]. Digestion dans l'espèce humaine.
Tb[28]. Digestion dans la série animale.
Tb[29]. Mélanges sur la digestion.
Tb[30]. Faim, soif et cas d'abstinence.
Tb[31]. Absorption.
Section II. — *Sécrétions.*
Tb[32]. Traités généraux sur les sécrétions.
Tb[33]. Mélanges sur les sécrétions.
Tb[34]. Exhalation.
Section III. — *Circulation.*
Tb[35]. Histoire des doctrines successives sur le sang et sa circulation.
Tb[36]. Traités généraux sur la circulation du sang.
Tb[37]. Mélanges sur la circulation du sang.
Section IV. — *Respiration et calorification.*
Tb[38]. Respiration dans l'espèce humaine.
Tb[39]. Respiration dans la série animale.
Tb[40]. Fonctions accidentelles des organes respiratoires.
Tb[41]. Calorification dans l'espèce humaine.
Tb[42]. Calorification dans la série animale.
Section V. — *Nutrition proprement dite.*
Tb[43]. Nutrition dans l'espèce humaine.
Tb[44]. Nutrition dans l'espèce animale.

CHAPITRE V. — *Fonctions de relation.*

Section I. — *Innervation.*
Tb[45]. Fonctions du système nerveux dans l'espèce humaine.
Tb[46]. Mélanges sur les fonctions du système nerveux.
Tb[47]. Fonctions du système nerveux dans la série animale.
Tb[48]. Fonctions du cerveau.
Tb[49]. Histoire de la phrénologie.
Tb[50]. Phrénologie.
Tb[51]. Phrénologie comparée.
Tb[52]. Sensibilité et irritabilité.
Tb[53]. Sympathie.
Section II. — *Fonctions des organes des sens.*

Tb⁵⁴. Sensations en général.
Tb⁵⁵. Tact.
Tb⁵⁶. Goût.
Tb⁵⁷. Odorat.
Tb⁵⁸. Vue.
Tb⁵⁹. Ouïe.
Section III. — *Du sommeil et du somnambulisme naturel et magnétique.*
Tb⁶⁰. Sommeil et songes.
Tb⁶¹. Somnambulisme naturel.
Tb⁶². Histoire du magnétisme animal.
Tb⁶³. Traités de magnétisme animal.
Tb⁶⁴. Mélanges sur le magnétisme animal.
Section IV. — Tb⁶⁵. *Fonctions du système musculaire.*
Section V. — Tb⁶⁶. *Fonctions de l'appareil vocal.*

CHAPITRE VI. — *Fonctions relatives à la reproduction et au développement de l'espèce.*

Section I. — Tb⁶⁷. *Virginité, menstruation et fécondité.*
Section II. — *Traités généraux d'embryogénie.*
Tb⁶⁸. Traités généraux d'embryogénie humaine.
Tb⁶⁹. Traités généraux d'embryogénie comparée.
Tb⁷⁰. Traités généraux d'embryogénie anormale ou de tératologie.
Section III. — *Mélanges d'embryogénie.*
Tb⁷¹. Mélanges d'embryogénie humaine.
Tb⁷². Mélanges d'embryogénie comparée.
Tb⁷³. Mélanges d'embryogénie anormale ou de tératologie.
Tb⁷⁴. Géants et nains.
Section IV. — *Développement.*
Tb⁷⁵. Des âges.
Tb⁷⁶. Des tempéraments.
Tb⁷⁷. Durée de la vie et mortalité.
Tb⁷⁸. Putréfaction.

DEUXIÈME PARTIE. — Hygiène.
CHAPITRE I. — *Préliminaires et Généralités.*

Section I. — Tc¹. *Histoire de l'hygiène.*
Section II. — *Ouvrages relatifs à l'hygiène publique et privée.*
Tc². Traités généraux.
Tc³. Influence des milieux : traités d'Hippocrate. Traductions de ces traités. Commentaires sur les traités d'Hippocrate. Traités modernes.
Tc⁴. Voyages médicaux.
Tc⁵. Géographie médicale.
Tc⁶. Climatologie et topographie médicale, classées géographiquement.
Tc⁷. Acclimatement et hygiène propre aux différents pays.

CHAPITRE II. — *Hygiène privée.*

Section I. — *Ouvrages généraux sur l'hygiène privée.*
Tc⁸. Dictionnaires d'hygiène privée.
Tc⁹. Traités généraux anciens d'hygiène privée, classés par ordre chronologique d'auteurs.
Tc¹⁰. Traités généraux d'hygiène du moyen âge, classés par ordre chronologique d'auteurs. École de Salerne.
Tc¹¹. Traités généraux modernes d'hygiène privée.
Tc¹². Mélanges d'hygiène privée.
Section II. — *Hygiène du corps en général et de ses différentes parties.*
Tc¹³. Traités généraux.
Tc¹⁴. Mélanges d'hygiène du corps et de ses différentes parties.

Te¹⁵. Des vêtements.
Te¹⁶. De l'exercice et de la gymnastique.
Section III. — *Hygiène alimentaire.*
   Te¹⁷. Dictionnaire des aliments.
   Te¹⁸. Traités généraux anciens d'hygiène alimentaire, classés par ordre chronologique d'auteurs.
   Te¹⁹. Traités généraux d'hygiène alimentaire du jeune âge, classés par ordre chronologique d'auteurs.
   Te²⁰. Traités généraux modernes d'hygiène alimentaire.
   Te²¹. Mélanges d'hygiène alimentaire.
   Te²². Des aliments de carême, du jeûne et de l'abstinence des substances animales.
   Te²³. De l'emploi alimentaire de la gélatine.
   Te²⁴. Du café, du thé et du chocolat.
   Te²⁵. Des boissons.
Section IV. — Te²⁶. *Influence du tabac et de l'opium sur l'économie.*
Section V. — *Hygiène des sexes.*
   Te²⁷. Du célibat et du mariage au point de vue hygiénique.
   Te²⁸. Hygiène de la femme.
   Te²⁹. Hygiène de la maternité.
Section VI. — *Hygiène des âges.*
   Te³⁰. Traités généraux sur l'hygiène des âges.
   Te³¹. Hygiène des différents âges.
Section VII. — *Hygiène des conditions.*
   Te³². Hygiène des grands et du clergé.
   Te³³. Hygiène des gens adonnés aux travaux de l'esprit.
   Te³⁴. Hygiène militaire.
   Te³⁵. Hygiène navale.
   Te³⁶. Hygiène des voyageurs.
   Te³⁷. Hygiène des professions.

CHAPITRE III. — *Hygiène publique et Police médicale.*

Section I. — *Ouvrages généraux sur l'hygiène publique et la police médicale.*
   Te³⁸. Dictionnaires d'hygiène publique et de police médicale.
   Te³⁹. Traités généraux.
   Te⁴⁰. Mélanges.
Section II. — *Hygiène publique.*
   Te⁴¹. Hygiène et assainissement des localités, classés géographiquement.
   Te⁴². Hygiène des établissements publics.
   Te⁴³. Hygiène des crèches, salles d'asile, écoles, collèges, etc.
   Te⁴⁴. Hygiène des casernes.
   Te⁴⁵. Hygiène des hôpitaux et hospices.
   Te⁴⁶. Hygiène des établissements pénitentiaires.
   Te⁴⁷. Bains et lavoirs publics.
   Te⁴⁸. Hygiène des habitations.
Section III. — *Police médicale.*
   Te⁴⁹. Conseils de salubrité et congrès d'hygiène publique, classés géographiquement.
   Te⁵⁰. Lazarets, quarantaines, cordons sanitaires et mesures préventives de police médicale.
   Te⁵¹. De la prostitution au point de vue de l'hygiène publique.
   Te⁵². Falsifications et altérations des substances alimentaires.
   Te⁵³. Méphitisme, désinfection.
   Te⁵⁴. Mort apparente. Inhumations précipitées.
   Te⁵⁵. Des sépultures au point de vue de l'hygiène publique.

TROISIÈME PARTIE. — Pathologie.

LIVRE I. — PRÉLIMINAIRES ET GÉNÉRALITÉS.

Section I — *Bibliographie.*

Section II. — Td¹. *Considérations sur la pathologie.*
Section III. — Td². *Dictionnaires de pathologie.*
Section IV. — *Généralités de la pathologie.*
  Td³. Œuvres pathologiques.
  Td⁴. Traités généraux de pathologie.
  Td⁵. Mélanges de pathologie.
Section V. — *Ouvrages aphoristiques.*
  Td⁶. Aphorismes d'Hippocrate.
  Td⁷. Aphorismes de divers auteurs.
Section VI. — Td⁸. *Pathologie comparée.*

LIVRE II. — PATHOLOGIE GÉNÉRALE.

Section I. — *Généralités.*
  Td⁹. Traités généraux de pathologie générale.
  Td¹⁰. Mélanges de pathologie générale.
Section II. — Td¹¹. *Étiologie.*
Section III. — Td¹². *Nosologie et nosographie.*
Section IV. — *Séméiotique.*
  Td¹³. Traités généraux de séméiotique.
  Td¹⁴. Mélanges de séméiotique.
  Td¹⁵. Séméiologie des urines.
  Td¹⁶. Séméiologie du pouls.
  Td¹⁷. Séméiologie de la bouche et de la face.
  Td¹⁸. Auscultation et percussion.
  Td¹⁹. Crises et jours critiques.
Section V. — Td²⁰. *Diagnostic.*
Section VI. — *Pronostic.*
  Td²¹. Traités anciens : Livres des présages d'Hippocrate. Livre des Pronostics et Prorrhétiques d'Hippocrate. Commentaires sur les livres d'Hippocrate. Traité de Galien. Mort de Dioclès.
  Td²². Traités modernes.
Section VII. — *Anatomie pathologique.*
  Td²³. Considérations générales.
  Td²⁴. Traités généraux d'anatomie pathologique.
  Td²⁵. Mélanges d'anatomie pathologique.
  Td²⁶. Atlas et musées d'anatomie pathologique.
Section VIII. — Td²⁷. *Physiologie pathologique.*

LIVRE III. — PATHOLOGIE SPÉCIALE.

CHAPITRE I. — *Pathologie et clinique médicales.*

Section I. — *Généralités.*
  Td²⁸. Traités généraux anciens de pathologie médicale, classés par ordre chronologique d'auteurs.
  Td²⁹. Traités généraux de pathologie médicale du moyen âge, classés par ordre chronologique d'auteurs.
  Td³⁰. Traités généraux modernes de pathologie médicale.
  Td³¹. Considérations sur la clinique médicale.
  Td³². Traités et manuels de clinique médicale.
  Td³³. Statistique médicale.
  Td³⁴. Mélanges de pathologie et de clinique médicales.
Section II. — Td³⁵. *Maladies des sexes.*
Section III. — Td³⁶. *Maladies des âges.*
Section IV. — *Maladies des conditions.*
  Td³⁷. Maladies des gens du monde et des gens adonnés aux travaux de l'esprit.
  Td³⁸. Maladies des artisans.
  Td³⁹. Maladies des gens de mer.
Section V. — Td⁴⁰. *Maladies héréditaires.*
Section VI. — Td⁴¹. *Maladies chroniques.*
Section VII. — *Diathèses et cachexies.*

Td⁴². Des Diathèses et des cachexies en général.
Td⁴³. Affections vénériennes.
Td⁴⁴. Affections scorbutiques.
Td⁴⁵. Affections scrofuleuses.
Td⁴⁶. Affections cancéreuses et autres lésions organiques.
Td⁴⁷. Diathèse purulente.
Section VIII. — *Contagion et maladies contagieuses.*
Td⁴⁸. De la contagion en général.
Td⁴⁹. Maladies contagieuses.
Td⁵⁰. Affections charbonneuses.
Section IX. — *Épidémies.*
Td⁵¹. Traités généraux sur les épidémies.
Td⁵². Épidémies locales non déterminées, classées géographiquement.
Td⁵³. Peste.
Td⁵⁴. Fièvre jaune (typhus d'Amérique, typhus nautique, fièvre des Antilles, fièvre thermo-adynamique, fièvre thermo-ataxique, vomito negro, vomito prieto, etc.).
Td⁵⁵. Typhus (fièvre pétéchiale, fièvre des hôpitaux, des prisons, des camps, des armées, des vaisseaux, morbus maculosus, etc.).
Td⁵⁶. Suette et fièvre miliaire.
Td⁵⁷. Choléra.
Section X. — Td⁵⁸. *Constitutions médicales.*
Section XI. — Td⁵⁹. *Maladies cadémiques.*
Section XII. — *Maladies pouvant affecter plusieurs systèmes de l'économie.*
Td⁶⁰. Traités généraux sur les fièvres.
Td⁶¹. Mélanges sur les fièvres.
Td⁶². Fièvres typhoïdes (fièvres malignes, putrides, bilieuses, muqueuses, adynamiques, ataxiques, entérite folliculeuse, dothiénenterie, etc.).
Td⁶³. Rougeole et scarlatine.
Td⁶⁴. Variole, inoculation et vaccine.
Td⁶⁵. Fièvres intermittentes et rémittentes.
Td⁶⁶. Inflammations.
Td⁶⁷. Hémorrhagies.
Td⁶⁸. Hydropisies.

Le t. II a été publié en 1873; il compte 779 pages et renferme 18,384 mentions.

LIVRE III (suite). — PATHOLOGIE SPÉCIALE (suite).

CHAPITRE II. — *Pathologie et clinique chirurgicales, ou chirurgie proprement dite.*

Section I. — *Généralités.*
   Bibliographie.
Td⁶⁹. Histoire de la chirurgie.
Td⁷⁰. Considérations sur la chirurgie.
Td⁷¹. Dictionnaires de chirurgie.
Td⁷². Œuvres chirurgicales.
Td⁷³. Traités généraux de chirurgie.
Td⁷⁴. Mélanges de chirurgie.
Td⁷⁵. Clinique chirurgicale.
Td⁷⁶. Ouvrages aphoristiques.
Section II. — *Affections générales pouvant intéresser plusieurs systèmes de l'économie.*
Td⁷⁷. Plaies et blessures.
Td⁷⁸. Ulcères.
Td⁷⁹. Tumeurs.
Td⁸⁰. Fractures et luxations.
Td⁸¹. Brûlures.
Td⁸². Suppuration.
Td⁸³. Gangrène.

CHAPITRE III. — *Affections internes et externes propres aux différents appareils de l'économie.*

Section I. — *Appareil sensitif.*

Td 84. Traités généraux sur les affections de l'appareil sensitif.
Td 85. Maladies nerveuses et convulsives.
Td 86. Maladies mentales.
Td 87. Affections de la tête et de la colonne vertébrale.
Td 88. Affections des yeux : traités généraux. Ophthalmoscopie. Mélanges sur les affections des yeux. Cataracte. Amaurose. Strabisme.
Td 89. Affections de l'oreille et surdité.

Section II. — *Appareil respiratoire.*
Td 90. Traités généraux sur les affections de l'appareil respiratoire.
Td 91. Affections des fosses nasales.
Td 92. Affections du cou et du larynx.
Td 93. Laryngoscopie.
Td 94. Bégayement et vices de la parole.
Td 95. Affections de la trachée et des bronches.
Td 96. Goître.
Td 97. Affections des poumons et des plèvres.
Td 98. Stéthoscopes et plessimètres.
Td 99. Fractures et luxations des côtes et du sternum.
Td 100. Asphyxie.

Section III. — *Appareil circulatoire.*
Td 101. Affections du cœur et du péricarde.
Td 102. Affections des artères et des veines.
Td 103. Altérations du sang.
Td 104. Affections des vaisseaux lymphatiques.

Section IV. — *Appareil digestif.*
Td 105. Traités généraux sur les affections de l'appareil digestif.
Td 106. Affections des lèvres et de la bouche.
Td 107. Affections des dents.
Td 108. Affections du pharynx et de l'œsophage.
Td 109. Affections de l'estomac.
Td 110. Affections de la cavité abdominale.
Td 111. Affections des intestins.
Td 112. Maladies vermineuses et parasitaires.
Td 113. Hernies.
Td 114. Affections du rectum et de l'anus.
Td 115. Affections des annexes des voies digestives (mésentères, foie, rate, pancréas, péritoine.)

Section V. — *Appareil génito-urinaire.*
Td 116. Traités généraux sur les affections de l'appareil génito-urinaire.
Td 117. Affections des reins et de la vessie.
Td 118. Altérations de la sécrétion urinaire.
Td 119. Affections calculeuses.
Td 120. Affections de l'urèthre.
Td 121. Affections des organes génito-urinaires chez l'homme.
Td 122. Affections des organes génito-urinaires chez la femme.
Td 123. Affections du sein et de la région mammaire.
Td 124. Onanisme.

Section VI. — *Appareil cellulaire.* Td 125.

Section VII. — *Appareil locomoteur.*
Td 126. Mélanges sur les affections de l'appareil locomoteur.
Td 127. Affections des os.
Td 128. Affections des muscles.

Section VIII. — *Appareil tégumentaire.*
Td 129. Traités généraux sur les affections de l'appareil tégumentaire.
Td 130. Mélanges sur les affections de l'appareil tégumentaire.
Td 131. Affections dartreuses.
Td 132. Lèpre.
Td 133. Gale.
Td 134. Pellagre.
Td 135. Affections du système pileux.

LIVRE IV. — MÉDECINE MILITAIRE.

Td¹³⁵. Histoire de la médecine militaire.
Td¹³⁶. Traités généraux de médecine militaire.
Td¹³⁷. Mélanges de médecine militaire.
Td¹³⁸. Relations médico-chirurgicales des expéditions.
Td¹³⁹. Traités médicaux sur le recrutement.

QUATRIÈME PARTIE. — *Thérapeutique et matière médicale.*

LIVRE I. — PRÉLIMINAIRES ET GÉNÉRALITÉS.

Section I. — Te¹. *Considérations sur la thérapeutique et la matière médicale.*
Section II. — *Généralités de la thérapeutique et de la matière médicale.*
  Te². Œuvres thérapeutiques.
  Te³. Traités généraux de thérapeutique et de matière médicale.
  Te⁴. Mélanges de thérapeutique et de matière médicale.
  Te⁵. Aphorismes de thérapeutique.

LIVRE II. — THÉRAPEUTIQUE GÉNÉRALE.

Section I. — *Généralités.*
  Te⁶. Traités généraux de thérapeutique générale.
  Te⁷. Mélanges de thérapeutique générale.
Section II. — Te⁸. *Dérivation et révulsion.*
Section III. — Te⁹. *Évacuations.*
Section IV. — *Émissions sanguines.*
  Te¹⁰. Saignée et sangsues.
  Te¹¹. Acupuncture.
  Te¹². Hémospasie.
Section V. — Te¹³. *Transfusion du sang.*
Section VI. — Te¹⁴. *Magnétisme, hypnotisme.*
Section VII. — Te¹⁵. *Électrothérapie.*

LIVRE III. — THÉRAPEUTIQUE SPÉCIALE.

CHAPITRE I. — *Thérapeutique médicale.*

Section I. — *Généralités.*
  Te¹⁶. Dictionnaires de thérapeutique médicale.
  Te¹⁷. Traités généraux de thérapeutique médicale.
  Te¹⁸. Mélanges de thérapeutique médicale.
Section II. — Te¹⁹. *Thérapeutique des maladies des sexes.*
Section III. — Te²⁰. *Thérapeutique des maladies des âges.*
Section IV. — Te²¹. *Thérapeutique des maladies des conditions.*
Section V. — Te²². *Thérapeutique des maladies chroniques.*
Section VI. — *Diathèses et cachexies.*
  Te²³. Thérapeutique des affections vénériennes.
  Te²⁴. Thérapeutique des affections scorbutiques.
  Te²⁵. Thérapeutique des affections cancéreuses et autres lésions organiques.
Section VII. — *Thérapeutique des maladies contagieuses.*
  Te²⁶. Thérapeutique des maladies contagieuses en général.
  Te²⁷. Thérapeutique des affections charbonneuses.
Section VIII. — *Thérapeutique des épidémies.*
  Te²⁸. Prophylaxie et thérapeutique des maladies épidémiques.
  Te²⁹. Prophylaxie et thérapeutique de la peste.
  Te³⁰. Thérapeutique de la fièvre jaune.
  Te³¹. Thérapeutique du typhus.
  Te³². Thérapeutique de la suette et de la fièvre miliaire.
  Te³³. Prophylaxie et thérapeutique du choléra.

CHAPITRE II. — *Thérapeutique chirurgicale ou médecine opératoire.*

Section I. — *Généralités.*

Te³⁵. Dictionnaires de thérapeutique chirurgicale.
Te³⁶. Traités généraux de thérapeutique chirurgicale.
Te³⁷. Mélanges de thérapeutique chirurgicale.
Section II. — Te³⁸. *Anatomie chirurgicale.*
Section III. — Te³⁹. *Anesthésie.*
Section IV. — Te⁴⁰. *Amputations.*
Section V. — Te⁴¹. *Ligature.*
Section VI. — Te⁴². *Cautérisation.*
Section VII. — Te⁴³. *Hémostatique.*
Section VIII. — Te⁴⁴. *Chirurgie plastique.*
Section IX. — Te⁴⁵. *Pansements.*

CHAPITRE III. — *Thérapeutique des affections internes et externes pouvant affecter plusieurs systèmes de l'économie.*

Te⁴⁶. Traités généraux de thérapeutique des fièvres.
Te⁴⁷. Mélanges de thérapeutique des fièvres.
Te⁴⁸. Thérapeutique des fièvres typhoïdes (fièvres malignes, putrides, bilieuses, muqueuses, adynamiques, ataxiques, entérite folliculeuse, dothiénentérie, etc.)
Te⁴⁹. Thérapeutique de la rougeole, de la scarlatine et du pourpre.
Te⁵⁰. Thérapeutique de la variole.
Te⁵¹. Thérapeutique des fièvres intermittentes et rémittentes.
Te⁵². Thérapeutique des inflammations.
Te⁵³. Thérapeutique des hémorrhagies.
Te⁵⁴. Thérapeutique des hydropisies.
Te⁵⁵. Mort apparente.
Te⁵⁶. Thérapeutique des plaies.
Te⁵⁷. Thérapeutique des ulcères.
Te⁵⁸. Thérapeutique des tumeurs.
Te⁵⁹. Thérapeutique des fractures et des luxations.
Te⁶⁰. Appareils pour la cure des fractures et des luxations.
Te⁶¹. Thérapeutique des brûlures.
Te⁶². Prophylaxie et thérapeutique de la gangrène.

CHAPITRE IV. — *Thérapeutique des affections internes et externes propres aux différents appareils de l'économie.*

Section I. — *Appareil sensitif.*
Te⁶³. Traités généraux de thérapeutique des affections de l'appareil sensitif.
Te⁶⁴. Thérapeutique des maladies nerveuses et convulsives.
Te⁶⁵. Thérapeutique des maladies mentales.
Te⁶⁶. Assistance des aliénés et asiles pour les aliénés, les idiots et les crétins.
Te⁶⁷. Thérapeutique des affections de la tête et de la colonne vertébrale.
Te⁶⁸. Trépanation.
Te⁶⁹. Thérapeutique oculaire : Traités généraux de thérapeutique des affections des yeux. Mélanges de thérapeutique des affections des yeux. Thérapeutique de la cataracte. Thérapeutique de l'amaurose. Thérapeutique du strabisme. Thérapeutique de la fistule lacrymale.
Te⁷⁰. Thérapeutique des affections de l'oreille et de la surdité.

Section II. — *Appareil respiratoire.*
Te⁷¹. Traités généraux de thérapeutique des affections de l'appareil respiratoire.
Te⁷². Thérapeutique des affections des fosses nasales et rhinoplastie.
Te⁷³. Thérapeutique des affections du cou et du larynx.
Te⁷⁴. Thérapeutique du bégayement et des vices de la parole.
Te⁷⁵. Thérapeutique des affections de la trachée et des bronches.
Te⁷⁶. Thérapeutique du goître.
Te⁷⁷. Thérapeutique des affections des poumons et des plèvres.
Te⁷⁸. Thérapeutique de l'asphyxie.

Section III. — *Appareil circulatoire.*
　Te[79]. Thérapeutique des affections du cœur et du péricarde.
　Te[80]. Thérapeutique des affections des artères et des veines.
　Te[81]. Thérapeutique des altérations du sang.
　Te[82]. Thérapeutique des affections des vaisseaux lymphatiques.
Section IV. — *Appareil digestif.*
　Te[83]. Traités généraux de thérapeutique des affections de l'appareil digestif.
　Te[84]. Thérapeutique des affections de la face, des lèvres et de la bouche.
　Te[85]. Thérapeutique des affections des dents et prothèse dentaire.
　Te[86]. Thérapeutique des affections du pharynx et de l'œsophage.
　Te[87]. Thérapeutique des affections de l'estomac.
　Te[88]. Thérapeutique des affections de la cavité abdominale.
　Te[89]. Thérapeutique des affections des intestins.
　Te[90]. Thérapeutique des maladies vermineuses et parasitaires.
　Te[91]. Thérapeutique des hernies et bandages herniaires.
　Te[92]. Thérapeutique des affections du rectum et de l'anus.
　Te[93]. Thérapeutique des affections des annexes des voies digestives (mésentères, foie, rates, pancréas, péritoine.)
Section V. — *Appareil génito-urinaire.*
　Te[94]. Traités généraux de thérapeutique des affections de l'appareil génito-urinaire.
　Te[95]. Thérapeutique des affections des reins et de la vessie.
　Te[96]. Thérapeutique des altérations de la sécrétion urinaire.
　Te[97]. Thérapeutique des affections calculeuses et appareils lithotriteurs.
　Te[98]. Thérapeutique des affections de l'urètre. Sondes, bougies et autres instruments destinés à la cure des affections de l'urètre.
　Te[99]. Castration, circoncision et infibulation.
　Te[100]. Thérapeutique des affections des organes génito-urinaires chez l'homme.
　Te[101]. Thérapeutique des affections des organes génito-urinaires chez la femme. Spéculum, pessaires et autres appareils destinés aux affections de la femme.
　Te[102]. Thérapeutique des affections du sein et de la région mammaire.
　Te[103]. Onanisme.
Section VI. — Te[104]. *Thérapeutique des affections de l'appareil cellulaire.*
Section VII. — *Appareil locomoteur.*
　Te[105]. Mélanges de thérapeutique des affections de l'appareil locomoteur.
　Te[106]. Thérapeutique des affections des os en général et régénération des os.
　Te[107]. Thérapeutique des affections des muscles.
　Te[108]. Thérapeutique des affections des membres supérieurs.
　Te[109]. Thérapeutique des membres inférieurs.
　Te[110]. Appareils prothétiques des membres.
　Te[111]. Orthopédie et appareils orthopédiques.
　Te[112]. Établissements orthopédiques.
Section VIII. — *Appareil tégumentaire.*
　Te[113]. Traités généraux de thérapeutique des affections de l'appareil tégumentaire.
　Te[114]. Mélanges de thérapeutique des affections de l'appareil tégumentaire.
　Te[115]. Thérapeutique des affections dartreuses.
　Te[116]. Thérapeutique de la lèpre.
　Te[117]. Thérapeutique de la gale.
　Te[118]. Thérapeutique de la pellagre.
　Te[119]. Thérapeutique des affections du cuir chevelu.

CHAPITRE V. — *Accouchements.*

　Te[120]. Histoire de l'obstétrique.
　Te[121]. Traités généraux sur les accouchements.
　Te[122]. Auscultation obstétricale.
　Te[123]. Mélanges sur les accouchements.
　Te[124]. Opération césarienne.

Te¹²⁴. Appareils et instruments obstétricaux.
Te¹²⁵. Affections propres aux femmes enceintes et nouvellement accouchées, aux fœtus et aux nouveau-nés.
Te¹²⁶. Fièvre puerpérale.

CHAPITRE VI. — *Instruments, bandages et appareils.*

Te¹²⁸. Traités généraux.
Te¹²⁹. Mélanges sur les instruments, bandages et appareils.

CHAPITRE VII.

Te¹³⁰. *Médecine astrologique et magique.*

CHAPITRE VIII.

Te¹³¹. *Médecine spagyrique, hermétique, alchimique, chimique, etc.*

CHAPITRE IX. — *Homœopathie.*

bibliographie homœopathique.
Te¹³². Histoire de l'homœopathie.
Te¹³³. Dictionnaires d'homœopathie.
Te¹³⁴. Traités généraux d'homœopathie.
Te¹³⁵. Mélanges d'homœopathie.

LIVRE IV. — MATIÈRE MÉDICALE ET PHARMACIE.

Section I. — Te¹³⁶. *Traités généraux de matière médicale et de Pharmacie.*
Section II. — *Matière médicale et pharmacologie.*
  Te¹³⁷. Histoire de la matière médicale.
  Te¹³⁸. Traités généraux de matière médicale et de pharmacologie.
  Te¹³⁹. Mélanges de matière médicale et de pharmacologie.
  Te¹⁴⁰. Histoire naturelle médicale.
  Te¹⁴¹. Zoologie médicale.
  Te¹⁴². Botanique médicale.
  Te¹⁴³. Flores médicales et jardins botaniques.
Section III. — *Pharmacie.*
  Te¹⁴⁴. Histoire de la pharmacie.
  Te¹⁴⁵. Considérations sur la pharmacie.
  Te¹⁴⁶. Traités généraux de pharmacie et pharmacopées.
  Te¹⁴⁷. Mélanges de pharmacie.
  Te¹⁴⁸. Ouvrages sur l'art de formuler et de doser.
  Te¹⁴⁹. Formulaires.
  Te¹⁵⁰. Pharmacopées, codex et formulaires locaux.
Section IV. — Te¹⁵¹. *Médicaments par ordre alphabétique.*

LIVRE V. — SCIENCES APPLIQUÉES A LA MÉDECINE.

Section I. — Te¹⁵². *Physique médicale.*
Section II. — Te¹⁵³. *Chimie médicale.*

T. III.

A paru en 1889, 283 p.

QUATRIÈME PARTIE. — *Thérapeutique et matière médicale (suite).*

LIVRE VI. — HYDROLOGIE MÉDICALE.

Section I. — *Balnéologie.*
  Te¹⁵⁴. Traités généraux de balnéologie.
  Te¹⁵⁵. Mélanges de balnéologie.

Section II. — *Hydrothérapie.*
 Tc^{155}. Histoire de l'hydrothérapie.
 Tc^{156}. Traités généraux d'hydrothérapie.
 Tc^{158}. Mélanges d'hydrothérapie.
Section III. — *Eaux minérales et bains de mer.*
 Tc^{159}. Traités généraux sur les eaux minérales.
 Tc^{160}. Mélanges sur les eaux minérales.
 Tc^{161}. Traités généraux sur les bains de mer.
 Tc^{162}. Mélanges sur les bains de mer.
 Tc^{163}. Eaux minérales et bains de mer par ordre de localités.
 Tc^{164}. Établissements hydrothérapiques.

LIVRE VII

 Tc^{165}. Stations médicales et hivernales.

CINQUIÈME PARTIE. — Médecine légale, jurisprudence médicale et toxicologie

LIVRE I. — MÉDECINE LÉGALE ET JURISPRUDENCE MÉDICALE.

Section I. — Tf^1. *Considérations sur la médecine légale.*
Section II. — *Généralités de la médecine légale et de la jurisprudence médicale.*
 Tf^2. Traités généraux de médecine légale et de jurisprudence médicale.
 Tf^3. Mélanges de médecine légale et de jurisprudence médicale.
Section III. — *Attentats aux mœurs, à la pudeur et à la reproduction de l'espèce.*
 Tf^4. Attentats aux mœurs et à la pudeur.
 Tf^5. Cas de nullité de mariage ou de séparation.
 Tf^6. Avortement et accouchement.
 Tf^7. Vie et viabilité chez les nouveau-nés, docimasie pulmonaire.
 Tf^8. Infanticide.
Section IV. — *Attentats contre la santé et la vie.*
 Tf^9. Coups et blessures.
 Tf^{10}. Pendaison et strangulation.
 Tf^{11}. Taches de sang.
 Tf^{12}. Exhumations, autopsies et anatomie légale.
 Tf^{13}. Maladies communiquées.
Section V. — Tf^{14}. *Affections mentales.*
Section VI. — Tf^{15}. *Maladies simulées.*
Section VII. — Tf^{16}. *Assurances sur la vie.*
Section VIII. — Tf^{17}. *Certificats, rapports et consultations médico-légales.*

LIVRE II. — TOXICOLOGIE.

Section I. — *Généralités.*
 Tf^{18}. Traités généraux de toxicologie.
 Tf^{19}. Mélanges de toxicologie.
Section II. — Tf^{20}. *Poisons, par ordre alphabétique.*
Section III. — Tf^{21}. *Animaux venimeux.*

SIXIÈME PARTIE. — Art vétérinaire.

LIVRE I. — PRÉLIMINAIRES ET GÉNÉRALITÉS.

CHAPITRE I. — *Préliminaires.*

Section I. — *Bibliographie de l'art vétérinaire.*
Section II. — Tg^1. *Histoire de l'art vétérinaire.*
Section III. — Tg^2. *Considérations sur l'art vétérinaire.*

CHAPITRE II. — *Généralités.*

Section I. — Tg^3. *Dictionnaires d'art vétérinaire.*

Section II. — Tg⁴. *Traités généraux d'art vétérinaire.*
Section III. — Tg¹. *Mélanges d'art vétérinaire.*
Section IV. — Tg¹. *Anatomie et physiologie vétérinaires.*
Section V. — Tg¹. *Hygiène vétérinaire.*
Section VI. — *Pathologie et thérapeutique vétérinaires.*
  Tg¹. *Traités généraux.*
  Tg². *Mélanges de pathologie et de thérapeutique vétérinaires.*
  Tg¹⁰. *Détail des affections, par ordre alphabétique.*
  Tg¹⁰. *Castration.*
  Tg¹⁰. *Obstétrique vétérinaire.*
Section VII. — Tg¹⁰. *Épizooties non déterminées.*
Section VIII. — Tg¹⁰. *Matière médicale et pharmacie vétérinaires.*
Section IX. — *Médecine légale vétérinaire et police sanitaire.*
  Tg¹⁰. *Généralités.*
  Tg¹⁰. *Vices rédhibitoires.*

LIVRE II

Tg¹⁰. *Médecine vétérinaire militaire.*

LIVRE III. — ESPÈCE CHEVALINE.

CHAPITRE I. — *Préliminaires et généralités.*

Section I. — Tg⁵. *Dictionnaires d'hippiatrique.*
Section II. — Tg¹⁰. *Traités généraux d'hippiatrique.*

CHAPITRE II.

Tg¹. *Anatomie et physiologie du cheval.*

CHAPITRE III.

Tg¹¹. *Hygiène chevaline.*

CHAPITRE IV. — *Pathologie, thérapeutique et pharmacie chevalines.*

Section I. — Tg⁵. *Généralités.*
Section II. — Tg¹¹. *Détail des affections de l'espèce chevaline, par ordre alphabétique.*
Section III. — Tg¹¹. *Épizooties chevalines non déterminées.*
Section IV. — Tg⁵. *Ferrure.*

LIVRE IV. — ESPÈCE BOVINE.

CHAPITRE I.

Tg⁵. *Généralités.*

CHAPITRE II. — *Pathologie et thérapeutique bovines.*

Section I. — Tg⁵. *Généralités de la pathologie et de la thérapeutique bovines.*
Section II. — Tg⁵. *Détail des affections bovines, par ordre alphabétique.*
Section III. — Tg⁵. *Épizooties bovines non déterminées.*
Section IV. — Tg⁵. *Vaches.*

LIVRE V

Tg⁵. *Espèce bovine.*

LIVRE VI

Tg⁵. *Espèce porcine.*

LIVRE VII

Tg⁵. *Espèce caprine.*

LIVRE VIII. — Espèce canine.

Tg³⁴. *Généralités sur l'espèce canine.*
Tg³⁵. *Rage.*

LIVRE IX

Tg³⁶. *Espèce féline.*

LIVRE X

Tg³⁷. *Animaux de basse-cour.*

LIVRE XI

Tg³⁸. *Animaux divers.*

70. — **Bibliothèque impériale.** Département des imprimés. Liste des ouvrages mis à la libre disposition du public dans la salle de travail. — *Paris, imp. Adolphe Lainé,* 1869, in-8°, 13 p.   Rés. inv. Q

> Imprimé seulement sur le recto. Donne les titres de 212 ouvrages classés par ordre méthodique de matière. Chaque article est suivi d'un numéro correspondant à celui qui figure sur le dos des volumes mis à la disposition du public.

71. — **Bibliothèque impériale.** Département des manuscrits. Catalogue des manuscrits français. Ancien fonds. Publié par ordre de l'empereur. — *Paris, imp. Firmin Didot,* 1868-1881, 3 vol. in-4°.

> T. I, IX, 783 pages.
> Ce volume renferme 3.130 numéros dont les notices ont été rédigées par M. Michelant. Il commence par une Lettre au Ministre de l'Instruction publique; M. Taschereau y explique pourquoi, à cet *ancien fonds français* de 6.170 numéros, il n'a pas appliqué les règles d'un catalogue raisonné.
> T. II, 1874, 810 pages. Ce volume comprend les n°ˢ 3.131 à 3.766.
> T. III, 1881, 800 pages. Ce volume comprend les n°ˢ 3.767 à 4.586.
> Le T. IV est en cours d'impression.

72. — **Bibliothèque impériale.** Département des médailles, pierres gravées et antiques. Description sommaire des monuments exposés. — *Paris, Ad. Lainé,* 1867, in-8°, 164 p.

> L'ordre du livret est le suivant : Vestibule; antichambre; galerie; donation Janzé; salle de Luynes.
> A la fin du volume on trouve une table spéciale où est rétabli l'ordre consécutif des numéros décrits, cet ordre n'ayant pu être conservé dans le cours de la notice par suite du placement forcé de certains monuments en dehors des vitrines de leurs similaires.

73. — **Bibliothèque impériale.** Extrait du règlement arrêté par S. Exc. le Ministre de l'Instruction publique (5 mai 1868). Dispositions concernant en particulier la salle de travail du département des manuscrits. — *Paris, typ. Ad. Lainé et J. Havard,* (s. d.), in-fol. plano.

74. — **Bibliothèque impériale.** Extrait du règlement arrêté par S. Exc. le Ministre de l'Instruction publique (5 mai 1868). Dispositions concernant en particulier la salle de travail du département des médailles, pierres gravées et antiques. — *Paris, typ. Ad. Lainé et J. Havard,* (s. d.), in-fol. plano.

75. — **Bibliothèque impériale.** Extrait du règlement arrêté par S. Exc. le Ministre de l'Instruction publique (5 mai 1868). Dispositions concernant la salle publique de lecture du département des imprimés. — *Paris, typ. de Ad. Lainé et J. Havard*, (s. d.), in-fol. plano.

76. — **Bibliothèque impériale.** Extrait du règlement arrêté par S. Exc. le Ministre de l'Instruction publique (5 mai 1868). Dispositions concernant les salles de travail et en particulier les salles de travail du département des imprimés, cartes et collections géographiques. — *Paris, typ. Ad. Lainé et J. Havard*, (s. d.), in-fol. plano.

77. — **Bibliothèque impériale.** Extrait du règlement. Articles modifiés par arrêté ministériel du 10 avril 1854. (Signé : Naudet). — *Paris, imp. Guiraudet et Jouaust*, (s. d.), gr. in-8° plano.

78. — **La Bibliothèque impériale**, son organisation, son catalogue, par un bibliophile. — *Paris, chez Auguste Aubry*, 1861, in-8°, 40 p.

Rés. inv. Q 652 || Inv. Q 7483

Par Alfred Franklin.

L'auteur rappelle que depuis 160 ans on s'occupe de dresser le catalogue, que 2,000,000 fr., depuis 1830 seulement, avaient été dépensés dans ce but, et qu'en 1852 M. Taschereau reconnaissait officiellement qu'il y avait déjà plus de 200,000 cartes rédigées.

Franklin affirme que, en 18 mois, 80 employés, payés chacun 2,500 fr. par an, suffiraient pour dresser l'inventaire des 1,000,000 volumes qui existent à la B. I., et cela sans dépenser plus de 300,000 fr. Il renonce à l'ordre méthodique dans le classement des volumes sur les rayons, et il répartit tous les ouvrages de la B. entre un petit nombre de divisions. Tous les volumes de chacune de celles-ci portent la même lettre suivie d'un numéro d'ordre quelconque et qui n'est déterminé que par le rang, absolument arbitraire, qu'occupe chaque volume sur les tablettes. La même règle serait observée pour le classement des acquisitions nouvelles qui viendraient tout simplement s'ajouter à la suite des anciennes, en continuant la série des numéros.

Un garçon apporterait et emporterait les volumes à cataloguer. Les 80 employés seraient partagés en 8 bureaux dirigés chacun par 2 fonctionnaires de la B. Ils copieraient, à deux exemplaires, le titre de chaque ouvrage sur des cartes de grandeur uniforme, chaque fiche portant en tête une indication qui, répétée sur le dos des volumes, ferait connaître la place occupée par ceux-ci dans la Bibliothèque. Les 4,800 cartes, terminées chaque soir, seraient classées le lendemain dans les boîtes qui forment le double catalogue alphabétique et méthodique de l'établissement.

79. — **Bibliothèque nationale.** Bulletin mensuel des récentes publications françaises avec un appendice contenant l'indication des cartes géographiques et des livres anciens nouvellement entrés au département des imprimés. — *Paris, H. Champion*, 1882-1893. 12 vol. in-8°, à 2 colonnes.

Ce *Bulletin* contient : 1° Le catalogue de tous les ouvrages ou opuscules d'origine française et de date postérieure à l'année 1800, qui sont incorporés chaque mois dans les collections de la Bibliothèque nationale, à l'exception des suites de publications périodiques proprement dites, des pièces qui sont rattachées aux recueils factices, et des réimpressions ou tirages de livres classiques, liturgiques, populaires, etc., qui sont classés dans les séries spécialement consacrées à ce genre de publications ;

2° Le catalogue des cartes géographiques, françaises ou étrangères, dont s'accroît mensuellement la Section géographique ;

3° Le catalogue des livres antérieurs au XIXᵉ siècle, d'origine française ou étrangère, qui, chaque mois, sont achetés ou reçus en don par le Département des imprimés.

Chaque article de ces catalogues indique les cotes sous lesquelles les volumes, les pièces ou les cartes sont classés dans les collections de la Bibliothèque.

Tous les ouvrages sont insérés dans chaque *Bulletin* en un seul ordre alphabétique d'après le nom de l'auteur ou d'après le premier mot du titre pour les ouvrages anonymes. Aucun signe particulier ne distingue entre eux les articles entrés à la Bibliothèque par le dépôt légal, les acquisitions ou les dons.

Les quelques collections suivantes ont été traitées à part dans ce *Bulletin* :

1885, p. 441-460 : « Œuvres de Victor Hugo conservées à la B. N. »

1886. « Annexe au *Bulletin* mensuel de l'année 1886. Livres anciens. » Pages I-XLIX.

1888, p. 273-278 : « Donation de M. Paul-Émile Girand. »

1890, p. 285-330 : « Exposition universelle de 1889. Liste des ouvrages entrés à la B. N. avant le 1ᵉʳ juillet 1890. »

— « Bibliothèque nationale. Annexe au *Bulletin* mensuel de l'année 1890. Livres venus du Palais de Compiègne. » Pages 1-67.

1891, p. 323-330. « Don Begin. »

— p. 479-484. « Don de M. le duc de La Trémoïlle. »

Il existe dans la salle de travail, à la libre disposition du public, deux tables de ce *Bulletin* : l'une alphabétique, l'autre méthodique. Elles sont sur fiches immobilisées dans une reliure mobile. La première de ces tables contient, fondue en une seule série, la liste, classée par nom d'auteur, de tous les articles insérés dans le *Bulletin*. La table méthodique présente ces mêmes ouvrages classés, par ordre alphabétique, au principal mot du titre.

80. — **Bibliothèque** nationale. Catalogue de l'histoire de la Grande Bretagne. — *Paris*, 1878, in-fol. 681 p. à deux colonnes.

Autographié par l'établissement. En regard de la page 1 on lit la note suivante : « Ce catalogue, renfermant 12,489 mentions, a été commencé le 18 janvier 1848. Les ouvrages entrés à la Bibliothèque ou retrouvés dans d'autres séries depuis cette époque feront l'objet d'un Supplément, qui sera autographié ultérieurement et accompagné d'une table alphabétique générale. »

Ce catalogue est classé d'après les divisions suivantes :

N. *Descriptions générales.*
Na. *Histoires générales.*
Nb. *Histoires par époques.* Bretons, Romains, Danois, Anglo-Saxons, Normands, Plantagenets, Tudors, Stuarts, Orange Stuarts, Brunswicks.)
Nc. *Détails de l'histoire.* (Carausius, Arthur, Ceadwalla, Edmund-le-Confesseur, Alfred-le-Grand, Édouard le Confesseur, Guillaume-le-Conquérant, Étienne de Blois, Henri II, Richard-Cœur-de-Lion, Jean-sans-Terre, Édouard I, Édouard II, Édouard III, Richard II, Henri IV, Henri V, Henri VI, Édouard IV, Richard III, Henri VII, Henri VIII, Édouard VI, Jane Grey, Marie, Élizabeth, Jacques I, Charles I, République, Charles II, Jacques II, Guillaume III et Marie II, Anne, Georges I, Georges II, Georges III, Georges IV, Guillaume IV, Victoria.)
Nd. *Journaux politiques.*
Ne. *Annuaires politiques.*
Nf. *Histoire religieuse.* (Généralités, Église établie, Églises non conformistes, Église catholique, Anabaptistes, Darbystes, Lollards, Méthodistes, Plymouthisme, Presbytériens, Puritains, Quakers, Israélites.)
Ng. *Histoire constitutionnelle.* Grande charte, Droit constitutionnel en général, Droits de la couronne, Parlement, Chambre des lords, Chambre

des communes, Libertés populaires, Système électoral, Élections, Listes du Parlement, Recueils de discours, Blue-Book, Commissions parlementaires, Détails des séances.)

Nh. *Histoire administrative.* (Administration en général, Liste civile, Justice, Armée, Marine, Finances, South-Sea-Company, Administration municipale, Instruction publique, Travaux publics.)

Ni. *Histoire diplomatique.* (Recueils généraux, Spécialités par contrées, Ambassades particulières, Détails.)

Nj. *Histoire militaire.* (Généralités, Histoires par époques, Histoires par campagnes, Détails.)

Nk. *Mœurs et coutumes.* (Généralités, Détails, Spécialités, Mœurs locales.)

Nl. *Archéologie.* (Généralités, Archives, Numismatique, Sceaux, Archéologie locale.)

Nm. *Histoire d'Écosse.* (Descriptions générales, Histoires générales, Histoires par époques, Détails de l'histoire, Histoire religieuse, Histoire constitutionnelle, Histoire administrative, Histoire diplomatique.)

Nn. *Histoire du pays de Galles.*

No. *Histoire d'Irlande.* (Descriptions générales, Histoires générales, Histoires par époques, Détails de l'histoire, Histoire religieuse, Histoire constitutionnelle, Histoire administrative, Histoire militaire.)

Np. *Histoire des provinces et comtés.*

Nq. *Histoire des diocèses.*

Nr. *Histoire des îles anglaises.*

Ns. *Histoire des localités.*

Nt. *Histoire des colonies.* (Généralités, Colonies d'Asie, Colonies d'Afrique, Colonies d'Amérique, Colonies d'Océanie.)

Nu. *Histoire des classes.* (Généralités, Noblesse, Bourgeoisie, Peuple, Ordres de chevalerie.)

Nv. *Histoire généalogique.* (Généralités, Nobiliaires d'Écosse, du pays de Galles, d'Irlande et nobiliaires provinciaux, Généalogies particulières.)

Nx. *Biographie.* (Généralités, Femmes, Écosse, Galles, Irlande, Colonies, Biographies locales, Biographies individuelles.)

81. — **Bibliothèque** nationale. Catalogue des ouvrages donnés par M. V. Schœlcher, sénateur. — *Nogent-le-Rotrou, imp. Daupeley-Gouverneur*, 1884, in-8°, 99 p. 　　　　　　　　　　**Q** 885

Imprimé à deux colonnes et composé de 1,776 articles classés par noms d'auteurs ou d'après les premiers mots du titre pour les anonymes. Chaque article est suivi de l'indication de la lettre et de la cote sous lesquelles il est rangé dans les collections du Département des imprimés de la B. N.

C'est une réunion d'ouvrages relatifs à la question de l'esclavage et aux possessions coloniales françaises.

82. — **Bibliothèque** nationale. Département des Estampes. Notice des objets exposés. — *Paris, H. Champion*, 1878, in-8°, 39 p.
　　　　　　　　　　Q Pièce. 15

Cette exposition a été distribuée par écoles, et les artistes sont classés d'après l'ordre chronologique de leur date de naissance. Elle se compose de 239 articles.

83. — **Bibliothèque** nationale. Département des Estampes. Programme de l'examen des candidats au titre de stagiaire. — (*S. l. ni d.*), in-8° plano.

Autographié par l'établissement.

84. — ***Bibliothèque*** nationale. Département des Estampes. Programme de l'examen des candidats au titre de sous-bibliothécaire. — (S. l. nt d.), in-8° plano.

Autographié.

85. — ***Bibliothèque*** nationale. Département des imprimés. Cadre de classement de la table méthodique du « Bulletin mensuel des publications étrangères reçues par le département des imprimés de la Bibliothèque nationale ». — *Paris, typ. Paul Schmidt* (nov. 1879)), in-8°, 12 p.

Cette Table, conçue par M. Julien Havet, est spéciale aux ouvrages qui figurent au *Bulletin étranger*. Elle est dressée sur fiches et mise à la disposition des lecteurs dans la salle de travail du Département des imprimés, mais les livres ne sont pas rangés sur les rayons d'après cet ordre méthodique.

Nous reproduisons ce Cadre et la note qui le précède.

« Chaque ouvrage n'est indiqué qu'une fois. Les ouvrages qui concernent plusieurs matières différentes sont portés à celle de ces matières qu'ils concernent principalement, ou à laquelle on peut supposer qu'ils seront le plus souvent cherchés.

« La plupart des ouvrages qui peuvent trouver place dans la division *Géographie et histoire* sont classés dans cette division de préférence à toute autre, à cause de la commodité qu'a paru présenter pour les recherches la distribution géographique adoptée dans cette division.

« Les ouvrages littéraires sont classés par langues. Les classiques grecs ou latins sont classés, en général, parmi les auteurs littéraires de langues grecque et latine, lors même que le sujet des ouvrages pourrait motiver un classement différent. Ainsi les historiens, les encyclopédistes, les philosophes grecs et latins anciens devront être cherchés aux paragraphes 422,7 (Auteurs grecs) et 424,7 (Auteurs latins), et non aux sections *Géographie et histoire, Polygraphie, Philosophie*. Toutefois, cette remarque ne s'applique pas aux écrits des pères de l'Église, des jurisconsultes, des médecins et de divers autres auteurs techniques, qui devront être cherchés aux divisions *Théologie chrétienne, Droit, Sciences et arts.*

« Les ouvrages orientaux sont pour la plupart classés dans la division *Langues et littératures*, aux art. 471 et suivants et 485 et suivants, selon les diverses langues dans lesquelles ils sont écrits.

« Par exception à ces règles, les livres de l'Ancien et du Nouveau Testament et les Apocryphes forment deux articles spéciaux dans la division *Théologie chrétienne* (art. 32 et 33).

« Les traductions et commentaires d'un ouvrage sont généralement classés avec l'ouvrage principal. Il est fait exception à cette règle pour les traductions qui présentent un intérêt d'un autre genre que l'original, notamment pour celles qui n'ont d'intérêt que comme spécimens linguistiques des idiomes dans lesquels elles sont écrites : telles sont, par exemple, les nombreuses traductions de la Bible ou de fragments de la Bible en langues ou dialectes exotiques, archaïques ou peu connus. Ces traductions sont distribuées, suivant les divers idiomes, entre les articles de la division *Langues et littératures.* »

I. — BIBLIOGRAPHIE.

1. Bibliographie en général.
2. Écriture, paléographie, manuscrits.
3. Xylographie.
4. Typographie.
5-9. Arts accessoires relatifs à la confection des livres :
    5. En général.
    6. Papier, parchemin, etc.
    7. Reliure, cartonnage, brochage.
    8. Ornementation des livres.
    9. Autres.

10. Librairie.
11. Bibliothéconomie.
12. Catalogues et descriptions de bibliothèques publiques. (Ordre alphabétique des noms de villes ou de pays.)
13. Catalogues et descriptions de bibliothèques privées ; catalogues de ventes ; catalogues de librairies et d'imprimeries. (Ordre alphabétique des noms des propriétaires, libraires, pays ou lieux de publication, etc.)
21. Bibliographies de sujets divers. (Art. classé par sujets, au moyen de chiffres décimaux placés à la suite du n° 21 et correspondant aux numéros des articles du présent cadre de classement.

II. — THÉOLOGIE CHRÉTIENNE.

31. Théologie chrétienne en général.
32. Ancien et Nouveau Testaments. (Cet article se divise en paragraphes désignés par des chiffres décimaux à la suite du numéro de l'article, comme suit :

32, 1. Ancien et Nouveau Testaments.
32, 3. Ancien Testament.
32, 5. Parties de l'Ancien Testament (ordre traditionnel des livres).
32, 7. Nouveau Testament.
32, 9. Parties du Nouveau Testament (ordre traditionnel des livres).

Pour certaines traductions, voy. l'observation ci-dessus, p. 1, 8me alinéa.
33. Apocryphes.
34. Liturgie en général.
35. Liturgies locales (ordre alphabétique des noms de localités ou de pays).
36. Conciles, publications générales.
37. Id., ordre alphabétique de pays et de localités.
38. Pères, dogmatique, ascétisme, prédication, etc.

III. — DROIT.

(Voyez aussi à la division V les art. 321-325.

51. Droit général et comparé.
52. Droit de la nature et des gens.
53. Droit romain (ancien et moderne).
54. Droit ecclésiastique chrétien.
55. Droit maritime.
61. Droit des peuples anciens d'Europe autres que les Romains.
62. Droit allemand et austro-hongrois.
63. Droit belge, néerlandais, luxembourgeois.
64. Droit britannique et des États-Unis.
65. Droit danois, norvégien et suédois.
66. Droit espagnol, portugais, brésilien et hispano-américain.
67. Droit français.
68. Droit grec moderne et droit des peuples chrétiens de la péninsule des Balkans (Roumanie, Serbie, Monténégro, etc.)
69. Droit italien.
70. Droit russe, polonais, finlandais.
71. Droit suisse.

80. Droit juif.
81. Droit musulman et droit civil des peuples musulmans.
82. Droit chinois.
83. Droit de l'Inde, de l'Indo-Chine, de Ceylan, etc.
84. Droit japonais.
85. Droit des autres peuples asiatiques.

91. Droit africain indigène.
94. Droit américain indigène.
97. Droit océanien indigène.

IV. — Géographie et Histoire.

Généralités.

101. Géographie et histoire universelles.
102. Géographie universelle; statistique; voyages.
103. Histoire universelle.
104. Chronologie.
105. Biographie et généalogie.
106. Biographies individuelles et généalogies de familles particulières. (Ordre alphabétique des noms des personnes ou des familles.)
107. Histoire des institutions comparées.
108. Histoire des mœurs et de la civilisation.
109. Histoire des religions en général et des religions non chrétiennes en particulier.
110. Histoire du christianisme et des églises chrétiennes.
111. Histoire des ordres religieux et militaires, associations, etc.
112. Histoire des croisades.
113. Archéologie historique; numismatique, sphragistique, blason.

Géographie et histoire des divers pays.

N. B. — Chacun des articles suivants peut se diviser en paragraphes. Ces paragraphes sont désignés par des chiffres décimaux placés à la suite du chiffre de l'article; ainsi 135,9 signifie paragraphe 9 de l'art. 135. La division en paragraphes provisoirement adoptée pour chaque article relatif à un pays ou à une région est la suivante :

1. Géographie et descriptions générales du pays ou de la région; voyages, statistique générale, etc.;
3. Histoire du pays ou de la région; politique;
5. Institutions du pays ou de la région;
7. Provinces, départements ou portions territoriales du pays ou de la région (dans l'intérieur de ce paragraphe, on suit l'ordre alphabétique des noms des provinces, départements ou portions territoriales);
9. Localités du pays ou de la région (ordre alphabétique des noms des localités.

Pour les colonies et possessions hors d'Europe appartenant à des états européens, voir à la partie du monde où chaque colonie ou possession est située.

Europe.

120. Géographie et histoire de l'Europe.
121. Géographie de l'Europe ou de plusieurs états européens.
122. Histoire de l'Europe ou de plusieurs états européens.
123. Antiquité grecque et romaine [1].
125-131. Antiquité grecque, empire byzantin, Turquie d'Europe et ses démembrements.
    124. Péninsule des Balkans en général.
    125. Grèce (monde grec ancien, empire byzantin, Grèce moderne).
    126. Empire ottoman, Turquie.
    127. Bosnie et Herzégovine. — 128. Bulgarie. — 129. Monténégro. — 130. Roumanie. — 131. Serbie.
132. Antiquité romaine, histoire romaine, empire romain [1].
133-187. Allemagne, Autriche-Hongrie et Suisse ;
133. Ensemble de ces pays; Allemagne (dans le sens le plus large du mot); ancien Empire romain de nation germanique; ancienne Confédération germanique, etc.

---

[1] Pour les historiens grecs et latins, voyez aussi 122,7 et 424,7. — Pour l'histoire locale de la ville de Rome et des villes italiennes, voyez 216,9

134-159. Empire allemand actuel (et ancienne Confédération de l'Allemagne du Nord) :
    134. Ensemble de l'Empire.
    135. Alsace-Lorraine.
    136. Anhalt.
    137. Bade.
    138. Bavière.
    139. Brême.
    140. Brunswick.
    141. Hambourg.
    142. Hesse (grand-duché).
    143. Lippe et Schaumbourg-Lippe.
    144. Lubeck.
    145. Mecklembourg (en général).
    146. Mecklembourg-Schwerin.
    147. Mecklembourg-Strelitz.
    148. Oldenbourg.
    149. Prusse.
    150. Saxe (royaume).
    151-157. Thuringe (Reuss, Saxe-Altenbourg, Saxe-Cobourg-Gotha, Saxe-Meiningen, Saxe-Weimar-Eisenach, Schwarzbourg); savoir :
    151. Ensemble de ces états.
    152. Reuss branches aînée et cadette.
    153. Saxe-Altenbourg.
    154. Saxe-Cobourg-Gotha.
    155. Saxe-Meiningen.
    156. Saxe-Weimar.
    157. Schwarzbourg-Rudolstadt et Schwarzbourg-Sondershausen.
    158. Waldeck.
    159. Wurtemberg.

161-163. Autriche-Hongrie.
    161. Ensemble de la monarchie austro-hongroise.
    162. Autriche, royaumes et pays cisleithans.
    163. Hongrie et pays de la couronne hongroise.
    164. Principauté de Liechtenstein.

165-187. Suisse.
    165. Confédération.
    Cantons :
    166. Appenzell.
    167. Argovie.
    168. Bâle-Ville et Bâle-Campagne.
    169. Berne.
    170. Fribourg.
    171. Genève.
    172. Glaris.
    173. Grisons.
    174. Lucerne.
    175. Neufchâtel.
    176. Saint-Gall.
    177. Schaffhouse.
    178. Schwyz.
    179. Soleure.
    180. Tessin.
    181. Thurgovie.
    182. Unterwald.
    183. Uri.
    184. Valais.
    185. Vaud.
    186. Zug.
    187. Zurich.

191-194. Belgique, Luxembourg et Pays-Bas :
    191. Ensemble de ces pays.
    192. Belgique.
    193. Luxembourg.
    194. Pays-Bas.

195-199. Danemark, Norvège et Suède :
    195. Ensemble de ces pays.
    196. Danemark, Islande, Feröé.
    197. Norvège et Suède ensemble.
    198. Norvège.
    199. Suède.

201-204. Espagne, Portugal, Andorre :
    201. Ensemble de ces pays.
    202. Espagne.
    203. Portugal.
    204. Andorre. — Pour Gibraltar, voy. 210.

205. France.
    206. Principauté de Monaco.
207-214. Grande-Bretagne et Irlande; monarchie britannique :
    207. Iles britanniques, Royaume-Uni ou Grande-Bretagne en général, et Angleterre en particulier.

208. Écosse.
209. Irlande.

Possessions britanniques en Europe :

210. Gibraltar.
211. Héligoland.
212. Jersey, Guernesey, etc.
213. Malte.
214. Man.

215. Italie.
    216. République de Saint-Marin.
217. Russie, Pologne, Finlande.
    218. Ancien royaume indépendant de Pologne.

Asie[1].

221. Asie en général.
222. Arabie et Turquie d'Asie (y compris Chypre).
223. Chine (avec la Corée, le Tibet, Formose, Hongkong, etc.).
224. Inde, Indo-Chine, Ceylan, Népâl, Afghanistan, etc.
225. Japon.
226. Perse.
227. Russie d'Asie et Turkestan indépendant.

Afrique.

231. Afrique en général.
232. Algérie.
233. Égypte, Nubie, Abyssinie.
234. Maroc.
235. Tripoli.
236. Tunisie.
237. Afrique au sud de ces pays, Madagascar, Maurice, la Réunion, etc.

Amérique et Terres polaires.

241. Amérique en général.
242. Amérique du Nord.
243. Canada, Amérique du Nord britannique et française, Groenland.
244. États-Unis.
245. Mexique.
246. Costarica, Guatemala, Honduras, Nicaragua, San-Salvador; Honduras britannique.
247. Antilles.
251. Amérique du Sud.
252-255. Argentine, Paraguay et Uruguay :
    252. Argentine, Paraguay et Uruguay ensemble.
    253. République argentine.
    254. Paraguay.
    255. République orientale de l'Uruguay.
256. Brésil.
257. Chili.
258-261. Colombie, Équateur et Venezuela.
    258. Colombie, Équateur et Venezuela ensemble.
    259. Colombie (Nouv.-Grenade).
    260. Équateur.
    261. Venezuela.
262. Guyanes.
263. Patagonie et îles australes.
264-266. Pérou et Bolivie.
    264. Pérou et Bolivie ensemble.
    265. Bolivie.
    266. Pérou.
267. Terres arctiques.
268. Terres antarctiques.

[1]. Pour les historiens orientaux, voy. aussi ci-après les art. 471 et suivants, 485 et suivants.

Océanie.

271. Océanie en général.
272-282. **Australasie :**
    272. Australasie en général.
    273. Australie en général.
    274. Australie méridionale (avec Alexandra-Land et territoire du Nord).
    275. Australie occidentale.
    276. Nouvelles-Galles du Sud.
    277. Queensland.
    278. Victoria.
    279. Nouvelle Zélande.
    280. Tasmanie.
    281. Nouvelle-Calédonie.
    282. Autres parties de l'Australasie.
291. Malaisie.
296. Polynésie.

V. — SCIENCES ET ARTS[1].

301. Sciences et arts en général.
302. Sciences en général.
303. Sciences philosophiques, sociales et politiques en général.

Philosophie.

311. Philosophie en général.
312. Métaphysique, théodicée, psychologie.
313. Logique.
314. Morale.

Sciences sociales et politiques.

321. Sciences sociales et politiques en général.
322. Économie sociale.
323. Pédagogie, instruction publique.
324. Économie politique, finances.
325. Politique et administration.

Sciences mathématiques, physiques et naturelles.

331. Sciences mathématiques, physiques et naturelles.
332. Sciences mathématiques et physiques.
333. Sciences mathématiques.
334. Arithmétique.
335. Algèbre, calcul différentiel et intégral.
336. Géométrie.
337. Trigonométrie.
338. Mécanique rationnelle et mécanique appliquée.
339. Astronomie, cosmographie, astrologie, etc.

341. Sciences physiques, chimiques et naturelles.
342. Physique et chimie.
343. Physique.
344. Chimie, alchimie.

351. Sciences naturelles en général.
352. Minéralogie et géologie.
353. Histoire naturelle des êtres vivants.
354. Botanique.
355. Zoologie. (Voyez aussi ci-après l'article 367.)
356. Anthropologie.
357. Sciences médicales. (Article classé suivant l'ordre des cotes du catalogue imprimé.)

Arts et Métiers.

361. Arts, agriculture, commerce et industrie.
362. Expositions internationales d'art et d'industrie. (Ordre chronologique des expositions et ordre alphabétique des pays exposants.)

---

1. Pour les auteurs grecs, latins et orientaux, voy. aussi les art. 422, 424, 471 et suivants, 48 et suivants.

363. Agriculture en général.
364. Exploitations et industries agricoles.
365. Horticulture.
366. Forêts.
367. Élevage et entretien des animaux domestiques. (Voy. aussi les art. 3..,
357, 365.)
368. Chasse.
369. Pêche et pisciculture.

371. Commerce et industrie.
372. Commerce.
373. Industrie.
374. Industries diverses et art appliqué à l'industrie.
375. Art de l'ingénieur ; mines, etc.
376. Ponts et chaussées, voies de communication, chemins de fer.
377. Navigation ; marine ; fleuves, canaux.
378. Art militaire, fortifications, armement, stratégie, tactique, etc.

379. Industrie de la construction (Voyez aussi ci-après l'article 384).
381. Beaux-arts en général.
382. Arts du dessin en général.
383. Archéologie artistique.
384. Architecture. (Voyez aussi ci-dessus l'article 379.)
385. Sculpture, glyptique, gravure des sceaux et des médailles. (Voy. aussi 11 :
386. Peinture, dessin, gravure ; photographie.

391. Musique ; ouvrages sur la musique.
392. — ; œuvres de musique.
393. Danse.
394. Lutte, escrime, etc.
395. Gymnastique, équitation et exercices analogues.
396. Natation.

398. Jeux.
399. Magie, sorcellerie.

VI. — LANGUES ET LITTÉRATURES

Généralités.

401. Langues et littératures en général.
402. Linguistique, grammaire, lexicographie.
403. Littérature, critique.
404. Rhétorique.
405. Poésie.
406. Théâtre.
407. Fictions en prose.
408. Dialogues et entretiens.
409. Épistolaires.
410. Littérature populaire, légendes, proverbes.
411. Mélanges littéraires.

Ouvrages qui ne se rapportent à aucune langue en particulier ou qui se rapportent à la fois à plusieurs langues de familles diverses.

Langues diverses.

N. B. — Les articles suivants se divisent en paragraphes au moyen de chiffres décimaux. La division provisoirement adoptée pour chaque article consacré à une langue ou à une famille de langues est la suivante :

1. Langue et littérature ;
3. Langue ;
5. Littérature ;
7. Œuvres littéraires publiées, traduites ou commentées (ordre alphabétique des noms des auteurs, ou des titres des ouvrages anonymes, qui font l'objet de l'édition, de la traduction, etc.).

420. Langues indo-européennes en général.
421-424. Langues de l'antiquité grecque et latine (voy. ci-dessus, p. 1, 5ᵉ alinéa :
    421. En général.
    422. Grec.
    423. Langues de l'Italie an-
        cienne autres que le latin.
    424. Latin.

425. Langues romanes en général.
426. Italien.
427. Français.
428. Provençal ou langue d'oc.
429. Espagnol.
430. Catalan.
431. Portugais.
432. Roumain.
433. Roumanche.

431. Langues celtiques en général.
432. Langues des anciens Gaulois.
433. Langue celtique de l'Irlande.
434.   de l'Écosse et de Man.
435.   de l'Angleterre (Galles et Cornouaille anglaise).
436.   de la Bretagne Armorique.

451. Langues germaniques en général.
452. Allemand (ancien, moyen, nouveau; haut et bas).
453. Néerlandais (hollandais et flamand).
454. Anglo-saxon et anglais.
455. Langues scandinaves.

461-468. Langues letto-slaves.
    461. Langues slaves ou letto-
        slaves en général.
    462. Slavon ecclésiastique.
    463. Polonais.
    464. Russe.
    465. Serbe et croate.
    466. Tchèque.
    467. Autres langues slaves.
    468. Lithuanien.

470. Albanais.
471. Langues iraniennes en général. (Comparez ci-après 485.)
472. Vieux perse et zend.
473. Persan.
474. Arménien.

476-478. Langues indiennes de la famille indo-européenne. (Comparez ci-après 485.)
    476. En général.
    477. Sanscrit.
    478. Autres que le sanscrit.

481. Basque.
482. Hongrois.
483. Finnois.
484. Autres langues européennes (le turc excepté) qui n'appartiennent pas à la famille indo-européenne.
485. Langues orientales en général.
486. **Langues sémitiques en général.**
487. Arabe.
488. Hébreu, chaldaïque et syriaque.
489. **Autres langues sémitiques.**

491. Turc.
492. Chinois.
493. Japonais.
494. Autres langues asiatiques.
495. Egyptien ancien et copte.

496. Langues africaines.
497. Langues américaines.
498. Langues océaniennes.

VII. — POLYGRAPHIE. MÉLANGES.

N. B. — On ne range dans cette division que les ouvrages qui ne peuvent trouver place ailleurs.

501. Encyclopédies.
502. Journaux, revues, almanachs.
503. Publications d'académies, sociétés savantes, etc.

(Ordre alphabétique des noms des villes ou pays où les académies, sociétés, etc., ont leur siège.)

504. « Bibliothèques » ou collections de livres publiés sous un titre commun.
505. Recueils d'œuvres diverses d'un auteur.
506. Mélanges.

À la suite on trouve un Index alphabétique dont les numéros renvoient aux articles du présent code.

86. — **Bibliothèque** nationale. Département des imprimés. Catalogue alphabétique des ouvrages mis à la libre disposition des lecteurs dans la salle de travail. Précédé d'un avertissement et accompagné d'un plan de la salle. — *Paris, H. Champion*, 1879, in-8°, v-xx et 257 p.

L'Avertissement (p. v-xx) donne une description très détaillée de la salle de travail; il indique les formalités à remplir pour avoir communication des ouvrages de la Bibliothèque, et insiste sur certaines mesures d'ordre destinées à assurer à chaque lecteur la libre et rapide disposition des volumes rangés dans la salle.

Le catalogue proprement dit occupe les pages 1-231. Les ouvrages y sont indiqués dans un seul ordre alphabétique : Au nom des auteurs et au titre des collections on trouve le titre, le lieu d'impression, la date et le format des volumes ; au terme typique du sujet de nombreuses mentions sommaires renvoient, pour les ouvrages à consulter, au nom des auteurs ou au titre des collections. Un numéro imprimé à la suite de chaque article correspond à la cote inscrite sur l'étiquette fixée au dos des volumes, et la lettre capitale entre parenthèses, qui accompagne ce numéro, marque le casier ou corps de bibliothèque dans lequel se trouve l'ouvrage mentionné.

Les pages 233-251 donnent les divisions des divers catalogues de la Bibliothèque; la page 251 fournit la « Liste des publications périodiques dont la dernière livraison reçue par la Bibliothèque est à la disposition des lecteurs sur la table des périodiques »; et un « Extrait du règlement ministériel du 5 mai 1868 » (art. 51 à 119) occupe les pages 252-257.

87. — **Bibliothèque** nationale. Département des imprimés. Catalogue de l'histoire d'Espagne. — *Paris*, 1883, in-4°, 509 p.

Autographié par l'établissement. — À deux colonnes.

0. Descriptions générales.
Oa. Histoires générales.
Ob. Histoires par époques.
Oc. Détails de l'histoire.
Od. Périodiques.
Oe. Histoire religieuse.
Of. Histoire constitutionnelle.
Og. Histoire administrative.
Oh. Histoire diplomatique.
Oi. Histoire militaire.
Oj. Mœurs et coutumes.
Ok. Archéologie.
Ol. Histoire locale.

Om. Histoire des classes.
On. Histoire des familles.
Oo. Biographie.

88. — **Bibliothèque** nationale. Département des imprimés. Catalogue des livres provenant des collections d'Eugène Piot, vendues à Paris en 1891. — *Paris, Imprimerie nationale*, 1892, in-8°, 164 p.

Ce catalogue est dressé d'après l'ordre méthodique suivant, et, dans la plupart de ces divisions, les ouvrages sont classés par ordre alphabétique des noms d'auteurs ou des premiers mots du titre :

Écriture sainte et liturgie.
Conciles.
Divers ouvrages de théologie.
Jurisprudence.
Histoire générale et Mélanges historiques.
Histoire ancienne et antiquités.
Histoire ecclésiastique. (Généralités et mélanges. — Papauté.)
Histoire de France.
Histoire d'Italie. (Généralités et mélanges. — Localités, par ordre alphabétique. — Publications généalogiques et biographiques.)
Histoire d'Espagne.
Histoire d'Angleterre.
Histoire d'Allemagne et de divers pays du centre et du nord de l'Europe.
Histoire des Turcs, par ordre chronologique.
Histoire de la Grèce.
Histoire d'Asie et d'Afrique.
Sciences philosophiques et morales.
Sciences naturelles.
Sciences médicales.
Sciences mathématiques et physiques.
Arts industriels et commerce.
Art de l'écriture.
Beaux-Arts.
Art militaire.
Aérostatique.
Littérature orientale, grecque et latine.
Littérature française.
Littérature italienne.
Littérature espagnole.
Littérature allemande.
Bibliographie.
Pièces de théâtre en italien, rangées suivant l'ordre alphabétique des titres.

89. — **Bibliothèque** nationale. Département des imprimés. Inventaire des livres et documents relatifs à l'Amérique recueillis et légués à la Bibliothèque nationale par M. Angrand. — *Paris, (Nogent-le-Rotrou, imp. Daupeley-Gouverneur)*, 1887, in-8°, 75 p. 8° **Q** 284

Légués à la Bibliothèque nationale avec une somme de 60,000 fr., dont les intérêts doivent servir, partie à accroître la collection, partie à doter un prix quinquennal de 5,000 fr. en faveur du meilleur ouvrage relatif à l'Amérique, cette collection de livres et documents sur la topographie et l'histoire de l'Amérique forme un fonds spécial qui porte le nom de son fondateur.

Le présent inventaire, imprimé à deux colonnes et classé par ordre alphabétique ou du nom d'auteur ou des premiers mots du titre pour les anonymes, se divise en quatre parties, savoir :

1° Pages 1-64. Livres imprimés, 754 articles.
2° — 65-65. Géographie, 13 articles.

3° — 69-71. Manuscrits. 30 articles.
4° — 74-75. Dessins, estampes, lithographies, photographies. 24 portefeuilles ou albums.

Chaque article, sauf pour la collection d'estampes, etc., est accompagné de sa cote particulière.

90. — **Bibliothèque** nationale. Département des imprimés. Liste alphabétique des ouvrages mis à la libre disposition des lecteurs dans la salle de travail. Précédé d'un avertissement et accompagné d'un plan de la salle. — *Paris, H. Champion*, 1886, in-8°, XXIV et 127 p.

L'« Avertissement » décrit la salle de travail qui contient 328 places numérotées ; autour de celles-ci sont disposés 26 casiers contenant des volumes d'un usage courant que les travailleurs peuvent consulter librement.
Il donne ensuite le sommaire du contenu de chacun de ces casiers et les renseignements utiles au lecteur novice pour qu'il obtienne communication des livres dont il a besoin.
La liste des ouvrages mis à la disposition du public est dressée d'après l'ordre alphabétique des noms d'auteur en même temps que du sujet traité. Chaque article est suivi d'une lettre alphabétique et d'un numéro d'ordre; ceux-ci indiquent dans quel casier il a été rangé.
Le volume se termine par l'indication des « Catalogues de la Bibliothèque Nationale mis à la disposition des lecteurs dans la salle de travail » et par la « Liste des publications périodiques dont la dernière livraison reçue par la Bibliothèque est à la disposition des lecteurs sur la table des périodiques ».

91. — **Bibliothèque** nationale. Département des imprimés. Liste des ouvrages communiqués dans la salle publique de lecture. — *Lille, imp. Danel*, 1887, in-8°, 376 p. à 2 col.   8° Q

Le titre de départ porte : « Bibliothèque nationale. Salle publique de lecture. Inventaire alphabétique des ouvrages communiqués dans cette salle. »
Chaque article indique les cotes sous lesquelles les volumes sont classés dans les collections de l'établissement.

92. — **Bibliothèque** nationale. Département des imprimés. Notice des objets exposés. — *Paris, H. Champion*, 1878, in-8°, 130 p.   8° Q

Cette exposition comprend :
1° Des impressions xylographiques. — 2° Les premières impressions de Mayence et quelques spécimens des impressions attribuées aux Pays-Bas avant 1475. — 3° Des livres imprimés par Pfister, à Bamberg. — 4° Des livres imprimés à Mayence par Fust et Schoeffer. — 5° Des livres imprimés à Strasbourg. — 6° Des livres imprimés en Italie. — 7° Des livres imprimés en Espagne. — 8° Des livres imprimés en Allemagne, en Bohême et en Hollande. — 9° Des livres imprimés en Belgique, en Angleterre et en Suisse. — 10° Des livres imprimés à Paris. — 11° Des livres imprimés en différentes villes de France. — 12° Des livres à figures. — 13° Des livres relatifs à la découverte de l'Amérique. Des livres annotés et quelques monuments de la collection musicale. — 14° Des spécimens des plus remarquables genres de reliure du XVᵉ au XVIIIᵉ siècle.
Ce catalogue est composé de 623 articles.

93. — **Bibliothèque** nationale. Département des imprimés. Programme de l'examen des candidats au titre de stagiaire. — (S. l. ni d.) in-8°, plano, autographié.

94. — **Bibliothèque** nationale. Département des imprimés. Programme

de l'examen des candidats au titre de sous-bibliothécaire. — (S. l. n d.), in-8° plano, autographié.

95. — **Bibliothèque** nationale. Département des manuscrits, chartes et diplômes. Notice des objets exposés. — *Paris, H. Champion*, 1878, in-8°, 79 p.

Les objets dont se compose cette exposition peuvent se rattacher à onze groupes :
1° Origines de la Bibliothèque. Débris des collections qu'avaient formées, au XIVe et au XVe siècle, le roi Jean et les princes de sa famille. — 2° Manuscrits et xylographes orientaux et américains. — 3° Manuscrits grecs. — 4° Paléographie latine depuis l'antiquité jusqu'à l'époque carlovingienne. — 5° Paléographie de l'Italie, de l'Espagne, de l'Angleterre et de l'Allemagne, depuis Charlemagne jusqu'à la fin du moyen-âge. — 6° Paléographie de France depuis Charlemagne jusqu'à la fin du moyen-âge. — 7° Peintures des manuscrits. — 8° Manuscrits des rois et des reines de France. — 9° Reliures des manuscrits, principalement reliures formées d'ivoires, de plaques d'orfèvreries, etc. — 10° Documents divers et pièces autographes. — 11° Documents diplomatiques et pièces diverses sur papyrus et sur parchemin. Cadres accrochés au mur méridional de la galerie annexe.
Ce catalogue, composé de 448 articles, se termine par trois tables :
1° Table alphabétique des personnes dont il y a des signatures ou des morceaux autographes exposés dans la galerie Mazarine et dans la galerie annexe. — 2° Table chronologique des monuments antérieurs au XIIe siècle exposés dans la galerie Mazarine et dans la galerie annexe. — 3° Table des divisions de la notice.

96. — **Bibliothèque** nationale. Département des manuscrits. Liste des catalogues et livres imprimés mis à la disposition des lecteurs dans la salle de travail. — *Paris, imp. Émile Acker*, 1891, in-8°, 17 p.

Les catalogues mis à la disposition du public sont imprimés ou manuscrits. Ils se divisent en cinq séries : I. Fonds orientaux. II. Fonds grec. III. Fonds latin. IV. Fonds français. V. Fonds de langues modernes.
Les livres imprimés, qui se composent de 500 ouvrages, sont divisés en deux séries. La première série (nos 1-266), comprend une suite de catalogues de manuscrits de bibliothèques françaises et étrangères, rangés par ordre alphabétique de noms de villes. La seconde série contient un choix de dictionnaires de langues anciennes et modernes, bibliographies, répertoires historiques, collections d'auteurs anciens grecs et latins, collections historiques, etc.

97. **Bibliothèque** nationale. Département des manuscrits. Programme de l'examen des candidats au titre de stagiaire. (S. l. ni d.), in-8° plano, autographié.

98. — **Bibliothèque** nationale. Département des manuscrits. Programme de l'examen des candidats au titre de sous-bibliothécaire. — (S. l. ni d.), in-8° plano, autographié.

99. — **Bibliothèque** nationale. Département des médailles et antiques. Programme de l'examen des candidats au titre de stagiaire. — (S. l. ni d.), in-8° plano, autographié.

100. — **Bibliothèque** nationale. Département des médailles et antiques.

Programme de l'examen des candidats au titre de sous-bibliothécaire. — (*S. l. ni d.*), in-8° plano, autographié.

101. — **Bibliothèque** (La) nationale et l'opinion publique. — (*S. l. ni d.*), in-4°.   4° **Q Pièce.** 141

Paginé 5-12. — Extrait de la *Revue des revues*, 1892.
Il n'est question ici que du Département des Imprimés dont la presse faisait souvent la critique.
L'auteur passe en revue les divers services de ce Département. Il donne notamment 1° l'état d'avancement des divers catalogues et inventaires, avec le nombre des articles et celui des volumes contenus dans chacune des divisions. — 2° Un tableau comparatif indiquant, année par année, de 1885 à 1890, le nombre des articles venus par le Dépôt légal ; par les acquisitions et les dons. — 3° L'état des travaux de reliures exécutées, soit à l'atelier intérieur, soit au dehors pendant les années 1883-1890.
Il conclut en reconnaissant que le personnel n'est pas assez nombreux, que le budget est insuffisant et qu'il y a nécessité de construire une nouvelle salle sur la rue Vivienne.

102. — **Bibliothèque** nationale. Extrait du règlement ministériel. — *Paris, imp. G. Chamerot* (1858), in-fol.

103. — **Bibliothèque** nationale. Fondation Angrand. Prix d'histoire et d'archéologie américaine. — *Paris, imp. nationale*, (1893), in-fol. plano.

Affiche. — Ce prix d'une valeur de 5000 fr. sera distribué pour la première fois en 1898 au meilleur ouvrage publié en France ou à l'étranger sur l'histoire, l'ethnographie, l'archéologie ou la linguistique des races indigènes de l'Amérique antérieurement à l'arrivée de Chr. Colomb. Les auteurs qui désireront concourir devront remettre dix exemplaires de leurs ouvrages au Secrétariat de la B. N. avant le 1er janvier 1898.

104. — **Bibliothèque** nationale. Imprimés, manuscrits, estampes. Notice des objets exposés. — *Paris, H. Champion*, 1881, in-8°, 146, 85 et 39 p.   8° **Q** 612

La partie du livret relative aux manuscrits et aux estampes est précédée d'un titre particulier pour chacun de ces départements. Chaque partie a une pagination spéciale.
L'exposition du département des imprimés occupe les vitrines et les armoires numérotées I-IX et XXI-XXIX, dans la partie septentrionale de la galerie Mazarine et dans la pièce qui précède cette galerie. Elle se compose de 670 articles ainsi classés : Impressions xylographiques (art. 1-34.) — Origines de l'imprimerie dans les Pays-Bas et à Mayence. Atelier de Gutenberg et Fust. Impressions de Pfister, à Bamberg. Impressions de Fust et Schoiffer (art. 35-69.) — Imprimerie à Strasbourg. Typographie à l'**R** de forme bizarre (art. 70-77.) — Imprimerie en Italie et en Espagne (art. 78-137.) — Imprimerie en Allemagne, en Bohême, en Hollande, en Belgique, en Angleterre, en Suisse et en Danemark (art. 138-228.) — Imprimerie à Paris (art. 229-291.) — Imprimerie en différentes villes de France (art. 292-330.) — Livres à figures (art. 331-363.) — Livres sur l'Amérique. Typographie américaine. Restitutio christianismi. Livres annotés. Musique (art. 364-377.) — Reliures (art. 378-663.) — Additions.
La seconde partie a pour titre : *Bibliothèque nationale. Département des manuscrits, chartes et diplômes. Notice des objets exposés.* — *Paris, H. Champion*, 1881, 85 p. Elle a comme titre de départ : « Exposition du département des manuscrits. »
Cette exposition se compose de 448 articles dont les 363 premiers se trou-

vent dans la partie méridionale de la galerie Mazarine ; les autres sont dans la galerie annexe. Les objets exposés peuvent se rattacher à onze groupes :
1° Origines de la Bibliothèque. Débris des collections formées, au XIVe et au XVe siècles, par le roi Jean et les princes de sa famille : Charles V, Jean, duc de Berry, les ducs d'Orléans, les comtes d'Angoulême et les ducs de Bourgogne (art. 1-34 de la notice.) — 2° Mss. et xylographes orientaux et américains (art. 35-71.) — 3° Mss. grecs (art. 72-101.) — 4° Paléographie latine, depuis l'antiquité jusqu'à l'époque carlovingienne (art. 102-133.) — 5° Paléographie de l'Italie, de l'Espagne, de l'Angleterre et de l'Allemagne, depuis Charlemagne jusqu'à la fin du moyen-âge (art. 134-166.) — 6° Paléographie de la France depuis Charlemagne jusqu'à la fin du moyen-âge (art. 167-196.) — 7° Peintures des mss. (art. 197-221.) — 8° Mss. des rois et des reines de France (art. 222-255.) — 9° Reliures des manuscrits, principalement reliures formées d'ivoires, de plaques d'orfèvrerie, etc. (art. 256-297.) — 10° Documents divers et pièces autographes (art. 298-363.) — 11° Documents diplomatiques et pièces diverses sur papyrus et sur parchemin. Cadres accrochés au mur méridional de la galerie annexe (art. 364-448.)

La notice se termine par deux tables :
1° Table alphabétique des personnes dont il y a des signatures ou des morceaux autographes exposés dans la galerie Mazarine et dans la galerie annexe.
2° Table chronologique des monuments antérieurs au XIIe siècle, exposés dans la galerie Mazarine et dans la galerie annexe.

La troisième partie a pour titre : « *Bibliothèque nationale. Département des estampes. Notice des objets exposés.* — *Paris, H. Champion*, 1881 », 39 p.
Classée par écoles, cette exposition se compose de 272 articles.

105. — **Bibliothèque** nationale. Notice d'un choix de manuscrits, d'imprimés et d'estampes acquis dans ces dernières années et exposés dans le vestibule. Mai 1889. — *Paris, imp. Georges Chamerot*, 1889, in-8°, 51 p.

Cette exposition de 235 articles numérotés comprend : 110 mss., 24 estampes, 101 imprimés.
Manuscrits. — Nos 1-18. Exemples de l'écriture des différents siècles du moyen-âge. — Nos 19-38. Mss. à peintures. — Nos 39-49. Mss. relatifs à l'histoire du moyen-âge. — Nos 50-56. Chartes et documents diplomatiques du moyen-âge. — Nos 57-67. M-s. se rapportant à la littérature du moyen-âge. — Nos 68-73. Mss. modernes. — Nos 74-82. Autographes de Victor Hugo légués par lui à la B. N. — Nos 83-94. Mss. grecs. — Nos 95-110. Mss. orientaux.
Imprimés. — Les numéros 101 à 199 ne sont précédés d'aucune mention. Les nos 200-214 sont consacrés aux « Monuments typographiques divers; » les nos 215-224 aux « Livres à figures »; les nos 225-235 aux « Reliures ».
Le livret se termine par une liste sommaire de monuments importants acquis par le département des imprimés depuis 1878 et faisant partie de l'exposition permanente organisée dans la galerie Mazarine.
Les titres de presque tous ces articles sont accompagnés de notes explicatives.

106. — **Bibliothèque** nationale. Notice d'un choix de manuscrits des fonds Libri et Barrois exposés dans la salle du Parnasse français. Avril 1888. — *Paris, imp. Georges Chamerot*, 1888, in-8°, 31 p.

L'introduction est signée L. D. (Léopold Delisle.)
Dans cette exposition figurent 96 articles provenant du fonds Libri et 25 du fonds Barrois. La plupart des mss. sont accompagnés de notes indiquant leur provenance et leur importance. Ces documents, acquis par lord Ashburnham, avaient été volés dans les bibliothèques de France. M. Delisle les racheta en 1888.

107. — **Bibliothèque** nationale. Notice des objets exposés dans la salle du Parnasse français à l'occasion du second centenaire de la mort de Pierre Corneille, Octobre 1884. — *Paris, typ. Georges Chamerot,* 1884, in-12, 55 p. 8° Q

Le faux titre porte : « Exposition Cornélienne, » et la préface est signée L. D. (Léopold Delisle).
Composée de 242 articles, cette exposition comprenait : éditions originales de toutes les pièces du théâtre de P. Corneille ; ouvrages de piété et différentes pièces de circonstance ; livrets auxquels donna lieu l'apparition du *Cid* ; éditions collectives des œuvres de Corneille imprimées du vivant de l'auteur ou peu après sa mort ; un choix des plus remarquables éditions du XVIII° siècle ; plusieurs volumes qui rappellent différentes circonstances de la vie de Corneille et les honneurs rendus à sa mémoire ; une trentaine de portraits gravés ; lettres autographes de Corneille ; médailles frappées au XVIII° et au XIX° siècle, etc.
Une vitrine spéciale renfermait une dizaine de pièces précieuses, imprimées et manuscrites, prêtées par la Bibliothèque Sainte-Geneviève pour cette exposition.
La plupart des articles du livret sont accompagnés de notes.

108. — **Bibliothèque** nationale. Notice des objets exposés dans la Section de géographie. Mai 1889. — *Paris, typographie Georges Chamerot,* 1889, in-8°, 57 p. 8° Q

Cette exposition comprend 471 articles, qui, dans le livret, sont classés méthodiquement sous les rubriques suivantes : Atlas et ouvrages généraux. — Globes et instruments. — Mappemondes et planisphères. — Portulans. — Afrique. — Asie. — Océanie. — Allemagne, Autriche-Hongrie, etc. — Iles Britanniques. — Europe. — Espagne et Portugal. — France. — Grèce et Turquie. — Italie. — Méditerranée. — Pays-Bas et Belgique. — Suisse. — Russie et Pays Scandinaves. — Cartes militaires.
Chacun des articles est suivi d'un numéro indiquant la place qu'occupent les cartes, plans et objets placés dans différentes salles.

109. — **Bibliothèque** nationale. Observations du conservatoire au ministre de l'instruction publique sur une brochure de M. Jubinal relative à un autographe de Montaigne avec une Réponse de M. Paulin Paris à ces Observations. — *Paris, Panckoucke,* 1850, in-8°, 11 p.
Rés. Ln²⁷

Le comité affirme que le chiffre des livres manquant à la B. N. n'est que de quelques milliers et n'atteint pas celui de 20,000 indiqué, d'après MM. Letronne et Paulin Paris, par Jubinal. Il prouve que l'édition du *Cymbalum mundi* (1537) n'est jamais entrée dans les collections du Département des Imprimés. Il explique les diverses opérations du déreliage et les modifications successives subies par l'*Enfer*. Quant au Département des mss. le comité reconnaît qu'en effet la plupart des collections de lettres autographes ont été dévastées et que les catalogues sont insuffisants, mais il prouve que les 36 feuillets volés par Aymon au ms. n° 107 de l'ancien fonds grec ont bien été restitués à l'établissement.
Dans sa *Réponse* aux observations précédentes, M. Paulin Paris maintient le chiffre qu'il avait donné de 20,000 volumes volés et termine en rappelant qu'il avait alors proposé le moyen d'obtenir la publication du catalogue des livres imprimés.
La lettre de M. Paris est du 28 mars 1850.

110. — **Bibliothèque** nationale. Programme des examens d'admission au bureau du catalogue. — (*S. l. ni d.*), in-8° plano, autographié.

111. — **Bibliothèque** nationale. Règlement pour le service de nuit. (*S. l. n. d.*), in fol. plano.

> Autographié. — Ce règlement se compose de 7 articles. Le service de nuit est confié à un préposé ayant sous ses ordres quatre hommes. Chaque nuit il y a quatre rondes dans toutes les parties de l'établissement; elles sont faites par deux hommes et divisées par séries suivant un tableau spécial. Le dimanche, le préposé exerce une surveillance de jour dans tout l'établissement.

112. — **Bibliothèque** protypographique, ou librairies des fils du roi Jean, Charles V, Jean de Berri, Philippe de Bourgogne, et les siens. *Paris, chez Treuttel et Würtz*, 1830, in-4°, XL, 346 p.

Rés. inv. **Q** 321 / Inv. **Q** 1030

> Le Liminaire est signé J. Barrois, D. de N. et est suivi d'un Index alphabétique ou abrégé de bibliographie protypographique spéciale.
> Le volume comprend les mentions de 2311 articles, qui se répartissent en plusieurs séries, savoir :
> Inventaire des Livres du Roy nostre sire Charles V, estans en son chastel du Louvre, à Paris, en 1373. (art. 1-504).
> Inventaire et prisée des Livres de Jean, duc de Berry, frère du roi Charles Quint, en 1416. (art. 505-604).
> Inventaires particuliers de Bourgogne, rédigés à Paris en 1405, à Arras en 1405, à Dijon en 1423 et 1477. D'après les pièces authentiques trouvées ès archives de l'ancienne Chambre des comptes, à Dijon. (art. 605 à 704).
> Librairies de Bourgogne, inventoriées à Bruges vers 1467, à Gand en 1485, à Bruxelles en 1487. D'après les pièces authentiques trouvées ès archives de l'ancienne Chambre des comptes, à Lille, en 1827 (art. 705-2211).
> Appendice. Ouvrages qui, d'après les Extraits d'Achille Godefroi et les Notices rédigées en 1748 et 1796 ensuite des deux réceptions à Paris, ou suivant leurs textes, faisoient partie des Librairies de Bourgogne, sans néanmoins se retrouver dans les Inventaires (art. 2212-2311).
> A la suite on trouve : « Quelques pièces faisant partie du Dossier des Inventaires de Bourgogne. »
> Le volume se termine par une table des matières. Il contient 6 planches.

113. — **Bibliothèque** royale. Collection géographique. Huitième rapport. Année 1846. — *Paris, imp. L. Martinet*, in-8°, 16 p.

Section géogr. **G** 1030 || *Rés.* inv. **Q** 802

> Le titre de départ porte : « Acquisitions de la Bibliothèque royale (collection géographique) pendant l'année 1846. 8e rapport. »
> La collection s'est accrue en huit ans d'environ 50,000 articles, mais elle est menacée de s'arrêter si les Chambres ne lui ouvrent pas un nouveau crédit spécial. Le nombre des pièces réunies en 1846 a été d'environ 4.000.

114. — **Bibliothèque** royale. Extraits du *Moniteur* des 13 et 17 mai. — *Paris, imp. de Paul Dupont*, 1847, in-8°, 14 p.

Rés. inv. **Q** 522 / Inv. **Q** 7465 *ou* **Q** 739

> Contient : Lettre de M. Naudet, directeur de la Bibliothèque royale, à M. le Ministre de l'Instruction publique. 10 mars 1847.

Lettre de M. Ferdinand de Lasteyrie, député, adressée au rédacteur en chef du *Moniteur*. 15 mai 1847.
Note insérée à la suite de la lettre qui précède.
(Au sujet du prêt et de l'emploi, en faveur du cabinet des médailles, de fonds affectés au catalogue des imprimés.)

115. — **Bibliothèque** royale. Paris, le... 183... M. Nous avons l'honneur de vous prévenir que, sur notre présentation, le conservatoire vient de vous admettre au nombre des personnes auxquelles il sera prêté des livres de la Bibliothèque royale. — (*S. l. ni d.*), in-8°, 4 p.
Rés. inv. Q 79¹

Cette lettre d'avis occupe les 2 premières pages. La 4ᵉ page est préparée pour recevoir l'adresse du destinataire.

116. — **Biographie** de M. Marion du Mersan. Extrait de l'*Annuaire dramatique belge* de 1846. — *Bruxelles, imp. de J.-H. Dehon*, 1846, in-16, 16 p.
Ln²⁷/6658

La couverture imprimée sert de titre. Cette notice contient la liste des publications de Dumersan.

117. — **Blondeau de Charnage.** — Inventaire général sommaire du cabinet du chevalier Blondeau de Charnage. — *Paris, imp. de Quillau*, 1776, in-4°, 6 p.
Inv. Q 1823

Blondeau de Charnage offre de vendre à la Bibliothèque du roi son cabinet composé de cent mille pièces, dont plus de 70,000 titres en originaux. Ces titres concernaient le Domaine du roi, le Clergé, les Fiefs, l'Histoire, la Généalogie, etc.

118. —. — Vente sans remise et à l'amiable, dans le courant du mois de novembre de cette année 1770. De plusieurs parties du cabinet du chevalier Blondeau de Charnage... — *A Paris, de l'imp. de N. Fr. Valleyre le jeune*, 1770, in-4°, 5 p.
Inv. Q 1822

119. — **Blondel** (Jacques-François). — Architecture françoise, ou recueil des plans, élévations, coupes et profils des églises, maisons royales, palais, hôtels et édifices les plus considérables de Paris... bâtis par les plus célèbres architectes, et mesurés exactement sur les lieux. Avec la description de ces édifices, et des dissertations utiles et intéressantes sur chaque espèce de bâtiment. — *Paris, Charles Antoine Jombert*, 1754, in-fol. T. III.
Rés. inv. V 39.

Contient, p. 67-80 :
« Description des bâtimens de la Bibliothèque du Roi, rue de Richelieu ; de la Bourse, rue Vivienne ; et de la compagnie des Indes, rue Neuve des Petits Champs. »
Ce texte est accompagné des planches suivantes :
« Plan au rez de chaussée des Bâtimens de la Bibliothèque du Roy, de la Bourse, et de la Compagnie des Indes, situés rue de Richelieu, rue Vivienne, et rue Neuve des petits champs, près la Place des Victoires.
Plan du premier étage de la Bibliothèque du Roy.

— 79 —

Élévation du fond de la cour de la Bibliothèque du Roy, prise dans le plan du rez de chaussée sur la ligne XY. (Fig. 1.)
Élévation d'une des ailes des bâtimens de la Bibliothèque du Roy, prise dans le plan au rez de chaussée sur la ligne Z, etc. (Fig. 2.)

Boissonade. — Voyez : Notices et extraits des mss. de la B. N.

120. — **Boivin le Cadet.** — Bibliothèque du Louvre sous les rois Charles V, Charles VI et Charles VII. Dissertation historique. — (S. l., 1717), in-4°, 12 p.   Rés. inv. Q 407

Voyez : Mallet (Gilles). Inventaire ou catalogue des livres de l'ancienne bibliothèque du Louvre.

121. — **Bond (Ed.-A.).** — Description of the Ashburnham manuscripts and account of offers of purchase, etc. — London, 1883, in-8°, 12 p.

Résumé des pourparlers engagés en 1880 entre le Musée britannique et la B. N. sur la marche à suivre pour assurer à l'Angleterre et à la France la possession des séries qui les intéressaient le plus directement parmi les mss. que lord Ashburnham voulait vendre. Les volumes du fonds Stowe et de l'Appendice seraient restés à l'Angleterre et les fonds Libri et Barrois seraient rentrés en France.
Les offres de la B. N. et du British Museum ayant été jugées insuffisantes, le projet échoua.

Bonjean. — Rapport.
Voyez : Sénat, Session de 1861... Pétition.

122. — **Bonnaffé (Edmond).** — Les collectionneurs de l'ancienne France. Notes d'un amateur. — Paris, Auguste Aubry, 1873, in-8°, XII, 122 p.   Rés. Ln $^{9}_{146}$

Tiré à 606 exemplaires numérotés, dont 6 sur parchemin.
Donne des renseignements sur certaines collections qui ont enrichi la Bibliothèque; et en particulier sur la librairie de Jean, duc de Berry, la librairie et le cabinet de curiosités de François Ier; sur Rascas de Bagarris, Peiresc, Marie de Médicis, Gaston d'Orléans, Richelieu, Seguier, l'abbé de Marolles, Mazarin, Colbert, de Gaignières, Mariette, Caylus, etc.

123. —. — Inventaire des meubles de Catherine de Médicis en 1589, mobilier, tableaux, objets d'art, manuscrits. — Paris, Auguste Aubry, 1874, in-8°, 219 p.   Lb $^{34}_{893}$

Tiré à 250 exemplaires numérotés.
On trouve, p. 169-211, la reproduction de l'inventaire, dressé en 1589, de la bibliothèque de Catherine de Médicis. Cette bibliothèque, remarquable par une collection de manuscrits grecs, avait d'abord appartenu au cardinal Nicolas Ridolfi, neveu de Léon X, puis était devenue la propriété du maréchal Strozzi. A la mort de ce dernier, Catherine de Médicis s'appropria cette bibliothèque qui fut définitivement réunie à la B. R., en 1599, en vertu des lettres patentes et des arrêts du Parlement qu'obtint le maître de la Librairie, le président de Thou.

124. — **Bonnardot (Alf.).** — Histoire artistique et archéologique de la gravure en France. Dissertations sur l'origine, les progrès et les divers

produits de la gravure. Listes de graveurs français rangés par ordre de règnes, de Charles VII à Louis XVI inclusivement. Notice sur quelques graveurs étrangers qui ont laissé des pièces curieuses pour l'histoire de France. Listes d'anciens marchands d'estampes à Paris. Remarques iconographiques et bibliographiques sur le commerce et les ventes d'estampes et de livres anciens; sur les causes de leur rareté; sur les collections privées et publiques; sur les échanges internationaux; sur la lithographie et les procédés pour reproduire les anciennes impressions sur les réformes applicables à la Bibliothèque nationale et aux autres bibliothèques de la ville de Paris, etc. — *Paris, Defloremne neveu*, 1849, in-8°, XVI, 304 p.   Inv. **V** 3264

> L'auteur se plaint du désordre qui existe à la Bibliothèque nationale. Il désire la suppression du prêt à l'extérieur et demande un catalogue. Selon lui le Département des imprimés devrait être partagé en huit divisions à la tête de chacune desquelles on placerait un spécialiste.
> Cette méthode de classement par spécialités s'appliquerait également au Département des manuscrits et à celui des estampes et plans.

125. — **Bonnardot** (A.). — Lettre au bibliophile Jacob, rédacteur du *Bulletin des Arts*, sur le cabinet des estampes et l'excellente administration de M. Duchesne aîné. — *Paris, au bureau de l'Alliance des arts et chez Defloremne neveu*, 1848, in-8°, 16 p.   Rés. inv. **Q** 843

> Une commission d'experts avait été nommée pour examiner le classement adopté par Duchesne au cabinet des estampes, classement qu'on prétendait défectueux. Bonnardot déclare qu'après une longue expérience de ce classement il le trouve excellent. Il proteste parce qu'on a exclu Duchesne de la commission qui devait juger sa méthode de rangement.

126. — **Bordier** (Henri). — Description des peintures et autres ornements contenus dans les manuscrits grecs de la Bibliothèque nationale. — *Paris, Honoré Champion*, 1883, in-4°, VIII, 336 p.
                                                    Rés. moy. **Q** 28 || 4° **Q** 13

> M. Bordier débute par une étude sommaire de l'antiquité et des traces qui en subsistent dans les mss grecs; il montre comment les peintres byzantins interprétaient celle-ci, comment on rendait alors les scènes religieuses et non religieuses, le paysage, l'architecture, le travail des champs, les animaux, les intérieurs, les meubles, les types et professions, les portraits; quelles étaient la décoration et les initiales.
> Puis vient l'inventaire sommaire des mss. grecs de la B. N. ornés de peintures. Ces mss. forment trois groupes : l'ancien fonds du Roi, le fonds de la maison de Coislin, et le Supplément. L'inventaire indique le numéro du fonds, le sujet, l'âge et la nature des ornements de chaque ms.
> M. Bordier décrit ensuite 162 mss. et termine par une table des volumes décrits et une table des matières.

... — Voyez : Lalanne (L.). Affaire Libri. — Dictionnaire de pièces autographes volées aux bibliothèques publiques. — Études paléographiques et historiques sur des papyrus.

127. — **Bosredon** (Philippe de). — Inventaire sommaire de la col-

lection Périgord à la Bibliothèque nationale. — *Périgueux, imp. de la Dordogne*, 1890, in-8°, 112 p.   Dépt des Mss. imp.

Cette collection, qui compte 183 volumes, est divisée en deux fonds : le fonds Leydet et Prunis (T. 1-22); le fonds Lespine (T. 23-183). Elle comprend :

Fonds Prunis et Leydet :

T. 1-4. Recueil d'histoires, chroniques, cartulaires, avec quelques pièces originales et autres.

T. 5. Mémoires militaires et autres, relations de batailles, sièges et prises de villes.

T. 6-8. Recueil de lettres des rois, reines, ministres, généraux et grands seigneurs, adressées aux seigneurs de Caumont la Force.

T. 9-10. Dépouillement des archives des rois de Navarre conservées autrefois au château de Pau, en Béarn, et à Nérac.

T. 11-15. Mémoires historiques pour la province du Périgord.

T. 16. Recherches sur la noblesse et les généalogies des anciennes familles du Périgord.

T. 17-18. Extraits de divers ouvrages imprimés concernant l'histoire du Périgord.

T. 19. Mélanges historiques et littéraires contenant plusieurs mémoires et dissertations sur les antiquités et divers sujets historiques et des notices sur la vie et les ouvrages de plusieurs savants et hommes célèbres du Périgord.

T. 20-22. Traités de géométrie, trigonométrie, algèbre, physique, chimie, astronomie, histoire naturelle, par Leydet.

Fonds Lespine.

T. 23. Textes des anciens auteurs concernant le Périgord. Notes, recherches et extraits relatifs à l'histoire générale du Périgord. Langue et antiquités du Périgord. Recherches sur les noms de lieux en Périgord.

T. 24-25. Recherches, notes et extraits concernant l'histoire générale du Périgord. Documents sur les gouverneurs, sénéchaux etc. Administration, justice, finances, Coutumes.

T. 26. Documents, notes et extraits concernant l'histoire générale du Périgord.

T. 27-29. Évêché de Périgueux.

T. 30-32. Évêques de Périgueux.

T. 33-35. Abbayes du diocèse de Périgueux.

T. 36. Évêché de Sarlat.

T. 37. Abbayes du diocèse de Sarlat.

T. 38-41. Extraits pour l'histoire ecclésiastique du Périgord.

T. 42. Extraits du Gallia christiana, pour l'histoire du Périgord.

T. 43-45. Vitæ sanctorum Petragoricí.

T. 46-50. Villes closes.

T. 51-52. Châtellenies et châteaux.

T. 53-56. Comtes du Périgord.

T. 57. Généalogies en général.

T. 58-67. Généalogies.

T. 68-70. Mémoires du Périgord.

T. 71-75. Recherches sur le Périgord.

T. 76. Extraits des registres de la Chambre des comptes.

T. 77-78. Chartes du Périgord (copies).

T. 79-85. Chartes du Périgord (originales).

T. 86. Pariagium monasterii Condomensis.

T. 87-91. Titres et papiers divers.

T. 92-94. Papiers Leydet.

T. 95. Notes pour l'histoire littéraire du Périgord.

T. 96. Inventaire des titres du château de Lanmary.

T. 97. Inventaire des titres et biens du château du Puy-Saint-Astier.
T. 98. Titres de Saint-Rabier.
T. 99. Terrier de la seigneurie de Vaudre.
T. 100-104. Correspondance. (Lettres adressées à Lespine, classées d'après l'ordre alphabétique du nom des correspondants.)
T. 105. (Mélanges). Correspondance.
T. 106. Correspondance Prunis et Leydet.
T. 107. Journal de l'abbé de Lespine, juin 1788-déc. 1790.
T. 108-109. Voyage aux bords du Rhin par MM. de Bhan et de Lespine.
T. 110. Bibliographie (Mélanges).
T. 111. Recueil de poésies.
T. 112-113. Notes et papiers étrangers à l'histoire du Périgord.
T. 114. Titres originaux (chartes originales).
T. 115-174. Notices généalogiques et documents sur les familles du Périgord.
T. 175. Titres provenant du convent de l'Hôpital de Beaulieu.
T. 176. Mélanges généalogiques.
T. 177-178. Notes généalogiques.
T. 179-182. Mélanges historiques.
T. 183. Correspondance générale.

128. — **Bossu.** — Oraison funèbre de M. le premier président d'Ormesson, prononcée en l'église royale et paroissiale de S. Paul, le samedi 14 mars 1789. — *Paris, chez Knapen fils et la veuve Delaguette*, 1789, in-4°, 29 p.　　　　　　　　　　　　　　　　　　　　　　Ln

Bottin. — Voyez : Discours prononcés aux funérailles de M. J. D. Barbié du Bocage.

Bouchaud. — Voyez : Notices et extraits des mss. de la B. N.

Boucherie. — Voyez : Notices et extraits des mss. de la B. N.

129. — **Bouchot** (H.). — Bibliothèque nationale. Département des estampes. Inventaire des dessins et estampes relatifs au département de l'Aisne, recueillis et légués à la Bibliothèque nationale par M. Edouard Fleury. — *Paris, Hachette*, 1887, in-8°, IV et 335 p.　　Q

Cette collection comprend la description de plus de 11,000 pièces, dessinées, gravées ou photographiées, et se compose de 53 volumes. Les pièces sont classées par arrondissements, cantons et communes (vol. 1-48). Les cartes générales de la province et du département occupent les volumes 48 à 51 et les œuvres des artistes nés dans le département sont réunies dans les volumes 51 à 53. Dans chaque volume, les pièces séparées, ou les séries de pièces, ont reçu un numéro d'ordre avec renvoi au folio. Cette numération est surtout destinée à la table pour laquelle elle constitue une suite non interrompue de chiffres qui va de 1 à 1395.

130. —. — Bibliothèque nationale. Inventaire des dessins exécutés par Roger de Gaignières et conservés aux départements des Estampes et des Manuscrits. — *Paris, E. Plon, Nourrit et Cie*, 1891, 2 vol. in-8°, T. I, XXVIII-506 p. T. II, 565 p.　　Q

La collection Gaignières entra à la B. N. en 1716. Les recueils de modes qui en faisaient partie, furent retirés du Dépt des Mss. en 1749, et transmis avec les vues topographiques, les cartes et les plans, au Cabinet des Estampes. Les tombeaux, épitaphes monuments, armoiries, blasons restèrent au Cabinet des titres jusqu'en 1864.

Dans son Introduction, M. Bouchot donne un aperçu sommaire de la constitution des recueils inventoriés, mentionne l'entrée de chacun d'eux au Cabinet des Estampes et les fait suivre de leur numérotation dans l'état dressé en 1711 par Clairambault. Plusieurs tableaux indiquent : 1° la concordance entre les numéros de l'inventaire sommaire de Gaignières, ceux de l'inventaire définitif et ceux du Dépt des Estampes. — 2° Recueils restés aux Manuscrits et fondus dans le fonds latin. Concordance entre l'inventaire de 1741 et l'inventaire actuel du Dept des Mss. — 3° Recueils fondus dans le fonds français au Dept des Mss. — 4° Pièces isolées et classées dans les pièces originales du Cabinet des titres, Vol. 1841. — 5° Pièces provenant de Gaignières et retrouvées dans les collections de Clairambault. — 6° Recueils de format exceptionnel également fondus dans le fonds français.

L'inventaire fait par M. Bouchot compte 7321 numéros et se termine par une table générale.

131. — **Bouchot (Henri).** — Notice sur la vie et les travaux d'Etienne Martellange, architecte des Jésuites (1569-1641), d'après des documents inédits conservés au Cabinet des Estampes de la Bibliothèque nationale, suivie du catalogue de ses dessins précédemment attribués à François Stella. Extrait de la *Bibliothèque de l'École des chartes*, t. XLVII, 1886. *Paris*, 1886, in-8°, 54 p.

Le catalogue des dessins d'Et. Martellange occupe les pages 37-52. Il comprend 174 articles et se termine par une table géographique de 2 p. La couverture imprimée sert de titre.

132. —. — Les portraits aux crayons des XVIe et XVIIe siècles conservés à la Bibliothèque nationale (1525-1646). Notice, catalogue et appendice. Avec deux portraits en fac-simile. — *Paris, H. Oudin*, 1884, gr. in-8°, 412 p.

L'Introduction occupe les pages 1-125 et se subdivise en plusieurs chapitres. I. Anciens catalogues. — Le p. Lelong. — Joly père et fils, gardes du Cabinet des Estampes. — M. Niel. — M. L. de Laborde. — II. Portraits du recueil A (1544-1577). — Portraits A* (1530-1549?). — III. Portraits du recueil B (1530-1570?. — IV. Portraits du recueil C (1530-1570?). — Portraits D (1530-1570?. — VI. Portraits du recueil E (1555-1570? — VII. Portraits du recueil F (1550-1580). — VIII. Portraits du recueil G (... 1585? — IX. Portraits du recueil H fin du 16e siècle. — X. Portraits du recueil I (1610-1630). — XI. Portraits de Sainte-Geneviève J (1525-1654). — Portraits K provenant de Sainte-Geneviève. — XII. Portraits L (1590-1600?). — XIII. Portraits M (Pierre Dumonstier, 1585-1656). — XIV. Portraits N (Daniel Dumonstier, 1587-1646). — XV. Portraits O. — XVI. Portraits P (Recueil constitué, 1578-80).

Dans l'*Appendice*, M. Bouchot passe brièvement en revue quelques collections moins importantes qui sont conservées dans d'autres bibliothèques ou dans des collections particulières. Ce sont : I. Recueil d'Aix (catalogue publié en 1863 par M. Rouard). — II. Collection de Stafford House, depuis passée à Chantilly (publiée en 1874 par lord Ronald Gower). — III. Collection de Castle-Howard (publiée en 1875 par L. Ronald Gower). — IV. Recueils étrangers à la Bibliothèque et non publiés.) 1. Portraits d'Arras. — 2. Recueils Fontette, des Arts et Métiers, et recueil possédé par M. Courajod. — 3. Portraits peints de Blois. — 4. Portraits peints du château de Beauregard.

Le volume se termine par une « Table alphabétique des personnes dont les portraits ont été catalogués ». Les noms en italique sont ceux dont les portraits n'ont point de caractère absolu d'authenticité. Ceux précédés d'un * sont les portraits indiqués par Joly et dont on n'a que la mention écrite. Les chiffres en italique se rapportent aux portraits de Blois et de Beauregard.

133. — Bouchot (Henri). — Les portraits peints de Charles VIII et d'Anne de Bretagne à la Bibliothèque nationale. — *Nogent-le-Rotrou, imp. Daupeley-Gouverneur,* (s. d.,) in-8°, 2 p. **Lb**

    Extr. de la *Bibliothèque de l'École des chartes,* t. XLVIII, 1887.
    Ces portraits sont encastrés dans une véritable boîte à couvercle glissant qui forme la reliure d'un petit livre de prières du XVe siècle, mss. latin 1190, exposé dans les vitrines de la galerie Mazarine.

134. —. — Les reliures d'art à la Bibliothèque nationale. 80 planches reproduites, d'après les originaux par Aron frères. — *Paris, Édouard Rouveyre,* 1888, gr. in-8°, XXII-51 p.   4° Q

    Le texte se divise en 3 chapitres : Les ouvriers de la reliure. — Les collectionneurs. — Notices des planches publiées dans les *Reliures d'art.*

Boucly. — Voyez : Rapport adressé à M. le garde des sceaux Hébert.

135. — Boufflers (de). — Éloge historique de M. l'abbé Barthélemy, l'un des quarante de la ci-devant Académie française, prononcé à une séance publique de la 2e classe de l'Institut, le 13 août 1806. — *Paris, L. M. Guillaume,* 1806, in-8°, 49 p.   **Ln**

Boullée. Voyez : Mémoire sur les moyens de procurer à la Bibliothèque du Roi les avantages que ce monument exige.

136. — Bourmont (Amédée Comte de). — Index processuum authenticorum beatificationis et canonizationis qui asservantur in Bibliotheca nationali Parisiensi, confecit et edidit Amedeus comes de Bourmont, Excerptum ex Analectis Bollandianis, tom. V (1886). — *Bruxellis, typis Polleunis, Ceuterick et Lefébure,* 1886, in-8°, 19 p.   8° **H Pièce.**

Bourquelot, F. — Voyez : Lalanne (Lud.). Affaire Libri.

Bréhaut (Ernest). Voyez : Paroles prononcées sur la tombe de Charles-Aimé Dauban.

137. — Bréquigny (de). — Table chronologique des diplômes, chartes, titres et actes imprimés concernant l'histoire de France. — *Paris, imp. royale,* 1769-1876, 8 vol. in-fol.

    T. I (1769, 569 p. avec tables : 1° des noms de personnes ; 2° des noms de lieux ; 3° des monastères ; 4° des églises ; 5° des noms des lieux d'où les chartes sont classées.
    T. II (1775), VIII, 636 p. et tables.
    T. III (1783), VIII, 560 p. et tables. Par de Bréquigny et Mouchet.
    T. IV (1836), XXXI, 639 p. — Continuée par M. Pardessus. — La préface contient une « Notice de M. Dacier sur la vie et les ouvrages de Bréquigny » et des « Observations chronologiques sur les lettres d'Innocent III et sur le système suivi à ce sujet par Bréquigny, dans la table chronologique des chartes concernant l'histoire de France, par M. L. Schneider,... »

T. V (1836), IV, 683 p. Ce volume se termine par un Index bibliographique des ouvrages cités dans les cinq premiers volumes de la Table chronologique.
T. VI. (*Imprimerie nationale*, 1850), III, 674 p. Avec supplément à l'Index bibliographique du T. V
T. VII. Table... continuée par MM. Pardessus et Laboulaye. — *Paris, imp. impériale*, 1863, 687 p.
T. VIII. (*Imp. nationale*), 1876, 321 p.

Bréquigny avait été chargé, en 1763, de mettre la dernière main à cette table. Elle devait faciliter la tâche des savants qui allaient former le Cabinet des chartes.

Bréquigny (de). — Voyez : Notices et extraits des mss. de la B. N.

138. — **Brey (A.).** — Projet pour la construction d'une Bibliothèque royale à élever facultativement sur trois emplacements, dont deux situés place du Châtelet et l'autre à cheval sur le passage Cendrier. Par A. Brey, architecte, membre de l'Académie nationale et ci-devant royale de Puebla (Mexique), et membre du Conseil municipal de Neuilly. — *Paris, lithᵉ Carré et fils, pass. du Caire, 77 et 110*, 1847, in-4°, 13 p. et 2 plans.   *Rés.* inv. **Q** 425

Les plans se composent de : 1° Esquisse de l'élévation pour l'une des façades (120 mètres de longueur). 2° Plan pris au premier étage.

Brial (J.-J.). — Voyez : Notices et extraits des mss. de la B. N.

139. — **Brièle (L.).** — La bibliothèque d'un académicien au XVIIᵉ siècle. Inventaire et prisée des livres rares et des manuscrits de J. Ballesdens. — *Paris, Imp. nationale*, 1885, in-4°, 23 p.

Extrait des *Documents pour servir à l'histoire des Hôpitaux de Paris*. T. IV.
   fol. **R** 68

L'abbé Ballesdens légua à Colbert ses manuscrits évalués valoir 949 livres à la condition que Colbert verserait une somme équivalente à l'Hôtel-Dieu.

140. — **Brière (M. de).** — Eclaircissements sur la destination de trois zodiaques antiques savoir : le zodiaque rectangulaire de Denderah; le zodiaque du cercueil de l'Egyptien Pétémenon, et le zodiaque de l'église Notre-Dame de Paris; et explication de certains symboles qui s'y trouvent. Avec une planche lithographiée. — *Paris, imp. de Ducessois, quai des Augustins, 55*, 1839, in-4°, 18 p.   Inv. **V** 13009

141. — **Bruel (Alexandre).** — Les manuscrits français de la Bibliothèque Impériale. Aperçu historique sur les catalogues et la classification de ces manuscrits. (Extrait de la *Revue des questions historiques*.) — *Paris, Victor Palmé*, avril 1869, in-8°, 12 p.   *Rés.* inv. **Q** 860

Tiré à 50 exemplaires.

— — Voyez : Recueil des chartes de l'abbaye de Cluny.

142. — **Brunet (Gustave).** — Lettre au bibliophile Jacob au sujet de

l'étrange accusation intentée contre M. Libri, membre de l'Institut, contenant des recherches sur les livres à la reliure de Grolier, sur les volumes elzéviriens non rognés et sur quelques particularités bibliographiques. — *Paris, Paulin,* 1849, in-8°, 32 p. **Ln $\frac{27}{1266}$**

> M. Brunet défend Libri et montre par de nombreux exemples combien il est facile d'indiquer, avec les catalogues de vente, l'origine des livres et des mss. possédés par Libri.
> La lettre est datée du 15 août 1849.

143. — **Brunet de Presle** (W.). — Institut impérial de France. Académie des inscriptions et belles-lettres. Discours prononcé aux funérailles de M. Berger de Xivrey à Saint-Sauveur (Seine-et-Marne) le 30 juillet 1863. — *Paris, typ. de Firmin Didot frères,* 1863, in-4°, 5 p. **Ln $\frac{27}{464}$**

> Jules Berger de Xivrey, né à Versailles en juin 1801, fut conservateur adjoint du Département des manuscrits de 1852 à 1863.
> Voyez : Notices et extraits des mss. de la B. N.

Buchon. — Voyez : Notices et extraits des mss de la Bibliothèque du Roi.

144. — **Bulletin** mensuel des publications étrangères reçues par le Département des Imprimés de la Bibliothèque Nationale. Novembre 1874 à décembre 1876. — *Paris,* 1874-1876, in-8°, 486 p.

> Autographié. — Ce volume est accompagné d'une Table alphabétique paginée 1-150.

145. — **Bulletin** mensuel des publications étrangères reçues par le Département des Imprimés de la Bibliothèque Nationale. — *Paris, C. Klincksieck,* 1877-1893, in-8°.

> Le classement adopté est l'ordre alphabétique des auteurs ou des premiers mots du titre pour les ouvrages anonymes.
> Chaque titre des T. I-VIII est suivi d'un numéro d'ordre. Dans les volumes suivants, il est accompagné de la cote donnée aux livres après leur intercalation sur les rayons de la Bibliothèque.
> Jusqu'à la fin de 1882 les titres des travaux en allemand, en danois, en suédois, en russe ou en autres langues peu connues, figuraient au Bulletin traduits en français. Cette traduction était seulement précédée des deux ou trois premiers mots du titre original. A partir de 1883 les titres originaux ont été reproduits et on les a fait suivre, en dépouillement, d'une traduction très sommaire. Il arrive souvent qu'un ouvrage particulier est publié dans une collection ayant un titre collectif. Les travaux de cette nature ont été indiqués en dépouillement à leur titre collectif dans les T. I-VIII du *Bulletin mensuel,* puis à leur titre particulier à partir du T. IX.
> Sur le verso du titre de la 3e année du Bulletin on lit cet Avis : « A partir de cette année les livres étrangers les plus remarquables par leur ancienneté et leur rareté, que la Bibliothèque nationale aura achetés ou reçus en don, seront annoncés à part dans un *Appendice* à la fin du Bulletin. On signalera aussi, dans cet *Appendice,* des livres français anciens ou modernes, d'une valeur exceptionnelle, achetés ou reçus par la Bibliothèque, en dehors de ceux qui lui parviennent par la voie du dépôt légal et dont la liste est publiée chaque semaine dans la Bibliographie de la France, journal général de l'imprimerie et de la librairie. »

A la fin des T. I et II il a été publié une table alphabétique annuelle; cette table n'a pas été imprimée pour les volumes suivants.

Il existe dans la salle de travail, à la disposition du public, deux tables sur fiches immobilisées. Une de ces tables donne la liste alphabétique par nom d'auteurs de tous les articles insérés dans le Bulletin. La seconde est classée méthodiquement. Pour cette dernière voir plus haut : « *Bibliothèque nationale. Département des Imprimés. Cadre de classement de la Table méthodique du Bulletin mensuel...* »

Quelques collections ont été groupées à part dans ces Bulletins. Ce sont :

T. I, p. 38-40 « Ouvrages relatifs aux expositions internationales de Londres, Vienne et Philadelphie » (nᵒˢ 651 à 688).
— p. 55-86. « Musique » (nᵒˢ 954-1010).
— p. 96-98 « Ouvrages publiés au Canada » (nᵒˢ 1735-1770).
— p. 137-140. « Ouvrages en langue russe » (nᵒˢ 2444-2515).
T. II, p. 143-162, 231-234. « Dons de la Bibliothèque nationale de Montevideo » (nᵒˢ 2481-2908 et 4134 à 4207).
— p. 226-231. « Ouvrages d'astronomie, d'hydrographie etc. imprimés en Italie aux XVIIᵉ et XVIIIᵉ siècles » (nᵒˢ 4051-4133).
T. III, p. 29-31 et 72. « Ouvrages relatifs à l'Exposition universelle de Paris, 1878 » (nᵒˢ 527-533 et 1225-1238).
— p. 128-129. « Ouvrages héraldiques et nobiliaires provenant de la collection de M. Ernest de Rozière » (nᵒˢ 2196-2209).
— p. 129-132. « Dons de la Bibliothèque nationale de Montevideo » (nᵒˢ 2210-2278).
— p. 161-178, Supplément au Bulletin d'août 1879 ; — Dons de plusieurs administrations, établissements, fonctionnaires et éditeurs des États-Unis » (nᵒˢ 2865-3186).
T. IV, p. 117-132, 158-162. « Dons. Ouvrages publiés aux États-Unis » (nᵒˢ 2081-2379 et 2860-2927.)
T. V, p. 119-128 « Ouvrages légués par M. Brosset, membre de l'Académie impériale des sciences de St-Pétersbourg » (nᵒˢ 2032-2176).
   p. 214-216, 225-232. « Thèses de doctorat (Inaugural-Dissertationen) présentées à la faculté de philosophie de l'Université de Leipzig » (nᵒˢ 3694-3755 et 3913-4051).
T. VI, p. 12-16, 62-63. — « Thèses de doctorat (Inaugural-Dissertationen) présentées à la faculté de philosophie de l'Université de Leipzig » (nᵒˢ 162-246, 1023-1048).
— p. 63-64. « Thèses d'agrégation (Habilitationsschriften) présentées à la faculté de philosophie de l'Université de Leipzig » (nᵒˢ 1049-1080).
— p. 117-120. « Thèses de doctorat (Inaugural-Dissertationen) soutenues dans les Universités d'Heidelberg, Kiel, Strasbourg et Wurtzbourg » (nᵒˢ 2017-2095).
T. VI, p. 138-140. « Thèses de doctorat (Inaugural-Dissertationen) soutenues dans l'Université de Wurtzbourg » (nᵒˢ 2429-2477).
— p. 204 et 220. « Thèses de doctorat (Inaugural-Dissertationen) Université de Bonn » (nᵒˢ 3672-3689, 3948-3976).
T. XV, p. 341-359. « Ouvrages provenant de la bibliothèque de feu M. le baron de Witte »
T. X, p. 113-128. « Don de M. John S. Pierson de New York (314 art.)

146. — **Burnouf (E.) et Chr. Lassen.** — Essai sur le pali, ou langue sacrée de la presqu'île au-delà du Gange, avec six planches lithographiées, et la notice des manuscrits palis de la Bibliothèque du Roi. *Paris, Dondey-Dupré*, 1826, in-8°, 224 p. Inv. **X** 2204

La notice des mss. palis occupe les pages 190-212. Elle contient : 1° Fac-simile du Boromat et notice du ms. — 2° Fac-simile du Phâtimokkha « notice du ms. — 3° Commentaire sur les noms de Boudha. — 4° Fac-simile du Kammouva et notice du ms. — 5° Spécimen de la vie de Sivichay et notice des mss. pali-siamois (au nombre de six).

Burnouf. — Voyez : Institut national de France... Discours prononcés aux funérailles de M. Letronne. — Notices sur J. A. Letronne. — Jomard, funérailles de Silvestre de Sacy.

—. — Le Bhâgavata Purâna...

Voy. Collection orientale. Manuscrits inédits de la Bibliothèque royale.

147. — **Cabinet** d'estampes de feu Monsieur le Premier. — (S. l. ni d.), in-4°, 18 p.   Estampes Ye 21

Cette liste composée de 466 numéros est imprimée à 2 colonnes. Un exemplaire existe au Département des Estampes. Il est relié avec le catalogue intitulé « Catalogue général, en forme d'inventaire du Cabinet d'estampes de M. le marquis de Beringhen réuni au Cabinet d'estampes de la Bibliothèque du Roi. Avec le rapport des numéros de l'inventaire du Cabinet et l'indication des ouvrages qui ne s'y trouvaient pas. »

148. — **Cadalvène** (Édouard de). — Recueil de médailles grecques inédites, publiées par Édouard de Cadalvène. — *Paris, De Bure frères et Rollin*, 1828, in-4°, XII, 264 p. et 5 pl.   J 1167 ou inv. J 4760

La collection de M. Éd. de Cadalvène, ancien consul dans le Levant, est entrée à la Bibliothèque nationale en 1826.

149. — **Cadet de V.[aux]**. — Éloge de Monsieur Le Noir, chevalier, conseiller d'État ordinaire, et au Conseil royal, président du Comité des finances, bibliothécaire du Roi, etc., etc., par M. Cadet de V..., censeur royal. — *A Paris, imp. de Ph. D. Pierres*, 1786, in-8°, 21 p.

                                                                        Ln$^{27}_{12275}$

150. — **Caffiaux** (Dom). — Trésor généalogique, ou extraits des titres anciens qui concernent les maisons et familles de France et des environs, connues en 1400 ou auparavant ; dans un ordre alphabétique, chronologique et généalogique... — *Paris, imp. de Philippe-Denys Pierres*, 1777, in-4°, LXXXIII, 736 p.   Lm$^{1}_{30}$

Il n'a paru que le T. I, qui s'arrête au nom de Beaussart.
Les papiers du bénédictin dom Caffiaux consistaient : 1° en cinq portefeuilles de titres originaux ; 2° en 21 liasses d'extraits de titres destinés à entrer dans son « Trésor généalogique. » La Bibliothèque les a achetés, vers 1812.

151. — **Caille** (L.). — Discours prononcé sur la tombe de l'abbé Coupé, lors de ses obsèques, le 12 mai 1818. — (*Paris*), imp. Renaudière, (s. d.), in-8°, 8 p.   Ln$^{27}_{4975}$

Né le 18 oct. 1732, mort à Paris le 10 mai 1818, l'abbé Coupé fut garde de la B. R., pour le dépôt des titres et des généalogies, de 1785 à 1795.

152. — **Caillemer** (E.). — Comité d'inspection et d'achats de livres des bibliothèques de Lyon. Manuscrits de la bibliothèque de Lyon provenant des collections de l'abbé Nicaise et du Président Bouhier. — *Lyon, imp. Mougin-Rusand*, 1881, in-8°, 27 p.   8° Q Pièce.

Sur la découverte de nouvelles lettres de Nicaise et de Bouhier, qui étaient évidemment la propriété de la B. N. Ces manuscrits faisaient partie des documents choisis par Chardon de la Rochette et Prunelle dans les dépôts littéraires de Troyes et de Dijon pendant leur mission de 1801.

M. Caillemer propose de restituer ces lettres à la B. N.

153. — **Caillemer** (E.). — Les manuscrits Bouhier, Nicaise et Peiresc de la bibliothèque du Palais des Arts de Lyon. — *Lyon, Henri Georg*, 1880, in-8°, VIII, 48 p. Rés. p. Z 25

N° 1 de la *Collection des Opuscules lyonnais*, tirée à 100 exemplaires sur Hollande.

Rapport au Conseil municipal de Lyon sur 7 mss. précieux qui étaient déposés depuis longtemps dans la bibliothèque du Palais des Arts et avaient été revendiqués, le 23 janvier 1879, pour la B. N., par le Ministre de l'Instruction publique, comme provenant des dépôts littéraires de Troyes et de Dijon où Chardon de la Rochette et Prunelle les avaient pris en 1801 en vertu de la mission dont les avait chargés le ministre Chaptal.

En échange de cette restitution la B. N. a cédé gratuitement dix ouvrages précieux choisis parmi ses doubles et a fait restaurer 21 mss. antérieurs au x° siècle qui appartenaient à la ville de Lyon. L'État accorda en outre à celle-ci un certain nombre d'ouvrages pris dans le dépôt des souscriptions du Ministère et remit au musée de Lyon 250 médailles modernes, frappées à la monnaie de Paris.

154. — **Camus** (A.-G.). — Corps législatif. Conseil des Cinq-Cents. Projet de résolution présenté au nom de deux commissions, sur la manière de disposer des livres conservés dans les dépôts littéraires. Séance du 7 fructidor, an 4. — *Paris, imp. nationale*, fructidor, an IV, in-8°, 3 p. Arch. Nat. AD. VIII 45

155. —. — Corps législatif. Conseil des Cinq-Cents. Projet de résolution, présenté au nom d'une commission spéciale, sur la manière de disposer des livres étant dans les dépôts littéraires. Séance du 27 floréal, an V. — *Paris, imp. nationale*, floréal, an V, in-8°, 3 p. Arch. Nat. AD. VIII 48

En 6 articles.

156. —. — Notice d'un livre imprimé à Bamberg en 1462, lue à l'Institut national. — *Paris, imp. Baudouin*, an VII, in-4°, 29 p. 5 pl. Inv. Q 1823 || Rés. inv. Q 404

Le titre de départ porte : « Notice d'un livre imprimé à Bamberg en 1462, par Albert Pfister et contenu dans un volume nouvellement arrivé à la Bibliothèque nationale. Lue à l'Institut national, classe de littérature et beaux-arts, le 23 germinal an VII par Camus. »

Ce volume qui fixe l'époque de l'établissement de l'imprimerie à Bamberg est le seul exemplaire complet qui soit connu; il contient trois ouvrages différents, tous trois allemands, tous trois ayant le texte accompagné d'estampes; il n'existe ni frontispice ni titre général pour en annoncer le sujet. Le premier ouvrage est connu sous le titre de *Plaintes contre la mort*; le second se compose de *Quatre histoires de l'Ancien Testament*; sa souscription porte la date de l'impression. Le troisième est la *Bible des Pauvres*.

Il existe un autre tirage : *Paris, Baudouin*, an VII, in-fol. 24 p. et 5 pl. Rés. inv. Q 108 et 109

Camus. — Voyez : Notices et extraits des mss. de la B. N.

Caristie. — Voyez : Rochette (Raoul). Funérailles de M. Visconti.

157. — **Carnot.** — A M. le Rédacteur de la *Liberté de penser*. — *Paris, imp. E. Thunot* 1849, in-8°, 7 p.   Ln $\frac{27}{17710}$

    Extrait de la *Liberté de penser*.
    Contre Raoul Rochette, au sujet de la « *Pétition adressée à l'Assemblée nationale législative*... par Raoul Rochette. »

158. —. — Réponse à M. Raoul-Rochette, suivie du rapport d'une commission d'enquête instituée en 1848 par le ministre de l'Instruction publique pour examiner la conduite de M. Raoul-Rochette dans l'acquisition des vases de Bernay. — *Paris, imp. de L. Martinet,* 1850, in-8°, 40 p.   Rés. inv. Q 837 || Ln $\frac{27}{?}$

    Carnot répond à la « Pétition adressée à l'Assemblée nationale législative, pour demander le rétablissement de l'emploi de conservateur du cabinet des médailles et antiques de la Bibliothèque Nationale, supprimé par arrêté de M. Carnot, du 1er mars 1848, par M. Raoul-Rochette. Paris, 1849. »
    Il fait suivre sa réplique des deux pièces suivantes :
    1° (p. 13-21) « Note du président de la commission d'enquête, faite en 1848, à la demande de M. Raoul-Rochette, sur l'acquisition des vases de Bernay. »
    2° (p. 22-40) « Rapport de la commission d'enquête, instituée au mois d'avril 1848, par M. le ministre de l'Instruction publique, à la demande de M. Raoul-Rochette, pour examiner l'affaire de l'acquisition des vases de Bernay. »
    Le rapport constate que, le 3 mai 1830, Rochette a acheté, pour le compte de la Bibliothèque, moyennant 15,000 francs, plus 2,000 francs de frais extraordinaires, les objets antiques découverts près de Bernay, et, que le 15 du même mois, sur la proposition de M. Rochette, le conservatoire a consenti à payer 30,000 francs ces mêmes objets qui lui appartenaient déjà moyennant 17,000 francs. Rochette prétend que la différence, soit 13,000 francs, devait être payée à Rollin comme intérêts de l'argent avancé par celui-ci pour solder le prix de l'acquisition, et comme indemnité afin qu'il renonçât à se présenter lui-même comme acquéreur des vases.

Carra. — Voyez : L'an 1787. Précis de l'administration de la Bibliothèque du Roi.

159. — **Case** (The) of M. Libri, reprinted from Bentley's Miscellany, july 1852. *London, Rich. Bentley,* 1852, in-8°, 12 p.

    Cité dans le Supplément au *Manuel du Libraire*.

160. — **Castonnet des Fosses** (H.). — Paulin Paris. (Extrait de la *Revue d'Instruction publique*.) — *Angers, imp. Lachèse et Dolbeau,* 1887. in-8°, 20 p.   Ln $\frac{27}{37421}$

    Né en 1800 à Avenay, près Reims, Paulin Paris entra à la B. R. en 1828. Il fut conservateur-adjoint au Dépt des Mss. de 1829 à 1872 et mourut le 14 février 1882.

161. — **Catalogue** d'une bibliothèque composée de dix-huit mille volumes, qui se vendront à l'amiable dans les salles du grand couvent des

R. P. Augustins, le 4 janvier 1734 et jours suivans. Les prix seront sur chaque livre énoncés au présent catalogue. — *A Paris, chez Pierre Gandouin*, 1733, in-8°, 546 p.   Rés. inv. Q 743

<small>Le titre de départ porte : « Catalogue des livres de M***. » Il s'agit des doubles de la Bibliothèque du Roi. Un avis, placé en tête de ce catalogue, annonce que l'on vendra en outre plus de six mille volumes dont les titres ne figurent pas ici. Ce catalogue comprend 2,636 ouvrages classés par ordre méthodique et numérotés.</small>

Catalogue d'une collection d'empreintes en soufre.

<small>Voyez : Mionnet.</small>

162. — **Catalogue** d'une collection de thèses publiées dans les Pays-Bas, donnée à la Bibliothèque nationale par le Service des échanges internationaux au Ministère de l'instruction publique. (Direction du Secrétariat, 3° bureau.) — *Paris, C. Klincksieck*, 1884-1885, 2 vol. in-8°, 69, 49 p.   8° Q 884

<small>Imprimé à deux colonnes. Les articles sont classés au nom alphabétique des auteurs et sont suivis de leur cote.
Le T. I. contient les thèses de droit (1.396 articles numérotés).
Le T. II renferme les thèses de théologie, philosophie, sciences mathématiques et naturelles, médecine.</small>

163. — **Catalogue** de documents historiques et de lettres autographes relatifs au règne de Louis XIII; portefeuilles de la correspondance du cardinal Quirini, appartenant à la Société des bibliophiles françois. — *Paris*, 1847, in-8°, 27 p.

<small>Les documents décrits dans ce catalogue ont été achetés en 1850 par le Dépt. des Mss. Les principales pièces de cette collection ont été reliées dans les mss. français 9,354 et 10,215 et dans les mss. italiens 511 à 514.</small>

164. — **Catalogue** de la bibliothèque de feu M. Falconet, médecin consultant du roi, et doyen des médecins de la faculté de Paris... — *A Paris, chez Barrois*, 1763, 2 vol. in-8°. T. I, XLIV, 543 p.; T. II, 829 p.
       Inv. Q 7435-7437, || Rés. inv. Q 748 749 750-751

<small>Ce catalogue, classé par ordre méthodique, donne les titres d'environ 50,000 volumes, sur lesquels 11,000 entrèrent à la B. R. après la mort de Falconet, qui, en décembre 1742, avait offert au roi tous les livres de son cabinet qui ne se trouveraient pas dans la B. du R. Les livres choisis par Cappéronnier étaient estimés valoir au moins 20,000 livres et Falconet n'avait reçu du roi qu'une rente de 1,200 livres reversible sur la tête de sa sœur. Après le décès du donataire les autres héritiers réclamèrent auprès de Bignon qui fit accorder au sieur Drouet, neveu du défunt, la survivance de la pension de 1,200 livres.</small>

165. — **Catalogue** de la bibliothèque de M. L***, dont la vente se fera le lundi 28 juin 1847, et les 29 jours suivans à six heures de relevée, rue des Bons-Enfants, n° 30, maison Silvestre, salle du premier. — *Paris, L. C. Silvestre et P. Jannet*, 1847, in-8°, XLIII, 496 p.
                                      Rés. inv. Q 920

<small>Catalogue de la bibliothèque Libri.</small>

166. — **Catalogue** de la collection léguée à la Bibliothèque Nationale par M. le baron Ch. Davillier. — *Nogent-le-Rotrou, imp. Daupeley Gouverneur*, (1886), in-8°, 75 p.   8° Q 11..

> Imprimé à deux colonnes. Chaque article est suivi de l'indication de la lettre et de la cote sous lesquelles il est rangé dans les collections de la B. N.
> Cette collection se compose de volumes et pièces imprimés, de cartes, de manuscrits et d'estampes. Un certain nombre d'ouvrages de cette provenance existaient déjà au Dep¹. des imprimés; néanmoins la plupart n'y font pas réellement double emploi. Beaucoup des exemplaires donnés par M. le baron Davillier sont en effet dans des conditions exceptionnelles de papier, de reliure, etc., et ont été, pour cette raison, placés dans la Réserve.
> Ce legs comprend une série de catalogues de musées et d'expositions et une suite importante de catalogues de vente de tableaux, objets d'art, etc. Les volumes se rapportant à ces deux séries ont été groupés et la liste en est imprimée à la fin de la première partie du catalogue. Les ouvrages sont classés dans un seul ordre alphabétique au nom des auteurs ou aux premiers mots du titre pour les anonymes. Les catalogues de musées ont été classés par ordre alphabétique des noms des villes qui les possèdent; les catalogues de vente de tableaux sont rangés par ordre alphabétique des noms des collectionneurs, ou, à défaut de ces noms, par ordre chronologique des dates de vente.

167. — **Catalogue** de livres, brochures et journaux composant la bibliothèque de feu Amédée Hennequin, homme de lettres. Troisième et quatrième parties. Vente du 30 avril au 4 mai et du 21 au 28 mai 1861, maison Silvestre. — *Paris, Camerlinck*, 1861, in-8°, 200 p.

> Ce catalogue contient 2.560 numéros. — La B. N. acheta en totalité, avant la vente aux enchères, la partie révolutionnaire de la collection Hennequin, et obtint ainsi, au prix de 12.000 fr. 3.000 volumes ou brochures et quelques dossiers précieux provenant de Hennequin père (procès des ministres de Charles X, des Rohan et des Condé, de Mᵐᵉ de Feuchère contre le duc d'Aumale).

168. — **Catalogue** de livres, la plupart rares et curieux, provenant de la bibliothèque de M. Libri Carucci, dont la vente prescrite par deux ordonnances de M. le président du tribunal civil de la Seine des 30 avril et 1ᵉʳ juillet 1853, aura lieu le jeudi 12 avril 1855 et jours suivants, à 7 heures précises du soir, au dépôt domanial, cour des Barnabites, place du Palais-de-Justice, 3, à Paris, par le ministère de Mᵉ Florimond Lévêque, commissaire-priseur, rue d'Enghien, 44, assisté de M. Victor Tilliard, libraire. — *Paris, Victor Tilliard*, 1855, in-8°, IV, 174 p.

Rés. inv. Q ..

169. — **Catalogue** de livres, principalement sur les sciences mathématiques, la littérature italienne, l'histoire civile, religieuse et littéraire de l'Italie, et la bibliographie, provenant de la bibliothèque de M. Libri Carucci, dont la vente, prescrite par deux ordonnances de M. le Président du Tribunal civil de la Seine des 29 mars 1856 et 3 février 1857 aura lieu le 15 avril 1857 et jours suivants, à 7 heures précises du soir, au dépôt domanial, cour des Barnabites, place du Palais-de-Justice, 3, Paris, par le ministère de Mᵉ Hannoy, commissaire-priseur, passage

Saulnier, 8. Assisté de M. Victor Tilliard, libraire. — *Paris, Victor Tilliard*, 1857, in-8°, 480 p. Rés. Inv. Q 922

Les exemplaires de ce titre ont été supprimés.

170. — **Catalogue** des dissertations et écrits académiques provenant des échanges avec les universités étrangères et reçus par la Bibliothèque nationale en 1882. — *Paris, C. Klincksieck*, 1884, in-8°, 101 p.   R° **Q** 777

Imprimé à 2 colonnes, ce catalogue (comme les suivants), est classé d'après les règles ci-contre :

« Les publications sont groupées par Universités ou Académies, selon l'ordre alphabétique des noms français des villes où ces établissements ont leur siège.

« Les publications de chaque établissement universitaire sont réparties par années d'impression : celles d'une même année sont reparties par formats : in-fol., in-4°, in-8°.

« Les publications d'un même établissement, d'une même année et d'un même format, sont distribuées par facultés : Faculté de médecine, etc., selon l'organisation propre à chaque établissement. Les publications de l'autorité universitaire ou académique, communes aux diverses facultés, sont inscrites avant les publications particulières de celles-ci sous la rubrique : Programmes et généralités.

« A la suite de chaque article, et précédée d'un crochet, se trouve l'indication de la cote donnée dans les collections du Dép¹ des Imprimés de la B. N., au volume ou à la pièce qui fait l'objet de l'article. »

Le présent catalogue contient les dissertations des universités suivantes : Berlin (1881, 1882) ; Bonn (1881, 1882) ; Breslau (1882) ; Copenhague (1878, 1881, 1882) ; Erlangen (1881, 1882) ; Fribourg-en-Brisgau (1881, 1882) ; Gand (1862, 1866, 1869, 1873, 1875, 1876, 1877) ; Genève (1881, 1882) ; Giessen (1881, 1882) ; Gœttingue (1881, 1882) ; Greifswald (1882) ; Halle (1881, 1882) ; Heidelberg (1881, 1882) ; Iéna (1882) ; Kœnigsberg (1882) ; Leipzig (1880, 1881, 1882) ; Leyde (1870-1882) ; Liège (1861, 1872, 1873, 1875-1882) ; Lund (1881, 1882) ; Marbourg, (1872, 1874-1882) ; Munich (1879-1882) ; Münster (1882) ; Strasbourg (1880-1882) ; Tubingue (1881-1882) ; Upsal (1877-1882) ; Wurzbourg (1878-1882) ; Zurich (1882).

171. — **Catalogue** des dissertations et écrits académiques provenant des échanges avec les universités étrangères et reçus par la Bibliothèque nationale en 1883. — *Paris, C. Klincksieck*, 1884, in-8°, 125 p.   R° **Q** 777

Contient les dissertations des universités suivantes : Bâle (1881-1883) ; Berlin 1882-1883) ; Bonn (1882-1883) ; Breslau (1882-1883) ; Copenhague (1882) ; Dorpat (1881-1883) ; Erlangen (1882-1883) ; Fribourg-en-Brisgau (1882-1883) ; Gand (1880-1883) ; Genève (1882-1883) ; Giessen (1882-1883) ; Gœttingue (1882-1883) ; Greifswald (1882-1883) ; Halle (1882-1883) ; Heidelberg (1882-1883) ; Iéna (1882-1883) ; Kiel (1877-1883) ; Leipzig (1882-1883) ; Leyde (1882-1883) ; Liège (1882-1883) ; Lund (1882-1883) ; Marbourg (1882-1883) ; Munich (1876, 1882, 1883) ; Münster (1882-1883) ; Rostock (1868, 1869, 1871, 1873-1879, 1881, 1883) ; Strasbourg (1882, 1883) ; Tubingue (1881-1883) ; Upsal (1745, 1840, 1883) ; Wurzbourg (1880-1883) ; Zurich (1882-1883).

172. — **Catalogue** des dissertations et écrits académiques provenant des échanges avec les universités étrangères et reçus par la Bibliothèque nationale en 1884. — *Paris, Ch. Klincksieck*, 1886, in-8°, 129 p.   R° **Q** 777

Ce catalogue contient les dissertations des universités suivantes : Bâle (1883, 1884) ; Berlin (1883, 1884) ; Bonn (1883, 1884) ; Breslau (1883, 1884) ; Copenhague (1883) ; Dorpat (1881, 1883, 1884) ; Erlangen (1883, 1884) ; Fribourg-en-Brisgau (1883, 1884) ; Genève (1883, 1884) ; Giessen (1883-1884) ; Gœttingue (1882-1884) ; Greifswald (1883-1884) ; Halle (1883-1884) ; Heidelberg (1883, 1884) ; Iéna (1884,

1883, 1884) ; Kiel (1882-1884); Kœnigsberg (1883-1884) ; Leipzig (1883-1884) ; Leyde (1883, 1884) ; Lund (1883, 1884) ; Marbourg (1883, 1884) ; Munich (1882-1884) ; Munster (1883-1884) ; Rostock (1883, 1884) ; Strasbourg (1883-1884) ; Tubingue (1870, 1876, 1878-1881, 1883, 1884) ; Upsal (1878-1884) ; Wurzbourg (1883-1884) ; Zurich (1883-1884).

173. — Catalogue des dissertations et écrits académiques provenant des échanges avec les universités étrangères et reçus par la Bibliothèque nationale en 1885. — *Paris, C. Klincksieck*, 1886, in-8°, 119 p. 8° Q 777

Contient les dissertations des universités suivantes : Bâle (1882-1885) ; Berlin (1884-1885) ; Bonn (1884-1885) ; Breslau (1884-1885) ; Copenhague (1884) ; Dorpat 1884-1885) ; Erlangen (1870, 1881, 1884, 1885) ; Fribourg-en-Brisgau (1884-1885) ; Genève (1884-1885) ; Gœttingue (1884-1885) ; Greifswald (1884-1885) ; Halle (1884-1885) ; Heidelberg (1884-1885) ; Kœnigsberg (1884-1885) ; Leipzig (1883-1885) ; Leyde (1884-1885) ; Lund (1883-1885) ; Marbourg (1884-1885) ; Munich (1882-1885) ; Munster (1884-1885) ; Tubingue (1884-1885) ; Upsal (1884-1885) ; Wurzbourg (1882-1885) ; Zurich (1884-1885).

174. — Catalogue des dissertations et écrits académiques provenant des échanges avec les universités étrangères et reçus par la Bibliothèque nationale en 1886 et 1887. — *Paris, C. Klincksieck*, 1889, in-8°, 351 p.
8° Q 777

Ce catalogue contient les dissertations des universités suivantes : Amsterdam (1885-1887) ; Bâle (1885-1887) ; Berlin (1885-1887) ; Berne (1886-1887) ; Bonn (1885-1887) ; Breslau (1885-1887) ; Copenhague (1885-1886) ; Dorpat (1884-1887) ; Erlangen (1885-1887) ; Fribourg-en-Brisgau (1881, 1885-1887) ; Gand (1886) ; Genève (1885-1887) ; Giessen (1884-1887) ; Gœttingue (1884-1887) ; Greifswald (1885-1887) ; Halle (1885-1887) ; Heidelberg (1885-1887) ; Iéna (1884-1887) ; Kiel (1884-1887) ; Kœnigsberg (1886-1887) ; Leipzig (1885-1887) ; Leyde (1885-1887) ; Liège (1883-1887) ; Lund (1884-1887) ; Marbourg (1885-1887) ; Munich (1882, 1883, 1885-1887) ; Munster (1885-1887) ; Oxford (1886-1887) ; Rostock (1884-1886) ; Strasbourg (1884-1886) ; Tubingue (1885-1887) ; Upsal (1885-1887) ; Utrecht (1887) ; Wurzbourg (1881-1883, 1885-1887) ; Zurich (1885-1887).

175. — Catalogue des dissertations et écrits académiques provenant des échanges avec les universités étrangères et reçus par la Bibliothèque nationale en 1888. — *Paris, C. Klincksieck*, 1891, i. 8°, 109 p. 8° Q 777

Contient les dissertations des universités suivantes : Bâle (1887-1888) ; Berlin (1887-1888) ; Berne (1885-1888) ; Bonn (1887-1888) ; Breslau (1887-1888) ; Copenhague (1887) ; Dorpat (1887-1888 ; Erlangen (1886-1888) ; Fribourg-en-Brisgau (1887-1888) ; Gand (1887-1888) ; Genève (1886-1888) ; Giessen (1887-1888) ; Gœttingue (1887-1888) ; Greifswald (1887-1888) ; Halle (1887-1888) ; Iéna (1887-1888) ; Kiel (1886-1888) ; Kœnigsberg (1887-1888) ; Leipzig (1887-1888) ; Leyde (1887-1888) ; Liège (1887-1888) ; Lund (1886-1888) ; Marbourg (1887-1888) ; Munich (1885-1888) ; Munster (1887-1888) ; Oxford (1888) ; Rostock (1887-1888) ; Strasbourg (1886-1888) ; Tubingue (1887-1888) ; Upsal (1887-1889) ; Wurtzbourg (1882-1888) ; Zurich 1887-1888).

176. — Catalogue des dissertations et écrits académiques provenant des échanges avec les universités étrangères et reçus par la Bibliothèque nationale en 1889. — *Paris, C. Klincksieck*, 1892, in-8°, 123 p.
8° Q 777

Ce répertoire contient les dissertations des universités suivantes : Bâle ; Berlin ; Berne, Bonn ; Breslau ; Copenhague ; Dorpat ; Erlangen ; Fribourg en Brisgau ; Gand ; Genève ; Giessen ; Gœttingue ; Greifswald ; Halle ; Heidelberg; Iéna; Kiel; Kœnigsberg; Leipzig; Leyde; Liège; Lund; Marbourg; Munich; Munster; Oxford; Rostock; Strasbourg; Tubingue; Wurzbourg; Zurich.

177. — Catalogue des estampes des trois écoles, portraits, catafalques, pompes funèbres, plans, cartes géographiques, etc. qui se trouvent à Paris, au Musée central des Arts; augmenté des Estampes qui forment le Recueil connu ci-devant sous le nom du *Cabinet du Roi;* de plusieurs autres Suites et Estampes qui appartiennent à ce Recueil, et non comprises dans le Catalogue qui en fut dressé en 1743. — *A Paris, de l'Imprimerie des Sciences et Arts, rue Ventadour, n° 174,* ventose an IX, in-4°, IV, 40 p.   Inv. **V** 13193

178. — Catalogue des livres de la bibliothèque de feu M. de Lamoignon, .. — *Paris, chez Mérigot jeune,* 1791-1792, 3 vol. in-8°.
Inv. **Q** 8425-7

A la fin du T. II (avec pagination 1-40), on trouve : « Catalogue particulier des manuscrits. » La majeure partie de ces mss. et notamment les Registres de Parlement (514 vol. in-fol.) restèrent entre les mains de Mérigot, qui les remit en vente en 1800. Achetés par le libraire Maginel, ils entrèrent ensuite à la B. N.

179. — Catalogue des livres donnez par le Roi à l'Academie françoise. — *Paris,* 1674, in-8°.

Une ordonnance datée de Nancy, 21 août 1673, avait enjoint à Nicolas Colbert, évêque d'Auxerre et garde de la Bibliothèque du Roi, de choisir, parmi les livres de Sa Majesté, 600 volumes et de les envoyer à l'Academie. C'est Charles Perrault, bibliothécaire de celle-ci, qui les reçut.

180. — Catalogue des livres du cabinet de feu M. Lair. — *Paris,* 1819, in-8°.

M. Lair, ancien greffier du Châtelet, avait réuni une importante collection de documents relatifs à l'histoire de France. La B. R. a acquis presque tous les comptes et les inventaires indiqués à la fin de ce catalogue, p. 51 et suiv.

181. — Catalogue des livres du cabinet de M. *** — *Paris, chez Jacques Guerin,* 1733, in-8°, 450 p.   Rés. inv. **Q** 740 ou rés. **Q** 716

Catalogue des livres de M. de Cange. A la suite on a joint « Notice de quelques Manuscrits d'élite qui n'étaient pas compris dans le Catalogue, et que M. du Cange a donné au Roi. »
Classé par ordre méthodique.

182. — Catalogue des livres du cabinet de M. de Cangé acheté par le roy au mois de juillet 1733. — *A Paris,* 1733, in-12, 450 p.
Q 716 ou inv **Q** 7433 || Rés. inv. **Q** 741

Classé par ordre méthodique. Cette bibliothèque, où l'on remarquait beaucoup de mss. relatifs à l'ancienne littérature française, fut payée 40,000 livres par la B. R. Elle renfermait alors 158 mss. Quand le marché fut conclu, M. Chatre de Cangé ajouta en pur don 12 manuscrits importants qui ne figuraient pas primitivement au catalogue.

183. — **Catalogue** des livres imprimés de la Bibliothèque du Roy. Belles-lettres. — *Paris, imprimerie royale*, 1750, 2 vol. in-4°.

Inv. Q 35.

X

T. I, xvi, 604 p. — Ce volume comprend 6,622 articles numérotés et classés d'après les divisions suivantes :

GRAMMAIRIENS. — TRAITÉS PRÉLIMINAIRES SUR L'ORIGINE, L'ÉTUDE ET LA CONNOISSANCE DES LANGUES.

Langues orientales : Traités de l'antiquité et de l'excellence des langues orientales. — Traités des langues par rapport à l'Écriture sainte. — Collection d'alphabets et de grammaires des langues orientales. — Dictionnaires polyglottes. — Langue hebraïque. — Traités de l'antiquité et de l'excellence de la langue hebraïque. — De la manière d'enseigner et d'apprendre l'hébreu. — Alphabets hebreux. — Grammaires hébraïques. — Racines hebraïques. — Traités de la composition des mots, de leur etymologie et de leur signification. — Dictionnaires hebreux. — Comparaison et harmonie de l'hebreu avec les autres langues. — Langues samaritaine, chaldeenne, syriaque, aramééenne ou syro-chaldeenne, arabe. — Traités de l'excellence, de l'utilité et de l'usage de la langue arabe. — Alphabets; grammaires; dictionnaires. — Langue ethiopienne, ou de l'Abyssinie. — Langue persienne. — Langue copte ou égyptienne. — Langue arménienne. — Langue turque.

Langue grecque. — Histoire de la langue grecque et de son origine. — De l'excellence et de l'utilité de la langue grecque. — De la manière d'enseigner et d'etudier la langue grecque. — Alphabets. — Grammairiens grecs. — Grammairiens grecs qui ont écrit en grec. — Grammairiens grecs qui ont écrit en différentes langues. — Rudiments; Introductions et methodes; grammaires manuels, abreges, tables de grammaires, etc.; institutions; traités des lettres, de la quantité et des accens; traités de la prosodie et de la juste prononciation de la langue grecque; traités de l'orthographe; traités des mots, de leur etymologie et racines; de la formation des verbes grecs et de leur usage; traités des dialectes grecs; syntaxe grecque; des particules grecques; elegances de la langue grecque; des idiotismes grecs de l'hellénisme; exercices pour la langue grecque. — Dictionnaires, vocabulaires, lexiques et glossaires des grammairiens grecs; dictionnaires etymologiques; dictionnaires grecs et latins; dictionnaires particuliers pour l'intelligence de certains auteurs et du Nouveau-Testament; dictionnaires de synonymes et d'épithètes; dictionnaires grecs en plusieurs langues; langue grecque vulgaire.

Langue latine. — De l'utilité et de l'excellence de la langue latine. — Des causes de la langue latine, de son origine, de ses progrès et de ses différens âges. — De la manière d'enseigner et d'apprendre la langue latine. — Grammairiens latins. — Grammairiens anciens. — Collection de grammairiens anciens. — Grammairiens modernes; Rudimens; introductions et méthodes, principes, grammaires, etc.; abreges et tables de grammaire; institutions; règles de grammaire; des lettres, de la prosodie et des accens; de l'orthographe; des mots, de leurs racines, differences et propriétés; syntaxe; des particules; du style; des figures; des solécismes et vices du discours; des élegances; de la manière d'acquerir l'elegance latine, et recueils de phrases tirées de différens auteurs; exercices sur la langue latine; des règles de la traduction; observations grammaticales. — Dictionnaires. Traités sur les dictionnaires; dictionnaires etymologiques; dictionnaires purement latins; recueils de synonymes et d'epithètes, et dictionnaires poétiques; dictionnaires latins et hebreux; dictionnaires latins et grecs et en plusieurs autres langues; dictionnaires latins-italiens; dictionnaires latins-françois; dictionnaires latins-espagnols; dictionnaires latins portugais; dictionnaires latins-allemands; dictionnaires latins flamands; dictionnaires latins-anglois; dictionnaires latins-suédois; dictionnaires latins-polonois; dictionnaires latins-hongrois; dictionnaires latins et epirotiques; dictionnaires latins-japonois; nomenclatures et vocabulaires.

Langue italienne. — Traités de l'origine et de l'antiquité de la langue italienne. — Comparaison de la langue italienne avec les autres langues. — Traité de la langue italienne en général. — Grammaires. — Grammaires italiennes écrites en italien; en latin; en françois; grammaires italiennes à l'usage des Allemands, Danois et autres peuples. — Traités des lettres, points et accens; — de la prosodie et prononciation; — de l'orthographe; des articles, des verbes, des particules, etc.; — du style; — des elegances et des vices du discours; — de la manière de bien parler les différens idiomes de la langue italienne; — observations et remarques sur la langue italienne et sur quelques-uns de ses principaux auteurs; — de la traduction. — Dictionnaires. Dictionnaires purement italiens; dictionnaires italiens et turcs; italiens et grecs; italiens et latins; italiens et françois; italiens et espagnols; italiens et allemands; italiens et anglois; recueils de phrases, de proverbes et de manières de parler italiennes.

Langue françoise. — De l'origine et de l'excellence de la langue françoise. — Comparaison de la langue françoise avec les langues grecque, latine et autres. — Grammaires. Grammaires generales; grammaires françoises écrites en latin; traités divers sur la langue françoise écrits en latin; grammaires françoises en italien, espagnol, allemand et autres langues; livres d'exercices relatifs à ces grammaires. — Des lettres, de l'écriture françoise et de la manière de la lire. — De la prosodie et prononciation de la langue françoise. — De l'orthographe. — Des mots, des synonymes, des epithetes, des tropes. — Des vices et de l'élégance du discours. — Observations diverses et remarques sur la langue françoise. — Dictionnaire neologique. — Exercices pour apprendre la langue françoise. — Traités de la traduction. — Dictionnaires. Dictionnaires etymologiques; dictionnaires purement françois; dictionnaires generaux; écrits pour et contre les dictionnaires; dictionnaires particuliers; dictionnaires de rimes et des arts; dictionnaires burlesques; dictionnaires françois-latins, françois-italiens, françois-espagnols, françois-allemands, françois-flamans, françois-anglois, françois-madagascars, françois-caraïbes. — Patois françois, auvergnat, basque, bourguignon, breton, dauphinois, gascon, languedocien, limousin, lyonnois, messin, normand, picard, poitevin, provençal.

Langue espagnole. — Traités de l'origine de la langue espagnole; — grammaires; — traités de la prononciation et de l'orthographe; — observations et exercices sur la langue espagnole; — dictionnaires, vocabulaires, recueils de phrases, etc.

Langue portugaise.

Langue allemande. — Origine de la langue allemande. — Grammaires. — Orthographe. — Des mots, de leurs racines et etymologie. — Exercices pour apprendre la langue allemande. — Dictionnaires.

Langue de Bohême.

Langue flamande. — Rapport de la langue flamande avec les autres langues. — Grammaires. — De l'orthographe et de la prononciation de la langue flamande. — Dictionnaires.

Langues des Iles Britanniques. — Langue cambro-britannique et langue anglo-saxonne. — Langue angloise. — Grammaires. Grammaires angloises écrites en anglois, en latin, en françois. — De l'écriture et de la prononciation. — Des mots, de leurs declinaisons, de leurs origines, des règles du discours et des particules. — Dictionnaires. Dictionnaires etymologiques; dictionnaires anglois et latins, anglois et françois, anglois et allemans. — Nomenclatures et recueils de phrases, pensées et bons mots. — Langue irlandoise.

Langue danoise. — Traités concernant la langue danoise et son affinité avec la grecque et la latine. — Grammaires. — De l'orthographe. — Dictionnaires.

Langues septentrionales anciennes. — Langue cymbrique, scytho-scandique ou gothique. — Langue islandoise ou gothique-runique.

Langue finlandoise.

Langue russienne; — *polonoise;* — *hongroise;* — *illyrienne;* — *sclavonne;* — *sorabique;* — *tartare;* — *ibérique* ou *géorgienne;* — *langue des Indes Orientales;* — *langue chinoise;* — *japonoise et maloique;* — *annamitique;* — *amharique;* — du

Congo; — *de Madagascar;* — *caraïbe;* — *mexicaine;* — *langue du Mexique, appelée Mosca;* — *langue générale du Pérou, nommée Quichua;* — *langue Aymara;* — *langue guarani ou du Paraguay.*

RHÉTEURS ET ORATEURS.

Hébreux. — *Arméniens.* — *Grecs.* — *Latins.* — Latins anciens. — Latins modernes. — Rhéteurs : Traités sur la nature et les différens âges de l'Éloquence sacrée et profane; — de l'étude de l'éloquence, du choix des méthodes et des auteurs; — traités généraux de rhétorique; — traités étendus de rhétorique; — traités abrégés de rhétorique; — traités des différentes parties de la rhétorique : de l'invention; de la disposition et de ce qui y a rapport; de l'élocution, du style et de l'imitation; de la prononciation et du geste de l'orateur. — Traités sur la rhétorique considérée comme civile ou comme ecclésiastique. — Exercices sur la rhétorique. — Apparats, trésors et collections d'ouvrages de rhétorique. — Orateurs. — Collections des discours et ouvrages des orateurs. — Discours imprimés séparément : genre délibératif; — exhortations; — discours faits dans les conciles et dans les synodes; — dans les conclaves; — dans les congrégations, pour la canonization ou translation de quelque saints; — discours aux papes et aux princes chrétiens concernant les troubles de la chrétienté; — discours en matière de gouvernement et de police, faits aux papes, aux cardinaux et aux princes; — discours dans les assemblées d'universités, d'académies, de collèges, etc., concernant le gouvernement et l'élection de leurs membres. — Invitations. — Recommandations. — Consolations. — Genre démonstratif. — Sermons : sur les mystères et autres matières théologiques; — panégyriques de la sainte Vierge et des saints. — Félicitations et complimens. — Discours de remercîmens; d'ambassadeurs; — panégyriques; — oraisons funèbres; — genre familier, ou discours sur toutes sortes de matières; — discours sur l'homme; — sur l'étude des sciences; — sur la théologie; — sur la jurisprudence; — sur l'histoire; — sur la philosophie; — sur les belles-lettres. — Genre judiciaire : Accusations; défenses; apologies.

François. — Rhéteurs. — traités préliminaires ou réflexions et jugemens sur les rhéteurs et orateurs; — traités généraux de rhétorique; — traités particuliers de rhétorique; — traités concernant l'éloquence; — traités de l'orateur et de son action; — trésors et fleurs de rhétorique. — Orateurs. Collections des discours et ouvrages des orateurs; — discours imprimés séparément; — genre délibératif; — genre démonstratif; — sermons et panégyriques des saints; — félicitations, complimens et panégyriques; — oraisons funèbres; — discours prononcés dans les académies.

Italiens. — Rhéteurs. — Orateurs. — Collections des discours et ouvrages des orateurs; — discours imprimés séparément; — genre délibératif; — genre démonstratif; — sermons et panégyriques des saints; — félicitations, harangues, discours, complimens et panégyriques; — oraisons funèbres; — discours académiques sur toutes sortes de matières.

Espagnols. — Rhéteurs. — Orateurs.
Portugais.
Allemands, etc.
Anglois, etc.

Y

POÉSIE.

Introduction à la poésie. — Mythologues, ou auteurs qui ont écrit de l'Histoire poétique; — mythologues anciens; auteurs grecs; auteurs latins; — mythologues modernes; auteurs latins; auteurs françois; auteurs italiens; auteurs espagnols.

Art poétique. — Traités de l'art poétique en général; — traités des différentes espèces de poèmes; — du poème lyrique; — du poème dramatique; — du poème épique; — de la poésie pastorale; — de l'élégie; — de la satyre; — de l'épigramme; — de la poésie burlesque; — ouvrages historiques sur les poètes

Poëtes. — **Poëtes hébreux;** — poëtes arabes; — poëtes grecs; — collections de poëtes grecs; — poëtes grecs en langue vulgaire; — poëtes latins; — collections d'anciens poëtes latins; — poëtes latins modernes, rangés par nations, et selon l'ordre alphabétique; — poëtes latins modernes d'Italie; — collections; — poëtes latins modernes de France, d'Allemagne; — de Flandre, Hollande, etc.; — de Suisse; — d'Angleterre, etc.; — des pays septentrionaux.

Poëtes italiens. — Introduction à la poésie italienne. — Poëmes épiques, héroïques, héroïcomiques, etc., rangés par ordre chronologique, et poëmes de morale, de physique, etc. — Poëmes dramatiques; — introduction à la poésie dramatique; — tragédies italiennes, rangées suivant l'ordre alphabétique; — recueils de tragédies italiennes; — tragi-comédies italiennes; — comédies italiennes, rangées suivant l'ordre alphabétique; — poëmes en musique; — opéra, etc., rangés selon l'ordre alphabétique; — cantates, etc. — Idylles ou pastorales. — Poésies de différens genres. — Sonnets. — Madrigaux. — Stances. — Élégies, complaintes, épitaphes, etc. — Églogues, etc. — Panégyriques, éloges, etc. — Épîtres, proverbes. — Généthliaques, épithalames. — Poésies burlesques, satyres. — Recueils de poësies italiennes.

Poëtes françois. — Traités de la poésie françoise. — Mystères. — Moralités. — Romans en vers. — Poëtes françois, par ordre chronologique. — Théâtres; — traités sur les théâtres; — collections de poëmes dramatiques de différens auteurs; — poëmes dramatiques en brochure, par ordre alphabétique; — tragédies; — tragi-comédies; — comédies; — opéra; — ballets, etc.; — chansons. — Recueils de poësies. — Poësies anciennes et modernes, anonymes et sans dates, rangées par ordre alphabétique. — Mélange de prose et de vers. — Poëtes en patois; auvergnat, bourguignon, breton, dauphinois, gascon, languedocien, limousin, messin, normand, picard, poitevin, provençal.

Poëtes espagnols. — Poëtes espagnols, rangés suivant l'ordre chronologique; — tragédies et comédies espagnoles; — chansons espagnoles; — recueils de poësies espagnoles de divers auteurs.

Poëtes portugais.
Poëtes allemans.
Poëtes hollandois.
Poëtes anglois. — Poësies sacrées. — Pièces de théâtre. — Pastorales. — Odes et chansons. — Satyres et épîtres. — Poësies diverses.
Poëtes écossois.
Poëtes danois.
Poëtes suédois.
Poëtes polonois.
Poëtes esclavons et illyriens.
Poëtes arméniens.
Auteurs de fables et d'apologues.

BELLES-LETTRES

T. II, VIII, 208 p. et table alphabétique de 326 pages. Inv. Q 385
Le catalogue se compose de 2,422 articles classés d'après les divisions suivantes :

Y²

ROMANS.

Traités préliminaires sur l'origine, la composition et la lecture des romans.
Romans grecs.
Romans latins.
Romans françois. — Romans de chevalerie; — Romans des chevaliers de la Table ronde; — romans de Charlemagne, des douze Pairs de France, et des neuf Preux, etc.; — romans des Amadis; — suite des romans de chevalerie. — Avantures amoureuses sous des noms empruntés; — noms empruntés de la Fable; de l'Histoire; de l'histoire grecque; de l'histoire romaine; de l'histoire de France; d'Italie; d'Allemagne; d'Angleterre; d'Espagne, etc.; des pays hors de l'Europe; — sous des noms imaginaires; — sous diverses déno-

minations. — Nouvelles et contes. — Contes de fées et autres contes merveilleux. — Voyages imaginaires et songes. — Romans philosophiques, divisés en moraux, politiques, etc. — Romans mystiques. — Romans allégoriques. — Romans comiques. — Romans satyriques.

Romans italiens — Romans de chevalerie, de Charlemagne, des douze Pairs. — Amadis. — Avantures amoureuses sous des noms empruntés; noms empruntés de la Fable; de l'Histoire; noms imaginaires; sous diverses dénominations. — Nouvelles et contes. — Voyages imaginaires et contes. — Romans philosophiques, moraux, etc. — Romans satyriques.

Romans espagnols. — Romans de chevalerie, de la Table ronde, de Charlemagne et des douze Pairs. — Amadis. — Suite de la chevalerie errante. — Avantures amoureuses sous des noms empruntés; noms empruntés de la Fable; de l'Histoire; sous des noms imaginaires; sous diverses dénominations. — Nouvelles et contes. — Voyages imaginaires et songes. — Romans moraux. — Romans comiques. — Romans satyriques.

Romans allemans.

Romans anglois, etc.

Facéties, Pièces burlesques. — Facéties, pièces burlesques en latin; en françois; en italien, etc. — Ouvrages badins sur toutes sortes de matières; — sur les matières de jurisprudence; — d'histoire; — de philosophie; — de belles-lettres. — Ouvrages licencieux.

Z

PHILOLOGIE.

Introduction à la philologie. — Traité des études; — de l'utilité et du choix des études; — des qualités, devoirs, prérogatives des maîtres et des étudiants.

Traités de la philologie, encyclopédie, polymathie.

Critiques, interprétations, éclaircissemens sur les auteurs; — traités de la critique; — critiques anciens; — critiques modernes; — critiques italiens; François; Allemans; Flamans; Suisses; Hollandois; Anglois, etc.

Épistolaires. — Traités du style épistolaire; — lettres en hébreu; en grec; en latin; — auteurs anciens; auteurs modernes; collections de lettres en latin; en françois, en italien; en Allemand; en Espagnol; en Anglois.

Dialogues et entretiens; — grecs; latins; François; Italiens; Anglois.

Ouvrages divers de philologie. — Satyres, invectives. — Éloges, apologies, défenses. — Allégories. — Hiéroglyphes, symboles, emblèmes, devises, énigmes, etc. — Ouvrages latins; françois; italiens, etc. — Apophthegmes, Adages, Proverbes, Sentences, etc.; — hébraïques, arabes, persans; — grecs; — latins; — françois; — italiens, espagnols, etc.

Bons mots et livres en *Ana.*

POLYGRAPHES.

Grecs; — Latins; — François; — Italiens; — Espagnols; — Anglois, — Allemans.

A la suite se trouve une « Table des noms des auteurs et des titres de leurs ouvrages. Les chiffres arabes italiques marquent les ouvrages dont les titres sont imprimez dans ce volume en petits caractères, et qui ont été joints en reliez avec le numero auquel on renvoie. »

184. — **Catalogue** des livres imprimés de la Bibliothèque du roi. Jurisprudence. — *Paris, imp. royale,* 1753, in-fol. T. I, VIII, 327, 98, 113 p.   Inv. Q

Ordre des matières, ou Table des divisions des livres imprimés du Droit canonique.

I.

Introduction au Droit canonique. — Histoire du Droit canonique; — institutions du droit canonique; — éloge du droit canonique.

Droit canonique ancien. — Collections du droit canonique ancien.
Droit canonique moderne.
Droit canonique commun ; — Décret de Gratien ; — Décrétales des papes ; — collections des Décrétales des papes qui ont précédé Grégoire IX ; — collections des Décrétales des papes, lesquelles ont servi de modèle à la collection de Grégoire IX ; — collection de Grégoire IX ; — Le Sexte des Décrétales ; — Les Clémentines et les Extravagantes. — Collections du Droit canonique commun ; — corps du Droit canonique commun, avec la glose. — Interprètes du droit canonique commun ; — interprètes du Décret de Gratien ; — interprètes des collections de Décrétales, qui ont précédé Grégoire IX ; — interprètes de la collection de Grégoire IX ; — interprètes du Sexte ; — interprètes des Clémentines et des Extravagantes ; — interprètes de tout le corps du Droit canonique commun ; — décrets, épistres, Décrétales des papes depuis Grégoire IX ; — canons pénitentiaux ; — Bulles et Bullaires ; — Règles de la chancellerie romaine ; — Styles de la cour de Rome ; — Décisions de la Rote ; — traités concernant les différens Tribunaux de la Cour de Rome.
Règles des Ordres monastiques ; — règle de St-Pacome ; — de St-Basile ; — de St-Benoit ; — des Religieuses de l'ordre de St-Benoit ; — ouvrages divers concernant la règle de St-Benoit. — Règle de Cluny. — Règle de Citeaux. — Règle des Camaldules. — Règle du Mont-Olivet. — collections d'anciennes Règles monastiques comparées avec celles de St-Benoit. — Règles des Chartreux. — Règle de Grandmont. — Règle de Fontevrault. — Règle de l'Ordre de la Trinité. — Règle de la Merci. — Règle des Célestins. — Règle des religieux mendians. — Règle de St-Dominique. — Règle de St-François. — Règle des Frères Mineurs. — Règle du Tiers-Ordre. — Règle des Capucins. — Règle des religieuses sous la règle de St-François. — Règle des Minimes. — Règle des Carmes. — Règle des Carmélites. — Règle des Augustins.
Règles des Chanoines réguliers. — Règle de St-Augustin. — Règle de St-Antoine. — Règle de l'ordre de Prémontré. — Règle des Croisiers. — Règle des Servites. — Règle des Jésuates. — Règle des Hermites de St-Jérôme. — Règle des chanoines de Latran. — Règle des Chanoines de St-George in Alga. — Règle des chanoines réguliers de la congrégation de France. — Règle des religieuses suivant la règle de St-Augustin. — Règle des Chanoinesses.
Règles des Clercs réguliers. — Règle des Théatins. — Règle des Barnabites. — Règle des Frères de la Charité. — Règle des Jésuites. — Règle des Prêtres de l'Oratoire. — Règle des Pères de la Doctrine chrétienne. — Règle de la congrégation de la Mission. — Règle des Prêtres et Hermites du Mont-Valérien.
Règles des Ordres Religieux militaires. — Règle des chevaliers de l'Ordre de Constantin, sous le titre de St-George. — Règle des chevaliers de St-Jean de Jérusalem, ou de Malthe. — Règle des chevaliers de St-Lazare et du Mont-Carmel. — Règle des chevaliers de St-Magdeleine. — Règle des chevaliers de St-Étienne. — Règle des chevaliers de St-Maurice. — Règle des chevaliers de Lorette. — Règle des Hospitalières de l'Ordre du St-Esprit.
Règles des Collèges, Séminaires, Congrégations particulières, Communautés, Confrairies, Hôpitaux, Fabriques d'église, etc.
Droit canonique national.
Droit ecclésiastique de France ; — Introduction au Droit ecclésiastique de France ; — Institution du Droit ecclésiastique de France, etc. — Loix ecclésiastiques de France ; — Canons de l'Église de France ; — Collections des canons de l'Église de France ; — Capitulaires des Rois de France ; — Formules de Marculfe. — Actes entre les papes et les rois de France ; — pragmatiques ; — concordats. — Droit de Régale. — Indults des rois de France. — Libertés de l'Église gallicane. — Affaires et mémoires du clergé.
Droit ecclésiastique d'Allemagne.
Droit ecclésiastique d'Angleterre.
Traités du Droit canonique.
Traités généraux. — Traités particuliers ; — des loix ecclésiastiques en général ; — de la hiérarchie et de la puissance ecclésiastique ; — de la puissance habituelle du pape ; — de la puissance royale, considérée relativement à la

puissance ecclésiastique ; — de l'accord de la puissance ecclésiastique et de la puissance royale ; — concernant les Prélats ; — les patriarches ; — les cardinaux ; — les élections, consécrations, translations, etc. ; — le Pallium.

Traités de la Juridiction ecclésiastique. — De l'archidiacre ; — du vicaire général, de l'official ; — des légats ; — des missions ; — des églises cathédrales ; — des églises suburbicaires ; — des chanoines.

Traités de la procédure civile en matière canonique ; — des Appellations ; — de l'abus et des appellations comme d'abus.

Traités des Bénéfices, Portions congrues, Pensions, etc. ; — Des collations, Provisions de cour de Rome, Réservations, Annates ; — du droit de Patronage ; de l'indult ; — de l'union des bénéfices ; — de la pluralité des bénéfices ; — de la permutation des bénéfices ; — des résignations ; — de l'administration des bénéfices ; — des commendes ; — de l'aliénation des biens ecclésiastiques.

Traités des biens propres des Clercs séculiers et de leur succession.

Traités des biens des Réguliers et de leur succession.

Traités des droits et des privilèges des clercs ; — des droits des curés ; des sépultures, dixmes, prémices, oblations, etc. ; — des droits des Réguliers ; — des privilèges des Réguliers ; — des exemptions ; — des devoirs des Clercs séculiers, et réguliers ; — des vœux.

Traités des Sacrements ; — du Baptême, de l'Eucharistie, de la Pénitence ; — de l'Ordre ; — du Mariage.

Traités des Églises, des Heures canoniales, des Fêtes, des Asyles.

Traités de la procédure criminelle en matière canonique. — Du Tribunal de l'Inquisition et de sa procédure. — De l'accusation, de l'information, des preuves. — Des crimes ; — de la Simonie et de la Confidence ; — du Judaïsme, de l'Hérésie, du Schisme, de l'Apostasie. — De l'Homicide. — De l'Adultère. — De la Polygamie. — De l'Usure. — Du crime de Faux. — Des Sortilèges et Maléfices.

Traités des Censures ecclésiastiques, Excommunication, Interdit, etc.

Traités et commentaires des règles du Droit canonique.

Traités de l'ancienne discipline ecclésiastique ; — des indulgences ; — des dispenses.

Recueil de différens traités particuliers, avec quelques ouvrages complets et systématiques sur tout le droit canonique ; — consultations ; — répertoires du droit canonique.

Mélanges de pièces imprimées ou manuscrites, concernant la jurisprudence canonique, les affaires ecclésiastiques de France, les matières bénéficiales, etc. rassemblées par M. Morel de Thoisy, lieutenant général à Troyes, et chevalier de l'ordre de St Michel.

Autres mélanges de pièces imprimées ou manuscrites, sur le même sujet ; rassemblées par M. Lancelot, secrétaire du roi, de l'Académie des Belles-Lettres.

Ordre des matières ou Table des divisions des livres imprimés du

DROIT DE LA NATURE ET DES GENS.

E.

Introduction à l'étude du Droit de la Nature et des Gens.

Histoire du Droit de la Nature et des Gens.

De l'objet et du sujet du Droit de la Nature et des Gens.

De l'étude du Droit de la Nature et des Gens.

De l'utilité du Droit de la Nature et des Gens dans l'étude du Droit civil, ou de l'Esprit des Loix en général.

De l'utilité du Droit civil dans l'étude du Droit de la Nature et des Gens.

Ouvrages des Anciens sur le Droit de la Nature et des Gens.

Ouvrages des Modernes.

Traités généraux et systématiques. — Institutions, ou Traités élémentaires ; — institutions suivant les principes de Grotius ; — institutions suivant les principes de Puffendorf; — Institutions suivant les principes de Thomasius. — Traités plus étendus.

Traités particuliers. — De l'état de Nature considéré absolument et relativement. — Des actions morales. — De la justice et de l'équité.

De la règle des actions morales, ou des Loix en général.

De l'obligation résultante des Loix en général.

Caractère de la Loi naturelle, ses espèces, son origine.

Des principes de la Loi naturelle et de son immutabilité; — auteurs qui n'ont reconnu qu'un seul principe, *Principium cognoscendi*; — auteurs qui ont admis plusieurs principes.

De l'obligation générale résultante de la Loi naturelle.

Des obligations particulières résultantes de la Loi naturelle; — des devoirs de l'homme à l'égard de Dieu; — des devoirs de l'homme à l'égard de lui-même; — des devoirs de l'homme à l'égard des autres hommes.

Des droits de l'homme à l'égard des choses; — du domaine ou de la propriété; des moyens d'acquérir la propriété, introduits par le droit des Gens; — des acquisitions primitives; — des acquisitions dérivées, ou des conventions en général; — des sûretés ajoutées aux conventions; — des cautions; — du serment; — des conventions en particulier, ou des différentes espèces de conventions introduites par le Droit des Gens; — des conventions où il entre du hasard; — de l'obligation naturelle résultante des conventions; — des prescriptions.

Des droits et des devoirs de l'Homme considéré dans une Société. — De la Société en général. — Des différentes espèces de Sociétés; — du mariage considéré comme société; — de la puissance paternelle; — droits des femmes relativement au mariage; — droits des enfants; — droits réciproques des parents et des enfants; — droits des domestiques; — des devoirs du père de famille, ou de l'économie. — Des Sociétés composées, ou secondaires; — des collèges ou compagnies; — des cités ou corps politiques; — des droits et des devoirs du citoyen; — des différens ordres de citoyens; — de la noblesse; — des artisans; — des étrangers et des pauvres de la cité.

Du domaine du corps politique.

De la souveraine puissance et de ses droits en général.

De la souveraineté réelle et de la souveraineté personnelle.

Des droits de la souveraine puissance en particulier. — Droits de la souveraine puissance sur les personnes. — Droits de la souveraine puissance sur les biens de l'état et sur les biens des particuliers; ou Domaine éminent.

Droit de gouverner l'état; — du droit de gouverner en général; — des différentes branches du gouvernement; — du gouvernement au dedans; — de la législation; — du droit de dispenser et d'accorder des privilèges; — des autres droits de la souveraine puissance, compris sous le nom général de *Regalia minora*; — du droit du Fisc; — du droit de battre Monnoie; — droits sur les Mines, Poids, Mesures, Salines, Eaux et Forêts, Trésors, etc.; — du gouvernement au dehors; — de la guerre publique et solennelle; — du droit de faire la guerre; — des causes justes ou injustes de la guerre; — des loix de la guerre; — déclaration de guerre; actes d'hostilité; ruses de guerre; représailles; trèves; otages; passeports; — transfuges; espions; prisonniers de guerre; — des sièges, capitulations, redditions de places, droits de la victoire, butin, etc.; — de la paix; — des traités de paix; — des médiateurs; — des traités d'alliance, de garantie, de neutralité et de commerce; — de la guerre privée, ou du duel et combat singulier.

Du droit de déléguer l'exercice de l'Autorité souveraine. — Des officiers délégués au dedans de l'État ou au dehors; — des conseils d'état et des ministres; — des ambassadeurs; — des droits et des devoirs des ambassadeurs en général; — des différens caractères des ambassadeurs, de leurs lettres de créance; — de la réception, de la personne sacrée, des délits, du juge compétent, et du choix des ambassadeurs; — des magistrats en général et en particulier; — des généraux d'armée, de l'art et de la discipline militaire; — de quelques branches de la discipline militaire; des privilèges des gens de guerre; — des actes des souverains, et de ceux de leurs ministres; —

des différents systèmes de gouvernement; — systèmes réguliers; — de la monarchie; — de l'aristocratie; — de la démocratie; — systèmes irréguliers ou vicieux. — Des moyens introduits par le Droit des Gens pour acquérir la souveraine puissance; — de la science du gouvernement; — Introduction; — traités généraux, systématiques ou non systématiques; — abrégés et traités élémentaires; — traités plus étendus; — commentaires politiques sur Tite-Live, Tacite, etc. — Observations, discours, dissertations politiques, etc.; maximes et conseils politiques; — testaments politiques; — aphorismes politiques; — emblèmes politiques; — satyres politiques; — Traités particuliers; — pour les souverains; — pour les ministres; — pour les courtisans. — Recueils de traités de politique. — Des devoirs des sujets; — des révolutions des corps politiques, des causes de leur agrandissement ou de leur ruine, et des moyens de la prévenir.

Recueils de traités particuliers sur le droit de la Nature et des Gens.

Les articles compris dans cette deuxième partie du Catalogue sont au nombre de 1,398.

La table des noms d'auteurs et des titres de leurs ouvrages est unique pour les deux divisions du T. I, le seul qui ait été imprimé.

185. — **Catalogue** des livres imprimez de la Bibliotheque du Roy. *Paris, imp. royale*, 1739-1742, 3 vol. in-fol. Inv. Q

THÉOLOGIE.

T. I (1739), xc-445 p. et table 106 p., 2,763 articles.

Un *Mémoire historique sur la Bibliothèque du Roy* (écrit par l'abbé Jourdain sert de préface et occupe les pages I à XC. Ce volume est consacré aux divisions A, B, C et les ouvrages y mentionnés ont été classés d'après l'ordre suivant :

A

ÉCRITURE SAINTE OU BIBLES.

Textes et versions entières de l'Écriture sainte. — Texte hébreu. — Polyglottes. — éditions en plusieurs langues orientales et autres; — éditions hébraïques, grecques et latines.

Versions en langues orientales; — versions arabes; — versions arméniennes.

Versions grecques; — versions grecques faites par les 70 interprètes, avec leurs reviseurs; — versions grecques et latines, etc.

Versions latines; — version latine, faite sur la version des Septante; version latine, appelée Vulgate, ou version de St Jerome, faite sur le texte hebreu; — version de St Jerôme; — version de St Jerôme, revue et corrigée par Robert Estienne; — id., par les theologiens de Paris; — id., par les theologiens de Louvain; — id., par Isidore Clarius; — id., par Luc Osiander et André Osiander; — par Sixte-Quint; — id., par Clément Huet. — Versions latines ou traductions particulières, faites par différens auteurs; — version faite par Santes Pagninus; — id., par Sebast. Munsterus; — id., par Leon de Juda; — id., par Sebast. Castalion; — id., par Emman. Tremellius et Franc. Junius; — id. par Sebast. Schmidt. — Versions latines recueillies ensemble. — Versions latines et françoises.

Versions françoises; — version françoise, faite par Guiars de Moulins, ou Raoul de Presles; — version françoise, faite par les théologiens d'Anvers, et revûe par les théologiens de Louvain; — version françoise faite par Robert Olivetan, et reveûe par Jean Calvin; — versions françoises, ou traductions particulières, faites par différens auteurs.

Versions italiennes.

Versions espagnoles.

Versions allemandes, etc.; — versions allemandes; — versions saxones; — versions flamandes, etc.

Versions Angloises, etc.; — versions angloises; — versions écossoises, irlandoises, etc.

Versions en langues des pays septentrionaux de l'Europe; — versions danoises, etc.; — versions suédoises, etc.; — versions polonoises, hongroises, moscovites, etc.

Versions en langues des pays hors de l'Europe.

Livres separez de l'Écriture sainte.

Ancien Testament entier.

Livres separez de l'Ancien Testament; — livres separez de l'Ancien Testament, depuis la Genèse jusqu'aux pseaumes; — pseaumes; — livres separez de l'Ancien Testament, depuis les pseaumes jusqu'à la fin.

Nouveau Testament entier. — Texte grec du Nouveau Testament; — éditions grecques; — éditions grecques et grec vulgaire; — éditions grecques et latines; — éditions grecques, latines et françoises; — éditions grecques et allemandes.

Nouveau Testament hébreu et en autres langues orientales.

Nouveau Testament latin; — éditions latines; — éditions latines et françoises; — éditions latines et italiennes.

Nouveau Testament françois; — éditions françoises; — éditions françoises et flamandes; — éditions basques.

Nouveau Testament italien.

Nouveau Testament espagnol.

Nouveau Testament allemand.

Nouveau Testament anglois, etc.

Nouveau Testament en langues des pays septentrionaux de l'Europe et des peuples circonvoisins des Turcs.

Nouveau Testament en langues des pays hors de l'Europe.

Livres separez du Nouveau Testament.

Évangiles; — quatre évangiles; — histoire et concorde des Évangiles; — Évangiles et Actes des Apôtres; — Évangiles et Epistres. — Actes des Apôtres. — Epistres. — Apocalypse. — Extraits du Nouveau-Testament.

Livres apocryphes de l'Écriture sainte.

Concordances de l'Écriture sainte.

Concordances hébraïques.

Concordances grecques.

Concordances latines.

Concordances françoises.

Concordances allemandes.

Concordances angloises.

INTERPRÈTES DE L'ÉCRITURE SAINTE.

Juifs ou rabbins.

Interprètes de l'Écriture sainte. — Introduction à l'étude de l'Écriture sainte. — Commentateurs de l'Écriture sainte. — Commentateurs sur le Pentateuque. — Pentateuque en général; pentateuque en particulier. — Commentateurs sur les premiers prophetes. — Commentateurs sur les derniers prophetes. — Commentateurs sur les livres appellez *Kethuvim*, ou Livres hagiographes. — Commentateurs sur les cinq *Meghillot*, ou Petits Livres. — Commentateurs sur Daniel.

Traitez concernant l'Écriture sainte. — Traitez generaux concernant l'Écriture sainte; — Traitez concernant la *Massore*, ou la Doctrine critique du texte hebreu; — traitez concernant le *Targum*, ou les Paraphrases chaldaïques; — traitez concernant la *Misne*, autrement *Mischna*, ou Code du droit des juifs; — traitez concernant le *Talmud*, ou corps de doctrine des Juifs; — traitez concernant la *Cabale*, ou la Tradition des Juifs. — Traitez particuliers concernant l'Écriture sainte.

Traitez de la Religion des Juifs.

Antiquitez hebraïques; — antiquitez sacrées; — antiquitez profanes.

Ouvrages divers, ou meslanges concernant les Juifs.

Chrestiens.

Interprètes de l'Écriture sainte. — Interprètes de l'Ancien et du Nouveau-

Testament. — Interprètes de l'Ancien-Testament. — Interprètes du Nouveau-Testament.

Critiques sacrez, ou Traités concernant l'étude de l'Écriture sainte.

Critiques généraux de l'Écriture sainte. — Introduction à l'étude de l'Écriture sainte. — Interprètes critiques de l'Écriture sainte.

Critiques particuliers de l'Écriture sainte. — Philologie sacrée, ou Meslanges critiques sur l'Écriture sainte; — philologie sacrée générale; — philologie sacrée particulière; — traitez et dissertations sur plusieurs endroits de l'Écriture sainte, joints ensemble; — traitez et dissertations sur différens endroits de l'Écriture sainte, pris en particulier. — Traitez critiques de l'Écriture sainte; — traitez de la nature, de la verité, de l'excellence et de l'autorité de l'Écriture sainte. — Traitez des textes et versions de l'Écriture sainte; — traitez des textes de l'Écriture sainte; — traitez des versions de l'Écriture sainte. — Traitez des editions de l'Écriture sainte. — Traitez de la grammaire de l'Écriture sainte; — traitez des langues par rapport à l'Écriture sainte; — traitez de l'origine et de la confusion des langues; — traitez des langues orientales. — Traitez du style, de la clarté, du sens de l'Écriture sainte et de la manière de l'interpréter. — Traitez des interprètes de l'Écriture sainte. — Traitez de la traduction de l'Écriture sainte. — Traitez de la lecture de l'Écriture sainte. — Traitez de la logique, de la rhetorique et de la poetique de l'Écriture sainte.

Traitez historiques de l'Écriture sainte. — Physique sacrée et histoire naturelle de l'Écriture sainte. — Géographie sacrée. — Chronologie sacrée. — Histoire sacrée; — histoires, abregez et figures de la Bible; — histoire des patriarches; — histoire des prophètes; — histoire de Jésus-Christ; — histoire des apôtres.

Antiquitez hébraïques. — Antiquitez hébraïques en général; — Antiquitez hébraïques en particulier; — traitez de la religion des Juifs; — traitez de la religion et des sectes des Juifs; — traitez du Tabernacle, du Temple et de la Synagogue des Juifs; — traitez des Sacrifices, des Prestres des Juifs et de leurs habillemens; — traitez des Ceremonies des Juifs, du Baptême, de la Circoncision, etc; — traitez des Festes des Juifs; — Traitez de la République des Juifs; — traitez de la République et de la Police des Juifs; — traitez de la Monarchie et des Rois des Juifs; — traitez des Loix des Juifs; — traitez des Monnoyes, des Poids et Mesures des Juifs; — traitez des Mœurs, des Études, des Écoles et des Livres des Juifs; — traitez des Habits des Hébreux; — traitez des Jeux des Hébreux; — traitez des Funerailles des Hébreux.

Ouvrages divers, ou Meslanges concernant les Juifs; — traitez concernant les Juifs anciens; — traitez concernant les Juifs modernes; — traitez pour et contre les Juifs; — traitez sur la conversion des Juifs; — traitez concernant le Messie.

Dictionnaires de l'Écriture sainte. — Dictionnaires de l'Écriture sainte, Hébreux, Grecs et Latins, etc. — Extraits, Meslanges et Lieux communs de l'Écriture sainte.

B

LITURGIES.

Introduction aux Liturgies.

Traitez liturgiques des offices divins, des rits et ceremonies de l'Église. — Traitez généraux. — Traitez particuliers. — Traitez de l'Office divin et des Heures canoniales. — Traitez de l'Office et des prieres de la Messe. — Traitez des Offices de la Sainte Vierge et des Saints. — Traitez de la Psalmodie, etc. — Traitez de l'Eau-bénite, des Huiles, des Calices, des Cloches, etc. — Traitez des Festes, des Processions, etc. — Traitez sur différens Rits et Ceremonies de l'Église. — Traitez de la beatification et de la Canonization des Saints.

Liturgies des Églises Grecques et Orientales.

Traitez concernant les liturgies Orientales.

Liturgies des Grecs. — Liturgies des Grecs en général. — Liturgies des Grecs Arabes, ou Melchites. — Liturgies des Syriens; — liturgies des Maronites. — Liturgies des Éthiopiens. — Liturgies des Armeniens.

Liturgies de l'Église latine.

Liturgies de l'Église latine ancienne.

Liturgies de l'Église latine d'aujourd'huy, ou de l'Église de Rome.

Bréviaires et leurs différentes parties; — bréviaire romain; diurnal romain; pseautier romain; — antiphonier romain, etc.

Missels et leurs différentes parties; missel romain, etc.; — processional romain; epistres et évangiles; — graduel romain; — ordinaire de la messe; — canon de la messe.

Livres ecclésiastiques, extraits du Bréviaire et du Missel romain; Offices de la Nativité, de la Circoncision de J.-C., de l'Épiphanie, etc.; — Offices de la Semaine sainte; — Offices de la feste du S. Sacrement, des Rogations, de l'Ascension et de la Pentecoste, etc.; — Offices de la Sainte Vierge; — Offices de la feste de tous les Saints, des Morts, de S. Marcel, etc.; — Offices particuliers de différens Saints, etc.; — Heures ou prières extraits du Bréviaire et du Missel.

Livres rituels, ou des Cérémonies de l'Église; — Rituel ou Manuel romain; Pontifical romain; — Cérémonial romain; — Ordre romain, ou Ordre de l'Office de l'Église.

Liturgies des Églises d'Italie.

Liturgies des Églises de France. — Liturgies de l'Église de France ancienne. — Liturgies de l'Église de France d'aujourd'huy; — liturgies des Églises metropolitaines avec celles de leurs suffragans. — Liturgies des Églises d'Espagne et de Portugal. — Liturgies des Églises d'Allemagne, etc. — Liturgies des Églises d'Angleterre, etc. — Liturgies des Églises des Pays septentrionaux de l'Europe. — Liturgies des Églises des Pays hors de l'Europe.

Liturgies monastiques.

Liturgies des ordres religieux. — Ordre des Carmes. — Ordre de St Augustin. — Ordre de St Dominique. — Ordre de Notre-Dame-de-la-Mercy. — Clercs réguliers, Théatins, etc. — Ordre des Ursulines, etc. — Ordre de S. Benoist, etc. — Ordre de Cluny. — Ordre des Camaldules. — Ordre de Cisteaux, etc. — Ordre de Fontevrauld. — Ordre des Celestins, etc. — Ordre de St François. — Ordre des Chartreux. — Jesuites et congregations particulières.

Liturgies des ordres militaires et de chevalerie.

Liturgies diverses, ou meslanges de liturgies, prières et heures chrestiennes.

CONCILES.

Introduction à l'étude des Canons des apostres, des conciles et synodes.

Traitez touchant les conciles et synodes.

Traitez généraux; — traitez des Canons des Apôtres; — traitez des Conciles. Traitez particuliers; — traitez de l'origine, de l'excellence et de l'usage des Conciles; traitez de la matière d'assembler et de tenir les Conciles, des personnes qui ont droit d'y assister, et des matières qu'on y doit traiter.

Canons des Apôtres.

Décrets, canons et actes des Conciles.

Conciles généraux. — Conciles généraux de l'Église grecque; — Concile de Nicée; — Concile d'Éphèse; Concile de Constantinople III, IV. — Conciles généraux de l'Église latine; — Concile de Lyon II; — Concile de Constance; — Concile de Basle; — Concile de Florence; — Concile de Latran V; — Concile de Trente; éditions du Concile de Trente; ouvrages divers et recueils de pièces concernant le Concile de Trente; interprètes et commentateurs du Concile de Trente; traitez pour et contre le Concile de Trente.

Conciles particuliers. — Conciles particuliers de l'Église grecque. — Conciles particuliers de l'Église latine; — Concile de Latran; — Concile de Pise I; — Concile de Pise II.

Decrets, Canons et Actes des Conciles nationaux, provinciaux et Synodes diocésains des différentes Églises du monde. — Conciles nationaux, provinciaux etc. d'Italie; — (id.) de France; — (id.) d'Allemagne, etc.; — id. d'Espagne, de Portugal, etc.; — (id. d'Angleterre; — id. des Pays septentrionaux de l'Europe.

Collections ou Recueils des Conciles.

Collections générales des Conciles.

Collections particulières des Conciles. — Collections des Conciles d'Italie; — (id.) de France; — (id.) d'Espagne; — (id.) d'Angleterre, etc.
Abreges, extraits, dissertations et notes sur les Conciles.
Histoire des Conciles.
Histoire des Conciles généraux et particuliers. — Histoire des Conciles avant le Concile de Trente. — Histoire du Concile de Trente.
Histoire générale de tous les Conciles.
Synodes, ou assemblées des Églises réformées.

La division B compte 1,771 numéros.

C

SS. PÈRES, OU OUVRAGES DES AUTEURS ECCLÉSIASTIQUES.

Depuis les Apôtres jusques environ l'an 1780.

Introduction à l'étude des SS. Pères.
Ouvrages des SS. Pères Grecs. — SS. Pères du I (au XIII°) siècle. — Auteurs ecclésiastiques grecs, dont l'âge est incertain.
Ouvrages des SS. Pères Latins. — SS. Pères du I (au XIII°) siècle. — Auteurs ecclésiastiques latins, dont l'âge est incertain.
Collections des ouvrages des SS. Pères.
Collections générales des ouvrages des SS. Pères, ou Bibliothèques des SS. Pères.
Collections particulières des ouvrages des SS. Pères.
Abregez, Analyses, Extraits, Critiques et Dictionnaires des ouvrages des SS. Pères.
Additions de Livres acquis pendant le cours de l'impression de ce volume.

La division C compte 1,194 numéros.
La table alphabétique qui termine le volume est commune aux divisions A, B, C.

T. II.

Publié en 1742, VII, 501 p., 8,086 numéros.
L'ordre de classement est le suivant :

D

THÉOLOGIENS.

Théologiens de l'Église grecque.
Traites généraux de la théologie des Grecs.
Traitez de l'etat présent de l'Église grecque. — Confessions de foy. — Ouvrages des théologiens grecs.
Traites particuliers de la Théologie des Grecs.
Traitez touchant la Procession du Saint-Esprit. — Traitez sur les sacremens. — Traitez concernant le Pape. — Traitez sur le Purgatoire, etc. — Traitez touchant le culte et les cérémonies de l'Église, etc.
Ouvrages divers sur la Théologie des Grecs.

THÉOLOGIENS DE L'ÉGLISE LATINE.

Scholastiques. — Introduction à la Théologie scholastique; origine, utilité, méthode, usage, étude de la Théologie scholastique.
Théologiens scholastiques et leurs interprètes. — Auteurs de la Théologie scholastique. — Robert Pullus. — Pierre Lombard; — texte des sentences; — interprètes des sentences. — Premiers théologiens scholastiques. — Guillaume d'Auvergne. — Alexandre de Halès. — Albert le grand. — S. Thomas d'Aquin; — texte de ses écrits; — interprètes de saint Thomas. — Principaux scholastiques depuis saint Thomas d'Aquin.
Traitez généraux et abregez de la Théologie scholastique. — Traitez particuliers de la Théologie scholastique. — Traitez qui regardent Dieu et les personnes divines; — traitez touchant Dieu; — traitez sur les attributs de la

divinité; — traitez touchant la personne du Verbe, et son Incarnation; traitez touchant le Saint-Esprit.

Traitez touchant la Création et les Créatures. — Traités généraux. — Traités particuliers; — traité de la Création; — traité des Anges et des Démons; — traité de l'Homme; — traité de la nature de l'Homme et de sa chute; — traité du libre Arbitre, de la Grâce et de la Prédestination.

Ancien Jansenisme.

Ouvrages qui ont précédé le livre de Jansenius; — ouvrages de Baïus; écrits qui y ont rapport; — censures des facultez de Louvain et de Douay, au sujet des propositions des Jésuites Lessius et Hamelius; — Livre de Molina; Congrégations *de Auxiliis*; écrits qui les concernent; — affaire de l'évêque de Chalcedoine et des Réguliers d'Angleterre; — ouvrages de M. l'abbé de Saint-Cyran; écrits pour et contre.

L'*Augustinus* de Jansenius; ouvrages pour le combattre. — Jugemens portés par les puissances ecclesiastiques et seculières sur le livre de Jansenius; écrits qui y ont rapport. — Pontificat d'Urbain VIII. — Pontificat d'Innocent X; — affaire des Cinq Propositions; Bulle qui les condamne; écrits sur cette matière; — incident au sujet du nombre des Bacheliers des Ordres mendians; — affaire de M. Arnaud en Sorbonne en 1656; — catechisme de la Grâce; — écrits qui le concernent. — Pontificat d'Alexandre VII; disputes sur le fait de Jansenius; bulle et formulaire d'Alexandre VII; écrits pour et contre la signature du Formulaire; — procédures au sujet de la signature du Formulaire; — affaire des Religieuses de Port Royal; affaire de différens particuliers; — affaire des quatre Évêques. — Pacification des troubles de l'église au sujet de la signature du Formulaire, sous le Pontificat de Clément IX. — Ecrits publiés au sujet du Jansenisme sous le Pontificat d'Innocent XI. — Pontificat d'Alexandre VIII. — Pontificat d'Innocent XII; — troubles arrivés dans les facultez de Louvain et de Douay au sujet du Jansenisme; — écrits publiés en France sur le Jansenisme. — Pontificat de Clément XI; — affaire du Cas de conscience; — état de l'affaire du Formulaire par la bulle *Vineam Domini*; — écrits publiés sur le Jansenisme sous le Pontificat de Clément XI; — affaire incidente du p. Desirant; — nouvelles procédures faites au sujet du Jansenisme; — procédures contre divers particuliers; affaire des religieuses Benedictines de Notre-Dame de Liesse; — dernière affaire des Religieuses de Port-Royal des Champs. — Troubles arrivés dans l'Eglise de Hollande au sujet du Jansenisme.

Accusations intentées contre les defenseurs de Jansenius.

Ecrits sur le Dogme, qui ont paru pendant les disputes sur le Jansenisme. — Autorité de saint Augustin dans les matières de la Grâce. — Grâce de l'homme innocent. — Faiblesse de l'homme tombé, nécessité de la grâce. — Prémotion physique. — Grâce générale donnée à tous les hommes. — Science moyenne. — Libre arbitre et son accord avec la grâce. — Prédestination et Réprobation. — Prédestinatianisme. — Livre du cardinal Sfondrate. — Dévotion à la sainte Vierge. — Divers autres écrits sur les matières précédentes. Thèses de Louvain.

Ecrits sur la morale, qui ont paru pendant les disputes sur le Jansenisme. — Principes généraux de la Morale; — Administration des Sacremens; — mandemens des Évêques sur l'administration des Sacremens; — écrits des Jésuites sur la Morale, et pièces qui y ont rapport.

Ecrits sur la Discipline de l'Église, qui ont paru pendant les disputes sur le Jansenisme; — Nouveau Testament de Mons; — Nouveau Testament de R. Simon; — *Pentateuchus historicus* de M. Fehbien; — Traduction du Missel et des offices de l'Eglise en langue vulgaire; — Messe de Paroisse; — Discipline de la Penitence; — Doctrine des Indulgences; — Ecrits au sujet du livre de la fréquente Communion, composé par M. Arnauld; — Correction fraternelle.

Ecrits sur la hiérarchie de l'Église, qui ont paru pendant les disputes du Jansenisme; — sur l'autorité et la doctrine de l'infaillibilité du Pape; — sur la puissance ecclésiastique et seculière; — sur l'autorité et la juridiction des Évêques; — différends des Évêques avec les Réguliers, au sujet de la Juridiction Episcopale. — Ecrits historiques sur le Jansenisme.

Poésies diverses et écrits burlesques sur le Jansenisme.

Nouveau Jansenisme. — Ecrits qui ont précédé la Bulle *Unigenitus*, et qui ont donné lieu à ce decret. — Ecrits historiques au sujet de la Bulle *Unigenitus*. — Ecrits dogmatiques au sujet de la Bulle *Unigenitus*. — Apologies du père Quesnel. — Assemblée des 40 Prélats, tenue en 1714. — Mandemens et écrits des Evêques acceptans; avec les ouvrages qui y ont rapport; — evêques françois — evêques étrangers. — Ouvrages divers contre la Bulle *Unigenitus*, et les Mandemens des Evêques acceptans. — Des droits du second ordre du clergé dans l'examen des matières de Doctrine. — Oppositions à l'acceptation. Dénonciations de la doctrine des Jesuites, faite dans le cours des disputes sur la Bulle *Unigenitus*. — Ecrits sur l'Appel. — Mandemens et écrits des Evêques appellans. — Adhésions à l'appel. — Ouvrages des Evêques qui n'ont ni appellé ni accepté. — Incident au sujet du Missel de Troyes. — Ecrits sur l'accommodement de 1720. — Ecrits où l'on rejette tout accommodement. — Procedures faites contre les Appellans. — Affaire de M. de Senez; concile d'Embrun. — Ouvrages sur quelques évenemens extraordinaires arrivez dans le cours des disputes. — Ecrits pour la defense de la Constitution. — Lettres patentes, Declarations et Arrests du Conseil et des Parlemens, rendus à l'occasion de la Bulle *Unigenitus*; rangés par années. — Poésies diverses, et pieces burlesques au sujet de la Constitution *Unigenitus*. — Appendix du Jansenisme. — Legende de Gregoire VII. — Etat present des Refugiez françois en Hollande; projets des Jansenistes. — Disputes sur divers points de Doctrine; — Regle de la foy; autorité de l'Eglise et de la Tradition; — pouvoir du Demon; — sens allegorique des Saintes Ecritures; — fin des tems. Retour d'Elie. Conversion des Juifs. — nouveaux écrits sur les questions precedentes; — disputes sur la crainte et la confiance; — écrits de M. Petitpied, et autres qui y ont rapport; — écrits du confrère Mariette et autres qui y ont rapport: — traitez des quatre fins de l'Homme; — traitez generaux des quatre fins de l'Homme; — traitez particuliers des quatre fins de l'Homme; — traitez de la Mort; — traitez du Purgatoire; — traitez du Paradis; — traitez de l'enfer; — traitez de l'Antechrist et de la fin du Monde; — traitez de l'Antechrist; — traitez de la Resurrection des Morts et du Jugement dernier; — traitez touchant la sainte Vierge; — traitez touchant les saints. — Traitez de l'Ecriture sainte et de la Tradition.

Traitez de l'Eglise. — Traitez sur la constitution, les marques et les caracteres de l'Eglise. — Traitez des personnes ecclesiastiques. — Traitez des choses ecclesiastiques; — traitez touchant les Rits, les usages et les ceremonies de l'Eglise; — traitez generaux touchant les Rits; — traitez particuliers touchant les Rits; — ceremonies qui regardent les sacremens; — traitez des Lieux Saints, des Temples, etc.; — traitez de l'Eau benite, des cloches, du Luminaire, des Vases sacrés, des Ornemens, des Habits, etc.; — traitez des Festes de l'Eglise; — traitez des Indulgences; — traitez du Jubilé.

Traitez concernant le culte Religieux, la Superstition et l'Idolâtrie. — Traitez du culte Religieux; — traitez generaux sur le culte religieux; — traitez particuliers sur le culte religieux; — le culte envers la Croix; la sainte Vierge; les Saints, leur canonization, invocation, etc.; les Reliques des Saints; les Images; les Processions et les Pelerinages.

Traitez touchant la Superstition, l'Idolatrie, etc. — Ecrits concernant l'histoire et les divers articles des cultes chinois; les disputes des Jesuites et des Peres Dominicains sur les cultes chinois; les disputes des Jesuites sur les cultes chinois, avec Messieurs des Missions etrangères; Jugement de la Faculté de théologie de Paris sur les cultes des chinois; Jugement du S. Siege sur les cultes chinois; divers écrits à ce sujet, et sur la legation du cardinal de Tournon.

Traitez des Sacremens de l'Eglise. — Traitez des Sacremens en general. — Traitez des Sacremens en particulier; — traitez du Baptême; de la Confirmation; de la Penitence; de l'Eucharistie; du Sacrement de l'Ordre; du Sacrement de mariage.

Ouvrages divers de la théologie scholastique. — Ouvrages théologiques de différens auteurs. — Extraits et meslanges de la theologie scholastique.

Moraux et Casuistes.
Introduction à la Théologie morale. — Ouvrages et traitez généraux de la théologie morale. — Traitez particuliers de la théologie morale. — Traitez des Lois et des Préceptes ; — de la Justice et du Droit ; de la Probabilité ; de la Conscience ; des Actes humains ; des Contrats ; du Prest et de l'Usure ; de la Restitution ; des Mœurs, des Jeux et des Spectacles ; des Vertus et des Vices ; — traitez généraux des Vertus et des Vices ; — traitez particuliers des Vertus et des Vices ; — traitez des Vertus Théologales ; des Vertus morales ; — traitez des Vices et des Péchez.

Traitez des Cas de Conscience. — Traitez généraux des Cas de Conscience ; — des Cas reservez ; — Dictionnaires des Cas de Conscience.

Traitez de Morale sur les Sacremens. — Traitez généraux de Morale sur les Sacremens ; — traitez particuliers de Morale sur les Sacremens ; Sacrement de Baptême ; de Confirmation ; de Penitence ; de l'Eucharistie ; de l'Extrême Onction ; de l'Ordre ; de Mariage.

Meslanges de la Théologie morale. — Conferences ecclesiastiques et morales. — Traitez, Instructions, Essais et Lettres sur différens points de Morale et de Pieté. — Répertoires et dictionnaires de la Théologie Morale.

Catéchistes et prédicateurs.
Catéchistes. — Symboles de la Foy. — Catéchismes. — Catéchisme du Concile de Trente ; des Eglises de France ; d'auteurs particuliers, en françois ; — Catéchismes et Instructions sur la Doctrine chrétienne ; en differentes langues ; — Catéchismes historiques, etc.

Prédicateurs. — Introduction à la science de la Chaire. — Homelies, etc. — Prosnes, etc. — Sermons. — Meslanges sur la science des Predicateurs.

Ascétiques ou Mystiques, c'est-à-dire Auteurs qui ont écrit des matières de spiritualité.
Auteurs de la Théologie mystique ; — mystiques latins ; françois ; italiens, espagnols.

Traitez généraux de la Théologie mystique ; — traitez de la Perfection chrétienne ; — traitez de la Vie spirituelle.

Traitez particuliers de la Théologie mystique. — Traitez de l'Amour divin et de l'Oraison ; — traitez de l'Amour divin ; — traitez de Jésus-Christ ; de la sainte Vierge ; des Saints ; de l'Oraison ; disputes sur le Quietisme ; écrits de Molinos et de ses Disciples ; Bulle d'Innocent XI qui les condamne ; Quietisme de France ; Bulles, Mandemens, Declarations du Roy qui le condamnent. — Pratiques et Exercices de pieté. — Pratiques des Vertus chrétiennes. — Pratiques pour les Mysteres. — Prières et Oraisons devotes. — Instructions et exhortations pieuses. — Conferences spirituelles. — Sentences et Maximes chrétiennes. — Lettres spirituelles. — Soliloques, Entretiens affectifs. — Retraites. — Meditations chrétiennes. — Considerations chrétiennes. — Réflexions chrétiennes et sentimens chretiens. — Pensées chrétiennes. — Preparations à la Mort.

Devoirs des différens états. — Devoirs du chretien dans les différens âges, emplois et situations. — De la Vocation à l'etat Ecclesiastique, et des devoirs des Prêtres. — Devoirs des Evêques ; des Curez ; des Superieurs et Directeurs ; des Clercs ; des Paroissiens ; — Vie religieuse ; — Devoirs des Rois, Princes, Officiers, Magistrats ; — devoirs des Peres de famille et des Enfans, des Maîtres et des Serviteurs ; — devoirs des Meres ; Instructions des Enfans ; — Instructions pour les Filles ; — devoirs des Dames ; des Veuves ; des Riches et des Pauvres.

Controversistes ou Auteurs qui ont écrit pour la défense de la Religion.
Traitez de la verité de la Religion chrétienne. — Traitez généraux de la verité de la Religion chrétienne ; auteurs catholiques ; lutheriens ; calvinistes ; anglicans. — Traitez particuliers de la verité de la Religion chrétienne. — Traitez contre les Athées, Deistes, Impies et Libertins ; les Juifs, les Mahometans ; les Payens et les Idolâtres.

Traitez en faveur de la Religion catholique. — Traitez de la Religion catholique en general. — Traitez contre les Grecs et autres Schismatiques ; contre les Vaudois, les Albigeois, etc. ; — contre les Wiclefistes, Hussites, etc. ;

contre les Luthériens ; contre les Zwingliens ; contre les Calvinistes ; contre les Anglicans ; contre les Anti-Trinitaires, ou Sociniens ; contre les Anabaptistes ; contre les Auteurs d'Erreurs particulières.

T. III

Publié en 1752, VIII, 23? p. et table paginée 1-141.
Ce volume contient 2,835 articles classés d'après le plan suivant :

DE
THÉOLOGIENS HÉTÉRODOXES

Introduction à la Théologie des hétérodoxes. — Écrits contenant les motifs et les vûes des Novateurs, pour introduire la Réforme. — Apologies et défenses des différentes Réformes et de leurs auteurs.

Hétérodoxes anciens avant Luther, depuis environ l'an 1000. — Les Vaudois, les Albigeois, etc. jusqu'à Wiclef — Les Wiclesistes, Hussites, etc. jusqu'à Luther.

Hétérodoxes nouveaux depuis Luther jusqu'à présent. — Luthériens. — Ouvrages de Luther et des principaux auteurs Luthériens. — Ouvrages particuliers d'Auteurs Luthériens sur l'Ecriture Sainte. — Traitez Théologiques ; introduction aux traitez Theologiques ; — traitez theologiques generaux ; corps et abregez de Theologie ; — symboles et confessions de foy.

Traitez theologiques particuliers. — Traitez de Dieu et des Personnes Divines ; — Traitez de Dieu ; de la Trinité ; de la Personne du Fils et de son Incarnation ; du Saint-Esprit ; des Creatures ; des Anges et des Demons ; de l'Homme ; de l'Homme et de sa chûte ; du Peché originel ; du libre Arbitre ; de la Grâce ; de la Predestination et de la Reprobation ; des quatre fins de l'Homme ; de l'Antechrist et de la fin du Monde ; traitez touchant la Sainte Vierge ; traitez de l'Ecriture Sainte et des Traditions ; traitez de l'Eglise ; traitez concernant l'Eglise en general ; traitez des personnes ecclesiastiques ; des choses ecclesiastiques, des Ceremonies, du Culte Religieux, etc. ; des Sacremens.

Traitez de morale. Introduction aux traitez de Morale. — Traitez generaux de Morale. — Traitez particuliers de Morale ; traitez de la Religion ; des Actions humaines ; de la Conscience ; des Loix et Preceptes ; des Vertus, des Vices et des Pechez ; des Cas de Conscience.

Catechistes et Predicateurs ; Catechismes, Sermons, Homelies, etc.

Traitez de Pieté et de Spiritualité. — Traitez Polemiques. — Traitez generaux. — Traitez particuliers. Traitez contre les Catholiques Romains ; contre les Zwingliens ; contre les Calvinistes ; contre les Anglicans ; contre les Anti-Trinitaires ou Sociniens ; contre les Anabaptistes ; contre les Quackers ou Trembleurs et autres ; contre les Infidelles ; contre les Auteurs d'Erreurs particulières, les Athées, Deistes, Impies et Libertins.

Ouvrages divers de la Theologie des Lutheriens.

Sacramentaires, Zwingliens, Calvinistes, etc.

Ouvrages des principaux auteurs Sacramentaires. — Ouvrages de Zvingle et de ses sectateurs. — Ouvrages de Calvin et de ses sectateurs. — Ouvrages d'Arminius et de ses sectateurs.

Ouvrages particuliers d'Auteurs Sacramentaires sur l'Ecriture Sainte.

Traitez Theologiques. — Introduction aux Traitez theologiques. — Traitez theologiques generaux ; Corps et Abregez de Theologie ; Symboles et Confessions de foy.

Traitez Theologiques particuliers ; traitez de l'Ecriture Sainte et de la Tradition ; traitez de Dieu et des Personnes Divines ; traitez de Dieu ; de la Trinité ; de la Personne du Fils et de son Incarnation ; des Creatures ; des Anges et des Demons ; de l'Homme ; de l'Homme et de sa chûte ; des quatre fins de l'Homme ; du Peché originel ; du libre Arbitre et de la Grâce ; de la Predestination et de la Reprobation ; de l'Antechrist et de la fin du monde ; traitez touchant la Vierge ; traitez touchant les Saints ; traitez de l'Eglise ; de la discipline de l'Eglise ; des Personnes ecclesiastiques ; des Choses ecclesias-

tiques, des Cérémonies, du Culte Religieux, etc.; des Sacremens.
Traitez de Morale.
Traitez generaux de Morale. — Traitez particuliers de Morale; — traitez de la Religion; des Actions humaines; de la Conscience; des Lois et des Preceptes; de la Justice et du Droit; des Vertus, des Vices et des Pechez; des Cas de Conscience.
Catechistes et Predicateurs.
Catechismes. — Sermons, Homelies; etc.
Traitez de Pieté et de Spiritualité.
Traitez Polemiques. — Traitez generaux. — Traitez polemiques particuliers: traitez contre les Catholiques Romains; contre les Lutheriens; contre les Anglicans; contre les Anti-Trinitaires ou Sociniens; contre les Anabaptistes, Quackers, etc.
Ouvrages divers et meslanges de la Theologie des Sacramentaires.
Anglicans. — Ouvrages des principaux Auteurs Anglicans. Ouvrages particuliers d'Auteurs Anglicans sur l'Écriture Sainte. — Traitez theologiques. Introduction aux Traitez theologiques. — Traitez theologiques generaux; — corps et abregez de Theologie; — symboles et confessions de foy. — Traitez theologiques particuliers: — traitez de l'Écriture Sainte et de la Tradition; traitez de Dieu et des Personnes divines; de Dieu; de la Trinité; du Saint Esprit; des Creatures; traitez touchant le Monde et sa Creation; des Anges et des Démons; de l'Homme; de l'Homme et de sa chûte; du Peché originel; du libre Arbitre et de la Grâce; de l'Antechrist et de la fin du Monde; traitez touchant la Sainte-Vierge; touchant les Saints; traitez de l'Église; de la discipline de l'Église; des Personnes ecclesiastiques; des choses ecclesiastiques, des Cérémonies, du Culte religieux, etc.; traitez des Sacremens.
Traitez de Morale.
Traitez generaux de Morale. — Traitez particuliers de Morale. — Traitez de la Religion; des Actions humaines; de la Conscience; des Lois et des Preceptes; de la Justice et du Droit; des Vertus et des Vices.
Catechistes et Predicateurs.
Traitez sur la methode de catechiser et de prêcher. — Catechismes. Sermons et Homelies.
Traitez de Pieté et de Spiritualité.
Traitez Polemiques. — Traitez Polemiques generaux. — Traitez polemiques particuliers; — Traitez contre les catholiques Romains; contre les Sacramentaires; contre les Anti-Trinitaires ou Sociniens; contre les Anabaptistes, Quackers, etc.
Ouvrages divers et meslanges de la Theologie des Anglicans.
Anti-Trinitaires ou Sociniens. — Ouvrages des principaux Auteurs Anti-Trinitaires ou Sociniens. — Traitez theologiques. Traitez theologiques generaux; — Corps et Abregez de Theologie; symboles et Confessions de foy. — Traitez theologiques particuliers. Traitez de Dieu et des Personnes divines; des Creatures; de l'Église, des Personnes, des Choses ecclesiastiques et des Sacremens.
Traitez de Morale.
Catechistes et Predicateurs; Catéchisme; Sermons et Homelies.
Traitez Polemiques. — Anabaptistes, etc. — Quackers ou Trembleurs.
Supplément à la Theologie des hétérodoxes.
Ouvrages divers et meslanges de la Theologie des Heterodoxes.
Capitulations et deffenses des Princes et Etats Protestans.
Colloques, Conferences, Disputes.
Motifs de conversions.
Traitez pour la Reunion.
Traitez sur la Tolerance.
Auteurs d'erreurs particuliers.
Athées, Impies, Libertins.
Spinozistes.
Preadamites.
Fanatiques.

Opinions singulières.

La Table des noms d'auteurs qui termine ce volume est unique pour les tomes deux et trois de la division : Théologie.

186. — **Catalogue** des livres imprimés et manuscrits composant la bibliothèque de feu M. Eugène Burnouf, membre de l'Institut. — *Paris, B. Duprat*, 1854, in-8°, 358 p.

Au nombre de 218 numéros, et pour la plupart en dialectes indiens, les manuscrits ont été acquis en 1855 par le Dép. des Mss. de la B. N. Ils figurent sur les pages 321-353 de ce catalogue.

187. — **Catalogue** des livres imprimés sur vélin de la Bibliothèque du Roi. — *Paris, de Bure*, 1822, 5 vol. in-8°.   Inv. Q

Par Van Praet.
 T. I. Théologie, N°° 1-175.
 T. II. Jurisprudence, N°° 1-178.
 T. III. Sciences et arts, N°° 1-120.
 T. IV. Belles-Lettres, N°° 1-194.
 T. V. Histoire, N°° 1-198.

Lorsque ce catalogue parut, la B. R. possédait déjà 1,467 articles imprimés sur vélin.

188. — **Catalogue** des livres imprimés sur vélin, de la Bibliothèque Impériale. — *A Paris, de l'Imp. de Crapelet*, 1805, in-fol., 20 p.

Rés. inv. Q

Par Van Praet. — Épreuve de l'« Essai d'un catalogue des livres imprimés sur vélin. »

189. — **Catalogue** des livres imprimés sur vélin, qui se trouvent dans des bibliothèques tant publiques que particulières pour servir de suite au Catalogue des livres imprimés sur vélin de la Bibliothèque du Roi. *Paris, De Bure*, 1824-1828, 4 vol. in-8°.   Inv. Q

Par Van Praet.
 T. I. XVI, 234 p. — Théologie. — Jurisprudence. — Sciences et arts.
 T. II. XIII, 264 p. — Belles-Lettres.
 T. III. XII, 314 p. — Histoire.
 T. IV, 202 p. — Supplément.

Tiré à 200 exemplaires. C'est la suite et le complément du *Catalogue des livres imprimés sur vélin de la Bibliothèque du Roi*.

190. — **Catalogue** des livres provenant du fonds d'ancienne librairie du citoyen J. G. Mérigot, dont la vente se fera le 24 frimaire an IX (15 décembre 1800, v. st.), et jours suivans, à quatre heures de relevée, en la salle de vente de C. Silvestre, rue des Bons-Enfans, n° 12. — *Paris, Guillaume de Bure l'aîné et J. G. Mérigot*, an IX (1800 v. st.), in-8°, XII, 337 p.   Inv. Q

La plupart des mss. et la collection du Parlement (514 vol. in-fol.) indiqués dans ce catalogue provenaient de la bibliothèque des présidents Guillaume et Chrétien de Lamoignon. Ils furent achetés, au prix de 3,600 livres, par le libraire Maginel qui les céda, peu après, à la B. N.

191. — **Catalogue** des manuscrits de la bibliothèque de défunt monseigneur le chancelier Séguier. — *Paris*, 1686, in-12.   Inv. Q

Les manuscrits de Séguier sont arrivés à la B. N. avec les collections de Saint Germain; mais il n'existe pas de concordance entre le catalogue de Séguier et les catalogues des fonds entre lesquels les manuscrits ont été partis.

Ce catalogue contient : I, p. 1-112. Papiers d'état et manuscrits divers. — II, p. 1-48. Manuscrits à miniatures et supplément aux mss. divers. — III, p. 1-36. Manuscrits grecs et slavons. — IV, p. 1-25. Manuscrits et livres imprimés orientaux.

192. — **Catalogue** des médailles antiques et modernes, principalement des inédites et des rares, en or, argent, bronze, etc., du Cabinet de M. d'Ennery, écuyer. — *Paris, imp. de Monsieur*, 1788, in-4°. XVI, 707 p. et 10 tableaux.   J ou inv. J

Il mentionne 19.984 médailles antiques, 1.630 médailles doubles, fausses, etc., 652 médailles modernes; soit un total de 22.286 médailles. Personne ne s'étant présenté pour prendre en entier ce riche cabinet dans lequel on remarquait surtout une nombreuse suite de médailles impériales en or, que M. d'Ennery avait acquise de M. de Vaux pour le prix de 50.000 livres, on vendit la collection en détail. La suite d'or fut divisée en lots de 10 à 12 médailles, et la Bibliothèque réussit à acheter un grand nombre de celles qui lui manquaient. Ces médailles ayant été données presque au poids de l'or, la Bibliothèque obtint pour 18.000 francs ce qui valait 36.000 francs.

La préface du catalogue contient une notice historique sur M. d'Ennery, qui était né à Metz en 1709.

193. — **Catalogue des objets** d'antiquité et de curiosité qui composaient le cabinet de M. l'abbé Campion de Tersan, ancien archidiacre de Lectoure. — *Paris*, 1819, in-8°.

A cette vente la Bibliothèque a acheté environ 130 volumes, liasses ou portefeuilles, parmi lesquels il y avait beaucoup de mss. provenant de l'abbaye de Rebdorff.

194. — **Catalogue** des volumes d'estampes, dont les planches sont à la Bibliothèque du Roy. — *Paris, Imprimerie royale*, 1743, petit in-fol., 34 p.   V ou inv. V

Ce catalogue contient :
Tableaux du Roy, représentant 7 sujets de l'Ancien Testament, 22 du Nouveau, 5 de la Fable, 4 de l'histoire profane, et 3 allégoriques. T. I.
Tableaux du Roy, représentant 5 sujets de l'Histoire d'Alexandre-le-Grand, gravez d'après M. Le Brun. T. II.
Médaillons antiques du Cabinet du Roy. T. III.
Plans, élévations et vûes des châteaux du Louvre et des Tuileries. T. IV.
Plans, élévations et vûes du château de Versailles. T. V.
Grotte, labyrinthe, fontaines et bassins de Versailles. T. VI.
Statues du Roy, antiques et modernes. T. VII.
Termes, bustes, Sphinx et Vases du Roy. T. VIII.
Tapisseries du Roy, gravées d'après M. Le Brun, par Sébastien le Clerc. T. IX.
Carrousel. Courses de têtes et de bagues. T. X.
Festes de Versailles. T. XI.
Plans, élévations, vûes, coupes et profils de l'Hôtel Royal des Invalides. T. XII.

Plans, profils, elevations et vûes des différentes Maisons Royales. T. XIII.
Profils et vûes de quelques lieux de remarque, avec divers plans détachez de villes, citadelles et châteaux. T. XIV.
Plans et profils, appellez communément Les Petites Conquestes, servant à l'histoire de Louis XIV. T. XV.
Vues, marches, entrées, passages et autres sujets, servant à l'histoire de Louis XIV. Gravez d'après Vandermeulen. T. XVI.
Vues, entrées et autres sujets, servant à l'histoire de Louis XIV. Gravez d'après Vandermeulen. T. XVII.
Paysages, morceaux d'études, etc. Gravez d'après Wandermeulen, ou provenans de son fonds. T. XVIII.
Plans, profils et vûes de camps, places, sièges et batailles, servant à l'histoire de Louis XIV. Gravez d'après Beaulieu, par F. Collignon, N. Cochin, G. Perelle, etc. T. XIX.
Plans, profils et vûes de camps, places, sièges et batailles, servant à l'histoire de Louis XIV. Gravez d'après Beaulieu. T. XX-XXIII.

En 1842, ces planches ont été livrées par la Bibliothèque à l'Administration des monnaies impériaux qui en avait réclamé et obtenu la cession.

195. — ***A catalogue*** of the manuscripts at Ashburnham Place, 1853. *London, printed by Ch. Fr. Hodgson*, in-fol., 172 p. non chiffrées.
Dép^t. d. Mss. LIVRES

Table alphabétique des mss. contenus dans les fonds Libri, Barrois, Stowe et l'Appendix.

196. ***Catalogue*** of the Mss. at Ashburnham Place. Part the first, comprising a collection formed by professor Libri. — *London, printed by Charles Hodgson*, (s. d.), in-4° de 240 p. non chiffrées.

Les cahiers sont signés depuis A jusqu'à HH.
Ce catalogue est la reproduction de notes très abrégées que Libri avait rédigées en 1853 pour vendre sa collection; la B. N. en possède la minute. Il contient 1,923 articles, dont 1,823 ont été achetés par le gouvernement italien et déposés à la Laurentienne à Florence. Les autres articles avaient été mis de côté sur la demande de M. Delisle, comme ayant été volés à la B. N. et à d'autres bibliothèques de France. Cette collection avait été payée 200,000 francs en 1847.

197. ***Catalogue*** of the Mss. at Ashburnham Place. Part the second, comprising a collection formed by Mons. J. Barrois. — *London, printed by Charles Francis Hodgson* (s. d.), in-4° de 392 pages non chiffrées.

Ce catalogue a été rédigé par M. J. Holmes. Il contient les titres d'environ 60 mss. volés à la B. N. entre les années 1840 et 1848.
Ce fonds, composé de 702 n^{os}, fut payé en 1849, 150,000 francs.

198. — ***Catalogus*** bibliothecæ Thuanæ a clariss. v. v. Petro et Jacobo Puteanis, ordine alphabetico primum dispositus; tum secundum scientias et artes a clariss. viro Ismaele Bullialdo digestus. Nunc vero editus a Josepho Quesnel, Parisino et bibliothecario. — *Paris, impensis Directionis*, 1679. 2 vol. in-12.
Inv. Q

A la vente de de Thou, les livres imprimés et les mss. modernes furent acquis par le président à mortier Jean Jacques Charron de Menars. Tous les mss. anciens devinrent la propriété de Colbert, auquel ils ont été livrés en 1680, et se trouvent maintenant à la B. N.

199. — **Catalogus** codicum hagiographicorum latinorum antiquorum saeculo XVI qui asservantur in Bibliotheca nationali pari iter ediderunt hagiographi Bollandiani. — *Bruxelles, apud editores; Parisiis, aph. Picard*, 1889, in-8°.   Q

T. I, IV, 603 p. Notices de 274 mss. cotés 3-5296 B.
Le volume se termine par un « Index sanctorum in hoc volumine memoratorum. » — T. II, 1890, XV et 646 p. Notices de 255 mss. cotés 5295 C-11651.
T. III. (Sous presse.)

200. — **Catalogus** codicum manuscriptorum bibliothecae regiae. *Parisiis, e typographia regia*, 1739-1744, 4 vol. in-fol.   Inv. Q

T. I. 1739, 458 pages, plus une table alphabétique non paginée 27 feuillets. Il contient :
p. 1-49, *Codices hebraici*. — p. 50, *Codices Samaritani*. — p. 51-70, *Codices Syriaci*. — p. 70-74, *Codices coptici*. — p. 75, *Codices æthiopici*. — p. 76-79, *Codices Armeni*. — p. 80-121, *Codices arabici christiani*. — p. 121-260, *Codices arabici Mahommedani*. — p. 260-305, *Codices Persici*. — p. 305-333, *Codices Turcici*. p. 333-367. Appendix complectens codices Manuscriptos Orientales ex Arabica et Turcica lingua in Gallicam nuper conversos. — p. 367-432. *Codices sinici, eo ordine dispositi quo, diversis temporibus, in Bibliothecam Regiam illati sunt*. — p. 432-433, *Codices Tartarici*. — p. 433, *Codices Siamenses*. — p. 434-449. *Codices Indici*. — p. 449-458. Appendix complectens Codices manuscriptos paucis adhinc mensibus in Bibliothecam Regiam illatos.

T. II. 1740, 626 p. et XLV p.
Ce volume consacré aux manuscrits grecs se termine par trois tables : table des auteurs; table des anonymes; table des saints.

T. III. 1744, 632 p. Ce volume donne la notice des manuscrits latins nᵒˢ 1-4793. Les manuscrits sont classés d'après l'ordre méthodique suivant :

Vol. I.

Biblia sacra : Vetus et novum Testamentum. Novum Testamentum. Interpretes veteris Testamenti.
Libri Liturgici : Tractatus de divinis officiis. Breviaria. Diurnalia. Psalterium. Libri antiphonarii. Libri lectionarii. Libri missales. Libri graduales. Officia sanctorum. Libri precum. Libri rituales.
Concilia : Tractatus de conciliis. Concilia generalia; particularia.
Sancti patres : Sancti patres cum latini, tum græci nonnulli quorum opera in sermonem latinum conversa sunt.
Theologi : Scholastici. Morales. Oratores sacri. Ascetici. Polemici. Infideles, heterodoxi, etc.
Libri Homiliarii.
Jus Canonicum : Jus canonicum vetus. Jus canonicum recentius; decretum Gratiani; decretalium collectiones quae tempore priores sunt quam collectio Gregorii papæ IX; decretales Gregorii papæ IX; liber sextus Decretalium; liber septimus decretalium sive Clementinæ; extravagantes Joannis papæ XXII; aliæ constitutiones summorum pontificum extra corpus juris canonici vagantes; stylus romanæ curiæ; decisiones rotæ; regulæ cancellariæ popularium; statuta et privilegia universitatum et collegiorum; tractatus juris canonici.
Jus Civile : Jus civile Romanum; codex Theodosianus; institutiones Justiniani; digesta; codex Justinianeus; novellæ Justiniani, tractatus juris civilis Romani. — Jus civile italicum; lex Longobardorum; consuetudines et privilegia urbium et civitatum Italiæ. — Jus civile Francicum; lex Salica, capitularia, etc.; stylus litterarum regiarum; stylus curiæ parlamenti Parisiensis; acta ejusdem Parlamenti; consuetudines provinciarum et civitatum Franciæ. —

— 118 —

Jus civile Hispanicum : leges Visigothorum; consuetudines provinciarum et civitatum Hispaniae. — Jus civile Anglicum; leges et consuetudines Regni Angliae. — Jus Feudorum : libri feudorum; interpretes.

Jus publicum : tractatus de jure publico; constitutiones imperatoriae de jure publico imperii germanici; quaestiones juris publici.

Vol. II.

Geographia : Introductio ad geographiam. Geographia universalis. Chorographia. Eglalographia. Itineraria. Dictionaria geographica. Indices geographici. Tabulae geographicae.

Chronologia.

Historia : Historia Ecclesiastica generalis; particularis; acta Sanctorum; historia haereseōn; historia monastica; historia fratrum militum Templi, historia Domorum Dei Hospitalium; historia collegiorum scholasticorum. Historia profana; historia veterum Aegyptiorum, Assyriorum, Persarum, etc. historia graeca; historia romana; appendix ad historiam graecam et romanam; historia Italica; historia francorum; historia hispaniensis; historia germanica; historia Britannica; apospasmatia historica; vitae virorum illustrium.

Scientiae et artes : Philosophia; philosophia vetus, recensior et scholastica. — Historia naturalis. — Medicina. Chirurgia. Chymia; pharmacia; alchymia. Mathesis; arithmetica; musica; geometria; mechanica; architectura; optica; dioptrica; tricotomētria; astronomia; astrologia judiciaria; oneirocritica; pneumantia; chiromantia; physiognomonica; grammatici; lexicographi; rhetores; oratores; mythologia; ars poetica; poetae; apologi et fabulae romanenses; epistolae; summa dictaminis, sive ars scribendi epistolas; philologi et polygraphi.

T. IV. 1744, 535 p. et CXXXVIII p.

Ce volume renferme la notice des manuscrits latins n° 4796 à 8822. Les pages 497 à 535 contiennent : « Appendix complectens manuscriptos codices latinos, qui vel diligentiam nostram in prima recensione fugerunt, vel paucis abhinc mensibus in Bibliothecam regiam illati sunt. » Il se termine par une Table des auteurs et une Table des anonymes.

201. — **Catalogus** librorum bibliothecae Raphaelis Tricheti du Fresne. — *Paris, apud viduam et heredes, Rue du Mail*, 1662, in-4°. Inv. Q

Ce catalogue mentionne une collection d'ouvrages imprimés et mss. relatifs à l'Italie que Nicolas Fouquet choisit pour sa bibliothèque de Saint-Maudé. A la fin on trouve l'indication de 30 volumes grecs et d'environ cent mss. latins, français, italiens ou espagnols qui furent achetés à cette vente, par ordre de Colbert, pour la Bibliothèque du Roi.

202. — **Catalogus** manuscriptorum codicum collegii Claromontani, quem excipit catalogus mss. domus professae parisiensis. — *Parisiis, Saugrain et Leclerc*, 1764, in-8°. XII, 450 et 44 p. Inv. Q

La Bibliothèque Nationale a acheté des collections du Collège de Clermont un certain nombre de mss. importants dont une quarantaine furent vendus au Roi par le Hollandais Meermann lorsqu'il acheta en bloc cette bibliothèque.

Caussin. — Voyez : Notices et extraits des mss. de la B. N.

203. — **Caylus** Cte de. Numismata aurea imperatorum romanorum e cimelio regis christianissimi delineata et aeri incisa a comite de Caylus. — (S. l. ni d.), in-4°, 60 p. J

Reproduction de monnaies qui se trouvent au Cabinet des médailles.

204. — **Caylus.** — Recueil d'antiquités égyptiennes, étrusques, grecques et romaines. — *Paris, Desaint et Saillant*, 1752-1767, 7 vol. in-4°. J ... ou inv. J ...

T. I, xl, 380 p., 107 pl. — T. II, viii, 432 p., 126 pl. — T. III, xxxvi, ... p. 121 pl. — T. IV, xx, 419 p., 125 pl. — T. V, xxi, 358 p., 130 pl. — T. VI, xx, 414 p., 130 pl. — T. VII, xxxviii, 336 p., 94 pl.

La collection du comte de Caylus est entrée au département des médailles. Les monuments décrits dans les tomes II, III, IV de ce recueil ont été donnés au Roi par M. de Caylus en mars 1762. Le reste de la collection fut remis au Cabinet après la mort du donateur.

205. — **Celliez Henry.** — Mémoire sur les irrégularités de la procédure criminelle suivie contre M. Libri et sur l'application de l'art. 441 du Code d'instruction criminelle pour la révision de cette procédure par Me Henry Celliez,... avec les adhésions de Me Duvergier,... feu Me Paillet,... Me Senard,... Me Moulin,... Me E. Desmarest,... Me E. Laboulaye,... *Paris, imp. Ad. R. Lainé et J. Havard*, 1861, in-8°, 92 p.   Lu ...

Dans ce Mémoire, daté de mai 1861, M. Celliez examine les principales irrégularités et illégalités articulées par Libri :
1° Défaut de notification des mandats d'amener et d'arrêt. — 2° Nomination d'experts choisis parmi les dénonciateurs de l'inculpé. — 3° Défaut d'accomplissement des formalités et violation des règles prescrites par la loi, lors de la saisie des objets appartenant à l'inculpé, lors de la remise de ces objets au greffe ou aux experts, et dans le travail de l'expertise. — 4° Défaut de notification de l'arrêt d'accusation, de l'assignation à comparaître devant la cour d'assises, et l'ordonnance du président prononçant la contumace. — 5° Publication illégale, par le *Moniteur*, de l'acte d'accusation seul sans aucune mention ni publication des moyens de défense. — 6° Demande au ministre de la justice de renvoyer les pièces à la cour de cassation.

Suivent les adhésions de MM. Duverger, Paillet, Senard, Moulin, Desmarest, un avis de M. Laboulaye, un Extrait du procès-verbal et des inventaires dressés en mai 1861 par le juge de paix et les notaires et un Avis de la commission composée de MM. le marquis d'Audiffret, Sainte-Beuve et Merlin.

206. — Supplément au Mémoire sur les irrégularités de la procédure criminelle suivie contre M. Libri et sur l'application de l'article 441 du Code d'instruction criminelle pour la révision de cette procédure. — *Paris, imp. Ad. R. Lainé et J. Havard*, 1861, in-8°, 16 p.

Lu ...

Ce Mémoire, daté du 5 avril 1861, est contresigné par Édouard Laboulaye.

207. — M. Libri n'est pas contumax. Consultation de Me Henry Celliez, avocat à la Cour impériale, sur la Pétition adressée au Sénat suivie de l'adhésion de Me Édouard Laboulaye,... et d'une adresse des députés au Parlement italien. *Paris, imp. Ad. R. Lainé et J. Havard*, 1861, in-8°, 14 p.   Lu ...

La consultation est datée du 15 mai 1861.

— Voyez : Arrêts, décrets et ordonnances relatifs à l'affaire Libri.

Chabert. — Voyez : Explication du zodiaque de Dendérah.

208. — **Chabouillet** (A.). — Allocution prononcée à Viroflay, sur la tombe de M. Ernest Muret, le 29 février 1884. — *Paris, imp. G. Rougier et C*^{ie}*,* 1884, in-8°, 5 p.　　　　　　　　　　　　　Ln $^{27}_{34985}$

> Ernest-Alphonse Muret, né à Paris le 8 février 1824, entra au Cabinet des médailles en 1855, où il devint bibliothécaire et rédigea le Catalogue des monnaies gauloises (10,413 n°°).

209. —. — Allocution prononcée sur la tombe de M. Henry Cohen à Bry-sur-Marne (Seine), le mercredi 19 mai 1880, par M. Chabouillet. — *Paris, imp. Paul Dupont*, s. d., in-8°, 8 p.　　　　　　　Ln $^{27}_{32225}$

> Henry Cohen, né à Amsterdam le 21 avril 1806, entra le 19 décembre 1856 au Cabinet des médailles et fut nommé bibliothécaire en 1875. Il mourut le 17 mai 1880.
> Cette Allocution a été réimprimée en 1882 sous ce titre : « Henry Cohen. — Imp. Alcan-Lévy », in-8°, 8 p.

210. —. — Camée du grand Mogol Chah-Djihan. Extrait de la *Revue archéologique*. — *Paris, imp. de Pillet fils aîné*, (s. d.), in-8°.　　Oq $^{2}_{55}$

> Ce camée est conservé au Cabinet des médailles.

211. —. — Catalogue général et raisonné des camées et pierres gravées de la Bibliothèque impériale suivi de la description des autres monuments exposés dans le Cabinet des médailles et antiques, publié sous les auspices de S. Exc. le Ministre de l'Instruction publique et des Cultes. — *Paris, J. Claye, Rollin*, (janvier 1858), in-8°, VIII, 634 p.

　　　　　　Rés. p. Q $_{48}$　1er Q $_{7085}$　Rés. inv. Q $_{849}$　Inv. Q $_{7481}$

> Ce catalogue a été exécuté d'après le plan suivant :
> Camées antiques. — Mythologie ; animaux ; pierres sans gravure. — Iconographie grecque. — Iconographie romaine. — Mythologie égyptienne.
> Camées byzantins. — Sujets religieux.
> Camées antiques. — Pierres avec inscriptions.
> Bustes de matières précieuses. — Antiquité ; mythologie.
> Vases de matières précieuses. — Antiquité.
> Bustes de matières précieuses. — Antiquité ; iconographie.
> Camées de la Renaissance et des temps modernes. — Iconographie et sujets divers ; France. Iconographie ; étrangers. Mythologie. Iconographie grecque. Histoire et iconographie romaines. Camée satirique. Bracelets n°° 673, 674. Compositions sur coquille provenant de la décoration de coffrets ou autres meubles. Joyaux imitant les camées.
> Antiquités américaines.
> Monument babylonien dit le caillou Michaux.
> Cylindres de la Chaldée, de l'Assyrie, de la Médie, de la Perse, de la Characène et de la Phénicie.
> Cylindre Chrétien.
> Cônes, scarabéoïdes, ellipsoïdes et autres pierres orientales. — Intailles. — Scarabées et autres intailles phéniciennes. — Cônes, scarabéoïdes et autres pierres de l'Asie-Mineure. Intailles. — Cônes, scarabéoïdes et autres pierres orientales. Intailles.) Époque intermédiaire. — Pierre attribuée à l'Afrique antique (Libye). Intailles.) — Pierres gravées à l'époque de la dynastie des Sassanides. Intailles.

Pierres chrétiennes de l'Asie. (Intailles.)
Pierre gnostique orientale.
Mythologie des Perses sous la dynastie des Sassanides. (Intailles.)
Iconographie des rois Perses de la dynastie Sassanide. — Années de J.-C. 223 à 642. (Intailles.) — Intailles de style sassanide. — Mythologie. Style oriental. (Intailles.) — Iconographie orientale. (Intailles.) — Incertaines de l'Orient.
Camées orientaux.
Intailles antiques. Mythologie. — Animaux et plantes. — Mythologie égyptienne. — Mythologie orientale. — Mythologie grecque. — Iconographie romaine. — Pierres avec inscriptions grecques. — Grylles.
Pierres chrétiennes.
Pierres gnostiques. Amulètes; talismans dits Abraxas, etc. (Intailles.) Monument baphométique.
Talismans et cachets arabes, turcs et arméniens. (Intailles.)
Intailles modernes. Mythologie (Imitation de l'antique.) — Histoire romaine. Imitation de l'antique. — Portraits inconnus.
Intailles de la Renaissance. — Sujets de fantaisie.
Intailles de la Renaissance et des temps modernes. — Sujets religieux. Iconographie et histoire modernes. Règne de Louis XV. Œuvre de Jacques Guay. Œuvre de Jouffroy. Graveurs modernes et contemporains. Œuvre de M. Simon.

Deuxième partie. — Catalogue général et raisonné des vases, bustes, statuettes et autres monuments exposés dans le Cabinet des Médailles et antiques.
Monuments d'or. Antiquité. Patère de Rennes.
Coupe de Chosroès Ier, roi de Perse, de la dynastie des Sassanides 531-579 de J.-C.
Vases chrétiens. Trésor de Gourdon, VIe siècle.
Calice de saint Remy. XIe siècle. — Statuettes égyptiennes. Bijoux antiques.
Bijoux d'or trouvés en Crimée, au Koul-Oba, en 1831. — Bijoux de provenances diverses. — Amulettes en or. — Monnaies bractéates en or. — Monuments de l'époque mérovingienne.
Bagues, bijoux et joyaux du moyen âge et de la Renaissance en or et diverses matières.
Antiquités égyptiennes.
Monuments d'argent. Antiquité. Monuments d'argent trouvés, en 1830, près de Bernay. — Statue de Mercure. Statuette de Mercure. Description du premier et du 2e vases de la paire d'Œnochoës (Iaques). — Une paire de canthares bachiques. — Monuments d'argent de provenances diverses. Antiquité. — Vase de l'époque chrétienne. — Monuments divers. Médailles.
Sceaux ou bulles d'or et d'argent.
Monuments de bronze. Antiquité. Bustes et statuettes. — Animaux. Iconographie. Miroirs étrusques. Vases, armes et objets divers. Monument gnostique. Poids antiques de bronze et de plomb. Vases orientaux. Armes modernes.
Monuments d'ivoire. Antiquité. Tessères de gladiateurs. Tessères des jeux ou des théâtres.
Diptyques. Diptyques consulaires. Diptyque de Saint-Junien de Limoges. Diptyques d'Autun. Diptyque consulaire de Hollande. Diptyque de Compiègne. Diptyque dit du roi de France.
Triptyques. Couverture de l'Évangéliaire de Saint-Jean de Besançon. Triptyque ou Agiothyride en ivoire. — Moyen âge. Moitié d'un diptyque. — Pièces de jeux d'échecs.
Monuments de marbre, basalte, pierre, etc. Antiquité. Bustes et figures. Vases. Figurine d'applique.
Antiquités assyriennes et persanes. Objets divers. Fragments de tables iliaques.
Monuments de terre cuite. Antiquité. Vases. Monuments divers de terre cuite.
Monuments de verre. Antiquité. Figurines, scarabées, imitations de camées. Imitations d'intailles. Fragments de vases. Pendants de collier et bague.

Fragments divers de pâte de verre. Monuments des premiers siècles du christianisme. Pendants de collier des premiers siècles du christianisme. Monuments chrétiens de l'époque byzantine. Monuments chrétiens du moyen-âge et de la Renaissance. Monuments gnostiques. Monnaies arabes de verre.

Matières diverses. Antiquité.

Supplément. Camées antiques. Camées du moyen-âge. Intailles antiques. Intailles modernes. Monuments d'or. Monuments d'argent. Monuments d'ivoire. Vases étrusques. Monuments de verre. — Additions et corrections. Explication de peintures qui décorent le Cabinet des médailles et antiques.

Le volume se compose de 3.520 articles numérotés et se termine par une table alphabétique.

212. — **Chabouillet, A.** — Comité des travaux historiques et des sociétés savantes, section d'archéologie. Rapport sur une communication de M. Blanchard relative à la découverte à Auriol, en 1867, d'une monnaie grecque d'argent. Extrait de la *Revue des Sociétés savantes*, n° de juillet-août 1869. — *Paris, imp. impériale*, 1869, in-8°, 11 p.

Les monnaies provenant de la découverte d'Auriol sont à la B. N.

213. — Le diptyque consulaire de Saint-Junien. — *Paris, imp. nationale*, 1874, in-8°, 32 p.

Extrait de la *Revue des Sociétés savantes*, 5e série, t. VI, 1873.

M. Arbellot, curé-archiprêtre de Rochechouart, en envoyant une notice sur un dyptique consulaire dont on conservait jadis les deux feuilles dans l'abbaye bénédictine de Saint-Junien, au diocèse de Limoges, rappelle au Ministre de l'Instruction publique que la première feuille de ce diptyque avait été remise en 1807 au Ministre de l'Intérieur pour être donnée à la B. I. La deuxième feuille fut perdue au moment de la Révolution. M. Arbellot demande si la B. N. possède encore cette première feuille, et M. Chabouillet répond qu'elle a été toujours exposée, depuis 1808, au Cabinet des médailles.

M. Chabouillet a publié un supplément à cette dissertation, sous le titre : « Une conférence à Oxford sur les diptyques consulaires. Communication de M. l'abbé Barbier de Montault. » Extrait de la *Revue des Sociétés savantes*, t. VI, 1873.

214. — Dissertation sur un statère d'or du roi inconnu Aces ou Acas. — *Paris, imp. Ch. Lahure*, 1866, in-8°, 63 p. et 1 pl.

Inv. J 1725

Extrait du t. XXXIX des *Mémoires de la Société impériale des Antiquaires de France*.

Ce statère inédit et unique jusqu'à ce jour a été acquis en 1865 par la B. I. Il aurait été découvert près de Trébizonde.

La planche reproduit six statères, monnaies aux noms des rois Lysimaque, Périsadès et Mostis.

215. — Étude sur quelques camées du Cabinet des médailles. Extrait de la *Gazette archéologique* de 1885-86. Avec corrections et additions. — *Paris, A. Lévy*, 1886, in-fol., 32 p. et 3 pl.

Fol. Q 6

I. Camée attribué à Séleucus Ier Nicator, roi de Syrie, à Alexandre le Grand et à Achille.

II. Le repos de Vénus.

III. Épisode du mythe de l'éducation de Bacchus.
IV. Vénus, déesse de la mer, ou la Néréide Galène.
Planche II. Vénus à sa toilette. — Épisode de la guerre des géants et des dieux. Mimas. — Junon.
Planche III. La dispute de Minerve et de Neptune — Taureau en marche.

216. — **Chabouillet** (A.). — Inscription Mithriaque du Cabinet des médailles et antiques de la Bibliothèque impériale. — *Paris, imp. Pillet, s. d.*, in-8°, 4 p.   Cabinet des Médailles.

Extrait de la *Revue archéologique*.

217. — — Monnaies inédites de Desana. Notice sur un jeton frappé en Piémont sous la domination française. — *Blois, imp. E. Dézairs*, 1843, in-8°, 11 p., 1 pl.   Lj

Extrait de la *Revue numismatique*, 1843, et tiré à 30 exemplaires.
Sur cinq pièces inédites de [...] de Desana et sur un jeton de 1551 ou François Ier prend le titre de « Transcensum pinus cabilæ rex, Sabaudiæ ducatum Pedemontium principatum regens, 1554. » Ces pièces sont au Cabinet des médailles.

218. — — Monument Mithriaque apocryphe de la Bibliothèque impériale. — *Paris, imp. Pillet*, s. d., in-8°, 7 p.
                                                                                         Cabinet des Médailles.

Extrait de la *Revue archéologique*.
Cette pierre fait partie des antiquités données au Cabinet du Roi par le comte de Caylus au siècle dernier.

219. — — Note sur deux poids monétaires italiens. — *Paris, imp. nationale*, 1878, in-8°, 12 p.   V Pièce.

Extrait de la *Revue des Sociétés savantes*, 6e série, t. VI, 1877.
Ces deux poids ont été donnés au Cabinet des médailles par M. Barbier de Montault. Dans sa note, M. Chabouillet décrit, d'après le mémoire de M. de Lagoy, le Supplément de M. de Longpérier, et d'après la suite du Cabinet national, vingt autres poids monétaires.

220. — — Note sur les dons faits au Département des médailles et antiques de la Bibliothèque nationale ainsi que sur les acquisitions principales opérées par le même établissement depuis deux années. — *Paris, imp. Pillet*, s. d., in-8°, paginé 337-351.
                                                                                         Cabinet des Médailles.

Extrait de la *Revue archéologique*, XIe année, 2e partie, 1864-1865.
M. Chabouillet parle avec détail des legs fait en 1864 à M. J. H. Beck, ce legs comprend 1° des camées antiques, 2° des camées et intailles imitant l'antique. La valeur de l'ensemble n'est pas inférieure à 40,000 fr. Les autres donateurs sont MM. de Mas-Latrie, de Witte, Prosper Dupré, Louis Batissier, Sauvageot, Combrouse, Liljwach et Pyat.
Les acquisitions ont été particulièrement importantes; parmi elles il faut citer les articles achetés à M. de Cadalvène et l'acquisition de la collection de monnaies françaises de M. J. Rousseau.

221. — — Notice sur un camée antique inédit. — *Paris, imp. Lahure*, 1853, in-8°, 6 p., 1 pl.   Cabinet des Médailles.

Extrait de la *Revue archéologique* 9ᵉ année.
Ce camée a été acquis en 1831 pour le Cabinet des médailles de la B. I. Il représente un empereur sur un char triomphal. M. Chabouillet croit que cet empereur, c'est Licinius, le collègue et rival infortuné de Constantin-le-Grand.

222. — **Chabouillet** (A.). — Notice sur un coffret d'argent exécuté pour Frantz de Sickingen accompagnée d'observations sur divers monuments relatifs à ce personnage. — *Paris, Didier,* 1864, in-8°, 39 p.
Cabinet des Médailles.

Ce précieux spécimen de l'art germanique fut déposé au Cabinet des médailles le 1ᵉʳ nivôse an V (12 déc. 1796) en vertu d'un ordre du citoyen Ramel-Nogaret, ministre de l'intérieur du Directoire. Il provient de la Monnaie, qui l'avait reçu du district de la Flèche pour être fondu.

223. —. — Notice sur un ducat d'or inédit de Borso, marquis d'Este et seigneur, puis duc de Ferrare. Extrait du T. XXXIV des *Mémoires de la Société nationale des Antiquaires de France.* — *Paris,* 1874, in-8°, 15 p.
Cabinet des Médailles.

Ce ducat fut trouvé en 1871, à Espouzolles, commune de Saint-Chely d'Apcher, arrond[t] de Marvejols (Lozère), avec 171 autres pièces d'or à différentes effigies. Il a été acquis par la B. N.; Il date du XVᵉ siècle.

224. —. — Recherches sur les origines du cabinet des médailles et particulièrement sur le legs des collections de Gaston duc d'Orléans au roi Louis XIV. — *Paris, (Nogent-le-Rotrou, imp. A. Gouverneur,* 1874, in-8°, 82 p.
Inv. J 17286 | Δ 35

En tête du volume se trouve le texte des Lettres patentes, enregistrées au parlement le 5 juin 1663, par lesquelles Louis XIV a accepté le legs à lui fait par son oncle Gaston, duc d'Orléans, de ses livres, médailles, pierres gravées, etc. — On trouve ensuite : I. Observations sur les Lettres patentes de Louis XIV, ainsi que sur l'importance des collections léguées à ce prince par le duc d'Orléans, son neveu. — II. Le sieur Bruno. Bénigne Bruno, seigneur de Montmuzard. — III. Robert, peintre. Nicolas Robert, peintre de fleurs et d'oiseaux, de Gaston, duc d'Orléans, puis du Roi. — IV. Le sieur de Belloy. Comte Hercule de Belloy, marquis de Montaiguillon, du chef de sa femme, capitaine des gardes du duc d'Orléans, conseiller d'État, gouverneur du Pont St Esprit en 1656-1657 et l'un des lieutenants généraux du gouvernement de Champagne et Brie en 1656.) — V. Le sieur Goulas.

225. —. — Sur une main de bronze appartenant à une peuplade gauloise nommée en grec ΟΥΕΛΛΑΥΝΙΟΥΣ. — *Paris, imp. Pillet* (1869), in-8°, 28 p.
Cabinet des Médailles.

Extrait de la *Revue archéologique.*
Cette main de bronze est conservée depuis plus d'un siècle au Cabinet des antiques.

Voyez : Morel-Fatio. Catalogue raisonné de la collection des deniers mérovingiens.

— Morel, Catalogue des monnaies gauloises.

Chahan de Cirbied. — Voyez : Notices et extraits des mss. de la B. N.

226. — **Chaix d'Est-Ange.** — Extrait de la réplique de Me Chaix d'Est-Ange. — (S. l., 1851), in-8°, 12 p.

Pages 177-188. — Procès en revendication intenté à M. Feuillet de Conches par les conservateurs de la Bibliothèque nationale, au sujet d'une lettre de Montaigne.

227. — **Chambre** des députés. Deuxième législature. Session de 1878. Annexe au procès-verbal de la séance du 3 décembre 1878. Proposition de loi ayant pour objet d'affecter à l'isolement de la Bibliothèque nationale la somme de 5,100,000 francs, primitivement destinée à la restauration du Palais des Tuileries. — *Versailles, imp. Cerf*, 1878, in-4°, 10 p.
Le 89/96

Contient l'indication des ressources budgétaires qui permettent de faire face à cette dépense.

228. — **Chamfort** (Sébastien). — Le citoyen Chamfort au citoyen Laveau, rédacteur du *Journal de la Montagne* (8 sept. 1793). — (S. l. n. d.), in-8°, 4 p.

Au sujet des dénonciations dont Chamfort avait été l'objet de la part de Tobiesen-Duby et dont le *Journal de la Montagne* avait parlé.

229. —. — Sébastien Chamfort à ses concitoyens, en réponse aux calomnies de Tobiesen-Duby. — S. l., 18 vendémiaire an I, in-8°, 11 p.
Ln 27/2538

Au sujet des dénonciations de Tobiesen-Duby contre ses collègues de la B. N. pendant la tourmente révolutionnaire.

230. — **Champollion** (le jeune). — Extrait de la *Revue encyclopédique* (44e cahier), août 1822. Lettre à M. le rédacteur de la *Revue encyclopédique*, relative au zodiaque de Dendéra. — *Paris, imp. de Lanoe*, 1822, in-8°, 8 p.
Oa 3/de

Le géomètre Biot s'était appliqué à découvrir quelle était la projection de ce zodiaque, au moyen de la reconnaissance de quelques étoiles principales. Il avait conclu que ce monument se rapportait à l'année 716 avant J.-C. Pour Champollion il est évident que les 38 étoiles qui tiennent aux 38 figures du zodiaque ne sont que les signes hiéroglyphiques de 38 courtes légendes.

231. —. — Rapport à son excellence M. le duc de Doudeauville, ministre de la maison du roi, sur la collection égyptienne nouvellement acquise par l'ordre de Sa Majesté, à Livourne. — *Paris, imp. de Fain*, mai 1826, in-8°, 22 p.
Oa 3/67

232. — **Champollion-Figeac** (Aimé-Louis). — Archives départementales de France. Documents paléographiques relatifs à l'histoire des Beaux-Arts et des Belles-Lettres pendant le moyen-âge. Tirés des Archives départementales de France et des Bibliothèques publiques. — *Paris, Paul Dupont*, 1868, in-8°, 626 p.
8° V 3492

Beaucoup de ces documents paléographiques se trouvent au Dépt. des Mss. de la B. N.

233. — **Champollion-Figeac** (Aimé-Louis). — Notice descriptive d'un évangéliaire latin, manuscrit nouvellement acquis par la Bibliothèque royale. Extrait de la *Revue archéologique* du 15 mai 1845.) — *Paris, imp. Crapelet*, 1845, in-8°, 8 p.   Rés. inv. Q

Cet évangéliaire a reçu le n° 1118 du Supplément latin. La couverture est en bois recouvert de sculptures d'or, d'ivoire et d'argent; Champollion estime qu'elle remonte au moins au VII° siècle, tandis que le texte serait du XI° siècle. Le volume contient 18 grandes peintures, représentant plus de 30 personnages, et 125 lettres capitales rehaussées d'or, d'argent, de couleurs. Sept feuillets en pourpre richement encadrés complètent l'ensemble de ce précieux monument de deux époques si différentes dans l'histoire de l'art chrétien.

234. — . — Paléographie des classiques latins d'après les plus beaux manuscrits de la Bibliothèque royale de Paris. Recueil de fac-simile fidèlement exécutés sur les originaux et accompagnés de notices historiques et descriptives par M. A. Champollion,... Avec une introduction par M. Champollion-Figeac. — *Paris, Ernest Panckoucke*, 1836, in-fol., 107 p. et 12 pl.   Inv. V

235. — **Champollion-Figeac** Jacques-Joseph. — Correspondance de M. de Bréquigny relative à ses recherches sur l'histoire de France dans les archives d'Angleterre; publiée d'après les pièces originales par M. Champollion-Figeac. — *Paris, imp. de Firmin-Didot*, 1831, in-8°, 29 p.   L

Extrait du *Bulletin universel des Sciences*, publié sous la direction de M. le baron de Férussac, nov. 1830, janvier et février 1831.
Accompagné de M. Mouchet, M. de Bréquigny se rendit à Londres au mois de mai 1764. Les nombreuses pièces manuscrites qu'il rapporta d'Angleterre sont conservées à la B. N. où elles forment une collection, classée systématiquement, de 102 volumes in-fol.

236. — . — État actuel des catalogues des manuscrits de la Bibliothèque royale 1er mars 1847. — *Paris, F. Didot*, in-8°, 27 p.   Rés. inv. Q   4° Q piè.

Le Dépt. des Mss. se compose de volumes et de *recueils de pièces isolées*.
Les volumes sont divisés selon les langues dans lesquelles ils sont écrits: leur ensemble se résume en 4 sections : Mss. orientaux ; Mss. grecs ; Mss. latins; Mss. français et en langues modernes. Il y a, pour la première et la quatrième section, des *catalogues spéciaux* selon les langues, et pour la quatrième, des catalogues *généraux* qui comprennent toutes les subdivisions de la même section.
Chaque section a eu trois époques de formation qui ont amené la division en trois parties du catalogue de la même section.
La 1re époque comprend les mss. entrés dans la B. du Roi depuis son origine jusqu'en 1795. Ils composent l'*ancien fonds*, et forment le *catalogue de l'ancien fonds*.
La 2e époque comprend les mss. provenant des abbayes supprimées et de quelques envois des départements. C'est le *fonds accessoire* représenté par le *catalogue des fonds dits*

La 3e époque comprend les acquisitions faites à prix d'argent et les dons reçus depuis 1795 jusqu'à ce jour. Ces mss. composent les suppléments de chaque section et sont portés au catalogue supplémentaire des subdivisions qui se sont accrues par ces deux voies.

Les catalogues de la 1re et de la 2e époque sont clos comme les fonds eux-mêmes, qui sont à jamais invariables. Les catalogues du supplément de chaque section s'accroissent journellement de toutes les acquisitions et, comme ces dernières, peuvent s'étendre indéfiniment.

1re SECTION. *Mss. orientaux.* — Elle comprend les mss. écrits dans les langues suivantes : 1°, le chinois, le japonais, le mandchou et le mongol; 2° le thibétain; 3° le sanscrit dans ses divers alphabets; 4° le birman, le malabar, le tamoul, le telinga, le pali, le javanais, le malais, le siamois, et autres idiomes peu cultivés de la côte de l'Inde; 5° l'hindoustani et autres idiomes vulgaires; 6° le zend, le pehlvi, et le persan moderne; 7° le tate, et les idiomes analogues; 8° l'arménien, géorgien, etc.; 9° l'arabe; 10° le chaldéen; 11° l'hébreu; 12° le syriaque; 13° le samaritain; 14° l'éthiopien en Afrique; 15° et 16° l'égyptien antique et le copte d'égyptien moderne qui est la langue de l'Église chrétienne d'Égypte; 17° les traductions françaises de textes orientaux, faites par les jeunes-de-langue de Constantinople.

Tous les mss. de cette section qui se trouvaient à la B. R. en 1739 sont insérés dans le catalogue des mss. orientaux qui fut imprimé en cette année, et les volumes des fonds divers qui y sont portés conservent encore le numéro dont ils sont marqués dans ce catalogue imprimé.

Champollion-Figeac revient ensuite en détail sur chacune des subdivisions de cette section, et expose le degré d'avancement de leurs divers catalogues mss. et imprimés.

2e SECTION. *Mss. grecs.* — Elle a trois subdivisions : 1° l'ancien fonds des mss. grecs du roi; 2° l'ancien fonds de St-Germain-des-Prés, provenant de Coislin et Séguier; 3° les acquisitions intermédiaires ou nouvelles.

Le catalogue de l'ancien fonds a été imprimé en 1740, 1 vol. fol.

Le catalogue du fonds Coislin dressé par Montfaucon, a été publié en 1715.

3e SECTION. *Mss. latins.* — Elle se compose : 1° de l'ancien fonds, dont le catalogue a été imprimé en 1744, 2 vol. fol.; 2° des fonds entrés à l'époque intermédiaire, dont il existe un catalogue mss. en 4 vol. in-fol.; 3° des acquisitions isolées ou dons venus depuis.

La 4e SECTION, *Mss. français*, comprend aussi tous les mss. en langues modernes occidentales et se subdivise en 3 parties : l'ancien fonds du roi augmenté des mss. français provenant de Colbert, Lancelot, Baluze, Lamarre, etc. et des acquisitions faites jusqu'en 1790; 2° des fonds entrés à l'époque intermédiaire; 3° des dons et des acquisitions postérieurement entrés.

Champollion-Figeac traite ensuite des *collections de pièces* qu'il désigne par les noms de leurs collecteurs et, pour chacune d'elles, il indique l'état d'avancement de leurs catalogues particuliers. Il termine en donnant quelques renseignements particuliers : 1° sur les collections de pièces renfermées dans des cartons et qui ne sont pas entièrement cataloguées; 2° sur l'estampillage et le numérotage des mss.; 3° sur l'inventaire; 4° sur la nécessité de maintenir certains articles précieux dans des armoires à une place différente de celle que les nos d'ordre leur assignent sur les rayons; 5° sur l'armoire de la réserve.

237. **Champollion-Figeac** (Jacques-Joseph). — Notice sur le Cabinet des chartes et diplômes de l'histoire de France. *Paris, imp. de Firmin-Didot*, 1827, in-8°, 32 p.

Cette notice expose les motifs, le but et l'époque de l'établissement du Cabinet des Chartes et Diplômes de l'histoire de France, l'état, en 1827, de ce cabinet, le plan de travail adopté dans l'intérêt des recherches qui ont pour objet nos annales nationales; on y trouve aussi quelques considérations qui

paraissent propres à rendre ce riche dépôt d'une utilité plus générale par de
faciles accroissements.
Ce Cabinet fut réuni à la B. R. en 1796.

238. — **Champollion-Figeac** (Jacques-Joseph). — Notice sur les
manuscrits autographes de Champollion le Jeune, perdus en l'année
1832 et retrouvés en 1840. — *Paris, typ. de F. Didot*, mars 1842, in-8°,
47 p.   Inv. Q

En classant les papiers de son frère pour dresser un état qui pût servir de
base à la proposition faite au gouvernement de les acquérir dans l'intérêt de
la science, Champollion-Figeac s'aperçut que quelques-uns des mss., les
plus importants manquaient. Il rechercha et il prouva que ces mss. avaient été
détournés par Salvolini, natif de Faenza, dans les États romains.
Ces papiers, dont la loi du 24 avril 1843 prescrivit l'acquisition, sont conservés au Dépôt des Mss. de la B. N.

    — Voyez : Documents historiques inédits tirés des collections manuscrites
de la Bibliothèque royale. — Voyez : Millin, Introduction à l'étude de l'archéologie.

239. — **Charmes** (Xavier). — Le Comité des travaux historiques et
scientifiques. Histoire et documents. — *Paris, imp. nationale*, 1886,
3 vol. in-4°. T. I, CCXX, 497 p. ; T. II, 747 p. ; T. III, 770 p.   L

Le faux titre porte : « Collection de documents inédits sur l'histoire de
France, publiés par les soins du Ministre de l'Instruction publique. »
Créé en 1835 par Guizot, le Comité des travaux historiques et scientifiques eut pour origine le *Dépôt de législation* et le *Cabinet des chartes*.
Le *Dépôt de législation* avait été formé à Versailles dès 1759 et devait contenir le texte de toutes les lois et ordonnances édictées en France. Le *Cabinet
des chartes*, organisé en 1762, avait pour but « la recherche, la collection et
l'emploi des monuments de l'histoire et du droit public de la monarchie
française ». Il fut réuni à la Bibliothèque du Roi en 1764.
Plus tard, le *Dépôt de législation* et le *Cabinet des chartes*, décrets du 3 mars
1781 et 10 oct. 1788 devinrent la *Bibliothèque de législation, administration, histoire et droit public*, fixée d'abord à la Chancellerie jusqu'au jour où le décret
du 14 août 1791 ordonna la réunion du dépôt de la *Bibliothèque de législation* à
la Bibliothèque du Roi.

Le T. I du *Comité des travaux historiques* se divise en trois parties :
Partie I. BIBLIOTHÈQUE DES FINANCES, 1759. — 1. Mémoire de Moreau sur la
formation d'un cabinet de législation au Contrôle général des finances (mai 1759).
— 2. Arrêt du Conseil portant rétablissement de la place et des fonctions d'a-
vocat des finances (30 oct. 1759). — 3. Mémoire de Moreau sur la bibliothèque des
finances 1761. — 4. État sommaire de la bibliothèque des finances (fév. 1762).
— 5. Arrêt du Conseil qui confère à Moreau le titre de garde des archives et
bibliothèque des finances (8 décembre 1763). — 6. Arrêt du Conseil qui prescrit
le transfert de la bibliothèque des finances à la Bibliothèque du Roi et nomme
deux avocats des finances (18 janvier 1764). — 7. Arrêt du Conseil qui place la
bibliothèque des finances sous l'inspection et la surveillance de Bignon,
bibliothécaire du Roi (27 janvier 1764). — 8. Mémoire de Moreau sur les fonctions d'avocat des finances. — 9. Mémoire du Contrôleur général sur l'envoi
des imprimés des cours souveraines au dépôt des finances et à la Bibliothèque
du Roi (1765). — 10. État de la bibliothèque des finances depuis son transfert
à la Bibliothèque du Roi.

Partie II. CABINET DES CHARTES, 1762. — 1. Documents généraux relatifs au
Cabinet des chartes. — 2. Documents relatifs aux travaux manuscrits du
Cabinet des chartes (Mission de Bréquigny à Londres. — Choix de documents

relatifs aux recherches faites ou à faire dans les provinces et à l'étranger. — Trésor des chartes. — Registres du Parlement. — Notice des Gaules. — 3. Documents relatifs aux publications continues ou entreprises par le Comité des chartes. (Ordonnances des rois de France. — Recueil des historiens de France et art de vérifier les dates. — Table chronologique des chartes et diplômes. — Diplomata, chartæ, etc. — Lettres des papes. — Collection des conciles des Gaules.)

Partie III. Bibliothèque de législation, histoire et droit public, est, (Les 24 documents dont il est ici question sont relatifs à la période comprise entre 1781 et 1789.)

Le t. II du *Comité des travaux historiques* renferme les « Actes officiels relatifs au Comité des travaux historiques et scientifiques, 1833-1885, » 462 documents, plus un « Appendice » qui contient : 1. Collection des documents inédits relatifs à l'histoire de France. — 2. Notice sur les ouvrages publiés dans la Collection des documents inédits. — 3. Bibliographie des Sociétés savantes de la France. — 4. Liste des membres titulaires, honoraires et non résidants du Comité, des Correspondants honoraires et des Correspondants du Ministère de l'Instruction publique pour les travaux historiques et scientifiques. »

Le t. III est consacré aux « Instructions du Comité des travaux historiques et scientifiques. »

240. — **Chatelain (Émile)**. — Paléographie des classiques latins, collection de fac-similés des principaux manuscrits de Plaute, Térence, Varron, Cicéron, César, Cornélius Népos, Lucrèce, Catulle, Salluste, Virgile, Horace, Tibulle, Properce, Ovide, Tite-Live, Justin, Phèdre, Sénèque, Quinte-Curce, Perse, Lucain, Pline l'Ancien, Valerius Flaccus, Stace, Martial, Quintilien, Juvénal, Tacite, Pline le Jeune, Suétone, etc., publiée par Émile Chatelain... (Héliogravure P. Dujardin.) *Paris, Hachette*, 1884-1892, in-fol.

Il a paru 7 livraisons contenant 105 planches, dont 44 reproduisent des mss. de la B. N.

Chéron (Paul). — Rapport, Voyez : Delisle. Ministère de l'instruction publique. La Bibliothèque nationale en 1876.

241. — **Chiflet (J. J.)**. — Anastasis Childerici Francorum regis, sive thesaurus sepulchralis Tornaci Nerviorum effossus, et commentario illustratus, Auctore Joanne Jacobo Chifletio... — *Antverpiæ, ex officina Plantiniana Balthasaris Moreti*, 1655, in-4°, 330 p. et tables.

Lb

Les antiquités contenues dans le tombeau de Childeric Ier sont aujourd'hui au Cabinet des Antiques, sauf quelques joyaux et médailles qui furent volés en 1832.

242. — **Choix** de documents géographiques conservés à la Bibliothèque nationale. Notice des provinces de l'empire, et Notice des cités de la Gaule (vi^e siècle). Mappemonde de Saint-Sever (xie siècle). Carte Pisane (xive siècle). Atlas catalan de Charles V, roi de France, de l'année 1375. — *Paris, Maisonneuve et Cie*, 1883, gr. in-fol. i-iv et 20 planches. Sect. géogr. Ge. CC.

L'*Avertissement* est signé L. Delisle.
Ces planches, en photogravure, ont été exécutées en vue de l'Exposition géographique de Venise.

Cirbied (Chahan de). — Voyez : Notices et extraits des mss. de la B. N.

Circourt (Comte de). — Voyez : Van Werveke. — Documents Luxembourgeois à Paris.

243 — **Clément** (Pierre). — Lettres, instructions et mémoires de Colbert publiés d'après les ordres de l'Empereur sur la proposition de Son Excellence M. Magne, ministre secrétaire d'État des finances, par Pierre Clément.... — *Paris, imp. impériale*, 1861-1873, 7 vol. gr in-8°.
Lb

M. Clément indique les divers établissements qui conservent ces documents; pour chacun de ceux-ci il publie les cotes.
Un assez grand nombre de ces pièces se trouvent à la B. N. Parmi celles qui intéressent particulièrement l'histoire de la B., nous citerons entre autres, dans le T. VII : « Instructions pour Vansleb : recherche de mss. et de médailles en Orient. » — « Lettre de Carcavi à Vansleb » et « de Vansleb à Colbert. » — « État général des ouvrages envoyés par Vansleb à la Bibliothèque du Roi en 1671, 1672 et 1673. » — « Mémoire à M. de Monceaux, trésorier de France, voyageant en Orient : instructions pour reconnaître les meilleurs mss. » — « Remarques sur les mss. grecs. »

244. — **Cocheris** (Hip.). — Notices et extraits des documents manuscrits conservés dans les dépôts publics de Paris, et relatifs à l'histoire de la Picardie. Ouvrage couronné par la Société des Antiquaires de Picardie, au concours de 1852. — *Paris, Durand*, 1854-1858, 2 vol. in-8°.
Lk

Extrait des *Mémoires de la Société des Antiquaires de Picardie*, t. 12, 13 et 16. T. I. 693 pages ; T. II. 626 p.
Beaucoup des documents signalés par M. Cocheris se trouvent au Dépt des Mss. et à celui des Estampes. M. Cocheris en donne les cotes. Ils sont groupés par localités, celles-ci étant classées d'après l'ordre alphabétique. Guyencourt est la dernière localité citée dans le T. II.
La préface annonce la publication prochaine du T. III.

245 — **Cochet** (abbé). — Le tombeau de Childéric 1er, roi des Francs, restitué à l'aide de l'archéologie et des découvertes récentes faites en France, en Belgique, en Suisse, en Allemagne et en Angleterre. — *Paris, Derache*, 1859, in-8°, XXXI-474 p.
Lj

Le Cabinet des Antiques de la B. N. conserve les antiquités qui furent trouvées dans le tombeau de Childéric 1er, à Tournay, en 1654.

246. — **Codex** Peresianus. Manuscrit hiératique des anciens Indiens de l'Amérique centrale, conservé à la Bibliothèque nationale de Paris, publié en couleurs avec une introduction, par Léon de Rosny. — *Paris, au bureau de la Société américaine*, 1887, in-fol., 16 p., 39 pl.
Rés. **Pd**

Le faux titre porte : « Les manuscrits de l'antiquité yucatèque. » — Tiré à 25 exemplaires numérotés.

Ce ms. est un des quatre documents originaux en écriture hiératique qui sont parvenus jusqu'à nous ; il est formé d'un tissu fibreux que recouvre un enduit blanc ; sur celui-ci sont tracés les caractères et les images pour lesquels on a fait usage d'un nombre très restreint de couleurs peu brillantes et fortement rompues : du noir, de l'ocre rouge, du brun et du vert.

247. — **Cohen (Henry).** — Description générale des monnaies de la république romaine communément appelées médailles consulaires. — *Paris, M. Rollin*, 1857, in-4°, XLIV, 360 p., 75 pl.   Salle ⁁

La Préface signale les principales trouvailles de monnaies consulaires et l'Introduction se compose des dissertations suivantes : 1° Sur la valeur monétaire et le poids des médailles consulaires. — 2° Sur les triumvirs et les quatuorvirs monétaires. — 3° Sur les médailles fourrées. — 4° Sur les médailles en or de Jules César. — 5° Des médailles restituées. — 6° Des médailles dentelées. — 7° Des médailles consulaires contre-marquées. — 8° Des médailles consulaires en plomb. — 9° Table des surnoms qui se rencontrent sur les médailles consulaires avec le renvoi aux familles auxquelles ils appartiennent. — 10° Observations sur les prix établis dans cet ouvrage.

Le volume donne la description des médailles de 181 familles et se termine par deux appendices (1° Médailles de fabrique campanienne. — 2° As coulés et leurs divisions.)

248. — — Description historique des monnaies frappées sous l'Empire romain, communément appelées médailles impériales. — *Paris, Rollin*, 1859-1868, 7 vol. in-8°.   Salle ⁁

T. I-XXVIII, 484 p., 19 pl. — T. II-III, 641 p., 19 pl. — T. III, 563 p., 18 pl. — T. IV, 502 p., 20 pl. — T. V, XVI pl., 632 p. — T. VI, 631 p., 20 pl. — T. VII, XIX, 500 p., 8 pl.

L'introduction traite de la valeur monétaire et du poids des médailles impériales ; — des monnaies de bronze ; — des monnaies d'argent ; — des monnaies d'or ; — des médaillons ; — des tessères, des spintriennes et des médaillons contorniates ; — des médailles contremarquées ; — des médailles fausses.

Chaque volume se termine par une table des matières.

Le plus grand nombre de ces médailles se trouvent à la B. N. ; M. Cohen distingue ces dernières par la marque F.

249. — — Description historique des monnaies frappées sous l'Empire romain communément appelées Médailles impériales. Deuxième édition. — *Paris, Rollin et Feuardent*, 1880-1892, 8 vol. in-8°.

A partir du T. VI le titre devient : « Description... par feu Henry Cohen, continuée par Feuardent... »

Le T. VIII se termine par les tables suivantes :

Table chronologique des monnaies datées contenues dans cet ouvrage. Table des légendes des revers : 1. Les monétaires. — 2. Impériales romaines. — 3. Impériales coloniales. — 4. Tessères et médaillons contorniates. Abréviations.

Table explicative des lettres et des syllabes qui se rencontrent à l'exergue (et quelquefois dans le champ) des médailles romaines surtout à partir de Dioclétien.

Table des matières contenues dans le huitième volume. Table des Empereurs, Impératrices, Césars, Tyrans, Divinités et grands hommes contenus dans les huit volumes de la *Description des médailles impériales*.

250. **Cointreau (A. L.)** — Histoire abrégée du cabinet des médailles et antiques de la Bibliothèque nationale, ou état succinct des acquisitions et augmentations qui ont eu lieu, à dater de l'année 1754 jusqu'à la fin du siècle (an 8 de la République Française). Par A. L. Cointreau, ancien premier employé audit cabinet durant vingt-sept ans consécutifs, sous les C^es Barthélemy oncle et neveu, conservateurs. — *Paris, Charles Pougens et F. Bouquet*, an IX, 1800, in-8°, 248 p. et 1 pl.

Rés. inv. Q 769. inv. J 18869. A

Le volume est dédié « A la mémoire d'André Barthélemy-Courçay, mort le 9 Brumaire an VIII, au Cabinet des médailles et antiques nation. dont il était conservateur depuis 30 années… »

Cointreau s'occupe successivement des médailles apportées d'Italie, en 1755, par Barthélemy ; de médailles frappées en Danemarck ; des portraits des papes et des rois de France, du vase de Lowendal, reçus de Versailles ; des médailles de Cary, achetées pour 18,000 fr. en 1758 ; du Cabinet de Clèves acheté en partie, en 1762 ; des monnaies et poids orientaux remis au Cabinet en 1771 ; des objets précieux reçus en 1771 et provenant de la découverte faite à Rennes ; de la cession, en 1776, du Cabinet Pellerin qui comprenait 32,499 médailles ; des monnaies et médailles de Russie reçues pendant la même année ; des médailles envoyées de Candie en 1777 ; de l'envoi de Versailles, par M. de Fontanieu, en 1780, de suites de médailles dites de Louis XIV ; de l'échange de médailles d'or de M. Swinburne, en 1782 ; des bijoux d'or achetés à la vente Pellerin en 1783 ; de l'autel gaulois apporté à la Bibliothèque en 1784 ; des médailles modernes déposées par M. Le Noir en 1785 ; des curiosités péruviennes rapportées en 1786 par M. Dombey ; des anciennes médailles d'Athènes envoyées par Consinéry en 1787 ; de l'acquisition pour 18,851 fr. d'objets rares à la vente d'Ennery ; du portrait de l'astronome Lalande ; de l'arrivée de pierres gravées (plus de 800), provenant de la chambre du conseil à Versailles ; des briques de Babylone remises en 1790 par M. de Beauchamps ; des monnaies de Belgique cédées par Caria, Barthélemy et Lavigne ; du trésor de Saint-Denis apporté à la Bibliothèque en 1791 ; des médailles des rois parthes, échange de Tersan ; du trésor de la Sainte-Chapelle ; du poids de Chio ; du marbre de Choiseul ; des émaux de Petitot ; du médaillier de Ste Geneviève ; du trésor de Chartres déposé par le c^en Lemonnier ; de l'inventaire des antiques, au nombre de plus de 6,000 ; d'un envoi de la Hollande ; du cabinet Haumont ; des échanges faits avec Van Milingen ; des curiosités provenant de la maison Nesle ; du cabinet Gautier ; de l'établissement du conservatoire de la Bibliothèque ; des antiquités de Ste Geneviève ; de l'exposition des antiquités au Cabinet des médailles ; d'échanges divers ; des médailles venant de Raguse ; des matrices des assignats ; de l'envoi de la monnaie ; de l'échange Mirondot ; de l'envoi du garde-meuble ; de l'échange Beaucousin ; des objets venant du Cabinet d'histoire naturelle ; des médailles astronomiques ; des médailles géographiques ; de Rome ; de l'histoire des temps fabuleux et héroïques ; des allégories ; des médailles d'Athènes ; des médailles d'Alexandre ; du talisman de Catherine de Médicis ; des pierres gravées achetées 9,000 fr. à la vente d'Augny ; des douze florins d'or ; du médaillon bracté de Gordien Pie ; des médailles en argent de Duvivier et de Barthélemy ; des monuments apportés d'Italie ; de la Madone de Lorette ; des objets achetés à la vente Champy ; des pierres gravées provenant du cabinet du pape et apportées par Berthier ; de la tête de Jupiter, porte-égide ; d'une urne de porphyre apportée d'Aix ; de la Table Isiaque ; des objets apportés du Piémont ; du médaillier du Vatican reçu le 8 thermidor ; des médaillons des cardinaux Albani et Carpegna ; du médaillier de la reine Christine ; des médailles antiques, médailles de rois, médailles consulaires, impériales en or, en argent, en bronze ; des médailles en or du cabinet du Vatican ; des médailles modernes en argent, en bronze ; des monnaies de Sardaigne ; des échanges divers ; de la petite maison de Pluton ; de la médaille de Bonaparte ; des plateaux d'argent.

Le volume se termine par une table des matières.

— 133 —

251. — **Cointreau**. — Notice sur la coupe d'or de Rennes, lue à l'Institut en août 1801. — *Paris, Charles Pougens*, 1802, in-4°, 64 p., 2 pl.

J 127

Cette coupe d'or à double fond est ornée de 30 médailles. Le sujet ciselé représente le défi, entre Hercule et Bacchus, à qui boira davantage.

Colbert. — Voyez : Clément P., Lettres, instructions et mémoires de Colbert.

252. — **Collection** de documents inédits sur l'histoire de France publiés par ordre du Roi et par les soins du Ministre de l'Instruction publique. Rapports au Ministre. — *Paris, imp. royale*, 1839, in-4°, 369 p.

Le

Ces Rapports fournissent des renseignements sur les recherches faites dans les collections de la B. R. Le volume contient les rapports suivants :
1° 2° Rapports de M. Augustin Thierry. — 3° 4° Rapports de M. Francisque Michel, suivis de descriptions et extraits de mss. — 5° Rapport de M. le comte Beugnot. — 6° Rapport de M. Génin sur les travaux du comité historique de la langue et de la littérature françaises. — 7° Rapport de M. Varin sur les travaux du comité historique des chartes, chroniques et inscriptions. — 8° Rapport de M. le baron Thénard sur les travaux du comité historique des sciences. — 9° Rapport de M. Gasparin sur les travaux du comité historique des arts et monuments. — 10° Rapport de M. Danton sur les travaux du comité historique des sciences morales et politiques.

253. — **Collection** de documents inédits sur l'histoire de France publiés par ordre du Roi et par les soins du Ministre de l'Instruction publique. Rapports au Roi et pièces. — *Paris, imp. royale*, 1835, in-4°, 87 p.

Le

Dans ces rapports il est question des recherches faites dans les collections de la B. R. Le volume contient les documents suivants :
1° Extrait du Rapport au Roi sur le budget du ministère de l'instruction publique pour 1835. — 2° Rapport au Roi sur les mesures prescrites pour la recherche et la publication des documents inédits relatifs à l'histoire de France. — 3° Rapport au Roi sur l'état des travaux relatifs à la recherche et la publication des documents inédits. — 4° Arrêté du Ministre de l'Instruction publique qui établit un comité chargé de diriger les recherches et publications. — 5° Arrêté du Ministre de l'Instruction publique qui établit un comité chargé de rechercher et de publier les monuments inédits de la littérature, de la philosophie, des sciences et des arts considérés dans leurs rapports avec l'histoire générale de la France. — 6° Lettre du Ministre de l'Instruction publique à MM. les préfets, relative à l'amélioration des bibliothèques publiques. — 7° Lettre du ministre de l'Instruction publique aux diverses sociétés savantes des départements. — 8° Lettre du Ministre de l'Instruction publique aux correspondants historiques de son ministère. — 9° Seconde lettre du Ministre de l'Instruction publique aux correspondants historiques de son ministère. — 10° Lettre du Ministre de l'Instruction publique à M. Sainte-Beuve, membre du second comité historique.

254. — **Collection** des médailles des rois et des reines de France, depuis Pharamond jusqu'à Louis XVII. — *Paris, imp. A. Bobée*, 1820, in-12, 12 p.

Lj

Liste de 150 médailles de la collection.

250. **Cointreau (A. L.)**. — Histoire abrégée du cabinet des médailles et antiques de la Bibliothèque nationale, ou état succinct des acquisitions et augmentations qui ont eu lieu, à dater de l'année 1754 jusqu'à la fin du siècle (an 8 de la République Française). Par A. L. Cointreau, ancien premier employé audit cabinet durant vingt-sept ans consécutifs, sous les C.ens Barthélemy oncle et neveu, conservateurs. — *Paris, Charles Pougens et E. Bouquet*, an IX, 1800, in-8°, 248 p. et 1 pl.

Rés. inv. Q 569. inv. J 19889. A.

Le volume est dédié « A la mémoire d'André Barthélemy-Courçay, mort le 2 Brumaire an VIII, au Cabinet des médailles et antiques nation. dont il était conservateur depuis 30 années... »

Cointreau s'occupe successivement des médailles apportées d'Italie, en 1755, par Barthélemy ; de médailles frappées en Danemarck ; des portraits des papes et des rois de France, du vase de Lowendal, reçus de Versailles ; des médailles de Cary, achetées pour 18,000 fr., en 1758 ; du Cabinet de Clèves acheté en partie, en 1762 ; des monnaies et poids orientaux remis au Cabinet en 1774 ; des objets précieux reçus en 1774 et provenant de la découverte faite à Rennes de la cession, en 1776, du Cabinet Pellerin qui comprenait 32,400 médailles ; de monnaies et médailles de Russie reçues pendant la même année ; des médailles envoyées de Candie en 1777 ; de l'envoi de Versailles, par M. de Fontanieu, en 1780, de suites de médailles dites de Louis XIV ; de l'échange des médaillons d'or de M. Swinburne, en 1782 ; des bijoux d'or achetés à la vente Pellerin en 1783 ; de l'autel gaulois apporté à la Bibliothèque en 1784 ; des médailles modernes déposées par M. Le Noir en 1785 ; des curiosités péruviennes rapportées en 1786 par M. Dombey ; des anciennes médailles d'Athènes envoyées par Cousinery en 1787 ; de l'acquisition pour 18,851 fr. d'objets rares à la vente d'Ennery ; du portrait de l'astronome Lalande ; de l'arrivée de pierres gravées (plus de 800), provenant de la chambre du conseil à Versailles ; des briques de Babylone remises en 1790 par M. de Beauchamps ; des monnaies de Belgique cédées par Carra, Barthélemy et Lavigne ; du trésor de Saint-Denis apporté à la Bibliothèque en 1791 ; des médailles des rois parthes, échange de Tersan ; du trésor de la Sainte-Chapelle ; du poids de Chio ; du marbre de Choiseul ; des Émaux de Petitot ; du médaillier de S.te Geneviève ; du trésor de Chartres déposé par le c.en Lemonnier ; de l'inventaire des antiques, au nombre de plus de 6,000 ; d'un envoi de la Hollande ; du cabinet Haumont ; des échanges faits avec Van-Milingen ; des curiosités provenant de la maison N. Sèle ; du cabinet Gautier ; de l'établissement du conservatoire de la Bibliothèque ; des antiquités de S.te Geneviève ; de l'exposition de ces antiquités au Cabinet des médailles ; d'échanges divers ; des médailles venant de Raguse ; des matrices des assignats ; de l'envoi de la monnaie ; de l'échange Mirondot ; de l'envoi du garde-meuble ; de l'échange Beaucousin ; des objets revenant du cabinet d'histoire naturelle ; des médailles astronomiques ; des médailles géographiques ; de Rome ; de l'histoire des temps fabuleux et héroïques ; des allégories ; des médailles d'Athènes ; des médailles d'Alexandre ; du talisman de Catherine de Médicis ; des pierres gravées achetées 9,000 fr. à la vente d'Angny ; des douze florins d'or ; du médaillon bracté de Gordien Pie ; des médailles en argent de Duvivier et de Barthélemy ; des monuments apportés d'Italie ; de la Madone de Lorette ; des objets achetés à la vente Champy ; des pierres gravées provenant du cabinet du pape et apportées par Berthier ; de la tête de Jupiter, porte-égide ; d'une urne de porphyre apportée d'Aix ; de la Table Isiaque ; des objets apportés du Piémont ; du médaillier du Vatican reçu le 8 thermidor ; des médaillons des cardinaux Albani et Carpegna ; du médaillier de la reine Christine ; des médailles antiques, médailles de rois, médailles consulaires, impériales en or, en argent, en bronze ; des médailles en or du cabinet du Vatican ; des médailles modernes en argent, en bronze ; des monnaies de Sardaigne ; des échanges divers ; de la petite maison de Platon ; de la médaille de Bonaparte ; des plateaux d'argent.

Le volume se termine par une table des matières.

251. — **Cointreau.** — Notice sur la coupe d'or de Rennes, lue à l'Institut en août 1801. — *Paris, Charles Pougens*, 1802, in-4°, 64 p., 2 pl.

J $\frac{1225}{4}$

Cette coupe d'or à double fond est ornée de 40 médailles. Le sujet ciselé représente le défi, entre Hercule et Bacchus, à qui boira davantage.

Colbert. — Voyez : Clément P., Lettres, instructions et mémoires de Colbert.

252. — **Collection** de documents inédits sur l'histoire de France publiés par ordre du Roi et par les soins du Ministre de l'instruction publique. Rapports au Ministre. — *Paris, imp. royale*, 1839, in-4°, 369 p.

Le $\frac{4}{5}$

Ces Rapports fournissent des renseignements sur les recherches faites dans les collections de la B. R. Le volume contient les rapports suivants :
1° 2° Rapports de M. Augustin Thierry. — 3° 4° Rapports de M. Francisque Michel, suivis de descriptions et extraits de mss. — 5° Rapport de M. le comte Beugnot. — 6° Rapport de M. Génin sur les travaux du comité historique de la langue et de la littérature françaises. — 7° Rapport de M. Varin sur les travaux du comité historique des chartes, chroniques et inscriptions. — 8° Rapport de M. le baron Thénard sur les travaux du comité historique des sciences. — 9° Rapport de M. Gasparin sur les travaux du comité historique des arts et monuments. — 10° Rapport de M. Danton sur les travaux du comité historique des sciences morales et politiques.

253. — **Collection** de documents inédits sur l'histoire de France publiés par ordre du Roi et par les soins du Ministre de l'instruction publique. Rapports au Roi et pièces. — *Paris, imp. royale*, 1835, in-4°, 87 p.

Le $\frac{4}{5}$

Dans ces rapports il est question des recherches faites dans les collections de la B. R. Le volume contient les documents suivants :
1° Extrait du Rapport au Roi sur le budget du ministère de l'instruction publique pour 1835. — 2° Rapport au Roi sur les mesures prescrites pour la recherche et la publication des documents inédits relatifs à l'histoire de France. — 3° Rapport au Roi sur l'état des travaux relatifs à la recherche et la publication des documents inédits. — 4° Arrêté du Ministre de l'instruction publique qui établit un comité chargé de diriger les recherches et publications. — 5° Arrêté du Ministre de l'instruction publique qui établit un comité chargé de rechercher et de publier les monuments inédits de la littérature, de la philosophie, des sciences et des arts considérés dans leurs rapports avec l'histoire générale de la France. — 6° Lettre du Ministre de l'instruction publique à MM. les préfets, relative à l'amélioration des bibliothèques publiques. — 7° Lettre du ministre de l'instruction publique aux diverses sociétés savantes des départements. — 8° Lettre du Ministre de l'instruction publique aux correspondants historiques de son ministère. — 9° Seconde lettre du Ministre de l'instruction publique aux correspondants historiques de son ministère. — 10° Lettre du Ministre de l'instruction publique à M. Sainte-Beuve, membre du second comité historique.

254. — **Collection** des médailles des rois et des reines de France, depuis Pharamond jusqu'à Louis XVII. — *Paris, imp. A. Bobée*, 1826, in-12, 12 p.

Lj $\frac{22}{9}$

Liste de 150 médailles de la collection.

255. — **Collection** géographique de la Bibliothèque Royale. Développement de la collection pendant l'année 1842. — *Paris, imp. de Bourgogne et Martinet,* (s. d.), in-8°, 13 p.

Sect. géog. **G** 16310 ‖ *Rés.* inv. **Q**

Extrait du *Bulletin de la Société de géographie.* (Cahier de décembre 1842.)
Le titre de départ porte : « Développement de la collection géographique de la Bibliothèque royale en 1842. »
Pendant cette année on s'est occupé surtout de compléter la collection des bonnes cartes publiées depuis le commencement du siècle. Le total des pièces qui sont entrées cette année dans le Cabinet géographique s'élève à 4,580.
L'auteur, en terminant, insiste pour que l'on augmente les ressources pécuniaires du Cabinet et pour qu'on lui procure un local plus grand et plus convenable.

256. **Collection** (la géographique de la Bibliothèque royale en 1845. Extrait du *Bulletin de la Société de géographie.* — *Paris, imp. de Bourgogne et Martinet,* in-8°, 21 p.

Sect. géogr. **G** 16310 ‖ *Rés.* inv. **Q**

Cette note enregistre des dons nombreux faits au Cabinet.
Les pages 20 et 21 contiennent un « Extrait du Rapport annuel du secrétaire général de la Société de géographie pour l'année 1845, lu à l'Assemblée générale du 1er décembre 1845 ». Il demande que dans la reconstruction prochaine des bâtiments de la Bibliothèque royale on donne enfin au Département des cartes un développement et une installation en rapport avec ses besoins et les intérêts de l'étude.

257. — **Collection** orientale. Manuscrits inédits de la Bibliothèque royale traduits et publiés par ordre du Roi (ou par ordre du gouvernement.) — *Paris, imp. royale* (ou *imp. nationale,*) 1836-1890, in fol.

O $\frac{2}{284}$ *ou* Salle

Cette collection contient :
Le Livre des Rois par Abou'lKasim Firdousi publié, traduit et commenté par M. Jules Mohl. — Paris, 1838-1878, 7 vol.
Le Bhâgavata Purâna ou histoire poétique de Krichna traduit et publié par M. Eugène Burnouf... — Paris, 1840-1884, 5 vol. (Le T. IV a été publié par M. Hauvette-Besnault.)
Histoire des Mongols de la Perse écrite en persan par Raschid-Eldin publiée, traduite en français, accompagnée de notes et d'un mémoire sur la vie et les ouvrages de l'auteur par M. Quatremère... - Paris, 1836, T. I.
T. XVI. Deuxième série. T. II*. Tezkereh-J Evliâ. Manuscrit ouïgour de la Bibliothèque nationale reproduit par l'héliogravure typographique. — Paris, 1890.
T. XVI. Deuxième série. T. II*. Tezkereh-J Evliâ. Le mémorial des saints, traduit sur le manuscrit ouïgour de la Bibliothèque nationale, par A. Pavet de Courteille. — Paris, 1889.

258. — **Commission** des monumens. Exposé succinct des travaux de la Commission depuis son établissement, en novembre 1790. — (s. l. ni d.), in-8°, 34 p.

Lj

259. — **Commission** scientifique du Mexique. Manuscrit dit Mexicain, n° 2 de la Bibliothèque impériale, photographié (sans réduction par ordre de S. E. M. Duruy ministre de l'Instruction publique, Prési-

dent de la Commission scientifique du Mexique. — *Paris, imp. Bonaventure et Ducessois, imp. photographique Benoist*, 1864, in-fol., 22 feuillets.   Rés. **Pd** 372 a Angrand P 75

260. — **Comptes des Bâtiments** du Roi sous le règne de Louis XIV, publiés par M. Jules Guiffrey. — *Paris, imp. nationale*, 1881-1891, 3 vol. in-4°.   L 4° 521

La faux titre porte : « Collection de documents inédits sur l'histoire de France publiés par les soins du Ministre de l'Instruction publique. Troisième série. Archéologie. »
T. I. Colbert, 1664-1680. — 1881, LXXIV, 1630 colonnes.
T. II. Colbert et Louvois, 1681-1687. — 1887, VI, 1446 colonnes.
T. III. Colbert et Louvois de Villacerf, 1688-1695. — 1891, XI, 1336 colonnes.

Comte (Jules). — Voyez : République française. Ministère de l'Instr. publ. Adjudication.

261. — **Concordance** des numéros anciens et des numéros actuels des manuscrits latins de la Bibliothèque nationale. — (S. l.), 1887, petit in-fol., 186 p.   Dépt des Mss. Catalogues 29 A

Autographié. — A 4 colonnes par page.
Au dos du titre on lit : « Les numéros anciens des manuscrits latins désignés sous le nom de *Codices Regii* sont ceux du Catalogue de la Bibliothèque royale rédigé en 1682 ; les numéros actuels, ceux du catalogue imprimé de 1744.
Les numéros anciens des manuscrits latins de Gaignières, de La Mare, Baluze, Colbert, de Mesmes, Lancelot, Saint-Martial, de Boze, Cangé, Dronin, de Targny et de Noailles sont ceux que ces volumes portaient dans les inventaires de ces différentes collections au moment de leur entrée à la Bibliothèque.
A la fin est ajoutée la liste des dernières acquisitions de manuscrits latins et des chartes qui se trouvent au Catalogue de 1744. »

262. — **Concordance** des numéros anciens et des numéros actuels des manuscrits grecs de la Bibliothèque nationale. — (S. l.), 1887, petit in-fol., 56 p.   Dépt des Mss. Catalogues 35 B

Autographié ; à 4 colonnes par page.
Au dos du titre on lit : « Les numéros anciens des manuscrits grecs, désignés sous le nom de *Codices Regii*, sont ceux du Catalogue de la Bibliothèque royale rédigé en 1682 ; les numéros actuels, ceux du catalogue imprimé de 1740.
Les numéros anciens des manuscrits grecs de Gaignières, de La Mare, Baluze, Colbert, de Mesmes, de Boze et de Targny sont ceux que ces volumes portaient dans les inventaires de ces différentes collections au moment de leur entrée à la Bibliothèque.
A la fin est ajoutée la liste des manuscrits grecs acquis en Orient peu avant la publication du Catalogue de 1740. »

263. — **Condamnation** du sieur A... à deux ans d'emprisonnement pour vol d'estampes à la Bibliothèque nationale. Jugement rendu le 2 janvier 1877 par le Tribunal de la Seine, 11e chambre. Police correctionnelle. Arrêt rendu le 1er février 1877 par la Cour d'appel de Paris

— 136 —

(Chambre des appels de police correctionnelle.) — *Imp. nationale*, mars 1877, in-fol. plano.

Affiche.

264. — **Condamnation** du sieur C..., à une année d'emprisonnement pour vol de manuscrits à la Bibliothèque nationale. Jugement rendu le 26 avril 1888 par le Tribunal de la Seine, 10ᵉ chambre (Police correctionnelle... — *Imp. nationale*, mai 1888, in-4° plano.

Affiche.

265. — **Congrès** international des sciences géographiques. Exposition de 1875. Annexe A. Bibliothèque nationale. — *Paris, typographie Lahure*, 1875, in-8°, 29 p.

> La couverture imprimée porte : « Congrès international des sciences géographiques, 2ᵉ session. — Paris, 1875. Exposition. Catalogue. Bibliothèque nationale. Annexe A. — Paris, typographie Lahure, 1875. »
> Une note, au bas de la page III, porte :
> « Cette annexe se rapporte généralement au groupe IX. La Bibliothèque nationale, quoique très riche en travaux géographiques contemporains, n'a pas voulu faire double emploi avec l'exposition des Tuileries, et n'a exposé généralement que des objets anciens, rares ou inédits ; ainsi elle ne présente dans ce catalogue ni ses grandes cartes topographiques des divers États-Majors, de Cassini, de Vander Maelen, etc., ni ses atlas récents, ni ses nombreuses cartes géologiques, ses cartes hydrographiques du Dépôt de la marine de France, de l'Amirauté anglaise ou autres.
> « L'espace dont on disposait n'a pas permis de placer les objets dans un ordre rigoureusement méthodique. On n'a pas cru devoir établir une classification scientifique dans un livret qui ne comportait que des notices très succinctes. »
> 514 P°.
> Le catalogue général de cette exposition a pour titre : « Congrès international des sciences géographiques, 2ᵉ Session. Paris, 1875. Exposition. Catalogue général des produits exposés rédigé sous la direction de MM. les commissaires étrangers et du commissariat général du congrès par M. Félix Fournier... — Paris, typ. Lahure, 1875. » 427 p.

266. — **Considérations** importantes sur un des plus précieux monuments de la République françoise. — *Paris, imprimerie du Cercle social, rue du Théâtre-Français*, s. d., in-4°, 12 p.

Rés. Q 416 ou Rés. inv. Q 416

> L'auteur propose de transférer la B. N. au palais du Luxembourg ; il prouve que ce transfert ne coûterait rien à l'État et assurerait à la B. l'espace dont elle pourrait avoir besoin pour ses développements futurs.
> Un exemplaire, qui se trouve au British Museum et est classé dans un recueil intitulé : *Objets divers*, III, IX 335*, 336*, est signé « Mochet-Velye, rue du Théâtre Français, n° 15. »

267. — **Consigne** pour le poste de la Bibliothèque du roi, rue de Richelieu. — *Paris, imp. royale*, mai 1832, in-fol. plano.

> Cette consigne est en 7 articles. — Le poste se compose d'un sergent, d'un caporal et de 18 hommes ; 3 faction[n]aires montent la garde, jour et nuit, rue Colbert, rue Richelieu et rue Vivienne ; un autre factionnaire est de garde à l'intérieur du département des médailles chaque mardi et vendredi. Enfin, un

gardien de nuit est établi par l'administration de la Bibliothèque dans l'intérieur du même Cabinet.

268. — **Convention** nationale. Décret qui défend d'enlever, de détruire, mutiler ni altérer en aucune manière, sous prétexte de faire disparaître les signes de féodalité ou de royauté, les livres imprimés ou manuscrits, les gravures et dessins, les tableaux, etc. Le 4 brumaire l'an 2 de la République française une et indivisible. — *De l'Imprimerie nationale* (*s. d.*), in-8°, 7 p. Le ☞

Ce décret est en 10 articles. Il contient le « Rapport du citoyen Romme, au nom du Comité d'instruction publique. »

269. — **Conversation** familière entre un homme de lettres et un ancien libraire sur le projet de supprimer les armoiries et autres marques de propriété féodale, empreintes sur la reliure de tous les livres de la Bibliothèque nationale. — *S. l. ni d.*, in-8°, 48 p.

Inv. Q 514 ; Rés. inv. Q 76 ; Arch. nat. A. D. VIII, 15 (1)

Par Roset. 1792 ?

270. — **Copy** of papers relating to the purchase of the Stowe collection by Her Majesty's government, ordered by the House of commons, to be printed 27 july 1883. — *London*, in fol., 72 p.

Ce document contient non seulement l'historique de l'acquisition des mss. Stowe par le gouvernement italien, pour la Laurentienne, mais encore des détails circonstanciés sur les négociations qui avaient eu lieu précédemment avec les gouvernements anglais et français pour l'achat de toutes les collections manuscrites du comte d'Ashburnham, lesquelles contenaient beaucoup de mss. volés à la France.

271. — **Corda** (A.). — Bibliothèque nationale. Département des imprimés. Catalogue des factums et d'autres documents judiciaires antérieurs à 1790. — *Paris, Plon, Nourrit et Cᵢᵉ*, 1890-1892, in-8°. T. I, VII-XI, 1-567 p. T. II, 592 p.   8° Q 999

La collection complète des factums forme un ensemble d'environ 57.000 articles, dont 42.000 ont trouvé place dans ce catalogue, en y comprenant les 10.000 factums du Recueil de Morel de Thoisy dont les fiches ont été fondues avec celles de la série principale.

Dans ce catalogue, comme sur les rayons, les pièces ont été classées dans l'ordre alphabétique du nom des plaideurs, des villes, des localités, etc. Elles ont été réunies au nom du demandeur, quand elles concernent les deux parties; autrement, elles restent, en général, au nom du plaideur dont elles émanent, même quand celui-ci est le défendeur. Quand un assez grand nombre de parties agissent toutes au même titre dans une affaire, cette affaire est classée au mot sous lequel elle est connue. On a groupé de même tout ce qui concerne les canaux, mais on a traité différemment les forges, les marais, les mines, qui ont une individualité plus tranchée et qui ont pris place dans la série, à l'ordre alphabétique des noms des localités où ils sont situés.

Les localités qui n'étaient représentées que par une pièce ont été mises simplement au milieu des noms de personnes à leur ordre alphabétique.

Pour Paris et les grandes villes on a établi des subdivisions. Après les généralités, on trouve le clergé, les établissements ecclésiastiques de tout ordre, les juridictions ayant leur siège dans la ville, l'université et les établissements d'instruction publique, les hospices et hôpitaux, les corporations d'arts et métiers. Enfin on a rejeté dans une série *Mélanges* tout ce qui ne rentrait pas dans les précédentes divisions.

En ce qui concerne les personnes nobles, et celles qui ont à la fois un nom de famille et un nom de fief, on a classé au nom de famille, sauf pour certaines familles, ou branches de familles illustres, comme les Condé et les Conti, ou quand la désignation par le nom du fief a tellement prévalu qu'il a fini par se substituer dans l'usage au nom patronymique.

On a mis le tuteur au nom du pupille, le syndic au nom du failli. Les femmes mariées prennent place soit au nom de leur mari, soit au nom de leur père, suivant qu'elles agissent comme femmes ou comme filles.

Une distinction semblable a été faite pour les dignitaires ecclésiastiques, archevêques, évêques, abbés, prieurs, qu'on classe au nom du diocèse, de l'abbaye, du prieuré, quand ils agissent comme titulaires de leur siège ou de leur bénéfice ; sinon, ils sont maintenus à leur nom personnel et traités comme de simples particuliers.

Dans le cas où des héritiers agissent en nom collectif, le factum est classé au nom du testateur ou de celui dont la succession est ouverte. On classe de même au nom du failli dans le cas d'une action commune des créanciers.

Pour les procès criminels, on a généralement choisi comme mot de classement le nom de l'accusé ; mais quand il s'agit de débats retentissants, on a préféré le nom sous lequel l'affaire est restée célèbre.

On a rétabli les noms dans leur [...] actuelle quand ils existent encore ; pour les noms de lieux on a choisi l'orthographe du *Dictionnaire des Postes*. »

Le deuxième volume s'arrête au mot Kuntz.

272. — **Cordier** (Henri). — Essai d'une bibliographie des ouvrages publiés en Chine par les Européens au XVIIe et au XVIIIe siècle. — *Paris, E. Leroux*, 1883, gr. in-8°, 52 p.

Extrait des *Mélanges orientaux publiés par l'École des langues orientales vivantes*.
Cet ouvrage est en réalité le catalogue des travaux de ce genre qui sont dans le fonds chinois du Dépt des mss. M. Cordier donne les cotes de classement.

273. — **Coronelli**. — Atlas céleste, composé d'un globe de douze pieds de circonférence, du père Coronelli, auquel on a joint celui de M. l'abbé de la Caille, pour servir de carte générale, sur laquelle se trouvent les nouvelles constellations découvertes par ce célèbre astronome au cap de Bonne-Espérance, et qui sont désignées sous les noms des principaux instruments des arts, avec une table alphabétique des constellations et des étoiles les plus remarquables. — *Paris, Desnos*, 1782, gr. in-fol., 4 p. et 11 pl.   V 205 B

274. — **Cortambert** (E.). — Classification de la Section géographique. Plan de M. E. Cortambert. — (*Paris*), imp. *Émile Martinet* (s. d.), in-fol., 11 p.

Voici les détails de cette classification :

I. — **COLLECTION GÉNÉRALE**

A A.a. Géographie mathématique et cosmographie.
Introduction { A.b. Géographie physique (Généralités).
à la { A.c. Géographie politique (Généralités).
Géographie. { A.d. Cartographie ou Dessin des cartes.

— 139 —

B
Géographie proprement dite.
- B.a. Traités généraux.
- B.b. Dictionnaires géographiques généraux
- B.c. Recueils généraux.
- B.d. Atlas généraux. Cartes générales pour l'histoire de la géographie et Mappemondes.
- B.e. Globes terrestres.
- B.f. Chorographie ou description des contrées.
- B.g. Hydrographie maritime.
- B.h. Géographie historique : Géographie ancienne et sacrée, géographie du moyen âge, géographie de l'histoire moderne.
- B.i. Géographie des Voyages : Géographie pour l'explication de certains voyages.

C
Annexes de la Géographie.
- C.a. Géographie synthétique.
- C.b. Dictionnaires de langues.
- C.c. Catalogues.
- C.d. Biographie et portraits des géographes et des voyageurs.
- C.e. Fig. relat. à divers arts touchant indirectement la géographie : art militaire, art naval, etc.).

II. — COLLECTIONS PARTICULIÈRES

DÉTAILS

I. — COLLECTION GÉNÉRALE

A. Introduction à la géographie.

Aa. Géographie mathématique et Cosmographie.

Aa. I. Description générale du ciel. Atlas célestes généraux. Planisphères célestes. (Puis viendront les articles qui se trouvent à la bibliothèque et qui seront numérotés Aa 1, Aa 1., Aa I., etc.)

Aa. II. Description particulière des Corps du système solaire, la terre exceptée.

Aa. III. Description particulières des étoiles.

Aa. IV. La Terre considérée comme planète.

Aa. V. Géodésie et détermination astronomique et mathématique de la situation des lieux.

Aa. VI. Métrographie.

Aa. VII. Roses des vents. Boussoles. Cadrans solaires.

Aa. VIII. Calendriers.

Aa. IX. Instruments géographiques et machines cosmographiques. § 1° Objets matériels. § 2° Représentations graphiques.

Ab. — Géographie physique. Généralités.

Ab. I. Atlas physiques. Description générale physique de la Terre. Mappemondes physiques. Globes physiques.

Ab. II. Orographie générale et hypsométrie.

Ab. III. Hydrographie générale.

Ab. IV. Climatologie.

Ab. V. Magnétisme terrestre.

Ab. VI. Géologie et Géographie minéralogique générales.

Ab. VII. Géographie botanique.

Ab. VIII. Géographie zoologique générale.

Ab. IX. Ethnographie générale.

Ac. — Géographie politique. Généralité.

Ac. I. Géographie relative à la forme des gouvernements, aux institutions sociales et aux groupes d'habitations.

Ac. ii. Pavillons et drapeaux des peuples.
Ac. iii. Géographie des religions.
Ac. iv. Géographie relative à la Statistique générale et à l'économie politique.
Ac. v. Géographie industrielle et Géographie agricole générales.
Ac. vi. Géographie commerciale générale, communications générales.

Ad. — Cartographie ou Dessin des cartes.

Ad. i. Projections.
Ad. ii. Modèles de topographie.

B. — GÉOGRAPHIE PROPREMENT DITE.

Ba. — Traités généraux de géographie.

Ba. i. Nomenclatures géographiques (Les articles particuliers seront numérotés Ba 1, Ba 2...
Ba. ii. Géographie universelle.
Ba. iii. Géographie ancienne.
Ba. iv. Géographie du moyen âge.
Ba. v. Géographie moderne.

Bb. — Dictionnaires géographiques généraux.

Bb. i. Dictionnaires universels.
Bb. ii. Dictionnaires de géographie ancienne.
Bb. iii. Dictionnaires de géographie moderne.
Bb. iv. Dictionnaires de géographie comparée.

Bc. — Recueils généraux.

Bc. i. Bulletins et mémoires des Sociétés de Géographie et des autres établissements géographiques.
Bc. ii. Journaux divers de géographie.

Bd. — Atlas généraux.

Cartes générales pour l'histoire de la géographie et Mappemondes.
Bd. i. Atlas universels.
Bd. ii. Atlas et Cartes générales de géographie ancienne.
Bd. iii. Atlas et Cartes générales de géographie sacrée.
Bd. iv. Atlas et Cartes générales de géographie du moyen âge, jusqu'au XVIe siècle inclusivement. Portulans, Isolarios, etc.
Bd. v. Atlas de géographie moderne.
Bd. vi. Mappemondes modernes et grandes étendues de la Terre.

Be. — Globes terrestres.

Be. i. Globes matériels.
Be. ii. Représentations graphiques des globes.

Bf. — Chorographie ou description des contrées.

Bf. i. Europe en général et grandes étendues de l'Europe.
Bf. ii. France et colonies françaises en général.
Bf. iii. Belgique.
Bf. iv. Pays-Bas et colonies néerlandaises en général.
Bf. v. Empire d'Allemagne en général et États secondaires de l'Allemagne sans la Prusse.
Bf. vi. Prusse.
Bf. vii. Autriche-Hongrie.
Bf. viii. Suisse.
Bf. ix. Italie.

Bf. X. Espagne et colonies espagnoles en général.
Bf. XI. Portugal et colonies portugaises en général.
Bf. XII. Iles britanniques et colonies britanniques en général.
Bf. XIII. Danemark et colonies danoises en général.
Bf. XIV. Péninsule scandinave (Suède et Norvège avec le Spitzberg).
Bf. XV. Russie d'Europe et Pologne (avec la Finlande et la Nouvelle Zemble, la Terre de François-Joseph).
Bf. XVI. Turquie d'Europe, empire ottoman en général et principautés de Roumanie, de Serbie et de Monténégro.
Bf. XVII. Grèce et Iles Ioniennes.
Bf. XVIII. Asie en général et grandes parties de l'Asie.
Bf. XIX. Sibérie, Turkestan russe, Mongolie russe, Mandchourie russe, île de Sakalien.
Bf. XX. Transcaucasie.
Bf. XXI. Turquie d'Asie.
Bf. XXII. Perse.
Bf. XXIII. Afghanistan.
Bf. XXIV. Turkestan occidental et Turkestan oriental.
Bf. XXV. Empire chinois.
Bf. XXVI. Japon.
Bf. XXVII. Indo-Chine.
Bf. XXVIII. Hindoustan.
Bf. XXIX. Beloutchistan.
Bf. XXX. Arabie.
Bf. XXXI. Afrique en général et grandes parties de l'Afrique.
Bf. XXXII. Maroc.
Bf. XXXIII. Algérie et Sahara.
Bf. XXXIV. Tunisie et Tripoli.
Bf. XXXV. Egypte.
Bf. XXXVI. Nubie et Abyssinie.
Bf. XXXVII. Cours du Nil.
Bf. XXXVIII. Soudan.
Bf. XXXIX. Sénégambie.
Bf. XL. Guinée et Afrique occidentale.
Bf. XLI. Afrique orientale.
Bf. XLII. Afrique australe et Colonie du Cap.
Bf. XLIII. Iles d'Afrique.
Bf. XLIV. Amérique en général.
Bf. XLV. Amérique du Nord en général et grandes parties de cette Amérique.
Bf. XLVI. Amérique du nord anglaise et Amérique arctique (sans le Groenland.)
Bf. XLVII. Territoire d'Alaska (ci-devant Russie Américaine.)
Bf. XLVIII. Groenland et Islande.
Bf. XLIX. États Unis.
Bf. L. Mexique.
Bf. LI. Amérique centrale.
Bf. LII. Amérique du sud en général et grandes parties de cette Amérique.
Bf. LIII. Nouvelle-Grenade, Colombie, Équateur et Venezuela.
Bf. LIV. Guyanes anglaise, hollandaise et française.
Bf. LV. Brésil.
Bf. LVI. Uruguay, Confédération argentine et Paraguay.
Bf. LVII. Pérou et Bolivie.
Bf. LVIII. Chili.
Bf. LIX. Patagonie, Terre de feu et Terres australes américaines.
Bf. LX. Antilles.
Bf. LXI. Océanie en général.
Bf. LXII. Mélanésie.
Bf. LXIII. Malaisie.
Bf. LXIV. Micronésie et Polynésie.

Bp. — HYDROGRAPHIE MARITIME.

Bp. I. Hydrographie générale par divers auteurs.
Bp. II. Hydrographie de la marine française.
Bp. III. Hydrographie de la marine anglaise.
Bp. IV. Hydrographie de la marine espagnole.
Bp. V. Hydrographie de la marine portugaise.
Bp. VI. Hydrographie de la marine italienne.
Bp. VII. Hydrographie de la marine hollandaise.
Bp. VIII. Hydrographie de la marine prussienne.
Bp. IX. Hydrographie de la marine autrichienne.
Bp. X. Hydrographie de la marine danoise.
Bp. XI. Hydrographie de la marine suédo-norvégienne.
Bp. XII. Hydrographie de la marine russe.
Bp. XIII. Hydrographie de la marine grecque.
Bp. XIV. Hydrographie de la marine des États-Unis.
Bp. XV. Hydrographie de la marine mexicaine.
Bp. XVI. Hydrographie de la marine brésilienne, etc.....
(Voir aussi les diverses divisions de la Chorographie).

Bh. — GÉOGRAPHIE HISTORIQUE *Géographie pour l'explication de certains faits historiques).*

Bh. I. Géographie de l'histoire universelle.
Bh. II. Géographie de l'histoire sainte.
Bh. III. Géographie de l'histoire ancienne des Grecs, des Égyptiens, des Asiatiques, des Carthaginois,... etc.
Bh. IV. Géographie de l'histoire romaine.
Bh. V. Géographie de l'histoire du moyen-âge.
Bh. VI. Géographie de l'histoire moderne.
Bh. VII. Géographie archéologique.
(Voir aussi Bd. Cartes générales pour l'histoire de la géographie).

Bi. — GÉOGRAPHIE DES VOYAGES *(Géographie pour l'explication de certains voyages).*

Bi. I. Relations de voyages.
Bi. II. Cartes pour l'explication de certains voyages.
(Voir aussi Hydrographie, Bp, et Géographie historique, Bh.)

C. — *Annexes de la Géographie.*

Ca. — Géographie symbolique.
(Exemples : Arbre géographique de la Compagnie de Jésus, Carte du pays de Jansénie,... etc.)
Cb. — Dictionnaires des langues.
Cc. — Catalogues.
Cd. — Biographie et portraits des géographes et des voyageurs célèbres.
Ce. — Figures relatives à divers arts touchant indirectement à la géographie (Art militaire, art naval, etc.)

II — COLLECTIONS PARTICULIÈRES.

§ 1º Collection provenant de l'Abbaye de St Victor et de N. de Tralage.
§ 2. Œuvres de d'Anville.
    a. Œuvres manuscrites.
    b. Œuvres imprimées.

NOTA. — Quand les pièces de ces deux collections se trouveront en double, on pourra classer ces doubles dans la collection générale.
La collection de l'ancien *fonds* dite des *Portefeuilles verts* n'est pas assez bien classée pour être conservée telle qu'elle est ; il faudra la fondre dans la collection générale. Provisoirement elle reste dans l'état où elle a été trouvée lors de la fondation de la Section géographique. »

275. — **Cortambert** (E.). — Extrait du *Bulletin de la Société de géographie* (octobre 1866). Note sur trois cartes manuscrites des XIIIe et XIVe siècles récemment acquises par la Section géographique de la Bibliothèque impériale. Avec le fac-similé de ces cartes. — *Paris, imp. E. Martinet* (1866), in-8°, 9 p.

Sect. géogr. G 1910 ou Inv. gén. 105

Ces cartes ont été achetées à Londres, à la vente Puttick et Simpson en juillet 1866, et payées 323 fr. Elles sont de format in-8°.

La première, écrite en caractères grecs, quoiqu'en langue latine, paraît être la copie d'une carte peinte dans la salle du Grand Conseil de Venise, par un certain Théophanès, en 1265. Elle offre la côte de la Vénétie depuis la Piave jusqu'au Pô. Voici son titre : [Greek text]

La seconde carte donne exactement le même espace que celle de Théophanès; mais elle est très effacée, très peu lisible. Elle a pour titre : « Petrus Corrarius confinium signavit inter Republicæ Venetæ et Carrariensæ dominis (?) na (?) dieu anno CCCLXXIV ? Petrus Agnanus fecit. »

Le titre de la troisième carte est : « Marinus Sanutus Syriæ terræ loca signavit A. MCCCL Dominicus Pizipano fecit. » Ce n'est en réalité qu'une carte de la Palestine.

276. —, — Rapport adressé à Son Excellence Monsieur le Ministre de l'instruction publique et des cultes sur les documents géographiques de diverses bibliothèques publiques de France, par E. Cortambert, attaché au département des cartes et collections géographiques de la Bibliothèque impériale. — *Imprimerie impériale*, janvier 1856, in-8°, 15 p. *Rés.* inv. Q 516 Lf 24/4

Les bibliothèques visitées par Cortambert appartiennent au centre et au midi de la France. Cortambert signale quelques-uns des documents les plus importants qu'il y a trouvés et demande qu'on acquière par des échanges pour la B. I. un certain nombre d'entre eux, et que l'on fasse des calques, des copies et des reproductions photographiques de ceux qu'on ne saurait se procurer par ces échanges.

277. —, — Trois des plus anciens monuments géographiques du moyen-âge conservés à la Bibliothèque nationale. Extrait du *Bulletin de la Société de géographie* (octobre 1877). — *Paris, Ch. Delagrave*, 1877, in-8°, 31 p. et 2 planches. Sect. géogr. Don 3656

Au sujet d'une carte du commentaire de l'apocalypse par Beatus, Abbaye de St Sever, XIe siècle. Cette carte, achetée 300 fr. par la Section géographique, avait été toutefois enlevée d'un volume appartenant au Dépt des Mss. Elle a été replacée dans le volume qu'elle n'aurait pas dû quitter. Le travail de Cortambert donne le fac-similé en couleur de ce document.

—. — Voyez : Jomard, Introduction à l'Atlas des Monuments de la géographie.

278. — **Cortambert** (Richard). — Notice sur la vie et les œuvres de M. Jomard, membre de l'Institut, conservateur des Cartes et collections géographiques de la Bibliothèque impériale... — *Paris, imp. de Soye et Bouchet*, 1863, in-8°, 19 p. Ln Sect. géogr. Don 324

Extrait de la *Revue orientale et américaine*.

279. — **Couderc** (Camille). — Note sur le manuscrit latin 12814 de la Bibliothèque nationale. — *Nogent-le-Rotrou, imp. Daupeley-Gouverneur,* (1888), in-8°, 9 p.   8° **Q Pièce.**

> Extrait de la *Bibliothèque de l'école des chartes,* t. XLIX, 1888.
> Ce ms. provient de la bibliothèque de Saint-Germain des Prés et porte le n° 842 sous lequel on le trouve inscrit dans le catalogue des mss. latins dressé par Dom Poirier. C'est un des anciens mémoriaux de la Chambre des comptes. Il doit être antérieur à l'an 1326.

280. — — Notice sur la Bibliothèque nationale. (Extrait de la *Grande Encyclopédie.*) — *Paris, H. Lamirault,* 1888, in-12, 52 p.   8° **Q**

> Résumé de l'histoire de la B. et exposé sommaire de l'état actuel des divers services de l'établissement.

281. **Coupé** J. M. — Convention nationale. Rapport sur les bibliothèques nationales; imprimé par ordre de la Convention nationale. — *Paris, imp. nationale,* pluviôse an II, in-8°, 6 p.   Le $\frac{39}{62}$

> Demande que l'on retire de chaque bibliothèque les doubles qu'elle contient et qu'avec ces doubles on compose une bibliothèque dans chaque district.

282. — **Courboin** (François). — Bibliothèque nationale. Département des estampes. Inventaire de la collection de dessins sur Paris formée par M. H. Destailleur et acquise par la Bibliothèque nationale. — *Paris,* 1891, in-8°, 72 p.   8° **Q**

> Extrait des *Mémoires de la Société de l'Histoire de Paris et de l'Ile-de-France,* t. 17, 1890.
> Cette collection se compose de 1328 articles reliés en 6 vol. in-fol. L'inventaire est suivi d'un Index alphabétique.

283. — **Cours** d'antiquités près la Bibliothèque du Roi. M. Raoul-Rochette,... ouvrira un cours public d'antiquités le mardi 29 mai 1832... — *Paris, Imp. royale,* mai 1832, in-fol. plano.   f° **V**

284. — **Cours** d'archéologie. Le cours d'archéologie ouvrira le mardi 7 février... M. Beulé, exposera l'Histoire de la peinture grecque au siècle de Périclès. — *Imp. impériale,* janvier 1860, in-fol. plano.   fol. **V**

> 25 janvier 1860. — Affiche signée J. Taschereau.

285. — **Cours** d'archéologie. Le cours d'archéologie... ouvrira le mardi 19 février, à 3 heures. M. Beulé... exposera l'*Histoire de l'art au siècle d'Alexandre.* — *Imp. impériale,* février 1861, in-fol. plano.   fol. **V**

> 2 février 1861. — Affiche signée J. Taschereau.

286. — **Cours** d'archéologie. Le cours d'archéologie... ouvrira le mardi 14 janvier... M. Beulé... exposera l'*Histoire de la décadence de l'art grec jusqu'à la conquête romaine.* — *Imp. impériale,* janvier 1862, in-fol. plano.   fol. **V**

> 6 janvier 1862. — Affiche signée J. Taschereau.

287. — **Cours** d'archéologie. Le cours d'archéologie... ouvrira le mardi 3 février... M. Beulé,... exposera l'*Histoire de l'art Étrusque*. — *Imp. impériale*, janvier 1863, in-fol. plano. fol. **V** 4667

21 janvier 1863. — Affiche signée J. Taschereau.

288. — **Cours** d'archéologie. Le cours d'archéologie... ouvrira le mardi 19 janv. 1864... M. Beulé,... exposera l'*Histoire de l'art romain depuis la fondation de Rome jusqu'à la fin de la République*. — *Imp. impériale*, janvier 1864, in-fol. plano. fol. **V** 4667

6 janv. 1864. — Affiche signée J. Taschereau.

289. — **Cours** d'archéologie. Le cours d'archéologie près la Bibliothèque impériale ouvrira le mardi 17 janvier 1865... M. Beulé,... poursuivra l'exposition de l'*Histoire de l'art romain* sous la République. — *Imp. impériale*, janvier 1865, in-fol. plano. fol. **V** 4667

5 janvier 1865. — Affiche signée J. Taschereau.

290. — **Cours** d'archéologie. Le cours d'archéologie... ouvrira le mardi 8 janvier 1867... M. Beulé,... exposera l'*Histoire de l'art au siècle d'Auguste*... — *Imp. impériale*, décembre 1866, in-fol. plano. fol. **V** 4667

21 déc. 1866. — Affiche signée : J. Taschereau.

291. — **Cours** d'archéologie près la Bibliothèque du Roi, les mardis, à 3 heures. Année scolaire 1845-1846. Premier semestre. — *Imprimerie royale*, décembre 1845, in-fol. plano. Rés. Q 95 ou Rés. inv. Q 118

Affiche. — M. Raoul-Rochette commencera son cours public d'archéologie le mardi 23 déc. 1845, dans la salle du Zodiaque.

292. — **Cours** d'archéologie près la Bibliothèque impériale. M. Beulé ouvrira le cours d'archéologie le mardi 19 janvier... — (*Paris*), *imp. impériale*, janvier 1858, in-fol. plano. fol. **V** 4667

31 déc. 1857. — Affiche signée : Naudet, administrateur général de la B. I.

293. — **Courtes observations**. Sur les dénonciations Tobiesen-Duby, contre les Employés de la Bibliothèque nationale. — *S. l.*, in-8°, 6 p.
Rés. **Lb** 41 3339

Cette plaquette est datée de 29 septembre, de l'an second de la République une et indivisible. » Défense des Employés contre Tobiesen-Duby, par Desaulnays. (?)

294. — **Cretaine** (A.-C.). — Lettre à M. Naudet,... en réponse à quelques passages de sa lettre à M. Libri,... — *Paris*, *Durand*, 1849, in-8°, 8 p. Rés. **Ln** 27 3357

Cretaine prouve que, malgré les dénégations de M. Naudet, il a été en rapports avec celui-ci et qu'il a rendu gratuitement à la B. N. des volumes soustraits à cet établissement.

10

295. — **Creuzé-Latouche (J.-A.)**. — Corps législatif; Conseil des Anciens; Opinion de J.-A. Creuzé-Latouche sur la résolution du 30 floréal, relative à la disposition des livres conservés dans divers dépôts. Séance du 25 fructidor an V. — *Paris, imp. nationale*, vendémiaire an V, in-8°, 14 p.　　　　　　　　　　Arch. Nat. **AD VIII**

296. — **Croizier (Marquis de)**. — Notice des manuscrits Siamois de la Bibliothèque nationale. — *Paris, Challamel aîné, Ernest Leroux*, 1885, in-8°, 85 p.　　　　　　　　　　**Q**

> Un catalogue sommaire et ms avait été rédigé en 1858 par M. F.-X. Tessier sous ce titre : *Catalogue des mss. Siamois de la Bibliothèque nationale*. Il se composait de 74 articles ; mais les remaniements survenus depuis sa rédaction dans le classement de la B. l'ont rendu inexact.
> Le fonds siamois se compose maintenant de 62 mss, que M. le M⁰ de Croizier a rangés et numérotés, méthodiquement, par ordre de matières. Il a consacré à chacun d'eux une courte analyse descriptive. Pour faciliter les recherches il a conservé, entre parenthèses et en chiffres arabes, les n⁰⁸ du *Catalogue* et il a reproduit en tête de chaque article, imprimées en italiques, les notices de M. Tessier. Les chiffres romains sont ceux du classement de M. de Croizier ; ils précèdent le titre de l'ouvrage qui est donné en caractères indigènes.
> Ces 62 ouvrages peuvent se diviser ainsi : 25 ouvrages de théologie ; 14 de jurisprudence ; 4 de sciences et arts ; 13 de belles-lettres ; et 6 d'histoire.

297. — **Curmer (L.)**. — La photographie à la Bibliothèque impériale. Lettre à Monsieur l'Administrateur général, directeur de la Bibliothèque impériale. — *Paris, L. Curmer*, 1865, in-8°, 13 p.
　　　　　　　　　　Inv. **Q** || Rés. inv. **Q**

> Au sujet d'une demande en autorisation de faire photographier onze miniatures des *Antiquités des Juifs*, par Jehan Foucquet, demande qui avait été repoussée.

298. — **Dacier**. — Institut royal de France. Notice historique sur la vie et les ouvrages de M. Dutheil, lue à la séance publique du vendredi 19 juillet 1816. (Extraite du *Moniteur*, du 24 septembre 1816.) — (*Paris*) imp. de M⁰ V⁰ *Agasse*, 1816, in-8°, 12 p.　　　　　　**Ln**

> François-Jean-Gabriel de la Porte Dutheil, né à Paris le 16 juillet 1742, fut conservateur des Mss. grecs et latins de 1795 à 1815. Il mourut le 28 mai 1815.

— —. Voyez : Éclaircissements sur le travail dont l'Académie des inscriptions est chargée... — Millin, Introductions à l'étude de l'archéologie.

Danjou. — Voyez : Exposé succinct d'un nouveau système d'organisation des bibliothèques publiques.

299. — **Dargaud (J. M.)**. — Un voyage à Cluny. — *Paris, Ledoyen*, 1845, in-8°, 24 p.　　　　　　　　　　　　　**Lk**

> Sur la cession du ms. d'Orose qui fut abandonné, en 1843, par la ville de Cluny, en échange d'une collection de livres imprimés que le maire choisit chez un libraire, et dont le prix (1,201 fr. 50) fut acquitté par la B. N.

300. — **Dauban.** — Le Cabinet des médailles de la Bibliothèque impériale. De l'importance, au point de vue de l'histoire et de l'art, des monuments que renferme le Cabinet des médailles de la Bibliothèque impériale. — Interprétation des tableaux de Vanloo qui le décorent. *Paris, imp. de Paul Dupont*, (1859), in-8°, 16 p. Rés. inv. Q ...

Parmi les peintures qui décorent le Cabinet se trouvent des tableaux de Natoire, quatre médaillons de Boucher et trois tableaux de Carle Vanloo. Les peintures de Boucher furent payées 4,000 fr. par le roi ; celles de Natoire 4,500 fr. Carle Vanloo toucha aussi 4,500 fr.
Dans cette notice, Dauban donne un résumé du *Catalogue général et raisonné des camées et pierres gravées de la Bibliothèque impériale*, de M. Chabouillet.

301. — **Daunou.** — Notice historique sur la vie et les ouvrages de M. le baron Silvestre de Sacy. — *Paris, imp. royale*, décembre 1838, in-4°, 26 p. Ln$^{27}_{4478}$

302. — —. — Notice historique sur la vie et les ouvrages de M. Van Praet, par M. Daunou, secrétaire perpétuel de l'Académie des Inscriptions et Belles-Lettres. Lue à la séance publique du 9 août 1839. — *Paris, typ. Firmin Didot frères*, (s. d.), in-4°, 16 p. Ln$^{27}_{2018}$

Joseph-Basile-Bernard Van-Praet naquit à Bruges le 27 juillet 1754 et mourut le 5 février 1837. Entré à la Bibliothèque royale en 1784 avec le titre de premier écrivain, il fut président du conservatoire de 1829 à 1832.

303. — **Dauriac** (Eugène). — Publications de la *Revue générale biographique et littéraire*. Galerie universitaire. II. M. Lenormant. — *Paris, bureau central de la Revue générale biographique et littéraire, rue de la Paix, 15*, 1841, in-8°, 7 p. Ln$^{27}_{...}$

La couverture imprimée sert de titre.

304. — **David** (Jules). — Notice sur J. J. Champollion-Figeac. — *Fontainebleau, imp. E. Bourges*, 1867, in-8°, 14 p. Ln$^{27}_{...}$

Voyez : Nécrologie. Champollion-Figeac.

305. — **Debry** (J.). — Projet de décret présenté au nom du Comité d'Instruction publique. — *Paris, imp. nationale*, in-8°, 2 p.
Arch. Nat. **AD VIII** ...

L'Assemblée Nationale décrète que les administrations de district feront passer aux administrations de département les états des frais occasionnés par le transport et la garde des livres provenant des maisons religieuses et autres établissements supprimés, pour la confection des catalogues et cartes indicatives et qu'elle autorise son Comité d'instruction publique à faire continuer dans son enceinte le travail commencé sur les cartes et catalogues envoyés.

306. — **De Bure** (Guillaume). — Catalogue des livres de la bibliothèque du duc de La Vallière. Première partie contenant les manuscrits, les premières éditions, les livres imprimés sur vélin et sur grand papier,

— 148 —

les livres rares et précieux par leur belle conservation, les livres d'estampes, etc., dont la vente se fera dans les premiers jours du mois de décembre 1783. — *Paris, De Bure*, 1783, 3 vol. en 6 tomes in-8°.

Rés. inv. Q

Aux enchères de cette vente la B. R. se fit adjuger 255 volumes mss. dont le prix s'élevait à 41,197 livres 4 sous. Elle avait déjà recueilli quelques morceaux importants du cabinet du duc de La Vallière. Vers 1765, cet amateur avait cédé à Louis XV plusieurs beaux mss. qui devaient être portés à Trianon, mais que Bignon put incorporer en 1774 ou 1775 dans les collections de la B. R.

L'autre partie de la bibliothèque de La Vallière fut acquise par le marquis de Paulmy et se trouve aujourd'hui à la bibliothèque de l'Arsenal.

307. — **Décret** concernant la Bibliothèque nationale. — *Paris, typ. Georges Chamerot*, (s. d.), in-8°, 8 p.

Le titre de départ porte : « Décret organique du 14 juillet 1858. » Il se compose de 18 articles et est signé : « Rouland, ministre secrétaire d'État au département de l'instruction publique et des cultes ». C'est la réimpression du susdit décret auquel on a joint en note, au bas des pages 4, 5 et 6, deux modifications apportées par les décrets du 27 janvier 1869 et du 21 avril 1875. Le premier porte augmentation du chiffre des appointements des auxiliaires, ouvriers et pagistes. Le second change la date de la fermeture annuelle de la Bibliothèque à Pâques.

308. — **Décret** concernant la Bibliothèque nationale. — *Paris, typ. Georges Chamerot*, (1885), in-8°, 8 p.   Q Pièce.

Le titre de départ porte : « Décret de réorganisation du 17 juin 1885. »
Ce décret comprend 21 articles.

309. — **Décret** (n° 1118) de la Convention nationale du 22 juin 1793, l'an second de la République françoise, portant qu'il sera remis à la Bibliothèque Nationale une collection complète des travaux passés et à venir de toutes les Assemblées Nationales. — *Paris, imp. nationale*, 1793, in-4°, 2 p.   Arch. Nat. A. D. VIII

310. — **Décret** et règlement concernant la Bibliothèque impériale. — *Paris, imp. de Ad. Lainé et J. Havard*, (1868), in-8°, 19 p.

Rés. inv. Q

Le décret, daté de Plombières le 14 juillet 1858, se compose de 18 articles. Il est suivi du Règlement (en 119 art.), signé V. Duruy, et daté de Paris, le 5 mai 1868.

Ce règlement se divise en quatre titres :
I. Administration. Comité consultatif. Bureau d'administration. (Art. 1-15.)
II. Personnel. (Art. 16 à 52.)
III. Service public. (Art. 53 à 115.)
IV. Visite des collections dans un but de curiosité. (Art. 116-119.)

311. — **Décret** réduisant provisoirement à 110,000 livres la dépense de la Bibliothèque du Roi. — *Paris, imp. Royale*, 1790, in-8°, 2 p.

Del'Averdy. — Voyez : Notices et extraits des mss. de la B. N.

312. — **Delaborde** (Vte Henri). — Le Département des estampes à la Bibliothèque nationale. Notice historique suivie d'un catalogue des estampes exposées dans les salles de ce département. — *Paris, E. Plon*, 1875, in-16, 442 p.　　　　　　　　　　　　　　　Inv. Q 7424.

> La Notice historique occupe la première moitié du volume. A la suite on trouve un Relevé chronologique des principales acquisitions ou donations et une Liste des gardes du cabinet et celle des conservateurs du Département des estampes. Le catalogue des estampes exposées est divisé en sept écoles (italienne, allemande, hollandaise, flamande, espagnole, anglaise, française) et comprend 968 numéros.

313. — **Delessert** (B.). — Mémoire sur la Bibliothèque royale, où l'on indique les mesures à prendre pour la transférer dans un bâtiment circulaire, d'une forme nouvelle, qui serait construit au centre de la place du Carrousel; cette bibliothèque contiendrait 800,000 volumes; elle serait incombustible, d'un service et d'une surveillance faciles; tous les livres seraient renfermés sous des chassis vitrés, et accessibles au moyen de galeries et escaliers en fer; elle n'occuperait que 1,900 toises carrées, et pourrait être entièrement terminée dans trois ans, pour la somme de 8 millions; elle ne coûterait rien à l'État; les terrains et maisons occupés par la Bibliothèque actuelle étant d'une valeur égale. Avec deux planches. — *Paris, imp. de Henry Dupuy*, 1835, in-4°, 14 p.　　　Q $\frac{16}{Ad}$ ou inv. Q 1832 ‖ Rés. inv. Q 420

314. — — Second mémoire sur la Bibliothèque royale, sur l'emplacement où elle pourrait être construite, et sur la meilleure disposition à donner aux grandes bibliothèques publiques. Avec une planche. — *Paris, imp. Amédée Gratiot*, 1er juin 1838, in-4°, 10 p.
　　　　　　　　　　Q $\frac{16}{Ad}$ ou inv. Q 1832 (2) ‖ Rés. inv. Q 421

315. — **Delisle** (Léopold). — Bibliothèque nationale. Catalogue des manuscrits des fonds Libri et Barrois. — *Paris, H. Champion*, 1888, in-8°, i-xcvii, 331 p. et 7 pl. fac-similé.　　　　　　　' Q 1387

> La Préface a été tirée à part. (Voir au titre : « Les manuscrits des fonds Libri et Barrois à la Bibliothèque nationale. — Paris, H. Champion, 1888. »)
> Le fonds Libri comprend les 142 premiers articles de ce catalogue, et le fonds Barrois les articles numérotés 143 à 189. Le titre de chaque ms. est suivi de sa description détaillée et de notes diverses. Le catalogue se termine :
> 1° par un « Tableau des mss. du fonds Libri et du fonds Barrois recouvrés par la B. N. » Ce tableau est à 3 colonnes : la première indique la cote que le ms. portait à Ashburnham Place; la seconde donne la cote du même ms. à la B. N. et la troisième indique la page du présent catalogue où est imprimée la notice du ms.
> 2° par une « Liste des mêmes mss. suivant l'ordre des cotes qu'ils portent à la B. N. » Dans la première colonne de ce tableau on trouve la cote actuelle du ms. à la B. N.; dans le deuxième, le numéro qu'il portait à Ashburnham Place; et dans la troisième, la page du catalogue à laquelle il est décrit.
> 3° par une « Explication des planches. »
> 4° par des « Additions et corrections. »
> 5° par une « Table alphabétique » imprimée à deux colonnes.

316. — **Delisle (Léopold).** — Bibliothèque nationale. Catalogue des manuscrits du fonds de la Trémoïlle. — *Paris, H. Champion*, 1889, in-8°, 51 p.   Q

Le fonds de la Trémoïlle se compose de 49 articles mss. et peut être classé ainsi : 2 mss. grecs ; 5 mss. à peintures ; 10 documents historiques ; 32 mss. d'origine italienne.

1. Évangile selon saint Luc, en grec et en arabe, copié par Euphémius en 6381. — 2. Les quatre évangiles, ms. grec du XII° siècle. — 3. Tableaux de la vie de saint Aubin, évêque d'Angers. — 4. Psautier à peintures. — 5. Vie de saint Denis, en français, suivie de plusieurs pièces relatives à l'histoire et à la liturgie de l'abbaye de Saint-Denis. — 6. Feuillet des Heures d'Étienne Chevalier. — 7. Livre d'Heures d'Antoine Le Bon, duc de Lorraine et de Bar, exécuté en 1533. — 8. Notice des dignités de l'Empire, etc. — 9. Vie et miracles de saint Vincent Madelgaire. — 10. Gestes des évêques de Cambrai et autres ouvrages historiques. — 11. Chartes normandes (Abbayes Saint-Étienne de Caen, d'Ardenne, de Troarn, de Fontenay, de Barbery, d'Aunay, de Fécamp, de Saint-André de Gouffer ; prieuré de Viguats ; fonds divers). — 12. Cartulaire de l'abbaye de Hautmont. — 13. Recueil de notes et de documents concernant l'abbaye de Maroilles. — 14. Rouleau de parchemin contenant le détail des biens que le roi Philippe de Valois fit assigner en 1326 à Jeanne d'Évreux, veuve de Charles-le-Bel, dans le bailliage de Cotentin. — 15. Rouleau de parchemin intitulé : « Parties des œuvres faites au chastel de Faloise à compter au terme de Pasques, l'an de grâce 1368. » — 16. Copie d'environ 100 lettres originales du XV° au XVII° siècle, provenues des archives de la famille de La Trémoïlle et rentrées en 1877 dans ces mêmes archives. — 17. Lettres originales, dont les principales viennent du bureau des finances de Caen. — 18. Traités de plusieurs pères de l'Église. — 19. Hugues de Saint-Victor. Seconde partie du traité sur les Sacrements. — 20. Eudes, abbé de Morimond, Sermons, et explications mystiques de l'Écriture sainte. — 21. Traité sur la symbolique de l'Écriture sainte. — 22. Ouvrages de Jean de Galles. — 23. Guillaume Becchi. Questions sur le premier livre des Sentences. — 24. Opuscules de frère Augustin de Villeneuve. — 25. Sermons. — 26. Lectionnaire à l'usage de l'ordre de Cîteaux. — 27. Antiphonaire à l'usage de Cîteaux. — 28-29. Antiphonaire à l'usage de l'ordre de Cîteaux. — 30. Recueil de capitules, d'oraisons et d'offices divers à l'usage de l'ordre de Cîteaux. — 31. Recueil de capitules et de collectes, à l'usage de l'ordre de Cîteaux. — 32. Graduel à l'usage de l'ordre de Cîteaux. — 33. Graduel à l'usage de l'ordre de Cîteaux. — 34. Coutumes liturgiques et statuts de l'ordre de Cîteaux. — 35. Tableaux et traités astronomiques et astrologiques. — 36. L'Introductoire de Michel Scot. — 37. Divers traités de médecine. — 38. Pierre de Crescens. — 39. Salluste, la Conjuration de Catilina. — 40. Jean Diacre, Vie de saint Grégoire, suivie du récit des translations du corps de saint Étienne. — 41. Brocard. Description de la Terre sainte. — 42 et 43. Virgile, l'Énéide, avec les commentaires de « Clones de Maynale. » — 44. Les Épigrammes de Martial. — 45. Les Épigrammes de saint Prosper. — 46. Recueil de fables, publié sous le nom de « Gualterius Anglicus, » par M. Hervieux, dans les Fabulistes latins, t. 2, p. 316 et suiv. — 47. Mathieu de Vendôme. L'Histoire de Tobie. — 48. Les Facéties de Pogge. — 49. Fragments de 9 mss. consistant principalement en cahiers d'écoles de la fin du XII° siècle et du commencement du XIII°.

317. —. — Bibliothèque nationale. Donation de M. Paul Émile Giraud. Développement d'un rapport de M. L. Delisle, inséré au *Journal officiel* du 13 septembre 1881. — *Paris, (Nogent-le-Rotrou, imp. Gouverneur)*, novembre 1881, in-8°, 19 p.   Q Pièce.

Extrait de la *Bibliothèque de l'école des chartes*, t. XLII, 1881. — M. Paul-Émile Giraud, ancien député de la Drôme, auteur d'une *Histoire de Romans*, comnée en 1867 par l'Académie des Inscriptions et belles-lettres, avait formé une bibliothèque fort remarquable et relative au Dauphiné. Sur les indications de MM. Delisle et Thierry-Poux, M. Giraud offrit à la Bibliothèque nationale une quarantaine d'ouvrages ou recueils qui manquaient dans nos collections. Ce don est composé de 113 articles, dont plusieurs très précieux.

318. — **Delisle** (Léopold). — La Bibliothèque nationale en 1875. Rapport à M. le Ministre de l'Instruction publique. — *Paris*, 1876, in-8°, 52 p.   Q

Cette réimpression textuelle des pages 42 à 87 du volume intitulé : « *Ministère de l'Instruction publique et des beaux-arts. Division des sciences et des lettres. Rapports sur le service des Archives, de la Bibliothèque nationale et des Missions pendant l'année 1876. — Paris, imp. Paul Dupont, 1876*, » in-4°, est suivie d'un *Appendice* de 4 pages, où l'on trouve le texte de la bulle de Silvestre II, du 23 novembre 999, dont il est question dans le Rapport.

319. — — Bibliothèque nationale. Manuscrits latins et français ajoutés aux fonds des Nouvelles acquisitions pendant les années 1875-1891. Préface d'un inventaire alphabétique. — *Paris, H. Champion*, 1891, in-8°, LXXVIII p.   Q 1746

Se divise en deux parties.

La première indique les Accroissements du département des manuscrits de 1875 à 1891.

Pendant cette période, la somme affectée aux acquisitions a été de 435,000 fr. Les dons ont été nombreux ; au premier rang se placent la donation de M⁽ᵐᵉ⁾ la comtesse de Bastard d'Estang et celle du duc de la Trémoille. La liste des réintégrations est également importante. M. Delisle publie ensuite des notes sur le classement d'anciens residus, sur les transmissions du Dépt des imprimés et des ateliers de reliure. Cotes des mss. latins et français ajoutés au fonds des Nouvelles acquisitions. Importance de ces mss.; accroissements de la série des cartulaires et de celles des anciens monuments de la littérature française et provençale, des mss. à peintures.

La seconde partie montre l'état actuel du Dépt des mss. Les fonds orientaux comprennent 23,050 articles ; le fonds grec compte environ 4,700 volumes ; le fonds latin 20,855 articles, divisés en sept séries ; le fonds français 31,659 articles, en six séries ; les fonds en diverses langues modernes, autres que le français, 3,406 articles ; les collections sur l'histoire des provinces 2,742 articles ; les collections diverses 19,033 articles ; le Cabinet des titres 5,367 volumes et 728 cartons. Soit un total général de 101,972 articles.

En 1890 le département a fait 23,349 communications.

M. Delisle donne la liste des divers catalogues imprimés du département et énumère les instruments de travail mis à la disposition des lecteurs. Il termine en indiquant les améliorations qui sont réclamées.

320. — — Bibliothèque nationale. Manuscrits latins et français ajoutés aux fonds des Nouvelles acquisitions pendant les années 1875-1891. Inventaire alphabétique. — *Paris, H. Champion*, 1891, in-8° en 2 tomes, LXXVIII-856 p.   Q 1750

(Voir aussi le numéro précédent.)

Les notices se succèdent dans l'ordre alphabétique des noms d'auteurs ou des noms de matières. Un tableau de concordance placé à la fin du volume donne la série numérique des cotes du fonds latin et du fonds français des Nouvelles acquisitions, avec renvoi à la page de l'Inventaire qui contient la notice du ms. placé sous chacune des cotes.

A la fin on trouve trois pages d'*additions et corrections*.

321. — **Delisle**. — Bibliothèque nationale. Rapport sur les collections du département des imprimés. (Extrait du *Bulletin des Bibliothèques*, 1885, n° 4.) — *Paris, H. Champion*, 1885, in-8°, 30 p.   8° Q Pièce. 48

Pour montrer l'accroissement des collections de ce département, M. Delisle donne, année par année :

1° Le relevé des articles portés sur les états du dépôt légal de 1810 à 1884.

2° Le relevé des articles inscrits sur le registre des acquisitions et sur celui des dons de 1847 à 1884.

Il indique le nombre des volumes réparés ou reliés depuis 1877 jusqu'en 1884.

Il fournit la statistique annuelle du nombre des lecteurs admis et des ouvrages communiqués au Dép‍t des Imprimés de 1848 à 1884. Dans un parallèle entre les résultats obtenus à la B. N. et au British Museum, il montre que le Dép‍t des Imprimés emploie 54 fonctionnaires ou agents, dont les traitements s'élèvent à 162.200 fr., tandis que le British Museum, dans le même département, compte 122 fonctionnaires ou agents qui absorbent une somme de 496,030 fr.

M. Delisle expose l'état actuel des Imprimés, énumère le nombre des livres que renferme le Dép‍t et décrit le système de rangement auquel ceux-ci sont assujettis. Il rappelle que la série des éliminables, c'est-à-dire des réimpressions sans valeur et susceptibles d'être enlevées un jour de la Bibliothèque, s'élève, en avril 1885, à 14,386.

Voici pour chacune des divisions le nombre des volumes que contient le Dép‍t, et le chiffre des longueurs de rayon occupées :

A. Écriture sainte. — 17,088 cotes; longueur des rayons, 747 mètres.
B. Liturgie et conciles. — 26,043 cotes; longueur, 754 m.
C. Pères de l'Église. — 4.585 cotes; longueur, 263 m.
D. Théologie catholique. — 68,741 cotes; longueur, 3,809 m.
D². Théologie non catholique. — 15,704 cotes; longueur, 329 m.
E. Droit canonique. — 8,129 cotes; longueur, 230 m.
E². Droit de la nature et des gens. — 6,733 cotes; longueur, 190 m.
F. Droit civil. — 117,381 cotes; longueur, 1,640 m.
G. Géographie et histoire générale. — 35,941 cotes; longueur, 891 m.
H. Histoire ecclésiastique. — 32,026 articles; longueur, 720 m.
J. Histoire ancienne. (Grèce, Byzantins, Turcs, Romains, Antiquités.) — 27,030 articles; longueur, 647 m.
K. Histoire d'Italie. — 16,713 articles; longueur, 419 m.
L. Histoire de France. — 232,081 cotes; longueur, 4,985 m.
M. Histoire d'Allemagne, des Pays-Bas, des pays du nord et de l'est de l'Europe. — 45,261 articles; longueur, 1,104 m.
N. Histoire de la Grande-Bretagne. — 12,057 cotes; longueur, 677 m.
O. Histoire d'Espagne et de Portugal. — 7,051 cotes; longueur, 238 m.
O². Histoire d'Asie. — 8,810 cotes; longueur, 222 m.
O³. Histoire d'Afrique. — 2,756 cotes; longueur, 72 m.
P. Histoire d'Amérique. — 6,369 cotes; longueur, 339 m.
P². Histoire d'Océanie. — 270 cotes; longueur, 22 mètres.
Q. Bibliographie. — 30,059 cotes; longueur, 698 m.
R. Sciences philosophiques, politiques, économiques, morales et physiques. — 81,230 cotes; 1,697 m.
S. Sciences naturelles. — 60,456 cotes; longueur, 1,220 m.
T. Sciences médicales. — 54,173 cotes; longueur, 1,494 m.
V. Mathématiques, sciences et arts. — 115,200 articles; longueur, 2,025 m.
V‍m. Musique. — 18,828 articles; longueur, 642 m.
X. Linguistique et rhétorique. — 48,781 articles; longueur, 973 m.
Y. Poésie et théâtre. — 158,208 articles; longueur, 1,821 m.
Y². Romans. — 95,504 articles; longueur, 1,851 m.
Z. Polygraphie. — 90,359 articles; longueur, 2,635 m.

En résumé, le Dép‍t des Imprimés possède 1,924,562 volumes, lesquels occupent au total plus de 34 kilomètres de longueur de rayons. Au point de vue des formats, les volumes se répartissent ainsi : 5,232 mètres pour les in-folio; 5,295 mètres pour les livres in-4°, et 23,494 mètres pour les livres in-8°.

322. — **Delisle** (L.) — Catalogue des Actes de Philippe Auguste avec une introduction sur les sources, les caractères et l'importance historiques de ces documents. — *Paris, Auguste Durand*, 1856, in-8°, cxxvii-655 p.
Lb $\frac{12}{16}$

Une grande partie des documents en question se trouvent au Dép¹ des Mss. de la B. N.

323. — —. — Les collections de Bastard d'Estang à la Bibliothèque nationale. Catalogue analytique. Chartes, sceaux, peintures et ornements des manuscrits, recueils divers. — *Nogent-le-Rotrou, imp. Daupeley-Gouverneur*, 1885, in-8°, xxii-338 p.
Q

En 1839, Aubron, ancien employé du Cabinet des titres et généalogies du roi, vendit au comte A. de Bastard une notable partie de sa collection de chartes et une suite considérable de sceaux détachés. Cette collection, faite avec les débris des archives de la Chambre des comptes, est composée de pièces originales et d'analyses rédigées par Aubron et Jouranvault. Ces dernières sont assez exactes et assez détaillées pour tenir lieu, jusqu'à un certain point, des textes originaux. À la mort du comte, Mme Bastard offrit à la B. N. ces pièces, qui ont été rangées dans l'ordre chronologique et reliées en 10 volumes au dos de chacun desquels est doré le titre : Collection Bastard.

Le présent catalogue comprend : 1° La série des chartes originales, 1,387 articles (p. 1-134).

2° Une lettre autographe de Charles, duc d'Orléans (p. 135-140).

3° Les registres d'Aubron, analyse d'environ 5,500 actes originaux. Le 1er registre se trouve aux pages 141 à 154; le second, aux pages 154-170; le 3°, aux pages 170-192.

Les sceaux, au nombre de 200, sont décrits p. 193-223. Ils se composent d'une collection de sceaux détachés en cire rouge, verte ou jaune, et proviennent de chartes, montres et revues, traités ou alliances, quittances et autres titres scellés relatifs à l'histoire du moyen âge depuis le xii° siècle jusqu'à l'avènement au trône de la branche royale de Bourbon. Ils sont déposés au Dép¹ des médailles et antiques de la B. N.

Les pages 225 à 288 sont consacrées à l'étude de « l'Œuvre paléographique et archéologique du comte A. de Bastard d'Estang ».

Le volume se termine par une « Table des noms d'hommes et de lieux » comprenant les noms relevés dans le catalogue des chartes, des registres d'Aubron, des sceaux et des mss. divers (p. 289-327), et par une « Liste des mss. employés par M. le comte de Bastard pour ses travaux sur les peintures et ornements des mss. » (p. 328-338).

324. — —. — Collections de M. Jules Desnoyers. Catalogue des manuscrits anciens et des chartes, par Léopold Delisle. Notice sur un recueil historique du xviii° siècle, par Marcel de Fréville. — *Paris*, juin 1888, in-8°, viii, 84 p.
Q

Ces documents ont été acquis en 1887 de la succession Desnoyers, par le Dép¹ des Mss. de la B. N.; les principaux d'entre eux avaient appartenu autrefois à la bibliothèque de Tours, au chartrier de Cluni et aux archives des départements du Pas-de-Calais et de l'Aisne.

M. Delisle donne la liste et la description de 49 de ces mss. :

1. Traité de saint Augustin sur la Genèse. — 2. Extrait des Œuvres de saint Augustin, par Eugippius. — 3. Commentaire de saint Jérôme sur Osée et Amos, incomplet du commencement, par suite de la perte, déjà ancienne, du premier cahier du volume. — 4. Extraits des ouvrages de saint Grégoire sur la Genèse et l'Exode, par Paterius. — 5. Extraits des ouvrages de saint Gré-

positée sur les premiers livres de la Bible, de la Genèse au Cantique des Cantiques, par Paterius. — 6. Exposition du Cantique des Cantiques, par Jean d'Abbeville. — 7. Commentaire sur le premier livre des Sentences, par saint Bonaventure. — 8. Recueil de sermons pour le carême, par saint Bernardin de Sienne. Suivant la table, qui est à la fin du volume, le recueil se composait de 65 sermons, dont les 4 premiers et le commencement du 5e occupaient un cahier qui a disparu. — 9. Légendes pieuses, vies de saints, méditations, etc., en français. Ce recueil, dont le premier feuillet manque, doit avoir été composé en Picardie ou dans les Flandres. — 10. Lectionnaire ou recueil d'homélies attribué à Alcuin. — 11. Bréviaire romain. — 12. Bréviaire de Coutances. — 13. Bréviaire de l'abbaye du Mont Saint-Michel. — 14. Processionnal à l'usage de l'abbaye de Saint-Josse-aux-Bois, diocèse d'Amiens. — 15. Petit livre de prières en neerlandais, écrit sur parchemin, au XVe siècle. — 16. Le Décret de Gratien, texte accompagné d'un commentaire; il est précédé d'un abrégé des deux premières parties du Décret, qui occupe les fol. 1-19 du ms. — 17. Les Décrétales de Grégoire IX, en français, commençant par ces mots : « Ci commence li prologues sus la novele compilacion. Gregorius, Gregoires esvesques, sers a touz les serjanz dame Dieu, a ses chiers fuilz et aus mestres et à touz les escoliers demourans à Paris, saluz et sa beneïçon. Rex pacificus. Li rois pesibles ordena... » — 18. Formulaire d'actes ecclésiastiques, rédigé par Jean de Bologne, notaire, qui l'a dédié à Jean Peckham, archevêque de Cantorbery, depuis 1279 jusqu'en 1292. — 19. Fragment d'un manuscrit des Coutumes de Bretagne. — 20. Feuillet d'un exemplaire de l'Histoire d'Orose, copié au IXe siècle par le moine Adalbaldus et conservé à Saint-Martin de Tours jusqu'à la Révolution. — 21. Recueil de lettres de Clément IV. — 22. Recueil chronologique des lettres de Clément IV, intitulé : « Supplementum epistolarum Clementis papae quarti. » — 23. Recueil sur la vie du pape Urbain V, intitulé : « Urbanus papa quintus, splendidissimum et sanctissimum totius orbis, imperiis Galliæ Narbonensis, jubar, decus et ornamentum. » — 24. Vie du pape Sixte-Quint, en italien. Premiers mots : « Naque Sisto V nella marca, nel castello delle Grotte, luogo che la sua anime in circa, nel teritorio di Montalto. » — 25. Règle de saint Benoît, en français, suivie de diverses constitutions à l'usage du monastère de Menetou, dépendance de l'abbaye de Beaumont au diocèse de Tours. — 26. Statuts de l'ordre de Cîteaux. — 27. Tableau statistique de l'ordre des Jésuites en 1761, intitulé : « Status societatis Jesuitarum ubique terrarum anno domini, 1761. » — 28. Collection de 57 pièces, la plupart sur parchemin et en original, dont la date est comprise entre les années 1139 et 1555. — 29. Collection de 56 pièces sur parchemin venant de la Chambre des comptes de Paris et de la Chambre des comptes de Blois, pour la période comprise entre les années 1317 et 1543. — 30. Négociations principalement relatives aux affaires de Pays-Bas pendant les années 1533-1539. — 31. Collection de 36 actes sur parchemin, relatifs à l'Artois, du XIIIe au XVe siècle. — 32. Collection de 32 chartes originales, du XIIe au XVIIIe siècle, dont les quinze premières se rapportent à la Picardie, et dont les 17 autres concernent la Normandie. — 33. Extrait des cartulaires de l'abbaye de Notre-Dame du Val, au diocèse de Paris. — 34. « Pouillé de tous les bénéfices du diocèse de Sens, leurs collateurs, possesseurs, revenus et décimes tant ordinaires qu'extraordinaires, tiré du Grand pouillé des bénéfices de France et des registres du clergé dudit Sens. » — 35. Catalogue des officiaux de Sens depuis 1202 jusqu'en 1650. — 36. Pouillier du diocèse de Troyes, contenant tous les bénéfices du diocèse, leurs revenus et le nombre des communiants. » — 37. Pouillé du diocèse de Toul, ou extraits des registres de la chambre épiscopale de ce diocèse, depuis 1447 jusqu'en 1742. — 38. Recueil de 10 pièces de l'abbaye de Cluni, depuis 1029 jusqu'en 1589. — 39. Chronique et documents divers relatifs à l'abbaye de Cluni. — 40-41. Histoire de l'observance de Cluni, depuis l'année 1644 jusqu'en l'année 1680. — 42. Martyrologe et obituaire de l'abbaye de Montfort en Bretagne. — 43. Formulaire de lettres commençant par ces mots : « Vir venerabilis et discretus archidiaconus Trecorensis, dilecto sibi in Christo G. rectori ecclesiæ talis loci, salutem in Domino. » — 44. Collection de 35 pièces originales, sur parchemin, du XIIe au XVIIIe siècle, relatives à diverses localités ou à diverses familles de l'Italie. — 45. Relations concernant les affaires de l'Italie et de la papauté. — 46. Proverbialia documenta philosophorum. — 47. Recueil de poésies pieuses en italien, commençant ainsi : « Nella concettione della Madonna, Quando l'alto principio Alma gentile... » 48. — Études indiennes. — 49. Fragments de 14 manuscrits provenus pour la plupart d'anciennes reliures.

Le reste du volume, c'est-à-dire les pages 55 à 84, est occupé par la *Notice* de M. de Fréville.

325. — **Delisle (Léopold)**. — Direction de la Bibliothèque Nationale. Au conseil des Trustees du Musée britannique. Messeigneurs et Messieurs. — *Paris*, novembre 1877, in-fol. 7 p.

Autographié par l'établissement et tiré à un très petit nombre d'exemplaires. M. Delisle propose d'échanger deux fragments de mss. soustraits à la B. N. par Aymon et achetés par le British Museum (n° 5351 du Catalogue des mss. harléiens et le manuscrit additionnel 21143, les Grandes Chroniques) contre les Mémoires et papiers d'État de Loménie de Brienne, collection de 242 vol. in-fol.

326. —. — Discours prononcé le 8 février 1882 sur la tombe de M. Olivier Barbier, conservateur, sous-directeur adjoint honoraire à la Bibliothèque Nationale. — *Paris, imp. Émile Martinet*, 1882, in-8°, 4 p.

Olivier Barbier, né à Paris en 1815, entra comme surnuméraire au Département des Imprimés le 24 nov. 1832. Nommé conservateur adjoint le 18 mai 1857, il passa conservateur sous-directeur adjoint le 14 juin 1864 et reçut l'honorariat le 15 juin 1874.

327. —. — Donation faite à la Bibliothèque nationale par la famille de Bastard d'Estang. — *Nogent-le-Rotrou, imp. Daupeley-Gouverneur*, in-8°, 4 p.
                                           Q Pièce.

Extrait de la *Bibliothèque de l'École des chartes*, t. 45, 1884.
Cette note a paru aussi dans le *Bulletin des Bibliothèques et des Archives*, publié sous les auspices du Ministère de l'Instruction publique, année 1884, n° 2.
Don d'un exemplaire des *Peintures et Ornements des manuscrits* et d'une collection d'environ 1.300 chartes originales.

328. —. — Estratto dal fascicolo del mese di novembre 1886 del Bollettino dell'Istruzione. Ministero della pubblica istruzione. Sui manoscritti del fondo Libri ceduti dal conte Ashburnham all' Italia. Memoria di Leopoldo Delisle,... Versione, autorizzata dall' autore, con note. — *Roma, tip. dei Fratelli Bencini*, 1886, in-4°, 14 p.
                                           Q Pièce.

C'est la traduction par M. G. Ottino de la *Notice sur des manuscrits du fonds Libri conservés à la Laurentienne*, publiée dans le t. XXXII des *Notices et extraits des manuscrits...*

329. —. — État des catalogues du département des imprimés de la Bibliothèque nationale. — *Paris, imp. Nationale*, nov. 1875, in-4°, 16 p.

Nous donnons plus loin l'analyse de ce travail. — Voir : *Ministère de l'Instruction publique et des Beaux-Arts, Division des sciences et lettres, Rapports sur le service des Archives de la Bibliothèque Nationale et des Missions*, où il occupe les pages 115-131.

330. — **Delisle (Léopold).** — État des manuscrits latins de la Bibliothèque nationale au 1er août 1871. — *Nogent-le-Rotrou, imp. A. Gouverneur*, (s. d.), in-8°, paginé i-xliij. Salle de travail n° 198.

Le fonds latin consiste en 19,618 volumes qui sont cotés du n° 1 au n° 18613, et forment six séries distinctes, savoir :
I. Ancien fonds, constitué vers 1740 et comprenant 8,822 volumes, cotés 1-8822.
II. Série constituée en 1862 et comprenant 2,682 volumes, cotés 8823-11503. La plupart de ces volumes avaient auparavant fait partie des deux fonds connus sous la dénomination de Supplément latin et de Fonds des carmélites.
III. Série constituée en 1865 et comprenant 2,728 volumes, cotés 11504-14231. Tous ces volumes étaient venus de l'abbaye de Saint-Germain-des-Prés.
IV. Série constituée en 1867 et comprenant 944 volumes cotés 14232-15175. Tous ces volumes provenaient de l'abbaye de Saint-Victor.
V. Série constituée en 1868 et comprenant 1,542 volumes cotés 15176-16718. Ces volumes étaient venus de la Sorbonne.
VI. Série constituée en 1868 et comprenant 1895 volumes, cotés 16719-18613. Ces volumes avaient fait partie du fonds de Notre-Dame de Paris et de divers petits fonds entrés à la B. au moment de la Révolution.

A ces séries qui sont closes, il faut ajouter la nouvelle série en cours de formation dans laquelle viennent prendre place les mss. latins dont la B. s'enrichit journellement.

Le nombre des mss. latins présents sur les rayons de la B. au 1er août 1871 s'élevait à 19,615, sans compter les mss. latins compris dans plusieurs collections dont on ne pouvait les séparer.

M. Delisle indique ensuite les sources principales de chacune des séries précédentes ; « les raisons qui ont déterminé la constitution des cinq dernières séries du fonds latin ; — les règles qui ont présidé à la constitution de ces cinq séries ; — l'état du fonds latin des Nouvelles acquisitions. Il termine par un « projet d'un catalogue général des manuscrits latins. »

331. —. — Extrait du journal *Le Temps* du 25 février 1883. Les très anciens manuscrits du fonds Libri dans les collections d'Ashburnham Place. (Communication faite à l'Académie des inscriptions le 22 février 1883.) — *Paris, imp. Schiller*, 1883, in-8°, 23 p. 8° Q Pièce. 442

332. —. — Feuillets d'un manuscrit de Cedrenus offerts à la Bibliothèque nationale par la bibliothèque de l'Université de Bâle. (Extrait des *Comptes rendus de l'Académie des inscriptions et belles-lettres.*) — *Paris, imp. nationale*, décembre 1881, in-8°, 4 p. 8° J Pièce.

Ces fragments, au nombre de 15 feuillets, avaient été détachés il y a fort longtemps, d'un ms. que François 1er avait fait mettre dans sa bibliothèque de Fontainebleau. C ms. forme aujourd'hui le n° 1713 du fonds grec de la B. N.

333. —. — Funérailles de M. Claude. — *Nogent-le-Rotrou, imp. Daupeley-Gouverneur*, (1881), in-8°, 3 p.

Extrait de la *Bibliothèque de l'École des Chartes*, t. XLII, 1881.

Charles-Clément Claude, né en 1798, entra en 1834 à la Bibliothèque royale comme attaché au département des manuscrits, fut nommé surnuméraire le 1ᵉʳ janvier 1841, bibliothécaire le 28 février 1862 et mourut le 3 février 1881.

334. — **Delisle (Léopold).** — Funérailles de M. Paul Billard. — *Nogent-le-Rotrou, imp. Daupeley-Gouverneur*, (1880), in-8°, 3 p. Ln²⁷/₃₆₈₆₆

Paul Billard, entré en 1830 au département des imprimés, fut nommé conservateur sous-directeur adjoint en 1877. Il est mort le 21 avril 1880.

335. — —. — Histoire générale de Paris. Le Cabinet des manuscrits de la Bibliothèque impériale. Étude sur la formation de ce dépôt comprenant les éléments d'une histoire de la calligraphie, de la miniature, de la reliure et du commerce des livres à Paris avant l'invention de l'imprimerie. — *Paris, imp. impériale*, 1868-1881, in-fol, 3 vol. et atlas. Lk⁷/₁₂₆₉₆

Le t. I donne l'historique du Cabinet depuis les règnes de Charles V et Charles VI jusqu'à la fin de celui de Louis XVI.

Les 4 premiers chapitres sont consacrés aux livres faits pour les princes carlovingiens, depuis Charlemagne jusqu'à Charles le Simple, pour saint Louis et ses successeurs jusqu'au roi Jean.

Charles V aime les livres, sur plusieurs desquels il appose sa signature, et installe au Louvre la librairie du roi; divers inventaires des livres, meubles et joyaux de la couronne sont faits en 1373, 1411, 1414, 1418, 1424.

M. Delisle donne un résumé des inventaires de cette librairie, le format et la date des livres qu'elle contenait; il étudie les différentes espèces d'encres, d'écritures et d'enluminures, les reliures; il indique les anciens propriétaires des livres de Charles V, les copistes, enlumineurs et libraires de ce roi; il traite des encadrements à bande tricolore qu'on remarque sur ces mss.; il rappelle les traductions qui ont été faites pour ce roi, quels livres celui-ci a prêtés ou donnés à des particuliers, à des églises, au collège de maître Gervais et aux dominicains de Troyes.

Sous Charles VI la librairie du Louvre s'accroit, mais éprouve des pertes. Estimation des livres de Charles VI à la mort de ce prince, leur achat par le duc de Bedford; mss. reconnus pour avoir appartenu à Charles V et à Charles VI.

Librairie de Louis, duc d'Anjou, et de ses descendants.

Librairie de Jean, duc de Berry. Travaux publiés sur cette librairie; anciens mss.; marques et nature des mss. du duc de Berry; livres offerts et dédiés à ce prince, livres achetés par lui ou exécutés pour lui; André Beauneveu et Jaquemart de Hesdin, peintres de ce duc; livres donnés par le duc de Berry; dispersion de ses mss.; mss. reconnus pour avoir appartenu à ce prince.

Librairie des ducs de Bourgogne.

Règnes de Charles VII, de Louis XI et de Charles VIII.

Culture littéraire de Charles VII; livres qui lui sont dédiés; Marie d'Anjou.

Ouvrages faits pour Louis XI; livres donnés ou vendus à ce roi ou copiés pour lui; enlumineurs de Louis XI, Jean Fouquet; gardes des livres de Louis XI; catalogue de ces livres; livres portés à la suite de Louis XI.

Saisie et catalogue des livres du cardinal Balue; observations sur quelques-uns de ses mss.

Livres ayant appartenu à Charles de France, duc de Guyenne.

Confiscation des livres de Jacques d'Armagnac, duc de Nemours; leur origine, leurs marques distinctives; mss. reconnus pour lui avoir appartenu.

Livre fait pour Marguerite d'Écosse; inventaire des livres de Charlotte de Savoie, femme de Louis XI; mss. reconnus pour avoir appartenu à cette reine.

Mss. faits pour Charles VIII ou lui ayant appartenu; leurs marques. Livres rapportés d'Italie par ce roi.

Règne de Louis XII.

Les ducs d'Orléans. — Livres offerts à Louis, duc d'Orléans; sa librairie à Paris; livres exécutés pour lui ou achetés par lui. Livres d'église, livres d'administration et livres élémentaires; livres de Valentine de Milan. Librairie de Charles, duc d'Orléans, à Blois. Livres acquis par le duc Charles ou exécutés pour lui. Inventaire de la librairie de Blois en 1417. La librairie de Blois pendant la captivité du duc Charles. Livres rapportés d'Angleterre par ce prince. Inventaire de la librairie de Blois vers 1440. Marques des livres du duc Charles; annotations de ce prince; livres à lui donnés; ses copistes, ses enlumineurs, son relieur. Composition de la librairie vers 1466. Livres empruntés et prêtés par le duc Charles. Livres de Marie de Clèves, duchesse d'Orléans.

Livres faits pour Louis XII, pendant qu'il était duc d'Orléans. La librairie de Blois, de 1498 à 1515. Mss. faits pour Louis XII. Mss. faits pour Anne de Bretagne.

Les ducs de Milan et Pétrarque. — Mss. de Pavie transportés en France par Louis XII. Mss. ayant appartenu aux ducs de Milan. Origines de la bibliothèque de Pavie. Livres d'Azon Visconti; de Jean Visconti, évêque de Novare; de Bernabo Visconti; de Galéas Visconti et de son fils; de Jean Marie Visconti. Emblèmes des Visconti. Livres de Philippe-Marie Visconti. Livres de François Sforze. Catalogue de la bibliothèque de Pavie en 1459; livres français de cette bibliothèque. Livres de Galéas-Marie Sforze. Livres de Jean-Galéas-Marie Sforze et de Ludovic Marie Sforze. Mss. ayant appartenu à Pétrarque.

Marques des livres de Louis de Bruges, seigneur de la Gruthuyse, liste des manuscrits venus de lui et origine de quelques-uns de ces mss.

Règnes de François Ier, de Henri II, de François II, de Charles IX et de Henri III.
Livres de Jean le Bon, de Charles et de François, comtes d'Angoulême.

La Librairie de Fontainebleau sous François Ier. — Jean Lascaris à la cour de François Ier. Histoire des mss. grecs acquis par le roi. Jérôme Fondule. Jean de Pins, évêque de Rieux. Georges de Selve, évêque de Lavaur. Le cardinal Georges d'Armagnac. Guillaume Pellicier, ses lettres à François Ier et à Antoine Rincon. Antoine Éparque. Catalogue des mss. grecs vers 1545. Jean Gaddi. François Asulan. Achat de mss. grecs pendant les 3 dernières années du règne de François Ier. Pierre Gille. Guillaume Postel. Juste Tenelle. Mss. latins recueillis par G. Pellicier. Recherches de Jean de Gagny. Mss. faits pour François Ier.

La Librairie des ducs de Bourbon à Moulins. — Confiscation des livres des ducs de Bourbon en 1523. Livres des ducs et duchesses de Bourbon: Louis le Bon, Marie de Berry, Charles Ier et Agnès de Bourgogne, Jean II; Armorial de la famille de Bourbon, vers 1480. Jeanne de France, duchesse de Bourbon. Le cardinal Charles de Bourbon. Louis, bâtard de Bourbon. Pierre de Beaujeu, Anne de France, Suzanne, duchesse de Bourbon. Le connétable de Bourbon. Librairie d'Aigueperse. Relevé des mss. ayant appartenu à la famille de Bourbon.

La Librairie de Blois. — Garde de la librairie de Blois en 1516. Inventaire de Guillaume Petit et de Jacques Lefèvre. Jean de la Barre, garde de la librairie de Blois. Transport à Fontainebleau des livres de Blois.

Administration de la bibliothèque de Fontainebleau. — Célébrité de ce dépôt. Éloges donnés à François Ier à l'occasion de sa bibliothèque. Guillaume Budé, Pierre du Chastel, maîtres de la librairie, et leurs auxiliaires. Reliures d'Étienne Roffet, dit le Faucheur. Inventaire des mss. grecs de Fontainebleau.

Mss. de Louise de Savoie et de Marguerite, reine de Navarre.

La bibliothèque de Fontainebleau sous Henri II. Mss. reliés pour Henri II. Mss. de la famille de Poitiers. Librairie d'Anet. Les fils de Henri II. — Aimar de Ranconet. Mss. présentés à Charles IX. Éloge de la bibliothèque de Fontainebleau par Jean Dorat. Mss. reliés pour François II et Charles IX. Mss. offerts à Henri III. Pierre de Montdoré et J. Amiot, maîtres de la librairie. Jean Gosselin, garde de la librairie.

Règnes de Henri IV et de Louis XIII.
Administration de la Bibliothèque. — La B. R., transférée de Fontainebleau à Paris à la fin du règne de Charles IX. Gardes de la bibliothèque de Fontainebleau. Entreprise des Rigueurs sur la B. R. Emprunts faits par Brisson. La B. R. au collège de Clermont, puis au cloître des Cordeliers et dans une maison de la rue de la Harpe. Jacq. Aug. de Thou, Jean Gosselin et Isaac Casaubon, Nicolas Rigault et François de Thou. État des catalogues au commencement du XVIIe siècle. Travaux de Rigault. Catalogue général achevé en 1622.
Mss. de l'abbaye de Saint-Denis. — Bible de Charles le Chauve portée de Saint-Denis à la B. R. Divers mss. venus de Saint-Denis. Anciens classements et importance de la bibliothèque de Saint-Denis. Étude du grec et d'autres langues étrangères dans l'abbaye de Saint-Denis. Connaissances historiques de ces moines. Calligraphes et enlumineurs de ce monastère. Ruine de la bibliothèque. Mss. du trésor de Saint-Denis.
Mss. de Catherine de Médicis. Leur réunion à la B. R. Origine et catalogue de ces mss. Bibliothèque du château de Mireflour.
Mss. de la famille Hurault. Jean Hurault de Boistaillé, Philippe Hurault, comte de Cheverny, Philippe Hurault, évêque de Chartres.
Mss. orientaux de M. de Brèves. Collection de Brienne. Copies de cette collection.
Le Cabinet du Roi au Louvre et les bibliothèques des rois aragonais de Naples et du cardinal d'Amboise. — Le cabinet du roi. Librairie du cardinal d'Amboise et des rois de Naples. Goûts littéraires d'Alphonse Ier. Son amour pour les livres. Marques de ses mss. Ses copistes et ses enlumineurs. Antoine de Palerme. Le roi Ferdinand Ier. Marques et cotes de ses mss. Copistes et enlumineurs de Ferdinand Ier. Origine de divers mss. de Ferdinand. Antonello Petrucci et Pietro di Guevara. Le duc de Melfi, le prince de Bisignano et divers autres seigneurs. Le roi Alphonse II. Jean, cardinal d'Aragon. Le roi Ferdinand II. Charles VIII s'empare d'une partie de la librairie de Naples, et le reste est acquis par le cardinal d'Amboise. État des mss. venus de la librairie de Naples. Inventaires des livres du cardinal d'Amboise qui n'étaient pas venus de Naples. Copies faites pour le cardinal. Ses armes et sa devise. Livres dédiés et offerts au cardinal. Livres du président Chaffrey Carles. Mss. faits en France pour le cardinal d'Amboise. Mss. provenus de la seconde partie de la librairie du cardinal. Testament de celui-ci. La bibliothèque du château de Gaillon en 1550. Ruine de cette bibliothèque. Le cardinal Charles II de Bourbon. Mss. de Gaillon portés au Louvre sous Henri IV.

Règne de Louis XIV.
Administration de la Bibliothèque, de 1643 à 1645. — Gérôme Bignon et les frères Dupuy. Catalogue dressé en 1645. Anciens mss. de la famille Dupuy. Nicolas et Jean Baptiste Colbert. Varillas, Carcavy et Clément. Transport de la Bibliothèque dans une maison de la rue Vivienne.
Acquisitions diverses, de 1660 à 1667. Mss. de Gaston, duc d'Orléans; de Béthune; de Trichet du Fresne; de Gilbert Gaulmyn.
Mss. de Fouquet, en 1667. Bibliothèque de Fouquet au château de Saint-Mandé. Mss. de Charles de Montchal. Prisée des mss. de Fouquet. Dispersion des livres de Fouquet; copies faites pour lui. Collection de Le Ragois de Bretonvilliers. Reliures aux armes de Fouquet.
Mss. achetés à l'étranger, de 1667 à 1675. — Mission de Vaillant. Instructions données à MM. de Monceaux et Laisné. Observations de Cotelier sur les mss. grecs. M. de Monceaux et Dipy. Nointel et Galland. Wansleb et Lacroix. Cassini et Verjus.
Mss. de Mazarin, en 1668. Bibliothèque de Mazarin. Les mss. de Mazarin acquis par échange pour la bibliothèque du roi. Une partie de ces mss. venaient de Peiresc, de Du Tillet, de Gabriel Naudé, de la famille Sala et d'Alexandre Petau.
Acquisitions diverses, de 1669 à 1675. — Mss. de Mentel; des Carmes de la place Maubert; de Jean de Ballesdens et d'Alexandre Petau.
Administration de la Bibliothèque, de 1676 à 1683. — Louis Colbert. Prêt des mss. Inventaire dressé en 1682.

Administration et acquisitions diverses, de 1683 à 1691. — L'abbé de Louvois. Projet d'installation de la Bibliothèque sur la place Vendôme. Acquisitions diverses. Mss. envoyés d'Italie. Recherche de mss. à Constantinople. Livres de Mathias Corvin.

Administration et acquisitions diverses, de 1692 à 1700. Pouvoirs du maître de la librairie. La Bibliothèque est ouverte aux savants. Travaux de Boivin. Mss. de Golius. Envois de D. Estiennot. Livres offerts par l'empereur de la Chine. Mss. d'Obrecht et de Brodeau. Mss. de Boisot. Acquisitions diverses. Mss. relatifs aux Druses.

Mss. de Le Tellier, en 1700. — Le Tellier, archevêque de Reims, donne ses mss. au roi. Origine des mss. de Le Tellier. Mss. de Saint-Martin de Tournai. Mss. de Saint-Amand. Ancien catalogue de la bibliothèque de Saint-Amand. Copistes et donateurs mentionnés sur ce catalogue. Souscriptions de plusieurs mss. de Saint-Amand. Observations sur la seconde partie de l'ancien catalogue de Saint-Amand. Date de ce catalogue. Ornements des mss. de Saint-Amand.

Acquisitions diverses, de 1701 à 1705. — Mss. d'Antoine Faure.

Bibliothèque des Bigot, en 1706. — Jean et Émeric Bigot. Dispersion de leur bibliothèque.

Vol d'Aymon, en 1707.

Acquisitions diverses, de 1707 à 1715. — Mss. des Sainte-Marthe et autres. Paul Lucas. Cartes d'Irlande. Papiers des Du Chesnes. Mss. de Thévenot et de Caille du Fourny. Mss. de Galland.

Cabinet de Gaignières, en 1715. — Roger de Gaignières, son dessein, ses collaborateurs, ses rapports avec les Bénédictins. Visite du duc de Bourgogne. Visite de Lister. Voyages de Gaignières. Projet pour la conservation des monuments. Exploration des archives. Collections consultées par Gaignières. Documents originaux et mss. recueillis par lui. Dons faits à Gaignières. Ses achats, ses travaux. Gaignières donne ses collections au roi. Pièces détournées du cabinet de Gaignières.

Règne de Louis XV.

Administration et acquisitions diverses, de 1717 à 1721. — Cabinet de Pierre et de Charles d'Hozier. L'abbé de Louvois et l'abbé Bignon. Récolement de 1719. Nouvelle organisation de la Bibliothèque; son installation dans le palais Mazarin.

Mss. de Philibert de La Mare et d'Étienne Baluze, en 1719. — Philibert de la Mare. Saumaise. Philippe de La Mare. Étienne Baluze.

Acquisitions de livres chinois et indiens, de 1716 à 1737.

Acquisitions diverses, de 1721 à 1730. — Actes du concile de Bâle. Paul Lucas. Motel de Thoisy. Mort de Buvat et de Boivin. Nicolas-Joseph Foucault.

Mission de Sevin et de Fourmont, de 1727 à 1730. — Relation du voyage de Sevin, sa correspondance avec le comte de Maurepas. Mss. de l'hospodar de Valachie. Traductions des jeunes de langues.

Mss. de Saint-Martial de Limoges, en 1730. — Copistes et bibliothécaires de Saint-Martial. Anciens catalogues et décadence de cette bibliothèque.

Mss. de la famille de Mesmes, en 1731. — Henri de Mesmes et Jean-Jacques de Mesmes. Visite de Peiresc. Décadence de la bibliothèque de la famille de Mesmes. Psautier de la reine Ingeburge employé pour servir de preuves à une fausse généalogie de la famille de Mesmes.

Acquisitions diverses, de 1731 à 1738. — Mss. de Lancelot; de Cangé; de Drouin.

Publication des catalogues, de 1739 à 1744.

Acquisitions diverses, en 1740. — Mss. du maréchal d'Estrée et du maréchal de Noailles. Collection de Lorraine.

Administration et acquisitions diverses, de 1741 à 1749. — Mort de Sevin et de Bignon. Papiers de D. Aubrée. Inventaire de la chambre des comptes de Dauphiné. Mort d'Étienne et de Michel Fourmont. Mss. de Bruxelles. Mission de Courchetet d'Esnans. Mission de Fourmont et d'Arnoult. Recueil de Ruinon. Collection de Serilly. Papiers de Dangeau.

Acquisitions diverses, de 1752 à 1754. — Charles de Ravenne. Mss. de la Sainte-Chapelle de Bourges. Papiers de Bossuet.

Collection de Dupuy en 1754. — Composition de cette collection. Les papiers de Dupuy passent chez de Thou, puis chez Charron de Ménars. Ils sont acquis par Joly de Fleury, qui les cède au roi.
Acquisitions diverses, en 1755 et 1756. — Papiers de Racine et de Du Cange. Mss. de Notre-Dame de Paris, en 1756. — Bienfaiteurs de la bibliothèque de Notre-Dame. Restauration de cette bibliothèque par Claude Joly.
Acquisitions diverses, de 1757 à 1774. — Menard. Livres indiens d'Anquetil Duperron. Mss. de Fontanieu; du collège de Clermont; de la maison professe des Jésuites; de Huet.
Suite du règne de Louis XV. La bibliothèque de Colbert.
Origine de la bibliothèque de Colbert et recueils de copies.
Travaux de copies dirigés par Carcavy et par Baluze. Copies faites dans les provinces. Recueils de Doat, de Godefroy. Copies diverses.
Diverses acquisitions faites par Colbert, de 1663 à 1672. — Mss. de Mathieu Molé; de Saint-Martial de Limoges. Administration de la bibliothèque de Colbert.
Acquisitions de mss. dans le Levant, de 1673 à 1682.
Recherches de mss. dans les provinces et acquisitions diverses, de 1673 à 1677. — Instructions de Colbert. Mss. de la généralité de Caen; et de la cathédrale de Metz. Achats de divers mss. à Paris.
Acquisitions diverses, en 1675 et 1676. — Mss. de Duchesne et d'Ohténard. Collection de Ballesdens. Négociations pour l'achat des mss. de Saint-Martial de Limoges.
Recherche de mss. en Normandie, en Languedoc et en Guyenne, en 1677 et 1678. — Mss. de Mortemer et de Mareste d'Alge. Recherches de d'Aguesseau en Languedoc. Le trésorier Boudon. Recherches de Foucault. Mss. de Moissac.
Recherches de Du Molinet, de 1677 à 1679. — Mss. de Saint Martin de Tours. Mss. de la cathédrale de Tours. Bibliothèques de Touraine, de Poitou et de Bretagne. Mss. du Mont Saint-Michel. Mss. de Savigny.
Recherche de mss. en Auvergne, en Bourgogne et en Flandre, de 1678 à 1682. — Démarches de l'intendant d'Auvergne. Mss. de Fontenay, en Bourgogne. Mss. du p. de Billy. Envois de Godefroy. Chartes de Flandre. Mss. recueillis par Godefroy.
Acquisitions diverses, de 1678 à 1683. — Mss. du président de Thou. Chartes et mss. envoyés du Languedoc. Mss. du collège de Foix et de la cathédrale du Puy. Mss. de l'abbaye de Foucarmont et de l'échevinage de Rouen. Mss. de Bonport.
La bibliothèque Colbertine est ouverte aux savants.
La bibliothèque Colbertine, de 1683 à 1732. — Estimation de cette bibliothèque en 1683. Le marquis de Seignelay. Mss. de Pailly. des Carmes de Clermont. Jacques-Nicolas Colbert, archevêque de Rouen. Le comte de Seignelay. Vente de la bibliothèque de Colbert. Achat des mss. par le roi.
Mss. du collège de Foix et bibliothèque des papes d'Avignon.
Bibliothèque de Benoît XIII. Livres des prédécesseurs de ce pape : Jean XXII et Clément VI, Grégoire XI. Livres faits pour Benoît XIII. Livres de divers cardinaux. Le cardinal de Foix recueille les livres de Benoît XIII. Bibliothèque de ce cardinal. Bibliothèque du collège de Foix. Décadence de cette bibliothèque. Les restes en sont vendus à Colbert. Liste des mss. du collège de Foix conservés à la B. I.
Mss. du chapitre du Puy. — Origine de quelques-uns de ces mss. Volume rapporté d'Espagne en 951.
Mss. des abbayes de Moissac, de Mortemer, de Savigny, de Foucarmont, de Bonport, de la Noé, et de l'échevinage de Rouen.
Règne de Louis XVI.
Acquisitions diverses, de 1776 à 1789. — Le duc de la Vallière.
Administration de la bibliothèque au XVIIIe siècle.
Le Cabinet généalogique, de 1720 à 1783.
Le Dépôt de législation et le Cabinet des chartes, de 1759 à 1789. — Sa fondation. Liste des chartriers de France. Table chronologique des chartes imprimées. Copies de chartes faites dans les provinces : Ile de France, Normandie

et Picardie, Artois, Flandre et Hainaut, Champagne, Lorraine et Alsace, Franche-Comté et Bourgogne, Orléanais, Blaisois, Pays Chartrain et Berri, Touraine, Maine, Anjou et Bretagne, Poitou, Saintonge et Angoumois, Limousin et Auvergne, Guyenne et Languedoc, Béarn et Roussillon, Provence et Dauphiné. Recherches en Belgique. Travaux de Bréquigny à Londres, Travaux de la Porte du Theil à Rome. Copies faites à Paris. Registres et rouleaux du Parlement. Documents cédés par Blondeau. Collection de Courchetet d'Esnans. Documents originaux des archives de Flandre. Collections de La Curne de Sainte-Palaye. Portefeuilles de Fevret. Recueil des chartes relatives à l'histoire de France. Comité des chartes. Réorganisation, en 1781, du Dépôt de législation et du Cabinet des chartes. Table des ordonnances de Moreau-Dufourneau. Papiers du contrôle de.... Entreprises littéraires dirigées ou favorisées par le gouvernement. Publications de Bréquigny et de La Porte du Theil. Dessins de sceaux par Desmo.... Réunion à la Bibliothèque du Dépôt de législation et du Cabinet des chartes.

Le T. II, X et 351 pages, contient :
Régime révolutionnaire, de 1790 à 1804.

Mss. tirés de diverses bibliothèques de Paris : Suppression des établissements religieux. La Commission des monuments. La Commission temporaire des arts. Dépôts de livres formés à Paris. Envois de mss. à la B. N. Irrégularités dans ces envois. Mss. des émigrés et des condamnés.

Mss. tirés des bibliothèques des départements. — Mss. de Saint-Médard de Soissons; mss. de Chartres; de Lyon. Ms. de Saint-Lucipin. Projet de réunir à Paris les mss. des départements. Mss. de Saint-Acheul, de Metz, de Corbie et de Saint-Corneille de Compiègne; de Sens et de Saint-Claude. Mission de Chardon de la Rochette et de Prunelle à Troyes, à Dijon, à Nîmes. Mss. de Carpentras.

Mss. tirés des cabinets généalogiques. — Le Cabinet des ordres du roi et les travaux des deux Clairambault. Destruction d'une partie de ce cabinet. Cabinet de l'ordre de Malte ou de Bertrand de Lacroix. Divers documents généalogiques.

Mss. tirés des archives de Paris : Condamnation des anciens titres. Pièces réservées pour la B. N.

Mss. tirés des archives des départements : Projet de rassembler à Paris toutes les cartulaires. Cartulaires envoyés à la B. N. par les administrations de divers départements.

Mss. tirés des pays étrangers : de Belgique et d'Italie; d'Egypte; d'Allemagne. Restitution des mss. étrangers en 1814 et 1815.

— Acquisitions diverses; Dangers courus par les collections du Dépt des Mss. Réorganisation de la Bibliothèque en 1795. Acquisitions de divers mss. de 1794 à 1803.

Suite du Régime révolutionnaire. La Bibliothèque de Saint-Germain des Prés.

Bibliothèque de Saint-Germain des Prés proprement dite : Copistes et donateurs de mss. au moyen âge. La Bibliothèque de Saint-Germain au XVIe, au XVIIe et au XVIIIe siècle. Bibliothécaires de Saint-Germain. Vol commis en 1591. Incendie de 1794. Mss. de Saint-Germain portés à la B. N. Classements et catalogues de ces mss. Manuscrits de Saint-Germain passés en Russie.

Collections formées par les Bénédictins en vue des grands ouvrages d'érudition qu'ils avaient entrepris : Projets littéraires de la congrégation de Saint-Maur. Instructions données aux religieux. Programme de dom Luc d'Achery, Mabillon, Montfaucon et Audren. Nature et caractère des travaux des Bénédictins. Éditions des pères et des lettres des papes. Catalogues de mss. Histoire de l'ordre de Saint Benoît et *Gallia Christiana. Monasticon gallicanum.* Histoire littéraire de la France et Recueil des historiens des Gaules et de la France. Histoires des provinces.

Mss. de Saint-Maur des Fossés.

Mss. de Séguier : Goûts de Séguier pour les livres. Sa correspondance avec Blaise, son bibliothécaire. Copies faites pour Séguier. Anciens mss. recueillis par lui. Ses correspondants dans les provinces. Louis Machon de Toul. Mss.

ments rassemblés par Séguier. Mss. orientaux reçus par lui. Construction d'une galerie pour la bibliothèque de Séguier. Catalogues de cette bibliothèque. Prisée des livres faite en 1672. Projet de vente des mss. de Séguier à la Bibliothèque du roi. L'évêque de Metz H. C. du Cambout de Coislin fait rédiger par Montfaucon le catalogue des mss. grecs de Séguier, son grand-père. Don des mss. de Séguier à l'abbaye de Saint-Germain des Prés. Dispersion de quelques mss. de Séguier.

Mss. de Harlay; Origines de cette collection. Les mss. de Harlay légués à Chauvelin. Tables de ces mss. La collection de Harlay passe à l'abbaye de Saint-Germain.

Suite du Régime révolutionnaire. La Bibliothèque de Corbie.

Composition de la bibliothèque de Corbie, principalement d'après les anciens catalogues ; Date et caractère des anciens catalogues de la bibliothèque de Corbie. Imperfection de l'édition qu'en a donnée le cardinal Maï. Mss. grecs conservés à Corbie. Mss. français.

Revue des copistes et des bibliothécaires de Corbie depuis le VIIIe siècle jusqu'au XIIe.

Diverses acquisitions du IXe au XIIIe siècle. Mss. tirés d'Italie, d'Allemagne et d'Irlande. Achats de livres en France. Dotation de la bibliothèque. Prêts et communications de livres. Bibliothèques des prieurés dépendant de l'abbaye de Corbie.

Diverses acquisitions de la fin du XIIIe siècle à la fin du XVe. Liste des bienfaiteurs de la bibliothèque de Corbie pendant cette période.

Dispersion des mss. de Corbie depuis le XVIe siècle. Dilapidation de la bibliothèque de Corbie au XVIe siècle. Débris de cette bibliothèque passés chez J. A. de Thou, chez Cl. Dupuy; dans divers cabinets de mss. Projet d'enlever les mss. de Corbie après le siège de 1636. Les principaux volumes portés en 1638 à Saint-Germain des Prés. Sort des mss. restés à Corbie. Les derniers mss. de Corbie portés, en 1791, à Amiens. Envoi à Paris, en 1803, d'une partie de ces mss.

— *La Bibliothèque de la Sorbonne.*

Origine des mss. de l'ancienne bibliothèque de la Sorbonne. — Liste des bienfaiteurs de cette bibliothèque au moyen âge. Réputation dont elle jouit. Dépôt de mss. originaux. Achat et copie de mss. Échanges. Abandon de mss. engagés.

Classement et administration de l'ancienne bibliothèque de la Sorbonne. — Premier catalogue. Grande et petite librairie. Catalogues de 1290, 1321 et 1338. Répertoire de la grande librairie. Caractères des anciens catalogues de la Sorbonne. Livres de la chapelle. Livres de la petite Sorbonne. Usage des livres de la Sorbonne. Conditions du prêt des mss. Prisée des mss. Gages demandés aux emprunteurs. Caractères du prêt des mss. au moyen-âge. Bibliothécaires de la Sorbonne. Règlements pour la bibliothèque. Livres condamnés. Petite librairie.

La Bibliothèque de la Sorbonne dans les temps modernes. Construction d'une bibliothèque à la fin du XVe siècle. Règlement de la bibliothèque. Dispersion des mss. Bienfaiteurs de la bibliothèque de la Sorbonne dans les temps modernes. La bibliothèque du cardinal de Richelieu. Classements et catalogues des mss. de la Sorbonne.

— *Bibliothèque de Saint-Victor et diverses collections de manuscrits.*

Abbaye de Saint-Victor. — Liste des bienfaiteurs de la bibliothèque de Saint-Victor du XIIe au XVe siècle. Devoirs du bibliothécaire. Prêt des livres. Précautions pour la conservation des mss. Bâtiments pour la bibliothèque. Catalogue dressé par Claude de Grandrue. Dispersion de mss. de Saint-Victor. Réputation de la bibliothèque de Saint-Victor. Bibliothécaires. Bienfaiteurs des deux derniers siècles.

Prieuré de Saint-Martin des Champs. — Catalogue du commencement du XIIIe siècle. Copistes et bienfaiteurs. Bibliothécaires. Les mss. de Saint-Martin dans les temps modernes.

Prieurés des Blancs-Manteaux, de Sainte-Catherine de la Couture et de Sainte-Croix de la Bretonnerie. — Bibliothèques des Blancs-Manteaux; de Sainte-Catherine de la Couture; de Sainte-Croix de la Bretonnerie.

Couvents des ordres mendiants. — Cordeliers, Capucins, Récollets et Pères de Nazareth, Jacobins de la rue Saint-Jacques, Jacobins de la rue Saint-Honoré, Carmes, Grands-Augustins, Livres donnés aux Augustins par Gilles de Rome, Petits-Pères, Minimes.

Couvent des Célestins. — Bibliothèque des Célestins de Paris. Bienfaiteurs de cette bibliothèque. Mss. de divers couvents de Célestins.

Monastères des Feuillants et des Chartreux. Feuillants. Chartreux de Vauvert.

Collège de Navarre et divers collèges de Paris. — Origine des mss. du collège de Navarre. Mss. des autres collèges de Paris.

L'Oratoire et autres maisons religieuses. — Mss. de l'Oratoire. Séminaires de Saint-Magloire et des Missions étrangères. Pères de la Merci et Barnabites.

La Sainte Chapelle. — Anciens inventaires de la Sainte-Chapelle. Évangéliaires précieux de cette église. Évangéliaires donnés par Charles V et par saint Louis, Psautier attribué à saint Louis.

Abbaye de Saint-Corneille de Compiègne.

Cabinet de la famille Bouhier. — Histoire de ce cabinet par le président Bouhier. Correspondance bibliographique de Jean Bouhier avec son fils. Copies faites pour Jean Bouhier. Achats de mss. anciens. Projet d'achat des mss. de Charles de Montchal. Bibliothèques des Tyard. Ms. grec donné par Nicolas de Chevanes. Copies faites par Jean Bouhier. Éloges donnés à la bibliothèque des Bouhier. Catalogue des mss. des Bouhier. Ces mss. chez le marquis de Bourbonne et à l'abbaye de Clairvaux. Sort de ces mss. depuis la Révolution.

Le XIXe siècle.

Notes pour servir à l'histoire du Dépt des Mss., depuis 1804 jusqu'en 1873.

Son état au 31 décembre 1873. Modifications apportées depuis 1830 dans le classement de différents fonds. Nécessité de ces modifications. Cadres actuels des fonds orientaux, du fonds grec, du fonds latin, du fonds français, des fonds en diverses langues modernes, des collections renfermant des mss. en différentes langues.

Notes sur diverses bibliothèques dont quelques débris sont au Dépt des Mss.

Ce volume se termine par un « Appendice comprenant un choix d'anciens catalogues de livres du XIe au XVe siècle (première partie). » En voici la liste : Bibliothèques de Corbie, de Moissac, de Massay, de la cathédrale du Puy; bibliothèques de l'abbaye de Saint-Amand, de Cluni, de Saint-Aubin d'Angers, de Saint-Martin de Tournai, de Saint-Martial de Limoges, de Saint-Aphrodise de Béziers, de Saint Martin de la Canourgue, de Maillezais, de Saint-Sulpice de Bourges, de Marchiennes, de Sainte-Geneviève de Paris et de Saint-Germain des Prés, quelques autres bibliothèques indéterminées, la biblionomie de Richard de Fournival et la bibliothèque de Saint-Pons de Tomières.

T. III, VIII-531 p.

Appendice comprenant un choix d'anciens catalogues de livres du XIe au XVe siècle (seconde partie.)

On y trouve : Bibliothèque du chapitre de Paris; — Bibliothèque indéterminée; — Bibliothèque de Saint-André de Villeneuve-lez-Avignon; — Bibliothèque de la Sorbonne; — Librairie du Louvre; — Librairie du duc de Berry; — Bibliothèque du bâtard d'Orléans.

Explication des planches.

Additions et corrections pour les T. I-III. Les principales additions portent sur les points suivants :

Livres des princes carlovingiens. — Livres de Louis X. — Livres de Philippe le Long. — Exemplaire des Miracles de Notre Dame ayant appartenu au roi Jean, à Charles V et au duc de Berry. — Livres de Charles V. — Livres du duc de Berry. — Livres des ducs d'Orléans. — Cotes des volumes de la librairie de Blois. — Livres d'Anne de Bretagne, des ducs de Milan, de François Ier, des ducs de Bourbon. — Nouveaux documents sur Jean Gosselin et Isaac Casaubon, gardes de la bibliothèque du roi. — Livres de l'abbaye de Saint-Denis, des rois de Naples. — Mission de Vansleb. — Saisie de pièces du cabinet de Colbert. — Livres de Saint-Germain, de la Sorbonne, de Saint-Victor. — Ancien catalogue de la bibliothèque de Saint-Oyan ou Saint-Claude. Le volume se termine par une table des matières contenues dans les T. I-III.

336. — **Delisle (Léopold)**. — Instructions pour la rédaction d'un inventaire des incunables conservés dans les bibliothèques publiques de France. — *Lille, imp. L. Danel*, (1886), in-8°, 39 p.   Q pièce.

Ces instructions, destinées au personnel de la Bibliothèque nationale et aux bibliothécaires des autres bibliothèques, se terminent par un « Specimen d'un inventaire d'incunables, » comptant 116 numéros. Tous ces incunables font partie des collections de la B. N.

337. — . — Inventaire des manuscrits conservés à la Bibliothèque impériale sous les n°ˢ 8823-11503 du fonds latin et faisant suite à la série dont le catalogue a été publié en 1744. — *Paris, A. Durand*, 1863, in-8°, 127 p.   Salle de travail n° 198.

Cet inventaire de 2,681 volumes est la suite des 8,823 volumes dont la description se trouve dans le catalogue imprimé de 1739-1744 et qui sont classés sous les cotes 1-8822. Il comprend : 1° les mss. du Supplément latin; 2° les mss. latins du fonds des cantatrices; 3° les mss. latins négligés par les auteurs du catalogue de 1739-1744 qui, sur l'inventaire de 1682-1730 étaient mêlés par mégarde aux mss. français; 4° les m. s. latins qu'on avait fait entrer par erreur dans le Supplément français. Cette collection renferme donc quelques volumes oubliés lors de l'impression du grand catalogue et tous les mss. latins qui, en dehors des fonds particulièrement connus, comme ceux de Notre-Dame, de Saint-Germain, de Saint-Victor, de la Sorbonne, etc., sont entrés à la B. depuis 1744 jusqu'au commencement de 1862.

Dans cet inventaire les mss. ont d'abord été divisés en quatre classes d'après la grandeur des formats, puis classés méthodiquement, autant toutefois qu'un ordre méthodique peut être appliqué à des volumes souvent composés des matières les plus étrangères les unes aux autres.

La préface se termine par le tableau du cadre bibliographique d'après lequel les mss. ont été rangés.

338. — . — Inventaire des manuscrits de l'abbaye de Saint-Victor conservés à la Bibliothèque Impériale sous les numéros 14232-15175 du fonds latin. — *Paris, Auguste Durand et Pedone-Lauriel*, 1869, in-8°, 79 p.   Salle de travail n° 198.

Extrait de la *Bibliothèque de l'École des chartes*, 6ᵉ série, T. V.

339. —. — Inventaire des manuscrits de la Bibliothèque nationale. Fonds de Cluni. — *Paris, L. Champion*, 1884, in-8°, V-XXV et 1-413 p.   Q

Dans la Préface, M. Delisle donne des renseignements historiques sur l'abbaye de Cluni et les mss. qu'elle renfermait; un tableau chronologique indique comment la majeure partie des collections de Cluni est entrée à la Bibliothèque nationale.

Les mss. sont classés et décrits d'après l'ordre suivant :

Écriture sainte. — Liturgie. — Ouvrages des pères. — Théologie du moyen-âge. — Théologie moderne. — Sermons. — Droit canonique. — Droit civil. — Philosophie. — Médecine. — Histoire. — Histoire de l'ordre et de l'abbaye de Cluni.

Cet inventaire est suivi d'un Appendice (p. 337 à 398) qui contient :

1° Catalogue de la Bibliothèque de Cluni au milieu du XII° siècle.
2° Rôle des livres prêtés par le bibliothécaire de Cluni en 1252.
3° Liste des livres que fit faire Yves I*, abbé de Cluni (1256-1275).
4° Liste des livres que Jean de Bourbon, abbé de Cluni, donna au monastère de Cluni (1484-1485).
5° Catalogue d'une partie des manuscrits de Cluni dressé par dom Anselme Le Michel, en 1645.
6° Requête de dom Anselme Le Michel, touchant la saisie que les moines de Cluni avaient fait opérer de ses papiers, en 1645.
7° État des papiers saisis sur le mandataire de dom Anselme Le Michel, en 1645.
8° Liste des manuscrits conservés à Cluni en l'an IX et qui ont disparu.
9° Concordance entre les numéros que les mss. de Cluni portaient avant l'année 1881 dans la bibliothèque de Cluni et les numéros sous lesquels ils sont aujourd'hui conservés à la B. N., dans les fonds des Nouvelles acquisitions.
10° Liste des mss. de Cluni suivant l'ordre des cotes qu'ils portent à la B. N., avec renvoi aux pages du présent catalogue.

Le volume se termine par des : « Additions et corrections. »

340. — **Delisle (Léopold)**. — Inventaire des manuscrits de la Sorbonne conservés à la Bibliothèque impériale sous les numéros 15176-16718 du fonds latin. — *Paris, Auguste Durand et Pedone-Lauriel*, 1870, in-8°, 77 p.   Inv. Q

Extrait de la *Bibliothèque de l'École des Chartes*, t. XXXI.
En 1796 on transporta à la B. N. les mss. de la Sorbonne ; on les fondit dans une seule série avec les mss. du fonds Richelieu. Cette série, composée de 1.848 numéros, subsista jusqu'en 1868. Les mss. français de la Sorbonne furent alors incorporés dans la quatrième partie du fonds français, tandis que les mss. latins formèrent la cinquième partie du fonds latin sous les n° indiqués dans l'inventaire ci-dessus.

341. —. — Inventaire des manuscrits de Saint-Germain des Prés conservés à la Bibliothèque impériale, sous les numéros 11504-14231 du fonds latin. — *Paris, Auguste Durand et Pedone-Lauriel*, 1868, in-8°, 132 p.   Inv. Q

Extrait de la *Bibliothèque de l'École des Chartes*, 6° série, T. I, III et IV.
Les manuscrits de la bibliothèque de St-Germain des Prés, environ 9,000 volumes, ont été transportés à la B. N. à la fin de 1795 et au commencement de 1796.

342. —. — Inventaire des manuscrits latins de la Bibliothèque nationale insérés au fonds des Nouvelles acquisitions du 1er août 1871 au 1er mars 1874. — *Nogent-le-Rotrou, imp. A. Gouverneur*, (s. d.), in-8°, 16 p.   Inv. Q

Extrait de la *Bibliothèque de l'École des Chartes*, année 1874, t. XXXV, p. 76-93.
Inventaire composé de 135 manuscrits qui, par suite de ventes, de dons, de restitutions ou de legs, sont venus s'ajouter aux séries antérieurement constituées et décrites ou ont pris place dans le fonds latin des Nouvelles acquisitions.

343. —. — Inventaire des manuscrits latins conservés à la Bibliothèque nationale sous les numéros 8823-18613, et faisant suite à

la série dont le catalogue a été publié en 1744. — *Paris, Auguste Durand et Pedone-Lauriel*, 1863-1871, in-8°. Salle de travail n° 198.

Ce titre a été tiré pour réunir les ouvrages suivants du même auteur :
1° Inventaire des manuscrits conservés à la Bibliothèque impériale sous les n°° 8823-11503 du fonds latin et faisant suite à la série dont le catalogue a été publié en 1744. — Paris, A. Durand, 1863, in-8°, 127 p.
2° Inventaire des manuscrits de Saint-Germain des Prés conservés à la Bibliothèque impériale, sous les n°° 11504-13831 du fonds latin. — Paris, A. Durand et Pedone Lauriel, 1868, in-8°, 132 p.
3° Inventaire des manuscrits de l'abbaye de Saint-Victor conservés à la Bibliothèque Impériale, sous les numéros 14232-15175 du fonds latin. — Paris, A. Durand et Pedone-Lauriel, 1869, in-8°, 70 p.
4° Inventaire des manuscrits de la Sorbonne, conservés à la Bibliothèque impériale sous les numéros 15176-16718 du fonds latin. — Paris, Auguste Durand et Pedone Lauriel, 1870, in-8°, 77 p.
5° Inventaire des manuscrits latins de Notre-Dame et d'autres fonds conservés à la Bibliothèque nationale sous les numéros 16719-18613. — Paris, A. Durand et Pedone-Lauriel, 1871, in-8°, 105 p.
6° État des manuscrits latins de la Bibliothèque nationale

344. — **Delisle** (Léopold). — Inventaire des manuscrits latins de Notre-Dame et d'autres fonds conservés à la Bibliothèque nationale sous les numéros 16719-18613. — *Paris, Auguste Durand et Pedone-Lauriel*, 1871, in-8°, 105 p. Salle de travail n° 198.

Cette série comprend les mss. latins de divers établissements ou cabinets qui ont fourni à la B. N. trop peu de volumes pour former des séries distinctes, comme on a pu le faire avec les mss. de Saint-Germain, avec ceux de la Sorbonne et avec ceux de Saint-Victor. On y a ajouté les volumes acquis depuis 1862 jusqu'à 1867. Une note, mise à la fin de chaque article de l'inventaire, indique le fonds dont le ms. a fait partie depuis son entrée à la B. jusqu'en 1867. Un tableau fait voir par quelles notes chacun des petits fonds est désigné dans le présent inventaire. Enfin les articles dépourvus d'indication de provenance se rapportent à des mss. récemment acquis ou à des volumes qui, pour une cause quelconque, n'avaient pu être incorporés dans le fonds latin avant l'année 1867.

345. —. — Inventaire général et méthodique des manuscrits français de la Bibliothèque nationale. — *Paris, H. Champion*, 1876-1878, 2 vol. in-8°. **Q** (?)

T. I. Théologie. CLIX, 201 p. — T. II. Jurisprudence. Sciences et arts. 335 p.
L'introduction indique le but et le plan de l'inventaire; elle donne ensuite un résumé de l'histoire du Dépt des mss., l'état des collections de ce département au 1er mai 1876, enfin la liste alphabétique des principaux bibliothécaires, bibliophiles et établissements littéraires dont les noms sont cités dans l'inventaire.
Le T. I, qui se termine par une table méthodique, contient la notice de tous les mss. de théologie. Ceux-ci, au nombre de 2.428, sont distribués en 18 chapitres :
I. Écriture sainte. Textes et compilations du moyen-âge, 179 vol.
II. Écriture sainte. Textes, compilations et travaux modernes, 161 vol.
III. Liturgie, 105 vol.
IV. Conciles, 91 vol.
V. Pères de l'Église, 127 vol.
VI. Théologie dogmatique. Textes du moyen-âge, 101 vol.
VII. Théologie morale. Textes du moyen-âge, 138 vol.

— 168 —

VIII. Théologie mystique. Textes du moyen-âge, 111 vol.
IX. Mélanges de théologie du moyen-âge, en prose et en vers, 95 vol.
X. Sermons, prônes et catéchismes. Textes du moyen-âge et des temps modernes, 147 vol.
XI. Théologie moderne. Ouvrages ou recueils de divers auteurs, 129 vol.
XII. Théologie moderne. Mélanges, 67 vol.
XIII. Théologie moderne. Dogme, 163 vol.
XIV. Traités sur la grâce, le jansénisme, le quiétisme et les affaires de Port-Royal, 59 vol.
XV. Théologie moderne. Morale, 40 vol.
XVI. Traités de piété modernes, 302 vol.
XVII. Théologie polémique, 28 vol.
XVIII. Hétérodoxes, 36 vol.

Les 7 H. représentent les notices de 5,380 mss., dont 4,801 sont relatifs à la jurisprudence et 579 aux sciences et aux arts. Ces mss. se répartissent ainsi :

I. Introduction. Droit naturel. Droit des gens, 9 vol.
II. Droit romain, 7 vol.
III. Droit canon, 2° vol.
IV. Droit français, 11 vol.
V. Droit français du moyen âge, 33 vol.
VI. Ordonnances, 75 vol.
VII. Suite des Ordonnances. Extraits et Tables des registres du Parlement, 155 vol.
VIII. Coutumes, 75 vol.
IX. Traités et recueils généraux sur le droit français, 152 vol.
X. Traités sur des points particuliers, 23 vol.
XI. Traités et recueils sur la police, 353 vol.
XII. Traités et recueils relatifs à l'administration de la justice, 30 vol.
XIII. Parlements et conflits en général, 36 vol.
XIV. Grand conseil. Requêtes de l'hôtel, 38 vol.
XV. Parlement de Paris, 87 vol.
XVI. Extraits des actes du parlement de Paris, 1,467 vol.
XVII. Lits de la Tête. Grands jours, 9 vol.
XVIII. Chambres de justice, 55 vol.
XIX. Parlements des provinces et diverses juridictions, 261 vol.
XX. Pièces sur les avocats. Plaidoyers, mémoires, arrêts, 59 vol.
XXI. Procès, 272 vol.
XXII. Mélanges relatifs au droit criminel, 38 vol.
XXIII. Traités et recueils sur les duels, 35 vol.

Inventaire des mss. relatifs aux sciences et aux arts. — I. Philosophie grecque, 72 vol.
II. Philosophie latine, 59 vol.
III. Encyclopédie du moyen-âge, 75 vol.
IV. Philosophie du moyen-âge, 101 vol.
V. Philosophie moderne, 105 vol.
VI. Sciences politiques et économiques, 64 vol.
VII. Sciences en général et mélanges, 53 vol.
VIII. Physique et météorologie, 30 vol.
IX. Chimie, 38 vol.
X. Alchimie, 79 vol.
XI. Histoire naturelle, 55 vol.
XII. Agriculture, horticulture, art vétérinaire, 65 vol.
XIII. Médecine du moyen-âge, 63 vol.
XIV. Médecine moderne, 81 vol.
XV. Mathématiques, 64 vol.
XVI. Mécanique, 9 vol.
XVII. Astronomie, 55 vol.
XVIII. Astrologie, 40 vol.
XIX. Optique et perspective, 9 vol.

XX. Marine, 48 vol.
XXI. Art militaire, 144 vol.
XXII. Suite de l'art militaire, 38 vol.
XXIII. Sciences occultes, 38 vol.
XXIV. Arts de la mémoire et de l'écriture, 17 vol.
XXV. Beaux-arts, 70 vol.
XXVI. Musique, 47 vol.
XXVII. Cuisine, 1 vol.
XXVIII. Escrime et danse, 5 vol.
XXIX. Chasse et fauconnerie, 60 vol.
XXX. Jeux, 8 vol.
Appendice. I. — Mss. de la Politique et de l'Économie de Nicole Oresme — II. Anciennes traductions françaises de la Consolation de Boèce.

346. — **Delisle Léopold**. — Les Livres d'Heures du duc de Berry. Extrait de la *Gazette des beaux-arts*, février, avril et mai 1884. — *Paris, A. Quantin*, 1884, gr. in-8°, 39 p. et 5 pl.   4 Q 361

Les Livres d'Heures ne formaient qu'une petite partie de la librairie du duc de Berry qui, d'après les anciens inventaires, se composait d'un peu plus de 300 volumes. M. Delisle croit pouvoir fixer à 83 le nombre des mss. du duc de Berry dont l'existence actuelle a été reconnue. Sur 84 de ces mss. qui se trouvent en France, 75 sont à la B. N.

Après avoir cité quelques extraits des anciens inventaires de 1402, 1413 et 1416 (8 articles), M. Delisle donne le signalement exact de douze mss. très précieux. Parmi ceux-ci la Bibliothèque possède : I. Le Bréviaire de Belleville, ms. latins 10483 et 10484. — II. Le très beau bréviaire du roi Charles V, ms. latin 1052. — VII. Psautier latin-français du duc de Berry, ms. français 13091. — VIII. Les belles grandes Heures du duc de Berry, ms. latin 919. — IX. Les très belles Heures ou les petites Heures du duc de Berry, ms. latin 18014. Les planches reproduites en héliogravure par Dujardin, représentent toutes des miniatures dont les originaux se trouvent dans la bibliothèque du duc d'Aumale.

347. —. — Les manuscrits des fonds Libri et Barrois à la Bibliothèque nationale. Extrait du catalogue de ces manuscrits. — *Paris, H. Champion*, 1888, in-8°, XCVII p.   8 Q 1789

Cette « Préface » débute par une biographie de Libri, et montre les efforts qu'il fit pour entrer à la B. R. en qualité de conservateur des Mss. Elle indique les mss. dérobés par lui dans les bibliothèques publiques; les fraudes qu'il employa pour rendre méconnaissables les documents volés; les tentatives de Libri pour vendre ses mss. au Musée britannique, à l'Université de Turin, et la vente consentie au comte d'Ashburnham en 1847. Le fonds Libri constitue la première partie des collections manuscrites d'Ashburnham-Place.

M. Delisle expose les diverses phases du procès, ce que devient Libri après sa condamnation et comment il mourut.

Le fonds Barrois constitue la deuxième partie des collections manuscrites d'Ashburnham-Place. M. Delisle prouve l'origine frauduleuse d'une soixantaine de mss. de ce fonds, indique l'importance des autres mss. du même fonds, celle des deux dernières parties des collections manuscrites d'Ashburnham-Place, le fonds Stowe et l'Appendice, et donne la liste des catalogues publiés par le comte d'Ashburnham. Viennent alors les projets de vente des mss. du comte d'Ashburnham en 1880 et 1883, les réclamations de la France, l'entente avec le Musée britannique, l'achat du fonds Stowe par le gouvernement anglais en 1883, celui d'une partie du fonds Libri par le gouvernement italien en 1884, et l'acquisition par la B. N., en 1888, de la partie réservée des fonds Libri et Barrois.

Quelques villes françaises ayant réclamé la restitution à titre gratuit, des mss. qui leur avaient été volés jadis et que la B. N. venait d'acheter, M. Delisle combat ces prétentions et termine en signalant l'importance des mss. recouvrés.

348. — **Delisle (Léopold)**. — Les manuscrits des fonds Libri et Barrois, Rapport adressé à M. le Ministre de l'Instruction publique, des cultes et des beaux-arts. Extrait de la *Bibliothèque de l'École des chartes*, année 1888. — *Paris, H. Champion*, 1888, in-8°, 6 p.   **Q Pièce**

La couverture imprimée sert de titre.

Après quelques lignes consacrées aux premiers pourparlers relatifs à l'acquisition de ces mss., M. Delisle expose les conditions de l'achat conclu avec le libraire Trübner, le 29 sept. 1887.

En échange des 166 mss. réclamés dans la bibliothèque du comte d'Ashburnham, la B. N. livre le recueil de poésies allemandes formé vers la fin du XIII siècle par Rudiger Manesse; elle s'engage en outre à payer à Trübner une somme de 150,000 fr., savoir : 110,000 fr. comptant, 20,000 fr. en avril 1888 et 20,000 fr. en avril 1889.

M. Delisle a pris possession de ces manuscrits à Londres le 23 février 1888; il l'annonce au Ministre par le présent rapport.

349. —. — Les manuscrits du comte d'Ashburnham. Rapport au Ministre de l'Instruction publique et des beaux-arts suivi d'observations sur les plus anciens manuscrits du fonds Libri et sur plusieurs manuscrits du fonds Barrois. — *Paris, imp. nationale*, 1883, in-4°, VIII, 127 p.   **4° Q**

C'est la réunion, avec notes additionnelles, des principaux écrits publiés par M. Delisle sur les manuscrits du comte d'Ashburnham. Le but poursuivi est de prévenir le public que cette collection étant composée surtout de pièces volées dans nos bibliothèques, l'État ferait saisir et parderait, sans donner la moindre indemnité, ceux de ces mss. qui, achetés en Angleterre, seraient apportés en France.

Ce Rapport contient :

Nature et origine des mss. d'Ashburnham-Place. — Dans quelles conditions le comte d'Ashburnham a-t-il acquis les fonds Libri et Barrois? — Les comtes d'Ashburnham ont-ils connu l'origine suspecte d'une partie des fonds Libri et Barrois? — Projets de vente des collections d'Ashburnham-Place en 1880 et 1883. Efforts pour rentrer en possession des mss. dérobés aux dépôts français. État actuel de la question. Sommes-nous bien en mesure de prouver que beaucoup d'articles des fonds Libri et Barrois proviennent de vols commis dans les dépôts français à une date très rapprochée de nous? Exemples tirés de la B. N. et des bibliothèques de Lyon, de Tours et d'Orléans. Est il établi que Libri soit le voleur? — Dépréciation des fonds Libri et Barrois résultant de l'origine suspecte d'une partie de ces fonds. Observations sur les très anciens mss. du fonds Libri. Note additionnelle sur le ms. 517 de Lyon, dont un morceau a servi à former le ms. 2 de Libri.

Observations sur plusieurs mss. du fonds Barrois. Additions. Les mss. latins 1344, 4719, 8027. Le ms. français 8417.

Annexes : 1° Lettre du comte d'Ashburnham sur l'origine suspecte de plusieurs mss. du fonds Libri. 2° Jugement du tribunal de la Seine déclarant que la B. N. a valablement fait saisir un manuscrit détourné en 1804, porté en Angleterre, vendu à Londres en 1873 et remis en vente à Paris en 1874.

350. —. — The manuscripts of the earl of Ashburnham. Report to the minister of public instruction and fine arts. Translated from the

french by Harrison Wright. — *Philadelphia, printed by J. B. Lippincott*, 1884, in-8°, 32 p.

                                                   Q Pièce 388

351. — **Delisle** (Léopold). — Mélanges de paléographie et de bibliographie... — *Paris, Champion*, 1880, in-8°, IX, 507 p. et atlas in-fol.

                               Q 352 || fol *Q* 23 || *Rés.* p. *Q* 16

Cet ouvrage contient la notice d'environ 450 volumes ou recueils dont beaucoup ont été récemment incorporés dans les collections de la B. N. Les principaux articles traités sont :

1. Le Pentateuque de Lyon en lettres onciales.
2. Le Psautier de Lyon en lettres onciales.
3. Les Bulles sur papyrus de l'abbaye de Saint-Bénigne conservées à Ashburnham-Place et à Dijon.
4. Les mss. de l'abbaye de Silos acquis par la B. N. Parmi ces 42 mss. un certain nombre sont en écriture wisigothique.
5. Les mss. de l'Apocalypse de Beatus conservés à la B. N. et dans le cabinet de M. Didot.
6. Mss. du cabinet de M. Didot acquis pour la B. N. (11 mss. Les 10 premiers ont été acquis à la vente de M. Didot ; le 11e a été donné par ses héritiers.)
7. Le psautier de saint Louis et les deux mss. de Guillaume de Jumièges conservés à l'Université de Leyde.
8. Notes sur différents mss. de Belgique et de Hollande.
9. Un livre à peintures exécuté en 1250 dans l'abbaye de Saint-Denis.

Ce volume a été acheté chez un marchand d'antiquités de Toulouse et payé par le duc de La Trémoïlle qui en fit don à la B. N. On peut y distinguer trois parties : 1° Une vie de saint Denis et une histoire des origines du monastère de Saint-Denis, en prose française. 2° Une suite de trente tableaux représentant la vie de saint Denis et les origines du monastère qui lui fut consacré. 3° Une série de morceaux liturgiques.

10. Les Éthiques, les Politiques et les Économiques d'Aristote traduites et copiées pour le roi Charles V.
11. Le Livre d'Heures du duc de Berry conservé dans la famille d'Ailly.
12. Le Livre d'Heures du duc de Berry conservé à Bruxelles.
13. La Bibliothèque d'Anne de Polignac et les origines de l'imprimerie à Angoulême.

Au sujet de débris d'anciennes impressions gothiques découverts par M. Delisle dans les couvertures de quelques mss. achetés dans une vente en 1879. Parmi ces morceaux de livres, jusqu'alors inconnus, se trouvaient deux exemplaires d'un feuillet portant une souscription datée d'Angoulême, le 16 avril 1492. Dans les reliures des livres d'Anne de Polignac, M. Delisle a trouvé au moins huit produits, tout à fait inconnus, de la typographie angoumoisine du XVe siècle.

14. La Bible de Charles-le-Chauve lacérée en 1706, restaurée en 1878.

Plusieurs feuillets de cette bible, lacérés par Aymon, se trouvaient au British Museum. M. Delisle en obtint la restitution en échange d'une collection de 242 vol. in-fol. reliés aux armes de Colbert.

15. Mss. divers acquis par la B. N. en 1876, 1877 et 1878.

Le volume se terminent par 5 pages d'additions et corrections.

L'atlas donne en héliogravure, les reproductions suivantes : Pentateuque de Lyon en écriture onciale du VIe siècle. — Papyrus de Saint-Bénigne de Dijon. — Charte d'Algare, évêque de Coutances vers 1150. — Livre copié en 1250 à Saint-Denis. — Premières impressions d'Angoulême au XVe siècle.

352. — — Ministère de l'Instruction publique. (Direction des Sciences et des Lettres). La Bibliothèque nationale en 1876. Rapport à M. le Ministre de l'Instruction publique. — *Paris, Imp. Paul Dupont*, 1877, in-8°, 66 p.   *Q* 295

Extrait du *Bulletin administratif du Ministère de l'Instruction publique*, n° 403.

En 1876, outre la rente de 4,000 fr. (legs d'Otrante), la B. N. a disposé d'un crédit de 130,000 fr. qui a été ainsi réparti : 73,000 fr. pour le Dép¹ des Imprimés; 4,000 fr. pour la Section géographique; 26,000 fr. pour les Mss.; 28,000 fr pour les Médailles; 23,000 fr. pour les Estampes.

La Salle publique, rue Colbert, a reçu 83,181 lecteurs et communiqué 79,674 volumes, tandis que la Salle de travail a eu 54,256 visiteurs et a communiqué 174,707 volumes.

Le Dép¹ des Imprimés a reçu en 1876 : 45,300 articles provenant du dépôt légal; 432 ouvrages arrivés par le dépôt international; 1,830 articles venus en don. Il a fait 4,608 acquisitions. Le dépôt légal a aussi fourni 5,027 articles à la série musicale.

Les 53,000 articles entrés en 1876 au Dép¹ des Imprimés ont été catalogués, sauf 4,368, qui ont été éliminés. On a tiré les feuilles 59-74 du T. XI de l'Histoire de France, et les feuilles 4-10 du T. III du Catalogue des sciences médicales; la préparation des tables alphabétiques du catalogue de l'Histoire de France sera achevée au commencement de 1878; l'autographie du catalogue de l'Histoire d'Angleterre sera terminée en 1877; le catalogue de la collection Payen vient d'être imprimé; le Bulletin mensuel des livres étrangers a donné, en 1876, l'indication de 2,143 ouvrages formant 3,613 volumes; le numérotage des ouvrages ajoutés aux anciennes séries est commencé depuis le 1ᵉʳ janvier 1876; il a été appliqué à 6,962 ouvrages répartis entre 26 séries; l'inventaire général des séries C (30,87 vol. ou pièces) et K (4,46 vol. ou pièces) est achevé; le recolement des livres imprimés sur vélin a fait constater que la Réserve compte aujourd'hui 2,325 livres sur vélin; le travail de reliure a porté sur 17,505 volumes; la Section géographique s'est accrue de 408 articles dont 201 venus du dépôt légal, 108 d'achats et 99 de dons.

Le Dép¹ des Mss. a communiqué, en 1876, 14,680 mss.; il a reçu 49 dons et fait 91 acquisitions. Par l'intervention de M. Et. Charavay, il est rentré en possession de 26 lettres ou documents ayant jadis appartenu à la B.; 8 feuilles du Catalogue des mss. éthiopiens ont été mises en bon à tirer; le catalogue des mss. arméniens est rédigé et celui de l'ancien fonds arabe est terminé; le T. III du Catalogue des mss. français est imprimé jusqu'à la page 408; l'inventaire détaillé des 113 volumes de lettres originales adressées à Colbert est fait pour les 45 premiers volumes; la rédaction des papiers de Boulliau est en cours et le classement de ceux de Joly de Fleury est achevé; les notices des mss. du fonds espagnol sont presque terminées; le classement des différentes séries de titres originaux du Cabinet a déjà produit 6,087 dossiers qui sont reliés; dans la série intitulée les Carrés de d'Hozier, les dossiers appartenant aux deux premières lettres de l'alphabet sont constitués en volumes; 117 de ceux-ci sont maintenant placés sur les rayons.

Après avoir énuméré les principaux dons faits au Dép¹ des médailles par MM. de Sainte-Marie, de Grouchy, Pille, A. de Barthélémy, mᵉ Rousseau, le mᵈˢ Turgot et le commandant Oppermann, M. Delisle signale quelques-unes des acquisitions du Cabinet. Il regrette que le Catalogue des monnaies gauloises, quoique terminé, n'ait pu encore être imprimé; les monnaies orientales sont mises en ordre et décrites; l'inventaire général du Dép¹ se poursuit; celui des monnaies romaines est terminé, ainsi que celui de la série des médailles relatives à l'Espagne, à l'Italie, à la Sicile et à la Thrace. Pour la numismatique du moyen-âge et des temps modernes on a aussi achevé l'inventaire des monnaies des princes croisés, des grands maîtres de Rhodes et de Malte, de la Grèce, de la Serbie, de la Moldavie, de la Valachie, de l'Espagne, de l'Amérique et de la collection révolutionnaire donnée par le marquis Turgot.

En 1876, le Dép¹ des Estampes a reçu en don 103 articles dont plusieurs représentent chacun un ensemble de 40, 60 et même de 100 pièces; les acquisitions, qui dépassent 2,400 articles, ont été inscrites sous 88 numéros. L'inventaire alphabétique des pièces de la Révolution est achevé et le catalogue de la collection d'estampes historiques léguée par M. Hennin est commencé.

A la suite on trouve le rapport de M. P. Chéron sur le service de la Salle publique de lecture. En 1876, celle-ci a été visitée par 83,181 lecteurs qui ont

— 173 —

en communication de 79,674 volumes. Des tableaux représentent les variations
subies par la moyenne quotidienne des lecteurs pendant ces 12 mois, la pro-
portion des volumes communiqués, et la répartition de ces ouvrages entre les
cinq divisions bibliographiques du catalogue (théologie, jurisprudence, sciences
et arts, belles-lettres, histoire). Après avoir indiqué quels sont les ouvrages
le plus consultés, M. Chéron termine en donnant pour chacune des années
1874, 1875, 1876, la moyenne des demandes n'ayant pu être satisfaites.
Enfin un appendice contient la « *Liste des estampages exécutés par M. Pichot
pour le Recueil de M. le baron de Guilhermy et exposés dans la salle qui précède la
Galerie Mazarine* » (41 art.)

353. — **Delisle (Léopold)**. — Ministère de l'Instruction publique et
des beaux-arts. Direction du secrétariat et de la comptabilité. Instructions élémentaires et techniques pour la mise et le maintien en ordre
des livres d'une bibliothèque. — *Lille, imp. L. Danel*, 1890, in-8°,
76 p.   8° Q 1123

354. —. — Note sur le catalogue général des manuscrits des bibliothèques des départements suivie du catalogue de 50 manuscrits de
la Bibliothèque nationale. — *Nogent-le-Rotrou*, janvier 1873, in-8°,
53 p.   Inv. Q 1688

Catalogue de 6 mss. français et de 44 mss. latins.

355. —. — Note sur le dépôt légal. — (*Paris*), 20 novembre 1880,
in-fol., 2 p.

Autographié par l'Établissement et tiré à un petit nombre d'exemplaires.
Cette note a pour but d'obtenir une application plus régulière de la loi relative au dépôt légal.

356. —. — Note sur les catalogues de la Bibliothèque nationale. —
Lille, imp. L. Danel, 1889, in-8°, 15 p.   8° Q Pièce. 623

Sur les 30 divisions du Dép. des Imprimés, il en est 8 dont les livres ont
été classés méthodiquement dans les 30 dernières années sans qu'il soit
resté trace des rangements antérieurs. Ce sont les divisions L, N, O, O², O³,
P, P², et T.
Chacune des 22 autres divisions se compose de trois fonds : l'ancien fonds,
ou porté; le fonds intermédiaire et non porté; le nouveau fonds.
L'ancien fonds des divisions A, B, C, D, D², E, E², X, Y, Y² et Z est coté et
rangé suivant l'ordre de classement employé dans les volumes du catalogue
imprimé au XVIII siècle et dans les suppléments mss. de ce catalogue.
L'ancien fonds des divisions F, G, H, J, K, M, Q, R, S et V est en général
coté et rangé suivant l'ordre du catalogue dressé par Clément à partir de 1688.
Le fonds intermédiaire a reçu, dans l'ordre alphabétique, la plupart des
livres entrés à la bibliothèque depuis la Révolution jusqu'en 1864, ou environ,
pour les divisions A, B, C, D, D² et E, jusqu'en 1875 inclusivement pour les
divisions E², F, G, H, J, K, M, Q, R, S, V, X, Y² et Z, jusqu'en 1881 inclusivement pour la division Y.
Les volumes du fonds ancien et du fonds intermédiaire, dans toutes les
divisions, sauf dans les divisions L, N, O, O², O³, P, P², et T ont été soumis à
un nouveau numérotage qui repose uniquement sur l'ordre dans lequel les
volumes se trouvaient sur les rayons au moment où l'opération a été entreprise.
Pour les divisions A, B, C, D, D² et E les volumes du nouveau fonds ont
pu être englobés dans la même série numérique que les volumes du fonds

ancien et du fonds intermédiaire. Dans les autres divisions où le numérotage du fonds ancien et du fonds intermédiaire n'était pas arrêté, il a fallu ouvrir des séries distinctes pour les volumes et pièces du fonds nouveau.

Voici le point auquel on était arrivé dans chaque série le 1ᵉʳ avril 1880.

A. *Écriture sainte.* — 17,473 articles cotés et inventoriés.
B. *Liturgie et Conciles.* — 26,680 articles cotés et inventoriés.
C. *Pères de l'Église.* — 4,634 articles cotés et inventoriés.
D. *Théologie catholique.* — 69,662 articles cotés et inventoriés.
Dᵉ. *Théologie non catholique.* — 16,168 articles cotés et inventoriés.
E. *Droit canonique.* — 8,334 articles cotés et inventoriés.
Eᵃ. *Droit de la nature et des gens.* — 7,274 articles définitivement traités.
F. *Droit.* — 125,746 articles, dont 81,910 traités définitivement.
G. *Géographie et histoire générale.* — 37,482 articles définitivement traités.
H. *Histoire ecclésiastique.* — 32,549 articles, dont 14,994 traités définitivement.
J. *Histoire ancienne* (Grecs, Byzantins, Turcs, Romains, antiquités) 26,003 articles définitivement traités.
K. *Histoire d'Italie.* — 17,961 articles définitivement traités.
L. *Histoire de France.* — 236,635 cotes répondant à 385,000 volumes ou pièces, le tout définitivement traité.
M. *Histoire d'Allemagne, de Suisse, des Pays-Bas, des Pays du Nord et de l'Est de l'Europe.* — 47,897 articles, dont 18,537 définitivement traités.
N. *Histoire de la Grande-Bretagne.* — Environ 20,600 ouvrages ou pièces méthodiquement classés sous 13,532 cotes principales. Définitivement traité.
O. *Histoire d'Espagne et de Portugal.* — Environ 14,800 ouvrages ou pièces méthodiquement classés sous 7,245 cotes principales. Définitivement traité.
Oᵃ. *Histoire d'Asie.* — Environ 9,500 ouvrages ou pièces méthodiquement classés sous 6,229 cotes principales. Définitivement traité.
Oᵇ. *Histoire d'Afrique.* — Environ 4,700 ouvrages ou pièces méthodiquement classés sous 3,128 cotes principales. Définitivement traité.
P. *Histoire d'Amérique.* — Environ 11,200 ouvrages ou pièces méthodiquement classés sous 7,400 cotes principales. Définitivement traité.
Pᵃ. *Histoire d'Océanie.* — Environ 450 ouvrages ou pièces méthodiquement classés sous 302 cotes principales. Définitivement traité.
Q. *Bibliographie.* — 33,400 articles environ dont 5,000 restent à traiter.
R. *Sciences philosophiques, politiques, économiques, morales et physiques.* — 85,235 articles, dont 46,174 traités définitivement.
S. *Sciences naturelles.* — 62,929 articles, dont 28,615 traités définitivement.
T. *Sciences médicales.* — 51,380 cotes principales, environ 65,000 volumes définitivement traités.
V. *Mathématiques, sciences et arts.* — 122,432 articles, dont 103,895 définitivement traités.
Vᵐ. *Musique.* — Environ 16,900 volumes, dont 9,436 sont traités.
X. *Linguistique et rhétorique.* — 46,413 articles définitivement traités.
Y. *Poésie.* — 131,285 articles, dont 92,358 définitivement traités.
Yᵗʰ. *Pièces de théâtre isolées.* — 35,273 pièces pour lesquelles il existe un répertoire spécial.
Yᵉ. *Romans.* — 101,318 articles, dont 46,377 traités définitivement.
Z. *Polygraphie.* — 78,663 articles, dont 14,921 traités définitivement.

Au total le Dépᵗ. des Imprimés possède 1,481,031 articles, dont 1,113,255 sont cotés et traités et 367,776 restent à traiter.

Quant au nombre des articles indiqués dans les divers répertoires imprimés et autographiés, il s'élève à 308,880 en y comprenant les catalogues imprimés du XVIIIᵉ siècle. A ce dernier nombre il faudra ajouter 1ᵒ les articles du catalogue méthodique de la division de l'histoire d'Asie (Oᵃ) : les 204 premières pages de ce volume autographié sont tirées. 2ᵒ la collection de factums, au nombre d'environ 35,000 pour la période antérieure à la Révolution ; le t. 1 de ce catalogue est à l'impression.

La Salle publique de lecture a publié la Liste des ouvrages qu'elle communique ; et la Section de Géographie annonce à la fin de chaque Bulletin français les documents dont elle s'enrichit chaque jour.

M. Delisle indique ensuite pour le Dépᵗ. des Mss. quels catalogues ont été

— 175 —

publiés pour les fonds orientaux (6 art.), le fonds grec (3 art.), les fonds latin et français (15 art.), et le fonds de manuscrits en diverses langues modernes européennes (5 art.).

La *Note* se termine par la liste des répertoires qu'ont fait paraître le département des Estampes (6 art.) et celui des Médailles (3 art.).

357. — **Delisle (Léopold)**. — Notes sur la bibliothèque de la Sainte-Chapelle de Bourges. — *Paris, imp. F. Didot, (s. d.), in-8°, 18 p.*

Inv. Q ????

Extrait de la *Bibliothèque de l'École des Chartes*, 5ᵉ série, T. II, p. 142.

Jean duc de Berry, frère du roi Charles V, donna ses livres en 1404 à l'église de la Sainte-Chapelle de Bourges; mais cette bibliothèque ne s'accrut guère ensuite; elle ne comptait, au milieu du seizième siècle, qu'une centaine de volumes. M. Delisle en publie la liste et décrit 20 volumes que les chanoines de cette église offrirent à Louis XV en 1752; ces volumes sont conservés au Dépt des Mss. de la B. N.

358. — — Notes sur le département des Imprimés de la Bibliothèque nationale (septembre 1891). Extrait de la *Bibliothèque de l'École des Chartes*, année 1891, t. 52. — *Paris, H. Champion, 1891, in-8°,* 61 p.

Q 1714

En janvier 1891, voici quelle était la composition de chacune des 30 divisions principales du département :
A. Écriture sainte. — 17,661 cotes.
B. Liturgie et conciles. — 26,305 cotes.
C. Pères de l'Église. — 4,618 cotes.
D. Théologie catholique. — 71,381 cotes.
D². Théologie non catholique. — 16,357 cotes.
E. Droit canonique. — 8,428 cotes.
E². Droit de la nature et des gens. — 6,??? cotes.
F. Jurisprudence. — 152,360 articles.
G. Géographie et histoire générale. — 37,817 cotes.
H. Histoire ecclésiastique. — 35,664 articles.
J. Histoire ancienne. — 97,315 articles.
K. Histoire d'Italie. — 18,040 articles.
L. Histoire de France. — 260,887 cotes.
M. Histoire d'Allemagne. — 54,217 articles.
N. Histoire de la Grande-Bretagne. — 14,186 cotes.
O. Histoire d'Espagne et de Portugal. — 7,403 cotes.
O². Histoire d'Asie. — 6,880 cotes.
O³. Histoire d'Afrique. — 3,313 cotes.
P. Histoire d'Amérique. — 8,130 cotes.
P². Histoire d'Océanie. — 323 cotes.
Q. Bibliographie. — 73,135 articles.
R. Sciences philosophiques, morales et physiques. — 88,767 articles.
S. Sciences naturelles. — 64,890 articles.
T. Sciences médicales. — 58,411 cotes et 85,001 thèses.
V. Sciences et arts. — 119,957 articles.
Vᵐ. Musique. — 16,691 volumes.
X. Linguistique et rhétorique. — 47,705 articles.
Y. Poésie et théâtre. — 175,529 articles.
Y². Romans. — 104,634 articles.
Z. Polygraphie. — 105,397 articles.

En comparant le recensement de 1891 avec celui de 1885, on constate que les différentes divisions se sont accrues de 110,300 articles nouveaux.

M. Delisle fournit ensuite la statistique, pour chacune des années 1885 à 1891, 1° des ouvrages entrés à la Bibliothèque par le dépôt légal, les acquisitions et les dons; 2° des travaux de reliure. Il montre l'utilité des Bulletins mensuels et l'insuffisance des ressources budgétaires qui sont accordées pour la rédaction et l'impression des catalogues. Il signale l'état d'avancement des inventaires pour les 10 mois écoulés, du 25 mars 1890 au 24 janvier 1891. Les articles traités appartiennent aux divisions ou subdivisions F, D, M, Q4, H, S, V° réserve, Vm, Yb, c, d, e, g, h, I, k, Y², Z et atteignent le chiffre de 99,548. Il n'en reste plus que 222,000 à traiter. Après avoir prouvé avec quelle rapidité le nombre des lecteurs et des communications augmente chaque année, M. Delisle indique les instruments de recherche mis à la disposition du public, les causes de la lenteur dans le service des communications, les moyens de remédier à cette lenteur, enfin la nécessité d'augmenter les cadres du personnel et d'achever les bâtiments de la Bibliothèque.

359. — **Delisle** (Léopold). — Notice sur les anciens catalogues de livres imprimés de la Bibliothèque du roi. — *Paris, H. Champion*, 1882, in-8°, 37 p.   **Q Pièce.**

Extrait de la *Bibliothèque de l'École des Chartes*, t. 43, 1882.

360. —. — Notice sur un livre à peintures exécuté en 1250 dans l'abbaye de Saint-Denis. Lettre à M. le duc de la Trémoïlle. — *Paris, H. Champion*, 1877, in-8°, 35 p. avec une héliogravure.   **Lj**

Extrait de la *Bibliothèque de l'École des Chartes*, tome 38, p. 444-476.
Ce volume acheté par M. Delisle chez un marchand d'antiquités de Toulouse a été payé par le duc de la Trémoïlle qui en fit don à la B. N. On peut y distinguer trois parties : 1° Une vie de st Denis, en prose française. 2° Une suite de 30 tableaux représentant la vie de st Denis et les origines du monastère qui lui fut consacré. 3° Une série de morceaux liturgiques.
Le volume se termine par un Appendice en trois parties :
1° Vers latins servant de légendes aux peintures du ms. exécuté en 1250 dans l'abbaye de Saint-Denis.
2° Consecrationes altarium Beati Dyonisii.
3° Histoire de diverses reliques conservées dans l'abbaye de Saint-Denis.

361. —. — Notice sur un sacramentaire de l'église de Paris. Lue dans la séance du 13 février 1856. — (*Paris, imp. Ch. Lahure*, (1856), in-8°, 7 p.   Inv. **Q**

Ce *Sacramentaire*, qui a passé successivement dans les bibliothèques de Pierre Pithou, du président de Thou et de Colbert, est conservé à la B. N. sous le n° 2294 des mss. latins.

362 —. — Observations sur l'origine de plusieurs manuscrits de la collection de M. Barrois. — *Paris, typ. Ad. R. Laine et J. Havard*, février 1866, in-8°, 72 p.   Rés. Inv. **Q** || Inv. **Q**

Extrait de la *Bibliothèque de l'École des Chartes*, 6° série, T. II, p. 193-264.
M. Delisle prouve que 33 mss. compris dans la collection de M. Barrois ont appartenu à la B. N. et lui ont été soustraits. Ce sont :
ms. latin, n° 6765 du catalogue imprimé en 1744;
ms. latin 2874, anciennement coté 4338;
ms. latin 6384 (ancien 6006);
ms. latin 6079 (devenu 8728);
ms. latin 6812 (jadis 5204);
ms. latin 685;
ms. latin 2854;
ms. latin 3718, 4761, 4789;

ms. latin 4339 A, 5667, 7413;
ms. latin 8246, 8598;
ms. n° 275 du fonds de Saint-Victor;
ms. n° 9745-3 de l'ancien fonds français;
ms. français n° 10212 de l'inventaire de 1682;
ms. franç. n° 10262, 7857, 8017, 9679, 9846, 7838 (de l'inventaire de 1682);
ms. latin 6270, 4637, 7180, 6266, 4780, 8746, 4641 (Julia 6883);
ms. franç. 10301-2-2 (de Lancelot 26), 9653 (de l'inventaire de 1682).

A la fin on trouve deux tableaux de concordance. Le premier donne les cotes de la B. N., celles du fonds Barrois et le renvoi aux *Observations*. Dans le second on trouve les cotes du fonds Barrois, celles de la B. N. et le renvoi aux *Observations*.

363. — **Delisle (Léopold)**. — L'œuvre paléographique de M. le comte de Bastard. — *Nogent-le-Rotrou, imp. Daupeley-Gouverneur*, (1882), in-8°, 26 p.
V Pièce. 4329

Ext. de la *Bibliothèque de l'École des Chartes*, 1882, t. 42.
L'ouvrage de M. de Bastard devait comporter trois séries : 1° Une série paléographique, dont 75 planches ont été exécutées. — 2° Une série consacrée aux peintures françaises (112 pl. publiées dans l'édition du gouvernement français, et 128 pl. dans l'édition des gouvernements étrangers). — 3° Une série consacrée aux peintures étrangères.

364. —. — Paroles prononcées le 27 novembre 1875 sur la tombe de M. E. J. B. Rathery, conservateur sous-directeur adjoint à la Bibliothèque Nationale. — *Paris, imp. A. Wittersheim*, (1875), in-8°, 9 p.
Ln$^{27}_{25977}$

Edme-Jacques-Benoît Rathery, né à Paris le 17 nov. 1807, fut attaché à la bibliothèque du Louvre en 1844 et passa, en 1849, à la B. I. en qualité de conservateur adjoint du Dépt des Imprimés.

365. —. — Paroles prononcées sur la tombe de Léopold Pannier. — *Nogent-le-Rotrou, imp. Gouverneur, G. Daupeley*, (1875), in-8°, 2 p.
Ln$^{27}_{25987}$

Né le 15 avril 1842, Pannier mourut le 9 nov. 1875. Attaché d'abord au service des acquisitions du Dépt des Imprimés, il passa, en 1872, au Dépt des Mss.

366. —. — Peintures, ornements, écritures et lettres initiales de la Bible de Charles-le-Chauve conservée à Paris, publiés par le comte Auguste de Bastard. *Paris, imp. nationale*, 1883, grand in-fol. — *Nogent-le-Rotrou, imp. Daupeley-Gouverneur*, in-8°, 13 p.
Q Pièce. 478

Extrait de la *Bibliothèque de l'École des Chartes*, année 1883.
C'est un compte rendu de l'ouvrage de M. de Bastard. M. Delisle y a joint une étude de l'œuvre du comte de Bastard.

367. —. — Rapport au Ministre de l'Instruction publique et des beaux-arts sur les travaux d'inventaire et de catalogue de la Bibliothèque nationale. — *Paris, imp. Paul Dupont*, 1876, in-8°, 35 p.
Q Pièce 592

La couverture imprimée sert de titre.
Ce rapport se divise en deux parties.
La première est une lettre, datée du 29 mai 1876, dans laquelle M. Delisle

rend compte au Ministre des délibérations de la Commission nommée, par arrêté du 16 octobre 1875, pour examiner l'état des travaux de catalogue et d'inventaire exécutés ou entrepris au Dép' des Imprimés.

La commission a décidé : 1° le catalogue imprimé de l'Histoire de France n'aura que onze volumes, plus les tables alphabétiques qui sont indispensables.

2° Le catalogue des Sciences médicales sera limité à trois volumes, le 3° volume ne devant contenir que les chapitres concernant les eaux minérales, la médecine légale et l'art vétérinaire avec des tables alphabétiques.

3° Plusieurs petites séries historiques relatives à l'Angleterre (N), à l'Espagne et au Portugal (O), à l'Asie (O²), à l'Afrique (O³), à l'Amérique (P) et à l'Océanie (P²) ayant été classées, leur catalogue sera achevé et autographié.

4° Pour les 6 premières séries du Dép', distinguées par les lettres A, B, C, D, D² et E, il faudra recopier l'inventaire pour le transformer en un répertoire alphabétique.

5° Les autres séries, seront considérées comme closes à partir du 1° janvier 1876; les volumes dont elles se composent, ceux des fonds portés comme ceux des fonds non portés, recevront des cotes déterminées par la place qu'ils occupent sur les rayons, et un inventaire alphabétique en sera immédiatement dressé, sans aucun souci de l'ordre méthodique; et, à côté des anciennes séries, s'ouvrira une série nouvelle destinée à enregistrer les futures acquisitions, avec des numéros indépendants des numéros de l'ancienne série correspondante.

6° Les articles provenant du dépôt légal seront l'objet d'un choix de façon à constituer une série de volumes éliminés qui se composera des réimpressions de livres de liturgie ou de piété, de livres classiques, de romans, de livres pour l'éducation ou l'amusement de l'enfance et de la jeunesse et les réimpressions de livres destinés au colportage.

7° Dans les séries cataloguées (L, N-P² et T), les additions continueront à se faire à la fin de chaque chapitre; le catalogue de la Poésie, eu égard au degré d'avancement auquel il est arrivé, pourra être continué d'après le plan antérieurement adopté, sans que la question de l'impression soit préjugée.

8° L'inventaire des nouveaux fonds sera dressé sur registre, au fur et à mesure de l'arrivée des volumes, mais il se réduira à la cote suivie du numéro d'entrée. Les cartes en seront levées pour tenir constamment à jour les répertoires alphabétiques. Les publications ayant moins de 48 pages ne seront pas mêlées aux volumes et recevront un numérotage à part. Pour certaines catégories de documents, telles que rapports de sociétés de secours mutuels, de compagnies industrielles ou autres, etc., on se dispensera d'en rédiger des cartes spéciales et de numéroter les pièces individuellement; il suffira d'en former des groupes, d'assigner un numéro à chaque groupe et de lui consacrer une carte collective. Il sera inutile de prendre sur cartes les titres des thèses de licence en droit, qu'on se bornera à classer sur les rayons au nom de l'auteur. Pour les factums et mémoires judiciaires, on continuera à les ranger au nom du demandeur, en relevant sur carte, pour le répertoire alphabétique, le nom de l'avoué et de l'avocat. Le système d'intercalation sera aussi maintenu pour les pièces de musique.

9° L'inventaire des collections géographiques est recommandé comme mesure vraiment urgente.

10° Le crédit extraordinaire de 50,000 fr. doit être affecté exclusivement comme il l'était à l'origine, aux travaux extraordinaires; cela permettrait de terminer, en dix ans, l'inventaire général demandé.

La seconde partie du Rapport est intitulée : « État des catalogues du département des Imprimés de la Bibliothèque nationale. » Elle est datée : Novembre 1875, et elle a été rédigée pour faciliter la tâche de la Commission en exposant l'histoire des classements et des catalogues, en indiquant les faits essentiels dont il faut tenir compte et en pesant les principales questions qui sont à examiner.

368. — **Delisle** (Léopold). — Recherches sur l'ancienne bibliothèque

de Corbie. Mémoire lu à l'Académie des inscriptions et belles-lettres, et publié dans la *Bibliothèque de l'École des chartes*, 5ᵉ série, t. 1. — *Paris, imp. Durand*, 1860, in-8°, 65 p.   Inv. Q 7482

Le D^r des Mss. de la B. N. a reçu, à deux reprises, un assez grand nombre des mss. de cette ancienne bibliothèque. Le premier lot, composé de 300 mss. choisis parmi les plus importants, avait été envoyé, en 1638, deux ans après la reprise de Corbie par les troupes de Louis XIII, à l'abbaye de Saint-Germain des Prés, à Paris, et arriva à la B. N. en 1795 et 1796, à l'exception d'environ 25 volumes qui, volés en 1791, doivent être, pour la plupart, à Saint-Pétersbourg. Environ 405 autres mss. étaient restés, jusqu'à la Révolution, à l'abbaye de Corbie. Transportés alors à Amiens, une notice en fut rédigée par Levrier et adressée, en juin 1803, au ministre de l'intérieur qui la transmit aux conservateurs de la B. N., avec une invitation de choisir les mss. les plus importants. L'administration de la Bibliothèque nota 75 articles; ceux-ci lui furent expédiés en août 1803, et forment maintenant au Dép^t des mss. un fonds particulier, appelé fonds de Corbie.

369. — **Delisle (Léopold)**. — Recherches sur l'ancienne bibliothèque de Corbie. — *Paris, imp. impériale*, 1861, in-4°, 77 p.
   Inv. Q 1622

Extrait des *Mémoires de l'Académie des inscriptions et belles-lettres*, t. 24, 1ʳᵉ partie, p. 325. — Même travail que celui du numéro précédent.

370. —. — René Billard, conservateur sous-directeur adjoint de la Bibliothèque nationale. Paroles prononcées sur sa tombe le 26 octobre 1877. — *Nogent-le-Rotrou, imp. Gouverneur, G. Daupeley*, (1878), in-8°, 3 p.   Ln²⁷ 30386

Né à Paris le 8 février 1820, René Billard est entré en 1840 au bureau du catalogue du Dép^t des imprimés; il avait été nommé conservateur-adjoint en 1874.

371. —. — Sir Kenelm Digby et les anciens rapports des bibliothèques françaises avec la Grande-Bretagne. Communication faite à la Library Association of the United Kingdom, par Léopold Delisle, administrateur général de la Bibliothèque nationale, le 12 septembre 1892 à Paris. — *Paris, typ. E. Plon, Nourrit et Cⁱᵉ*, 1892, in-8°, 27 p.
   8° Q Pièce 764

Dans cette communication, M. Delisle passe en revue les nombreux ouvrages qui ont appartenu autrefois à Sir Kenelm Digby et qui se trouvent maintenant répartis dans les divers départements de la B. N.

372. —. — Les très anciens manuscrits du fonds Libri dans les collections d'Ashburnham-Place. Extrait des *Comptes rendus des séances de l'Académie des inscriptions et belles-lettres*. (Année 1883, p. 47-75). — *Paris, imp. nationale*, 1883, in-8°, 32 p.   8° Q Pièce 85

M. Delisle montre qu'un certain nombre de mss. du fonds Libri ont été volés en France. Savoir : n° 13; Le fragment du Pentateuque du VIIᵉ ou du VIIIᵉ siècle provient du Pentateuque de St Gatien qui est à la bibliothèque de Tours.
Le Psautier (n° 6 de Libri), est un lambeau attaché à un ms. de Lyon.
Le n° 1 est un exemplaire de l'ouvrage de St Hilaire sur la Trinité, en lettres onciales. Il a été soustrait à Tours.

Le n° 2, qui consiste en 19 feuillets de parchemin et contient quelques opuscules de S¹ Jérôme, transcrits en lettres onciales du VI° siècle, appartient à la ville de Lyon.

Le n° 3 semble provenir du ms. 381 de Lyon.

Les 42 feuillets du n° 4 ont été arrachés au ms. 521 de Lyon.

Le n° 6 « Corpus prophetarum », ms. sur vélin, en lettres onciales du V° ou du VI° siècle, appartenait à la bibliothèque de Tours.

Le n° 7, copie du Lévitique et des Nombres, volée dans le Pentateuque de Lyon, a été restitué à cette ville, en 1880, par le comte d'Ashburnham.

Le n° 9 est le produit d'un vol commis dans la bibliothèque d'Orléans.

Le n° 10 est un Oribase en lettres semi-onciales du VII° siècle; il semble avoir été dérobé à Troyes.

Le n° 11 paraît être un fragment du ms. 131 d'Orléans.

Le n° 12 doit provenir du ms. 372 de Lyon.

Enfin le n° 14 est un ms. volé à la bibliothèque de Tours.

373. — **Delisle Léopold**. — Les très anciens manuscrits du fonds Libri dans les collections d'Ashburnham-Place. Communication faite à l'Académie des inscriptions le 22 février 1883. — *Paris, imp. Schille*, (1883), in-8°, 23 p.   **Q Pièce**

Extrait du journal *Le Temps* du 25 février 1883.

Voyez aussi : Album paléographique.
    Bibliotheca Bigotiana.
— Bibliothèque nationale. Notice d'un choix de manuscrits des fonds Libri et Barrois.
— Bibliothèque nationale. Notice des objets exposés dans la salle du Parnasse français.
    — Choix de documents géographiques conservés à la Bibliothèque nationale.
    — Discours prononcés sur la tombe de M. François Lenormant.
    — Études paléographiques et historiques sur des papyrus du VI° siècle renfermant des homélies de saint Avit.
    — Heuzey. Funérailles de M. F. Lenormant.
    — Inventaire alphabétique des livres imprimés sur vélin.
    — Mélanges Graux. Recueil des travaux d'érudition classique.
    — Ministère de l'Instruction publique... Rapports sur le service des Archives, de la Bibliothèque nationale et des Missions.
    — Note sur la rédaction des catalogues de manuscrits.
    — Notice sur des collections manuscrites de la Bibliothèque nationale.
    — Paroles prononcées sur la tombe de Charles Aimé Dauban.
    — Notices et extraits des mss. de la B. N.

Delpit Jules. — Voyez : Notices et extraits des mss. de la B. N.

374. — **Demay G.**. — Inventaire des sceaux de la collection Clairambault à la Bibliothèque nationale. — *Paris, imp. nationale*, 1885-1886, 2 vol. in-4°. T. I, II-700 p. — T. II, 667 p.   **L**

Le faux titre porte : *Collection de documents inédits sur l'histoire de France publiée par les soins du Ministre de l'instruction publique. Troisième série. Archéologie*.

Parmi les nombreux documents acquis de Clairambault par l'ordre du Saint-Esprit et conservés actuellement à la B. N. se trouva une suite de 227 registres que l'on appelle les *Titres scellés*; ils forment trois groupes principaux : la guerre de cent ans; l'occupation de la Normandie par les Anglais; les compagnies d'ordonnances.

C'est aux pièces contenues dans ces registres, et encore munies de leurs sceaux que M. Demay a emprunté les éléments de sa publication. Il décrit 9709 sceaux, et, comme plan, il a conservé l'ordre alphabétique que Clairambault avait adopté.

A la suite de cet inventaire on trouve :
1° Un Exposé chronologique sommaire.
2° Un Tableau systématique des sceaux de Clairambault.
3° Une Table héraldique.
Enfin des renvois et corrections.

375. — **Département** du Loiret. Ville d'Orléans. Extrait du registre des délibérations du conseil municipal. Séance du 23 avril 1888, (s. l.), in-4°, 8 p.

La partie essentielle de ce document est un mémoire de M. J. LOISELEUR, dont une seconde édition, intitulée les *Droits de la ville d'Orléans à la propriété des manuscrits de sa bibliothèque*, a paru dans le *Bulletin de la Société archéologique et historique de l'Orléanais*, t. IX, p. 265-272.

Dépôt de géographie créé à la Bibliothèque du Roi.

Voyez : Jomard.

376. — **Depping** (G. B.). — Notice sur deux anciens cartulaires manuscrits de la Bibliothèque du roi. — *Paris, imp. de Seltique*, 1831, in-8°, 40 p.
Lj $\frac{15}{4}$ || inv. Q 7457

Ces deux cartulaires faisaient autrefois partie des mss. de l'ancienne abbaye de Saint-Père à Chartres; ils furent transportés à la B. R. après la Révolution. L'un est un in-folio de 89 feuillets de parchemin écrit en assez belles lettres gothiques. Il contient plus de 350 chartes. L'autre, beaucoup plus ample, est une copie moderne sur papier et contient, avec une partie du précédent, un assez grand nombre d'autres chartes.

377. — **Derenbourg** (Hartwig). — Les monuments Sabéens et Himyarites de la Bibliothèque nationale (Cabinet des médailles et antiques). Avec une héliogravure Dujardin. — *Paris, Léopold Cerf*, 1891, in-8°, 15 p.
Q 1673

Le faux titre porte : « A mon Père vénéré, pour son quatre-vingtième anniversaire, le 21 août 1891 ; » et la couverture imprimée : « 21 août 1811 — 21 août 1891. »

Sur 31 monuments qui font l'objet de cette étude, il y a 24 inscriptions sur pierre, dont 22 proviennent de la collection donnée à la Bibliothèque nationale, le 18 octobre 1879, par M. Albert Goupil. Les autres monuments se composent d'un bronze apocryphe et de six bijoux, cachets et amulettes, qui n'avaient encore été l'objet d'aucune étude.

Desaulnays. — Voyez : Courtes observations.

378. — **Deschanel** (Paul). — Ministère des travaux publics. Commission supérieure des bâtiments civils et palais nationaux. Achèvement de la Bibliothèque nationale. Rapport de M. Paul Deschanel, député. — *Imprimerie nationale*, 1891, in-fol., 11 p.

Ce rapport se divise en 4 chapitres : 1° Historique. — 2° Difficultés actuelles. — 3° Plan projeté. — 4° Voies et moyens.

Après avoir démontré l'urgence de l'achèvement des travaux, M. Deschanel établit que ceux-ci pourraient être terminés en 4 ou 5 ans moyennant une dépense approximative de 7 millions. On obtiendrait ainsi les résultats suivants :

1° Logement des collections de journaux et d'autres collections de documents imprimés pour lesquels l'espace fait défaut.

2° Rapprochement de toutes les parties du Dép^t des imprimés aujourd'hui disséminées de différents côtés.

3° Installation de la Section géographique dans le voisinage de la Salle de travail.

4° Installation du Cabinet des médailles et antiques dans des locaux bien éclairés.

5° Préservation des mss. à peintures.

6° Facilités données aux savants, aux artistes et aux curieux qui ont à étudier les collections du Dép^t des estampes et qui désirent se rendre compte de l'histoire de la gravure et de la lithographie.

7° Ouverture d'une grande salle destinée à remplacer la salle actuelle de la rue Colbert et à recevoir le trop plein de la grande salle de travail.

8° Admission de 400 lecteurs à des séances du soir.

9° Organisation d'une bibliothèque circulante en faveur des savants de province.

379. — **Deschiens**. — Collection de matériaux pour l'histoire de la Révolution de France depuis 1787 jusqu'à ce jour. Bibliographie des journaux. Par M. D......s, avocat à la Cour royale de Paris. — *Paris, Barrois l'aîné*, 1829, in-8°, XXIV-646 p.   Inv. **Q** 4998

La préface est signée Deschiens.
Cette collection se compose de 12,000 cartons et volumes in-fol., in-4° et in-8°. Elle comprend trois divisions principales : les Hommes, les Matières et les Journaux. Achetée par La Bédoyère, elle est entrée à la B. I. en 1863, avec la bibliothèque de ce dernier.

380. — **Description** du zodiaque circulaire de Denderah, contenant l'explication des signes et des figures retracés sur ce monument, et des remarques sur son antiquité, sur le temple dont il faisait partie et sur la manière dont il a été transporté en France. Par B.-F. C......, homme de lettres. — *Paris, Bulla*, 1822, in-8°, 24 p., 1 pl.   Inv. **V** 36539

381. — **Desessarts** (N. L. M.). — Notice historique des grandes bibliothèques de toutes les nations, tant anciennes que modernes, et principalement de la Bibliothèque nationale de France, servant d'introduction au *Supplément des siècles littéraires de la France*, par N. L. M. Desessarts, libraire. — *Paris, chez l'auteur, place de l'Odéon*, an XI, in-8°, 40 p.

Tirage à part de l'introduction au *Supplément des siècles littéraires de la France*, par Desessarts.

382. — **Desnoyers** (J.). — Notice biographique sur M. J. Duchesne, conservateur du département des estampes à la Bibliothèque impériale. — *Paris, imp. Ch. Lahure*, (1855), in-8°, 18 p.   **Ln**²⁷₆₄₃₇

Extrait du *Bulletin de la Société de l'histoire de France*, mai 1855.

383. — **Desnoyers.** — Note sur un monogramme d'un prêtre artiste du IX⁰ siècle. — *Paris*, 1887, in-8°, 8 p. avec fac-similé.

Extrait des *Comptes rendus des séances de l'Académie des inscriptions et belles-lettres*, année 1886.
Au sujet d'un feuillet d'un exemplaire de l'Histoire d'Orose, copié au IX⁰ siècle par le moine Adalbaldus, et conservé à Saint-Martin de Tours jusqu'à la Révolution. Il a été donné en 1886 à la B. N. par M. Desnoyers, et forme le n⁰ 403 du fonds latin des Nouvelles acquisitions du Dép' des Mss.

384. — **Dibdin (Tho Frognall).** — A bibliographical, antiquarian and picturesque tour in France and Germany. — *London, Payne and Foss*, 1821, 3 vol. gr. in-8°.　　　　　　　　　　　　　　　　Lj $\frac{1}{17}$

Le T. II contient, p. 122-318, une longue description de la Bibliothèque royale.

385. — **Dictionnaire** de titres originaux, ou inventaire général du cabinet du chevalier Blondeau. — *Paris*, 1764, in-12.

« En 1776, dit M. Delisle (*Cabinet des Manuscrits*, t. I, p. 535), mourut Charles-François Blondeau de Charnage, âgé de 66 ans. Toute sa vie il avait travaillé avec plus de zèle que de discrétion à ramasser des documents historiques et généalogiques dont il faisait un véritable commerce. Depuis 1735, il en avait, à plusieurs reprises, vendu à la Bibliothèque des collections plus ou moins considérables. Sa veuve en possédait 616 portefeuilles et 6 liasses qu'elle donna au Cabinet généalogique, en 1777, pour obtenir une pension viagère. Jault, neveu de Blondeau, partageait les goûts de son oncle. En 1777, il céda à la Bibliothèque 142 cartons ou boîtes remplis de titres et de généalogies. Trois ans plus tard, il lui abandonna une nouvelle collection composée d'environ 8,000 pièces. »

386. — **Dictionnaire** des manuscrits, ou recueil des catalogues de manuscrits existant dans les principales bibliothèques d'Europe, concernant plus particulièrement les matières ecclésiastiques et historiques. Par M. X***. Publié par M. l'abbé Migne. — *Paris, J. P. Migne*, 1853, 2 vol. gr. in-8°. T. I, 1-1444 p.; II, 1-1804 p.　　Inv. D 3020 ou D 402

Imprimé à deux colonnes. — Forme les t. XL et XLI de la « *Nouvelle encyclopédie théologique*,... publiée par M. l'abbé Migne. »
Le catalogue des mss. de la B. I. occupe les colonnes 637 à 1130 du t. I. Savoir :
I. Mss. français appartenant à divers fonds et concernant des matières ecclésiastiques ou religieuses. — A. Histoire ecclésiastique générale. — B. Liturgie et culte religieux. — C. Sermons. — D. Vies des saints. — E. Règles de divers ordres religieux. — F. Voyages en Terre Sainte et autres pays du Levant.
II. Mss. latins. — A. Conciles. — B. Droit canonique ancien. — C. Conciles, droit et autres matières ecclésiastiques.
III. Ancien fonds du Roi. — A. Catalogue des mss. divers en latin. Extrait du Catalogue des mss. latins. (Montfaucon, t. II, p. 733.) — B. Mss. français, italiens et autres langues vulgaires, d'après Montfaucon, t. II, p. 782.
IV. Fonds de Colbert.
V. Fonds de l'abbaye de Saint-Germain des Prés. — A. Fonds particulier de Coislin. — B. Ancien fonds de l'abbaye de Saint-Germain.
VI. Fonds Dupuy. (Montfaucon, t. I, p. 851.)
VII. Fonds de Brienne. (Montfaucon, t. I, p. 917.)
VIII. Fonds de Baluze. Extrait du Catalogue de Montfaucon, t. II, p. 1303.
IX. Fonds de Mesme. (Montfaucon, t. II, p. 1528 et 1664.)

— 184 —

X. Fonds Lancelot. (Montfaucon, t. I, p. 1328 et 1664.)
XI. Mss. provenant de Saint-Martial de Limoges. (Montfaucon, t. II, p. 1033.)
XII. Documents ecclésiastiques concernant la Bretagne. (Montfaucon, t. II, p. 789.)
XIII. Catalogue des mss. arméniens de la B. R., dressé en 1785, par M. l'abbé de Villefroy.

387. — **Direction** de la Bibliothèque nationale. Département des Médailles, Pierres gravées et Antiques. Le Ministre de l'Instruction publique, des Cultes et des Beaux-Arts, vu... Arrête : ... - *Paris, (s. d.), typ. G. Chamerot*, in-fol. plano.   Arch. de la Bibl. Nat.

Cet arrêté, « Fait à Paris, le 30 septembre 1872, » est signé : Jules Simon. Relatif à la communication des médailles, il modifie les articles 90, 91 et 95 du Règlement.

388. — **Discours** prononcé dans l'Académie royale de peinture et de sculpture, en présence de Monseigneur le duc d'Antin. — *Paris*, 1712, in-8°, 8 p.

« Le Roy, dit Franklin (*Précis de l'histoire de la Bibliothèque du Roi*, p. 257), ne jugeant pas que sa bibliothèque fût commodément placée dans la rue Vivienne, et ayant résolu de la mettre au Louvre, dans l'appartement qui luy étoit destiné dès le tems de sa construction, l'Académie royale de peinture et de sculpture, qui étoit logée dans une partie de cet apartement, a été obligée de le quitter pour en occuper un autre que son protecteur, Monseigneur le duc d'Antin, luy a obtenu de Sa Majesté, audessous de l'apartement de la feue reine mère du Roy, avec le fonds nécessaire pour les frais de transport des ouvrages de peinture. »

389. — **Discours** prononcés aux funérailles de M. J. D. Barbié du Bocage,... suivis d'une notice sur sa vie et ses ouvrages. — *Paris, imp. Firmin Didot*, janvier 1826, in-4°, 12 p.

Ln $\frac{27}{996}$ ‖ Sect. géogr. C 1269

Discours prononcés par MM. Walckenaer, Letronne, Emeric-David, Jomard et Bottin. Ils sont suivis d'une notice, paginée 1-14, commençant par ces mots : « Université de France, Académie de Paris, Faculté des lettres, Funérailles de M. Barbié du Bocage, » Elle a été imprimée *chez Fain, à Paris*, contient les discours de MM. Lemaire et Du Rozoir et se termine par la Notice sur la vie et les ouvrages de M. Barbié du Bocage.
Attaché en 1785 au Cabinet des médailles, Barbié du Bocage fut chargé, en 1792, de la partie géographique à la B. R. et quitta l'établissement en 1793.
En 1844 la Section géographique a acquis une partie de ses collections de cartes et plans. Elles sont inscrites sous les cotes C 6325-7657 et comprennent 2,187 articles.

390. — **Discours** prononcés sur la tombe de M. François Lenormant, membre de l'Institut, professeur d'archéologie près la Bibliothèque nationale, le 11 décembre 1883. — *Paris, typ. Georges Chamerot*, (1883), gr. in-8°, 19 p.

Ln $\frac{27}{34763}$

Se compose de trois discours publiés par N. de Wailly :
1° Discours prononcé par M. Heuzey, président de l'Académie ;
2° Discours prononcé par M. Delisle, membre de l'Institut, administrateur général directeur de la Bibliothèque nationale ;

3° Discours prononcé par M. R. de Lasteyrie, professeur d'archéologie à l'École nationale des Chartes, l'un des directeurs de la « *Gazette archéologique* ».

391. — **Documents** historiques inédits tirés des collections manuscrites de la Bibliothèque royale et des archives ou des bibliothèques des départements publiés par M. Champollion Figeac. — *Paris, typ. Firmin Didot*, 1841, 3 vol. in-4°.   L $\frac{45}{33}$ ^

Le faux titre porte : *Collection de documents inédits sur l'histoire de France publiés par ordre du Roi et par les soins du ministre de l'instruction publique. Mélanges historiques.*

T. I, XXXI, 742 p. — Ce volume, divisé en 2 parties, contient :
Préface de l'Éditeur. — Organisation des travaux historiques exécutés à la Bibliothèque royale, sous la direction de l'éditeur. 1er (— 5e) Rapport. État de ces travaux aux 1er avril 1835 ; 1er sept. 1836 ; 1er janv. 1837 ; 1er mai 1838 ; 1er sept. 1839. Décision relative à la collection dont ce volume est le premier. Exposé du plan adopté par l'éditeur.
Première partie. — Rapports, notices et inventaires classés dans l'ordre alphabétique des départements (Ardennes, Ariège, Aube, Aude, Aveyron, Bouches-du-Rhône, Calvados, Charente-Inférieure, Côte-d'Or, Dordogne, Doubs, Haute-Garonne, Gers, Gironde, Hérault, Ille-et-Vilaine, Indre, Isère, Loire-Inférieure, Lot, Lot-et-Garonne, Manche, Marne, Pas-de-Calais, Pyrénées-Orientales, Rhône, Seine-Inférieure, Seine-et-Marne, Somme, Vaucluse, Haute-Vienne, Vosges, Yonne). — Supplément aux rapports et notices. Renseignements reçus des pays étrangers : Espagne, Russie.
Deuxième partie. — Texte des documents (38 documents).

T. II, 857 p., 1843.
Première partie. — Rapports, notices et inventaires adressés au Ministère de l'Instruction publique par MM. les correspondants du Comité des monuments écrits, depuis le 1er janvier 1840 jusqu'à la fin de l'année 1842, et classés dans l'ordre alphabétique des départements (Aisne, Aveyron, Eure-et-Loir, Nord, Vaucluse.)
Deuxième partie. — Texte des documents (60 documents).

T. III, IV, 668 p., 1847.
Première partie. — Rapports... (Id.) depuis le 1er janvier 1843 jusqu'à la fin de l'année 1845... (Aveyron, Corrèze, Gers, Lot, Nord, Pyrénées-Orientales, Hautes-Pyrénées, Vaucluse, Vienne.) — Supplément aux Rapports et Notices. Renseignements recueillis dans les pays étrangers, Italie. Mss. de Rome, Naples, Bologne, Padoue, Parme, Modène, Florence, Turin, Milan, Venise.
Deuxième partie. — Texte des documents (64 documents).

Douet d'Arcq (L.). — Voyez : Inventaire de la bibliothèque du roi Charles VI fait au Louvre.

Doughty. — Voyez : Notices et extraits des mss. de la B. N.

392. — **Dubois.** — Ministère de l'instruction publique et des cultes. Rapport adressé à Monsieur le Ministre de l'instruction publique et des cultes par M. Dubois, secrétaire perpétuel de l'Académie impériale de médecine, sur le classement des livres de médecine, de chirurgie et de pharmacie de la Bibliothèque impériale. — *Paris, Paul Dupont*, 15 avril 1855, in-4°, 8 p.   Rés. inv. Q 430

Ce Rapport n'a trait qu'aux livres d'anatomie, de physiologie et d'hygiène. Il indique les principes qui ont servi de base pour élaborer le nouveau plan de classement de ces livres.

Duby (Tobiesen). — Voyez : Tobiesen Duby.

393. — **Duchalais (Adolphe).** — Description des médailles gauloises faisant partie des collections de la Bibliothèque royale, accompagnée de notes explicatives. — *Paris, Firmin-Didot,* 1846, in-8°, x, 348 p., 2 pl.

Lj $^{23}_{y}$

812 articles. — La même année il a paru une seconde édition en 487 p. et avec 4 pl. Dans cette édition on trouve en outre : 1° Catalogue des monnaies pannoniennes. — 2° Description des planches. — 3° Note additionnelle. — 4° Table des degrés de rareté des médailles gauloises du Cabinet du roi. — 5° Table de concordance des numéros de l'ouvrage de M. Mionnet et de ceux qui ont été adoptés pour cette description. — 6° Table des matières. Monnaies gauloises. Monnaies pannoniennes. — 7° Table générale des matières.

394. —. — Monnaies inédites de Cyrénaïque. Attribution à cette contrée de quelques médailles laissées parmi les incertaines. — (S. l. 1850-1851), in-8°, 51 p., 3 pl.   Cabinet des Médailles.

Note sur la série de monnaies grecques recueillies en Cyrénaïque par M. Joseph Vattier de Bourville et cédées par lui à la B. N. — Ces médailles peuvent se diviser en plusieurs catégories : 1° Monnaies archaïques de la plus haute importance scientifique; la plupart sont inédites et offrent des types nouveaux. — 2° Des pièces d'or et d'argent contemporaines des plus beaux temps de l'art et également inconnues. — 3° Médailles frappées pendant la période romaine qui permettent de classer des monuments que jusqu'ici on avait relégués parmi les incertains.

395. — **Duchesne Aîné (J.).** — Description des estampes exposées dans la galerie de la Bibliothèque impériale formant un aperçu historique des productions de l'art et de la gravure, accompagnée de recherches sur l'origine, l'accroissement et la disposition méthodique de la collection par J. Duchesne aîné, conservateur. Précédée d'une notice biographique sur sa vie et ses ouvrages. — *Paris, imp. Simon Raçon,* 1855, in-8°, xxxvii, xvi, et 210 p.

Rés. inv. Q 784 || 8° Q 1014

Le faux-titre porte : « Galerie des estampes de la Bibliothèque Impériale. » La « Notice sur M. Jean Duchesne » est signée : « Paulin Paris, » et datée : « Paris, 15 mars 1855. »
Dans l'Avertissement, Duchesne rappelle l'origine et le rapide développement du Cabinet des Estampes; puis il donne la disposition méthodique du cabinet. Ce plan est indiqué en entier dans la *Notice* de 1819 (Voir à l'article suivant. Nous mentionnons seulement les parties qui contiennent des différences.

D. — ÉCOLES FRANÇAISES.

Da. École française ancienne, depuis l'origine jusqu'à Rigaud en 1660.
Db. École française intermédiaire, depuis Antoine Coypel, en 1661, jusqu'à Michel Vanloo, en 1707.
Dc. École française moderne, depuis Joseph-Marie Vien, en 1710, jusqu'à nos jours.

E. — GRAVEURS.

Ea. Graveurs anciens de divers pays, nommés *vieux maîtres*.
Eb. Graveurs d'Italie.
Ec. Graveurs allemands, hollandais, flamands, anglais.
Ed. Graveurs français anciens, depuis l'origine jusqu'à Drevet fils, en 1697.

Ke. Graveurs français intermédiaires, depuis Daullé jusqu'à Cochin fils, en 1715.
Kf. Graveurs français modernes depuis Surugue, en 1717, jusqu'à nos jours.

L. — ARTS ET MÉTIERS.

La. Collection publiée par l'Académie des sciences.
Lb. Agriculture, Économie.
Lc. Métiers de diverses natures.
Ld. Emploi du bois.
Le. Emploi des métaux.
Lf. Céramique.
Lg. Emploi des peaux.
Lh. Tissus divers.
Li. Papiers, tentures, cartonnages, etc.

M. — ENCYCLOPÉDIES.

Ma. Encyclopédie par ordre alphabétique.
Mb. Encyclopédie méthodique. Sciences intellectuelles.
Mc. Encyclopédie méthodique. Sciences historiques.
Md. Encyclopédie méthodique. Sciences exactes.
Me. Encyclopédie méthodique. Sciences naturelles.

O. — COSTUMES.

Oa. Costumes de France.
Ob. Costumes d'Europe.
Oc. Costumes d'ordres religieux et militaires.
Od. Costumes orientaux et des régions lointaines.
Oe. Costumes chinois.
Of. Costumes d'Afrique, d'Amérique, d'Australie, etc.

P. — PROLÉGOMÈNES HISTORIQUES.

Pa. Tables chronologiques et généalogiques. Calendriers.
Pb. Monnaies, médailles modernes, sceaux.
Pc. Blasons.
Pd. Cérémonies, fêtes publiques.
Pe. Pompes funèbres.
Pf. Jugements, exécutions, etc.

U. — VOYAGES.

Ua. Voyages historiques.
Ub. Voyages pittoresques en Europe.
Uc. Voyages pittoresques en Asie, Afrique, etc.

On peut évaluer à 1,300,000 le nombre des estampes contenues dans plus de 10,700 volumes ou portefeuilles.

Cette exposition se composait de 413 articles numérotés, et chacun est accompagné d'une notice descriptive. Le volume se termine par une table alphabétique des noms et des matières.

396. — **Duchesne Aîné.** — Notice des estampes exposées à la Bibliothèque du Roi; contenant des recherches historiques et critiques sur ces gravures et sur leurs auteurs. — *Paris, Leblanc, Delaunay,* 1819, in-8°, XIX, 94 p.   Rés. inv. Q 781 || Q 782 ou inv. Q 7483

Cette exposition comprenait 161 numéros. Chaque article du livret est accompagné d'une notice explicative. A la fin du volume se trouve une table alphabétique des noms et des matières.

L'Avertissement donne, avec une notice historique sur le Cabinet des estampes, l'ordre de classement des collections. Savoir :

Aa. Galeries et cabinets de France.

Ab. Galeries d'Italie et du midi de l'Europe.
Ac. Galeries d'Allemagne et du Nord.
Ad. Vitraux, tapisseries et autres singularités de l'art.

B. — Écoles d'Italie et du Midi.

Ba. École florentine.
Bb. École romaine.
Bc. École vénitienne.
Bd. École lombarde.
Be. École génoise, napolitaine, espagnole.

C. — Écoles germaniques.

Ca. École allemande.
Cb. École hollandaise.
Cc. École flamande.
Cd. École anglaise.

D. — Écoles françaises.

Da. École française ancienne depuis l'origine jusqu'à Rigaud, en 1660.
Db. École française moderne depuis Antoine Coypel en 1661 jusqu'à nos jours.

E. — Graveurs.

Ea. Graveurs anciens de divers pays nommés *vieux Maîtres*.
Eb. Graveurs d'Italie.
Ec. Graveurs allemands, hollandais, flamands, anglais.
Ed. Graveurs français anciens depuis l'origine jusqu'à Drevet.
Ee. Graveurs français modernes depuis Daullé jusqu'à nos jours.

F. — Sculpture.

Fa. Œuvres des Sculpteurs.
Fb. Recueils de statues.
Fc. Recueils de bas-reliefs.
Fd. Recueils de pierres gravées.

G. — Antiquités.

Ga. Collections générales.
Gb. Collections particulières.
Gc. Antiquités de Rome.
Gd. Antiquités de divers pays.
Ge. Médailles antiques.

H. — Architecture.

Ha. Œuvres des architectes français.
Hb. Œuvres des architectes étrangers.
Hc. Grands monumens.
Hd. Mélanges et détails d'architecture.

I. — Sciences physico-mathématiques.

Ia. Arithmétique, Géométrie, Perspective, Mécanique.
Ib. Physique et chimie.
Ic. Hydraulique et navigation.
Id. Art militaire.
Ie. Histoire militaire.

J. — Histoire naturelle.

Ja. Traités généraux.
Jb. Zoologie.
Jc. Botanique, collection générale.
Jd. Botanique, collections particulières.
Je. Minéralogie.
Jf. Anatomie.

K. — Arts académiques.

Ka. Éducation générale, Jeux instructifs, Thèses.
Kb. Principes d'écritures, Caractères divers.
Kc. Principes de dessin.
Kd. Danse, Musique.
Ke. Manège, Équitation.
Kf. Escrime, Maniement d'armes.
Kg. Course, lutte, natation.
Kh. Jeux d'échecs, de cartes.

L. — Arts et métiers.

M. — Encyclopédies.

N. — Portraits.

Na. Portraits de France.
Nb. Portraits d'Italie et du midi de l'Europe.
Nc. Portraits d'Allemagne.
Nd. Portraits d'Angleterre, du Nord et des régions lointaines.
Ne. Portraits reliés, Collections générales.
Nf. Portraits reliés, Collections particulières.

O. — Costumes.

Oa. Costumes de France.
Ob. Costumes d'Europe.
Oc. Costumes d'ordres religieux et militaires.
Od. Costumes orientaux et des régions lointaines
Oe. Costumes chinois.

P. — Prolégomènes historiques.

Pa. Tables chronologiques et généalogiques. Calendriers.
Pb. Monnaies, médailles modernes, sceaux.
Pc. Blasons.
Pd. Cérémonies et fêtes publiques.
Pe. Pompes funèbres.

Q. — Histoire.

Qa. Histoire ancienne.
Qb. Histoire de France.
Qc. Histoire d'Italie du Midi.
Qd. Histoire d'Allemagne et autres pays septentrionaux.
Qe. Livres historiques.

R. — Hiérologie.

Ra. Bibles.
Rb. Ancien Testament.
Rc. Nouveau Testament.
Rd. Saints et Saintes.
Re. Liturgie, Histoire ecclésiastique.

S. — Mythologie.

Sa. Collection mythologique.
Sb. Livres mythologiques.

T. — Fictions.

Ta. Poésies.
Tb. Théâtres, romans.
Tc. Fables, chansons.
Td. Allégories, Iconologie.
Te. Emblèmes mystiques et moraux.
Tf. Rébus, calembourgs, jeux d'esprit, caricatures.

U. — Voyages.

Ua. Voyages historiques.
Ub. Voyages pittoresques.

V. — TOPOGRAPHIE.

Va. Topographie de France.
Vb. Topographie d'Italie et du Midi de l'Europe.
Vc. Topographie d'Allemagne et du Nord.
Vd. Topographie des régions lointaines.
Ve. Topographie reliée de France.
Vf. Topographie reliée d'Italie et du Midi.
Vg. Topographie reliée d'Allemagne et du Nord.
Vh. Topographie reliée des régions lointaines.

X. — GÉOGRAPHIE.

(Toute cette classe a été transportée aux Imprimés.)

Y. — BIBLIOGRAPHIE.

Ya. Histoire de l'art et Biographies des artistes.
Yb. Catalogues raisonnés des Collections et des Œuvres.
Yc. Catalogues et Inventaires du Cabinet.
Yd. Catalogues de vente d'Estampes, Dessins, Tableaux.
Ye. Catalogues de ventes de Livres.
Yf. Livres auxiliaires.

Duchesne évalue à 1,200,000 le nombre des Estampes contenues dans les 5,500 volumes ou portefeuilles.
Les Portraits, au nombre de 35,000, sont divisés, dans chaque pays, suivant leur état ou leur profession, et classés par ordre tantôt chronologique, tantôt alphabétique.
La suite des Costumes occupe 80 portefeuilles, et la Collection topographique 34.

397. — **Duchesne Aîné.** — Notice des estampes exposées à la Bibliothèque du roi; contenant des recherches historiques et critiques sur ces estampes et sur leurs auteurs; précédée d'un Essai sur l'Origine, l'Accroissement et la disposition méthodique du Cabinet des Estampes. — *A Paris, chez Leblanc, Delaunay*, 1819, in-8°, xx, et 96 p.

Rés. inv. **Q** 781 bis

Même ouvrage que le précédent, et même disposition. Dans cette édition on a intercalé, avant la Table alphabétique des noms et des matières, une « Table chronologique des graveurs dont les ouvrages sont décrits dans cette notice. »

398. —. — Notice des estampes exposées à la Bibliothèque du roi; contenant des recherches historiques et critiques sur ces estampes et sur leurs auteurs; précédée d'un Essai sur l'origine, l'accroissement et la disposition méthodique du Cabinet des estampes. — *Paris, chez de Bure frères*, 1823, in-8, xxiii et 119 p.

Inv. **Q** 7455 bis || *Rés. inv.* **Q** 782

L'avertissement est précédé d'une dédicace « A Monsieur Joly, conservateur de la Bibliothèque du Roi » signée Duchesne aîné.
Comme dans l'édition de 1819, l'Avertissement contient la disposition méthodique du Cabinet des Estampes; mais il faut remarquer que la note insérée à la suite de la lettre X « toute cette classe a été transportée au Département des Imprimés » est remplacée par celle-ci dans l'édition 1823 : « Les cinq premières divisions de cette classe ont été transportées au Département des Imprimés. »
Cette exposition comprend 207 numéros. Chacun des articles est accom-

pagné d'une notice explicative et a été classé d'après l'ordre chronologique de la naissance des graveurs.

A la fin du livret se trouve une table alphabétique des noms et des matières.

Il existe un autre tirage en grand papier; sur le titre, entre l'adresse et la date, on a ajouté : « 2ᵉ édition. »   Rés. inv. Q 783

399. — **Duchesne Ainé.** — Notice des estampes exposées à la Bibliothèque royale, formant un aperçu historique des produits de la gravure, avec des recherches sur l'origine, l'accroissement et la disposition méthodique du Cabinet des Estampes. Troisième édition. — *Paris, Charles Heideloff*, 1837, in-8°, xx-214 p.   V 7984

Voici, d'après l'« Avertissement », quel était le nombre des volumes ou portefeuilles pour chaque division du Cabinet des Estampes.

A. GALERIES, CABINETS ET COLLECTIONS DES SOUVERAINS ET DES PARTICULIERS; SINGULARITÉS DE L'ART DU DESSIN ET DE LA GRAVURE.

- Aa. Galeries et Cabinets de France, 181 vol.
- Ab. Galeries d'Italie et du midi de l'Europe, 133 vol.
- Ac. Galeries d'Allemagne et du Nord, 117 vol.
- Ad. Vitraux, Tapisseries, Singularités de l'art et ouvrages divers exécutés par des amateurs, 84 vol.

B. ÉCOLES D'ITALIE ET DU MIDI.

- Ba. École florentine, 49 vol.
- Bb. École romaine, 53 vol.
- Bc. École vénitienne, 34 vol.
- Bd. École lombarde, 61 vol.
- Be. École génoise, napolitaine, espagnole, 20 vol.

C. ÉCOLES GERMANIQUES.

- Ca. École allemande, 67 vol.
- Cb. École hollandaise, 69 vol.
- Cc. École flamande, 76 vol.
- Cd. École anglaise, 43 vol.

D. ÉCOLES FRANÇAISES.

- Da. École française ancienne, depuis l'origine jusqu'à Rigaud, en 1660, 97 vol.
- Db. École française intermédiaire, depuis Antoine Coypel, en 1661, jusqu'à Michel Vanloo, en 1707, 31 vol.
- Dc. École française moderne, depuis Joseph Marie Vien, en 1716, jusqu'à nos jours, 183 vol.

E. GRAVEURS.

- Ea. Graveurs anciens de divers pays, nommés *vieux maîtres*, 48 vol.
- Eb. Graveurs d'Italie, 71 vol.
- Ec. Graveurs allemands, hollandais, flamands, anglais, 128 vol.
- Ed. Graveurs français anciens, depuis l'origine jusqu'à Drevet fils, en 1697, 143 vol.
- Ee. Graveurs français intermédiaires, depuis Daullé jusqu'à Cochin fils, en 1715, 34 vol.
- Ef. Graveurs français modernes, depuis Surugue, en 1717, jusqu'à nos jours, 317 vol.

F. SCULPTURE.

- Fa. Œuvres des sculpteurs, 20 vol.
- Fb. Recueils de statues, 29 vol.
- Fc. Recueils de bas-reliefs, 25 vol.
- Fd. Recueils de pierres gravées, 23 vol.

G. Antiquités.

Ga. Collections générales, 87 vol.
Gb. Collections particulières, 69 vol.
Gc. Antiquités de Rome, 51 vol.
Gd. Antiquités de divers pays, 40 vol.
Ge. Médailles antiques, 16 vol.

H. Architecture.

Ha. Œuvres des architectes français, 186 vol.
Hb. Œuvres des architectes étrangers, 59 vol.
Hc. Grands monumens d'architecture, 44 vol.
Hd. Mélanges et détails d'architecture, 69 vol.

I. Sciences physico-mathématiques.

Ia. Arithmétique, Géométrie, Perspective, Mécanique, 33 vol.
Ib. Physique et Chimie, 4 vol.
Ic. Hydraulique, Navigation, Ponts et Chaussées, 29 vol.
Id. Art militaire, 36 vol.
Ie. Histoire militaire, 46 vol.

J. Histoire naturelle.

Ja. Traités généraux, 59 vol.
Jb. Zoologie, 90 vol.
Jc. Botanique, collections générales, 74 vol.
Jd. Botanique, collections particulières, 82 vol.
Je. Minéralogie, 13 vol.
Jf. Anatomie, 32 vol.

K. Arts académiques.

Ka. Éducation générale, Jeux instructifs, Thèses, 23 vol.
Kb. Principes d'écritures, caractères divers, 32 vol.
Kc. Principes de dessin, 51 vol.
Kd. Danse, musique, 4 vol.
Ke. Manège, équitation, 17 vol.
Kf. Escrime, maniement d'armes, 4 vol.
Kg. Course, Lutte, Natation, etc., 3 vol.
Kh. Jeux d'échecs, de cartes, etc., 19 vol.

L. Arts et Métiers.

La. Collection publiée par l'Académie des Sciences, 85 vol.
Lb. Agriculture, Économie, 4 vol.
Lc. Métiers divers, 103 vol.

M. Encyclopédies.

Ma. Encyclopédie par ordre alphabétique, 35 vol.
Mb. Encyclopédie méthodique. Sciences intellectuelles, 34 vol.
Mc. Encyclopédie méthodique. Sciences historiques, 24 vol.
Md. Encyclopédie méthodique. Sciences exactes, 46 vol.
Me. Encyclopédie méthodique. Sciences naturelles, 63 vol.

N. Portraits.

Na. Portraits de France, 102 vol.
Nb. Portraits d'Italie et du midi de l'Europe, 46 vol.
Nc. Portraits d'Allemagne, 64 vol.
Nd. Portraits d'Angleterre, du Nord et des régions lointaines, 39 vol.
Ne. Portraits reliés, collections générales, 99 vol.
Nf. Portraits reliés, collections particulières, 93 vol.

O. Costumes.

Oa. Costumes de France, 184 vol.
Ob. Costumes d'Europe, 132 vol.

Oc. Costumes d'ordres religieux et militaires, 31 vol.
Od. Costumes orientaux et des régions lointaines, 55 vol.
Oe. Costumes chinois, 80 vol.
Of. Costumes d'Amérique, d'Australie, etc., 4 vol.

P. Prolégomènes historiques.

Pa. Tables chronologiques et généalogiques, Calendriers, 22 vol.
Pb. Monnaies, Médailles modernes, Sceaux, 40 vol.
Pc. Blasons, 30 vol.
Pd. Cérémonies, fêtes publiques, 68 vol.
Pe. Pompes funèbres, 35 vol.

Q. Histoire.

Qa. Histoire ancienne, 2 vol.
Qb. Histoire de France, 86 vol.
Qc. Histoire d'Italie et du midi de l'Europe, 16 vol.
Qd. Histoire d'Allemagne et du Nord, 26 vol.
Qe. Livres historiques, 41 vol.

R. Hiérologie.

Ra. Bibles, 59 vol.
Rb. Ancien Testament, 11 vol.
Rc. Nouveau Testament, 31 vol.
Rd. Saints et Saintes, 62 vol.
Re. Liturgie, Histoire ecclésiastique, 18 vol.

S. Mythologie.

Sa. Collection mythologique, 66 vol.
Sb. Livres mythologiques, 25 vol.

T. Fictions.

Ta. Poèmes, 48 vol.
Tb. Théâtres, Romans, 51 vol.
Tc. Fables, Chansons, 38 vol.
Td. Allégories, Iconologie, 10 vol.
Te. Emblèmes mystiques et moraux, 53 vol.
Tf. Rébus, Calembourgs, Jeux d'esprit, Caricatures, 70 vol.

U. Voyages.

Ua. Voyages historiques, 45 vol.
Ub. Voyages pittoresques en Europe, 97 vol.
Uc. Voyages pittoresques en Asie, Afrique, etc., 53 vol.

V. Topographie.

Va. Topographie de France, 210 vol.
Vb. Topographie d'Italie et du Midi de l'Europe, 80 vol.
Vc. Topographie d'Allemagne et du Nord, 70 vol.
Vd. Topographie d'Asie, Afrique et Amérique, 20 vol.
Ve. Topographie reliée de France, 104 vol.
Vf. Topographie reliée d'Italie et du Midi, 70 vol.
Vg. Topographie reliée d'Allemagne et du Nord, 100 vol.
Vh. Topographie reliée d'Asie, etc., 10 vol.

X. Géographie[1].

Xa. Cartes de France.
Xb. Cartes de l'Italie et du midi de l'Europe.
Xc. Cartes de l'Allemagne et du nord de l'Europe.
Xd. Cartes de l'Asie, d'Afrique et d'Amérique.
Xe. Cartes hydrographiques, etc.

---

1. Cette partie n'est encore classée que provisoirement, et le nombre des portefeuilles ne peut être fixé maintenant.

Xf. Atlas généraux, 47 vol.
Xg. Atlas particuliers, 27 vol.
Xh. Atlas hydrographiques et astronomiques, 20 vol.

Y. Bibliographie.

Ya. Histoire de l'art et biographie des artistes, 92 vol.
Yb. Catalogues raisonnés des collections et des œuvres d'artistes, 102 vol.
Yc. Catalogues divers et inventaires du Cabinet des Estampes, 68 vol.
Yd. Catalogues de ventes d'estampes, dessins, tableaux, 169 vol.
Ye. Catalogues de ventes de livres, 108 vol.
Yf. Livres auxiliaires, 62 vol.

On peut évaluer à 1,200,000 le nombre des estampes contenues dans près de 8,000 volumes ou portefeuilles dont nous venons de donner la classification.

Le catalogue se compose de 365 articles avec notices.

400. — **Duchesne Aîné.** — Bibliothèque royale. Observations sur les catalogues de la collection des estampes. — *Paris, imp. de Gab. Jousset*, mars 1847, in-8°, 8 p.   Rés. inv. Q 816 || Q 739 ou inv. Q 738

Ce n'est qu'un extrait de la « Notice des estampes exposées à la Bibliothèque du roi, » par le même. Il contient un sommaire des accroissements du Cabinet et un « Rapport fait à M. le Directeur de la Bibliothèque royale en février 1847, sur le plan d'un Catalogue général des estampes. »

401. —. — Notice des estampes exposées à la Bibliothèque du roi; contenant des recherches historiques et critiques sur ces estampes et sur leurs auteurs; précédée d'un essai sur l'origine, l'accroissement et la disposition méthodique du Cabinet des Estampes. — *Paris, de Bure frères*, 1823, in-8°, xxiii, 119 p.

Rés. Q 739 ou inv. Q 738

Cette notice se compose de 207 numéros et se termine par une table alphabétique des noms et des matières.

402. —. — Recherches sur une ancienne galerie du palais Mazarin où se trouve maintenant le département des Estampes de la Bibliothèque impériale. — *Paris, Jules Renouard*, 1854, in-8°, 16 p.   Lj

Extrait de la *Notice des estampes exposées à la Bibliothèque impériale*, édition de 1854.
Description de cette galerie et recherches sur les modifications que cette partie des bâtiments de la Bibliothèque a subies.

—. — Voyez : Jeux de cartes tarots.

Duchesne (Jean). — Voyez : l'Opéra, le Trésor et la Bibliothèque du Roi.

403. — **Dufour (Ch.).** — Pouillé des manuscrits, composant la collection de dom Grenier, sur la Picardie, à la Bibliothèque du Roi. — *Amiens, imp. de Ledien fils*, 1839, in-8°, 90 p.   Rés. inv. Q 798

Extrait du T. II des *Mémoires de la Société des antiquaires de Picardie*, p. 384-474.

Commencée vers 1740 par dom Moupé, administrateur du temporel de l'abbaye de Corbie, cette collection fut continuée par dom Grenier, natif de Corbie et moine de l'abbaye de Saint-Germain des Prés. Elle se compose de trente paquets dont chacun est subdivisé en un certain nombre de liasses. Cet ordre a été conservé dans l'inventaire.

Du Fresne d'Aubigny. — Voyez : Mémoire sur les manuscrits de M. Du Cange.

Dugat (Gustave). — Voyez : Notices et extraits des mss. de la B. N... Table alphabétique.

404. — **Dulaurier (Ed.).** — Mémoires, lettres et rapports sur le cours de langues malaye et javanaise fait à la Bibliothèque royale pendant les années 1841-1842, 1842-1843, et sur deux voyages littéraires entrepris en Angleterre sous les auspices de M. le Ministre de l'Instruction publique et de l'Académie royale des inscriptions et belles-lettres pendant les années 1838 et 1840, par Édouard Dulaurier. — *Paris, Benjamin Duprat*, 1843, in-8°, 139 p.
                   X 1609

405. — **Du Mersan (Marion).** — Description d'un médaillon inédit de la ville d'Éryx. — *Paris, imp. de J.-B. Sajou*, 1810, in-8°, 14 p.
                   Rés. Z 2251

Extrait du *Magasin encyclopédique* (août 1810).
Ce médaillon est au Cabinet des Médailles.

406. —. — Description d'une médaille inédite de l'île de Scyros. — *Paris, Merlin*, 1832, in-8°, p.
                   Rés. Z 2251

Extrait de la *Revue encyclopédique*.
Apportée en France par le voyageur anglais Sams, cette médaille d'argent, de six lignes de diamètre, a été achetée par le Cabinet des Médailles en mai 1830. Elle représente une tête de Thésée, barbue, casquée, à gauche.

407. —. — Description de médailles antiques, Grecques et Romaines, avec leur degré de rareté et leur estimation... par T. E. Mionnet. Supplément. T. III. — *Paris, imp. Rignoux*, (s. d.), in-8°, 8 p.
                   Rés. Z 2251

Extrait de la *Revue encyclopédique* (T. XXV), janvier 1825.
Compte rendu.

408. —. — Description des médailles Cistophores du Cabinet de France. (Extrait du *Cabinet de l'Amateur et de l'Antiquaire*, 4° année, 6° livraison.) — *Paris, Techener*, 1845, in-8°, 23 p.
                   Cabinet des Médailles.

Les p. 9 et suivantes contiennent le « Catalogue des médailles Cistophores du Cabinet de France. »

409. —. — Médaille Cistophore inédite de Thyatire de Lydie. Extrait de la *Revue numismatique*, 1846. Tiré à 12 exemplaires. — *Blois, E. Dezairs*, 1846, in-8°, 4 p., 1 pl.   Cabinet des Médailles.

410. — **Dumersan (Marion)**. — Description des médailles antiques du cabinet de feu M. Allier de Hauteroche,... avec seize planches gravées ; précédée d'une notice et accompagnée de notes archéologiques. — *Paris, chez M. Mldy d'Ermesnil et Debure frères*, 1829, in-4°, XII, 140 p. et 16 pl.

J 1195 ou inv. J 492.

Louis Allier de Hauteroche, né à Lyon en 1766, voyagea en Grèce, en Égypte et fut consul dans le Levant. Sa remarquable collection de médailles comptait plus de 5,000 pièces, dont 325 étaient en or. A la vente de ce médaillier le Cabinet des antiques acheta 182 médailles estimées valoir 20,000 fr.

411. —. — Description des médailles antiques, grecques et romaines, avec leur degré de rareté et leur estimation, de T. E. Mionnet. — *Paris*, (1837), in-8°, 7 p.

Extrait de la *Revue numismatique* et tiré à 6 exemplaires.

412. —. — Empreintes polychromes, ou camées coloriés, imitant les pierres gravées antiques. — *Paris, Journé*, 1825, in-18, 19 p.

Rés. Z 224
A.f.

Ces empreintes polychromes sont la reproduction de camées du Cabinet des médailles.
Les pages 11-19 de l'opuscule de Dumersan donnent, avec le prix de vente, la liste des empreintes que le public peut acheter.

413. —. — Extrait du *Magasin encyclopédique*, numéro de février 1811, p. 438. — Galerie mythologique. Recueil de Monumens pour servir à l'étude de la Mythologie, de l'Histoire de l'art... des Anciens... par A. L. Millin... T. I. — *Paris*, 1811. — (S. l. n. d.), in-8°, 7 p.

Rés. Z 224
A.f.

Compte rendu.

414. —. — Guide des curieux et des étrangers dans les bibliothèques publiques de Paris. Ouvrage dans lequel on trouve la Description des objets les plus curieux que renferme chacune des six bibliothèques publiques de Paris, les jours et heures de leur ouverture, une Notice historique sur leur fondation et leurs accroissemens successifs, etc., etc. Quatrième édition. — *Paris, chez les marchands de nouveauté*, 1810, in-12, 48 p.

Inv. Q 782.

415. —. — Histoire du Cabinet des médailles, antiques et pierres gravées ; avec une notice sur la Bibliothèque royale et une description des objets exposés dans cet établissement. — *Paris, chez l'auteur*, 1838, in-8°, I-IV, 192 p.

Δ 25 || Rés. inv. Q 795.

Se divise en 2 parties.
La première contient la description des monuments : fauteuil de Dagobert, armures, vases peints, bustes et vases, bouclier dit de Scipion, Bouclier d'Annibal, diptyques, jeux d'échecs, monument babylonien, tombeau de Childéric, émaux, monuments chrétiens, sceaux, poids, sculptures en bois, médailles, bijoux, bronzes, pierres gravées, intailles, pierres gravées antiques et imitées

de l'antique, camées antiques et modernes, gravures sur coquilles, verre antique. On y trouve aussi avec un sommaire des objets exposés dans les galeries des livres imprimés, galerie du Parnasse, une notice sur le Dépt des Mss., le Cabinet des estampes, cartes et plans, la salle des Globes, la salle du Zodiaque et sur la bibliothèque royale en général.

La seconde partie est entièrement consacrée à l'Histoire du Cabinet des médailles.

416. — **Dumersan (Marion)**. — Médailles inédites ou nouvellement expliquées, publiées par M. Du Mersan,... — *Paris, chez l'auteur*, 1832, in-8°, 80 p. et 9 pl. Inv. J 15034

Ce recueil contient :
1° Médaille inédite, d'argent, de l'île de Scyros. Apportée en France par le voyageur anglais Sams, elle fut acquise par le Cabinet de France en mai 1830.
2° Médaille inédite, d'argent, de Glanum, ancienne ville de la Gaule narbonnaise.
3° Médaille de bronze de Madytus, ville de la Chersonèse de Thrace. Il en existe deux exemplaires au Cabinet.
4° Médaille inédite de bronze d'Anticyra, ville de la Phocide. Acquise de M. de Cadalvène en 1832.
5° Médaille de bronze de Cytinium, ville de la Doride. Possédée par le Cabinet.
6° Médaille inédite, de bronze, de Limyra, ville de la Lycie.
7° Médaillon inédit, d'argent, de la ville d'Eryx, en Sicile, deux exemplaires au Cabinet.
8° Médailles incertaines, attribuées jusqu'à présent à Maronea de Thrace. Une au Cabinet des médailles.
Les médailles reproduites ont été dessinées et gravées par M. Muret, dessinateur du Cabinet des médailles de la B. R.

417. —. — Notice abrégée des principaux monumens exposés dans le Cabinet des médailles, antiques et pierres gravées de la Bibliothèque royale. — *Paris, chez l'auteur*, 1833, in-18, 22 p. Rés. Inv. Q 778

Le titre de départ porte : « Notice sur la Bibliothèque royale. »
Les 16 premières pages sont consacrées à l'exposition du Cabinet des médailles. Les autres contiennent une notice fort sommaire des départements des Imprimés, des Manuscrits et des Estampes.

418. —. — Notice des monumens exposés dans le cabinet des médailles, antiques et pierres gravées de la Bibliothèque du roi; suivie d'une description des objets les plus curieux que renferme cet établissement, des notes historiques sur sa fondation, ses accroissements, etc., etc. Par M. Dumersan, nouvelle édition, augmentée. *Paris, M. Journé*, 1824, in-8°, 88 p. 42 pl. Rés. Inv. Q 776

— Id. — *Paris, M. Journé*, 1825, in-8°, 44 p. Rés. Inv. Q 777
Cette édition ne contient aucune planche.

. Id. — *Paris, chez l'auteur*, 1828, in-8°, 62 p. Δ 23 ‖ Inv. J 15041 ‖ Inv. J 15035

419. —. — Notice des monumens exposés dans le cabinet des médailles et antiques de la bibliothèque du roi; suivie d'une Description des objets les plus curieux que renferme cet établissement, de Notes

historiques sur sa fondation, ses accroissemens, etc., etc., et d'un catalogue d'empreintes de pierres gravées. — *Paris, M. Journé*, 1819, in-8°, 76 p. et 12 pl.   Rés. inv. Q 773 || A 23

    Le titre de départ porte : « Notice sur la Bibliothèque du roi. Cabinet des médailles et antiques. »
    Les 50 premières pages sont consacrées à la description des articles exposés. Les p. 51-53 contiennent la Notice historique sur le Cabinet des Médailles. A la suite se trouvent les Notices sur le Département des livres imprimés, le Département des manuscrits et le Cabinet des estampes. Enfin les pages 68 à 76 contiennent un « Catalogue d'un choix d'empreintes de pierres gravées du Cabinet du roi. » (244 articles.) Il existe de cette édition un autre tirage ayant mêmes date et titre, mais sans nom d'auteur et sans figure, in-12, 76 p.

420. — **Du Mersan (Marion).** — Notice des monuments exposés dans le Cabinet des médailles, antiques et pierres gravées, et dans la Bibliothèque royale, avec l'histoire du Cabinet des médailles, et une notice abrégée sur les départements des livres imprimés, des manuscrits, et du Cabinet des estampes, cartes et plans. Nouvelle édition, considérablement augmentée. — *Paris, chez l'auteur*, 1840, in-8°, XVI et 191 p.   Rés. inv. Q

    Dumersan passe en revue les articles exposés par le Cabinet, savoir : le fauteuil de Dagobert, des armures, des bustes, les boucliers *dits* de Scipion et d'Annibal, des diptyques, des jeux d'échecs, le monument babylonien, le tombeau de Childéric, l'apothéose d'Auguste, des bijoux d'or, des médailles, des bronzes, des monuments d'argent, des pierres gravées, des intailles, le cachet de Michel-Ange, des camées, des cylindres persépolitains et égyptiens, des verres et miroirs antiques; il décrit le Parnasse français, le Cabinet des manuscrits, celui des estampes, cartes et plans, la salle des Globes, la salle du Zodiaque.
    La seconde partie, c'est-à-dire les pages 145-191, est consacrée à l'histoire du Cabinet des médailles.

421. — — Notice des monumens exposés dans le Cabinet des médailles et antiques de la Bibliothèque du roi; suivie d'une description des objets les plus curieux que renferme cet établissement, de notes historiques sur sa fondation, ses accroissemens, etc., etc. Nouvelle édition, accompagnée d'un Recueil de planches représentant les monumens les plus intéressants de ce Cabinet. — *Paris, Journé*, 1822, in-12, 71 p.
                                                                       Rés. inv. Q

    Le présent opuscule est la simple réimpression de la *Notice* de 1819.
                                                                        Rés. inv. Q

    Il existe un autre tirage de 60 p., daté 1824, sur le titre duquel ne figurent pas les mots « Accompagnée d'un recueil de planches... » — *Paris*, 1824, in-12, 76 p.   Rés. inv.

422. — Notice sur la Bibliothèque royale et particulièrement sur le Cabinet des médailles, antiques et pierres gravées; avec une description des objets les plus curieux que renferme cet Établissement, des notes historiques sur sa fondation, ses accroissemens, etc.

onzième édition, corrigée et augmentée. — *Paris, chez l'auteur*, 1836, in-8°, 59 p. Rés. inv. Q 779

Le titre de départ porte : « Notice sur la Bibliothèque royale. »
On trouve, en tête de cette notice, une « Table des planches de la Notice du Cabinet des Médailles. » (23 pl.)
Le livret se divise en vingt chapitres :
Cabinet des Médailles. I. Objets exposés sur les médailliers et autour de la salle. II. Armoire vitrée. III. Montre vitrée sur le grand médaillier au milieu de la salle. IV. Montres de bijoux aux deux extrémités du grand médaillier au milieu de la salle. V. Montres de médailles sur le grand médaillier du milieu. VI. Pierres gravées, montres placées dans les embrasures des croisées. VII. Intailles antiques. VIII. Intailles imitant l'antique. IX. Intailles modernes. X. Mélange de pierres gravées, pâtes de verres, ivoires, bronzes, etc. XI. Camées. XII. Camées romains antiques. XIII. Camées modernes. XIV. Salle du Zodiaque. XV. Histoire abrégée du Cabinet des médailles. XVI. Objets exposés dans les galeries des livres imprimés. XVII. Salle des globes. XVIII. Histoire abrégée de la Bibliothèque. XIX. Département des manuscrits. XX. Cabinet des estampes, cartes et plans. — Supplément. Pierre babylonienne.

—. — Id. — 12e édition corrigée et augmentée. — *Paris*, l'auteur, 1836, in-8°, 59 p.
J 1747 ou inv. J 15242

423. — **Dumersan** (T. M.). — Notice sur la description des médailles antiques, de M. Mionnet, et sur les estimations des médailles, en général (Extrait de la *Revue encyclopédique*, t. XVII). — *Paris, imp. de Hocquet*, 1823, in-8°, 8 p. Rés. Z 2251

424. —. — Notice sur le Zodiaque de Dendera et sur son transport en France, avec un résumé des principales opinions et des systèmes les plus remarquables des antiquaires, des géomètres et des astronomes, sur ce monument. — *Paris, Journé*, 1824, in-12, II, 58 p. et 2 pl. Rés. inv. Q 786

Dumersan donne quelques renseignements historiques sur l'ancienne Tentyris, et rappelle comment a été découvert le Zodiaque de Dendera.
Ce temple, contenait deux zodiaques; le premier était placé à l'entrée, sous le portique; le second, celui qui est maintenant à la B. N., et a été payé 150,000 fr., était encastré dans le plafond d'une pièce intérieure ne recevant de lumière que par la porte. Dumersan décrit ce zodiaque. Il cite ensuite les opinions de Dupuis, de Visconti appuyé par de Lalande, celles de Halma, de St-Martin, de Biot, la réfutation de Champollion, l'opinion de Francœur, une autre réfutation par Champollion, les lettres de Burckardt et Coraboeuf, l'opinion de Jomard, de Leprince, Paravey et Lenoir.
Une seconde édition augmentée de plusieurs figures a paru chez Journé en 1825. Rés. inv. Q 787

425. —. — Silène précepteur des amours. Camée antique inédit du Cabinet du roi de France. Avec une jolie gravure en taille douce, par feu St-Aubin. — *Paris, Journé*, 1824, in-8°, 14 p., 1 pl.
Rés. Z 2253

Ce camée des beaux temps de l'art a près de 15 lignes sur 13 de diamètre; le fonds est une belle sardoine d'un brun clair; les figures sont d'un blanc un peu jaunâtre.
C'est le n° 39 du *Catalogue général des camées* de M. Chabouillet.

— 200 —

426. — **Du Molinet** (r. p. Claude). — Le Cabinet de la bibliothèque de Sainte-Geneviève, divisé en deux parties, contenant les Antiquitez de la Religion des Chrétiens, des Egyptiens et des Romains; des Tombeaux, des Poids et des Médailles; des Monnoyes; des Pierres antiques gravées, et des Minéraux; des Talismans, des Lampes antiques, des Animaux les plus rares et les plus singuliers, des coquilles les plus considérables, des Fruits étrangers, et quelques Plantes exquises. — *Paris, Antoine Dezallier,* 1692, in-fol., 224 p. 45 pl.   **J** ₍₎ ou Inv. J ₍₎

> En 1791, après la suppression des congrégations religieuses, des voleurs s'introduisirent dans le cabinet des antiques de l'abbaye de Ste-Geneviève et essayèrent de s'emparer du médailler. La Commission exécutive de l'Instruction publique rendit alors un arrêté ordonnant la réunion de ce cabinet à celui de la B. N. qui reçut ainsi plus de 7,000 médailles romaines (dont 842 en or, 1,625 en argent, 5,439 en grand, moyen et petit bronze) et environ 10,000 médailles de peuples, villes et rois, de médailles modernes, de sceaux et de jetons.

427. — **Dunoyer** (Charles). — La bibliothèque du roi. — *Paris, imp. H. Fournier,* (1839), in-8°, 27 p.   **Lf** $^{247}_{34}$

> Dunoyer indique quelle résistance irrégulière les conservateurs de la Bibliothèque opposent à l'Ordonnance du 22 février 1839; il expose le caractère légal et régulier de la réforme accomplie, la nécessité qu'il y avait de faire ce qui a été fait. Puis il analyse et défend les principales dispositions de l'Ordonnance : nouvelles divisions et subdivisions de la Bibliothèque; réduction du nombre des conservateurs; séparation fondamentale, dans le nouveau régime, de la délibération, de l'administration et de la comptabilité; attributions données aux divers pouvoirs créés par l'Ordonnance; mode de nomination aux divers emplois; traitements; difficultés financières; règles substituées par l'Ordonnance à celles relatives au prêt et aux dons. Il conclut en demandant que le gouvernement maintienne les réformes et ne permette à personne de cumuler à la Bibliothèque, les fonctions de conservateur et d'administrateur.

428. — — La bibliothèque du roi. Note publiée en 1839 par M. Ch. Dunoyer nommé administrateur général par l'Ordonnance royale du 22 février, démissionnaire le 29 juin. Nouvelle édition, enrichie de quelques pièces justificatives, accompagnée de quelques notes explicatives. — *Paris, typ. Lacrampe,* avril 1847, in-8°, 47 p.

Lf $^{247}_{34}$ ‖ *Rés.* inv. **Q** ₅₁₇

> Réimpression de la *Note* de 1839. Outre l'*Avis préliminaire*, cette édition est accompagnée des *Pièces* justificatives suivantes : 1° Projet de l'empereur Napoléon touchant la B. I. Copie d'une note dictée par Napoléon dans la séance du Conseil du 27 août 1807. — 2° Organisation de la B. N. Décret de l'an IV. — 3° État du personnel de la Bibliothèque en 1847. — 4° Importance du Département des livres imprimés. — 5° A propos de *Catalogue* et d'*Inventaire*. — 6° Sur le Département des Estampes et cartes, et la grande Description de l'Égypte. 7° Tout est connu à la B. R. 8° D'une date et de quelque autre chose encore.

429. — **Duplessis** (Georges). — Le Cabinet du roi. Collection d'estampes commandées par Louis XIV (Extrait du *Bibliophile français*). — *Paris, Bachelin-Deflorenne,* 1869, in-4°, 21 p.   4° **V Pièce.** ₍₎

La collection d'estampes connue sous le nom de *Cabinet du Roi* se compose de 23 volumes comptant en tout 956 planches. Le roi de France la destinait à être donnée en présent aux souverains étrangers et aux hommes distingués qu'il voulait récompenser. Ces volumes parurent d'abord isolément. Le dépôt était à la B. R., mais la vente se faisait chez Sébastien Cramoisy qui avait, comme directeur de l'Imprimerie royale, la haute main sur le texte qui accompagnait les planches. En 1727, le *Cabinet du Roi* fut constitué en recueil et tiré sur un papier d'égale grandeur; le texte ayant été presque complètement supprimé, la B. R. devint seule propriétaire de l'ouvrage et eut seule à s'occuper de cette publication royale. En 1812, toutes les planches gravées furent transportées au musée du Louvre où elles se trouvent encore aujourd'hui.

430. — **Duplessis (Georges).** — Catalogue de la collection de pièces sur les beaux-arts, imprimées et manuscrites, recueillie par Pierre-Jean Mariette, Charles-Nicolas Cochin et M. Deloynes, auditeur des Comptes, et acquise récemment par le département des Estampes de la Bibliothèque nationale. — *Paris, Alphonse Picard*, 1881, in-8°, 224 p.   Q 1591

Extrait du *Cabinet historique*, t. 26.
Cette collection se compose de 63 volumes. Elle contient les livrets des expositions de l'Académie royale de 1673 à 1808. Le catalogue compte 2,069 articles et se termine par une table des matières.

431. —. — Un curieux du XVIIᵉ siècle, Michel Bégon, intendant à la Rochelle. Correspondance et documents inédits recueillis, publiés et annotés par Georges Duplessis. Avec un portrait gravé à l'eau-forte par P. Sellier. — *Paris, Auguste Aubry*, 1874, in-8°, XVI, 144 p.
          Ln 27

De la riche réunion de curiosités que M. Bégon avait possédées, il ne reste plus aujourd'hui que la collection d'estampes acquise par le roi de France le 23 avril 1770. Tout le reste a été dispersé et vendu.
Quand on proposa au roi d'acquérir cette collection, Hugues Adrien Joly, garde de la B. R., fut chargé d'en faire l'estimation. L'inventaire sommaire qui fut dressé montre que : « La collection de Bégon comprenait : 8,133 portraits, estimés, par Joly, 2,706 liv. 10 s. ; 15,688 estampes par ou d'après les maîtres, estimées 11,065 liv. et 925 cartes géographiques, pièces topographiques ou hydrographiques, estimées 2,710 liv. Ces 24,746 pièces, estimées une valeur totale de 16,481 liv. 10 sols, furent soldées moyennant une rente de 2,000 livres qui fut faite à Michel Bégon le fils. »
Les pièces qui composaient cet important cabinet ont été distribuées, au Dépt des Estampes, dans les divers recueils qui les concernaient spécialement.

432. —. — Le département des Estampes à la Bibliothèque impériale, son origine et ses développements successifs. — *Paris, imp. J. Claye*, 1860, gr. in-8°, 20 p.   Rés. Q ou Rés. inv. Q

Extrait de la *Gazette des Beaux-arts*, du 1ᵉʳ août 1860.
Résumé de l'histoire du département des Estampes.

433. —. — Inventaire de la collection d'estampes relatives à l'histoire de France léguée en 1863 à la Bibliothèque nationale, par

M. Michel Hennin. — *Paris, Alphonse Picard*, 1877-1885, 5 vol. in-8°,
T. I, viii, 479 p. — T. II, 464 p. — T. III, 449 p. — T. IV, 488 p. — T. V
(Table), 428 p. 8° V 1373

  Composée de 14,807 articles numérotés, cette collection est contenue dans
169 volumes où toutes les pièces sont classées par ordre chronologique, depuis
l'an 481 jusqu'à 1851. L'inventaire se termine par une Table alphabétique.

  434. — **Duplessis (Georges).** — Michel de Marolles, abbé de Villeloin, amateur d'estampes (Extrait de la *Gazette des Beaux-Arts* (liv. de
juin 1869). — *Paris, imp. J. Claye*, 1869, gr. in-8°, 12 p. Ln 27

  Cette notice biographique donne de nombreux détails sur la collection de
M. de Marolles qui fut achetée par Colbert pour le Roi en 1667. Le prix,
26,000 livres, fut payé le 18 juin 1668.

  L'inventaire ms. de cette collection, composée de 440 volumes contenant
environ 125,000 estampes, existe au Cabinet des estampes, sous la cote
Ye, 12, 13, 14, 15.

  435. — —. — Rapport de M. G. Duplessis, conservateur du département
des Estampes, à M. l'Administrateur général de la Bibliothèque nationale. — *Lille, imp. Danel* (s. d.), in-8°, 13 p. 8° Q Pièce.

  Les collections du département des Estampes occupent une étendue de
1,128 mètres, dont 29m50 sont consacrés à la réserve.

  Voici la nomenclature de toutes les divisions qui le composent et l'indication du nombre de mètres occupés par chaque grande division.

Lettre A. — Galeries de France et de l'étranger, monuments divers de l'art,
   tels que les tapisseries, les vitraux, les miniatures ; 37m90.
 — B. — Œuvres des peintres de l'école italienne, 11m20.
 — C. — Œuvres des peintres des écoles allemande, hollandaise, flamande,
   anglaise, 8m30.
 — D. — Œuvres des peintres de l'école française, 49m45.
 — E. — Œuvres des graveurs (Cette lettre se divise en 6 sections). 66m40
 — F. — Œuvres des sculpteurs, 6m20.
 — G. — Antiquités de toute nature, 21m40.
 — H. — Architecture, 25m40.
 — I. — Sciences exactes et art militaire, 9m50.
 — J. — Histoire naturelle, 14m90.
 — K. — Se subdivise en 8 sections : Ka. Éducation, jeux instructifs, thèses.
   — Kb. Écriture, imprimerie. — Kc. Dessin. — Kd. Danse, musique.
   — Ke. Masques, courses de chevaux. — Kf. Escrime, maniement
   des armes. — Kg. Courses, luttes, natation, gymnastique, billard.
   Kh. Jeux d'échecs, de cartes, etc., 16m20.
 — L. — Industrie. — Se subdivise en 3 sections. La. Arts et métiers (en
   collection). — Lb. Agriculture, commerce, change. — Lc. Métiers,
   classés par ordre alphabétique. 16m10.
 — M. — Uniquement occupée par l'Encyclopédie méthodique de Panckoucke
   et le Dictionnaire raisonné des sciences, des arts et des lettres de
   Diderot et d'Alembert, 35 vol., 10m.
 — N. — Portraits, 83m. — Cette lettre se compose de quelques recueils de
   portraits de la collection réunie par Lallemand de Betz, qui
   comprend 29 vol. et de la série générale des portraits classés par
   ordre alphabétique, laquelle occupe 877 reliures mobiles. Ce dernier recueil, qui s'accroît tous les jours, contient actuellement
   plus de 250,000 portraits.
 — O. — Costumes et estampes relatives aux mœurs, 35m50.
 — P. — Cérémonies officielles, fêtes publiques, funérailles, tombeaux, 17m40.

Lettre Q. — Histoire, 29^m 40. La partie relative à l'histoire de France se compose de 198 vol. recueillis par M. de Fontette et continués jusqu'à nos jours, et des 169 vol. légués par Michel Hennin à la Bibliothèque en 1863.

— R. — Hiérologie, recueils factices de pièces sur l'ancien et le nouveau Testament ; représentations de saints et de saintes, classés par ordre alphabétique, 11^m 30.

— S. — Mythologie, recueil factice sur l'histoire fabuleuse, 4^m 80.

— T. — Fictions. Se subdivise en 6 sections : Ta. Poèmes. — Tb. Théâtres, romans. — Tc. Fables, chansons. — Td. Allégories. — Te. Emblèmes mystiques et moraux. — Tg. Rébus, caricatures, 18^m 50.

— U. — Voyages, 18^m 30.

— V. — Topographie, recueils factices de vues et de plans de villes, de monuments classés selon l'ordre géographique, 65^m 70.

— X. — Ouvrages sur l'histoire de la géographie et atlas, 4^m 80.

— Y. — Bibliographie, 102^m 90.

— Z. — Comprend la collection de M. Achille Devéria, acquise par le département des Estampes en 1858, composée de pièces de toute nature classées par ordre alphabétique ; plus la collection Gentil formée de gravures en bois, extraites de tous les recueils du temps et classée par ordre alphabétique des graveurs, 37^m.

Les suppléments aux œuvres des artistes, montés dans des reliures mobiles, occupent 32^m 30.

Les suppléments en portefeuille des œuvres des artistes et des pièces classées méthodiquement occupent 203^m 40.

A la fin de ce rapport on trouve

APPENDICE A.

Liste des estampes exposées temporairement dans la première salle du département des estampes (35 art.)

APPENDICE B.

Liste des catalogues imprimés, sous presse ou en préparation du département des estampes.

APPENDICE C.

Liste des principales collections ou des estampes entrées à la Bibliothèque nationale de 1858 à 1885, pendant la direction de M. le vicomte Henri Delaborde. (Acquisitions et dons.)

Parmi les plus nombreuses de ces collections, il faut citer : 66 volumes contenant plus de 2,000 pièces imprimées ou manuscrites sur l'histoire de l'art ou des artistes français depuis 1673 jusqu'en 1808, recueil formé par Mariette, Ch. Nic. Cochin et continué par Deloyne. — 135 pl. gravées en bois au XVIe siècle. Estampes de l'école française inconnues à la plupart des historiens de l'art. — 900 lithographies de Gavarni dont 297 avant la lettre. — 254 dessins à la plume ou coloriés provenant de la collection Gaignières. — Legs de la collection de M. Michel Hennin (169 vol. in-fol.) — Don de 468 épreuves avant la lettre de lithographies exécutées par Gavarni père. — 600 pièces gravées en bois et tirées sur papier de Chine d'après des dessins d'A. Raffet. — Legs de M. Gatteaux, 596 pièces. — Don d'Auguste Barbier (1,360 lithographies des maîtres contemporains). — 1,043 pièces provenant de la bibliothèque du Comité des travaux historiques. — Legs du Comte de Bastard 543 calques de lettres initiales... d'après des miniatures du VIIIe au XIVe siècle. — Legs de M. Edouard Fleury (11,443 gravures, lithographies ou photographies relatives à la topographie ou à l'histoire du département de l'Aisne.

436. — **Duplessis**(Georges). — Roger de Gaignières et ses collections iconographiques. Extrait de la *Gazette des beaux-arts* (Livraison de mai 1870.) — *Paris, imp. de J. Claye*, 1870, in-4°, 24 p. Ln $\frac{27}{35.87}$

M. Michel Hennin. — *Paris, AlphonsePicard*, 1877-1885, 5 vol. in-8°, T. I, VIII, 479 p. — T. II, 464 p. — T. III, 449 p. — T. IV, 488 p. — T. V (Table), 428 p.   8° **V** 13?

    Composée de 14,897 articles numérotés, cette collection est contenue dans 169 volumes où toutes les pièces sont classées par ordre chronologique, depuis l'an 481 jusqu'à 1831. L'inventaire se termine par une Table alphabétique.

434. — **Duplessis (Georges)**. — Michel de Marolles, abbé de Villeloin, amateur d'estampes (Extrait de la *Gazette des Beaux-Arts* (liv. de juin 1869). — *Paris, imp. J. Claye*, 1869, gr. in-8°, 12 p.   **Ln** 27

    Cette notice biographique donne de nombreux détails sur la collection de M. de Marolles qui fut achetée par Colbert pour le Roi en 1667. Le prix, 26,000 livres, fut payé le 1s juin 1668.
    L'inventaire ms. de cette collection, composée de 440 volumes contenant environ 125,000 estampes, existe au Cabinet des estampes, sous la cote Yc, 12, 13, 14, 15.

435. —. — Rapport de M. G. Duplessis, conservateur du département des Estampes, à M. l'Administrateur général de la Bibliothèque nationale. — *Lille, imp. Danel* (s. d.), in-8°, 13 p.   8° **Q** Pièce. 4?

    Les collections du département des Estampes occupent une étendue de 1,128 mètres, dont 29m30 sont conservés à la réserve.
    Voici la nomenclature de toutes les divisions qui le composent et l'indication du nombre de mètres occupés par chaque grande division.

Lettre A. — Galeries de France et de l'étranger, monuments divers de l'art, tels que les tapisseries, les vitraux, les miniatures ; 37m90.
— B. — Œuvres des peintres de l'école italienne, 11m20.
— C. — Œuvres des peintres des écoles allemande, hollandaise, flamande, anglaise, 8m30.
— D. — Œuvres des peintres de l'école française, 49m45.
— E. — Œuvres des graveurs (Cette lettre se divise en 6 sections), 66m40.
— F. — Œuvres des sculpteurs, 6m20.
— G. — Antiquités de toute nature, 21m40.
— H. — Architecture, 24m40.
— I. — Sciences exactes et art militaire, 9m40.
— J. — Histoire naturelle, 10m90.
— K. — Se subdivise en 8 sections : Ka. Éducation, jeux instructifs, thèses — Kb. Écriture, imprimerie. — Kc. Dessin. — Kd. Danse, musique — Ke. Manèges, courses de chevaux. — Kf. Escrime, maniement des armes. — Kg. Courses, luttes, natation, gymnastique, billard Kh. Jeux d'échecs, de cartes, etc., 16m20.
— L. — Industrie. — Se subdivise en 3 sections. La. Arts et métiers (en collection). — Lb. Agriculture, commerce, change. — Lc. Métiers, classés par ordre alphabétique. 16m40.
— M. — Uniquement occupée par l'Encyclopédie méthodique de Panckoucke et le Dictionnaire raisonné des sciences, des arts et des lettres de Diderot et d'Alembert, 35 vol., 10m.
— N. — Portraits. 85m. — Cette lettre se compose de quelques recueils de portraits de la collection réunie par Lallemand de Betz, qui comprend 29 vol. et de la série générale des portraits classés par ordre alphabétique, laquelle occupe 877 reliures mobiles. Ce dernier recueil, qui s'accroît tous les jours, contient actuellement plus de 250,000 portraits.
— O. — Costumes et estampes relatives aux mœurs, 35m50.
— P. — Cérémonies officielles, fêtes publiques, funérailles, tombeaux, 14m40.

Lettre Q. — Histoire. 29m40. La partie relative à l'histoire de France se compose de 198 vol. recueillis par M. de Fontette et continués jusqu'à nos jours, et des 169 vol. légués par Michel Hennin à la Bibliothèque en 1863.
- R. — Hiérologie, recueils factices de pièces sur l'ancien et le nouveau Testament ; représentations de saints et de saintes, classés par ordre alphabétique, 11m30.
- S. — Mythologie, recueil factice sur l'histoire fabuleuse, 4m80.
- T. — Fictions. Se subdivise en 6 sections : Ta. Poèmes. — Tb. Théâtres, romans. — Tc. Fables, chansons. — Td. Allégories. — Te. Emblèmes mystiques et moraux. — Tg. Rébus, caricatures, 18m50.
- U. — Voyages, 18m30.
- V. — Topographie, recueils factices de vues et de plans de villes, de monuments classés selon l'ordre géographique, 65m70.
- X. — Ouvrages sur l'histoire de la géographie et atlas, 4m80.
- Y. — Bibliographie, 102m90.
- Z. — Comprend la collection de M. Achille Devéria, acquise par le département des Estampes en 1858, composée de pièces de toute nature classées par ordre alphabétique ; plus la collection Gentil formée de gravures en bois, extraites de tous les recueils du temps et classée par ordre alphabétique des graveurs, 37m.

Les suppléments aux œuvres des artistes, montés dans des reliures mobiles, occupent 32m30.

Les suppléments en portefeuille des œuvres des artistes et des pièces classées méthodiquement occupent 203m40.

A la fin de ce rapport on trouve

APPENDICE A.

Liste des estampes exposées temporairement dans la première salle du département des estampes (35 art.)

APPENDICE B.

Liste des catalogues imprimés, sous presse ou en préparation du département des estampes.

APPENDICE C.

Liste des principales collections ou des estampes entrées à la Bibliothèque nationale de 1858 à 1885, pendant la direction de M. le vicomte Henri Delaborde, (Acquisitions et dons.)

Parmi les plus nombreuses de ces collections, il faut citer : 66 volumes contenant plus de 2,000 pièces imprimées ou manuscrites sur l'histoire de l'art ou des artistes français depuis 1673 jusqu'en 1808, recueil formé par Mariette, Ch. Nic. Cochin et continué par Deloyne. — 135 pl. gravées en bois au XVIe siècle. Estampes de l'école française inconnues à la plupart des historiens de l'art. — 300 lithographies de Gavarni dont 207 avant la lettre. — 254 dessins à la plume ou coloriés provenant de la collection Gaignières. — Legs de la collection de M. Michel Hennin (169 vol. in-fol.) — Don de 468 épreuves avant la lettre de lithographies exécutées par Gavarni père. — 600 pièces gravées en bois et tirées sur papier de Chine d'après des dessins d'A. Raffet. — Legs de M. Gatteaux, 836 pièces. — Don d'Auguste Barbier (1,360 lithographies des maîtres contemporains). — 1,043 pièces provenant de la bibliothèque du Comité des travaux historiques. — Legs du Comte de Bastard (553 calques de lettres initiales... d'après des miniatures du VIIIe au XIVe siècle. — Legs de M. Edouard Fleury (11,443 gravures, lithographies ou photographies relatives à la topographie ou à l'histoire du département de l'Aisne.

436. — **Duplessis (Georges).** — Roger de Gaignières et ses collections iconographiques. Extrait de la *Gazette des beaux-arts* (Livraison de mai 1870.) — *Paris, imp. de J. Claye*, 1870, in-4°, 24 p. Ln 27/35587

Né vers 1644, dans le Lyonnais, François Aimé de Guignières devint instituteur des Enfants de France. Il réunit une collection iconographique des plus importantes, qu'avant sa mort (19 février 1711), il légua au roi.
Pour indemniser dans une certaine mesure le donateur, M. de Torcy, ministre d'État, stipula au nom du Roi qu'il serait fourni à Guignières un contrat de constitution de rente de 4,000 fr., plus, en argent comptant, 4,000 fr., et, en outre, après son décès, « 20,000 livres à ceux en faveur desquels le dit sieur de Guignières en aura disposé, ou à ses héritiers ou ayans causes. »
Le 24 décembre 1716 on remit à la B. R. 2,407 mss., 24 grands portefeuilles remplis de modes dessinées et coloriées contenant 2,231 pièces; 31 vol. de tombeaux dessinés contenant 3,181 pièces; 117 vol. de géographie, topographie, mss., imprimés et estampes gravées contenant 12,885 pièces et 100 volumes de portraits gravés renfermant 7,782 pièces.
Ces collections restèrent jusqu'en 1740 à la B. R. dans l'état où elles y étaient entrées; en 1740, elles furent réparties dans les différents départements de la B.
A la fin du siècle dernier on vola au Cabinet des estampes un recueil considérable des dessins représentant des tombeaux et des épitaphes. Ces dessins (environ trois mille), reliés en 16 vol. in-fol., ont passé la Manche et sont aujourd'hui à Oxford, dans la Bibliothèque Bodleienne, à laquelle ils furent légués par le topographe anglais Richard Gough, qui les aurait acquis dans une vente publique faite à Londres.

437. — **Duquesnay.** — Éloge historique de l'abbé Barthélemy. — *Paris, Lecointe,* 1830, in-18, 93 p. Ln^{27}_{1039}

438. — **Dureau de la Malle.** — Institut royal de France. Académie royale des inscriptions et belles-lettres. Funérailles de M. Van Praet. Discours de M. Dureau de la Malle, président de l'Académie, prononcé aux funérailles de M. Van Praet, le 7 février 1837. — (*Paris*), *imp. de Firmin Didot, frères* (1837), in-4°, 3 p. Ln^{27}_{20047}

Du Rozoir. — Voyez : Discours prononcés aux funérailles de M. J. D. Barbié du Bocage.

Du Tillet (Titon). — Voyez : Titon du Tillet.

439. — *Éclaircissemens* sur le travail dont l'Académie des Inscriptions et Belles-lettres est chargée, relativement aux manuscrits de la Bibliothèque du Roi. — (s. l. 1790.), in-8°, 8 p.   Inv. Q 7439 || Rés. inv. Q 760

Par Dacier. — Le *Comité des manuscrits de la bibliothèque du roi devait faire connaître par des notices et des extraits le contenu des manuscrits.*

440. — *École* impériale et spéciale des langues orientales vivantes près la Bibliothèque impériale. (Année scolaire 1857-1858)... Les cours... commenceront... à dater du lundi 7 décembre 1857. — (*Paris,*) *imp. impériale,* novembre 1857, gr. in-fol. plano.   fol. **R** 40

Affiche signée : Base, Président de l'École.

441. — *École* impériale et spéciale des langues orientales vivantes près la Bibliothèque impériale. (Année scolaire 1858-1859)... Les cours...

commenceront... à dater du lundi 2 mai 1859. — *Paris, imp. impériale*, avril 1859, gr. in-fol. plano. fol. **R** 40

Affiche signée : Hase, Président de l'École.

442. — **École** impériale et spéciale des langues orientales vivantes près la Bibliothèque Impériale... Année scolaire 1865-1866. — *Paris, imp. Impériale*, 22 nov. 1865, in-4° plano. Arch. de la Bibl. Nat.

Affiche. — Programme des cours.

443. — **École** impériale et spéciale des langues orientales vivantes près la Bibliothèque impériale... (année scolaire 1866-1867)... Les cours... commenceront... à dater du lundi 3 décembre 1866. — *Paris, imp. impériale*, novembre 1866, gr. in-fol. plano. fol. **R** 40

Affiche signée : Reinaud, Président de l'École.
Il existe un autre tirage, petit in-fol. plano.

444. — **École** royale et spéciale des langues orientales vivantes, et cours d'antiquités, près la Bibliothèque du Roi. Les cours... commenceront... à dater du jeudi 5 décembre 1816. — *Paris, imp. royale*, décembre 1816, in-fol. plano. fol. **R** 40

Cette affiche est signée : L. Langlès, administrateur de l'École.

445. — **École** spéciale des langues orientales vivantes, près la Bibliothèque nationale. Conformément à la Loi du 10 germinal an 3, portant qu'il sera établi dans l'enceinte de la Bibliothèque nationale une École publique... Les cours... commenceront à dater du 15 frimaire an 9... — *Paris, imprimerie de la République*, frimaire an IX, in-fol. plano. Rés. gr. **X** 7

Ce placard est signé : L. Langlès, président de l'École spéciale des Langues orientales.
Une réimpression, petit in-fol., se trouve à la B. N. sous la cote *Rés.* gr. **X** 8.

446. — **École** spéciale de langues orientales à la Bibliothèque nationale. Loi portant qu'il sera établi dans l'enceinte de la Bibliothèque nationale une école publique destinée à l'enseignement des langues orientales. Du 10 germinal an III de la République française. — *Paris, imp. de la République*, prairial an IV, in-fol. plano. Inv. **X** 1287

447. — **École** spéciale de langues orientales, à la Bibliothèque nationale. Loi portant qu'il sera établi dans l'enceinte de la Bibliothèque nationale, une École publique, destinée à l'enseignement des Langues orientales; Du 10 germinal, an III de la République française... — *Paris, imprimerie de la République*, prairial, an IV, in-fol. plano. Rés. gr. **X** 7

Une réimpression, petit in-fol., de ce placard se trouve à la B. N. sous la cote *Rés.* gr. **X** 8.

448. — **Édit** du Roy, Portant réunion de la charge de Garde du Cabinet particulier des Livres au Louvre, à celle de Maistre de la Librairie et Garde de la Biblioteque du Roy. Donné à Paris au mois de janvier 1720. — *A Paris, chez Louis-Denis de la Tour, et Pierre Simon, Imprimeur de la Cour des Aydes, rue de la Harpe, aux trois Rois*, 1720, in-4°, 3 p.

<small>Départ des Mss. Ms. franç. 21742. Collection Lamare. Livres, t. IV, n° 98.</small>

449. — **Édit** du Roy, portant réunion de la Charge de Bibliotequaire de Fontainebleau à celle de Garde la Biblioteque dont est pourvû le sieur Abbé Bignon. Donné à Paris au mois de mars 1720. — *A Paris, chez Louis Denis de la Tour, et Pierre Simon, Imprimeur de la Cour des Aydes, rue de la Harpe, aux trois Rois*, 1720, in-4°, 4 p.

<small>Départ des Mss. Ms. franç. 21742. Collection Lamare. Livres, t. IV, n° 99.</small>

450. — **Edwards** (Edward). — Memoirs of libraries : including a handbook of library economy. — *London, Trübner*, 1859, 2 vol. in-8°.

Inv. Q

<small>Le T. II contient, p. 243-302, une étude sur la B. N. « The Imperial library of France. »</small>

451. — **Egger** (E.). — Notice sur l'auteur [Camille de la Berge]. — *Bordogne (Seine)*, (1878), in-8°, 4 p.

Ln 27

<small>Camille de la Berge, né le 5 avril 1837, mort le 13 mars 1877, fut attaché, en 1865, au Cabinet des médailles.</small>

—. — Voyez : Notices et extraits des manuscrits.

452. — **Eighth** report of the royal commission of historical Mss. Appendix, part III. — *London for Her Majesty's stationery office*, 1881, in-fol., 127 p.

<small>Ce résumé des divers catalogues des collections de mss. de lord Ashburnham fait partie de la série des Documents parlementaires. (Parlementary Papers.)</small>

Élie de Beaumont. — Voyez : Beaumont (Elie de).

453. — **Éloge** de J. J. Barthélemy. — (*S. l. ni d.*), in-°, 24 p.

Ln 27

<small>Se termine par le Catalogue des ouvrages de J. J. Barthélemy.</small>

454. — **Éloge** historique de J. J. Barthélemy. — (*S. l. ni d.*), in-4°, 106 p.

Ln 27

<small>Signé S. C. [S¹ᵉ Croix]. Se termine par le Catalogue des ouvrages de J. J. Barthélemy (43 nᵐˢ).</small>

455. — **Émaux** (Les) de Petitot du Musée impérial du Louvre. Portraits de personnages historiques et de femmes célèbres du siècle de Louis XIV gravés au burin par M. L. Ceroni. — *Paris, Blaisot*, 1862-1864, 2 vol. gr. in-4°.

Inv. V

La collection des émaux de Petitot fut achetée, en 1783, pour la somme de
72,000 fr., à la vente de M. d'Ennery, et fut déposée au Cabinet des médailles,
d'où on la retira depuis pour la transporter au Louvre.

456. — **Eméric-David** (T. B.). — Institut royal de France. Discours prononcé aux funérailles de M. Ennius-Quirinus Visconti,... (Extrait du *Moniteur*, du 11 février 1818.) — (*Paris*), *imp. de M⁰ V⁰ Agasse*, s. d., in-8°, 6 p. **Ln** 27/20697

457. —. — Notices historiques sur J. B. A. Visconti, et sur E. Q. Visconti. (Extrait de la *Biographie universelle*. Tome XLIX.) — *Everat, imprimeur, rue du Cadran, n° 16*, (s. d.), in-8°, 20 p. **Ln** 27/20699

—. — Voyez : Discours prononcé aux funérailles de M. J. D. Barbié du Bocage.

458. — **Enfer** (L') de la Bibliothèque nationale. Extrait de la *Revue des grands procès contemporains*, 1893. — *Paris, Chevalier-Marescq*, 1893, in-4°, 53 p.

> Procès Bégis.
> Le Parquet, au cours d'une perquisition domiciliaire, le 7 juillet 1866, saisissait chez M. Bégis, syndic de faillites à Paris, 160 volumes politiques et galants, et 25 estampes, qu'il transmettait un peu plus tard à la B. I.
> Quand il eut donné sa démission de syndic de faillites, en janvier 1882, M. Bégis commença des démarches pour obtenir qu'on lui rendît ses livres. Enfin, le 20 février 1885, il assigna la B. N. et le Ministère des Beaux-Arts en restitution des dits objets.
> L'affaire a été plaidée aux audiences des 21, 28 novembre et 5 décembre 1892 devant la première chambre du Tribunal civil de la Seine, présidée par M. Bourgoin. M⁰ Jean Paillet soutenait la demande de M. Bégis, et M⁰ Léon Cléry défendait les intérêts de la B. N. Ministère public : M. le substitut Lombard.
> Le jugement rendu le 13 décembre 1892 nomme M. Reichel expert, chargé de constater à la B. N. que les livres à elles transmis par le Parquet, le 16 novembre 1866 sont bien les mêmes ouvrages que réclame M. Bégis.
> La B. N. en a appelé de ce jugement.

Eriksen (Wilhelm). — Voyez : Passier (Alphonse).

459. — **Essai** d'un catalogue des livres imprimés sur vélin. — *Paris*, 1805, in-fol., 21 p. Rés. inv. Q 66

> Par Van Praet. — Il n'a été conservé de cette édition que onze exemplaires, dont deux sur vélin.

460. — **Essai** du catalogue des livres imprimés sur vélin, de la Bibliothèque impériale. — *A Paris*, 1805, in-fol., 21 p. Rés. inv. Q 65

> Par Van Praet. — Épreuve de l' « Essai d'un catalogue des livres imprimés sur vélin. »

461. — **Études** paléographiques et historiques sur des papyrus du vi⁰ siècle en partie inédits renfermant des homélies de saint Avit et des

écrits de saint Augustin. — *Genève, imp. de Jules-Guillaume Fick*, 1866, in-4°, 154 p. et 5 pl. G

Ce volume contient trois notices :

1° Notice sur un feuillet de papyrus récemment découvert à la B. I. de Paris et relatif à la basilique que Maxime, évêque de Genève, substitua vers l'année 516 à un temple payen, par Léopold Delisle.
Ce feuillet fut trouvé en janvier 1865 par Émile Dambreville dans le ms. latin 11959, jadis n° 113 du fonds français de Saint-Germain. C'est un fragment d'un recueil des lettres et des homélies de saint Avit, écrit au sixième siècle. De ce ms. sur papyrus la Bibliothèque possédait quelques fragments, savoir 1° sous le n° 8913 du fonds latin, 14 feuillets plus ou moins mutilés ; 2° sous le n° 8914 du même fonds une trentaine de lambeaux qui ont jadis appartenu à des feuillets dont on ignore le sort. M. Delisle démontre que les deux ms. de Paris et de Genève ont été primitivement des parties d'un même volume et ne font encore à eux deux que le tiers du volume primitif.

2° Conjectures historiques sur les homélies prêchées par Avitus évêque de Vienne, dans le diocèse de Genève et dans le monastère d'Agaune en Valais, par Albert Rilliet.

3° Restitution d'un manuscrit du sixième siècle, mi-partie entre Paris et Genève et contenant des lettres et des sermons de saint Augustin, par Henri Bordier.

462. — **Explication** du Zodiaque de Denderah (Tentyris.) Observations curieuses sur ce monument précieux et sur sa haute antiquité. — *Paris, imp. de Guiraudet*, 1822, in-8°, 12 p. Rés. inv. Q

Par Chabert et L. D. Ferlus.
Le zodiaque de Denderah a été apporté en France par M. Lelorrain et payé 150,000 fr. Champollion a dépouillé ce monument du prestige de sa haute antiquité.

463. — **Exposé** succinct d'un nouveau système d'organisation des Bibliothèques publiques, par un Bibliothécaire. — *Montpellier, imp. de Bœhm*, 1845, in-8°, 29 p. Rés. inv. Q

Par M. F. Danjou.
M. Danjou désire une Bibliographie universelle. Cet ouvrage terminé, le récolement général des livres de la B. R. serait fait sur le ms. de cette bibliographie dont une copie deviendrait dès ce moment le catalogue de la Bibliothèque. Il suffirait d'inscrire sur les livres les numéros d'ordre de la Bibliographie.

464. — **Exposition** des récentes acquisitions de la Bibliothèque nationale. — *Nogent-le-Rotrou, imp. Gouverneur, G. Daupeley*, (1879), in-8°, 4 p. Q Pièce

Depuis le 24 juin 1879 deux montres ont été disposées aux extrémités de la galerie Mazarine pour recevoir quelques-unes des plus récentes acquisitions du D' des Imprimés et du D' des Mss.
La présente notice contient la liste de 21 ouvrages exposés par les Imprimés et de 11 volumes exposés par les Manuscrits.

465. — **Extrait** du *Bulletin de la Société de géographie*. Collection géographique de la Bibliothèque royale, année 1843. — *Paris, imp. de Bourgogne et Martinet*, in-8°, 20 p. Sect. géogr. G || Rés. inv. Q

Exposé sommaire des accroissements du Cabinet des cartes. Les pages 17 à 20 contiennent une « Note sur la publication des monuments de la géographie par le conservateur de la collection de la B. R. »

66. — **Extrait** du *Bulletin mensuel* de la Bibliothèque nationale, partie relative aux livres anciens. Année 1885, p. 383-387. — *Nogent-le-Rotrou, imp. Daupeley-Gouverneur*, in-8°, 7 p.   Q Pièce 456

Dépouillement d'un Recueil de 50 pièces relatives, pour la plupart, à divers événements accomplis en Europe dans les premières années du XVIe siècle. Don de M. Chassaing, juge au tribunal du Puy.

67. — **Extrait** du Rapport annuel fait à la Société de géographie pour l'année 1840, par le Secrétaire général. (Appendice.) (Collection géographique de la Bibliothèque royale. — *Paris, imp. de Bourgogne et Martinet*, (1840), in-8°, 8 p.   Sect. géogr. G 1630

Pendant cette année le Cabinet des cartes s'est enrichi de beaucoup d'objets précieux dont le total s'élève à près de 1,000 articles représentant plus de 3,000 feuilles. Dans le nombre figurent beaucoup de cartes autographes de Guillaume Delisle, de Philippe Buache, de d'Anville et les cartes de la bibliothèque de Jules Klaproth.

68. — **Extrait** du Règlement de la Bibliothèque du Roi. Paris, le ... décembre 1828. (Signé : de Martignac.) — *Paris, imp. royale*, mai ..., in-fol. plano.

69. — **Extrait** du Règlement de la Bibliothèque impériale. — *Paris, imp. impériale*, avril 1811, in-fol. plano.   Rés. Q 95 *ou* Rés. inv. Q 116

Imprimé à deux colonnes et composé de 17 paragraphes non numérotés.

70. — **Extrait** du Règlement de la Bibliothèque royale. — (*Paris*), *imp. royale*, mai 1833, in-fol. plano.   Rés. Q 95 *ou* Rés. inv. Q 117

Cet Extrait, daté « Paris, ce 26 mars 1833 » et signé « Guizot », contient :
Service public (articles 1, 34 à 35).
Département des livres imprimés (art. 46 à 55).
Département des manuscrits (art. 60 à 62).
Département des médailles (art. 63-65).
Département des estampes, cartes et plans.
    Estampes (art. 67 à 70).
    Cartes géographiques (art. 71 à 73).
Jours publics (art. 84 à 93).
Garçons de service et portiers (art. 116, 125, 127 à 129, 132).

71. — **Extrait** du Règlement de la Bibliothèque royale, arrêté par le Ministre de l'instruction publique, le 26 mars 1833. *Imprimerie royale*, avril 1833, in-8°, 14 p.   Rés. inv. Q 793 § Q 749 *ou* inv. Q 748

Cet extrait est relatif au Titre II. Service public. Il comprend :
Chapitre I. Dispositions générales (articles 34 à 35).
Chapitre II. Lecture et étude à l'intérieur. I. Imprimés (articles 46 à 55). — II. *Manuscrits* (articles 58 à 62). — III. *Médailles*, etc. (articles 63 à 66). — IV. *Estampes, cartes et plans*. Section des estampes. (Articles 67 à 73).

14

Chapitre III. Prêt au dehors (articles 74 à 88).
Chapitre IV. Visite des collections dans un but de curiosité (articles 89-96).

472. — **Extrait** du Règlement pour la Bibliothèque nationale. — *Paris, imp. de la République*, brumaire, an V, in-fol. plano.

Rés. Q ⁹⁵ *ou* Rés. inv. Q ₁₀

Cet Extrait « Approuvé par le Ministre de l'Intérieur, le 12 fructidor, an ⸺ Signé Bénézech » est imprimé à trois colonnes et se compose de 24 articles.

473. — **Fabre (Augustin)**. — Observations sur la dissertation de M. Mortreuil intitulée : L'ancienne bibliothèque de l'abbaye de Saint-Victor. — *Marseille, à la librairie provençale de Roy*, 1854, in-8°, 25 p.

Inv. Q ₇₇₇

M. Mortreuil avait cru pouvoir fixer à l'époque de 1570 à 1588, sous Julien de Médicis, abbé de Saint-Victor, l'époque où fut dispersée la bibliothèque de cette abbaye. M. Fabre établit que cette dispersion dut se produire plus tard sous le ministère de Richelieu.

474. — — Nouvelles observations sur l'ancienne bibliothèque de St Victor. A M. Mortreuil,... — *Marseille, à la librairie provençale*, 1854, in-8°, 14 p.

Inv. Q ₇₇₈

Argumentation contre M. Mortreuil qui avait confondu l'abbaye de St-Victor à Marseille avec l'abbaye de St-Victor à Paris.

475. — **Faye (L.)**. — N° 73. Sénat. Session extraordinaire 1880. Annexe au Procès-verbal de la séance du 16 décembre 1880. Rapport fait au nom de la commission des finances chargée d'examiner le projet de loi adopté par la Chambre des députés ayant pour objet d'affecter à l'isolement de la Bibliothèque nationale une somme de 3,700,000 francs. — *Paris, imp. du Sénat, palais du Luxembourg*, 1880, in-4°, 8 p. Le ⁹

476. — — N° 384. Sénat. Session 1882. Annexe au Procès-verbal de la séance du 12 juillet 1882. Rapport fait au nom de la commission des finances chargée d'examiner le projet de loi adopté par la Chambre des députés relatif à l'isolement et à l'agrandissement des bâtiments de la Bibliothèque nationale et portant ouverture au Ministre de l'instruction publique et des beaux-arts, sur l'exercice 1882, d'un crédit supplémentaire de 2,950,000 francs pour faire face aux dépenses des expropriations poursuivies en exécution de la loi du 28 décembre 1880. (Urgence déclarée). — *Paris, imp. du Sénat, palais du Luxembourg*, 1882, in-4°, 3 p. Le ⁹

477. — **Féer (L.)**. — La collection Hennecart de la Bibliothèque nationale. Traductions et autres travaux du docteur A. Hennecart. Extrait du *Journal asiatique*. — *Paris, imp. nationale*, 1877, in-8°, 74 p.

8° Q 464

La couverture imprimée sert de titre. Le titre de départ porte : « Études cambodgiennes. La Collection Hennecart… »

Cette collection se divise en deux groupes : 1° les mss. sur feuilles de palmier évidemment écrits en dehors de l'initiative du docteur, et seulement acquis par lui; 2° les mss. sur papier qui sont l'œuvre propre du Dr Hennecart, exécutée par ses mains ou sous sa direction. Ce second groupe se subdivise en deux sections; les copies de texte effectuées par les soins du docteur, et les travaux originaux de diverse nature qu'il avait entrepris et qui sont tous plus ou moins incomplets, car il n'a rien achevé.

478. — **Féer (Léon)**. — Les inscriptions du Cambodge. *Paris, Ernest Leroux,* (1890), in-8°, paginé 294-297.

Extrait du *Bulletin de la Société académique Indo-Chinoise de France*, 2e série, t. III, et tiré à 4 exemplaires seulement.

M. Féer annonce à la Société que la B. N. a reçu de M. Aymonier, par l'intermédiaire du Ministre de l'Instruction publique, les estampages d'environ 175 inscriptions du Cambodge, les unes (au nombre de 68) en sanskrit, les autres en vieux khmer. Il donne la liste alphabétique des localités où M. Aymonier a trouvé les inscriptions.

Les inscriptions sanskrites ont été numérotées en chiffres romains et les inscriptions khmers en chiffres arabes.

Par suite d'un nouvel envoi de M. Aymonier, la série des estampages déposés à la B. N. va maintenant des n°s I a CXLI pour la 1re série et de 1 à 175 pour la 2e.

479. — . — Notice des manuscrits birmans et des manuscrits cambodgiens de la Bibliothèque nationale de Paris. — *Paris, Challamel et Ernest Leroux,* 1879, in-4°.

Paginé 189-197. Extrait des *Mémoires de la Société académique Indo-chinoise de France*, t. I, et tiré à quatre exemplaires.

Le fonds birman comprend 54 volumes, dont 43 sur feuilles de palmier et 11 sur papier européen. Au point de vue des matières traitées on peut le diviser en 4 catégories : 1° Livres religieux, n°s 1-17, et 54. — 2° Histoire, chroniques, documents divers (n°s 19-29). — 3° Droit et législation procédure (n°s 30-46). — 4° Grammaire, lexicographie, exercices de conversation, etc. (n°s 47-53).

A ces volumes il faut joindre 3 mss. sur feuilles de palmier qui avaient appartenu à Eugène Burnouf (n°s 200-202), et, dans le fonds pâli, plusieurs autres mss. où le texte pâli est entremêlé d'une traduction birmane.

La *Notice* donne la nomenclature des volumes qui composent le fonds birman.

Le fonds cambodgien s'est accru récemment par le don fait à la B. des papiers et mss. de feu le Dr Hennecart.

L'ancien fonds se composait d'un fragment de l'Abhidhamma sur feuilles de palmier; de 12 fascicules du Vessantara; de 9 fascicules du Tray-bhum et de 3 fascicules appartenant à la collection des Jâtaka. La B. possédait en outre deux mss. sur papier : un fragment du roman Laesanavong et d'une comédie intitulée « Prea Samuth. »

La collection des papiers Hennecart se compose de 17 volumes, mais le classement des manuscrits cambodgiens est encore inachevé.

Une autre collection de mss. du Cambodge, offerte récemment par M. Sylvestre, contient 51 fascicules qui devront être groupés et formeront une vingtaine de numéros.

Ferlus (L. D.). — Voyez : Explication du zodiaque de Denderah.

480. — **Ferry (Jules) et Say (Léon)**. — N° 962. Chambre des députés. Troisième législation. Session de 1882. Projet de loi relatif à l'isolement et à l'agrandissement des bâtiments de la Bibliothèque nationale et portant

ouverture au Ministre de l'instruction publique et des beaux-arts sur l'exercice 1882, d'un crédit supplémentaire de 2,950,000 francs pour faire face aux dépenses des expropriations poursuivies en exécution de la loi du 28 décembre 1880 (renvoyé à la commission du Budget) présenté au nom de M. Jules Grévy,... par M. Jules Ferry,... et par M. Léon Say,... — *Paris, imp. A. Quantin*, (1882), in-4°, 5 p. Le

> Le premier crédit alloué par la loi du 28 décembre 1880 était de 3,704,000 francs; mais il fut insuffisant. En effet le jury d'expropriation fixa, le 25 mai 1881, les indemnités à allouer aux propriétaires des immeubles sis rue Vivienne 3, 3 bis, 5, 7 et 9 à la somme de 4,350,000 francs et celles à attribuer aux locataires à 2,036,337 fr. 50. Total 6,386,337 fr. 50. A cette somme il faut joindre : 1° les frais et honoraires s'élevant à 20,000 francs ; 2° le payement des intérêts évalués à 43,462 fr. 50.
> La dépense totale est donc 6,650,000 fr. 50.

481. — **Ferry (Jules) et Say (Léon)**. — N° 1799. Chambre des députés. Deuxième législature. Session de 1879. Annexe au procès-verbal de la séance du 26 juillet 1879. Projet de loi portant ouverture au Ministre de l'instruction publique et des beaux-arts, sur l'exercice 1879, section 1re, chapitre XXIV, d'un crédit extraordinaire de 62,600 francs applicable à l'acquisition de livres et de manuscrits (Renvoyé à la Commission du Budget.) Présenté au nom de M. Jules Grévy,... — *Versailles, imp. Cerf et fils* (1879), in-4°, 5 p. Le

> En avril 1879 il avait été vendu 525 ouvrages mss. ou imprimés provenant de la bibliothèque Didot. La B. N. avait acheté 20 ouvrages dont un tableau annexé au présent projet donne le titre et les prix. Les ministres demandent à la Chambre un crédit supplémentaire pour solder cette acquisition.

482. — . N° 382. Sénat. Session 1882. Annexe au procès-verbal de la séance du 12 juillet 1882. Projet de loi adopté par la Chambre des députés relatif à l'isolement et à l'agrandissement des bâtiments de la Bibliothèque nationale et portant ouverture au Ministre de l'instruction publique et des beaux-arts, sur l'exercice 1882, d'un crédit supplémentaire de 2,950,000 francs pour faire face aux dépenses des expropriations poursuivies en exécution de la loi du 28 décembre 1880, présenté au nom de M. Jules Grévy,... par M. Jules Ferry,... et M. Léon Say (Renvoyé à la commission des finances.) *Paris, imp. du Sénat, palais du Luxembourg*, 1882, in-4°, 4 p. Le

Feuardent. — Voyez : Cohen, Description historique des monnaies frappées sous l'Empire Romain.

483. — **Feuillet de Conches (F.)**. — Réponse à une incroyable attaque de la Bibliothèque Nationale touchant une lettre de Michel de Montaigne. — *Paris, Laverdet*, 1854, in-8°, 193 p., et 2 fac-simile.

Rés. inv. Q

> Le faux titre porte : « Encore une lettre de Montaigne. »
> Au sujet du procès en revendication, intenté par l'administrateur de la Bibliothèque, d'une lettre autographe de Montaigne que Feuillet de Conches

détenait depuis trente ans et qui avait fait partie précédemment des collections du Dép¹ des Mss.

Feuillet de Conches parle d'abord de la Lettre de Montaigne et de quelques autres faits antérieurs au procès; puis de l'intervention de la bibliothèque, du refus de communication de ses catalogues, de l'attaque faite par l'établissement dans un journal après que l'affaire est engagée devant les tribunaux. Il répond au Mémoire de la Bibliothèque et produit une lettre de M. Delarue qui détruit le témoignage de Gonget. Il termine par : une note sur les mss. laissés par Fabri de Peiresc ; une note complémentaire sur la date réelle de la lettre en litige ; un mémoire présenté à Messieurs de la première chambre civile, le 19 février 1851; un extrait de la réplique de M⁰ Chaix-d'Est-Ange; les conclusions du ministère public, et enfin par le jugement.

Févret de Fontette. — Voyez : Lelong, Bibliothèque historique de la France.

Pierville. — Voyez : Notices et extraits des mss. de la B. N.

484. — **Fischer (G.).** — Notice du premier monument typographique en caractères mobiles avec date connu jusqu'à ce jour, découvert dans les archives de Mayence et déposé à la Bibliothèque nationale de Paris. *Mayence, Théodore Zabern,* (1804), in-4°, 8 p. et 1 pl.

Rés. inv. Q 465

Almanach daté de 1457.

485. — **Flandrin (A.).** — Bibliothèque nationale, Département des estampes. Inventaire des pièces dessinées ou gravées relatives à l'histoire de France conservées au département des manuscrits dans la collection Clairambault sur l'ordre du Saint-Esprit. — *Paris, Hachette,* 1887, in-8°, vi, 575 p.

8° Q 1136; 8° Q 1367

En 1755, Nicolas-Pascal Clairambault vendit au Roi, moyennant un prix de 240,000 livres et une pension viagère de 3,000 livres, sa riche collection de documents historiques et généalogiques. Placée, en 1772, aux Grands-Augustins, elle fut transportée à la B. N. en 1792. Elle se composait, en 1755, de 3,234 volumes ou boîtes, mais, par suite de mutilations qu'elle a eu à subir, elle ne compte plus que 1,348 volumes, dont 129 constituent le fonds du Saint-Esprit.

Le présent inventaire se compose de 5,000 articles. Il est suivi d'une table détaillée, dans laquelle chaque personnage est placé à son nom patronymique ; les femmes se trouvent donc à leur nom de fille et non à celui de leur mari ; un simple renvoi est fait aux titres nobiliaires ou aux seigneuries. Par exception, il faut chercher à leurs noms, les papes, rois et empereurs, reines et impératrices. Les noms d'artistes sont imprimés en caractères italiques.

Les 129 volumes du fonds S¹-Esprit ont, du numéro 1111 au numéro 1239, inclusivement, une tomaison spéciale de 1 à 118, dont M. Flandrin s'est servi pour les renvois dans le texte de l'inventaire ; seuls, les 11 derniers volumes ont été désignés par le numéro qu'ils portent dans l'ensemble de la collection Clairambault. Les chiffres placés en tête de chaque article du catalogue ne se rapportent à aucune numérotation correspondante dans les volumes de la collection ; ils ne servent que pour les renvois de la table.

486. — **Foisy (F.-M.).** — Bibliothèque royale, Département des imprimés. Travaux du catalogue. A Messieurs Letronne, directeur, Van Praet, Magnin, conservateurs. — *Paris, imp. de Bourgogne et Martinet* (1835), in-8°, 16 p.

Rés. inv. Q 79

Il montre que le grand catalogue alphabétique, incomplet des anonymes et des pseudonymes, est surchargé d'additions et grossi inutilement par les auteurs des matières imprimées. Il propose de le recopier en entier et de l'interfolier. Il y a quatre catalogues alphabétiques, ce qui fait cinq sources habituelles de recherches. Il demande qu'on fonde en un seul, au moyen de reliures mobiles, au moins quatre de ces catalogues (celui relié, celui en cartons, le Langlès, le Falconnet et même aussi le 5e des tables du catalogue imprimé) ; et de faire subir une opération analogue au Journal de la librairie. Il préconise les reliures mobiles.

Cet opuscule peut être considéré comme la suite de cet autre ouvrage du même auteur : « *Essai sur la conservation des bibliothèques.* »

487. — **Foisy** (F.-M.). — Sommaire d'un opuscule intitulé : Essai théorique et pratique sur la conservation des bibliothèques publiques. *Paris, typographie de la Chevardière* (s. d.), in-8°, 36 p. non numérotées. Rés. Q $_{739}$ ou Rés. inv. Q $_{??}$

Cet opuscule se divise en quatre parties, désignées chacune par une des premières lettres de l'alphabet :
A.) De la conservation du fonds existant.
B.) De l'accroissement de ce fonds.
C.) Offices et travaux divers des employés.
D.) Observations générales et particulières.

Fontette (Fevret de). — Voyez : Lelong, Bibliothèque historique de la France.

Fortoul. — Rapport. Voyez : Bibliothèque imp. Dép. des Imprimés. Catalogue de l'histoire de France.

488. — **Fourmont** (Stephanus). — Linguae Sinarum mandarinicae hieroglyphicae grammatica duplex, latinè, et cum characteribus Sinensium. Item Sinicorum regiae bibliothecae librorum catalogus, denuo cum notitiis amplioribus et charactere Sinico, editus jussu Ludovici decimi quinti. *Lutetiae Parisiorum, chez Hippolyte Louis Guerin,* 1742, in-fol., 516 p. X $_{???}$ ou inv. X $_{??}$

Le catalogue des livres chinois, japonais et tartares de la B. R. occupe les pages 341 à 516. Il comprend 388 numéros : nos 1-325, livres chinois. — nos 326-334, livres japonais. — nos 335-388, livres tartares.

Fournier (Félix). — Voyez : Congrès international des sciences géographiques.

489. **France**. — Description historique et bibliographique de la collection de feu M. le comte H. de la Bédoyère,... sur la Révolution française, l'Empire et la Restauration. — *Paris, France,* 1862, in-8°, XVI, 687 p. Hémicycle, no 184.

Cette collection renferme :
Plus de cent mille pièces, parmi lesquelles près de six mille pamphlets, affiches et placards in-fol.
Environ quatre mille volumes — histoires, mémoires, procès-verbaux, almanachs historiques et satiriques, chansons.
Plus de quatre mille gravures historiques, portraits et caricatures.

plus de quatre-vingt dossiers de lettres autographes des principaux personnages de la Révolution.

Le tout a été publié de 1787 à 1829, mais plus particulièrement de 1789 à 1800 et est classé méthodiquement d'après l'ordre suivant : 1° Hommes, 2° Matières, — 3° Journaux, — 4° Historiens, — 5° Mémoires, — 6° Gravures, portraits, caricatures et assignats, — 7° Autographes et documents inédits.

En janvier 1864, la B. N. a acheté cette collection, y compris les doubles et les multiples, moyennant une somme de 30,000 fr., laquelle fut payée, moitié avec une augmentation accordée par les Chambres sur le budget de 1863, moitié avec les fonds provenant du legs du duc d'Otrante.

490. — **Franklin (Alfred)**. — Histoire de la bibliothèque de l'abbaye de Saint-Victor à Paris, d'après des documents inédits. *Paris, Auguste Aubry*, 1865, in-8°, VIII, 158 p. Inv Q 74-5

Tiré à 300 exemplaires.

La Bibliothèque de Saint-Victor fut fermée en 1791. Cinq ans plus tard, presque tous ses mss. furent transportés à la B. N. qui en recueillit 1,265 volumes. Les cartes et plans de cette bibliothèque se trouvent maintenant à la Section de géographie de la B. N., et la collection d'estampes au Dept des Estampes, du même établissement.

491. — . — Histoire générale de Paris. Les anciennes bibliothèques de Paris, églises, monastères, collèges, etc. — *Paris, imp. impériale*, 1867-1873, 3 vol. in-4°. Lk⁷ 1235

Le faux titre porte : « *Histoire générale de Paris, collection de documents fondée avec l'approbation de l'empereur par M. le baron Haussmann... et publiée sous les auspices du conseil municipal. Les anciennes bibliothèques des églises, monastères, collèges, etc.* »

Le T. I contient les historiques suivants :
P. 1-70. — « Église cathédrale de Notre-Dame. — Le Chapitre de Notre Dame songeait depuis plusieurs années à entreprendre la reconstruction de l'ancienne sacristie, qui menaçait ruine ; mais l'argent manquait. Pour s'en procurer, les chanoines aliénèrent une partie de leur bibliothèque et vendirent au roi, moyennant une somme de 30,000 livres, 301 de leurs plus précieux mss. qui furent livrés à la B. R. le 3 avril 1756.

P. 71-99. — « Abbaye de Sainte Geneviève. — En 1792 des voleurs s'introduisirent dans le cabinet de curiosités qui était annexé à la bibliothèque et cherchèrent à s'emparer des médailles. Une commission, composée de Leblond, Barthélemy et Cointreau, constata que l'abbaye possédait 832 médailles d'or, 1,025 médailles d'argent et d'autres en cuivre, formant un total de 17,000 pièces qui furent attribuées à la B. N.

P. 101-105. — « Prieuré de Saint Martin des Champs. — Au milieu du 18e siècle, le P. Pernot, son bibliothécaire, l'enrichit d'un nombre considérable de chartes et de pièces originales que les religieux cédèrent plus tard, ainsi que plusieurs précieux mss., à la B. R.

P. 107-134. — « Abbaye de Saint Germain des Prés. — Elle renfermait une bibliothèque fort riche et fort précieuse. Quand éclata l'incendie du 19 août 1794 qui faillit l'anéantir en entier, elle possédait 49,387 volumes imprimés et 7,072 mss., mss. orientaux, 641 vol. — Mss. grecs, 452 vol. — Mss. latins, 1,644 vol. — Mss. français, 2,464 vol. — Mss. du fonds de Harlay, 1,550 vol.) D'abord déposés après l'incendie dans une des salles de l'abbaye, sous la garde de dom Poirier, les mss. furent transportés, au plus tard, à la B. N.

P. 135-185. — « Abbaye de Saint-Victor. — Il est très difficile de déterminer le nombre de volumes que possédait l'abbaye. Thiers, en 1787, pré-

— 216 —

tend qu'il s'y trouvait 45,000 imprimés et 20,000 mss.; mais il y a
là une exagération évidente. D'un autre côté il semble y avoir
exagération en sens contraire, dans la déclaration officielle faite
par le prieur à l'Assemblée nationale le 11 mars 1790. Aux termes
de ce document la bibliothèque eût alors renfermé 35,000 volumes
imprimés, 1,800 mss., 150 volumes de géographie et d'atlas et
150 cartons remplis de plans et de gravures.

P. 187-193. — « Mathurins. »

P. 191-195. — « Jacobins de la rue Saint-Jacques » A l'époque de la Révolution ce monastère possédait 14,000 volumes imprimés et environ 230 mss.

P. 197-201. — « Sainte-Catherine du Val des écoliers. » La bibliothèque se composait de 8,368 volumes, dont 86 mss.

P. 203-207. — « Cordeliers. » En 1787 Théry attribuait 25,000 volumes à la bibliothèque de ce couvent; cependant on n'en trouva que 17,041, lorsqu'il fut supprimé en 1790.

P. 209-211. — « Collège des Bernardins. » Ne possédait, en 1790, que 7 mss. et environ 660 volumes.

P. 213-219. — « Sainte-Chapelle. » En 1790, la bibliothèque ne possédait qu'un très petit nombre de mss., ouvrages liturgiques d'un prix inestimable et presque tous reliés avec le plus grand luxe, couverts d'or et garnis de perles et de pierreries.

P. 221-317. — « Collège de Sorbonne. » Dans la *Déclaration* qu'il dut fournir en 1790, le prieur ne déclara que 2,150 mss. et 23,367 volumes imprimés. Un autre document officiel tendrait à faire supposer que les docteurs revinrent sur leur première déclaration et avouèrent 35,000 volumes. Cependant, lors du recensement détaillé qui eut lieu l'année suivante, on constata seulement la présence de 28,422 volumes. Un décret du 5 avril 1792 supprima la Sorbonne, mais la bibliothèque resta intacte dans son local jusqu'à la fin de 1796; les volumes imprimés furent alors distribués entre les différentes bibliothèques publiques et les mss. allèrent presque tous enrichir la B. N., où ils forment aujourd'hui un fonds spécial qui compte environ 2,000 volumes.

P. 319-322. — « Collège des Prémontrés. » A l'époque de la Révolution il ne possédait que 1,823 volumes qui furent transportés au dépôt littéraire de la rue de Lille, le 18 germinal an IV.

P. 323-328. — « Monastère des Chartreux. » En 1791 les livres de ce monastère furent saisis et transportés dans les dépôts littéraires; l'inventaire constata la présence de 10,956 volumes.

P. 329-335. — « Prieuré de Sainte-Croix de la Bretonnerie. » Il ne renfermait, au moment de la Révolution, que 3,000 volumes. Les scellés furent apposés sur cette bibliothèque le 12 janvier 1791 et enlevés le 13 août suivant; les livres se trouvèrent alors à la disposition d'Ameilhon.

P. 357-362. — « Collège du Trésorier. » Il fut, en 1763, réuni au Collège Louis-le-Grand.

P. 363-365. — « Collège de Cluny. » Les livres provenant de cette bibliothèque sont fort rares et ne portent ni estampille, ni inscriptions manuscrites.

P. 367-371. — « Collège d'Harcourt. » Le 26 ventôse an IV, le citoyen Allipte, commissaire du bureau du domaine national du département de la Seine, n'y trouva que 2,500 volumes, qu'il fit transporter au dépôt littéraire de la rue de la Santé.

P. 374-377. — « Collège des Cholets. »

P. 379-387. — « Couvent des Grands-Augustins. » — En 1790, d'après l'inventaire officiel, la bibliothèque renfermait 18,350 volumes, dont 526 mss. qui furent enlevés par Ameilhon à la fin de 1791.

P. 389-391. — « Collège du Cardinal Lemoine. » D'après le catalogue rédigé en 1784 par Soher, cette bibliothèque comprenait 2,475 ou vrages, en comptant les doubles, et même les mss., qui sont confondus avec les imprimés.

P. 393-404. — « Collège de Navarre. »
P. 405-406. — « Collège de Laon. »
P. 407-408. — « Collège de Montaigu. »
P. 409-410. — « Collège de Narbonne. »
P. 411-412. — « Collège de Cornouailles. » Il fut réuni à l'Université en 1763.
P. 413-415. — « Collège du Plessis. »
P. 417-420. — « Collège des Écossais. »
P. 421 — « Collège de Presles. »

T. II

P. 1-41. — « Carmes de la Place Maubert. » Au moment de la Révolution presque tous les écrivains de l'époque disent que les Carmes avaient dans leur bibliothèque environ 12,000 volumes ; cependant le prieur, dans l'*État officiel* qu'il dut fournir à la municipalité, se contenta de déclarer 1,835 volumes. Il ajoutait que le couvent n'avait plus de mss., ce qui était encore un mensonge, car 18 mss. du couvent sont entrés à la B. N., et les autres bibliothèques de Paris en ont reçu aussi. Les listes finirent pourtant par reparaître, puisque lors du transport dans les dépôts littéraires, on constata la présence de 10,000 volumes.

P. 43-65. — « Énéide de Modérine. »
P. 67 — « Collège de Tours. »
P. 69-86 — « Collège d'Autun. »
P. 87-88. — « Collège de Chanac ou de Saint-Michel. »
P. 89-100. — « Célestins. » En 1777 ils vendirent en secret un grand nombre de leurs livres dont la majeure partie fut achetée par le duc de La Vallière et le marquis de Paulmy.
P. 101-104. — « Collège de Justice. » A été réuni à l'Université en 1763.
P. 105-106. — « Collège de Boissy. »
P. 107-218. — « Bibliothèque du roi. » Histoire de la Bibliothèque jusqu'en 1800.
P. 219-224. — « Collège de la Marche. »
P. 225-227. — « Collège de maître Gervais. »
P. 229-232. — « Collège de Fortet. »
P. 233-234. — « Collège de Séez. »
P. 235-244. — « Capucins de la rue Saint-Honoré. » En 1790 la bibliothèque contenait de 18 à 19,000 volumes, » dit la *Déclaration* officielle ; cependant Thiery, des 1787, lui en attribuait 75,000.
P. 245-265. — « Collège Louis le Grand. » Vers 1750 cette bibliothèque comptait 30,000 volumes, dont environ 600 mss. En 1763 elle a été réunie à celle de l'Université.
P. 267-268. — « Collège des Grassins. »
P. 269-279. — « Maison professe des Jésuites. »
P. 281-286. — « Feuillants de la rue Saint-Honoré. » Suivant Thiery, leur bibliothèque aurait renfermé, au moment de la Révolution, 25,000 volumes ; cependant, lors de l'inventaire qui fut fait dans les dépôts littéraires, on trouva seulement 16,505. Il est vrai qu'un peu plus tard, le 26 thermidor an III, Langlez, conservateur du dépôt des Capucins Saint-Honoré, reconnait avoir reçu 30,000 volumes provenant des Feuillants. On trouve la liste des quelques mss. provenant de cette bibliothèque dans le catalogue spécial de ceux qui sont entrés en 1796 à la B. N.; ce dernier renferme 63 numéros, qui représentent cent volumes environ.
P. 287-291. — « Pénitents de Picpus. » Au moment de la Révolution la bibliothèque renfermait environ 12,000 volumes.
P. 293-295 — « Frères de la Charité. »
P. 297-300. — « Récollets. » Cette bibliothèque, disent les contemporains, renfermait 25,000 volumes en 1780 et environ 30,000 en 1786.

Malgré ces deux témoignages très précis, les religieux déclarèrent, en 1790, qu'ils possédaient seulement 17,500 volumes imprimés et 162 mss.; après vérification on en trouva 19,230, et on finit par en transporter 23,000 au dépôt des Capucins de la rue Saint-Honoré.

P. 301-310. — « Augustins déchaussés. » Lors de la Révolution, leur bibliothèque, d'après la *Déclaration*, renfermait 39,545 volumes, mais un rapport de Langlez, conservateur du dépôt littéraire des Capucins Saint Honoré, nous apprend que le 26 thermidor an II, on avait transporté dans ce dépôt 50,000 volumes provenant des Augustins déchaussés. En 1791 les religieux estimaient leur bibliothèque et les deux globes de Coronelli, « au prix moyen », à 100,000 livres.

P. 311-314. — « Carmes déchaussés. » Pipaniol de la Force et Thiéry leur attribuent, en 1787, 12,000 volumes; mais lors du recensement fait dans les dépôts littéraires, on trouva 18,181 volumes provenant de cette maison.

P. 315-321. — « Jacobins de la rue Saint-Honoré. » Leur bibliothèque se composait de 30,000 volumes en 1781 et de 32,000 imprimés et 232 mss en 1787.

P. 323-335. — « Minimes de la Place Royale. » En 1790 leur bibliothèque comptait 17,065 volumes.

P. 337-343. — « Oratoire. » Suivant Thiéry, la bibliothèque eût possédé au moment de la Révolution 42,000 volumes. Aux termes de la *Déclaration* faite par les religieux à la municipalité de Paris, on y comptait seulement 37,750 volumes.

P. 345-349. — « Petits-Augustins. » Lors du transport dans les dépôts littéraires, on constata la présence de 10,318 imprimés et 208 mss. Les religieux avaient déclaré environ 10,000 volumes et 185 mss.

P. 351-355. — « Congrégation de la Merci. » En 1790 les religieux déclarèrent que leur collection, qui ne renfermait d'ailleurs « aucun ms. ni livres rares » possédait 3,000 volumes. Cette assertion n'était pas absolument exacte; d'abord le couvent possédait bien quelques mss., puisque trois d'entre eux sont aujourd'hui à la B. N.; ensuite, un recensement détaillé, exécuté par ordre de la municipalité de Paris, fit découvrir 5,027 volumes.

P. 357 bis. — « Capucins de la rue Saint Jacques. » Dans le recensement officiel, après la saisie de cette bibliothèque, on constata seulement la présence de 3,150 volumes.

P. 359-364. — « Blancs-Manteaux. » Lors de la Révolution, au dire du prieur la bibliothèque renfermait 12,800 volumes, 124 mss. et une importante série de portefeuilles contenant les notes et matériaux que les Bénédictins avaient réunis pour leurs travaux. En 1787, Thiéry attribuait à cette bibliothèque 20,000 volumes.

P. 365-368. — « Séminaire de l'Oratoire. » La bibliothèque comptait 14,146 volumes.

P. 369-371. — « Bénédictins anglais. » Au moment de la Révolution ils déclarèrent que leur bibliothèque contenait 5,396 volumes.

P. 373-376. — « Capucins du marais. » En 1790, la bibliothèque renfermait 8,200 volumes.

P. 377-379. — « Séminaire Saint Firmin. » D'après la *Déclaration* de 1790, il y avait environ 4,000 volumes dans la bibliothèque.

P. 381-390. — « Église Sainte-Marguerite. »

P. 391-400. — « Congrégation de la Doctrine chrétienne. » En 1790 sa bibliothèque renfermait 20,156 volumes. Bien que dans leur Déclaration officielle à l'Assemblée nationale, les religieux aient soin de dire qu'on ne trouvait chez eux « ni mss., ni éditions rares et recherchées, » il était certain que cette bibliothèque possédait d'excellents ouvrages et de précieux mss., ceux entres autres que leur avait légués l'abbé Lebeuf, l'auteur de l'*Histoire du diocèse de Paris*.

T. III

P. 1-2. — « Pénitents de Nazareth. » On trouva chez eux, en 1790, 7,243 volumes.

P. 3-4. — « Carmes de la rue des Billettes. » Après la levée des scellés qu'Ameilhon avait posés le 13 mai 1791, on reconnut, dans cette bibliothèque, la présence de 5,630 volumes et d'environ 400 brochures et journaux.

P. 5-9. — « Barnabites. » Au moment de la Révolution leur bibliothèque renfermait environ 15,000 volumes et un certain nombre de belles estampes; on y voyait très peu de mss. et de livres rares.

P. 11-15. — « Lazaristes. » Il y avait près de 20,000 volumes en 1791, dans cette bibliothèque, mais celle-ci avait été fort compromise dans le pillage du couvent qui eut lieu pendant la nuit du 13 juillet 1789.

P. 17-21. — « Noviciat des Jacobins. » Thiéry en 1787 attribue à cette bibliothèque 25,000 volumes; ce chiffre est exagéré; les religieux en déclarèrent — 12 à 13,000 —, et, vérification faite, il en fut trouvé 15,048.

P. 24-25. — « Feuillants de la rue d'Enfer. » Ces religieux déclarèrent à la municipalité de Paris que leur bibliothèque renfermait seulement 450 volumes et lors de la visite officielle, qui eut lieu le 24 avril 1790, il s'en trouva cependant 950 environ.

P. 27-30. — « Théatins. » Ils possédaient, en 1790, environ 10,000 volumes.

P. 31-33. — « Séminaire de Saint-Sulpice. » Il avait un très riche cabinet d'estampes et une bibliothèque de 30,000 volumes au nombre desquels se trouvait une collection très considérable des célèbres pamphlets connus sous le nom de *Mazarinades*. Le supérieur déclara en 1790, que la Maison n'avait aucun mss. — bien que le 5e volume du catalogue de cette bibliothèque se terminât par la liste des mss., au nombre de 200 environ. Ce séminaire possédait à Issy, près de Paris, une succursale, dite « Maison de campagne de MM. du grand séminaire de Saint Sulpice »; on y avait installé une bibliothèque qui, à l'époque de la Révolution, comptait environ 5,000 volumes.

P. 35-36. — « Institution de l'Oratoire. » Sa bibliothèque ne dépassa jamais le chiffre de 5,000 volumes, mais on la citait pour l'excellent choix de ses ouvrages et pour ses précieux mss.

P. 37-160. — « Collège Mazarin. » En mourant Mazarin avait laissé une somme de 2 millions pour la construction du collège qui porte son nom et où l'on devait loger la belle bibliothèque qu'il avait formée. Un arrêt du 12 janvier 1668 ordonna que les ouvrages, en double par la B. R. seraient échangés contre des mss. et des livres imprimés provenant de la succession du cardinal Mazarin. Les mss. étaient au nombre de 2,156 et furent estimés 17,248 livres. Les volumes imprimés dont le roi voulait s'emparer étaient au nombre de 3,067 estimés valoir 5,238 livres. Les doubles de la B. R. se composaient de 4,351 volumes et étaient estimés 9,239 livres. Mais le Roi voulant donner l'avantage à la bibliothèque Mazarine déclara que l'échange aurait lieu comme si les deux estimations eussent fourni une somme égale. Enfin un arrêt du 25 juin ordonna que les 17,248 livres, prix fixé pour les mss., seraient payés aux exécuteurs testamentaires du cardinal.

Les livres de Mazarin, malgré l'échange forcé auquel ils avaient été soumis, formaient encore un total de 30,000 volumes environ quand M. La Porterie les fit transporter dans leur nouveau local. Quant au nombre de volumes que la bibliothèque Mazarine possédait à la fin de la Révolution, il est impossible de le fixer d'une manière certaine, mais celui de 92,234 indiqué par l'*Almanach impérial* de 1807 est certain ou est le plus près de la vérité.

P. 161-162. — « Prémontrés reformés » — 2,300 volumes d'après leur *Déclaration officielle*.

— 220 —

P. 163-167. — « Séminaire des missions étrangères. » Il possédait au moins 20,000 volumes quoique le Supérieur, dans sa *Déclaration* à l'Assemblée nationale, donne le chiffre de 15,000 seulement.

P. 168-180. — « Ordre des avocats. » La préface du catalogue imprimé en 1788 annonce que cette bibliothèque renfermait 24,000 volumes, assertion difficile à concilier avec le recensement officiel fait en 1791 qui ne constate la présence que de 10,064 volumes.

P. 181-303. — « Ancienne bibliothèque de l'Hôtel-de-Ville. »

P. 304-319. — « Université. » Cette bibliothèque qui comptait 39,351 volumes en 1817 en renferme aujourd'hui plus de 90,000.

P. 321-322. — « Mont-Valérien. Frères ermites et prêtres du Calvaire. » Les Frères ermites possédaient « environ 1,300 volumes, livres de peu de relatifs à leur état. »

P. 323-324. — « Église Saint-Laurent. » Il y avait 513 volumes au moment de la Révolution.

P. 325-326. — « Prieuré de Saint-Denis de la Chartre. » D'après la *Déclaration* faite par le prieur le 20 janvier 1790, il n'y avait dans la bibliothèque que 604 volumes sans valeur.

P. 327. — « Le Garde-meuble. » La bibliothèque renfermait environ 1,000 volumes qui furent transportés au dépôt littéraire de la rue de Lille.

P. 328. — « Séminaire Saint-Marcel. » Le directeur déclara, en 1790, que la bibliothèque était composée de 220 volumes seulement.

P. 329. — « Église Saint-André-des-Arts. »

P. 331-332. — « Église Saint-Eustache. » Le 14 fructidor an III, un commissaire des domaines dressa l'inventaire de ses livres et constata la présence de 7,743 volumes, dont 3,000 exclusivement consacrés à la théologie, ne furent pas catalogués.

P. 333-334. — « Collège de Bayeux. »
P. 335-336. — « Collège de Marmoutiers. »
P. 347-348. — « Collège des Lombards, Séminaire des clercs Irlandais. »
P. 349-350. — « Collège de Lisieux. »
P. 341-342. — « Cour des aides. »
P. 344-350. — « Collège de Dormans-Beauvais. »
P. 351-352. — « Collège de Dainville. »
P. 353-354. — « Collège de Sainte-Barbe. »
P. 355-358. — « Minimes de Passy ou Bons Hommes de Chaillot. Minimes de Vincennes. » La bibliothèque des Minimes de Passy renfermait, vers 1785, environ 10,000 volumes, en assez mauvais état pour la plupart. Les Minimes avaient en outre, en 1790, dans leur couvent de Vincennes 2,829 volumes.

P. 359-360. — « Grand conseil. »
P. 361-362. — « Collège de la Merci. » Il s'y trouvait, en 1790, environ 700 volumes.
P. 363. — « Pairs de France. »
P. 364-365. — « Châtelet. » Le 10 septembre 1791, au nom de la Commune, Ameilhon prit possession des 2,502 volumes qui étaient dans cette bibliothèque.

P. 366-367. — « Noviciat des Jésuites. »
P. 368-370. — « Séminaire Saint-Nicolas du Chardonnet. » A l'époque de la Révolution, la bibliothèque du grand séminaire possédait environ 15,000 volumes où toutes les sciences étaient représentées.

P. 371. — « Congrégation de la propagation de la foi ou nouveaux convertis. » Il n'y avait, en 1790, qu'une petite bibliothèque de 250 volumes.

P. 372. — « Carmes déchaussés de Charenton. »
P. 373-374. — « Académie française. »
P. 375-376. — « Séminaire des Trente-trois. » Il possédait environ 5,000 volumes.

P. 377-378. — « Séminaire Saint-Charles. »
P. 379-380. — « Hospice des Incurables. »

P. 381. — « Pénitents de Belleville. » 1,042 volumes.
P. 382-383. — « Académie des sciences. »
P. 384-385. — « Eudistes. » Environ 500 volumes.
P. 386-387. — « Académie d'architecture. »
P. 388. — « Prêtres de Saint-François-de-Sales. » En 1790 il y avait de onze à douze cents volumes.
P. 389-390. — « Séminaire Saint-Louis. » L'établissement possédait 4,745 volumes au moment de sa suppression.
P. 391-392. — « Séminaire du Saint-Esprit. » Renfermait, en 1793, 10,258 volumes.
P. 393. — « Frères de l'Enfant-Jésus. » 1,200 volumes.
P. 394. — « École royale militaire. » En 1786, elle avait, d'après Thiery, 5,090 volumes.
P. 395. — « *Communautés de femmes.* — Hôpital Sainte-Catherine. » 1,500 volumes transportés, le 1er prairial an III, au dépôt littéraire de rue de Thorigny.
P. 397-398. — « Abbaye de Saint-Antoine des Champs. »
P. 399-400. — « Filles-Dieu. » 1,200 volumes.
P. 401-402. — « Cordelières. » 900 volumes, d'après la Déclaration du 11 janvier 1790.
P. 403-404. — « Carmélites de la rue d'Enfer. »
P. 405-406. — « Capucines. » 800 volumes de dévotion.
P. 407. — « Ursulines de la rue Saint-Jacques. » 500 volumes.
P. 409. — « Hospitalières de Saint-Gervais, dites aussi de Saint-Anastase ou de Saint-Nicolas. » Environ 1,300 volumes et 50 mss.
P. 410. — « Bénédictines de Notre-Dame-de-Grâce. » 1,804 volumes de piété.
P. 411. — « Religieuses de Sainte-Élisabeth. » 2,274 volumes, tous livres de piété.
P. 413. — « Carmélites de la Sainte-Mère-de-Dieu (rue Chapon.) » « Environ 1,200 volumes d'auteurs anciens et pieux. »
P. 415-416. — « Religieuses de la Visitation-de-Sainte-Marie. (rue Saint-Antoine.) » 2,060 volumes.
P. 417-418. — « Filles du Calvaire, (rue de Vaugirard.) » 774 volumes.
P. 419-420. — « Annonciades célestes, ou Filles bleues. » 2,400 volumes et 60 mss.
P. 421-422. — « Bénédictines du Val-de-Grâce. » 2,830 volumes, non compris les bréviaires et les missels qui étaient nombreux.
P. 423-424. — « Feuillantines. » La bibliothèque « n'a aucun mss., elle ne contient que des livres de piété, environ mil volumes », dit la Déclaration du 13 novembre 1789.
P. 425-427. — « Religieuses de l'Assomption-de-Notre-Dame, Haudriettes, » 800 volumes provenant de leur bibliothèque avaient déjà été transportés au dépôt littéraire des Capucins-Saint-Honoré, le 26 thermidor an III, dit un rapport fait par Langlès.
P. 430. — « Ursulines de la rue Sainte-Avoye. » 1,200 volumes à peu près; mais il y avait en outre « une petite bibliothèque dans chacune des trente huit cellules des religieuses. » Le tout fut livré aux commissaires de la Municipalité.
P. 431. — « Religieuses de la Visitation-de-Sainte-Marie. (Faubourg Saint-Jacques.) »
P. 433-434. — « Abbaye de Notre-Dame-de-Port-Royal. » 904 volumes furent transportés dans les dépôts littéraires.
P. 435-436. — « Filles de Saint-Thomas d'Aquin. » 2,437 volumes.
P. 437. — « Filles de la Croix. » 1,324 volumes.
P. 439-441. — « Recollettes de Sainte-Claire ou de l'Immaculée Conception de la Sainte-Vierge. » Seulement 300 volumes, s'il faut ajouter foi à la *Déclaration* de la supérieure.
P. 443. — « Hospitalières de la Charité Notre-Dame. » 2,494 volumes qui furent transportés, le 9 floréal an III, au dépôt de la rue de Thorigny.

P. 444-448. « Nouvelles catholiques. » 1,354 volumes.
P. 449-450. — « Religieuses de la Conception-de-Notre-Dame. » 775 volumes.
P. 451-452. — « Filles de Sainte-Cécile ou Bernardines du Précieux-Sang de Notre-Seigneur. »
P. 453-454. — « Chanoinesses du Saint Sepulcre-de-Jérusalem, ou Augustines de Bellechasse. » Elles déclarèrent, en 1790, posséder « 860 volumes environ, tous propres pour une maison religieuse. »
P. 455-456. — « Filles de Sainte-Geneviève ou Miramionnes. » 905 volumes.
P. 457-458. — « Filles du Calvaire (au Marais). » 1,721 volumes.
P. 459-462. — « Bénédictines anglaises. » 1,000 volumes, d'après la Déclaration de 1790.
P. 463-464. — « Chanoinesses de Notre-Dame de la Victoire de Lépante et de Saint Joseph. » 950 volumes.
P. 465. — « Filles de Saint Joseph ou de la Providence. » Environ 200 volumes de livres de piété.
P. 466. — « Bénédictines de l'adoration perpétuelle du Saint-Sacrement (rue Cassette). » 225 volumes.
P. 467-468. — « Filles de la Congrégation de Notre-Dame. » 300 volumes, environ.
P. 469-470. — « Bénédictines de Notre-Dame de bon-Secours. » 1,694 volumes.
P. 471-473. — « Filles de Notre-Dame de la Miséricorde. » On trouva dans le couvent 916 volumes qui, le 22 pluviôse an III, furent « livrés aux commissaires civils de la section de Mutius Scévola. »
P. 474. — « Bénédictines de la Présentation-Notre-Dame. » Leur bibliothèque renfermait « douze cents volumes et quelques uns, sçavoir bréviaires, antiphoniers, graduels, missels, des livres d'histoire et de piété. »
P. 475-476. — « Cisterciennes de Notre-Dame-aux-Bois. »
P. 477-478. — « Prieuré des Bénédictines réformées de la Madeleine de Traisnel. » Environ 1,000 volumes.
P. 479-480. — « Bénédictines de l'Adoration perpétuelle du Saint-Sacrement (au Marais). » 950 volumes.
P. 481. — « Hospitalières de la Miséricorde de Jésus, dites aussi de Saint Julien ou de Sainte Basilisse. » 1,727 volumes.
P. 482. — « Filles de l'Union chrétienne ou de Saint-Chaumond. » 1,500 volumes.
P. 483-484. — « Communauté de Sainte Aure. » Environ 1,200 livres de piété.
P. 485. — « Filles pénitentes du Sauveur. » Environ 60 volumes de saineté, dit la *Déclaration*.
P. 486. — « Hospitalières de Saint-Thomas de Villeneuve. » 300 volumes de livres d'office et de piété.
P. 487-488. — « Filles de l'Enfant Jésus. » 2,000 volumes.
P. 489. — « Filles du Bon Pasteur. » 400 volumes.
P. 490. — « Filles pénitentes de Sainte-Valère. »
P. 492. — « Sœurs de charité de la paroisse Saint-André-des-Arts. » 122 volumes.

Le T. III se termine par une « Table alphabétique des matières contenues dans les 3 volumes. »

Le t. I contient 157 planches ; le t. II, 197 pl. et le t. III 152 pl.

Les huit grands dépôts qui avaient été formés à Paris pour recevoir les livres de la majeure partie des bibliothèques précédentes, et dont les plus considérables étaient ceux des rues de Beaune, des Augustins, des Cordeliers et de Lille, ces dépôts contenaient, à la fin de 1794, 1,500,000 volumes quand on autorisa les bibliothécaires de Paris d'y puiser à leur gré pour compléter les collections qui leur étaient confiées. Van Praet y recueillit 300,000 volumes pour la B. N. qui n'en comptait encore que 152,865.

492. — **Franklin** (Alfred). — Précis de l'histoire de la Bibliothèque

du Roi, aujourd'hui Bibliothèque Nationale. Deuxième édition corrigée et très augmentée. — *Paris, Léon Willem*, 1875, in-8°, VII-341 p.

Inv. Q 7493

Tiré à 400 exemplaires dont 275 sur papier vélin, 100 sur papier de Hollande et 25 sur papier de Chine.

C'est l'histoire de la B. R. depuis l'an 750 jusqu'à 1795. Ce volume renferme 28 gravures et se termine par une table des matières.

En Appendice l'on trouve : « I. La Bibliothèque de la Sainte-Chapelle. — II. Les livres de Louis-le-Hutin. — III. Les livres de Jeanne d'Evreux, femme de Charles-le-Bel. — IV. Les livres de Clémence de Hongrie, femme de Louis-le-Hutin. — V. Inventoire des livres roumans de feu monseigneur Philippe-le-Hardi, que maistre Richard le conte, son barbier, a eux en garde à Paris. (Signé : J. de Tholey et J. de Tepleuve.) — VI. Inventoire de Marguerite de Male veuve de Philippe-le-Hardi. (Signé : Buridan.) — VII. Arrest du conseil d'estat pour les cordeliers du grand convent de cette ville de Paris. (Signé : Galland.) — VIII. L'Histoire de la bibliotèque du Roy. »

493. **Franklin** (Alfred). — Recherches sur la bibliothèque publique de l'église Notre-Dame de Paris au XIIIᵉ siècle, d'après des documents inédits. — *Paris, Auguste Aubry*, 1863, in-8°, VII-184 p.

Inv. Q 785

Tiré à 300 exemplaires.

En 1756 le chapitre de Notre Dame céda au Roi, pour la somme de 50,000 livres, ses mss. les plus rares au nombre d'environ 304 et dont la plupart dataient du Xᵉ au XVᵉ siècle. Cette bibliothèque contenait, en 1787, environ 12,000 volumes imprimés qui furent versés à cette époque dans les Dépôts littéraires. Beaucoup de ces ouvrages sont entrés à la B. N., et il existe, au Dépt des Mss. un fond spécial qui leur est consacré. Voir : DELISLE, *Inventaire des manuscrits de Notre-Dame conservés à la Bibliothèque nationale sous les nᵒˢ 16719-18645 du fonds latin*.

494. —. — Les sources de l'histoire de France. Notices bibliographiques et analytiques des inventaires et des recueils de documents relatifs à l'histoire de France. — *Paris, Firmin-Didot*, 1876, in-8°, VII-603 p. (sans la table gén. des matières). Salle 172 *ou* L $\frac{43}{16}$

Se divise en sept parties :
I. Inventaires de documents. — II. Recueils de documents. — III. Histoire ecclésiastique. — IV. Recueils de lois. — V. Histoire généalogique. — VI. Histoire financière. — VII. Histoire littéraire.

—. — Voyez : La Bibliothèque impériale, son organisation, son catalogue.

Fréville (Marcel). — Notice sur un recueil historique du XVIIIᵉ siècle.

Voyez : Delisle. Collections de M. Jules Desnoyers.

495. — **Gachard**. — La Bibliothèque nationale à Paris. Notices et extraits des manuscrits qui concernent l'histoire de Belgique. — *Bruxelles, imp. M. Hayez*, 1875-1877, 2 vol. in-4°. T. I, LX, 548 p., T. II, VI, 612 p. Salle G.5.

Fait partie de la *Collection de chroniques belges inédites*.

Dans la Préface, Gachard rappelle sommairement l'histoire du Dépt des Mss. depuis un siècle; il prévient ensuite qu'il n'a pas compris dans son travail deux fonds qui concernent spécialement et exclusivement l'histoire des Pays-Bas : les 182 Colbert et la collection d'Esnans. Il se contente d'indiquer, pour ces deux collections, les titres que portent les volumes ou les matières dont traitent les actes qu'on y a rassemblés.

Le T. I comprend : 1° Les Chroniques; 2° les Histoires, Relations, Mémoires, 3° les Cartulaires et les Chartes; 4° les Lettres et les Instructions. — 167 mss. y figurent et font l'objet de descriptions plus ou moins détaillées. A la suite on trouve : une « Table de concordance des numéros que portaient les mss. en 1836 avec les numéros actuels; » une « Table chronologique des documents insérés, analysés ou mentionnés dans ce volume. »

Le T. II contient : les Conférences diplomatiques (n°⁸ 168-212); les Traités (n°⁸ 213-222 ; les Dépêches des Ambassadeurs (n°⁸ 223-243) : il renferme donc les notices de 81 mss. Ce volume, comme le précédent, se termine par une table de concordance et une table chronologique.

496. Gachard. — Notice sur une collection de 180 volumes manuscrits concernant l'histoire de la Belgique, conservée à la Bibliothèque du Roi, à Paris.   *Bruxelles, imp. Hayez*, 1835, in-8°, 15 p.

K⁸ Q pièce 94

Après la bataille de Fontenoy et la prise de Bruxelles, M. Courchetet d'Esnans, conseiller au parlement de Besançon, fut chargé de rechercher, dans les archives des Pays-Bas, les documents pouvant servir au progrès des lettres ou intéresser les droits et les possessions du roi. Il visita successivement Bruxelles, Gand, Bruges, Malines, Louvain, Ostende, Nieuport, Ypres, Furnes, Tournai, Mons, Charleroi, Namur et Maestricht.

Les actes originaux que M. d'Esnans s'y fit délivrer, remplirent huit caisses et furent envoyés à Paris ainsi que les inventaires et les copies de beaucoup d'autres pièces.

La *Collection d'Esnans* à la B. N. se divise en deux parties :

La première comprend les inventaires des archives belgiques, elle est formée de 24 volumes dont les 17 premiers sont relatifs aux archives du gouvernement, qui étaient conservées à Bruxelles. Chaque volume d'inventaire est suivi d'une table alphabétique des matières qu'il contient. M. Godard de Clamecy y a joint une table générale des matières des 24 volumes.

La deuxième partie compte 155 volumes et se compose de copies de documents. Chaque volume est pourvu d'une table des matières formée d'après l'ordre d'insertion des pièces ; il existe, dans un volume à part, une table générale et alphabétique des matières rassemblées dans les 159 vol. de copies.

497. Gaetano de Ste-Thérèse (r. p. fra). — Il Catino di smeraldo orientale, gemma consecrata da N. S. Gesù Cristo nell'ultima cena degli Azimi, e custodita con religiosa pietà dalla serenissima Republica di Genova, come glorioso trofeo riportato nella conquista di terra santa l'anno MCI. Si monstra la sua Antichità, Preziosità, et Santità, autenticata dagli autori, come dalle pubbliche scritture dell' Archivio. Opera historico-morale arrichita di cognizioni, et Dottrine profitevoli à studiosi, e grate agli Amatori dell' Antichità. — *Gênes, chez Franchelli*, 1727, in-4°, XXXVIII et 308 p.

Rapporté d'Italie après les victoires de nos troupes pendant la Révolution, ce vase fut déposé au Cabinet des médailles de la B. N., où il resta jusqu'en 1815. Il fut alors rendu aux Italiens, mais brisé dans le transport.

Gaillard (G.-H.). — Voyez : Notices et extraits des mss. de la B. N.

498. — **Galerie** historique et critique du dix-neuvième siècle. L. Visconti (Extrait du 2ᵉ volume). — *Paris, au bureau de la Galerie historique*, 1857, in-8°, 12 p.   Ln²⁷ 30702

499. — **Galland**. — Lettre touchant la Nouvelle explication d'une médaille d'or du Cabinet du Roy. — *A Caen, chez Jean Cavelier, seul imprimeur du Roy et de l'Université*, 1698, in-12, 43 p.
J 1763 ou inv. J 10484

Lettre adressée à M. Oudinet, garde des médailles antiques et modernes du Cabinet du Roy, au sujet de la rare médaille d'or de Gallien, avec l'inscription « Gallienæ Augustæ. »
C'est une réponse à la Lettre de l'abbé de Vallemont.

500. — **Garnier** (J.). — Catalogue descriptif et raisonné des manuscrits de la bibliothèque communale de la ville d'Amiens. — *Amiens, imp. Duval et Herment*, 1843, in-8°, LX, 563 p.   Q 6316

On trouve, p. XX-XXVIII, des renseignements sur les mss. de Corbie portés à Amiens, et la liste des 75 mss. de cette abbaye, qui, choisis par la B. N., furent envoyés à cet établissement en août 1803.

501. — **Garnier**. — Institut royal de France. Académie royale des beaux-arts. Funérailles de M. Thévenin. Discours de M. Garnier,... prononcé... le samedi 24 février 1838. — *Paris, imp. de Firmin Didot*, 1838, in-4°, 5 p.   Ln²⁷ 19392

Est suivi du Discours de M. Jomard au nom de la B. R.
Charles Thévenin, né à Paris le 12 juillet 1764, fut conservateur au Dépᵗ des Estampes de 1829 à 1838.

502. — **Gaubert** (abbé). — Éloge historique de très haut et très puissant seigneur monseigneur Louis-François de Paule Lefevre d'Ormesson de Noiseau, chevalier, seigneur de Thiais, Grignon et autres lieux, conseiller du roi en tous ses conseils, premier président du parlement, honoraire de l'Académie des inscriptions et belles-lettres, décédé à Paris, hôtel de la première présidence, le 26 janvier 1789, âgé de 70 ans 6 mois. — *A Paris, de l'imp. des bâtimens du roi*, 1789, in-8°, 28 p.   Ln²⁷ 9349

503. — **Gauché**. — Divers projets d'édifices proposés en 1841, par Gauché, architecte, pour transférer la Bibliothèque royale dans les XIᵉ ou XIIᵉ arrondissemens de Paris. — *Paris, lith. de Montoux, rue du Paon, n° 1*, (1841), in-fol., 9 p. et 9 plans.   fol. Q 73

Gauché propose trois emplacements :
1° L'îlot compris entre la rue Saint-André-des-Arts et celle de l'École-de-Médecine, sur les côtés entre celles de l'Éperon, du Paon et le passage du Commerce. L'entrée de la Bibliothèque serait vis-à-vis la rue des Grands-Augustins. Dépense : 1,193,857 fr. 50.
2° L'îlot formé par la place Saint-Sulpice, la rue des Canettes, celle du Four jusqu'au n° 51 revenant au n° 10 de la rue du Colombier. Entrée de la

15

Bibliothèque vis-à-vis le Séminaire de Saint-Sulpice. Dépense : 1,504,527 fr. 50

3° L'îlot formé par les rues des Noyers, de Saint-Jean de Beauvais, de Saint-Jean de Latran, de la place Cambrai et de la rue Saint-Jacques. Entrée de la Bibliothèque vis-à-vis celle du Collège de France. Dépense : 4,507,948 fr. 75.

Les plans comprennent :

1° Plan de la Bibliothèque royale, rue de Richelieu, et des anciens bâtiments de la Trésorerie.

2° Projet présenté il y a plusieurs années pour la reconstruction de la Bibliothèque sur le même emplacement, mais augmenté jusqu'à la rue Vivienne.

3° Emplacement proposé dans le 11ᵉ arrondissement pour la construction de la Bibliothèque royale, îlot formé par les rues de Saint-André, de l'Éperon, du Paon, de l'École de Médecine et le Passage du Commerce.

4° Projet d'édifice à construire entre la rue Saint-André des Arts et celle de l'École-de-Médecine pour y transporter la B. R.

5° Emplacement proposé dans le 11ᵉ arrondissement pour la construction de la B. R., îlot formé par la place Saint-Sulpice, les rues des Cannettes et du Four jusqu'au n° 51, prolongement de celle de Madame.

6° Projet d'édifice à construire vis-à-vis le Séminaire de Saint-Sulpice pour y transporter la B. R.

7° Emplacement proposé dans le 12ᵉ arrondissement pour la construction de la B. R. Enclos de Saint-Jean de Latran, vis-à-vis le Collège de France.

8° Projet d'édifice à construire vis-à-vis le Collège de France pour y transporter la B. R.

9° Indication des divisions possibles du terrain de la cour de la Bibliothèque : 1° percement d'une rue dans le terrain de la B. R, rue de Richelieu ; 2° percement de deux rues dans le terrain de la B. R., rue de Richelieu.

Il existe une autre édition : *Paris, imp. Lacrampe,* (1845), in-fol., 8 p. Celle-ci est accompagnée des plans suivants :

Emplacement proposé dans le onzième arrondissement pour la construction de la B. R. Îlot formé par la place Saint-Sulpice, les rues des Cannettes et du Four jusqu'au n° 51, prolongement de celle de Madame.

Projet d'édifice à construire vis-à-vis le Séminaire Saint-Sulpice pour y transférer la B. R.

Plan général indiquant l'emplacement proposé pour transférer la B. R. dans le XIᵉ arrondissement.

Emplacement proposé dans le douzième arrondissement pour la construction de la B. R.

Projet d'édifice à construire vis-à-vis le Collège de France pour y transférer la B. R.   *Rés.* Q 98 *ou Rés. inv.* Q 119

504.   **Geschichte** der Königl. Pariser Bibliothek von ihrem ersten Ursprunge an. Übersezt und mit Anmerkungen begleitet von M. G. C. E. W. — *Quedlinburg, bey Christoph August Reussner,* 1778, in-8°, 280 p.

Rés. inv. Q 32

Ginguené. — Voyez : Notices et extraits des mss. de la B. N.

505.   — **Gisors** (A. J. B. G.). — Projet d'établissement de la Bibliothèque nationale dans l'édifice ci-devant destiné à la paroisse de la Magdelaine. — (*Paris, de l'Imprimerie des Sciences et Arts, rue et butte des Moulins,* an VII. in-12, 23 p.   *Inv.* Q 1412 il *Rés. inv.* Q 55

La couverture imprimée porte : « Projet d'établissement de la B. N. dans l'édifice ci-devant destiné à la paroisse de la Magdelaine ; exposé sous le n° ... dans l'une des Salles du Musée central des Arts, Exposition de l'an VII. »

506.   **Godart de Saponay.** — Extrait du *Bulletin de la Société*

pour l'instruction élémentaire, numéro de mai 1863. Notice nécrologique sur la vie et les travaux de M. Edme-François Jomard, président honoraire de la Société pour l'instruction élémentaire, lue en séance du Conseil d'administration. — *Paris, imp. Simon Raçon*, (1863), in-8°, 24 p.
Ln$^{27}_{10330}$

Gonod. — Voyez : Note sur le classement des imprimés.

507. — **Gosselin** (Jean). — Ensuit une remonstrance touchant la garde de la Librairie du Roy, addressée à toutes personnes qui ayment les lettres. Par Jean Gosselin garde d'icelle librairie. — (s. l.), (1595), in-8°, 8 p.
Q$_{740}$ ou Rés. inv. Q $_{136}$

Gosselin ayant dû se retirer à Melun pendant les troubles de la Ligue signale l'état dans lequel il a trouvé, à son retour, la B. R.
Les pages 6-8 contiennent : « Ensuit la copie du mandement par lequel le Roy mande très expressément à Maistre Balthasar Gobelin Thresorier de l'Espargne qu'il paye à Jean Gosselin Garde de la Librairie Royale les gages qui luy sont deuz, et les deniers qu'il a desboursez pour l'entretenemet de ladicte Librairie. (Paris, 7 mars 1595. Signé : Saldaigne »)

Goulard (de). — Voyez : Thiers, Assemblée nationale, Projet de loi.

508. — **Grandmaison** (Charles de). — Gaignières, ses correspondants et ses collections de portraits. — *Niort, A. Clouzot*, 1892, in-8°, 156 p.
Ln$^{27}_{40705}$

Extrait de la *Bibliothèque de l'École des chartes*, années 1890-1892.
Donne de nombreux détails sur les collections de Gaignières. La majeure partie de celles-ci, léguées au roi par Gaignières en 1711, se trouvent reparties entre les divers départements de la B. N.
Les mss. de Gaignières paraissent avoir été tous déposés à la B. R.
Quant aux imprimés, une partie fut attribuée au Cabinet des affaires étrangères ; une autre fut recueillie par la B. R. ; la troisième, comprenant les doubles et les livres déjà possédés par ce dernier établissement, fut livrée aux enchères. On vendit en même temps les tableaux, les porcelaines et celles des estampes et médailles qui ne pouvaient servir à combler les lacunes existantes dans les séries du Cabinet du Roi.
M. de Grandmaison publie ici l'inventaire des « Tableaux et portraits du cabinet de M. de Gaignières » (1066 articles); la liste des « Peintures vendues séparément », des « Portraits accouplés dans la vente », des « Portraits vendus par lots », le « Bordereau général de la vente des tableaux de Gaignières ».
Il indique ensuite les pièces, provenant de Gaignières, qui se trouvent maintenant au Musée de Versailles, au Musée du Louvre, à la B. N., au Musée Condé à Chantilly, au château d'Azay-le-Rideau (Indre-et-Loire) et au Musée de Besançon. Il termine en publiant la « Table de ce qui est contenu dans le 132ᵉ des grands portefeuilles, qui est un livre en blanc relié en veau, où sont 133 portraits en pastels qui sont tous foliés » ; la « Table de ce qui est dans le 133ᵉ des grands portefeuilles, qui est un livre blanc, relié en veau, où sont 95 portraits en pastels, faits sous le règne de Charles 9ᵉ par J. Corneille, peintre de sa Majesté, 1834 » (71 bᵗ) ; la liste des « Portraits du recueil A de M. Bouchot, d'après une ancienne numérotation », la « Table de ce qui est dans le 135ᵉ des grands portefeuilles, qui est un livre en blanc, relié en veau, où il y a huit portraits pastels, sçavoir ..... », « Portefeuille 136ᵉ, cotte Pastelle (sic) folio ».

509. — **Grégoire**. — Convention nationale. Instruction publique. Rapport sur la bibliographie ; séance du 22 germinal, l'an 2 de la République ; une et indivisible ; suivi du Décret de la Convention nationale. — *Imprimerie nationale*, in-8°, 16 p.   Archives Nat., A. D., VIII 13.

> Il est question de la B. N., des volumes sur vélin qu'elle possède et des globes de Coronelli.

510. — **Grille** (F.). — Lettre à M. Darreste sur le Louvre, la Bibliothèque et l'Opéra. — *Paris, Techener*, 1847, in-8°, 36 p.   Rés. inv. Q.

> La partie relative à la Bibliothèque n'a trait qu'au projet de son translat au Louvre.

511. — **Guérard** (Benjamin). — Lettre de M. Benjamin Guérard à son frère, au sujet d'un article de *la Quotidienne*. — *Paris, imp. H. Fournier* (1838), in-8°, 15 p.   Ln

> Cette lettre, datée du 7 mars 1838, est une polémique contre M. Paulin Paris, au sujet d'un cours d'origines et d'antiquités nationales au Collège de France.

— Voyez : Notices et extraits des mss. de la B. N.

Guiffrey (Jules). — Voyez : Comptes des bâtiments du Roi sous le règne de Louis XIV.

512. — **Guignes** (de). — Extraits du *Journal des sçavans* du mois de mai 1788. Réponse de M. de Guignes à la Lettre de M. l'abbé de Sausale, insérée dans l'*Année littéraire* 1788, n° 7, au sujet des Manuscrits de M. de Breves, dont l'acquisition a été ordonnée par Louis XIII. — (s. l. ni d.), in-4°, 15 p.   Inv. Q

> Réponse relative à 110 mss. orientaux apportés en France par M. de Breves, achetés par Louis XIII et enlevés, en 1640, chez Sionita par le cardinal de Richelieu qui les fit porter dans sa bibliothèque et relier à ses armes. Après la mort du cardinal, ces mss. furent réclamés par Vitré, qui en avait fait imprimer un état, comme appartenant au roi; mais on refusa de les lui rendre. Ces mss., suivant M. de Guignes, se trouvaient à la Bibliothèque de la Sorbonne, ce que niait l'abbé de Sausale, le bibliothécaire, et ce que s'efforce de prouver M. de Guignes.

— Voyez : Notices et extraits des mss. de la B. N.

513. — **Guigniaut**. — Institut impérial de France. Notice historique sur la vie et les travaux de Charles-Benoît Hase. Par M. Guigniaut, secrétaire perpétuel de l'Académie des inscriptions et belles-lettres. Lue dans la séance publique de cette académie le 2 août 1867. — *Paris, typogr. de Firmin-Didot frères*, 1868, in-4°, 39 p.   Ln

> Hase naquit à Sulza (Thuringe) le 11 mai 1780. C'est en 1805 qu'il entra en qualité d'employé, au Dép. des Mss., où il devint (en 1832) conservateur en chef du département des mss. grecs.

se termine par des notes biographiques et bibliographiques.

514. — **Guigniaut**. — Institut impérial de France. Académie des inscriptions et belles-lettres. Funérailles de M. Jomard. Discours prononcé aux funérailles de M. Jomard le jeudi 25 septembre 1862. — *Paris, typ. de Firmin-Didot*, (1862), in-4°, 6 p. Ln$^{27}_{10337}$

Edme-François Jomard, né à Versailles le 17 novembre 1777, remplit les fonctions de conservateur de la Section des Cartes de 1828 à 1862.
Constituée en département spécial (1828-1839), cette Section fut rattachée au Département des Estampes de 1839 à 1858. Elle est maintenant une division du Département des Imprimés.

515. — . — Institut royal de France. Académie des inscriptions et belles-lettres. Funérailles de M. Fauriel. Discours de M. Guigniaut, prononcé... le 16 juillet 1844. — *Paris, typ. de Firmin-Didot frères*, (1844), in-4°, 12 p. Ln$^{27}_{7412}$

Est suivi du « Discours de M. Victor Le Clerc, membre de l'Académie des inscriptions et belles-lettres et de la commission de l'histoire littéraire de la France, doyen de la Faculté des lettres de Paris. »

516. — . — Institut impérial de France. Notice historique sur la vie et les travaux de M. C. Fauriel, par M. Guigniaut, secrétaire perpétuel de l'Académie des inscriptions et belles-lettres, lue dans la séance publique annuelle de cette Académie, le 9 août 1861. — *Paris, typ. de Firmin-Didot*, 1862, gr. in-8°, 64 p. Ln$^{27}_{7413}$

Claude Fauriel naquit à Saint-Étienne, le 21 octobre 1772 et mourut le 15 juillet 1844. Il fut conservateur adjoint du Dépt des mss. de 1832 à 1839.

Guilhermy (F. de). — Voyez : République française... Rapport... sur le projet de translation de la Bibliothèque nationale.

Guillaume (J.) — Voyez : Procès-verbaux du Comité d'instruction publique de la Convention nationale.

Guyard (Stan.). — Voyez : Notices et extraits des mss. de la B. N.

518. — **Hager (Joseph)**. — Description des médailles chinoises du Cabinet impérial de France, précédée d'un essai de numismatique chinoise avec des éclaircissements sur le commerce des Grecs avec la Chine, et sur les vases précieux qu'on y trouve encore. — *Paris, imp. impériale*, an XIII = 1805, in-4°, XVI-188 p. Fig. Rés. On² 212

Le faux titre porte : *Numismatique chinoise*. — Sur le verso on lit : « Se trouve à Paris, chez Treuttel et Würtz, rue de Lille ; et chez les principaux libraires de l'Europe. »
Les médailles chinoises du Cabinet Impérial de France sont au nombre de 64. Hager en donne, p. 171-186, la liste chronologique.
Dans la Préface il est aussi question des caractères d'imprimerie chinois qui avaient été déposés vers 1735 à la B. R. et qui ont été transportés à l'Imprimerie Impériale en 1804.

519. — **Hamilton** Alexandre, et **L. Langlès**. — Catalogue des manuscrits sanskrits de la bibliothèque impériale, Avec des notices du contenu de la plupart des ouvrages, etc. Par MM. Alexandre Hamilton, membre de la Société asiatique de Calcuta, professeur de littérature indienne, etc., et L. Langlès, membre de l'Institut de France, conservateur des manuscrits orientaux de la Bibliothèque Impériale, etc. A Paris, de l'imprimerie bibliographique, rue Git-le-Cœur, 1807, in-8°, 118 p.   Inv. Q 737. Rés. inv. Q 770. Rés. p. Q

Ce catalogue est divisé en deux parties : l'une contient les ouvrages sanscrits écrits en caractères dévanâgari (49 art.), l'autre les mss. sanscrits en caractères bengali (179 art.) et 14 mss. en langue et caractères bengalis. Le volume se termine par une « Note de M. Langlès, sur quelques Langues anciennes de l'Inde » et par une Table des auteurs et des ouvrages cités dans ce Catalogue. Chacun des articles est précédé d'un chiffre romain et d'un chiffre arabe. Le premier indique le n° du nouveau catalogue; le second celui de l'ancien catalogue imprimé.

520. — **Hamy** Dr E. T. — Les origines du musée d'ethnographie. Histoire et documents. — Paris, Ernest Leroux, 1890, in-8°, 321 p.
                                          Sect. géogr. Ge. FF.

Le faux titre porte : Publications du musée d'ethnographie. I. Les origines du musée d'ethnographie.
Dédié à M. Xavier Charmes.
Première partie. Histoire.
Les premières collections royales. Missions scientifiques ordonnées par François 1er. Cabinet des curiosités du Roi. André Thevet en est le premier garde. Jean Mocquet, garde du cabinet des singularités de Henri IV. Ses voyages et ses collections. Les missions scientifiques sous Louis XIV. Le Cabinet des médailles. Collections rapportées par Vansleb et Paul Lucas. Premières collections ethnographiques formées sous Louis XVI. Antiquités recueillies au Pérou par Dombey.
Le Muséum des Antiquités à la B. N. Ethnographie et archéologie. Le cabinet du stathouder envoyé par Thouin. Confiscations chez les émigrés. Le cabinet Bertin. Anciennes collections du Jardin du Roi. Collection Gauthier. Barthélemy de Courçay et sa classification.
Mort de Barthélemy. Son œuvre est abandonnée. Création d'un dépôt de géographie à la B. R. Efforts de Jomard en faveur d'un musée géo-ethnographique. Débuts du Musée de Marine. Lamare Picquot et ses collections. Constitution d'une commission qui propose la fondation d'un établissement spécial à la B. R. Revendications de la Marine. Le Conservatoire de la B. R. repousse les conclusions de la commission du musée d'ethnographie. Création d'une section ethnographique au Musée de Marine. Projets de 1854. Dernières tentatives et mort de Jomard.
L'ethnographie au Musée des Antiquités nationales de Saint Germain. Plan d'agrandissement de la Section ethnographique du Louvre. La mission Wiener et le legs Angrand. Création et exposition provisoire du Musée ethnographique des Missions scientifiques. L'ethnographie à l'Exposition universelle de 1878.
Nomination d'une commission chargée d'étudier l'organisation définitive du Musée. Plans irréalisables de Viollet-le-Duc. Installation provisoire des collections au Trocadéro. Répartition des locaux disponibles du palais entre les Beaux-Arts et l'Instruction publique. Commission du Musée d'Ethnographie. Rapport au ministre et vote des crédits par la Commission du budget. Constitution définitive du Musée.
Deuxième partie. Documents.
L'ethnographie au Cabinet du Roi et au Muséum des Antiques. Anciens in-

talogues Collection Dombey. Musée du Stathouder. Objets ethnographiques des émigrés. Collections Bertin et Gauthier. Collections du Muséum national d'Histoire naturelle.
Ordonnance de 1828. Commentaires sur cette Ordonnance. Premières tentatives de Jomard pour constituer le dépôt ethno-géographique de la B. R.
Collection Lamare-Picquot. Rapport sur cette collection à l'Académie des inscriptions et belles-lettres, à la Société asiatique et à la Société de géographie par Abel-Rémusat, Burnouf et Jomard.
Brochure de Jomard sur le but et l'utilité d'une collection ethnographique. Réponse de Férussac.
Lettre de Jomard sollicitant, à l'occasion de la collection Lamare-Picquot, exécution de l'Ordonnance de 1828 en ce qui concerne l'ethnographie. Constitution d'une commission spéciale. Objections de Champollion-Figeac et réponse qui leur est faite. Rapport de la commission. Calcul approximatif de l'espace et de la dépense nécessaires au dépôt ethnographique. Note de Hippolyte-Collard. Ajournement.
Pétition de Lamare-Picquot. Recommandation du député Bodin. Nouvelle lettre de Jomard en faveur du dépôt ethnographique.
Revendications du Ministre de la Marine en faveur du Musée naval. Correspondance du Ministre de l'Instruction publique à ce sujet avec le Muséum, S.-Geneviève et la B. R. Lettre confidentielle de Letronne pour provoquer une discussion du Conservatoire de la B. R. sur le Musée ethnographique. Délibération du Conservatoire et rapport au Ministre. Nouvel ajournement.
Nouvelles démarches de Jomard. Projet restreint du Musée ethnographique à la B. R. (1838). Ordonnance de 1839. Mesures proposées par Jomard pour la mettre à exécution.
Lettre de Siebold à Jomard sur l'utilité des Musées ethnographiques.
Réponse de Jomard à Siebold. Plan d'une cité américaine ethnographique.
Projet restreint de 1838. Objections de Naudet. Le projet est abandonné. Modifications à la B. I. en 1854. Nouveau projet de Musée d'ethnographie et des voyages. Pétition de Garcin de Tassy et réponse qui y est faite. Dernier mémoire de Jomard sur la matière.
Création d'un Muséum ethnographique des Missions scientifiques. Exposition provisoire d'une partie des collections au Palais de l'Industrie.
Nomination d'une Commission d'étude à la suite de l'Exposition universelle de 1878. Travaux de cette commission.
Décret affectant le Palais du Trocadéro au Ministère de l'Instruction publique et des Beaux Arts. Nomination d'une Commission d'organisation des collections ethnographiques et arrêté attribuant à ces collections les étages supérieurs du Palais. Rapport sur ces collections présenté par M. Hamy au nom de la Commission. Ouverture des crédits nécessaires et nomination du personnel du Musée.

Harger. — Voyez : Mémoires lus dans la séance publique du n et m académique d'écriture.

21. — **Harmand.** — Notice sur la bibliothèque de Troyes. Extrait des *Mémoires de la Société d'Agriculture, des Sciences, Arts et Belles-lettres de l'Aube*, n°s 87 et 88. — Troyes, imp. Alb. Payn, 1844, in-8°, 55 p. INV. Q ???

Contient des renseignements sur la mission de Raoul-Rochette à Tours, et donne la liste des 147 mss. qu'il retira de cette bibliothèque pour les déposer à la B. N. On trouve, p. 32-33 :
Lettre du Ministre de l'Intérieur aux Préfets des départements de la République pour qu'ils facilitent au C. Chardon la Rochette, commissaire chargé de visiter les bibliothèques, les moyens de remplir sa mission 2 août 1804.
Instruction générale pour le C. Chardon la Rochette, commissaire du

Gouvernement pour les objets de sciences et arts dans les départements.
Signé : Chaptal.
Reçu de 25 cartons, mis en réserve pour la B. N.
Lettre du Ministre de l'Intérieur à l'administration centrale du dépt de l'Aube,
12 déc. 1799. Signé : François de Neufchâteau.
État des cartulaires qui se sont trouvés dans la bibliothèque du dépt de l'Aube
et qui ont été envoyés à la B. N.

Hase. — Voyez : Jomard. Funérailles de Silvestre de Sacy.

—. — Notices et extraits des mss. de la B. N.

522.   **Hauréau (B.).** — Institut de France. Académie des inscriptions et belles-lettres. Discours de M. Hauréau... prononcé aux funérailles de M. Stanislas Julien,.. le samedi 15 février 1873. — *Paris, typ. Firmin-Didot* (1873), in-4°, 13 p.   Ln

Est suivi de : 1° Discours de M. Élie de Beaumont, secrétaire perpétuel de l'Académie des sciences, au nom du Collège de France.
2° Discours de M. Alfred Maury, directeur général des Archives nationales, membre de l'Académie.
En 1839, Stanislas Julien fut nommé conservateur adjoint du dépt des Manuscrits et spécialement chargé du fonds chinois.

524. — — Notices et extraits de quelques manuscrits latins de la Bibliothèque nationale. — *Paris, C. Klincksieck*, 1890, 3 vol. in-8°.
t. I, VII, 406 p.   N° Q

M. Hauréau a voulu mettre au jour quelques extraits de ceux de ces manuscrits qui sont encore inédits. Il a cherché aussi à dévoiler l'anonymat des auteurs de ces écrits.
Ces trois volumes sont une réimpression des études publiées par lui dans la collection des Notices et extraits des Manuscrits de la B. N. ; nous en donnons plus loin un résumé sommaire.
Le T. I est consacré à l'étude de 76 mss. de l'ancien fonds, inscrits sous les numéros 363, 403, 411, 439, 446 à 448, 452 à 457, 469, 481, 499, 501, 503, 508, 585, 588, 589, 620, 638, 647, 653, 655, 656, 659 à 666, 673, 682, 685, 712, 726, 905, 2513, 2590, 2951, 3141, 3157, 3174, 3186, 3203, 3218, 3239, 3243, 3388, 3417, 3427, 3530, 3537, 3566, 3664, 3705, 3718, 2781 A, 2833, 3504, 5976, 6456, 6576, 6083, 6765, 8083, 8290, 8433, 8447, 8650. Le volume se termine par une table des auteurs cités.
Le T. II (1891, 371 p.) contient la notice des mss. suivants qui ont fait partie soit du Supplément latin, soit du fonds latin de Saint-Germain, 8876, 8877, 9678, 9334, 9739, 10205, 10334, 10384, 10595, 10598, 11125, 11130, 11136, 11388, 11502, 11803, 11842, 11573, 11574, 12019, 12020, 12028-12030, 12312, 12321, 12345, 12301, 12302, 12313, 12348-12350, 12423, 12456, 12461, 12060, 12953, 13197, 13198, 13204, 13206, 13374, 13404, 13425, 13429, 13431, 13432, 13442, 13468, 13471, 13572, 13575-13579, 13581-13583, 13587, 13692, 13964, 14027, 14193.
Le T. III 1891, 452 p. contient les notices de mss. provenant du fonds Saint-Victor. Ces mss. portent les numéros 14246, 14250, 14258, 14264, 14265, 14268, 14280, 14384, 14411, 14416, 14425, 14427, 14435, 14512, 14590, 14593, 14604, 14705, 14738, 14802, 14804, 14807, 14808, 14849, 14877, 14883, 14884, 14886, 14890, 14923, 14925, 14926.

IV

325. — **Hauréau (B.)**. — Singularités historiques et littéraires. — Paris, *Michel Lévy frères*, 1861, in-16, III, 325 p.   Inv. Z ....

Le chapitre intitulé « Aymon » (p. 286-324) donne de longs détails sur les vols commis par Aymon à la B. R. au commencement du XVIIIᵉ siècle.

— Voyez : Notices et extraits des mss. de la B. N.

Hauteroche (Allier de). — Voyez : Allier de Hauteroche.

Hauvette-Besnault. — Le Bhâgavata Purâna... Voyez : Collection orientale. Manuscrits inédits de la Bibliothèque Royale.

Havet (Julien). — Voyez : Bibliothèque nationale. Département des Impri... Cadre de classement

— The National Library.

— Notices et extraits des mss. de la Bibliothèque nationale (Table).

326. — **Hébert (J.-B.)**. — Essai sur la formation d'un catalogue général des livres et des manuscrits existant en France, à l'aide de l'immatriculation. — Paris, avril 1848, in-8°.

327. — **Hébrard (J.)**. — Réorganisation des bibliothèques publiques. *Paris, imp. Bonaventure et Ducessois*, (s. d.), in 8°, paginé 21-32.

Q 739 ou inv. Q 7474 || Rés. inv. Q 839

L'auteur propose de nommer un Inspecteur des Bibliothèques pour reconnaître les livres doubles et les envoyer à Paris où ils seraient vendus. L'argent obtenu ainsi servirait à acheter des ouvrages manquant à ces bibliothèques.

328. — **H....[ennin]**. — Histoire numismatique de la Révolution française, ou description raisonnée des médailles, monnaies et autres monumens numismatiques relatifs aux affaires de France, depuis l'ouverture des États-Généraux jusqu'à l'établissement du gouvernement consulaire. Avec planches. — *Paris, J. S. Merlin*, 1826, in-4°, XX-705 p. 5 pl.   Lj $\frac{27}{26}$

Cette histoire a été faite avec les séries du Cabinet des médailles.

329. — **Hennin**. — Les monumens de l'histoire de France. Catalogue des productions de la sculpture, de la peinture et de la gravure relatives à l'histoire de la France et des Français. — *Paris, J. F. Delion*, 1856-1863, 10 vol. in-8°.

Ce catalogue, qui est dressé par ordre chronologique, et qui s'arrête à la mort de Henri IV, passe en revue la plupart des mss. à peintures que possède la B. N.
La collection d'estampes formée par Hennin est conservée au département des Estampes, telle qu'elle était au sortir des mains de son ancien propriétaire. M. Duplessis en a publié l'inventaire.

Heuzey. — Voyez : Discours prononcés sur la tombe de M. François Lenormant.

530. — **Heuzey et Delisle.** — Institut de France. Académie des inscriptions et belles-lettres. Funérailles de M. F. Lenormant, membre de l'Académie, le mardi 11 décembre 1883. — *Paris, imp. Firmin-Didot,* (1883), in-4°, 9 p. Ln

531. — *Histoire* de Portugal — (S. l. ni d.), in-4°, 127 p.

Ce catalogue autographié donne les titres des ouvrages qui se trouvent au département des Imprimés dans la division O. Il est dressé d'après l'ordre méthodique suivant :
Op. Descriptions générales.
Oq. Histoires générales.
Or. Détails de l'histoire.
Os. Périodiques.
Ot. Histoire religieuse.
Ou. Histoire constitutionnelle et administrative.
Ov. Histoire diplomatique.
Ow. Histoire militaire.
Ox. Mœurs et archéologie.
Oy. Histoire locale.
Oz. Histoire des classes, des familles et des individus.

532. — *Histoire* d'Asie. — (S. l. ni d., in-4°, 688 p.

Sans titre.
Ce catalogue autographié donne les titres des ouvrages qui se trouvent au département des Imprimés dans la division O². Il est dressé d'après l'ordre méthodique suivant
O². Asie en général.
O²a. Asie Mineure.
O²b. Arménie.
O²c. Caucase.
O²d. Région de l'Euphrate.
O²e. Syrie.
O²f. Palestine.
O²g. Arabie.
O²h. Perse.
O²i. Indo-Perse.
O²j. Turkestan.
O²k. Inde.
O²l. Indochine.
O²m. Thibet.
O²n. Chine.
O²o. Japon.
O²p. Iles Kouriles.
O²q. Mongolie.
O²r. Tartarie.
O²s. Biographies asiatiques.

533. — *Histoire* (L') des vases de Bernay, à propos de ce qui se passe à la Bibliothèque royale. — *Paris, imp. E. J. Bailly,* 1847, in-8°, 15 p. Ln

Signé L. P., ancien bibliothécaire. (Par Louis Paris).
Expose sommaire des dissentiments qui existaient entre M. Naudet et les conservateurs de la B. R. Louis Paris explique la « Guerre des brochures » et l'acquisition faite à Bernay par Raoul Rochette.

534. — *Histoire* du procez qu'on renouvelle de temps en temps à

Antoine Vitré, à cause de l'achapt que le Roy l'a obligé de faire des Ponçons, des Matrices, et des Manuscripts Turcs, Arabes et Persans, que feu Monsieur de Breves avoit apportez de Levant pendant son Ambassade à Constantinople. Avec les pièces justificatives de l'estat ou il est encore à present. — (S. L.) [1633], in-4°, 28 p.

Dép.t des Mss. Ms. latin [...]

Ce mémoire est de Vitré lui même qui le rédigea pour sa justification.
On trouve p. [...] le Catalogue des manuscrits que Vitré a achetez par commandement du feu Roy, en l'inventaire de Monsieur de Breves, avec les caractères que ledit sieur de Breves avait fait faire pendant son Ambassade à Constantinople, et qui furent mis par ordre de S. M. dans la Bibliothèque du Cardinal de Richelieu.

« La partie orientale de la Bibliothèque de Richelieu, dit M. Delisle (*Cabinet des manuscrits*, t. II, p. [...]) présentait un grand intérêt. Entre autres richesses, elle renfermait 110 mss. que M. de Breves avait apportés de Constantinople. Ces mss. avaient été acquis par Vitré au nom du roi, mais M. de Breves les avait confiés à Gabriel Sionita, qui en était encore saisi quand il fut emprisonné en janvier 1630. Ce fut alors que les mss. furent portés à l'hôtel de Richelieu et reliés aux armes du cardinal. Dans la suite on les réclama, mais inutilement, pour la B. R. »

Hittorff. — Institut impérial de France, Académie des beaux-arts. Inauguration du monument élevé à la mémoire de Louis Visconti, cimetière de l'Est le jeudi 29 décembre 1859. Discours de M. Hittorff. *Paris, imp. de [...] Didot*, 1860, in-4°, 3 p.   Ln [...]

— Voyez : Rochette (Raoul), Funérailles de M. Visconti.

Hiver de Beauvoir. — Voyez : Librairie de Jean, duc de Berry.

Holmes (J.). — Voyez : Catalogue of the mss. at Ashburnham Place.

536. **Huet (Gédéon).** Catalogue des manuscrits néerlandais de la Bibliothèque nationale. — *Paris*, 1886, in-8°, 74 p.   Q 113

Le fonds néerlandais se compose aujourd'hui de [...] mss. Chaque article du catalogue est accompagné du numéro d'ordre et de la description du ms. correspondant, avec notes historiques et bibliographiques.

Le catalogue se termine par une table alphabétique de [...] pages où les chiffres qui suivent immédiatement le nom indiquent le numéro du ms. et ceux qui sont placés à la suite entre parenthèses indiquent la subdivision. Les noms d'auteurs sont imprimés en petites capitales, et ceux commençant par l'[...] sont placés sous le nom principal. La table est imprimée à 2 colonnes par page.

537. **Huillard-Bréholles J. L. A.** — Notice sur M. le duc de Luynes, membre de l'Institut. — *Paris, Henri Plon*, 1868, in-8°, 160 p.
Ln [...]

Par acte notarié, en date du 2 octobre 1862, le duc de Luynes a donné à la B. N. ses magnifiques collections qui comprenaient, d'après une note insérée au *Moniteur Universel* du 3 décembre [...] ses médailles antiques [...] pierres gravées, camées et intailles, y compris les cylindres, les cônes et autres pierres de travail oriental; les bijoux d'or, [...] statuettes de bronze; [...]

tuires et armes antiques; 85 vases peints de travail grec et étrusque; et un grand nombre d'autres monuments de nature diverse.

Les pages 119 à 121 de la notice de M. Huillard-Bréholles contiennent de longs détails sur cette donation.

Huillard-Bréholles. — Voyez : Notices et extraits des mss. de la B. N.

538. — *Idée* d'une nouvelle manière de dresser le catalogue d'une bibliothèque. — S. l. ni d., in-fol. 6 p.   Rés. Q ou Rés. inv. Q

Le titre de départ, p. 3, porte : *Catalogus librorum impressorum bibliothecæ regiæ.*

L'auteur dispose tous les titres des livres sur chaque matière comme si les livres étaient tous d'une même grandeur, en observant seulement dans chaque section l'ordre chronologique, l'ordre des éditions, ou tel autre qui convient. Puis on fait à la marge de chaque page du catalogue trois petites colonnes; dans la première on inscrit les chiffres des livres in-fol; dans la seconde, ceux des livres in-4°, et dans la troisième, les in-8°, les in-12, etc. Cette disposition permet aussi de former un Index alphabétique des noms propres et des choses principales en renvoyant aux pages du catalogue et aux chiffres qui sont dans les colonnes.

Les pages 4-6 contiennent un exemple de l'application de ce système.

539. — *Indagini* storiche, artistiche e bibliografiche sulla libreria Visconteo-Sforzesca del castello di Pavia, compilate ed illustrate con documenti inediti per cura di un bibliofilo. Parte prima — *Milano, Gaetano Brigola*, 1875, in-4°, LXVIII, 175 p.   Q

Appendice — *Milano, presso i principali libraj*, 1879, in-4°, xx, 131 p. Tiré à 300 exemplaires.

L'exemplaire de la B. N. est accompagné de la dédicace suivante : « A la B. N. de Paris — multarum italicarum spoliis superba — un bibliophile italien, toujours inconsolable pour la perte douloureuse de la librairie du château de Pavie, offre sans rancune rétrospective, et en hommage respectueux, cet Inventaire et ces *Documents inédits* qui en font partie de l'histoire. — GIROLAMO MARQUIS D'ADDA (m. c. de l'Institut Lombard), de Milan, ce 4 décembre 1875. »

La bibliothèque de Pavie, dont Louis XII devint propriétaire en 1499 ou 1500, avait été créée par les ducs de Milan et contenait de riches mss. exécutés pour les Visconti et pour les Sforza, ou acquis par ces seigneurs, du milieu du XIVe siècle à la fin du XVe. M. Delisle a reconnu dans les collections du Dép.t des Mss. une centaine de volumes provenant de cette bibliothèque.

540. — *Indicateur* du grand Armorial général de France : recueil officiel dressé en vertu de l'édit de 1696 par Charles d'Hozier, juge d'armes, ou table alphabétique de tous les noms de personnes, villes, communautés et corporations dont les armoiries ont été portées, peintes et blasonnées, aux registres inédits dont se compose l'armorial général de France conservé au Cabinet des titres à la Bibliothèque impériale de Paris, avec indication des provinces où les familles ont fait officiellement reconnaître leurs blasons. Publié sous la direction de M. Louis Paris. On y a joint une table générale des généalogies comprises dans le *Grand armorial de France* imprimé en 1783 par MM. d'Hozier et publié en 10 volumes in-fol., ainsi qu'une liste des familles qui ne se trouvent mentionnées que dans l'*Indicateur nobiliaire* de d'Hozier

comme pouvant être enregistrées dans une réimpression de l'*Armorial général*. — *Paris, librairie nobiliaire de M° Bachelin Deflorenne*, 1865, in-8°.
Lm 1/18

T. I, VIII, 285 p.; t. II, 327 p.

541. — **Indicateur** nobiliaire ou table alphabétique des noms des familles nobles, susceptibles d'être enregistrées dans l'Armorial général de feu M. d'Hozier, dont une nouvelle édition est sous presse à l'imprimerie royale. — *Paris, imp. de Doublet*, 1818, in-8°, 264 p.
Rés. Lm 1/17

Imprimé à 2 colonnes.

542. — **Institut** national de France. Académie des inscriptions et belles-lettres. Funérailles de M. Letronne. Discours prononcés aux funérailles de M. Letronne le samedi 16 décembre 1848. — *Paris, typ. de Firmin Didot*, (1848), in-4°, 10 p.
Ln 27/12346

Discours de M. Burnouf, président de l'Académie des inscriptions et belles-lettres, au nom de cette classe de l'Institut — Discours de M. Quatremère, au nom du Collège de France.

543. — **Instruction** concernant la conservation des manuscrits, chartes, sceaux, livres imprimés, monumens de l'antiquité et du moyen âge, statues, tableaux, dessins et autres objets relatifs aux beaux-arts, aux arts mécaniques, à l'histoire naturelle, aux mœurs et usages de différens peuples, tant anciens que modernes, provenant du mobilier des maisons ecclésiastiques, et faisant partie des biens nationaux. *Paris, imp. nationale*, (1790), in-8°, 12 p.
Lj 1/14

Cette instruction a été publiée le 15 décembre 1790.

544. — **Instruction** pour procéder à la confection du catalogue de chacune des bibliothèques sur lesquelles les Directoires ont dû ou doivent incessamment apposer les scellés. — *Paris, de l'imp. nationale*, 1791, in-8°, 15 p.
Inv. Q 7429 || Rés. inv. Q 764

Cette instruction recommande de mettre un numéro d'ordre dans chaque ouvrage et de copier le titre des livres sur des cartes à jouer. Elle est signée : « Aux Comités réunis d'Administration ecclésiastique et d'Aliénation des biens nationaux. A Paris, ce 15 Mai 1791. Massieu, Président du Comité ecclésiastique; Despaty de Courteilles, Secrétaire; de La Rochefoucauld, Président du Comité d'Aliénation; Pougeard du Limbert, Secrétaire. »

545. — **Inventaire** alphabétique de l'histoire d'Italie. (K.). — (S. l. ni d.), 3 vol. in-4°.

T. I, 421 p.; T. II, 325 p.; T. III, 316 p.
Cet inventaire est autographié; il n'en existe que quelques exemplaires, dont deux sont mis à la disposition du public dans la Salle de travail du Département des Imprimés. C'est la liste des ouvrages que possède ce Département dans la division K.
Les ouvrages anonymes sont indiqués à part dans deux autres volumes également autographiés : T. I, 364 p.; T. II, 359 p.

546. — **Inventaire** alphabétique de l'histoire générale (G.). — (S. l. n. d.), 5 vol. in-4°.

T. I, 399 p.; T. II, 414 p.; T. III, 463 p.; T. IV, 483 p.; T. V, 458 p.

Cet inventaire est autographié; il n'en existe que quelques exemplaires dont deux sont mis à la disposition du public dans la Salle de travail du département des Imprimés. C'est la liste des ouvrages que possède ce département dans la division G.

Les ouvrages anonymes sont indiqués à part dans deux autres volumes également autographiés : T. I, 498 p.; T. II, 464 p.

547. — **Inventaire alphabétique** des livres imprimés sur vélin de la Bibliothèque nationale. Complément du catalogue publié par Van Praet. — *Paris, H. Champion*, 1877, in-8°, 175 p.   Q

Par M. Léopold Delisle.

En 1828, au moment où Van Praet publiait son dernier Supplément de l'*Inventaire des livres imprimés sur vélin*, la collection de la B. R. consistait en 2,325 volumes ou plaquettes; en 1877, cette collection en comprend 2,528.

L'inventaire de Van Praet se divisait en cinq séries. Les volumes qui sont entrés à la B. R. depuis 1828 ont été insérés à leur place naturelle et les intercalations ont été faites suivant l'ordre des formats, à chacun desquels on a affecté des cotes spéciales.

Les formats sont au nombre de quatre : grand in-fol. (avec les cotes 1-50); in-fol. (cotes 51-900); in-4° (cotes 901-1400); in-8° (cotes 1401-3000). Le numérotage a été établi, non par ouvrages, mais par volumes ou plaquettes.

Pour faciliter les recherches, tous les livres imprimés sur vélin ont été classés, dans le présent inventaire, suivant l'ordre alphabétique des noms d'auteurs ou des titres d'ouvrages, quand l'auteur n'est pas connu. La plupart des livres dont il s'agit ayant été minutieusement décrits par Van Praet dans son catalogue imprimé, on s'est contenté ici de les indiquer sommairement.

A la fin de chacune des notices, au bout de la ligne, on a inscrit la cote sous laquelle chaque ouvrage est conservé dans la série des vélins. Immédiatement avant, le lecteur trouve, entre parenthèses, un renvoi aux descriptions de Van Praet. Pour abréger, on a désigné, par les sigles A-K, les dix volumes du catalogue Van Praet, savoir :

A. Premier catalogue. I. Théologie, 1822.
B. Premier catalogue. II. Jurisprudence, 1822.
C. Premier catalogue. III. Sciences et arts, 1822.
D. Premier catalogue. IV. Belles-Lettres, 1822.
E. Premier catalogue. V. Histoire et suppléments, 1822.
F. Premier catalogue. VI. Derniers suppléments, 1828.
G. Second catalogue. I. Théologie, jurisprudence, sciences et arts, 1824.
H. Second catalogue. II. Belles-lettres, 1824.
I. Second catalogue. III. Histoire et supplément, 1824.
K. Second catalogue. IV. Derniers suppléments, 1828.

Le chiffre qui suit immédiatement la lettre renvoie à la page du volume; l'autre numéro rappelle la cote que l'ouvrage avait reçue dans chacune des séries établies par Van Praet.

Le volume se termine par un Tableau de concordance indiquant les cotes actuelles des ouvrages compris dans les cinq divisions du catalogue de Van Praet.

548. — **Inventaire** de la bibliothèque du roi Charles VI, fait au Louvre en 1423 par ordre du régent, duc de Bedford. — *Paris, pour la Société des bibliophiles*, 1867, in-8°, I-XLIV, 318 p.   Rés. inv. Q

La Préface est signée : L. Douët-d'Arcq.

832 articles numérotés, suivis de 5 Appendices. — I. Legs de livres fait à la

Sorbonne, par Nicolas de Wrigny, chanoine et pénitencier de Coutances, décembre 1264. — II. Livres compris dans l'inventaire de Jean de Dormans, cardinal-évêque de Beauvais, 1374. — III. Prisée de livres faite en 1411. Extrait de l'inventaire des biens de maître Beuves de Winville, maître ès-arts et bachelier en décrets trouvés en son hostel assis à Paris en la grant rue Sainte-Geneviève, près et à l'opposite du collège de Laon, jadis nommé l'ostel de Joinville, « et legués par lui au collège de la Marche. — IV. Réception de Henry Luillier, libraire, à l'état de l'un des quatre libraires jurés de l'université, 370. — V. Livres d'études achetés par la reine Marie d'Anjou, pour l'éducation de Charles de France, son fils (1454).

Le volume se termine par une table alphabétique dont presque tous les numéros répondent aux articles de l'inventaire.

Le titre des livres est suivi de l'estimation de leur prix au moment où l'inventaire a été exécuté. Celui-ci fut fait par les libraires Jean Merles, Denis Courtillier et Jean de Sautigny qui l'évaluèrent, au total, à 2.323 livres 4 sous parisis, soit à environ 25.000 fr. de notre monnaie.

349. — **Inventaire** du trésor de St-Denys, où sont déclarées brièvement toutes les pièces suivant l'ordre des armoires dans lesquelles on les fait voir. — *Paris, chez Pierre de Buts* (s. d.), in-16, 16 p. Lj $\frac{9}{166}$

Il existe plusieurs éditions de cet inventaire.
Le décret de la Constituante du 12 sept. 1791 fit transporter au Cabinet des médailles de la B. N. les antiques du Trésor de St-Denis. D'abord provisoire, ce dépôt devint plus tard définitif.

350. — **Inventaire** sommaire des manuscrits italiens acquis par la Bibliothèque nationale (1886-1892). Extrait de la *Bibliothèque de l'École des chartes*, 1892. — *Nogent-le-Rotrou, imp. de Daupeley-Gouverneur* 1892, in-8°, 12 p. Q pièce 768

Signé L. Auvray. — Cet inventaire comprend les mss. italiens inscrits sous les numéros 2001-2665.

351. — **Inventaire** sommaire des manuscrits relatifs à l'histoire et à la géographie de l'Orient latin. I. France. — *A Paris. — Gênes, imp. de l'Institut royal des Sourds-Muets*, 1882. gr. in-8°, 81 p.
Dépt des Manuscrits vol. 3893

Par le comte Riant.
Extrait des *Archives de l'Orient latin* publiées sous le patronage de la Société de l'Orient latin, tome II, 1882, p. 131-204. — Tiré à 150 exemplaires.
L'énoncé des mss., qui se trouvent à la B. N., remplit les pages 1-35, 78-80, et se divise ainsi :

DÉPARTEMENT DES MANUSCRITS

A) Fonds latin. — 327 mss.
Nouvelles acquisitions latines. — 19 mss.
B) Fonds français. — 410 mss.
Nouvelles acquisitions françaises. — 32 mss.
C) Collections.
Baluze, 16 mss. — Bréquigny, 2 mss. — Brienne, 4 mss. — Cabinet, 26 mss. — Clairambault, 7 mss. — Colbert (Cinq Cents), 2 mss. — Colbert (Mélanges), 2 mss. — Decamps, 5 mss. — Doat, 5 mss. — Du Chesne, 11 mss. — Dupuy, 82 mss. — Flandres, 1 mss. — Fontanieu (Portefeuilles), 13 mss. — Lancelot (Portefeuilles), 2 mss. — Lorraine, 1 mss. — Moreau, 14 mss. — Périgord, 2 mss. — Picardie, 5 mss.
D) Petits fonds occidentaux.

Fonds allemand, 2 mss. — Fonds celte, 1 ms. — Fonds espagnol, 7 mss. — Fonds italien, 93 mss.

E) **Fonds grecs.**
Ancien fonds grec, 110 mss. — Fonds grec Coislin, 23 mss. — Supplément grec, 32 mss.

F) **Fonds orientaux.**
Ancien fonds arabe, 164 mss. — Supplément arabe, 159 mss. — Ancien fonds arménien, 16 mss. — Supplément arménien, 6 mss. — Fonds éthiopien, 7 mss. — Fonds hébreu, 5 mss. — Ancien fonds persan et Supplément persan (en dehors de quelques ouvrages très généraux, ces fonds ne contiennent rien de relatif à l'Orient latin) — Fonds syriaque, 9 mss. — Fonds des traductions, 3 mss. — Ancien fonds turc, 11 mss. — Supplément turc, 8 mss.

DÉPARTEMENT DES CARTES.
Atlas, 16 mss.
Cartes et portulans contenant les côtes de l'Orient latin, 8 mss.

DÉPARTEMENT DES ESTAMPES
2 mss.

Addenda I.
Fonds latin, 20 mss. — Fonds français, 1 ms. — Baluze, 2 mss.

Addenda II.
Fonds latin, 18 mss. — Fonds français, 4 mss. — Baluze, 2 mss. — Bourgogne, 5 mss. — Périgord, 1 ms.
Fonds grec, 12 mss.
Ancien fonds arabe, 4 mss.

Les mss. sont classés d'après l'ordre numérique qu'ils occupent dans chacune de ces séries.

552. — **Jacob (Alfred).** — Mélanges Renier. Recueil de travaux publiés par l'École pratique des hautes études (Section des sciences historiques et philologiques) en mémoire de son président Léon Renier. De nonnullis codicibus graecis palimpsestis in bibliotheca majore parisiensi asservatis. — *Paris, F. Vieweg*, 1886, in-8°, paginé 347 à 358.

Q Pièce.

Tirage à part non mis dans le commerce. La couverture imprimée sert de titre.
Il s'agit des manuscrits grecs n°° 3, 9, 164, 196, 245, 282, 283, 298, 328, 350, 3.., 443, 540, 672, 905, 928, 935 b, 1196, 1220.

Jacob (bibliophile). — Voyez Lacroix (Paul).

553. — **Jacob (p. Louys).** — Traicté des plus belles bibliothèques publiques et particulières, qui ont esté, et qui sont à présent dans le monde. Divisé en deux parties. Composé par le p. Louys Jacob, Chalonnois, Religieux carme. — *Paris, Rolet le Duc*, 1644, in-8°, 717 p., avec *Appendix* et Table.   Q

La notice consacrée à la R. R. se trouve dans la 2° partie, p. 450 et suiv.

Jaubert. — Voyez : Jomard, Funérailles de Silvestre de Sacy.

554. — ***Jeux de cartes*** tarots et de cartes numérales du quatorzième au dix-huitième siècle, représentés en cent planches, d'après les ori-

naux, avec un précis historique et explicatif publiés par la *Société des Bibliophiles français*. — *Paris, imp. Crapelet*, 1844, in-fol., 22 p., 100 pl.

Rés. inv. G

Tiré à 32 exemplaires sur grand papier in-folio et à 100 exemplaires sur petit papier in-folio.

Le texte est de Duchesne aîné.

Le Cabinet des Estampes de la B. R. possède un grand nombre de cartes à jouer. Voici la nomenclature de celles que la *Société des Bibliophiles français* a fait reproduire avec un Précis historique et explicatif et une Table bibliographique et raisonnée des ouvrages relatifs aux cartes à jouer :

1° Suite de 17 cartes tarots, lithographiées et coloriées à la main sur les originaux conservés au Cabinet des Estampes (un des trois jeux peints, en 1392-1393, par Jacquemin Gringonneur pour le roi Charles VI).

2° La même suite, lithographiée au trait.

3° Planches de dix cartes lithographiées et coloriées à la main, d'après les originaux conservés à la B. R. Ces cartes faisaient partie d'un jeu de cartes numérales gravées sur bois, sous le règne de Charles VII, vers 1425.

4° La même planche lithographiée au trait.

5° Planche contenant 6 cartes à figures entières et 12 cartes à figures tronquées, lithographiées et coloriées à la main d'après les originaux communiqués par M. d'Hémuville. Cartes numérales gravées sur bois vers 1440.

6° La même planche lithographiée au trait.

7° Suite de 50 cartes d'ancien tarot, gravées en Italie vers 1470, lithographiées d'après les originaux conservés à la B. R. de France.

8° Dix planches contenant une suite de 52 cartes, lithographiées au trait d'après les originaux conservés à la B. R. de France, d'un jeu de cartes numérales, rondes, gravées vers 1477.

9° Planche de 4 cartes, figures lithographiées d'après les originaux, faisant partie d'un ancien jeu de tarot gravé sur cuivre à Venise, avec la permission du Sénat, l'an MLXX *ab urbe condita*, ce qui répond à l'an de grâce 1491.

10° Dix planches contenant une suite de quarante cartes lithographiées d'après les originaux gravés sur cuivre qui sont conservés à la B. R. de France.

11° Quatre planches contenant une suite de 36 cartes lithographiées d'après les originaux gravés sur bois de la B. R. de France, d'un jeu de cartes numérales de l'an 1511, et d'origine allemande, portant pour enseignes des couleurs *Cœur*, *Grelots*, *Glands* et *Lièvre*.

12° Planche de 16 cartes lithographiées d'après les originaux conservés à la B. R. de France, de partie d'un jeu de cartes numérales gravées en Portugal par Infirera, l'an 1693.

13° Planche de 12 cartes lithographiées et coloriées à la main d'après les originaux conservés à la B. R. de France, de partie d'un jeu de cartes numérales de 52 pièces gravées en France par Vincent Goyraud, du temps de Henri IV.

14° Planche de 16 cartes lithographiées et coloriées à la main d'après les originaux conservés à la B. R., de partie d'un jeu de cartes numérales de 52 pièces gravées du temps de Louis XIII.

15° Deux planches de chacune douze cartes lithographiées et coloriées à la main d'après les originaux conservés à la B. R. de France, de partie de deux jeux de cartes numérales républicaines, gravées en France, en 1793-1794, par Chossonnerie et Gayant.

535. — **Johanto** (de). — [Notice biographique sur M. S. de Sacy, commençant par ces mots] : Plusieurs discours furent prononcés sur la tombe de M. de Sacy... — *Paris, imp. d'Adrien Le Clere*, 1840, in-4°, plano.

Lu 27

Extrait de l'*Ami de la Religion*, numéro du 2 juin 1840.

556. — **Jomard**. — Des cartes en relief. — *Paris, imp. de Bourgogne et Martinet*, (s. d.), in-8°, 15 p.   Sect. géogr. C

Extrait du *Bulletin de la Société de géographie* de Paris.
Relatif à une série de cartes et plans en relief qui se trouvent à la Section géographique de la B. N.

557. —. — De la collection géographique créée à la Bibliothèque royale; examen de ce qu'on a fait et de ce qui reste à faire pour compléter cette création et la rendre digne de la France. — *Paris, imp. d'E. Duverger*, janvier 1848, in-8°, 104 p.

Sect. géogr. **C** 1630 | *Rés.* inv. **Q** 827 | **Q** 739 ou inv. **Q**

Ce mémoire montre quel but on s'était proposé d'atteindre en créant un dépôt général de géographie à la B. R.; ce qui a été fait quant à l'exécution de l'Ordonnance de création; la nécessité de séparer le dépôt de géographie de celui des estampes que l'Ordonnance de 1832 réunissait; ce qui reste à faire; les besoins de l'Institution; l'allocation spéciale accordée par les chambres en 1839; le service de la division géographique; l'état et les progrès de la science; l'avenir de l'Institution; l'insuffisance du local actuel; la nécessité du retour à l'Ordonnance de création; les conditions indispensables pour le service public.

L'appendice, pages 57 à 104, se compose de pièces, notes et documents sur les Ordonnances royales pour la création du dépôt général de géographie; l'installation dans la galerie du rez-de-chaussée; les acquisitions des principales cartes officielles étrangères, de plusieurs collections particulières de cartes; les Dons procurés à la Bibliothèque royale; la Méthode de classification de la collection géographique et le plan du catalogue; une Note sur les isthmes; l'Examen de quelques objections; l'indication des dépôts de cartes publics et privés, existants en Europe; et une Liste des savants qui ont visité le Cabinet géographique de la B. R.

558. —. — Considérations sur l'objet et les avantages d'une collection spéciale consacrée aux cartes géographiques et aux diverses branches de la géographie. — *Paris, imp. d'E. Duverger*, 1831, in-8°, 92 p.

Rés. inv. **Q** 791 | Sect. géogr. **C**

Elles rappellent que Napoléon Ier appréciant tous les rapports des sciences géographiques avec les besoins et la force des états voulait consacrer une somme de 150,000 fr. aux acquisitions de la B. I. pour compléter ses collections géographiques et lui attribuer ensuite 12,000 fr. annuellement pour la tenir à jour.

Ces collections se composent : 1° de l'ancien fonds géographique de la Bibliothèque; 2° du nouveau fonds.

L'ancien fonds comprend les portefeuilles provenant des collections de St Victor, de St Germain et d'autres sources anciennes; c'est-à-dire environ 25,000 pièces. Il faudrait y joindre 200 atlas ou volumes de cartes, à peu près 15,000 pièces ou feuilles, plus environ 3,000 cartes détachées dont une partie est entrée à la Bibliothèque par le dépôt légal. Ce fonds est assez riche en cartes anciennes ou rares.

Dans le fonds nouveau sont insérés les cartes et plans entrés à la Bibliothèque à la suite de l'Ordonnance du 30 mars 1828. Trois sources sont venues l'enrichir : le dépôt légal; les acquisitions (2,060 pièces); les dons (3,700 pièces).

Ainsi les collections géographiques se sont accrues d'un sixième dans un espace de deux ans environ et l'on peut affirmer qu'aucun de ces objets intéressants dont la Bibliothèque s'est enrichie à titre gratuit ou par voie d'acquisition n'y serait maintenant s'il n'y avait pas eu un centre, un dépôt spécial pour les recevoir.

Après s'être occupé des lacunes que présentent ces collections et du classement adopté pour établir le catalogue de la Section géographique, M. Jomard indique ce qu'il reste à faire. Il faut : 1° Publier les noms des donateurs; 2° établir, au moyen des doubles, des échanges avec les bibliothèques étrangères; 3° solliciter, par l'intermédiaire des ministres de France à l'étranger, la communication des meilleures cartes; 4° réunir à la B. R. beaucoup de cartes, plans, globes et planisphères dispersés dans différents dépôts de Paris; 5° Exiger rigoureusement le dépôt légal; 6° faire rechercher des documents géographiques et statistiques anciennement déposés au ministère de l'Intérieur et dispersés depuis; 7° faire profiter le nouvel établissement des fonds qui deviendraient disponibles; 8° allouer un fonds annuel et suffisant pour accroître la collection.

Ces *Considérations* sont suivies d'un « Appendice. Remarques sur le but et l'utilité d'une collection ethnographique, et les moyens de la former. » M. Jomard demande que cette collection soit formée et jointe à la Section géographique de la B. R.

Le faux titre porte : *Collection consacrée aux cartes géographiques et aux diverses branches de la géographie.*

359. — **Jomard.**) — Dépôt de géographie créé à la Bibliothèque du Roi. — *Paris, imp. Rignoux*, (1828), in-8°, 7 p.   Rés. inv. G 226

Extrait de la *Revue encyclopédique* (t. XXXVIII), juin 1828.
Démontre la nécessité qu'il y avait de créer à la Bibliothèque un Département consacré à la géographie et les avantages que le public trouvera à cette création.

360. — — Funérailles de M. le baron Silvestre de Sacy. Discours prononcés par MM. Jomard, Hase, Eugène Burnouf et Amédée Jaubert. — *Paris, typ. de Firmin-Didot frères*, (1838), in-4°, 9 p.   Ln 27 p. 176

361. — — Introduction à l'Atlas des Monuments de la géographie par M. Jomard. Publiée par les soins et avec des remarques de M. E. Cortambert. — *Paris, Arthus Bertrand*, 1879, in-8°, 64 p.
                                                                Section géogr. Don 4733

Extrait du *Bulletin de la Société de géographie de Paris*.

362. — — Lettre à M. Ph. Fr. de Siebold sur les collections ethnographiques. — *Paris, imp. de Bourgogne et Martinet*, 1843, in-8°, 20 p.
                                                                Section géogr. G 571

Tirage à part d'un opuscule intitulé : *Des collections géographiques* lu à la Société de géographie de Paris, le 6 juin 1845, et imprimé au *Bulletin* de cette société (3° série, t. III, p. 388-402, juin 1845).

363. — — Sur la publication des Monuments de la géographie. — *Paris, imp. L. Martinet*, (juillet 1847), in-8°, 14 p.   Sect. géogr. G 1125

Revendication de priorité à l'occasion de la publication de l'Atlas de Santarem.

364. — — De l'utilité qu'on peut tirer de l'étude comparative des cartes géographiques. — *Paris, imp. de Bourgogne et Martinet*, 1841, in-8°, 15 p.   Sect. géogr. G 1707

Extrait du *Bulletin de la Société de géographie*, Mars 1841. Comparaison d... « Cartes du Canada, par Guillaume De Lisle » à l'occasion du célèbre p... Stirling jugé aux assises d'Edimburg en 1839. Les deux dernières pa... donnent la « Liste des cartes de Guillaume De Lisle, faisant partie du Cab... géographique de la B. R. »

Jomard. — Voyez : Discours prononcés aux funérailles de M. J. D. Ba... du Rochere.

—. — Garnier. Funérailles de M. Thévenin.

—. — Wailly (de), funérailles de M. le b** Walckenaer.

—. — Accroissement de la collection géographique.

—. — Appendice. Progrès de la collection géographique.

Jourdain. — Mémoire historique sur la Bibliothèque du Roi.

Voyez : Catalogue des livres imprimez de la Bibliothèque du Roy.

Jourdain (Am.). — Voyez : Notices et extraits des mss. de la B. N.

Jourdain (Ch.). — Voyez : Notices et extraits des mss. de la B. N.

Jouy (Barbet de). — Voyez : Barbet de Jouy.

565. — **Jubinal (Achille).** — Les globes de Coronelli. (Lettre à M. ... Directeur du *Voleur*). — *Paris*, 1850, in-4°.

566. —. — Lettre à M. Paul Lacroix (bibliophile Jacob), membre de la Commission des monuments historiques et du Comité des monuments écrits de l'histoire de France, contenant : Un curieux épisode de l'histoire des Bibliothèques publiques, avec quelques faits nouveaux relat... à M. Libri et à l'odieuse persécution dont il est l'objet. — *Paris, Paul...* 1849, in-8°, 14 p.   Ln...

> M. Jubinal raconte qu'un ms. appartenant à la bibliothèque de l'École de médecine de Montpellier avait été communiqué à Libri et que l'employé chargé de la réexpédition s'étant trompé, ce ms. avait été expédié à Béziers où il était resté trois mois.
> M. Jubinal ajoute qu'ayant consulté, après MM. Ravaisson et Libri, à la bibliothèque de l'École de médecine de Montpellier, la correspondance Christine de Suède, il avait été presque officiellement accusé d'avoir dérobé une partie de cette correspondance parce que plus tard le bibliothécaire av... signalé une lacune dans ce ms. dont Jubinal avait eu communication le de... nier en 1843. Or, les premières épreuves imprimées du Catalogue général des mss. des bibliothèques des départements, parues en 1842, contenaient ... travail de Libri de 1841 qui mentionnait la dite lacune.

567. —. — Réponse de M. Achille Jubinal aux Observations du conservatoire de la Bibliothèque nationale sur une brochure relative à un autographe de Montaigne. — *Paris, Panckoucke*, 1850, in-8°, 8 p.
                                                        Ln...

> M. Jubinal dit que le nombre des livres volés, égarés ou perdus à la B. N. doit être porté au chiffre de 60,000 ; il maintient son appréciation précédente

au sujet du déchirage, et affirme que, sur 600 volumes composant l'*Enfer*, les deux tiers sont perdus. Il demande pourquoi les 35 feuillets du ms. grec n° 107 n'ont pas été réinsérés dans leur ancienne place, et ce qu'est devenu le folio 138 du ms. grec n° 9 (Manuscrit de saint Éphrem), reproduit par Lepelle de Bois Gallais. Il ajoute que Lepelle a publié à Londres un ouvrage qu'accompagne un *fac-similé* d'une nouvelle lettre de Montaigne aujourd'hui appartenant au *Musée britannique*, mais provenant de la Bibliothèque nationale.

568. — **Jubinal (Achille)**. — Un nouvel épisode de l'affaire Libri ou lettre à M. le directeur du journal l'*Athenæum*. — *Paris, Didron*, 1851, in-8°, 8 p.   *Rés.* Ln²⁷ 1905

Dans cette lettre, datée de Londres, le 3 juin 1851, Jubinal annonce qu'il vient de retrouver au *British Museum*, les *Proverbes de Fabritii*. Ce volume que Libri était accusé d'avoir dérobé à la Bibliothèque Mazarine conserve l'estampille de cette bibliothèque; il était entré depuis plus de cinquante ans dans la bibliothèque du roi Georges III, à Londres.

569. — — Une lettre inédite de Montaigne accompagnée de quelques recherches à son sujet précédée d'un avertissement et suivie de l'indication détaillée d'un grand nombre de soustractions et mutilations qu'a subies depuis un certain nombre d'années, le département des manuscrits de la Bibliothèque Nationale. — *Paris, Didron*, 1850, in-8°, XVII-17-116 p.   *Rés.* Ln²⁷ 1956

La *Galerie française* avait publié (1821-1823) le fac-similé d'une lettre de Montaigne, la seule, croyait-on, que possédât la B. N. Plus tard, par suite d'une erreur du catalogue, il fut impossible de représenter cette lettre. On en conclut qu'elle n'avait pas été à la Bibliothèque ou qu'elle avait été volée. A la suite de très longues recherches, Jubinal finit par la retrouver. Bien plus, il en découvrit une autre dont les répertoires ne faisaient aucune mention et qu'il reproduit en fac-similé à la fin du présent volume. Au cours de ces recherches, Jubinal constata à maintes reprises les traces de dilapidations que portaient certains mss. précieux; la seconde partie de son travail décrit avec beaucoup de détail ces mutilations et indique quelquefois les bibliothèques étrangères où se trouvent maintenant les feuillets arrachés de nos manuscrits. Jubinal publia aussi ces notes pour défendre Libri des accusations de vol qui pesaient sur lui.
Il existe une deuxième édition très abrégée. *Paris*, 1850, in-8°, 32 p.

570. — **Julien (Stanislas)**. — Copie de la lettre adressée à Monsieur le Président de l'Académie des Inscriptions et Belles-Lettres. — *Paris, imp. Eberhart*, 28 déc. 1832, in-8°, 8 p.   Ln²⁷ 10492

Exposé de ses titres scientifiques.

Keralio (De). — Voyez : Notices et extraits des mss. de la B. N.

571. — **Klaproth (J.)**. — Lettre à M. Auguis, membre de la Chambre des députés, au sujet des travaux de M. Abel-Rémusat. — *Paris, imp. de Firmin Didot frères*, 9 mars 1833, in-4°, 4 p.   Ln²⁷ 1529

Koch. — Voyez : Notices et extraits des Mss. de la B. N.

572. — **Krafft** (Charles Guillaume). — Notice sur Aubin Louis Millin. — *Paris, imp. de M° Hérissant-le-Doux*, 1818, in-8°, 84 p. Ln

> Millin naquit à Paris le 19 juillet 1759 et fut conservateur du département des médailles de 1795 à 1818.
> La notice se termine par l'énumération des ouvrages et des nombreux articles scientifiques que Millin a publiés.

573. — **Kraus** (Franz Xaver). — Die Miniaturen der Manesseschen Liederhandschrift. Im Auftrage des Grossherzoglich Badischen Ministeriums der Justiz, des Kultus und Unterrichts nach dem Original der Pariser Nationalbibliothek in unveränderlichem Lichtdruck herausgegeben von Franz Xaver Kraus,... — *Strasburg i. E., Kart, J. Trübner*, 1887, in-fol., 16 p., 140 pl.   *Rés.* gr. Yh

> Le manuscrit de Manesse est maintenant en Allemagne. Il a été acheté en 1887 au libraire Trübner, de Strasbourg, quand la B. N. a racheté les mss. des fonds Libri et Barrois qui se trouvaient chez lord Ashburnham.
> Le Dépt des Imprimés possède un exemplaire complet de la reproduction photographique de ce ms. Cet exemplaire se compose de 428 planches et est coté *Rés.* gr. Yh 1

574. — **Labarte** (Jules). — Inventaire du mobilier de Charles V, roi de France, publié par Jules Labarte. — *Paris, imp. nationale*, 1879, in-4°, XXIV, 423 p., 4 pl.   L

> Le faux titre porte : *Collection de documents inédits sur l'histoire de France publiés par les soins du Ministre de l'Instruction publique. Troisième série, Archéologie.*
> Voici la « Table des divisions de l'Inventaire du mobilier de Charles V, roi de France, telles qu'elles existent dans le manuscrit conservé à la B. N. » : Intitulé de l'inventaire et première vacation, du 21 janvier 1379. — Table ou répertoire de l'inventaire au ms. — Note du 9 juillet 1380 sur les distractions et les altérations.
> Joyaux d'or garnis de pierreries.
> Joyaux d'or d'église garnis de pierreries.
> Vaisselle et joyaux d'or (garnis de pierreries).
> Vaisselle d'or sans pierreries.
> Autre inventaire des joyaux étant dans un coffre que le roi fait porter avec soi et dont il conserve la clef, fait à Melun les 23, 24 et 25 janvier 1379.
> Anneaux étant dans un petit coffret plat.
> Autre inventaire des joyaux étant en un coffret de cyprès que le Roi fait porter continuellement avec lui, duquel il porte la clef.
> Très petit coffret étant dans le coffre de cyprès.
> Boîte d'argent dorée étant au coffre de cyprès et où sont les anneaux et fermaux qui furent à la reine Jeanne de Bourbon.
> Images d'or étant au coffre de cyprès.
> Autres anneaux à camaïeux étant en un autre coffre dont le roi porte la clef et est armorié de France.
> Signets de diverses pierres étant au coffre susdit.
> Coupes et hanaps de madre garnis d'or et de pierreries.
> Ch... communes d'or.
> Couteaux.
> Coupes et hanaps de madre garnis d'argent doré.
> Patenôtres.
> Anneaux d'or.
> Joyaux d'argent pour église.
> Reliquaires et joyaux d'argent.

Chapelles et parements d'autel.
Chapelles entières.
Touailles parées.
Couvertures de chayères pour prélats.
Couvertures de sièges pour le roi.
Ciels et dossiers à tendre aux grandes fêtes.
Courtines d'autel.
Couvertures d'autel.
Draps d'or, d'argent, de velours, pour parer chapelles, soieries et tapis.
Soieries et tapis.
Autels benoists.
Corporaliers.
Mors de chapes.
Livres.
Bréviaires.
Vaisselle d'argent.
Vaisselle d'argent blanc.
Choses communes de cristal et d'œufs d'autruche, garnies d'argent.
Choses communes d'argent, dépareillées.
Vaisselle appelée vaisselle de carême.
Joyaux du petit ménage trouvés au dressoir en la chambre du roi au bois, le XIIe jour de juillet 1379.
Inventaire des joyaux trouvés ès études du Roi.
Inventaire des choses étant en l'étude du roi à Saint-Paul, du VIe jour d'avril 1380.
Inventaire de ce qui était en l'oratoire de la petite chapelle du Roi au Louvre du 5 avril 1380.
Ce qui était en l'oratoire de la chapelle du bois de Vincennes ès braves du donjon.
Inventaire des joyaux qui étaient en l'oratoire du Roi en la grande tour du bois de Vincennes, auprès de sa chambre, le 7 février 1379.
Inventaire des joyaux, reliques et autres choses étant en l'étude du Roi en la tour du bois de Vincennes, du XIe jour d'avril 1380.
Joyaux et autres choses en l'étude du roi en la poterne du donjon.
Inventaire des soieries et du linge étant en la tournelle auprès de la chambre haute du Roi au grand coffre dont le Roi a les clefs, du XIIIe jour d'avril 1380.
En un petit coffre assis sur deux crampons à une fenêtre dudit retrait auprès le coffre au linge sont les camelots décrits.
Livres étant en la grande chambre du Roi, en un coffre qui est en la fenêtre auprès de la cheminée de ladite chambre.
En un coffre carré de bois jaune, étant en la petite chambre auprès de la chambre du Roi, étaient différents draps.
En un coffre carré étant en la chambre du Roi, en la grande tournelle auprès l'huis, étaient les choses qui suivent.
En un grand coffre haut, étant entre les deux huis de la chambre du Roi, en la tour du bois, étaient les choses qui suivent.
Linge étant à Saint-Germain-en-Laye en deux huches qui sont auprès des chambres du Roi l'an 1380, le XIXe jour d'avril.
Inventaire du 17 avril 1380 du linge et autres choses étant au bois de Vincennes, en une huche en la chambre et au palefas au-dessus de la chambre aux daims, en la garde de Baudet.
Autre linge étant à Beauté, en un coffre jaune dans la chambre auprès de la chapelle, en la garde de Girardin d'Auxi.
Nouveaux habits royaux et joyaux ordonnés pour le sacre des rois de France baillés en garde aux religieux, abbé et couvent de monsr de Saint-Denis par le roi Charles Quint, le VIIe jour de mai 1380, en outre de ceux qu'ils ont eu en garde dans le temps passé.
Inventaire fait au Louvre des robes de prix du Roi, lettices et autres, du XXe jour de mars 1379.
Inventaire des chambres de tapisseries et parements.
Inventaire des chaperons qui furent à la reine Jeanne de Bourbon.

575. — Labbé. — Philippi Labbei Biturici, societatis Jesu presbyteri, nova bibliotheca mss. librorum sive specimen antiquarum lectionum latinarum et graecarum in quatuor partes tributarum, cum coronide duplici, poetica et libraria, ac Supplementis decem. *Parisiis apud Joannem Henault*, 1653, in-4°, 315 p. Q ?/? ou inv. Q ?/?

Cet ouvrage donne des listes de manuscrits importants et d'éditions rares qui se trouvaient dans diverses bibliothèques, et en particulier dans la B. ?

576. — Labiche J.-B. — Notice sur les Dépôts littéraires et la révolution bibliographique de la fin du dernier siècle d'après les manuscrits de la Bibliothèque de l'Arsenal. *Paris, typ. A. Parent*, 1880, in-8°, 120 p. ? Q ?

Les « Archives des Dépôts littéraires », manuscrits de la Bibliothèque de l'Arsenal, Histoire française, ??? (es nouveaux numéros 6881 à 6913) se composent de 27 volumes in-fol. et in-4° qui contiennent :

- T. 1. Statistique des Dépôts. Etats des bibliothèques ecclésiastiques et civiles qui y furent réunies. Etats du personnel. Pièces relatives aux travaux intérieurs.
- T. 2-4. Pièces relatives à l'organisation, aux règlements, à l'administration des Dépôts, à la correspondance, aux prêts, dons, échanges et vente de livres contenus dans les Dépôts.
- T. 5-10. Catalogues des anciennes bibliothèques ecclésiastiques et civiles réunies dans les Dépôts.
- T. 11-12. Pièces relatives aux restitutions faites, en vertu du décret du 24 prairial, an III aux condamnés et aux émigrés.
- T. 13-16. Listes des livres tirés des dépôts pour les quatre grandes bibliothèques publiques, conservées, et les correspondances relatives à cette opération.
- T. 17-18. Listes des livres tirés des dépôts pour les Corps politiques (Comité de Salut public, Directoire, Consuls, Corps législatif, Conseil d'État, Tribunat).
- T. 19-20. Emprunts faits aux Dépôts pour les bibliothèques des ministères et des administrations qui en dépendent.
- T. 21. Bibliothèque du Tribunal de cassation.
- T. 22-23. Listes des livres accordés aux bibliothèques des Écoles centrales et aux Villes des départements.
- T. 24. Bibliothèques militaires : écoles d'Artillerie, Polytechnique, Saint-Cyr, Génie, Invalides, des Pages, etc.
- T. 25. Bibliothèques ecclésiastiques données aux Évêchés, aux Curés, aux Missions, aux Communautés protestantes.
- T. 26. Bibliothèques accordées aux établissements scientifiques et littéraires : Institut, Musée, Conservatoire de musique, Imprimerie nationale, École de Rome, Manufacture de Sèvres, Conservatoire des Arts et Métiers, etc.
- T. 27. Bibliothèques tirées des Dépôts pour les établissements civils : le Muséum d'histoire naturelle, les Écoles de médecine et autres, toujours avec les correspondances administratives relatives à ces concessions.

Quand on fit la répartition des livres des Dépôts littéraires la première et la plus belle part fut attribuée à la Bibliothèque nationale, qui eut en outre quelques privilèges spéciaux.

Deux arrêtés du Comité d'instruction publique rendus le 10 thermidor et le ?? fructidor an III sur la proposition de la Commission exécutive et qui furent communiqués à tous les administrateurs des Dépôts littéraires, autorisèrent la B. N. à choisir et à se faire livrer, sur son récépissé, dans tous les Dépôts, les livres inscrits dans les catalogues joints à cette communication. Un autre arrêté antérieur, en date du 18 floréal, l'avait aussi autorisée à retirer du Dépôt de la rue Saint-Marc l'ancienne bibliothèque des ducs d'Orléans, qui y avait été recueillie. On dit que la B. N. prit dans ces Dépôts au moins 300,000 volumes, et une seule des listes, suivie du reçu donné le 8 floréal an XI, pour la B., par M. Capperonnier, comptait un total de 55,195 volumes.

Tous ces livres furent placés par Van Praet dans le second étage de la B. N., par séries de provenance, et formèrent ce que l'on appela le fonds du résidu.

L'article 12 du décret du 7 messidor an II, concernant l'organisation des archives, ordonnait qu'on retirât « dans tous les dépôts de titres et dans les collections des cabinets dont les livres avaient été confisqués, les *chartes et manuscrits* qui appartiennent à l'histoire, aux sciences et aux arts, et qui peuvent servir à l'instruction, pour être réunis et déposés; à Paris à la Bibliothèque Nationale et dans les départements à celle de chaque district. » En vertu de cet article, Van Praet se fit délivrer, entre autres, par le conservateur du Dépôt des Cordeliers, le 3 floréal an IV, les mss. provenant des couvents belges, et le 28 germinal an VI ceux qui provenaient de la bibliothèque de Gilbert des Voisins; par le conservateur du Dépôt de Louis-la-Culture, les mss. de la Belgique, du Collège de Navarre, de l'Oratoire, des Grands-Augustins, des Missions étrangères et autres, le 29 ventôse an V, et plus tard, en vertu d'une lettre ministérielle de frimaire an VII, par le bibliothécaire de l'Arsenal, les 31 volumes de la Byzantine.

Le troisième privilège accordé à la B. N. fut la faculté d'acheter à des particuliers des mss. précieux pour l'histoire ou les lettres, en donnant en échange des livres à prendre dans les Dépôts littéraires. Elle acquit ainsi les 314 vol. in-fol. et in-4° des Registres du Parlement de Paris, par une convention avec les libraires Pougens et Maginel, qui reçurent en échange un nombre considérable de volumes évalués à 5,372 fr., d'après l'estimation de Van Praet. D'autres acquisitions importantes furent faites pour elle de la même manière, le 30 frimaire an VII, par exemple, pour les mss. d'Eusèbe Renaudot, et le 25 pluviôse an VII pour un ms. de Lenain de Tillemont, qui fut changé contre 20 volumes remis à l'ex-bénédictin D. Brial.

Ces privilèges de la B. N. étaient garantis dans le principe, par l'interdiction faite aux Conservateurs des Dépôts de délivrer des livres choisis pour les bibliothèques des établissements spéciaux sans que leurs catalogues soient suivis de l'attestation donnée par l'administrateur de la B. N. qu'aucun des livres portés sur leurs listes ne manquaient à ce dernier établissement.

577. — **Laborde** (Cte Léon de). — Les ducs de Bourgogne, études sur les lettres, les arts et l'industrie pendant le XVe siècle, et plus particulièrement dans les Pays-Bas et le duché de Bourgogne. Seconde partie. Preuves. — *Paris, Plon*, 1849-1852, 3 vol. in-8°. Lk

> Bien que la majeure partie de la bibliothèque des ducs de Bourgogne ait été transportée en Belgique, la B. N. s'est enrichie d'un certain nombre de livres qui figurèrent autrefois dans ce riche dépôt.
> M. de Laborde indique les pièces qu'il a consultées à la B. N. et en donne les cotes.

578. — —. — Nouveau projet pour déplacer la Bibliothèque royale, et la reconstruire dans le même quartier, sans détruire le palais Mazarin. — *Paris, imp. Lacrampe*, 1838.

> Est resté en épreuves. M. de Laborde proposait de reconstruire la Bibliothèque dans le périmètre compris entre les rues de la Paix, des Capucines, des Grands-Augustins et le Boulevard.

579. — **Laborde** (Cte **Léon de**). — De l'organisation des bibliothèques dans Paris. Première lettre. La Bibliothèque royale occupe le centre topographique et intellectuel de la ville de Paris. — *Paris, A. Franck,* février, 1845, gr. in-8°, 24 p, 6 gravures et une lithographie.

Rés. inv. Q 223 || Q 46.

Cette lettre est extraite du journal *La Presse*, n° du 10 février. Elle combat la commission qui proposait de construire la B. R. sur le quai Malaquais et de démolir le palais Mazarin. — Avec un plan indiquant la « Position des principales bibliothèques dans Paris. »

580. — . — De l'organisation des bibliothèques dans Paris. Deuxième lettre. Revue critique des projets présentés pour le déplacement de la Bibliothèque royale. — *Paris, A. Franck,* mars 1845, gr. in-8°, 56 p.

Rés. inv. Q 224 || Q 46.

Extrait de *La Presse*, du 14 février.

Après avoir rappelé que, dès l'an IV, Ramel proposait au conseil des Cinq Cents de terminer le Louvre et de placer la Bibliothèque nationale dans la galerie qui longe la rivière; que, peu après, Peyre et Gisors proposaient de transformer en B. N. l'église de la Madeleine, à peine commencée, et que Napoléon Ier avait publié un décret pour transporter la bibliothèque au Louvre, M. de Laborde examine les projets suivants : Visconti fait trois études pour la place Bellechasse; M. Vatout propose l'Institut; d'autres, la Monnaie, et, en 1834, la propriété de M. Rougemont; enfin le Palais du quay d'Orsay, la place Saint-Sulpice, le quai Malaquais, la péphière du Jardin du Luxembourg, le Marché aux veaux, la rue Saint-André des Arts jusqu'à la rue du Paon, la rue Saint-Jacques, entre le collège de France et la rue des Noyers, l'Hôpital de la Charité, l'Hôtel d'Avray, les Jardins du Palais-Bourbon, l'Ile des Cygnes, l'Ile Louviers, la Place de l'Hôtel-de-Ville, les Jardins du Temple, entre les rues des Bourdonnais et des Fourreurs, les Terrains des Petits-Pères, le Grand Carré des Champs-Élysées.

Cette lettre est accompagnée de 3 planches représentant les 12 plans principaux.

581. — . — De l'organisation des bibliothèques dans Paris. Huitième lettre. Etude sur la construction des Bibliothèques. — *Paris, A. Franck,* avril 1845, gr. in-8°, 52 p., 12 pl.

Rés. inv. Q 225 || Q 46.

La planche I a cette légende : « Grande salle projetée dans la cour de la Bibliothèque Royale. » C'est le projet de l'architecte Boulée qui proposait, moyennant une dépense de 1,500,000 fr., de couvrir la totalité de la cour, longue de 101 mètres sur 30 de largeur, d'une vaste voûte surbaissée, la transformant ainsi en une salle gigantesque, « immense basilique, laquelle contiendra non seulement toutes nos richesses littéraires, mais encore celles que nous avons lieu d'attendre des temps à venir. »

La pl. III donne le « Plan de la Bibliothèque royale de Paris. » Elle est accompagnée d'une description détaillée de l'établissement.

On trouve dans cette Lettre un examen rapide des principaux projets de reconstruction de la Bibliothèque.

582. — . — Le Palais Mazarin et les grandes habitations de ville et de campagne au dix-septième siècle. Quatrième lettre sur l'organisation des bibliothèques dans Paris. — *Paris, A. Franck,* 1846, gr. in-8°, 408 p.

Rés. inv. Q 226 ou Q 46.

L'histoire du Palais Mazarin est exposée ici en trois chapitres : 1° Le Palais depuis sa fondation jusqu'à la mort du Cardinal (1633-1661). — 2° Le Palais depuis la mort du cardinal jusqu'à la chute du système Law (1661-1721). — 3° Le Palais Mazarin reçoit les livres de la Bibliothèque du roi 1724-1860.

Les *Notes* qui occupent les pages 125-108 n'ont été tirées qu'à 150 exemplaires.

Les principales planches intercalées dans ce volume sont : Plan du Palais Mazarin, tel que le cardinal l'a laissé à l'époque de sa mort en 1661 p. 2. Fragment du plan de Paris dressé et publié par Gomboust en 1652 ; il comprend les Palais du Louvre, des Tuileries, de Richelieu et de Mazarin (p. 4). — Plan de la partie du Palais Mazarin qui a été construite par François Mansart (p. 7). — Plan de la galerie du Palais Mazarin qui longe la rue de Richelieu (p. 19). — Le Palais Mazarin, après le partage ordonné par le testament du Cardinal (p. 83). — L'Hôtel de Nevers, après le partage ordonné par le testament du cardinal p. 85. — Le Palais Mazarin, l'hôtel Colbert et la Bibliothèque du Roi à la fin du 17° siècle (p. 101). — Plan de la galerie commencée par les ordres de Law p. 105. — Plan des galeries construites par l'architecte de Cotte pour compléter l'hôtel de Nevers, devenu la Bibliothèque du Roi p. 111. — Plan de la galerie construite par M. Visconti sur la rue Vivienne p. 115. — Restauration de la Bibliothèque royale proposée par l'auteur : 1° étape (p. 116) ; 2° étape (p. 117) ; rez-de-chaussée (p. 118).

583. — **Laborde** (Léon de). — La plus ancienne gravure du cabinet des estampes de la bibliothèque royale est-elle ancienne ? — (S. l., n. d.), in-fol., 9 p.

fol. V. Pièce.

La couverture imprimée sert de titre. — Extrait de l'*Artiste*. — Au sujet de l'épreuve du Saint-Christophe exposée au Cabinet des estampes, et qui n'était qu'une copie faite par S. Roland à Nuremberg en 1775 sur l'épreuve unique appartenant à lord Spencer.

584. — **Laboulaye** (Édouard). — Charles Lenormant. (Extrait de la *Revue nationale*.). — Paris, imp. de P. A. Bourdier, 1861, in-8°, 20 p.

Ln 27/1222

—. — Voyez : Bréquigny (de). Table chronologique des diplômes. T. VII.

585. — **Labrouste** (Léon). — La Bibliothèque nationale, ses bâtiments et ses constructions. — Paris, imp. H. Lotier, 1885, in-8°, 94 p.

Rés. p. Q 41

La Bibliothèque royale, d'abord installée au Louvre, fut successivement transportée à l'ancien collège de Clermont, rue Saint-Jacques ; au couvent des Cordeliers dans la salle du cloître, aujourd'hui École clinique de médecine ; aux Cordeliers près l'église Saint-Côme. En 1666 Colbert la fait installer rue Vivien dans une maison située à l'endroit où se trouve actuellement le passage Vivienne. Ce nouveau local étant devenu à son tour trop petit, le Régent affecte, en septembre 1721, à la B. R. la partie des bâtiments de l'hôtel de Nevers que la faillite du banquier Jean Law Lauriston venait de laisser vacante ; cette affectation ne devint définitive que le 13 juin 1724. De 1724 à 1735 Robert de Cotte édifie le bâtiment du fond de la cour d'honneur et l'annexe des Globes à la B. R. A la même époque la B. occupe l'ancien hôtel de Lambert et y place le Cabinet des médailles. En 1735 on décide de construire sur la rue Colbert un nouveau bâtiment, celui qui sera démoli et reconstruit en 1878. Enfin en 1750 on acquiert la partie des bâtiments de l'hôtel de Chivry qui longeait la rue de Richelieu.

Tous ces locaux étant devenus insuffisants, l'architecte Visconti est chargé, en 1831, par Louis-Philippe, d'étudier le moyen d'utiliser les galeries du rez-de-chaussée longeant la rue Vivienne laissées vacantes par la Bourse, puis de modifier les dispositions intérieures. En 1854 on demande un projet de restauration et d'agrandissement de la B. N., mais Visconti meurt avant de commencer les travaux. Son successeur, M. Labrouste, entreprend en 1854 la série des grands travaux ; il restaure la partie des bâtiments située sur le jardin de la rue Vivienne, décape le jardin, approprie les restes de la galerie à arcades de l'ancienne Bourse. En 1855 il travaille au bâtiment sur la cour de l'ancien Trésor, rue Neuve des Petits-Champs ; il démolit l'ancien hôtel de Nevers ; il construit pour les Imprimés la salle dite Labédoyère et la rotonde dite pavillon Voltaire ; un peu plus tard il commence la grande salle de travail, et le bâtiment faisant suite aux médailles pour y placer le catalogue. En 1863 on continue les travaux du magasin central ; on restaure, pour y installer les Estampes, la galerie du rez-de-chaussée que Mansard avait construite pour le cardinal Mazarin. En 1865 a lieu l'installation du service des pompiers de la B. et l'organisation des secours, appareils et réservoirs contre l'incendie. L'achèvement des grands travaux se fait en 1867 et le département des Imprimés peut alors recevoir dans sa nouvelle salle de lecture 414 lecteurs, dont 344 travaillent assis. La superficie totale de cette salle est de 1360 mètres, dont 1155 mètres sont réservés au public. Tout le pourtour, desservi par trois étages de balcons saillants, est garni de rayons sur lesquels on a rangé 40000 volumes. Au fond de la salle est le dépôt des livres, d'une superficie de 428 mètres, celui-ci est éclairé par un plafond vitré, se divise en cinq étages ayant chacun 2m,30 de hauteur ; il peut recevoir 900,000 volumes.

En 1869 on restaure la galerie Mazarine, édifiée jadis par François Mansard et décorée par Romanelli et Grimaldi.

On continue ensuite, sur la rue Richelieu, les travaux qui sont enfin terminés (1875), jusqu'à la rue Colbert. Puis en 1877-1878 on démolit et rebâtit le vieux bâtiment en façade sur cette dernière rue. En même temps le gouvernement exproprie les immeubles contigus à la B. N. et sis à l'angle des rues Colbert et Vivienne. La B. se trouve alors enfin isolée.

La surface occupée par l'établissement est d'environ 16,380 mètres, dont 2,567 mètres proviennent de l'expropriation de 1878 ; les bâtiments actuels couvrent 9,424 mètres de terrain ; 6,859 mètres sont réservés au jardin et aux cours.

Quant aux travaux exécutés, en 24 ans, par M. Labrouste, ils ont coûté une somme totale de 6,614,009 francs.

586. — **Lacombe** (Paul). — Bibliographie Parisienne. Tableaux de mœurs (1600-1880), par Paul Lacombe, Parisien, avec une préface par M. Jules Cousin. — *Paris, P. Rouquette*, 1887, in-8°, xx, 249 p.

** Q 1149

Cette bibliographie compte 1,287 numéros ; chacun d'eux est accompagné d'un résumé et de notes. Le volume se termine par une table alphabétique.
M. Lacombe indique pour chaque article, les cotes sous lesquelles l'ouvrage analysé par lui est classé à la B. N. et à la bibliothèque Carnavalet.

587. — **Lacroix** (Paul). — Catalogue raisonné des manuscrits rassemblés par M. Guillaume Libri et possédés aujourd'hui par lord Ashburnham ; précédé d'un mémoire sur les Bibliothèques et les Archives publiques de la France. — *Paris, Poulin*, 1849, in-8°.

Il n'a été tiré de cet ouvrage que quelques exemplaires non mis dans le commerce.

588. — — Les cent et une Lettres bibliographiques à M. l'Administrateur de la Bibliothèque nationale. — *Paris, Paulin*, 1849, in-8°, 156 p. Rés. inv. Q 632 || Inv. Q 7478

Il a paru 46 lettres, du 23 déc. 1848 au 29 janvier 1850. Elles ont été écrites pour prouver que quantité de livres appartenant à la B. N. se rencontraient de tous les côtés chez les libraires. L'envoi à l'Administrateur de chacune de ces lettres était accompagné d'un ou de plusieurs volumes dérobés à la Bibliothèque, volumes que Lacroix lui restituait.

589. — **Lacroix (Paul).** — Description des manuscrits relatifs à la numismatique conservés dans les bibliothèques de Paris. — *Bruxelles*, 1878, in-8°, 49 p.

590. —. — Dissertations sur quelques points curieux de l'histoire de France et de l'histoire littéraire, par (Paul L. Jacob, bibliophile. T. VIII. — *Paris, Techener*, 1840, in-8°, 40 p.   Rés. L 45

Tiré à 50 exemplaires sur papier vélin et à 5 exemplaires sur papier de Chine. Ce volume qui a pour titre de départ : « Sur les bibliothèques publiques de Paris, » est consacré aux buens des bibliothécaires de la B. N. et contient une protestation contre le chauffage de cet établissement et le libre accès donné au public dans les salles de travail.

591. —. — Dissertations sur quelques points curieux de l'histoire de France et de l'histoire littéraire, par Jacob (Paul L., bibliophile. T. III, IV. — *Paris, Techener*, 1838, in-8°, 39 et 41 p.   Rés. L 46

Ces deux volumes ont pour titre de départ : « Sur la bibliothèque historique de la France, par le p. Lelong, publié par Fevret de Fontette, Barbeau de La Bruyère, Hérissant, etc.

592. —. — Extrait de la *Biographie universelle* (Michaud), publiée par M. C. Desplaces, 38 rue Neuve-des-Mathurins, à Paris, (tome 44). Walckenaer-Charles-Athanase — par M. Paul Lacroix (bibliophile Jacob). — *Paris, typ. Henri Plon*, (1865), in-8°, 16 p.   Ln 27

593. —. — Lettres à M. Hatton, juge d'instruction, au sujet de l'incroyable accusation intentée contre M. Libri, contenant de curieux détails sur toute cette affaire; par M. Paul Lacroix (bibliophile Jacob). — *Paris, Paulin*, 1849, in-8°, 64 p.   Rés. Ln 27

Ces lettres, datées du 20 juin au 28 août 1849, sont une protestation énergique en faveur de Libri; elles forment l'ensemble des dépositions de P. Lacroix devant le juge d'instruction. Elles sont au nombre de neuf, non compris l'Appendice, et touchent tous les points controversés.

594. —. — Réforme de la Bibliothèque du Roi, par P. L. Jacob, bibliophile. — *Paris, Alliance des arts et M. Techener*, 1845, in-12, 151 p.   Q 77 ; Rés. inv. Q 112

Cet ouvrage a été publié dans le journal *La Patrie*. Il est dédié à M. le comte Léon de Laborde,... auteur des Lettres sur la Bibliothèque du Roi, qui ont contribué à sauver ce monument national.

Lacroix fait le procès des architectes qui proposent des plans pour le transfert de la Bibliothèque; il proteste contre le prêt des ouvrages à l'extérieur, et contre la trop grande facilité d'accès du public dans les salles de travail qui se trouvent changées en cabinets de lecture. Il réclame avec insistance un catalogue général, auquel on travaille toujours, mais que l'on ne finit jamais.

595. — **Lacrosse.** — n° 900. République française... Assemblée nationale. Projet de loi relatif à l'achèvement du Louvre, précédé de l'exposé des motifs, présenté par M. Lacrosse,... séance du 22 février 1849. (Envoyé aux bureaux). — *Imp. de l'Assemblée nationale* (1849), in-8°, 19 p. **Le $\frac{6}{7}$**

> Ce projet de loi compte 7 articles ; le 1er porte : « Les palais du Louvre et des Tuileries seront réunis par des constructions destinées à recevoir la Bibliothèque nationale, l'exposition de peinture et l'exposition des produits de l'industrie... »

596. —. — n° 45. République française. Assemblée nationale législative. Projet de loi relatif à l'achèvement du Louvre, précédé de l'exposé des motifs présentés par M. Lacrosse,... séance du 18 juin 1849. — *Imp. de l'Assemblée nationale* (1849), in-8°, 19 p. **Le $\frac{72}{9}$**

> Voir l'article précédent.

597. — **La Fizelière (Albert de).** — Rymaille sur les plus célèbres bibliotières de Paris en 1649. Avec des notes et un essai sur les autres bibliothèques particulières du temps. — *Paris, Auguste Aubry*, 1868, in-8°, 152 p. **Rés. inv., Ye 4791**

> Extrait du *Bulletin du bouquiniste* et tiré à petit nombre.
> La *Rymaille* n'a que 4 pages. Elle est reproduite ici intégralement. Les Notes de M. de La Fizelière étant d'une étendue très disproportionnée avec la pièce originale, ces notes sont disposées en forme de chapitres et placées à la suite avec des numéros de renvoi.
> Les recherches de l'auteur portent sur 259 bibliothèques publiques ou particulières ; beaucoup de ces collections ont été, en totalité ou en partie, réunies à la B. N.

598. — **Lagoy (M¹⁵ de).** — Description de quelques médailles inédites de Massilia, de Glanum, des Cenicenses et des Ausci. — *Aix, imp. Pontier fils*, 1834, in-4°, 40 p. **Lj $\frac{23}{3}$**

> En 1860, ces médailles furent achetées, avec la collection Lagoy, par le duc de Luynes qui les donna le 27 octobre 1862 à la B. I.

599. —. — Essai de monographie d'une série de médailles gauloises d'argent, imitées des derniers consulaires au type des dioscures, et description d'une médaille gauloise de bronze inédite. — *Aix, imp. de Martin*, 1847, in-4°. **Lj $\frac{23}{11}$**

— Id. — Supplément. — *Aix, imp. de F. Vitalis*, 1856, in-4°, p.

600. —. — Notice sur l'attribution de quelques médailles des Gaules inédites ou incertaines. — *Aix, imp. de Pontier*, 1837, in-4°, 47 p., 1 pl. **Lj $\frac{23}{4}$**

> La collection des médailles gauloises et celtibériennes faite par le M¹⁵ de Lagoy se composait de 1,400 pièces. Elle fut achetée en 1860 par le duc de Luynes et donnée par lui à la B. I. en 1862.

601. — **La Hire** (de). — Description et explication des globes qui sont placés dans les pavillons du château de Marly par ordre de Sa Majesté. — *Paris, imp. de L. V. Thiboust*, 1704, in-8°, 8-96 p.

Inv. V 9754

Ces globes ont été commandés à Venise au célèbre cosmographe François Vincent Coronelli par le cardinal d'Estrées qui les présenta au roi Louis XIV en 1704. Installés d'abord à Marly, ils furent transportés en 1730 à la B. R. où l'on construisit à cet effet la salle qu'ils occupent encore.
Il y a un globe terrestre et un globe céleste. Chacun d'eux a douze pieds de diamètre; les méridiens, les horizons, les colonnes de support et les pieds sont de bronze ciselé.

602. — **Lalanne (Ludovic).** — Mémoire inédit d'Antoine de Jussieu sur le Livre d'heures d'Anne de Bretagne. Extrait du *Bulletin historique et philologique du Comité des travaux historiques et scientifiques*, nᵒˢ 3-4 de 1886.) — *Paris, imp. nationale*, 1887, in-8°, 12 p. Inv. B 24521

Ce célèbre Livre d'heures est aujourd'hui à la B. N.; chacune de ses marges est remplie par une miniature représentant une fleur accompagnée de son nom français et d'un nom latin.

603. — —. — Une lettre inédite de Montaigne accompagnée de quelques recherches à son sujet, précédée d'un avertissement et suivie de l'indication détaillée d'un grand nombre de soustractions et mutilations qu'a subies depuis un certain nombre d'années le département des manuscrits de la Bibliothèque nationale, par Achille Jubinal. — *Paris, Didron*, 1850, in-8°, 116 p. et 3 fac-simile. — *Paris, typ. de Firmin-Didot*, (s. d.), in-8°, 5 p. Rés. Ln²⁷/43577

Compte rendu et rectification de l'ouvrage de M. A. Jubinal.

604. — **Lalanne (Lud.) et H. Bordier.** — Dictionnaire de pièces autographes volées aux bibliothèques publiques de la France précédé d'observations sur le commerce des autographes. — *Paris, Panckoucke*, 1851, in-8°, 316 p. Rés. inv. Q 833

Signale un grand nombre de pièces et documents volés à la B. N.

— —. Voyez: Arrêts, décrets et ordonnances relatifs à l'affaire Libri.

605. — **Lalanne (Lud.), H. Bordier, F. Bourquelot.** — Affaire Libri. Réponse à M. Mérimée. Deuxième édition avec notes et additions. — *Paris, Panckoucke*, 1852, in-8°, 32 p. Rés. Ln²⁷/13687

La première édition a paru dans la *Revue des Deux-Mondes* du 1ᵉʳ mai 1852, t. 14, p. 592-605; la réplique de Mérimée occupe les p. 605-608.
Cette seconde édition, datée « Paris, 6 mai 1852 » est accompagnée de notes nouvelles et suivie: 1° d'une liste des vols imputés à M. Libri par l'acte d'accusation et dont il n'est point question dans la lettre de M. Mérimée; 2° de la liste des écrits publiés en faveur de M. Libri.

606. — **Langlès (L.).** — Notice de trois manuscrits orientaux que le

général Bonaparte, membre de l'Institut national de France, a fait déposer à la Bibliothèque nationale. — (S. l. nt d.), in-8°, 6 p.

Rés. Inv. Q 768 || Q ancien recueil Z ...

Extrait du *Magasin encyclopédique*, année V, t. IV, p. 125. — Le titre de départ ci-dessus est suivi de cette note : « Deux de ces mss. sont en langue persane, l'autre en langue turke. Ils ont été apportés d'Égypte, et le général Bonaparte a chargé le citoyen Monge de les remettre à la Bibliothèque nationale. »

607. — **Langlès** (L.). — Notice des ouvrages élémentaires manuscrits sur la langue chinoise, que possède la Bibliothèque nationale, par L. Langlès, conservateur des Manuscrits orientaux. — (S. l. nt d.), in-8, 13 p. Rés. Inv. Q 768 || Q 739 ou Inv. Q ...

La première partie traite des « Dictionnaires chinois expliqués en langues européennes. » (8 art.)
La seconde partie est relative aux « Dictionnaires de langues européennes expliquées en chinois » (art. IX-XIII, b.).

— Voyez : Hamilton, Catalogue des manuscrits sanskrits de la Bibliothèque impériale.

— Voyez : École spéciale des langues orientales vivantes.

— Notices et extraits des mss. de la B. N.

Langlois (Ch. V.). — Voyez : Notices et extraits des mss. de la B. N.

La Porte du Theil (F. J. G.). — Voyez : Notices et extraits des mss. de la B. N.

Larenaudière (de). — Voy. : Notice sur la vie et les ouvrages de M. J. D. Barbié du Bocage.

608. — **La Roquette** (de). — Notice sur la vie et les travaux de M. Jomard. — Paris, imp. L. Martinet, 1863, in-4°, 23 p. Ln ...

Extrait du *Bulletin de la Société de géographie* (février 1863).

Larroque (Philippe Tamizey de). — Voyez : Tamizey de Larroque.

Lassen (Ch.). — Voyez : Burnouf, Essai sur le pali.

Lasteyrie (R. de). — Voyez : Discours prononcés sur la tombe de M. François Lenormant.

— Bibliothèque royale. Extraits du *Moniteur*.

Latouche (Emmanuel). — Voyez : Notices et extraits des mss. de la B. N. — Table alphabétique.

609. — **La Tour** (Henri de). — Atlas de monnaies gauloises préparé par la commission de topographie des Gaules et publié sous les auspices du Ministère de l'Instruction publique par Henri de La Tour. — Paris, E. Plon, Nourrit et Cie, 1892, in-fol., V-12 p., 55 pl. Lj ...

En 1876, la Commission de topographie des Gaules décida de publier un Catalogue général des monnaies gauloises. L'ouvrage devait comprendre deux parties : la première uniquement consacrée à la description des monnaies gauloises du Cabinet de France ; la seconde, à la description des pièces qui, manquant dans ce dépôt, seraient prises dans les collections publiques et privées de la France et de l'étranger. Un atlas général devait compléter et illustrer cette double publication.

La Commission de topographie des Gaules fut dissoute en 1883, avant que le travail fût terminé. MM. Chabouillet et Muret restèrent seuls chargés de poursuivre la publication du *Catalogue des monnaies gauloises de la Bibliothèque nationale*. La seconde partie était demeurée à l'état de projet. Quant à l'Atlas, le travail était très avancé et la Commission avait déjà fait graver le plus grand nombre des planches qui le composent.

Sur près de deux mille monnaies figurées dans ce recueil, à peine y a-t-il 150 monnaies dont les originaux aient été pris ailleurs qu'à la Bibliothèque nationale ; encore la plupart de ces pièces se trouvent-elles au Cabinet des médailles, mais représentées par des exemplaires de moins bonne conservation.

Les monnaies ont été gravées par M. Dardel, sous la direction de MM. Muret, Anatole de Barthélemy et Charles Robert ; M. H. de La Tour s'est chargé de donner les titres, les numéros, les références de ces monnaies, et a adopté dans ses grandes lignes la classification suivie par M. Muret dans son *Catalogue*.

610. **Lavoix fils (H.)**. — Les bibliothèques et leur public. Introduction aux *Éléments d'une grande bibliothèque. Catalogue abrégé de la Bibliothèque Sainte-Geneviève* par E. Poirée et G. Lamoureux, s.-bibliothécaires à la Bibliothèque Sainte-Geneviève. — *Paris, Firmin Didot*, 1891, in-8°, 19 p.

Qualités que les bibliothécaires doivent réunir ; étude sommaire des bibliothèques de Paris.

611. —. — Catalogue des monnaies musulmanes de la Bibliothèque nationale publié par ordre du Ministre de l'instruction publique, des cultes et des beaux-arts. Khalifes orientaux. Préface. — *Paris, imp. nationale*, 1887, gr. in-8°, I-LV p.   Q

Extrait de l'ouvrage suivant.

612. —. — Catalogue des monnaies musulmanes de la Bibliothèque nationale publié par ordre du Ministre de l'instruction publique, des cultes et des beaux-arts. Khalifes orientaux. — *Paris, Imprimerie nationale*, 1887, gr. in-8°, LV et 548 p., 10 pl.   Q

La préface n'est autre chose qu'une histoire de la numismatique musulmane. Quant au catalogue même, il décrit 1,691 pièces dont les plus anciennes datent de l'an 17 de l'hégire, et les plus récentes de l'an 633. Il est suivi de quatre tables : une table des matières, un index des années, une table des villes et une autre des noms propres. Chaque pièce est accompagnée d'un numéro d'ordre. Le volume se termine par 10 planches de médailles reproduites en héliogravure par Dujardin.

613. —. — Catalogue des monnaies musulmanes de la Bibliothèque nationale publié par ordre du Ministre de l'instruction publique et des

beaux-arts. Espagne et Afrique. Préface. — *Paris, imp. nationale*, 1891, gr. in-8°, XLVII p.   4° Q

Extrait de l'ouvrage suivant.

614. **Lavoix** (Henri). — Catalogue des monnaies musulmanes de la Bibliothèque nationale, publié par ordre du Ministre de l'instruction publique et des beaux-arts. Espagne et Afrique. (Août 1891). — *Paris, imp. nationale*, 1891, gr. in-8°, XLVII, 572 p., 14 pl.   4° Q

Ce catalogue compte 1133 numéros classés comme suit :

ESPAGNE.

Khalifes omeyyades.
 Liste des Khalifes omeyyades : — Abd-el-Rahman I ben Mo'awiyah. — Heschâm I ben 'Abd-el-Rahman I. — El-Hakam I ben Heschâm I. — Abd-el-Rahman II ben El-Hakam I. — Mohammed I ben 'Abd-el-Rahman II. — 'Abd-Allah ben Mohammed I. — Abd-el-Rahman III El Nâs'er Lédin Allah. — El Hakam II El-Mo'tans'er-Billah. — Heschâm II El-Mouayyad-Billah. — Mohammed II El Mahdy-Billah. — Soleïman el-Mosta'in-Billah. — Mohammed III El-Mostakfy-Billah. — Heschâm III El-Mo'tadd-Billah. (n°s 1-350.)
Hammoudites.
 Liste des Hammoudites : 'Aly El-Nâs'er Lédin-Allah. — El K'âsim El-Mâmoun. — Yahya El-Mo'taly-Billah. — Idris II el-'Aâly-Billah. — Mohammed el-Mahdy-Billah. (n°s 351-400.)
'Abbâdides.
 Liste des Abbâdides : Abbâd El-Mo'tadhed-Billah. — Mohammed II El-Mo'tamed 'Alaallah. (n°s 401-414.)
Afthasides.
 Liste des Afthasides : Yahya El-Mans'our. — 'Omar El-Motawakkel 'Ala-Allah. (n°s 415-419.)
Zeïrides.
 Liste des Zeïrides : 'Abd-Allah Seïf El-Daulah. — Monnaies sans nom de Hadjeb. (n°s 420-424.)
Dhou'l-Nounides.
 Liste des Dhou'l-Nounides : Yahya El-Mâmoun. — Yahya El-K'âder-Billah. (n°s 425-435.)
'Amrides.
 Liste des 'Amrides : 'Abd-El-Aziz El-Mans'our. — 'Abd-El-Malek El Moulhafer. — El Mâmoun. — El-K'âder-Billah. (n°s 436-444.)
Houdides.
 Liste des Houdides : Soleïman El-Mosta'in-Billah. — Ahmed El-Mok'tader-Billah. — Ahmed II El-Mosta'in-Billah. (n°s 445-455.)
Rois de Denia.
 Liste des rois de Denia : 'Aly Ik'BAl El-Daulah. — Mondzer 'Emâd El-Daulah. — Soleïman Seïd El-Daulah. (n°s 456-470.)
Rois de Majorque.
 Liste des rois de Majorque : El-Mortadha. — Moubascher ben Soleïman. (n°s 471-476.)
Rois de Tortose.
 Mok'atil Seïf El-Millah. (n° 477.)
Rois de Calatayud.
 Mohammed 'Adhab El-Daulah. (n° 478.)
Monnaies incertaines.
 Avec le nom d'El-Dhâfer ; — avec la légende : E' Imam 'Abd-Allah ; — avec le nom d'Almeria ; — avec le nom de Mohammed ben Aswâd. (n°s 479-502.)

AFRIQUE ET ESPAGNE.

Rois de Ceuta.
  Sak'out ben Mohammed. (n°ˢ 503-505.)
Almoravides.
  Liste des Almoravides : Abou Bekr ben 'Omar. — Ibrâhîm ben Aly Bekr. — Yousouf ben Tâschefîn. — 'Aly ben Yousouf. — Tâschefîn ben 'Aly. — Ishâk' ben 'Aly. (n°ˢ 507-638.)
  Monnaies frappées par des émirs indépendants après la chute des Almoravides. (n°ˢ 639-665.)

ESPAGNE.

Rois de Cordoue : Ahmed ben Houd El-Mostans'Erbillah. — Hac'din ben Mohammed El-Mans'our-Billah. (n°ˢ 667-670.)
Rois de Murcie.
  Liste des rois de Murcie : 'Abd-Allah ben'Ayâdh. — Mohammed ben Sa'd. (n°ˢ 671-710.)

AFRIQUE ET ESPAGNE.

Almohades.
  Liste des Almohades : Abd-El-Moumen. — Abou Ya'K'oub Yousouf I. — Abou Yousouf Ya'K'oub I El-Mans'our. — Mohammed E'-Nâser-Ledin-Allah. — Abou Ya'K'oub Yousouf II Li Mostans'Er-Billah. — 'Abd-El-Wahed El Raschid. — Abou Hafs' 'omar El-Mortadha. (n°ˢ 711-738.)
Dirhems carrés sans nom de prince et avec nom de villes. (n°ˢ 739-754.)
Dirhems carrés sans nom de ville. (n°ˢ 755-762.)

ESPAGNE

Houdides.
  Liste des Houdides : Mohammed ben Yousouf El-Motawakkel 'Ala Allah. — Abou Bekr Mohammed El-Wâthek' Billah. — Mohammed ben Houd Beha-El-Daulah. — Mousa ben Mahfoudh El-Mostaïn-Billah. (n°ˢ 763-778.)
Nas'rides.
  Liste des Nas'rides : Mohammed Iᵉʳ ben Yousouf El-Ghâleb Billah. — Yousouf Iᵉʳ ben Mohammed Li Nyâr. — Mohammed V El-Ghany-Billah. — Mohammed VIII El-Motamessek-Billah. — Mohammed IX El-S'aghir. — 'Aly ben S'ad. — Mohammed XI (Boabdil). (n°ˢ 779-822.)

AFRIQUE.

Aghlabites.
  Liste des Aghlabites : Ibrâhim I ben El-Aghlab. — 'Abd-Allah I ben Ibrâhim I. — Ziâdat-Allah ben Ibrâhim I. — Mohammed I ben El-Aghlab. — Ahmed ben Mohammed I. — Mohammed II ben Ahmed. — Ibrâhim II ben Ahmed El-'Abbâ-Lyah. — 'Abd-Allah II ben Ibrâhim II. — Ziâdat Allah III ben 'Abd-Allah II. — Khadaf ben El-Modhâ? gouverneur de Tolphah. (n°ˢ 823-889.)
Idrissites.
  Liste des Idrissites : Idris I ben 'Abd-Allah. — Idris II ben Idris I. — Mohammed ben Idris II. — 'Aly ben Mohammed. — Hamdoun b n Idris II. — Daoud ben Idris II. — 'Abd-Allah ben Idris II. — 'Ysa ben Idris II. (n°ˢ 890-925.)
Beni-Soleïmân :
  Ahmed ben 'Ysa. — Abou 'Abd-Allah El-Schi'i. — Mohammed ben El-Feth El-Schâker-Lillah. (n°ˢ 926-931)
Maghrâwa :
  El-Keïr ben Mohammed El-Montas'er-Billah. (n° 932.)
Beni-Yfren :
  Yeddou ben Ya'la. (n° 933.)
Zeïrides.
  El-Mo'ezz Ibn Bâdis Schafaf-El-Daulah. (n° 934.)
Hafs'ides.
  Liste des Hafs'ides : Abou Zakarya Yahya I. — Abou 'Abd-Allah Mohammed Iᵉʳ. — Abou Ishâk' Ibrâhim I. — Abou Hafs' 'Omar I. — Abou Zakarya

El-Montakheb-Li-Ihyâ-Din-Allah. — Abou'l-Bakâ Khâled Iᵉʳ. — Abou Yahya Abou Bekr. — Abou Hafs 'Omar II. — Abou'l-'Abbâs Ahmed Iᵉʳ. — Abou Ishâk' Ibrâhim II. — 'Abd-Allah El-Mostans'er. — Abou-Fârés 'Abd-el-'Azîz. — Abou 'Omar 'Othmân. — Abou 'Abd-Allah Mohammed III — Abou' Abd-Allah Mohammed El-Hasan. (nᵒˢ 935-983.)

Mérinides.

Liste des Mérinides : 'Othomân ben 'Abd-el-Hakk'. — Abou'l-Rabi' Soleïman. — Abou Sa'îd 'Othmân. — Abou Zeïyân Mohammed El-Montas'er-Billah — Abd-El-Azîz El-Mostans'er-Billah. — Mohammed El-Sa'îd. — Abou'l Abbâs Ahmed Iᵉʳ El-Mostans' Er-Billah. — 'Abd-El-Rahman. — Fârès I. Motawakkel-'Ala-Allah. (nᵒˢ 984-1009.)

Beni Zeïyân.

Liste des Beni Zeïyân : Abou Hammou Mousa Iᵉʳ. — Abou Tâschefin 'Abd-el-Rahman Iᵉʳ. — Abou'l-'Abbâs Ahmed? — Abou 'Abd-Allah Mohammed El-Motawakkel-'Ala-Allah. — Abou' Abd-Allah Mohammed? (nᵒˢ 1010-1015.) Monnaies sans nom de prince et avec le nom de Tlemcen. Dinars sans nom de prince, mais avec nom de ville frappés sous les Hafs'ides, les Mérinides et les Beni-Zeïyân. Dinars sans nom de prince et sans nom de ville. (nᵒˢ 1016-1041.

SCHÉRIFS DU MAROC.

Liste des Schérifs du Maroc.

Schérifs Saadiens : Abou 'Abd-Allah Mohammed II El-Scheïkh El-Mahdy. Abou Mohammed 'Abd-Allah El-Ghâleb-Billah. — Abou 'Abd-Allah Mohammed III El-Motawakkel-'Ala-Allah. — Abou'l-'Abbâs Ahmed II El-Mans'our-Billah. — Abou Fârés El-Wathek' Billah. — Zeïdân Ben Ahmed El-Nâs'er. — Abou Mahally Abou'l-'Abbas Ahmed. — Abou Merwân 'Abd-El-Malek ben Zeïdân. — El-Wâlid ben Zeïdân. — Mohammed El-Scherch El-As'gher. (nᵒˢ 1042-1067.)

Schérifs Filély : Isma'îl ben el-Schérif. — Mohammed I Ben 'Abd-Allah Soleïman Ben Mohammed. — 'Abd-El-Rahman ben Heschâm. — Mohammed II ben 'Abd-El-Rahman. — 'Abd-El-K'âder, émir de Tâk'denn (nᵒˢ 1068-1106.)

Imitations de la monnaie arabe.

Imitation d'origine incertaine : Imitation du dinar du khalife Omeyyade Heschâm II. — Imitation du dinar du khalife Hammoudite 'Aly. — Imitation du dinar du khalife Omeyyade El-Hakam II et du dinar du khalife Hammoudite Yahya. — Imitation du dinar carré anonyme d'Afrique. (nᵒˢ 1107-1124.)

Imitations d'origine chrétienne : Imitation du dinar du khalife Omeyyade Heschâm II. — Imitation du dinar du khalife Hammoudite El-K'âsim El-Mâmoun. — Beranger Raimond, comte de Barcelone. Imitation du dinar du khalife Hammoudite Yahya. — Alphonse VIII, roi de Castille. Monnaie au type du dinar Almoravide. — Henri Iᵉʳ, roi de Castille. Monnaie au nom d'Alphonse VIII.

Le volume se termine par : 1º un Index des villes. — 2º un Index des noms propres. — 3º un Index des sentences et des formules pieuses.

615. — **Le Blanc.** — Traité historique des monnoyes de France, avec leurs figures, depuis le commencement de la Monarchie jusqu'à present. — *Paris, Charles Robustel,* 1690, in-4º, lii, 420 p., table et planches.
Lf ⁷⁷

Pour composer cet ouvrage, Le Blanc s'est servi de la collection de M. de Harlay, procureur général, et depuis premier président.
Cette collection, très riche en monnaies des rois de France, se trouve maintenant au Cabinet des médailles, M. de Harlay l'ayant offerte au roi.

616. — **Le Blant (Edmond).** — Sur une médaille d'argent de la

Bibliothèque nationale. (Extrait de la *Revue numismatique*, 1891). — *Paris, C. Rollin et Feuardent*, 1891, in-8°, 9 p.   Q

Cette médaille, dont l'auteur donne une reproduction, a été achetée à la vente Benjamin Fillon (1881) dans le catalogue de laquelle elle était ainsi désignée : « Médaille religieuse du temps de Charles VII. »

Le Clerc (Victor). — Voyez : Ouleniant. Institut royal de France... Funérailles de M. Fauriel.

617. — **Ledrain (E.).** — Les monuments égyptiens de la Bibliothèque Nationale (Cabinet des médailles et antiques). — *Paris, F. Vieweg*, 1879-1881, in-4°, VIII p., 100 pl.   Z

A paru dans la *Bibliothèque de l'École des hautes études*, publiée sous les auspices du Ministère de l'Instruction publique, Sciences philologiques et historiques, fascicules 38 et 47.
La collection égyptienne de la B. N. s'est formée d'apports successifs : 1° un ancien fonds considérable dont Caylus fit le catalogue au siècle dernier. 2° Les monuments provenant de l'expédition d'Égypte. 3° Du don Caillaud après ses voyages à l'Oasis de Thèbes et à Méroé. 4° De diverses acquisitions faites par les conservateurs du Cabinet. 5° et 6° Des dons de M. Prisse d'Avennes et du duc d'Albert de Luynes.
L'ordre de classement adopté par M. Ledrain est le suivant :
1° Monuments figurés. — 2° Ostraca ou tessères. — 3° Stèles, rangées autant que possible par ordre chronologique. — 4° Statues. — 5° Sarcophages. 6° Amulettes, comme cônes funéraires, etc., renfermés dans les tombeaux. 7° Bandelette de momie avec caractères hiératiques. — 8° Objets ayant appartenu à la vie civile. — 9° Quelques monuments coptes et grecs.

618. — **Le Febvre de Saint-Marc (C. H.).** — Éloge de M. Capperonnier. — (S. l. ni d.), in-8°, 16 p.   In

Claude Capperonnier naquit le 1er mai 1671 à Montdidier, en Picardie, et fut garde du département des imprimés de 1795 à 1820.

619. — **Le Gallois.** — Traité des plus belles bibliothèques de l'Europe. Des premiers livres qui ont été faits. De l'invention de l'Imprimerie. Des imprimeurs. De plusieurs livres qui ont été perdus et recouvrez par les soins des sçavans. Avec une méthode pour dresser une bibliothèque. — *Paris, Estienne Michallet*, 1680, in-12, 210 p.

Q   ou inv. Q

La partie relative à la B. R. commence p. 122.

Legrand d'Aussy. — Voyez : Notices et extraits des mss. de la B. N.

620. — **Le Hay.** — Remarques de monsieur Le Hay, sur la manière de graver et d'expliquer les Pierres antiques, faites à l'occasion de deux estampes de la Cornaline du Roy, appelée le Cachet de Michel-Ange. — *Paris, chez Jacques Estienne, rue Saint-Jacques*, 1710, in-8°, 14 p.

J   ou inv. J

Contre M. D. M. qui avait contrefait une estampe de Mademoiselle Le Hay.

621. — **Lelong (Jacques).** — Bibliothèque historique de la France, contenant le catalogue des ouvrages, imprimés et manuscrits, qui traitent de l'histoire de ce royaume, ou qui y ont rapport; avec des notes critiques et historiques. Nouvelle édition revue, corrigée et considérablement augmentée par M. Fevret de Fontette.... — *Paris, imp. de Jean Thomas Hérissant*, 1768-1778, 5 vol. in-fol.

Salle de travail, n° 575.

T. I, 1768, XXXVI, 996 p. — T. II, 1769, VI, 892 p. — T. III, 1771, CVII, Mémoires historiques sur plusieurs historiens de France, VII, 830 p. — T. IV, 1775, XVI, 536 p. et Appendice, 285 p. — T. V, 1778, VIII, 751 p.
Contient de nombreux renseignements sur les collections de la B. R. Nous citerons l'*Appendice* du t. IV, notamment, où l'on trouve :
1° Table générale du Recueil des Titres concernant l'histoire de France, tirés tant des anciens manuscrits que des minutes originaux et pièces furtives du temps, par M. Gaspard Moyse de Fontanieu, conseiller d'État ordinaire. (Recueil conservé à la B. R., in-f°, 511 Portefeuilles).
2° Détail d'un Recueil d'estampes, dessins, etc. représentans une suite des événemens de l'histoire de France à commencer depuis les Gaulois, jusques et compris le règne de Louis XV. (Recueil formé par Fevret de Fontette, et aujourd'hui dans la B. R.)
3° Table générale du Recueil de portraits des Rois et Reines de France, des princes, princesses, seigneurs et dames et des personnes de toutes sortes de professions, dessinés à la main ou peints en miniature, et pris sur des monumens, qui font connaître les différens habillemens de chaque règne. (Recueil fait par les soins de M. de Gaignières, et conservé à la B. R.)
4° Liste alphabétique de portraits gravés et quelques uns en dessins des françois et françoises illustres.

622. **Lélut.** — Institut impérial de France, Académie des sciences morales et politiques. Discours de M. Lélut, président de cette académie, prononcé aux funérailles de M. Dunoyer, le samedi 6 décembre 1862. — *Paris, imp. de Firmin-Didot*, 1862, in-4°, 15 p. **Ln**

Ce discours est suivi des discours de MM. Louis Reybaud, membre de l'Académie des sciences morales et politiques, et Renouard, membre de l'Académie. Charles Dunoyer fut administrateur général de la B. R. en 1839.

Lemaire. — Voyez : Discours prononcés aux funérailles de M. J. D. Barbier du Bocage.

623. — **Lenoir Alexandre.** — Essai sur le zodiaque circulaire de Dendéra. — *Paris*, 1823, in-8°.

Il considère ce zodiaque comme un simple calendrier sur lequel on aurait tracé les années solaire, rurale, civile ou religieuse, et il n'en fait remonter l'antiquité qu'au temps de Beechoris, 770 ans avant notre ère.

624. **Lenormant.** — Institut de France, Académie des inscriptions et belles-lettres. Funérailles de M. Guérard. Discours prononcé aux funérailles de M. Guérard, le dimanche 12 mars 1854. — *Paris, imp. Firmin-Didot*, 1854, in-4°, 8 p. **Ln**

625. — **Lenormant (Ch.).** — Discours prononcé aux funérailles de M. T. E. Mionnet, membre de l'Institut (Académie des Inscriptions et Belles-Lettres), conservateur adjoint des médailles et antiques de la Bibliothèque royale. — *Paris, imp. de Crapelet*, (s. d.), in-4°, 7 p.

Ln 27/1212

<small>Théodote-Edme Mionnet naquit à Paris le 1er septembre 1770. Entré au Cabinet des médailles le 5 mai 1795, il en fut nommé conservateur adjoint en 1830, et mourut le 6 mai 1842.</small>

626. —. — Discours prononcé aux funérailles de M. T. E. Mionnet,... — *Blois, imp. E. Dezairs*, (1842), in-8°, 7 p.   Cabinet des Médailles.

<small>Est suivi de : « Notice sur T. E. Mionnet,... par M. Du Mercan. — Blois, imp. E. Dezairs, (1842), » 4 p.
Extrait de la *Revue Numismatique*, 1842. Tiré à 15 exemplaires.</small>

627. —. — Note sur un amulette chrétien conservé au Cabinet des médailles. (Extrait du t. III des *Mélanges d'archéologie*.) — *Paris, imp. de Poussielgue, Masson et Cie*, (s. d.), in-fol. 7 p.

Cabinet des Médailles.

<small>Ce monument consiste en une mince feuille d'or de 0m,09 de longueur et de 0m,021 de largeur sur laquelle on voit gravées avec une pointe 10 lignes de caractères d'un côté et 3 de l'autre. Il provient des environs de Beirouth.</small>

628. —. — Résumé des publications archéologiques de M. Ch. Lenormant. (Janvier 1849.) — *Paris, imp. A. René*, (1849), in-4°, 8 p.   Ln 35/1239

—. — Voyez : Trésor de numismatique et de glyptique.

—. — Notice sur le fauteuil de Dagobert.

629. — **Lepage (Henri).** — Le trésor des chartes de Lorraine. — *Nancy, Wiener*, 1857, in-8°, 184 p.   Lj 13/4

<small>On trouve, p. 141 à 151, l'« Inventaire des 724 volumes et cartons de la collection lorraine à la B. I., en 1850. »</small>

630. — **Lepelle de Bois-Gallais (Fr.).** — Encore une lettre inédite de Montaigne, accompagnée d'une Lettre à M. Jubinal, relative aux livres imprimés et manuscrits, aux autographes et aux divers fragmens précieux qui ont été soustraits à différentes époques de la Bibliothèque nationale de Paris, et qui se trouvent en Angleterre. Avec un fac-simile. — *Londres, Barthès et Lowell*, 1850, in-8°, VII-32 p.

Rés. Ln 27/2059

Défenses de Libri.

631. — **Le Petit (Jules).** — Quelques mots sur le docteur J. F. Payen, suivis d'un appendice donnant la nomenclature de ses travaux littéraires et scientifiques et des ouvrages composant sa collection relative à Michel Montaigne, etc. — *Paris, typ. de Georges Chamerot*, 1873, in-8°, XXXII p.

Rés. Ln 27/2713

Tiré à 50 exemplaires.
Les pages XXIII-XXXII sont relatives à la « Collection des ouvrages sur Montaigne réunis par le docteur J. F. Payen et cédés à la B. N. »

632. — **Leprevost (Auguste).** — Liste des principaux objets trouvés à Berthouville. — *Evreux, Ancelle fils*, 1830, in-8°, 27 p.   Lj $\frac{9}{91}$

Extrait du *Recueil de la Société d'agriculture, sciences, arts et belles-lettres du département de l'Eure*, Octobre 1830.
Cette liste comprend 34 articles accompagnés chacun de sa description.

633. — —. — Mémoire sur la collection de vases antiques trouvée, en mars 1830, à Berthouville, (arrondissement de Bernay). Extrait du tome VI des *Mémoires de la Société des Antiquaires de Normandie*. — *Caen, T. Chalopin*, 1832, in-4°, 75 p., 15 pl.   Lj $\frac{9}{91}$

Collection d'environ 70 objets, tous en argent, achetée 15,000 fr. le 3 mai 1830 et transportée au Cabinet des antiques de la B. N.
Le mémoire de Le Prevost se divise en trois parties : I. Objets en argent, trouvés à Berthouville. — II. Fouilles de la forêt de Beaumont-le-Roger. — III. Antiquités romaines de Sacquenay.

634. — **Le Prince.** — Essai historique sur la bibliothèque du roi, et sur chacun des dépôts qui la composent, avec la description des bâtiments et des objets les plus curieux à voir dans ces différens dépôts. — *Paris, Belin*, 1782, in-12, XXIV, 372 p.   Rés. inv. Q 783 et 784

Le faux titre porte : *Tableau historique de la bibliothèque du roi, et des différens dépôts qui la composent. On y a joint une liste historique des bibliothèques publiques et particulières de Paris, l'indication du jour et des heures où elles sont ouvertes, etc.*
Cet ouvrage contient :
Essai historique sur la Bibliothèque du Roi.
Droits et autorités de la Bibliothèque de S. M. concernant la fourniture que les Auteurs, Imprimeurs, Graveurs et autres, doivent faire de trois exemplaires de tout ce qu'ils impriment et gravent, tant à Paris que dans le Royaume.
Article 108 du Règlement de la Librairie, du 28 février 1723.
Exemplaires de tout ce qui s'imprime pour le clergé, donnés à la Bibliothèque du Roi.
Assemblée générale du clergé de France, tenue extraordinairement à Paris, au Couvent des Grands Augustins, en 1748.
Article 7. Livres et Impressions.
Lettre de M. Bignon, aux syndic et adjoints de la Librairie et Imprimerie de Paris, au sujet de la fourniture des exemplaires dus à la Bibliothèque du Roi.
Avertissement de Messieurs les Syndic et adjoints, aux Libraires et Imprimeurs de Paris, au sujet de la fourniture des exemplaires.
Description des bâtiments du dépôt des livres imprimés ; description du Parnasse français et de deux tableaux peints par M. Touzé.
Bustes de Jérôme Bignon et de l'abbé Bignon.
Description des globes de Coronelli.
Ordre, arrangement et table des divisions des livres imprimés.
Description des bâtiments du dépôt des mss.
Ordre et arrangement des mss. (Mss. de diverses langues orientales et autres)
Essai historique sur les différents fonds conservés séparément dans ce dépôt. Mss. français, italiens et autres).
Ancien fonds du Roi, fonds de Dupuy, de Béthune, de Brienne, de Gaignières.

Notice des chartes, etc., des Églises de France et autres, tirées des différents fonds qui composent le dépôt des Mss.

Notices des mss. latins, des fonds de Doat, Dufourny, Louvois, la Mare, Baluze, de Mesmes, Colbert.

Origine des mss. qui composent le fonds de Colbert.

Fonds de Doat, Caupé, Lancelot, Ducange, Serilly, Huet, Fontanieu, Sainteau (Inventaire des titres du Dauphiné).

Des autres fonds en général.

Origine et accroissements du Cabinet des Estampes et planches gravées.

Origine et arrangement des livres d'estampes et des planches gravées du Cabinet du Roi.

Description des différents morceaux peints et dessinés ou gravés, conservés sous verre et placés dans ce Cabinet.

Origine, accroissements, ordre et arrangement du Cabinet des titres et généalogies.

Marque distincte pour connaître les livres de la B. R.

Remarques sur les différentes reliures que l'on a employées depuis François Ier jusqu'à présent.

Description, origine et accroissements du Cabinet des médailles.

Ordre et arrangement des médailles. Cabinet des Antiques.

Description de différents objets curieux conservés dans le Cabinet des Médailles et Antiques : Tombeau de Childéric ; vase trouvé à Rennes ; vase d'une seule dent d'éléphant ; bouclier de Scipion ; bouclier d'Annibal.

Description historique de plusieurs médailles rares et précieuses du Cabinet du Roi.

Discours sur les médailles.

Médailles de César, de J. Brutus, de Marc Antoine père, de Marc Antoine le fils et Polemon Ier, d'Auguste, de Julie, de Néron, d'Agrippine, de Britannicus, de Galba, d'Othon, de Titus, de Julie sa fille et de Domitien, de Trajan, d'Hadrien et d'Antinoüs, d'Antonin le Pieux et de Faustine, de Commode, de Pertinax, de Pescennius Niger, de Diadumenien, d'Elagabale, de Sévère Alexandre, d'Orbiana, d'Uranius, de Gallien, de Carausius et d'Oriuna sa femme, de Justinien, d'Artavasde, d'Aurelien, de Constance III, de Constant, de Constantin le Jeune, de Cornelia Supera, d'Emilien, d'Helene, d'Hérennius, d'Hostilien, de Magnia Arbea, de Marius, de Philippe le fils, de Ptolémée, de Romulus, de Tranquilline, de Trebonianus Gallus, de Valentinien II, de Valerien le jeune.

Manière de distinguer les médailles fausses du Padouan d'avec celles qui sont vraies.

Médailles de grand bronze de coin moderne.

Médaillons de grand bronze.

Médailles d'argent et d'or, et médailles grecques.

Supplément aux Notices, cartulaires, etc. des Églises de France et autres.

Ancien fonds. Fonds de Dupuy, Tellier Louvois, de Boze, La Mare, Baluze, Colbert.

Manuscrits de Planches.

Fonds des 500 de Colbert. Fonds de Caupé, Lancelot, Duchesne, Duchesne et d'Oyenart, de Notre-Dame.

Nouvelles acquisitions.

Bibliothèques publiques : St Victor, Mazarine, des Avocats, des Prêtres de la Doctrine chrétienne, de la Ville, de l'Université, de la Faculté de médecine.

Bibliothèques particulières : St Germain des Prés, Ste Geneviève, la Sorbonne, collège de Navarre, les Augustins de la Place des Victoires, Soubise, l'Oratoire, les Feuillants, les Jacobins, rue St Honoré, rue St Jacques et rue St Dominique, l'Académie d'architecture, St Martin des Champs, les Petits-Augustins, Picpus, les Récolets, les Minimes, les Carmes, l'Institution de l'Oratoire, les Cordeliers, les Chartreux, les Capucins rue St Honoré et rue St Jacques, le Séminaire de St Sulpice, et la Paroisse Ste Marguerite au Faubourg St Antoine.

La plupart des exemplaires que l'on rencontre dans le commerce sont incomplets des pages 337 à 372, supprimées par l'auteur à la suite des difficultés que lui suscita M. Bignon.

635. — **Le Prince.** — Essai historique sur la bibliothèque du roi, aujourd'hui bibliothèque impériale avec des Notices sur les dépôts qui la composent et le Catalogue de ses principaux fonds par Le Prince. Nouvelle édition, revue et augmentée des Annales de la bibliothèque, présentant à leur ordre chronologique tous les faits qui se rattachent à l'histoire de cet établissement, depuis son origine jusqu'à nos jours, par Louis Paris. — *Paris, au bureau du Cabinet historique*, 1856, in-18, v. 466 p. Rés. Inv. Q

Les *Annales* occupent les pages 339 à 466.

636. — **Le Roux de Lincy.** — La bibliothèque de Charles d'Orléans à son château de Blois en 1427, publiée pour la première fois d'après l'inventaire original. — *Paris, typ. de Firmin Didot*, 1843, in-8°, 59 p. Inv. Q

Extrait de la *Bibliothèque de l'École des Chartes*, tome V, p. 59.

Ce catalogue se compose de 94 articles; beaucoup d'entre eux sont accompagnés d'un commentaire qui établit la provenance de la plupart des livres dont Charles d'Orléans se trouvait possesseur.

A la suite du Catalogue, M. Le Roux de Lincy reproduit un certain nombre de pièces manuscrites relatives à l'histoire de la bibliothèque des princes Louis et Charles d'Orléans.

Cette bibliothèque fut réunie à celle du Roi quand Louis XII, fils de Charles d'Orléans, fit transporter à Blois tous les ouvrages que renfermait encore la Tour du Louvre. Un certain nombre de ces mss. se trouvent maintenant à la B. N.

637. —. — Catalogue de la bibliothèque des ducs de Bourbon en 1507 et en 1523, précédé d'une notice sur les anciens seigneurs de ce nom. — *Paris, imp. Crapelet*, 1850, in-8°, 108 p. Rés. Inv. Q

Extrait des *Mélanges de la Société des Bibliophiles français*, année 1850. — Tiré à 30 exemplaires.

Lorsque François Ier mit la main, en 1523, sur les biens du connétable de Bourbon, il n'oublia pas de comprendre dans la confiscation la librairie de Moulins.

De Moulins, où elle était primitivement, cette bibliothèque fut transportée à Blois en 1516, de Blois à Fontainebleau en 1544 et enfin de Fontainebleau à la B. R. à Paris.

Le Dépt des Mss. possède au moins 86 mss. provenant de cette bibliothèque.

638. —. —. Le palais Mazarin et les grandes habitations de ville et de campagne au XVIIe siècle, par M. le comte de Laborde. — *Paris, imp. Panckoucke*, 1847, in-8°, 16 p. Lk

Extrait du *Moniteur universel* du 10 janvier 1847.
Compte rendu du volume de M. de Laborde.

Voyez: Notice sur le plan de Paris de Jacques Gomboust.

639. — **Letronne.** — Rapport adressé à M. le Ministre de l'Instruction publique sur le chauffage des salles de la bibliothèque royale destinées à l'étude. — *Paris, imp. Paul Dupont*, 1840, in-8°, 8 p. Li

Le projet de chauffage des salles destinées à l'étude avait été présenté au ministre le 17 nov. 1839. Commencés le 13 décembre, les travaux ont été achevés le 29 du même mois au département des Estampes et le 3 janvier 1840 dans celui des Imprimés. M. Letronne indique quelles précautions ont été prises pour éloigner toute chance d'incendie.

Letronne. — Voyez : Discours prononcés aux funérailles de M. J. D. Barbier du Bocage.

— — Naudet. Funérailles de M. le baron Dacier.

640. — ***Lettre*** à Monsieur de Vallemont sur la Nouvelle explication qu'il a donnée à une médaille d'or de l'empereur Gallien, qui est au Cabinet du Roy. — *A Paris, chez Florentin et Pierre Delaulne, s. d.*, in-8°, 28 p. J 1763 ou inv. J 1000.

Au sujet de la médaille d'or qui porte l'inscription « Gallienæ Augustæ ». Cette lettre combat l'Explication de l'abbé de Vallemont.

641. — ***Lettre*** à un ami, sur la suppression de la charge de bibliothécaire du roi, et sur un moyen d'y suppléer, aussi économique qu'avantageux aux lettres. — *En France*, 1787, in-8°, 29 p.
          Rés. inv. Q 258-199

Par Mercier de Saint-Léger, d'après Barbier.
Le faux titre porte : « Suite à l'An 1787. »
L'auteur propose de supprimer les gardes et commis de la B. R. et de les remplacer par les Bénédictins de la Congrégation de Saint-Maur. Ces religieux ne coûteraient rien au Trésor et feraient en 10 ou 12 ans le catalogue de la Bibliothèque.

642. — ***Lettres*** d'un académicien à M*** sur le catalogue de la Bibliothèque du Roy. — *(S. l.)*, 1749, in-12, 60 p.
          Inv. Q 7134. Rés. inv. Q 735, 736, 737

Le titre de départ porte : « Lettre première sur le premier volume des livres imprimés. Monsieur... »
Ces remarques critiques relèvent une série d'erreurs qui sont groupées sous les rubriques suivantes : Noms des auteurs. — Auteurs multipliés. — Ouvrages multipliés. — Auteurs confondus l'un avec l'autre. — Auteurs anonymes. — Auteurs pseudonymes. — Qualités des auteurs. — Ouvrages attribués à certains auteurs. — Titres mal rendus. — Livres mal placés. — Chronologie. — Géographie. — Répétitions.
Par l'abbé Jean Saas, d'après Barbier.

643. — ***Lettres*** des conservateurs de la Bibliothèque royale sur l'Ordonnance du 22 février 1839 relative à cet établissement. — *Paris, imp. H. Fournier*, 1839, in-8°.
          Rés. inv. Q 397 ? Ll 47/79

Se compose de trois lettres dont chacune a sa pagination séparée, et un titre de départ particulier.

Première lettre des conservateurs de la Bibliothèque royale à Monsieur le Ministre de l'Instruction publique. — *(Paris, imp. H. Fournier, a. d.), in-8°*, 27 p.
Cette lettre, signée : Jomard, Hase, Raoul-Rochette, Letronne, Champollion-Figeac, Magnin, Lenormant, Guérard, Reinaud, Duchesne aîné, Ballin, Dubeux, est datée du 5 mars 1839. C'est une protestation énergique contre le Rapport au roi qui précéda l'Ordonnance du 22 février, rapport où il était dit

que tous les désordres et tous les abus s'étaient introduits dans toutes les parties du service de la Bibliothèque, et que l'accumulation même de ses richesses bibliographiques avait plongé la B. R. dans un désordre progressif.

Les pages 25 à 27 contiennent un « Extrait du rapport de MM. Dubois et Duvergier de Hauranne sur le budget du ministère de l'instruction publique. » On y constate que pour faire disparaître l'arriéré qui entrave le fonctionnement régulier des divers services de la Bibliothèque, il serait nécessaire de dépenser une somme totale de 1,017,400 francs ainsi répartie :

Département des Imprimés . . . . 890,000 fr.
Département des Manuscrits 36,000
Département des Estampes et Cartes 51,400
Département des Antiques 40,000
                                              1,017,400 fr.

Deuxième lettre des conservateurs de la Bibliothèque royale, sur l'ordonnance du 22 février 1839 relative à cet établissement. — Imp. H. Fournier, 1839, in-8°, 52 p.

Cette lettre porte les mêmes signatures que la précédente. Elle est datée du 25 mars 1839, et veut prouver que l'Ordonnance est inexécutable dans le plus grand nombre de ses prescriptions. Elle suit la nouvelle Ordonnance article par article et elle oppose les dispositions qu'elle prescrit à celles que contient l'Ordonnance de 1832.

Article Ier. — Division de la Bibliothèque royale.

La Bibliothèque ne doit pas être partagée en six départements. La création d'un département géographique s'explique bien ; mais celle d'un département du Service public ne saurait être comprise.

Art. II. — Division des départements en sections.

Il importe que chaque département soit entièrement placé sous l'autorité de son conservateur.

Art. III. — Division du département des manuscrits en six sections.

Les trois divisions anciennes sont bonnes et suffisantes.

Art. IV. — Sur les employés.

La lettre combat le changement de l'un des titres d'employé pour celui de bibliothécaire. Elle repousse aussi la division en spécialités.

Art. V. — Composition du Conservatoire.

Les conservateurs adjoints ne doivent avoir que voix consultative.

Art. VI-IX. — Ces articles traitent des attributions de l'administrateur général.

Art. X. — Sur les prêts et les échanges.

Art. XI. — La durée des séances peut être prolongée, mais alors il faut augmenter le personnel.

Art. XII. — De l'agent comptable.

Art. XIII. — Nomination des conservateurs et conservateurs-adjoints par le Ministre.

Art. XIV. — De la nomination des employés.

Art. XVI. — Traitements.

Art. XVII. — Des surnuméraires.

Puis la Lettre donne, 1° un État du personnel dans le budget de 1839 ; 2° un État du personnel en 1840, d'après la nouvelle Ordonnance et les nominations déjà faites ou à faire nécessairement.

Troisième lettre des conservateurs de la Bibliothèque royale, sur l'Ordonnance du 22 février 1839 relative à cet établissement. (S. l. ni d.), in-8°, 64 p.

Signée des mêmes noms et dans le même sens que les précédentes, cette lettre montre comment l'ordre légal, qui servait de base à la constitution de la B. R., se trouve violé par la nouvelle Ordonnance, et comment on compromet les intérêts mêmes que celle-ci prétend garantir.

Les p. 51-63 contiennent les « Pièces justificatives » suivantes : 1° « Copie de la lettre de M. de Breteuil, ministre du département de Paris, au Bibliothécaire du Roi, M. le N. dr. 30 avril 1784.) — Au sujet de la nomination des commis employés aux différents départements de la B. R.) et une « Lettre de M. de Breteuil à M. l'abbé Desaulnais, garde des livres imprimés. » (30 avril

1788. — Même sujet.) 2° « Extrait de l'arrêté du ministre de l'intérieur, du 1er vendémiaire an IX de la république. — Et une lettre de Chaptal à l'administrateur de la B. N. de frimaire an IX. — Au sujet des fonctions de l'administrateur.) — 3° « Extrait d'un Rapport adressé en 1832 à M. Guizot, par M. Hippolyte Royer-Collard, chef de la division des lettres au ministère de l'instruction publique. » (Royer-Collard établit qu'il ne faut pas bouleverser la B. R. et qu'il suffit de remédier à quelques points défectueux.)

Lévesque. — Voyez : Notices et extraits des mss. de la B. N.

644. — **Lhuillier** (Th.). — La bibliothèque et les bibliothécaires du château de Fontainebleau au temps passé. Mémoire lu à la réunion des délégués des Sociétés savantes à la Sorbonne, le 4 avril 1877. — *Meaux*, t. *Le Blondel*, 1877, in-18, 19 p.   0 Pièce.

645. — **Librairie** (La) de Jean, duc de Berry, au château de Mehun-sur-Yèvre, 1416, publiée en entier pour la première fois d'après les inventaires et des notes par Hiver de Beauvoir. — *Paris, Aubry*, 1860, in-8°, 108 p.

Tiré à 300 exemplaires.

646. — **Libri**. — A. M. Chasles, membre de l'Institut de Paris. — *Londres*, 7 septembre 1867, in-64, 3 p.

Cité dans le Supplément au *Manuel du Libraire*.

647. —. — Catalogue of the mathematical, historical, bibliographical and miscellaneous portion of the celebrated library of M. Guglielmo Libri, including many scarce publications relating to America; rare Junta and Aldine editions; ancient musical treatises; books written in various dialects; important works relating to italian history and topography; a large collection of early italian Giornali, and other works illustrating the literary history and bibliography of Italy; scarce English books printed abroad; french facetiæ; fine horæ and other manuscripts upon vellum; numerous publications relating to the history of the sciences; an extraordinary collection of the rarest treatises in existence respecting ancient arithmetic, algebra, astronomy and geometry, comprising original editions of the scarcest writings of Tycho Brahe, Bombelli, Borelli, Cardanus, Cataldi, Galileo, Ghetaldi, Ghaligai, Kepler, Benedetti, Pacioli, Cavalieri, Torricelli, Grimaldi, Fermat, Euler, Lagrange, Laplace, Gauss, Abel, Jacobi, Cauchy, Legendre, Delambre, Copernicus, Leibnitz, Huyghens, etc., etc., with a very complete and unique series of works relating to Galileo; and a most interesting collection of books with autograph annotations, written by illustrious men; including Galileo, Kepler, Ferrari, Torricelli, Borelli, Henricus Stephanus, Melancthon, Campanella, Ramus, Flamsteed, La Monnoye, Buffon, Huyghens, etc., etc. Part the first, A.-I... Which will be sold by Auction, by messrs. S. Leigh Sotheby and John Wilkin-

son, auctioneers of literary property and works illustrative of the fine arts, at their house, 13 (late 3), Wellington street, strand, w. c. On saturday, the 25 th of april, 1861, and Eleven following days, at one oclock precisely each day (sundays excepted.). — *London, printed by J. Davy and sons*, 137 Long acre, 1861, in-8°, XXXII, 473 p. et planches.

Rés. inv. Q —

L'introduction, signée G. Libri, est en anglais avec traduction française en regard.

648. — **Libri** (G.). — Douze mots aux magistrats français. Premier mot. — *Londres*, W. Jeffs, 1862, in-8°, IX, 20 p. Rés. Ln —

C'est tout ce qui a paru.

Ce Premier mot n'est qu'un « Avertissement » au factum qui suit et dont voici le titre : « Supplément au rapport de M. Boujean sur la pétition adressée au Sénat au sujet de l'affaire de M. Libri. Ce Supplément est relié à l'aide des opinions manifestées par Messieurs : Guizot, ancien président du conseil ; Delangle, ministre de la justice ; Chaix d'Est-Ange, procureur général près la Cour de Paris, lord Brougham, ancien grand chancelier d'Angleterre ; A. Panizzi, directeur du British Museum ; le professeur de Morgan, ancien secrétaire de la Société royale astronomique de Londres ; Encke, directeur de l'Observatoire royal de Berlin ; le sénateur Lamporecchi, avec l'adhésion de la Faculté de droit de l'Université de Pise, le professeur Stern, sous la direction de l'Académie royale des sciences de Gottingue ; le baron Ricasoli, président du conseil du royaume d'Italie, plusieurs des principaux députés du Parlement italien ; sept jurisconsultes et dix savants français suffisamment connus ; et avec des extraits du *Times*, de l'*Athenæum*, de l'*Examiner*, du *Daily News*, etc., etc. Troisième édition corrigée et augmentée. — *Londres*, 1861 ».

Réunion de manifestes en faveur de Libri.

649. — — Introduction au catalogue des livres imprimés de M. Libri. Traduction. — *Paris*, 1859, in-8°, XVIII p. Rés. inv. Q —

La couverture imprimée a pour titre : « Catalogue de la plus belle partie de la magnifique bibliothèque formée par M. Guillaume Libri, le célèbre collecteur, qui quitte Londres pour cause de mauvaise santé et, pour cette raison, met en vente ses Trésors littéraires. On y trouvera : des livres xylographiques inconnus, des spécimens d'ancienne typographie ; comprenant un calendrier incunable avec les plus anciennes gravures sur cuivre ; la plus remarquable des collections de livres imprimés sur vélin ; les éditions aldines et les éditions des Juntes les plus rares, dont plusieurs imprimées sur vélin, sur grand papier, ou inconnues jusqu'ici ; des éditions princeps d'une grande rareté, des poëmes et des romans de chevalerie en italien, en français, en allemand, en espagnol et en d'autres langues ou dialectes de l'Europe ; une collection extraordinaire d'ancienne littérature italienne dans laquelle se trouvent plusieurs Rappresentazioni Sacre, Novellieri, etc., inconnus ; d'anciennes compositions musicales probablement uniques ; des ouvrages rares sur l'Amérique ; des éléments non rognés ; de très-anciennes productions de la presse anglaise ; des manuscrits et des livres portant des notes autographes, contenant, parmi les manuscrits : Pindarus, Eutropius, Petrarca, Hermes et Bréviaires, écrits sur vélin avec de très-belles miniatures ; parmi les livres : Anthologia, editio princeps avec de nombreuses annotations manuscrites d'Alde l'Ancien, Tasso, Gerusalem, avec d'importantes additions de la main d'Alde Manuce. — Racine, Athalie (1691) avec de nombreuses corrections par l'auteur. — Boileau, Satires (Paris, 1668) avec de nombreuses notes du grand satirique lui-même, etc., etc., et comprenant sa magnifique et intéressante collection, unique en son genre, de reliures historiques, montrant les

— 271 —

progrès de l'art de la reliure depuis le XVe siècle par la réunion de 1,301 volumes en vieux maroquin orné ou en veau, avec les armes et les devises des anciens possesseurs; on y trouvera : 18 volumes ayant fait partie de la célèbre collection Grolier, plusieurs volumes de magnifiques reliures de Majoli, de Diane de Poitiers, de De Thou, du comte d'Hoym, de Longepierre, de Pascarini, etc., etc., des livres aux armes du pape Pie V (et d'autres pontifes), du cardinal Farnèse, des membres des familles de Médicis et d'Este, de P. Giordano Orsino, de l'empereur Charles V, des ducs de Bavière, de Charles VIII, de François Ier, de Henri II, de François II, de Charles IX, de Henri III, de Henri IV, de Louis XIII, de Louis XIV, de Louis XV, de Louis XVI, de Marie-Antoinette, etc., de France; de Henri VII, de Henri VIII, d'Edouard VI, de la reine Elisabeth, de Jacques Ier, de Charles Ier, de Cromwell, de Charles II, de Jacques III (le Prétendant), de Guillaume III, de la reine Anne, et des monarques qui leur ont succédé en Angleterre; toutes ces anciennes reliures sont dans le plus parfait état de conservation. La vente aux enchères se fera à Londres, par Messieurs S. Leigh Sotheby et John Wilkinson, dans leur maison, 3, Wellington Street, Strand, le lundi 1er août 1859, et les douze jours suivants (dimanches exceptés), à une heure précise.

650. **Libri** (G.). — Lettre à M. de Falloux, ministre de l'instruction publique et des cultes, contenant le récit d'une odieuse persécution et le jugement porté sur cette persécution par les hommes les plus compétents et les plus considérables de l'Europe; suivie d'un grand nombre de documents relatifs aux spoliations qui ont eu lieu, à différentes époques, dans les bibliothèques et les archives de la France. *Paris, Paulin*, 1849, in-8°, XVI, 327 p.   Rés. Ln 27   Rés. inv. Q

Résumé et discussion de tous les actes reprochés à Libri; défense de ce dernier. — On trouve des exemplaires qui portent sur le titre la mention « 2e édition. » Il existe, de cette seconde édition, un prospectus avec sommaire (Paris, in-8°, 12 p.), qui contient la traduction d'un article inséré par M. de Morgan dans l'*Athenæum* du 19 mai 1849.

651. —. — Lettre de M. Libri à M. Barthélemy Saint-Hilaire, administrateur du Collège de France. — *Londres, imp. Schulze*, 1850, in-8°, XVI et 31 p.   Rés. Ln 27   ou inv. Q

Elle est datée du 25 juillet 1850, avec un Avertissement du 7 août 1850.
Le 6 juillet 1850 l'Assemblée des professeurs du Collège de France, réunie extraordinairement, avait pris à l'unanimité cette résolution : « L'Assemblée des professeurs charge M. l'Administrateur d'écrire à M. Libri, que si le 1er décembre prochain il n'est pas venu purger le jugement de contumace prononcé contre lui le 22 juin dernier, le Collège de France devra le considérer comme démissionnaire et provoquer son remplacement. » Libri, après avoir réfuté un certain nombre des accusations portées contre lui, déclare que, devenu citoyen anglais, il ne pourrait reprendre ses anciennes fonctions et fait ses adieux à ses ex-collègues.

652. —. — Lettre de M. Libri à M. le Ministre de la justice à Paris, suivie d'une lettre du même à M. F***, à Paris. *Paris, Panckoucke*, 1850, in-8°, 12 p.   Rés. Ln 27

La lettre au Ministre de la justice est datée de « Londres, le 30 avril 1850 ». Libri y proteste contre les irrégularités légales qui ont été commises à son préjudice. Dans la seconde lettre, datée « Londres, le 30 avril 1850 », il énumère toutes ces irrégularités et il se déclare prêt à venir à Paris pour se défendre lorsqu'il lui sera démontré *par des faits* que l'on est décidé à rentrer vis-à-vis de lui dans les voies légales.

Il existe une autre édition in-4°, (3 pages,) qui paraît avoir été imprimée à Londres.

653. — **Libri.** — Lettre de M. Libri à M. le président de l'Institut de France. — *Londres*, 1850, in-8°, 72 p.   Q Δ

Dans cette lettre, datée du 5 septembre 1850, Libri discute la partie de l'*Acte d'accusation* qui est relative à l'Institut, et dans laquelle il était accusé d'avoir volé et vendu beaucoup de documents mss. ayant appartenu à l'Institut. Il montre par des exemples que nombre de ces papiers ont figuré dans les collections ou dans les ventes Arbogast, Buache, Cuvier, Dolomieu, Huzard, Le Breton et Monmerqué, sans que l'autorité y ait jamais apporté d'attention.

654. — . — M. M. Libri, ancien membre de l'Institut de France, ancien professeur au Collège de France (expulsé de ces deux corps par décrets du Président de la République Française...) — (S. l.), in-8°, 4 p.
    Rés. inv. Q 640 || Ln 27/12651

Cette lettre-circulaire est datée de Londres, 14 avril 1851. Elle est relative à plusieurs ouvrages qu'on prétendait avoir été volés par Libri à la Mazarine et qui ont été retrouvés par M. Silvestre sur les rayons de cette bibliothèque.

655. — . — Réponse de M. Libri au rapport de M. Boucly publié dans le *Moniteur Universel* du 19 mars 1848. — *Paris, chez tous les libraires*, 1848, in-8°, 115 p.   Ln 27/12664 || Rés. inv. Q 821

Dans cette Réponse il n'est question de la B. R. que d'une façon très incidente et surtout au sujet de dons faits par Libri à cet établissement.

Libri (Mélanie). — Voyez : Sénat, Session de 1861... Pétition.

656. — **M. Libri** et les journaux anglais. — *Paris, Panckoucke*, 1851, in-8°, 8 p.   Ln 27/12666

Tiré à 200 exemplaires.
Extraits de quelques articles anglais avec traduction française. Contre Libri.

657. — **M. Libri**, le National et le Moniteur, article extrait du journal *l'Assemblée nationale*, n° du 14 septembre 1849, suivi d'une lettre de M. Libri à M. de la Valette, rédacteur en chef de *l'Assemblée nationale*. — *Paris, Panckoucke*, 1850, in-8°, 11 p.   Rés. Ln 27/12675

Cet article, signé A. A., donne pour 18 mois un historique complet de l'affaire Libri, et défend ce dernier.
Dans sa *Lettre à M. de la Valette*, Libri établit qu'il avait réellement offert, quelques années auparavant, de donner sa bibliothèque entière à la B. R. de Paris ; il déclare aussi que, contrairement à l'affirmation de l'*Athenæum*, il n'a été chargé de classer aucune bibliothèque à Londres.

658. — **Linant.** — Les accroissemens de la Bibliothèque du Roy, sous le règne de Louis XIV. Poème qui a remporté le prix de l'année 1741, au jugement de l'Académie françoise. — *A Paris*, 1741, in-4°, 7 p.
    Rés. Q 415 *ou* Rés. inv. Q 416

659. — **Liste** d'ouvrages donnés à la Bibliothèque nationale par le Ministère de l'Instruction publique, en août 1879. — (S. l.), in-fol. 112 p.

Autographié par l'établissement. Ce répertoire à deux colonnes est classé par ordre alphabétique de nom d'auteurs et se compose de 2.303 articles.

660. — **Liste** des périodiques étrangers reçus par le département des imprimés de la Bibliothèque nationale. — *Paris, C. Klincksieck*, 1882, in-8°, 28 p.

Acquisitions et dons. — Comprend 831 articles classés par ordre alphabétique d'après les premiers mots des titres. Imprimé à deux colonnes.

661. — **Liste** des périodiques étrangers reçus par le département des imprimés de la Bibliothèque nationale. Supplément. 1882-1885. — *Paris, C. Klincksieck*, 1886, in-8°, xv p.

Comprend 405 articles classés par ordre alphabétique d'après les premiers mots des titres. Imprimé à deux colonnes.

662. — **Liste** sommaire des ouvrages mis à la disposition des lecteurs dans la salle de travail du département des imprimés. — (S. l.), (1883), in-fol. 23 p.

Autographié par l'Établissement. A deux colonnes. Indique 598 ouvrages.

Lobstein (J.-M.). — Voyez : Nachrichten und Auszüge.

663. — **Lockroy (Édouard).** — N° 1803. Chambre des Députés, deuxième législature, session de 1879. Annexe au procès-verbal de la séance du 28 juillet 1879. Rapport fait au nom de la commission chargée d'examiner la proposition de loi de M. Édouard Lockroy, ayant pour objet d'affecter à l'isolement de la Bibliothèque nationale la somme de 3,100,000 francs, primitivement destinée à la restauration du Palais des Tuileries. — *Versailles, imp. Cerf et fils*, (s. d.), in-4°, 8 p. Le 13/26

M. Lockroy montre combien riches sont les divers départements de la B. N. et quel danger d'incendie leur font courir les immeubles portant les numéros 3, 5, 7 et 9 de la rue Vivienne. Il demande l'expropriation de ces maisons afin d'agrandir la Bibliothèque et il propose d'ouvrir à cet effet, au Ministre des travaux publics, un crédit extraordinaire de 3,500,000 fr.

664. — — N° 2704. Chambre des Députés, deuxième législature, session de 1880. Annexe au procès-verbal de la séance du 10 juin 1880. Rapport supplémentaire fait au nom de la commission chargée d'examiner la proposition de loi de M. Édouard Lockroy, ayant pour objet d'affecter à l'isolement de la Bibliothèque nationale la somme de 3,100,000 fr., primitivement destinée à la restauration du Palais des Tuileries. — *Paris, A. Quantin*, (s. d.), in-4°, 6 p. Le 13/26

Dans ce rapport supplémentaire, M. Lockroy maintient la demande d'un crédit extraordinaire de 3,500,000 fr. dont il est question dans l'article précédent.

Lockroy (Édouard). — Voyez : Plessier (Victor)... Proposition de loi...

665. — **Logerotte.** — N° 1111. Chambre des députés. Troisième législature. Session de 1882. Annexe au procès-verbal de la séance du 6 juillet 1882. Rapport fait au nom de la commission du budget chargée d'examiner le Projet de loi relatif à l'isolement et à l'agrandissement des bâtiments de la Bibliothèque nationale et portant ouverture au Ministre de l'instruction publique et des beaux-arts, sur l'exercice 1882, d'un crédit supplémentaire de 2,950,000 francs pour faire face aux dépenses des expropriations poursuivies en exécution de la loi du 28 décembre 1880. — *Paris, imp. A. Quantin*, 1882, in-4°, 5 p. Le

666. — *Loi* qui ordonne l'exposition des antiques à la Bibliothèque Nationale et établit des cours publics sur les inscriptions et médailles. Du 20 prairial an troisième de la République française une et indivisible. — *Paris, imp. du Dépôt des Lois*, (s. d.), in-4°, plano.

Arch. Nat. A. D. VIII

(N° 435°) B. n° 157 — En 7 articles.
D. n° 921

667. — **Loiseleur (Jules).** — Les larcins de M. Libri à la bibliothèque publique d'Orléans. — *Orléans, H. Herluison*, 1884, in-8°, 12 p. Q Pièce.

Extrait des *Bulletins de la Société archéologique et historique de l'Orléanais*.
Les mss. dont il est question dans cette brochure ont fait partie de la collection de lord Ashburnham et se trouvent maintenant au Dépt des Mss. de la B. N.

— — Voyez : Département du Loiret. Ville d'Orléans. Extrait du Registre des délibérations.

668. — **Longpérier (Adrien de).** — Notice des monnaies françaises composant la collection de M. J. Rousseau, accompagnée d'indications historiques et géographiques, et précédée de considérations sur l'étude de la numismatique française. — *Paris, Rousseau*, 1847, in-8°, xvi-276 p. 9 pl. Lj

610 articles. Se termine par : « Une table des monnaies gauloises. — Une table géographique. — Une table des noms d'hommes. — Une table des matières. »
La collection Rousseau, dont l'acquisition fut décidée le 10 décembre 1848 et coûta 102,052 fr., a augmenté de plus d'un tiers l'ancienne collection des monnaies françaises du Cabinet des médailles.

Longueville père. — Voyez : Notices et extraits des mss. de la B. N.
TABLE ALPHABÉTIQUE.

669. — **Lorédan Larchey.** — Libri. — *Strasbourg*, (1869), in-8°, 15 p.

Extrait de *l'Impartial du Rhin*.

670. — **Lubersac** (abbé de). — Discours sur les monuments publics de tous les âges et de tous les peuples connus, suivi d'une description de monument projeté à la gloire de Louis XVI et de la France. Terminé par quelques observations sur les principaux monuments modernes de la ville de Paris, et plusieurs projets de décoration et d'utilité publique pour cette capitale. — *Paris, imp. Royale*, 1775, in-fol. 1-LXXIV p.

Rés. inv. V, ou rés. V.

Contient, p. XXXII-XXXVI : « Bibliothèque du Roi. Origine et accroissement de cette bibliothèque. »
P. XXXVI-XLIII : « Cabinet des estampes du Roi. Origine et accroissement de ce cabinet. »
P. XLIII-XLIV : « Cabinet des médailles. Origine et accroissement de ce cabinet. »

671. — **Lusson** (A. L.). — Corollaire sur le projet de réunion du Louvre aux Tuileries en introduisant dans les plans de MM. Percier et Fontaine la Bibliothèque royale et des galeries pour l'exposition des produits de l'industrie. Janvier 1839. — (*Paris*), *imp. Paul Renouard, rue Garancière, n° 5*, 1839, in-4°, 4 p. Rés. Q. ou Rés. inv. Q.

672. —. — Projet de réunion du Louvre aux Tuileries en introduisant dans les plans de MM. Percier et Fontaine la Bibliothèque Royale et des galeries pour l'exposition des produits de l'industrie. — *Paris, A. L. Lusson*, 1838, in-4°, 17 p. et 2 pl. Inv. V.

Dans ce projet l'entrée principale de la B. R. aurait été en face du Palais-Royal. Les frais de construction étaient estimés devoir s'élever à 14 millions. La vente des 15,036 mètres de terrain occupés par la Bibliothèque actuelle et l'ancien Trésor aurait produit une somme minimum de 9,031,664 fr.

673. — **Luynes** (d'Albert de). — Ministère de l'instruction publique et des cultes. Rapport fait au nom de la sous-commission chargée d'examiner l'état des catalogues du cabinet des médailles et antiquités de la Bibliothèque nationale. — *Paris, imp. Nationale* (s. d. 1850?), in-4°, 34 p. Q. ou inv. Q. || Rés. Q. ou rés. inv. Q.

Le Cabinet contient 1° des médailles et monnaies; 2° des pierres gravées; 3° des antiquités.
En 1848 il possède 93,850 médailles, savoir : 31,737 médailles romaines, 40,055 monnaies des peuples et des rois de l'antiquité; les monnaies françaises très accrues par suite de l'acquisition de la collection Rousseau achetée 102,000 fr. en 1848; 14,000 monnaies étrangères modernes; et environ 5,000 monnaies orientales.
Avec les plombs, les tessères, les médailles fausses, au nombre de 5,000, les sceaux, les médailles modernes, les jetons et méreaux des diverses corporations, l'ensemble de la collection est d'environ 140,000 pièces.
Les pierres gravées sont au nombre de 9,500.
Enfin les antiques forment une suite des plus variées et des plus riches.
Après avoir fait un résumé de l'histoire du Cabinet, le rapporteur montre comment celui-ci est administré.
Depuis 1838, seulement, les acquisitions sont régulièrement inscrites. Il y a 3 registres : A, registre des dons; B, registre des échanges; C et D, registre des acquisitions.

Il y a aussi un registre spécial où l'on inscrit les pièces provenant du dépôt légal.

Pour conserver ces collections précieuses dont la valeur est de 7 millions au moins, il faut des catalogues.

Il existe, pour les médailles consulaires d'or et d'argent avec des suppléments annuels, un inventaire dressé par MM. Vaillant et Rainssant en 1685. Les médailles de bronze ont aussi un catalogue fait en 1748 avec des suppléments jusqu'en 1772. Les bronzes ayant été très peu augmentés depuis Louis XIV, les anciens catalogues représentent assez fidèlement la collection actuelle. Le catalogue des as est prêt à être transcrit.

Pour les monnaies antiques espagnoles, les monnaies grecques et asiatiques les ouvrages de M. Mionnet servent de catalogue; M. Duchalais a publié le catalogue des monnaies gauloises. Les cartes des monnaies françaises sont faites et la collection Rousseau, achetée en 1848, a été vendue avec un catalogue imprimé. On perfectionne le classement des monnaies étrangères en même temps que M. Lavoix s'occupe des monnaies orientales. Le répertoire des monnaies des États modernes, princes, souverains, etc., n'est pas commencé; pour celui des grands hommes les cartes sont au courant. Quant aux jetons ils sont classés, mais il n'y a pas de catalogue.

Les éléments du catalogue des pierres gravées sont tout à fait insuffisants; le répertoire est à refaire et peut être achevé en six mois. La nouvelle série des pierres orientales vendues par les héritiers de M. de Fortia possède un catalogue rédigé par M. Lajard. Les antiques n'ont aucun catalogue.

Des registres constatent les acquisitions, échanges et restitutions qui ont eu lieu depuis 1795; mais les registres réguliers n'existent que depuis 1820. Il y a aussi des catalogues particuliers de toutes les suites acquises.

En 1832, un inventaire fut commencé; mais, insuffisant, il est resté inutile. On le refait. On estime qu'il faudra 140,000 cartes pour les médailles, 12,000 pour les antiques, 2,500 pour les pierres gravées. Le conservateur, M. Lenormant, s'engage à achever, dans un délai de *cinq ans* l'inventaire catalogue sans dépenser plus de 50,000 fr.

Après diverses considérations sur un projet d'échange d'objets de curiosité, échange qui s'opérerait entre le Cabinet des médailles et les Musées du Louvre, de l'Artillerie et de Cluny, le rapporteur termine en publiant deux annexes : la première signale les changements qui eurent lieu au Cabinet en 1793 sous Cointreau; la seconde est une lettre de Bénezech au sujet du *Museum provisoire des antiquités et monuments français* dont le dépôt était situé rue des Petits-Augustins.

674. — **Luynes** (H. de). — Numismatique et inscriptions cypriotes. — *Paris, typ. Plon*, 1852, in-fol., 55 p. et 12 pl.   Inv. J 1665

Beaucoup des pièces décrites se trouvent au Cabinet des médailles de la B. N.

675. — **Mabille** (Émile). — Catalogue analytique des diplômes, chartes et actes relatifs à l'histoire de Touraine contenus dans la collection de dom Housseau. — *Tours, imp. Ladevèze*, 1863, in-8°, VI, 748 p.   Lc 19

A aussi cet autre titre : *Mémoires de la Société archéologique de Touraine*, T. XIV. — *Tours, chez Guilland Verger*, 1864.

Connu sous la dénomination de Collection de dom Housseau, ce recueil de matériaux pour l'histoire de la Touraine, de l'Anjou et du Maine avait été commencé par les Bénédictins dès la seconde moitié du 13e siècle.

Cette collection a été cédée à la B. I. en 1811; elle est aujourd'hui reliée en 30 volumes, cotés 1-30. Un volume supplémentaire, coté 31, renferme des chartes originales relatives aux mêmes provinces. Elle contient :

T. I-XI. Chartes de l'an 433 à 1746.

T. XII. 1-2. **Extraits de cartulaires et d'archives seigneuriales.**
T. XIII. 1-2. **Extraits de cartulaires.**
T. XIV. **Topographie.**
T. XV. **Archevêques de Tours.**
T. XVI. **Evêques d'Angers.**
T. XVII. **État des bénéfices de l'Anjou.**
T. XVIII. **Abbayes.**
T. XIX. **Notes et dissertations sur l'histoire ecclésiastique.**
T. XX. **Extraits de divers Recueils pour l'histoire de la Touraine**
T. XXI 1. **Chroniques d'Anjou.**
T. XXI 2. **Notes biographiques.**
T. XXII. **Extraits pour l'histoire du XVIe siècle.**
T. XXIII. **Histoire littéraire de la Touraine.**
T. XXIV. **Histoire littéraire.**
T. XXV. **Histoire manuscrite de la Touraine.**
T. XXVI. **Dissertations historiques.**
T. XXVII. **Extraits divers.**
T. XXVIII. **Pièces détachées.**
T. XXIX. **Lettres originales.**
T. XXX. **Répertoire chronologique de l'histoire de Touraine.**
T. XXXI. **Chartes originales.**

Les numéros placés en tête des analyses de M. Mabille se rapportent aux pièces contenues dans la collection entière; mais M. Mabille ne s'étant occupé que des pièces relatives à la Touraine la série numérique se trouve forcément interrompue.

Machet-Velye. — Voyez : Considérations importantes sur un des plus précieux monumens de la République française.

676. — **Magnin (Charles.)** — Note en réponse à une des questions posées par les membres de la Commission chargée de l'examen du Catalogue de la Bibliothèque nationale. — *Paris, Palis lith. de la Bibliothèque nationale,* 17 mars 1851, in-fol. 11 p.   Rés. Q $_{38}$ ou Rés. inv. Q $_{120 \text{ bis}}$

Réponse à cette question : « Quelles ont été les causes du retard qu'ont éprouvé les travaux du catalogue? » D'après le rapporteur de la sous-commission ce retard venait surtout de ce que l'engagement pris par le conservatoire en 1839 n'avait pas été mûrement réfléchi. En exposant la marche des travaux, M. Magnin veut montrer que la véritable et seule cause du retard est l'agrandissement successif qu'a pris l'opération.

677. —. — Notice historique sur J. B. B. Van Praet. (Extrait de la *Biographie universelle,* tome 78.) — *Paris, imp. d'E. Duverger,* 4 novembre 1845, in-8°, 7 p.   Ln $^{27}_{20050}$

—. — Note. Voyez : Naudet, Lettre à M. Libri.

678. — **Maichelius (Daniel).** — Introductio ad historiam literariam de praecipuis bibliothecis parisiensibus, locupletata annotationibus, atque methodo, qua rectus Bibliothecarum usus et vera studiorum ratio ostenditur; ubi et de Bibliothecariis plurimisque Eruditis Parisiensibus honorifice et modeste, salva tamen ubique veritate, disseritur; atque ita Peregrinantibus quoque via panditur, ad iter literarium Parisiense feliciter et cum successu suscipiendum. In duas partes divisa. — *Cantabrigiae, typis academicis. Impensis Corn. Crownfield, celeberrimae*

Academiæ Typographi. Prostant apud Jacobum Knapton, Robert Knaplock et Paulum Vaillant, 1721, in-8°, 271 p.   Q 651 ou inv. Q 3762

La première partie de cet ouvrage contient :
I. De Bibliotheca regia. — II. De Bibliotheca Colbertina. — III. De Bibliotheca San-Germanensi ordinis Benedictinorum ex Congregatione S. Mauri. — IV. De Bibliotheca Mazariniana. — V. De Bibliotheca Facultatis Theologicæ Sorbonensis. — VI. De Bibliotheca Monasterii S. Genovefæ. — VII. De Bibliotheca Jesuitarum collegii Ludovici M. itemque Domus Professæ in via Antoniana. — VIII. De Bibliotheca Canonicorum Abbatiæ S. Victoris. — IX. De Bibliothecis Patrum Oratorii in Via Honorad, itemque Fratrum ordinis Prædicatorum in eadem platea. — X. De Bibliotheca Augustinianorum Discalceatorum prope viam Victoriarum. — XI. De Bibliotheca Minimorum. — XII. De Bibliotheca Cœlestinorum.

679. — **Mallet (Gilles).** — Inventaire ou catalogue des livres de l'ancienne Bibliothèque du Louvre, fait en l'année 1373, par Gilles Mallet, garde de la dite bibliothèque. Précédé de la dissertation de Boivin le Jeune sur la même bibliothèque, sous les rois Charles V, Charles VI et Charles VII. Avec des notes historiques et critiques. — *Paris, de Bure frères*, 1836, in-8°, XLIV, 262 p.   Rés. inv. Q 407 ou Q 416

Cet inventaire compte 1236 numéros. La B. N. ne possède que 44 de ces mss. A la mort de Charles VI la Bibliothèque du Louvre avait été achetée par le duc de Bedfort (22 juin 1425); après le décès de celui-ci, cette magnifique collection fut définitivement dispersée.

680. — **Mancini-Nivernois (Louis-Jules-Barbon).** — Essai sur la vie de J. J. Barthélemy. — *Paris, de Bure*, l'an III (1795), in-4°, 39 p.   Lu 27/1693

Se termine par une Liste des mémoires et dissertations de J. J. Barthélemy. Jean Jacques Barthélemy naquit à Cassis, petit port voisin d'Aubagne.

681. — **Manuscrits orientaux.** Catalogues des manuscrits hébreux et samaritains de la Bibliothèque nationale.

Voyez : Zotenberg.

682. — **Manuscrits orientaux.** Catalogues des manuscrits syriaques et sabéens de la Bibliothèque nationale.

Voyez : Zotenberg.

683. — **Marcel (Gabriel).** — Cartographie de la Nouvelle France. Supplément à l'ouvrage de M. Harrisse publié avec des documents inédits par Gabriel Marcel,... Extrait de la *Revue de géographie* dirigée par M. L. Drapeyron. — *Paris, Maisonneuve frères et Ch. Leclerc*, 1885, in-8°, 41 p.

L'ouvrage de M. Harrisse a pour titre : « *Notes pour servir à l'histoire, à la bibliographie et à la cartographie de la Nouvelle France et des pays adjacents 1545-1700. Par l'auteur de la Bibliotheca Americana Vetustissima.* — Paris, Tross, 1872, » in-8°; Il n'indique que très rarement les cotes des exemplaires possédés par la B. N. Il comprend 833 articles.

Le Supplément publié par M. Marcel compte 114 numéros tous suivis de la

côte donnée à ces documents, soit à la B. N., soit aux Archives des colonies, au Dépôt des fortifications des colonies et au Dépôt des cartes de la Marine.
L'ouvrage commence par une Préface de 5 p. et se termine par une table alphabétique des noms de personnes. La plupart des articles sont accompagnés de notices historiques et descriptives.

684. — **Marcel (Gabriel)**. — Un Bénédictin Géographe, D. Guillaume Coustans. — *Angers, imp. A. Burdin*, 1888, in-8°, 10 p.

Section géogr. **Ge. F** 495

La couverture imprimée porte en plus : (Extrait du *Bulletin de Géographie historique et descriptive*, 1888, n° 1).
Au sujet de l'acquisition faite par la Section géographique de deux cartes mss. dont l'auteur était inconnu, M. Marcel prouve que toutes deux sont l'œuvre de dom Coustans. L'une est l'original d'un atlas gravé et intitulé : « Description historique et topographique de la grande route de Paris à Reims, » Paris, 1775, in-4°. L'autre, restée inédite, est un « Itinéraire de Versailles à Bouron » dressé très probablement à l'occasion du voyage que le roi fit, en mai 1771, de Fontainebleau à Bouron, quand il se rendit au-devant de la Comtesse de Provence.

685. —. — Un globe manuscrit de l'école de Schœner. — *Angers, imp. Burdin*, 1890, in-8°, 7 p.

Section géogr. **Ge. FF** 515

La couverture imprimée a comme titre : « *Ministère de l'instruction publique et des beaux-arts. Comité des travaux historiques et scientifiques. Bulletin de géographie historique et descriptive.* G. Marcel. Un globe manuscrit de l'école de Schœner. Paris, Ernest Leroux, 1890. »
Étude d'un globe en bois qui appartient à la Section des cartes de la B. N. Il a 0m24 de diamètre et est revêtu d'un enduit ayant environ un millimètre d'épaisseur. M. Marcel fixe entre 1513 et 1518 la date de sa confection et pense qu'il pourrait être de la main même de Schöner.

686. —. — Note sur une sphère terrestre en cuivre faite à Rouen à la fin du XVI° siècle. — *Rouen, imp. de Espérance Cagniard*, 1891, in-4°, 10 p.

Section géogr. **Ge. F** 619

Extrait du *Bulletin de la Société normande de Géographie*.
Cette sphère a été acquise par la Section des Cartes de la B. N. le 26 mars 1861.
Elle aurait été trouvée à Lignières (Cher) et proviendrait de l'abbé l'Ecuy. C'est le seul globe de métal que l'on connaisse qui ait été gravé à Rouen à cette époque. M. Marcel en donne une description détaillée.

687. —. — Reproductions de cartes et de globes relatifs à la découverte de l'Amérique du XVI° au XVIII° siècle avec texte explicatif par Gabriel Marcel. — *Paris, Ernest Leroux*, 1893, in-fol., 40 pl.

Le faux titre porte : « Recueil de voyages et de documents pour servir à l'histoire de la géographie. Section cartographique. I. Reproductions de cartes et de globes relatifs à la découverte de l'Amérique du XVI° au XVIII° siècle. »
M. Marcel reproduit 30 documents choisis parmi les 419 qui composaient l'exposition faite, en 1892, à la B. N. à l'occasion du 4° Centenaire de la découverte de l'Amérique. La moitié de ces curieux objets sont la propriété de la Bibliothèque. Les autres appartiennent aux ministères de l'Instruction publique, de la Guerre, de la Marine, aux Archives nationales et à quelques particuliers.
L'ouvrage, qui est sous presse, sera complet en 3 livraisons ; la première a paru et se compose de 36 pages de texte.

688. — **Marcel (Gabriel)**. — Voyez : Quatrième centenaire de la découverte de l'Amérique. Catalogue.

689. — **Marchebeus (J.)**. — Plan de la Bibliothèque et de l'Opéra sur la place du Carrousel. — *Paris, imp. de Guiraudet et Jouaust*, 1847, in-4°, 14 p. et 3 plans. Rés. Inv. Q 423

L'auteur déclare que l'application de ce projet donnerait 16 millions d'économie à l'État par la valeur seule des emplacements comparés entre eux.
Les plans se composent de : 1° Vue générale de la Bibliothèque et du théâtre de l'Opéra, projetés sur la place du Carrousel à Paris. — 2° Plan de la Bibliothèque et de l'Opéra sur la place du Carrousel. — 3° Deuxième Projet pour la Bibliothèque seule sur la place du Carrousel, par Marchebeus, architecte.

690. — **Mariette (J.)**. — Traité des pierres gravées. — *Paris, imp. de l'auteur*, 1750, 2 vol. in-fol. Inv. V 2681-2 ou V 694 1-2

Le second volume, qui a pour titre : *Relevé des pierres gravées du cabinet du Roy*. — A Paris, chez P. J. Mariette, 1750, est précédé d'une « Préface historique sur les pierres gravées du cabinet du Roi » et se divise en deux parties : la première, contenant les sujets (132 gravures avec texte explicatif), la seconde, contenant les têtes (125 gravures).

Marion Dumersan. — Voyez Dumersan (Marion).

691. — **Marion du Mersan**. — *Paris, imp. Plon* (1848), in-16, 3 p. Ln 27/6659

Né le 4 juin 1780 au château de Castelnau, en Berry, M. Dumersan fut conservateur adjoint du Cabinet des médailles de 1842 à 1849.

692. — **Marmontel**. — Corps législatif. Conseil des anciens. Rapport fait au nom de la Commission nommée pour l'examen de la résolution du 12 fructidor, sur la manière de disposer des livres conservés dans les dépôts littéraires. Séance du 24 Prairial, an V. — *Paris, imp. nationale*, prairial an V, in-8°, 15 p. Arch. Nat. A. D. VIII. 45

En dehors de la B. N. et de l'Arsenal, il y a à Paris 6 grands dépôts qui contiennent : 1° Saint-Louis la Culture : 500,000 volumes. — 2° Les Cordeliers : 262,000 volumes. — 3° Les Capucins, rue Saint-Honoré : 200,000 vol. — 4° Dépôt de la rue de Lille : 224,000 volumes. — 5° Dépôt des *Enfants de la Patrie* : 50 à 60,000 vol. — 6° Dépôt de la rue de Thorigny : 66,000 vol.

693. — **Marolles (de)**, abbé de Villeloin. — Catalogue de livres d'estampes et de figures en taille-douce. Avec un dénombrement de pièces qui y sont contenues. Fait à Paris en l'année 1666. — *A Paris, chez Frédéric Leonard*, 1666, in-8°, 182 p. Rés. Inv. Q 737

Colbert fit acheter pour la B. R., en 1667, cette collection de 264 volumes qui contenaient près de 125,000 estampes. Beaucoup de celles-ci provenaient du riche cabinet de l'abbé de Saint-Ambroise, et de celui de Jean de Lorme, médecin de la reine.
Il a paru un autre catalogue : « Catalogue de livres d'estampes et de figures en taille-douce. Avec un dénombrement des pièces qui y sont contenues fait à Paris par M. de Marolles, abbé de Villeloin. — *Paris, imp. Jacques Langlois fils*, 1672, » in-12, 72 p. Rés. Inv. Q 738

Le titre de départ porte : « Second dénombrement des livres de figures et d'images choisies pour l'ornement de quelque grande bibliothèque, depuis ceux qui furent mis au Cabinet du Roy en l'année 1667. » Cette seconde collection a été dispersée.

604. — Marsand (Antonio). — I manoscritti italiani della regia biblioteca Parigina descritti ed illustrati dal dottore Antonio Marsand,... — *Parigi, della stamperia reale*, 1835-1838, 2 vol. in-4°. T. I, xv et 867 p.; T. II, vii, 516 p.   Inv. Q 1827-1828

Le T. I contient seul la liste des mss. italiens de la B. R. Composé de 703 numéros, il se termine par une Table générale qui se subdivise en trois parties : 1° noms propres des personnes; 2° noms des lieux; 3° table des matières. Chaque article est accompagné d'une description et de la cote du ms.
Le T. II est consacré aux mss. italiens qui sont conservés dans les bibliothèques de l'Arsenal, Sainte-Geneviève et Mazarine.

Martial. — Voyez : Notices et extraits des mss. de la B. N.

695. — Martin (J. P. P.). — Description technique des manuscrits grecs relatifs au Nouveau Testament, conservés dans les Bibliothèques de Paris. Supplément aux Leçons sur la critique textuelle du Nouveau Testament, professées à l'École supérieure de Théologie de Paris en 1882-1885, par M. l'abbé J. P. P. Martin. — *Paris, Maisonneuve et Ch. Leclerc*, 1884, in-4°, xix, 205 p.   Dépt des Man., Imp. 3021

Lithographié chez Chauvin, 27, rue de l'Estrapade, Paris.
Pour sa Description, l'abbé Martin a suivi l'ordre suivant : Manuscrits onciaux. — Cursifs des Évangiles. — Cursifs des Actes. — Cursifs de saint Paul. — Cursifs de l'Apocalypse. — Évangéliaires. — Épistolaires.
A la suite on trouve : Addenda et corrigenda. — Tables de concordance. — Errata. — Fac-simile photolithographiques.

696. — Martinof (p.). — Les manuscrits Slaves de la Bibliothèque impériale de Paris. Avec un calque. — *Paris, Julien, Lanier, Cosnard et Cie*, 1858, in-8°, 111 p.   Rés. Inv. Q 848

Ce volume donne d'abord une description détaillée de 27 mss. slaves, dont voici la liste dressée par ordre chronologique :
XIe et XIIe siècle : Abécédaire bulgare (Fond lat., n° 2340).
XIIIe siècle : Évangéliaire (F. sl., n° 27). — Recueil ascétique, contenant la vie de saint Siméon Némonia (F. sl., n° 10).
XIVe siècle : Bréviaire glagolitique, suivi du missel et du rituel (F. sl., n° 11). — Commencement d'un synaxaire bulgare (F. grec, n° 1808).— Menées du mois d'août (F. sl., n° 23).
XVe siècle : Évangéliaire (F. sl., n° 25). — Menées du mois de janvier (F. sl., n° 22). — Menées du mois de février (F. sl., n° 21). — Recueil de sentences morales (F. sl., n° 26). — Entretiens familiers de Schtitny, etc. (F. fr., n° 8173).
XVIe siècle : Psautier (F. sl., n° 16). — Évangéliaire (F. sl., n° 18). — Menées du mois d'octobre (F. sl., n° 19). — Échelle de saint Jean Climaque (F. sl., n° 9). — Recueil ascétique (F. sl. n° 8). — Chronique russe (F. sl., n° 2). — Actes des Apôtres (F. sl. n° 24).
XVIIe siècle : Grammatica sclavonica scripta per Joann. Ugovicium (1643) (F. lat., n° 3876), p. 36. — Dictionarium latino slavicum Epiphanii Slavenickii et Arsenii Satanoviensis (1650), (F. sl., n° 6). — Description de la Chine par N. Spatharius (1685) (F. fr., n° 10023²), p. 105. — Quatre Évangiles (F. sl., n° 20).

— Diurnal (F. sl., n° 17.) — Livre des rangs (razriadnaïa Kniga) (F. sl., n° 3). — Vies et actes politiques des grands-ducs de Russie (F. sl., n° 4).

xviii° siècle : Grammaire et méthode russe et française, par J. Sohier (1724) (F. sl., n° 5). — Kanonnik, ou livre de prières (1734) (F. sl., n° 13). — Deux autres livres de prières (F. sl., n°° 12 et 14). — Hymnaire noté (F. sl., n° 15). — Histoire des Scythes, par Lyzlof (F. sl , n° 1). — Testament de Basile Tatistchef (S. fr., n° 2028), p. 107. — Dialogues (F. sl., n° 7). — Nabuchodonosor, tragédie de Polotski (S. fr., n° 3000), p. 108.

697. — **Mas Latrie (L. de)**. — M. Lacabane. — *Nogent-le-Rotrou, imp. Daupeley-Gouverneur*, (1885), in-8°, 7 p.   Ln 27/35865

Extr. de la *Bibliothèque de l'École des Chartes*, t. 46, 1885.
Né à Fons, dans le département du Lot, mort à Paris le 24 décembre 1884, Lacabane entra au Cabinet des Titres le 13 mai 1829 et fut nommé conservateur adjoint au Dép¹ des Mss. le 18 mars 1854.

Maspero (G.) — Voyez : Notices et extraits des mss. de la B. N.

698. — **Mauduit (A. F.)**. — Description d'un projet de bibliothèque composé à Rome en 1833, pour la ville de Paris. Avec l'exposé des idées de l'auteur pour le meilleur parti à tirer de l'emplacement compris entre les Tuileries et le Louvre. — *Paris, typ. de Firmin-Didot*, janvier 1839, in-8°, 36 p.   Q 739 ou inv. Q 7460 ‖ *Rés*. inv. Q 796 8 xiii.

L'auteur propose de construire entre le Louvre et les Tuileries un vaste bâtiment de forme ronde ou elliptique pour y installer la B. R. Cet édifice couvrirait une superficie de terrain égale à celle du Colisée de Rome.

699. —.— Propositions pour l'achèvement des Tuileries et du Louvre. — *Paris, tp. Firmin-Didot*, mai 1846, in-8°, 41 p. et un plan.
         Dép¹ des Mss. vol. imp. 2846

Cet opuscule est le développement de l'ouvrage précédent. Mauduit insiste pour qu'on adopte ce projet de transfert de la B. R.

Maury (Alfred) — Voyez Hauréau. Institut de France. Discours prononcé aux funérailles de M. Stanislas Julien.

— Notices sur J. A. Letronne.

700. — **Mazzatinti (Giuseppe)**. — Inventario dei manoscritti italiani delle biblioteche di Francia. — *Roma*, 1886-1887, 2 vol. in-8°.   8° K 1345

T. I. — Manoscritti italiani della Biblioteca nazionale di Parigi. — CLXXXII, 266 p.
T. II. — Appendice all'Inventario dei manoscritti italiani della Biblioteca nazionale di Parigi. — VIII, 664 p.
La couverture imprimée a pour titre : « *Ministero della Pubblica Istruzione. Indici e cataloghi. V. Manoscritti Italiani delle biblioteche di Francia.* — Roma, 1887 ».
L'Introduction est divisée en 9 chapitres et présente l'historique des acquisitions faites de mss. italiens par la B. N. depuis le règne de Charles VI jusqu'à nos jours. Le T. I donne la description de 1637 mss.
Dans le t. II (p. 285-509) on trouve le dépouillement très détaillé des volumes connus sous le titre de *Archivio Sforzesco* (n°° 1583 à 1596 du fonds italien.)

701. — **Mélanges** Graux. Recueil de travaux d'érudition classique dédié à la mémoire de Charles Graux,... né à Vervins le 23 novembre 1852, mort à Paris le 13 janvier 1882. — *Paris, Ernest Thorin*, 1884, in-8°, LVI, 823 p.   8° **Z** 2698

Parmi les documents qui intéressent plus directement la B. N. nous citerons :
P. 245-296 : Notes sur les anciennes impressions des classiques latins et d'autres auteurs conservées au xve siècle dans la librairie royale de Naples (signé : Léopold Delisle).
La B. N. possède un grand nombre des volumes qui constituèrent la librairie royale de Naples. Les uns furent rapportés en France par Charles VIII lors de la conquête du royaume de Naples ; une portion plus considérable fut vendue à Louis XII par la veuve du roi Frédéric ; d'autres furent déposés au Cabinet du roi au Louvre, du temps de Henri IV, et incorporés sous le règne de Louis XV dans les collections de la B. R.
M. Delisle publie, avec notes spéciales, les titres de 160 de ces volumes et indique la cote de chacun de ceux-ci sur les rayons de la B. N.
P. 381 à 403 : Lettres inédites de Muret (signé : Pierre de Nolhac.)
M. de Nolhac publie onze lettres jusqu'alors inconnues de Marc Antoine de Muret (1571-1573) et conservées au Dép. des Mss.
P. 405 à 413. — Notice paléographique sur le manuscrit de Prudence, n° 8084 du fonds latin de la B. N. (signée : Ulysse Robert.)

702. — **Mémoire** des manuscripts de la bibliothèque de monsieur Foucquet. — *Paris, Denys Thierry*..., 1667, in-12, 62 p.
                         Q $\frac{716}{1604}$ *ou* inv. Q 7076

La bibliothèque de Nicolas Foucquet comprenait : 1° une collection relative à l'Italie et provenant de R. Trichet du Fresne ; 2° environ 520 mss. anciens qui avaient appartenu à Charles de Montchal ; 3° une collection de 532 mss. modernes.
La 1re collection fut choisie en 1667 pour la B. R. ; la 2me arriva à la B. R. en 1700 après avoir été la propriété de Ch. M. Le Tellier ; quant à la troisième collection, qui comprenait un double de la collection de Brienne et de nombreux extraits des Registres du Parlement et de la Chambre des comptes, elle parvint en partie à la Bibliothèque dans le cours du XVIIIe siècle et au commencement du XIXe.

703. — **Mémoire** présenté au gouvernement et aux chambres par le conservatoire de la Bibliothèque du roi et relatif à l'état et aux besoins de cet établissement. — *Paris, imp. royale*, décembre 1830, in-8°, 19 p.
     N°Q .... ; S°Q]inv. Q 7456 || *Rés.* inv. Q 789 || **Lf** $\frac{242}{27}$

Il est signé par tous les conservateurs-administrateurs de la B. R. et certifié par Van Praet, le président du conservatoire.
Après avoir passé en revue l'état des divers départements il conclut à l'insuffisance des fonds ordinaires alloués à la Bibliothèque et il demande que le budget annuel soit désormais porté à la somme de 255,000 fr.

Mémoire sur le cabinet des médailles, pierres gravées et antiques.— Voyez : Barthélémy (abbé).

704. — **Mémoire** sur les manuscrits de M. Du Cange. — (s. l.), 1752, in-4°, 30 p. et 1 pl.   Q $\frac{358}{9}$ *ou* inv. Q 1821

Par J. C. Du Fresne d'Aubigny.
Voir aussi : Notice des ouvrages mss. de M. Du Cange.

705. — **Mémoire** sur les moyens de procurer à la Bibliothèque du Roi les avantages que ce Monument exige. — (S. l. ni d.), in-fol., 5 p., 4 pl.
Rés. Q 98 ou Rés. inv. Q 112

Par Boullée.

Ce projet consiste à transformer la cour de la bibliothèque, cour qui a 300 pieds de long sur 90 de large, en une immense salle affectant la forme d'un vaste amphithéâtre de livres. Les bâtiments actuels sont conservés sans aucun changement. La dépense est évaluée devoir s'élever de 1,200,000 à 1,500,000 fr.

Les 4 planches jointes au projet représentent :

Vue intérieure de la nouvelle salle projetée pour l'agrandissement de la Bibliothèque du Roi. — Plan du 1er étage. — Plan du Rez-de-chaussée. — Élévation non assujettie. — Élévation assujettie au mur actuel. — Coupe sur la largeur. — Coupe sur la longueur.

L'auteur déclare que le comte d'Angivilliers l'avait chargé de faire le projet d'une Bibliothèque royale à construire sur l'emplacement des Capucins.

706. — **Mémoires** lus dans la séance publique du bureau académique d'écriture, en présence de M. Thiroux de Crosne,... de M. de Flandre de Brunville,... le 8 décembre 1785... par MM. Harger,... d'Autrepe,... Verron,... et par Mlle Rozé,... — *A Paris, imp. de Dhoury*, 1785, in-4°, 41 p.
Inv. V 46113

Le titre de départ porte : « *Mémoire de M. Harger secrétaire, sur les travaux du Bureau et sur les avantages qui résulteront de la translation de ce corps académique à la Bibliothèque du Roi.* » (au département des manuscrits.)

Mercier de Saint-Léger. — Voyez : Lettre à un ami sur la suppression de la charge de bibliothécaire du roi.

707. — **Mérimée** (P.). — Rapport présenté à S. Exc. le Ministre de l'Instruction publique et des Cultes par M. P. Mérimée, sénateur, au nom de la commission chargée d'examiner les modifications à introduire dans l'organisation de la Bibliothèque Impériale. (Arrêté du 19 décembre 1857). — *Imprimerie impériale*, mai 1858, in-4°, 34 p.
Lf 242/35

Ce rapport passe successivement en revue :
1° Division de la Bibliothèque en départements.

Mérimée demande la suppression du Dépt des estampes dont les collections devraient être réunies à un musée. La Bibliothèque garderait seulement, pour son dépôt des cartes et plans, la majeure partie de la collection topographique.

Au Cabinet des médailles il ne voudrait plus admettre que des monnaies et des pierres gravées.

Le Cabinet des Mss. aurait à céder aux Archives de l'Empire un grand nombre de chartes et en particulier la collection dite *Cabinet généalogique*.

Les Archives auraient à envoyer au Dépt des cartes et plans près de 20,000 cartes géographiques.

2° Administration.

Elle est remise à un chef unique qui concentre l'autorité sous le titre de directeur. Chaque département n'aura plus à l'avenir qu'un seul conservateur et le nombre des employés qui y seront attachés sera proportionné à la nature et à l'importance des travaux.

3° Personnel.

Le traitement des fonctionnaires sera augmenté, mais les s fonctions seront incompatibles avec l'exercice d'une autre place.

4° Vacances.
    Elles seraient supprimées et remplacées par des congés accordés suivant un roulement entre les employés.
5° Service public.
    Il y aura deux salles de lecture : l'une ouverte au public; l'autre réservée pour les personnes justifiant d'un but d'études sérieuses.
6° Prêt au dehors.
    Peut être maintenu.
7° Heures de travail.
    La Bibliothèque serait ouverte de 10 heures à 4 heures.
8° Acquisitions.
    Le crédit annuel des 4 départements de la Bibliothèque devrait être de 150,000 fr.
9° Reliure.
    Ce service aurait besoin d'être développé.
10° Catalogue des imprimés.
    Le rapport demande que, sauf pour les lettres L (histoire de France) et T (médecine), l'impression du catalogue soit ajournée. La rédaction par bulletins autographiés à 4 exemplaires, et collés sur registre par ordre alphabétique et méthodique, serait poursuivie devant les livres et sur place.
    Le département serait divisé en trois fonds :
    Le premier composé de tous les livres qu'il possède le ..... 185. ;
    Le second, de tous les livres acquis ou déposés depuis cette époque;
    Le troisième, des doubles et de tous les ouvrages ou pièces qu'on peut considérer comme inutiles à l'étude.
    Ces 3 fonds demeurent sous la même administration et sont inscrits au même catalogue.
11° Catalogue des manuscrits.
    Il y aurait lieu d'augmenter le personnel du département en ajoutant des employés auxiliaires.
12° Catalogue du dépôt des cartes et plans.
    Le catalogue général sur registres n'existe pas, mais tout est inventorié.
13° Catalogue du Cabinet des médailles.
    Le conservateur du Cabinet s'engagerait à terminer le catalogue en cinq ans si on lui accordait un supplément de crédit de 6,000 fr. par an.
14° Dépôt légal.
    Le rapport se plaint de ce que l'Imprimerie impériale est dispensée de l'obligation du dépôt; beaucoup d'imprimeurs aussi n'exécutent pas les prescriptions légales ou remettent à la Bibliothèque des exemplaires défectueux et maculés, souvent même de simples titres et couvertures.
15° Commission de surveillance.
    Il propose d'instituer auprès de la Bibliothèque une commission de haute surveillance.
16° Reconstruction et agrandissement de la B. I.
    Examen de deux avant-projets de M. Labrouste.
17° Améliorations à introduire dans les détails.
18° Résumé.

708. — **Merlin** (R.). — Réflexions impartiales sur le catalogue des livres imprimés de la Bibliothèque royale. — *Paris, imp. V° Bouchard-Huzard*, 1847, in-8°, 32 p.   8° Q Pièce 390 || *Rés.* inv. Q 82 ||Inv. Q 7467

En 1838 l'administration de la B. R. demanda 1.264,000 fr. et douze années pour combler les lacunes d'acquisition et de reliure, et pour *accomplir les travaux de catalogue.*
Le crédit fut accordé et le département des imprimés reçut, pour sa part, une allocation de 845,000 fr. Quand cette somme fut dépensée, il fallut reconnaître que le catalogue restait inachevé.
Dans ses *Réflexions*, M. Merlin montre :
1° Travaux exécutés à la B. R.

2° Cause du retard d'exécution des engagements de la B. R.
3° et 4° Inconvénients et inutilité de l'intercalation des livres nouveaux.
5° L'intercalation est contraire à la nature d'une grande bibliothèque.
6° L'exemple de la B. R. le prouve.
7° Avantages du système à places fixes.
8° Conditions que doivent remplir les catalogues de la B. R.
9° Pour l'impression des catalogues, on imprimerait et on stéréotyperait l'inventaire au fur et à mesure de la rédaction.
10° Temps et dépense.

Dans les « Notes justificatives » (p. 23-32), M. Merlin examine et discute les quatre ouvrages suivants :

De la Bibliothèque royale et de la nécessité de commencer, d'achever et publier le catalogue général des livres imprimés, par Paulin Paris. — P. 1847, in-8°.

Rapport à Son Exc. M. le comte de Salvandy sur l'organisation du personnel, la reconstruction du monument et la rédaction du catalogue de la Bibliothèque royale, par J. Pautet du Rozier. — (Beaune), 1847, in-8°.

Note sur le classement des imprimés, la réduction et la publication du catalogue général de la Bibliothèque royale (par M. Gonod.) — Paris, 1847, in-8°.

Recherches sur les principes fondamentaux de la classification bibliographique... par J. M. Albert. — P. 1847, in-8°.

Viennent ensuite trois chapitres qui ont trait :

A l'histoire parlementaire du crédit extraordinaire et transitoire accordé à la B. R.

Aux ouvrages bibliographiques de M. Daunou.

Au temps nécessaire pour faire le catalogue de la B. R.

Et à l'examen de l'écrit intitulé : « *Exposé succinct d'un nouveau système d'organisation des Bibliothèques publiques, par un Bibliothécaire.* — Montpellier, 1845, gr. in-8°. »

709. — **Meyer (Paul).** — Notice du ms. fr. 1852 de la Bibliothèque nationale, contenant divers opuscules religieux en rouergat. — *Le Puy, imp. de Marchessou fils,* (s. d), in-8°, p. 8° **Q** 1744

Extrait du *Bulletin de la Société des anciens textes français*, 1890 ; paginé 75-108.

Écrit à la fin du XV° siècle, ce ms. en papier, in-4°, de 139 feuillets portait, dans l'ancien fonds de la B. R., le n° 7872 et, antérieurement, dans le fonds Colbert, le n° 4207. Il contient :

1° Résumé de la doctrine chrétienne. On l'a intitulé, dans le catalogue imprimé « Tractat de la conoyssensa del Creator. »

2° Commentaire sur les six premiers versets du psaume XXX (*In te Domine speravi*), sur le psaume CXXIX [sic] (*De profundis*), et sur le *Magnificat*.

3° Les choses nécessaires pour faire son salut. Traité adressé à une dame et composé après 1461.

4° Règles tirées de la Somme d'Antonin, archevêque de Florence († 1459).

5° Examen de conscience selon l'ordre des dix commandements.

6° Brève exposition des psaumes et des cantiques.

7° Traité de la profession religieuse.

8° Un court traité sur la prédestination.

9° Albert, De la perfection de la religion.

10° Série de Préceptes religieux.

11° Des moyens d'arriver à la perfection.

12° Division de la Bible.

—. — Voyez : Millin : Discours prononcé aux obsèques de M. Winckler.

— Notices et extraits des mss. de la B. N.

710. — **Michelant (H.).** — Catalogue de la bibliothèque de François Ier

à Blois, en 1518, publié d'après le manuscrit de la Bibliothèque impériale de Vienne. — *Paris, A. Franck*, 1863, in-8°, 48 p.

            8° **Q pièce** 303 || *Rés.* inv. **Q** 851

 M. Michelant n'indique pas si les ouvrages énumérés dans ce catalogue, ont été imprimés; il n'en cite pas les éditions; par contre il fournit le numéro que portent actuellement ces mss. Enfin il s'est contenté de transcrire l'inventaire des livres en français, parce que cette portion seulement du catalogue renfermait les observations et les analyses de frère Perny (ou Parvi) et qu'elle comprend des ouvrages peu connus; la partie latine ne contient que des livres qui se rencontrent dans toutes les bibliothèques un peu considérables de cette époque et n'apporte aucun élément littéraire qui ne soit déjà connu.
 Guillaume Petit (Parvi) appartenait à l'ordre des frères Prêcheurs: il fut le chapelain et le confesseur de François Ier.

—. — Voyez : Bibliothèque Impériale. Département des manuscrits. Catalogue des manuscrits français.

Migne (J. P.). — Voyez : Dictionnaire des manuscrits.

Miller. — Voyez : Notices et extraits des mss. de la B. N.

711. — **Millet (Eugène).** — Henri Labrouste, architecte, membre de l'Institut, président de la Société centrale des architectes. Sa vie, ses œuvres (1801-1875). Notice biographique. Extrait du *Bulletin de la Société centrale des Architectes*, (exercice 1879-1880). — *Paris, imp. C. Marpon et E. Flammarion*, (1882), in-8°, 19 p.   **Ln** $^{27}_{33086}$

712. — **Millet (dom Germain).** — Le Trésor sacré, ou inventaire des saintes reliques et autres précieux joyaux qui se voyent en l'Eglise, et au Trésor de l'Abbaye royale de S. Denis en France... Seconde édition revenë et augmentée. — *Paris, chez Jean Billaine*, 1638, in-12.   **Lj** $^{p}_{662}$

 Le Trésor de Saint-Denis fut transporté à la B. N. après le décret rendu par la Constituante le 12 sept. 1791.

713. — **Millin (Aubin Louis).** — Conjectures sur un camée allégorique, relatif à l'histoire d'Angleterre. — (*S. l. ni. d.*), in-8°, 11 p., 1 pl.   **N** 20

 Extrait du *Magasin Encyclopédique*.
 Ce camée se trouve au Cabinet des médailles; Millin suppose que cette belle sardonyx à trois couches gravée des deux côtés est un monument consacré à l'espoir que Jacques I, réfugié en France de 1688 à 1696, nourrissait de remonter sur son trône.

714. —. — Cours d'histoire héroïque de M. Millin,... Imprimé pour l'usage de l'École spéciale des langues orientales et des antiquités. Programme pour l'année 1810. — *Paris, imp. de J. B. Sajou*, 1810, in-8°, IV, 147 p.   Inv. **J** 19881

 Les cours de l'École spéciale des Langues orientales et des Antiquités avaient lieu chaque jour à la B. I.

715. —. — De l'anneau de Polycrates et de la première époque

connue de la gravure en pierres fines dans la Grèce. — *Paris, imp. du Magasin Encyclopédique*, (s. d.), in-8°, 18 p.   Inv. J Pièce 23165

Extrait du *Magasin Encyclopédique*.

716. — **Millin** (Aubin Louis). — Description d'un camée du Cabinet des Antiques de la Bibliothèque nationale. — *Paris, imp. de Didot jeune*, an VIII, in-8°, 22 p. et 1 pl.   J $\frac{1747}{13}$ ou inv. J 18939 || Inv. V Pièce 19343

Ce camée est connu depuis longtemps sous le nom des *Vainqueurs à la course*. La pierre est une sardonyx, de 20 lignes sur 15; elle est montée en or émaillé.

717. —. — Description d'un sceau d'or de Louis XII. — *Paris, C. Wasermann*, 1814, in-8°, 29 p.   Lj $\frac{37}{2}$

Ce sceau, un des plus grands connus (3 p. 8 l. de diamètre), avait appartenu au prince de Monaco. Il a été acheté pour le Cabinet des Médailles.

718. —. — Description d'une médaille de Siris, dans la Lucanie. — *Paris, C. Wassermann*, 1814, in-12, 36 p.   Inv. J 10882

Médaille unique, achetée par Millin à Tarente.

719. —. — Discours prononcé aux obsèques de M. Winckler, employé au Cabinet des médailles de la Bibliothèque impériale. — (*Paris*), *imp. de L. Haussmann*, (s. d.), in-4°, 12 p.   Ln $\frac{27}{20346}$

Théophile-Frédéric Winckler naquit à Strasbourg en 1770 et mourut le 21 février 1806.
Le discours de Millin est suivi d'une pièce de vers intitulée : « Am Grabe unsers geliebten Winckler. Von D. Meyer. »

720. —. — Discours prononcé par le citoyen Millin, professeur d'antiquités à la Bibliothèque nationale, à l'ouverture de son cours, le 4 frimaire de l'an 7. — (*S. l.*), an VII, in-8°, 20 p.   Inv. J Pièce 23413

Sur la connaissance de l'antiquité.

721. —. — Dissertation sur un disque d'argent du Cabinet des antiques, connu sous le nom de *bouclier de Scipion*. — (*S. l. nt d.*), in-8°, 36 p. et 2 pl.   J $\frac{1747}{11\,A}$ ou inv. J 18937 || Inv. J 24738

Ce disque d'argent fin fut trouvé, en 1656, dans le Rhône, auprès d'Avignon, par des pêcheurs qui en rompirent les bords pour voir s'il était d'argent. Le roi le fit acheter pour son Cabinet des médailles en 1697.
Ce disque a 70 cent. de diamètre et pèse 10 kilogr. 3 hectogr. Il est décrit dans le *Catalogue général des camées* sous le n° 2875. M. Chabouillet pense que ce plat devrait être connu sous la dénomination : « Briséis rendue à Achille par Agamemnon. »

722. —. — Exposé du cours de mythologie de M. Millin,... imprimé pour l'usage de l'Ecole spéciale des langues orientales et des antiquités. — *Paris, Tourneisen fils*, 1809, in-8°, iv-130 p., 1 pl.
   Inv. J 24776

723. — **Millin (Aubin Louis).** — Histoire métallique de la révolution française, ou recueil des médailles et des monnaies qui ont été frappées depuis la convocation des États-généraux jusqu'aux premières campagnes de l'armée d'Italie. — *A Paris, de l'imp. impériale*, 1806, in-4°, 62 p., 26 pl.   **Lj** $\frac{27}{23}$

Description de 117 médailles et monnaies qui, presque toutes, se trouvent au Dépt des médailles.

724. —. — Introduction à l'étude des médailles. — *Paris, imp. du Magasin Encyclopédique, rue S. Honoré, vis-à-vis S. Roch, n° 94*, 1796, in-8°, vIII-124 p.   **J** $_{1747}$ ou inv. **J.** $_{13938}$

Sommaire du cours d'archéologie professé à la B. N. par Millin.

725. —. — Introduction à l'étude des monumens antiques. — *Paris, imp. du Magasin Encyclopédique, rue S. Honoré, vis-à-vis S. Roch, 94*, 1796, in-8°, vIII-72 p.   **J** $_{1747}$ ou inv. **J** $_{13936}$ ‖ Inv. **V** $_{46847}$

Sommaire-programme du cours d'archéologie professé par Millin dans la salle du Museum des Antiques à la B. N.

726. —. — Introduction à l'étude des pierres gravées. Seconde édition augmentée et corrigée. — *Paris, chez l'auteur, à la Bibliothèque nationale, n° 11*, an VI (1797), in-8°, xI-131 p.
     J $_{1747}$ ou inv. **J** $_{13927}$ ‖ Inv. **V** $_{468..}$

Traité élémentaire rédigé par Millin pour ceux qui suivaient son cours d'archéologie à la B. N.
La première édition a paru en 1796.

727. —. — Introduction à l'étude de l'archéologie, des pierres gravées et des médailles, par A. L. Millin. Nouvelle édition, revue, mise en ordre, avec une table analytique, par B. de Roquefort; précédée d'une notice sur la vie et les ouvrages de l'auteur par M. Dacier,... et d'un discours préliminaire par M. Champollion-Figeac. *Paris, chez Girard*, 1826, in-8°, xL-399 p.   **J** $_{1747}$ ou inv. **J** $_{13931 bis}$

Aubin-Louis Millin, connu dans sa jeunesse sous le nom de Grandmaison, naquit à Paris le 16 juillet 1759, et fut nommé en 1794 conservateur du Cabinet des médailles et antiques de la B. N.

728. —. — Lettre de M. Millin, membre de l'Institut et de la Légion d'honneur à M. Koreff, médecin. — (S. l.), in-8°, 12 p.   **Ln** $\frac{27}{...}$

Cette lettre, datée de Rome, le 15 mars 1812, contient le récit de l'incendie allumé chez Millin par son domestique, Auguste Menthon.
Tous les exemplaires de cette Lettre que Millin avait envoyés à Paris par la poste furent saisis par ordre du ministre de l'intérieur. Il n'en existe plus qu'un très petit nombre d'exemplaires.

729. —. — Monumens antiques, inédits ou nouvellement expliqués; collection de statues, bas-reliefs, bustes, peintures, mosaïques, gravures, vases, inscriptions, médailles et instrumens, tirés des collections nationales et particulières, accompagnées d'un texte explicatif. — *Paris, imp. impériale*, 1802-1806, 2 vol. in-4°. T. I, VIII-428 p., 40 pl. — T. II, 385 p., 52 pl.   J 1113 ou inv. J 4202-4203

> La majeure partie de ces Monuments appartiennent aux collections du Dépt des médailles.

730. — **Millin (Aubin Louis).** — Note sur le vase que l'on conservoit à Gênes, sous le nom de Sacro Catino. — (*Paris*), *imp. bibliographique* (1807), in-8°, 16 p. et 1 pl.

J 1736 ou inv. J 15820 || inv. J Pièce 23853 || inv. J Pièce 24776

> Signé A. L. M(illin), et extrait du *Magasin Encyclopédique*, n° de janvier 1807. Ce vase hexagone, qu'on croyait être d'émeraude et qui passait pour avoir été apporté à Jérusalem par la reine de Saba lorsqu'elle vint admirer la sagesse de Salomon, fut enlevé d'Italie et déposé au Cabinet des Antiques de la Bibliothèque impériale le 20 nov. 1806. Rendu à l'Italie après la chute du premier Empire, il fut brisé dans son transport de France à Gênes.

731. —. — Pierres gravées inédites, tirées des plus célèbres cabinets de l'Europe, publiées et expliquées par A. L. Millin,... — *Paris, M° Wasermann*, 1825, in-8°, 161 p., 62 pl.   J 1747 ou inv. J 4658

732. —. — Programme du cours d'histoire des arts chez les anciens. — *Paris, Delance*, 1805, in-8°, 15 p.

Inv. V Pièce 7643 || inv. J Pièce 24032 || Rés. inv. V 3089

> Programme du cours public professé à la B. I. par Millin les mardi, jeudi et samedi de chaque semaine.

733. — **Millin et Millingen.** — Histoire métallique de Napoléon ou recueil des médailles et des monnaies qui ont été frappées depuis la première campagne de l'armée d'Italie jusqu'à la fin de son règne. — *Paris, Adolphe Delahays*, 1854, in-4°, 7 p., 74 pl.   Lj 27/2VA

> Cet ouvrage a été composé avec les séries du Cabinet des médailles.

Millingen. — Voyez : Millin. Histoire métallique de Napoléon.

734. — **Ministère** de l'instruction publique et des beaux-arts. Division des sciences et lettres. Rapports sur le service des Archives, de la Bibliothèque nationale et des Missions pendant l'année 1876. — *Paris, imp. Paul Dupont*, 1876, in-4°, 141 p.

> La couverture imprimée sert de titre.
> Le rapport relatif à la B. N. occupe les pages 42 à 131. Il est signé L. DELISLE et a pour titre de départ : « *La Bibliothèque nationale en 1875. Rapport au Ministre de l'Instruction publique, des Cultes et des Beaux-Arts, sur l'administration de la Bibliothèque nationale pendant l'année 1875.* »
> En 1875, la B. N. a pour les acquisitions, la reliure et l'entretien des collections des divers départements un crédit de 114,330 francs, plus le produit de la fondation du duc d'Otrante (4,000 francs et 2,380 francs d'arrérages.)
> La salle publique de la rue Colbert a reçu 51,000 lecteurs et communiqué

80,217 volumes. La salle de travail des Imprimés a été fréquentée par 51,654 travailleurs et leur a communiqué 187,165 volumes. Total : 102,564 lecteurs et 267,382 volumes communiqués.

Les collections du Dép¹ des Imprimés se sont accrues de 29,500 articles venus par le dépôt légal; de 75 articles, comprenant 160 volumes, fournis par le dépôt international; d'environ 2,600 volumes provenant de dons et de 3,811 articles entrés par voie d'acquisition. M. Delisle donne la liste des principaux donataires et des principales acquisitions.

La série musicale s'est accrue de 4,784 morceaux arrivés par la voie du dépôt légal.

L'autographie du catalogue de l'Histoire d'Angleterre est commencée. Les pages 1-196 sont tirées.

La collection Montaigne, léguée par M. Payen, a été rangée et cataloguée par M. Richou.

Un Bulletin mensuel donne au public la liste autographiée des livres étrangers que le département a reçus pendant le mois précédent. Un état sommaire des publications périodiques qui viennent de l'étranger a été autographié.

Plus de 17,000 articles ont passé dans les ateliers de reliure.

Le nombre des articles entrés en 1875 à la Section géographique s'élève à 334, savoir : 187 par le dépôt légal, 67 par acquisition et 80 par don. Logée dans une galerie étroite et insuffisante, cette Section a besoin de s'agrandir et de voir s'augmenter le crédit mis annuellement à sa disposition pour l'accroissement de ses collections.

Au Dép¹ des Mss. le nombre moyen des communications est de 51 articles par séance. En 1875, 59 articles nouveaux ont été portés au registre des dons et 57 au registre des acquisitions.

L'achèvement des catalogues se poursuit : M. Zotenberg termine le Catalogue des mss. éthiopiens. M. de Slane a entrepris le Catalogue des mss. arabes. M. Fagnan prépare le Catalogue des mss. persans. M. Feer revise son Catalogue des mss. pâlis. Enfin M. Michelant fait imprimer le t. 3 du Catalogue des mss. français. Ce dernier volume atteint la page 304 et contient la description de 227 mss.

Le fonds français s'est augmenté d'une série de 788 volumes composée à peu près exclusivement de pièces sur parchemin du XIV⁰ au XVII⁰ siècle. Celle-ci comprend : 1° Environ 100,250 pièces originales provenant des rebuts de l'ancienne *Chambre des comptes*. Le classement en a été fait par M. U. Robert. — 2° Les titres originaux que *dom Villevieille* avait réunis et classés suivant l'ordre alphabétique des noms de famille, 37 volumes. — 3° Les titres originaux du généalogiste *Jault*, classés aussi suivant l'ordre alphabétique, 9 volumes. — 4° Les titres originaux du *Blondeau*, 176 volumes. M. Richou est chargé de rédiger une table analytique et chronologique de la collection des titres scellés de Clairambault.

On classe la série des titres, dite Carrés de d'Hozier, acquise en 1851. Les 91 premiers volumes sont reliés. Ils s'arrêtent au mot Beza.

M. Molinier réunit les éléments d'une notice qui, provisoirement, tiendra lieu de catalogue pour les papiers de Joly de Fleury.

M. Morel Fatio a commencé le catalogue des mss. espagnols.

En 1875, le Dép¹ des Mss. est rentré en possession de documents qui lui avaient été soustraits; parmi eux il faut citer un grand nombre de pièces saisies autrefois au domicile de Libri et un très bel exemplaire du Décret de Gratien. Retiré de la bibliothèque de Troyes en 1801 pour être transféré à la B. N., ce dernier resta, ainsi que plusieurs autres mss., dans le cabinet de Chardon de la Rochette. Mis en vente au commencement de 1874 par le libraire Bachelin de Florenne qui l'avait acheté à Londres à la vente Perkins, il est rentré à la Bibliothèque nationale à la suite du jugement rendu le 22 déc. 1875 par le tribunal civil de la Seine.

Le Cabinet des médailles s'est accru de 261 médailles de bronze déposées par la Monnaie, de 220 pièces anciennes et modernes, de quelques bronzes et pierres gravées.

La rédaction des inventaires se poursuit activement, 74,886 pièces ont été inventoriées depuis le 1er juillet 1872. Le catalogue des monnaies gauloises, rédigé par M. Muret, est prêt pour l'impression.

Le total des entrées au Dép¹ des estampes, en 1875, s'élève à 6,032 articles, soit 20,796 pièces. Pendant cette année ce département a reçu 5,087 visiteurs et a communiqué 8,894 recueils.

Après avoir donné quelques renseignements sur les changements survenus dans le personnel pendant cette année, M. Delisle reproduit un rapport de M. Paul Chéron sur la Salle de lecture pour chacune des années 1868 à 1875. Pendant cette période la Salle a été fréquentée par 280,580 lecteurs qui ont eu en communication 476,357 volumes. Les catalogues méthodiques sont à jour et mis depuis 2 ans à la disposition du public.

A la suite M. Delisle rend compte des délibérations de la Commission instituée le 16 oct. 1875 pour examiner l'état des travaux de catalogue et d'inventaire entrepris au Dép¹ des imprimés. On continuera le catalogue méthodique de l'Histoire de France et l'on imprimera les tables alphabétiques des 11 premiers volumes. Le Catalogue des sciences médicales n'aura que 3 volumes imprimés et les suppléments resteront mss. On autographie le Catalogue de l'histoire d'Angleterre (N) et on achève le classement méthodique des catalogues suivants : Espagne et Portugal (O); Asie (O²); Afrique (O³); Amérique (P); Océanie (P²).

L'inventaire des séries A-E devra être au plus tôt transformé en un répertoire alphabétique.

Pour les autres séries, la Commission a condamné le système des intercalations. Elle a décidé qu'à partir du 1er janvier 1876 les anciennes séries seraient considérées comme closes; que les volumes dont elles se composent recevraient des cotes déterminées par la place qu'ils occupent sur les rayons; qu'un inventaire alphabétique serait dressé, sans aucun souci de l'ordre méthodique, et qu'à côté des anciennes séries s'ouvrirait une série nouvelle destinée à enregistrer les futures acquisitions avec des numéros dépendant des numéros de l'ancienne série correspondante. Elle a décidé aussi que les livres entrant à la B. N. par la voie du dépôt légal seraient l'objet d'un triage et que l'on mettrait de côté, sans les incorporer dans les collections, sans les estampiller, sans les porter sur les inventaires ou répertoires les réimpressions de livres de liturgie ou de piété, celles de livres classiques, de romans, de livres pour l'éducation ou l'amusement de l'enfance et de la jeunesse, et de livres destinés au colportage.

La Commission reconnaît aussi que les registres des Acquisitions et des Entrées ne peuvent servir d'inventaires. Le Catalogue de la Poésie (Y) sera continué, sans que la question de l'impression soit préjugée. Enfin quand on aura épuisé une série, les cartes en seront recopiées sur registre pour fournir le répertoire alphabétique des livres contenus dans cette série. Quant aux pièces, elles ne seront pas mêlées aux volumes et elles recevront un numérotage à part. Pour certaines catégories de documents, tels que rapports de sociétés de secours mutuels, de compagnies industrielles ou autres, on se dispensera d'en rédiger des cartes spéciales et de numéroter les pièces individuellement; il suffira d'en former des groupes, d'assigner un numéro à chaque groupe et de lui consacrer une carte collective. Il sera inutile de prendre sur cartes les titres des thèses de licence en droit qu'on se bornera à classer sur les rayons au nom de l'auteur. Pour les factums et mémoires judiciaires, on continuera à les ranger au nom du demandeur, en relevant sur carte, pour le répertoire alphabétique, le nom de l'avoué et de l'avocat. Le système d'intercalation sera aussi maintenu pour les pièces de musique.

A la Section de géographie la Commission recommande, comme une mesure vraiment urgente, l'inventaire des collections géographiques.

Après avoir rappelé que, depuis le 1er février 1857, une partie du crédit extraordinaire de 50,000 francs sert à payer plusieurs collaborateurs qui sont attachés au bureau du catalogue, M. Delisle demande que les 25,000 francs nécessaires pour payer ces employés soient ajoutés au fonds du personnel régulier de la Bibliothèque et que le crédit extraordinaire de 50,000 francs soit désormais entièrement consacré à l'inventaire qui pourrait alors être terminé en 10 ans.

Le Rapport se termine par un chapitre intitulé : « État des catalogues du Département des Imprimés de la Bibliothèque nationale. » Dans un résumé historique, M. Delisle rappelle qu'au 16e siècle, de 1739 à 1753, on a imprimé le catalogue des divisions A, B, C, D, D², E, *E, X, Y, Y², Z; celui de la division F fut commencé, mais resta inachevé. A ce moment le cadre de classement du Dépt des Imprimés comprenait 27 divisions dont 11 (A-E* et X-Z) appartenaient au classement du catalogue imprimé, et seize (F-V et Z ancien) à celui du catalogue de Clément. Jusqu'au commencement de la Révolution, l'intercalation des ouvrages nouveaux se fit assez régulièrement dans chacune de ces séries; mais les collections s'accrurent si vite en nombre qu'il en résulta bientôt un encombrement et un arriéré considérables. En 183 on imagina de réunir à chacune de ces divisions tous les volumes non cotés et non catalogués, qui, par leur nature, semblaient devoir leur être rattachés, et de ranger les articles de chaque groupe suivant l'ordre alphabétique des noms d'auteurs ou des titres d'ouvrages, quand le nom n'est pas connu. Ces séries supplémentaires s'appelèrent le *fonds non porté*. En octobre 1852, M. Taschereau posa en principe que tout livre entrant à la B. I. devait être immédiatement l'objet de deux cartes destinées, l'une à un catalogue méthodique, l'autre à un répertoire alphabétique. Ce principe a été rigoureusement suivi; mais la plupart des ouvrages reçus depuis cette époque ayant été versés dans le fonds non porté, leurs cartes n'ont pu recevoir de cotes et indiquer la place exacte où les livres se trouvent sur les rayons. A ce moment aussi on entreprit le catalogue des divisions L et T. Aujourd'hui dix volumes du Catalogue de l'histoire de France (187,683 mentions) et deux volumes du Catalogue de la Médecine (33,046 mentions) ont paru. Les séries N (Angleterre); O (Espagne et Portugal); O¹ (Asie); O¹ (Afrique); P (Amérique); P² (Océanie) ont été traitées à peu près sur le même pied que la série L. Les catalogues méthodiques et les répertoires alphabétiques ont été rédigés sur cartes; celui de l'histoire d'Angleterre est en partie autographié.

M. Delisle résume ensuite l'état des travaux de catalogue ou d'inventaire et donne le nombre des volumes ou pièces de chaque série, d'après le recensement exécuté en 1874 :

A. Écriture sainte, 23,833 volumes.
B. Liturgie et Conciles, 28,376 volumes.
C. Pères de l'Église, 7,183 volumes.
D. Théologie catholique, 86,774 volumes.
D². Théologie hétérodoxe, 31,824 volumes.
E. Droit Canon, 22,512 volumes.

    Le fonds primitif de ces 6 séries est compris dans le catalogue imprimé en 1739-1753. Les articles intercalés dans ce fonds primitif sont relevés dans un catalogue supplémentaire manuscrit. Tous les articles de ces six séries ont été inventoriés depuis 1859.

E*. Droit de la nature et des gens, 9,626 volumes.

    Le fonds primitif est compris dans le volume de catalogue imprimé en 1753. Les articles intercalés sont relevés dans le catalogue supplémentaire manuscrit.

F. Droit civil, 289,402 volumes.

    Pour le fonds porté, catalogue de Clément avec les suppléments. — Le catalogue, dont une notable partie a été imprimée au XVIIIe siècle, ne correspond pas au classement réel de la série.

G. Histoire générale, 25,818 volumes.
H. Histoire ecclésiastique, 22,620 volumes.
J. Histoire ancienne et Histoire byzantine, 30,822 volumes.
K. Histoire d'Italie, 12,905 volumes.

    Pour le fonds porté de ces 4 séries, catalogue de Clément avec les suppléments.

L. Histoire de France, 441,536 volumes.

    Le catalogue est en grande partie imprimé.

M. Histoire d'Allemagne et d'autres États européens, 38,560 volumes.
   Pour le fonds porté, Catalogue de Clément avec les suppléments.
N. Histoire d'Angleterre, 19,243 volumes.
   Le catalogue est rédigé et en partie autographié.
O. Histoire d'Espagne et de Portugal,
O². Histoire d'Asie,
O³. Histoire d'Amérique,   } 28,447 volumes.
P. Histoire d'Afrique,
P². Histoire d'Océanie,
   Les catalogues de ces séries sont rédigés, mais les volumes ne sont pas encore tous cotés et rangés suivant l'ordre du catalogue.
Q. Bibliographie, 28,577 volumes.
R. Philosophie, sciences physiques, etc., 87,858 volumes.
S. Sciences naturelles, 59,463 volumes.
   Pour le fonds porté de ces trois séries, catalogue de Clément avec les suppléments.
T. Médecine, 68,483 volumes.
   Catalogue en cours d'impression.
V. Sciences, Arts et Métiers, 95,716 volumes.
   Pour le fonds porté, Catalogue de Clément avec les suppléments.
Vm. Musique, 117,521 volumes.
   Catalogues spéciaux.
X. Grammaire, 44,692 volumes.
   Pour le fonds porté, catalogue imprimé en 1750 avec les suppléments manuscrits.
Y. Poésie, 155,672 volumes.
   Pour le fonds porté, catalogue imprimé en 1750 avec les suppléments manuscrits. Un inventaire général est en cours d'exécution.
Y². Romans, 71,947 volumes.
Z. Philologie et Polygraphie, 132,576 volumes.
   Pour le fonds porté de ces 2 séries, catalogue imprimé en 1750, avec les suppléments manuscrits.
Z. ancien. Pompes, tournois, etc., 6,062.
   Catalogue de Clément, avec les suppléments manuscrits.
   Les répertoires alphabétiques sont :
1° Le répertoire alphabétique des fonds portés, composé de bulletins in-4°.
2° La Table alphabétique du catalogue de Clément, copiée par Buvat, en 15 vol. in-fol.
3° Les Tables alphabétiques des 3 divisions : Théologie; Droit canon et Droit de la nature et des gens; Belles-lettres à la fin des différents volumes du catalogue imprimé.
4° Table sur cartes de l'Histoire de France (L).
5° Table de l'Histoire d'Angleterre (N), en 7 vol.
6° Table de l'Histoire d'Espagne (O), en 3 vol.
7° Table de l'Histoire de Portugal (O), en 1 vol.
8° Table de l'Histoire d'Asie (O²), en 2 vol.
9° Table de l'Histoire d'Afrique (O³), en 1 vol.
10° Table de l'Histoire d'Océanie (P²) à la fin du catalogue méthodique de cette série.
11° Tables sur cartes de la Médecine (T).
12° Table sur cartes de la partie inventoriée de la Poésie (Y).
13° Table sur cartes, comprenant les volumes des séries A-K, M, Q-S, V, X, Y² et Z, qui sont entrés depuis 1852 ou qui, possédés antérieurement par la Bibliothèque, ont été examinés dans ces dernières années par le bureau du Catalogue.
   M. Delisle termine en exposant les points sur lesquels la Commission de 1875 aura à se prononcer.

735. — **Ministère** de l'instruction publique et des beaux-arts. Service

des thèses. Échanges universitaires. Arrêtés, circulaires et instructions. — *Paris, imp. nationale*, 1883, in-4°, 51 p. Lf²⁴²/₁₀₁

La B. N. reçoit un exemplaire des thèses françaises et étrangères obtenues par ces échanges.

736. — **Ministère** de l'instruction publique et des cultes. Bibliothèque impériale. Rapport à l'empereur. Avril 1860. — *Paris, imp. Paul Dupont*, 1860, in-4°, 20 p. Lf²⁴²/₃₆

Signé : Rouland. — Ce rapport indique les résultats obtenus à la B. I. depuis l'application du décret du 14 juillet 1858.
Au Dép' des Imprimés on a achevé l'inventaire de la lettre A et terminé les cartes de la lettre B. Les lettres O, M, P, Q, sont inventoriées en partie. Les T. V-VI du Catalogue de l'histoire de France sont imprimés ; le T. VII est à l'impression, ainsi que la seconde livraison du Catalogue des sciences médicales (lettre T.). L'Histoire d'Angleterre (lettre N) est entièrement portée sur cartes et aura bientôt son catalogue manuscrit. L'Inventaire général et le catalogue méthodique avancent.
Au Dép' des Mss. on a terminé les bulletins du Catalogue des mss. hébreux ; on complète les Catalogues des fonds syriaques et sabéens. Le Catalogue général des mss. du fonds arabe a été commencé sur un nouveau plan. — 1,382 numéros sur 3,800 de l'ancien fonds sont décrits et accompagnés d'une notice spéciale. Ils forment les catégories suivantes : 1° mss. chrétiens. — 2° Koran et son exégèse. — 3° Théologie musulmane. — 4° Jurisprudence musulmane. — 5° Géographie et histoire. Il reste à cataloguer à nouveau, de l'ancien fonds et du supplément, 2,200 mss. tous inventoriés, qui appartiennent à la littérature musulmane.
La table alphabétique de tous les ouvrages chinois, mandchoux et japonais, méthodiquement catalogués en 3 volumes, est achevée. Achevés aussi les récolements des mss. de *l'ancien fonds grec* du *Supplément* et du *fonds Coislin*, de *l'ancien fonds latin* et de son supplément, du résidu de S' Germain, du S' Germain latin, du fonds de *Notre-Dame* et du fonds de *Corbie*. Un tiers du fonds de S' Victor a été soumis à la même opération.
7,001 chartes ont été cataloguées et on a dressé une double table pour les 110 volumes de la *collection Moreau*. En 15 mois le *Supplément latin* s'est accru d'environ 400 inscriptions, et de 50 le *fonds des cartulaires*.
On a inventorié les mss. du *fonds français* et terminé le classement de l'ancienne collection généalogique qui se compose de 17,769 dossiers tous cartonnés. Enfin on a rangé la collection dite du *Saint-Esprit*.
Au Dép' des médailles on a classé les médailles mérovingiennes et carlovingiennes ; une série de 4,788 cartes présente un catalogue complet des monnaies françaises jusqu'à Louis XVI ; l'inventaire des monnaies de la république romaine, bronze et argent, est dressé en 3,311 cartes ; et le catalogue des antiques, qui se composera d'environ 10,000 cartes, sera achevé dans le cours de l'année.
Au Dép' des Estampes on a dressé l'inventaire de 6,198 volumes renfermant 788,416 pièces ; on peut évaluer à environ 2,500,000 le nombre de ces dernières pour l'ensemble des collections du cabinet.
M. Rouland constate ensuite que la somme de 54,350 fr. inscrite au budget pour les acquisitions et reliures de la B. I. est tout à fait insuffisante pour satisfaire les besoins de l'établissement. Il demande aussi la nomination d'une commission chargée d'étudier un projet d'échanges entre la B. I., qui céderait ses doubles, et les autres bibliothèques publiques de Paris.

737. — **Ministère** des travaux publics. Direction des Bâtiments civils et des Palais Nationaux. Division des Bâtiments civils. Bibliothèque nationale. Restauration du vieux bâtiment de la cour d'honneur. Adju-

dication des travaux de couverture et plomberie. Cahier des charges particulières. — *Paris*, 13 mars 1880, petit in-fol., 4 p.

Agence des trav. de la B. N.

> Autographié et tiré à un petit nombre d'exemplaires. — Ce cahier des charges, signé : « Pascal » et approuvé par « le Directeur des Bâtiments civils..... Langlois de Neuville, » se divise en 12 articles.
> Les travaux mis en adjudication sont évalués approximativement à la somme de 67,000 fr., et seront réglés suivant les prix de la série applicable aux travaux de la Direction des Bâtiments civils, édition de 1877. Le cautionnement à verser par l'adjudicataire est fixé à 3,500 fr.

738. — **Ministère** des travaux publics. Direction des Bâtiments civils et des Palais nationaux. Division des Bâtiments civils. Bibliothèque nationale. Restauration du bâtiment sur la cour d'honneur. Adjudication des travaux de menuiserie. Cahier des charges particulières. — *Paris*, 1880, petit in-fol., 3 p.   Agence des trav. de la B. N.

> Autographié et tiré à un petit nombre d'exemplaires. — Ce cahier des charges, signé : « Pascal, » et approuvé par « le Directeur des Bâtiments civils..... Langlois de Neuville, » se divise en 9 articles.
> Les travaux mis en adjudication sont évalués approximativement à la somme de 85,000 fr. et seront réglés suivant les prix de la série applicable aux travaux de la Direction des Bâtiments civils, édition de 1877. Le cautionnement à verser par l'adjudicataire est fixé à 4,030 fr.

739. — **Ministère** des travaux publics. Direction des Bâtiments civils et des Palais nationaux. Division des Bâtiments civils. Bibliothèque nationale. Restauration du bâtiment sur la cour d'honneur. Adjudication des travaux de peinture et vitrerie. Cahier des charges particulières. — *Paris*, 13 mars 1880, petit in-fol, 3 p.   Agence des trav. de la B. N.

> Autographié et tiré à un petit nombre d'exemplaires. — Ce cahier des charges, signé : « Pascal » et approuvé par le « Directeur des Bâtiments civils..... Langlois de Neuville, » se divise en 9 articles.
> Les travaux mis en adjudication sont évalués approximativement à 57,000 fr. et seront réglés suivant les prix de la série applicable aux travaux de la Direction des Bâtiments civils, édition de 1877. Le cautionnement à verser par l'adjudicataire est fixé à 3,000 fr.

740. — **Ministère** des travaux publics. Direction des Bâtiments civils et des Palais nationaux. Division des Bâtiments civils. Bibliothèque nationale. Restauration du bâtiment de la cour d'honneur. Adjudication des travaux de serrurerie. Cahier des charges particulières. — *Paris*, 13 mars 1880, petit in-fol., 4 p.   Agence des trav. de la B. N.

> Autographié et tiré à un petit nombre d'exemplaires. — Ce cahier des charges, signé : « Pascal » et approuvé par le « Directeur des Bâtiments civils..... Langlois de Neuville, » se divise en onze articles.
> Les travaux mis en adjudication sont évalués approximativement à la somme de 22,000 fr. et seront réglés d'après les prix de la série applicable aux travaux de la Direction des Bâtiments civils et des Palais nationaux, édition de 1877. Le cautionnement à verser par l'adjudicataire est fixé à 11,000 fr.

741. — **Ministère** des travaux publics. Direction des Bâtiments ci-

vils et des Palais nationaux. Division des Bâtiments civils. Bibliothèque nationale. Restauration du vieux bâtiment de la cour d'honneur. Adjudication des travaux de terrasse et maçonnerie. Cahier des charges particulières. — *Paris*, 13 mars 1880, petit in-fol., 4 p.

Agence des trav. de la B. N.

Autographié et tiré à un petit nombre d'exemplaires. — Ce cahier des charges, signé « Pascal » et approuvé par « le Directeur des Bâtiments civils... Langlois de Neuville », se divise en 11 articles.
Les travaux mis en adjudication sont évalués approximativement à la somme de 140,000 fr. et seront payés suivant les prix de la série applicable aux travaux de la Direction des Bâtiments civils, édition de 1877. Le cautionnement à verser par l'adjudicataire est fixé à 7,000 fr.

742. — [**Mionnet** (T. E.)] — Catalogue d'une collection d'empreintes en soufre de médailles grecques et romaines. — *Paris, imp. de Crapelet*, an VIII, in-8°, VIII, 79 p. et 1 pl.   J 1747 *ou* inv. J 15940

Ce catalogue se compose de 1,473 numéros; les médailles sont classées d'après l'ordre géographique des provinces; les villes ont été décrites par ordre alphabétique, suivant le système d'Eckhel.

743. — **Mionnet** (T. E.). — De la rareté et du prix des médailles romaines, ou recueil contenant les types rares et inédits des médailles d'or, d'argent et de bronze frappées pendant la durée de la République et de l'Empire romain. Troisième édition. — *Paris, Rollin*, 1847, 2 vol. in-8°. T. I, XXIV, 420 p.; T. II, 568 p.   Inv. J 19891

2ᵉ édition, revue, corrigée et augmentée. — *Paris, chez l'auteur*, 1827, 2 vol. in-8°.   Inv. J 15889-0

744. —. — Description de médailles antiques grecques et romaines, avec leur degré de rareté et leur estimation; ouvrage servant de catalogue à une suite de plus de vingt mille empreintes en soufre, prises sur les pièces originales. — *Paris, imp. de Testu*, 1806-1813, 6 vol. in-8°.   J 1746 *ou* Salle 643

T. I, XVI, 600 p.; T. II, 682 p.; T. III, 684 p.; T. IV, 463 p.; T. V, 719 p.; T. VI, 752 p.; T. VII, 140 p., 79 pl.

Mionnet range toutes les médailles par ordre géographique des peuples, des villes, des colonies et des rois, en commençant par les parties occidentales de l'Europe, et en rapportant à chaque contrée ce qui lui appartient.
En tête de chaque ville il donne des idées générales sur la rareté et la fabrique de ses médailles; il établit les divisions des modules dans l'or, l'argent, et le bronze. Dans chacune de ces divisions, après avoir pris pour base la médaille la plus commune et celle qui a le plus de valeur, il décrit toutes les pièces dont il donne des empreintes, en ajoutant les signes qui déterminent le diamètre de la pièce, les raretés intermédiaires, leur fabrique; il indique leur estimation en francs.
Parmi les médailles grecques impériales il n'a choisi que les types ou les légendes qui présentaient le plus d'intérêt, tels que les traits de l'histoire des temps héroïques, les principaux sujets de la mythologie et ce qui pouvait avoir rapport aux mœurs et aux usages des anciens.
Quant aux médailles romaines formant la seconde partie de ce catalogue, il n'a eu l'intention que de faire un choix de pièces rares dans les diverses

suites, afin d'en faire connaître les estimations. Il décrit d'abord les as romains et leurs subdivisions, puis il passe à la suite en bronze des familles consulaires, aux médailles des premiers temps de la République, et à celles des empereurs romains, dans l'ordre suivant : les médaillons d'or, les médailles d'or, les médaillons d'argent, et les médailles d'argent, les Quinaires, or et argent, les médaillons de bronze, le grand bronze, le moyen bronze, et le petit bronze ; enfin les Bractéates, Contorniates et Spintriennes.

Chaque volume se termine par une « Table générale des peuples et des villes contenus dans le volume », et par une « Table générale des rois. » A la fin du T. VI on trouve en outre une « Table des empereurs, impératrices, Césars, tyrans, etc., pour les médailles d'Alexandrie. »

Le T. VII est formé par un recueil de 70 pl. que précède une table explicative.

745. — **Mionnet (T. E.).** — Description des médailles antiques, grecques et romaines, avec leur degré de rareté et leur estimation, ouvrage servant de Catalogue à une suite de plus de vingt mille empreintes en soufre, prises sur les pièces originales. Supplément. — *Paris, chez l'auteur, rue Neuve-des-Petits-Champs n° 12, 1819-1837,* 10 vol. in-8°.
J 1746 *ou* Salle 643

T. I, xvi, 471 p., 11 pl. ; — T. II, iv, 866 p., 8 pl. ; — T. III, 616 p., 18 pl. ; — T. IV, 396 p., 12 pl. ; — T. V, 592 p., 5 pl. ; — T. VI, 617 p., 8 pl. ; — T. VII, 742 p., 14 pl. ; — T. VIII, 523 p., 23 pl. ; — T. IX, 365 p., 10 pl. ; — T. X (Tables générales), iv, 316 p.

Ce Supplément donne la description de la totalité des médailles du Cabinet du Roi, auquel il sert de catalogue. Comme dans le corps de l'ouvrage le mode de classement adopté est l'ordre géographique, en commençant par les parties occidentales de l'Europe.

Chacun des volumes qui composent ce Supplément est accompagné de ses tables particulières des Peuples, des Villes et des Rois. Le dernier volume est terminé par plusieurs tables générales.

La première contient les légendes extraordinaires qui se rencontrent sur les médailles ; — la seconde : les noms des magistrats, en plusieurs divisions, afin de ne pas confondre les différentes magistratures ; — la troisième, pour les Peuples et les Villes ; — la quatrième, pour les Rois ; — la cinquième est une table des matières, — et la sixième : celle des auteurs cités dans l'ouvrage.

746. —. — Poids des médailles grecques d'or et d'argent du Cabinet royal de France, désignées par le numéro d'ordre de la Description des médailles antiques grecques et romaines, etc., etc. — *Paris, Crozet,* 1839, in-8°, vii, 217 p.
J 1746 *ou* inv. J 18887 *ou* Salle 643

Mohl (Jules). — Le Livre des Rois par Abou'lkasim Firdousi. — Voyez : Collection orientale. Manuscrits inédits de la Bibliothèque Royale.

747. — **Molinier (Auguste).** — Compte-rendu. — Delisle (Léopold). — Histoire générale de Paris. Le Cabinet des manuscrits de la Bibliothèque nationale, étude sur la formation de ce dépôt, comprenant les éléments d'une histoire de la calligraphie, de la miniature, de la reliure, et du commerce des livres à Paris avant l'invention de l'imprimerie. — *Paris, imp. nationale, 1868, 1874 et 1881.* 4 vol. in-4°, dont un atlas ; xxiv-575 ; x-551 ; viii-531 p. — *Paris, H. Champion, 1882,* in-8°, 16 p.
Lk 7

Extrait du *Cabinet historique,* nouvelle série, 1882.

748. — **Molinier (Auguste).** — Inventaire sommaire de la collection Joly de Fleury. — *Paris, Alphonse Picard*, 1881, in-8°, xxxxvi, 114 p.

Dép¹ des Mss. Imp. n° 4136

Acquise dès 1836 du dernier des Joly de Fleury, cette collection se compose de 2,635 volumes in-fol. Les documents qu'elle renferme se rapportent, sauf quelques exceptions, à l'administration de la France pendant le xviii° siècle et la plupart proviennent du cabinet des procureurs-généraux au Parlement de Paris. Elle est formée presque exclusivement de pièces officielles, administratives et judiciaires ; elle ne comprend même pas toutes les archives du parquet du Parlement de Paris, mais seulement les archives du cabinet du procureur général. On n'y trouve que le résultat du travail fait dans le cabinet de celui-ci, les pièces justificatives imprimées et manuscrites les plus importantes, les lettres adressées au procureur, les notes prises par lui ou pour lui pendant l'instruction de chaque affaire.

Cette collection se divise en plusieurs séries.

La première « Avis et mémoires sur les affaires publiques (1712-1787) » a été formée au commencement de ce siècle. Beaucoup des dossiers qui la composent ont trait à la politique et à l'administration générale, mais on y trouve aussi des pièces se rapportant à des affaires plus spéciales. L'ordre chronologique a été adopté pour le classement. Un supplément de 671 numéros remplit les 46 volumes suivants (563-608).

Viennent ensuite les conclusions du procureur-général de 1720 à août 1789 (n°ˢ 609-920) ; les notes et copies prises par le premier procureur-général sur la collection des *Rouleaux du Parlement* (n°ˢ 921-967).

De ces notes sur les *Rouleaux* ont été rapprochées un grand nombre de copies extraites des registres et des layettes du Trésor des Chartes, copies qui ont été anciennement classées par ordre de matières (n°ˢ 968-1010.) On peut y noter les volumes 1005-1008 contenant les demandes de communications de pièces du Trésor des Chartes adressées au procureur-général pendant le xviii° siècle.

Avec le n° 1010 se termine la première série des volumes de la collection, série dont M. Molinier avait dû respecter l'ancienne numérotation. Quant aux 1545 volumes qui suivent il les a classés d'après l'ordre de matières que voici :

Avis, informations et projets (n°ˢ 1011-1026). Ces pièces se rapportent aux affaires judiciaires et aux relations entre le chancelier et le procureur-général.

Avis demandés au procureur-général par les ministres (1769-1786), (n° 1027). Pièces confidentielles, notes pour la préparation des édits et des ordonnances.

Exécution du testament du duc d'Orléans (n°ˢ 1029-1034.)

Lettres patentes laissées en souffrance et renvoyées aux ministres en 1770 et 1771 par le procureur-général (n° 1036).

Avec le volume 1081 commencent les affaires administratives proprement dites. En tête de celles-ci on a placé la correspondance entre le procureur-général et ses subordonnés de province (1081-1100.)

Émeutes à Paris, délibération sur les attroupements, affaires diverses de l'année 1789, etc. (n°ˢ 1101-1106.)

Les volumes de 1107 à 1165 se rapportent à la question de l'alimentation publique et les volumes 1166-1181 à la bonne tenue des registres de l'état religieux (baptêmes, mariages, vêtures et noviciats) ; les volumes 1182-1209 ont trait à la question des cimetières ; 1210-1272 aux hôpitaux ; 1273-1286 au Grand-Bureau des pauvres et à diverses aumônes et fondations pieuses ; 1287-1306 aux prisons ; 1310-1336 aux Assemblées de police ; 1337-1342 aux affaires intéressant l'Artois ; 1343-1372, à celles concernant la Lorraine et le Barrois ; parmi les autres volumes relatifs aux affaires locales (n°ˢ 1373-1409) se trouvent une série de 8 volumes sur la peste de Marseille et une collection de 28 volumes relatifs à un grand nombre de localités du ressort du parlement de Paris : les papiers qui ont trait à l'administration de Paris remplissent les volumes 1410 à 1431. Puis viennent les *Affaires financières* (n°ˢ 1432-1467) ; les *Affaires religieuses* (n°ˢ 1468-1717) ; *Marine, Commerce et Industrie* (n°ˢ 1718-1751) ; les *Affaires domaniales* (n°ˢ 1752-1800) ; les *Affaires judiciaires* (n°ˢ 1801-2006) ; le *Parlement* (n°ˢ 2007-2141) ; les *Officiers de justice et tribunaux inférieurs* (n°ˢ 2142-2181) ; *Procédure civile et criminelle (n°s 2182-2208); Parquet du procureur-général (n°s 2209-2214); Plaidoyers prononcés au Parlement par les avocats généraux de la famille Joly de Fleury, de 1700 à 1746 (n°s 2215-2358); à la suite, Mercuriales et discours de rentrée, années 1686-1787 (n°s 2359-2369); Droit et administration (n°s 2376-2435); Mélanges historiques (n°s 2436-2475); Affaires particulières (n°s 2476-2497); Collection La Reynie (n°s 2498-2535); Papiers de l'abbé d'Espagnac, conseiller-clerc à la Grand'Chambre sous le règne de Louis XVI (n°s 2536-2546). Enfin les n°s 2547 à 2555 contiennent les Tables anciennes de la collection.

749. — **Molinier** (Auguste). — Les obituaires français au moyen-âge. Ouvrage couronné par l'Académie des inscriptions et belles-lettres. — *Paris, imp. nationale*, 1890, in-8°, IV, 354 p.   B 2108

Le *Catalogue des obituaires* occupe les pages 167 à 284. Un très grand nombre de ces documents, dont M. Molinier donne les cotes, se trouvent au Dép^t des Mss.

750. — **Monselet** (Charles). — Les tréteaux avec un frontispice dessiné et gravé par Bracquemond. — *Paris, Poulet-Malassis et de Broise*, 1859, in-12, 269 p.   Inv. Z 1844

Les p. 35-86 contiennent un chapitre humoristique intitulé : la *Bibliothèque*, dont voici les sous-titres :
La Bibliothèque en vacances.
La Bibliothèque en fonctions. — I. Avant l'ouverture. — II. La salle de lectures. Les employés-phares : M. Combette, M. Chéron, M. Vintre. — III. Le bureau central. MM. Pillon, de Manne, Richard, Baudement. — M. Daurine ou d'Auriac. — IV. Le Parisien. — V. Kasangian l'Arménien. — Variétés de lecteurs. — VI. La reserve. M. Magnin, M. Ravenel, M. Klein, Koll. — VII. La salle du Parnasse. Le Cabinet des médailles. — VIII. La salle des manuscrits. Une correspondance amoureuse. — IX. Les cours de langues orientales. Le Javanais. — X. Une séance du conservatoire.

751. — **Monteil**. — Traité de matériaux manuscrits de divers genres d'histoire. — *Paris*, 1836, 2 vol. in-8°.

C'est le catalogue des mss. qu'il possédait en 1836 et dont beaucoup sont maintenant à la B. N. (Delisle, Cab. d. mss, t. 2, p. 290.)

752. — **Montfaucon** (dom Bernard de). — L'antiquité expliquée et représentée en figures. — *Paris, Florentin Delaulne...*, 1719-1724, 15 vol. in-fol.   J 724 ou inv. J 1066-1080
 1-15

Un grand nombre de monuments du Cabinet des médailles sont décrits et représentés dans cet ouvrage dont voici les divisions :
T. I. Les dieux des Grecs et des Romains, 432 p., 224 pl.
T. II. id. La religion des Egyptiens, des Arabes, des Syriens, des Perses, des Scythes, des Germains, des Gaulois, des Espagnols et des Carthaginois, 472 p., 194 pl.
T. III. Les usages de la vie, 389 p., 197 pl.
T. IV. La Guerre, les voitures, les grands chemins. Les ponts, les aqueducs, la navigation, 316 p., 175 pl.
T. V. Les funérailles, les lampes, les supplices, etc. 437 p., 204 pl.
Suppléments. T. I, 258 p., 88 pl.
— T. II, 248 p., 64 pl.
— T. III, 252 p., 84 pl.
— T. IV, 173 p., 69 pl.
— T. V, 239 p., 73 pl.

Une seconde édition revue et corrigée a paru : *Paris, Fl. Delaulne,*
1722-1757, 15 vol. in-fol.   **J** 724 ou inv. **J** 1081-1095
                                                                                                               A 1-15

753. — **Montfaucon (Bernard de).** — Bibliotheca bibliothecarum nova : ubi, quae innumeris pene Manuscriptorum Bibliothecis continentur, ad quodvis Literaturae genus spectantia et notatu digna, describuntur et indicantur. — *Parisiis, apud Briasson,* 1739, 2 vol. in-fol.

                                                                                           Inv. **Q** 134-135

Le T. II a pour titre de départ : *Bibliotheca regia parisiensis, omnium Bibliothecarum praestantissima,* et contient :

P. 709-725 : Bibliothecae regiae manuscripti codices, nos 1-1619.
P. 725-743 : Codices graeci, nos 1801-3543.
P. 743-766 : Codices mss. latini, nos 3561-3700.
P. 766-782 : Catalogus librorum manuscriptorum Cardinalis Radulphi. Ex codice 3769 Bibliothecae Colbertinae, quae nunc Regiae adjuncta est.
P. 782-799 : Libri Gallica, Italica et aliis linguis vulgaribus scripti, nos 6701-8357¹⁴.
P. 799-830 : Table des titres et autres actes tirés des Archives du Duché de Bretagne.
P. 830-851 : Libri Gallica... (suite), nos 8357¹⁵ à 9433.
P. 851-863 : Catalogue des volumes de la bibliothèque manuscrite de Messieurs Du Puis et de Thou, du nombre de 607.
P. 864-872 : Table des traités contenus dans les volumes de M. Du Puis, manuscrits.
P. 872-885 : Libri Gallica... (suite), nos 9433ᵛ à 9891ˢ.
P. 885-889 : Catalogue alphabétique des noms des seigneurs Anglois et Normans, contenus dans le manuscrit 9891ᵏ et les précédens.
P. 889-895 : Libri Gallica... (suite), nos 9891ᵇ à 10292ᵃ.
P. 896-910 : Bibliotheca mss. illustrissimi D. Caroli de Montchal, archiepiscopi Tolosani.
P. 910-917 : Libri Gallica... (suite), nos 10293 à 10544.
P. 917-921 : Manuscrits de Brienne, qui ont un numéro particulier.
P. 922-1014 : Bibliotheca Colbertina manuscriptorum, quae inter praestantissimas Europae numerabatur, non ita pridem in Regiam inducta.
P. 1015-1027 : Catalogue des manuscrits arméniens de la Bibliothèque du Roy, dressé en 1735. Ce catalogue et les remarques qui l'accompagnent sont de M. l'abbé de Villefroy.
P. 1027-1033 : Codices graeci ex orient. in Bibliothecam regiam inducti anno 1732, a. v. cl. abbate Sevin.
P. 1033-1040 : Catalogus manuscriptorum bibliothecae S. Martialis Lemovicensis, quae nunc Regiae adjecta est.
P. 1041-1046 : Bibliotheca monasterii S. Germani a Pratis, Benedictinorum, congregationis Sancti Mauri Lutetiae Parisiorum.
P. 1046-1057 : Codices graeci bibliothecae Coislinianae, quae nunc est bibliothecae S. Germani a Pratis adjuncta.
P. 1057-1123 : Bibliotheca Coisliniana, nunc in San-Germanensi. — Catalogue des mss. de la bibliothèque de Coislin, latins, françois, italiens, espagnols.
P. 1123-1149 : Bibliotheca manuscriptorum monasterii S. Germani a Pratis.
P. 1150-1165 : Ex chronicis bibliothecae Colbertinae.
P. 1161-1189 : Notice d'un registre de M. Peiresc, n° 2, intitulé : « Catalogi varii codicum manuscriptorum librorum editorum. »
P. 1189-1194 : Liste des mss. de l'abbaye de S. Vincent de Besançon.
P. 1195-1196 : Insigniores Fontanellensis bibliothecae codices mss.
P. 1196-1197 : Catalogue des principaux manuscrits de différentes bibliothèques.
P. 1197-1202 : Catalogus manuscriptorum codicum abbatiae S. Petri de Selincurte dioec. Ambianensis.

P. 1202-1204 : Catalogus manuscriptorum monasterii S. Trinitatis de Vindocino.
P. 1205-1217 : Bibliotheca manuscript. Gemmeticensis.
P. 1217 : Catalogus codicum manuscript. qui asservantur in bibliotheca S. Vincentii Cenomanensis.
P. 1217-1219 : Catalogus librorum manuscript. bibliothecæ SS. Sergii et Bacchi.
P. 1219-1229 : Catalogus codicum manuscript. monasterii S. Albini Andegavensis.
P. 1229-1230 : Catalogus codicum manuscript. monasterii S. Sulpitii Bituricensis.
P. 1230-1237 : Catalogus codicum manuscript. abbatiæ S. Theodorici prope Remos.
P. 1237-1240 : Index codicum manuscript. monasterii S. Audoeni Rothomagensis.
P. 1240 : Catalogus codicum manuscript. monasterii S. Guillelmi de Deserto.
P. 1240 : Catalogue des mss. de la bibliothèque du monastère de S. Pierre de la Reolle.
P. 1240-1241 : Catalogue des mss. de la bibliothèque du monastère de Caunes en Languedoc.
P. 1241-1242 : Catalogus manuscriptorum monasterii Fiscanensis.
P. 1242 : Catalogus manuscript. monasterii B. M. de Crassa.
P. 1243-1247 : Inventarium manuscript. monasterii S. Petri Carnutensis.
P. 1247-1248 : Catalogus manuscriptorum codicum monasterii SS. Trinitatis Tironiensis.
P. 1248-1249 : Catalogus manuscriptorum codicum monasterii S. Martini Sagiensis.
P. 1250-1256 : Catalogus manuscriptorum codicum monasterii B. M. de Becco.
P. 1256-1261 : Catalogus manuscript. bibliothecæ Lyranæ diœcesis Ebroïcensis.
P. 1261-1262 : Catalogue des mss. du monastère de S. Pierre de la Couture.
P. 1262-1265 : Catalogus codicum manuscript. bibliothecæ monasterii S. Illidii Claromontensis.
P. 1265-1267 : Catalogus codicum manuscriptorum monasterii S. Petri Pratellensis.
P. 1267-1273 : Catalogus codicum manuscriptorum bibliothecæ monasterii S. Ebrulphi Uticensis.
P. 1273-1277 : Catalogus codicum manuscriptorum S. Gratiani Turonensis.
P. 1278-1281 : Codices manuscripti antiqui.
P. 1281-1283 : Catalogue des mss. de M. le conseiller Ranchin.
P. 1284-1288 : Index alphabeticus manuscriptorum bibliothecæ Divio-Benignianæ.
P. 1288 : Extrait du recueil des evesques de Troyes de Pierre Pithou.
P. 1288-1290 : Ex catalogo græcorum manuscript. abbatiæ S. Remigii Rhemensis.
P. 1290-1292 : Catalogus librorum mss. ecclesiæ Bellovacensis.
P. 1292-1299 : Catalogus mss. ecclesiæ cathed. Landunensis.
P. 1299-1302 : Catalogus manuscript. bibliothecæ V. C. Vauclerc auprès de Laon.
P. 1302-1306 : Catalogus mss. viri clarissimi Balusii, qui nunc sunt in Bibliotheca regia.
P. 1306-1325 : Index alphabeticus autorum et eorum quæ præcipua in ms. codicibus græcis eminentissimi cardinalis Mazarini continentur.
P. 1326-1330 : Catalogue des manuscrits de M. le président de Mesme.
P. 1330-1332 : In monasterio Sanctæ Trinitatis proxime Constantinopolim in Insula nomine χαλκη, extant codices aliquot, quorum Catalogum hic texere juvat.
P. 1332-1333 : Mss. monasterii montis Dei.
P. 1333 : Manuscrits de S. Martin de Séès.
P. 1334 : Manuscrits de Lerins. — Mss. biblioth. Pratellensis. — Mss. biblioth. Pontiniaci. — Catalogus mss. monasterii b. m. Deauratæ Tolosæ.
P. 1335 : Manuscripti latini monast. s. Remigii Remensis. — Catalogus

codicum manuscriptorum bibliothecæ insignis ecclesiæ S. Martini Turonen-is.
P. 1341-1343 : Mss. codices Savinacensis abb. ord. Cisterciensis.
P. 1343-1345 : Mss. codices abbatiæ Fulcardi Montis.
P. 1345-1346 : Mss. cod. bibliothecæ Vallis Lucensis.
P. 1346-1347 : Codices mss. viri clariss. et doctissimi Bouhier, in suprema Divisionensi curia Præsidis.
P. 1347 : Mss. cod. biblioth. D. Joly. — Mss. cod. biblioth. S. Quintini Belvacensis.
P. 1348-1350 : Mss. cod. bibliothecæ S. Jacobi Leodiensis.
P. 1350 : Mss. cod. monasterii S. Jacobi Leodiensis.
P. 1351 : Mss. cod. S. Laurentii Leodiensis. — Mss. cod. biblioth. Thuanæ
P. 1352 : Mss. cod. biblioth. monast. Crassensis. — Mss. cod. bibliothecæ Carcassonæ. — Mss. cod. bibliothecæ cathedralis Carcassonæ.
P. 1353 : Ex vetusto cod. mss. cœnobii Lirinensis. — Mss. cod. biblioth. frat. prædicatorum Claromont. in Arvernia.
P. 1356-1361 : Mss. cod. monasterii S. Michaelis in periculo maris.
P. 1361-1362 : Mss. cod. S. Trinitatis de Exaquio.
P. 1362 : Mss. cod. cathedralis Bajocensis. — Mss. monast. s. Petri Carnutensis. — Codices S. Martini de Albamarla.
P. 1363 : Mss. cod. cathedralis Lexoviensis.
P. 1364 : Mss. cod. pp. franciscanorum cadoment. — Biblioth. pp. prædic. Carnotensium. — Mss. cod. cathedral. ebrolcensis.
P. 1365-1368 : Excerpta ex catalogo bibliothecæ Clarevallensis, quem doctissime et accuratissime concinnavit, nobisque nec rogantibus perhumaniter commodavit V. Cl. Joannis Delaunes, clarevallensis monachus.
P. 1369-1375 : Ex codice bibliothecæ regiæ numero 10284 qui ab annis plusquam centum exaratus videtur. Estque index eorum quæ in bibliotheca S. Victoris (Parisiensis) continentur amplissimus...
P. 1376-1392 : Manuscripti codices bibliothecæ ecclesiæ Metensis.
P. 1393-1403 : Catalogus manuscriptorum serenissimi principis Sardiniæ regis... in Taurinensi universitate.
P. 1403-1405 : Excerpta ex catalogo manuscriptorum rr. patrum oratorii, in vico S. Honorati Lutetiæ Parisiorum, qui Catalogus a r. p. d. des Molets eruditis notis illustratus est.
P. 1406-1407 : Catalogus codicum manuscript. qui nunc exstant in Bibliotheca monasterii sancti Petri Corbeiensis.

Le volume se termine par un « Index rerum et autorum. »

754. — Montfaucon (Bernard de). — Bibliotheca Coisliniana, olim Segueriana ; sive manuscriptorum omnium Græcorum, quæ in ea continentur, accurata descriptio, ubi operum singulorum notitia datur, ætas cujusque Manuscripti indicatur, vetustiorum specimina exhibentur, aliaque multa annotantur, quæ ad Palæographiam Græcam pertinent. Accedunt Anecdota bene multa ex eadem Bibliotheca desumta cum interpretatione latina, studio et opera d. Bernardi de Montfaucon, presbyteri et monachi Benedictini e Congregatione S. Mauri. — *Parisiis, apud Ludovicum Guerin et Carolum Robustel*, 1715, in-fol. (xxii), 810 p.

Inv. Q 362

Les mss. de Coislin furent légués par lui aux religieux de Saint-Germain des Prés le 1er mai 1731 ; ils ont été transportés à la B. N. avec les autres mss. de cette bibliothèque pendant la période révolutionnaire.

755. —. — Palæographia græca, sive de ortu et progressu literarum graecarum, et de variis omnium saeculorum scriptionis graecae generibus; itemque de abbreviationibus et de notis variarum artium ac disciplinarum. Additis figuris et schematibus ad fidem manuscriptorum codicum. — *Parisiis, apud Ludovicum Guerin,...* 1708, in-fol. XXIX-574 p.

Inv. **V** 6439

Montfaucon. — Voyez : Dictionnaire des manuscrits.

756. — **Monument** élevé à la mémoire de Visconti. Extrait du *Moniteur universel*, du 31 décembre 1859. — *Paris, imp. E. Panckoucke*, 1860, in-8°, 13 p.

Ln $\frac{27}{26704}$

Le faux-titre porte : Louis Visconti.

757. — **Monuments** inédits ou peu connus faisant partie du cabinet de Guillaume Libri et qui se rapportent à l'histoire de l'ornementation chez différents peuples. Seconde édition augmentée de plusieurs planches. — *Londres*, 1864, in-fol., 14 p. et 60 pl.

V 606

Texte en français avec traduction anglaise en regard.

758. — **Moreau.** — Progrès des travaux littéraires ordonnés par Sa Majesté et relatifs à la Législation, à l'Histoire et au Droit public de la Monarchie françoise. — *Paris, imp. royale*, 1787, in-8°, VI-54 p.

L $\frac{43}{1}$

759. — —. — Plan des travaux littéraires ordonnés par Sa Majesté, pour la recherche, la collection et l'emploi des Monumens de l'Histoire et du Droit public de la Monarchie françoise. — *Paris, imp. royale*, 1782, in-8°, XXII-89 p.

L $\frac{43}{1}$

Sur le Dépôt des chartes et le Dépôt de législation.

760. — —. — Supplément aux deux Mémoires destinés à faire connoître les Travaux littéraires ordonnés par Sa Majesté, et relatifs à la Législation, à l'Histoire et au Droit public. Ou lettre de M. Moreau, historiographe de France, A M. G. P. C. D. E., à l'occasion des dépenses assignées à ces Travaux. — (S. l.), 1788, in-8°, 26 p.

L $\frac{43}{1}$

Moreau de Mautour (Philibert-Bernard). — Voyez : Réponse à un écrit intitulé : Remarques à M. le Roy.

761. — **Morel de Thoisy.** — Catalogue abrégé des recueils de pièces fugitives, imprimées, manuscrites, ou originales, recherchées, rassemblées, et mises en ordre par M. Morel de Thoisy, qui les a remis à la Bibliotèque du Roy, en l'année 1725 : ces recueils sont compris en six cens quarante-six volumes, qui contiennent près de soixante mille pièces, dont environ moitié sont manuscrites, et parmi lesquelles il y en a plus de mille originales. Il a été fait à la Bibliotèque du Roy un catalogue général de toutes les pièces contenues dans ces recueils.

Matières ecclésiastiques	161 volumes.
Matières historiques	90 —
Belles Lettres	10 —
Droit public et civil	385 —
Total	646 volumes.

— (S. l. ni d.), in-4°, 16 p.   Rés. inv. Q 403 bis || Inv. Q 1819 ou Q 416

Au verso de ce titre est collé un ex-libris représentant les armes de Morel de Thoisy. Au-dessous on lit cette note imprimée : « Dans chaque volume des recueils remis à la Bibliothèque du Roy, est une empreinte des armes cy-dessus. »

La page 16 se termine ainsi :

« M. Morel a aussi rassemblé cent quatre-vingt-six volumes concernant la seule matière des monnoyes, sçavoir : cent quinze volumes d'auteurs françois, latins ou étrangers, dont à peine il y en a le quart qui soient connus dans les plus grandes bibliothèques, et soixante et onze volumes de manuscrits ou de pièces fugitives sur la même matière.

« Toute cette partie concernant les monnoyes est à présent entre les mains de M. Grassin, directeur général des monnoyes de France, qui en a fait la destination pour la Bibliothèque du Roy. »

Louis François Morel de Thoisy, lieutenant général au bailliage et siège présidial de Troyes, offrit cette collection au roi le 10 juillet 1725, et reçut, en 1728, une pension avec la croix de l'ordre de Saint-Michel.

762. — **Morel-Fatio (Alfred)**. — Bibliothèque nationale. Département des manuscrits. Catalogue des manuscrits espagnols et des manuscrits portugais. — *Paris, imp. nationale,* 1892, in-4°, XXVII, 423 p.

Ce catalogue a été publié en deux fascicules, dont le premier, comprenant les notices de 635 volumes, parut en 1881. Le second fascicule a été publié avec la collaboration de M. Ch. Baudon de Mony.

Les notices du Catalogue méthodique des mss. espagnols, s'appliquent à 683 volumes, tandis que le *fonds espagnol* n'en comprenait que 504, en septembre 1860 quand la rédaction du catalogue a été arrêtée. On y a donc décrit en outre trois autres catégories de mss : 1° un certain nombre de volumes qui appartiennent à des collections particulières ; 2° des mss. indûment classés dans d'autres fonds du département ; 3° des volumes de ces mêmes fonds ou de collections dans lesquels figurent des pièces en langue espagnole.

Le *fonds portugais* compte 108 mss.

On a fait suivre les explications relatives aux fonds espagnol et portugais des deux tableaux de concordance A et B.

Dans le premier (A), une colonne est occupée par les numéros du classement actuel, établi en 1860 ; l'autre contient en regard les numéros des notices du présent catalogue méthodique.

Dans le second (B), les numéros sous lesquels les manuscrits étaient désignés, immédiatement avant le classement de 1860, sont mis en rapport avec les cotes actuelles et avec les numéros des notices du catalogue méthodique.

M. Morel-Fatio indique aussi, dans son Introduction, comment les mss. espagnols sont entrés dans les trois grandes séries desquelles ils ont été tirés par le classement de 1860 : l'*ancien fonds*, le *Supplément français* et les *fonds divers*.

L'*Ancien fonds* contenait les mss. provenant de la Librairie du Louvre du temps de Charles V ; de la bibliothèque de Fontainebleau ; des frères Dupuy ; du comte H. de Béthune ; de Trichet du Fresne ; de Mazarin ; de Du Cange ; de Galland ; de Ch. M. Le Tellier ; de A. Faure ; des Bigot ; de M. Thévenot ; de Ph. de La Mare ; d'E. Baluze ; de de Mesmes ; de J. B. Colbert, de Lancelot ; de Châtre de Cangé ; et de l'abbé Drouin.

Le *Supplément français* est un fonds constitué vers 1820 ; il avait été formé par la réunion d'un grand nombre de mss. français ou en langues modernes européennes, acquis depuis le milieu du xviiie siècle; mais la provenance de la plupart d'entre eux est inconnue.

Les *Fonds divers* ont reçu des collections de R. de Gaignières ; de l'abbaye de St Germain des Prés; de la Sorbonne; de St Victor; des Capucins de la rue St Honoré; de l'Oratoire; des Missions étrangères; de la bibliothèque de Corbie; de Gabriel Brotier.

Manuscrits divers classés dans le *fonds espagnol*. Manuscrits acquis récemment par la Bibliothèque.

Numéros auxquels ne correspondent pas actuellement des manuscrits du *fonds espagnol*.

II. Manuscrits compris dans le catalogue méthodique sans avoir de cotes dans le *fonds espagnol*.

Ces mss. rattachés fictivement dans le catalogue méthodique à ceux du fonds espagnol n'ont pas été retirés des séries auxquelles ils appartiennent, savoir : collection de Brienne; collection Baluze; collection de Lorraine; collection Dupuy; collection Clairambault; collection Moreau; *fonds français; fonds français des nouvelles acquisitions; fonds portugais; Cabinet des titres.*

On trouve ensuite la provenance des mss. portugais dans l'*Ancien fonds*, le *Supplément français* et les *Fonds divers*. Le volume se termine par deux Tables alphabétiques l'une pour les mss. espagnols, l'autre pour les mss. portugais.

763. — **Morel-Fatio (Arnold).** — Catalogue raisonné de la collection de deniers mérovingiens des viie et viiie siècles, de la trouvaille de Cimiez donnée au Cabinet des médailles de la Bibliothèque nationale par M. Arnold Morel-Fatio. Rédigé par le donateur et publié selon ses vœux par M. A. Chabouillet. — *Paris, Rollin et Feuardent*, 1890, in-8°, 1-xviii, 66 p., 11 pl.

L'Introduction, signée : A. Chabouillet, a pour titre de départ « Arnold Morel-Fatio et sa donation au Cabinet des médailles. »

Cette collection comprend 348 articles numérotés. Dix planches représentent (face et revers) 229 deniers d'argent; une planche est consacrée aux deniers au nom de Nemfidius.

764. — **Mortreuil (T.).** — La Bibliothèque nationale, son origine et ses accroissements jusqu'à nos jours. Notice historique. — *Paris, Champion*, 1878, in-8°, 175 p.   8° Q 882

Réédition de l'*Essai* publié par Le Prince en 1782; mais augmenté de larges emprunts faits 1° à la notice du Vicomte Delaborde : « *Le Département des estampes à la Bibliothèque nationale* (1875) »; 2° à l'ouvrage de M. L. Delisle : *Le Cabinet des manuscrits de la Bibliothèque nationale*.

M. Mortreuil y ajoute un résumé très rapide de l'histoire contemporaine de la B. N. et le fait suivre d'un chapitre intitulé : « Budget, catalogues, statistique des collections. »

En 1878, la Bibliothèque dispose d'un budget de 614,023 fr. Un tableau annuel, de 1868 à 1877, indique combien il a été reçu de lecteurs et communiqué de volumes dans la salle de travail et la salle publique du Dépt des imprimés qui possède 2,077,571 volumes. Le Dépt des Mss. contient au 1er mai 1876 91,702 volumes et le Dépt des médailles possède 143,031 pièces (médailles, antiquités, pierres gravées, etc.). Enfin le Dépt des estampes renferme plus de 2,200,000 pièces conservées dans 14,580 volumes et dans 4,000 portefeuilles.

Le volume se termine par la liste chronologique des « gardes, directeurs et conservateurs de la Bibliothèque depuis son origine jusqu'à nos jours. »

Mouchet. — Voyez : Bréquigny (de). Table chronologique des diplômes. (T. III.)

765. — **Muret (Ernest) et A. Chabouillet.** — Ministère de l'instruction publique et des beaux-arts. Catalogue des monnaies gauloises de la Bibliothèque nationale rédigé par Ernest Muret et publié par les soins de M. A. Chabouillet. — *Paris, E. Plon, Nourrit et Cⁱᵉ* 1889, in-4°, xxvii-327 p.

En 1846, quand Duchalais publia sa *Description*, le Cabinet des médailles possédait seulement 812 monnaies gauloises, tandis que le présent catalogue compte 10,413 numéros.

Le rapide accroissement de la collection du Cabinet a une double origine : Le 27 octobre 1862 le duc de Luynes donna 1,400 médailles gauloises et celtibériennes qu'il avait achetées en 1860, après la mort du marquis Roger de Lagoy leur possesseur. Et, en 1872, plus de 8,000 pièces de monnaie composant le médailler de M. de Saulcy, furent achetées et payées 200,000 fr.

Le catalogue, qui se termine par deux tables rédigées par M. de La Tour : une Table des matières et une Table des légendes, est fait d'après un groupement dont voici les principales divisions :

Trésor d'Auriol (Bouches-du-Rhône), p. 1.
Trésors de Morella et de Rosas, p. 10.
Monnaies d'attribution incertaine, analogues à celles d'Auriol, de provenances diverses, p. 11.
Villes sous la suprématie de Marseille, p. 42.
Incertaines anépigraphes des Cavares. Trouvaille d'Orange, 1853, p. 55.
Incertaines de la Narbonnaise, p. 65.
Trouvaille de Castres et de Vinaigre, p. 74.
Trouvaille de Blaye, p. 76.
Pièces de diverses provenances, p. 77.
Monnaies au nom de Vercingétorix, p. 84.
Trouvaille de Vichy, p. 90.
Anonymes des Bituriges, p. 94.
Anépigraphes analogues, p. 98.
Monnaies indéterminées, p. 104.
Monnaies à légendes de lecture incertaine, p. 108.
Médailles imitées des derniers consulaires au type des Dioscures, p. 127.
Carnutes, p. 133.
Trouvailles d'Issoudun et de Charnizay, p. 134.
Trouvaille du pont de la Chaloire, à Angers, 1828, p. 143.
Indéterminées de l'Armorique, p. 155.
Incertaines de l'Est, p. 189, 206.
Imitation des Éduens, p. 218.
Monnaies de la Grande-Bretagne, p. 220.
Imitation de Macédoine, p. 242.
Gaulois en Pannonie, p. 243.

766. — *Nachrichten* und Auszüge aus den Handschriften der Königlichen Bibliothek zu Paris. Übersetzt von J. M. Lobstein. — *Hildburghausen*, 1791-1796, 2 vol. in-8°

Traduction des T. I-II des : Notices et extraits des manuscrits de la Bibliothèque du roi. — Paris, 1787.

767. — **Narducci (Enrico).** Fonti per la storia di Venezia ricercate nei manoscritti delle Biblioteche di Francia. — *Roma* (7 febbraio 1887), in-8°, 52 p.

Les mss. indiqués sous les nᵒˢ 34 à 331 de ce catalogue se trouvent à la B. N.

768. — **National Library (The).** (Bibliothèque nationale). — *Paris, imp. de la Bourse de Commerce*, (1892), in-8°, 12 p. Q Pièce 750

Par M. Julien Havet. — Renseignements généraux sur la B. N., son histoire, ses divisions, ses catalogues et son budget.

769. — **Naudé** (G.). — Advis à nos seigneurs de Parlement, sur la vente de la bibliothèque de M. le Card. Mazarin. — (S. l., 1652), in-4°, 4 p. Lb 37

Pendant la disgrâce de Mazarin la bibliothèque du cardinal fut vendue en dépit des efforts que fit Naudé pour la sauver. Après sa rentrée au pouvoir Mazarin racheta une grande partie de ses livres.
À la suite d'un échange avec la Mazarine, le 12 janvier 1852, la B. N. a reçu 8678 livres imprimés et 2156 mss. provenant de la bibliothèque de Mazarin.

770. — **Naudet** (J.). — A Monsieur le président et messieurs les juges du Tribunal de 1re instance (1re chambre). — *Paris, imp. Guiraudet et Jouaust*, 21 février 1851, in-4°, 8 p. Rés. Q 416 ou rés. inv. Q 42

Contre M. Feuillet de Couches; à propos d'une lettre de Gabriel Naudé qui appartenait à la Bibliothèque et dont M. Naudet réclamait la restitution.

771. —. — Institut impérial de France. Notice historique sur la vie et les travaux de M. Guérard, par M. Naudet, secrétaire perpétuel de l'Académie des inscriptions et belles-lettres, lue dans la séance publique annuelle du 7 août 1857. — (S. l.), 1857, in-4°, 32 p. Ln 27

772. —. — Institut national de France. Notice historique sur la vie et les ouvrages de M. le bon Walckenaer, par M. Naudet, secrétaire perpétuel de l'Académie des inscriptions et belles-lettres. Lue dans la séance publique annuelle du 12 novembre 1852. — *Paris, imp. de Firmin-Didot frères*, 1852, in-4°, 38 p. Ln 27

Né à Paris le 25 déc. 1771, mort le 4 avril 1852, Charles Athanase Walckenaer, d'abord trésorier de la Bibliothèque nationale, remplit dans cet établissement les fonctions de conservateur adjoint de 1839 à 1852 à la Section des cartes.

773. —. — Lettre à M. Libri, membre de l'Institut, etc. au sujet de quelques passages de sa Lettre à M. de Falloux, ministre de l'Instruction publique, relatifs à la Bibliothèque nationale. — *Paris, imp. Crapelet*, 1849, in-8°, 41 p. Ln 27/12666 Rés. inv. Q 834 || Δ 1668

Réponse aux affirmations de Libri sur le nombre des livres absents de la B. N., sur l'Enfer, les dites de Cretaine, la consultation de Panizzi prétendant que la bonne foi des possesseurs légitime la possession quelle qu'en soit l'origine, l'autographe de Molière, la vente faite par la Bibliothèque à MM. Pochard et Henri de 1,500 livres de parchemins triés.
Les pages 35 à 41 contiennent une « Note [signée Ch. Magnin) sur quelques passages de la Lettre à M. de Falloux relatifs au Dép. des livres imprimés. »
Les points traités sont les mêmes que plus haut.

774. — **Naudet (J.).** — Ministère de l'instruction publique. Bibliothèque royale. Rapport adressé à M. le Ministre de l'instruction publique sur la situation du catalogue du département des Imprimés de cet établissement. Réimpression. — (*Paris*), imp. *d'E. Duverger*, (s. d.), in-8°, 16 p.   Q 739 *ou* inv. Q 7461 ǁ *Rés.* inv. Q 525 Espm

Cette réimpression du rapport du 20 février 1847 se divise en deux parties :
Dans la première, Naudet indique l'état de la matière du travail en 1839; le travail fait sur les anciens catalogues; le travail sur les livres : rangement; le commencement et l'avancement des travaux définitifs de catalogue; les résultats déjà obtenus.
La deuxième, intitulée « Note explicative » répond aux conservateurs qui avaient violemment protesté contre cette phrase de Naudet dans le dit rapport : « Comme conservateur du département des Imprimés, je suis, pour tout ce qui a dû s'y faire, responsable de moitié avec mon collègue, depuis que j'eus l'honneur de lui être associé. Mais en qualité de directeur, il faut bien qu'on le sache, n'ayant aucun pouvoir de contrôle sur les travaux intérieurs des départements, retenu en dehors par le droit *exclusif* des conservateurs sur leurs gouvernements respectifs, je ne saurais encourir l'imputation de ce qui se fait ou ne s'y fait pas. »

775. —. — Rectification d'un passage de ma réponse à M. Libri au sujet de la Bibliothèque nationale. — (*Paris,*) imp. *Crapelet*, s. d., (1849,) in-8°, 3 p.   Ln 27/12668

Au sujet de 7 volumes enlevés à la B. N. et que M. Cretaine lui avait restitués en 1844 et 1848. M. Naudet avait affirmé par erreur qu'il n'avait jamais vu M. Cretaine.

776. —. — Réponse de la Bibliothèque Nationale à M. Feuillet de Conches. — *Paris, typ. Panckoucke*, 1851, in-8°, 71 p.
  Q 739 *ou* inv. Q 7475 ǁ *Rés.* inv. Q 642 Espm

Relative à la « Lettre de Montaigne » et au procès entre la Bibliothèque et M. Feuillet de Conches pour la restitution de pièces manuscrites ayant appartenu à l'établissement.

Naudet. — Voyez : Villemain. Funérailles de M. Dupaty.

— Voyez : Bibliothèque royale. Extraits du *Moniteur* (1847).

777. — **Naudet et Letronne.** — Funérailles de M. le baron Dacier. Discours prononcés par MM. Naudet et Letronne le mardi 5 février 1833. — *Paris, imp. de Firmin-Didot*, (1833), in-4°, 9 p.   Ln 27/1253

778. — **Naudet et Silvestre de Sacy.** — Funérailles de M. de Chezy. Discours de MM. Naudet et Silvestre de Sacy. — *Paris, imp. de Firmin-Didot frères*, 1832, in-4°, 10 p.   Ln 27/429

De Chezy fut professeur de langue persane à l'École des langues orientales vivantes et conservateur adjoint au Dépt des Mss. en 1824.

779. — **Nécrologie.** A la mémoire de Hugues-Adrien Joly, ancien

Garde du Cabinet des Estampes et Planches gravées de la Bibliothèque nationale, mort à Paris le 7 ventôse an 8. — (S. l. ni d.), in-8°, 7 p.

Ln 27/10326

    Né à Paris le 10 avril 1718.

780. — **Nécrologie.** Champollion-Figeac. — *Fontainebleau, imp. E. Bourges*, 1867, in-8°, 24 p.

Ln 27/23544

    La couverture imprimée sert de titre. Ce recueil contient : 1° des extraits d'articles de journaux. — 2° Discours de M. Jules David. — 3° Discours de M. Bertrandy. — 4° Divers articles nécrologiques. — 5° Titres littéraires et fonctions administratives de Champollion Figeac. — 6° Notice (signée : Jules David) sur Jacques Joseph Champollion-Figeac, lue à la séance du 25 mai 1867 de la Société spéciale des sciences, des lettres et des arts de Fontainebleau.

781. — **Nolhac (Pierre de).** — Inventaire des manuscrits grecs de Jean Lascaris. Extrait des *Mélanges d'archéologie et d'histoire publiés par l'École française de Rome*, t. VI. — *Rome, imp. de la Paix, Philippe Cuggiani*, 1886, in-8°, 24 p.

S Q pièce 48

    Beaucoup de ces mss. ont appartenu au cardinal Ridolfi et se trouvent maintenant au Dépt des Mss. de la B. N.

Nolhac (P. de). — Voyez : Notices et extraits des mss. de la B. N.

782. — **Note** sur la rédaction des catalogues de manuscrits. — *Paris, typ. de E. Plon, Nourrit et Cie*, (1885), in-8°, 20 p.

S Q pièce 370

Par M. Léopold Delisle.
Les pages 5 à 20 contiennent les titres et la description de 50 mss. de la B. N. pris comme exemples.
La couverture imprimée sert de titre.

783. — **Note** sur le catalogue général des manuscrits des bibliothèques des départements suivie du Catalogue de 50 manuscrits de la Bibliothèque Nationale. — *Nogent-le-Rotrou, imp. de A. Gouverneur*, janvier 1873, in-8°, 53 p.

Inv. Q 565

    Le Catalogue occupe les pages 7 à 53.

784. — **Note** sur le classement des imprimés, la rédaction et la publication du catalogue général de la Bibliothèque royale. — *Paris, Porquet*, 1847, in-8°, 19 p.

    Par Gonod.

785. — **Notice** abrégée sur la vie et les ouvrages de M. de la Porte du Theil, insérée dans le catalogue de sa bibliothèque. — (S. l. ni d.), in-8°, 11 p.

Ln 27/11444

    Signée S. de S. (Silvestre de Sacy).

786. — **Notice** biographique sur M. Lenormant (Charles). Extrait de la *Revue des contemporains, biographie et nécrologie universelles*, par

une *Société de gens de lettres et de savants français et étrangers*. — *Paris, Gaittot*, 1846, in-8°, 12 p. Ln $^{27}_{1283}$

Né à Paris le 1ᵉʳ juin 1802, Ch. Lenormant fut conservateur du département des Imprimés de 1837 à 1840 et devint conservateur du Dépᵗ des médailles de 1840 à 1859.

Notice des estampes exposées à la Bibliothèque du roi.

Voyez : Duchesne aîné.

Notice des monumens exposés dans le cabinet des médailles et antiques.

Voyez : Dumersan.

787. — **Notice** des ouvrages manuscrits de Monsieur Du Cange. — *A Paris, chez Gabriel-François Quillau*, 1750, in-4°, 23 p.

Q $_{338}$ ou inv. Q $_{1820}$

Par l'abbé Auguste Belley.

Les mss. de Du Cange, soit une cinquantaine de volumes ou de portefeuilles, ont été déposés à la B. R. en 1756 par son arrière-neveu Jean-Charles du Fresne d'Aubigny qui, s'étant imposé la tâche de rassembler les papiers de son grand-oncle, réussit à se faire remettre les recueils appartenant à plusieurs de ses cousins et à d'Hozier; il obtint même les mss. qui, achetés par le prince Eugène, étaient entrés à la bibliothèque de Vienne. En récompense de ce zèle, le roi accorda une rente viagère de 3,000 livres à Du Fresne d'Aubigny.

788. — **Notice sommaire** des principaux monuments exposés dans le département des médailles et antiques de la Bibliothèque nationale. — *Paris, imp. nationale*, 1889, in-8° xii, 165 p. 8° Q $_{1352}$

L'« Avertissement » rappelle les importants accroissements du Cabinet des médailles depuis 1858; les principaux sont : les 6,000 médailles grecques et autres antiquités données en 1862 par le duc de Luynes; la collection de statuettes de bronze, de vases peints et de figurines de terre cuite antiques, réunie et léguée en 1863 par le vicomte Hippolyte de Janzé; la collection de statuettes de bronze donnée en 1874 par le commandant Charles Oppermann; en 1876, la suite des monnaies, médailles et jetons de la Révolution française, offerte par le marquis Turgot; en 1877 la belle collection de monnaies de la République romaine recueillie en Italie et léguée par le baron d'Ailly; les dons du baron de Witte en 1884, 1885 et 1887; la riche collection de monnaies gauloises réunie par F. de Saulcy est achetée 200,000 francs; plus de 1,400 monnaies de l'époque mérovingienne choisies dans la collection du vicomte de Ponton d'Amécourt sont acquises moyennant 180,000 francs.

La disposition du livret est celle des salles où sont exposés les articles en question : 1. Rez-de-chaussée, escalier, antichambre. — 2. Galerie. — 3. Salle de Luynes. — 4. Salle de la Renaissance. — 5. Salle des Donateurs.

Les pièces 2 à 5 sont accompagnées d'un petit plan. Le catalogue se termine par une table des matières.

789. — **Notice** sur des collections manuscrites de la Bibliothèque nationale. Collections relatives à l'histoire des provinces. — (*S. l. ni d.*), in-8°, 54 p.

(Par L. Delisle.)

Ext. de la *Bibliothèque de l'École des chartes*, 1871, t. 32, p. 237-290.

C'est un inventaire très sommaire des collections suivantes : Bourgogne, p. 2. — Bretagne, p. 5. — Champagne, p. 9. — Flandre (les 182 de Colbert), p. 12. — Languedoc, Doat, p. 16. — Languedoc, les Bénédictins, p. 19. — Lorraine, p. 23. — Périgord, p. 35. — Picardie, p. 39. — Touraine, p. 50. — Vexin, p. 52.

790. — **Notice** sur la collection de lord Ashburnham. — (*Paris*, 1883), in-fol. 4 p.

Autographié à la B. N. et tiré à quelques exemplaires seulement. — Projet de constitution d'une société de capitalistes français qui, après l'acquisition du fonds Stowe par le gouvernement anglais, auraient acheté en bloc les collections d'Ashburnham pour 3,500,000 francs. M. Vuagneux et ses co-acquéreurs se seraient partagé ces mss. Moyennant 600,000 francs que le gouvernement français aurait payés, on aurait rendu à la B. N. 203 mss. compris dans les fonds Libri et Barrois, mss. qui provenaient de vols faits dans les bibliothèques de France.
Ce projet n'a pas été mis à exécution.

791. — **Notice** sur la vie et les ouvrages de M. J.-D. Barbié du Bocage. *Paris, imp. de Béthune, rue Palatine, n° 5* (s. d.), in-8°, XXVI, 13 p.

Section géogr. C 1269.

Le titre de départ, p. 1, porte : « *Nécrologie. Éloge de M. Barbié du Bocage, doyen et professeur de la Faculté des lettres de l'Académie de Paris, membre de l'Institut, lu dans l'assemblée générale de la Société de géographie, le 1er décembre 1825, par M. de Larenaudière, secrétaire général de la Commission centrale.* » La préface donne la liste de ses publications.
Jean-Denis Barbier du Bocage, né à Paris le 28 avril 1760, entra en 1785 au Cabinet des médailles et passa en 1792 à la Section de géographie. Il mourut le 28 décembre 1825.

792. — **Notice** sur le fauteuil de Dagobert. Extrait des *Mélanges d'Archéologie, d'histoire et de littérature*, rédigés ou recueillis par les auteurs de la *Monographie de la cathédrale de Bourges*... — *Paris, Poussielgue-Rusand* (s. d.), in-fol., 42 p., 5 pl.

Par Fr. Lenormant. — Le fauteuil de Dagobert est conservé au Cabinet des médailles.

793. — **Notice** sur le plan de Paris de Jacques Gomboust publié pour la première fois en 1652, reproduit par la Société des bibliophiles français en 1858 avec le Discours sur l'antiquité, grandeur, richesse, gouvernement de la ville de Paris, par P. P., et une table alphabétique indiquant les rues, les ponts, les portes, les églises, les couvents, les collèges, les palais, les hôtels et maisons remarquables. — *Paris, Techener, Potier, Aubry*, 1858, in-12, I-III, I-LXIV, 1-95 p.

Section géogr. C 1697 || Bf 11

La préface de cette édition est signée Leroux de Lincy.
On ne connaît que quelques exemplaires du plan de Gomboust. La B. N. en possède deux, dont un exemplaire colorié avec le texte et une dédicace au roi. L'un est assemblé, collé sur toile, encadré et se trouve à la Section des cartes.

794. — **Notice** sur Marion du Mersan, homme de lettres, numisma-

tiste, auteur dramatique, attaché au Cabinet des médailles de la Bibliothèque royale, membre de la Légion d'honneur. — *Paris, Carpentier-Méricourt* (1848), in-8°, 5 p. Ln $^{27}_{6657}$ || Rés. Z $_{2254}$ Afc

Extrait du *Biographe*.

795. — **Notices** et extraits des manuscrits de la Bibliothèque du Roi. Lus au Comité établi par sa Majesté dans l'Académie royale des inscriptions et belles-lettres. — *Paris, imp. royale*, 1787-1893, 34 vol. in-4°. Salle de travail, n° 245 ou Z $_{2254}$

Depuis le T. V (an VII), le titre devient : « *Notices et extraits des manuscrits de la Bibliothèque Impériale* (puis *Royale, Impériale ou Nationale*) *et autres bibliothèques publiés par l'Institut impérial de France faisant suite aux Notices et extraits des manuscrits de la Bibliothèque Royale lus au Comité...* »

A partir du T. XV les *Notices* se divisent en deux séries consacrées l'une à l'Orient, l'autre à l'Occident.

Nous donnons, en dépouillement sommaire, le contenu des *Notices et extraits*. Pour la plupart des articles qui composent cette collection il existe des tirages à part; nous n'avons cependant pas cru nécessaire de rechercher ces derniers et nous n'indiquons comme tels que ceux dont nous avons eu un exemplaire en main.

796. — **Abel-Rémusat**. — Notice sur le dictionnaire intitulé : *Miroir des langues mandchoue et mongole*.

T. XIII, 1, p. 1-125 des *Notices*.
L'exemplaire décrit appartenait à M. Klaproth.

797. — —. — Notice sur l'*Encyclopédie Japonaise* et sur quelques ouvrages du même genre. — Avec 3 pl.

T. XI, 1, p. 123-310, des *Notices*.

798. — —. — Notice sur les quatre *Livres moraux* attribués communément à Confucius.

T. X, 1, p. 269-426 des *Notices*.

799. — **Ameilhon**. — Notice d'un manuscrit intitulé le *Pastoralet*, venu de la Belgique et déposé dans la grande Bibliothèque Nationale.

T. VII, II, p. 426-449 des *Notices*.

Le *Pastoralet* est un poëme, en vers de huit syllabes, composé sur les factions qui déchirèrent la France sous le règne de Charles VI.

Le ms. est un in-fol. sur vélin, en deux colonnes. Les panneaux de la couverture sont en bois et revêtus d'une peau de veau très brune, marquée de fleurs de lys. Au dos est écrit le mot Pastoralet; au-dessous est le n° 285.

800. — —. — Notice d'un Manuscrit sur les Factions qui troublèrent le règne de Charles VI.

T. V, p. 607-622. T. VI, p. 459-482 des *Notices*.

Ce ms., qui était ci-devant à la Bibliothèque de la Commune sous la cote 338, se trouve aujourd'hui dans celle de l'Institut National. Il se compose de 171 feuillets et est écrit en vers ou plutôt en lignes rimées.

801. — —. — Notice de la collection des manuscrits grecs de la Bibliothèque Nationale, désignés dans Fabricius sous le titre de *Chemici Graeci veteres*, et rangés dans le catalogue imprimé à la suite des *Medici Graeci*.

T. V, p. 337-373 des *Notices*.

Le ms. 2325 (page 483, t. II du Catalogue) date peut-être de la fin du XIIIe siècle. C'est un petit in-4°, couvert en basane ou en veau marbré, relié aux armes de Henri II, roi de France. La tranche est dorée et ornée de dessins où l'on voit le chiffre de Diane de Poitiers. Sur le plat, on lit ces mots : περὶ ἱερᾶς τέχνης. Il est sur papier cotonneux et contient 178 feuillets, sans y comprendre quelques pages de la fin sur lesquelles une main étrangère a écrit des choses relatives à l'alchimie.

Ce ms. sert de guide à Ameilhon qui le compare avec les mss. 2275, fol. 2, v°; 2327, fol. 16, v°; 2329, fol. 171, r°; 2326, fol. 19, r°; 2250.

802. — **Ameilhon.** — Seconde notice de la collection des Manuscrits grecs de la Bibliothèque Nationale, désignés dans Fabricius sous le titre de *Chemici Græci veteres*, et rangés dans le Catalogue imprimé de cette bibliothèque à la suite des *Medici Græci*. Λεξικὸν κατὰ στοιχεῖον τῆς Ἱερᾶς Τέχνης. Lexique des termes de l'art divin, rangés par ordre alphabétique.

T. V, p. 374-391 des *Notices*.

Ce Lexique se trouve répété dans quatre des manuscrits grecs de la Bibliothèque Nationale, cotés 2325, 2327, 2329, 2279. Ameilhon compare les textes de ces copies et termine par un chapitre intitulé : « Articles du Lexique mutilés ou défigurés dans le Glossaire grec de Ducange. »

803. — —. — Troisième notice de la collection des manuscrits grecs de la Bibliothèque Nationale, désignés dans Fabricius sous le titre de *Chemici Græci veteres*, et rangés dans le catalogue de cette bibliothèque à la suite des *Medici Græci*. — Les Physiques et les Mystiques de Démocrite. (Ce traité se trouve dans 4 des mss. grecs de la Bibliothèque Nationale, cotés 2275, 2325, 2326, 2327.)

T. VI, p. 302-319 des *Notices*.

Ameilhon indique quelles sont les variantes que renferment ces mss.

804. — —. — Quatrième notice de la collection des manuscrits grecs de la Bibliothèque Nationale, désignés dans Fabricius sous le titre de *Chemici Græci veteres*, et rangés dans le catalogue de cette bibliothèque à la suite des *Medici Græci*. — Commentaire de Synesius le philosophe, sur le livre de Démocrite, adressé à Dioscore, comme dans les scholies. (Manuscrits de la Bibliothèque Nationale, n°s 2275, 2325, 2326, 2327.)

T. VII, II, p. 222-236 des *Notices*.

805. — **Amélineau (E.).** — Notice sur le papyrus gnostique Bruce.

T. XXIX, 1, p. 65-305 des *Notices*.

Ce papyrus fut rapporté en Angleterre par Bruce quand celui-ci revint du grand voyage qu'il avait entrepris en 1763 pour découvrir les sources du Nil. Déposé à la bibliothèque Bodléienne, il est en si mauvais état maintenant, qu'il serait presque illisible si l'on ne pouvait rapprocher l'original de la copie que Woïde en avait faite, copie conservée avec tous les papiers de ce savant à la *Clarendon Press* d'Oxford.

806. — **Ansse de Villoison (d').** — Notice des manuscrits grecs et latins qui, de la bibliothèque des anciens empereurs grecs et de celle du sérail de Constantinople, sont passés dans la Bibliothèque Impériale, et éclaircissements sur quelques-unes des plus fameuses bibliothèques de la Grèce.

T. VIII, II, p. 1-32 des *Notices*.

L'auteur a consulté, à la Bibliothèque Impériale, le Journal original et manuscrit en 14 volumes in-folio, de M. de Girardin, ambassadeur à la Porte, le Registre des livres acquis pour la Bibliothèque Royale, depuis l'an 1683 jusqu'à la fin de 1728 et enfin un ancien catalogue des manuscrits de ce précieux dépôt, commencé en 1682 et clos le 18 octobre 1740. Il cite, en donnant les cotes sous lesquelles ces volumes sont conservés à la Bibliothèque nationale, seize mss. sortis du sérail et munis de l'empreinte du cachet ottoman ; quelques-uns ont conservé la reliure turque.

807. — **Barth.** — Inscriptions sanscrites du Cambodge. — *Paris, imp. Nationale*, 1885, in-4°, 160 p. et atlas. Lj 21 bis / 2

Extrait du T. XXVII, 1, p. 1-180 des *Notices*.

Au cours de sa mission archéologique au Cambodge, M. Aymonier a recueilli plus de trois cents documents épigraphiques, tant khmers que sanscrits. La moitié environ de ces documents est formée de textes sanscrits.

Des estampages qu'il a envoyés en France un exemplaire est remis à la Société asiatique ; les autres sont déposés à la Bibliothèque nationale.

Dans ce travail M. Barth étudie dix-neuf groupes d'inscriptions qui se divisent en deux séries : I-XIII, inscriptions anciennes, XIV-XIX, inscriptions plus récentes.

Les chiffres et les lettres, placés entre parenthèses en tête des chapitres, reproduisent la cote des estampages déposés à la Bibliothèque nationale.

808. — **Berger de Xivrey** (Jules). — Notice de la plupart des manuscrits grecs, latins et en vieux français, contenant l'histoire fabuleuse d'Alexandre le Grand, connue sous le nom de Pseudo-Callisthène. Suivie de plusieurs extraits de ces manuscrits.

T. XIII, II, p. 162-306 des *Notices*.

Pour le texte en grec ancien, la Bibliothèque possède trois mss. L'un, numéro 1711, remonte au XI° siècle ; c'est un in-fol. de 506 feuillets, sur parchemin. Le second, n° 1685, a d'abord porté le n° 2543 sous lequel il est cité par Montfaucon. Le troisième porte le n° 113 dans le Supplément.

Les mss. latins du Pseudo-Callisthène sont au nombre de 12. Le n° 6041, in-fol. du XIV° siècle, sur parchemin, a appartenu à Roger de Gaignières. Le n° 5873, des XII° et XIV° siècles, est un in-fol. sur parchemin. Il vient de Colbert. Le n° 6831, in-4°, des XIII° et X° (sic) siècles, sur parchemin, fit partie des bibliothèques de Jacques Auguste de Thou et de Colbert. Le n° 6501, petit in-fol. sur parchemin, provient de Mazarin. Le n° 8314 est un in-4° écrit en 1465, sur parchemin et papier. Le n° 8518 appartint à Baluze. Ce ms. du XI° siècle est un petit in-8°, sur parchemin. Le ms. 8519 fut la propriété de Du Puy. Il est du XIII° siècle, sur parchemin, et compte 56 feuillets. Le n° 5062, gr. in-fol. du XII° siècle, sur parchemin, 104 feuillets, appartint à Émeric Bigot. Le n° 8520 est un in-8° du XIV° siècle, sur parchemin, 13 feuillets ; il vient de la bibliothèque de Dufresne. Copie du précédent, le n° 8516 est un ms. du XVII° siècle. Le n° 4877 passa chez Colbert ; c'est un in-fol. du XIII° siècle, sur parchemin. Enfin le n° 4880, in-fol. du XIV° siècle, provient, lui aussi, de chez Colbert.

Quant aux mss. de cette histoire écrits en vieux français, la bibliothèque en possède six. Le ms. 7517, in-4°, sur papier, écrit au XV° siècle, porta d'abord le n° 1226. Le n° 7504, ancien n° 688, in-fol. moyen sur vélin, à deux colonnes, est du XIII° siècle et incomplet. Le ms. 7518, du XV° siècle, in-4° sur papier, provient de chez Mazarin, dans la bibliothèque duquel il avait le n° 36. Terminé en 1514, le ms. 83 se compose de 388 feuillets à deux colonnes. C'est un grand in-folio sur papier ; il a passé successivement de la bibliothèque de Séguier dans celle de Coislin, puis dans celle de St-Germain des Prés où il portait le n° 138. Le ms. 7190 est un in-folio sur vélin de 75 feuillets, écrit en 1461 par Thierry du Rosel ; il avait, dans la bibliothèque de Baluze, le n° 150. Enfin le ms. 7209, gr. in-fol. du XIV° siècle, sur vélin ; toutes les initiales contiennent une miniature.

Les extraits qui suivent la notice, sont :

1° Commencement de l'Histoire d'Alexandre, d'après le ms. grec n° 103 de la Bibliothèque du roi.

2° Continuation de l'Histoire d'Alexandre, d'après le ms. grec de la Bibliothèque du roi, n° 1711.

3° Lettre d'Alexandre à Darius, d'après le ms. de Florence n° 37 du rayon 70.

4° Lettre d'Alexandre à Darius, d'après le ms. (du roi) 113 du Supplément.

5° Lettre d'Alexandre à Olympias sur un palais enchanté et autres objets merveilleux qu'il rencontra dans l'Inde ; d'après le ms. de Leyde n° 93?.

6° **Lettre d'Alexandre**, d'après le ms. grec de la Bibliothèque du roi, n° 113, suppl. fol. 200.

7° **Commencement de l'Histoire d'Alexandre**, d'après le ms. latin de la Bibliothèque du roi, n° 8518.

8° **Continuation de l'Histoire d'Alexandre**, d'après le ms. latin de la Bibliothèque du Roi n° 5873.

9° **Suite de l'Histoire d'Alexandre**, d'après le ms. latin de la Bibliothèque du Roi n° 4880.

10° **Commencement de l'Histoire d'Alexandre** d'après le ms. français n° 7317.

11° **Continuation de l'Histoire d'Alexandre**, d'après le ms. français de la Bibliothèque du Roi, n° 7504.

12° **Lettre d'Alexandre à Darius**, d'après le ms. français de la Bibliothèque du Roi, n° 7502.

809. — **Boissonade.** — Lexique des synonymes grecs publié d'après un manuscrit de la Bibliothèque royale.

T. XIII, II, p. 133-161 des *Notices*.

Ce Lexique se trouve dans un manuscrit de la bibliothèque de Colbert, où il était coté 4898, et qui est passé dans celle du Roi où il a porté successivement, parmi les mss. grecs, les numéros 3233 et 2652. Il est sur papier ordinaire et d'une époque fort récente.

810. —. — Notice des Lettres de Cratès le Cynique contenues dans le manuscrit 483 du Vatican.

T. XI, II, p. 1-34 des *Notices*.

Pour prouver que ces Lettres ne sont pas de Cratès. — Le manuscrit n° 483 du Vatican contient 24 de ces Lettres dont le texte n'a pas encore été publié.

En Appendice, Boissonade joint trois autres Lettres du même genre, qui se trouvent dans le même ms. D'après les titres, la première est de Socrate à Platon ; la seconde, d'Aristophane à Théophraste ; la troisième, de Ménippe aux *vrais porte-besaces*.

811. —. — Notice des lettres inédites de Diogène le Cynique, contenues dans les manuscrits 1353 et 398 du Vatican.

T. X, II, p. 122-208 des *Notices*.

Ces manuscrits ont été apportés à la Bibliothèque nationale après les victoires du général Bonaparte en Italie. Ils contiennent une copie de toutes les lettres que l'on trouve dans le ms. de la bibliothèque de Madrid et dans Gritolini.

Boissonade publie 22 lettres dont le texte était jusqu'alors resté inédit.

812. —. — Notice des scholies inédites de Basile de Césarée sur S. Grégoire de Nazianze.

T. XI, II, p. 55-164 des *Notices*.

Pour sa publication Boissonade s'est principalement servi du Manuscrit du roi n° 573 ; ce volume, in-folio, de 279 feuillets, sur parchemin, semble avoir été écrit au XV° siècle.

Parmi les manuscrits de Coislin à la Bibliothèque, il y en a 4 qui contiennent des Scholies de Basile. Pour le collationner avec le ms. n° 573, Boissonade a choisi le mss. Coislin n° 236. Ce dernier est un petit in-4°, de 211 feuillets, sur parchemin, écrit au X° siècle.

813. —. — Poëme moral de Georges Lapithès publié d'après un manuscrit de la Bibliothèque du Roi.

T. XII, II, p. 1-74 des *Notices*.

Ce ms. grec est sur papier ; il a porté successivement les numéros 2030, 2256, 3337 et 2877 du catalogue. L'auteur vivait au XIV° siècle.

814. — **Boissonade**. — Traité alimentaire du médecin Hérophile, extrait de deux manuscrits de la Bibliothèque du Roi.

T. XI, II, p. 178-273 des *Notices*.

Les deux copies de ce Traité, que possède la Bibliothèque, se trouvent l'une dans le ms. n° 396, l'autre dans le ms. 985. Le premier est complet, à l'exception d'une préface qui se trouve dans le ms. de Vienne ; le second est incomplet.

815. — **Bouchaud**. — Notice de deux Manuscrits de la Bibliothèque nationale, sur le *Code d'Alaric*.

T. VI, p. 256-264 des *Notices*.

Le premier est un in-4° du plus petit format, relié en maroquin rouge et coté n° 4696. Il a appartenu anciennement à la bibliothèque de Colbert et il est écrit sur parchemin en assez beaux caractères. Ce ms. paraît être du XIII° siècle et contient en général : 1° seize livres du Code Théodosien, ou plutôt l'abrégé qui en a été fait par l'auteur du *Code d'Alaric*. — 2° des *Novelles* de Théodose le Jeune, Valentinien III, Marcien, Majorien et Sévérus. — 3° un abrégé des *Institutes* de Caïus. — 4° les *Topiques* de Cicéron, à la suite desquels est un commentaire sans nom d'auteur. — 5° cinq livres des *Sentences* reçues du jurisconsulte Paul. — 6° des fragments des codes Grégorien, Hermogénien et Papien.

Le second ms., in-4° d'un moyen format, relié en maroquin rouge et coté 4697, appartenait anciennement à Colbert. Il est écrit sur parchemin et passe pour être du X° siècle. Le commencement et la fin manquent ; les caractères de l'écriture, pour la plupart, sont presque effacés. Ce ms. contient des fragments d'*interprétations* sur des lois du code Théodosien, sur les *Novelles* VII et IX de Théodose le Jeune et sur les *Novelles* I, IX et XII de Valentinien III, puis quelques fragments des Institutes de Caïus.

816. — **Boucherie** (A.). — Ἑρμηνεύματα καὶ Καθημερινὴ ὁμιλία de Julius Pollux publiés pour la première fois par A. Boucherie.

T. XXIII, II, p. 277-646 des *Notices*.

Les textes publiés par M. Boucherie forment trois parties distinctes :

Les Ἑρμηνεύματα de Montpellier, qu'il attribue à Julius Pollux.

La Καθημερινὴ ὁμιλία, d'après le ms. 3049 de la Bibliothèque nationale.

Des Fables d'Ésope et un fragment de droit romain.

Ce texte est analogue à celui qu'a publié M. Böcking, d'après le ms. de Leyde ; mais il est plus ancien de trois cents ans et il offre bon nombre de variantes. M. Boucherie l'a pris dans le ms. de la Bibliothèque nationale (VIII°-IX° siècle), n° 6503 du fonds latin.

La quatrième partie de cette notice se compose de deux glossaires, l'un grec, l'autre latin. Chacun de ces glossaires a deux divisions. La première contient les formes nouvelles ; la seconde, les acceptions nouvelles et les formes rares.

817. — —. — Note additionnelle sur les Ἑρμηνεύματα et la Καθημερινὴ ὁμιλία de Julius Pollux (t. XXIII, II).

T. XVII, II, p. 457-475, des *Notices*.

Réponse à M. Masseldieu qui avait fait une critique de la Notice de M. Boucherie.

818. — —. — Le palimpseste de Montpellier. Manuscrit 141 (VIII°-IX° siècle) de la bibliothèque de l'École de médecine de Montpellier.

T. XXIII, II, p. 945-973, des *Notices*.

La première partie de ce palimpseste contient huit feuillets du livre VIII de Priscien.

La seconde partie renferme quatre feuillets appartenant à Pompeius, commentateur de Donat.

819. — **Boutaric (Edgard)**. — Notices et extraits de documents inédits relatifs à l'histoire de France sous Philippe-le-Bel.

T. XX, n. p. 83-237, des *Notices*.
Contient 45 documents, savoir :

1). — Bulle du pape Nicolas IV nommant l'archevêque de Rouen et l'évêque d'Auxerre exécuteurs d'un décime accordé au roi de France, pour subvenir aux dépenses de la guerre d'Aragon, 31 mai 1289. (Arch. de l'emp. Trésor des chartes, suppl¹, carton J 938.)

2). — Bulle du pape Nicolas IV, sur la manière dont devait être levé le décime accordé au roi de France, 31 mai 1289. (Anc. reg. de la chambre des comptes, Bibl. imp. Fonds St Germain, latin, n° 842, fol. 55.)

3). — Notice sur un ms. inédit renfermant le rôle de la taille de Paris pour les années 1296-1300. (Arch. de l'emp. K 283.)

4). — Instruction sur la manière de lever le centième et le décime (1295). (Roul. or. Trésor des chartes, suppl¹, carton J 938.)

5). — Mémoire de l'amiral Benoît Zacharie à Philippe-le-Bel, sur les moyens d'équiper une flotte et de se procurer une armée navale pour faire une descente en Angleterre (1295). (Or. Archives de l'emp. Trésor des chartes, Croisades, J 456, n° 36.)

6). — Lettres patentes donnant à Jean d'Harcourt et à Mathieu de Montmorency pleins pouvoirs pour commander l'armée et la flotte [destinées à faire une descente en Angleterre] (mai 1295). (Trésor des chartes, reg. L, fol. 89.)

7). — Mémoire anonyme sur la guerre contre l'Angleterre, les mesures militaires qui furent prises, les négociations diplomatiques de Philippe-le-Bel pour se faire des alliés, et sur les ressources financières que l'on se procura pour faire face aux dépenses de cette guerre (1297). (Or. Arch. de l'emp. Trésor des chartes, J 655, n° 16.)

8). — Lettre de Boniface VIII à Philippe-le-Bel, où il lui témoigne une vive affection et se plaint du mauvais état de sa santé qui l'empêche d'avoir une entrevue avec le roi (20 déc. 1298). (Bibl. imp. Cartul. 170, fol. 9.)

9). — Lettre de Boniface VIII à Philippe-le-Bel, pour le prier de prêter, au nom de l'église romaine, 100,000 livres tournois au lieu de 60,000, à Charles de Valois, qui venait au secours du Saint-Siège avec 1,000 hommes d'armes (29 déc. 1298). (Bibl. imp., Cartul. 170, f° 8 v°.)

10). — Enquête sur la juridiction ecclésiastique en Languedoc (vers 1300). (Roul. or. Arch. de l'emp., Trésor des chartes, J 350, n° 8.)

11). — Lettre des citoyens de la ville impériale de Toul à Philippe-le-Bel, pour se mettre sous le protectorat du roi de France (nov. 1300). (Or. scellé. Trésor des chartes, Toul, n° 6, carton J 583.)

12). — Ordre de Philippe-le-Bel et à Guillaume Nogaret et à Simon de Marchais de s'occuper de rendre la Seine navigable jusqu'à Troyes (1301). (Or. scellé. Trésor des chartes, Champagne, J 199, n° 41.)

13). — Lettres patentes de Philippe-le-Bel, portant demande d'emprunts pour subvenir aux dépenses de la guerre de Flandre (juillet 1302). (Trésor des chartes, reg. XXXV, n° 15.)

Autres lettres de Philippe-le-Bel ayant le même objet que les précédentes (même date). (Trésor des chartes, reg. XXXV, n° 14.)

14). — Lettre de Philippe-le-Bel à maître Jean Croissant, au sujet d'un emprunt forcé de 300 livres (1ᵉʳ sept. 1302). (Trésor des chartes, reg. XXXV, n° 49.)

15). — Mandement de Philippe-le-Bel pour la convocation du ban et arrière-ban contre les Flamands, qui venaient de mettre le siège devant Lille (10 août 1302). (Trésor des chartes, reg. XXXV, n° 21.)

16). — Lettre confidentielle de Philippe-le-Bel à l'évêque d'Auxerre, son ambassadeur à Rome (nov. 1302). (Bibl. imp., Cartul. 170, fol. 14 r°.)

17). — Bulle de Boniface VIII, réunissant à l'empire d'Allemagne les provinces qui en avaient jadis fait partie et qui en avaient été distraites (31 mai 1303). (Bibl. imp., Cartul. 170, fol. 25 v°.)

18). — Mémoire (de Nogaret?) à Philippe-le-Bel, sur les difficultés de la situation après l'attentat dirigé contre Boniface VIII (1303). (Bibl. imp., Cartul. 170, fol. 94 v°.)

19). — Pleins pouvoirs donnés par Philippe-le-Bel à Béraud de Mercœur, Pierre de Belle-Perche, Guillaume de Nogaret et Guillaume de Plasian, pour mettre en liberté toute personne détenue pour n'importe quel motif (1304). (Trésor des chartes, transcripta, reg. L, fol. 91 r°.)

20). — Ordre de Philippe-le-Bel de lever double subside sur les usuriers (août 1303). (Trésor des chartes, reg. XXXV, n° 103.)

21). — Lettre de Philippe-le-Bel portant que les habitants du bailliage de Rouen lui ont gracieusement accordé, à la requête du comte de Valois, une aide de sergents pendant quatre mois pour la guerre de Flandre (1er mai 1304). (Trésor des chartes, reg. XXXV, n° 172.)

22). — Mandements de Philippe-le-Bel à divers baillis de faire des approvisionnements pour l'armée (janv. 1304). (Trésor des chartes, reg. XXXV, n° 138.)

23). — Lettre d'Édouard II, roi d'Angleterre, à Philippe-le-Bel, au sujet de l'arrestation des Templiers (30 oct. 1307). (Bibl. imp., Cartul. 170, fol. 236 v°.)

24). — Lettre du duc de Brabant à Philippe-le-Bel, lui annonçant qu'il a exécuté ses ordres en arrêtant les Templiers (9 nov. 1307). (Bibl. imp., Cartul. 170, fol. 235 r°.)

25). — Circulaire de Philippe-le-Bel au Tiers-État au sujet du procès des Templiers (25 mars 1307, v. s.). (Vid. de l'Official de Châlon, de l'an 1308, Trésor des chartes, J 413, n° 19.)

26). — Lettre de Philippe-le-Bel à Frédéric, roi de Sicile. (Trésor des chartes, reg. XLII, n° 115.)

27). — Pamphlet (de Pierre Dubois) dirigé contre Clément V, pour le forcer à supprimer l'ordre du Temple (1308). (Bibl. imp., Cartul. 170, fol. 106.)

28). — Prétendue requête du peuple de France au roi, pour demander l'abolition des Templiers (1308). (Bibl. imp., Cartul. 170, fol. 108 v°.)

29). — Mémoire remis à Clément V par Philippe-le-Bel, pour l'engager à supprimer l'ordre du Temple (1308). (Or. Arch. de l'emp., J 413, n° 34.)

30). — Mémoire (de Pierre Dubois) à Philippe-le-Bel, pour l'engager à se faire créer empereur d'Allemagne par le pape Clément V (1308). (Bibl. imp., Cartul. 170, fol. 103 v°.)

31). — Pleins pouvoirs de Philippe-le-Bel à Gérard de Landry, à Pierre Barrière et à Hugue de la Celle, pour travailler à l'élection de Charles, comte de Valois, son frère, comme empereur d'Allemagne (11 juin 1308). (Trésor des chartes, reg. XLII, n° 101.)

32). — Reconnaissance donnée par Charles de Valois au roi, d'une somme de 10,500# tournois, qui lui avait été fournie pour faciliter son élection comme empereur d'Allemagne (16 juin 1308). (Trésor des chartes, reg. XLII, n° 102.)

33). — Liste des bulles de Clément V relatives au procès des Templiers. (Bibl. imp., Cartul. 170, fol. 91 v°.)

34). — Ordre de Philippe-le-Bel au bailli de Sens de rassembler les gens des communes et des villes, et de courir sus aux nobles qui portaient des armes malgré les défenses du Roi (21 nov. 1308). (Trésor des chartes, reg. XLII, n° 39.)

35). — Lettre de Philippe-le-Bel à Clément V, pour lui apprendre qu'il a pardonné à Bernard Saisset, évêque de Pamiers, et lui a rendu ses bonnes grâces et pour le recommander à la bienveillance du dit pape (8 janv. 1309). (Trésor des chartes, reg. XLII, n° 99.)

36). — Lettre de Philippe-le-Bel à Clément V au sujet du comte de Soissons (1309). (Bibl. imp., Cartul. 170, fol. 91 v.)

37). — Mémoire de Nogaret sur la possibilité d'une croisade (1310). (Roul. 01. Trésor des chartes, J 455, n° 35.)

38). — Philippe-le-Bel reconnaît que les nobles du comté d'Alençon lui ont gracieusement accordé la totalité des impositions établies sur leurs sujets à l'occasion du mariage de la fille du roi, impositions dont une part devait leur revenir (juin 1310). (Or. scellé, Trésor des chartes, subsides 1, n° 2, carton J 384.)

39). — Expropriation de Jacques Penoche d'une maison dont l'emplacement était destiné à l'agrandissement du palais (août 1313). (Trésor des chartes, reg. XLVIII, n° 217.)

40). — Ordonnance fixant le budget des recettes et des dépenses de l'État (14 janv. 1314). (Trésor des chartes, reg. LVII, fol. 18 r°.)

41). — Instructions secrètes pour la levée d'un nouvel impôt (1314). (Copie moderne provenant de la Chambre des comptes de Paris, Arch. de l'emp., P. 2289, fol. 164.)

42). — Ligue des nobles, ecclésiastiques, bonnes villes et communes du duché de Bourgogne (nov. 1314). (Bibl. imp., coll. Dupuy, vol. 758, fol. 3, d'après l'original conservé autrefois au Trésor des chartes, ligues n° 5, actuellement en déficit.)

43). — Union des nobles et gens du Tiers-État des provinces de Vermandois, Beauvoisis, Artois, Ponthieu, avec les trois ordres du duché de Bourgogne, pour s'opposer aux entreprises du roi contre leurs libertés (1er déc. 1314. (Or. Arch. de l'emp., J 437, n° 7.)

44). — Codicille de Philippe-le-Bel (28 nov. 1314). Or. Arch. de l'emp., J 403, n° 18.)

45). — Prophéties relatives à la fin du XIIIe siècle et au commencement du siècle suivant. (Bibl. imp., fonds des Cartul., n° 170, fol. 102 v°.)

820. — **Bréquigny** (de). — Chronique d'Aimery du Peyrat, abbé de Moissac. Manuscrit de la Bibliothèque nationale, coté 4991 A. Première partie. Chronique des Papes.

T. VI, p. 73-91 des *Notices*.

Ce ms., en vélin, de format in-folio, contient 178 feuillets : l'écriture sur deux colonnes est du XVe siècle, belle pour le temps.

Les parties II et III de cette chronique occupent les pages 1-45 du T. VII, 1 des *Notices*.

821. —. — Conquête de la Normandie par Charles VII. Manuscrits cotés 6197, 6198 et 5964.

T. VI, p. 92-105 des *Notices*.

Ces mss. sont sur papier ; les deux premiers, de format in-4°. L'un contient 143 feuillets, l'autre 111. Celui-ci est relié avec beaucoup de soin, à compartiments, doré sur tranche, et porte sur la couverture les armes de Henri II. L'écriture de l'un et de l'autre est du temps même de Charles VII, assez belle, mais chargée d'abréviations. Le troisième est de format in-folio, d'une écriture plus récente, contient 114 feuillets, et vient de la bibliothèque de Baluze.

L'auteur de cette chronique, écrite en latin et contenant l'histoire de la réduction de la Normandie en 1449 et 1450, est Robert Blondel.

822. —. — Journal de Corneille Firmano, maître des cérémonies apostoliques, sous les pontificats de Pie IV, Pie V et Grégoire XIII. Manuscrit du Roi, coté 5172, parmi les manuscrits latins, in-folio.

T. II, p. 649-665 des *Notices*.

Ce ms. est un in-folio, de petit format, contenant 207 feuillets en papier, d'une écriture italienne assez belle, qui paraît être du 17e siècle. Il s'étend depuis le mois d'août 1563 jusqu'au 31 décembre 1578.

823. —. — Journal de Jean François Firmano, maître des cérémonies de la chapelle du pape, sous les pontificats de Clément VII, Paul III, Jules III, Marcel II, Paul IV et Pie IV. Manuscrit du Roi, coté 5523 parmi les manuscrits latins in-4°.

T. II, p. 626-648 des *Notices*.

Ce ms. a été écrit sur papier par une main italienne ; l'écriture, très lisible, paraît à peu près du temps où cet ouvrage fut achevé, c'est-à-dire à la fin du XVIe siècle. Il contient 324 feuillets.

824. — **Bréquigny** (de). — Notice d'un manuscrit contenant un Recueil des chroniques d'Idace, de Frédégaire, etc., indépendamment de diverses autres pièces. Volume coté 4883 A.

T. V, p. 230-237 des *Notices*.

Ms. en vélin, de forme in-folio, 128 feuillets; les écritures, sur deux colonnes, par des mains différentes, paraissent toutes du XI⁰ siècle. Il contient :

1° La Chronique d'Isidore de Séville. — 2° Des gloses sur l'Ancien et le Nouveau Testament, avec un vocabulaire de 236 mots hébreux rangés par ordre alphabétique avec le mot correspondant grec et latin. — 3° Un petit recueil de vers latins. — 4° Des *Synonyma Ciceronis*, quelques règles sur les syllabes longues ou brèves de plusieurs mots grecs; le *Gloria in excelsis* et le *Credo* en grec, avec le latin en interligne. — 5° Quelques extraits d'actes attribués au pape Silvestre : lettre en latin des évêques d'Orient au pape Jules I sur la condamnation d'Athanase; la réponse du pape, extraits de quelques décrets. — 6° Des extraits de l'ouvrage supposé de Saint-Prosper *sur la Vie active, contemplative, etc.* — 7° Plus de trente feuillets occupés par des lettres et des traités de St Augustin et de St Jérôme. — 8° Des extraits de l'ouvrage de Fulgence *de prisco sermone*. — 9° Une lettre du pape Jean XIX, sur la confirmation de la fondation du monastère de Saint-Pardoux, en Limousin. — 10° Les trois premières satires de Juvénal avec quelques gloses entre les lignes.

A la suite viennent les chroniques d'Idace et de Frédégaire.

825. —. — Notice d'un Traité des fiefs, intitulé *Libellus feudorum reformatus*, par Barthelemi de Barateriis; Manuscrit de la Bibliothèque nationale, coté 4772, parmi les manuscrits latins.

T. VI, p. 251-255 des *Notices*.

Ce ms. est un in-4° de petit format, et contient 76 feuillets du plus beau vélin. L'écriture, qui est du milieu du XV⁰ siècle, est très belle. Les pages sont enrichies de lettres initiales et de divers ornements en couleur et en or. Sur le premier feuillet se trouve une belle miniature qui représente un prince assis et recevant le serment de fidélité d'un de ses vassaux. L'ouvrage est dédié à Philippe-Marie-Visconti et porte au bas de ce même feuillet l'écusson des ducs de Milan.

826. —. — Notice d'une chronique autographe de Bernard Iterius, bibliothécaire de l'abbaye de Saint-Martial de Limoges, dans le treizième siècle, contenue dans le manuscrit du Roi, coté 1338, parmi les manuscrits latins.

T. I, p. 670-696 des *Notices*.

Ce ms. en vélin, de format in-4°, contient 262 feuillets. Il faisait partie de la bibliothèque de l'abbaye de Saint-Martial de Limoges et fut acquis par le Roi en 1730 avec les autres manuscrits de cette bibliothèque. Il contient deux ouvrages : le premier est un recueil de *proses* ou *séquences*, dont l'écriture est du 11⁰ siècle. Purement liturgique, cet ouvrage remplit 143 feuillets. Le second est d'une écriture du 12⁰ siècle; c'est un traité de dialectique qui occupe le reste du manuscrit, si ce n'est qu'au folio 139 *verso*, il y a une liste des jours heureux et malheureux; et aux folios 140 et 141, un petit recueil d'énigmes avec les explications. Ces deux morceaux sont d'une écriture du 11⁰ siècle.

827. —. — Notice d'une partie du Journal de Jean-Paul Mucante, maître des cérémonies apostoliques sous le pontificat de Léon XI. Manuscrit du Roi, coté 473, parmi les manuscrits latins.

T. II, p. 669-686 des *Notices*.

Ms. en papier, de format in-folio, et contenant 96 feuillets. Il a été écrit, en assez gros caractère par une main italienne au temps même où vivait l'auteur. On y trouve une note marginale de Jacques Grimaldi qui se qualifie *clerc bénéficier de l'église du Vatican*, et se donne pour garant d'un fait rapporté par Mucante.

828. — **Bréquigny** (de). — Notice de deux manuscrits de la Chronique de Guillaume de Puy-Laurens, qui se trouvent dans la Bibliothèque nationale, parmi les manuscrits latins, sous les n°ˢ 5212 et 5213, in-folio de petit format.

T. VII, II, p. 1-15 des *Notices*.

Le premier de ces mss. est sur vélin et contient 22 feuillets. L'écriture est fort belle, mais chargée d'abréviations ; les titres des chapitres sont en lettres rouges. Ce ms., qui figurait, sous le n° 261, parmi ceux de Baluze quand ils furent achetés pour la Bibliothèque du Roi, en 1719, paraît être de la fin du XIII° siècle, ou du commencement du XIV°.

Le second était aussi dans la bibliothèque de Baluze, sous le n° 380. Il est en papier, d'une écriture du XVI° siècle, et contient 70 feuillets dont les deux derniers renferment une courte généalogie des comtes de Toulouse, depuis l'an 810 jusqu'à 1272.

L'objet principal de la Chronique de Guillaume de Puy-Laurens est de raconter ce qui s'est fait en Languedoc, spécialement concernant les Albigeois, depuis l'an 1170 jusqu'en 1273.

829. —. — Notice de l'histoire de Charles VIII et de Louis XII, par Jacques Gohori. Deux vol. in-fol. Manuscrit de la Bibliothèque nationale, n°ˢ 8971 et 8972.

T. VII, II, p. 16-39 des *Notices*.

Première partie. — Histoire de Charles VIII, depuis l'an 1485, jusqu'à la fin de son règne.

Deuxième partie. — Histoire des six premières années du règne de Louis XII.

Ces deux volumes sont en papier ; le premier contient 39 feuillets ; le second, 67. L'écriture est de la fin du XVI° siècle, et paraît être de la main de l'auteur même.

Le second volume est dédié à Christophe de Thou, premier président du parlement de Paris et père du célèbre historien Jacques Auguste de Thou. C'est de la bibliothèque de ce dernier que ce volume a passé dans la bibliothèque de Colbert et ensuite dans celle du Roi.

830. —. — Notice de l'ouvrage de Bernard Guidonis, intitulé : *Flores chronicorum*. Manuscrits du Roi cotés 4976, 4980 et 4985, parmi les manuscrits latins.

T. II, p. 1-18 des *Notices*.

Le manuscrit coté 4976 est d'une belle écriture du XIV° siècle. En beau vélin et de format petit in-fol., ce volume est composé de 262 feuillets ; la chronique de Guidon en occupe 119.

Le manuscrit 4985, de format in-fol., est un beau vélin, d'une écriture très soignée qui paraît être du XIV° siècle. La chronique y occupe 73 feuillets, qui composent à peu près la moitié du volume.

Enfin le ms. coté 4980 est du XV° siècle ; le vélin en est moins beau ; ce volume, gr. in-4°, a 360 pages dont la chronique remplit 259.

831. —. — Notice du journal de Burcard maître des cérémonies de la chapelle du pape depuis Sixte IV jusqu'à Jules II. Première partie. Sous les pontificats de Sixte IV et d'Innocent VIII. Manuscrits du Roi, cotés 5158 et 5159, in-fol. et 5521, trois volumes in-4° parmi les manuscrits latins.

T. I, p. 68-95 des *Notices*.

Burcard, né à Strasbourg, posséda plusieurs charges à la cour de Rome, fut évêque d'Horta et mourut le 16 mai 1506.

Le ms. n° 5158 est un petit in-fol., en papier, d'une écriture de la fin du 16° siècle, assez menue, mais très-lisible ; il contient 224 feuillets, sans compter la table des matières.

Le n° 5159 est un in-fol. de 1070 pages, sans la Table des matières. Il est écrit sur très beau papier et a été copié en 1668. Ces deux manuscrits commencent au mois de décembre 1483 et finissent au 14 juin 1492.

Le 3e manuscrit (n° 5321) s'étend jusqu'au 25 juillet 1493, jour de la mort d'Innocent VIII, mais il ne commence qu'à la mort de Sixte IV. Il est partagé en 3 volumes; le papier en est mauvais, et l'écriture, qui paraît d'une main italienne, est du seizième siècle assez avancé; elle est très négligée, peu facile à lire et pleine de fautes.

832. — **Bréquigny (de).** — Notice du Journal de Burcard. Seconde partie. Sous le pontificat d'Alexandre VI. Manuscrits du Roi, cotés 5160, 2 vol.; 5161, 5162 et ??, parmi les manuscrits latins.

T. I, p. 97-115 des *Notices*.

Le n° 5160, 2 vol. petit in-folio, d'une belle écriture de la fin du 16e siècle, ou du commencement du 17e, s'étend depuis l'an 1492 jusqu'à l'an 1500. Les pages ne sont point cotées.

Le n° 5161, in-4°, est d'une écriture du 16e siècle; le Journal de Burcard n'y commence qu'en 1497 et s'étend jusqu'à la fin de 1502; il occupe 273 feuillets. Le reste contient divers Extraits dont quelques-uns concernent Calixte III, qui était, comme Alexandre VI, de la famille Borgia. Ils sont de la même écriture que ce qui précède et paraissent avoir été compilés par Thomas Tamaijo de Vargas en 1634.

Le n° 5162, in-fol., daté de 1669, contient 259 pages et est de la même main que le manuscrit n° 5160.

Le n° 5322 est un in-4°; il se divise en 4 volumes, et il paraît écrit par une main italienne au 17e siècle; c'est la suite du ms. n° 5321.

833. —. — Notice du journal de Burcard. Troisième et dernière partie, concernant le pontificat de Pie III et les trois premières années de celui de Jules II. Manuscrit du Roi, coté 5163, parmi les manuscrits latins.

T. I, p. 116-130 des *Notices*.

Ce ms. est en papier, in-fol., d'une écriture du seizième siècle et d'une main italienne. C'est la suite du journal de Burcard. Ce même manuscrit contient une autre copie du même ouvrage, d'une écriture différente, mais du même temps; elle est moins complète.

834. —. — Notice du Journal de Paris de Grassis, maître des cérémonies de chapelle des papes Jules II et Léon X. Première notice. Pontificat de Jules II. Manuscrit du Roi, parmi les manuscrits latins, in-folio, n° 5164, 1, 2 et 3; et ?? 5165, 1 et 2. Deuxième notice. Pontificat de Léon X. Manuscrit du Roi, coté ???, parmi les manuscrits latins.

T. II, p. 546-625 des *Notices*.

Les 3 volumes du n° 5164 sont de petit format; l'écriture est du 16e ou du 17e siècle. Les volumes cotés 5165 portent la date de 1648. Les pages 601 à 625 de la Notice sont occupées par un Supplément à la première notice du Journal de Paris de Grassis.

835. —. — Notice du manuscrit de la Bibliothèque du Roi, coté 6003, parmi les manuscrits latins. Première partie, contenant une Histoire de Bretagne, sous le titre de Chronicon Briocense.

T. II, p. 197-212 des *Notices*.

Ce ms. est en papier, de format petit in-folio, et relié aux armes de Colbert; il renferme deux ouvrages sur l'histoire de Bretagne. Composés et transcrits en des temps fort différents, ils ont été réunis lorsqu'ils étaient dans la bibliothèque de Colbert, d'où ils ont passé dans celle du Roi. L'un et l'autre sont en latin. Le premier, le seul dont il est question dans la notice, a pour titre Chronicon Briocense (Chronique de Saint-Brieu); il est d'une écriture du commencement du 15e siècle, et contient en tout 147 feuillets, dont les quatre derniers sont remplis par les pièces suivantes, d'une écriture bien moins ancienne :

1° En vers élégiaques latins, l'épitaphe d'un ancien roi de la Grande-Bretagne, nommé Catwaldre;

2° Une liste des ducs de Bretagne, depuis Conan jusqu'à François II, dont le règne commença en 1458, et sous lequel cette liste fut dressée;

3° Une liste des anciens rois d'Angleterre, jusqu'à Guillaume le Conquérant;

4° Une liste des ducs de Normandie, depuis Guillaume le Conquérant jusqu'à l'an 1318, la 20° année du règne d'Édouard II;

5° Le catalogue des rois de France, depuis Mérovée jusqu'à Philippe-Auguste.

6° Quelques notes chronologiques sur l'histoire d'Angleterre, depuis Jules César jusqu'à l'an de notre ère 734.

836. — **Bréquigny** (de). — Notice du manuscrit de la Bibliothèque du Roi, coté 6271, contenant une chronique latine, par Gilles Le Muisit.

T. II, p. 213-230 des *Notices*.

Ce ms. est en papier, de format in-4°; l'écriture est du XVII° siècle; il contient 165 feuillets non cotés, et il faisait partie des manuscrits de Colbert. C'est la copie d'un ms. en parchemin de la bibliothèque de l'abbaye de Saint-Martin de Tournai.

Le catalogue imprimé de la Bibliothèque du Roi l'annonce sous le titre de *Chroniques de Flandre*, et l'auteur y est nommé Gilles de Musis.

837. —. — Notice du roman de Rou et des ducs de Normandie. Manuscrit de la Bibliothèque nationale 6387; autre coté 7567 (2), manuscrit de la Bibliothèque de l'Arsenal, intitulé au dos, Roman de Rou.

T. V, p. 21-78 des *Notices*.

Le ms. 6387 est de la fin du XIII° siècle; c'est un in-folio de très grand format, très bien conservé et contenant 340 feuillets, en vélin. Écriture très belle, encre du plus beau noir, lettres coloriées et fleuronnées. La reliure est moderne, en maroquin rouge, aux armes de France.

Outre l'Histoire des ducs de Normandie, qui est incomplète, il contient sur deux colonnes, jusqu'au 17° feuillet, le texte latin de l'Apocalypse avec des figures; sur trois colonnes, jusqu'au feuillet 31, un commentaire en français, sur le texte précédent; jusqu'au feuillet 33, des prédictions attribuées aux Sibylles. Le reste du volume n'offre que des poésies comprises sous le titre général de *Romans*, et au feuillet 216 se trouve une généalogie des comtes de Boulogne.

Le roman intitulé *Des Ducs de Normandie* s'étend depuis le feuillet 219 jusqu'au feuillet 247; il se termine par le règne de Guillaume Courteheuse, mais il ne commence qu'au règne de Richard I°.

838. —. — Observations sur un manuscrit du Lexique de Suidas.

T. V, p. 5-20 des *Notices*.

Ce ms. était dans la bibliothèque du collège des Jésuites à Paris, sous le n° 74. Il est passé aux mains d'un savant de Hollande, M. d'Orville.

839. —. — Rabelaesina elogia. De vita et gestis magistri Francisci Rabelaesi. Manuscrit coté 8704, parmi les manuscrits latins, in-folio, première partie, 64 pages; deuxième partie, 335 pages.

T. V, p. 132-146 des *Notices*.

Ce ms., relié en veau aux armes du Roi, est sur papier; l'écriture est du XVII° siècle. L'auteur se nomme Antoine Le Roi; il était neveu ou arrière-neveu de Nicolas Le Roi, qui fut attaché au cardinal du Bellay, comme l'avait été Rabelais.

840. — **Brial (J.-J.).** — Notice d'un manuscrit de la Bibliothèque du chevalier Cotton, faisant partie aujourd'hui du Musée britannique.

T. XI, II, p. 165-177 des *Notices*.
Ce volume, in-4°, coté *Vitellius*, A. XII, est un recueil contenant plusieurs pièces de vers latins sur des objets différents. Brial publie quelques pièces attribuées à Serlon, surnommé de Paris, chanoine de Bayeux au commencement du XII° siècle.

841. —. — Notice d'un manuscrit latin de la Bibliothèque impériale, n° 5372, (ou Baluz. 46, *Regius* 3681), contenant l'Histoire de la vie et du martyre de S. Thomas de Cantorbéry.

T. IX, II, p. 85-92 des *Notices*.
Ce ms. est un grand in-folio vélin, de 126 feuillets à deux colonnes, et écrit au commencement du XV° siècle.

842. —. — Notice de deux manuscrits latins de la Bibliothèque impériale, contenant les Lettres de Jean de Salisburi.

T. IX, II, p. 93-124 des *Notices*.
Le premier ms. est coté n° 8625 après avoir porté le n° 5040 dans le fonds Colbert et le n° 4546¹ B dans l'ancien fonds du roi. C'est un volume in-4°, comptant 32 feuillets en parchemin et écrit au XIV° siècle. Il ne contient que les 133 premières lettres de celles qui ont été publiées, en 1611, par Jean Masson, archidiacre de Bayeux.
Le second ms., coté 8562, et autrefois 935 et 530³, est un petit in-folio de 94 feuillets, en beau vélin, écriture du XIII° siècle. Il contient le surplus des Lettres de Jean de Salisburi, publiées par Jean Masson, depuis la 134° jusqu'à la 302°.
Brial termine sa notice en parlant des Lettres de Jean de Salisburi qui ne sont pas dans la collection.

843. —. — Notice des Manuscrits latins de la Bibliothèque du Roi, n° 8630 A, 8666 A, 2923, contenant les Lettres d'Étienne, successivement abbé de Sainte-Geneviève d'Orléans, et de Sainte-Geneviève, à Paris, puis évêque de Tournai.

T. X, II, p. 66-121 des *Notices*.
Le ms. 8630 A portait le n° 4367 dans la bibliothèque de Colbert, puis le n° 4333 dans l'ancien fonds du roi. C'est un petit in-4° de 100 feuillets, sur vélin, écrits au XIV° siècle.
Le ms. n° 8666 A appartint successivement à la bibliothèque de l'abbaye de Saint-Martin de Tournai et à Charles-Maurice Letellier, archevêque de Reims; il prit le n° 4083 ² dans l'ancien fonds de la Bibliothèque du roi. Cet in-4°, sur vélin, d'une belle écriture du XIII° siècle, est composé de 124 feuillets et contient 216 lettres.
Le ms. 2923, qui avait appartenu à François Pétrarque, reçut à la Bibliothèque du Roi les cotes 1702 et 4353. C'est un volume in-4° de 169 feuillets, sur vélin, écriture du XIV° siècle. Il contient : 1° les lettres de Pierre Abélard ; 2° l'apologie du même par Béranger de Poitiers ; 3° les lettres de Cassiodore ; 4° les lettres d'Étienne de Tournai.
La notice n'a pour objet que ces dernières.

844. —. — Notice du manuscrit 1267 de la Reine Christine de Suède, qui a pour titre : *Draco-Normannicus*.

T. VIII, II, p. 297-308 des *Notices*.
M. Brial publie, d'après un ms. de la bibliothèque de Saint-Germain des Prés, les sommaires et la préface en vers de cet ouvrage qui est divisé en trois livres et les livres par chapitres. L'ouvrage même se trouvait autrefois au Vatican et paraît être égaré.

845. — **Brunet de Presles (W.)** — Notices et textes des papyrus grecs du musée du Louvre et de la Bibliothèque Impériale, publication préparée par feu M. Letronne. Extrait d'un rapport lu à l'Académie des Inscriptions et belles-lettres, en 1850 (avec un atlas in-fol. 52 pl.)

T. XVIII. II, p. 1. — des *Notices*.

Brunet de Presles rend compte de l'examen qu'il fit des papiers de Letronne, après la mort de ce savant, et rappelle dans quelles circonstances la plupart des papyrus grecs ont été découverts, leur dispersion entre divers musées et les publications dont ils ont été l'objet jusqu'à ce jour.

Dans la *Première division*, on trouve les pièces ayant un intérêt scientifique ou littéraire :

Papyrus n° 1. Traité d'astronomie, d'après Eudoxe.
                Note sur la date probable du papyrus astronomique, par M. Letronne. Observations sur la note précédente, par M. Brunet de Presle. Sur le titre du traité d'astronomie contenu dans le papyrus n° 1. Texte de ce papyrus.
— n° 2. Fragment de dialectique.
— n° 3. Fragments de l'Iliade.
— n° 4. Fragment contenant les noms des mois macédoniens et des mois attiques.
— n° 4 *bis*. Fragment de lexique latin rustique et grec.

La *Deuxième division* contient les pièces relatives à des affaires d'intérêt particulier :

Papyrus n° 5. Grand contrat dit de Casati.
— n° 6. Plainte en violation de sépulture.
— n° 7. Prêt de blé.
— n° 8. Requête à l'occasion d'un prêt de blé.
— n° 9. Prêt de blé.
— n° 10. Récompense promise pour un esclave fugitif.
— n° 11. Plainte d'Onnophris Ibibosque.
— n° 12. Lettre d'Armaïs à Posidonius, officier des gardes du corps et stratège.
— n° 13. Lettre de Ptolémée, fils d'Amadocus, à Posidonius.
— n° 14. Pétition d'Apollonius au roi.
— n° 15. Procès d'Hermias, fils de Ptolémée, contre Horus et consorts, chachytes de Thèbes, et jugement du 8 payni de l'an LIV (126 avant J.-Ch.)
— n° 15 *bis*. Enseignement en grec d'un contrat égyptien.
— n° 16. Arrêt.
— n° 17. Contrat de vente, de l'an XVII d'Antonin le Pieux.
— n° 18. Lettre familière.
— n° 18 *bis*. (Autre lettre familière.)
— n° 19 et 19 *bis*. Thème généthliaque.
— n° 20. Acte de partage.
— n° 21. Contrat de vente de l'an 616 de Jésus-Christ.
— n° 21 *bis*. Contrat de vente.
— n° 21 *ter*. Contrat de vente de l'an 599 de Jésus-Christ.

Papyrus de Berlin n° 1. Contrat d'apprentissage.
—   — n° 2. Contrat de prêt.
Papyrus Jomard. Contrat de vente.

La *Troisième division* est consacrée au Sérapéum de Memphis.

Papyrus n° 22. Pétition au roi Ptolémée et à la reine Cléopâtre sa sœur, Dieux Philométors.
— n° 23. Brouillon du précédent.
— n° 24. Fragment de pétition de Ptolémée, fils de Glaucias.
— n° 25. Rapport sur les réclamations des Jumelles.
— n° 26. Pétition au roi Ptolémée Philométor, au nom des Jumelles du Sérapéum.

Papyrus n° 27. Plainte des Jumelles à Sérapion.
— n° 28. Commencement de la pièce précédente.
— n° 29. Pétition des Jumelles au roi Ptolémée Philométor.
— n° 30. Lettre de Ptolémée, fils de Glaucias, à Sérapion, sous-administrateur.
— n° 31. Lettre de Ptolémée, fils de Glaucias, à Menidès.
— n° 32. Lettre de Lysimaque à Ptolémée, aux Jumelles et à Apollonius.
— n° 33. Pétition des Jumelles à Sérapion, sous-administrateur.
— n° 34. Déposition ou rapport de police.
— n° 35. Pétition de Ptolémée, fils de Glaucias, au roi Ptolémée Philométor.
— n° 36. Plainte de Ptolémée, fils de Glaucias, à Denys, un des amis du roi et stratège.
— n° 37. Plainte de Ptolémée, fils de Glaucias, au stratège.
— n° 38. Pétition de Ptolémée, fils de Glaucias, au roi, au sujet de sa maison patrimoniale.
— n° 39. Pétition de Ptolémée, fils de Glaucias, au roi.
— n° 40. Lettre d'Apollonius, fils de Glaucias, à Posidonius, stratège.
— n° 41. Lettre d'Apollonius, fils de Glaucias, au même stratège.
— n° 42. Lettre de Bareeus et d'Apollonius.
— n° 43. Lettre de Sérapion à Ptolémée et Apollonius.
— n° 44. Lettre d'Apollonius à Ptolémée.
— n° 45. Lettre d'Apollonius à Apollonius, son père.
— n° 46. Lettre d'Apollonius à son frère Ptolémée.
— n° 47. Lettre d'Apollonius à Ptolémée.
— n° 48. Lettre de Myroullas et Challas, arabes, à Dacoutis.
— n° 49. Lettre de Denys à Ptolémée.
— n° 50. Récit de songes.
— n° 51. Id.
— n°s 52-59. (Comptes de dépenses.)
— n° 60. (Lettre d'Apollonius à Ptolémée.)
— n° 60 bis. (Compte de dépenses.)

La *Quatrième division* est consacrée aux pièces relatives à des affaires d'administration.
Papyrus n° 61. Lettre de Dioscoride à Dorion.
— n° 62. Circulaire aux employés des finances.
— n° 63. Lettre d'Hérodote à Théon.
— n° 64. Fragment de lettre.
— n° 65. Lettre de Paniscus à Ptolémée sur la rédaction des contrats égyptiens.
— n° 66. Fragments relatifs à des travaux publics.
— n° 67. Fragment de compte public.
— n° 68. Fragment d'une apologie pour les juifs.
— n° 69. Actes administratifs du règne d'Alexandre Sévère.
— n° 70. (Lettre de Timoxène à Moschion.)
— n° 71. (Fragment inédit du poète Alcman.)
Tessères. Planchettes.
A la suite on trouve : Tables alphabétiques. — Avertissement sur les tables alphabétiques. — Table historique. — Table des noms propres. — Table des mots grecs.

846. — **Buchon (J. A. C.)** et **J. Tastu.** — Notice sur un atlas en langue catalane, manuscrit de l'an 1375, conservé parmi les manuscrits de la Bibliothèque royale, sous le n° 6816, fonds ancien, in-folio maximo. Extrait des Notices et extraits des manuscrits de la Bibliothèque du Roi, t. 14, p. 1-152. — *Paris, imp. Royale*, 1841, in-4°. Sect. géogr. **C** 4207

Cet atlas se compose de 6 grandes cartes en parchemin vélin, collées sur bois, peintes en couleur, or et argent, et renfermées en un seul volume à reliure ancienne. Il provient de la bibliothèque de Charles V.

La *Notice* comprend une introduction de 3 pages et se termine par une « Table alphabétique de quelques points importants dont il est fait mention dans l'Atlas catalan. »

Les six feuilles de l'Atlas ont été distribuées en deux tableaux et quatre cartes. Les deux premiers tableaux contiennent l'exposé des connaissances cosmographiques et astrologiques de cette époque. Les 4 cartes représentent l'état du globe en 1375, et ont été dressées pour servir aux marins à déterminer leur position en mer.

847. — **Camus.** — Addition à la Notice de quatre manuscrits des vers de Manuel Philé sur les animaux, publiée dans le V° volume des Notices, p. 623-667.

T. VII, II, p. 419-425 des *Notices*.

848. — — Copie de trois Lettres écrites au mois de septembre 1562, par Louis de Chastillon, à ceux de son parti, sur des morceaux de toile.

T. VII, II, p. 216-221 des *Notices*.

Ces lettres sont déposées à la suite du Trésor des chartes aux Archives nationales. Elles sont relatives aux événements qui suivirent la prise d'Orléans par les protestants en 1562, jusqu'au siège de Rouen par le duc de Guise.

849. —. — Notice d'un manuscrit de la Bibliothèque nationale, numéroté 1594. Droit canonique E, contenant plusieurs pièces historiques du IX° siècle.

T. V, p. 79-100 des *Notices*.

Ce ms. est un in-4° de 226 feuillets sur parchemin, sans chiffre ni réclame; quelques feuillets manquent au commencement et à la fin, d'autres sont pâles. L'écriture semble être d'une minuscule-franco-gallique finissante du IX° siècle ou peut-être une minuscule caroline.

Au bas du troisième feuillet, et sur un des derniers, on trouve le nom de *Petavius*, avec la date 1605.

Christine de Suède avant acheté la bibliothèque entière d'Alexandre Petau, ce ms. passa, en 1650, avec une partie des mss. de cette reine, entre les mains de Louis Éméric Bigot. Il entra, en 1705, à la Bibliothèque royale où il a été coté d'abord sous le n° 1654, 2. Il contient :

1° Les actes du premier concile tenu à Douzy en 871;
2° Une lettre de Charles-le-Chauve au pape Adrien II, touchant Hincmar de Laon;
3° Une lettre d'Hincmar de Reims au même pape;
4° Une formule de confession;
5° Une formule d'exorcisme pour bénir le pain et le fromage destinés aux épreuves judiciaires;
6° Deux lettres écrites par Hincmar de Reims au pape Adrien, au nom de Charles-le-Chauve;
7° Une réponse écrite au pape Adrien par les pères du concile de Douzy.

850. —. — Notice d'un Manuscrit grec de la bibliothèque de Venise, où il était sous le n° 208; maintenant de la Bibliothèque nationale.

T. V, p. 433-464 des *Notices*.

Ce ms. paraît être du XI° siècle; il figurait sous ce titre dans le catalogue des livres grecs de la bibliothèque de Saint-Marc à Venise : « Codex CCVIII, in 4°, chartaceus, foliorum 294, sæculi circiter decimi. Aristotelis de historiâ animalium libri IX priores, diverso ab editis ordine. » De nombreuses corrections, accompagnées de notes, ont été écrites sur les marges et entre les lignes par deux ou trois mains différentes et de divers âges.

851. —. — Notice de cinq volumes (in-folio) manuscrits, étant aux Archives

Nationales, lesquels contiennent des Lettres originales des Souverains, des Princes et des Ministres durant les règnes de Louis XIII et de Louis XIV.

T. VII, II, p. 261-271 des *Notices*.

Ces volumes ont pour titre :

Lettres du Roi à la Reyne et de la Reyne à plusieurs particuliers.

Brefs du Pape et Lettres des Rois et électeurs au Roi, avec les minutes de celles qui leur ont été écrites.

Brefs des Papes Urbain VIII, Innocent X et Alexandre VII.

Lettres du Roi à plusieurs princes d'Allemagne, avec celles qu'ils écrivent au Roi.

Lettres de l'Empereur, des Électeurs et des Princes ecclésiastiques du Saint-Empire.

Dans ces volumes on trouve un grand nombre de lettres écrites à Henri-Auguste de Loménie, comte de Brienne.

852. — **Camus**. — Notice de deux manuscrits de la Bibliothèque nationale, cotés aujourd'hui 6829 et 6829² parmi les Manuscrits français ; le premier coté ci-devant 250, le second 517 et 1085. — Avec 3 planches.

T. VI, p. 105-124 des *Notices*.

Le texte de l'un et l'autre ms. est un abrégé des principaux livres de la Bible, en latin et en français, avec des réflexions, également dans les deux langues, sur chaque fait ou précepte énoncé dans la Bible. Chaque feuille est divisée en quatre colonnes ; chaque colonne contient deux faits ou deux textes extraits de la Bible et deux explications, avec deux tableaux, l'un figuratif, l'autre figuré.

Sur l'avant-dernier feuillet du ms. coté 6829² on lit les notes suivantes : « En ce livre a iij.xxj feuillets, et ystoires iiijᵒ vlxxvj, » avec le parapho de Robertet. Ensuite : « Ce livre de la Bible en latin et en françoys historiée fut au bon duc Philippes de Bourgogne, deuxⁱᵉ de ce nom, et est a pût a son nepveu filz de sa seur Agnes de Bourgogne, Pierre aussi deuxⁱᵉ de ce nom duc de Bourbon et d'Auvergne... » Ce livre est complet, renferme 5152 tableaux avec 10364 versets, et a été composé à la fin du XIVᵉ siècle ou au commencement du XVᵉ.

L'autre ms., numéroté 6829, est demeuré incomplet ; il n'atteint que le 163ᵉ feuillet du premier, à la prophétie d'Isaïe. Le format du livre, la distribution des colonnes, le nombre des tableaux, les textes latins et français sont les mêmes que dans le ms. 6829² ; mais le vélin est plus fin, et les tableaux, au lieu de n'être que des traits et un lavis, sont des peintures, les unes en miniature, les autres à la gouache, toutes rehaussées d'or et d'azur.

853. — . — Notice de manuscrits contenant des Collections de Canons et de Décrétales. On y a joint quelques observations relatives à l'Histoire du règne de Charlemagne.

T. VI, p. 265-301 des *Notices*.

Les douze manuscrits en question sont les suivants :

1º Ms. nº 3837, in-4º, de la Bibliothèque nationale.

2º Ms. nº 3850, in-fol., de la Bibliothèque nationale, autrefois dans la bibliothèque de Baluze.

3º Ms. 3851ᵇ, in-fol., de la Bibliothèque nationale, ancien Colbert nº 883. Il est de deux mains que l'on annonce être du Xᵉ et du XIᵉ siècles. C'est un exemplaire de la Collection d'Isidore ; au commencement du volume plusieurs feuillets manquent

4º Le Ms. nº 3852, in-fol., sort aussi de la bibliothèque de Colbert où il figurait sous le nº 884. Il est annoncé écrit en partie au Xᵉ et en partie au XIᵉ siècle ; des feuilles sont transposées, d'autres ajoutées.

5º Le Ms. nº 3854, in-fol., vient de Claude Fauchet et semble être du XIIᵉ siècle. Une partie contient des lettres de papes et d'évêques qui n'ont pas de relation à la collection d'Isidore. L'autre contient les lettres attribuées aux papes depuis saint Clément jusqu'à Melchiade (élu en 311).

6° Le Ms. n° 3836, in-fol., originairement dans la bibliothèque de Bigot, renferme les lettres attribuées aux premiers papes, d'autres décrétales jusque et y compris une décrétale de Grégoire II datée de l'an 722, et quelques autres pièces.

7° Le Ms. n° 3838, in-fol., ancien Colbert n° 628, écrit au XIV° siècle.

8° Le Ms. n° 640, in-fol., du Vatican, apporté récemment en France et déposé à la Bibliothèque nationale. Écrit au IX° siècle, il est divisé en deux parties couvertes d'une reliure moderne de maroquin rouge.

9° Le Ms. n° 3854, in-fol., de la Bibliothèque nationale.

10° Le Ms. de la bibliothèque Saint-Victor, coté FF 1, n° 282, in-fol., aujourd'hui à la Bibliothèque nationale.

11° Le Ms. de la bibliothèque de Navarre, coté 77, in-fol., aujourd'hui à la Bibliothèque nationale sous le n° 20.

12° Le Ms. de la bibliothèque du Corps législatif, in-fol. Ces cinq derniers mss. semblent à Camus être des exemplaires authentiques de la compilation d'Isidore.

854. — **Camus.** — Notice de quatre Manuscrits grecs contenant les vers de Manuel Philé, sur les traits propres aux animaux ; et des différentes éditions du même ouvrage de Philé.

T. V, p. 623-667 des *Notices*.

Les manuscrits sont : *De la Bibliothèque nationale*, un manuscrit de la grandeur d'un in-8°, coté 1630, venant de la bibliothèque de Henri II ; un autre de la grandeur d'un in-fol., venant de la même bibliothèque, coté ci-devant 1267 et 2129, aujourd'hui 2737 ; un troisième, de la grandeur d'un in-4°, venant de la bibliothèque de Baluze, coté 2526 ; *De la Bibliothèque du Panthéon*, un manuscrit de la grandeur d'un in-4°, coté Au 1, autrement 41. Les éditions sont de 1533, 1575, 1596, 1614, 1730.

Le ms. coté 1630 contient 144 ouvrages divers parmi lesquels le poëme de Philé est le 73°. Il a été écrit sur papier de coton, au XIV° siècle, et les vers sont rangés sur deux colonnes.

Le ms. coté 2737 vient de la bibliothèque de Fontainebleau. Il renferme trois ouvrages : le poëme de la chasse d'Oppien, le traité de la chasse de Xénophon, le poëme de Philé. La reliure porte les chiffres et les emblèmes de Henri II ; sur le plat sont deux écussons de forme ovale, fort légèrement peints ; l'un représente les armes de France, l'autre une Diane accompagnée d'un chien qui poursuit un cerf ; aux quatre angles sont des têtes de lion sur cuir doré. L'écriture est d'Ange Vergèce. Le poëme de Philé n'est pas divisé par livres ; il forme une série de paragraphes dont le titre est en rouge. La première page du poëme est ornée d'une vignette et presque tous les articles sont accompagnés de la figure peinte de l'animal dont traite Philé.

Écrit en 1566 par Vergèce, le ms. de la Bibliothèque du Panthéon est un in-4°, également orné de la peinture des animaux. Le volume ne contient que le poëme de Philé.

Le ms. numéroté 2526 est encore une copie de Vergèce faite en 1568 ; mais les espaces qu'on avait destinés pour peindre les figures d'animaux sont restés en blanc ; de plus le ms. est imparfait de quelques feuillets ; ce même volume contient un manuscrit de la Tactique d'Élien.

Camus termine sa notice en donnant les « Variantes du poëme de Philé sur les animaux, tirées de l'édition *princeps*, des manuscrits de la Bibliothèque nationale et du manuscrit du Panthéon, comparées avec le texte de l'édition donnée par J. Corneille de Pauw. »

855. — . — Notice de trois manuscrits du quinzième siècle, contenant un abrégé d'Histoire universelle.

T. V, p. 147-154 des *Notices*.

Le premier de ces mss. appartenait au citoyen Garangeot avant d'entrer à la Bibliothèque nationale. C'est un volume formé de plusieurs peaux de parchemin collées les unes aux autres, écrites d'un côté seulement ; sa longueur est de 11,88 mètres, sur 7 décimètres de large. L'écriture est du milieu du xv° siècle. Les lettres initiales sont enjolivées et ornées de peintures et de dorures. On a peint à la tête des principales époques un assez grand nombre de médaillons dont les uns sont des portraits de personnages fameux, les autres des tableaux d'événements remarquables. Le titre de l'ouvrage commence ainsi : « Cy ensuit la genealogie de la Bible... » Après l'arrivée d'Enéas en Italie, la largeur du ms. est partagée en 3 colonnes : l'une contient l'histoire des juifs; la seconde, celle des rois Latins; la troisième, celle des Grecs. Peu après commence une quatrième colonne destinée à l'histoire des rois d'Angleterre.

Le second ms. était à la Bibliothèque nationale avant l'acquisition du précédent. Il a 17 mètres de long sur moins de six décimètres de large. La première peau manque; la peinture de quelques vignettes est mieux conservée; mais on trouve de légères différences entre les peintures et les vignettes de ces mss. Ce second ms. n'a pas été copié, ou du moins achevé avant 1470.

Le 3° ms. provient de la maison de Condé ; c'est un rouleau ayant environ 11 mètres de longueur sur 0,66 de large. Il n'a pu être terminé avant 1385. Dans sa généralité il est conforme aux deux précédents, mais le nombre des miniatures est moindre.

856. — **Camus**. — Notice des Manuscrits de la Bibliothèque nationale, n°° 6788, précédemment 1016 et 5325; 6789, précédemment 450 et 5326; 6790, précédemment 514 et 4748; 6791, précédemment $\frac{1271}{6}$; dans la Bibliothèque de Colbert 4188; 6792, précédemment $\frac{1271}{3}$, dans la bibliothèque de Colbert 3212, d'un ms. de la bibliothèque de Sorbonne, n° 1165, aujourd'hui de la Bibliothèque nationale; ces six manuscrits contenant l'*Histoire des animaux d'Aristote*, traduite en latin par Michel Scotus ; et d'un manuscrit de la bibliothèque de Sorbonne, n° 1199, aujourd'hui de la Bibliothèque nationale, contenant les *Traités d'Albert-le-Grand sur les animaux*.

T. VI, p. 387-458 des *Notices*.
Tous ces mss. (sauf celui qui vient de Sorbonne) appartiennent au xiv° siècle; l'écriture est une minuscule gothique.

Le ms. coté 6788 est un in-4° de 261 feuillets dans une ancienne reliure en bois; les marges sont très-grandes; il n'y a aucun titre, point de sommaires, point de divisions par chapitres. Il est incomplet dans les livres V, VI, IX.

Le ms. 6789 est relié en maroquin rouge. Il a un titre initial et des titres courants : *Liber de animalibus*; l'écriture est inégale; les lettres initiales sont dorées et plus ornées que dans le ms. précédent.

Le n° 6790 est un ms. in-folio, composé de 86 feuillets; l'écriture est moins soignée; les livres sont distingués, mais ne sont points divisés en chapitres. En marge se trouvent des corrections, des variantes et quelques notes.

Le ms. 6791 est de format in-4°. Il est conservé dans son ancienne reliure de bois. Les lettres initiales sont ornées de traits rouges et bleus; il existe un titre courant; les livres sont divisés par chapitres et ont des sommaires. Les six premiers feuillets contiennent la fin d'un traité *de causis*.

Le ms. 6792 est un in-4° ayant encore son ancienne reliure de bois. Il n'a pas de titre courant; les livres ne sont pas distribués en chapitres. Il ne contient que les XIX livres des animaux.

Le ms., qui vient de la bibliothèque de Sorbonne, contient, en plus des XIX livres des animaux, des extraits des étymologies d'Isidore. Écrit au xiv° siècle, il est de plusieurs mains; les caractères sont gothiques et très fins. Dans les extraits d'Isidore les marges sont moitié plus étroites.

Le ms. d'Albert-le-Grand est un petit in-folio, écrit sur vélin en deux colonnes; le caractère est gothique et de la fin du xiv° siècle. Il contient des petites figures; les lettres capitales sont en or sur fond bleu et rouge.

857. — **Caussin**. — ... Le livre de la grande table Hakémite, observée par le Sheikh, l'Iman, le docte, le savant Aboulhassan Ali ebn Abderrahman, ebn Ahmed, ebn Iounis, ebn Abdaalaala, ebn Moûsa, ebn Maïsara, ebn Hafes, ebn Hiyan.

— 392 —

T. VII, I, p. 46-240 des *Notices*.
Ce ms. appartient à la bibliothèque de l'Université de Leyde et est indiqué dans le catalogue imprimé, page 457, sous le n° 1182.

858. — **Caussin**. — ... Les constellations d'Aboulhossaïn Abderrahman es-Soufi er-razi. Mss. de la Bibliothèque du Roi, n°s 1110, 1111, 1113.

T. XII, 1, p. 236-276 des *Notices*.
Ce savant arabe naquit à Reï, ville de la Perse, vers l'an 291 de l'hégire (903 de J.-C.) et mourut en l'année 376 (986-987 de J.-C.). Le texte des trois exemplaires du traité des Constellations que possède la Bibliothèque offre peu de différences. Celui dont Caussin s'est servi pour sa notice est le ms. n° 1113.

859. — **Chahan de Cirbied**. — Notice de deux manuscrits Arméniens, de la Bibliothèque impériale, n°s 95 et 99, contenant l'histoire écrite par Mathieu Eretz, et Extrait relatif à l'histoire de la première croisade.

T. IX, 1, p. 275-364 des *Notices*.
Contient : 1° la Table des articles de l'Histoire de Mathieu d'Édesse. — 2° Extrait de l'Histoire de Mathieu Eretz, relatif à la première Croisade. — 3° Le Texte arménien de l'Extrait précédent.

860. — **De l'Averdy**. — ... ce du manuscrit de la Bibliothèque du Roi, n° 178, parmi les manuscrits de Brienne, intitulé : « Procès criminel fait à Robert d'Artois, comte de Beaumont, Pair de France ».

T. I, p. 575-537 des *Notices*.
Ce volume est relié en maroquin rouge, aux armes de Brienne, et au dos est écrit : Procès criminel fait à Robert d'Artois. Il a 1122 pages ; sur le premier feuillet on lit : « paraphé par nous conseiller du Roi en sa cour de Parlement, commissaire en cette partie, suivant notre procès-verbal du 15 janvier 1652, » et au bas la signature originale de M. Pithou et de M. Petau.

861. — —. — Notice du Procès criminel de condamnation de Jeanne d'Arc, dite la Pucelle d'Orléans, tirée des différens manuscrits de la Bibliothèque du Roi.

T. III, p. 1-170 des *Notices*.
Ces manuscrits portent les numéros 5965, 5966, 5967, 5968, 5969 ; 180 de la collection de Brienne, 346 de la bibliothèque de Saint-Germain des Prés, et 417 de celle de Saint-Victor.
La notice se divise en quatre parties, savoir :
Première partie contenant ce qui a précédé le Procès de condamnation.
Seconde partie contenant l'instruction du Procès jusqu'au jour où l'on a formé des articles afin d'avoir des avis doctrinaux sur ce qui y était contenu.
Troisième partie, depuis les articles arrêtés pour être consultés, jusqu'à la séance qui est appelée dans le procès, l'*Abjuration de l'accusée*. — 1° Ce qui est contenu au procès depuis les douze articles, jusqu'au jour où l'on commença les monitions. — 2° Ce qui s'est passé, jusques y compris l'abjuration de la *Pucelle*.
Quatrième partie. Du procès de Jeanne, dite la *Pucelle*. Tableau des noms de tous ceux qui ont été Juges ou Assesseurs, ou Consulteurs du Saint-Office, ou opinans dans l'affaire de Jeanne d'Arc, dite communément la Pucelle d'Orléans, avec des notes historiques tirées soit des deux procès de condamnation et d'absolution, soit du *Gallia Christiana*. 1° Seuls juges ayant voix délibérative. — 2° Assesseurs ayant voix consultative seulement, qui ont opiné dans les deux jugemens de condamnation des 19 et 29 mai 1431. — 3° Assesseurs ayant voix consultative seulement, qui ont opiné au premier jugement du 19 mai 1431, et qui n'ont pas opiné au second jugement du 29 mai 1431. — 4° Assesseurs ayant voix consultative seulement au second jugement du 29 mai 1431, et qui n'ont pas assisté au premier, ni été

consultants du Saint-Office. — 5° Assesseurs n'ayant que voix consultative, qui ont été consultants du Saint-Office, mais qui n'ont opiné dans aucun des jugements des 19 et 29 mai 1431. — 6° Consultants du Saint-Office qui n'ont été ni assesseurs ni opinants dans les deux jugements. — 7° Corps consultateurs du Saint-Office. — 8° Prélats, consultants du Saint-Office. 9° Assesseurs qui n'ont point été consultants du Saint-Office, et qui n'ont opiné dans aucun des jugements des 19 et 29 mai 1431. 10° Prélats assistant à la séance de l'abjuration du 19 mai et à celle de l'exécution du 29 mai 1431, qui n'ont été ni consultants, ni opinants.

A cette notice, M. de l'Averdy a joint des Réflexions historiques et critiques sur la conduite qu'a tenue Charles VII à l'égard de Jeanne d'Arc, dite la Pucelle d'Orléans, après qu'elle eut été faite prisonnière par les Anglais au siège de Compiègne.

862. — De l'Averdy. — Notice du procès de révision et d'absolution de Jeanne d'Arc, dite la Pucelle d'Orléans.

T. III, p. 247-353 des Notices.
Cette notice est principalement rédigée sur le manuscrit in-folio, n° 5970 de la Bibliothèque du Roi, dont il a été question (art. 15) dans la Notice générale de 28 mss. concernant les Procès criminels et l'Histoire de Jeanne d'Arc.
Elle se complète par les travaux suivants :
1°, pages 354-590.
Recherches, faites à Rouen, des originaux latins et français concernant le procès de Jeanne d'Arc, par M. de Belbeuf.
2°, pages 591-594.
Première addition servant pour l'explication des renvois du premier plan de la ville de Rouen, renfermée dans sa première enceinte aux X° et XI° siècles, suivant ce qui résulte de l'Histoire et des recherches les plus exactes des monuments, par M. Rondeaux de Setry.
3°, pages 595-604.
Seconde addition pour l'explication du second plan de la ville de Rouen, dans l'état où elle était aux XII° et XIII° siècles, et même jusqu'à la fin du XIV°, suivant ce qui résulte de l'histoire et des recherches des monuments anciens, par M. Rondeaux de Setry.

863. — —. — Notice générale, historique et critique de 28 manuscrits concernant les Procès criminels et l'Histoire de Jeanne d'Arc, dite la Pucelle d'Orléans.

T. III, p. 171-246 des Notices.
I. — Procès de condamnation :
Bibliothèque du Roi. — 1° Le ms. 5965 est un volume petit in-fol., relié en veau ; le papier est gris et l'écriture courante de la fin du XV° siècle. C'est une grosse, en bonne forme, délivrée et paraphée par Guillaume Colles, dit Bos-Guillaume, l'un des notaires greffiers nommés par l'évêque de Beauvais.
2° Le ms. 5966 provient de la bibliothèque de Dupuis, Potuens, où il avait le n° 6975 ; c'est un petit in-fol. relié en basane ; le papier est épais ; il compte 220 feuillets paraphés par Colles Bos-Guillaume.
3° Le ms. 184, qui faisait partie de la collection de Brienne, est une copie collationnée le 15 janvier 1652 par MM. Pithou et Petau. C'est un volume in-fol., relié et armorié.
4° Le volume 5967 est un petit in-folio, relié en carton avec une couverture blanchâtre de parchemin. Il a été écrit, sur papier fort, au XV° siècle avec notes marginales.
5° Le ms. 5968 provient de la bibliothèque de Pithou ; c'est un petit in-folio sur papier, relié en veau, avec les armes de France. Copie sans signature, paraphe ni collation.
6° Le ms. 5969 est un petit in-folio, relié en veau et écrit sur papier du XV° siècle. Copie non collationnée.
7° Ms. appartenant au dépôt de la Chambre des Comptes.

8° Ms. appartenant à la Bibliothèque de St-Germain-des-Prés.
9° Ms. de la bibliothèque de M. de Flandres de Brunville.
10° Ms. de la bibliothèque de M. de Saint-Genis, auditeur des comptes.
11° Ms. in-folio, n° 417, de la bibliothèque de Saint-Victor.
12° Ms. in-fol. sur vélin, écrit au XV° siècle; appartient au Dépôt de législation..., place Vendôme.

II. — Procès d'absolution.
Bibliothèque du Roi.

13° Le ms. 5970 est écrit sur parchemin. Ce volume in-folio est relié en maroquin rouge, aux armes de France dorées dans un cartouche doré lui-même de chaque côté avec des filets d'or. Il a 204 feuillets, après lesquels on trouve 3 feuillets non cotés, qui contiennent un poëme latin à la louange de Jeanne d'Arc.

L'écriture est celle du temps; les lettres majuscules des alinéa sont formées en plusieurs endroits avec des dessins tracés à la plume; les tranches sont dorées; c'est une grosse en forme de tout le procès de révision; chaque page est signée et paraphée par les notaires-greffiers Denys-le-Comte et François Ferrebouc.

14° Le 8° ms. de la Bibliothèque du Roi provient de la bibliothèque du chapitre de Notre-Dame de Paris auquel il avait été donné par l'évêque Chartier. Il est numéroté H 10. C'est un in-folio, relié en veau, et ayant pour titre : *Processus Puellæ Aurelianensis*. Il a été écrit au XV° siècle et compte 181 feuillets, au bas desquels, sur le recto, on lit les paraphes des notaires le Comte et Ferrebouc.

15° Ce ms., n° 181 de la collection de Brienne, est un in-folio, relié et armorié; cette copie est collationnée.

16° Ms. appartenant au dépôt de la Chambre des Comptes. C'est une copie, non signée ni collationnée, du procès de l'absolution de Jeanne.

17° et 18° Mss. appartenant, l'un à M. de Saint-Genis, l'autre à M. de Brunville. Ces copies ne sont ni signées, ni collationnées.

19° Le ms. n° 336 de la bibliothèque de St-Germain-des-Prés provient de la bibliothèque de Harlay. Copie non signée ni collationnée.

20° Le Ms. n° 417 de la bibliothèque de St-Victor, est de la fin du XV° siècle; c'est une copie non signée ni collationnée.

21° Ms. in-fol. appartenant au Dépôt de Législation...

III. — Manuscrits concernant l'histoire de Jeanne d'Arc.
Bibliothèque du Roi.

22° Manuscrit n° 285, provenant du fonds Fontanieu et composé en 1628 par Edmond Richer. Cette *Histoire de la Pucelle d'Orléans* est un ms. in-folio divisé en quatre parties.

23° Ms. de la bibliothèque de Rohan-Soubise. Ce ms. français est un petit in-folio, très large, relié en veau avec filets dorés; il est du XV° siècle, et contient des copies de pièces qui ne se trouvent dans aucun autre ms. : 1° Lettres-patentes de Charles VII adressées à Guillaume Bouillé, du 15 février 1449, aussitôt après la soumission de Rouen, qui le commettent pour informer au fait de la Pucelle et pour se faire représenter les actes du procès. — 2° L'Information faite par Guillaume Bouillé; on y lit les dépositions d'Isambert de la Pierre, de Jean Toutmouillé, de Martin Ladvenu, de Guillaume Duval, de Guillaume Manchon, de Jean Massieu et de Jean Beaupère, etc.

24° Ms. in-4° appartenant au marquis de Paulmy et ayant pour titre : *Histoire de Jeanne la Pucelle*.

25° Un ms. in-4°, appartenant à la bibliothèque St-Geneviève. C'est un poème, en latin de Valerianus Varrantins; il a pour titre : *De gestis Johannæ Puellæ Lotharingiæ*.

26° Dans un ms. qui appartient au Dépôt des Chartes..., place Vendôme, se trouve un *Petit Traictié par manière de chronique, contenant en brief le siège mis par les Anglois devant la ville d'Orléans, la venue et les vaillans faits d'armes de Jehanne la Pucelle, et comment fuist partir les Anglois, et en leva le siège par grace divine et force d'armes*. Ce récit qui a 39 feuillets in-folio commence au 12 octobre 1428 et va jusqu'à la soumission de Paris à Charles VII en 1436.

27° Ms. n° 417 de la bibliothèque de St-Victor ; c'est une copie en 70 feuillets du Traité bref ou Chronique du siège d'Orléans.

IV. — Minute françoise du Procès de condamnation.

28° Cette minute se trouve dans un ms. du Dépôt des Chartes,.., place Vendôme ; il a 200 feuillets d'une écriture du XV° et du XVI° siècle. Il a appartenu successivement à MM. Durfé, de Clavannes, Thomas d'Istan et Fevret de Fontette qui en a rendu compte.

A la suite on trouve :

1° Première addition à la Notice des 28 manuscrits relatifs aux Procès de Jeanne d'Arc, dite la Pucelle d'Orléans, contenant celle de la copie envoyée de Rome, de quatre manuscrits de la bibliothèque du Vatican, qui sont renfermés aujourd'hui dans le volume de la bibliothèque du roi, numéro 5970 bis, par M. de l'Averdy.

Le premier de ces 4 mss. contient deux pièces : 1° une consultation pour la défense de Jeanne d'Arc sur les points contenus dans le procès fait contre elle ; 2° un sommaire de tout le procès de condamnation.

Le second ms. contient 8 pièces : 1°-2° Défense et Consultation en faveur de Jeanne, par Théodore de Leliis, auditeur du palais apostolique. — 3° Défense de Jeanne rédigée par Paul Pontanus, Dupont, avocat consistorial. — 4° Copie des douze assertions faussement attribuées à Jeanne dans le procès de condamnation. — 5° Copie de la fausse cédule de son abjuration. — 6° Premier jugement rendu contre elle après cette prétendue abjuration. — 7° Jugement définitif de sa condamnation. — 8° Lettre de Jean Bréhal, dominicain inquisiteur de la foi en France, au Frère Léonard, dominicain du couvent de Vienne, en Autriche.

Le troisième ms. renferme quatre ouvrages rédigés par des auteurs inconnus dans le temps même où Jeanne était couverte de gloire par les victoires qu'elle venait de remporter sur les Anglais. Ils discutent la question de savoir si Jeanne était inspirée par Dieu ou par le diable.

Dans le quatrième manuscrit on trouve deux pièces de vers en langue françoise. La première se compose de 62 stances de sept vers chacune ; la deuxième est une ballade.

2° Seconde addition à la notice des 28 manuscrits, concernant Jeanne d'Arc, par M. De l'Averdy. — Sur un manuscrit appartenant à M. Laurent, d'Orléans, et contenant le Procès de condamnation et sur un autre ms. concernant Jeanne d'Arc et faisant partie de la bibliothèque du chapitre d'Orléans.

3° Troisième addition aux Notices, ou dissertations sur les Minutes originales des deux Procès de condamnation et d'absolution de Jeanne d'Arc, dite communément la Pucelle d'Orléans, par M. De l'Averdy.

L'auteur traite les 4 questions suivantes :

1° Les Anglais ont-ils soustrait la minute du Procès de condamnation de Jeanne d'Arc ?

2° Que sont devenues les deux minutes latine et françoise du Procès de condamnation de Jeanne d'Arc, après qu'elles ont été déposées au greffe des juges de la révision ?

3° Que sont devenues les minutes des deux procès ainsi réunies ?

4° Le manuscrit du dépôt de la Législation des Chartes et autres monuments historiques, est-il une copie de tout ou partie de la minute françoise du Procès de condamnation de Jeanne d'Arc ?

864. — **Delisle** (Léopold). — Anciennes traductions françaises du Traité de Pétrarque sur les Remèdes de l'une et l'autre fortune. 4° R 798

T. XXXIV, 1, p. 273-304 des *Notices*.

M. Delisle établit que Jean Daudin, chanoine de la Sainte Chapelle, traduisit en français, vers l'année 1378, et d'après l'ordre de Charles V, le traité de Pétrarque *De remediis utriusque fortunæ* ; que, pour donner plus de crédit à cette traduction, des copistes et des éditeurs l'ont mise sous le nom de Nicole Oresme ; qu'enfin une autre traduction du même ouvrage de Pétrarque fut rédigée vers le commencement du XVI° siècle pour le roi Louis XII.

865. — **Delisle** (Léopold). — Fragments inédits du registre dans lequel Nicolas de Chartres avait consigné les Actes du Parlement, de 1269 à 1298.

T. XXIII, II, p. 113-194 des *Notices*.

Ces fragments se trouvent dans le ms. latin 16606 de la Bibliothèque nationale, jadis 1076 du fonds de la Sorbonne. Cette compilation de jurisprudence faite au XVe siècle, d'après différents registres du Parlement, complète un travail publié par M. Delisle, en 1863, à la fin du t. I des *Actes du Parlement*, de M. Boutaric. Aux 900 jugements qui avaient dû faire partie du Registre de Nicolas de Chartres, et dont M. Delisle avait alors donné le texte ou l'analyse, se joignent ici 124 articles du Livre des enquêtes de Nicolas de Chartres que nous a conservé le ms. 16606 et qui manquent dans les compilations signalées jusqu'à présent.

866. —. — Jugements de l'échiquier de Normandie au XIIIe siècle (1207-1270) principalement tirés d'un manuscrit de la Bibliothèque de Rouen.

T. XX, II, p. 238-482 des *Notices*.

Dans un mémoire lu à l'Académie des Inscriptions et Belles-Lettres, en oct. 1860, M. Delisle a voulu démontrer qu'à partir du commencement du XIIIe siècle, les Jugements de l'échiquier de Normandie étaient consignés par écrit dans un recueil authentique et officiel. Ce recueil est probablement perdu depuis longtemps ; mais la substance et, pour certaines parties, le texte même, nous ont été conservés dans plusieurs compilations rédigées au XIIIe siècle. Celles-ci sont au nombre de quatre.

La première comprend 639 actes (1207-1243). On n'en connaît qu'un seul exemplaire, ms. Y 9, 90 de la bibliothèque de Rouen.

La deuxième renferme 210 actes (1207-1235). La Bibliothèque nationale en possède cinq copies anciennes (ms. latin 4651, fol. 49. — Supplt lat. 1016, fol. 1, v°. — Supplt lat. 1230, fol. 52. — Lat. 4653, fol. 70 v°. — Lat. 4653 A, p. 242. Le texte complet en a été publié en 1845 par Léchaudé d'Anisy dans le volume intitulé : *Grands rôles des échiquiers de Normandie* (p. 137-144).

La 3e compilation, dont nous ne possédons qu'un ms. très imparfait (Bibl nat., ms. 10390, 2, suivant l'ordre du catalogue de 1682) se compose de 314 articles (1207-1243). Le texte de cette collection, combiné avec celui de la précédente, a été inséré, en 1878, dans l'*Histoire du droit français* (t. II) de Warnkoenig.

La 4e n'est qu'une ancienne version française de la 3e. Elle a été publiée, en 1839, par Marnier d'après le ms. français F de la bibliothèque Ste Geneviève.

En combinant les données de ces recueils avec quelques jugements conservés dans différents cartulaires, dans le t. I des *Olim*, dans la compilation des Assises de Normandie, dans le Registre des enquêteurs de St Louis, dans les Notes de l'anonyme de Coutances, et dans le Registre des visites d'Eudes Rigaud, archevêque de Rouen, M. Delisle a réuni 834 actes de l'échiquier dont la date est comprise entre 1207 et 1270.

La publication de ces jugements est complétée par une table géographique qui a été dressée d'après les principes adoptés par les éditeurs du t. XXI des *Historiens de la France*.

867. —. — Notice sur cinq manuscrits de la Bibliothèque nationale et sur un manuscrit de la bibliothèque de Bordeaux contenant des recueils épistolaires de Bérard de Naples. Extrait du tome XXVII, 2e partie, des Notices des manuscrits (p. 86-167. — *Paris, imp. Nationale*, 1877, in-4°, 87 p. 4° **Z** 6t

Bérard de Naples remplit les fonctions de notaire à la chancellerie des papes pendant la seconde moitié du XIIIe siècle.

La Notice de M. Delisle contient :

I. *Dictamina magistri Berardi de Neapoli*. (mss. latins 14173 et 8581.)
II. Extrait des *Dictamina magistri Berardi de Neapoli*. (ms. latin 4039.)
III. *Epistolæ notabiles compositæ a magistro Berardo de Neapoli*. (Ms. 4311.)

IV. *Epistola domini Berardi de Neapoli*. (Ms. latin 8567.)
V. Description du ms. 761 de Bordeaux.
VI. Rapports du ms. de Bordeaux avec les *Dictamina* et les *Epistolæ notabiles* de Bérard de Naples.
VII. Traces de la personnalité de Bérard de Naples dans le manuscrit de Bordeaux.
VIII. Valeur des textes contenus dans le manuscrit de Bordeaux.
IX. Chapitre du manuscrit de Bordeaux relatif aux rapports du Saint-Siège avec Michel Paléologue.
X. Variété des documents copiés dans le ms. de Bordeaux.

En *Appendice* on trouve :
I. Les prélats de l'église grecque reconnaissent la suprématie du pape. (Février 1274).
II. Michel Paléologue reconnaît l'autorité du pape; il accrédite ses ambassadeurs auprès du Saint-Siège. (Mars 1274).
III. Adhésion d'Andronic. (1274).
IV. Pouvoirs donnés par Michel Paléologue à ses ambassadeurs. (Mars 1274).
V. Michel Paléologue accrédite spécialement le patriarche de Constantinople et le grand logothète pour traiter de vive voix avec le pape de quelques affaires temporelles. (Mars 1274).
VI. Les ambassadeurs de Michel Paléologue se déclarent prêts à certifier par leurs souscriptions et par leurs serments le contenu des lettres de l'empereur. (Juin 1274).
VII. Les ambassadeurs de Michel Paléologue déclarent que celui-ci s'efforcera de venir en aide aux chrétiens de la Terre-Sainte. (Juillet 1274).
VIII. Mémoire sur la ligne de conduite que Michel Paléologue aurait voulu voir adopter par le pape dans les affaires de l'Empire d'Orient. (Juillet ou août 1274).
IX. Déclaration des pouvoirs donnés aux Cordeliers que le pape Innocent V envoyait en Romanie. (23 mai 1276).
X. Déclaration des pouvoirs donnés à l'évêque de Grosseto et aux trois cordeliers que Nicolas III envoyait en Romanie. (9 octobre 1278).
XI. Lettre de Nicolas III pour recommander l'évêque de Grosseto et les trois cordeliers qu'il envoyait en Romanie. (9 octobre 1278).

Les 5 mss. de la B. N. sont : 1° le mss. latin 14173, qui a appartenu à Nicolas Chorier, au président de Harlay, au ministre Chauvelin et à l'abbaye de St Germain des Prés, volume sur parchemin de 247 feuillets ; 2° le ms. lat. 8881, en 2 volumes, copie exécutée pour la bibliothèque de Colbert ; 3° le ms. latin 4053, volume de 104 feuillets de parchemin, appartint au collège de Troyes et à Antoine Faure avant d'entrer à la Bibliothèque en 1707; 4° le mss 4311, ancienne propriété de Pierre Pithou, de J. A. de Thou et de Colbert, volume de 194 feuillets de la première moitié du xive siècle; 5° le mss. latin 8567 qui vient de la bibliothèque de Colbert.

868. — **Delisle** (L.). — Notice sur des manuscrits du fonds Libri conservés à Laurentienne. f° Q 30.

T. XXXI, 1, p. 1-120 des *Notices*.
Peu après la cession des mss. Stowe au gouvernement anglais, le gouvernement italien demanda à acheter au comte d'Ashburnham le fonds Libri qui se composait, pour une très forte partie, de manuscrits relatifs à l'Italie ou sortis de collections italiennes. Sur 1923 articles dont se composait ce fonds, l'Italie en acquit 1823. Le tout, y compris 10 mss. du Dante détachés de l'Appendice, fut payé 23,000 livres sterling en 1884, et fut déposé à Florence dans la bibliothèque Laurentienne.
Dans un *Appendice*, M. Delisle donne :
1° Liste des manuscrits du fonds Libri et du fonds Barrois qui, dans le projet de traité avec le Musée britannique, en 1883, devaient être réservés à la France.

869. **Delisle** (L.). — Notice sur deux livres ayant appartenu au roi Charles V.

T. XXXI, 1, p. 1-31 des *Notices*.

Le premier est le ms. 11201 de la Bibliothèque royale de Belgique. Il contient une version française des trois premiers livres des Météorologiques d'Aristote, avec une dédicace de Mathieu le Vilain à un comte d'Eu, fils d'un roi de Jérusalem.

Le second appartient à M. Louis Blancard, qui le tient de l'héritière de M. G. Jourdan. C'est la deuxième partie d'un bréviaire franciscain. Il renferme le calendrier, le psautier, le propre du temps à partir du dimanche de Pâques, le propre des saints à partir de l'Annonciation, et le commun.

Sur 75 livres qu'avait réunis Charles V et qui subsistent encore de nos jours la Bibliothèque nationale en possède 43.

870. —. — Notice sur la chronique d'un anonyme de Béthune du temps de Philippe-Auguste.

T. XXXIV, 1, p. 365-367 des *Notices*.

Copié dans la seconde moitié du XIIIᵉ siècle et composé de 167 feuillets de parchemin, ce ms. a été acheté pour la Bibliothèque nationale, en mars 1891, à la vente des livres de W. H. Crawford à Londres. Il contient : 1º La Chronique, qui fait l'objet de la notice; 2º l'ouvrage dont le texte a été publié pour la Société de l'histoire de France par M. Francisque Michel sous le titre de *Histoire des ducs de Normandie et des rois d'Angleterre* (Paris, 1840); 3º Les Miracles de Notre-Dame, en vers, par Gautier de Coincy.

La Chronique se divise en quatre parties :

La première commence à la ruine de Troie et s'arrête au règne de Charlemagne inclusivement.

La seconde partie n'est qu'une traduction française de la relation de Turpin.

La troisième comprend l'histoire des successeurs de Charlemagne jusqu'à l'année 1185.

La quatrième partie offre le plus d'intérêt et apporte un récit original des événements accomplis depuis 1185 jusqu'en 1216.

Ce ms. a pris à la Bibliothèque nationale le nº 6295 dans le fonds français des Nouvelles acquisitions.

871. —. — Notice sur les manuscrits de Bernard Gui. Extrait du tome XXVII, 2ᵉ partie, des Notices et extraits des manuscrits. — *Paris, imp. nationale*, 1879, in-4º, paginé 169-455, avec 8 planches in-fol.

Cette notice contient :
I. Abrégé de la vie de Bernard Gui.
II. Fleurs des chroniques.
III. Chronique abrégée des papes.
IV. Chronique abrégée des empereurs.
V. Chronique des rois de France.
VI. Catalogue des rois de France.
VII. Arbre généalogique des rois de France.
VIII. Description des Gaules.
IX. Catalogue des évêques de Limoges.
X. Traité sur les saints du Limousin.
XI. Traité sur l'histoire de saint Augustin de Limoges.
XII. Chronique des prieurs de Grandmont.
XIII. Chronique des prieurs d'Artige.
XIV. Chronique des comtes de Toulouse.

XV. Catalogues des évêques de Toulouse.
XVI. Cartulaire et chronique de l'église de Lodève.
XVII. Sanctoral ou Miroir des Saints.
XVIII. Diverses vies de saints.
XIX. Traités sur les 72 disciples et sur les apôtres.
XX. Traité sur l'époque de la célébration des conciles.
XXI. Compilation historique sur l'ordre des Dominicains.
XXII. Pratique de l'inquisition.
XXIII. Abrégé de la doctrine chrétienne.
XXIV. Traité de la messe.
XXV. Traité sur la conception de la sainte Vierge.
XXVI. Sermons.
XXVII. Appréciation générale de l'œuvre de Bernard Gui.
Dans l'*Appendice* on trouve :
I. Lettre d'envoi de la compilation sur l'histoire des Dominicains à frère Aimeri, maître de l'ordre, 22 décembre 1304.
II. Réponse de frère Aimeri, 24 juin 1305.
III. Copie faite par Bernard Gui d'une lettre de saint Dominique, 31 octobre 1305.
IV. Préface de l'Histoire des prieurs de l'ordre des Dominicains, 1309.
V et VI. Lettre de Bernard Gui prescrivant la recherche des livres juifs qui devaient être brûlés, 4 janvier 1310.
VII. Histoire du frère d'un vicomte de Montbéliard.
VIII. Récit de la révolte des Albigeois contre les inquisiteurs en 1302.
IX. Extrait de la Pratique de l'inquisition relatif à la même révolte.
X. Prologue des Fleurs des chroniques, 26 mars 1311.
XI. Lettre d'envoi de la compilation sur l'histoire des Dominicains à frère Guillaume de Laudun, 1er août 1311.
XII. Lettre d'envoi des Fleurs des chroniques à Bérenger, maître de l'ordre des Dominicains, 1er mai 1316.
XIII. Lettre de Bernard Gui pour confier à des suppléants les fonctions d'inquisiteur, 11 septembre 1316.
XIV. Deux lettres de Jean XXII relatives à la mission dont Bernard Gui était chargé en Italie, 12 mars 1317.
XV. Lettre d'Édouard II, roi d'Angleterre, à Bernard Gui, vers 1317.
XVI. Dédicace des Fleurs des chroniques à Jean XXII, 7 août 1319.
XVII. Sommaire et table de la Pratique de l'inquisition.
XVIII. Extraits de la Pratique de l'inquisition relatifs à la secte des Béguins.
XIX. Lettre d'envoi des deux premières parties du Sanctoral à Jean XXII, 20 juillet 1324.
XX. Préface générale du Sanctoral.
XXI. Lettre d'envoi de la dernière partie du Sanctoral à Jean XXII.
XXII. Réponse de Jean XXII, 21 juillet 1329.
XXIII. Préface de la dernière édition de la Chronique abrégée.
XIV. Note consignée sur l'exemplaire du Sanctoral qui était destiné aux Dominicains de Toulouse.
XXV. Vie de Bernard Gui écrite par un contemporain.
XXVI. Continuation des Fleurs des chroniques dans la version française de Jean Golein.
XXVII. Extrait d'une information faite à Castres par l'inquisiteur, en présence de Bernard Gui, 10 février 1304.
XXVIII. Notes supplémentaires sur plusieurs manuscrits de Bernard Gui.
XXIX. Explication des planches jointes à la Notice.
XXX. Table des manuscrits dont il est rendu compte dans la Notice.

Le dominicain Bernard Gui est né en 1261 ou 1262 à Royères, arrondissement de St Yrieix, dans la Haute-Vienne ; il mourut en décembre 1331, évêque de Lodève. De son principal ouvrage, *Flores cronicorum seu Cathalogus pontificum Romanorum*, la Bibliothèque nationale possède 21 copies du XIVe et du XVe siècle. Elle a en outre neuf exemplaires de la *Chronique abrégée des papes*; 11 exemplaires de la *Chronique abrégée des Empereurs*; plusieurs exemplaires des 5 éditions de sa *Chronique des Rois de France*, des 2 édition de son *Catalogue des Rois de France*, des 5 éditions de l'*Arbre généalogique des rois de France*; divers mss. de ses : *Description des Gaules*; — *Catalogue des évêques de Limoges*; — *Traité sur les saints du Limousin*; — *Traité sur l'histoire de St Augustin de Limoges*; — *Chronique des prieurs de Grandmont*; *Chronique des prieurs d'Artige*; *Chronique des Comtes de Toulouse*; — *Catalogue des évêques de Toulouse*; — *Sanctoral ou mémoire des saints*; *diverses vies de saints*; — *Traité de l'époque de la célébration des conciles*; — *Compilation historique sur l'ordre des Dominicains*; — *Pratique de l'inquisition*; — *Abrégé de la doctrine chrétienne*; — *Traité de la messe*; — *Traité sur la Conception de la sainte Vierge*, etc.

872. — **Delisle** (Léopold). — Notice sur les manuscrits disparus de la bibliothèque de Tours pendant la première moitié du XIXᵉ siècle. Extrait des *Notices et extraits des manuscrits*. Tome XXXI, 1ʳᵉ partie (p. 157-356). — Paris, imp. nationale, 1883. In-4°, 200 p.

La plupart de ces mss. se trouvent maintenant à la Bibliothèque nationale qui les a achetés en détail ou par lots. L'acquisition la plus récente et la plus importante est celle de la collection d'Ashburnham.

Cette notice contient la description des manuscrits suivants :
1° Pentateuque avec peintures (du VIᵉ ou du VIIᵉ siècle). — 2° Job et autres livres de la Bible (Xᵉ siècle). — 3° Les prophètes (copie du VIᵉ siècle). — 4° Le livre d'Isaïe et les épîtres de saint Paul, le tout précédé d'une homélie de saint Fulgence (XIᵉ siècle). — 5° Le nouveau Testament, en provençal. — 6° Évangiles en caractères anglo-saxons (VIIᵉ ou VIIIᵉ siècle). — 7° Les évangiles (copie de l'époque carlovingienne). — 8° Postilles de Nicolas de Lire, suivi du poème latin de Pamphile et du poème français de Tobie (XVᵉ siècle). — 9° Sacramentaire, avec canon sur parchemin pourpré (IXᵉ siècle). — 10° Sacramentaires de l'église de Tours à l'époque carlovingienne. — 11° Missel de Tours (XIᵉ siècle). — 12° Évangiles et collectes à l'usage de Marmoutier (XIᵉ siècle?). — 13° Missel de Marmoutier (XIIᵉ siècle). — 14° Missel de Marmoutier. — 15° Missel noté de Saint-Melaine de Rennes (XIIᵉ siècle). — 16° Bréviaire et missel de Saint-Martin de Tours (XIIᵉ siècle?) — 17° Missel de Tours (XIIIᵉ siècle). — 18° Missel de Saint-Martin de Tours (XIVᵉ siècle). — 19° Lectionnaire du VIIIᵉ ou du IXᵉ siècle. — 20° Lectionnaire ou recueil d'homélies attribué à Alcuin. — 21° Second exemplaire du même lectionnaire. — 22° Homélies sur les épîtres et les évangiles (IXᵉ siècle). — 23° Lectionnaire de l'église de Tours (IXᵉ siècle). — 24° Lectionnaire de Marmoutier (XIIIᵉ siècle). — 25° Psautier à l'usage de Marmoutier (XVᵉ siècle). — 26° Lectionnaire de l'abbaye de Cormery (1262). — 27° Ordre des offices de l'abbaye de Cormery (XVIᵉ siècle). — 28° Bréviaire de Carpentras (XIVᵉ siècle). — 29° Discours de saint Grégoire de Nazianze et autres traités (XIIᵉ siècle). — 30° et 31° Les récognitions de saint Clément. Deux anciens exemplaires. — 32° Saint Hilaire (du VIᵉ ou du VIIᵉ siècle). — 33° Traité de saint Augustin sur la Genèse. — 34° Traité de saint Augustin sur la doctrine chrétienne. — 35° Opuscules de saint Augustin et d'autres auteurs (IXᵉ siècle). — 36° Extraits de saint Augustin par Eugyppius. — 37° Commentaire de saint Jérôme sur Isaïe. — 38° Commentaire de saint Jérôme sur Osée et Amos (Xᵉ siècle). — 39° Commentaire de Philippe sur le livre de Job, manuscrit mérovingien, recouvert de fragments de papyrus grecs. — 40° Lettres de saint Grégoire (XIIᵉ siècle). — 41° Œuvres d'Isidore. — 42° Traités de saint Isidore. — 43° Traité de Raban Maur sur Ezéchiel, précédé et suivi de divers morceaux théologiques. — 44° Le 4ᵉ livre des sentences. — 45° Saint Bonaventure sur le premier livre des sentences (XIIIᵉ ou XIVᵉ siècle). — 45° bis. Méditations de saint Bonaventure, en provençal. — 46° Traité de l'instruction des religieux (XIIIᵉ siècle). — 47° Traité de Raimond Lulle et autres ouvrages (XIVᵉ siècle). — 48° Ouvrage de théologie morale et recueils de sermons. — 49° Recueil de sermons et fragments divers. — 50° Sermons pour le carême (XVᵉ siècle). — 51° Sermons français du XIIIᵉ siècle. — 52° Concile d'Antioche, en lettres Onciales. — 53° Collection d'anciennes Décrétales (XIᵉ siècle). — 54° Collection canonique (XIᵉ siècle). — 55° Lettres de papes du XIIᵉ siècle. —

56° Les Décrétales, en français (XIII° siècle). — 57° Recueil de droit canon (XIV° siècle). — 58° Commentaires de Jesselin de Cassagnes. — 59° Traité de Jean Calderinus, suivi de divers opuscules (XV° siècle). — 60° Traité sur la visite des prélats (XIII° siècle). — 61° Traités juridiques d'Eudes de Sens et d'autres auteurs. — 62° Traité de droit dans une langue indéterminée (XV° siècle). — 63° Orose (X° siècle). — 64° Histoire tripartite de Cassiodore. — 65° Chronique de Martin le Polonais (XIII° siècle). — 66° Vies des pères (IX° siècle). — 67° Collations de Cassien (IX° siècle). — 68° Règles de saint Basile, de saint Isidore et de saint Fructuose (X° siècle). — 69° Recueil de vies de saints. — 70° Les livres des miracles écrits par Grégoire de Tours. — 71° La légende dorée (XIV° siècle). — 72° Vies de saint Nicolas et de saint Georges (XIII° siècle). — 73° Vies de saints, en français. — 74° Vie de saint Honorat, en vers provençaux. — 75° Recueil épistolaire de Pierre de la Vigne (XIII° ou XIV° siècle). — 76° Compilation de Thomas Rapicault sur la Touraine et sur l'abbaye de Marmoutier (XVI° siècle). — 77° et 78° Obituaires de la cathédrale de Tours. — 79° Serments de la cathédrale de Tours. — 80° Martyrologe et obituaire de saint-Côme de Tours. — 81° Martyrologe et obituaire de l'abbaye de Montfort-en-Bretagne. — 82° Traités philosophiques de Cicéron (IX° siècle). — 83° Commentaire de Macrobe sur le songe de Scipion (XI° ou XII° siècle). — 84° Ouvrages de Gilles de Lessines et de saint Thomas. — 85° Traité de Philippe de Bergame, suivi de Décrétales et des lettres de Pierre de Blois. — 86° Opuscules de Bède, de divers comptistes, de Boèce et d'Aratus (IX° siècle). — 87° Végèce, en français. — 88° Les étymologies d'Isidore (VII° ou VIII° siècle). — 89° Œuvres de Virgile. — 90° Traité de Priscien sur les premiers vers de l'Enéide (IX° siècle?). — 91° Commentaire de Jean de Segarellis sur les tragédies de Sénèque (XV° siècle). — 92° La Thébaïde de Stace. — 93° Poème de saint Orient et vision de Wettin (IX° siècle). — 94° L'Alexandréide de Gautier de Châtillon. — 95° Roman d'Alexandre (XIII° siècle). — 96° Roman de la Rose. — 97° Poème provençal (XIV° siècle?). — 98° Recueil d'anciennes chansons (XIV° siècle). — 99° Pièces en espagnol (XV° siècle). — 100° Fragments de divers manuscrits.

Appendice : 1° Liste des opuscules contenus dans le ms. 281 de Tours. — 2° Table des homélies contenues dans un lectionnaire de Saint-Martin de Tours, du IX° siècle. — 3° Table du second volume de l'homiliaire attribué à Alcuin, d'après l'ancien ms. 83 de Saint-Martin de Tours. — 4° Table des homélies contenues dans le ms. latin 9603 de la Bibliothèque nationale. — 5° Règlement sur la paix de Dieu, tiré de l'ancien ms. 138 de Saint-Gatien de Tours. — 6° Liste des manuscrits du fonds de Saint-Gatien. — 7° Liste des manuscrits du fonds de Saint-Martin. — 8° Liste des manuscrits du fonds de Marmoutier. — 9° Note de Bréquigny sur les manuscrits de la bibliothèque de la ci-devant église collégiale de Saint-Martin de Tours. — 10° Extrait du registre des entrées du département des manuscrits de la Bibliothèque royale, 1839-1847. — 11° Lettre de M. Danton, chef du cabinet du ministre de l'instruction publique, à Libri, relative à la communication du catalogue des manuscrits de Tours. — 12° Lettre du comte d'Ashburnham sur l'origine tourangelle de plusieurs manuscrits du fonds Libri (10 juin 1869). — 13° Liste des manuscrits de Tours recueillis par Monteil. — 14° Relevé des manuscrits de Tours recueillis par M. Jules Desnoyers, membre de l'Institut. — 15° Relevé des manuscrits de Tours recueillis à la Bibliothèque nationale. — 16° Relevé des manuscrits de Tours recueillis au Musée britannique. — 17° Relevé des manuscrits du fonds Libri dont l'origine est discutée dans le présent travail. — Additions.

873. — **Delisle** (Léopold). — Notice sur plusieurs manuscrits de la bibliothèque d'Orléans. Extrait des *Notices et extraits des manuscrits*, tome XXXI, 1° partie, (p. 357-439). — Paris, imp. nationale, 1883, in-4°, 83 p. et 2 pl.

Presque tous les mss. dont il est question dans cette notice proviennent de la célèbre abbaye de Fleuri ou Saint Benoît sur Loire. Ils étaient au nombre de 266 quand dom Chazal en acheva le catalogue en 1724; ils n'étaient plus que 230 environ, en 1795 lorsque l'abbé Carré fut chargé de les recueillir d[ans] un dépôt provisoire à Glen.

C'est pour se rendre compte de l'origine d'une partie des anciens manu[s]crits de la collection Libri que Delisle a examiné un certain nombre de m[ss.] de la bibliothèque d'Orléans mise au pillage par Libri. Celui-ci a volé d[ans] ce dépôt plusieurs mss. précieux, au lieu desquels il a mis des volumes p[lus] ou moins insignifiants; il en a mutilé un plus grand nombre. M. Delis[le] compte dans le fonds Libri une vingtaine d'articles qui ont été constitué[s au] détriment des collections de la ville d'Orléans. Ce sont les suivants :

LIBRI	ÉTENDU À ORLÉANS	LIBRI	RÉPOND À ORL[ÉANS]
9	131	46	282 et 283
11	131	47	273
18	229	78	261
19	87	78	240 et 266
31	223	82	94
3.	167	84	207
3.	215	85	207
3.	123	90	266
4.	sans numéro	92	81
5.	15	95	122

Ces derniers documents sont maintenant au département des manuscr[its] de la Bibliothèque nationale qui les a acquis avec les autres manuscrits [de] la collection d'Ashburnham.

874. — **Delisle** (L.). — Notice sur un manuscrit de l'abbaye de Luxeuil co[pié] en 625. — Avec 4 planches en héliogravure.

T. XXXI, II, p. 149-164 des *Notices*.

C'est un exemplaire des dix homélies de saint Augustin, de l'année 625, qui a passé sous les yeux de Mabillon. Il a appartenu autrefois à l'église [de] Beauvais, et se trouve aujourd'hui dans la bibliothèque de M. Le Caron [de] Troussures, à Troussures (Oise).

875. — . — Notice sur un manuscrit mérovingien de la bibliothèque royale [de] Belgique, n° 9850-9852.

T. XXXI, I, p. 33-47 des *Notices*.

Un des très rares mss. en lettres onciales dont la date est fixée par un té[moignage] positif, ce livre consiste en 178 feuillets de parchemin, hauts d[e] 250 millimètres et larges de 185. Les deux principaux ouvrages qu'il contie[nt] sont : un fragment des Vies des Pères et les Homélies de saint Césaire.

Ce volume, qui a dû rester à l'abbaye de Saint-Vaast d'Arras jusqu'au XVIIe siècle, a été recueilli par la bibliothèque publique de Bruxelles à la fin du XVIIIe siècle. Apporté à la Bibliothèque nationale pendant la Révolution il retourna, en 1815, à Bruxelles.

La notice est accompagnée de quatre héliogravures reproduisant : 1° le fron[tis]pice, folio 5, v° du ms. — 2° la première page des Homélies de saint Césa[ire], fol. 107 v° du ms. Exemple de l'écriture onciale employée du folio 5 au folio 139. — 3° La 2° page du morceau intercalé dans le 19° cahier, folio 141 r°. Exempl[e] de l'écriture lombardique employée pour copier l'homélie de saint Césaire du folio 140 au folio 143. — 4° La première page de l'Explication des Évangiles, fol. 144 r°. Exemple de l'écriture onciale employée dans la dernière partie du ms., folio 144-176.

876. — . — Notice sur un psautier latin-français du XIIe siècle (Ms. latin 10[435] des nouvelles acquisitions de la Bibliothèque nationale.) Avec 4 planches. — Par[is,] *Klincksieck*, 1891, in-4°.

Extrait du T. XXXIV, II, p. 259-272 des *Notices*.

Acheté à la vente Cosens, à Londres, en juillet 1890. Ce ms., d'origine an[glaise] chaise, se compose de 189 feuillets de parchemin et paraît dater de la fin du xııᵉ siècle. Les pages sont divisées en 2 colonnes : celle de gauche est consacrée au texte latin, celle de droite à une traduction française. Il présente une particularité paléographique remarquable : le copiste s'est systématiquement servi des o barrés pour figurer la diphtongue œ ou eo et a souvent surmonté d'un accent les é et les u ou v qui devaient être prononcés comme nos é et nos u modernes.

877. — **Delisle (L.).** — Notice sur un recueil historique présenté à Philippe-le-Long par Gilles de Pontoise, abbé de Saint-Denis.

T. XXI, ıı, p. 249-263 des *Notices*.

Trois mss. du recueil présenté à Philippe le Long sont conservés à la Bibliothèque nationale.

Le premier constitue les nᵒˢ 2030-2032 du fonds français. Il a été successivement possédé par Charles V et Charles VI, par Jeanne de Laval, deuxième femme du roi René d'Anjou et enfin par le comte de Béthune au chiffre et aux armes duquel il est relié. Il contient 80 grandes miniatures, la plupart relatives à Paris.

Le second ms. est le nᵒ 1052 du fonds latin de St-Germain. Ce volume a appartenu à Séguier et a conservé une curieuse reliure datant de la fin du xvᵉ siècle.

Le 3ᵉ ms. vient de la bibliothèque du cardinal Mazarin et porte à la Bibliothèque nationale le nᵒ 5286 du fonds latin. Plus récent que les deux précédents, il est orné de nombreux dessins et contient le texte complet du recueil offert à Philippe-le-Long.

M. Delisle croit pouvoir rapporter à Yves, moine de Saint-Denis, le mérite d'avoir rédigé ce recueil historique.

878. —. — Notices sur plusieurs anciens manuscrits de la bibliothèque de Lyon.

T. XXIX, ıı, p. 363-493 des *Notices*.

Ces mss. ont été restaurés et reliés dans l'atelier de la Bibliothèque nationale sous la direction de M. Delisle. Sur ces 19 volumes, 9 sont en onciale ou semi-onciale du vıᵉ ou du vııᵉ siècle ; les 10 autres appartiennent à la fin du vıııᵉ ou au ıxᵉ siècle. En voici les titres :

1. — Exposition des psaumes, par Saint-Hilaire (nᵒ 384 du Catalogue de Delandine).
2. — La cité de Dieu de saint Augustin (omis dans le catalogue Delandine et coté 523 bis).
3. — Sermons et opuscules de saint Augustin (nᵒ 521 de Delandine).
4. — Ouvrages de saint Augustin (nᵒ 408 de Delandine).
5. — Commentaires d'Origène sur l'épître de saint Paul aux Romains (nᵒ 443 de Delandine).
6. — Commentaire d'Origène sur la Genèse, l'Exode et le Lévitique (nᵒ 372 de Delandine).
7. — Commentaires de saint Augustin sur les psaumes (nᵒ 402 de Delandine).
8. — Ouvrages de saint Jérôme (nᵒ 519 de Delandine).
9. — Commentaire de saint Jérôme sur Jérémie (nᵒ 305 de Delandine).
10. — Les sentences de saint Isidore (nᵒ 537 de Delandine).
11. — Œuvres de saint Augustin (nᵒ 524 de Delandine).
12. — Traité de saint Augustin contre Fauste (nᵒ 526 de Delandine).
13. — Commentaire de Bède sur Esdras (nᵒ 401 de Delandine).
14. — Commentaire de Bède sur le premier livre des rois (nᵒ 403 de Delandine).
15. — Traités de saint Augustin (nᵒ 525 de Delandine).
16. — Opuscules de saint Augustin et d'autres pères de l'Église (nᵒ 527 de Delandine).
17. — Les quatre Évangiles (nᵒ 357 de Delandine).
18. — La cité de Dieu de saint Augustin (nᵒ 523 de Delandine).
19. — Commentaires sur les épîtres de saint Paul, tirés des œuvres de saint Augustin, par le diacre Florus (nᵒ 414 de Delandine).

879. — **Doughty** (Charles). — Documents épigraphiques recueillis dans le nord de l'Arabie.

T. XXIX, 1, p. 1-64 des *Notices*.

Au mois de janvier 1884 M. Charles Doughty offrit à l'Académie des Inscriptions et Belles-lettres de lui donner, à condition que la publication de ces pièces se ferait le plus promptement possible, les carnets et les estampages contenant les résultats épigraphiques de l'exploration qu'il avait exécutée en 1876 et 1877 au nord de l'Arabie.

Ces carnets se composaient de 56 feuillets couverts de copies des textes himyarites, safaïtiques, araméens et grecs que M. Doughty avait rencontrés. Les 22 estampages reproduisaient les grandes inscriptions nabatéennes de Medaïn-Salih (El-Hidjr du Coran) et cinq ou six autres inscriptions moins considérables. Le tout était accompagné d'une carte et d'une série de dessins des monuments de Medaïn-Salih.

Cette notice est accompagnée de 57 héliogravures de Dujardin.

880. — **Flerville** (Charles). — Notice et extraits des manuscrits de la bibliothèque de Saint-Omer, nos 115 et 710.

T. XXXI, 1, p. 49-156 des *Notices*.

Le no 115 est un ms. du XIIIe siècle; il contient environ 17,000 vers et il a été sommairement décrit par M. Michelant dans le *Catalogue des manuscrits des bibliothèques des départements*. T. III, p. 65-67.

Le ms. no 710 a été écrit, au plus tôt, en 1316. C'est aussi un recueil de poésies latines du moyen-âge et il est décrit dans le même *Catalogue* que le ms. précédent. T. III, p. 313-314.

881. — **Gaillard** (G.-H.). — Ambassade de M. de Brèves à Rome. Manuscrits français de la Bibliothèque nationale, cotés jadis, dans la bibliothèque de Colbert 351, 352, 353; et contenant les pièces relatives à l'ambassade de M. de Brèves à Rome, depuis 1608 jusqu'en 1614. Première Notice.

T. VII, II, p. 272-396 des *Notices*.

Trois volumes in-folio aux armes de Colbert, reliés en maroquin rouge et dorés sur tranche.

Les Notices II-X contiennent :

II. Instruction donnée par le roi Henri IV à M. de Brèves allant en ambassade à Rome au nom de Sa Majesté.

III-IV. Lettres et dépêches de M. de Brèves pendant son ambassade à Rome, depuis l'année 1608 jusqu'en 1610.

V-VI. Id., depuis l'année 1610.

VII. Négociations pour le mariage de deux princes de Galles successifs, Henri et Charles, fils de Jacques I.

VIII. Affaire d'Edmond Richer.

IX. Affaires concernant la succession de Mantoue.

X. Suite des Affaires concernant la succession de Mantoue.

882. — — Conférence de Calais en 1521. Bibliothèque du Roi. Manuscrits de Béthune, nos 8478, 9726, 8491, 8492 in-fol. Manuscrits de Brienne no 67, in-4.

T. II, p. 60-81 des *Notices*.

Les mss. 8478, 9726 sont deux volumes reliés en maroquin rouge; l'un a 145 feuillets et l'autre 93.

Les mss. 8491 et 8492 sont aussi reliés en maroquin rouge doré sur tranches. Ils sont intitulés au dos « Mémoires du règne du roi François Ier ». Le premier a 206 feuillets, le second cent trente. La plupart des pièces qu'ils renferment sont relatives aux conférences de Calais, ce sont des lettres des plénipotentiaires français au Roi, des réponses de celui-ci, des mémoires, instructions, projets de traités, etc. On y trouve pourtant quelques lettres des princes de

sang, des principaux capitaines et ministres du temps qui roulent sur d'autres sujets, mais qui toutes concernent les années du règne de François I*r*.
Le n° 67 des manuscrits de Brienne contient deux pièces. La première est une copie assez moderne du procès-verbal de Calais; la seconde donne les instructions et négociations de M. de Fresne-Forget, envoyé par le roi Henri III en Espagne en 1580.

883.   Gaillard.   Instructions baillées à Joachim de Velor, Seigneur de la Chapelle, Chambellan du Roi, et Jehan de Nysueven, huissier d'armes, envoyez de le Roi Louis XI, à Adolphe, Duc de Gueldres, comte de Zutphen, pour faire alliance avec ce prince contre Charles, duc de Bourgogne.

T. IV, p. 1-8 des *Notices*.
Bibliothèque du Roi, n° 8448, vol. in-fol., veau fauve, portant pour titre au dos : « Ambassades. » C'était le n° 22 des Manuscrits de Baluze.

P. 9-24. — — Relation de l'ambassade de Guillaume Cousinot, chevalier, seigneur de Montreuil, conseiller et chambellan du roi, gouverneur de Montpellier, au pape Paul II, touchant le procès de Jean Balue, dit le cardinal d'Angers, et de Guillaume de Haraucourt, évêque de Verdun, accusés de crime de lèze-Majesté, au mois d'août 1469.

P. 25-36. — Id.). Relation de l'ambassade de Loys de Bourbon, comte de Vendosme, Jacques Jouvenel des Ursins, archevêque de Rheims, Guy, comte de Laval, Bertrand de Beauveau, seigneur de Precigny, Guillaume Cousinot, seigneur de Monstreuil, maître des requêtes, et Etienne Chevalier, secrétaire du Roi, envoyez en Angleterre, vers le roi Henri VI; et en leur compagnie les Ambassadeurs de Henri IV, roi d'Espagne, de René, Roi de Sicile et de Naples, duc d'Anjou, et de Jehan II, duc d'Alençon, pour traiter la paix au mois de juillet 1445.

P. 37-43. (Id.). — Instruction de ce que le roi nostre Sire a chargé et ordonné à Messieurs l'Évêque Duc de Langres, Chancelier de l'Ordre, de Craussol, sénéchal de Poitou; Messire Pierre Doriol, Général, et Jehan le Boulengier, Président à Paris, ses Conseillers, faire et les inpner devers Monseigneur le Duc de Bretaigne, où il les envoie présentement.

P. 44-54. (Id.). — Instructions baillées à Jehan d'Arson, Maistre d'Hôtel du Roy, envoyé par le Roy Loys XI à Ferdinand d'Arragon, Roy de Sicile, touchant le mariage de Charles, Dauphin, fils dudit Roy Loys, et de Béatris d'Arragon, fille dudit Roy de Sicile.

P. 55-62. (Id.). — Instructions baillées à Helie de Bordeille, Archevêque de Tours, Jehan de la Grolaye-Villiers, Évêque de Lombez, depuis Cardinal, Jehan de Popaincourt, Président au Parlement de Paris, Bernard Lauret, Président au Parlement de Tholose, et Pierre Gruel, Président au Parlement de Dauphiné, envoyés par le Roy Loys XI, à François II, Duc de Bretagne; Touchant le procès de Frère Jourdain-Faure, dit de Vecours, Abbé de Saint-Jehan d'Angely, et Henri de la Roche, accusés de la mort de Charles de France, Duc de Guyenne, frère du Roi.

P. 63-71. (Id.). — Instructions Baillées à Perceval de Dreux, Seigneur de Blancfossé, Chambellan du Roi, et Pierre Framberg, Maistre des Requestes, envoyés à Metz par le Roi Loys XI, avec les Ambassadeurs de Catherine de Gueldres, de l'Évêque de Munster, et des Gens d'église, Nobles et autres Habitans des Duché de Gueldres et Comté de Zutphen, pour faire alliance contre Maximilien, Archiduc d'Autriche, et Marie, Duchesse de Bourgogne, sa femme, au mois de janvier 1479.

884. —. — Instructions baillées à Moreau de Wissant, chambellan; Pierre Roger de Lyssac, maître d'hôtel du duc d'Anjou; et Thibaut Hocte ou Hocte, secrétaire du Roi, envoyés par Loys I, duc d'Anjou, à Henri roi de Castille, touchant les royaumes de Majorques et Minorques, comtés de Roussillon et de Cerdaigne, occupés par le roi d'Arragon; avec les reponses du roi de Castille.

T. I, p. 341-372 des *Notices*.

Relation de l'ambassade d'Arnaut d'Espagne, seigneur de Montespan, sénéchal de Carcassonne; Raymond Bernard le Flamenc, et Jehan Forest, envoyés par Loys, duc d'Anjou, à Henri roi de Castille, et à Jehan I, roi de Portugal, touchant les royaumes de Maillorque et de Minorque, au mois de janvier 1377.

Relation de l'ambassade de Migon de Rochefort, seigneur de la Pomarède, et de Guillaume Gayan, conseillers du duc d'Anjou, envoyés en Sardaigne par Loys I, duc d'Anjou, à Hugues, juge d'Arborée, pour faire alliance avec ce prince contre le roi d'Arragon, au mois d'août 1378.

Pièces tirées du manuscrit de la Bibliothèque du Roi n° 8448, in-fol., veau fauve, portant pour titre au dos : Ambassades.

C'était le n° 22 des manuscrits de Baluze.

885. — **Gaillard (H. C.).** — Négociation de Forget de Fresne, en Espagne, en 1589. Manuscrits de Brienne, n° 67.

T. II, p. 82-102 des *Notices*.

Ce volume est relié en maroquin rouge; il contient, en 204 pages, deux pièces principales; l'une est le procès-verbal de la conférence de Calais. La seconde, qui commence à la page 171, a pour titre : Instruction et négociation du sieur de Fresne-Forget, envoyé par le roi en Espagne, l'an 1589.

886. —. — Négociation de MM. de Bouillon et de Sancy, en Angleterre, en 159., pour une ligue offensive et défensive contre l'Espagne. Manuscrits de Brienne vol. 37, in-fol.

T. II, p. 114-123 des *Notices*.

887. —. — Négociation de monsieur de Loménie, lors secrétaire d'estat de Navarre, envoyé par le Roy vers la Royne d'Angleterre, l'an 1595. Manuscrits de Brienne, n° 37.

T. II, p. 103-113 des *Notices*.

Ce vol. in-folio est relié en maroquin rouge, doré sur tranches et porte au dos : Négociation d'Angleterre, 1595-1596.

A la fin du volume se trouve un « Discours de la négociation de Messieurs de Bouillon et de Sancy, en Angleterre, pour le fait de la ligue offensive et défensive contre le roi d'Espagne, en l'année 1596, fait par M. Duvair. »

888. —. — Notice du manuscrit latin de la Bibliothèque nationale, coté 52..

T. VII, II, p. 397-412 des *Notices*.

Ce volume in-folio, couvert en parchemin, renferme une multitude de pièces, les unes sur parchemin, les autres sur papier. Plusieurs d'entre elles n'ont ni titre, ni commencement, ni fin. Gaillard passe en revue 22 des pièces les plus intéressantes.

889. —. — Notice du manuscrit latin de la Bibliothèque nationale, coté 649.

T. VII, II, p. 413-418 des *Notices*.

Ce volume était dans la bibliothèque de Colbert sous le n° 1823 et porte au dos le titre de *Chronicon Briocense*. La seconde partie du volume contient une Histoire de la Bretagne; celle-ci passait pour être l'œuvre originale de Bertrand d'Argentré. Gaillard montre que cette chronique est une traduction en latin de l'ouvrage de Pierre Lebaud, chanoine de la Madeleine de Vitré, chantre de Saint-Tugal de Laval, aumônier de Gui de Laval, 15° du nom. P. Lebaud était grand oncle de B. d'Argentré.

890. —. — Relation de la mort de Richard II, roi d'Angleterre, 1399. Bibliothèque du Roi, n° 8448, in-fol. veau fauve, portant pour titre, au dos : Ambassades.

T. I, p. 373-402 des *Notices*.
C'était le n° 22 des manuscrits de Baluze.

891. — **Gaillard**. — La reprise de la Floride faite par le capitaine Gourgues, bibliothèque du Roi, n° 8448, vol. in-fol., veau fauve, portant pour titre au dos : « Ambassades. » C'était le n° 22 des Manuscrits de Baluze. — La reprinse de la Floride par le capitaine Gourgues, Bibliothèque du Roi, n° 10537, in-4° parchemin : c'était le n° 37 des manuscrits de Lancelot.

T. IV, p. 72-88 des *Notices*.
Ces deux pièces sont un même ouvrage quoiqu'elles soient distinguées dans la *Bibliothèque historique de la France* (t. II, p. 251, col. 2), d'une manière qui peut faire croire qu'il s'agit de deux ouvrages différents sur un même sujet.

892. — **Ginguené**. — Notice d'un manuscrit italien coté dans la Bibliothèque nationale 7776 in-4°; et annoncé comme contenant un poëme de FEDERICO FREZZI, sous le titre de *Cosmografia con varie istorie e viaggi*.

T. VI, p. 483-488 des *Notices*.
Ce ms. italien a 225 feuilles in-4°; il est relié en maroquin rouge, à filets d'or et porte au dos ce titre : *Cosmografia in rima*; sur la première feuille on lit le double n° 1060 et 7776.
Ginguené montre que cet ouvrage, annoncé comme étant un second poëme de *Frederico Frezzi da Foligno*, ne contient autre chose qu'une copie imparfaite du *Dittamondo*, ou *Dittamundi de Fazio degli Uberti*.

893. — **Guérard** (Benjamin). — Notice d'un manuscrit de la Bibliothèque du Roi, coté 4628 A.

T. XIII, II, p. 62-79 des *Notices*.
Ce ms., de format in-8°, est écrit en minuscule caroline du X° siècle. Offert en 1636 par Jean Milon, clerc de Poitiers à Henri Louis Chasteigner de la Rocheposé d'Abeln, évêque de Poitiers, il appartient ensuite à l'abbaye de Saint-Denis et fut acquis, vers 1740, par la Bibliothèque du Roi. Il contient :
1° Un fragment de la lettre écrite en octobre 858 par le synode de Quierzy à Louis de Germanie, et attribuée à l'archevêque Hincmar.
2° Une chronique des rois des Francs et des Romains dans la Gaule.
3° Deux pièces : *Laus Francorum* et *Incipit prologus legis salica*.
4° Le premier capitulaire de l'an 819.
5° Le quatrième capitulaire de la même année.
6° Le cinquième capitulaire de l'an 819.
7° Le troisième capitulaire de l'an 813.
8° Des extraits du premier capitulaire de l'an 803.
9° Les 22 premiers chapitres du second capitulaire de l'an 803.
10° Le second capitulaire de l'an 819.
11° Les deux premières parties du capitulaire de Worms de l'an 829.
12° Le traité de la Trinité, connu sous le titre de *Sacro-syllabus*, que composa S. Paulin, patriarche d'Aquilée.
13° Le capitulaire de Francfort de l'an 794.
14° Le premier capitulaire d'Aix-la-Chapelle de l'an 789.
15° Un traité intitulé : *De legibus divinis et humanis*.
16° *Pactum pro tenore pacis Childeberti et Chlotharii regum*.
17° *Decretio Chlotharii II regis*.
18° *Decretio Childeberti II regis*, de l'an 595 environ.
19° Le capitulaire de Charlemagne de l'an 779.
20° *Sententie de septem septenis*. Puis la *Recapitulatio salidorum*.
21° Le décret du roi Clotaire II de l'an 595 environ.
22° Les articles 33 et 34 du livre II du recueil des capitulaires par Ansegise.
23° Le décret du roi Childebert, de l'an 595 environ.
24° Deux paragraphes du texte de la loi salique.
25° La compilation des capitulaires en quatre livres, par l'abbé Ansegise.

26° Les deux premiers appendices du recueil d'Anségise.
27° Le second Capitulaire de l'an 813.
28° Le prologue et les sept premiers chapitres du Capitulaire de l'an 828.
29° Le Capitulaire de l'an 829.
30° Le troisième Capitulaire de l'an 819.
31° La récapitulation des compositions relatées sous le n° 20.
32° Un fragment relatif à la Villa Novilliacus attribué à l'archevêque Hincmar.
33° Plusieurs extraits des Capitulaires de Charlemagne et de Louis-le-Débonnaire.
34° La Vie de Charlemagne par Eginhard.
35° Le chapitre 319 du livre V du recueil des Capitulaires.
36° Les lois 47 et 38 du livre XVI du Code Théodosien sur les priviléges des églises.
37° Un paragraphe ayant en titre « *Ex epistola Hincmari ad Karolum imperatorem* » et un autre intitulé *Finis in eadem epistola*.

894. — **Guérard** (B...). — Notice d'un manuscrit latin de la Bibliothèque du Roi, coté S. Germ. lat. 844 (olim 663), vélin in-4°.

T. XII, II, p. 75-111 des *Notices*.

Ce ms. se compose de plusieurs ouvrages de nature différente : 1° Adamnani libri III de Locis sanctis. — Ces trois livres sont écrits en minuscules carolines du IX° siècle.

2° Falconis probæ centones. — Ces centons sur l'ancien et le nouveau Testament sont en écriture minuscule lombardique, du VIII° au IX° siècle.

3° Ven. hon. Clem. Fortunati Carmina. — Écriture du même genre et du même siècle que pour l'ouvrage précédent. Parmi ces poésies se trouve le poème du Phénix, souvent attribué à Lactance.

4° M. Aur. Cassiodorus, de Dialectica. — En écriture minuscule caroline du IX° siècle.

5° Des extraits de saint Augustin sur la physique, la rhétorique et la logique. Ils se composent principalement de passages tirés du traité de Doctrina christianâ.

Cette notice est surtout consacrée à l'étude des poésies de Fortunat.

895. . . — Notice du cartulaire de l'abbaye de Notre-Dame-de-la-Roche, manuscrit de la Bibliothèque du Roi, côté Cartul. 120, sur vélin.

T. XIII, II, p. 1-61 des *Notices*.

Ce cartulaire provient de la bibliothèque de M. Brial. Il contient 103 feuillets dont les trois derniers sont occupés par la table des chartes. Celles-ci, au nombre de 98, toutes en latin, sauf la dernière qui est en français, sont comprises entre les années 1190 et 1274.

La notice se termine par deux tables : 1° Table chronologique des chartes et des personnes. — 2° Table alphabétique des noms de pays et de lieux.

896. · — **Guignes** (De). — Chaîne historique des contrées, des mers et des poissons, avec un traité sur la science de la sphère. Recueil de divers ouvrages, et particulièrement de deux voyages aux Indes et à la Chine, dans les neuvième et dixième siècles de J. C. Manuscrit arabe, n° 597, in-4°, de 280 pages, papier oriental.

T. I, p. 136-164 des *Notices*.

Acheté à Alep et mis en 1673 dans la bibliothèque de Colbert, (fait attesté à la fin du volume par Etienne Baluze) ce ms. est relié en maroquin rouge, avec les armes du roi. Il est en très mauvais état, écrit de mains différentes, vieux, taché et rongé en plusieurs endroits. Il contient quatre ouvrages : 1° les deux Relations traduites par l'abbé Renaudot, mais il manque quelques pages au commencement; 2° six feuillets, dont quelques-uns paraissent de la même main que les Relations; ils contiennent simplement les mesures de la longueur et de la hauteur des murailles de quelques villes et châteaux de Syrie; 3° un morceau, très mal écrit, sans le commencement ni la fin, sur le ciel et le mouvement des astres, d'après Aristote; 4° un ouvrage incomplet sur l'Anatomie du corps humain. En très mauvais état, il est écrit en caractères arabes d'Afrique. — A la fin on lit ces mots : « Cet ouvrage qui contient l'explication du corps humain, la connaissance du ciel et des étoiles, des mers et des contrées, les mesures des villes et des châteaux, a été achevé l'an 588 de l'hégire (et non pas l'an 596, de J. C. 1192. »

897. — **Guignes (De).** — Essai historique sur l'origine des caractères orientaux de l'Imprimerie royale, sur les ouvrages qui ont été imprimés à Paris, en arabe, en syriaque, en arménien, etc., et sur les caractères grecs de François Ier appelés communément *Grecs du Roi*.

T. I, p. ix-cij. des *Notices*.
Donne de longs détails sur les matrices des caractères orientaux qui étaient déposées à la Bibliothèque royale, et en particulier sur le différend de Breves et Vitré qu'elles suscitèrent. En 1640, lorsque Louis XIV eut donné une nouvelle forme à l'Imprimerie royale placée au Louvre, on songea à y déposer tous ces poinçons avec leurs matrices. En 1691, MM. Thévenot et Clément, gardes de la Bibliothèque du Roi, eurent donc ordre de remettre à l'Imprimerie royale « les poinçons des lettres orientales qui sont dans la Bibliothèque... »
L'essai historique se termine par le « Catalogue des manuscrits apportés du Levant, par M. de Breves, achetés à sa mort par le Roi, déposés dans la Bibliothèque du Cardinal de Richelieu et reliés à ses armes. Sur la première feuille doit être un paraphe du commissaire Boissi, qui les a fait enlever chez Sionita. Ces manuscrits qui, dans le temps, ont été réclamés, sont restés en Sorbonne. » Le catalogue se compose de 97 numéros.

898. —. — ... Exhortation aux âmes sur le pèlerinage de Jérusalem; par Bouthaneddin Ibrahim, surnommé Alkazaoui, ou selon d'autres Alkarari qui vivait avant le XVe siècle. Manuscrit arabe n° 837.

T. III, p. 605-603 des *Notices*.
C'est un volume in-12 de 118 pages. Cet ouvrage est suivi de différents papiers reliés ensemble, mais n'ayant aucun rapport entre eux. Les uns sont en Turc, d'autres en Arabe. Le plus important est un petit poëme (33 pages) en vers turcs où l'on décrit les vertus et les qualités de Mahomet. Il est intitulé *Houdici Scherif* et a été composé par l'Émir Khacani.

899. —. — ... Exposition de ce qu'il a de plus remarquable (sur la terre) et des merveilles du roi tout-puissant, par Abdorraschid, fils de Saleh, fils de Nouri, surnommé Yakouti; ouvrage de géographie, composé dans le XVe siècle. Manuscrit arabe n° 585, in-4° de 148 pages.

T. II, p. 386-515 des *Notices*.
Dans la préface l'auteur arabe est appelé Bakoui; il vivait l'an 806 de l'hégire (1403 de J. C.) et il était originaire de la ville de Bakou.

900. —. — Histoire des princes Atabeks, en Syrie, par Aboulhasan Aly, surnommé Azz-eddin, fils d'Al-athir al Djezeri, appelé Ebn-al-athir, ou Ben-al-athir, écrivain du treizième siècle de l'ère chrétienne. Manuscrit arabe, n° 818, in-4°, de 372 pages, en papier oriental sans titre.

T. I, p. 542-578 des *Notices*.
Ce ms. est en bon état, d'une écriture très lisible; mais on n'y a point marqué en quel temps il a été copié. Dans les dernières pages on a laissé quelques places vides pour y mettre des titres en lettres rouges comme il y en a dans la partie du volume qui précède.

901. —. — Perle des merveilles. Mélanges de géographie et d'histoire natu-

rolle, par Zeïn-eddin Omar, fils d'Abonl-Modaffer, surnommé Ebn-al-ouardi, écrivain du XIIIe siècle. Manuscrits arabes n°ˢ 577, 588, 589, 590, 591, 592, 593, 594, 601.

T. II, p. 10-39 des *Notices*.

Le ms. 577 est un petit in-fol., de 182 pages, écrit en caractères africains; il a été apporté de Mauritanie, en 1683, par M. de la Croix; les premières pages et une carte sont en mauvais état. Il a été écrit dans le mois de Mouharram de l'an de l'hégire 883 (de J.-C. 1478).

Le ms. 588 est en caractères ordinaires. Acheté à Alep par J.-F. de la Croix, ce petit in-4° de 324 p. a été écrit au Caire l'an 1003 de l'hégire et de J.-C. 1594; à la fin il manque plusieurs feuillets; la carte s'y trouve.

Bien conservé, écrit en caractères africains, le ms. 589 compte 238 pages; il a été apporté de Mauritanie.

Le ms. 590, in-4° de 316 pages, est beau, bien écrit, et en beau papier; il n'y a pas de date; la carte s'y trouve ainsi qu'un morceau sur les échecs.

Le ms. 591 est un in-8° de 476 pages, écrit lisiblement; il est accompagné de la carte et a été copié l'an 750 de l'hégire (1449 de J.-C.). On trouve à la fin le petit morceau sur le jeu des échecs.

Le ms. 592, in-4° de 422 pages, est passablement écrit. Il y a des noms de pays et de fleuves qu'on a laissés en blanc; d'autres ont été marqués par une main étrangère et sont d'une écriture très mauvaise; à la fin est le petit morceau sur le jeu des échecs. Il est marqué avoir été écrit l'an de l'hégire 137 (754 de J.-C.). Cette date est fautive, c'est peut-être 1037, ce qui reviendrait à l'an de J.-C. 1627; la carte s'y trouve.

Le ms. 593 est un petit in-4° de 316 p., écrit lisiblement; la carte n'a pas été copiée; on trouve à la fin le morceau sur les échecs; il a été copié l'an de l'hégire 972 (de J.-C. 1564). Les marges sont chargées de notes géographiques qui sont des additions faites à l'ouvrage par un oriental.

Le ms. 594, petit in-4°, bien conservé et très lisible, a été écrit l'an 1000 de l'hégire (de J.-C. 1591); la carte est omise, et l'on y trouve le morceau sur les échecs. Sur le titre l'auteur y est nommé Seradgeddin Omar ben al-ouardi.

Le ms. 601, in-12, est d'un caractère très menu, mais lisible; il est de 396 pages; la carte y est, mais l'article concernant les échecs est omis; il a été écrit l'an 1021 de l'hégire, et de J.-C. 1612.

Tous ces manuscrits sont écrits en papier qu'on appelle *bombycinus*.

902. — **Guignes (De)**. — Les Prairies d'or et les Mines de pierres précieuses. *Histoire universelle* par Aboul-hassan-aly, fils d'Al-Khaïr, fils d'Aly, fils d'Abderrahman, fils d'Abdallah, fils de Masoud-el-hudheli; surnommé Masoudi; écrivain du XIIe siècle de l'ère chrétienne. Manuscrits arabes, n° 598, in-4° de 274 pages; n° 599, in-4° de 394 pages; et n° 599 A, in-fol. de 984 pages, tous les trois en papier oriental.

T. I, p. 1-67 des *Notices*.

Les manuscrits n°ˢ 598 et 599 sont très imparfaits; le premier ne contient que l'histoire ancienne, et il y manque une partie de la Préface; le second contient de plus l'histoire des anciens arabes, mais il est moins exactement copié, et, dans plusieurs endroits, on a abrégé le texte de l'auteur. Le n° 599 A renferme l'ouvrage entier de Masoudi, c'est-à-dire l'histoire des Kalifes depuis Mahomet jusqu'au temps de l'auteur. C'est un des beaux manuscrits de la Bibliothèque du roi.

903. — . — Des prérogatives de la mosquée Alacsa, ou de Jérusalem, par Ebn Aboul Sscherif, auteur du XVe siècle de l'ère chrétienne. Manuscrits arabes, n° 836, in-4° de 320 pages; n° 838, in-4° de 208 pages.

T. III, p. 610-616 des *Notices*.

Le ms. 838 a été achevé de copier dans le mois sepher de l'an 903 de l'hégire (1495 de J.-C.); l'écriture en est assez négligée, mais lisible. Le n° 836 est d'un caractère peu régulier et assez mauvais; il a été écrit l'an 973 (1565 de J.-C.).

904. — **Guyard (Stan.).** — Fragments relatifs à la doctrine des Ismaélis, texte publié pour la première fois avec une traduction complète et des notes par M. Stan. Guyard.

T. XXII, 1, p. 177-428 des *Notices*.

Le ms. qui sert de base à ce travail a été envoyé par Rousseau à la Société asiatique. C'est un in-12 de 77 feuillets, dont les 11 derniers contiennent le Fetwa d'Ibn Taïmiyyah contre les Nosaïris, et les 66 premiers un recueil de fragments d'anciens livres ismaélis.

905. — **Hase (C. B.).** — Notice d'un manuscrit de la Bibliothèque du Roi, contenant une histoire inédite de la Moldavie, composée en moldave par Nicolas Costin, grand logothète à la cour d'Iassy, et traduite en grec moderne par Alexandre Amiras.

T. XI, II, p. 274-304 des *Notices*.

Ce ms. forme un petit in-folio, divisé en deux parties ayant chacune leur pagination séparée. La première contient 45 chapitres sur 67 pages, et la seconde 82 chapitres ou 543 pages.

La plupart des chapitres commencent par des initiales dessinées en noir. Sur un feuillet blanc, en tête de la première partie, on lit cette note écrite par l'abbé Sallier, garde de la Bibliothèque du Roi : « Envoyé par M. Peyssonel et remis par M. Marie, le 1ᵉʳ juillet 1762. S. »

906. —. — Notice de trois pièces satyriques imitées de la Nécyomantie de Lucien, et contenues l'une dans le manuscrit grec 1631 de l'ancien fonds, l'autre dans celui 2091, A, également de l'ancien fonds, le troisième dans celui du Vatican, nº 87.

T. IX, II, p. 125-268 des *Notices*.

907. —. — Recueil de mémoires sur différens manuscrits grecs de la Bibliothèque Impériale de France. — *Paris, de l'imprimerie impériale de France, 1810, in-4º.*   Inv. Q 1826

Ce recueil contient :

1º Notice d'un manuscrit de la Bibliothèque impériale, contenant l'ouvrage de Dracon de Stratonicée sur les différentes sortes de vers [περὶ μέτρων]. Par M. Hase. — *Paris, imp. impériale, 1807, in-4º, 45 p.*
Extrait du T. VIII, 2ᵉ partie (p. 33-77) des Notices et extraits des manuscrits de la Bibliothèque impériale.
Ce ms. du XVIᵉ siècle provient de la bibliothèque de Colbert et est coté parmi les mss. grecs de la Bibliothèque impériale sous le nº 2675.

2º Notice de l'Histoire composée par Léon Diacre, et contenue dans le manuscrit grec de la Bibliothèque Impériale, coté 1712. Texte et traduction latine du VIᵉ livre de cette Histoire. Par M. C. B. Hase. — *(Paris,) imp. impériale, (s. d.), in-4º, 43 p.*
Ce ms. est un petit in-folio de 430 feuillets, tous en vélin, excepté les dix derniers, qui sont de papier ordinaire; la plus grande partie du volume a été écrite au plus tard vers l'an 1100 de notre ère.

3º Notice d'un Ouvrage de l'empereur Manuel Paléologue, intitulé : Entretiens avec un professeur mahométan. Par M. C. B. Hase. — *(Paris,) imp. impériale, (s. d.), in-4º, 74 p.*
Cet ouvrage se trouve dans 3 manuscrits de la Bibliothèque impériale. Le premier a une reliure aux armes et au chiffre de Henri IV. Il était coté d'abord MCCLXIV, puis 2417, ensuite 1383 et enfin 1253. Le second ms. est du nombre de ceux qui ont appartenu à M. de Coislin ; il conserve son an-

rien n° 130, sous lequel Montfaucon l'a décrit dans son catalogue. Enfin l
3ᵉ manuscrit coté 469 fait partie d'un dépôt supplémentaire dans lequel on
a réuni les livres dont la bibliothèque s'est récemment enrichie.

908. — **Hauréau** (B.). — Commentaire de Jean Scot Érigène sur Martianus
Capella, manuscrit de Saint Germain-des-Prés, n° 1110.

T. XX, II, p. 139 des *Notices*.

C'est un volume pt. in-4°, provenant de Corbie, composé de pièces de diverses mains, écrites les unes au IXᵉ siècle, les autres au Xᵉ. On y trouve un
fragment étendu du *De divisione naturæ* de Jean Scot, divers traités de Boèce
et trois commentaires différents sur Martianus Capella. Le premier, auquel
manquent le commencement et la fin, est d'un inconnu qui a vécu avant Remi
et lui a fourni quelques gloses. Le second, également incomplet, est de Remi
le disciple d'Heiric. Le troisième est celui de Jean Scot.

909. —. — Notice sur le numéro 647 des manuscrits latins de la Bibliothèque
nationale. Extrait des *Notices*..., tome XXXII, 2ᵉ partie, (p. 167-186). — *Paris, imp.
nationale*, août 1887, in-4°, 20 p.   4° Q Pièce.

Ce volume du XIIᵉ siècle, aux armes d'Hippolyte, comte de Béthune, provient de l'abbaye de Beaupré, au diocèse de Beauvais. Il est décrit dans le
catalogue : « Hi continentur Radulfi, Flaviacensis monachi, expositio in
omnes epistolas Pauli. Accedit ejusdem opusculum de opere sex dierum. »
M. Hauréau établit que l'auteur de ce manuscrit n'est ni Raoul de Flaix, ni
Raoul de Laon, comme on l'avait prétendu, mais bien Thierry de Chartres.
Le premier livre du traité de Thierry est seul complet ; c'est un essai d'accord
entre la Genèse et le *Timée*. M. Hauréau le publie ici, après en avoir établi le
texte sur les quatre manuscrits (n° 647, 15001, 18086, 3884) que possède la Bibliothèque nationale.

910. —. — Notice sur le numéro 712 des manuscrits latins de la Bibliothèque
nationale. Tiré des *Notices et extraits des manuscrits de la Bibliothèque nationale*, etc.,
tome XXXIII, 1ʳᵉ partie (p. 193-203). — *Paris, imp. nationale*, mars 1889, in-4°, 10 p.
                                                         4° Q Pièce.

Ce recueil est formé de pièces écrites en divers temps, par diverses mains.
On y trouve :

Des gloses sur l'Apocalypse dont l'auteur est Anselme de Laon.

Incipit expositio Remigii in prima editione Donati, grammatici urbis Romæ, commentaire de Remi d'Auxerre sur l'*Ars minor* de Donat.

Un poème en vers élégiaques, sans titre et sans nom d'auteur, sur les obligations de la vie monastique.

Versus de triplici egestate. Sous ce titre se succèdent dans le ms., sans aucun
signe qui les distingue les uns des autres, plusieurs poèmes anonymes, dont
M. Hauréau donne les titres d'après d'autres manuscrits.

Des sermons anonymes, qui sont tous du scolastique d'Angers, Geoffroy
Babion, et qui ont été publiés par Beaugendre sous le nom d'Hildebert de Lavardin. Ce sont : 1° *Nolite diligere mundum. Quoniam omne quod est in mundo.*
2° *Exeunte de pulvere. l'idete, fratres carissimi, quam dulciter, quam affectuose.* —
3° *Noli æmulari cum malignantibus... Multi in mundo sunt, fratres carissimi, qui
cum videant.* — 4° *Scitote, fratres carissimi, quia vetus homo noster crucifixus est.*
— 5° *Sciens Jesus quia venit hora ejus. Vos autem, fratres carissimi, Dei gratia
intelligitis.* — 6° *Dum complerentur dies Pentecostes... congruum satis est, fratres
carissimi, ut in his dictis.* — 7° *In omnibus, fratres carissimi, exhibeamus nosmet-
ipsos sicut Dei ministros... Dominus et redemptor noster.* — 8° *Locutus est Dominus
ad Moysen, dicens : « Homo de semine... » Fratres carissimi, timeo ne quosdam
vestrum.* — 9° *Homo quidam peregre proficiscens... Hæc parabola, fratres carissimi,
dicta est a Domino.*

Un *Libellus domni Hugonis de Folieto ad amicum voluntatem nubere*.

Un sermon anonyme sur la mort d'Humbert, religieux de Clairvaux. Ce sermon est de St Bernard.

Un sermon anonyme sur saint Malachie mort à Clairvaux. Ce sermon est aussi de St Bernard.

La lettre de St Bernard aux Irlandais, leur annonçant le trépas de leur glorieux compatriote.

Enfin une amplification sur les devoirs de la vie claustrale : *Liber Hugonis, canonici et prioris de Follcio S. Laurentii, de duodecim abusionibus claustri materialis.*

911. — **Hauréau (B.).** — Notice sur le numéro 994 des manuscrits latins de la Bibliothèque nationale. Extrait des *Notices et extraits des manuscrits de la Bibliothèque nationale*, etc., tome XXXII, 2ᵉ partie (p. 187-195). — Paris, imp. nationale, octobre 1887, in-4°, 9 p.   4° Q Pièce 93

Il s'agit du volume qui est ainsi décrit dans le catalogue imprimé : *Mag. Joannis Beleth tractatus de officiis ecclesiasticis ; Anonymi summa dictaminis, sive de scribendarum epistolarum ratione ; Anonymi tractatus de concionandi ratione et iis quæ oratori sacro præstanda sunt.*

M. Hauréau montre que cette somme de Beleth, dont la Bibliothèque nationale possède au moins 25 copies qui sont du XIIᵉ, du XIIIᵉ et du XIVᵉ siècle, ne ressemble en aucune façon à celle que Corneille Laurimann a publiée.

La *Summa dictaminis* est un abrégé de l'ouvrage intitulé *Parva compilatio de dictaminibus* dans le ms. 15170, fol. 16.

Quant au *Tractatus de concionandi ratione*, c'est l'ouvrage d'Alain de Lille *De arte prædicatoria*.

912. —. — Notice sur le numéro 1544 des Nouvelles acquisitions (fonds latin) de la Bibliothèque nationale. Extrait des *Notices et extraits des manuscrits de la Bibliothèque nationale*, etc. tome XXXII, 1ʳᵉ partie (p. 283-314). — Paris, imp. nationale, 1886, in-4°, 66 p.   4° Q 349

Ce volume, incomplet, de provenance inconnue, écrit tout entier de la même main, est un recueil de pièces formé par un moraliste du XVᵉ siècle ; les unes sont en vers, les autres en prose.

913. —. — Notice sur le numéro 2513 des manuscrits latins de la Bibliothèque nationale. Extrait des *Notices des manuscrits*, t. XXXIII, 1ʳᵉ partie (p. 235-255). — Paris, imp. nationale, décembre 1889, in-4°, 7 p.   4° Q Pièce 125

Ce ms. figurait autrefois dans la bibliothèque de Colbert sous le n° 2662. C'est un recueil de 96 lettres dont quelques-unes de saint Bernard ; les autres sont de l'évêque du Mans, plus tard archevêque de Tours, Hildebert de Lavardin.

Après les lettres d'Hildebert se trouve, sans nom d'auteur, le centon copié tant de fois sous les titres divers de *Moralium dogma philosophorum, Summa moralium philosophorum, Isagoge in moralem philosophiam, Moralis philosophia de honesto et utili*; et qui, imprimé dès le XVᵉ siècle, le fut depuis par Beaugendre sous le nom d'Hildebert, par Vincent de Vit, sans nom d'auteur, et par Thor Sundby sous le nom de Gautier de Châtillon.

Le ms. se termine par un court traité anonyme : *Tractatus de Sacramento altaris* et par un opuscule dont voici l'explicit : *Explicit liber ad Eribonum de quæstionibus numero duodecim.*

914. —. — Notice sur le numéro 2389 des manuscrits latins de la Bibliothèque nationale. Tiré des *Notices et extraits des manuscrits de la Bibliothèque nationale*. Tome XXXIII, 1ʳᵉ partie (p. 233-263). — Paris, imp. nationale, nov. 1889, in-4°, 31 p.   4° Q Pièce 117

Ce volume paraît être du XIIIᵉ siècle ; il est la reproduction d'un autre plus ancien, le n° 15732, venu de la Sorbonne, dont la plupart des pièces ont des rubriques qui manquent dans le ms. 2590. Il contient :

Richardi de S. Victore libri tres de eruditione hominis interioris, sive de mysticis somniis Nabuchodonosor et Danielis.

Deux pièces du même Richard : *De contemplatione* et *Annotationes mysticæ in Psalmos.*

Quelques opuscules sans titres, désignés au catalogue : *Excerpta quædam anepigrapha*. Ils débutent ainsi : *Tolle puerum et matrem ejus et fuge in Egyptum. — Proles de virgine matre, veritas nascens de cordis puritate. — Propter amorem lectionis sæpe incidunt in odium religionis.*

On trouve ensuite :

Un traité anonyme qui commence par ces mots : *Splendore sapientiæ videmus N. videre faciem Domini in nubilo*. L'auteur est Honoré d'Autun.

Sententia S. Cæsarii de duodecim remissionibus peccatorum.

Une courte paraphrase du *Pater noster.*

Un fragment de la 10ᵉ lettre d'Hildebert de Lavardin *Ad A. viduam.*

Une explication étymologique de certains mots d'origine grecque qu'on lit dans les prologues de saint Jérôme sur les deux testaments, par *Moyses Gracus* ou *de Gracia.*

Un commentaire de l'oraison dominicale. Il commence ainsi : *Protector noster, aspice, Deus.* L'auteur est Serlon, abbé de l'Aumône.

Un opuscule mystique de Richard. Il commence ainsi : *Carbonum et cinerum reliquiis emundatur a coquente pavimentum clibani.*

Ici finit la série des pièces empruntées au n° 15732.

On trouve ensuite le récit d'une prétendue vision par un moine. C'est le texte authentique de cette vision du moine d'Eynsham dont Matthieu de Paris a donné une narration abrégée dans son *Historia major.*

Le volume finit par les 26 premiers sermons de saint Bernard sur le *Cantique des cantiques.*

915. — **Hauréau (B.).** — Notice sur le numéro 3203 des manuscrits latins de la Bibliothèque nationale. Extrait des *Notices et extraits des manuscrits de la Bibliothèque nationale*, etc., tome XXXI, 2ᵉ partie (p. 261-274). — *Paris, imp. nationale, novembre 1885, in-4°, 14 p.* 4° **Q Pièce** 50

Ce ms. est intitulé, dans le catalogue imprimé : *Simonis de Tornaco Summa de Sacramentis.* M. Hauréau attribue cet ouvrage, qu'il pense avoir été écrit vers 1202, à l'Anglais Robert de Courçon ou de Curchum, chanoine de Noyon, qui, devenu cardinal, présida le concile de Paris en 1213. L'auteur de cet ouvrage n'a pas les sacrements pour unique objet; il s'est proposé de résoudre la plupart des questions qui forment le domaine de la jurisprudence canonique et notamment celles qui ont pour objet l'administration des sacrements.

916. —. — Notice sur le numéro 8083 des manuscrits latins de la Bibliothèque nationale. Extrait des *Notices des manuscrits*, t. XXXIII, 1ʳᵉ partie (p. 279-285). *Paris, imp. nationale, janvier 1889, in-4°, 7 p.* 4° **Q Pièce** 12

On trouve dans ce volume, qui semble être de la fin du XIIIᵉ siècle, l'*Antichaudianus* d'Alain de Lille avec une glose sur les trois premiers chants de ce poème. L'auteur de la glose est Radulphus de Longo Campo.

Le commentaire de Raoul est en réalité un cours personnel de grammaire, de logique, de rhétorique, d'arithmétique, de musique, de géométrie et d'astronomie.

917. —. — Notice sur le numéro 8299 des manuscrits latins de la Bibliothèque nationale. Extrait des *Notices et extraits des manuscrits de la Bibliothèque nationale*, etc., tome XXXI, 2ᵉ partie (p. 275-291). — *Paris, imp. nationale, janvier 1886, in-4°, 17 p.* 4° **Q Pièce** 73

La première pièce de ce volume, ordinairement intitulée *De cura rei fami-*

liaris, débute par ces mots : *Gratioso militi Raymundo, castri Ambreoti domino, Bertrandus in senium deductus.* M. Hauréau ne sait si cette pièce a pour auteur un *Bertrandus* ou un *Bernardus*.

Elle est suivie d'un récit où sont longuement racontées toutes les circonstances de la mort du roi Charles V. M. Hauréau publie ce texte.

Le ms. contient ensuite le texte du poème l'*Anticlaudianus* d'Alain de Lille, avec des scholies interlinéaires et marginales dont le catalogue nomme l'auteur Gilbert d'Auxerre. M. Hauréau établit qu'il s'agit ici, non d'un Gilbertus, mais de Guillaume, surnommé l'Auxerrois.

Le volume se termine par quelques vers latins ; dans deux de ceux-ci sont nommés les 7 sacrements ; ls autres résument des préceptes d'hygiène et trois les vertus de la bière. La page finale est occupée par des recettes, écrites en français, pour le traitement des maladies épidémiques.

918. — **Hauréau** (B.). — Notice sur le numéro 8433 des manuscrits latins de la Bibliothèque nationale. Extrait des *Notices et extraits des manuscrits de la Bibliothèque nationale*, etc., tome XXXII, 2ᵉ partie, p. 83-106. — Paris, imp. nationale, mai 1887, in-4°, 24 p.   Q Pièce

Possédé au XVᵉ siècle par les moines de Saint-Aubin d'Angers, ce volume passa plus tard aux mains de Baluze dont les héritiers le vendirent au roi en 1719. C'est un recueil de pièces qui contient d'abord un exemplaire tronqué du poème sur les synonymes commençant par :

Ad mare ne videat latices deferre, camino læniculum....

M. Hauréau attribue ce poème à Matthieu de Vendôme.

Viennent ensuite :

Une épigramme de douze hexamètres sur les trois maris qu'ont, dit-on, sainte Anne : Joachim, Cléophas et Salomé.

Un poème d'un maître qui envoie ses écoliers en vacances à l'occasion des fêtes de Noël.

Une lettre d'Alcuin qui précède la vie de saint Riquier.

Un recueil de sermons dominicaux, dont l'auteur est Geoffroy Babion, le scolastique d'Angers.

Deux pages de sentences morales.

Quatre pièces anonymes en vers rythmiques, avec des notes musicales.

Une nouvelle série de sermons de Geoffroy Babion.

Un opuscule anonyme qu'on a imprimé dans les Œuvres de saint Augustin, d'Alcuin et de Raban-Maur.

Une explication mystique des douze pierres de l'Apocalypse.

Une page de fragments sous ce titre : *Exceptiones mag. Ricardi.*

Deux sermons (1º *Sermo in Annuntiatione,* 2º *Sermo ad populum.*

Un traité sur la confession : *Convertimini ad me.* Les derniers chapitres du traité de Guillaume d'Auvergne, qui est intitulé dans ses Œuvres : *Tractatus novus de pœnitentia.*

Un recueil de pensées, de réflexions sur des matières très diverses.

Le poème de Bernard, surnommé de Morlas ; *de contemptu mundi.*

Une satire : *Versus Pagani Bolotini de falsis eremitis qui vagando discurrunt.*

Toute la fin du volume est occupée par des poèmes longs ou courts et d'un mérite très inégal. Le dernier est un exemplaire imparfait du poème intitulé *De beata Maria Ægyptiaca* d'Hildebert de Lavardin.

919. —. — Notice sur le numéro 15168 des manuscrits latins de la Bibliothèque nationale. Tiré des *Notices et extraits des manuscrits de la Bibliothèque nationale,* etc. Tome XXXIII, 1ʳᵉ partie, p. 203-225. — Paris, imp. nationale, mars 1889, in-4°, 23 p.
                                                                   Q Pièce

Ce volume renferme de nombreuses pièces : d'abord des extraits de la *Somme* de Raymond, un questionnaire à l'usage des confesseurs : *Summa de confessionibus,* une pièce en vers rythmiques, intitulée : *Magister Hamo de miseria mundi,* deux feuillets de questions théologiques, des pensées diverses,

60 fragments de sermons, des explications sur l'origine des Rogations et sur la nature, la forme et la vertu des larmes, des vers en l'honneur de la paix, une dissertation sur le tempérament moral des bons opposé à celui des méchants, et quelques anecdotes empruntées à la Vie des Pères.

On trouve ensuite un pénitentiel intitulé : *Tractatus mag. Petri Cantoris de pœnitentia*; un traité anonyme : *Quod quatuor malis tribulantur corda sanctorum in hoc sæculo*, plusieurs extraits de saint Jérôme, de saint Augustin, d'Origène, etc.; un opuscule *... it liber Seneca de rapti verborum*; une lettre d'un abbé de Prémontré qui ... gage à faire dire une messe solennelle ... un des bienfaiteurs de ... ; deux pages de questions théologiques, avec les réponses, deux colonnes de prescriptions hygiéniques pour des ..., deux sermons anonymes, ... le second a pour auteur le franciscain Jean de La Rochelle; six sermons de saint Césaire; un choix de sentences morales tirées, pour la plupart, des écrits de saint Augustin; une exhortation en 57 paragraphes commençant par : *Timor Domini principium sapientiæ. Sapientiam atque doctrinam stulti despiciunt*; des extraits de l'Ecclésiaste; quelques décisions des Pères et des papes sur divers points de dogme ou de discipline; la Somme de Raymond de Peñafort, mise en vers, des vers mêlés, pieux ou profanes; une lettre adressée par un chanoine ... gulier de Saint-Martin de Laon à un clerc de ses amis, qui vient d'être reçu licencié dans l'Université de Paris, pour engager ce jeune professeur à prendre l'habit d'un ordre quelconque; un formulaire à l'usage des officiaux et intitulé : *Usus curiæ ordinariæ*; enfin quelques sermons et quelques réponses à des questions théologiques.

920. — **Hauréau** (B.). — Notice sur le numéro 13579 des manuscrits latins de la Bibliothèque nationale. Extrait des *Notices des manuscrits*, t. XXXIII, 1re partie (p. 265-277). — Paris, imp. nationale, janvier 1886, in-4°, 13 p. 4° **Q Pièce.**

Ce volume contient les sermons de Nicolas Biart, des Biards ou de Biard. M. Hauréau signale divers sermons de cet auteur, les uns pour les dimanches, les autres pour les fêtes, qui existent, sans le nom de Biard, dans divers volumes de la Bibliothèque nationale, n°s 13951, 13953, 13954, 13959, 13964, 13965, 13971, 16471, 16488, 16498, 16505, 16507.

921. — —. — Notice sur le numéro 13602 des manuscrits latins de la Bibliothèque nationale. Extrait des *Notices et extraits des manuscrits de la Bibliothèque nationale*, etc., tome XXXIII, 1re partie (p. 111-126). — Paris, imp. nationale, août 1888, in-4°, 16 p. 4° **Q Pièce.**

Ce volume, qui provient de Saint-Germain des Prés, est un recueil de pièces anonymes ou pseudonymes. On y trouve :

Sous ce titre : *Admonitiones ad spiritualem vitam valde utiles* un fragment de l'ouvrage que les traductions modernes intitulent : *L'Imitation de Jésus-Christ*.

Le récit d'une apparition : *Disputatio inter quemdam priorem ordinis Prædicatorum et spiritum Guidonis*.

Un traité mystique intitulé *Cordiale* (c'est le *Cordiale de quatuor novissimis*).

Une *Epistola beati Bernardi, abbatis, de forma honestæ vitæ*.

Une très courte pièce intitulée : *Confessio B. Bernardi ad novitios*.

Le *Speculum peccatorum*, qui commence par ces mots : *Quoniam carissime, in via hujus vitæ fugientis sumus, dies nostri sicut umbra prætereunt*.

Un traité intitulé : *De defectibus occurrentibus in missa*.

Enfin, sous ce titre S. *Bernardus abbas et doctor* un traité sur la messe incomplet, commençant par : *Ad honorem gloriosæ et individuæ Trinitatis et ad reverentiam excellentissimi sacramenti pretiosi corporis et sanguinis Domini nostri J. C., describa tibi formam qua poteris leviter manuduci*.

922. — —. — Notice sur le numéro 14580 des manuscrits latins de la Bibliothèque nationale. Extrait des *Notices et extraits des manuscrits de la Bibliothèque nationale*, etc., tome XXXII, 2e partie (p. 1-36). — Paris, imp. nationale, nov. 1886, in-4°, 36 p. 4° **Q Pièce.**

Ce volume provient de Saint-Victor. C'est un recueil de 69 sermons de la seconde moitié du XII° siècle. En voici le détail.

In ramis Palmarum. Sermon anonyme commençant par : *Benedictus qui venit in nomine Domini. — Mediator Dei et hominum, homo Christus Jesus, ut suæ meditationis impleret officium.* L'auteur est Gauthier.

In solemnitate paschali. Commençant par : *Christus mortuus est propter delicta nostra et resurrexit propter justificationem nostram.* Sermon de Gauthier.

De Spiritu sancto, G. Commence par : *Advenit ignis divinus, non comburens, sed illuminans, nec consumens, sed lucens,... — Universitatis conditor Deus, cum ea bene ordinavit, duo luminaria fecit, solem et lunam.* Sermon de Gauthier.

In natali Domini, secundum magistrum Achardum. Commence par : *In natali Emmanuelis ejus cibo nos refici condecet, cujus cibus est butirum et mel.*

De epiphania. Commence par : *Ecce stella quam viderunt magi in oriente, Antecedebat eos usquedum veniens staret supra ubi erat puer... — Solemnitas præsentis diei tribus miraculis decoratur.* Ce sermon paraît être de Gauthier.

De Purificatione, G. Commence par : *De solemnitate Purificationis scriptum est in lege Moysi : Mulier quæ, suscepto semine.*

Mag. Petri Manducatoris in Purificatione. Commence par : *Oblatus est quia voluit. — Bis legitur Dominus oblatus (sic) fuisse : hodierna die in templo, postea in patibulo.*

Mag. A. in Dedicatione. Commence par : *In sole posuit tabernaculum suum... Sol iste invisibilis splendorem habet et calorem.* Sermon d'Achard.

Mag. A. in Adventu Domini. Commence par : *Veni, Domine Jesu! — Hæc verba posuit Joannes in fine Apocalypsis, in fine totius canonicæ Scripturæ...* Sermon d'Achard.

Mag. Henrici de Apostolis. Commence par : *Estote prudentes sicut serpentes... — Præcipitur in Evangelio ut ædificaturus turim prius sedeat et sumptus computet.*

Mag. Mauricii in solemnitate B. Victoris. Commence par : *Vincenti dabo manna absconditum. — Decet in solemnitate gloriosi martyris beati Victoris nomen victoriæ frequentius in ore habere.*

Mag. Petri M. de Assumptione Virginis. Commence par : *Moyses tulit virgam Aaron et reposuit in archa fœderis; filii namque Israel murmuraverant contra Aaron quod solus præ ceteris summo sacerdotio fungeretur.* Sermon de Pierre le Mangeur.

Mag. Mauricii de S. Victore. Commence par : *Hæc est victoria quæ vincit mundum, fides nostra. — Scitis, fratres mei, diem præsentem celebrari in honore et veneratione beati Victoris.*

Mag. Petri M. de S. Augustino. Commence par : *Filius accrescens Joseph... Jacob diem obitus sui imminere prævidens.* Sermon de Pierre le Mangeur.

Capitula, fragment de théologie mystique dont l'auteur semble être Hugues de Saint-Victor.

De purificatione, mag. G. Commence par : *Sint lumbi vestri præcincti... — Festiva solemnitas præsentis diei in tribus linguis tribus nuncupatur vocabulis.* Ce sermon doit être de Gauthier.

In Annuntiatione Domini, magistri Petri Mand. Commence par : *Eo tempore egressus est Isaac ad meditandum... — Alia translatio habet; Egressus est Isaac ad exercitandum in agro.*

De Epiphania Domini G. Commence par : *Hic est filius meus; ipsum audite. — Sit omnis homo velox ad audiendum, tardus ad loquendum.* Sermon de Gauthier.

De Spiritu Sancto, G. Commence par : *Non accepistis spiritum servitutis... — Spiritus Sanctus creatrix est potentia.* Sermon de Gauthier.

In Pascha, G. Commence par : *Si qua in Christo nova creatura, vetera transierunt et ecce facta sunt nova. — In die dominica resurrectionis, in hac die nostra spes.* Sermon de Gauthier.

Sermo communis, magistri Gaufridi. Commence par : *Vidi aquam egredientem a dextro latere templi... — Libenter suffertis insipientes, cum sitis sapientes.*

De Assumptione, G. Commence par : *Ostende mihi faciem tuam... — Omni devotione colenda gloriosa assumptio B. Mariæ.* Sermon de Gauthier.

De Resurrectione, magistri Achardi. Commence par : *Dies ista dies Christi, dies Domini, dies quam fecit Dominus, dies dominica, dies nova sole novo illustrata.*

Mag. A., in Ramis palmarum. Commence par : *Venit Jesus ad montem Oliveti et* dicit discipulis suis : « Ite in castellum... » — Venit mons ad montem, spiritualis ad materialem, veritas ad figuram. Sermon d'Achard.

Sermo de omni exhortatione. Commence par : Venit in altitudine maris et tempestas dimersit me.

Mag. A. in Pascha. Commence par : Dominicæ resurrectionis excellentia, tantæ festivitatis solemnitas, nostræ redemptionis simul et salutis celebratio nos excitet moveat et tangat. Sermon d'Achard.

De Ascensione, mag. Mauricii. Commence par : Sol oritur et occidit... — De ea humilitate Ascensionis dominicæ, non prout vestræ capacitati, sed meæ parvitas convenit.

Sermo magistri Mauricii communis. Commence par : Quid est bonum Dei ? Quid est pulchrum Dei ?

Mag. Odonis de Purificatione. Commence par : Adorna thalamum tuum, Sion. Scriptum est : Ubi est majus scientiæ donum, ibi majus culpæ periculum.

De Septuagesima mag. A. Commence par : Septuagesima in alterius rei memoriam et ad alterius rei figuram et signum a devotione fidelium celebratur. Sermon d'Achard.

In solemnitate cujuslibet martyris, mag. M. Commence par : Vincenti dabo manna... Capitibus duo et duo audiuntur.

De Assumptione B. Mariæ, mag. Petri Manducatoris. Commence par : Cum sedebitis et cibis illius loqui valis, quia vestra conversatio in cælis est...

In Dedicatione. Commence par : Vidit Jacob in somnis scalam... — Triplex est visio.

De Nativitate B. Mariæ, mag. A. Commence par Ego quasi vitis fructificavi... Apostoli bonus odor et suavis erat Deo, sed et virga Maria odor suavissimus et supra sua.

De omnibus sanctis, G. Commence par : In domo patris mei multæ mansiones sunt... — Nemo aliquid habet nisi quod accepit.

In Natali Domini G. Commence par : Verbum caro factum est... — Fratres, quatuor hoc genere loquendi. Sermon de Gauthier.

In festo B. Mariæ, G. Commence par : Gaudeamus omnes in Domino! — Prædicatio non tam attendit quid dicatur quantum considerat quomodo dicatur. Sermon de Gauthier.

Sermo communis P. L. Commence par : Quis dabit mihi pennas? Sermon de Pierre le Lombard.

De Charitate S. Augustini, magistri Acharli. Commence par : Quoniam oportet me implere locum sapientis, oportet me insipientem fieri.

De cura Domini excolendo mag. A. Commence par : Simile est regnum cælorum homini patri familias... In hoc evangelio quod hodie legitur in ecclesia.

In dominica Palmarum, secundum magistrum Achardum. Commence par : Duæ sunt processiones principales, inter cæteras majores et excellentiores.

De nativitate B. Mariæ, G. Commence par : O quam pulchra est casta generatio cum caritate ! Quoties sermo fit de Virgine virginum, domina angelorum... Sermon de Gauthier.

Sermo S. Augustini, mag. Mauricii. Commence par : Anima cum obtulerit sacrificium oblationis... Hæc auctoritas habetur in Levitico, in quo libro per ministerium sacrificiorum ostenduntur arcana cælestia.

Mag. A. de Transfiguratione Domini. Commence par : Assumpsit Jesus Petrum... In hac sua transfiguratione Dominus quid sperare, quo animi intentionem dirigere debeamus insinuat. Sermon d'Achard.

De Ascensione Domini, G. Commence par : Ascendo ad patrem meum et patrem nostrum, Dominum meum. Sermon de Gauthier.

Item de eodem, G. Commence par : Qui descendit ipse est qui ascendit super omnes cælos... — Vos autem fratres mei et domini, non estis lactis participes. Sermon de Gauthier.

In Dedicatione ecclesiæ. Commence par : Sapientia ædificavit sibi domum... Verbum propositi de ædificatione, non de dedicatione ; non tamen ignoro quia festum hodie celebratur, non ædificationis, sed dedicationis. Sermon d'Achard.

In festo omnium sanctorum. Commence par : Magnorum et spiritualium virorum, eorum scilicet qui omnimodam habent sanctificationem et sanctitatem, qui omni pollent virtutum genere. Sermon d'Achard.

Sermo in quadragesima, fr. mag. A. Commence par : *Ductus est Jesus in desertum a spiritu.* — *De serie lectionis evangelicæ sufficit hucusque in sermone præsenti.* Sermon d'Achard.

Sermo communis. Commence par : *Nesciat sinistra tua quid faciat dextera tua.* — *Juxta apostolicam admonitionem, si quis indiget sapientia, postulet eam a Domino.*

De Epiphania, G. Commence par : *Qui misit me baptizare in aqua...* — *Fratres, veritas, quæ sine periculo auditur non absque periculo prædicatur.* Sermon de Gauthier.

In die Paschæ. Commence par : *Pascha nostrum immolatus est Christus.* — *Fratres, scripturas scitis et virtutem earum.* Sermon de Richard de Saint-Victor.

De triplici glorificatione in cruce. Commence par : *Absit mihi gloriari nisi in cruce Domini nostri Jesu Christi...* — *Dominicæ passionis sacramentum magnum est et profundum.*

In Purificatione B. Mariæ. Commence par : *Hodie beata Virgo Maria puerum Jesum præsentavit in templo et Simon, repletus Spiritu Sancto, accepit eum in ulnas suas.*

De divinæ laudis laudatoribus. Commence par : *Benedicta gloria Domini de loco suo.* — *Scriptum est in prophetis : Prudens tempore illo tacebit.*

In dedicatione. Commence par : *Domus mea domus orationis vocabitur.* — *Multiformis sapientia Dei multipliciter nos docet, erudit et illuminat.*

In festivitate S. Augustini. Commence par : *Invenit se Augustinus longe esse a Deo, in regione dissimilitudinis. De solemnitate venerabilis patris nostri Augustini sermones exquisitos sæpe audistis.*

In dominica Palmarum. Commence par : *Geminum Pascha colimus, geminum sane celebrare debemus. Primum est illud quod vulgo solet Floridum dici.* Sermon de Richard de St Victor.

In die Paschæ. Commence par : *In pace in id ipsum dormiam...* — *Pax illa per quam et in qua anima obdormit.* Sermon de Richard.

In die Pentecostes. Commence par : *Spiritus Domini replevit orbem...* — *Ecce qualem, fratres, paraclitum de Domini promissione accepimus.* Sermon de Richard.

Sermo communis. Commence par : *Ego sum via, veritas et vita.* — *Fratres, jam sæpe experti estis quam hoc genus loquendi nondum attigi.*

Sermo communis. Commence par : *In salicibus, in medio ejus suspendimus...* — *Salices arbores sunt steriles, nullum penitus fructum afferentes.*

Sermo communis. Commence par : *Benedictus Dominus Deus noster qui docet...* — *In manibus operatio, in digestis intelligitur discretio.*

In media Quadragesima. Commence par : *Egredere de terra et de cognatione tua...* — *Magnum quidem est ac difficile ad nos Dominus hortatur sub figura Abrahæ.* Sermon de Pierre le Lombard.

Sermo communis. Commence par : *Exitus aquarum deduxerunt oculi mei...* — *Solent agricolæ siccitatis tempore, deductis fontium rivulis, terram rigare.*

De nativitate B. Mariæ. Commence par : *Descendet sicut pluvia in vellus...* — *Singularis gloria Mariæ ; O gloria Virginis! O gloria Salvatoris.*

Sermon sans titre, commençant par : *Melior est canis vivus leone mortuo.* — *Litteræ superficies arida quidem et exsanguis videtur.*

923. — **Hauréau (B.).** — Notice sur le numéro 14877 des manuscrits latins de la Bibliothèque nationale. — Tiré des Notices et extraits des manuscrits de la Bibliothèque nationale... T. XXXIV, 1 (p. 33-59). — Paris, imp. Nationale, 1890, in-4°.

4° Q Pièce. 130

Ce volume, qui provient de St Victor, est un recueil de pièces de diverses mains. On y trouve :

Laudes virginis matris. — *De gradibus humilitatis et superbiæ.* Pièces anonymes, dont l'auteur est saint Bernard.

Une lettre du même à Guillaume, abbé de Saint-Thierry.

Un comput anonyme et incomplet *De anni ratione*, qui est de Jean Holywood.

Deux fragments de mss. lacérés, dont l'écriture paraît être du XIIe siècle.

Un inventaire après décès, écrit au XVe siècle.

Une pièce de 1290, que Claude de Grandrue intitule *De casibus reservatis et eorum dispensationibus tempore papæ Nicolai IV*.

Une élégie funèbre, avec une épitaphe, en l'honneur de Jacques de Noyon, recteur de l'Université de Paris en 1401.

Un recueil "étymologies.

Le traité *De utensilibus* d'Adam du Petit-Pont.

Le traité anonyme *Dieta salutis*, dont l'auteur est Guillaume de Lavicea, de Lanicia, ou de Lancea.

Des gloses théologiques et morales sur des vers mnémoniques ou des maximes diverses, et quelques petits poèmes sur diverses matières théologiques.

Enfin le poème d'Hildebert sur Marie l'Égyptienne, que Claude de Grandrue intitule *Metra Zosimæ de Maria Ægyptiaca*.

924. — **Hauréau** (B.). — Notice sur le numéro 14883 des manuscrits latins de la Bibliothèque nationale. Extrait des *Notices et extraits des manuscrits de la Bibliothèque nationale*, etc., tome XXXIII, 1re partie (p. 91-110). — Paris, imp. nationale, août 1888, in-4°, 20 p.   4° Q Pièce

Ce volume vient de Saint-Victor et a pour titre : « *Responsio cujusdam ad refellendam Judæorum sententiam, seu etiam ad nostram confirmandam.* » Ce quidam est Richard de Saint-Victor, et cette *responsio* est sa réponse au chanoine André, réponse qui, dans les éditions, a pour titre : *De Emmanuele libri duo*.

Le manuscrit est incomplet de quelques feuillets que l'on a remplacés par deux lettres d'Yves, évêque de Chartres, par un manuel élémentaire d'astronomie, de géométrie, d'arithmétique et de musique, par une lettre de saint Jérôme à Héliodore.

Puis viennent : un traité *de confessione* à la fin duquel on lit : *Explicit summa magistri Pauli, fratris S. Nicolai, de pænitentia*.

Un tableau incomplet des vices qui dérivent de l'orgueil.

Un opuscule anonyme sur les droits et devoirs des confesseurs.

Une somme de théologie, en huit chapitres, qui commence par ces mots : *Ad instructionem minorum quibus non vacat opusculorum variorum prolixitates perscrutari*.

Un très long sermon sur la nativité de la Vierge.

Un arbre généalogique des vertus, correspondant à celui des vices.

Un sermon d'Absalon, abbé de Saint-Victor.

Un *Tractatus de tribus dietis viæ paradisi*.

Un traité anonyme intitulé *Liber conscientiæ*.

Un traité de morale, sans nom d'auteur et intitulé : *Tractatus de septem speciebus homicidii interficientibus animas hominum*.

M. Hauréau croit que ces trois derniers traités ont pour auteur Robert de Sorbon.

925. — Notice sur le numéro 14886 des manuscrits latins de la Bibliothèque nationale. Extrait des *Notices et extraits des manuscrits de la Bibliothèque nationale*, etc., tome XXXI, 2e partie (p. 293-313). — Paris, imp. nationale, avril 1886, in-4°, 21 p.   4° Q Pièce

Ce volume, venu de Saint-Victor, est un recueil de pièces de diverses matières qui commence par trois pages de maximes sur les vices.

Suit un traité, incomplet et sans titre dont voici les premiers mots : *Sicut ex topographica legitur, et littera radix est inter th aspirationem et t lere*. C'est une somme théologique, dont l'auteur est Simon de Tournai.

[...] copiées ensuite.

Un traité sans titre qui a cet explicit : *Explicit tractatus magistri Simonis Tornacensis super Quicumque vult*, et qui est évidemment de Simon.

Quelques fragments théologiques.

Une longue sermon signé « frère Pierre de Poitiers » et dont voici les premiers mots : *Qui parce seminat parce metet*.

Un Pénitentiel du même auteur, commençant ainsi : *Compilatio praesens, materiam habens confessionem, nullum materiae profitetur auctorem, sed tot habet auctores quot continet auctores.*
Deux fragments intitulés *De statu primi hominis* et *De praecepto disciplinae.*
Une *Expositio hymnorum* d'un nommé Hilaire.
Un sermon anonyme, dont les premiers mots sont : *Sol oritur et iterum revertitur...*
L'*Ars praedicandi*, traité d'Alain de Lille.
Sans nom d'auteur, un autre traité d'Alain, celui que les éditeurs ont intitulé : *De sex alis Cherubim.*
Un fragment dont voici le début : *Sex sunt species lacrymarum. Est enim lacryma compunctionis, id est cordis contritio, lacryma compassionis, id est compati proximo, lacryma peregrinationis.*
Le Pénitentiel du chanoine Pierre de Poitiers.
Quelques instructions pour les confesseurs.
Enfin les *Allégories* sur le Nouveau Testament publiées sous le nom de Hugues de Saint-Victor, et dont les feuillets ont été déplacés dans ce manuscrit.

926. — **Hauréau (M.-B.).** — Notice sur le numéro 14952 des manuscrits latins de la Bibliothèque nationale. Tiré des *Notices et extraits des manuscrits de la Bibliothèque nationale*, etc., tome XXXII, 2ᵉ partie (p. 275-338). — Paris, imp. nationale, 1888, in-4°.   4° Q 364

Ce volume provient de Saint-Victor; il est formé de deux liasses composées de sermons dont les derniers seuls sont anonymes. Il est du 13ᵉ siècle, mais postérieur à l'année 1274. On y trouve des sermons d'Albert, frère Mineur; de Barthélemy de Tours; de Baudouin; de Sᵗ Bonaventure; d'Étienne de Gaigny; d'Étienne le Normand; d'Eustache, frère Mineur; d'Evrard du Val des Écoliers; de Gaudrin; de Gérard de Reims; de Gilbert de Breban; de Guillaume; de Guillaume de Lexi; de Guillaume de Ligneul, frère Mineur; de Guillaume de Mailly; de Jean d'Orléans; de Jean de Vercell; de Pierre de Tarentaise; de Robert de Sorbon; de Sᵗ Thomas d'Aquin; de Thibaud de Clairvaux; suivent les sujets et l'analyse de 20 sermons anonymes.

927. —. — Notice sur le numéro 14961 des manuscrits latins de la Bibliothèque nationale. Extrait des *Notices des manuscrits*, t. XXXIII, 1ʳᵉ partie (p. 287-326). — Paris, imp. nationale, janvier 1890, in-4°, 40 p.   4° Q Pièce 125

Recueil de sermons dont la plupart sont anonymes et réunis par Jean d'Aunay ou de Launay, chanoine de Sᵗ Victor.
Ce volume contient :
Fol. 1. *Stetit Jesus in medio discipulorum.* — *Sciens Dominus discipulos suos tempore passionis fuisse turbatos.* Sermon de Guillaume de Mailly.
Fol. 49. *Angelorum esca nutristi populum.* — *Salvator noster tria nobis benignitatis et amoris indicia.*
Fol. 52. *Qui putas, puer iste erit.* — *Verba sunt admirantium in beati Joannis nativitate.*
Fol. 53. *Fac tibi duas tubas argenteas.* — *In verbis istis ad commendationem istorum gloriosorum apostolorum quinque notantur.*
Fol. 55. *O quam pulchra est casta generatio.* — *Tria quae diligit sponsus in sponsa invenire vult.*
Fol. 57. *Vocatum est nomen ejus Jesus.* — *Etiam possemus Salvatori nostro familiares esse, ut ipse nos et nos ipsum noscemus.*
— *Veniet ad templum sanctum.* — *Nota quod quadruplex est templum ad quod Christus venit.*
Fol. 58. *Venerunt mihi omnia bona.* — *Satis, credo, nota sunt odiernae solemnitatis mysteria fidelibus.*
Fol. 60. *Quid vis ut faciam tibi, Domine.* — *Domine, adjuva me. Vulgariter dicitur : « Qui Dex vest aidier nus ne li puet nuire. »* Ce sermon anonyme est de frère Albert, de l'ordre des Mineurs.

Fol. 61. *Sapientiam sanctorum narrant populi.* — Carissimi, ista solemnitas duplici de causa est nobis instituta.

Fol. 63. *Memor esto, quoniam mors non tardabit... Justitia ejus in filios...* — Videmus quod in aliquibus rebus, supposita Dei influentia, natura incipit et perficit.

Fol. 65. *Vincenti dabo edere de ligno... Secundum Bernardum, non est victoria sine pugna.*

Fol. 68. *Justus de angustia liberatus... Libera me de sanguinibus... David, prophetarum eximius, attendens sermonem Domini.*

Fol. 71. *Adjiciamus opera tenebrarum...* — In evangelio hodierno recolit ecclesia adventum filii Dei in mundum.

Fol. 74. *Hora est jam nos de somno. Surge et invoca Deum... Tria tanguntur in verbo secundo qui requiruntur in quolibet praedicatore.*

Fol. 75. *Praeparare in occursum Dei... Parasti in conspectu meo... Sicut corpus sustentatur et nutritur cibo corporali.*

Fol. 78. *Dominus prope est.* — *Vulgariter dicitur :* « Qui est garniz si n'est hontis. » Ideo Paulus nobis denuntiat adventum Salvatoris cum dicit : *Dominus prope est. In quibus verbis duo tanguntur.*

Fol. 79. *Parvulus natus est nobis.* — Sicut dicitur, Eccl., VIII, *Omni negotio tempus est et opportunitas.* Ideo Dominus, videns nos pro peccato primi parentis affligi sub diaboli servitute, misericordia motus.

Fol. 81. *Ecce nunc tempus acceptabile.* — Sicut dicit Ecclesiastes, III, *omnia tempus habent.* Gallice : « Totes choses ont lor saison. » Attribué au dominicain Gérard de Reims, ce sermon est de Guillaume de Mailly.

Fol. 83. *Sanata est filia ejus.* — Sicut multi cibi sunt medicinales, sic e contra multi sunt malesani. Sermon de Guillaume de Mailly. A été attribué à Gérard de Reims.

Fol. 84. *Erat Jesus ejiciens daemonium.* — Dicitur vulgariter « que bonne jornée fet qui de fol se delivre. » Par Guillaume de Mailly.

Fol. 86. *Accepit Jesus panes.* — Consuetudo est post meridiem, in tempore jejunii, ponere mensam. Par Guillaume de Mailly.

Fol. 88. *Christus assistens pontifex.* — In verbis istis circa mysterium redemptionis de qua ista dominica agitur. Par Guillaume de Mailly.

Fol. 90. *Humiliavit semetipsum.* — In verbis propositis proponuntur nobis tria de Christo in exemplum. Par Guillaume de Mailly.

Fol. 91. *Esto fidelis usque ad mortem.* — Videre mihi videor beatum Vincentium dimicantem.

Fol. 93. *Benedicta tu in mulieribus.* — Sicut, praeceptis salutaribus moniti et divina institutione formati, audemus dicere : Pater noster, et cet., ita, angelica salutatione praeventi.

Fol. 94. *Petite et accipietis.* — Gallice dicitur : Satis emit qui petit ; « Assez achate qui demande ; et por ce nostres sires, qui est cortois, nos semont de demander. »

Fol. 95. *Te assumam et regnabis... Assumite gladium spiritus.* — Deduc, ut scis, *Te assumam.* Scitis quod antequam Christus nasceretur, imo prope mundi principium.

Fol. 96. *Ambulate digne Deo... Ambulavimus in lumine Dei nostri...* — Dilata et expone ut scis : *Ambulate et cet.* Scitis quod viatores, quando sunt in terra aliena.

Fol. 97. *Qui custos est Domini...* — Melius est rem in sua custodia non recipere quam receptam male custodire.

Fol. 98. *Gloria in excelsis Deo... Notandum est quod Dominus mirabiliter pacem nostram desideravit.*

Fol. 99. *Benedictus qui venit in nomine Domini...* — Praedicator venit in nomine Domini quando primo loquitur veraciter.

Fol. 99. *Exaltavi electum de plebe... Dicitur quod non est festum bibere ad cyphum clamatoris vini.*

Viennent ensuite trois traités sur la confession. Anonyme, le premier commence par ces mots : *In diebus illis salvabitur Juda.... Quando aliquid magnum debet fieri, solent homines inde multum loqui.* Le second a pour titre : *Item de confessione fr. Joannes de Abbatis villa.* Le troisième se compose de dix prescriptions à l'adresse des pécheurs.

Fol. 107. *Nimis honorati sunt amici... Ad honorem et commendationem apostolorum Christi verbo proposito notantur duo.* Sermon anonyme.

Fol. 108. *Nimis honorati sunt amici tui... — Vulgariter dicitur quod Deus nunquam amicum habuit quem non exponeret confusioni.* L'auteur doit être Pierre de Saint-Benoît.

Fol. 109. *Vado et venio ad vos. — In his verbis Dominus discipulis suis tria innuit intelligenda.*

Fol. 111. *Ascendam in palmam. — In sacra Scriptura aliquando per palmam intelligitur crux, aliquando pœnitentia, aliquando contemplatio.*

Fol. 114. *Scientes tempus quia hora est jam nos de somno. — In principio epistolæ hodiernæ. Prothema : Quodcumque petieritis. — Dicitur gallice :* « A bon demandeur bon escondisseur. »

Fol. 115. *Pastores loquebantur ad invicem... Loquente Petro cecidit spiritus. — Si aliquis haberet loqui de arduo et magno negotio.*

Fol. 117. *Reges videbunt et consurgent... Confidenter state. — Confidentia est magnum bonum et habet magnam virtutem.*

Fol. 119. *Jam lætus moriar... Egomet videns paupertatem... Dicitur gallice :* « Il est mout povres qui goute ne voit; » *et si hoc verum est corporaliter.*

Fol. 120. *Turbata est in sermone ejus... Non sumus sufficientes... — Sicut videmus ad oculum, quando aliquis homo habet facere negotium.*

Fol. 123. *Respice in faciem Christi. Super me respice. — Solet esse magna confortatio et magnum bonum infirmo.*

Fol. 126. *Surrexit antequam homines se cognoscerent... Si manseritis in sermone. — Boni scolares et discipuli qui libenter laborant ad retinendum.*

Fol. 127. *Ostende eis viam tuam... Ostendam tibi quid facias. Magnum signum prudentiæ est, quando homo nescit aliquid quod deberet scire, si illud velit sibi ostendi.*

Fol. 128. *Spiritum tuum bonum dedisti. Facies quæcumque docuerint te. — Si aliquis habet magnum negotium facere et periculosum.*

Fol. 129. *Ostendisti auroræ locum. Ostende eis viam bonam. — Homo alienigena, cum debet ire per extraneam et ignotam viam.*

Fol. 130. *Memento creatoris tui... Sapiens monet in verbis istis unumquemque fidelem recordari Dei.*

Fol. 131. *Memoria mea in generationes sæculorum... Memor esto verbi tui... — Quando aliquis homo verax, qui nullo modo mentiretur.*

Fol. 135. *Laudemus viros gloriosos... Principes populorum congregati... — Scitis quod, congregata universitate Parisiensi.* Par Nicolas de Nonancourt, élu chancelier de Paris en 1284.

Fol. 137. *Mementote quomodo salvi sancti... Secundum misericordiam tuam memento... — Quando aliquis habet negotium magnum.*

Fol. 138. *Considera, Israel, pro his qui mortui... Revela oculos meos et considerabo... — Prædicator verbi Dei indiget duobus.*

Fol. 140. *Et nunc reges... Intellige clamorem... Inspiratio omnipotentis... — Notandum quod homo debet intelligere multa.*

Fol. 142. *Qui timet Dominum... Fecit mirabilia... Attende et fac... — Verba sunt prædicatoris ad quemlibet auditorem.*

Vient ensuite une nouvelle série qui a pour titre particulier : *Sermones de quadragesima*, compilati a fratre J. de Abacto.

Fol. 143. *Ecce nunc tempus acceptabile... — In epistola dominica benedictionum et sæpe cantatur per Quadragesimam.*

Fol. 143. *Hæc est voluntas Dei... — In epistola secunda dominica in Quadragesima, sumpta in Epistola prima apostoli.*

Fol. 145. *Cum ejecisset Jesus dæmonium. — In evangelio hodierno. Dicitur, et verum est, quod bonam dictam facit qui de fatuo se expedit.*

Fol. 145. *Sequebatur eum multitudo magna... — Homines communiter vident libenter aliqua quæ nunquam viderunt.*

Fol. 147. *Sanguis Christi qui per Spiritum sanctum... — Quando narrantur gesta illustrium virorum et militum strenuorum.*

Fol. 148. *Solvite et adducite... — In evangelio hodierno ; Math. XXI. Milites solent ire ad torneamenta.*

Fol. 149. *Probet seipsum homo...* — *Quando aliquis homo pauper vel mediocris est invitatus ad comedendum.*

Fol. 150. *Ego in flagella paratus sum.* — *Nos videmus communiter quod ili magis late recipiuntur ab hominibus qui non cadunt vacuis manibus.*

Fol. 153. *Fili, gaudere et epulari te oportet...* — *Hæc verba de hodierna solemnitate congrue exponuntur.*

Fol. 154. — *Visita nos in salutari tuo...* — *Mutua hominum visitatio solet esse signum amicitiæ.*

Fol. 156. *Ecce rex tuus venit...* — *Solet dici quod « Mout annule qui atant », et quia antiqui patres.*

Fol. 157. *Veniet desideratus cunctis gentibus...* — *Vulgariter dicitur « que mout annule qui atant » Prov. XIII : Spes quæ differtur affligit animam.*

Fol. 158. *Levate capita vestra...* — *In verbis istis duo notantur. Primo enim ponitur consolatoria exhortatio.* Sermon de Guillaume de Mailly.

Fol. 159. *Ecce mulier Cananea...* — *Vulgariter dicitur : « que besoing fet vielle troter »; unde ista necessitate compulsa egressa est.*

Fol. 160. *Noli vinci a malo...* — *Consuetudo est quod, quando alicui imminet bellum quod vitare non potest.*

Fol. 161. *Vince in bono malum...* — *Duces, imminente bello contra inimicum, cum quo pacificare est noxium, quem superare est honorificum.*

Fol. 162. *Voca operarios...* — *Sicut dicitur Eccles. III, tempus est amplexandi et tempus longe fieri ab amplexibus.* De Guillaume de Mailly.

Fol. 165. *Custos Domini sui glorificabitur... Dicit beatus Gregorius quod secundum qualitatem auditorum.*

Fol. 166. *Jesum quæritis Nazarenum...* — *Certe qui hodie quæreret ab omnibus christianis bonis qui sunt congregati in ecclesia quid quærerent.*

Fol. 167. *Petite et accipietis...* — *Christus more mercatoris qui ad nundinas hujus mundi venit.* De Guillaume de Mailly.

Fol. 169. *Maria abiit in montana...* — *Quando regina Franciæ debet coronari, mandatur per totum regnum.*

Fol. 171. *Miseremini mihi saltem vos...* — *Frequenter contingere videmus quod quando aliquis nititur ab aliquo.*

Fol. 176. *Lux orta est justo... Emitte lucem...* — *Sine luce nullus bene potest itinerare.*

Fol. 179. *Hæc facta est mihi... Mihi adhærere Deo...* — *In omni opere quod competit agenti fortiori.*

Fol. 180. *Nimis honorati sunt amici... Dicitur vulgariter : « Mort n'a nul ami. » Quod bene verum est.*

Fol. 183. *Esto fidelis usque ad mortem...* — *Jam consuevit communiter dici, quando commendatur aliquis : ipse est fidelis.*

On trouve ensuite de courts fragments de sermons, des sentences à l'usage des prédicateurs, puis ces sermons :

Fol. 202. *Concipies in utero... Surge et invoca Deum...* — *Sicut per hominem unum et mulierem unam mundus fuit perditus.*

Fol. 205. *Secundum gloriam ejus... Multiplicatæ sunt infirmitates...* — *Quando aliquis homo est infirmus corporaliter.*

Fol. 221. *Distinctio de videre*, série de pensées diverses.

Fol. 232. *Parvulus natus est nobis...* — *Ista verba scripta sunt in Isaia, XIX; in quibus verbis circa filii Dei nativitatem notantur quatuor.*

Fol. 233. *Apparuit gratia Dei...* — *Sicut enim pridie celebravimus temporalem filii Dei nativitatem.* Par Guillaume de Mailly.

Fol. 237. *Postquam impleti sunt dies purgationis...* — *Ad celebrationem hujus festi tres personas legimus convenisse.* Par Guillaume de Mailly.

Fol. 239. *Missus est angelus Gabriel...* — *In istis verbis quatuor sunt consideranda Primo qui est nuntius.* Par Guillaume de Mailly.

Fol. 242. *Surrexit Dominus vere...* — *In verbis istis circa Domini resurrectionem duo notantur.* Par Guillaume de Mailly.

Fol. 244. *Ascendens Christus in altum.* — *Pridie, fratres carissimi, celebravit mater Ecclesia gloriosum Christi de morte triumphum.* Par Guillaume de Mailly.

Fol. 246. *Spiritus Domini replevit orbem...* — *Dilectissimi, die Paschæ Dominus* ac redemptor noster Jesus Christus de hostibus suis, devicta morte, triumphavit. Par Guillaume de Mailly.

Fol. 249. *Adstitit regina a dextris...* — *Carissimi, in istis verbis circa gloriosæ Virginis Mariæ assumptionem notantur quinque.*

Fol. 252. *Orietur stella ex Jacob...* — *Sicut in principio mundi ad corporum illuminationem fecit Deus luminaria.*

Fol. 255. *Laudemus viros gloriosos... In verbis istis satis nobis innuitur causa et ratio institutionis præsentis solemnitatis.*

Fol. 258. *Sanctificavi domum quam ædificasti... Verba sunt Domini ad Salomonem, et videntur competere hodiernæ solemnitati.*

Fol. 263. *Ecce rex tuus venit...* — *In verbis istis innuit nobis evangelista quinque circa adventum Domini.* Attribué à Gérard de Reims, ce sermon est de Guillaume de Mailly.

Fol. 264. *Ecce venit sponsus... In verbis istis tria sunt consideranda. Primum est quis est iste sponsus.*

Fol. 265. *Exhibeatis corpora vestra hostiam...* — « Une bonté l'autre requiert. » Versu dando vice sunt filia mater amica.

Fol. 266. *Ecce nunc tempus acceptabile... Qui timet Deum...* — *Quando aliquis est in servitio alicujus magni hominis.*

Fol. 270. *Probet autem seipsum homo...* — *Quando aliqua media persona invitata est et vocata ad convivium alicujus.*

Fol. 279. *Ante hominem vita...* — *Sicut ait Salomon, Eccl. III, est tempus ridendi et tempus flendi.*

Fol. 282. *Descendi in hortum meum...* — *Quando aliquis valens homo plantavit unam pulchram arborem.*

Fol. 286. *Ante hominem vita...* — *Quia dupliciter peccamus, id est malum committendo et bonum omittendo.*

Fol. 287. *Super mortuum plora...* — *Sicut dicitur in gallico :* « Après grant joie vient grans dluus; » et hoc bene repræsentatur.

Fol. 289. *Occurrerunt ei de civitate... Honor et gloria in sermone...* — *Secundum Tullium honor est exhibitio reverentiæ.*

Fol. 290. *Nuptiæ factæ sunt in Cana...* — *Quoniam sicut prænuntiavit apostolus, prima ad Thim., IV.* Par Guillaume de Mailly.

Fol. 292. *Requiesce sub arbore...* — *Nota quod ubi Christus nos ab initio perdidit.*

928. — **Hauréau** (B.). — Notice sur le numéro 15131 des manuscrits latins de la Bibliothèque nationale. Tiré des *Notices et extraits de la Bibliothèque nationale*, etc., tome XXXIII, 1ʳᵉ partie, p. 127-139. — Paris, imp. nationale, janvier 1889, in-4°, 14 p.

4° Q Pièce. 108

Ce volume provient de Saint-Victor. Il débute par une glose anonyme sur les 16 premiers livres de Priscien, commençant par ces mots : *Immunis sedet aliena ad pabula sortus, qui per nullum temporis existens auditor.* L'auteur vivait au XIIIᵉ siècle.

On trouve ensuite :

Un commentaire anonyme sur la *Consolation de la philosophie* de Boëce, et dont l'auteur est Guillaume de Conches.

Un commentaire, anonyme aussi, commençant par : *Rationalis philosophia de ratione est sive dicibili, et secundum hoc multiplicatur ratio sive dicibile.* On lit à la fin : *Expliciunt notulæ super librum sex Principiorum.* Le *Liber sex principiorum* est de Gilbert de La Porée, évêque de Poitiers.

Un traité anonyme : *Hortus conclusus soror mea... Istud ad universalem ecclesiam et ad unumquemque conventum claustralium et ad unamquamque animam fidelem congrue refertur.* Il a pour auteur Guillaume d'Auvergne, évêque de Paris.

Le traité *De quatuor virtutibus* ou *De formula honestæ vitæ* fréquemment imprimé sous le nom de Sénèque, qui s'est attribué Martin, évêque de Braga.

Un recueil de lettres et de chants intitulé autrefois par Claude de Grandrue *Dictamina quædam et litteræ, cum aliis*. La plupart de ces lettres contiennent des renseignements sur le régime des écoles de grammaire à la fin du xiiie siècle; M. Hauréau en transcrit quelques-unes et les accompagne de brefs commentaires.

Le volume se termine par six thèmes de sermon.

929. — **Hauréau (B.)** — Notice sur le numéro 16530 des manuscrits latins de la Bibliothèque nationale. Tiré des *Notices et extraits des manuscrits de la Bibliothèque nationale*, etc., tome XXXIII, 1re partie (p. 227-233). — *Paris, imp. nationale, mars* 1889, in-4º, 7 p.   4º **Q Pièce.**

La première pièce que renferme ce petit volume est intitulée : *Lucii Ei Senecæ, Cordubiensis, Liber de Moribus, in quo notabiliter et eleganter vita mo... uuarat.* Cet opuscule a été imprimé tour à tour sous les noms de Sénèque et de Martin, évêque de Braga. M. Hauréau estime qu'il ne faut l'attribuer à aucun de ces deux auteurs, mais bien à quelque lettré, probablement chrétien, qui vivait au ive siècle.

Cette pièce est suivie, dans le manuscrit, du traité *De quatuor virtutibus* attribué à Martin, évêque de Braga.

Le volume se termine par le traité *De ira*, dont l'auteur est bien Sénèque.

930. — . — Notice sur le numéro 17251 des manuscrits latins de la Bibliothèque nationale. Extrait des *Notices et extraits des manuscrits de la Bibliothèque nationale*, etc., tome XXXI, 2e partie (p. 115-157). — *Paris, imp. nationale, octobre* 1884, in-4º, 38 p.   4º **Q Pièce.**

Offert en 1756 à Louis XV par les chanoines de Notre-Dame, ce volume se compose d'œuvres copiées au 12e et au 13e siècle.

Il contient le texte de l'Apocalypse avec une glose anonyme qui commence par ces mots : *Hanc revelationem videre meruit Joannes in Pathmo... sula ab Evangelii prædicationem.*

A la suite est le dessin d'une sphère avec de courtes explications, puis quelques fragments de théologie scolastique, et 2 copies incomplètes et anonymes d'un commentaire sur les premiers versets de la Genèse. Ce commentaire est de Pierre Abélard. Viennent ensuite : *Sermones secundum magistrum Gaufridum Babionem.* M. Hauréau donne une liste très détaillée (67 articles) de tous les sermons de Babion qui se trouvent à la Bibliothèque nationale et à la Mazarine.

Le ms. contient encore divers extraits du pape Léon, de saint Augustin, de saint Grégoire, de Bède, etc.; un sermon anonyme commençant par ces mots : *Quod nos hortatus et Dominus noster in evangelio fratres carissimi*; un opuscule anonyme et sans titre sur les heures canoniales et commençant ainsi : *Quia quatuor elementis subsistentes Dominum nocte et die offendimus*; un généalogie de la Vierge; des notes liturgiques, etc.; un sermon anonyme *David, futuro in spiritu præcidens : Liberavit, inquit, Deus pauperem a potente* qui est d'Hildebert; le texte de Priscien, *De constructione*, avec des gloses; un traité *De eis ait Cherubim*, attribué à saint Bonaventure ou à Alain de Lille; enfin un dernier opuscule de Hugues de Saint-Victor; il est intitulé : *Mss. Hugo sic ait*; c'est une paraphrase du *Cantique des cantiques*.

931. — . — Notice sur le numéro 17813 des manuscrits latins de la Bibliothèque nationale. Extrait des *Notices et extraits des manuscrits de la Bibliothèque nationale*, etc., tome XXXI, 2e partie (p. 195-230). — *Paris, imp. nationale, février* 1885, in-4º, 36 p.   4º **Q Pièce.**

Ce volume, du xiie siècle, appartenait jadis aux religieux bénédictins de Saint-Corneille à Compiègne. Il contient quatre controverses d'Abélard. C'est d'abord un commentaire sur l'*Isagoge* de Porphyre. Puis vient un traité par Ocellus, sans nom d'auteur, sur les genres et les espèces. Il débute ainsi : *Quæstio de generali et speciali statu rerum intendimus.* On trouve ensuite *Sententiæ de universalibus secundum magistrum R.* M. Hauréau croit que cet R. doit être interprété : Roscelin de Compiègne.

Le quatrième traité est un commentaire sur les *Catégories* d'Aristote. Il commence ainsi : *Decem sunt collectiones rerum a se invicem naturaliter diversæ, quæ prædicamenta vocantur, in quibus omnium rerum includitur multitudo.*
Le ms. se termine par une glose inachevée sur les mots *motus autem*.

932. — **Hauréau** (B.). — Notice sur les mélanges poétiques d'Hildebert de Lavardin.

T. XXVIII, II, p. 289-448 des *Notices*.
Hildebert naquit, vers 1055, à Lavardin, près Montoire. Nommé scolastique de l'église du Mans avant l'année 1092, puis évêque de cette église en 1097, enfin archevêque de Tours en 1125, il mourut en 1133 ou 1134. Prosateur et poète, Hildebert fut quelque temps, dans nos écoles, un des modèles les plus recommandés à la jeunesse.

933. —. — Notice sur les œuvres authentiques ou supposées de Jean de Garlande.

T. XXVII, II, p. 1-86 des *Notices*.
M. Hauréau donne des renseignements nouveaux sur chacune des œuvres dont il est question dans la première des quatre notices que l'*Histoire littéraire de la France* a consacrées à Jean de Garlande ; il fait ensuite le recensement des œuvres qui ne sont pas citées dans cette notice parce que, pour la plupart, elles ont été découvertes, publiées et mises au compte de Jean de Garlande depuis que cette notice a paru ; il signale enfin dans quelques manuscrits plusieurs de ses travaux inédits.

934. —. — Notice sur les sermons attribués à Hildebert de Lavardin.

T. XXXII, II, p. 107-166 des *Notices*.
Hildebert de Lavardin, évêque du Mans, puis archevêque de Tours, fut un des écrivains les plus lettrés du XIIe siècle. Ses œuvres furent publiées par Beaugendre en 1708 et par l'abbé Bourassé en 1854 dans le t. 171 de la Patrologie.
M. Hauréau examine les 139 sermons qui ont été publiés sous le nom d'Hildebert et conclut en disant que 54 sermons appartiennent à Geffroy Babion, 25 à Pierre le Lombard, 24 à Pierre Lemangeur, 7 à Maurice de Sully, 21 sont anonymes dans les mss. cités par l'éditeur et publiés par lui, sans aucune raison, sous le nom d'Hildebert, 4 sont peut-être de cet illustre évêque, et 4 sont sûrement de lui.

935. —. — Notice sur un manuscrit de la Reine Christine, à la Bibliothèque du Vatican.

T. XXIX, II, p. 231-362 des *Notices*.
Ce volume porte aujourd'hui le n° 344 du fonds de la Reine dans la bibliothèque du Vatican ; il se compose de 87 feuillets à deux colonnes et il a été écrit à la fin du XIIe ou au commencement du XIIIe siècle. Il est désigné dans Montfaucon sous l'ancien n° 1889, et il ne contient que des poèmes latins qui sont presque tous anonymes.

936. —. — Notice sur un pénitentiel attribué à Jean de Salisbury, n°s 3218 et 3329 (A) de la Bibliothèque nationale.

T. XXIV, II, p. 263-287 des *Notices*.
M. Hauréau prouve que Jean de Salisbury n'est pas l'auteur d'un pénitentiel que l'on a joint au catalogue de ses œuvres inédites et perdues.
En effet le ms. n° 3218 de la Bibliothèque nationale donne le titre complet de ce pénitentiel : *Libellus canonum penitentialium. Summa magistri Thomæ Sarisberiensis subdecani*. Et dans le ms. n° 3329 (A) l'ouvrage est intitulé :

Summa magistri Thomæ de Cabbaham, subdecani Sarisberiensis, de pœnitentia ejus speciebus, ad instructionem sacerdotum. L'auteur est donc Thomas de Cabba... qui devint archevêque de Cantorbéry en 1313.

937. — **Hauréau** (B.). — Notice sur un poème contenu dans le numéro 386 d... manuscrits de Cambrai.

T. XXXI, II, p. 165-194 des *Notices*.

Ce volume est du XIIe siècle. Il s'agit dans ce poème des événements qui sont accomplis dans les dernières années du XIe siècle alors que les pap... Clément III et Urbain II se disputaient la tiare.

938. —. — Notice sur une exposition du canon de la messe, contenue dans l... nos 1009, 3317, 11579, 16988 et 16939 des manuscrits latins à la Bibliothèque nationale.

T. XXIV, II, p. 145-156 des *Notices*.

L'ouvrage intitulé ordinairement *De canone missæ* a été attribué à différen... auteurs. M. Hauréau veut prouver qu'il a été écrit par Richard de Prémont... dans le monastère de Wedinghausen, au diocèse de Cologne.

939. —. — La première Ogdoade de Guillaume du Bellay, manuscrits lati... de la Bibliothèque nationale, nos 5976, 6205, 9793 et tome 46 des Mélanges Colbert. (...)

T. XXIII, II, p. 195-243 des *Notices*.

Le no 6205 de l'ancien fonds du Roi à la Bibliothèque nationale vient de... bibliothèque de Colbert où il était inscrit sous le no 5240. Il contient le p... mier livre de la première Ogdoade, texte latin.

Le ms. 9793 était autrefois chez Emery Bigot. Son contenu est le même q... celui du ms. 6205.

Le ms. 5976 de l'ancien fonds du Roi contient de cette première Ogdoade... G. du Bellay une copie incomplète et restée inconnue, parce que reliée av... un autre travail de Claude Cotereau. Elle avait été attribuée à ce dernier p... la notice du Catalogue.

La portion retrouvée des annales latines de G. du Bellay commence... l'année 1513 et finit avec l'année 1521 par le récit de la prise de Hesdin.

940. —. — Quelques lettres d'Honorius III, extraites des manuscrits de... Bibliothèque Impériale (numéros 1567, 1568, 1569, 1570, 1571 du Supplément latin...

T. XXI, II, p. 162-201 des *Notices*.

Dans les parties de la correspondance d'Honorius III, parties négligées p... les historiens comme touchant à de moindres questions, Hauréau extra... quelques détails relatifs à l'histoire des lettres. Il s'agit successivement de... Conon d'Estavayer, appelé aussi Conrad, prévôt de l'église de Lausanne... mort en 1242.

Jean Halgrin, d'Abbeville, archevêque de Besançon et cardinal légat d... Saint Siège.

Pierre de Capoue, Guillaume de Pont de l'Arche, Richard l'Anglais et Mat... thieu d'Écosse, maîtres en théologie dans les écoles de Paris.

Jean de Montlaur, nommé prévôt de Maguelone en 1220.

Jean de Barastre, doyen de Saint-Quentin, mort en 1233.

Philippe de Grève, chancelier de l'église de Paris.

Guillaume d'Auvergne, évêque de Paris.

Eudes de Sorcy, ou de Sorcey, évêque de Toul.

Benoît d'Alignan, évêque de Marseille.

941. —. — Quelques lettres d'Innocent IV extraites des manuscrits de la Bibliothèque nationale (nos 1194-1203 du fonds Moreau).

T. XXIV, II, p. 157-246 des *Notices*.

Ces lettres étaient adressées à : Zoën Tencarari, évêque d'Avignon; — saint Edmond, archevêque de Cantorbéry; — Juhel, archevêque de Reims; — Bernard de Sully, évêque d'Auxerre; — Jean de Montlaur, évêque de Maguelone; — Arnoul, évêque d'Amiens; — Gilon Cornut, évêque du Sens; — Jacques de Dinant, évêque d'Arras; — Gauthier de Marvis, évêque de Tournai; — Guillaume de Broue, archevêque de Narbonne; — Eudes de Châteauroux, cardinal, évêque de Tusculum; — Gui de Mello, évêque de Verdun, puis d'Auxerre; — Gérald de Malmort, archevêque de Bordeaux; — Pierre de Lamballe, archevêque de Tours; — Henri Cornut, archevêque de Sens; — Hugues de Saint-Cher, cardinal-évêque de Sainte-Sabine; — Pierre de Salins, canoniste.

942. — **Hauréau** (B.). — Quelques lettres de Grégoire IX, extraites des manuscrits de la Bibliothèque Impériale, (n°s 1552, 1575, 1576, 1577, 1578, 1579, 1580, et du Supplément latin).

T. XXI, II, p. 203-247 des *Notices*.

Ces lettres sont relatives aux personnages suivants :

Michel Scot, pour lequel Grégoire IX demande une faveur spéciale à l'archevêque de Cantorbéry.

Guillaume d'Auvergne, évêque de Paris.

Robert de Torote, évêque de Châlons; — Pierre de Colmieu, nommé en 1236 évêque de Châlons, et devenu archevêque de Rouen, puis cardinal évêque d'Albano; — Ardengus, chanoine de Pavie, promu, en 1232, évêque de Langres.

Guillaume d'Auxerre, archidiacre de Beauvais; — Simon d'Authie, chanoine d'Amiens; — Étienne de Provins, chanoine de Reims en 1231.

Jean de Montlaur, prévôt de Maguelone.

Gauthier de Marvis, évêque de Tournay.

Benoît d'Alignan, évêque de Marseille.

Guillaume Durell, mort le 28 octobre 1236.

Guillaume de Bussi, évêque d'Orléans.

943. —. — Sur quelques écrivains de l'ordre de Grandmont, d'après le n° 17187 de la Bibliothèque nationale.

T. XXIV, II, p. 247-267 des *Notices*.

Le ms. latin 17187 est un volume composé de copies modernes et a appartenu jadis au monastère des Blancs-Manteaux. Plusieurs de ces copies sont de la main de Martène qui a reproduit un manuscrit de la Merci-Dieu, monastère de l'ordre de Citeaux, au diocèse de Poitiers. M. Hauréau établit que l'ouvrage *De institutione novitiorum*, attribué au chanoine Hugues de Saint-Victor, a pour auteur réel Gérard Ithier, septième prieur de Grandmont; et que Hugues de Lacerta, sieur de Chaluz, fut le premier écrivain de son ordre et l'auteur de la *Règle* que l'on avait attribuée à tant de personnes différentes.

944. — **Huillard-Bréholles**. — Examen des chartes de l'Église romaine contenues dans les rouleaux dits rouleaux de Cluny.

T. XXI, II, p. 267-303 des *Notices*.

Le Cabinet des Manuscrits de la Bibliothèque nationale possède dans l'ancien fonds des cartulaires, sous le n° 212bis, un volume relié qui porte au dos le titre de *Privilèges de l'Église romaine*, et qui renferme la transcription d'un grand nombre d'actes scellés au concile de Lyon en 1245. C'est une transcription faite en 1773 par un avocat au parlement de Dijon, Lambert de Barive, alors chargé par le ministre Bertin de travailler, pour la collection des chartes de la France, au dépouillement des archives de Cluny. Les expéditions faites par Lambert de Barive, déposées à la Bibliothèque, précédèrent l'arrivée de la plus grande partie des archives de la célèbre abbaye. Mais les rouleaux originaux ne se sont jamais retrouvés, sauf un seul qui porte le n° 2 et qui est également conservé au cabinet des Mss., parmi les titres de Cluny (fonds latin, n° 8989).

24

Dans sa notice Huillard-Bréholles se propose d'indiquer l'origine des rouleaux de Cluny, la comparaison qu'il y a lieu d'en faire avec les rouleaux semblables conservés aux archives du Vatican, l'état des pièces publiées et des pièces inédites ; d'examiner la nature de ces documents pris dans leur ensemble, leur authenticité ; s'ils ont été réunis et groupés dans un ordre systématique ; quel profit la science historique peut encore en retirer.

945. — **Ibn el-Beïthar.** — *Traité des simples.*

T. XXIII, 1, p. 1-476 des *Notices*.

Le plus important ouvrage de cet auteur est celui qui porte en arabe le titre de *Djami el-Moufridat* (Collection des simples), où il traite, sous forme alphabétique, des aliments et des médicaments des trois règnes.

M. L. Leclerc l'a traduit sur un exemplaire provenant de la bibliothèque de St-Hamouda et a collationné sa leçon sur le ms. de Paris qui contient le texte entier des *Simples*. Il a consulté en outre à la Bibliothèque nationale les mss. suivants :

Ancien fonds, n° 1023. Volume complet de 401 feuillets.
— n° 1025. Contient de l'*elif* au *kha* exclusivement.
— n° 1024. Id.
— n° 1071. Ms. in-4° de 321 feuillets. Va de l'*elif* au *sin* inclusivement.
Supplément. n° 1025. Exemplaire en 2 volumes, avec notes marginales.
— n° 1026.
— n° 1027. Deuxième partie, commençant au *dhad*.
— n° 1028. Deuxième partie, commençant au *sin*.

Les volumes II-III du *Traité des simples* sont publiés dans les *Notices et extraits*, T. XXV, 1, p. 1-489, et T. XXVI, 1, p. 1-483.

946. — **Jourdain** (Am.). — Le Jardin de la pureté, contenant l'histoire des Prophètes, des Rois et des Khalifes, par Mohammed, fils de Khavendschah, connu sous le nom de Mirkhond.

T. IX, 1, p. 117-274 des *Notices*.

Mss. Persans de la Bibliothèque impériale, ancien fonds, n°° 55, 56, 57, 58, 60, 104 ; mss. d'Otter, n° 112, 113, 114, 115 ; mss. de Le Gentil, 4 volumes ; d'Anquetil, n°° 82, 83 ; de Bruix, n° 20, 3 vol. cotés 1 A, 1 B, 1 C ; mss. de Vienne, n°° 54-55 ; ms. de la Bibliothèque de l'Arsenal, n° 20, 4 vol. ; ms. des archives des Relations extérieures, 1 vol.

Cette notice contient les chapitres suivants :

Table générale des matières contenues dans l'ouvrage de Mirkhond. — Indication des divers manuscrits du Rouzat-alsafa, qui existent tant à la Bibliothèque impériale qu'à celles de l'Arsenal et du Ministère des Relations extérieures. — Histoire de la dynastie des Ismaéliens de Perse, traduite du Persan de Mirkhond. — Textes Persans des divers morceaux du Habib-alseïr et du Rouzat-alsafa, dont la traduction se trouve dans la Notice précédente. — Texte de la Préface du Rouzat-alsafa. — Traduction de cette Préface. — Supplément à la Notice du Rouzat-alsafa.

947. — **Jourdain** (Charles). — Des commentaires inédits de Guillaume de Conches et de Nicolas Triveth sur la *Consolation de la philosophie* de Boèce.

T. XX, II, p. 40-82 des *Notices*.

Jourdain examine cinq manuscrits renfermant des gloses de G. de Conches sur la *Consolation de la philosophie* de Boèce. L'un appartient à la bibliothèque de Troyes ; c'est un petit in-4°, du XIIe siècle, composé de 29 feuillets à deux colonnes, dont la glose remplit les 19 premiers. Le second est à la bibliothèque d'Orléans ; il est formé de la réunion de plusieurs copies d'un âge très différent ; la glose sur Boèce occupe les premiers feuillets, écrits à deux colonnes en caractères qui paraissent du XIIe siècle. Le troisième est le ms. 1381 de la bibliothèque de Troyes; le 4e porte le n° 200 du fonds de St-Victor à la Bibliothèque nationale, et le 5e le n° 1316 du fonds de St-Germain.

Les commentaires de Triveth sont représentés dans l'ancien fonds de la Bibliothèque nationale par cinq manuscrits inscrits sous les n°s 6404, 6407, 6408, 6409 et 6441. Dans ce dernier ms. les huit premiers feuillets sont remplis par un commentaire différent de celui de Triveth.

948. — **Kéralio** (de). — Instructio legationis, a sacra regia majestate Poloniæ ad serenissimum regem Daniæ dominum Fredericum secundum, generosis Petro Zbrzewski et Joanni Demetrio Solikowski, secretariis et Mis ejusdem oratoribus, die Varsaviæ 1568 XIII octobris. Bibliothèque nationale, N° 6062.

T. V, p. 85-109 des *Notices*.

Ce ms. in-folio, sur papier, 131 feuillets, contient plusieurs lettres et instructions de Sigismond II, roi de Pologne, à ses ambassadeurs en Danemark, avec les réponses de Frédéric II. On y trouve des documents importants pour l'histoire de Pologne, de Danemark et de Suède pendant la guerre commencée entre ces trois puissances en 1563 et terminée par la paix conclue à Stettin en 1570.

949. —. — Joms Wickinge Saga, sive historia Jomsburgensium seu Juliensium, ex antiquâ linguâ Islandicâ et Norvegicâ in latinam translata. Manuscrit de la Bibliothèque du Roi, n° 6242.

T. II, p. 164-166 des *Notices*.

La même main qui a écrit le titre y a joint cette note : « *Autor hujus versionis est Arngrimus Jonæ*. Vid. Th. Barthol. Antiquit. Daniæ, cap. XI, p. 189. »

Ce ms. en papier, du XVIIe siècle, est de format in-4°. Il a 44 feuillets, y compris le titre. Les sept premiers chapitres, contenus en 31 feuillets, sont d'une main ; les treize derniers d'une autre ; une troisième a écrit le titre. Au verso du dernier feuillet on lit le commencement d'une autre saga islandaise.

950. —. — Notice d'un manuscrit coté 7830, dans la Bibliothèque nationale, contenant les *Lois municipales de Suède*.

T. VI, p. 71-72 des *Notices*.

Ce ms., du XVIe siècle, sur vélin, in-4°, de 85 feuillets, contient les *Lois municipales de Suède* en langue suédoise.

La division de ce code en livres et en titres est à peu près la même que celle des lois provinciales.

951. —. — Notice d'un Manuscrit de la Bibliothèque nationale, coté n° 7342, ayant pour titre : Lettres envoyées par maistre Jehan Robertet, secrétaire de Monseigneur le duc de Bourgogne, à Monseigneur de Monferrant, gouverneur de Monseigneur Jacques de Bourbon.

T. V, p. 167-177 des *Notices*.

Ce ms. du XVe siècle est sur vélin, de format petit in-folio, en écriture ronde très belle; il a 46 feuillets et est orné de 14 miniatures. Il contient une correspondance en vers et en prose entre Jean Robertet, M. de Monferrant et George Chastellain, orateur du duc de Bourgogne.

952. —. — Notice d'un manuscrit suédois de la Bibliothèque du Roi, N° 10205, intitulé : Chronicon regum Sueciæ scriptum ab Olao Petri, fratre Laurentii Triel, primi post reformationem archiepiscopi, qui vixit circa annum 1520.

T. I, p. 440-476 des *Notices*.

Ce ms. in-fol., sur papier, est du 17e siècle ; l'auteur a commencé sa chronique au règne d'Eric I, et l'a finie à celui de Christierne II.

953. — **Kéralio** (de). — Notice du manuscrit de la Bibliothèque nationale n° 103..

T. V, p. 178-191 des *Notices*.

Ce ms., sur vélin, un in-4°, petit format, de 99 feuillets, est du XIV° siècle. Il contient les anciennes lois de Suède, qu'on nomme *lois provinciales*.

Ce recueil est divisé en treize livres qui traitent : I, du roi; II, du mariage; III, de l'hérédité; IV, des terres; V, des établissements d'habitations; VI, du commerce; VII, de la justice; VIII, de la paix; IX, des crimes capitaux; X, du meurtre; XI, des blessures; XII, du vol; XIII, du clergé.

954. — **Koch**. — Notice d'un code de canons écrit par les ordres de l'évêque Rachion de Strasbourg, en 787, et déposé à la Bibliothèque centrale du département du Bas-Rhin.

T. VII, II, p. 173-215 des *Notices*.
Cette notice contient en outre :
Lettre du c^{en} de la Serna, bibliothécaire à Bruxelles au c^{en} Champagne, membre de l'Institut national.
Copie de la colonne calquée du Code de Rachion, collationnée avec les éditions principales des Conciles.
Index scriptorum omnium quæ canonum Ecclesiæ Hispaniæ codice Argentoratensi ann. 787 æræ christianæ, jussu Rachionis Argentoratensis episcopi scripto, continentur. Adduntur, breviterque illustrantur notæ chronicæ, quæ tam conciliis quàm epistolis Romanorum pontificum in codice adscriptæ sunt.
Réponse à quelques observations du c^{en} Poirier, sur la Notice du Code de l'évêque Rachion de Strasbourg.
1. Sur la date de l'année 788, liée avec la XIXe année du règne de Charlemagne, dans le prologue de l'évêque.
2. Sur la véritable date de la première année de l'épiscopat de Rachion.
3. Sur une erreur attribuée au copiste qui a transcrit le Code Espagnol par l'ordre de Rachion, par rapport aux notes numérales des conciles de Tolède.
4. Sur la chronologie des rois Suèves en Espagne.

955. — **Langlès**. — ... Le livre des avis et sujets de réflexions Sur la Description historique des divisions territoriales et des vestiges, tirés des annales de l'Égypte, par le cheykh, l'Imâm très savant, Taqy éddyn Ahmed ben A'ly, ben A'bboûlqâder ben Mohhammed, surnommé Ebn Al-Maqryzy.
Premier extrait contenant la Description historique du canal d'Égypte.
Mss. Arabes de la Bibliothèque nationale, n°s 673 A, 673 C, 680, 682, 694, 789, 79., 798, 799, et n° 106 des Mss. Orient. de St-Germain.

T. VI, p. 320-386 des *Notices*.
Les pages 357-386 du T. VI des *Notices* contiennent les « Textes des différentes Descriptions ou Notices du canal de Messr, données par les auteurs Arabes... avec les principales variantes. »

956. —. — Notice d'un Recueil de pièces en turk, en arabe et en persan, formant le n° 79 des Mss. Turks de la Bibliothèque nationale.

T. V, p. 668-688 des *Notices*.
Ce Recueil contient 233 feuillets cotés de 1 à 465; l'écriture est belle, quoique en caractères turks, elle est la même pour les pièces arabes et persanes. Ce sont des lettres et diplômes écrits de la part des empereurs ottomans et de plusieurs monarques et princes d'Asie et d'Égypte depuis le commencement de la monarchie ottomane.
Langlès donne la notice des principales pièces de ce recueil, qui paraît avoir été achevé le 26 de redjeb 1123 (1711), par le pauvre A'ly.

957. —. — Notice de l'histoire de Djengyz-K'ân, contenue dans le Manuscrit Persan n° 105, in-4°, de la Bibliothèque nationale.

T. V, p. 192-229 des *Notices*.

Ce ms., composé de 108 feuillets, a été copié, à Paris, par Lazare d'Alep, pour Galand, d'après un exemplaire appartenant à d'Herbelot. C'est la troisième partie de la grande Histoire universelle de Myrkhond, intitulée *Raouzet essafà*, etc. (le Jardin de pureté...)

958. — **Langlès** (L.). — Notice des livres de Tatars-Mantchoux de la Bibliothèque nationale. Première partie. Dictionarium Latino-Sinico-Mantchou. Dictionnaire latin, chinois et mantchou; 3 vol. in-fol. (Tatar. n° 1.)

T. V, p. 581-603 des *Notices*.

Ce fonds se compose de plus de 80 volumes d'ouvrages tant originaux que traduits du chinois et relatifs à la géographie, à l'histoire, à la philosophie, au culte, aux langues des Chinois et des Mantchoux.

Le Dictionnaire latin-chinois-mantchou, dont il est question dans cette notice, contient environ 980 pages écrites d'un côté seulement; le papier est végétal et a été trempé dans l'alun.

959. —. — ...(L'Odeur des fleurs dans les merveilles de l'Univers); cosmographie composée en *arabe* par le savant historien Mohammed ben-Ahmed n-Ayâs, *de la secte orthodoxe d'Abou Hhanifah*, *natif de Circassie*.

T. VIII, 1, p. 1-131 des *Notices*.

N° 885 des mss. arabes de la Bibliothèque nationale, in-4° de 371 feuillets, copié en l'an 1115 de l'hégire (1703-1704 de l'ère vulgaire) par une main européenne; il est inexact, mal écrit; n° 111 des mss. de feu Deshauterayes, in-4° de 410 pages. Ce ms., terminé en l'an 1044 de l'hégire (sept. 1634 de l'ère vulgaire), est mieux écrit et plus exact. Il a été acheté par la Bibliothèque à la vente de M. Deshauterayes; et n° 56 de la collection des mss. orientaux, appartenant à M. Marcel.

960. —. — ...Recueil des Usages (et cérémonies) établis pour les Offrandes et les Sacrifices des Mantchoux, par ordre de l'Empereur (ou Rituel des Mantchoux). Six volumes renfermés dans une enveloppe de carton jaune et qui forme le n° 21 des ouvrages Tatârs-Mantchoux de la Bibliothèque nationale. Avec 10 planches.

T. VII, 1, p. 241-305 des *Notices*.

L'ouvrage qui fait l'objet de cette notice a été composé la XLe année du règne de Kien-Long, laquelle répond à l'an 1765 de l'ère vulgaire. Les caractères mantchoux dont on s'est servi ici ont été taillés en 1786 par Firmin Didot. Ce sont les premiers caractères de cette langue exécutés en acier, et d'après les principes de la typographie européenne.

961. — **Langlois** (Ch. V.). — Formulaires de lettres du XIIe, du XIIIe et du XIVe siècle. Tiré des *Notices et extraits des manuscrits de la Bibliothèque nationale...* T. XXXIV, 1 (p. 1-32). Notice et extraits du ms. latin 4763 de la Bibliothèque nationale. — *Paris, C. Klincksieck, 1891, in-4°, 32 p.* Z Pièce. 110

T. XXXIV, 1, p. 1-32 des *Notices*.

Le n° 4763 est un ms. en parchemin du XIVe siècle; il est composé de 123 feuillets numérotés. Le titre et la fin manquent. Il figurait dans la bibliothèque de Colbert sous le n° 4050.

C'est un recueil de lettres royales et de mandements administratifs qui intéressent plus particulièrement les affaires de la région du nord de la France. M. Langlois donne la table des 18 villes et des 33 monastères qui y sont nommés, puis il publie les principaux articles du recueil.

962. — —. Formulaires de lettres du XIIe, du XIIIe et du XIVe siècle. II. Notice et extraits du ms. n° 8 de la bibliothèque municipale de Soissons.

T. XXXIV, 1, p. 305-322 des *Notices*.

Ce ms. contient deux ouvrages : 1° le formulaire de Prémontré, composé de 325 formules empruntées surtout à la correspondance de l'abbé Guillaume de Louvignies et de ses prédécesseurs immédiats. 2° la *Summa magistri Radulfi Vindocinensis*.

963. — **Langlois** (Ernest). — Notice des manuscrits français et provençaux de Rome antérieurs au XVI° siècle.

T. XXXIII, II, p. 1-347 des *Notices*.

M. Langlois passe en revue les manuscrits qui se trouvent dans le fonds de la reine Christine, le fonds du Vatican, le fonds Ottoboni, le fonds Urbino, les bibliothèques de la Minerve, du prince Barberini, du prince Chigi, et du palais Corsini. Il termine en donnant une Table des matières, des auteurs et des traducteurs, une Table des copistes, une Table des Ex-libris, et une Table des manuscrits.

964. — **La Porte-du-Theil** (F. J. G.). — Notice d'un manuscrit de la Bibliothèque du Vatican, coté CCCV, parmi les manuscrits grecs.

T. VI, p. 496-623 des *Notices*.

Transporté à la Bibliothèque nationale après les victoires du général Bonaparte en Italie, ce ms. est un in-fol. de petit format, couvert en bois, composé de 209 feuillets, papier soie et coton; le caractère de l'écriture se rapporte au XIV° siècle. En tête on a ajouté 5 autres feuillets qui n'ont pu être écrits avant le XV° siècle. Ce ms. contient : 1° Partie :

Article 1. — Fragment de controverse, ou d'acte testimonial.
— 2. — Élégie sur la mort d'une princesse anonyme.
— 3. — Lettre anonyme d'un grec moderne, épigrammes, ou petites pièces de vers mutilées.
— 4. — Fragment de quelques citations, ou de quelques scholies.
— 5. — Lettre adressée (par un personnage dont le nom semble avoir été MÉLOGALAS) à Perdiccas, secrétaire de l'empereur.
— 6. — Petite pièce de vers anonyme; moralité philosophique et chrétienne, sur la brièveté de la vie, la nécessité de bien user du présent, l'incertitude de l'avenir, et l'avantage d'exercer la charité envers les pauvres.
— 7. — Deux lettres adressées (par un personnage nommé, à ce qu'il semble, MÉLOGALAS) à Michel Phrancopule.
— 8. — Petit calendrier pascal.
— 9. — Pensées ou Maximes détachées; la première paraît mutilée.
— 10. — Lettre anonyme.
— 11. — Fragment concernant Démosthènes.
— 12. — Fragment anonyme de chronique.
— 13. — Index grec des pièces, composées par Théodore Prodrome et autres auteurs, que renferme le volume.
— 14. — Quatrains en vers iambiques et héroïques, composés par Théodore Prodrome.
— 15. — Lettre de Théodore Prodrome à Éphôre.
— 16. — Remerciments de Théodore Prodrome à Alexis Aristène, Nomophylax, Protecdique et Orphanotrophe.
— 17. — Lettre de Théodore Prodrome à Étienne Mélès, Logothète.
— 18. — Vers héroïques, sur le crucifiement de Jésus-Christ.
— 19. — Lettre de Théodore Prodrome à l'Orphanotrophe et Nomophylax.
— 20. — Seconde lettre de Théodore Prodrome à l'Orphanotrophe et Nomophylax, sur la maladie dont il était à peine délivré.
— 21. — Lettre de Théodore Prodrome au prélat métropolitain de Trébizonde. Il remercie le prélat des présents qu'il en avait reçus, et lui rend compte des effets de la maladie aiguë dont il était à peine délivré.

Article 22. — Éloge de l'éloquence, ou (pour mieux exprimer le sens du terme grec) de l'élocution de l'Orphanotrophe et Nomophylax Alexis Aristène; par Théodore Prodrome.
— 23. — Discours oratoire, ou Félicitations à l'Orphanotrophe-Proteedice-Nomophylax Alexis Aristène, sur sa rentrée dans le poste d'Orphanotrophe, par Théodore Prodrome.

T. VII, II, p. 235-260.
Seconde partie.
Article 24. — Lettre à l'Orphanotrophe Proteedice Nomophylax, Alexis Aristène.
— 25-28. — Pièces en vers ïambiques, héroïques, élégiaques et Anacréontiques en l'honneur de l'Orphanotrophe Proteedice, Nomophylax, Alexis Aristène.
— 29. — Discours de Théodore Prodrome au César N., Sur le Vert.

T. VIII, II, p. 78-246.
Troisième partie.
Article 30. — Discours de Théodore Prodrome, sur ceux qui, mécontents d'être pauvres, se plaignent de la Providence.
— 31. — Explication d'un verset de l'Évangile selon saint Luc ; par Théodore Prodrome.
— 32. — Discours de Théodore Prodrome, en réfutation de cette maxime énoncée par un poète « la Science est l'apanage de la Pauvreté. »
— 33. — Diatribe de Théodore Prodrome, contre un ignorant qui se donnait pour homme de lettres.
— 34. — Autre diatribe de Th. Prodrome, intitulée : le Philoplaton ou le Corroyeur.
— 35. — Diatribe de Th. Prodrome, contre un medecin et un dentiste.
— 36. — Dialogue intitulé : Amarantus, ou les Amours d'un vieillard, par Th. Prodrome.
— 37. — Vente (à l'encan) de différentes professions ; dialogue par Th. Prodrome.
— 38. — Écrit adressé à Jean, patriarche de Constantinople ; par Th. Prodrome.
— 39. — Oraison funèbre du Sébastocrator Andronic Comnène, par Th. Prodrome.
— 40. — Oraison funèbre du Sébaste et Logothète Grégoire Camatère, par Th. Prodrome.
— 41. — Oraison funèbre de Constantin Haglothéodorite, par Th. Prodrome.
— 42. — Épithalame pour le mariage des fils du César, par Th. Prodrome.
— 43. — Lettres de Th. Prodrome.
— 44. — Trois pièces de vers, sur la mort de l'empereur Jean Comnène.
— 45. — Deux Prières à Jésus-Christ, composées, à ce qu'il paraît, par Th. Prodrome, sous le nom de l'empereur [Jean Comnène].
— 46. — Épitaphe pour l'Impératrice Irène [épouse de Jean Comnène].
— 47. — Vers sur la mort des enfants de Sébastocrator Porphyrogennète Isaac.
— 48. — Vers apologétiques, adressés au Logothète Étienne Mélès, par Th. Prodrome.
— 49. — Vers propres à être inscrits sur le tombeau de l'empereur Jean Comnène.
— 50. — Vers héroïques, adressés à l'impératrice Irène Ducæna, sur la mort de son fils le Sébastocrator, par Th. Prodrome.
— 51. — Vers adressés à l'empereur Jean Comnène sur la prise de Castamon, par Th. Prodrome.
— 52. — Vers adressés par Th. Prodrome, à la Cæsarisse Porphyrogennète Anne Ducæna, pour lui demander sa protection.
— 53. — Deux petites pièces de vers, composées par Th. Prodrome.
— 54. — L'Amitié bannie du monde, dialogue dramatique, par Th. Prodrome.

Article 55. — Complainte en vers, sur la distribution des faveurs de la Providence, par Th. Prodrome.
— 56. — Deux pièces de vers, composées par Th. Prodrome.
— 57. — Description, en vers héroïques, de l'Entrée de l'empereur Jean Comnène à Constantinople, après la prise de Castamon, par Th. Prodrome.
— 58. — Six petites pièces de vers, par Th. Prodrome.
— 59. — Cinq petites pièces (en vers politiques), sur le mariage d'Alexis fils du Panhypersebaste Nicéphore et petit-fils de Phorbène, par Th. Prodrome.
— 60-65. — Vers de Th. Prodrome.
— 66. — Hymnes adressés à l'empereur Jean Comnène, à l'occasion tant de la fête de la Nativité, que de celle du Baptême de J.-C.
— 67. — Vers héroïques, par Th. Prodrome, sur sa maladie.
— 68. — Vers adressés à l'empereur Jean Comnène, par Th. Prodrome, sur la reprise de Castamon et la conquête de Gangres.
— 69. — Vers en l'honneur de saint Paul, de S¹ Grégoire, de S¹ Grégoire le Théologue, de S¹ Jean-Chrysostôme, de S¹ Grégoire de Nysse, de S¹ Nicolas.
— 70. — Adieux de Th. Prodrome aux Byzantins.
— 71. — Épigramme de Th. Prodrome, sur la manière dont S¹ Pierre fut crucifié.
— 72. — Deux pièces composées par Th. Prodrome.
— 73. — *Xenédemus*, ou Doutes sur *les Cinq Voix* : dialogue composé par Th. Prodrome.
— 74. — Sur les qualifications de grand et de petit, de beaucoup et de peu, par Th. Prodrome.
— 75. — Troisième instruction du savant Constantin Stilbé, professeur actuel au Temple des Saints-Apôtres, dans l'Orphanotrophœum à Constantinople.
— 76. — Poëme de Nicandre, intitulé *Theriaca*.
— 77. — Sept morceaux différents.
— 78. — Maximes de Ménandre, rangées selon l'ordre alphabétique.
— 79. — Fragments divers.

965. — **La Porte du Theil (F.-J.-G.).** — Notices de plusieurs lettres anecdotes du pape Innocent III, tirées des archives de Saint-Pierre à Rome, concernant le procès de déposition de Maheu (ou Matthieu) de Lorraine, Grand Prévôt de Saint-Dié, et évêque de Toul en 1200, et, par occasion, mémoire historique sur la vie de ce prélat.

T. III, p. 617-630 des *Notices*.

966. —. — Notice de tous les différens articles qui se trouvent contenus dans le Manuscrit de la Bibliothèque nationale coté, parmi les Manuscrits latins, MMMDCCCCXXXIV A.
Article premier. — Fragmens d'un poëme *Sur les vertus des Pierres précieuses*, écrit en langue provençale; et, par occasion, Notice biographique *Sur Pierre des Bonifaces*, troubadour du xɪv⁰ siècle.

T. V, p. 689-708 des *Notices*.
Ce volume provient de la bibliothèque de Colbert; c'est un in-folio, couvert en bois, composé de 111 feuillets de vélin; il paraît être du xɪv⁰ siècle, et contient au moins onze articles bien distincts.

(Id.). — Article second. — Ouvrage intitulé : Summa magistri B. [*Bernardi*]. PAPIENSIS PRÆPOSITI, SUPER CAPITULA EXTRAVAGANTIUM; et, par occasion, 1° Notice biographique sur Bernard de Pavie, évêque d'abord de Faënze, ensuite de Pavie; 2° Notice de plusieurs Lettres anecdotes du pape Innocent III.
T. VI, p. 49-70.
Bernard, dit communément *de Pavie*, était né en cette ville, vers le milieu du xɪɪ⁰ siècle.

(Id.). — Articles III, IV, V, VI.

Article III. — Vocabulaire du droit romain.
— IV. — Sommaires des chapitres du Décret de Gratien.
— V. — Passages tronqués de textes des Lois romaines.
— VI. — Glose anonyme sur les Décrétales.

T. VI, p. 125-129.

Article VII. — Lettre du pape Innocent III à Robert de Courçon, cardinal prêtre du titre de S. Étienne in *Cœlo monte*, et légat du S. Siège en France; et, par occasion, Mémoire biographique sur Robert de Courçon, avec l'analyse et l'extrait de dix Lettres anecdotes du pape Innocent III.

T. VI, p. 130-222.

Dans cette lettre (15 mars 1214), le pape fait de justes reproches au légat, de la manière injuste et partiale dont il s'était conduit à l'égard du prieur et des religieux clercs de Grandmont lorsqu'on avait discuté devant lui l'affaire qui divisait les clercs et les convers de cet ordre.

967. — **La Porte du Theil** (F.-J.-G.). — Notice des deux derniers articles qui se trouvent contenus dans le manuscrit coté 7592 (a).

Article IV. — Lettre du pape Innocent III, adressée à l'évêque de Rhodès, au prévôt de Montsalvi, et au prieur de Saint-Antonin. — Elle est datée de Ferentino, 22 mai 1203 et défend le chapitre de l'église de Sainte-Cécile d'Albi contre les prétentions du chapitre de Saint-Salvi d'Albi relativement à la possession de l'église de Sainte-Marciane, dont le chapitre de Sainte-Cécile avait fait l'acquisition.

Article V. — Lettre de P. cardinal prêtre du titre de Sainte-Cécile, à G., évêque d'Albi.

T. IV, p. 706-715 des *Notices*.

Le cardinal recommande à l'évêque de ne point permettre que les chanoines de Saint-Salvi fassent aucun tort à ceux de Sainte-Cécile relativement à la possession de l'église de Saint-Marciane.

968. —. — Notice des différents articles contenus dans le Manuscrit de la Bibliothèque nationale, coté 5150.

T. VII, II, p. 40-100 des *Notices*.

Ce petit in-folio, de 175 feuillets, de vélin, a dû être transcrit vers le commencement du XVe siècle. Il contient :
I. Gesta Innocentii PP. III.
II. Historia Hugonis Falcandi.
III. Gesta Gregorii IX, Cœlistini IV, Innocentii IV, auctore anonymo.
IV. Chronique des papes [Avec une notice historique sur la vie et les ouvrages de Bonizon, évêque, d'abord de Sutri, et ensuite de Plaisance].
V. Vies de plusieurs papes, depuis le pape Léon IX, jusqu'au pape Alexandre III. [Avec une notice historique sur la vie et les ouvrages de François Nicolas de Rosselli, dit le cardinal d'Arragon.]

969. —. — Notice des différents articles qui sont contenus dans le manuscrit de la Bibliothèque du Roi, n° 6696.

T. II, p. 231-314 *des Notices*.

Ce ms. est un volume in-folio, relié en parchemin blanc, contenant 138 pages à 2 colonnes. L'écriture assez belle et assez serrée paraît, en partie, être du XIVe siècle; une autre est incontestablement du XVe. On trouve dans ce volume onze articles différents :
1° Historia Trojana Guidonis de Columpnis.
2° Lettre du pape Honorius III, à l'empereur Frédéric II, en 1226, au sujet des menées de ce dernier qui voulait asservir la Lombardie.
3° Lettre du pape Boniface VIII, au clergé de France. Elle commence par les mots *Verba delirantis*.
4° Lettre des Romains, au pape Jean XXII. Elle fut écrite en 1327, par le Sénat romain au moment où Louis de Bavière, entré en Italie, se préparait à pousser jusqu'à Rome.
5° Sallas Malespina. Libri VI rerum Sicularum.

6° Diatribe contre Louis de Bavière.

7° et 8° Lettres du pape Innocent III. Dans la première, datée du 1er février 1211, il se plaint au roi de France Philippe-Auguste des entreprises de de l'empereur Othon contre les possessions de l'Église et celles du roi des Deux-Siciles, qui fut depuis l'empereur Frédéric II. La seconde est adressée aux princes d'Allemagne et roule sur le même sujet.

9° Lettre du pape Innocent III, au roi d'Angleterre Jean Sans-Terre. Le pape menace le roi d'excommunication et le somme de reconnaître pour archevêque de Cantorbéri, Étienne de Langton, cardinal-prêtre du titre de Saint-Chrysogone.

10° Lettre d'Édouard III, roi d'Angleterre, au pape Benoît XII. Édouard III cherche à s'excuser d'avoir pris le titre de Roi et les armes de France.

11° Chronique françoise, depuis les temps les plus reculés, avant l'établissement de notre monarchie jusqu'à l'année 1469.

970. — **La Porte du Theil** (F.-J.-G.). — Notice des différens articles qui se trouvent contenus dans le manuscrit de la Bibliothèque du Roi, coté 7892.

T. IV, p. 150-221 des *Notices*.

Ce vol. in-fol. est relié en maroquin rouge, et contient 172 feuillets, ou 344 pages de vélin, d'une écriture assez belle, assez facile à lire, malgré de fréquentes abréviations, et qui paraît être du 13e siècle. Il était anciennement de la bibliothèque de Colbert et il contient l'ouvrage d'Isidore de Séville, sur les *Origines*, qui remplit tout le volume; seulement à la fin, au verso de la dernière feuille on trouve quatre lettres : deux lettres du pape Alexandre III au chapitre d'Albi et aux évêques de Rhodès et de Cahors, et par occasion, notice historique sur l'église de saint Eugène de Vioux; une lettre du pape Innocent III, et une lettre d'un cardinal.

971. —. — Notice des manuscrits de la Bibliothèque du Roi, cotés 8962 et 8963 contenant l'Histoire des règnes de Charles VII et Louis XI, par Amelgard, prêtre Liégeois.

T. I, p. 403-439 des *Notices*.

Le ms. 8962 est un in-fol. couvert de maroquin rouge, aux armes de Colbert. Il contient, indépendamment de la table des sommaires de tous les chapitres de l'ouvrage, 1054 pages d'une écriture du milieu du 16e siècle.

Le ms. coté 8963 est un vol. in-fol. relié en veau fauve, contenant 856 pages d'une écriture plus moderne que celle du ms. précédent. Il manque à cet exemplaire 4 feuillets qui terminent l'histoire de Charles VII; et le dernier feuillet de la vie de Louis XI est rongé par les vers.

972. —. — Notice et extraits d'un volume de la Bibliothèque Nationale, coté MCCIX parmi les Manuscrits Grecs, et contenant les *Opuscules* et les *Lettres* anecdotes de *Théodore l'Hyrtacénien*.

T. V, p. 709-744. T. VI, p. 1-48 des *Notices*.

Acheté à Constantinople par les ordres de Louis XV, ce volume est un in-4° petit format, de 86 feuillets, écrit au XIVe siècle. Il contient 8 articles : 1° Un panégyrique de la Sainte Vierge. — 2° Une description oratoire du Jardin de Sainte Anne (mère de la Sainte Vierge), situé près de Nazareth. — 3° Un panégyrique du bienheureux Aninas le Thaumaturge. — 4° Une allocution congratulatoire à l'empereur Andronic, lors de sa rentrée à Constantinople. — 5° Une oraison funèbre de l'empereur *désigné*, Michel Paléologue II. — 6° Une oraison funèbre de l'impératrice Irène. — 7° Une oraison funèbre de Nicéphore Chumne, préfet de l'écritoire [canicler]. — 8° Un recueil de *Lettres* adressées à divers personnages ; elles sont au nombre de 93.

La Porte-du-Theil publie ici les 29 premières de ces Lettres; les 64 autres sont publiées en tête du T. VI des *Notices* (pages 1-48).

973. — **Legrand d'Aussy.** — Alexandre, roman historique et de chevalerie de **Lambert-le-Court.**

		7987. — A la page 164.
		7190.
	Baluze	7190. — 2 — Imparfait.
		7190. — 4 —
	Cangé	7190. — A. B. Cangé, pendant le temps qu'il a possédé ce ms., y a inséré, en marge, les variantes du suivant qui lui appartenait aussi.
Mss. de la Bibl. nat^e.		7190. — 5. —
	St Germ.	7633. — Incomplet vers la fin.
	St Victor	894. — In-4°. Écriture du xve siècle.
	Cangé	7498. — 3 — Écriture du xvie siècle, papier. Dans beaucoup d'endroits, les vers y sont écrits de suite et par lignes continues, comme la prose. Il diffère des autres par de nombreuses variantes surtout dans les commencements.

T. V, p. 101-131 des *Notices*.
Étude de ce roman d'après les diverses copies de la Bibliothèque nationale.

974. — **Legrand d'Aussy.** — La bataille des sept arts, fiction critique et satirique, par Henri, d'Andéli, Tirée des Mss. 7218 au folio 135, et S. Germ. n° 1830, au fol. 112 v°.

T. V, p. 496-511 des *Notices*.
Cette pièce a été publiée vers le déclin du xiiie siècle.

975. —. — La bataille des vices contre les vertus, pièce satirique, par Rutebeuf, tirée du Ms. 7218, au fol. 326 v°.

T. V, p. 404-411 des *Notices*.
Pièce satirique contre les Dominicains, qu'on nommait à Paris Jacobins, et contre les Franciscains, ou Cordeliers que protégeait le roi Saint-Louis.

976. —. — La branche aux royaux lignages, poëme historique. Mss. 10298-a

T. V, p. 238-242 des *Notices*.
Ce ms. a été donné à la Bibliothèque par Du Cange. L'auteur était d'Orléans né *de la Guillerie* et se nommait Guillaume Guiart. Son histoire ne traite que de sept rois de France : elle commence par Louis-le-Gros et finit à l'année 1306 du règne de Philippe-le-Bel.

977. —. — Brichemer, épître badine du même auteur (Rutebeuf). Manuscrit 7218, fol. 315 v°; manuscrit 7615 fol. 78.

T. V, p. 412-414 des *Notices*.
Notice littéraire sur le mélange régulier, au milieu du xiiie siècle, des rimes masculines et féminines. Le *Brichemer* de Rutebeuf est composé de trois stances, chacune de huit vers sur deux rimes, masculine et féminine, redoublées et croisées.

978. —. — Le débat de Félicité, Belg. n° 72, fol. p°, couverture en velours bleu.

T. V, p. 542-545 des *Notices*.
Cette fiction philosophique est de Charles Soillot, filleul et secrétaire de Charles, comte de Charolais, fils de Philippe le-Bon, et duc de Bourgogne après la mort de son père. Le *Débat de Félicité* est un plaidoyer sur le bonheur par *dame Église, dame Noblesse* et *dame Labeur*, les trois ordres qui constituaient alors la nation.

979. —. — Dit d'aventures, conte burlesque et critique, tiré du Manuscrit 7218, fol. 343.

T. V, p. 398-403 des *Notices*.
Ce conte du xiii° siècle est par stances de quatre vers Alexandrins sur une même rime.

980. — **Legrand d'Aussy.** — Enseignemens du chevalier Geoffroi de La Tour-Landri, à ses filles.

T. V, p. 158-166 des *Notices*.

Mss.
- Lavarre... 7473-3. Imparfait. Il y manque quelques pages à la fin, et plusieurs feuillets au commencement.
- 7404, contient en outre une histoire de Grisélidis en prose.
- 7073-2. Renferme encore : 1° Un traité moral du jeu des échecs, par Jean de Vignal. — 2°. Mélibée et Prudence sa femme, par Christine de Pisan. — 3° La requête de la même à la reine Isabeau, en 1405, pour l'engager à donner la paix à la France. — 4° Le poëme de Fauvel.
- Belg. fol., vélin, n° 115.

981. —. — La folle et la sage, fiction morale et dialoguée, tirée du manuscrit 7218, au folio 338.

T. V, p. 560-563 des *Notices*.
Pièce en vers de 12 syllabes, divisés par quatrains sur une même rime.

982. —. — Image du monde (Tableau de l'Univers).

Mss......
- N° 7623.
- 7991. Très bien écrit et très beau.
- Condé n° 167. f° parvo. Écrit en 1270 par Jacquemin Dacre.
- La M. 8197. A. Imparfait.
- N. D... 18. Bien conservé et très lisible. Il contient, en outre, plusieurs autres pièces, *le Volucraire, le Lapidaire, le Bestiaire, les Fables d'Ésope*, par Marie de France, et un *Traité des péchés*, en prose.
- Bigot. 7991-2.
- Baluze. 7991-3.
- St-Germ. 2332. A la fin de celui-ci est un conte de *la Licorne*.
- St-Germ. 2740. Il contient, en outre, un *Roman du St-Graal*. Ce ms. appartint à Fauchet, lequel a écrit en marge quelques annotations.
- 8198 B. Son titre se trouvant altéré, une main moderne l'a intitulé par erreur *Vers sur l'astronomie*.

Belg.
- 161. Exemplaire superbe pour la beauté de l'écriture et pour sa conservation. Il contient également d'autres pièces : *le Bestiaire d'amour* en prose, et *le Tournois d'antéchrist*.
- 220. in-4° vélin, bien écrit.
- 221. folio oblong.
- 222. in-4°, écriture très lisible.
- 223. in-4°, ms. sans valeur.

Ancien fonds. Sans n°, in-8°, vélin, écriture du xiii° siècle, très lisible, bien conservé, figures mieux dessinées que dans la plupart des autres. Le relieur a mis au dos, DE CLERICO, en rouman. Outre l'*Image du monde*, il contient encore *le Bestiaire* et un 3° poëme, *le Lapidaire*.

T. V, p. 243-266 des *Notices*.

Ce poème traite du ciel et de la terre, de Dieu et de l'homme, de la géographie, de l'astronomie, de l'histoire naturelle et des autres sciences alors connues. L'auteur, Omons, l'a écrit en 1245, époque désignée par le plus grand nombre de ces mss.

983. — **Legrand d'Aussy.** — Le jeu spirituel de la paume ou de l'eteuf. Manuscrit Belg. in-fol. vél. n° 60, écriture du xv° siècle.

T. V, p. 156 des *Notices*.

984. —. — Le Lucidaire. Manuscrit la Vall. n° 2709, vélin, écrit. du xiii° siècle, ouvrage mystique et théologique, en vers français.

T. V, p. 155 des *Notices*.
Acheté à la vente la Vallière. Ce n'est qu'une traduction ou imitation de l'*Elucidarium*, production du xii° siècle.

985. —. — Le mariage des sept arts, conte philosophique par Tainturier, tiré du Ms. 7218, fol. 257 v°.

T. V, p. 490-495 des *Notices*.

986. —. — Notice de l'ouvrage manuscrit, intitulé *Le Chevalier errant*, par Thomas, marquis de Saluces, III° du nom, mort en 1416.

T. V, p. 564-580 des *Notices*.
Ms. Belg., in-fol., n° 103, vélin, miniatures, ornements et lettres en or et en couleur, écriture du commencement du xv° siècle.
Cet ouvrage est une fiction de songe. Thomas s'y qualifie *Chevalier errant* parce qu'il est censé voyager et que, dans ces courses *errantes*, il visite successivement la cour d'Amour, le palais de Fortune, et le séjour d'une dame de bon conseil, qu'il appelle *Connoissance*.

987. —. — Notice de quelques ouvrages intitulés Doctrinal.
   (I). Doctrinale puerorum. Mss. 8152, 8153, 8154 pap., 8155 pap., 8422, 8423, 8424, 8425 pap., 8426, 8427. Tous ces mss. sont chargés de notes et de gloses.
   (II). Doctrinal Sauvage. Mss. 7218, au fol. 334 ; S¹-Germ., 1830, au fol. 101 ; Belg., 218, au fol. 29 v° ; N. D., M. 7, au fol. 195.
   (III). Doctrinal des simples gens (des bonnes gens). Ms. 7885-2, in-4° p°, papier.
      Ce ms. incomplet est attribué à Gui de Roye, « humble archevesque de Rains », mort en 1409. A la suite de cet ouvrage on trouve un *Doctrinal de la messe*, dont l'auteur n'est pas nommé.
   (IV). Doctrinal de nature. Ms. f° max°, vél. n° 7044. Mss. imparfait, dont le commencement, la fin et le titre manquent.
   (V). Le Doctrinal rural du temps présent, ou le Doctrinal du temps présent. Ms. 7647-2 ; intitulé Doctrinal de cour, dans le Ms. 7647, et dans les n°ˢ 7654 et 7655.

T. V, p. 512-541 des *Notices*.
Le premier de ces trois manuscrits est remarquable par sa conservation, son écriture, le choix de son vélin, ses miniatures et ses ornements.
Le second, en papier, d'une écriture peu lisible, et moins ancien, est incomplet de la fin.
Le troisième, divisé en deux volumes, in-folio parvo, sur papier, est aussi imparfait ; il y manque 8 ou 10 pages au commencement. L'écriture est très nette.

988. —. — Notice sur deux ouvrages manuscrits du xiii° siècle, intitulés *Bestiaire*.

T. V, p. 276-278 des *Notices*.

Le premier est en vers et a pour auteur un nommé Guillaume, qui se dit Clerc et Normand. Il se trouve 1° dans un ms. du XIIIe siècle sans n°, in-8°, de l'ancien fonds, avec l'*Image du monde*. — 2° dans le ms. N. D., n° 18, au folio 57. — 3° dans le ms. Belg., in-4°, n° 225.

Le second *Bestiaire* (ms. n° 3579, in-8°, et la Vallière 2736, au folio 74) est en prose et postérieur au précédent. Il est de Richard Furnival qui vivait vers le milieu du XIIIe siècle.

989. **Legrand d'Aussy.** — Notice sur deux pièces de vers, religieuses, morales et satiriques, intitulées *Bibles*, et publiées l'une en 1203 et l'autre peu de temps après.

T. V, p. 279-293 des *Notices*.

Ces Bibles sont de deux auteurs différents : l'un est un certain Hugues, qui se qualifie seigneur de Bersil et châtelain. On trouve sa Bible dans le ms. 721°, folio 261 v°, et dans celui de la Belg. 218 f° 11 v°.

L'autre est un certain Guiot, surnommé *de Provins*, à cause du lieu de sa naissance. Il publia cette pièce en 1203. Elle se trouve dans le ms. La Vallière n° 2707, et dans celui de N. D., E. 6, jadis à Fauchet.

990. —. — Notice sur un Poëme intitulé *Anti-Claudien*. Ms. 7032, vél. f° p°

T. V, p. 546-559 des *Notices*.

Ce ms. a probablement fait partie de la bibliothèque de Charles V ou de celle de Charles VI, son fils, ce que paraît indiquer l'écu de France qu'il porte peint, comme les mss. qui proviennent de cet ancien trésor.

Outre l'*Anti-Claudien*, il contient plusieurs autres pièces ; toutes sont écrites à longues lignes comme de la prose, de sorte que chaque ligne renferme toujours deux vers et quelquefois trois. L'auteur de ce poëme suppose un homme céleste formé à dessein par les vertus pour faire le bonheur de la terre.

991. —. — Le nouveau Renard, poëme burlesque, héroïco-comique et facétieux, par Jacquemars Gelée. Mss. 7615 ; La Vallière 2736 au fol. 100 v° ; Cangé, f° p°.

T. V, p. 321-328 des *Notices*.

Cet ouvrage parut entre 1289 et 1292 ; l'auteur, Gelée ou Giélée, était de Lille

992. —. — Le Renard contrefait. Manuscrit Lancelot 6985-3, papier, f° max.

T. V, p. 330-357 des *Notices*.

Ce ms. avait été destiné à contenir beaucoup de miniatures ; le copiste, en conséquence, y laissa en blanc les places qu'elles devaient occuper ; mais on a négligé de les y faire peindre et les blancs sont vides.

Avant d'entrer à la Bibliothèque nationale, il appartint à Lancelot, qui l'avait acheté de la bibliothèque d'Anet.

L'auteur semble être né à Troyes, et déclare qu'il avait plus de 50 ans quand il publia son poëme commencé en 1328 mais rendu public seulement vers 1343

993. —. — Renard le Bestourné. Mss. 7218 au fol. 328 v°; 7615 au fol. 101.

T. V, p. 328-329 des *Notices*.

Pièce de vers par strophes, dont l'auteur, nommé Rutebeuf, fleurit vers le milieu du XIIIe siècle et ne mourut que dans le XIVe.

994. —. — Le Renard, poëme héroïco-comique, burlesque et facétieux.

Mss..
{
7607 vél. f° p°.
Cangé   vél. f° p°.
St-Germ. 2733 vél. f° p°.
Vatic. 1699 vél. f° p°.
}

T. V, p. 294-320 des *Notices*.

Le premier de ces mss., bien qu'incomplet de quelques feuillets, est très beau et bien conservé. Il appartint à Charles IX dont on voit encore le chiffre sur la couverture.

Le ms. de Cangé est précieux par sa conservation, la netteté de l'écriture et surtout par les variantes recueillies ailleurs, que Cangé y a mises en marge.

Celui de Saint-Germain est en très mauvais état, très fautif et fort mal écrit; il renferme des variantes.

Le ms. du Vatican avait appartenu à la reine Christine, et, antérieurement, à Fauchet; il est entré à la Bibliothèque nationale avec les autres mss. que Pie VI fut obligé de céder à la France après les victoires de Bonaparte. C'est un volume de 362 pages, en lettres de forme, sur deux colonnes, avec vignette à fonds d'or, lettres tourneures et ornements en couleur. Il date du XIV° siècle.

995. — **Legrand d'Aussy.** — La Sale, tirée des Mss. Belg., l'un, in-fol, n° 346, vélin, miniatures très belles, écriture du XV° siècle; l'autre, grand in-4°, papier, n° 347.

T. V, p. 392-397 des *Notices*.

Cet ouvrage d'Antoine de la Sale a été terminé en 1461 à Bruxelles, selon le premier ms., au château du Châtelet, suivant le second. C'est un mauvais traité de morale.

996. —. — Trésor de Brunetto-Latini.

T. V, p. 268-274 des *Notices*.

Brunetto naquit à Florence et vint se réfugier à Paris en 1260. Après avoir demeuré 24 ans dans cette ville, il retourna à Florence où il mourut vers 1295. Son *Trésor* est un ouvrage en prose divisé en quatre parties. Dans la première on trouve l'histoire sacrée, l'histoire profane et des notions sur quelques sciences; la seconde roule sur la morale et traite des vertus et des vices; la troisième, compilée d'après Aristote et Cicéron, est un traité de logique et de rhétorique; la quatrième concerne la politique et l'art de gouverner.

L'étude de Legrand d'Aussy est faite d'après les mss. de la Bibliothèque nationale, numéros :

Baluze. 7930-2, in-4° vélin.
       7068.
       7067.
       7067-3.
       7066-5.
       7066-99.

Condé. { 118.
      { 60, f° p°.

Belg... 104, in-f° pap. Ce ms. fut écrit, en 1438, par Jean de Stavelo, moine de St-Laurent de Liège. A la fin du ms. Jean donne la liste de tous ceux qu'il avait copiés depuis 34 ans. Ils sont au nombre de 68, mais la plupart concernent son monastère.

Belg... 103, f° p°.   } Les deux premiers ont appartenu à Charles de Croy,
— ... 127.   } comte de Chimay, lequel y a mis son nom.
— ... 102, 4° pap.

997. —. — Le Volucraire.

Cet ouvrage d'allégories morales est d'Omons et se trouve dans le ms. N. D., n° 18, fol. 89.

T. V, p. 267 des *Notices*.

998. — **Lévesque.** — Notice des amours de Drosille et de Chariclès, poëme ou roman grec, en vers ïambiques, de Nicétas Eugénianus.

T. VI, p. 223-250 des *Notices*.

Ce ms. de la Bibliothèque nationale est coté 2908. C'est un petit in-4°, sur papier; il contient 121 feuillets. Il a fait autrefois partie de la bibliothèque de Le Tellier, archevêque de Reims, frère du ministre Louvois. L'écriture paraît être du xv° ou peut-être du xiv° siècle.

L'auteur a distribué son roman en neuf livres; mais ce ms. n'en contient que six et 221 vers du septième.

Un *Supplément* à cette notice occupe les pages 489-495 du même volume. Lévesque y donne la « Notice du manuscrit grec de la Bibliothèque de S. Marc à Venise, coté 412. »

999. —. — Notice du Livre de Pierre Salmon, présenté par l'auteur à Charles VI.

T. V, p. 415-432 des *Notices*.

L'ouvrage de Salmon existe deux fois au département des Manuscrits de la Bibliothèque nationale.

Le premier est coté 5970 parmi les manuscrits de la Vallière. Il a été acheté en 1783 à la vente de ce duc et payé 1299 livres 19 sous. Ce ms. du commencement du xiv° siècle est un petit in-folio, sur vélin, et contient 121 feuillets. L'écriture est une ancienne bâtarde à longues lignes; les sommaires sont écrits en rouge, et les grandes initiales sont en or sur un ornement des trois couleurs qui, dans la République française, sont devenues celles de la nation. Il est enrichi de vingt sept miniatures, de mains différentes; on y remarque les portraits du roi Charles VI, de Jean-sans-Peur, duc de Bourgogne, de Jean, duc de Berri, et du pape Alexandre V.

Le second manuscrit est coté 9672 (ancien fonds). Ce volume, sur papier, sans aucun ornement, est un petit in-folio de 210 feuillets; l'écriture est une cursive souvent assez difficile à lire; les sommaires sont en rouge.

Ces deux mss. diffèrent partout entre eux par le style, par l'étendue que l'auteur donne à ses raisonnements, par la manière dont il présente ceux-ci.

Dans le premier ms. on voit que ce livre a été composé par ordre de Charles VI et qu'il a été présenté à ce roi en 1409.

Salmon était un surnom de *Le Fruictier*.

L'ouvrage est un dialogue entre Charles VI qui fait les questions et Salmon qui répond. Il s'agit des devoirs des rois, de discussions théologiques, etc.

1000. —. — Notice du manuscrit de la Bibliothèque nationale, dit l'*Anacréon du Vatican*.

T. V, p. 465-489 des *Notices*.

Ce petit in-fol, en deux colonnes, sur vélin, contient seize feuillets qui sont reliés avec la dernière partie de Céphalas, et paraissent être de la même main que quelques pages également jointes à cette Anthologie. L'écriture est du x° siècle.

Le volume est coté 23 des manuscrits de la bibliothèque Palatine du Vatican. Il avait fait partie de la bibliothèque des électeurs palatins et avait été donné au pape par Maximilien, électeur de Bavière, un an après la prise d'Heidelberg par les Espagnols en 1622. Il est entré à la Bibliothèque nationale en 1793.

1001. —. — Notice du manuscrit grec de la Bibliothèque nationale coté 2036, et contenant les *Problèmes d'Aristote*, et le *Traité du Sublime de Longin*.

T. VII, II, p. 101-172 des *Notices*.

Ce ms., en parchemin, paraît être du x° siècle. Il est de format petit in-4° et contient 207 feuillets, sur lesquels 177 feuillets et demi renferment les *Problèmes d'Aristote*. Il est malheureusement incomplet de plusieurs feuillets.

Après avoir appartenu autrefois aux Médicis, il a été revêtu, sous Henri IV, d'une forte reliure en bois, couverte de maroquin rouge, et garnie de fermoirs qui n'existent plus. Sur le plat de la reliure sont les armes de ce prince, renfermées dans un carré long, tracé par des filets d'or. Au milieu de chaque côté extérieur de ce carré est une H surmontée de la couronne royale de France ; et aux deux grands côtés, on voit sous cette H le nombre IIII. Au dos est imprimé en or le nombre 112 ; c'était apparemment celui qu'occupait alors le ms. à la Bibliothèque. Au commencement du XVIII° siècle, ce ms. était coté 3083.

1002. — **Martial et Jules Delpit.** — Notice d'un manuscrit de la bibliothèque de Wolfenbüttel relatif à l'histoire de la France méridionale.

T. XIV, 2, p. 206-458 des *Notices*.
Ce ms. contient les documents suivants :
Actes d'aveu et le dénombrement des domaines du roi d'Angleterre en Guyenne et en Gascogne, 1272 et 1273. — Redevances féodales mentionnées dans les actes de cet aveu et dénombrement. — Actes relatifs à l'état des personnes et des propriétés dans la Guyenne et la Gascogne, à la fin du XIII° siècle. — Documents sur l'histoire municipale et sur l'état politique des villes de cette partie de la France à la même époque. — Renseignements que l'on peut tirer de quelques actes pour l'histoire du commerce et de l'industrie. — Actes de procédure féodale. — Documents qui se rapportent à l'histoire générale, et spécialement à la lutte soutenue par les grands vassaux de Guyenne et de Gascogne contre les lieutenants du roi d'Angleterre Henri III.

1003. — **Maspero (G.).** — Mémoire sur quelques papyrus du Louvre (avec 4 pl.)

T. XXIV, 1, p. 1-123 des *Notices*.
1. Le chapitre de la Boucle, d'après les papyrus et les amulettes du Louvre.
2. Le rituel de l'embaumement, d'après le papyrus 5158 du Louvre et le papyrus n° 3 de Boulaq.
3. Sur quelques fragments de lettres.
4. Sur le papyrus 3229 du Louvre.

1004. — **Meyer (Paul).** — Notice sur deux anciens manuscrits français ayant appartenu au marquis de la Clayette (Bibliothèque nationale, Moreau 1715-1719.) Tiré des *Notices et extraits des manuscrits de la Bibliothèque nationale*, etc., tome XXXIII, 1re partie. — Paris, imp. nationale, 1888, in-4°, 90 p.   4° Q 377

Ces deux mss. classés à la Bibliothèque dans le fonds Moreau sous les numéros 1715 à 1719 ne sont aujourd'hui connus que par une copie faite pour La Curne de Sainte-Palaye et revue par lui. Les originaux ayant été paginés et Sainte-Palaye ayant eu soin de faire reproduire les numéros des pages et la division par colonnes en marge de la copie, on voit que le 1er ms. comptait 824 pages.
Ce gros volume comptait 824 pages. Il est à deux colonnes qui ont chacune de 45 à 52 vers. A la page 111 a on lit cette mention : *R. de Chapelle me ferit* qui donne sans doute le nom d'un copiste. Il renfermait 89 chansons écrites à la fin du XIII° siècle ou au commencement du XIV°.
Le premier manuscrit contient :
1° Vie de Saint Eustache, par Pierre. — 2° Vie de saint Germer, en vers. — 3° Vie de saint Josse, en vers, par Pierre. — 4° Vie de sainte Marguerite, en vers, par Fouque. — 5° Le Bestiaire, traduit en prose, par Pierre. — 6° Le livre de moralités. — 7° La translation et les miracles de saint Jacques, traduits en prose, par Pierre. — 8° Chronique du Pseudo-Turpin,

traduite en prose, par Pierre. — 9° Rapport du patriarche de Jérusalem au pape Innocent III sur l'état des Sarrazins. — 10° Suite de la Bible de Guyot de Provins. — 11° La Mapemonde, poème, par Pierre. — 12° La diète du corps et de l'âme, poème par Pierre. — 13° De l'œuvre quotidienne, poème. — 14° Les trois séjours de l'homme, poème, par Pierre. — 15° Des trois Maries, par Pierre. — 16° Enseignements (Doctrinal Sauvage). — 17° Paraphrase en vers du *Veni Creator*. — 18° L'Olympiade, en prose, par Pierre. — 19° Généalogie des rois de France jusqu'à saint Louis, en prose. — 20° La Conception, poème de Wace, avec interpolations. — 21° Prière en vers. — 22° Vie de sainte Catherine d'Alexandrie, en vers. — 23° Vie de sainte Marie Madeleine, en prose. — 24° Vie de sainte Marie l'Égyptienne, en prose. — 25° La vie des Pères, poème. — 26° Abrégé d'histoire sainte, en prose, par Roger d'Argenteuil. — 27° Le Lucidaire d'Honorius d'Autun, traduit en prose. — 28° Le roman des Sept Sages, en prose. — 29° Pierre de Vaux-de-Cernai, Histoire de la guerre des Albigeois, traduite en prose. — 30° Chansons latines. — 31° Chansons françaises. — 32° Complainte d'amour. — 33° Épître amoureuse, en prose. — 34° Saint d'amour, par Simon. — 35° La Châtelaine de Vergy. — 36° Gautier de Coinci, Miracles de Notre-Dame.

Le second ms. est un simple fragment dont la copie occupe 87 pages. Il renferme les quatre petits poèmes suivants : 1° Le Tournoi des dames. — 2° Le Dit du preu chevalier. — 3° Le Dit des sept vertus. — 4° Le Dit de la noix.

Trois de ces écrits sont certainement l'œuvre de Watriquet de Couvin, poète de la première moitié du XIV° siècle.

1006. —. — Notice sur le manuscrit II, 6, 24 de la bibliothèque de l'université de Cambridge.

T. XXXII, II, p. 37-81 des *Notices*.

Composé de 141 feuillets de parchemin, ce petit livre a dû être exécuté en Normandie, vraisemblablement à Caen, à la fin du XIII° siècle. Il contient :
1. Annales latines.
2. Chronique de Normandie, depuis Hasting jusqu'à l'expédition de Louis, fils de Philippe-Auguste, en Angleterre.
3. Chronique des rois de France s'étendant de l'origine troyenne des Francs jusqu'à 1215 environ.
4. Chronique de Turpin, en français.
5. Histoire des rois d'Angleterre, de Guillaume le Conquérant à Richard I°°.
6. Le Lucidaire traduit par Gillebert de Cambres.

1007. —. — Notices sur quelques manuscrits français de la bibliothèque Phillipps à Cheltenham.

T. XXXIV, 1, p. 149-258 des *Notices*.

Cette bibliothèque, l'une des plus considérables que jamais particulier ait possédée, comptait 34,316 numéros lorsque sir Thomas Phillipps mourut (6 février 1872). La Prusse (en 1887) et la Belgique (en 1889) en ont acheté certaines parties ; la France n'a pris aucune part au démembrement de cette bibliothèque.

1008. —. — Notice sur un recueil d'*Exempla* renfermé dans le ms. B. IV. 19 de la bibliothèque capitulaire de Durham. Tiré des *Notices et extraits des manuscrits de la Bibliothèque nationale*... T. XXXIV, 1, p. 399-439). — *Paris, C. Klincksieck, 1891, in-4°, 47 p.*

4° **Q Pièce.** 137

Ce ms., écrit par diverses mains en Angleterre au XIV° siècle, renferme :
1° Un court traité de grammaire latine rédigé en anglais du nord.
2° Une méditation sur les misères de la vie humaine, attribuée à saint Anselme.
3° Une autre méditation de saint Anselme : « Dum anima manet in corpore »

4° Un opuscule intitulé en rubrique : « Meditationes quedam a quodam fratre minore edite. »
5° Le recueil d'*Exempla*, ou anecdotes, que M. Meyer étudie et dont il publie quelques extraits.

1009. — **Miller (E.).** — Bibliothèque royale de Madrid. Catalogue des manuscrits grecs (supplément au Catalogue d'Iriarte.)

T. XXXI, II, p. 1-116 des *Notices*.

1010. —. — Glossaire grec-latin de la bibliothèque de Laon.

T. XXIX, II, p. 1-230 des *Notices*.
Ce ms., en belles onciales de la fin du IX° siècle, a été décrit dans le T. 1 du Catalogue des bibliothèques de province.

1011. —. — Notice d'un manuscrit grec contenant une rédaction inédite des fables d'Ésope. Extrait des *Notices et extraits des manuscrits de la Bibliothèque du Roi*, t. XIV, p. 223-295. — *Paris, imp. royale*, 1841, in-4°.   Section géogr. **G** 4007

Ce ms., coté 1788 et de format in-quarto majore, est en papier de coton et contient 259 feuillets écrits par diverses mains. Il provient de la bibliothèque de Colbert où il portait le n° 3607. En entrant dans celle du Roi, il fut d'abord coté 3063 (5).

Il contient divers travaux : Un ouvrage sur les origines de Constantinople, un autre sur l'Église de Sainte-Sophie, un Catalogue des Empereurs de Rome et de Constantinople depuis Jules César jusqu'à Jean Vatatzès, un Catalogue des tombeaux des empereurs de Constantinople placés dans l'église des Apôtres, plusieurs apophthegmes chrétiens et profanes, des fables tétrastiques iambiques de Gabrias, ou plutôt d'Ignace le Moine.

Les moralités, fables généralement attribuées à Ésope, sont au nombre de 78 dans ce manuscrit et leur rédaction est très différente de toutes celles que l'on connaissait déjà. M. Miller les publie à la fin de sa notice.

1012. —. — Notice sur le manuscrit grec n° 2322 de la Bibliothèque impériale, contenant le recueil des ἱππιατρικά. Extrait du tome XXI, 1re partie des *Notices et extraits des manuscrits*, (p. 1-161.) — *Paris, imp. impériale*, 1864, in-4°, 161 p.   **Tg** 5/42

Relié en 1603 aux armes de Henri IV, sous le règne duquel il était coté n° 41, ce manuscrit porta ensuite les n°ˢ CDICXXXVI, 1786 et 3182. Il provient de la bibliothèque du Cardinal Ridolfi dans le catalogue duquel il figure sous le n° 20 des *Libri græci in medicina*. Ce ms. sur lequel on voit le monogramme de Lascaris Λσ est in-4° et contient 263 feuillets en parchemin, écrits au XI° siècle. On y trouve un très grand nombre de fragments inédits. Chaque extrait ou article porte un numéro d'ordre et un titre lesquels sont reproduits dans une table générale placée en tête du volume. Cette table contient 1223 articles et un dernier sans numéro et intitulé : περὶ μέτρων καὶ σταθμῶν ἱππιατρικῶν. Le manuscrit s'arrête avec le n° 1166 et toute la fin manque. Les quaternions, de huit feuillets chaque, sont au nombre de 30, et numérotés. Les feuillets qui composent la table, écrite cependant à la même époque, forment des quaternions à part.

M. Miller publie le texte de ce manuscrit et le fait suivre d'un « Index scriptorum e quibus hippiatricon sive veterinariæ medicinæ libri, jussu Constantini Porphyrogeniti collecti, et qui in illis memorati sunt, concinnatus a me ad paginas editionis græcæ Basiliensis. »

1013. —. — Poëme allégorique de Méliténiote, publié d'après un manuscrit de la Bibliothèque impériale, par M. Miller.

T. XIX, II, p. 1-138 des *Notices*.

Après avoir porté le n° 3561* dans l'ancien fonds du Roi, ce ms. a été inscrit depuis au catalogue imprimé sous le chiffre 1720. Il a été apporté d'Orient en 1687. Ce volume est un petit in-folio contenant 192 feuillets en papier de coton, et très fort endommagé par les vers. A la fin du feuillet 72 verso, on trouve un calcul d'années, de mois, de semaines, de jours et d'heures, qui répond à l'année 1492, époque à laquelle le mss. paraît avoir été écrit. Il est extrêmement incorrect et l'encre est devenue très pâle. En tête est placée une notice détaillée de la main de Boivin.

1014. — **Miller** (E.). — Poëmes astronomiques de Théodore Prodome et de Jean Camatère, d'après les manuscrits de la Bibliothèque nationale de Paris.

T. XXIII, II, p. 1-112 des *Notices*.

Le ms. 501 du Supplément grec de la Bibliothèque nationale a été rapporté d'Orient par Minoïde Mynas. C'est un petit in-4°, contenant 18 feuillets en papier, écrits très incorrectement vers la fin du xv° siècle. Il contient diverses poésies de Théodore Prodome en vers de 15 syllabes. Dans le poëme astronomique de Jean Camatère, le vers est dodécasyllabique ïambique. Ce dernier poëme se trouve dans trois manuscrits grecs de la Bibliothèque nationale : le n° 2506 (xiii° siècle); le n° 2424 (xiv° siècle); le n° 2409 (xvi° siècle). Ce dernier ms. est de la main d'Ange Vergèce.

1015. — **Nolhac** (Pierre de). — Le « de viris illustribus » de Pétrarque. Notice sur les manuscrits originaux, suivie de fragments inédits.

T. XXXIV, 1, p. 61-148 des *Notices*.

M. de Nolhac veut faire accepter les conclusions suivantes :

1° Les manuscrits à suivre pour une édition définitive du *De viris* sont les manuscrits de *Paris* 5784 (vie de César) et 6069 F (texte entier).

2° Les huit biographies qui vont, dans les manuscrits, de Flamininus à Pompée, traduites par Donato degli Albanzani et publiées sous le nom de Pétrarque, sont faussement attribuées à celui-ci; elles sont l'œuvre de son élève Lombardo della Seta.

3° Il y a eu deux rédactions de la vie de Scipion, la plus importante du recueil après la vie de César; la deuxième rédaction, fournie par le *Paris* 6069 F, contient d'abondants morceaux inédits.

4° Le plan primitif du *De viris* comprenait un certain nombre de biographies étrangères à l'histoire romaine et dont le texte, resté ignoré, se trouve dans le Paris 6069 I. Cette série, tout à fait distincte de celle que nous connaissons, forme en réalité un livre nouveau à ajouter aux œuvres de Pétrarque.

Le ms. autographe de Pétrarque, n° 5784, est un volume, en parchemin, malheureusement incomplet, comptant 49 feuillets écrits à deux colonnes et groupés en cahiers de dix feuillets. Il porte, en surcharge, à la première page, l'écusson des Visconti. Il vient de la bibliothèque du château de Pavie.

Le ms. 6069 F est l'exemplaire exécuté pour François de Carrare et qui lui a appartenu. Il est relié au chiffre de Charles X. Ce volume, à 2 colonnes de 30 lignes, est formé de cahiers de dix feuillets et contient, peint en bistre, un portrait de Pétrarque. Il figurait à l'inventaire de Pavie de 1426 sous le n° 389.

Le ms. 6069 G appartint également à François de Carrare et se compose de 27 feuillets de parchemin, avec une ancienne reliure de bois. La première partie contient ce qui a été rédigé par Pétrarque et s'arrête à la vie de Fabricius Licinius. La seconde partie commence avec la vie d'Alexandre par Lombardo.

Écrit également à deux colonnes, le ms. 6069 I se compose de 179 feuillets de parchemin; sa reliure est au chiffre de Napoléon III. Au bas du frontispice on voit la trace de trois écussons qui ont été entièrement grattés. C'est évidemment l'ancien ms. n° 835 du catalogue de Pavie.

1016. — **Omont** (H.). — Notice sur un très ancien manuscrit grec en onciales des Épitres de saint Paul, conservé à la Bibliothèque nationale (H. ad epistolas Pauli). Extrait des *Notices et extraits des manuscrits de la Bibliothèque nationale*, etc., tome XXXIII, 1re partie. — *Paris, imp. nationale*, 1889, in-4°, 56 p., 2 pl.

4° Q 395

C'est le numéro 1074 des manuscrits du Supplément grec de la Bibliothèque nationale. Il se compose de dix feuillets et provient du Mont-Athos; d'autres feuillets de ce manuscrit se trouvent à St-Pétersbourg, à Moscou, à Kieff, à Turin et au Mont-Athos. M. Omont essaie de reconstituer ce manuscrit. La notice se termine par deux héliogravures de Dujardin; l'une a pour titre : « Épitres de saint Paul, Bibliothèque Nationale, ms. Suppl. gr. 1074 fol. g^{vo} » ; et l'autre : « Épitres de saint Paul, Bibliothèque nationale, ms. Coislin 202 fol. 14. »

1017. — **Parisot** (Val.). — Notice sur le livre XXXVII de Nicéphore Grégoras avec une traduction française et des notes.

T. XVII, II, p. 1-405 des *Notices*.

Ce ms. contient presque 6 livres de l'*Histoire romaine* de Nicéphore Grégoras. C'est un extrait du ms. grec 1095 du Vatican, où il a été copié par Rostgaard. Ce volume in-4°, sur papier de 27 cahiers, passa entre les mains de l'abbé Letellier, puis dans celle de Boivin. Incorporé dans la série des mss. grecs de la Bibliothèque royale il eut d'abord le n° 2952² et ensuite le n° 3076.

1818. — **Perret** (M. P. M.). — Le manuscrit de Cicco Simonetta, manuscrit latin 10133 de la Bibliothèque nationale. Extrait des *Notices* ... T. XXXIV, (p. 323-163). — *Paris, Klincksieck*, 1891, in-4°, 45 p.

4° Q Pièce. 140

De format petit in-folio, ce volume incomplet des folios 12-18, 371-379, 429-449, est composé de 491 feuillets de parchemin numérotés en chiffres arabes; l'écriture est italienne et du XVe siècle. Il renferme au moins 228 documents, tant en latin qu'en français, et à la fois en italien et en français, rangés en général par ordre chronologique et compris entre le 26 août 1460 et le 26 septembre 1494. On y trouve la plupart des actes concernant les rapports de Francesco Sforza avec Louis XI et ceux relatifs à la cession et à l'inféodation de Gênes aux ducs de Milan par ce prince.

Ce manuscrit appartenait aux archives des ducs de Milan avant la prise de cette ville par les Français. Il fut rapporté par un Robertet. Lors de la constitution du fonds dit *Supplément latin*, il fut inscrit à la Bibliothèque nationale sous le n° 1205.

La Notice de M. Perret se termine par une Table des documents contenus dans le manuscrit.

1019. — *Programme* sur la continuation de la notice des manuscrits de la Bibliothèque nationale et autres bibliothèques, distribué dans la Séance publique de l'Institut national du 15 messidor an VI.

T. V, p. 1-4 des *Notices*.

1020. — *Prolégomènes* historiques d'Ibn Khaldoun.

T. XIX, I. p. 1-CXVI, 1-486 des *Notices*.

L'Introduction est signée : M. G. de Slane. Celui-ci donne la traduction du texte arabe des Prolégomènes d'Ibn-Khaldoun que M. Quatremère avait fait paraître dans les T. XVI, XVII et XVIII des *Notices et extraits*, et y joint l'autobiographie d'Ibn-Khaldoun, l'histoire des dernières années de la vie de cet auteur, la liste des chapitres dont se compose l'Histoire universelle, une notice des manuscrits de l'Histoire universelle et des Prolégomènes, et quelques observations sur l'édition de Boulac et sur les traductions de Péri-Zadé et de Djevdet Efendi.

Le livre I se divise en 6 sections :
1re section. — Sur la civilisation en général.
2e section. — De la civilisation chez les nomades et les peuples à demi sauvages et chez ceux qui se sont organisés en tribus. Phénomènes qui s'y présentent. Principes généraux. Éclaircissements.
3e section. — Sur les dynasties, la royauté, le khalifat et l'ordre des dignités dans le sultanat (gouvernement temporel). Indication de tout ce qui s'y présente de remarquable. Principes fondamentaux et développements.
T. XX, 1, p. 1-.
4e section. — Sur les villages, les villes, les cités et autres lieux où se trouvent des populations sédentaires. Sur les circonstances qui s'y présentent. Observations préliminaires et supplémentaires.
5e section. — Sur les moyens de se procurer la subsistance, sur l'acquisition, les arts et tout ce qui s'y rattache. Examen des questions auxquelles ce sujet donne lieu.
6e section. — Des sciences et de leurs diverses espèces; de l'enseignement de ses méthodes et procédés, et de tout ce qui s'y rattache.

1021. — **Prou** (Victor). — La Chirobaliste d'Héron d'Alexandrie.

T. XXVI, II, p. 1-314 des *Notices*.
Cette notice se divise en quatre parties :
I. Introduction historique.
II. Principes généraux de l'artillerie gréco-romaine au 1er siècle avant J. C.
III. Structure et dimensions de la chirobaliste d'Héron d'Alexandrie.
IV. Synthèse de la chirobaliste.
Le volume se termine par des Notes, une Table alphabétique et la Légende des figures.
En tête de la 3e partie, on trouve un Tableau synoptique des manuscrits et éditions de la Χειροβαλλίστρα.

1022. —. — Les ressorts-battants de la Chirobaliste d'Héron d'Alexandrie, d'après les expériences de 1878 et suivant la théorie qui en a été déduite en 1882. Appendice au Mémoire sur la Χειροβαλλίστρα inséré sous les auspices de l'Académie des Inscriptions et belles-lettres dans les Notices et extraits des manuscrits de la Bibliothèque nationale (tome XXVI, 2e partie). — Avec 8 figures.

T. XXXI, 1, p. 444-439 des *Notices*.

1023. — **Quatremère** (Étienne). — Daniel et les douze petits prophètes, manuscrits coptes de la Bibliothèque Impériale, no 2, Saint-Germain, no 21.

T. VIII, 1, p. 220-289 des *Notices*.
Le ms. no 2 a été acheté au Caire par Vansleb et déposé à la Bibliothèque royale. Il contient 106 feuillets. Chaque page est partagée en deux colonnes dont la plus large est occupée par le texte copte et l'autre par une version arabe.
Le ms. no 21 du fonds de St-Germain-des-Prés est un petit in-fol. contenant 89 feuillets. Il a été acheté à Venise, le 14 août 1698 par D. Bernard Montfaucon, et il ne contient que le texte copte.

1024. —. — Notice d'un manuscrit arabe contenant la description de l'Afrique. Ms. de la Bibliothèque du Roi, no 580.

T. XII, 1, p. 437-664 des *Notices*.
Ce ms. est incomplet du commencement et de la fin. La première page a été grattée ; on y trouve une vignette à fond d'or, où sont écrits, en lettres d'azur, et d'une main plus récente que le corps de l'ouvrage, les mots suivants (.... les Histoires du temps, et les routes et les empires.) »

1025. — **Quatremère** (Étienne). — Notice de l'ouvrage persan qui a pour titre : Matla Assaadeïn ou Madjma-Albahreïn... et qui contient l'histoire des deux sultans Schah-Rokh et Abou-Saïd. (Manuscrit persan de la Bibliothèque du roi, n° 106 ; manuscrit persan de la bibliothèque de l'Arsenal, n° 24.)

T. XIV, p. 1-473 (première partie) des *Notices*.
Le ms. n° 106 est un volume in-4° de 396 feuillets. Il a été copié l'an 900 de l'hégire (1494 de J.-C.). Quant au ms. n° 24 de la bibliothèque de l'Arsenal, il se compose de 355 feuillets et a été achevé d'écrire le jeudi 3e jour du mois de schaban, l'an 1051 de l'hégire (1641 de J.-C.) par un copiste nommé Mohammed.

1026. —. — Notice de l'ouvrage qui a pour titre : Mesalek alabsar fi memalek almansar.... Voyages des yeux dans les royaumes des différentes contrées. Manuscrit arabe de la Bibliothèque du Roi, n° 583.

T. XIII, 1, p. 151-384 des *Notices*.
Cet ouvrage se composait d'au moins vingt volumes ; la Bibliothèque n'en possède que cinq qui portent les nos 904, 1371-2, 642 et 583. Ce dernier contient la partie géographique de l'ouvrage et se divise en 14 grands chapitres. Cet exemplaire, malheureusement incomplet, ne renferme que les 6 premiers chapitres :

1. — Description des royaumes de l'Inde et de Sind.
2. — De l'empire et de la famille de Djenghiz-Khan.
3. — Description du royaume de Djil (le Ghilan) (provinces de Foumen, de Toulim, de Kaskar et de Rescht.)
4. — Détails sur des peuples montagnards (Curdes, Lors, Schouls, Schebankareh).
5. — Renseignements circonstanciés sur les principautés turques de l'Asie Mineure, sur les empires de Trébizonde et de Constantinople.
6. — Description de l'Egypte, de la Syrie et d'une partie du Hedjaz.

Le ms., de format petit in-fol., se compose de 231 feuillets, et a été copié par un nommé Mohammed-Sooudi.

1027. —. — ... Prolégomènes d'Ebn-Khaldoun, texte arabe publié d'après les manuscrits de la Bibliothèque impériale.

T. XVI, 1, p. 1-422, T. XVII, 1, p. 1-408, T. XXI, 1, p. 1-573 des *Notices*.

1028. — **Raynouard**. — Notice de Flamenca, poème provençal, manuscrit de la bibliothèque de Carcassonne, n° 681.

T. XIII, 11, p. 80-132 des *Notices*.

1029. — **Rochefort** (J. B. B. de). — Notice d'un lexique grec, de la Bibliothèque du roi, manuscrit n° 2408.

T. I, p. 131-155 des *Notices*.
Ce ms. est un in-4°, sur vélin ; il contient 456 pages dont 388 sont occupées par le lexique. Tous les articles sont écrits de suite sans alinéa, et ne sont distingués que par une majuscule en rouge, qu'on voit à la tête du mot qui commence l'article ; l'écriture en est généralement assez belle, quoique remplie d'abréviations qui en rendent souvent la lecture assez difficile. Il paraît dater de 1270 et il est de la main d'Athanasius Hamartolus.

1030. —. — Notice d'un manuscrit grec de la Bibliothèque du Roi, coté 1277.

T. II, p. 687-730 des *Notices*.
Ce ms., petit in-4° de 309 feuillets écrits par différentes mains sur du papier coton, sauf quelques feuillets vers le commencement et la fin qui sont écrits

Le livre I se divise en 6 sections :
1ᵉ section. — Sur la civilisation en général.
2ᵉ section. — De la civilisation chez les nomades et les peuples à demi sauvages et chez ceux qui se sont organisés en tribus. Phénomènes qui s'y présentent. Principes généraux. Éclaircissements.
3ᵉ section. — Sur les dynasties, la royauté, le khalifat et l'ordre des dignités dans le sultanat (gouvernement temporel). Indication de tout ce qui s'y présente de remarquable. Principes fondamentaux et développements.
T. XX, I, p. 1-.
4ᵉ section. — Sur les villages, les villes, les cités et autres lieux où se trouvent des populations sédentaires. Sur les circonstances qui s'y présentent. Observations préliminaires et supplémentaires.
5ᵉ section. — Sur les moyens de se procurer la subsistance, sur l'acquisition, les arts et tout ce qui s'y rattache. Examen des questions auxquelles ce sujet donne lieu.
6ᵉ section. — Des sciences et de leurs diverses espèces; de l'enseignement de ses méthodes et procédés, et de tout ce qui s'y rattache.

1021. — **Prou** (Victor). — La Chiroballiste d'Héron d'Alexandrie.

T. XXVI, II, p. 1-314 des *Notices*.
Cette notice se divise en quatre parties :
I. Introduction historique.
II. Principes généraux de l'artillerie gréco-romaine au 1ᵉʳ siècle avant J. C.
III. Structure et dimensions de la chiroballiste d'Héron d'Alexandrie.
IV. Synthèse de la chiroballiste.
Le volume se termine par des Notes, une Table alphabétique et la Légende des figures.
En tête de la 3ᵉ partie, on trouve un Tableau synoptique des manuscrits et éditions de la Χειροβαλλίστρα.

1022. —. — Les ressorts-battants de la Chiroballiste d'Héron d'Alexandrie, d'après les expériences de 1878 et suivant la théorie qui en a été déduite en 1882. Appendice au Mémoire sur la Χειροβαλλίστρα inséré sous les auspices de l'Académie des Inscriptions et belles-lettres dans les Notices et extraits des manuscrits de la Bibliothèque nationale (tome XXVI, 2ᵉ partie). — Avec 8 figures.

T. XXXI, I, p. 441-489 des *Notices*.

1023. — **Quatremère** (Étienne). — Daniel et les douze petits prophètes, manuscrits coptes de la Bibliothèque Impériale, n° 2, Saint-Germain, n° 21.

T. VIII, I, p. 220-289 des *Notices*.
Le ms. n° 2 a été acheté au Caire par Vansleb et déposé à la Bibliothèque royale. Il contient 106 feuillets. Chaque page est partagée en deux colonnes dont la plus large est occupée par le texte copte et l'autre par une version arabe.
Le ms. n° 21 du fonds de St-Germain-des-Prés est un petit in-fol. contenant 89 feuillets. Il a été acheté à Venise, le 14 août 1698 par D. Bernard Montfaucon, et il ne contient que le texte copte.

1024. —. — Notice d'un manuscrit arabe contenant la description de l'Afrique. Ms. de la Bibliothèque du Roi, n° 580.

T. XII, I, p. 437-664 des *Notices*.
Ce ms. est incomplet du commencement et de la fin. La première page a été grattée ; on y trouve une vignette à fond d'or, où sont écrits, en lettres d'azur, et d'une main plus récente que le corps de l'ouvrage, les mots suivants « .... [les Histoires du temps, et les routes et les empires.] »

1025. — **Quatremère (Étienne)**. — Notice de l'ouvrage persan qui a pour titre : MatlaAssadeïn ou Madjma-Albahreïn... et qui contient l'histoire des deux sultans Schah-Rokh et Abou-Saïd. (Manuscrit persan de la Bibliothèque du roi, n° 106 ; manuscrit persan de la bibliothèque de l'Arsenal, n° 24.)

T. XIV, p. 1-473 (première partie) des *Notices*.
Le ms. n° 106 est un volume in-4° de 396 feuillets Il a été copié l'an 900 de l'hégire (1494 de J.-C.). Quant au ms. n° 24 de la bibliothèque de l'Arsenal, il se compose de 355 feuillets et a été achevé d'écrire le jeudi 3e jour du mois de schaban, l'an 1051 de l'hégire (1641 de J.-C.) par un copiste nommé Mohammed.

1026. —. — Notice de l'ouvrage qui a pour titre : Mesalek alabsar fi memalek almansar.... Voyages des yeux dans les royaumes des différentes contrées. Manuscrit arabe de la Bibliothèque du Roi, n° 583.

T. XIII, I, p. 151-384 des *Notices*.
Cet ouvrage se composait d'au moins vingt volumes ; la Bibliothèque n'en possède que cinq qui portent les n°s 904, 1371-2, 642 et 583. Ce dernier contient la partie géographique de l'ouvrage et se divise en 14 grands chapitres. Cet exemplaire, malheureusement incomplet, ne renferme que les 6 premiers chapitres :

1. — Description des royaumes de l'Inde et de Sind.
2. — De l'empire et de la famille de Djenghiz-Khan.
3. — Description du royaume de Djil (le Ghilan) (provinces de Foumen, de Toulim, de Kaskar et de Rescht.)
4. — Détails sur des peuples montagnards (Cordes, Lors, Schouls, Schebankareh).
5. — Renseignements circonstanciés sur les principautés turques de l'Asie Mineure, sur les empires de Trébizonde et de Constantinople.
6. — Description de l'Egypte, de la Syrie et d'une partie du Hedjaz.

Le ms., de format petit in-fol., se compose de 231 feuillets, et a été copié par un nommé Mohammed-Sooudi.

1027. —. — ... Prolégomènes d'Ebn-Khaldoun, texte arabe publié d'après les manuscrits de la Bibliothèque Impériale.

T. XVI, I, p. 1-422, T. XVII, I, p. 1-508, T. XXI, I, p. 1-573 des *Notices*.

1028. — **Raynouard**. — Notice de Flamenca, poème provençal, manuscrit de la bibliothèque de Carcassonne, n° 681.

T. XIII, II, p. 80-132 des *Notices*.

1029. — **Rochefort** (J. B. B. de). — Notice d'un lexique grec, de la Bibliothèque du roi, manuscrit n° 2408.

T. I, p. 131-155 des *Notices*.
Ce ms. est un in-4°, sur vélin ; il contient 456 pages dont 388 sont occupées par le lexique. Tous les articles sont écrits de suite sans alinéa, et ne sont distingués que par une majuscule en rouge, qu'on voit à la tête du mot qui commence l'article ; l'écriture en est généralement assez belle, quoique remplie d'abréviations qui en rendent souvent la lecture assez difficile. Il paraît dater de 1270 et il est de la main d'Athanasius Hamartolos.

1030. —. — Notice d'un manuscrit grec de la Bibliothèque du Roi, coté 1277.

T. II, p. 687-730 des *Notices*.
Ce ms., petit in-4° de 309 feuillets écrits par différentes mains sur du papier coton, sauf quelques feuillets vers le commencement et la fin qui sont écrits

sur vélin, paraît avoir plus de 400 ans d'antiquité et contient, à partir du folio v° 230, 28 fables d'Ésope inédites pour la plupart. M. de Rochefort étudie et publie ces fables.

1031. — **Roquefort** (J. B. B. de). — Notice d'un manuscrit de la Bibliothèque impériale, coté n° 1239, *olim* 1830, contenant un Recueil de poésies par divers auteurs, et composées dans les XII° et XIII° siècles.

T. IX, II, p. 1-84 des *Notices*.

Ce ms. autrefois coté n° 733 est un grand in-folio contenant 205 feuillets sur vélin partagés en trois colonnes de 44 vers chacune. Il a été écrit vers le milieu du XIII° siècle et provient de la bibliothèque du chancelier Seguier, que son arrière-petit-fils Henri du Cambout, duc de Coislin, pair de France et évêque de Metz, a léguée à l'abbaye Saint-Germain-des-Prés, en 1732.

1032. — **Sacy** (Silvestre de). — Addition aux différentes notices sur les traductions des Fables de Bidpaï, insérées dans les tomes IX et X de ce Recueil.

T. X, I, p. 427-432 des *Notices*.

1033. —. — Le Capital des objets recherchés, et le Chapitre des choses attendues; ou Dictionnaire de l'Idiome Balaïbalan. Manuscrit Persan de la Bibliothèque impériale, n° 188.

T. IX, I, p. 365-396 des *Notices*.

Ce volume est de format in-4° et contient 332 feuillets. L'écriture est de deux mains et quelques feuillets sont en papier de couleur.

1034. —. — ... Commentaire sur le poëme nommé Raïyya ou le Moyen de parvenir plus facilement à l'intelligence du poëme intitulé *Akila*. Par le scheïkh Alem-eddin Abou'lhasan Alî ben-Mohammed Schafeï.

T. VIII, I, p. 339-354 des *Notices*.

Ms. arabe n° 282 des ms. orientaux de Saint-Germain des Prés. Cette copie a été faite à Damas en l'an 632 de l'hégire (1234-5 de J. C.) par Abd-allah ben-Malec Andalousi et collationnée avec soin.

1035. —. — Correspondance des Samaritains de Naplouse, pendant les années 1808 et suivantes.

T. XII, I, p. 1-235 des *Notices*.

1036. —. — ... Définitions. Ouvrage du Seïd Schérif Zeïn-eddin Abou'lhasan Ali, fils de Mohammed, Djordjani.

Ms. arabe de la Bibliothèque du Roi, n° 1326, comparé avec deux autres manuscrits.

T. X I, p. 1-93 des *Notices*.

Cet ouvrage est un Dictionnaire des termes techniques de la grammaire, de la prosodie, de la théologie, de la jurisprudence, des sciences philosophiques, de la doctrine mystique des Sofis, etc.

Le ms. est un petit in-4°, de 71 feuillets, écrit en l'an 958 de l'hégire (1551); il a porté autrefois le n° 637.

1037. —. — ... L'électuaire des cœurs, ou traduction Persane du livre Indien intitulé *Hitoupadésa*, par Tadj-eddin ; manuscrit persan de la Bibliothèque du Roi, n° 386.

T. X I, p. 226-264 des *Notices*.

Ce ms., qui contient 116 feuillets et a été écrit en 1064 (1654), appartint autrefois à Melchisédech Thévenot. Il se termine par une Table des fables contenues dans la traduction en hindoustani du Hitoupadésa.

1038. — Sacy (Silvestre de). — La Foudre du Yémen, ou conquête du Yémen par les Othomans; par le Scheikh Kothbeddin almekki : manuscrits arabes de la Bibliothèque nationale, n°ˢ 825, 826 A, 827 et 828.

T. IV, p. 412-504 des *Notices*.

De ces 4 mss., trois nous donnent la première édition de l'ouvrage de Kothbeddin ; elle est dédiée à Sélim ; un seul (le ms. 826), offre la seconde édition, dédiée au sultan Morad.

Le n° 825 (286 feuillets) a été écrit pour la bibliothèque d'Abdalrahman Effendi Kadhilasker de Romélie.

Le n° 826 A (191 feuillets), offre, comme le précédent, le plus de mauvaises leçons. Aucun de ces manuscrits ne porte la date du temps auquel il a été écrit, ni le nom du copiste.

Le n° 827 (198 feuillets) est le meilleur ; mais quelques endroits ont été déchirés et réparés d'une autre main ; quelques feuillets sont transposés.

Le n° 828 (228 feuillets) est celui dont l'écriture est la plus mauvaise ; mais il n'est pas toujours celui qui donne les moins bonnes leçons.

1039. —. — ... Les Haleines de la familiarité, provenant des personnages éminens en sainteté, par Abd-Alrahman Djami. Mss. persans de la Bibliothèque du Roi, n°ˢ 83 et 112.

T. XII 1, p. 287-436 des *Notices*.

Cet ouvrage est un recueil des vies des sofis, ou plutôt des paroles remarquables attribuées à ces mystiques musulmans.

Copié en l'an 1000 de l'hégire, le ms. n° 83 est un petit in-folio. Ce volume est incomplet et se compose de trois parties bien distinctes.

Le ms. n° 112 est complet, de format petit in-folio, et contient 217 feuillets écrits d'une seule main en l'an de l'hégire 883.

1040. —. — Histoire de Yémineddoula Mahmoud, fils de Sébectéghin, traduite de l'arabe en persan, par Aboulschéref Nassih Monschi, Djerbadécani. Manuscrit persan numéroté 66, in-fol. de 72 feuillets, y compris la table.

T. IV, p. 325-411 des *Notices*.

1041. —. — Histoire des poëtes, par Douletschah ben Alaëddoulet algazi alsamarcandi. Manuscrits persans de la Bibliothèque du Roi, n°ˢ 246, 248, 249 et 250.

T. IV, p. 220-272 des *Notices*.

Le ms. numéroté 246, de format in-4°, contient 252 feuillets ; les feuillets cotés 223 et 224 manquent. Il est d'une belle écriture et écrit de la main de Naïmeddin Scheikh Haïdar, qui a achevé cette copie en avril 1583.

L'exemplaire numéroté 249 est in-4° et contient 251 feuillets. L'écriture est très belle. Tous les passages de l'Alcoran, les vers ou les phrases arabes sont écrits en beau caractère nekhi. Le texte persan est d'un caractère différent, dont S. de Sacy n'a pas encore vu d'exemple ; il est parfaitement régulier et bien soutenu dans tout le volume. Le copiste, nommé Hassan ben-Noureddin, déclare qu'il a achevé cette copie en août 1597.

Le n° 250 est aussi de format in-4° et contient 191 feuillets. L'écriture est du caractère nommé taalik, mais elle est fine et plutôt aisée à lire que belle. Le copiste avait omis quelques articles aux feuillets 163, 164, 167 et 168, qu'il a remis en marge. Il a ajouté à la fin quelques vers Turcs et il marque qu'il a achevé de corriger et collationner ce manuscrit le 27 juillet 1579. On a écrit sur les derniers feuillets de ce manuscrit un poème persan, tiré d'un ouvrage intitulé *Anka-nameh*, dont l'auteur est le scheikh Ibrahim Gulschéni : ce poème a pour objet les grandeurs de Dieu.

Le ms. 248, de format in-4°, compte 118 feuillets ; les marges des deux premiers ont été brûlées. Une petite note manuscrite, qui se trouve dans le volume, nous apprend qu'il a été écrit à Paris par un Arménien de la ville d'Alep, nommé Joseph Lazare. Ce manuscrit fourmille de fautes.

1042. — **Sacy** (Silvestre de). — Histoire des rois de Perse, des khalifes, de plusieurs dynasties, et de Genghizkhan, par Nikbi-ben-Massoud. Manuscrit persan, n° 61, sans titre et sans date. Vol. in-folio de 640 feuillets.

T. II, p. 315-385 des *Notices*.

L'écriture de ce ms. est de plusieurs mains, les feuillets n'en sont pas cotés et l'ordre n'en est indiqué que par les réclames qui sont au bas des pages.

1043. —. — Le Lever des astres, ou particularités de l'histoire du Yémen, par Ahmed ben-Youssouf ben-Mohammed Firouz : manuscrit arabe de la Bibliothèque nationale, n° 829.

T. IV, p. 505 des *Notices*.

On ne trouve dans le ms. ni le nom du copiste, ni l'époque à laquelle il a été écrit. L'écriture en est assez mauvaise. Il contient trois ouvrages différents, tous relatifs à l'histoire du Yémen dans le x° siècle de l'hégire.

1044. —. — ... Livre de Calila et Dimna, traduit en persan par Abou'lmaali Nasr-allah fils de Mohammed fils d'Abd-alhamid, de Gazna. Manuscrits Persans de la Bibliothèque du Roi, n°ˢ 375, 376, 377, 379, 380 et 385.

T. X, 1, p. 94-196 des *Notices*.

Le ms. 375 date du vi° ou au plus tard du vii° siècle de l'hégire.

Le ms. n° 376, rapporté du Levant par Vansleb, a été écrit à Bagdad, en l'année 678 de l'hégire [1279-1280 de J. C.] ; il est orné de figures.

Le ms. n° 377 est enrichi de figures ; il ne porte ni date, ni nom de copiste.

Le ms. n° 379 appartint à Melchisédech Thévenot et a été écrit en 718 de l'hégire [1318-9 de J. C.].

Le ms. n° 380 a appartenu à Chrétien Ravius ou Rau, puis à Gilbert Gaulmin, et porte la date de l'an 664 de l'hégire [1265-6 de J. C.].

Le ms. 385, de très petit format, a appartenu à Melchisédech Thévenot ; il est orné de figures et porte la date de l'an 718 de l'hégire [1318-9 de J. C.].

On trouve en Appendice :

1° Extrait du Schah-nameh, concernant la mission de Bazouyéh dans l'Inde, et le Livre de Calila.

2° Traduction du morceau précédent du Schah-nameh.

3° Extrait des Vies des hommes illustres d'Ebn-Khilcan, concernant Abd-Allah Ebn-almo-Kaffa.

4° Texte de l'extrait précédent d'Ebn-Khilcan.

5° Extrait du Dictionnaire bibliographique de Hadji-Khalfa, concernant le Livre de Calila.

6° Chapitre du Fils du Roi et de l'Oiseau.

Une ADDITION à cette notice, se trouve, dans le même volume, pages 265-268.

1045. —. — Le livre de l'indication et de l'admonition (ou l'indicateur et le moniteur) d'Abou'lhasan Ali fils de Hosaïn fils d'Ali Masoudi, auteur du Morouj aldhahab.

T. VIII, 1, p. 132-199 des *Notices*.

Ce ms. de 224 feuillets qui provient de la bibliothèque de Henri du Cambout, duc de Coislin, évêque de Metz, où il portait le n° 34, fut donné en 1732 à l'abbaye de Saint-Germain des Prés dont il devint le ms. n° 337. Il est maintenant à la Bibliothèque nationale.

1046. — Sacy (Silvestre de). — ... Le livre des Conseils, par le scheikh Férideddin Mohammed ben Ibrahim alattar alnischabouri. Manuscrits persans, n°s 261, in-4°; 329 et 343, in-8°, sans dates.

T. I, p. 597-603 des *Notices*.

1047. —. — Le Livre des couronnes d'un grand prix, ou histoire du Yémen, depuis l'arrivée du pacha Redhwan jusqu'à celle du pacha Behram, sans nom d'auteur. Manuscrit arabe de la Bibliothèque nationale, n° 829.

T. IV, p. 510-521 des *Notices*.
Cet opuscule, de 14 feuillets, est le second de trois ouvrages que renferme le ms. n° 829. Il contient une histoire très abrégée du Yémen, depuis l'an 972 (1564-5) jusqu'en 977 (1569-1570).
Le Livre des vœux accomplis, ou histoire du gouvernement de Behram, par Mohammed ben-Yahya almotayyeb alhanéfi alzébidi. Manuscrit arabe de la Bibliothèque nationale, n° 829.
Le troisième et dernier, cet ouvrage contient l'histoire du gouvernement du pacha Behram, à qui le vizir Sinan laissa, en quittant le Yémen, le gouvernement de toute cette province. Il est divisé en sept livres, et chacun de ceux-ci contient l'histoire d'une année.
Il est suivi (pages 522-537) d'une « Table géographique pour servir à l'intelligence des Notices des Manuscrits arabes de la Bibliothèque nationale, n°s 826, 826 A, 827, 828 et 829.

1048. —. — ... Le Livre des étoiles errantes, qui contient l'histoire de l'Égypte et du Caire. Par le Scheikh Schemseddin Mohammed ben Abilsorour albakeri alsadiki. Manuscrit arabe, n° 784, in-4° de 175 feuillets

T. I, p. 165-280 des *Notices*.
Schemseddin Mohammed naquit au Caire, l'an 1005 de l'Hégire (1596-97 de J.-C.).
Cette Histoire de l'Égypte et du Caire est divisée en 20 chapitres. Elle finit aux premiers jours de l'an 1063 (1652-3), mais les dernières années ont été ajoutées après coup par le copiste; on y voit même encore quelques pages blanches destinées à recevoir le récit des évènements du règne du sultan Mohammed (Mehemet IV), couronné en 1058 (1648), et de ce qui se passerait en Égypte sous le gouvernement du pacha Mohammed et de ses successeurs. Ce ms., ainsi que le témoigne la note qui le termine, a été achevé à la fin du mois de Dhoulhadja 1055 (février 1646).

1049. —. — ... Le Livre des Perles, recueillies de l'abrégé de l'histoire des siècles, ou Abrégé de l'histoire universelle. Par Schéhabeddin Ahmed almokri alfassi. Manuscrits arabes, 762 et 769.

T. II, p. 124-163 des *Notices*.
Le ms. 762 est un in-4°; il contient 160 feuillets et porte pour date l'année 1051 (1641-2). Le copiste, nommé Mohammed, était attaché à la grande mosquée du Caire. Le texte contient une très grande lacune entre les feuillets 38 et 39 bien que tous les feuillets aient été numérotés de suite, et sans aucune interruption, par un Européen.
Le n° 769, volume in-4°, de 175 feuillets, est écrit en caractère africain; il a été apporté d'Afrique en 1683 par M. Pétis de la Croix et est passé de la bibliothèque de Colbert dans celle du Roi. On n'y trouve aucune indication du nom de l'auteur, de celui du copiste, ni de l'année dans laquelle il a été écrit. Il manque 4 feuillets au commencement, et après celui qui est coté 131, il y a quinze feuillets d'une autre encre et d'une autre écriture. Il est indiqué dans le catalogue imprimé, et dans les notices qui sont à la tête du manuscrit, sous

le titre de *Chronique d'Ebn Khaldoun*, africain, natif d'Adrumette, qui était cadhi d'Alep, lorsque cette ville fut prise par Tamerlan. Ce ms. n'est autre chose qu'un exemplaire de l'Histoire universelle de Schéhabeddin almokri alfassi.

1050. — **Sacy (Silvestre de).** — Le Livre du secret de la créature, par le sage Bélinous. Manuscrit arabe de la Bibliothèque du Roi, n° 959, in-4°, de 117 feuillets.

T. IV, p. 107-158 des *Notices*.

Les feuillets de ce ms. sont numérotés, mais plusieurs sont transposés. Au bas du dernier feuillet on lit : « Ce livre a été écrit par Mohammed Rakeb alhanéfi alélahi, au collège Daïlomia dans la ville du Caire, le 12 Djoumadi lakher 958 (17 juin 1551). Il a été copié sur un ancien exemplaire daté du mois de Dhoulkaada 343 (mars 955), dans lequel il y avait des fautes et des déchirures. »

Une note sur le premier feuillet, recto, apprend que cet ouvrage a été commenté par un chrétien nommé Aoun, fils d'Alnondar alortodokschi, qui a intitulé son commentaire : *Ferdous alhikmat*, le *Paradis de la Science*.

1051. —. — Le Livre qui apprend à connoître la Ville sainte de Dieu, ou Histoire de La Mecque, par le Scheïkh Kotbeddin alhanéfi ; manuscrit arabe de la Bibliothèque nationale, n° 845.

T. IV, p. 538-591 des *Notices*.

Ce ms. contient 400 feuillets d'une belle écriture. L'ouvrage a été achevé par l'auteur le 8 de rébialéwel 985 (26 juin 1577) et le présent exemplaire a été terminé le jeudi 11 de schawal de la seconde année après celle de la composition de l'ouvrage.

1052. —. — Notice d'un manuscrit arabe de l'Alcoran, accompagné de notes critiques et de variantes. Ms. arabe de la Bibliothèque impériale, n° 189.

T. IX, 1, p. 76-110 des *Notices*.

Ce ms. de 278 feuillets a passé de la bibliothèque de Colbert, où il portait le n° 3641, dans celle du roi de France, et y a d'abord été coté 656, 3°. Il a été acheté originairement 150 livres.

1053. —. — Notice d'un manuscrit espagnol écrit pour l'usage des Maures d'Espagne, et contenant un Traité de la croyance, des pratiques et de la morale des Musulmans.

T. XI, 1, p. 311-333 des *Notices*.

Ce ms. est écrit en caractères et en langue espagnols, avec un mélange assez fréquent de mots arabes. Il est de format in-4°, contient 244 feuillets dont les 10 derniers sont déchirés et il porte le n° 91 parmi les mss. non catalogués de la Bibliothèque royale. Relié récemment, il porte étiqueté sur le dos : *Coran en espagnol*.

La préface indique que cet ouvrage a été copié par un Maure nommé Mohammed Devera, natif de la ville d'Albaracin, au royaume d'Arragon.

1054. —. — Notice d'un manuscrit hébreu de la Bibliothèque Impériale, n° 510, contenant un fragment de la version Hébraïque du livre de *Calila et Dimna*, ou *Fables de Bidpaï*, le roman intitulé *Paraboles de Sendabad*, et divers autres traités.

T. IX, 1, p. 397-466 des *Notices*.

Ce ms. avait appartenu autrefois à Gaulmin et porte des annotations de sa main.

M. de Sacy donne le chapitre IX de la traduction Hébraïque du livre de *Calila*.

1055. — **Sacy (Silvestre de).** — Notice d'un manuscrit pris mal-à-propos pour le catalogue des livres de la Djami nommée Alazhar, au Caire.

T. VIII, I, p. 200-219 des *Notices.*

Ms. arabe de la bibliothèque de l'Arsenal. Ce n'était en réalité qu'un abrégé mutilé et très fautif de la Bibliographie de Hadji-Khalfa dont la Bibliothèque du Roi possédait déjà trois exemplaires meilleurs.

1056. —. — Notice d'un manuscrit syriaque contenant les livres de Moïse.

T. IV, p. 648-670 des *Notices.*

Ce ms. a été déposé à la Bibliothèque nationale par le prêtre chaldéen Behnam. Toutes les pages sont divisées en deux colonnes et ont été cotées depuis 1 jusqu'à 403. Beaucoup de feuillets manquent. Le ms. n'a pas été écrit en entier de la même main, ni à la même époque; dans la partie la plus ancienne l'encre est beaucoup plus blanche et quelquefois même effacée.

1057. —. — Notice d'un manuscrit syriaque contenant une partie des Livres du Nouveau Testament.

T. IV, p. 669-671 des *Notices.*

Ce ms. contient les Actes des Apôtres, l'Épître de Saint-Jacques, la première de Saint-Pierre, la première de Saint-Jean et les 14 épîtres de Saint Paul.

Plusieurs feuillets sont transposés, d'autres manquent. Ce ms. est écrit en caractère nestorien.

1058. —. — Notice d'un manuscrit syriaque écrit à la Chine, contenant une portion de la version syriaque de l'ancien Testament, des cantiques, et diverses prières.

T. XII, 1, p. 277-286 des *Notices.*

S. de Sacy a acheté ce ms. des héritiers de l'abbé Brottier. Cette copie aurait été faite en 1725 sur un manuscrit apporté en Chine en l'an 1220 de l'ère chrétienne.

1059. —. — Notice d'un Traité des pauses dans la lecture de l'Alcoran. Man. persan, n° 536, parmi les manuscrits orientaux de Saint-Germain des Prés.

T. IX, 1, p. 111-116 des *Notices.*

Donné en 1720 à la bibliothèque de l'abbaye de St-Germain-des-Prés par l'abbé Renaudot; il est maintenant à la Bibliothèque nationale.

1060. —. — Notice de deux manuscrits arabico-espagnols; n°s 208 de la Bibliothèque nationale, et 200 de celle de Saint-Germain des Prés.

T. IV, p. 626-647 des *Notices.*

Le n° 208 fait partie de l'ancien fonds de la Bibliothèque nationale; il a appartenu anciennement à celle de Colbert. En très mauvais état, il est défectueux au commencement et à la fin, contient 116 feuillets d'une même écriture; il est divisé en petits paragraphes ou versets écrits d'abord en langue arabe, puis en espagnol. Dans l'arabe, les voyelles sont écrites en rouge; dans l'espagnol elles sont en noir. On trouve, en outre, dans la couverture de ce manuscrit une feuille, ou deux feuillets, écrits, partie en langue arabe, partie en espagnol, qui sont d'une autre main et appartenaient originairement à un autre volume.

L'autre ms. qui provient du legs fait par le savant Renaudot à la Bibliothèque de St-Germain des Prés est aujourd'hui, comme les autres manuscrits de cette bibliothèque, réuni à la Bibliothèque nationale. Ce volume est de format petit in-4°, presque carré; la reliure est en bois, couverte de cuir; plusieurs feuillets manquent; la numérotation de ceux-ci commence au feuillet 114 et finit à 467. Le manuscrit est fatigué et sale.

1061. — **Sacy (Silvestre de).** — Notice de l'ouvrage intitulé Liber de Dina et Kalila, manuscrits latins de la Bibliothèque du Roi, n°° 8504 et 8505.

T. X, 11, p. 1-65 des *Notices*.

Le ms. n° 8504, ancien 5383, est un petit in-folio composé de 169 feuillets dont chaque page est divisée en deux colonnes. Il est orné de miniatures et de lettres grises.

Le ms. n° 8505, ancien 5384, n'est qu'une copie, faite en 1493, du ms. précédent. M. de Sacy publie le chapitre II de la Traduction de Raimond, et le chapitre XI de la Traduction de Raimond, qui est le ix° du *Directorium humanæ vitæ* de Jean de Capoue.

1062. —. — Notice du manuscrit arabe n° 239 de la Bibliothèque impériale contenant un Traité sur l'orthographe primitive de l'Alcoran intitulé… [Kitab almokni fi marifat khatt masahif alamsar allati djomiat fi zeman Othman ben Affan], par Abou-Amrou Othman ben Saïd ben-Othman Mokri, c'est-à-dire Lecteur.

T. VIII, 1, 290-332 p. des *Notices*.

1063. —. — L'ordre des chroniques ou chronologie de l'histoire, par le cadhi Beïdhawi. Manuscrits persans n°° 92 et 117.

T. IV, p. 672-699 des *Notices*.

C'est l'histoire de tous les rois qui ont régné dans l'Iran, c'est-à-dire sur tous les pays situés entre l'Euphrate et le Gihon et même depuis les frontières de l'Arabie jusqu'à Khodjend, depuis le commencement du monde jusqu'au 21 de moharram 974 (8 août 1566).

Le ms. 92 comprend 97 feuillets dont les 69 premiers seulement sont occupés par le Nizam altewarikh.

Le 117 contient 59 feuillets.

Il existe de très grandes différences entre ces deux mss.; celui qui est placé sous le n° 117 est en général beaucoup plus succinct que l'autre.

1064. —. — … ou le Parangon de la science; traduction persane du Livre de Calila faite par le vizir Abou'lfazl. Manuscrits persans de la Bibliothèque du Roi, fonds de Bruix, n° 23; fonds d'Anquetil du Perron, n° 101.

T. X, 1, p. 197-225 des *Notices*.

Le ms. du fonds de Bruix a été terminé en 1054 de l'hégire; l'écriture est très belle.

Celui de M. d'Anquetil a été terminé en 1114 de l'hégire; il est écrit dans le caractère Persan de l'Inde.

1065. —. — Pièces diplomatiques tirées des Archives de la République de Gênes.

T. XI, 1, p. 1-96 des *Notices*.

La plupart de ces pièces appartiennent aux relations des Génois avec le Levant ou les États Barbaresques; deux sont écrites en langue Arabe, une en langue Arménienne. Elles sont classées d'après l'ordre chronologique, depuis l'an 958 jusqu'à l'an 1481.

1066. —. — Le Présent sublime, ou histoire des poëtes de Sam Mirza; manuscrit persan de la Bibliothèque nationale, n° 247, format in-8°, de 134 feuillets.

T. IV, p. 273-308 des *Notices*.

Ce ms. qui provient de la bibliothèque de Galland, contient 134 feuillets. Une note, qui se trouve à la fin, indique qu'il a été copié par Derwisch Mohammed, connu sous le nom d'Abdi-beg-Zadeh, c'est-à-dire, fils d'Abdi-beg, et qu'il a achevé ce volume à la fin du mois de redjeb 1001.

1067. — **Sacy (Silvestre de)**. — Recueil de différents traités relatifs à l'orthographe et à la lecture de l'Alcoran.

T. VIII, 1, p. 353-359 des *Notices*.

Ms. arabe n° 260 de la Bibliothèque Impériale. C'est un volume in-4°, contenant 105 feuillets.

1068. —. — ... La règle des Schiis, et le soutien de la loi, par Motahher ben-Mohammed almokdadi, manuscrit persan n° 92, seconde partie.

T. IV, p. 700-706 des *Notices*.

Ce petit ouvrage occupe les feuillets 70 à 95 du ms. persan n° 92. Les feuillets 96 et 97 contiennent encore quelques notes relatives au même sujet. Ce ms. est de la main d'un fakir nommé Mahmoud et a été achevé un jeudi, au milieu de rébialakher 1069 (janvier 1659).

1069. —. — Les Sept Moallakas, manuscrits arabes, numérotés 1415 (sic), 1416 (sic), et 1465.

T. IV, p. 303-324 des *Notices*.

Le ms. numéroté 1416 (sic), de format in-4°, contient 148 feuillets et a été écrit en 982 de l'hégire (1574) par Rébia ben-Soleïman. Il a pour titre : *Scharh alkasaïd alseba... (Commentaire sur les sept poèmes)*; l'écriture est très lisible.

L'exemplaire numéroté 1417 (sic) est un in-4° contenant 102 feuillets. Le copiste dit qu'il a fini de l'écrire le 27 de schawal de l'année 1024 (19 novembre 1615).

Le ms. numéroté 1465 vient de la bibliothèque de Colbert; il est de format in-4° et contient 80 feuillets. Il renferme 1° un poëme arabe intitulé *Lamiat alarab*; 2° les Moallakas, qui, dans ce recueil, sont au nombre de neuf; 3° un poëme arabe dont l'auteur est Obaïd ben-Alabras. Une note, qui est à la fin de ce poëme, fait connaître qu'il a été écrit par Derwisch ben-Ali, en l'an 995 (1586-7) et qu'il l'a confronté avec un exemplaire daté de l'année 559 (1163-1164).

Les deux premiers mss. ne renferment que le recueil ordinaire des sept Moallakas, avec les commentaires de Zouzéni.

1070. —. — Traité de la prononciation des lettres arabes, extrait du manuscrit arabe n° 260, de la Bibliothèque Impériale.

T. IX, 1, p. 1-75 des *Notices*.

M. de Sacy publie en original ce traité, avec sa traduction et des notes critiques et philologiques. Il termine en donnant les « *règles orthographiques du Hamza.* »

1071. —. — ... Traité des repos de voix dans la lecture de l'Alcoran, par Saad-allah fils de Hosaïn Adherbidjani surnommé Salmasi; et autre ouvrage sur le même sujet; par Abou'lkasem Schatebi.

T. VIII, 1, p. 360-362 des *Notices*.

Ms. arabe de la Bibliothèque nationale, n° 262, écrit à Alep en 847 de l'hégire (1433-4). C'est un petit in-4° de 105 feuillets.

1072. — **Saint-Martin (J. de)**. — Décret ou privilège de Léon III, roi d'Arménie, en faveur des Génois, en l'année 1288; tiré des Archives de Gênes.

T. XI, 1, p. 97-122 des *Notices*.

1073. — **Sainte-Croix (baron de)**. — Notice du manuscrit grec, de la Bibliothèque du Roi, n° 1746, ayant pour titre : Ἰωάννου Καναβούτζα τοῦ Μαγίστρου πρὸς τὸν αὐθέντην τῆς Αἴνου καὶ Σαμοθρᾴκης. Jean Canabutza, fils de Magister, au seigneur d'Énos et de Samothrace.

T. I, p. 538-541 des *Notices*.

Cet ouvrage est une dissertation de 192 pages in-4°, copiée à Venise en 1569 par un Grétois de Cydonie. Canabutza paraît avoir vécu dans le siècle précédent.

Un « Éclaircissement sur la Notice d'un manuscrit grec de la Bibliothèque du Roi, n° 1736 » a été publié en tête du T. II des *Notices et Extraits* (pages VII-VIII).

1074. — **Sédillot (A. Amélie).** — Notice de plusieurs opuscules mathématiques qui composent le manuscrit arabe n° 1104, ancien fonds de la Bibliothèque du Roi.

T. XIII, 1, p. 126-150 des *Notices*.

Les matières contenues dans ce ms. sont :

1° Fragment d'un traité d'algèbre où l'on traite des équations cubiques.
2° Réponse de Al-Singiari aux demandes qui lui ont été faites sur la solution de propositions tirées du livre des Lemmes d'Archimède.
3° Quelques règles géométriques par Al-Singiari.
4° Opuscule d'Al-Singiari sur les lignes menées dans des cercles donnés par des points donnés.
5° Quatorzième livre de l'Épitome de l'Imam Muzhaffer-al-Isferloti sur les Éléments d'Euclide.
6° Opuscule relatif à la trigonométrie sphérique attribué à Abou'l-Wallid.

1075. — **Séguier de Saint-Brisson.** — Notice du manuscrit grec de la Bibliothèque royale portant le n° 1874. Extrait de la 2° partie du Tome XIV des *Notices des manuscrits.* — *Paris, imp. royale*, 1840, in-4°, 72 p.

Inv. Q 1828 bis ‖ Section géogr. C 496

Petit in-folio, sur papier de carton.

Ce ms. du XIII° siècle figurait dans la bibliothèque de Colbert sous le numéro 3072. Il passa ensuite dans la Bibliothèque du Roi où il fut inscrit successivement sous les n°s 2692 et 1874. C'est un recueil qui contient d'abord le Commentaire d'Alexandre d'Aphrodisée sur les Topiques d'Aristote. On trouve ensuite plusieurs traités de rhétorique : 1° Un traité anonyme et inédit, intitulé : Τέχνη τῶν πολιτικῶν λόγων. — 2° Le petit traité d'Apsine περὶ ἐσχηματισμένων προβλημάτων. — 3° Un morceau de Minutianus περὶ ἐπιχειρημάτων. — 4° La τέχνη ῥητορική d'Apsine. M. Séguier publie le premier de ces 4 traités.

Les 16 dernières feuilles du ms. sont remplies par la dernière section de ἐπιδεικτικῶν, ou discours du genre démonstratif de Ménandre.

1076. — *Table* alphabétique des matières renfermées dans les quatorze premiers volumes.

T. XV, 1, p. 1-464; II, p. 1-430 des *Notices*.

La première partie de cette table contient la partie occidentale. Elle a été préparée par M. Longueville père. L'index des mots grecs cités ou expliqués dans le Recueil suit l'index général qui est rédigé en français.

La table de la partie orientale a été faite par MM. Emmanuel Latouche et Gustave Dugat. L'index des mots orientaux termine cette table et a sa pagination particulière (83 pages).

1077. — *Table* alphabétique des matières contenues dans la partie occidentale des tomes XVI à XXIX des Notices et extraits des manuscrits.

La rédaction de la partie orientale de cette table a été confiée à M. Houdas et va paraître prochainement. La table de la partie occidentale a pour auteur M. Julien Havet. Publiée en 1885, celle-ci compte 304 p. et se termine par : 1° Une Table alphabétique des mots grecs signalés ou expliqués dans la partie occidentale des tomes XVI à XXIX des *Notices*... L'astérisque (*) placé

1078. — **Tannery (Paul).** — Notice sur des fragments d'onomatomancie arithmétique. Extrait des *Notices et extraits des manuscrits de la Bibliothèque nationale*, etc., Tome XXXI, 2ᵉ partie. — *Paris, imp. nationale*, 1885, in-4°, 32 p.

Réunion de documents sur un mode de divination d'après les noms propres pour établir que les Grecs connaissaient la preuve dite par neuf.
Cette notice se divise en plusieurs chapitres :
1. — Passage des Philosophumena.
2. — La tradition Pythagoricienne.
3. — Notice sur les manuscrits de Paris : n° 2069, mss. in-8°, sur parchemin, d'une belle écriture du XIIᵉ siècle. - N° 2256, ms. du XVᵉ siècle, de la main de Démétrius Pépagomène, recueil d'ouvrages médicaux commençant par Hippocrate. — N° 2419, ms. écrit vers 1462, par un Georges Midiates, qui y a compilé une foule de documents d'astrologie, de cabale, de magie et d'alchimie. — N° 2426, ms. consacré à l'astrologie et daté de 1562.
4. — La corruption de la tradition.

1079. —. — Notice sur les deux lettres arithmétiques de Nicolas Rhabdas (texte grec et traduction.)

T. XXXII, 1, p. 121-252 des *Notices*.
Le Rhabdas est le surnom de Nicolas Artavasde de Smyrne; ces deux lettres sont datées de Constantinople, et l'une a été écrite en l'an 6849 de l'ère byzantine ou 1341 de la nôtre. On les trouve, en totalité ou en partie, dans les mss. suivants de la Bibliothèque nationale.
Fonds grec, n° 2428, in-4°, sur papier, du XVᵉ siècle, provenant de Trichet-Dufresne. 1ʳᵉ lettre, fol. 194-202. Seconde lettre, fol. 223-243.
Fonds grec, n° 2535, in-8°, sur papier du XVIᵉ siècle, provenant de Balaze. Fragment de la 1ʳᵉ lettre, début, fol. 47.
Supplément grec, n° 652, in-8°, sur papier, du XVᵉ siècle, provenant de Mynas. 1ʳᵉ lettre, fol. 154 verso 160. Début de la seconde lettre, fol. 165-166.
Fonds grec, n° 2407, in-8°, sur papier, du XIVᵉ siècle (?), marqué *Telleriano-Remensis* 75 et *Reg.* 3102 (²). Partie de la seconde lettre, sous le titre de Μέθοδος ποικιλῶν λογαριασμῶν, fol. 115, verso 122.
Supplément grec, n° 682, recueil factice provenant de Mynas. Fragment métrologique et calcul de la Pâque, tirés de la seconde lettre, fol. 34.

1080. — **Tanon.** — Notice sur le formulaire de Guillaume de Paris.

T. XXXII, II, p. 197-273 des *Notices*.
Ce ms. sur parchemin, écrit sur deux colonnes, d'une écriture cursive très abrégée, se trouve à la Bibliothèque Mazarine. Il avait appartenu au collège de Navarre.

1081. — **Thurot (Charles).** — Alexandre d'Aphrodisias. Commentaire sur le traité d'Aristote *de sensu et sensibili*, édité avec la vieille traduction latine par Charles Thurot.

T. XXV, II, p. 1-455 des *Notices*.
Ce commentaire n'a encore eu qu'une édition : « Simplicii commentaria in tres libros de anima. Alexandri Aphrodisei commentaria in librum de sensu et sensibili. Michaelis Ephesii annotationes in librum de memoria et reminiscentia. — *Venetiis, in aedibus Aldi et Andreæ Asulani soceri*, anno 1527, f°. »

Le commentaire d'Alexandre nous est parvenu par deux mss., l'un offrant un texte assez correct, l'autre inintelligible par la multitude des fautes et en particulier des omissions et des lacunes. Du premier sont dérivés trois mss., dont l'un est représenté par une vieille traduction latine que nous a conservée le ms. de la Bibliothèque nationale 14714 (*olim* St Victor 563) fol. 97-116, écrit au XIVe siècle; l'autre, par les annotations et les corrections faites, d'une écriture du XVIIe siècle, à l'exemplaire de l'édition d'Alde qui se trouve à la Bibliothèque nationale sous la cote R 40,1 ; le troisième par une copie faite au XVIe siècle, dont il ne reste qu'un peu plus de la moitié dans le mss. de la Bibliothèque nationale 1924. — De l'autre ms. incorrect, sont dérivés 3 mss. deux qui se trouvent à la Bibliothèque nationale, l'un meilleur 1921, XIVe siècle, l'autre beaucoup plus mauvais, 1882, XVe siècle.

Après avoir publié le texte, Thurot donne les variantes relatives au premier livre du commentaire d'Alexandre; puis il traite des manuscrits du commentaire d'Alexandre; — du commentaire d'Alexandre; — de la langue d'Alexandre; — et il termine par une Table des noms d'auteurs cités par Alexandre; d' Additions et corrections.

1082. — **Thurot (Charles)**. — Notices et extraits de divers manuscrits latins pour servir à l'histoire des doctrines grammaticales au moyen âge.

T. XXII, II, p. 1-592 des *Notices*.

Thurot s'est proposé de faire connaître par des extraits des mss. l'histoire des doctrines grammaticales enseignées dans l'Europe occidentale, depuis Charlemagne jusqu'à la Renaissance. Il a examiné tous les mss. des bibliothèques de Paris, Orléans et Montpellier qui traitaient de ce sujet. En tête de chaque manuscrit est, entre parenthèses, une lettre qui se rapporte au manuscrit cité.

Quand l'auteur n'indique pas de quelle bibliothèque est le manuscrit, celui-ci se trouve à la Bibliothèque nationale et, dans le fonds du roi lorsque le fonds n'est pas spécifié. Les fonds St Germain, St Victor, Sorbonne et Navarre sont indiqués par les abréviations S. G.; S. V.; Sorb.; Nav.

La notice se termine par une Table analytique des matières; une Table des manuscrits; une Table alphabétique des incipit; une Table des noms d'auteurs et des titres d'ouvrages; une Table alphabétique des matières et des mots.

1083. — **Vallet de Viriville**. — Notice et extraits du manuscrit intitulé : Geste des nobles françoys descendus du roy Priam.

T. XIX, II, p. 139-156 des *Notices*.

La Bibliothèque nationale possède deux exemplaires manuscrits de cette chronique. Tous deux appartiennent à l'ancien fonds français : le premier, qui est incomplet, sous le n° 9656, et l'autre sous le n° 10297. Écrits sur parchemin, tous deux paraissent avoir été exécutés vers 1420 ou 1430.

Le ms. 10297 est un petit in-4°; la reliure en maroquin rouge, aux armes de France, date de Louis XIV ou de Louis XV. La tranche gauffrée et dorée présente, sur la gouttière, un écu de France, ou de prince français, peint selon le goût du XVe siècle. On distingue, sur les feuilles de garde, l'empreinte colorée de l'ancienne couverture qui était de cuir brun ou noir. L'intérieur du T. lettre initiale du mot Troye qui commence le chapitre, est rempli par un écu où sont les armes de Jean d'Orléans, comte d'Angoulême, à qui ce livre fut dédié et qui le posséda.

Vallet de Viriville considère comme un fait constant que la *Geste des nobles* a pour auteur Guillaume Cousinot, né vers 1375, avocat au Parlement, conseiller du duc Charles d'Orléans et du Dauphin (Charles VII), puis chancelier au duché d'Orléans, mort enfin président à mortier du parlement de Paris après 1442.

1084. — Nouvelles recherches sur la vie et les écrits de Robert Blondel poète, historien et moraliste, contemporain de Charles VII.

T. XVII, II, p. 406-411 des *Notices*.

Robert Blondel appartenait à une famille noble et ancienne, fixée, dès le XIII° siècle, entre Cherbourg et Valogne. Il était fils de Jean, neveu de Robert, sieur de Tournebut et arrière petit fils de Guillaume Blondel, écuyer, seigneur de Ravenoville, mort en 1332. On ne peut fixer la date de sa naissance, mais on sait qu'en 1420 il était déjà maître ès-arts, et qu'il vécut au moins jusqu'en 1461. La Bibliothèque possède quelques-uns de ses manuscrits.

1085. — **Vauvilliers (de)**. — Notice de la tragédie d'Eschyle, intitulée les Sept à *Thèbes*. Manuscrit du Roi, n° 2785.

T. IV, p. 96-101 des *Notices*.

1086. —. — Notice de la tragédie des Perses, manuscrit du Roi, n° 2785.

T. IV, p. 102-106 des *Notices*.

1087. —. — Notice des manuscrits d'Eschyle, de la Bibliothèque du Roi, 2782.

T. I, p. 307-317 des *Notices*.
Manuscrit in-4°, du XVI° siècle. Il contient les Olympiques de Pindare, un traité de syntaxe grecque, un traité des dieux de la fable, une traduction de quelques psaumes en vers grecs, le Prométhée d'Eschyle et les Sept chefs à Thèbes. Cette notice donne un « Index des autres variantes pour le *Prométhée* et les *Sept à Thèbes*.

1088. —. — Notice du manuscrit d'Eschyle, de la Bibliothèque du Roi, n° 2789, comparé avec l'édition de Paw.

T. I, p. 284-299 des *Notices*.
Ce ms., in-4°, sur papier du seizième siècle, contient le Prométhée, les Sept à Thèbes, et les Perses, sans aucun *deficit*.
Vauvilliers termine l'analyse de ce manuscrit par un « Index des variantes bonnes ou mauvaises, qu'on trouve dans le manuscrit du Roi, n° 2789. »

1089. —. — Notice du manuscrit d'Eschyle, de la Bibliothèque du Roi, n° 2788.

T. I, p. 318-323 des *Notices*.
Ce ms. est de format in-4°, écriture du XVII° siècle. Il contient le Prométhée, les Sept Chefs à Thèbes et les Perses, avec un Index pour chacun de ces ouvrages.

1090. —. — Notice du manuscrit d'Eschyle, de la Bibliothèque du Roi, n° 2790.

T. I, p. 300-306 des *Notices*.
De format in-4°, sur papier, écrit au XVII° siècle, ce ms. contient le Prométhée d'Eschyle, l'Ajax de Sophocle, un traité des dialectes, une lettre du pythagoricien Lysis et un traité des verbes anomales ou irréguliers.
La notice finit par un « Index des autres variantes de Prométhée… »

1091. —. — Notice du manuscrit d'Eschyle, de la Bibliothèque du Roi, n° 2791.

T. I, p. 324-340 des *Notices*.
Ce manuscrit se compose de 110 feuillets de différents formats. Sur le second feuillet du volume n° 1, se trouve ce titre : « Æschyli Agamemnon, Isaaco Casaubono interprete : CI⊃I⊃CX. Au dessous une note, en latin, apprend que

ce volume, dérobé à la Bibliothèque du Roi, y fut replacé en 1720, après avoir été racheté de M. Rousselot, alors théologal de l'église collégiale de Péronne. Plus bas encore on lit : CIƆ IƆCLIII et au-dessous : Iacobi Puteani Cl-audii fil-ii, et à la marge gauche : « ipsa est Jacobi Puteani manus, fratris Petri Pute-ani : uterque Bibliothecæ regiæ custos et curator, et Claud-ii fil-ius. » Cette seconde date indique apparemment l'époque de la première déposition du volume dans la Bibliothèque du Roi, car, quant à celle de la confection de l'ouvrage par Casaubon, elle est incontestablement établie par le titre, et par cette note qu'on lit au bas de la page 96 : « absolvit Isaacus Casaubonus, 5° Kal-endas mart-ii, 1610. »

1092. — **Vauvilliers** (de). — Notice du Prométhée d'Eschyle. Manuscrit grec de la Bibliothèque du Roi, n° 2785, in-8°, sur vélin, écriture du XV° siècle.

T. IV, p. 89-95 des *Notices*.

1093. — **Vincent** (A. J. H.). — Extraits des manuscrits relatifs à la géométrie pratique des grecs. 1° Traité de la dioptre, par Héron d'Alexandrie (le seul des fragments connus de cet auteur, qui soit encore inédit); 2° fragments de Pappus; 3° Géodésie attribuée à un Héron de Byzance; 4° fragments de Jules l'Africain, etc. Textes restitués, traduits en français, annotés et publiés pour la première fois.

T. XIX, II, p. 157-431 des *Notices*.

Des trois copies du *Traité de la dioptre* une est dans la bibliothèque du séminaire protestant de Strasbourg; une autre se trouve dans la bibliothèque de Vienne; celle qui se trouve à la Bibliothèque nationale fait partie du ms. grec n° 2430 (in-fol., papier) et y occupe les folios 79-118.

Les fragments de Pappus sont pris dans les mss. n°s 2871, 2368.

La Géodésie d'Héron de Byzance est étudiée sur le ms. 169; fol. 132 v° de Bibl. Bodl. Baroce.

1094. —. — Notice sur divers manuscrits grecs relatifs à la musique, comprenant une traduction française et des commentaires.

T. XVI, II, p. 1-609 des *Notices*.
La première partie contient :
1° Traité de musique, par un auteur anonyme. Traduit en français sur les manuscrits grecs de la Bibliothèque royale, n°s 2458, 2460, 2532.
2° Manuel de l'art musical, théorique et pratique, par un [second] anonyme, traduit sur les mêmes manuscrits.
3° Introduction à l'art musical, par Bacchius l'ancien; traduite sur les manuscrits de la bibliothèque royale, n°s 2458, 2460, 2532, 3027 et 173 du fonds Coislin.

Dans la seconde partie sont des : Notes sur le texte et la traduction des précédents traités de musique grecque.

La troisième partie contient : Fragments de divers manuscrits, pour servir de pièces justificatives; traductions, notes, etc.

La quatrième partie est occupée par le Traité d'harmonique de George Pachymère.

A la fin on trouve des additions et corrections et quatre tables (table alphabétique des objets traités; — des noms propres cités; — des manuscrits; — des mots grecs).

Voici les numéros des manuscrits grecs (de la Bibl. nat.) traduits, édités pour la première fois, commentés ou simplement cités :
N°s 360, 1623, 1817, 1838, 1851, 1998, 2338-2341, 2445, 2450, 2456, 2458, 2459, 2460, 2532, 2535, 2651, 2731, 2762, 3027, 66 suppl. 449 suppl. 173 Coislin.

1095. — **Wailly** (Natalis de). — Notice sur les actes en langue vulgaire du XIII° siècle contenus dans la collection de Lorraine à la Bibliothèque nationale.

T. XXVIII, II, p. 1-288 des *Notices*.

M. de Wailly s'étant proposé d'écrire sur la langue de la Lorraine du XIIIe siècle un mémoire analogue à celui où il a étudié la langue de Joinville, a transcrit les actes en langue vulgaire qui se conservent à la Bibliothèque nationale dans la série connue sous le titre de Collection de Lorraine. Cette transcription, qu'il publie ici, comprend près de 400 actes, les uns rédigés en Lorraine par des clercs lorrains, les autres hors de cette province par des clercs originaires d'autres pays.

1096. — **Wailly** (Natalis de). — Notice sur six manuscrits contenant l'ouvrage anonyme publié en 1837 par M. Louis Paris, sous le titre de *Chronique de Rains*.

T. XXIV, II, p. 269-340 des *Notices*.
Les mss. étudiés par M. de Wailly sont :
1° Le ms. additionnel 11753 du British Museum.
2° Un ms. de la bibliothèque de Rouen.
3° Le ms. français 10149 de la Bibliothèque nationale (ce ms. n'est que du XVIe siècle; il a été acquis par Sainte-Palaye et semble avoir été copié sur un original conservé dans la librairie du château de Joinville).
4° Un ms. de Bruxelles dont le texte a été publié sous le titre supposé de *Chronique de Flandre*.
5° le ms. 24430 du fonds français (autrefois 454 du fonds de la Sorbonne), le seul qu'ait employé Louis Paris.
6° Le ms. qui porte le n° additionnel 7103 du British Museum, et dont il existe une copie à la Bibliothèque nationale sous le n° 13596 du fonds français.

1097. —. — Notice sur six manuscrits de la Bibliothèque nationale contenant le texte de Geoffroi de Ville-Hardouin.

T. XXIV, II, p. 1-149 des *Notices*.
Les mss. étudiés par Natalis de Wailly sont les suivants :
Ms. français n° 4972 (ancien fonds 9644).
— 2137 — 7974).
— 12204 (supplément 207).
— 12203 (supplément 455).
— 24210 (Sorbonne 397).
— 13100 (supplément 687).

L'auteur commence par traiter du classement des manuscrits par familles, puis des rapports et de la filiation de ces familles. Il présente ensuite deux séries d'observations portant, les unes sur le fond du texte, les autres sur l'orthographe. Il renvoie, dans le cours de cette notice, aux numéros des 500 paragraphes qu'il a établis pour son édition et il termine sa notice par deux tableaux de concordance où les numéros des paragraphes sont mis en rapport, dans l'un avec l'édition de Dom Bouquet, et dans l'autre avec les manuscrits.

1098. — **Woepcke** (François.) — Trois traités arabes sur le Compas parfait, publiés et traduits par M. François Woepcke.

T. XXII, 1, p. 1-175 des *Notices*.
Le ms. arabe, dont on donne ici le texte et la traduction, appartient à la bibliothèque de Leyde et porte le n° 1076. Il renferme trois traités sur la théorie et l'emploi du compas parfait. Le premier traité a été composé par le mathématicien Mohammed Ibn el-Hoceïn. Le second a pour auteur Abou Sehl Ouidjen Ibn Ouestem el-Kouhi et le troisième Ahmed Ibn Mohammed Ibn Abd el-Djelil es Sidjzi. M. Woepcke dit que la Bibliothèque nationale possède un manuscrit écrit presque entièrement de la main de ce dernier géomètre, à Chiraz, pendant le cours de l'année 358 de l'hégire (968-9 de J. C.)

1099. — **Zotenberg** (H.) — Chronique de Jean, évêque de Nikiou. Texte éthiopien, publié et traduit par M. H. Zotenberg.

T. XXIV, 1, p. 125-608 des *Notices*.

Jean, évêque de Nikiou, était l'un des principaux dignitaires de l'église jacobite d'Egypte dans la seconde moitié du VIIe siècle. Sa chronique nous a conservé des renseignements authentiques sur la révolution qui amena la chute de Phocas et l'avènement d'Héraclius, sur la situation de l'Egypte au VIIe siècle et une relation presque contemporaine de la conquête de l'Egypte par les musulmans. Elle ne nous est parvenue que par une version éthiopienne, exécutée sur une ancienne paraphrase arabe, en 1602 de notre ère, par un savant abyssinien et un moine égyptien, nommé Gabriel, son collaborateur.

La version éthiopienne a été rarement copiée en Abyssinie depuis le commencement du XVIIe siècle.

M. Zotenberg a établi la présente édition d'après deux manuscrits conservés l'un à la Bibliothèque nationale, l'autre au British Museum et qui datent de la fin du XVIIe siècle ou du commencement du XVIIIe.

1100. — **Zotenberg (H.)** — Notice sur le texte et sur les versions orientales du livre de Barlaam et Joasaph.

T. XXVIII, 1, p. 1-166 des *Notices*.

Le texte grec du livre de Barlaam et Joasaph est représenté dans les bibliothèques de France et de l'étranger par un grand nombre de manuscrits. A elle seule la Bibliothèque nationale en possède vingt exemplaires : Mss. du fonds grec 903 (XIe siècle); 904 et 905 (XIIe siècle); 906 (XIIIe siècle); 907 (XIVe siècle); 908, 1095 et 1125 (XVIe siècle); 1126 (XIIIe siècle); 1127, 1128 et 1129 (XIVe siècle); 1130, 1131 et 1132 (XIIIe-XIVe siècle); 1163, 1706 (XVIe siècle); 1771 (XVe siècle); ms. du fonds Coislin 308 (XIVe siècle); ms. du Suppl^t 759 (XIIe siècle).

On avait attribué ce livre à saint Jean Damascène, qui vivait au VIIIe siècle. M. Zotenberg veut prouver que le texte grec est bien le texte original, non une traduction, qu'il a été rédigé en Syrie dans la première moitié du VIIe siècle, qu'il renferme les traces des controverses religieuses de l'époque et qu'il a été la source de toutes les traductions et imitations connues.

1101. —. — Notice sur quelques manuscrits des *Mille et une nuits* et la traduction de Galland.

Tome XXVIII, 1, p. 167-320 des *Notices*.

Antoine Galland avait publié, au commencement du XVIIIe siècle, sa traduction des *Mille et une nuits*, mais le texte original était demeuré inconnu. Après la mort de Galland, en 1715, ses manuscrits, 23 volumes arabes, 25 volumes en langue turque, 14 volumes persans, etc. furent déposés à la Bibliothèque du roi. Parmi les mss. arabes se trouvaient trois volumes des *Mille et une nuits*, dont le premier porte un certain nombre de gloses de la main de Galland, et qui reçurent les cotes 1506, 1507 et 1508 du fonds arabe, sous lesquelles ils figurent au catalogue imprimé de 1739. M. Zotenberg établit que ces 3 volumes ne sont que les parties disjointes d'un seul et même manuscrit, composé de 22 cahiers portant une numération arabe, resté incomplet, et qu'il est bien l'original de la traduction française.

1102. — **Notices** sur J. A. Letronne, membre de l'Institut, et discours prononcés à ses funérailles le samedi 16 décembre 1848. A la mémoire de M. Letronne, hommage de l'éditeur de la *Revue archéologique*. — Paris, A. Leleux, libraire, éditeur de la *Revue archéologique*, 1849, in-8°, 32 p. avec portrait.
Ln $\frac{27}{1858}$

Ces *Notices* ont été écrites par Alfred Maury et Natalis de Wailly. Elles sont suivies des discours prononcés par Burnouf, Quatremère et J. Quicherat.

1103. — **Nouveau traité** de diplomatique où l'on examine les fondemens de cet art : on établit des règles sur le discernement des titres, et l'on expose historiquement les caractères des bulles pontificales et des diplômes donnés en chaque siècle : avec des éclaircissemens sur un nombre considérable de points d'histoire, de chronologie, de critique et de discipline; et la réfutation de diverses accusations intentées contre beaucoup d'archives célèbres et surtout contre celles des anciennes églises par deux religieux bénédictins de la congrégation de S. Maur. — *Paris, Guillaume Desprez et Pierre Guillaume Cavelier*, 1750-1765, 5 vol. in-4°. Inv. **V** 16366 à 16371

Par dom Toustain et dom Tassin.
Les articles qui remplissent 14 colonnes de la table du T. VI (p. 636-642) permettent de trouver des renseignements sur un assez grand nombre de mss. de l'ancien fonds de la B. du Roi et du fonds de St Germain.

1104. — **Ochoa** (Eugenio de). — Catálogo razonado de los manuscritos españoles existentes en la biblioteca real de París; seguido de un suplemento contiene los de las otras tres bibliotecas publicas (del Arsenal, de Santa Genoveva y Mazarina). — *Paris, en la imprenta real*, 1844, in-4°, xi, 703 p. Inv. **Q** 1829

Les mss. espagnols qui se trouvent à la B. N. sont au nombre de 332 et se divisent ainsi :
Théologie (n°ˢ 1-28).
Histoire et géographie (n°ˢ 29-101).
Jurisprudence, politique, etc. (n°ˢ 102-149)
Sciences et arts. Héraldique (n°ˢ 150-181).
Belles-lettres (n°ˢ 182-202).
Variétés (n°ˢ 203-207).
Appendice (n°ˢ 208-332).
Chaque article est accompagné d'une description et de la cote du ms.

1105. — **Omont** (Henri). — Bibliothèque nationale. Inventaire des manuscrits de la Collection Moreau. — *Paris, Alphonse Picard*, 1891, in-8°, xiv, 282 p. **Q** 1677

Cette collection, qui compte 1.834 volumes, est formée presque exclusivement de documents relatifs à l'histoire et à la littérature anciennes de la France, recueillis pendant la seconde moitié du XVIIIᵉ siècle, dans les différentes archives de la France, des Pays-Bas, en Allemagne, en Suisse, en Angleterre et en Italie.
L'inventaire de la collection Moreau proprement dite se divise en 20 chapitres :
I. Collection de chartes et diplômes concernant l'histoire de France (n°ˢ 1-284).
II. Archives du Cabinet des chartes (n°ˢ 285-407).
III. Collection d'Esnans, Archives des Pays-Bas (n°ˢ 408-624).
IV. Collection de Bréquigny, Archives d'Angleterre (n°ˢ 625-733).
V. Collection de Fevret de Fontette, sur la Bourgogne (n°ˢ 734-861).
VI. Collection Droz, sur la Franche-Comté (n°ˢ 862-908).
VII. Collection de Franche-Comté (d'Esnans) (n°ˢ 909-976).
VIII. Mémoires des Intendants sur les généralités de la France (n°ˢ 977-999).
IX. Seconde collection d'Esnans, Archives des Pays-Bas (n°ˢ 1000-1043).
X. Mélanges : pièces originales du cabinet de Blondeau; pièces relatives à l'histoire de Paris; extraits des archives du Parlement de Paris, etc (n°ˢ 1044-1107).
XI. Table chronologique des diplômes concernant l'histoire de France (n°ˢ 1108-1134).
XII. Copies de registres du Parlement de Paris (n°ˢ 1135-1162).

XIII. La Porte du Theil, Copies des registres des Papes (nos 1163-1259).
XIV. La Porte du Theil, Notices et extraits de mss. de Rome (nos 1260-1281).
XV. Collection d'ordonnances, édits, etc., du Cabinet des chartes (Bibliothèque de législation) (nos 1282-1421).
XVI. Mélanges : pièces originales du cabinet de Blondeau; — des archives du comté de Flandre; — pièces sur le Cabinet des chartes (nos 1422-1440).
XVII. Mélanges historiques de Foncemagne et de Secousse (nos 1441-1494).
XVIII. La Curne de Sainte-Palaye, Glossaires et notices de manuscrits (nos 1495-1676).
XIX. Collection Mouchet, copies de manuscrits faites pour la Curne de Sainte-Palaye (nos 1677-1734).
XX. Répertoires divers du Cabinet des chartes, etc. (nos 1735-1834).

La seconde partie de l'inventaire ou *Appendice* se compose de 12 chapitres.
I. État des *Dépôts de législation et des Chartes* réunis sous le nom de *Bibliothèque de la Chancellerie*.
II. Inventaire des cartons qui composent le Secrétariat des *Dépôts des chartes et de Législation*, lesquels cartons sont relatifs à l'administration de cet établissement.
III. État du Dépôt des Chartes.
IV. Table alphabétique des dépôts du royaume dans lesquels on a travaillé pour enrichir le *Dépôt général des chartes*, ou dont les titres ont été copiés d'après les cartulaires qui sont dans la Bibliothèque du Roi à Paris.
V. Catalogue des manuscrits faisant partie du Dépôt des Chartes.
VI. Catalogue de ceux des livres et manuscrits de la *Bibliothèque de Législation, histoire et droit public*, confiée à M. Moreau, historiographe de France, lesquels ont été transportés en décembre 1789, à l'hôtel de la Chancellerie. — Note sur la rédaction du catalogue de la bibliothèque du Ministère de la Justice. — Bibliothèque du Ministère de la Justice.
VII. 1. Index des manuscrits de M. (Fevret) de Fontette. 2. Index de la collection de MM. le président de la Marre et de Fontette, tant sur l'histoire générale de France que sur l'histoire particulière de Bourgogne, laquelle collection fait partie du Dépôt des chartes.
VIII. Notice sur la collection d'Esmans, par Godard de Clamecy.
IX. Mémoires de la Curne de Sainte-Palaye, sur ses travaux et sa bibliothèque.
X. Manuscrits de la Curne de Sainte-Palaye. 1. Catalogue des manuscrits soit originaux, soit copies. — 2. État des manuscrits de M. de Sainte-Palaye, vendus au Roy et que M. le marquis de Paulmy désireroit échanger pour pareil nombre de manuscrits anciens relatifs à l'histoire de France. — 3. État des recueils et volumes manuscrits, tous concernant l'histoire de France, et utiles au nouveau Dépôt des Chartes, que M. le marquis de Paulmy offre en échange de pareil nombre de volumes manuscrits tirés de la bibliothèque cédée au Roy par M. de Sainte-Palaye. — 4. Lettre du marquis de Paulmy à Moreau. — 5. Lettre de Moreau au garde des sceaux. — 6. Note des livres manuscrits in-fol. et in-4° qui sont chez M. de Sainte-Palaye, qui les a vendus au Roy, et qui ont été accordés à M. le marquis de Paulmy en échange des manuscrits historiques dont il a remis le catalogue à M. le Garde des sceaux, et qu'il livrera à M. Moreau à sa première réquisition.
XI. Catalogue des livres imprimés et manuscrits appartenant au Dépôt des chartes et confiés au sieur Mouchet, rédacteur et continuateur du *Glossaire françois*.
XII. Ordre du Cabinet des chartes et diplômes de l'histoire de France à la Bibliothèque du Roi (1er janvier 1828).
Le volume se termine par une Table alphabétique.

1106. — **Omont** (Henri). — Bibliothèque nationale. Nouvelles acquisitions du département des manuscrits pendant l'année 1891-1892, inventaire sommaire. Extrait de la *Bibliothèque de l'École des chartes*, année 1892, p. 333 à 382. — *Paris, Alphonse Picard*, 1892, in-8°, 50 p.

Cette liste n'indique pas seulement les accroissements du Dept des Mss. depuis le 15 mars 1891 jusqu'au 1er avril 1892, M. Omont y a joint les listes des mss. grecs et en différentes langues modernes (non orientales) que la B. N. a reçus pendant ces dernières années et qui forment avec les mss. latins et français un total de 375 volumes.

Cet inventaire est relatif aux mss. classés sous les numéros suivants :
I. Manuscrits latins des nouvelles acquisitions.
 Petit format (n°s 499-548).
 Moyen format (n°s 1680-1688).
 Grand format (n°s 2345-2352).
 Très grand format (n° 2569).
II. Manuscrits français des nouvelles acquisitions.
 Petit format (n°s 4586-4688).
 Grand format (n°s 5261-5273).
 Très grand format (n°s 5919-5933).
 Moyen format (n°s 6296-6359).
III. Manuscrits du supplément grec (1888-1892) (n°s 1101-1118)
IV. Manuscrits en langues modernes (non orientales).
 Manuscrits anglais (1884-1891) (n°s 96-100).
 Manuscrits basques (1892) (n°s 106-107).
 Manuscrits italiens (1886-1892) (n°s 2001-2066).
 Manuscrits néerlandais (1887-1892) (n°s 110-117).
 Manuscrit scandinave (1891) (n° 30).
 Manuscrits slaves (1858-1892) (n°s 43-54).

1107. — **Omont (Henri)**. — Catalogue des manuscrits celtiques et basques de la Bibliothèque nationale. — *Paris*, 1890, in-8°, 46 p.
8° **Q Pièce**. 673

Extrait de la *Revue Celtique*, t. XI, p. 389-432.
Le fonds des mss. celtiques et basques de la B. N. se compose de 105 volumes.
Dans ce nombre on compte 29 mss. irlandais ou relatifs à cette langue, et 73 manuscrits en langue bretonne, dont la plupart renferment des textes de mystères ou de chants populaires de la Bretagne. Cette seconde série est presque entièrement formée de deux collections offertes par M. F. M. Luzel et par le Dr Halléguen.
Le fonds basque ne compte que trois volumes qui proviennent de l'ancienne bibliothèque de Colbert; ce sont les papiers d'un prêtre du diocèse de Bourges, Silvain Pouvreau, avec des additions dues à Arnauld Oihénart et une traduction en basque de l'Imitation de Jésus-Christ.
Ce catalogue est suivi, en appendice : 1° d'une notice sur deux mss. conservés l'un à la Bibliothèque de l'Arsenal, l'autre à la Bibliothèque Mazarine; 2° d'une Liste des copistes et possesseurs de mss. de mystères bretons. Il se termine par un Index alphabétique.
La notice du principal ms. celtique a été rédigée par M. d'Arbois de Jubainville. MM. E. Bernard (Notices des Mystères bretons) et Vinson (Notices des mss. basques) ont aussi collaboré à ce catalogue.

1108. —. — Catalogue des manuscrits danois, islandais, norvégiens et suédois de la Bibliothèque nationale de Paris, par Olaf Skœbne. — *Skathott, P. Hammer Bogtrykkert*, 1887, in-8°, VII, 21 p.
8° **Q Pièce** 1594 || *Rés*. p. **Q** 63

Olaf Skœbne est le pseudonyme de M. H. Omont.
Ce fonds, constitué en fonds spécial en 1860, se compose de 28 volumes. Parmi ces mss., 6 se rapportent à la Théologie; 8 à la Jurisprudence; 2 aux Sciences; 5 aux Belles-Lettres; et 7 à l'Histoire.
C'est le comte de Plélo, ambassadeur de France en Danemark (1729-1734) qui envoya à la B. R. les premiers mss. en langues du Nord qu'elle ait possédés.

1109. — **Omont** (Henri). — Catalogue des manuscrits grecs d'Antoine Eparque (1538). Extrait de la *Bibliothèque de l'École des chartes*, année 1892, t. 53. — *Paris*, 1892, in-8°, 18 p. 8° Q Pièce.

Se divise en 2 parties :
 1. Index librorum domini Antonii Eparchi Corcyrei, receptus die 15 februari 1537. (Cette liste de 88 mss. que publie M. Omont d'après le ms. 3958 de la Bibliothèque du Vatican, est écrite en grec de la propre main d'Antoine Eparque et précise la part prise par celui-ci à la formation de la bibliothèque de Fontainebleau).
 II. Index librorum graecorum qui reperiuntur [apud Antonium Eparchum (Liste latine anonyme de 46 articles qui reproduit en abrégé une partie des titres de la liste grecque. Elle se trouve au fol. 82 du ms. grec 3064 de la B. N.
 La dernière page contient une liste générale des mss. grecs de la B. N. ayant appartenu à Antoine Eparque, avec la concordance des numéros de chacune des deux listes précédentes.

1110. —. — Catalogues des manuscrits grecs de la bibliothèque de François Ier au château de Blois 1518-1544 publiés par H. Omont. — *Paris*, 1886, in-8°, 28 p. Rés. p. Q

Tiré à 63 exemplaires.
Après l'Introduction, on trouve : 1° Catalogue des mss. grecs de la Bibliothèque de Blois, 1518 (47 articles).
 2° Inventaire des mss. grecs de la bibliothèque de Blois, 1544 (44 art.).
 3° Concordance des numéros des mss. grecs de Blois en 1518 et 1544.
 4° Liste des numéros des mss. grecs de la B. N. qui figurent au catalogue de Blois de 1518.
 5° Index alphabétique des mss. grecs de Blois, 1518.

1111. —. — Catalogues des manuscrits grecs de Fontainebleau sous François Ier et Henri II, publiés et annotés par Henri Omont,... *Paris, imp. nationale, libr. Alphonse Picard*, 1889, in-fol., XXXIV, 467 p. avec 2 pl. Fol. Q

L'introduction contient un historique de la Bibliothèque de Fontainebleau sous François Ier et sous Henri II ; la description des mss. dans les catalogues de Fontainebleau ; un tableau de provenance des mss. grecs de la bibliothèque de Fontainebleau ; les dates des mss. grecs de Fontainebleau, une liste numérique de ces mss. ; et un tableau des ligatures employées dans l'ouvrage.
 Le Catalogue que publie M. Omont a été rédigé, entre les années 1544 et 1552, par Ange Vergèce et Constantin Palæocappa. Il se compose de deux parties, l'une alphabétique (540 n^{os}), l'autre méthodique (788 numéros).
 En Appendices on trouve :
 I. Catalogue des mss. grecs de la Bibliothèque de Blois. Premier catalogue 1518 (47 art.). — Dernier catalogue, 1544 (44 articles).
 II. Premier catalogue des mss. grecs de la Bibliothèque de Fontainebleau.
  Ce catalogue occupe les fol. 5-15 du ms. grec n° 3064 de la B. N. Cette liste de livres contient 270 articles ; mais tous ne désignent point des mss.
 III. Liste des mss. de Jérôme Fondule, envoyés à Fontainebleau, 1529 (50 art.)
 IV. Essais de catalogues des mss. grecs de la bibliothèque de Fontainebleau
  On possède 2 fragments de ces catalogues. Le premier est conservé dans le volume 651 de la collection Dupuy (fol. 212-220). C'est un essai de catalogue méthodique, dressé et copié par Ange Vergèce après 1549. On n'en a que les 118 premiers articles, dont la rédaction présente quelques différences avec celles des catalogues de Fontainebleau.
  Le second figure en tête du ms. Vossianus gr. in-fol. 67 de la bibliothèque de l'Université de Leyde. Il contient le début d'un essai de catalogue métho-

dique des mss. grecs de Fontainebleau et il ne compte que 42 notices faites par Constantin Palæocappa. Il existe d'assez nombreuses différences de rédaction entre cet essai et le catalogue méthodique reproduit par M. Omont précédemment.

V. Catalogue des mss. grecs de Guillaume Pélicier, ambassadeur de François Ier à Venise, 1539-1542 (252 art.).

VI. Catalogue des livres grecs de la B. R. sous Charles IX.

Rédigé au moment où l'on transféra de Fontainebleau à Paris la B. R., cet inventaire est très sommaire ; les livres imprimés s'y trouvent mêlés aux mss. Il présente un total de 723 volumes distribués en huit classes : théologie, philosophie, poésie, art oratoire, grammaire, histoire, médecine, mathématiques.

Peu après la rédaction des catalogues alphabétique et méthodique, la B. R. s'enrichit encore de 17 mss. grecs, tous reliés aux armes de Henri II. Dans un Supplément, M. Omont donne cette liste et reproduit les notices mises par Vergèce en tête de la plupart de ces mss.

Le volume se termine par un Index alphabétique et une page d'Errata.

1112. — **Omont (Henri).** — Fac-similés de manuscrits grecs des XVe et XVIe siècles reproduits en photolithographie d'après les originaux de la Bibliothèque nationale, et publiés par Henri Omont. — *Paris, Alphonse Picard*, 1887, in-4°, 15 p., 50 pl.   Dép^t des Mss. 4464 (20) || Fol. Q 68

Ces 50 fac-similés reproduisent l'écriture des principaux copistes du XVe et du XVIe siècle. Ils sont rangés suivant l'ordre alphabétique des noms des copistes.

Au point de vue chronologique, ces mss. se classent ainsi :

XVe siècle.

1420 Georges Chrysococcès.
1441 Jean Argyropoulos.
1447 Silvestre Argyropoulos.
1457 Jean Rhosos.
1460 Jean Scoutariotes.
1474 Demetrius Cantacuzène.

1474 Demetrius Leontaris.
1481 Demetrius Trivolis.
 — Nicolas Eparque.
1486 Michel Souliardos.
1497 Pierre Hypsilas.

XVIe siècle.

1503 Manuel Gregoropoulos.
1511 Paul Colybas.
1518 Michel Damascenos.
1522 Bernardo Feliciano.
1533 Nicolas Sophianos.
1540 Valeriano Albini.
1541 Basile Valéris.
 — Constantin Palæocappa.
1541 Jacques Diassorinos.
 — Jean Nathanael.

1544 Pierre Vergèce.
1545 Christophe Auer.
1559 Michel Sophianos.
1563 Jean Murmuris.
 — Zacharie Scordylis.
1564 Ange Vergèce.
1569 Antoine Episcopopoulos.
1579 André Darmarios.
1593 Jean de Sainte-Maure.

Les notices donnent des renseignements biographiques sur chaque copiste, sur l'état et la souscription du ms. reproduit et un renvoi bibliographique avec l'édition la plus usuelle du même ouvrage.

1113. —. — Fac-similés des manuscrits grecs datés de la Bibliothèque nationale du IXe au XIVe siècle, publiés par Henri Omont. — *Paris, Ernest Leroux*, 1891, in-fol., 100 pl.   Dép^t des Mss. 4464 (20 ter)

Dans son *Introduction*, M. Omont passe en revue les différents recueils de fac-similés et les traités de paléographie grecque qui ont été publiés.

Il donne ensuite un « Tableau chronologique de fac-similés de manuscrits grecs datés du VIII° au XVI° siècle publiés dans différents recueils et pouvant servir à l'étude de la paléographie grecque. »

Les 100 planches dont se compose le recueil renferment 121 fac-similés de mss. grecs datés de la B. N.

Les notices, qui précèdent les planches, donnent des indications sommaires sur l'état, le contenu et la provenance des mss., avec la reproduction in extenso du texte de la souscription qui fixe la date de chacun d'eux.

Ces notices se terminent par une indication bibliographique précise qui permet de comparer la page de ms. reproduite en fac-similé avec l'édition la plus usuelle du même ouvrage.

La plupart de ces mss. renferment des textes de l'Ancien et du Nouveau Testament, des Saints-Pères et des théologiens byzantins. On y trouve aussi quelques collections de droit canon et de droit civil, d'ouvrages de philosophie, de médecine, de grammaire et d'histoire du moyen âge. Quant à l'antiquité classique, elle n'est représentée ici que par les fac-similés d'Hérodote et de Plutarque.

Au point de vue chronologique les mss. reproduits se classent ainsi :
IX°, X° siècles. 11 mss.
XI° siècle   37 —
XII°   —   12 —
XIII°   —   27 —
XIV°   —   34 —

1114. — Omont (Henri). — Fac-similés des plus anciens manuscrits grecs en onciale et en minuscule de la Bibliothèque nationale, du IV° au XII° siècle, publiés par Henri Omont. — *Paris, Ernest Leroux*, 1892, gr. in-fol., 18 p. et 52 pl. en phototypie. Dép¹ des Mss. 4565.

Les 27 premières planches de ce recueil sont consacrées aux mss. onciaux et donnent des fac-similés de 43 mss. différents, depuis le IV° siècle, la plupart bibliques ou ecclésiastiques. Les 25 dernières planches contenant 29 fac-similés de mss., du IX° au XII° siècle, sont réservées aux œuvres des auteurs classiques. On y a joint quelques spécimens de mss. célèbres par leur provenance, le luxe de leur exécution, ou ayant jadis fait partie du trésor des empereurs de Constantinople.

Les mss. grecs en écriture onciale, conservés à la B. N., sont au nombre de 28, tous reproduits ici. En voici la liste, par ordre numérique :

Mss. grecs. 9, Ancien et Nouveau Testament (*Codex Ephraemi Syri rescriptus*). — 17, Ancien Testament (*Codex Sarravianus*). — 20, Psautier, avec peintures. — 48, Évangiles (*Codex Campianus*, M). — 62, Évangiles (*Codex Regius*, L). — 63, Évangiles (*Codex Cyprius*, K). — 107, A et B, Épîtres de S. Paul (*Codex Claromontanus*). — 277, Évangéliaire (n° 63). — 278, Évangéliaire (n° 1). — 279, Évangéliaire (n° 17). — 280, Évangéliaire (n° 2). — 281, Évangéliaire (n° 64). — 325, Liturgie grecque-arabe. — 437, S. Denys l'Aréopagite. — 510, S. Grégoire de Nazianze. — 923, S. Jean Damascène (?). — 2179, Dioscoride. — 2389, Ptolémée, Almageste.

Coislin. 1, Octateuque. — 31, Évangéliaire (n° 13). — 186, Psaumes (grec-latin). — 202, Épîtres de S. Paul (H) (voir Supplément 1074).

Supplément. 567, Évangéliaire (n° 3651). — 574, Papyrus magique Anastasi. — 693, S. Isaac de Syrie. — 824, Actes des SS. André et Matthias. — 1074, Épîtres de S. Paul (H). — 1081, Évangéliaire (n° 373).

Mss. latin. 7651, Glossaire latin-grec.

A ces 28 mss. grecs en onciale, M. Omont ajoute la reproduction des 15 mss. suivants, dont la B. N. possède seulement des fragments.

Mss. grecs. 200, fol. 1-3, Évangéliaire (n° 72°). — 314, fol. 179-180, Évangiles (W°).

Coislin. 20, fol. 1-2, S. Jean Damascène (?). — 46, fol. 468-469, Homélie. — 60, fol. 1, S. Jean Chrysostome. — 215, fol. 216-217, Évangéliaire. — 220, fol. 210,

Vie de S. Grégoire de Girgenti. [*En déficit.*] — 261, fol 1-2 et 304, Vie de S. Grégoire de Girgenti. — 299, fol. A-B, Homélie. — 366, fol. 1, Évangéliaire.
SUPPLÉMENT. 686, fol. 34 et 36, Évangéliaire (n° 368); et fol. 35, Homélie. — 1092, fol. 1-3, Psaumes et Évangéliaire (n° 370).
LATINS. 4463 B, fol. 112-114, Homélie. — 693, fol. 1-4, Dosithée.
COLLECTION MILLER. 20 fragments divers en onciale : les n°° 1, 5, 6, 7, 15 et 16 ont été reproduits.
Dans la seconde série, réservée aux mss. d'auteurs classiques grecs, on s'est appliqué à donner des spécimens des plus anciens et des meilleurs textes conservés à Paris.

1115. — **Omont** (Henri). — *Le fonds grec de la Bibliothèque nationale. — Nogent-le-Rotrou, imp. Daupeley-Gouverneur,* in-8°, 4 p.
8° **Q Pièce.** 349

Extrait de la *Bibliothèque de l'École des chartes.* T. 44, 1883.
C'est un extrait du Rapport adressé à M. l'Administrateur général de la B. N. en novembre 1883.
Les mss. grecs de la B. N. se composent de 4,589 volumes; dans le récolement général qui a été fait de ce fonds en 1883, on a constaté le *déficit* de 13 mss. : 2 de l'ancien fonds et 11 du fonds de Coislin.

1116. —. — Additions au Supplément grec de la Bibliothèque nationale, 1883-1885. — *Nogent-le-Rotrou, imp. Daupeley-Gouverneur,* 1885, in-8°, 4 p.
8° **Q** 745

Extrait de la *Bibliothèque de l'École des chartes,* 1885.
Donne la liste de 34 volumes (n°° 1011-1044) dont le fonds des mss. grecs s'est accru depuis la publication de l'*Inventaire sommaire* de 1883.

1117. —. — Introduction à l'*Inventaire sommaire des manuscrits grecs de la Bibliothèque nationale.* — *Angers, imp. A. Burdin,* 1889, in-8°, XXXI p.

Historique du fonds grec de la B. N. (Dép¹ des Mss.)

1118. —. — Inventaire de la collection Visconti conservée à la Bibliothèque nationale. Extrait de la *Revue archéologique,* tome XVII, 1891. — *Paris, Ernest Leroux,* 1891, in-8°, 26 p.
8° **Q Pièce** 712

Conservée au Dép¹ des Mss. parmi les collections diverses annexées au fonds des mss. français, la collection Visconti a été acquise en 1822 et payée 3,000 fr. Elle se compose des papiers du célèbre antiquaire E. Q. Visconti et a été reliée en 35 volumes in-fol.
Le T. 1 renferme presque exclusivement la correspondance de Visconti ; les volumes suivants contiennent des mélanges sur divers sujets d'érudition : mélanges littéraires (n°° 2-4); — de numismatique et d'épigraphie (n°° 5-8); — de glyptique (n°° 8-12); — d'architecture et de peinture (n° 13); — monuments du *Musée français* (n° 14); — mélanges de sculpture antique (n° 15), marbres d'Elgin (n° 16), — *Monumenti Gabini* (n° 17), — *Monumenti Borghesiani* (n°° 18-21), — Catalogue des Antiques du *Musée du Louvre* (n°° 22-23), — *Iconographie ancienne, grecque et romaine* (n°° 24-34), enfin un recueil de dessins de monuments antiques.

1119. —. — Inventaire sommaire de la collection du Parlement conservée à la Bibliothèque nationale. — *Paris, L. Larose et Forcel*, 1891, in-8°, 30 p.   8° **Q Pièce.** 713

<blockquote>
Extrait de la *Nouvelle Revue historique de droit français et étranger*. Mai-juin 1891.

La Collection du Parlement, qui est conservée au Dépt des Mss., compte 696 volumes et est formée de quatre collections différentes de copies ou extraits des Registres du Parlement de Paris.

La première de ces collections (n°s 1-522) avait été réunie au XVIIe et au XVIIIe siècles par les présidents Guillaume et Chrétien de Lamoignon. Elle fut cédée à la Bibliothèque par le libraire Maginel au commencement du 19e siècle. On y trouve la suite complète des Registres du Parlement jusqu'au mois de mai 1776, une copie de la Table de Le Nain, divers recueils sur l'histoire du Parlement de Paris, une série de volumes d'extraits des Registres ou Mémoriaux de la Chambre des Comptes, etc.

La seconde collection, qui s'arrête à l'année 1669, et se compose de 102 volumes (n°s 523-611, 684-696), provient du surintendant Nicolas Fouquet et est entrée à la B. N., en 1795, avec les mss. de l'abbaye de St Germain des Prés, où elle se trouvait alors.

Des deux dernières collections d'extraits des Registres du Parlement, l'une compte seulement 25 volumes (n°s 612-636), et s'arrête à l'année 1635; l'autre en 45 volumes (n°s 637-681), va jusqu'à l'année 1635.

L'Inventaire de M. Omont se termine par un Index alphabétique.
</blockquote>

1120. — **Omont** (Henri). — Inventaire sommaire des archives de la Chambre syndicale de la librairie et imprimerie de Paris. Manuscrits français 21813-22060 de la Bibliothèque nationale. — *Paris*, 1886, in-8°, 22 p.   8° **Q Pièce.** 646

<blockquote>
Extrait du *Bulletin de la Société de l'histoire de Paris et de l'Ile de France*, 1886, t. XIII, p. 151-159 et 174-187.

Les volumes, registres et cartons, dont se composaient les Archives de l'ancienne Chambre syndicale de la librairie et imprimerie de Paris, ont été remis aux conservateurs des mss. de la B. N. par le citoyen Camus, garde des Archives nationales, le 12 germinal an IX (21 mars 1801). Depuis 1868, ils sont incorporés dans le fonds français.

M. Omont a joint à cet Inventaire la description de sept autres volumes de mss. qui intéressent l'imprimerie et la librairie à Paris et qui sont déposés au Dépt des Mss. de la B. N.
</blockquote>

1121. — . — Inventaire sommaire des manuscrits de la collection Renaudot conservée à la Bibliothèque nationale, publié par H. Omont. — *Paris, Alphonse Picard*, 1890, in-8°, 30 p.   8° **Q Pièce.** 66

<blockquote>
Extrait de la *Bibliothèque de l'École des chartes*, année 1890, p. 270-297.

Né à Paris, le 22 juillet 1648, mort le 1er sept. 1720, Eusèbe Renaudot fut mêlé aux affaires politiques et prit une part active aux grandes négociations de la seconde moitié du règne de Louis XIV, surtout aux affaires d'Angleterre, d'Espagne, de Rome et de la Chine.

Ses papiers, achetés, vers 1708, de la famille Menou, ont été reliés en 1852 et forment 45 volumes qui constituent la *Collection Renaudot* parmi les collections diverses, annexées au fonds des mss. français de la B. N.

La première partie de cette collection renferme (n°s 1-26) les fragments d'ouvrages et papiers liturgiques d'Eusèbe Renaudot; la seconde contient un grand nombre de documents relatifs aux affaires diplomatiques et religieuses de la seconde moitié du règne de Louis XIV.
</blockquote>

1122. — . — Inventaire sommaire des manuscrits du Supplément

...recs de la Bibliothèque nationale. — *Paris*, 1883, in-8°, XVI-137 p.

8° Q 745

Les mss. grecs de la B. N., au nombre d'environ 4,600 volumes, sont aujourd'hui répartis en trois fonds distincts :

1° Ancien fonds grec, composé de 3,117 numéros, décrits dans le t. II du Catalogus codicum manuscriptorum bibliothecae regiae (Paris, 1740, in-fol.).

2° Fonds de Coislin, composé de 400 numéros, décrits par Montfaucon dans la Bibliotheca Coisliniana, olim Segueriana (Paris, 1715, fol.).

3° Fonds du Supplément grec, composé de 1,010 numéros. Ce dernier fonds, qui comprend (sauf les mss. de Coislin) tous les mss. grecs entrés à la Bibliothèque depuis 1740 jusqu'aujourd'hui, fait l'objet du présent inventaire sommaire.

Dans cet inventaire, les titres des différents traités mss. ont été rétablis, après vérification exacte, sous leur forme latine ordinairement reçue, ou simplement traduits ; quand ils présentaient quelque différence importante avec cette forme ordinaire, M. Omont a cru devoir les conserver dans leur langue originale en les mettant entre guillemets. Les titres des ouvrages anonymes, lorsque ceux-ci ne sont pas incomplets de leur commencement, sont accompagnés de l'*incipit* qui permet de reconnaître ceux dont l'identification n'a pu être fixée ; enfin on trouve entre crochets les noms d'auteurs ou les titres qui ont été restitués, et, à la fin de la notice de chaque manuscrit, l'indication de sa provenance et sa date.

L'index alphabétique, qui suit l'inventaire, présente à la fois les noms des auteurs et les titres des ouvrages anonymes ; les vies des saints y figurent aussi à leur ordre alphabétique alors même que l'auteur en est connu.

1123. — **Omont** (Henri). — Inventaire sommaire des manuscrits grecs de la Bibliothèque nationale. — *Paris, Alphonse Picard*, 1886-1888, 3 vol. in-8°.

8° Q 1078

Première partie. Ancien fonds grec. Théologie, VI, 301 p.

Ce volume contient les notices des 1,318 premiers mss. du fonds grec. L'ordre numérique assigné aux mss. grecs par les rédacteurs du catalogue de 1740 a été conservé et la notice de chaque volume a été rédigée sur le plan suivi dans l'Inventaire sommaire du Supplément grec, publié en 1883. Les restitutions proposées pour des noms d'auteurs ou des titres d'ouvrages sont mises entre crochets, et l'indication du feuillet, auquel commence chaque partie d'un même ms., est placée à la suite de chaque titre entre parenthèses. Le titre des ouvrages anonymes, lorsque ceux-ci ne sont pas incomplets du commencement, est accompagné de l'*incipit* ; une exception a été faite pour les Vies de saints, dont les *incipit* figurent dans une table particulière, à l'index alphabétique.

Chaque notice, outre la mention de la provenance des mss., est accompagnée de l'indication du nombre des feuillets et du format.

Seconde partie. Ancien fonds grec. Droit, histoire, sciences. — 281 p.

Ce volume comprend les manuscrits inscrits sous les numéros 1319 à 2541.

Troisième partie. Ancien fonds grec. Belles-lettres. — Coislin-Supplément. Paris et départements, 384 p.

Ce volume comprend les manuscrits inscrits à l'ancien fonds sous les numéros 2542 à 3117.

L'Inventaire des mss. de Coislin compte 400 articles numérotés de 1 à 400.

L'Inventaire sommaire des mss. du Supplément grec contient 1,100 articles numérotés de 1 à 1,100. Il est suivi d'une liste, en 3 pages, de mss. grecs conservés dans divers fonds de la B. N.

Les mss. grecs dont M. Omont donne ensuite un inventaire sommaire sont au nombre de 76 dans les diverses bibliothèques de Paris et au nombre de 96 dans les bibliothèques de province.

1124. — **Omont** (Henri). — Les manuscrits et les livres annotés de Fabri de Peiresc. — *Toulouse, Édouard Privat*, 1889, in-8°, 27 p.

8° **Q Pièce.**

Extrait des *Annales du Midi*, T. I, p. 316-339.

La bibliothèque de Peiresc renfermait plus de 5,000 volumes, dont environ 200 mss. Mise en vente, vers 1647, par le baron de Rians, neveu de Peiresc, cette collection paraît avoir été achetée pour Mazarin par Gabriel Naudé. En 1668 ces mss. sont entrés dans la B. R.

L'Inventaire publié par M. Omont compte 152 numéros pour les mss. et 43 numéros pour les livres imprimés annotés de la main de Peiresc.

1125. —. — Note sur les manuscrits du *Diarium italicum* de Montfaucon. Extrait des *Mélanges d'archéologie et d'histoire publiés par l'École française de Rome*, t. XI. — *Rome, imp. de la Paix, Philippe Cuggiani*, 1891, in-8°, 21 p., 1 pl.

8° **Q Pièce.**

Les notes relatives au premier voyage de Montfaucon (1698) sont conservées dans le ms. latin 11919 (fol. 292-346) de la B. N. Elles proviennent du Résidu St Germain (paquet 148, n° 8).

Le journal de son voyage à Florence en 1700 et de son voyage de retour en France en 1701 se trouve dans le ms. français 19649 fol. (57-122).

Le ms. latin 11906 (fol. 1-117) semble contenir le premier jet de la rédaction du *Diarium italicum* et le ms. latin 11905 renferme la copie qui servit à l'impression. Enfin le ms. latin 11904 est entièrement composé de pièces relatives à cet ouvrage.

1126. —. — Le premier catalogue des manuscrits grecs de la bibliothèque de Fontainebleau sous Henri II. Notice du ms. Nani, 245 de Venise. — *Nogent-le-Rotrou, imp. Daupeley-Gouverneur*, (1886), in-8°, 7 p.

8° **Q Pièce.**

Extrait de la *Bibliothèque de l'École des chartes*, t. 47, 1886.

Ce catalogue, conservé dans la bibliothèque de Saint-Marc à Venise, est la minute du premier catalogue des mss. grecs de Fontainebleau, sous Henri II, tandis que la rédaction définitive et authentique de ce même catalogue est encore conservée à Paris à côté des anciens mss. dont il donne la description.

1127. —. — Un premier catalogue des manuscrits grecs du cardinal Ridolfi publié par H. Omont. Extrait de la *Bibliothèque de l'École des chartes*, année 1888, p. 309-324. — *Paris*, 1888, in-8°, 16 p.

8° **Q Pièce.**

La bibliothèque du cardinal Ridolfi, formée en partie par les soins de Jean Lascaris et augmentée par Matthieu Devaris et Nicolas Sophianos, fut achetée en 1550 par le maréchal Strozzi et, après la mort de celui-ci, passa entre les mains de Catherine de Médicis. Elle se trouve maintenant à la B. N.

Le catalogue publié par M. Omont se compose de 154 articles; c'est la reproduction d'un ms. de Matthieu Devaris qui est conservé à la bibliothèque Vallicellane de Rome dans un recueil coté C 46. A la suite de chaque article, entre parenthèses, M. Omont a ajouté : 1° les numéros que portent les différents volumes dans le fonds grec des mss. de la B. N., 2° un tableau de concordance entre les numéros de Ridolfi et ceux de Lascaris.

1128. — *L'Opéra*, le Trésor et la Bibliothèque du Roi. — *Paris*, 1819, in-8°, 16 p.

Lk 7/7656

Par Jean Duchesne. — Réponse à ceux qui voulaient transporter au Louvre la B. R. L'auteur signale les avantages de la situation actuelle, ceux des bâtiments de l'ancien hôtel de Nevers, et rappelle les dangers qui résultent du voisinage de l'administration du Trésor et de la salle de l'Opéra.

1129. — **Oratio** anniversaria dicta honori literarum principis Isaaci Casauboni. — *Leovardiae, ex officina Joannis Starteri*, anno 1615, in-4°, 23 p.

Ln $\frac{27}{3628}$

Isaac Casaubon fut garde de la Librairie du Roi pendant les années 1604-1610.

1130. — **Ordonnance** du roi et règlement concernant la Bibliothèque du roi. — *Paris, imprimerie royale*, avril 1829, in-8°, 16 p.

Rés. inv. Q 788

L'« Ordonnance du Roi » occupe les 3 premières pages. Elle divise les services de la Bibliothèque en cinq départements.
L'« Arrêté » du Ministre de l'Intérieur, qui suit, comprend cinq titres :
Titre I. Administration générale (11 articles).
Titre II. Service public (13 articles).
Titre III. Police intérieure des départements (12 articles)
Titre IV. Des Employés (11 articles).
Titre V. Des Garçons de service et des Suisses (12 articles).
Cet arrêté, du 31 décembre 1828, est signé : de Martignac.
Pour ampliation : B°° de Balsac. Certifié conforme : Dacier.

1131. — **Ordonnance** du Roi et règlement concernant la Bibliothèque Royale. — *Imp. Royale*, avril 1833, in-8°, 38 p.

Dépt des Mss Vol. imp. 2846

L'*Ordonnance*, signée par Louis-Philippe et contresignée par Guizot, ministre secrétaire d'état au département de l'Instruction publique, est datée du 14 novembre 1832. Le *Règlement*, signé Guizot, porte la date du 26 mars 1833.
L'*Ordonnance* contient 8 articles. La Bibliothèque est divisée en 4 départements ; les conservateurs composent le conseil d'administration, et les conservateurs adjoints prennent part aux délibérations du conservatoire avec voix délibérative ; le directeur est nommé par le Ministre et pour cinq ans ; le conservatoire élit chaque année un vice-président et un secrétaire, etc.
Le Règlement contient 135 articles : Titre I. Administration. Chapitre I. Personnel de l'administration (articles 1-14).
Chapitre II. Dispositions générales (art. 15-25).
Chapitre III. Dépenses, achats, échanges, etc. (art. 26-32).
 Titre II. Service public.
Chapitre I. Dispositions générales (art. 33-45).
Chapitre II. Lecture et étude à l'intérieur.
  1. *Imprimés* (art. 46-57). — 2. *Manuscrits* (art. 58-62). 3. *Médailles* (art. 63-66). — 4. *Estampes, Cartes et plans* (art. 67-73).
Chapitre III. Prêt au dehors (art. 74-88).
Chapitre IV. Visite des collections dans un but de curiosité (art. 89-94).
 Titre III. Employés, auxiliaires et surnuméraires.
Chapitre I. Leurs fonctions (art. 95-103).
Chapitre II. Conditions pour arriver aux places d'auxiliaires et d'employés (art. 104-110).
 Titre IV. Des garçons de service et portiers.
Chapitre I. Des garçons de service (art. 111-124).
Chapitre II. Portiers (art. 125-135).

1132. — **Ordonnance** du roi et règlement concernant la Bibliothèque royale. — *Paris, imp. P. Dupont*, (1839), in-8°, 20 p.

Rés. inv. Q 799 || 8° Q 304 || Q 729 ou inv. Q 7430

L' « Ordonnance du Roi » se divise en 3 titres et occupe les pages 1-6. Elle est datée : 9 juillet 1839.
 Titre I. — Organisation de la Bibliothèque royale (articles 1 à 12).
 Titre II. — Fonctions particulières des conservateurs et attributions du conservatoire (articles 13 à 21).
 Titre III. — Attributions et responsabilité du directeur président du conservatoire (articles 22 à 32).
Le « Règlement » qui suit l' « Ordonnance » est daté du 30 septembre 1839 et signé : Villemain. Il comprend :
 Titre I. — Administration et personnel. I. Conservatoire (articles 1 à 18).
  II. — Employés et Surnuméraires (articles 19 à 25).
  III. — Dispositions communes à tous les fonctionnaires, art. 26 à 29).
  IV. — Hommes de service et portiers (art. 30 à 33).
 Titre II. — Service public. I. Dispositions générales (art. 54 à 67).
  II. Lecture et étude à l'intérieur. — Imprimés (art. 68 à 80). — Manuscrits (art. 81 à 86). — Médailles (art. 87 à 90). — Estampes, cartes et plans. Section des estampes (art. 91 à 94). Section des cartes géographiques et plans (art. 95 à 97).
  III. Prêt au dehors (art. 98 à 120).

Origny (d'). — Voyez : Préfecture du dép! de la Seine... Adjudication aux enchères publiques...

1133. — **Orlandi** (O.). — Osservazioni di varia erudizione sopra un sacro cameo antico rappresentante il serpente di bronzo, esposte da O. Orlandi. — Roma, 1773, in-fol.   fol. J 856 A

Dissertation sur le *Serpent d'airain*. C'est le n° 295 du « Catalogue général et raisonné des camées de la Bibliothèque nationale », par Chabouillet. Orlandi prétend que cette pièce est antérieure à Jésus-Christ; M. Chabouillet au contraire la classe parmi les camées du moyen-âge et de la renaissance.

1134. — **Paléographie** musicale. Les principaux manuscrits de chant grégorien, ambroisien, mozarabe, gallican publiés en fac-similés phototypiques par les bénédictins de Solesmes. — *Solesmes, imp. Saint-Pierre*, 1884-1892, gr. in-4°, T. I-IV.

En cours de publication. Reproduit un certain nombre de mss. de la B. N.

1135. — **Pannier** (Léopold). — Note sur les cartes et plans de Paris et de l'Ile-de-France exposés dans la galerie Mazarine de la Bibliothèque nationale. — *Paris*, 1875, in-8°, 14 p.   Lk⁷ Pièce. 15697

Extrait du *Bulletin de la Société de l'histoire de Paris et de l'Ile-de-France*, 1875, p. 118-127.
Cette exposition eut lieu en 1875 à l'occasion du deuxième Congrès international des sciences géographiques.
La *Note* de M. Pannier est divisée en trois séries : la première contient les plans de Paris classés chronologiquement. Dans la seconde sont groupés les plans généraux de Paris et de l'Ile de France. La troisième comprend tous les plans et cartes, imprimés et surtout mss., se rapportant à une partie spéciale de l'Ile-de-France.

1136. — **Paravey** (de). — Illustrations de l'astronomie hiéroglyphique et des planisphères et zodiaques retrouvés en Égypte, en Chaldée, dans l'Inde et au Japon; ou réfutation des mémoires astronomiques de Dupuis, de Volney, de Fourier, et de M. Biot... — *Paris, Maisonneuve,* 1869, in-8°.   Inv. V 45826

Se compose des sept ouvrages suivants qui ont chacun leur titre et leur pagination particuliers :

1° *Aperçu des mémoires encore manuscrits, sur l'origine de la sphère et sur l'âge des zodiaques, que nous avons lus, en 1820, à l'Académie des sciences, précédé d'un extrait rapide des divers auteurs qui ont traité de l'antiquité des zodiaques égyptiens et d'une courte introduction.* — Paris, 1821, réimprimé et annoté en 1835, in-8°, 40 p.

2° *Rapport fait à l'Académie des sciences, sur les mémoires encore inédits de M. de Paravey, relatifs à l'origine chaldéenne des zodiaques et à l'âge peu reculé des planisphères retrouvés à Esné et à Dendérah, en Égypte, par M. le Ch[er] Delambre.* — Paris, 1821, réimprimé et annoté en 1835, in-8°, 32 p.

3° *Jugemens principaux portés sur l'aperçu de nos mémoires par M. le c[te] de Lanjuinais, M. le Bon Cuvier, et divers journaux périodiques; articles contenant des détails sur le temple de Dendérah, et sur l'enlèvement de son planisphère.* — Paris, 1821, réimprimés et annotés en 1835, in-8°, 24 p.

4° *Nouvelles considérations, sur le planisphère de Dendérah, transporté enfin à Paris; ouvrage où l'on démontre, par le Système antique de Projection qui y est employé, que ce monument n'offre autre chose que la Sphère d'Hipparque ou d'Aratus, telle qu'elle est figurée sur le globe Farnèse; considérations confirmées, par la lecture des noms des rois grecs et des empereurs romains, sur le temple de Dendérah; précédées de deux articles publiés par nous, sur ce zodiaque, et d'un court extrait du Quartly-review.* — Paris, 1821, réimprimé et annoté en 1835, in-8°, 32 p.

5° *Réfutation des anciens et des nouveaux mémoires de Biot, sur les zodiaques égyptiens, et sur l'astronomie comparée de l'Égypte, de la Chaldée, et de l'Asie orientale.* — Paris, Bachelier, 1835, in-8°, 39 p.

6. *De la sphère et des constellations de l'antique astronomie hiéroglyphique, ou preuves directes, nouvelles et nombreuses, que cette astronomie primitive, était la même pour tous les anciens peuples, et spécialement pour les Chaldéens, les Égyptiens, et pour les peuples sémitiques qui ont civilisé l'Inde, la Chine, et le Japan. Mémoire formant la seconde partie de notre réfutation des anciens et des nouveaux écrits de M. Biot.* — Paris, Treuttel et Wurtz et Bachelier, 1835, in-8°, 76 p.

7° *Connaissances astronomiques des anciens peuples de l'Égypte et de l'Asie, sur les satellites de Jupiter et l'anneau de Saturne, ou lettres adressées à l'Académie des sciences, en 1834.* — Paris, 1835, in-8°, 22 p.

1137. —. — Rapport de M. le chevalier Delambre, secrétaire perpétuel de l'Académie des sciences, sur les mémoires relatifs à l'origine commune des sphères de tous les anciens peuples, et à l'époque voisine du commencement de notre ère, que retracent les zodiaques découverts en Égypte, spécialement ceux de Dendéra. Mémoires lus et présentés à l'Académie, par M. de Paravey,... — *Paris, imp. A. Belin,* 1821, in-8°, LII, 37 p.   Inv. V 45821

Aperçu des mémoires où, après avoir établi les rapports singuliers qui existent entre ces monuments et les constellations de la haute Asie, et après avoir démontré que les constellations de tous les peuples dérivent d'une seule et même sphère, M. de Paravey fait voir que les zodiaques rapportés d'Égypte, et spécialement ceux de Dendera, ne sont pas antérieurs à l'époque des Ptolémées.

Pardessus. — Voyez : Bréquigny (de). Table chronologique des diplômes. T. IV.

Paris (Louis). — Voyez : Le Prince ; Essai historique sur la Bibliothèque du Roi.

Voyez : L'histoire des vases de Bernay.

1138. — **Paris** (Paulin). — De la Bibliothèque royale et de la nécessité de commencer, achever et publier le catalogue général des livres imprimés. — *Paris, Techener,* 1847, in-8°, 58 p.   Inv. Q 7463 || *Rés. inv.* 49

> Le faux titre porte : « De la Bibliothèque Royale et du catalogue général des livres imprimés. »
> Naudet avait protesté contre l'Ordonnance de 1839 ; il déclarait, dans un Rapport au Ministre, qu'il n'était pas responsable des imputations dont ses collègues pouvaient être l'objet, et que le Règlement ne lui accordait aucun moyen de connaître ce qui se faisait ou ne se faisait pas dans les départements dont il n'était pas conservateur.
> Pour faire ressortir l'inhabile emploi des fonds destinés à la rédaction du catalogue des Imprimés, Paris rappelle que le crédit de 1,264,000 francs accordé par les Chambres, en 1833, pour combler, dans chaque département, les lacunes de l'arriéré, et pour rédiger et publier les catalogues, a été dépensé en 8 années et s'est ainsi réparti :
>
> | | |
> |---|---:|
> | Estampes et cartes géographiques. | 122,000 f |
> | Médailles et antiques | 197,000 |
> | Manuscrits | 100,000 |
> | Imprimés | 845,000 |
> | | 1,264,000 f |
>
> Paris discute toutes les parties du Rapport de Naudet et dit que le résultat des travaux faits, en 8 ans, aux Imprimés se résume dans le classement de 130,000 bulletins copiés sur les catalogues désavoués et dans la confection de 530,000 cartes dont l'unique usage a été de fournir la série complète des chiffres tracés anciennement sur les livres de toutes les matières. Après avoir exposé l'état du Département des Imprimés avant et depuis l'arrivée de Naudet, il conclut « qu'il reste à faire ce qui restait en 1764, en 1784, en 1828, en 1832, en 1837 et en 1840 : le catalogue de tous les livres imprimés de la Bibliothèque du Roi. »

1139. —. — Institut impérial de France. Académie des inscriptions et belles-lettres. Discours de M. P. Paris, vice-président de cette académie, prononcé aux funérailles de M. Magnin le samedi 11 octobre 1862. — *Paris, typ. de Firmin-Didot,* (1862), in-4°, 6 p.

Ln$^{27}_{43070}$

> Charles Magnin, né à Paris le 4 novembre 1793, mort en 1862, fut conservateur du Dép.^{t} des Imprimés de 1832 à 1862.

1140. —. — De la nécessité de commencer, achever et publier le catalogue général des livres imprimés. Deuxième édition dans laquelle on a complété le plan de classification bibliographique et répondu à quelques objections. — *Paris, Techener,* 1847, in-8°, 63 p.

Rés. inv. Q 820 || Inv. Q 7463 bis

> Les « Additions », qui sont jointes à cette édition, se composent de 9 pages dans lesquelles Paris discute un nouveau rapport officiel de Naudet. Relatif au prêt, le rapport avait paru dans le *Moniteur* du 13 mai 1847.
> Paris montre ensuite que le système de catalogue proposé par Merlin est inapplicable.
> La 1.re édition a pour titre : « *De la Bibliothèque royale et de la nécessité de commencer...* »

1141. — **Paris** (Paulin). — Les manuscrits françois de la bibliothèque du roi, leur histoire et celle des textes allemands, anglois, hollandois, italiens, espagnols de la même collection. — *Paris, Trechener*, 1836-1848, 7 vol. in-8°.   Salle de travail 197 ‖ *Rés.* inv. **Q** 408-414 1-7

T. I, xxxii, 394 p. — Ce volume, consacré aux formats in-folio maximo, commence par le n° 6701, le premier de la série des fonds anciens, et va jusqu'au n° 6817².

T. II, xxxii, 408 p. — Contient les mss. de format in-folio magno et comprend les n°ˢ 6818 à 6970.

T. III, vii, 431 p. — Fin du format in-folio magno. Commencement du format in-folio mediocri. Numéros 6971 à 7018³.

T. IV, iii, 471 p. — Suite du format in-folio mediocri. Numéros 7018⁴ à 7068. A la suite se trouvent des Additions et corrections.

T. V, 511 p. — Vu des numéros 7068³ à 7169¹⁴. Ce volume se termine par une table méthodique de tous les ouvrages contenus dans les cinq premiers volumes.

T. VI, viii, 500 p. — N°ˢ 7170 à 7224.

T. VII, 473 p. — N°ˢ 7224²-7310. On y trouve aussi des Additions au T. III (n°ˢ 7012⁶ à 7002⁸) et au T. V (7120³³) et une table des saints dont la vie se trouve dans les manuscrits jusqu'à présent examinés.

Chaque manuscrit est accompagné d'une notice historique et descriptive; et chaque volume se termine par une table des noms de lieux et de personnes. Les mss. décrits dans ces 7 volumes portent aujourd'hui, dans le fonds français, les numéros 1-993.

1142. —. — Notice historique sur la vie et les ouvrages de M. J. Duchesne aîné, conservateur des estampes de la Bibliothèque impériale. — *Paris, imp. Simon Raçon*, 1855, in-8°, XVI p.   **Ln** $\frac{27}{6438}$

La couverture imprimée sert de titre.

Né à Versailles le 29 déc. 1779, mort à Paris le 4 mars 1855, Duchesne entra au Cabinet des estampes le 28 juillet 1795 et y exerça les fonctions de conservateur depuis le mois d'août 1839 jusqu'en 1855.

1143. —. — Notice sur M. Van Praet. (Extrait du XV° volume des *Mémoires de la Société royale des Antiquaires de France*.) — (*Paris*), *imp. E. Duverger*, (1839), in-8°, 32 p.   **Ln** $\frac{27}{29949}$

1144. —. — Rectification indispensable adressée à mes collègues les membres du conservatoire, au sujet de la Réponse de la Bibliothèque nationale à M. Feuillet de Conches, par M. Naudet. — *Paris, imp. de H. Simon Dautreville*, in-4°, 4 p.

Q 416 *ou Rés.* inv. **Q** 129 Aᵇ

Cette pièce datée « juin 10 1855 » est imprimée à 2 colonnes. La colonne de gauche donne le Texte de la réponse de M. Naudet, celle de droite contient la Rectification. — Au sujet d'une lettre de Montaigne qui avait été soustraite à l'établissement.

1145. —. — Rochette (Raoul). — *Paris, imp. Henri Plon*, 1863, gr. in-8°, 15 p.   **Ln** $\frac{27}{17714}$

Extrait de la *Biographie universelle* (*Michaud*) publiée par M**ᵉ** C. Desplaces, 38, rue Neuve des Mathurins, à Paris, (tome 36).

—. — Voyez : Bibliothèque nationale Observations du conservatoire.

1146. — *Paris*, le... décembre 1884. A Monsieur le doyen et Messieurs les professeurs de la Faculté de médecine de Montpellier. — (S. l.) in-fol., 4 p.

Lettre autographiée à la Bibliothèque nationale et tirée à un petit nombre d'exemplaires. M. Delisle y déclare que les mss. (un Oribase très ancien, un Justin et un psautier en notes tironiennes) inscrits sur les anciens inventaires de Montpellier sous les n°⁸ H 185, H 210, H 449 ont été volés autrefois et se trouvent à Londres sous les n°⁸ 40, 29 et 94 du fonds Libri. M. Delisle propose aussi à la bibliothèque de Montpellier de céder un petit volume de pièces imprimées relatives aux règnes de Louis XII et de François Ier. En échange de ce recueil, la Bibliothèque nationale abandonnerait un lot considérable d'incunables médicaux et diverses publications concernant le Languedoc et la paléographie.

Parisot (Val.). — Voyez : Notices et extraits des mss. de la B. N.

1147. — *Le Parnasse* français. — (S. l. et d.) in-12, 8 p. Ln° G

Cette pièce est précédée d'un Avis commençant par ces mots : « Le Discours suivant peut être placé à la tête de l'Histoire de la Poésie Françoise et de celle de la Musique, et ensuite des Œuvres des excellens Poëtes qui forment le Parnasse François... » Le titre de départ porte : « On a cru que le Lecteur verroit ici avec plaisir une Description en Abrégé du Parnasse François exécuté en Bronze, telle qu'elle a été insérée dans le Mercure de France du mois de septembre 1723. Le Parnasse François... » A la fin, on lit, en caractères italiques : « L'auteur de ce Parnasse a fait une Description plus étendue de cet Ouvrage, où il rend un compte très exact de tout ce qui le compose, qui satisfera plus amplement les curieux. »

Par Titon du Tillet.

Ce Parnasse est exposé à la B. N. dans la salle qui précède la Galerie Mazarine.

1148. — *Paroles* prononcées sur la tombe de Charles-Aimé Dauban, conservateur sous-directeur adjoint au département des Estampes de la Bibliothèque nationale, membre du comité des travaux historiques, professeur d'histoire au Collège Chaptal... le 5 août 1876. — *Paris, imp. E. Plon*, 1876, in-8°, 15 p. Ln 27

M. Dauban, né à Paris le 19 janvier 1820, mourut le 4 août 1876. Il était entré à la B. N., le 1er octobre 1854 comme employé au Dépt des médailles ; sa nomination de conservateur-sous-directeur adjoint aux estampes est du 23 août 1858.

Cet opuscule contient 3 discours :

1° Paroles prononcées par M. Léopold Delisle,... administrateur général directeur de la B. N.

2° Paroles prononcées par M. Eugène Talbot, professeur de rhétorique au lycée Condorcet.

3° Paroles prononcées par M. Ernest Bréhant, employé de la B. N., professeur d'histoire, ancien suppléant de M. Dauban, au nom des anciens élèves du lycée Henri IV.

Pascal. — Voyez : Ministère des travaux publics : Bibliothèque nationale.

1149. — **Passier.** — Les échanges internationaux littéraires ou scientifiques. Leur histoire, leur utilité, leur fonctionnement au Ministère de l'Instruction publique de France et à l'étranger, 1832-1880. Par Wilhelm Eriksen. — *Paris, Alphonse Picard*, 1880, in-8°, 55 p.

Rés. p. Q 17 || 8° Q 381 et 382

Eriksen est le pseudonyme de M. Alphonse Passier. Certains exemplaires portent le nom de l'auteur à la place du pseudonyme.
La B. N. reçoit par ces échanges beaucoup de volumes, et surtout des documents officiels de l'étranger.

1150. — **Patey (Ch)**. — Factums normands conservés à la Bibliothèque Nationale. — *Caen, imp. spéciale, rue St Pierre, 102*, 1888, in-4°, 13 p.

Imprimé à 2 colonnes. Se compose de 237 articles classés d'après les noms des villes.

Les nos 1-126 sont relatifs à Caen.
— 127-164 — à Bayeux.
— 165-189 — à Falaise.
— 190-214 — à Lisieux.
— 215-227 — à Pont-l'Évêque.
— 228-237 — à Vire.

1151. — **Pautet (Jules)**. — Réorganisation de la Bibliothèque Impériale. (Extrait du *Cabinet historique*). — *Paris, Ledoyen*, 1857, in-8°, 15 p.

Rés. inv. Q 837

L'auteur de ce projet met à la tête de la Bibliothèque un Directeur général assisté d'un vice-directeur et d'un secrétaire.
Le Directeur général aurait sous ses ordres sept directeurs particuliers ayant chacun l'une des spécialités suivantes :
1° Un directeur particulier de la théologie ayant sous ses ordres 4 conservateurs-bibliothécaires.
2° Un directeur particulier de la jurisprudence avec 2 conservateurs-bibliothécaires-spéciaux.
3° Un directeur des sciences et arts avec 5 conservateurs-bibliothécaires.
4° Un directeur des belles-lettres avec 5 conservateurs-bibliothécaires.
5° Un directeur de l'histoire avec 4 conservateurs-bibliothécaires.
6° Un directeur des manuscrits avec 5 conservateurs.
7° Un directeur de la division des médailles et antiques, estampes, cartes et plans, avec 5 conservateurs.
Chaque section devait être complétée par le nombre d'employés nécessaire à la célérité et proportionné aux détails du service.
Les cours ouverts à la Bibliothèque sont placés sous l'inspection du directeur général.
Le personnel enfin est complété par un économe, un archiviste et un libraire.
Le catalogue devait être triple : par ordre de matières, par ordre alphabétique et par noms d'auteurs.
L'auteur veut arriver à obtenir un catalogue méthodique perpétuel en établissant d'avance des feuilles de catalogue à tête, avec les facultés, divisions, subdivisions, sections et sous-sections. Le numérotage des volumes doit se faire par sous-section. — Le projet se termine par des considérations sur l'édification du monument que Pautet désire voir reconstruire de façon à pouvoir diviser la Bibliothèque en 8 sections contenant chacune une spécialité.

1152. — **Pautet du Rozier (J.)**. — Rapport à Son Excellence M. le comte de Salvandy, ministre de l'instruction publique, sur l'organisation du personnel, la reconstruction du monument et la rédaction du catalogue de la Bibliothèque royale. — *Beaune, imp. de Blondeau de Jussieu*, mars 1847, in-8°, 15 p. et 1 plan. Rés. Inv. Q 814

> Il demande que la B. R. soit partagée en sept grandes divisions : Théologie, Jurisprudence, Sciences et Arts, Lettres, Histoire, Manuscrits, Médailles et Antiques. Chacune aurait à sa tête un Président et des spécialités.
> Le bâtiment devrait être isolé et construit en forme de rotonde.
> Le catalogue doit être perpétuel et divisé en sections et sous-sections dont les volumes reçoivent un numéro d'ordre au fur et à mesure de leur arrivée à la bibliothèque.

1153. — **Pautet du Rozier.** — Bibliothèque nationale. A. M. Louis-Napoléon Bonaparte, président de la République. Rapport sur l'organisation du personnel, la reconstruction du monument, ou l'emploi de la nouvelle galerie du Louvre, et la Rédaction du Catalogue de la Bibliothèque nationale. Deuxième édition, avec planche. — *Paris, Ledoyen, Palais-National*, 1849, in-8°, 15 p. Rés. Inv. Q 815

> Même ouvrage que le précédent.

1154. — **Pauthier (G.).** — Vindiciæ Sinicæ novæ, n° 1. J. P. Abel-Remusat, premier professeur de langue et de littératures chinoises et de tartare mandchou au Collège de France, défendu contre les imputations mensongères de M. Stanislas Julien, son élève et son successeur dans sa chaire de chinois audit Collège, etc. — *Paris, Ernest Leroux*, 1872, in-8°, 24 p. Ln²⁷ x6700

> Défense d'Abel-Rémusat contre les attaques de Stanislas Julien.

Pavet de Courteille. — Tezkereh-I-Evliâ. Le Mémorial des saints.

> Voyez : Collection orientale. Manuscrits inédits de la B. R. T. XVI.

1155. — **Peignot (G.).** — Catalogue d'une partie des livres composant la bibliothèque des ducs de Bourgogne au XVᵉ siècle. Seconde édition revue et augmentée du catalogue de la bibliothèque des Dominicains de Dijon, rédigé en 1307, avec détails historiques, philologiques et bibliographiques. — *Dijon, Victor Lagier*, 1841, in-8°, 143 p.

Inv. Q 7810

1156. — **Peiresc.** — Lettres de Peiresc aux frères Dupuy, publiées par Philippe Tamizey de Larroque. — *Paris, imp. nationale*, 1888-1892, 3 vol. in-4°. L⁴⁵

> Le faux titre porte : *Collection de documents inédits sur l'histoire de France publiés par les soins du Ministre de l'Instruction publique.* Deuxième série.
> T. I, décembre 1617-décembre 1628. — 1888, IX, 914 p.
> T. II, janv. 1629-décembre 1633. — 1890, 713 p.
> T. III, janv. 1634-juin 1637. — 1892, 639 p.
> Ces lettres de Nicolas Claude de Fabri, seigneur de Peiresc, ont été adressées à Pierre et Jacques Dupuy, l'un d'abord avocat au Parlement de Paris, puis conseiller d'Etat, l'autre prieur de Saint-Sauveur, tous les deux gardes de la B. R. depuis le mois de juin 1645 jusqu'au moment de leur mort, arrivée pour

le premier le 14 décembre 1651, pour le second le 17 novembre 1656. Le nombre total de ces Lettres, auxquelles sont mêlées quelques autres lettres adressées au secrétaire d'État Antoine de Loménie, au chancelier Séguier, à François Auguste de Thou, s'élève à 485; elles sont conservées à la B. N. dans les volumes 716, 717 et 718 de la Collection Dupuy. Beaucoup de ces lettres intéressent l'histoire de la Bibliothèque.

1157. — **Pell Platt** (Thomas). — A catalogue of the Ethiopic biblical manuscripts in the royal library of Paris, and in the library of the British and foreign Bible Society; also some account of those in the Vatican library at Rome. With remarks and extracts. To which are added, specimens of versions of the New Testament into the modern languages of Abyssinia: and a grammatical analysis of a chapter in the Amharic Dialect: with fac-similes of an ethiopic and an amharic manuscript. — *London, printed by Richard Watts*, 1823, in-4°, 85 p.   Q 141 ou Inv. Q 1830

Pellerin (Joseph). — Voyez : Recueil de médailles de peuples et de villes.

1158. — **Pellet** (Marcellin). — N° 1166. Chambre des députés. Deuxième législature. Session de 1879. Annexe au procès-verbal de la séance du 20 février 1879. Rapport sommaire fait au nom de la 9° commission d'initiative parlementaire chargée d'examiner la proposition de loi de M. Édouard Lockroy ayant pour objet d'affecter à l'isolement de la Bibliothèque nationale la somme de 5,100,000 francs primitivement destinée à la restauration du Palais des Tuileries. — *Versailles, imp. Cerf et fils*, 1879, in-4°, 8 p.   Le 89/26

1159. — **Pérau**. — Vie de Jérôme Bignon, avocat général et conseiller d'État. Par M. l'Abbé Pérau,... — *Paris, Jean-Thomas Hérissant*, 1757, in-12, T. I, 1-xx, 1-316 p. T. II, 1-162 p.   Ln 27/1960

Jérôme Bignon fut Grand-Maître de la B. R.

Perret (M.-P.-M.). — Voyez : Notices et extraits des mss. de la B. N.

1160. — **Petit-Radel** (Louis-Charles-François). — Recherches sur les bibliothèques anciennes et modernes, jusqu'à la fondation de la Bibliothèque Mazarine et sur les causes qui ont favorisé l'accroissement successif du nombre des livres. — *Paris, Rey et Gravier*, 1819, in-8°, VIII, 439 p.   Inv. Q 6726

Contient : 1° Aperçu général des plus anciennes bibliothèques et spécialement de celles de France entre le 6° et le 9° siècle.
2° Aperçu des anciennes bibliothèques de France entre le 9° et le 13° siècle.
3° Aperçu des anciennes bibliothèques de France entre le 13° siècle et le milieu du 15°.
4° Aperçu de l'accroissement du nombre des livres, aux 15° et 16° siècles, depuis la découverte de l'imprimerie ; son application en France à l'instruction la plus générale ; effets qu'elle produisit dans les prix comparés des livres mss. et imprimés.
5° Notice historique sur la Bibliothèque Mazarine.
6° En Appendice : État actuel des Bibliothèques de France et, pour la plu-

part, le nombre des volumes qu'elles contiennent. — Relevé des Lois et Ordonnances rendues pour l'administration et la conservation des livres en France, depuis l'an 1739.

1161. — **Pétition** adressée au Sénat sur l'affaire de M. Libri avec une note à l'appui signée par MM. Guizot, membre de l'Institut, le marquis d'Audiffret, sénateur et membre de l'Institut, Prosper Mérimée, sénateur et membre de l'Institut, Édouard Laboulaye, professeur de jurisprudence au collège de France et membre de l'Institut, Victor Leclerc, doyen de la faculté des lettres et membre de l'Institut, Paulin Paris, conservateur à la Bibliothèque impériale et membre de l'Institut, Jules Pelletier, conseiller-maître à la cour des comptes et membre de l'Institut, Alfred de Wailly, inspecteur général de l'Université, Roman Merlin, conservateur bibliothécaire au ministère d'État, Henry Celliez, avocat. — *Paris, typ. de Ch. Lahure*, 1861, in-8°, 8 p. Ln$^{27}_{?}$

Cette pétition, précédée d'une lettre de Madame Mélanie Libri, demande au Sénat que l'on fasse flétrir l'expertise et annuler le jugement prononcé contre Libri.

1162. — **Peyre** (A. F.). — Œuvres d'architecture. — *Paris, chez l'auteur, rue des Saints-Pères*, n° 38, 1818, in-fol. V 398 ou inv. V 2113

Contient, p. 11-12 : « Projet d'agrandissement de la B. R. rue de Richelieu. » Les 7 planches qui accompagnent ce texte ont pour titres :
1° Plan des Bâtiments et dépendances de la B. R. — 2° Projet d'agrandissement de la B. R. (Plan du rez-de-chaussée.) — 3° (Id.) (Plan du 1er étage.) — 4° (Id.) (Plan des combles.) — 5° Projet d'agrandissement de la B. R. — 6° Plan d'une des extrémités du Bâtiment avec le développement des voûtes. — 7° Détail des Combles et de la descente des eaux.

1163. — **Phelippes-Beaulieux** (Emmanuel.). — Essai biographique et littéraire sur Mellin de Saint-Gelais. — *Nantes, imp. Vve Mellinet*, 1861, in-8°, 51 p. Ln$^{27}_{?}$

Extrait des *Annales de la Société Académique de la Loire-Inférieure*.
Mellin de Saint-Gelais, né à Angoulême le 3 novembre 1491, mourut le 30 mars 1547. Il fut Garde de la Librairie du Roi pendant les années 1534 à 1545.

1164. — **Picot** (Georges). — Le dépôt légal et nos collections nationales. — *Paris, Alphonse Picard*, 1883, in-8°, 26 p. 8° Q Pièce. 275

Extrait du *Compte-rendu de l'Académie des sciences morales et politiques*. (Institut de France) par M. Ch. Vergé, sous la direction de M. le Secrétaire perpétuel de l'Académie.
Ce mémoire, communiqué à l'Académie des sciences morales et politiques, en novembre 1882, a été lu devant l'Institut, dans la séance trimestrielle du 3 janvier 1883.
Après un exposé historique sommaire de la question, M. Picot montre toutes les imperfections du dépôt légal tel qu'il s'exécute actuellement. Il demande : 1° qu'à l'avenir le dépôt incombe à l'éditeur qui serait obligé de livrer 3 exemplaires, dans l'état le plus parfait, de tout ouvrage publié par lui ; 2° qu'en cas de non-dépôt, le ministère de l'instruction publique soit autorisé à acheter

aux dépens de l'éditeur, 3 exemplaires du dit ouvrage ; 3° que la prescription pour les réclamations ne puisse être invoquée par l'éditeur qu'au bout d'une année révolue.

1165. — **Pierres** antiques gravées tirées des principaux cabinets de la France. — (s. l. ni d.), in-fol.   Estampes Fd 19

Ce recueil de 44 planches a paru à Paris en 1709 et années suivantes. Il a été dessiné en grand d'après les originaux par Elisabeth-Sophie Chéron, femme de Jacques Le Hay, ou par Marie Ursule de La Croix, nièce du sieur Le Hay. Les planches ont été gravées par M⁹ Le Hay, Bernard Picart, Charles Simonneau et Charles Nicolas Cochin.
La plupart de ces pierres gravées sont au Cabinet des médailles.

1166. — **Pierret (Emile).** — Essai d'une bibliographie historique de la Bibliothèque nationale. — *Paris, Emile Bouillon*, 1892, in-8°, 162 p.
8° Q 1616

Cette bibliographie compte 617 numéros. Elle se divise en deux parties : 1° la *période ancienne*, où l'auteur a suivi l'ordre chronologique en groupant les ouvrages relatifs à un même fait ou à une même collection. — 2° la *période moderne*, qui commence en 1796. Les ouvrages sont classés suivant l'ordre des départements de la Bibliothèque (Imprimés, Manuscrits, Estampes et Médailles). Cependant les travaux ayant trait à la partie administrative et à l'affaire Libri ont été traités à part.
Le volume se termine : 1° par une Table alphabétique des collections entrées à la Bibliothèque nationale et des noms de collectionneurs. — 2° une Table alphabétique des noms d'auteurs et des ouvrages anonymes. — 3° une Table méthodique.

1167. —. — Inventaire détaillé des catalogues usuels de la Bibliothèque nationale. — *Paris, Quantin*, 1889, gr. in-8°, 31 p.   4° Q Pièce. 118

Extrait du *Livre*, mai 1889.
Imprimé à deux colonnes et classé par départements. Donne les divisions de chaque catalogue.

Pillon. — Voyez : Plaintes de la Bibliothèque nationale au peuple français.

1168. — **Pinart.** — Note pour Bachelin-Deflorenne contre la Bibliothèque nationale. — *Paris*, (1875), in-8°, 4 p.

Au sujet de l'authenticité d'un exemplaire de Gratien, « orné de miniatures de la plus grande beauté », couvert de « velours noir » et provenant du cabinet de Bouhier.
Bachelin-Deflorenne mettait en vente ce ms. qu'il avait acheté à Londres, le 5 juin 1873, à la vente Perkins, quand la B. N. fit saisir ce volume comme lui appartenant parce qu'il figurait sur la liste des manuscrits retirés en 1804 de la bibliothèque de Troyes par Chardon de la Rochette. Ce ms. n'était jamais entré à la B. N.

1169. — **Piré (A. de).** — Pétition. Monsieur le Président, Messieurs les Députés, M'inspirant de la proposition de l'un de vous, bien que je sois l'adversaire le plus radical de son radicalisme, je viens par voie de pétition, Messieurs, vous demander la réalisation de son projet de translation de la Bibliothèque nationale dans le palais des Tuileries, rebâti à cette destination... — *Rennes, imp. Catel*, 21 octobre 1879, in-4°, 2 p.   4° Q Pièce. 25

1170. — **Plaintes** de la bibliothèque nationale au peuple français et à ses représentants. — *Paris, Techener,* juillet 1848, in-8°, 33 p.

Rés. Inv. Q

Combat le projet de réunir la B. N. au Louvre.
Cette pièce en vers, signée : « Un bibliothécaire », a pour auteur M. Pillon.

Platt (Thomas Pell). — Voyez : Pell Platt (Thomas).

1171. — **Plessier (Victor)** et **Édouard Lockroy.** — N° 33. Chambre des députés. Troisième législature. Session extraordinaire de 1881. Annexe au procès-verbal de la séance du 9 novembre 1881. Proposition de loi tendant à ordonner le dépôt à la Bibliothèque nationale d'un double des catalogues de toutes les autres bibliothèques publiques. — *Paris, imp. A. Quantin,* (1881), in-4°, 2 p.

Le

Ponton d'Amécourt. — Voyez : Belfort (A. de). Description générale des monnaies mérovingiennes.

1172. — **Porée (Abbé).** — Notice sur M. François Lenormant, membre de l'Institut. — *Bernay, imp. veuve Alfred Lefèvre,* 1885, in-8°, 23 p.

Ln 27

François Lenormant, né à Paris, le 17 janv. 1837, mort le 9 décembre 1883.

1173. — **Préfecture** du département de la Seine. Direction des domaines. Adjudication aux enchères publiques, en un seul lot, le mercredi 14 juillet 1858, à une heure précise de relevée, de matériaux à provenir de la démolition de plusieurs bâtiments dépendant de la Bibliothèque impériale, et situés à Paris, à l'angle des rues de Richelieu et Neuve-des-Petits-Champs, 2° arrondissement... Fait et rédigé par le Directeur des Domaines du département de la Seine. Paris, le 21 juin 1858. (Signé :) d'Origny. — *Paris, imp. de L. Martinet,* in-fol. plano.

Rés. Q 95 ou rés. inv. Q

Approuvé. Paris le 22 juin 1858. (Signé :) G. E. Haussmann.
La mise à prix est de 30,000 fr. Chaque enchère ne peut être inférieure à 100 fr.

1174. — **Préfecture** du département de la Seine. Direction des finances, 2° division, 3° bureau. Domaine de l'État. Monsieur. J'ai l'honneur de vous adresser ci-joint ampliation de l'arrêté préfectoral en date du 29 sept. 1881... (S. l.), in-fol. plano.

Agence des trav. de la B. N.

Cette Lettre autographiée est adressée aux membres de la commission chargée de l'enquête ouverte au sujet de l'isolement et de l'agrandissement des bâtiments de la Bibliothèque Nationale.

1175. — **Préseau (Victor-Charles).** — Mon idée pour isoler, achever et démocratiser la Bibliothèque nationale. — *Paris, Richard,* 31 janvier 1879, in-8°, 18 p.

8° Q Pièce.

M. Préseau évalue à 20 ou 25 millions de francs la somme nécessaire pour exproprier les maisons qui forment l'angle des rues Colbert et Vivienne et pour édifier sur cet emplacement une nouvelle salle de travail. Il propose d'organiser une loterie européenne au moyen des diamants de la couronne. Sur le produit de cette loterie, produit évalué à 31 millions au moins, on prendrait l'argent nécessaire pour dégager et agrandir la Bibliothèque.

Prétextat-Oursel. — Voyez : Antiquités romaines trouvées à Berthouville, près Bernay.

1176. — **Procès-verbaux** du Comité d'instruction publique de la Convention nationale, publiés et annotés par M. J. Guillaume. — *Paris, imp. nationale*, 1891, vol. in-4°.
L. 45 30

T. I, 12 oct. 1792, 2 juillet 1793. 1891, XCI, 639 p.
Contient, p. 168-170 : B. Extrait du Procès-verbal de la Convention, 25 nov. 1792 (pétition du prêtre chaldéen Béhénam, précédemment interprète à la Bibliothèque nationale, renvoyée au Comité d'Instruction publique.) — Mémoire sur les réformes faites à la Bibliothèque nationale, adressé à la Convention par le ministre Roland, 1er déc. 1792.
P. 523, D. Extrait du procès-verbal de la Convention, 28 juin 1793 (décret portant que les travaux de la bibliographie et du Dictionnaire des municipalités seront placés près la Bibliothèque Nationale).

1177. — **Proclamation** du roi sur le Décret de l'Assemblée Nationale du 3 septembre 1790, qui réduit provisoirement la dépense de la Bibliothèque du Roi et celle de l'Observatoire. Du 19 septembre 1790. — *Paris, imp. Royale*, 1790, in-4°, 2 p.
Arch. Nat. A. D. VIII

La dépense de la Bibliothèque du Roi est réduite provisoirement à 110,000 livres.

Programme de la notice des mss. de la B. N.

Voyez : Notices et extraits des mss. de la B. N.

1178. — Appendice. **Progrès** DE LA COLLECTION géographique de la Bibliothèque royale en 1844. Extrait du *Bulletin de la Société de géographie*. — *Paris, imp. de Bourgogne et Martinet* (1845), in-8°, 12 p.
Rés. inv. Q 847 ou Q 739 ‖ Sect. de géogr. C

Fait suite au tirage à part intitulé : « Extrait du Bulletin de la Société de géographie. Collection géographique de la Bibliothèque royale, année 1843. »
L'auteur (M. Jomard) rappelle que les cartes et autres productions géographiques, sont classées à la B. R. en cinq divisions principales : 1. Géographie mathématique (et Cosmographie, comme introduction). — 2. Chorographie et hydrographie. — 3. Géographie physique. — 4. Géographie politique. — 5. Géographie historique. Il indique sommairement les acquisitions et les dons les plus importants qui sont venus s'ajouter, en 1844, aux diverses séries. Le total des atlas, feuilles ou pièces diverses, cahiers ou volumes dépasse 6,700. Parmi les acquisitions les plus considérables se trouvent la grande collection géographique formée par le marquis Fortia d'Urban (environ 1,800 cartes en 21 vol. in-fol.), et une grande partie de celle de Barbié du Bocage, le père (1,416 articles et environ 2,500 pièces dont 500 manuscrites).

1179. — **Progrès** de la collection géographique de la Bibliothèque royale. Neuvième rapport (pour l'année 1847). — *Paris, imp. Martinet*, in-8°, 11 p.

Sect. géogr. C 16310

Extrait du *Bulletin de la Société de géographie de Paris*.

Un peu plus de 1,500 articles, formant environ 2,500 pièces, sans comprendre le dépôt légal, sont entrés cette année au Cabinet de géographie au lieu de 5 à 6,000 pièces qui l'avaient enrichi chaque année depuis 1839. Mais les dons ont été plus nombreux qu'en 1846.

1180. — *Projet* d'une nouvelle méthode pour dresser un catalogue selon les matières avec le plan. — (s. l. ni d.), in-fol., 8 p.

Rés. Q 96 ou Rés. inv. Q 115

Ce projet est accompagné d'une « Lettre écrite à monsieur C... » [Clément] et signée « Fr. R... » Rostgaard; A Paris, le 19 d'aoust 1697. »
L'auteur propose de distribuer tous les livres de la Bibliothèque en classes et subdivisions. Les classes sont au nombre de 24 et marquées des 24 lettres de l'alphabet. Dans chaque classe la numérotation recommence et se continue depuis le premier in-fol. jusqu'au dernier in-12. Les titres généraux de chaque classe doivent être répétés sur les deux pages du catalogue; celui-ci se terminera par une table alphabétique des auteurs. — A la suite on trouve : 1° un catalogue rédigé et imprimé d'après ce plan. — 2° un « *Supplément aux premiers articles pour répondre aux difficultés, que l'on y a trouvées, et pour servir d'un plus grand éclaircissement au Projet.* » (s. l. ni d.), in-fol. 2 p.

1181. — **Prou** (Maurice). — Bassin de bronze du XIᵉ ou du XIIᵉ siècle représentant la jeunesse d'Achille (Extrait de la *Gazette archéologique* de 1886.) — *Paris, A. Lévy*, 1886, in-4°, 8 p. 1 pl.

Cabinet des médailles.

Acquis par le Cabinet des médailles. Ce bassin, légèrement brisé, mesure 27 centimètres de diamètre dans un sens et 28 cent. 1/2 dans l'autre. Sa hauteur est de 5 centim. L'intérieur est orné de dessins gravés au trait représentant en diverses scènes les principaux épisodes de la jeunesse d'Achille.

1182. —. — Introduction au Catalogue des monnaies mérovingiennes de la Bibliothèque nationale. — *Paris, C. Rollin et Feuardent*, 1892, gr. in-8°, cxx p.

4°Q. 552

Cette *Introduction* se divise en 6 chapitres :
1°. — Les monnaies dans les lois Salique et Ripuaire.
2°. — Monnaies d'or pseudo-impériales.
3°. — Monnaies d'or royales.
4°. — Monnaies d'or des églises.
5°. — Monnaies d'or des monétaires.
6°. — Monnaies d'argent et de bronze.
Un *Appendice* contient la Paléographie des monnaies.
Enfin l'Avertissement indique le plan du *Catalogue des monnaies mérovingiennes de la Bibliothèque nationale*.
M. Prou a adopté l'ordre géographique; les monnaies sont groupées par ateliers. Il n'est dérogé à ce classement que pour celles des pseudo-impériales et des royales dont le lieu d'émission n'a pu être déterminé. Elles figurent en tête du catalogue.
Les ateliers sont rangés par provinces et cités dans l'ordre de la *Notitia provinciarum*, avec addition de quelques cités qui ne figurent pas dans ce document. Les ateliers établis dans des localités autres que les chefs-lieux des cités sont classés alphabétiquement à la suite du chef-lieu de la cité à laquelle ils appartiennent.

Les monnaies avec noms de rois ne sont pas groupées; elles sont placées en tête de chacun des ateliers où elles ont été frappées, parce que, dans un même atelier, les monnaies royales étant analogues aux monnaies contemporaines des monétaires, les unes peuvent servir à dater les autres. Du reste, les monnaies d'un même roi se trouvent rapprochées dans l'Introduction et la Table.

A la suite de chaque cité et de chaque province, M. Prou a classé un certain nombre de monnaies qui, à cause de leur style, paraissent appartenir à des ateliers de cette cité ou de cette province sans qu'on ait pu jusqu'ici identifier ces ateliers avec des localités modernes. Il n'a prétendu donner là qu'une indication des régions où doivent être cherchées ces localités jusqu'ici indéterminées.

Les monnaies qui présentent des noms de localités non identifiés, et celles dont le style n'est pas assez caractérisé pour permettre de leur assigner une région d'origine, sont décrites à la fin du catalogue dans l'ordre alphabétique des légendes.

Les renseignements bibliographiques placés à la suite de chaque pièce ne s'appliquent qu'à l'exemplaire de la B. N. Quand M. Prou a eu des doutes sur l'identité d'une pièce publiée et de la pièce correspondante de la B. N., il l'indique par un point d'interrogation.

1183. — **Prou (Maurice)**. — Inventaire sommaire des monnaies mérovingiennes de la collection d'Amécourt acquises par la Bibliothèque nationale. — *Paris, C. Rollin et Feuardent*, 1890, in-8°, 181 p., 2 pl.

Rés. Q 1742

Extrait de la « *Revue numismatique* », 1890.

Cet inventaire, où les monnaies sont divisées en deux classes (des monnaies d'or et les monnaies d'argent) se termine par une table alphabétique des noms d'homme accompagnée de renvois aux numéros d'ordre. Les deux planches reproduisent, par la phototypie, 44 des monnaies.

En vertu de la loi du 24 juillet 1889, la collection, composée de 1134 articles, a été achetée 180,000 francs par le Cabinet des médailles.

Prou (Victor). — Voyez : Notices et extraits des mss. de la B. N.

1184. — ***Provisions*** de la charge de bibliothécaire du roy, accordées le 15 septembre 1719, au sieur Abbé Bignon, conseiller d'Etat ordinaire, au lieu et place du feu sieur Abbé de Louvois. — *Paris, imp. de Laurent Rondet, rue Saint-Jacques près la Fontaine Saint Severin, au Compas*, (s. d.), in-4°, 8 p. Rés. Q 416 ou Rés. inv. Q 415 || Ln^{27} 1937

Cette pièce contient les deux documents suivants :

1° « *Edit du Roy, Portant Réunion de la Charge de Garde de la Librairie du Cabinet du Louvre cour et suite de Sa Majesté, remplie par le Sieur Dacier, à la Charge de Bibliothécaire du Roy, dont est pourvû le Sieur Abbé Bignon. Donné à Paris au mois de Janvier 1720.* »

2° « *Edit du Roy, Pour la Réunion de la Charge de Garde de la Bibliothèque de Fontainebleau, vacante par la mort du Sieur de Sainte-Marthe, à la Charge de Bibliothécaire du Roy, dont est pourvû le Sieur Abbé Bignon. Donné à Paris au mois de Mars 1720.* »

(Mss. FRANÇAIS 21742. Collection Lamare. Livres. T. IV, n° 97.)

1185. — **Quatremère de Quincy**. — Institut royal de France. Académie royale des beaux-arts. Funérailles de M. le chevalier Visconti. Le 9 février 1818... Discours. — (*Paris*), *imp. de Firmin-Didot*, (1818), in-4°, 4 p.

Ln^{27} 20026

—. — Voyez : Collection orientale. Manuscrits inédits de la Bibliothèque royale.

—. — Voyez : Institut national de France... Discours prononcés aux funérailles de M. Letronne.

—. — Voyez : Notices sur J. A. Letronne.

—. — Notices et extraits des mss. de la B. N.

1186. — **Quatrième** centenaire de la découverte de l'Amérique. Catalogue des documents géographiques exposés à la Section des Cartes et plans de la Bibliothèque Nationale. — *Paris, J. Maisonneuve*, 1892, in-8°, vii-77 p.

La préface est signée : Gabriel Marcel.
Cette exposition comptait 419 pièces. Elle a été organisée avec les documents possédés par la B. N. et avec ceux prêtés par les Archives Nationales, les Ministères de la Guerre, des Affaires étrangères, de la Marine, MM. E. Hamy, Harrisse et Duhamel.
A la suite de chaque article du catalogue on trouve indiqué, avec la cote sous laquelle il est rangé, le nom de l'établissement auquel le document appartient.
Le catalogue a 289 numéros et se termine par une table alphabétique.

1187. — **Quentin-Bauchart** (Ernest). — La bibliothèque de Fontainebleau et les livres des derniers Valois à la Bibliothèque nationale (1515-1589). — *Paris, Em. Paul, L. Huard et Guillemin*, 1891, in-8°, 234 p., avec 7 pl. dont une en couleurs.   Q

Tiré à 300 exemplaires.
M. Quentin-Bauchart, après un « Aperçu historique », énumère :
Les Livres ayant appartenu à François Ier (83 n^{os}).
Livres ayant appartenu à Henri II (272 n^{os}).
Livres ayant appartenu à François II (14 n^{os}).
Livres ayant appartenu à Charles IX (111 n^{os}).
Livres ayant appartenu à Henri III (15 n^{os}).
Dans l'*Appendice* on trouve : Manuscrits ayant fait partie des librairies de Louise de Savoie et de Marguerite d'Angoulême, sœur de François Ier. — Bibliothèque de Catherine de Médicis. — Interprétation du chiffre de Henri II. — Jean Cousin, peintre, sculpteur, graveur et architecte. — Les Heures de François II. — Bibliothèque de Diane de Poitiers au château d'Anet (14 n^{os}). — Note sur Jean Grolier. — Les livres de Marguerite de Valois. — Livres ayant appartenu à François Ier (supplément) (11 n^{os}).
Pour tous les ouvrages qu'il cite, l'auteur fournit les cotes qui leur sont attribuées dans les collections de la B. N.
Le volume se termine par les tables suivantes :
1° Table par ordre alphabétique des noms de personnes et de lieux cités dans l'Aperçu historique et l'Appendice.
2° Table alphabétique des noms d'auteurs et des ouvrages anonymes contenus dans le catalogue des livres de François Ier.
3° Table alphabétique des noms d'auteurs et des ouvrages anonymes contenus dans le catalogue des livres de François II.
4° Table alphabétique des noms d'auteurs et des ouvrages anonymes contenus dans le catalogue des livres de Charles IX.
5° Table alphabétique des noms d'auteurs et des ouvrages anonymes contenus dans le catalogue des livres de Henri III.
6° Table générale des matières.

1188. —. — **Bibliothèque** de la reine Marie-Antoinette au château des Tuileries. Catalogue authentique publié d'après le manuscrit de la

Bibliothèque nationale, par E. Q. B. — *Paris, Damascène Morgand,* 1884, in-16, xxi, ix, 181 p.   Q

Tiré à 300 exemplaires.
Les livres de la bibliothèque des Tuileries ont été transportés à la B. N. en 1793. Leur catalogue figure au Dépt des Mss. sous le n° 13001 du *fonds français*. Les ouvrages énumérés sont au nombre de 460 comprenant environ 1,800 volumes. La plupart de ces livres font partie de la Réserve de la B. N.; M. Quentin-Bauchart donne les cotes des volumes qui, par leur belle condition de reliure, lui ont paru mériter une mention particulière. — Cet inventaire est classé d'après l'ordre méthodique suivant :
Religion. — Histoire. — Sciences et Arts. — Belles-Lettres.

1189. — **Quesada (Vicente G.).** — Las bibliotecas europeas y algunas de la América latina con un apéndice sobre el archivo general de Indias en Sevilla, la direccion de hidrografia y la biblioteca de la real Academia de la historia en Madrid. — *Buenos Aires, imprenta y librerías de Mayo,* 1877, in-8°, 651 p. T. I.   Q

La partie relative à la B. N. de Paris occupe les pages 23 à 114. M. Quesada traite les points suivants :
« Paris; ses bibliothèques; considérations générales. La Bibliothèque nationale. Description de l'édifice. Grands travaux exécutés par l'architecte Labrouste pendant le règne de Napoléon III. Le *Salon des Globes*, La galerie Mazarine, La salle de travail. Le magasin. Mécanisme du service. Chauffage et ventilation. Histoire des nombreuses restaurations faites aux bâtiments depuis l'époque du cardinal Mazarin. Histoire des collections de la Bibliothèque. Décret organique du 14 nov. 1789. Lois spéciales à la Bibliothèque depuis la Révolution jusqu'à l'époque actuelle. Organisation de 1793. Réorganisation. La direction unipersonnelle de 1839. Observations. Rapport du conventionnel Grégoire. Division de la Bibliothèque en départements. Dépôt légal. Statistique des collections et de leur accroissement. Comment se calculent les accroissements annuels. Jugement de The *Edinburgh Review*. Collections de particuliers acquises par cet établissement. Le duc de Luynes. Rapport de M. Ravaisson. Répartition des publications officielles. Hiérarchie et traitements du personnel de la Bibliothèque. Les employés et leurs devoirs. Rapport de Prosper Mérimée. Organisation centralisée. Commission confiée au maréchal Vaillant en 1861. Le ministre Walewski. Examen du règlement présent. Les salles de travail de chaque département. Règles pour leur fréquentation. Modèle des divers bulletins. M. Letronne. Opinion de M. Paris. Les lecteurs et leurs obligations d'après le règlement du ministre Rouland. Rôle des livres dans les bibliothèques publiques. Libri, en 1849, devant la commission du parlement anglais. Le prêt des livres à domicile. La réserve. Le résidu. Curiosités bibliographiques. Décret de 80. Le Département des Estampes. La Section des cartes géographiques. Système de classification de M. Jomard. Le Département des manuscrits. Ses catalogues. Manuscrits relatifs au Rio de la Plata. Les manuscrits espagnols. Système de classification. Formation des catalogues. Numérotage, timbrage et collation des livres. Catalogues ▓▓▓▓▓▓▓▓ département des imprimés et des manuscrits. Echanges avec la ▓▓▓▓▓▓▓▓ de Buenos-Aires. Sommes votées pour l'accroissement des co▓▓▓▓▓▓▓▓stique de celles-ci. Notes biographiques sur M. Delisle.

Que▓▓▓▓▓▓ — Voyez : Catalogus bibliothecæ Thuanæ.

Qui▓▓▓▓▓▓ — Voyez : Notices sur J. A. Letronne

1190. ▓▓▓▓▓▓ **et (Charles).** — De la revendication des livres, estampes ▓▓▓▓▓▓phes appartenant à la Bibliothèque Impériale et à la

Bibliothèque Sainte-Geneviève. — *Paris, imp. Bonaventure et Ducessois*, août 1858, in-8°, 86 p.   8° Q. 2084   8° Q 876 et Rés. inv.

> Sur le vol commis par Antoine François Émile Chavin de Malan.
> Le nombre des ouvrages saisis revendiqués par la Bibliothèque Ste Geneviève est de 170, représentant 269 volumes presque tous d'une rareté et d'une valeur exceptionnelles.
> Les livres volés au dep⁺ des Imprimés de la Bibliothèque Impériale sont peu nombreux : 12 articles en 13 volumes. Mais au département des Estampes, Chavin n'avait pas enlevé moins de 94 magnifiques portraits gravés par Edelinck, Drevet, Nanteuil et autres célèbres artistes.
> Quant au département des manuscrits, le fonds, dit de St Germain des Prés, avait été littéralement pillé par Chavin, et la bibliothèque impériale a saisir 514 pièces qui en provenaient.

1191. — **Rainssant**. — Dissertation sur douze médailles des jeux séculaires de l'empereur Domitien. — *Versailles, imp. de François Muguet*, 1684, in-4°, 67 p.   J 1211 ou inv. J 5068 || inv. J

> Ces médailles sont au Cabinet.

1192. — **Ramel** (D. V.). — Corps législatif. Discours par forme de motion d'ordre, prononcé au Conseil des Cinq-Cents, et programme sur la construction d'une galerie pour le Museum, parallèle à celle du Louvre; le transport de la Bibliothèque nationale dans celle-ci, et l'établissement des deux salles d'assemblée du corps législatif dans le Palais national. Séance du 8 pluviôse, an 4. — *Paris, imp. nationale*, pluviôse, an IV, in-8°, 12 p.   Arch. nat. A. D. VIII,

> Le projet de transfert de la B. N. se compose de 39 numéros.
> Le local occupé par la B. devait être vendu, sauf les parties réservées pour être réunies à la Trésorerie nationale, ou former une place devant le théâtre des Arts.

1193. — **Ranieri Lamporecchi**. — Mémoire sur la persécution qu'on fait souffrir en France à M. Libri. Accompagné des adhésions des professeurs de la faculté de droit de l'université de Pise, du président de la chambre des députés de Toscane, et de plusieurs autres jurisconsultes éminens, et précédé d'une lettre de M. le chevalier Del Rosso, avocat, à M. le président de la chambre des mises en accusation de la cour d'appel de Paris. Seconde édition. — *Londres, Barthès et Lowell*, 1850, in-8°, 83 p.   Ln²⁷

> Sur le verso du titre, on lit la note suivante :
> « Par suite de la perte, accidentelle ou non, de plu[sieurs] qui avaient dû traverser la France, les adhésions motivées de MM. [...]ndrini, et l'adhésion pure et simple de M. Andreucci, n'ont pas [...] première édition de cet écrit. Dès que l'éditeur de cet opuscule [...] des adhésions de ces jurisconsultes éminens, il s'est empre[ssé...] une seconde édition pour corroborer, par ces nouveaux et c[...] oignages, la manifestation si éclatante dont M. Libri avait é[...]
> La première édition, (Londres, 1850), a 76 p.

Raoul-Rochette. — Voyez : Rochette (Raoul).

1194. — **Rapport** à l'Empereur par S. Exc. le Ministre de l'Instruction publique et des cultes sur la réorganisation de la Bibliothèque Impériale et décret y annexé. — *Paris, typ. Ad. Lainé et J. Havard*, s. d., in-8°, 16 p.

Ce rapport signé : « Rouland », daté « Plombières le 14 juillet [...] » se prononce en faveur du maintien de toutes les collections actuelles et réunies dans la B. I. et demande que ces collections soient partagées entre quatre départements sous les désignations suivantes :

Département des livres imprimés, cartes et collections géographiques.
Département des manuscrits, chartes et diplômes.
Département des médailles, pierres gravées et antiques.
Département des estampes.

Il modifie le titre et les traitements des conservateurs, crée des bibliothécaires et divise le personnel en employés de 1re, 2e et 3e classe, en surnuméraires, en auxiliaires, en ouvriers et en pagistes.

La Bibliothèque reste ouverte toute l'année excepté pendant la quinzaine de Pâques; la durée des séances est portée de 3 heures à 6 heures.

Au département des Imprimés, le rapport forme deux salles distinctes ; l'une, réservée aux personnes qu'un travail très sérieux conduit à la bibliothèque; l'autre, publique, est ouverte à tous les lecteurs.

Enfin il décide qu'on dresserait immédiatement un inventaire général de toutes les collections possédées par la Bibliothèque.

1195. — **Rapport** adressé à M. le garde des sceaux [...] par le procureur du roi Boucly suivi du procès intenté par M. Libri contre le gérant du *Moniteur Universel* à l'occasion de la publication de ce rapport, et contre le gérant du *National*, en raison d'un article inséré dans le n° du 5 avril 1848. — *Paris, Panckoucke*, 1850, in-8°, 14 p.

Ce rapport adressé au ministre de la justice était conçu en termes généraux et ne s'appuyait sur aucun fait très précis; c'était une enquête secrète provoquée en 1847 par les dénonciations de la *Bibliothèque de l'École des chartes*. Trouvé, après la révolution de février dans les papiers du ministère des affaires étrangères auquel il avait été communiqué, il fut publié dans le *Moniteur* le 19 mars suivant. Lamartine, alors ministre, a protesté contre cette publication.

1196. — **Rapport** sur les besoins du Muséum d'histoire naturelle pour l'année 1835, et sur la Bibliothèque royale, présenté au ministre de l'Instruction publique. — *Paris, de l'imprimerie royale*, 1834, in-4°, 64 p.

La partie relative à la B. R. comprend les pages 25 à 45. Elle a pour titre de départ : « *Rapport sur la Bibliothèque royale, présenté à M. le [...] de l'Instruction publique par le directeur, président du conservatoire.* »

Ce rapport étudie les résultats obtenus à la suite de l'ordonnance du [...] novembre 1832 qui réorganise l'administration de la B. R.

Le nouveau règlement établit la création dans chaque département de salles d'étude interdites aux simples curieux et introduit le chauffage; il crée une bibliothèque usuelle au département des imprimés, régularise le prêt des livres, prescrit d'établir au département des estampes une salle d'exposition où seront rangées les plus belles gravures. Après avoir signalé le degré d'avancement du catalogue des imprimés, le rapport constate que le département possède 148,000 volumes brochés et qu'une somme de 260,000 fr. est nécessaire pour les faire relier. Il insiste pour qu'une somme importante soit allouée au service des acquisitions.

Le département des mss. s'est enrichi de la collection Asselin qui contient plus de 1,860 volumes de mss. en langues sémitiques. Quant aux divers catalogues, ils sont achevés ou en préparation.

Au département des médailles on a rendu publique la salle qui contient le zodiaque de Dendérah et exposé la magnifique collection des objets d'argent trouvés en 1830 à Berthouville, près de Bernay. Le rapport donne l'indication précise des objets volés en 1831 et de ceux qui, retrouvés, sont rentrés au cabinet.

Au département des estampes on a rétabli l'usage des cartes d'entrée et y a, comme aux autres départements, ouvert un registre d'inscription pour les achats et les dons. Les catalogues sont au complet seulement pour les titres des volumes au nombre de 7,325.

Le département des cartes et plans, créé par l'Ordonnance de 1828, ne possède pas les cartes étrangères les plus importantes ; un fonds spécial de 15,000 fr. serait nécessaire, en dehors du Budget de la bibliothèque, pour combler ces lacunes.

Pour 1834 le budget de la bibliothèque est porté à 239,000 fr., en augmentation de 35,000 fr. ; la somme consacrée aux achats n'est que de 77,400 fr. Ce budget est insuffisant ainsi que le prouvent les subventions extraordinaires accordées à toutes les époques et que le rapport énumère ; il faudrait le porter à 269,000 fr. pour faire face à toutes les dépenses extraordinaires sans recourir à des fonds supplétifs.

Le rapport se termine par un Tableau de répartition des crédits demandés en 1835 et par un Relevé des ouvrages incomplets dans les lettres J et V.

Rapports sur le service des Archives... — Voyez : Ministère de l'Instruction publique et des beaux-arts.

1197. — **Rathery** (E. J. B.). — Notice historique sur l'ancien Cabinet du Roi et sur la Bibliothèque Impériale du Louvre. — *Paris, J. Techener*, 1858, in-8°, 30 p.   Inv. Q

Extrait du *Bulletin du Bibliophile*, juin et juillet 1858.
Donne un court historique de l'ancien cabinet jusqu'au moment (18 septembre 1722), où, après la mort de Dacier, ses livres furent réunis à ceux de la B. R. quand l'inventaire en eut été dressé par deux libraires de Paris. Parmi ces volumes se trouvaient environ 60 mss. latins ou français. Plusieurs de ceux-ci avaient appartenu d'abord au Cardinal d'Amboise, puis aux deux cardinaux de Bourbon, archevêques de Rouen.

1198. — **Ravaisson** (Félix). — Rapport adressé à S. Excellence le Ministre d'État au nom de la commission instituée le 22 avril 1861. — *Paris, (Ip. E. Panckoucke)*, 1862, in-8°, 373 p.   Lf

En 1858, une commission fut chargée par le Ministre de l'Instruction publique de rechercher les modifications qu'il conviendrait d'introduire dans l'organisation de la B. I. Mérimée, son rapporteur, avait émis l'avis de modifier les attributions des divers départements de la bibliothèque et de retirer de cet établissement un certain nombre d'objets dont les analogues se trouvent en plus grand nombre dans d'autres dépôts publics.

La commission nommée le 22 avril 1861 devait examiner si les chartes et diplômes, ainsi que le Cabinet des titres et généalogies que possède la B. I. ne devraient pas être transférés aux Archives de l'Empire ; elle avait aussi à rechercher quels seraient les manuscrits, livres et documents possédés par les Archives qui devraient être réunis aux collections de la B. I.

M. Ravaisson fait un historique complet et très détaillé des diverses collec tions de chartes, diplômes, etc., de la façon dont se sont successivement créés et enrichis nos grands dépôts d'archives.

Puis, au nom de la majorité de la commission, M. Ravaisson conclut qu'il y a lieu 1° de transférer des Archives à la Bibliothèque Impériale les documents littéraires et scientifiques, ou pièces de bibliothèques, que possède le premier de ces deux établissements; 2° de transférer de la Bibliothèque Impériale aux Archives de l'Empire les papiers publics, chartes, diplômes et pièces diverses d'archives qu'elle renferme (sans toutefois qu'on détruise, dans l'un ni l'autre cas, l'unité des volumes dont les collections sont formées). La commission estime d'ailleurs qu'elle n'a point mission de déterminer en détail les documents auxquels devraient s'appliquer ces mesures, ainsi que ceux qui devraient en être exceptés, et qu'en conséquence, c'est à des commissaires spéciaux que ce travail devrait être confié.

La commission estime encore que, ce travail effectué, la translation des documents d'un établissement dans l'autre devrait être précédée de la confection des inventaires et répertoires nécessaires pour établir le rapport de l'ordre de choses ancien à l'ordre nouveau, et rendre facile le passage, dans toute recherche ultérieure, du premier de ces deux ordres au second; elle estime enfin qu'il y aurait lieu, appliquant aux Archives de l'Empire la division à laquelle ont été soumises les archives départementales, d'y distinguer des *Archives modernes* les *Archives anciennes* ou *historiques*, ouvertes au public avec la plus grande libéralité.

Quant au Cabinet des titres généalogiques, la majorité de la commission a considéré que si une grande partie des pièces qui le composent ont appartenu à des archives de famille, ce sont néanmoins, en général, des actes d'origine publique; que ce cabinet avait été constitué autrefois comme un dépôt d'archives spéciales pour la noblesse et les familles notables, afin de servir surtout à des recherches qui avaient un caractère public et officiel et qu'aujourd'hui encore les intérêts auxquels ces recherches avaient rapport sont garantis par l'autorité publique, que les documents dont le Cabinet des titres est composé sont généralement semblables par leurs principaux caractères à ceux que renferment et doivent renfermer les Archives de l'Empire; que d'ailleurs les inconvénients qu'il y aurait à éloigner le Cabinet des titres du département des manuscrits de la Bibliothèque Impériale n'auraient point lieu si l'on transportait aux Archives de l'Empire les collections de pièces d'archives que possède ce département; par ces motifs la majorité de la commission est d'avis qu'il y a lieu de transférer de la Bibliothèque Impériale aux Archives de l'Empire le Cabinet des titres.

La commission demande le prompt achèvement des catalogues détaillés des diverses collections des archives de l'Empire et la publication des catalogues du Dép^t des Mss. de la B. I.

Les *Pièces justificatives* comprennent : 1° Union de l'office de trésorier et garde des chartes, titres, papiers et registres de la couronne à l'office de procureur général.

2° Arrêt du conseil du 9 juillet 1697.

3° Inventaire des layettes, coffres, sacs et registres, qui sont au Trésor des Chartes du roy, à la Sainte-Chapelle.

4° Du Trésor des Chartes de Simancas, en Espagne.

5° Mémoire sur l'utilité d'archives publiques centrales, présenté au roi, en 1711, par M. d'Aguesseau, alors procureur général du Parlement de Paris, et en cette qualité garde du Trésor des Chartes.

6° Mémoire sur les dépôts de chartes, titres, registres, documents et autres papiers qui existaient dans le département de la Seine, et sur leur état à l'époque du 1er janvier 1789, sur les révolutions qu'ils ont éprouvées et sur leur état au 1er nivôse de l'an VI (par Camus).

1199. — **Raynaud (Gaston).** — Bibliographie des chansonniers français des XIIIe et XIVe siècles comprenant la description de tous les manuscrits, la table des chansons classées par ordre alphabétique de rimes et la liste des trouvères. — Paris, F. Vieweg, in-8°.

T. I. Description des manuscrits, XIII, 252 p.
T. II. Table des chansons. Liste des trouvères. XVIII, 249 p.
La majeure partie de ces mss. se trouve à la B. N.

1200. — **Raynaud (Gaston).** — Catalogue des manuscrits anglais de la Bibliothèque nationale. — *Paris, H. Champion,* 1884, in-8°, 30 p.
8° Q Pièce.

(Extrait du *Cabinet historique* de 1883.)

[...] en 1874 par M. Natalis de Wailly, le fonds des mss. anglais de la B. N. comprend 95 numéros et, jusqu'alors, aucun de ces mss. n'avait [...] M. Raynaud a classé méthodiquement ces documents et les a [...] Table des matières dont les chiffres renvoient à la numérotation des mss.

1201. — — Le chansonnier Clairambault de la Bibliothèque nationale. — *Paris, H. Champion,* 1879, in-8°, 22 p.
Y Pièce

Extrait de la *Bibliothèque de l'École des chartes*, t. 40 (1879), p. 48-67.
Le ms. de Clairambault (Bibl. nat., nouv. acq. fr. 1050) est un beau volume écrit à 2 colonnes, sur vélin, de la seconde moitié du XIIIe siècle. Il est noté et compte 280 feuillets comprenant 491 chansons dont M. Raynaud donne une table complète.

1202. — — Inventaire des manuscrits italiens de la Bibliothèque nationale qui ne figurent pas dans le catalogue de Marsan. — *Paris, Alphonse Picard et H. Champion,* 1882, in-8°, 152 p.
8° Q

Extrait du *Cabinet historique* (année 1881).
Tiré à 200 exemplaires.
Le catalogue de Marsand comprenait 836 notices qui s'appliquaient à près de 300 mss.; ceux-ci étaient alors disséminés dans les différents fonds du département. C'est en 1860 que M. Natalis de Wailly constitua le fonds italien qui, en octobre 1882, se composait de 1697 articles.
L'inventaire de M. Raynaud est plutôt le complément que le supplément du catalogue Marsand; sa numérotation est celle des mss. italiens; elle est intermittente parce que M. Raynaud ne mentionne que les mss. inconnus à Marsand.
M. Raynaud a établi et identifié le nom des auteurs partout où il l'a pu, quand l'indication était suffisante. Il a conservé et placé entre guillemets les titres italiens avec leur orthographe de temps et de lieu; quand il a dû composer les titres, il les a rédigés en français. Enfin il donne l'âge approximatif des mss.

Raynouard. — Voyez : Notices et extraits des mss. de la B. N.

1203. — *Recensio* manuscriptorum codicum qui ex universa bibliotheca Vaticana selecti jussu domini nostri Pii VI pont. max. pridie idus Jul. a. 1797 procuratoribus Gallorum jure belli seu pactorum induciarum ergo et inita pacis traditi fuere. — *Lipsiæ,* 1803, in-8°, 151 p.

C'est la liste de 500 manuscrits importants que les commissaires français avaient choisis dans les différents fonds de la bibliothèque du Vatican, conformément aux clauses du traité de Tolentino, signé le 19 février 1797. Livrés par le pape en juillet 1797, ces mss. furent reçus le 27 et le 28 janvier 1798 par la Bibliothèque nationale qui les garda jusqu'au 23 octobre 1815, moment où ils furent restitués au Souverain Pontife.
(Voir Delisle, *Cabinet des mss.*, t. 2, p. 34.)

1204. — Recueil de fac-similés à l'usage de l'École des chartes. — *Paris, Alphonse Picard*, 1880, gr. in-fol., 8 p. et atlas de 224 pl.   L $\frac{44}{28}$

Beaucoup des documents reproduits ici se trouvent au Dépt des Mss. de la B. N. Cette série se compose de planches lithographiées qu'on ne rencontre pas en librairie.

1205. — Recueil de médailles de peuples et de villes qui n'ont point encore été publiées ou qui sont peu connues. — *Paris, H. L. Guerin et L. F. Delatour*, 1763-1766, 7 vol. in-4°.   Inv. J 4926-4932

Par Joseph Pellerin, commissaire général et premier commis de la marine.
T. I. Médailles d'Europe. XXII, 207 p., pl. 1-37.
T. II. Médailles d'Asie. XVII, 265 p., pl. 38 à 85.
T. III. Médailles d'Afrique ; des Indes ; médailles incertaines ; Phéniciennes ; Puniques ; en caractères inconnus ; avec un Supplément. IIV. 288 p., pl. 86 à 136.
La suite de cet ouvrage a paru sous les titres suivants : *Mélange de diverses médailles, pour servir de supplément aux Recueils des médailles de Rois et de Villes qui ont été imprimés en 1762 et 1763*. — *Paris, H. L. Guerin et L. F. Delatour*, 1765, in-4°.
T. I. 1° Médailles détachées. 2° Médailles impériales en or, en argent et en bronze. 3° Médailles des colonies qui manquent dans Vaillant, avec des observations sur celles qu'il a publiées. 336 p., 24 pl.
T. II. Médailles impériales grecques qui manquent dans Vaillant avec des observations sur celles qu'il a publiées. 376 p., 32 pl.
Supplément aux 6 volumes de Recueils de médailles de rois, de villes, etc., publiés en 1762, 1763 et 1765. Avec des corrections relatives aux mêmes volumes. — *Paris, H. L. Guerin et L. F. Delatour*, 1765, in-4°, XII, 70 p. 2 pl.
Second Supplément... — *Paris, L. F. Delatour*, 1766, in-4°, VIII, 200 p., 8 pl.
La collection Pellerin, la plus riche qui fût alors en Europe et dont l'impératrice de Russie avait offert 300,000 livres, se composait de 32,500 médailles ; elle fut achetée par le Roi, en 1776, pour 300,000 livres. Les doubles ayant été réservés pour des échanges, il resta 17,310 médailles qui entrèrent dans les diverses suites du Cabinet royal et en élevèrent la quantité à environ 45,000. Pellerin conserva la jouissance de sa collection pendant toute sa vie. Il mourut le 30 août 1782, à l'âge de 99 ans.

Lettre de l'auteur des Recueils de médailles de rois, de peuples et de villes, imprimés en huit volumes in-quarto, chez H. L. Guerin et L. F. Delatour, depuis 1762 jusqu'en 1767, à M .... — A Francfort, et se trouve à Paris, chez L. F. Delatour, 1768, in-4°, 42 p.   J 1195 ou inv. J 4924

Par M. Pellerin. — Au sujet de diverses médailles de sa collection.

Additions aux neuf volumes de Recueils de médailles de rois, de villes, etc. imprimés en 1762, 1763, 1765, 1767, 1768 et 1770 ; avec des Remarques sur quelques médailles déjà publiées. — *A la Haye ; et se trouve à Paris, chez la veuve Desaint*, 1778, in-4°, XII, 108 p.   Inv. J 4934

Par Pellerin.

Lettres de l'auteur des Recueils de médailles de rois, de peuples et de villes, imprimés en huit volumes in-quarto, chez H. L. Guerin et L. F. Delatour, depuis 1762 jusqu'en 1767. A Francfort, et se trouve à Paris, chez L. F. Delatour, 1770, in-4°, 210 p., 4 pl.   J 1196 ou inv. J 4935

Par M. Pellerin. Au sujet de diverses médailles de sa collection.

Observations sur quelques médailles du cabinet de M. Pellerin, par Le Blond. — A la Haye, et se trouve à Paris, chez la veuve Desaint, 1771, in-4°, 67 p., 2 pl.

Inv. J 4934

1206. — **Recueil** des chartes de l'abbaye de Cluny, formé par Auguste Bernard, complété, révisé et publié par Alexandre Bruel,... — *Paris, imp. nationale*, 1876-1888, vol. in-4°.   L

T. I.   1876.
T. II. 954-987.   1880, 760 p.   T. V. 1091 - 1210 - 1894.
T. III. 987-1027.   1884, 824 p.
T. IV. 1027-1090.   1888, 831 p.

Le faux titre porte : Collection de documents inédits sur l'histoire de France publiés par les soins du Ministre de l'Instruction publique. Première série. Histoire politique.

Le 9 juin 1792, le ministre de l'intérieur, Roland, demanda à l'Assemblée nationale l'autorisation de faire transporter la collection des chartes de Cluny à la Bibliothèque Nationale, qui en possède maintenant un très grand nombre.

1207. — **Recueil** des décret, ordonnances, arrêtés et règlements concernant le régime de la Bibliothèque royale (an IV-1847.) — *Paris, imp. de Giraudet et Jouaust*, 1848, in-8°, 116 p.

Q 874 ǁ Rés. Inv. Q 828 ǁ Inv. Q 7469 ou Q

Contient :

1. — Rapport présenté au nom du comité d'instruction publique, sur l'organisation de la Bibliothèque nationale, par Villar, député de la Mayenne (Convention nationale, séance du 6 vend. an IV, 28 sept. 1795).
2. — Décret (25 vendémiaire an IV.)
3. — Extrait des Procès-verbaux des séances du conservatoire de la Bibliothèque nationale, 3ᵉ séance, 12 brumaire an IV. (Tableau du nombre des employés et des traitements.)
4. — Règlement pour la Bibliothèque nationale. (Du 12 fructidor an IV, signé Benezech.)
5. — Ministère de l'Intérieur. Arrêté du 1ᵉʳ vendémiaire an IX (qui place à la tête de chaque établissement public un administrateur personnellement comptable et responsable et qui établit l'étendue des attributions de ces fonctionnaires.)
6. — Arrêté du 28 vendémiaire an IX, (dans lequel le Ministre de l'Intérieur nomme l'administrateur et les autres fonctionnaires de la Bibliothèque et fixe leurs attributions.)
7. — Lettre du Ministre de l'Intérieur (1ᵉʳ frimaire an IX) à l'Administrateur de la Bibliothèque nationale. (Chaptal déclare que l'on a mal interprété l'arrêté du 1ᵉʳ vendémiaire et donne de nouvelles indications à son sujet.)
8. — Arrêté du Ministre de l'Intérieur du 13 pluviôse an XII. (Chaptal ordonne de faire rentrer tous les documents qui ont été prêtés à l'extérieur et décide qu'ils seront consultés désormais à la Bibliothèque.)
9. — Lettre du Ministre de l'Intérieur (9 ventôse an XII) à Gosselin, administrateur de la Bibliothèque nationale. (Chaptal autorise le prêt à l'extérieur pour les savants.)
10. — Arrêté de Montalivet, ministre de l'Intérieur (7 janvier 1813.) (Sur les prêts de livres.)
11. — Ordonnance royale (2 nov. 1828.) (Division de la Bibliothèque en 5 départements; les 5 conservateurs composent seuls le conseil d'administration, qui prend le titre de Conservatoire de la Bibliothèque du Roi: création de conservateurs-adjoints.)
12. — Règlement pour la Bibliothèque royale (31 déc. 1828.) (Administration générale. — Service public. — Police intérieure des départements. — Des employés. — Des garçons de service et suisses.)

13. — Rapport au roi, par Guizot (novembre), (pour une réorganisation des services intérieurs de la Bibliothèque.)
14. — Ordonnance royale du 14 nov. 1832 (qui divise la Bibliothèque en 4 départements et qui fixe les attributions du directeur et des conservateurs.
15. — Règlement concernant la Bibliothèque royale (26 mars 1833). Personnel de l'administration. — Dispositions générales. — Dépenses, achats, échanges, etc. — Service public : dispositions générales. — Lecture et étude à l'intérieur. — Prêt au dehors. — Visite des collections dans un but de curiosité. — Employés, auxiliaires et surnuméraires. — Conditions pour arriver aux places d'auxiliaires et d'employés. — Des garçons de service et portiers.]
16. — État de la Bibliothèque en nov. 1832. (Liste du personnel par départements.)
17. — Rapport au roi, par Salvandy, 22 février 1839 (pour une réorganisation de la Bibliothèque).
18. — Ordonnance royale du 22 février 1839. (La Bibliothèque du Roi est divisée en 6 départements. Chaque département peut être divisé en sections, celles-ci sous la direction d'un conservateur adjoint. Le département des mss. est divisé en 6 sections. Un arrêté spécial déterminera le nombre d'employés, d'auxiliaires et de surnuméraires nécessaires par département. Les conservateurs et les plus anciens des conservateurs adjoints par département constituent le conseil d'administration ou Conservatoire. L'administration, à tous ses degrés, appartient exclusivement à l'administrateur général qui réside près la Bibliothèque, fait exécuter les catalogues, etc. La Bibliothèque est ouverte de 9 heures du matin à 4 h. de l'après midi. Un poste de secrétaire-trésorier est créé. Les conservateurs et conservateurs adjoints sont nommés par le roi. Les bibliothécaires et les sous-bibliothécaires sont nommés par le ministre. Taux des appointements. Des révocations. Logement des conservateurs à la Bibliothèque. Division du budget par départements. Dispositions transitoires. Nomination de M. Dunoyer comme administrateur général de la Bibliothèque et celle de M. Jomard comme président honoraire du Conservatoire.)
19. — Ordonnance royale du 2 juillet 1839 (32 articles. Tit. I. Organisation de la Bibliothèque royale. — II. Fonctions particulières des conservateurs et attributions du Conservatoire. — III. Attributions et responsabilités du directeur président du Conservatoire.)
20. — Règlement du 30 sept. 1839. (120 articles. Titre I. Administration et personnel. 1. Conservatoire. — 2. Employés et surnuméraires. — 3. Dispositions communes à tous les fonctionnaires. — 4. Garçons de service et portiers. — Titre II. Service public. 1. Dispositions générales. — 2. Lecture et études à l'intérieur. — 3. Prêt au dehors. — Visite des collections dans un but de curiosité.)
21. — Ordonnance royale du 2 sept. 1847. (Le Directeur de la Bibliothèque du Roi reprend le titre d'Administrateur général. Le Secrétaire-Trésorier tiendra tous les registres d'entrée et de sortie et toutes les écritures relatives à ce service.)
22. — Rapport au Roi et nomination de la commission chargée d'examiner l'organisation et le régime de la Bibliothèque royale (Moniteur du 5 janvier 1848) (signé : Salvandy). Supplément. 1. Commission nommée pour examiner les travaux de catalogue du 4e département de la Bibliothèque royale, section des estampes, 8 sept. 1847 (signé : Salvandy). II. Commission nommée pour examiner le mode de publication du complement de l'ouvrage de Champollion-le-Jeune, intitulé : Antiquités de l'Égypte et de la Nubie. 21 oct. 1847 (signé : Salvandy).

1208. — **Regiæ** bibliothecæ librorum editorum classis prima. — (S. l. ni d.), in-fol., 8 p.   Rés. Q   ou Rés. inv. Q

Le titre de départ porte : Libri theologici. Sectio prima. Biblia Sacra.

1209. — **Règlement** de la Bibliothèque Nationale. — *Paris, typ. Georges Chamerot* (s. d.), [1886], in-8°, 24 p.

> Il se compose de 131 articles.
> Les art. 1-14 ont trait à l'Administration, au Comité consultatif et au Bureau d'administration.
> Les art. 15-59 sont relatifs au Personnel.
> Les art 60-131 règlementent le Service public.
> Il se termine par sept articles spéciaux au Service de nuit qui n'existait pas précédemment.

1210. — **Règlement** pour la Bibliothèque nationale. — *Paris, imp. de la République*, vendémiaire, an V, gr. in-fol. plano.

Rés. Q 98 ou Rés. inv. Q 114 || Inv. Q 35

> Ce Règlement « approuvé par le Ministre de l'Intérieur, le 12 fructidor, an 4, signé Benezech » est imprimé en 4 colonnes et comprend :
> Titre I. Administration générale (art. 1-14).
> — II. Des conservateurs (art. 1-4).
> — III. Des départements (art. 1-2).
> — IV. Police intérieure des Dépôts (art. 1-13).
> — V. Des Employés et des Aides (art. 1-14).
> — VI. Des Garçons de service (art. 1-5).
> — VII. Des Portiers (art. 1-7).

1211. — **Règlement** pour la Bibliothèque nationale. — *Paris, imp. de la République*, in-8°, 16 p. Rés. inv. Q 705 ou Q 730

> Se termine par ces mots : « Approuvé par le Ministre de l'Intérieur, le 12 fructidor, an 4, signé Benezech. »
> Titre I. Administration générale (14 articles).
> — II. Des conservateurs (4 articles).
> — III. Des départements (2 articles).
> — IV. Police intérieure des Dépôts (13 articles).
> — V. Des Employés et des Aides (14 articles).
> — VI. Des Garçons de service (5 articles).
> — VII. Des Portiers (7 articles).

1212. — **Règles** pour la confection des cartes. — (S. l. ni d.), in-8°, 15 p. 8° Q. Pièce 2605

> Autographié par l'Établissement et destiné au personnel. Ce guide comprend quatre divisions :
> 1° Confection des cartes (23 paragraphes).
> 2° Manière de reconnaître les formats (2 paragraphes).
> 3° Divisions générales du catalogue.
> 4° Règles pour le classement des cartes (12 paragraphes).

Reiffenberg (de). — Voyez : Bibliothèque de M. Guillaume Libri.

1213. Reinaud. — Notice historique et littéraire sur M. le baron Silvestre de Sacy, lue à la séance générale de la Société asiatique le 25 juin 1838. — *Paris, imp. royale*, 1838, in-8°, 83 p. Ln^{27}/1477

> Extrait du *Journal asiatique*.
> Antoine-Isaac Silvestre de Sacy naquit à Paris le 21 sept. 1758 et mourut en 1838. Le 2 avril 1795, il fut chargé du cours d'arabe professé à la B. N. et il remplit, de 1833 à 1838, les fonctions de conservateur des manuscrits orientaux.

1214. — **Reinaud**. — Notice sur le catalogue général des manuscrits orientaux de la Bibliothèque impériale, lue dans la séance générale de la *Société asiatique* du 20 juin 1855. — *Paris, imp. impériale*, 1855, in-8°, 16 p.   8° Q Pièce. 339 || Rés. inv. Q 545

Extrait du n° 9 du *Journal Asiatique* de 1855.
M. Reinaud donne d'abord quelques renseignements sur l'accroissement du nombre des mss. orientaux à la Bibliothèque et, après avoir montré l'insuffisance de l'ancien catalogue, il indique le plan adopté pour le nouveau. Dans l'ancien catalogue les titres des ouvrages étaient transcrits en caractères romains ou simplement traduits en latin. Dans le nouveau les titres sont reproduits en caractères originaux et, de plus, accompagnés d'une traduction littérale.
Le T. I est consacré aux mss. qui appartiennent aux religions juive et chrétienne. Les T. II-III le sont aux croyances musulmanes. Le T. IV est spécialement affecté à l'Inde et aux contrées voisines ; quant au T. V, il renferme les livres chinois, mandchous, mongols et japonais.

1215. — **Reiners (Ad.)**. — Les manuscrits de l'ancienne abbaye d'Echternach conservés à la Bibliothèque nationale de Paris. — *Luxembourg, V. Bück*, 1886, in-8°, 40 p.

Extrait des *Publications de la Société historique de l'Institut royal grand-ducal de Luxembourg*. T. 40.
21 mss. classés dans le fonds latin.

Rémusat (Abel). — Voyez : Abel Rémusat

1216. — **Renier (L.)**. — Sur quelques inscriptions latines récemment exposées dans la salle du Zodiaque de la Bibliothèque impériale. — *Paris, imp. de P. Dupont*, (1855), in-8°, 12 p.

Extrait du *Bulletin des Sociétés savantes*, juillet 1855.

1217. — **Renouard (Ant. Aug.)**. — Au Comité d'instruction publique. — (S. l.), le 2me du 2me mois, l'an 2me de la républ. franç., in-8°, 4 p.
Lb $\frac{41}{671}$

Pour inviter le Comité à ne rien changer aux reliures, écussons et estampilles des livres de la Bibliothèque nationale.

—. — Voyez : Lélut. Discours prononcé aux funérailles de M. Dunoyer

1218. — **Réorganisation** des bibliothèques publiques. — *Paris, imp. Bonaventure et Ducessois*, (s. d.), in-8°, paginé 19-32.
Inv. Q 7474 || Rés. inv. Q 439

Signé : J. Hébrard. — Les pages 31-32 contiennent un « Projet d'arrêté. »

1219. — **Réponse** à M. G*** où l'on examine plusieurs questions d'antiquité, et entr'autres la Dissertation publiée depuis peu sur le Gallien d'or du Cabinet du Roy. — *A Paris, chez Pierre Aubouin et Charles Clouzier*, 1698, in-12, XXIV p.   J 1503 ou Inv. J 1076

Réponse à M. Galland. L'auteur est Charles-César Baudelot.

1220. — **Réponse** à un écrit intitulé, Remarques de M. le Hay sur la manière de graver et d'expliquer les Pierres antiques. — (*S. l. n. d.*), in-8°, 12 p.
J 1764 ou inv. J 10051

Par Philibert-Bernard Moreau de Mautour. — 1710.

1221. — **République française.** Au nom du peuple français. Le tribunal civil de 1re instance du département de la Seine séant au Palais de Justice à Paris a rendu en l'audience publique de la 1re chambre dudit tribunal le jugement dont la teneur suit... — (*S. l.*, 1892), in-4°, 7 p.

Autographié et tiré à 20 exemplaires. — Jugement rendu dans le procès intenté à la B. N. par M. Beglo. Pour le détail, voir précédemment l'article *L'Enfer de la Bibliothèque nationale*.

1222. — **République** française. Ministère de l'instruction publique et des beaux-arts. Direction des bâtiments civils et des palais nationaux. Adjudication en deux lots de travaux relatifs à l'installation de casiers à la Bibliothèque nationale. — *Imprimerie nationale*, septembre 1889, gr. in-fol. plano.
Agence des trav. de la B. N.

L'adjudication est annoncée pour le 24 sept. 1889; elle se fait en deux lots, au rabais sur les prix de la série des Bâtiments civils et des Palais nationaux (édition de 1888) et sur soumissions cachetées :

NATURE DES TRAVAUX	ÉVALUATION	CAUTIONNEMENT	FRAIS APPROXIMATIFS D'ADJUDICATION
1° Menuiserie	68,000 f	3,000 f	180 f
2° Serrurerie	56,000 f	2,500 f	160 f

Cette affiche, en 12 articles, est datée du 2 septembre 1889; elle est signée : « Le Directeur des Bâtiments civils et des Palais nationaux, Jules Comte. » Elle se termine par un « Modèle de soumission. »

1223. — **République** française. Ministère de l'instruction publique et des cultes. Rapport adressé à M. le Ministre de l'Instruction publique et des cultes par le Comité historique des arts et monuments, sur le projet de translation de la Bibliothèque nationale dans les galeries du Louvre. — *Paris, imp. Paul Dupont*, in-8°, 6 p.
Inv. Q 7472 || Rés. inv. Q 633

Ce rapport, daté du 12 mars 1849, est signé : F. de Guilhermy, rapporteur; et Ch. de Montalembert, membre du comité remplissant par intérim les fonctions de vice-président.

Il conclut au maintien de la bibliothèque dans son emplacement actuel parce que les bâtiments, loin de menacer ruine, sont très solides, ne demandent que certaines réparations et parce que les galeries du Louvre trop étroites, ne pourraient à la fois suffire aux besoins de la Bibliothèque de l'exposition annuelle des œuvres d'art et de l'exposition quinquennale des produits de l'industrie. En achevant les constructions commencées sur la rue Vivienne on assurerait à la Bibliothèque tout l'espace dont ses collections auraient besoin pendant cent ans.

Reybaud (Louis). — Voyez : Lelut. Discours prononcé aux funérailles de M. Dunoyer.

1224. — **Riant (Comte).** — Dépouillement des tomes XXI-XXII de l'*Orbis christianus* de Henri de Suarez. — *Gênes, imp. de l'Inst. Royal des Sourds-Muets*, 1881, gr. in-8°, 33 p. 4° G Pièce. 32

Extrait des *Archives de l'Orient latin* publiées sous le patronage de la Société de l'Orient latin, Tome I, 1881, p. 257-287.
Les 3 volumes dépouillés dans ce travail forment les n°° 8983-8985 du fonds latin de la B. N., et se rapportent aux patriarcats de Constantinople et de Jérusalem.

1225. — **Riant** (Comte). — Inventaire des matériaux rassemblés par les Bénédictins au xviii° siècle pour la publication des *Historiens des Croisades*. (Collection dite de dom Berthereau. Paris, Bibl. nat. fr. 9050-9080). — *Gênes, imp. de l'Institut Royal des Sourds-Muets*, 1882, in-8°, 25 p.

Extrait des « *Archives de l'Orient latin*, 1882, t. 2, p. 105-130. »
Signalée à l'Institut, en 1801, par Silvestre de Sacy, la partie déjà classée des papiers de dom Berthereau (21 volumes petit in-folio) fut acquise par la Bibliothèque nationale en 1813. Quelques années plus tard, après la mort de Sacy, (1838), les portefeuilles non classés vinrent rejoindre dans ce dépôt le reste de la collection et furent reliés en 10 volumes in-fol.
La collection dite de Dom Berthereau figura d'abord dans le *Supplément français* de la B. N. sous le n° 2503; elle occupe aujourd'hui les numéros 9050-9080 du même fonds.

1226. —. — Inventaire sommaire des manuscrits de l'*Eracles*. — *Gênes, imp. de l'Inst. Royal des Sourds-Muets*, 1881, in-4°, 12 p.
4° Q Pièce. 31

Extrait des *Archives de l'Orient latin publiées sous le patronage de la Société de l'Orient latin*, Tome I, 1881, p. 247-256. Tiré à 50 exempl.
Dans cet inventaire des manuscrits, des versions, continuations et remaniements français de Guillaume de Tyr, M. Riant donne une bibliographie des mss. de l'*Eracles*. Il indique dans quelles bibliothèques, et sous quelles cotes ces documents sont conservés. La B. N. possède les 2/3 de ces manuscrits.

—. — Voyez : Inventaire sommaire des manuscrits relatifs à l'histoire de l'Orient latin.

1227. — **Richou** (Gabriel). — Inventaire de la collection des ouvrages et documents réunis par J.-F. Payen et J.-B. Bastide sur Michel de Montaigne, rédigé et précédé d'une Notice par Gabriel Richou, suivi de Lettres inédites de Françoise de Lachassagne. — *Paris, Léon Téchener*, 1878, in-8°, xvii et 397 p. 8° Q 185

Sur la fin de sa vie, le docteur Payen avait exprimé le désir que cette collection fût cédée à une bibliothèque publique. M. Taschereau l'acheta pour la B. N. moyennant une somme de 34,000 francs et sous cette condition expresse que la collection serait maintenue dans son intégrité et déposée en un cabinet spécial sous le titre de Collection Payen.
L'inventaire de M. Richou comprend 1467 numéros et se divise en dix sections :
1° Œuvres de Montaigne. — 2° Traductions des Œuvres de Montaigne en langues allemande, anglaise, hollandaise et italienne. — 3° Ouvrages ayant appartenu à Montaigne, portant sa signature ou quelques lignes de sa main. —

4° Ouvrages des parents, amis et contemporains de Montaigne. — 5° Ouvrages manuscrits et imprimés de M. J. Payen. — 6° Ouvrages se rapportant spécialement ou incidemment à Montaigne, à ses parents et à ses amis. — 7° Ouvrages anonymes se rapportant spécialement ou incidemment à Montaigne, à ses parents et à ses amis. — 8° Ouvrages divers. — 9° Autographes, chartes, portefeuilles. — 10° Portraits, statuettes, médailles.

Le département des manuscrits de la Bibliothèque nationale possède (nos 926 à 933 du *Fonds français des nouvelles acquisitions*) un recueil de notes, remarques, lettres, etc., préparé par M. J.-B. Bastide pour une nouvelle édition des Œuvres de Montaigne.

Les pages 255 à 324 contiennent les « Lettres inédites de Françoise de Lachassagne, veuve de Michel Eyquem de Montaigne » et l' « Appendice », la « Fondation de feu Monsieur de Raymond » et « Tombeau de Michel de Montaigne ». On trouve enfin une Table chronologique des faits contenus dans le volume et une Table des matières.

1228. — **Richou** (Gabriel). — Répertoire du droit administratif. Traité de l'administration des bibliothèques publiques. Historique, Organisation, Législation. — *Paris, P. Dupont*, 1885, in-8°, VIII, 421 p.

F 4050

Les 189 premières pages de ce volume sont consacrées à l'historique des bibliothèques publiques et à celui de la Bibliothèque nationale en particulier : organisation, local, administration, personnel, accroissement des collections, reliure, classement et catalogues, service public, mesures de sûreté, comptabilité.

À la fin de l'ouvrage, on trouve : 1° sous la rubrique « Législation » une liste chronologique des décrets, lois, arrêtés, ordonnances relatifs aux bibliothèques depuis le 2-4 novembre 1789 jusqu'au 17 juin 1885 ; — 2° un Index bibliographique ; — 3° une Table alphabétique.

Rilliet (Albert). — Voyez : Études paléographiques.

1229. — **Robert** (Ulysse). — Catalogue des manuscrits relatifs à la Franche-Comté qui sont conservés dans les bibliothèques publiques de Paris. — *Paris, Champion*, 1878, in-8°, 296 p., 5 pl.

Q 356

Extrait des *Mémoires de la Société d'émulation du Jura*. C'est le développement de l'opuscule publié par M. Robert sous ce titre : *Inventaire sommaire des documents manuscrits relatifs à la Franche-Comté*.

Les pages 1-251 contiennent le catalogue des mss. qui se trouvent à la B. N. Chaque article est accompagné de sa cote officielle.

Les mss. conservés dans les bibliothèques de l'Arsenal, de l'Institut, du Luxembourg, de la Mazarine, et de Sainte-Geneviève sont indiqués ici, pages 251 à 259.

Un appendice donne l'inventaire sommaire des documents relatifs à la Franche-Comté qui sont conservés aux Archives Nationales.

Le volume se termine par deux notices de M. Bordier sur le Lectionnaire de Luxueil (Ms. lat. 9427) et l'Apocalypse de Saint Lupicin (Ms. lat. 9384), manuscrits qui se trouvent à la B. N.

1230. — — État des catalogues des bibliothèques publiques de France. — (S. l.), (1884), in-8°, 27 p.

Q Pièce. 408

La partie relative aux catalogues de la B. N. occupe les pages 16-21.

1231. — — État des catalogues des manuscrits des bibliothèques de France. — *Paris, Henri Menu*, 1877, in-8°, 29 p.

Q Pièce. 382

Extrait du *Cabinet historique*, t. 23, catal. p. 101-125. Tiré à 125 exempl., dont 25 sur papier vergé.

Les catalogues de la B. N. sont indiqués aux p. 19-23.

1232. — **Robert** (Ulysse). — Indicateur des armoiries des villes, bourgs, villages, monastères, communautés, corporations, etc., contenues dans l'Armorial général de d'Hozier. — *Paris, Alph. Picard*, 1879, in-8°, I-II, 192 p.

Imprimé à 2 colonnes.

Les articles sont classés par provinces et, pour chacune de celles-ci, par ordre alphabétique des localités.

Extrait du *Cabinet historique*, t. XXIV et XXV.

1233. —. — Inventaire des cartulaires conservés dans les bibliothèques de Paris et aux Archives nationales, suivi d'une Bibliographie des cartulaires publiés en France depuis 1840. — *Paris, Alphonse Picard*, 1878, in-8°, VII, 107 p. ^{b} Q 267

Extrait du *Cabinet historique*, t. XXIII, Catalogue; p 126-235. Tiré à 350 exemplaires dont 50 sur papier vergé.

Cet inventaire est dressé presque en entier d'après le *Catalogue des manuscrits de l'ancien fonds latin*, l'*Inventaire des manuscrits du nouveau fonds latin* de la Bibliothèque nationale, de M. Delisle, et l'*Inventaire sommaire des fonds des Archives*. Les indications relatives à chaque cartulaire se réduisent au titre, à la date, au nombre des folios, à l'établissement dans lequel il est conservé et à la cote actuelle.

A la fin de son rapport imprimé dans la *Revue des Sociétés savantes*, de 1866, p. 496-530, M. Delisle avait inséré une Bibliographie des cartulaires français qui ont été publiés depuis 1840. M. Robert réimprime cette bibliographie en y ajoutant l'indication des cartulaires et recueils de chartes publiés depuis 1866 jusqu'en 1878.

Le volume se termine par une Table qui indique la Répartition par diocèses des cartulaires ecclésiastiques, monastiques, hospitaliers, etc. et par provinces des cartulaires seigneuriaux, municipaux, etc.

Il a paru un *Supplément* de 12 pages, extrait aussi du *Cabinet historique* (*Paris, Alph. Picard*, 1879), t. XXV, Catalogue, p. 222.

1234. —. — Inventaire sommaire des documents manuscrits relatifs à la Franche-Comté. — *Besançon*, 1874, in-8°.

Tiré à un petit nombre d'exemplaires et extrait de l'*Annuaire du Doubs*, 1874. A été réimprimé sur un plan élargi sous ce titre : *Catalogue des manuscrits relatifs à la Franche-Comté*.

1235. —. — Inventaire sommaire des nouvelles collections de titres originaux de la Bibliothèque nationale. — (*Paris*, 1877), in-8°, 100 p.

Extrait du *Cabinet historique*, année 1877, t. XXIII, p. 1-100.

C'est l'inventaire des collections qui forment la cinquième série du *fonds français*, n°s 25697 à 26484.

1236. —. — Recueil de lois, décrets, ordonnances, arrêtés, circulaires, etc. concernant les bibliothèques publiques, communales, uni-

versitaires, scolaires et populaires, publié sous les auspices du Ministère de l'Instruction publique. — *Paris, H. Champion*, 1883, in-8°, 258 p.
                                                                                                    8° F. 34

Robert (Ulysse). — Voyez : Mélanges Graux. Recueil de travaux d'érudition classique.

Rochefort, de. — Voyez : Notices et extraits des mss. de la B. N.

1237. — **Rochette** (Raoul). — Cours d'archéologie, professé par M. Raoul-Rochette, à la Bibliothèque du Roi, tous les mardis. Publié par la sténographie avec l'autorisation et la révision du professeur. — *Paris, Eugène Renduel*, 1828, in-8°, 374 p.   J $\frac{1735}{G}$ ou inv. J $\frac{155}{}$

1238. — — Exposé succinct de l'acquisition des vases de Bernay. — *Paris, imp. Édouard Proux*, 1838, in-8°, 24 p.   Dép' des Mss. fr.

R. Rochette défend sa conduite lors de l'acquisition des vases de Bernay et explique pour quels motifs ces objets achetés par lui 15,000 fr. ont été payés 30,000 fr. à M. Rollin qui l'avait accompagné dans son voyage, avait renoncé à se porter acquéreur concurrent, et avait avancé une partie de la somme nécessaire pour conclure le marché.

1239. — — Institut de France. Académie des beaux-arts. Funérailles de M. Visconti. Discours de M. Raoul-Rochette, secrétaire perpétuel de l'Académie, prononcé aux funérailles de M. Visconti le mardi 3 janvier 1854. — *Paris, typ. de Firmin-Didot*, (1854), in-4°, 8 p.   Ln $\frac{27}{2050}$

Ce discours est suivi de ceux de MM. Caristie, membre de l'Académie, vice-président du Conseil des bâtiments civils, — et de M. Hittorff, membre de l'Académie.

1240. — — Institut de France. Académie royale des inscriptions et belles-lettres. Funérailles de M. Abel-Rémusat. Discours. — *Paris, imp. de Firmin-Didot frères*, (1832), in-4°, 3 p.   Ln $\frac{27}{17202}$

1241. — — Lettre à M. Carnot, sur sa réponse à M. Raoul-Rochette, insérée dans la *Liberté de penser, revue philosophique et littéraire*, tome V, n° 29, p. 417. — *Paris, typ. de Firmin-Didot*, 1850, in-8°, 30 p.
                                                                                        Ln $\frac{27}{17714}$

Raoul Rochette défend sa conduite lors de l'achat des vases de Bernay et répond à M. Carnot au sujet de la pétition qu'il avait adressée à l'Assemblée nationale pour demander à être rétabli conservateur du Cabinet des médailles.

1242. — — Lettre à M. P. Paris sur le projet de mettre en direction la Bibliothèque royale, ou réponse au chap. XVIII du rapport de M. Allard, membre de la Chambre des députés, sur les crédits supplémentaires. — *Paris, Techener*, 1847, in-8°, 24 p.
                                                  8° Q Pièce 337 || Rés. inv. Q 629 || Inv. Q 7464 ou Q 730

M. Raoul-Rochette donne son entière approbation au *Mémoire* dans lequel M. P. Paris proteste énergiquement contre le *Rapport* où M. Naudet disait : « Le Directeur actuel n'a aucun pouvoir de contrôle sur les travaux intérieurs des autres départements, et, retenu en dehors par le droit exclusif des conservateurs sur leurs gouvernements respectifs, il ne saurait encourir l'imputation de ce qui s'y fait ou ne s'y fait pas. » M. Raoul-Rochette établit que, dans le département des médailles, aucune opération n'a lieu : acquisition, échange ou inventaire, sans la participation et l'approbation de M. Naudet.

1243. — **Rochette** (Raoul). — Notice sur deux vases d'argent du Cabinet des Antiques de la Bibliothèque du Roi, provenant du dépôt de Bernay. Extrait des *Nouvelles Annales publiées par la section française de l'Institut archéologique*. — *Paris, imp. Crapelet*, 1838, in-8°, 23 p.
Dépt des Médailles.

1244. —. — Notice sur quelques vases antiques d'argent faisant partie d'une collection d'objets de ce métal récemment trouvés près de Bernay en Normandie et acquise par le Cabinet des antiques de la Bibliothèque du roi. Extrait du *Journal des Savans*, juillet et août 1830. — *Paris, imp. royale*, mai 1831, in-4°, 28 p.
Lj $\frac{v}{170}$

(Relié avec les « Antiquités romaines trouvées à Berthouville... » in-fol.)

1245. —. — Pétition adressée à l'Assemblée nationale législative, pour demander le rétablissement de l'emploi de conservateur du Cabinet des médailles et antiques de la Bibliothèque nationale, supprimé par arrêté de M. Carnot, du 1er mars 1848. — *Paris, typ. Firmin-Didot frères*, 1849, in-8°, 13 p.
Rés. inv. Q 636

1246. —. — Post-scriptum à ma Lettre à M. Carnot. — *Paris, typ. Firmin-Didot frères*, 1850, in-8°, 36 p.
Rés. inv. Q 636 || Ln $\frac{27}{1717}$

Au sujet de l'achat des vases de Bernay. On accusait R. Rochette d'avoir fait des démarches auprès de M. Liston, huissier de Bernay, pour obtenir que son nom fût inséré dans l'acte d'acquisition de manière à ce qu'il pût se rendre propriétaire au préjudice de la Bibliothèque. R. Rochette proteste contre cette supposition injurieuse à son égard; il fait l'historique de cette acquisition.

1247. — **Rolland** (C.). — N° 691. République française... Assemblée nationale. Proposition tendant à faire transporter la Bibliothèque nationale de la rue Richelieu au palais des Tuileries, présentée le 8 décembre 1848 par le citoyen C. Rolland,... (envoyée au Comité de l'instruction publique). — *Imprimerie de l'Assemblée nationale* (1848), in-8°, 2 p.
Le $\frac{67}{2}$

1248. — **Romme** (G.). — Convention nationale. Rapport au nom du comité d'instruction publique, sur les abus qui se commettent dans l'exécution du décret du 18 du premier mois, relatif aux emblèmes de la féodalité et de la royauté, suivi d'un nouveau décret rendu dans la séance du 3 du deuxième mois ou du brumaire. — *Imprimerie de la Convention*, in-8°, 10 p. Le ²⁸/₁₂₇ ‖ Arch. Nat. A. D. VIII f.

L'article 8 du nouveau Décret dit que dans les Bibliothèques nationales les livres qui seront désormais reliés porteront le chiffre R. F., République française, et les emblèmes de la liberté et de l'égalité; l'estampille portera les mêmes lettres et les mêmes emblèmes.

L'article 9 dit : « Le Comité d'instruction publique et le Comité des monnaies nommeront chacun un de leurs membres pour examiner ensemble les médailles des rois de France déposées à la B. N. et dans les autres dépôts publics de Paris, afin de séparer celles qui peuvent intéresser l'art ou l'histoire, et de livrer toutes les autres au creuset. »

Roquefort (B. de). — Voyez : Millin, Introduction à l'étude de l'archéologie.

Voyez : Notices et extraits des mss. de la B. N.

Roset. — Voyez : Conversation familière entre un Homme de lettres et un ancien Libraire.

1249. — Rossmann (A. Élie). — Remarques sur le cachet de Michel Ange, par A. Élie Rossmann, conseiller de cour et professeur en droit et en philosophie. — *A la Haye*, 1752, in-8°, XXXII p. J ₁₇₆₄ ou inv. J ₁₀₃₅

Avec un dessin de Jean Conrad Muller.

Rostgaard. — Voyez : Projet d'une nouvelle méthode pour dresser un catalogue.

1250. — Rott (Édouard). — Inventaire sommaire des documents relatifs à l'histoire de Suisse conservés dans les archives et bibliothèques de Paris et spécialement de la correspondance échangée entre les ambassadeurs de France aux Ligues et leur gouvernement. Publié par ordre du Haut Conseil fédéral suisse. — *Berne, imp. S. Collin*, 1882-1888, 3 vol. in-8°. 4° M 43

1ʳᵉ partie, 1444 à 1610. — 1882, XII, 471 p. Contient, p. 433 à 463 : Inventaire des manuscrits de la Bibliothèque nationale qui ont été consultés pour le présent récolement.

2ᵉ partie, 1610 à 1648. — 1885, XVI, 645 p. L'inventaire des mss. de la Bibl. nat. consultés occupe les pages 599-619; 633-641.

3ᵉ partie, 1648 à 1684. — 1888, XIII, 824 p. L'inventaire des mss. de la Bibliothèque nationale consultés se trouve aux pages 791-800; 815-822.

1251. — Roty (Valentin). — Études sur Robert Gaguin. — (s. l. ni d.), imp. d'Aug. Tierny, in-8°, 27 p. Ln ²⁷/...

Robert Gaguin mourut en 1501. Il avait été garde de la Librairie du Roi. La notice donne la liste de ses travaux (19 n°ˢ).

Rouland. — Voyez : Ministère de l'instruction publique. Bibliothèque impériale, Rapport.
— Rapport à l'Empereur.

Royer (E. de). — Voyez : Acte d'accusation contre Libri-Carrucci.

1252. — **Ruelle** (Ch.). — [Notice nécrologique sur Charles Magnin, commençant par ces mots :] L'Académie des inscriptions, le Comité impérial des travaux historiques, le Journal des Savants, la Bibliothèque impériale viennent de faire une perte... — *Paris, imp. Paul Dupont*, (1862), in-8°, 3 p.

> Extrait du *Journal général de l'instruction publique* du novembre 1862.
> Charles Magnin, né à Paris le 4 novembre 1793, fut conservateur adjoint des Imprimés, de 1832 à 1865.

1253. — **Ruyssen**. — Régiment de sapeurs-pompiers de Paris. Bibliothèque nationale. Moyens de secours. — *Paris, imp. G. Chamerot*, in-fol. plano.

> Daté du 19 février 1889. — En deux paragraphes : 1° Défense par l'eau en pression. — 2° Défense par l'eau en charge.

1254. —. — Régiment de sapeurs-pompiers de Paris. Bibliothèque nationale. Consigne particulière du poste de la Bibliothèque nationale. — *Paris, imp. G. Chamerot*, in-fol. plano.

> Daté du 19 février 1889.

1255. — **Rymaille** sur les plus célèbres bibliotières de Paris. Par le Gyronague Simpliste. — (S. l.), 1649, in-8°, 4 p.

Saas (abbé Jean). — Voyez : Lettres d'un académicien à M. *** sur le Catalogue de la bibliothèque du roi.

1256. — **Sacy** (A. J. Silvestre de). — Discours prononcé aux funérailles de Monsieur Laporte du Theil, membre de la classe d'histoire et de littérature ancienne de l'Institut, le 29 mai 1815. — *Paris, imp. de J.-B. Sajou*, 1815, in-8°, 7 p.

1257. —. — Funérailles de M. Abel Rémusat. Discours de M. Silvestre de Sacy. — *Paris, imp. de Firmin-Didot*, 1832, in-4°, 7 p.

1258. —. — Institut impérial de France. Funérailles de M. Laporte du Theil. Le 29 mai 1815. — *Paris, imp. Firmin-Didot*, 1815, in-4°, 4 p.

1259. —. — Institut royal de France. Académie royale des inscriptions et belles-lettres. Funérailles de M. le chevalier Gosselin. Discours de M. le baron Silvestre de Sacy, vice-président de l'Académie, prononcé aux funérailles de M. le chevalier Gosselin, le 9 février 1830. — *Paris, imp. A. Firmin-Didot*, (s. d.), in-4°, 4 p.

> Pascal-François-Joseph Gosselin, né à Lille en 1751, mort en 1830, remplaça, en 1799, l'abbé Barthélemy, comme conservateur du Cabinet des médailles. Il fut président du Conservatoire de 1799 à 1800 et directeur de 1803 à 1805.

1260. — **Sacy** (A. J. Silvestre de). — Lettre au citoyen Chaptal, ministre de l'Intérieur... au sujet de l'inscription égyptienne du monument trouvé à Rosette. — *A Paris, imp. de la République*, an X (1802), in-8°, 47 p. et 2 pl.   J 1734 ou inv. J 15730

> Le modèle de cette pierre est à la B. N. La pièce a été moulée en 1815, avec le plus grand soin, à l'époque de la mission de Jomard en Égypte. L'original fait maintenant partie du Musée britannique.

1261. —. — Notice sur la vie et les ouvrages de M. Abel Rémusat, lue à la séance publique de l'Académie des Inscriptions, le 25 juillet 1834. — *Paris, imp. de M⁰ v⁰ Agasse* (1834), in-8°, 22 p.   Ln 27/1720

> Extrait du *Moniteur* du 21 août 1834.
> Jean-Pierre-Abel Rémusat.

1262. —. — Notice sur la vie et les ouvrages de M. de Chézy, lue à la séance publique de l'Académie des inscriptions et belles-lettres, du 14 août 1835. — *Paris, imp. de C. Eberhart*, 1835, in-8°, 32 p.
   Ln 27/4231

> Antoine Léonard de Chézy naquit à Neuilly le 13 janvier 1773. Il entra à la B. N. en avril 1800 et fut nommé conservateur adjoint au Dép' des Mss. en 1824. Il mourut le 30 août 1832.

1263. —. — Notice sur la vie et les ouvrages de M. le baron Dacier, lue à la séance publique de l'Académie des Belles-Lettres, le 25 juillet 1834. — *Paris, imp. de m⁰ v⁰ Agasse*, (s. d.), in-8°, 20 p.
   Ln 27/5281

> Extrait du *Moniteur* du 23 août 1834.
> Dacier entra en 1800 à la Bibliothèque comme conservateur du Dép' des Mss. et conserva ce poste jusqu'à son décès.

—. —. Voyez : Naudet. Funérailles de M. de Chézy.

— Voyez : Notice abrégée sur la vie et les ouvrages de M. de la Porte du Theil.

— Voyez : Notices et extraits des mss. de la B. N.

Saint-Hilaire (Barthélemy). — Voyez : Barthélemy Saint-Hilaire.

1264. **Saint-Léger** (abbé de). — Projet pour l'établissement d'une Bibliothèque nationale en cinq sections, placées dans autant de quartiers de Paris. Lu à la Commission séante au Collège Mazarin, le 15 février 1791. — *(S. l.), imp. de C. F. Perlet, rue Saint-André-des-Arts* (1791), in-8°, 15 p.   Rés. Q 739 ou Rés. inv. Q 762

> L'auteur conserve deux des bibliothèques existantes : la B. R., rue Richelieu, pour le quartier du Palais-Royal, et la Bibliothèque de la Ville, rue Saint-Antoine, pour le Marais. En dehors de ces deux établissements il propose de créer cinq autres bibliothèques nationales. La première à Ste-Geneviève ; la seconde à St-Germain-des-Prés ; la troisième au Collège Mazarin ; la quatrième

à St-Martin-des-Champs, et la cinquième, soit dans les bâtiments des Capucins, soit dans ceux de l'Assomption rue St-Honoré.

Saint-Martin (J. de). — Voyez : Notices et extraits des mss. de la B. N.

Sainte-Croix (baron de). — Voyez : Éloge historique de J.-J. Barthélemy.

— Voyez : Notices et extraits des mss. de la B. N.

Sainte-Marthe (Abel de). — Voyez : Abel de Sainte-Marthe.

Saldaigne. — Voyez : Gosselin. Ensult une remonstrance.

1265. — **Santarem (Visconde de).** — Noticia dos manuscriptos pertencentes ao direito publico externo diplomatico de Portugal, e á historia, e litteratura do mesmo paiz, que existem na bibliotheca r. de Paris, e outras, da mesma capital, e nos archivos de França, examinados, e colligidos pelo segundo visconde de Santarem. — *Lisboa, na typografia da academia real das sciencias*, 1827, in-4°, 105 p.

Rés. inv. Q 406

Saponay (Godart de). — Voyez : Godart de Saponay.

1266. — **Sarfatti (Attilio).** — I codici Veneti delle biblioteche di Parigi. Ricerche di Attilio Sarfatti [per incarico di S. E. il ministro della P. I.]. — *Roma, Forzani*, 1888, in-8°, xi-199 p. * Q 1330

La partie relative à la B. N. occupe les pages 13-143.

1267. — **Saulcy (F. de).** — Recueil de documents relatifs à l'histoire des monnaies frappées par les rois de France depuis Philippe II jusqu'à François 1er. — *Paris, imp. nationale*, 1879, in-4°. L $^{45}_{32}$ k

T. I, xvi-598 p.
Le faux titre porte : Collection de documents inédits sur l'histoire de France publiés par les soins du Ministre de l'Instruction publique. Troisième série.
Ces documents sont extraits des manuscrits de la Bibliothèque nationale, de ceux de la Sorbonne, des archives de la Monnaie de Paris, des registres de la Cour des comptes delphinaux à Grenoble, des Archives nationales. Quelques pièces sont aussi empruntées aux archives de la Tour de Londres, à celles de Poitiers, de Dijon et de Lille.
A la suite de chaque document, M. de Saulcy donne, avec la cote officielle, le nom de l'établissement qui le possède.

1268. — **Sauval (Henri).** — Histoire et recherches des antiquités de la ville de Paris. — *Paris, Charles Moette et Jacques Chardon*, 1724, in-fol. 3 vol. Lk $^{7}_{6483}$

Le t. II contient, p. 172-180, une description du Palais Mazarin. Sauval passe en revue l'édifice en général, les appartements principaux, l'écurie, les meubles, bustes, statues, tableaux, la galerie basse, la galerie haute et la bibliothèque.

Say (Léon). — Voyez : Ferry (Jules). Sénat... Projet de loi. — Id. — Chambre des députés... Projet de loi...

1269. — **Schäfer (Hermann)**. — Über die Pariser Hss. 1451 und 22555 der Huon de Bordeaux-Sage. Beziehung der Hs. 1451 zur «Chanson de Croissant; » die « Chanson de Huon et Callisse; » die « Chanson de Huon, roi de féerie. » — *Marburg, N. G. Elwert*, 1892, in-8°.

8° X 9269

Forme le t. XC de : « Ausgaben und Abhandlungen aus dem Gebiete der romanischen Philologie. Veröffentlich von E. Stengel. »

Sédillot (A. Amélie). — Voyez : Notices et extraits des mss. de la B. N.

Séguier de Saint-Brisson. — Voyez : Notices et extraits des mss. de de la B. N.

1270. — **Sénat**. Session de 1861. Séance du mardi 4 juin 1861. Pétition n° 212. Ayant pour objet de signaler des irrégularités qui auraient existé dans une instruction judiciaire dirigée contre le sieur Libri, et à la suite de laquelle est intervenu un arrêt de condamnation. — *S. l.*, 1861), gr. in-8°, 99 p.
Le

Cette pétition, signée par Mélanie Libri, est suivie d'une « *Note sur l'affaire de M. Libri.* »
Les pages 7 à 98 sont occupées par le *Rapport fait par M. Bonjean, au nom de la deuxième commission, sur une pétition ayant pour objet de signaler des irrégularités qui auraient existé dans une instruction judiciaire dirigée contre le sieur Libri, et à la suite de laquelle est intervenu un arrêt de condamnation.* »
M. Bonjean établit une fin de non-recevoir contre une partie de la pétition et la nécessité d'un examen sur le surplus. Il donne des extraits des griefs sur lesquels Libri appuie sa défense, la liste des publications auxquelles ce procès a donné naissance; puis il passe aux faits principaux et à la procédure suivie. Lorsqu'il vint à Paris, en 1830, Libri était sans fortune, et, en 1843, il n'avait que 13,500 francs environ de traitement. Pourtant, en 1847, il avait vendu à lord Ashburnham 200,000 francs une collection de mss., et, par le ministère de Commendeur, commissaire-priseur, pour 106,000 francs de livres rares et précieux. Outre les nombreux ouvrages que Libri a cédés dans d'autres ventes publiques et particulières, il possédait, au moment où l'on saisit sa bibliothèque, environ 30,000 volumes, dont la valeur était estimée 300,000 fr.
Où et comment Libri s'était-il procuré les sommes nécessaires pour ces achats importants?
Après un résumé historique de l'accusation dirigée contre Libri, M. Bonjean expose, discute, réfute les griefs allégués par Libri et conclut au rejet de la pétition.

1271. — **Sénat**. Session extraordinaire 1880. Annexe au Procès-verbal de la séance du 9 novembre 1880. Proposition de loi adoptée par la Chambre des députés ayant pour objet d'affecter à l'isolement de la Bibliothèque nationale une somme de 3,700,000 francs, transmise par M. le Président de la Chambre des députés à M. le Président du Sénat. (Renvoyée à la commission des finances.) — *Paris, imp. du Sénat*, 1880, in-4°, 4 p.
Le

Cette proposition qui porte le n° 3 est en 5 articles.

1272. — **Sénemaud (Ed.)**. — La bibliothèque de Charles d'Orléans, comte d'Angoulême, au château de Cognac en 1496, publiée pour la première fois par Ed. Sénemaud. — *Paris, A. Claudin*, 1861, in-8°, 93 p.

Rés. Inv. Q 433

Extrait du « *Bulletin de la Société archéologique et historique de la Charente* » (3e et 4e trimestres de 1860). Tiré à 100 exemplaires.

Cette bibliothèque qui alla augmenter en 1544 celle de Fontainebleau comptait 1890 articles dont 110 imprimés. Henri IV la fit transporter à Paris en 1595 chez les Jésuites du collège de Clermont, d'où, par ordre du régent, en 1724, elle fut envoyée à la B. R.

Les pages 1-61 sont consacrées au Catalogue de la bibliothèque.
Celui-ci est suivi :

1°. Pages 62-75, de « Notices sur quelques manuscrits de la B. I. qui ont appartenu à Louise de Savoie et à son fils François Ier. » Ces notices sont extraites de l'ouvrage de P. Paris : « Les manuscrits français de la Bibliothèque du Roi. — Paris, 1836 »-1844, 7 vol. in-8°.

2° Pages 76-88 de « Inventaire des biens meubles de Charles d'Orléans. »
Le volume se termine par une table alphabétique.

1273. — **Seré (Ferdinand).** — La lettre suivante vient d'être adressée au Ministre de l'instruction publique. (Lettre de Ferdinand Seré, datée de Paris, le 13 mars 1848.) — (*S. l. ni d.*), in-4°.

Protestation contre les abus de pouvoir de l'administrateur général de la Bibliothèque royale.

1274. — **Siebold (Ph. Fr. de).** — Lettres sur l'utilité des musées ethnographiques et sur l'importance de leur création dans les états européens qui possèdent des colonies, ou qui entretiennent des relations commerciales avec les autres parties du monde, à M. Edme-François Jomard, Conservateur-Administrateur du Dépôt Géographique de la Bibliothèque Royale, Membre de l'Institut Royal de France. — *Paris, Benjamin Duprat*, 1843, in-8°, 23 p.

Sect. géogr. C 540

M. Jomard avait proposé au gouvernement français de créer un musée d'ethnographie à la B. R. Siebold l'encourage à persévérer dans ses efforts et termine la lettre en le priant de déposer à la Bibliothèque, au milieu des collections géographiques et ethnographiques, un portrait de Napoléon Ier. Ce portrait, copié sur le frontispice de l'*Histoire de Napoléon et de la Grande Armée* de M. de Ségur, avait été exécuté en 1828 par un artiste japonais et était fait en mosaïque de nacre.

1275. — **Silvestre (J.-B.).** — Paléographie universelle. Collection de fac-simile d'écritures de tous les peuples et de tous les temps, tirés des plus authentiques documents de l'art graphique, chartes et manuscrits existant dans les archives et bibliothèques de France, d'Italie, d'Allemagne et d'Angleterre, publiés d'après les modèles écrits, dessinés et peints sur les lieux mêmes, par M. Silvestre,... et accompagnés d'explications historiques et descriptives par MM. Champollion-Figeac et Aimé Champollion fils. — *Paris, Firmin-Didot*, 1841, 4 vol. gr. in-fol.

Rés. Inv. V 42

Partie   I. Peuples orientaux.
  —   II.   —   grecs et latins.
  —   III. Europe moderne. Région méridionale.
  —   IV.   —   —   septentrionale.

1276. — Silvestre (J.-B.). — Universal Palæography : or, fac-similes of writings of all nations and periods, copied from the most celebrated and authentic manuscripts in the libraries and archives of France, Italy, Germany and England by M. J.-B. Silvestre. Accompanied by an historical and descriptive text and introduction by Champollion-Figeac and Aimé Champollion fils. Translated from the french, and edited, with corrections and notes, by sir Frederic Madden. — *London, H.-G. Bohn,* 1849, 2 vol. gr. in-8°.   4° **V** 3491

Simon (Jules). — Voyez : Thiers. Assemblée nationale. Projet de loi.

Skæbne (Olaf). — Voyez : Omont. Catalogue des manuscrits danois.

1277. — Slane (Baron de). — Catalogue des manuscrits arabes de la Bibliothèque nationale. — *Paris, imp. nationale,* 1883-1889, in-4°, fasc. 1-2, 656 p.   Inv. **Q**

Le titre de départ porte : « Catalogue des manuscrits orientaux. Manuscrits du fonds arabe. Ancien fonds, Supplément et fonds divers. »
Les fascicules 1 et 2 de ce catalogue se composent de 4057 articles classés d'après l'ordre méthodique suivant :
A. — Ouvrages chrétiens : I. Bible. — II. Livres apocryphes et pseudépigraphes. — III. Commentaires de la bible. — IV. Liturgies et rituels. — V. Offices et prières. — VI. Homélies. — VII. Traités de théologie. — VIII. Conciles et canons. — IX. Vies des saints. — X. Histoire. — XI. Ouvrages divers.
B. — Ouvrages musulmans : I. Coran. — II. Commentaires du Coran. — III. Traditions. — IV. Droit spécial. 1. Droit Hanéfite. — 2. Droit Schaféite. — 3. Droit Malékite. — 4. Droit Hanbalite. — 5. Droit Schiite. — 6. Écoles non déterminées. — V. Théologie. 1. Traités sur la prière. — 2. Prières et invocations. — 3. Théologie dogmatique et scolastique. — 4. Théologie morale. — 5. Théologie mystique. — 6. Matières diverses de théologie. — 7. Croyances hétérodoxes. — 8. Controverses. — VI. Histoire. 1. Histoire universelle. — 2. Histoire des Califes. — 3. Histoire des villes saintes. — 4. Histoire du Yémen. — 5. Histoire de la Syrie. — 6. Histoire d'Égypte. — 7. Histoire de l'Afrique et de l'Espagne. — 8. Histoire des contrées orientales. — 9. Divers. — VII. Biographie. 1. Vies des patriarches et des prophètes. — 2. Vie de Mahomet. — 3. Vies des compagnons du prophète. — 4. Vies des descendants d'Ali. — 5. Vies des saints et des soufis. — 6. Biographies générales. — 7. Biographies spéciales. — 8. Biographies locales. — VIII. Cosmographie et géographie. 1. Cosmographie. — 2. Géographie générale. — 3. Géographie spéciale. — IX. Encyclopédies. — X. Philosophie. — XI. Morale et politique. — XII. Administration. — XIII. Mathématiques. — XIV. Mécanique. — XV. Musique. — XVI. Astronomie. — XVII. Calendrier. — XVIII. Astrologie. XIX. Sciences occultes. 1. Alchimie. — 2. Magie. — 3. Onirocritique. — 4. Physionomique. — XX. Histoire naturelle. 1. Traités généraux. — 2. Minéralogie. — 3. Botanique. — 4. Zoologie. — XXI. Agriculture. — XXII. Hippologie et hippiatrique. — XXIII. Équitation, chasse, art militaire. — XXIV. Médecine. — XXV. Ouvrages érotiques. — XXVI. Poésie. 1. Divans et Qasîdâs. — 2. Collections et anthologies. — XXVII. Fiction. 1. Fables, apologues et récits divers. — 2. Contes et romans. — 3. Romans de chevalerie. — 4. Maqâmât. — XXVIII. Proverbes et sentences. — XXIX. Philologie. 1. En général. — 2. Grammaire.
La fin de ce catalogue n'est pas imprimée ; elle existe à l'état manuscrit au Dépt des Mss.

1278. — Sotheby (Samuel Leigh). — Memoranda relating to the Block-Books preserved in the Bibliothèque Impériale, Paris, made october, 1858. — *London, printed for the author by T. Richards*, 1859, in-fol., 23 p. et 5 pl.

N'est pas dans le commerce.

1279. — Souscription pour le monument sépulcral de M. A. L. Millin, membre de l'Institut, Conservateur du Cabinet des Médailles de la Bibliothèque du Roi, etc. — (S. l.), *imp. de madame Hérissant le Doux, rue Sainte-Anne, n° 20*, 13 août 1819, in-8°, 4 p. Ln $\frac{27}{1495}$

Les pages 3 et 4 contiennent la « Liste des ouvrages de M. Millin, offerts à MM. les souscripteurs pour son Monument sépulcral. »

1280. — Souvenirs de la vie et des ouvrages de F. J. Delannoy, architecte,... — *Paris, imp. de A. Everat*, 1839, in-fol., 24 p. 26 pl. Ln $\frac{27}{2604}$

Delannoy, né à Paris en 1755, mort à Sèvres en 1835, fut architecte de la B. R., pour laquelle il fit un projet de reconstruction. Ses plans occupent, dans les *Souvenirs*, les planches 19-22. Ils représentent : 1° Bibliothèque du Roi. État actuel. — 2° Bibliothèque du Roi. Plan projeté. — 3° Bibliothèque du Roi. Projet d'agrandissement et de restauration. Façade sur la rue Richelieu. — 4° Bibliothèque du Roi. Projet d'agrandissement et de restauration. Façade sur la rue Neuve des Petits Champs.

1281. — Steeg (Jules). — N° 201. Chambre des députés. Troisième législature. Session extraordinaire de 1881. Annexe au procès-verbal de la séance du 6 décembre 1881. Rapport sommaire fait au nom de la 1re commission d'initiative parlementaire chargée d'examiner la proposition de loi de MM. Victor Plessier et Édouard Lockroy tendant à ordonner le dépôt à la Bibliothèque nationale d'un double des catalogues de toutes les autres bibliothèques publiques. — *Paris, imp. A. Quantin* (1881), in-4°, 4 p. Le $\frac{83}{264r}$

1282. — Suard. — Apologie de messire Jean-Charles-Pierre Le Noir, chevalier, conseiller d'État, ancien commissaire pour le roi dans l'affaire de La Chalotais,... grand mandataire pour la prompte expédition, distribution et mise à exécution des lettres de cachet pour toute l'étendue du royaume, pour servir de contre-fort à un arrêt du conseil, de réponse à tous mémoires, pamphlets, libelles, plaidoyers présents, passés et futurs et de dernière couche à sa réputation. Ornée de gravures et dédiée à Mme la duchesse de Grammont, par... Suard, l'un des Quarante. — *De l'imp. de la Bibliothèque du roi*, 1789, in-8°. Lb $\frac{39}{1282}$

Pamphlet contre Le Noir.

1283. — Supplément au Rapport de M. Bonjean sur la Pétition adressée au Sénat au sujet de l'affaire de M. Libri. — *Londres*, 1864, in-8°, 15 p.

Cette pièce a été réimprimée. Voir : Libri, « Douze mots aux magistrats français. »

1284. — **Tables** des manuscrits de D. Fonteneau, conservés à la Bibliothèque de Poitiers. I. Table chronologique des chartes transcrites dans les 27 premiers volumes de la collection. — *Poitiers, imp. de F. A. Saurin*, 1839, in-8°, XVI, 475 p.

Le $\frac{6}{100}$

Le faux titre porte : *Mémoires de la Société des antiquaires de l'Ouest*, T. IV.
Une copie de ces volumes de chartes a été faite par M. Paul de Fleury et se trouve au Dépt des Mss. de la B. N. dans le *fonds latin*, n°ˢ 18376 et suivants.

Talbot (Eugène). — Voyez : Paroles prononcées sur la tombe de Charles-Aimé Dauban.

1285. — **Tamizey de Larroque** (Philippe). — A la mémoire de Alexis Paulin Paris,... né à Avenay (Marne), le 25 mars 1800, décédé à Paris, le 13 février 1881. — *Chartres, imp. Durand frères* (1881), in-8°, 14 p.

Ln $\frac{27}{33045}$

Extrait du *Bibliophile et du Bibliothécaire*, mars-avril 1881.

1286. —. — Les correspondants de Peiresc. XII. Pierre-Antoine de Rascas, sieur de Bagarris. Lettres inédites écrites d'Aix et de Paris à Peiresc (1598-1610) publiées avec avertissement, notes et appendices. — *Aix-en-Provence, imp. Illy et J. Brun*, 1887, in-8°, 118 p.

6° Z 2116

Pierre-Antoine de Rascas, sieur de Bagarris, fut garde des médailles et antiques du Roi. Après la mort de Henri IV il repartit pour la Provence emportant sa collection personnelle de médailles et pierres gravées pour lesquelles Louis XIII ne témoignait que de l'indifférence. Plus tard la veuve de Bagarris vendit celles-ci à Toussaint Lauthier, apothicaire à Aix, et le fils de ce dernier les céda au roi. Elles sont maintenant au Cabinet des médailles.
Dans l'appendice, M. Tamizey de Larroque publie, p. 74 à 118 : « I. Abrégé d'inventaire des pièces que le sieur de Bagarris a en main pour dresser un cabinet à Sa Majesté de toutes sortes d'antiquitez, suivant le commandement donné au dit sieur Bagarris par Sa Majesté, tant de bouche que par lettre du 22 mars 1602. II. Curiositez pour la confirmation et l'ornement de l'histoire, tant grecque et romaine, que des Barbares et Goths; consistant en anciennes monnoyes, médailles et pierres précieuses, tant gravées en creux, que taillées en bas-relief. »

—. — Voyez : Peiresc. Lettres de Peiresc aux frères Dupuy.

Tannery (Paul). — Voyez : Notices et extraits des mss de la B. N.

Tanon. — Voyez : Notices et extraits des mss. de la B. N.

Taschereau. — Lettre.

Voyez : Bibliothèque Impériale. Département des manuscrits. Catalogue des manuscrits français.

—. — Rapport au Ministre de l'Instruction publique.

Voyez : Bibliothèque Impériale. Département des Imprimés. Catalogue de l'histoire de France.
Voyez : Bibliothèque Impériale. Département des Imprimés. Catalogue des sciences médicales.
Voyez : Zotenberg. Manuscrits orientaux.

Tassin (dom). — Voyez : Nouveau traité de diplomatique.

Tastu (J.). — Voyez dans : Notices et extraits de la Bibliothèque du Roi : Buchon. Notice sur un atlas en langue catalane.

1287. — **Techener (J.).** — Considérations sérieuses à propos de diverses publications récentes sur la bibliothèque royale, suivies du seul plan possible pour en faire le catalogue en trois ans. — *Paris, au bureau du Bulletin du bibliophile*, 1847, in-8°, 15 p.

Q 739 ou inv. Q 7468 || *Rés.* inv. Q 426

Examen rapide des derniers travaux parus sur la Bibliothèque. Techener propose : 1° la fermeture de l'établissement ; 2° le numérotage des tablettes ; 3° l'inscription, sur la garde intérieure de chaque volume, du numéro d'ordre de la tablette qui le porte ; 4° la constitution d'un bureau divisé en 5 sections et comptant 75 employés ; 5° l'impression des cartes avec indication du numéro d'ordre des tablettes auxquelles se rapporterait chacun des livres.

1288. —. — Un musée bibliographique au Louvre. — *Paris, au bureau du Bulletin du bibliophile*, 1852, in-8°, 10 p.

Rés. inv. Q 666

L'auteur propose 1° de donner au Louvre quelques volumes rares de la B. N. ; 2° de diviser celle-ci en 2 parties, l'une réservée aux travailleurs et contenant les ouvrages publiés jusqu'au 31 déc. 1850, l'autre sous le nom de *Bibliothèque nouvelle*, comprenant les doubles, les ouvrages périodiques, les classiques, etc.

1289. — **Ternaux-Compans (H.).** — Lettre à M. le Ministre de l'Instruction publique, sur l'état actuel des bibliothèques publiques de Paris. — *Paris, Delaunay*, 1837, in-8°, 31 p. Inv. Q 6540

Relative à la B. R. et aux Bibliothèques Mazarine, de l'Arsenal et de Ste-Geneviève.

La Mazarine possède 90,000 volumes et 3,437 mss. ; son personnel (un administrateur, cinq conservateurs, deux sous-bibliothécaires, cinq gardiens ou portiers) touche 30,000 fr.

La Bibliothèque de l'Institut compte 80,000 volumes et son personnel (1 bibliothécaire, 2 sous-bibliothécaires, 2 employés et 2 garçons de bureau) reçoit 14,400 fr. en appointements.

A la bibliothèque Ste-Geneviève, qui a 8 conservateurs, on trouve 200,000 volumes et 3,800 mss.

La bibliothèque de l'Arsenal compte 170,000 volumes dont 5,794 mss ; son personnel (15 personnes) coûte 35,000 fr. au budget.

Ces trois bibliothèques possèdent ensemble environ 500,000 volumes, comptent 22 conservateurs et conservateurs-adjoints et nécessitent une dépense de 111,000 fr.

La B. R. se compose de 4 départements.

Le Dépt des Imprimés, à lui seul, renferme 700,000 volumes et plusieurs centaines de milliers de pièces. Il est administré par deux conservateurs et un conservateur adjoint, et il reçoit chaque année 12,000 volumes nouveaux qu'il faut classer, relier et cataloguer. Le personnel, insuffisant en nombre, ne peut arriver à finir le catalogue ; Ternaux-Compans estime qu'il est nécessaire de prendre des employés extraordinaires pour achever celui-ci et que cette dépense supplémentaire ne saurait exiger plus de 60,000 fr. Il croit aussi qu'il y a lieu de porter à 100,000 fr. le crédit de la reliure et à 140,000 fr. le crédit nécessaire pour acquérir les livres les plus importants.

1290. — **Terrien**. — Aux lecteurs du bulletin scientifique du *National*, article de M. Terrien en réponse à plusieurs assertions de M. Libri, extrait du journal *le National*, n° du 18 mai 1849. — *Paris, Panckoucke*, 1858, in-8°, 11 p. Q 739 ou inv. Q 7474 || *Rés.* inv. Q 836 || *Rés.* Ln $^{27}_{12669}$

Tiré à 200 exemplaires.

Terrien proteste contre ces assertions de Libri : « 1° Le peuple de Février avait soif de vengeance, et, cherchant des victimes, il avait songé à M. Libri. » — 2° M. Arago poussait le peuple à satisfaire sur M. Libri son féroce appétit. — 3° M. Terrien était l'homme de M. Arago et lui avait écrit : « Le peuple veut exercer des vengeances contre vous; fuyez sans retard; disparaissez. »

1291. — **Thierry-Poux (Olgar)**. — De l'emploi de la gravure sur bois dans quelques livres imprimés à Venise de 1469 à 1472. Note lue le 12 septembre 1892 au Congrès de l'Association des bibliothèques du Royaume-Uni au Palais des beaux-arts, à Paris. — *Paris, Techener*, 1892, in-8°, 6 p. Q Pièce 749

Publié à l'occasion de la visite faite à la B. N. le 15 sept. 1892, par les membres du Congrès auxquels plusieurs des volumes imprimés à Venise de 1469 à 1472 ont été présentés.

1292. —. — Ministère de l'instruction publique et des beaux-arts. Premiers monuments de l'imprimerie en France au XV° siècle publiés par O. Thierry-Poux,... — *Paris, Hachette*, 1890, in-fol., 32 p. et 40 pl. fol. Q 88

Sur 167 volumes décrits par M. Thierry-Poux, 163 se trouvent à la Réserve du Dép' des Imprimés de la B. N. Cet ouvrage donne une liste raisonnée des premiers travaux imprimés dans 41 villes ou bourgades de France au XV° siècle.

1293. —. — Paroles prononcées le 24 février 1885 sur la tombe de M. Jules Ravenel, conservateur sous-directeur honoraire à la Bibliothèque Nationale. — (*S. l. ni d.*), in-4°, 4 p.

Né en 1801, M. Ravenel est entré à la B. R., en 1839, comme conservateur adjoint du Dép' des Imprimés. Il fut nommé conservateur sous-directeur en 1858 et prit sa retraite en 1878.

1294. — **Thiers, Jules Simon et de Goulard**. — N° 1465. Assemblée nationale Année 1872. Annexe au procès-verbal de la séance du 3 décembre 1872. Projet de loi ayant pour objet d'ouvrir au ministre de l'instruction publique, des cultes et des beaux-arts un crédit additionnel au budget de 1873, de deux cent mille francs pour l'acquisition de la collection de médailles de M. de Saulcy, (renvoyé à la commission du budget) présenté par M. Thiers,... par M. Jules Simon,... et par M. de Goulard,... — *Versailles, imp. Cerf et fils*, (1872), in-4°, 2 p. Le $^{62}_{26}$

Thoisy (Morel de). — Voyez : Morel de Thoisy.

Thurot (Ch.). — Voyez : Notices et extraits des mss. de la B. N.

1295. — **Titon du Tillet.** — Description du Parnasse françois, exécuté en bronze, suivie d'une liste alphabétique des Poëtes et des Musiciens rassemblés sur ce Monument. Dedié au Roy. — *Paris, imp. de Jean Baptiste Coignard fils*, 1727, in-12 ; iii-xxviii, 1-366 p., plus 10 pages non chiffrées contenant la Table des matières, le Privilège du Roy et un Erratum. Ln⁰ ⁶⁷

> Cette œuvre d'art très curieuse est le modèle en petit d'un monument commandé (1708) à Louis Garnier par M. Titon du Tillet, commissaire des guerres. Léguée au roi et transportée plus tard à la B. R., elle est maintenant placée au centre de la pièce qui précède la galerie Mazarine où se trouve l'exposition permanente de l'établissement.
> Ce Parnasse représente une sorte de montagne avec des ornements formés de branches de myrte, de laurier et de palmier. Au sommet Louis XIV figure en Apollon ayant Pégasse au-dessus de lui ; des groupes de poëtes, de prosateurs et d'artistes costumés à l'antique, de femmes vêtues en nymphes sont étagées à ses pieds sur le soubassement de la montagne ; d'autres, au nombre de 160, ont leurs noms gravés sur des rouleaux que tiennent des amours, et des places avaient été ménagées pour recevoir les figures des hommes célèbres encore vivants aussitôt que leur mort permettrait de les classer parmi leurs égaux.

1296. —. — Description du Parnasse français exécuté en bronze à la gloire de la France et de Louis-le-Grand, et à la mémoire perpétuelle des illustres poètes et des fameux musiciens françois ; dédié au Roi... Cette description est suivie de diverses pièces en prose et en vers au sujet de ce monument. — *Paris*, 1760, in-fol et un Supplément (1755) de 86 p. in-fol. Ln⁰

> Réédition, avec illustrations, de l'article précédent.

1297. — **Toblezen Duby.** — Copie de la Lettre écrite à la citoyenne Rolland. — (*Paris*), 28 sept. an I, in-8°, 3 p.
Rés. inv. Q 763 ou Rés. Q 739

> T. Duby demande la place de Joly, garde des Estampes de la B. N.

1298. — **Toblésen Duby (Pierre-Ancher).** — Traité des monnaies des barons, ou représentation et explication de toutes les monnaies d'or, d'argent, de billon et de cuivre qu'ont fait frapper les possesseurs de grands fiefs, pairs, évêques, abbés, chapitres, villes et autres seigneurs de France ; pour servir de complément aux monuments historiques de la France en général et de chacune de ses provinces en particulier. — *Paris, imp. royale*, 1790, 2 vol. gr. in-4°. T. I, cxxxvi, 183 p., T. II, 331 p., 130 pl. Lj²⁸

> Cet ouvrage a été composé avec la collection de M. Beaumont, qui passa ensuite entre les mains de l'abbé Boulogne et que le Cabinet des médailles acheta en 1706.

1299. — **Tourneux (Maurice).** — Ville de Paris. Publications relatives à la Révolution française. Bibliographie de l'histoire de Paris pendant la Révolution française. — *Paris, imprimerie nouvelle (association ouvrière)*, 1890, in-4°. La 8°/32/659

> T. I. Préliminaires. — Événements. — lxxx, 520 p. Ce volume s'arrête à l'année 1799 et se compose de 5234 numéros. La plupart des ouvrages signalés se trouvent dans les collections de la B. N.; M. Tourneux donne leurs cotes.

Toustain (dom). — Voyez : Nouveau traité de diplomatique.

1300. — **Travers** (Julien). — Baudement de la Bibliothèque nationale. — *Caen, imp. de F. Le Blanc-Hardel*, 1875, in-8°, 20 p. Ln 27/2.405

> Extrait des *Mémoires de l'Académie des sciences, arts et belles-lettres de Caen.*
> Charles-Étienne-Théophile Baudement, né à Paris le 26 juillet 1803, entra comme bibliothécaire à la B. N. en 1833.

1301. — **Trésor** (Le) de l'abbaye royale de S.-Denys en France ; qui comprend les corps saints et autres Reliques précieuses qui se voient tant dans l'église que dans la salle du Trésor. — *Paris, imp. Ph. D. Pierres*, 1783, in-8°, 16 p. Lj 9/552

> Un décret de la Constituante (12 sept. 1791) fit transporter au Cabinet des médailles les antiques du Trésor de St-Denis. Provisoire d'abord, ce dépôt devint plus tard définitif.

1302. — **Trésor** de numismatique et de glyptique, ou recueil général de médailles, monnaies, pierres gravées, bas-reliefs, etc., tant anciens que modernes, les plus intéressants sous le rapport de l'art et de l'histoire, gravés par les procédés de M. Achille Collas, sous la direction de M. Paul Delaroche, peintre, membre de l'Institut ; de M. Henriquel Dupont, graveur, et de M. Charles Lenormant, conservateur de la Bibliothèque nationale... — *Paris, librairie Vᵉ Le Normant*, 1834-1850, 16 vol. in-fol. J 928 ou Salle 637

> Ce recueil se compose des ouvrages suivants :
> Nouvelle galerie mythologique (signé : Ch. Lenormant). — 154 pages, 82 pl.
> Numismatique des rois grecs. — 189 p., 93 pl.
> Iconographie des empereurs romains et de leurs familles (signé : Ch. Lenormant.) — 140 p., 62 pl.
> Choix historique des médailles des papes depuis le milieu du XVᵉ siècle jusqu'à nos jours. — 56 p., 48 pl.
> Médailles coulées et ciselées en Italie aux XVᵉ et XVIᵉ siècles. — Paris, 1834, 34 p., 40 pl.
> Id. 2ᵉ partie. — Paris, 1833, 42 p., 44 pl.
> Sceaux des rois et reines de France. — Paris, 1834, 21 p., 29 pl.
> Sceaux des grands feudataires de la couronne de France. — Paris, 1836, 44 p., 32 pl.
> Sceaux des communes, communautés, évêques, abbés et barons. — Paris, 1837, 42 p., 24 pl.
> Médailles françaises depuis le règne de Charles VII jusqu'à celui de Louis XVI. Première partie. — Paris, 1836, 60 p., 68 pl.
> (Id.). 2ᵉ partie. Œuvre de Dupré et Warin. — Paris, 1834, 28 p., 36 pl.
> (Id.). 3ᵉ partie. — Paris, 1837, 60 p., 56 pl.
> Médailles de la Révolution française depuis l'ouverture des États-Généraux

(5 mai 1789) jusqu'à la proclamation de l'Empire (18 mai 1804). — Paris, 1836, 139 p., 96 pl.
Choix de médailles exécutées en Allemagne aux XVI⁰ et XVII⁰ siècles. — Paris, 1841, 102 p., 48 pl.
Sceaux des rois et reines d'Angleterre. — Paris, 1835, 17 p., 37 pl.
Collection des médailles de l'Empire français et de l'empereur Napoléon. Paris, 1840, 148 p., 74 pl.
Histoire par les monuments de l'art monétaire chez les modernes. — Paris, 1846, 146 p., 56 pl.
Bas-reliefs du Parthénon et du temple de Phigalie. — Paris, 1834, 29 p., 16 pl.
Recueil général de bas-reliefs et d'ornements, ou mélanges typoglyptiques. Ivoires. Meubles. Armes. Bijoux. — Paris, 1836, 28 p., 40 pl.
(Id.), 2⁰ partie. — Paris, 1839, 30 p., 60 pl.

1303. — **Tuettey (Alexandre).** — Ville de Paris. Publications relatives à la Révolution française. Répertoire général des sources manuscrites de l'histoire de Paris pendant la Révolution française. — *Paris, imp. nouvelle (association ouvrière)*, 1890, in-4⁰.   La 32/630

T. I. États-généraux et Assemblée constituante (première partie), XLVI, 482 p.
Ce volume se compose de 3,598 numéros et se termine par une Table des matières et une Table alphabétique. Un certain nombre des documents cités se trouvent au Dépt des Mss. de la B. N. et M. Tuettey en donne les cotes.

1304. — **Vaesen (Joseph).** — Notice biographique sur Jean Bourré suivie du catalogue chronologique du fonds manuscrit de la Bibliothèque Nationale auquel il a donné son nom. Extrait de la *Bibliothèque de l'École des chartes*, années 1882-1885. — *Paris*, 1885, in-8⁰, 218 p.
Ln 27/36201

Ce fonds comprend beaucoup de papiers de Bourré qui fut conseiller et maître des comptes de Louis XI. Les pièces du XV⁰ siècle et du règne de Louis XI y sont en grande majorité. Il contient aussi des documents relatifs au règne de Charles VII et d'autres des 16⁰ et 17⁰ siècles; presque tous ont trait aux guerres de religion ou concernent les Guises.
M. Vaesen a essayé de classer ces documents dans l'ordre chronologique; ceux auxquels il n'a pu appliquer cette méthode ont été rejetés à la fin du catalogue dans l'ordre numérique des mss. et des folios de ces mss.
Le catalogue comprend 1,566 articles.
Ces papiers, qui furent donnés autrefois à Roger de Gaignières par le marquis de Gersé, forment aujourd'hui les n⁰ˢ 20483 à 20499 du fonds français.

1305. — **Valentinelli (Joseph).** — Bibliotheca manuscripta ad S. Marci Venetiarum. Digessit et commentarium addidit Joseph Valentinelli præfectus. Codices mss. latini. — *Venetiis, ex typographia commercii*, 1868, in-8⁰, t. I, VII, 357 p.   Inv. Q 7664

On y trouve, p. 109 et suiv., la liste de plus de 200 mss. que la ville de Venise fut contrainte d'abandonner à la B. N. en 1797.

1306. — **Vallemont (P. L. L. de).** — Dissertation sur une médaille singulière d'Alexandre le Grand. Par laquelle on justifie l'Histoire de Quinte-Curce. — *A Paris, chez Jean Mariette*, 1603, in-12, 100 p.
J 1766 ou inv. J 16031

1307. —. — Nouvelle explication d'une médaille d'or du Cabinet du

Roy, sur laquelle on voit la tête de l'empereur Gallien, et cette légende, Galliene Auguste. Avec l'idée d'une nouvelle Histoire de l'empereur Gallien, par les Médailles. Première (et Seconde) lettre. — *Paris, chez Jean Anisson*, 1699, 2 vol. in-8°; t. I, 84 p.; t. II, 140 p.

J 1764 ou inv. J 1624

Ces Lettres sont adressées « A Monsieur de Guenegaud des Brosses, Conseiller du Roi en ses Conseils, et devant Maître des Requêtes; Envoyé extraordinaire en Portugal, et Chancelier de l'Ordre de Saint-Lazare. »

1308. — **Vallemont (Abbé de).** — Réponse à M. Baudelot, où se trouve détruit tout ce qu'il a avancé contre l'antiquité de la Médaille d'Alexandre le Grand, et contre la Dissertation faite sur cette médaille singulière. — *De l'Imprimerie de S. A. S. à Trevoux, et se vend à Paris, chez Claude Cellier*, 1706, in-12, 261 p.   J 1763 ou inv. J 1625

1309. — **Vallet de Viriville.** — La bibliothèque d'Isabeau de Bavière femme de Charles VI, roi de France; suivie de la notice d'un Livre d'heures qui paraît avoir appartenu à cette princesse. — *Paris, J. Techener*, 1858, in-8°, 38 p.   Inv. Q 749

Extrait du *Bulletin du bibliophile*, 1858, janvier-avril.

—. — Voyez : Notices et extraits des mss. de la B. N.

1310. — **Van Praet.** — Catalogue des livres imprimés sur vélin avec date, depuis 1457 jusqu'en 1472. — *Paris, de Bure*, 1813, gr. in-fol., 544 p.   Rés. inv. Q 62-63

En regard du titre on lit cette note imprimée :
« Ce catalogue n'a point été continué sur ce plan, et n'a jamais été publié. Il n'en a été conservé que six exemplaires sur papier et deux sur vélin, pour lesquels ce titre a été imprimé. »

1311. —. — Recherches sur Louis de Bruges, seigneur de la Gruthuyse; suivies de la notice des manuscrits qui lui ont appartenu, et dont la plus grande partie se conserve à la Bibliothèque du Roi. — *Paris, chez De Bure frères*, 1831, in-8°, 352 p. 5 pl.   Inv. M 3480

Les 80 premières pages sont consacrées à Louis de Bruges et à la généalogie des seigneurs de cette famille. Les pages 81 à 264 contiennent la description de sa bibliothèque. A la suite on trouve : 1° Description du tournoi de Jean de la Gruthuyse et du manuscrit qui le contient. 2° Liste alphabétique des chevaliers qui entrèrent en lice au tournoi de la Gruthuyse, avec des éclaircissemens sur leurs familles. 3° Sujets des miniatures dont le manuscrit de René d'Anjou est enrichi. 4° Notes. 5° Table alphabétique des matières.
Cette collection, presque entière, passa entre les mains de Louis XII. La B. N. en possède environ 150 volumes.

—. — Voyez : Essai d'un catalogue des livres imprimés sur vélin.

— Voyez : Essai du catalogue des livres imprimés sur vélin de la Bibliothèque nationale.

— Voyez : Catalogue des livres imprimés sur vélin.

1312. — **Van Werveke (Dr N.).** — Documents Luxembourgeois à Paris concernant le gouvernement du duc Louis d'Orléans, copiés et rassemblés par M. le comte A. de Circourt, mis en ordre et publiés par le Dr N. van Werveke. (Extrait des *Publications de la Section historique de l'Institut royal grand-ducal de Luxembourg*, t. 40.) — *Luxembourg, imp. V. Bück*, 1886, in-8°, 96 p. 8° **M** 5716

205 numéros. — Pour chaque article on trouve, en dépouillement, avec la cote des pièces, le nom de l'établissement qui garde le document. Beaucoup de celles-ci sont conservées au Dépt des Mss. de la B. N.
L'exemplaire de la B. N. est interfolié et contient de nombreuses notes et corrections manuscrites.

1313. — **Vattemare (Alexandre).** — Collection de monnaies et médailles de l'Amérique du nord de 1652 à 1858 offerte à la Bibliothèque impériale tant au nom du gouvernement fédéral et des citoyens des divers états de l'Union américaine qu'en son propre nom par Alexandre Vattemare. Catalogue avec notices historiques et biographiques par M. Alexandre Vattemare. — *Paris, imp. Ad. Lainé et J. Havard*, 1861, in-16, 135 p. **Pb** 1293

Ce catalogue se compose de deux parties : les monnaies et les médailles.
L'histoire monétaire de l'Union se divise en 4 périodes : 1° la période coloniale (1652 à 1775), 12 pièces. — 2° le régime révolutionnaire (1775 à 1788), 61 pièces. — 3° le gouvernement républicain (1789 à 1833), 166 pièces. 4° la période de crise financière que produisit la suppression de la banque des États-Unis par le président Jackson (1834 à 1841), 16 pièces. En tout 255 pièces.
Les médailles sont au nombre de 128.
Le volume se termine par la liste des présidents, une table chronologique des médailles, une table alphabétique des médailles et une liste des graveurs dont les œuvres se trouvent dans cette collection.

Vauvilliers (de). — Voyez : Notices et extraits des mss. de la B. N.

1314. — **Vergé (Ch.)** — Du rôle des bibliothèques et de l'extension qu'elles pourraient prendre. — *Paris, Alphonse Picard*, 1890, in-8°, 27 p. 8° **Q** Pièce 645

Extrait du *Compte rendu de l'Académie des Sciences morales et politiques* (Institut de France), par M. Ch. Vergé.
M. Georges Picot demande l'organisation d'une bibliothèque centrale de prêt.
MM. Xavier Charmes, Colmet de Santerre, Baudrillart et Himly présentent des observations.
La bibliothèque circulante, que l'on parle de créer, serait formée avec les doubles de la Bibliothèque nationale.

Verron. — Voyez : Mémoires lus dans la séance publique du bureau académique d'écriture.

1315. — **Villar.** — Convention nationale. Rapport et projet de décret présentés au nom du comité d'instruction publique sur l'organisation de la Bibliothèque nationale, dans la séance du 6 vendémiaire, an 4, par Villar, député de la Mayenne; imprimé par ordre de la Convention nationale. — *Imprimerie nationale*, vendémiaire, an IV, in-8°, 10 p.

Le $\frac{3s}{1639}$

<small>Villar demande que la place de bibliothécaire soit supprimée et que l'établissement soit administré par un conservatoire composé de huit membres, chacun de ceux-ci ayant un traitement de 6,000 livres. Il constate aussi que les fonds annuels destinés à l'entretien de la Bibliothèque, au payement de l'administration et à l'achat des livres imprimés ou mss. sont insuffisants et doivent être augmentés. Il demande que l'on affecte sur les fonds de la Trésorerie nationale une somme de 192,000 livres, tant pour le traitement des conservateurs et des employés que pour les dépenses et augmentations de la Bibliothèque.</small>

Villeloin (de Marolles abbé de). — Voyez : Marolles (de).

1316. — **Villemain.** — Institut national de France. Académie française. Funérailles de M. Dupaty. Discours de M. Villemain, secrétaire perpétuel de l'Académie, prononcé aux funérailles de M. Dupaty, directeur de l'Académie, le 31 juillet 1851. — *Paris, typ. de Firmin-Didot*, (1851), in-4°, 11 p.

Ln $\frac{27}{}$

<small>Est accompagné du Discours de M. Naudet, au nom de la B. N.
Dupaty, né le 30 juillet 1775, fut conservateur adjoint au département des Imprimés pendant les années 1843 à 1851.</small>

1317. — **Villerme.** — Régiment de sapeurs-pompiers de Paris. Consigne particulière du poste de la Bibliothèque impériale. Moyens de secours disposés dans l'intérieur. — *Paris, typ. de Ad. Lainé, rue des St-Pères, 19* (s. d.), in-folio plano.

Lf $\frac{121}{4}$

<small>En 10 articles. — Affiche.</small>

Vincent (A. J. H.). — Voyez : Notices et extraits des mss. de la B. N.

1318. — **Virey** (Philippe). — Études sur le papyrus Prisse le livre de Kaqimna et les leçons de Ptah-Hotep. — *Paris, F. Vieweg*, 1887, in-8°, 138 p.

b* Z 114 (70)

<small>Forme le fascicule 70 de la *Bibliothèque de l'École des hautes études* publiée sous les auspices du ministère de l'Instruction publique. Sciences philologiques et historiques.
Ce papyrus a été donné, en 1847, à la B. N. par Prisse qui l'avait acquis d'un des fellahs employés à ses fouilles de Drah abou'l neggah, sur la nécropole de Thèbes. Le ms. devait provenir de l'hypogée d'un des Entew, de la XIe dynastie.</small>

1319. — **Visconti.** Extraits du *Moniteur universel* des 4 et 6 janvier 1854. — *Paris, Panckoucke*, 1854, in-8°, 23 p.

Ln $\frac{27}{g \text{ }701}$

<small>Devenu en 1825 architecte de la B. R., Visconti n'a pas fait moins de 20 projets pour cet établissement. Le Dépt des mss. possède de lui beaucoup de dissertations inédites.</small>

Vitré. — Voyez : Histoire du procès qu'on renouvelle de temps en temps à Vitré.

1320. — **Wailly (Natalis de).** — La Bibliothèque impériale et les Archives de l'Empire. Réponse au Rapport de M. Ravaisson. — *Paris, imp. Ad. R. Lainé et J. Havard,* 1863, in-8°, 40 p. **Lf** $^{104}_{5}$

Les Archives avaient émis la prétention de se faire remettre les chartes et nombre de documents historiques qui étaient conservés au Dépt des mss. de la B. I. M. de Wailly démontre toute l'injustice de cette réclamation déplacée et termine son argumentation en publiant, dans les « Pièces justificatives » le « Rapport » du maréchal Vaillant, président de la commission d'enquête nommée à ce sujet, et l'« Arrêté » du 19 avril 1862, signé Walewski, autorisant le projet d'échange entre la Bibliothèque et les Archives approuvé par la commission instituée par l'Arrêté du 22 avril 1861.

1321. —. — Éléments de paléographie. — *Paris, imp. royale,* 1838, 2 vol. in-fol. **V** ou **Salle** $_{624}$

T. I, xii, 716 p. T. II, iv, 452 p. et pl. i-xvi, A-V.
Le faux titre porte « Éléments de paléographie pour servir à l'étude des documents inédits sur l'histoire de France publiés par ordre du Roi et par les soins du ministre de l'instruction publique. »
Beaucoup des documents cités et reproduits par M. de Wailly sont à la B. N.

1322. —. — Institut national de France. Académie des inscriptions et belles-lettres. Funérailles de M. le baron Walckenaer, secrétaire perpétuel de l'Académie. Discours de M. de Wailly, président de l'Académie, prononcé aux funérailles de M. le baron Walckenaer, le jeudi 29 avril 1852. — *Paris, imp. Firmin-Didot frères,* 1852, in-4°, 7 p. **Ln** $^{27}_{20878}$

Les pages 5-7 contiennent le « Discours de M. Jomard, au nom de la Société de géographie. »

1323. —. — Notice sur M. Daunou par M. B. Guérard,... Suivie d'une notice sur M. Guérard par M. N. de Wailly. — *Paris, Dumoulin,* 1855, in-8°, iii, 367 p. **Ln** $^{27}_{5417}$

Benjamin-Edme-Charles Guérard, né à Montbard le 15 mars 1797, mort à Paris le 10 mars 1854, entra comme employé au Dépt des Mss. en 1825 et y remplit les fonctions de conservateur pendant les années 1833 à 1854.
La notice se termine par une liste chronologique des publications de M. B. E. C. Guérard.

1324. —. — Notice sur M. Letronne, garde général des Archives nationales. (Extrait de la Revue archéologique du 15 janvier 1849.) — *Paris, Leleux,* 1849, in-8°, 8 p. **Ln** $^{27}_{12547}$

—. — Voyez : Discours prononcés sur la tombe de M. François Lenormant.
— Notices sur J. A. Letronne.
— Notices et extraits des mss. de la B. N.

1325. — **Walckenaer.** — Institut de France. Académie royale des Inscriptions et belles-lettres. Funérailles de M. Abel Rémusat. Discours prononcé aux funérailles de M. Abel Rémusat, le mardi 5 juin 1832. — *Paris, imp. de Firmin-Didot frères,* 1832, in-4°, 7 p. **Ln** $^{27}_{17204}$

1326. — Walckenaer. — Institut royal de France. Académie royale des inscriptions et belles-lettres. Funérailles de M. Barblé du Bocage. *Paris, imp. de Firmin-Didot*, (s. d.), in-4°, 2 p. **Ln**

> Discours de M. Walckenaer.
> Jean-Denis Barblé du Bocage fut inhumé le 30 décembre 1825.

—. — Voyez : Discours prononcés aux funérailles de M. J. D. Barblé du Bocage.

1327. — Wallon (H.). — Institut de France. Notice sur la vie et les travaux de M. Charles Magnin, membre ordinaire de l'Académie. — *Paris, typ. de Firmin-Didot*, 1874, in-4°, 69 p. **Ln**

1328. —. — Institut impérial de France. Académie des inscriptions et belles-lettres. Funérailles de M. Charles Lenormant. Discours prononcé aux funérailles de M. Charles Lenormant, le mardi 6 décembre 1859. — *Paris, typ. Firmin-Didot*, (1859), in-4°, 6 p. **Ln**

1329. —. — Notice sur la vie et les travaux de M. Joseph-Natalis de Wailly. (Extrait de la *Bibliothèque de l'École des chartes*, année 1888.) — *Paris*, 1889, in-8°, 28 p.

> Joseph Noël ou Natalis de Wailly naquit à Mézières le 10 mai 1805. Il fut nommé conservateur du Dépt des Mss. de la B. N. en 1854, et il quitta l'établissement en septembre 1870.
> La notice se termine par la liste des travaux de M. de Wailly (83 articles).

1330. — Watteville (baron de). — Ministère de l'Instruction publique, des Cultes et des Beaux-Arts. Direction des sciences et des lettres. Service de la photographie. Rapport et pièces à l'appui. — *Paris, imp. nationale*, 1877, in-4°, 31 p.

> Ce volume contient : 1° le Rapport de M. de Watteville au Ministre de l'Instruction publique sur l'emploi de la photographie dans les établissements scientifiques et littéraires dépendant de ce département.
> 2° Arrêté du 1er juin 1877 qui autorise cet emploi (14 art. Signé : Joseph Brunet.)
> 3° Instructions pour l'application du règlement sur l'emploi de la photographie dans ces mêmes établissements (30 juin 1877. Signé : Joseph Brunet,...).
> 4° Arrêté du 1er juin 1877 (signé : Joseph Brunet,..) nommant une commission consultative et permanente.

1331. — Wauters (Alphonse). — Rapport à M. le président de la commission royale d'histoire sur des documents manuscrits, chartes et documents qui se trouvent à la Bibliothèque nationale et aux Archives nationales de Paris. — *Bruxelles, imp. de F. Hayez*, 1874, in-8°, **8° Q**

> Extrait des *Bulletins de la Commission royale d'histoire de Belgique*, IVe série, t. 2, n° 4.
> Ce rapport porte sur la Collection Moreau, les titres originaux cédés par Blondeau, sur les collections Baluze, Clairambault, les Cinq cents de Colbert,

la collection Gaignières, les Portefeuilles de Fontanieu, . . collections de Bourgogne, de Flandre et de Lorraine.

Dans le *Fonds latin*, Wouters passe en revue les volumes suivants :

Vol. 5438. Cartularium Cluniacense. — Vol. 8985 à 9010. Privilegia ordinis Hierosolymitani. — Vol. 9003 et 9004. Collection de bulles et brefs relatifs aux privilèges de l'ordre de Citeaux. — Vol. 9071. Collection de 48 chartes allant du XII° au XVI° siècle. — Vol. 9264 à 9269. Collection de chartes de l'abbaye de Saint-Maximin. — Vol. 9124 et 9125. Copies tirées des archives de Flandre. — Vol. 9292 à 9297. Chartes originales de l'abbaye du Parc-les-Dames. — Vol. 9298. Chartes concernant le diocèse de Liège. — Vol. 9299. Collection de 32 bulles relatives à l'église Notre-Dame de Tongres. — Vol. 9300. Chartes de l'abbaye de Hocht. — Vol. 9302 à 9304. Chartes du Val-Dieu. — Vol. 9305. Varia documenta ad historiam urbis Trajectensis spectantia. — Cartons 9307 à 9315. Chartes relatives à l'ancien chapitre Saint-Servais, de Maestricht. — Vol. 9317. Bulles en faveur de la ville d'Aix-la-Chapelle. — Vol. 9340. Cartulaire du chapitre d'Arras. — Vol. 10169. Cartulaire de Notre-Dame-des-Prés, à Tournai. — Vol. 10176. Cartulaire du Val-Saint-Lambert. — Vol. 1177. Autre circulaire de la même abbaye. — Vol. 10178 et 10180. Cartulaires du chapitre de Saint-Servais. — Vol. 10197. A. Thymo, Historia Brabantiæ diplomatica. — Vol. 10368. Cartulaire du chapitre de Cambrai. — Vol. 10369. Autre cartulaire de ce chapitre. — Vol. 11842. Documents sur les monastères de la Flandre et les pays voisins. — Vol. 12657. Autre vol. de la même collection. — Vol. 12674. Vol. 'une collection réunie pour la composition d'un *Monasticum Benedictinum*. — Vol. 13572. Concernant notamment l'abbaye de Stavelot. — Vol. 13680. Chronologia Ghisleniana. — Vol. 13832. Varia super diversis Galliæ Belgicæ monasteriis. — Vol. 17736. Arlesium, Cartulaire du chapitre de Cambrai. — Vol. 17737. Capellaniæ ecclesiæ Attrebatensis.

Le reste du Rapport est consacré aux documents conservés aux Archives nationales.

1332. — **Wilson.** — N° 1815. Chambre des Députés. Deuxième législature. Session de 1879. Annexe au procès-verbal de la séance du 28 juillet 1879. Rapport fait au nom de la commission du Budget chargée d'examiner... 3° le projet de loi portant ouverture au ministre de l'instruction publique et des beaux-arts, sur l'exercice 1879, section 1re, chapitre XXIV, d'un crédit extraordinaire de 62.900 francs applicable à l'acquisition de livres et manuscrits. — *Versailles, imp. Cerf et fils* (1879), in-4°, 24 p.

Le 49 / 26 bis

Crédit destiné à payer l'acquisition de 20 ouvrages faite par la B. N. à la vente Didot en avril 1879. Pour le tableau donnant le titre et le prix de ces ouvrages, voir plus haut le Rapport de MM. J. Ferry et L. Say.

1333. — **Witte (J. de).** — Choix de terres cuites antiques du cabinet de M. le vicomte H. de Janzé photographiées par M. Laverdet et reportées sur pierre lithographique par M. Poitevin. Texte explicatif par M. J. de Witte. — *Paris, Camille Rollin*, 1857, gr. in-fol., 9 p. et 44 pl.

Inv. V 919

En 1865 le vicomte de Janzé a légué au Cabinet des médailles la plus grande partie de ses antiquités : 88 statuettes de bronze et 82 figurines de terre cuite. Ces dernières figuraient dans l'album de J. de Witte.

1334. — . — Description des antiques et objets d'art qui composent le cabinet de feu M. le chevalier E. Durand. — *Paris, imp. Firmin-Didot*, février 1836, in-8°, IV, 546 p.   Inv. J 22726

<small>Le Cabinet des médailles a acheté une partie de la collection d'Edmond Durand, surtout des vases peints, et notamment la coupe d'Arcésilas.</small>

1335. — **Witte (J. de)**. — La naissance et l'éducation de Bacchus, vase de la collection de M. le duc de Luynes. Lettre à monsieur le professeur Édouard Gerhard sur quelques miroirs étrusques. Extraits des *Nouvelles Annales publiées par la section française de l'Institut archéologique*. — *Paris, imp. de Bourgogne et Martinet*, 1838, in-8°, 15 et 48 p. 4 pl.   Inv. J 22729

<small>La collection du duc de Luynes est entrée au département des médailles qui possède aussi un certain nombre de miroirs étrusques que J. de Witte a décrits.</small>

1336. —. — Notice sur Charles Lenormant, associé de l'Académie. — *Bruxelles, imp. Hayez*, 1861, in-12, 60 p.

1337. —. — Notice sur François Lenormant, associé de l'Académie royale de Belgique. — *Bruxelles, imp. F. Hayez*, 1887, in-8°, 49 p.

<small>Extrait de l'*Annuaire de l'Académie royale de Belgique*, 1887.
Les p. 22 à 49 contiennent la liste des ouvrages de François Lenormant.</small>

Wœpcke (François). — Voyez : Notices et extraits des mss. de la B. N.

1338. — **Wright (Harrison)**. — The manuscripts of the earl of Ashburnham. Remarks of American newspapers. — *Wilkes-Barre*, 1884, in-8°, 23 p.

<small>Dans ces articles les publicistes américains déclarent qu'on ne saurait acheter, dans la collection Ashburnham, les manuscrits autrefois volés par Libri dans les bibliothèques de France, et qu'il convient de laisser aux Français le moyen de recouvrer ces manuscrits.</small>

—. — Voyez aussi : Delisle. The manuscripts of the earl of Ashburnham.

Xivrey (Berger de). — Voyez : Berger de Xivrey.

1339. — **Zend-Avesta**, ouvrage de Zoroastre, contenant les idées théologiques, physiques et morales de ce législateur, les cérémonies du culte religieux qu'il a établi et plusieurs traits importants relatifs à l'ancienne histoire des Perses : traduit en français sur l'original Zend, avec des remarques ; et accompagné de plusieurs traités propres à éclaircir les matières qui en font l'objet. Par M. Anquetil du Perron,... — *Paris, N. M. Tilliard*, 1771, in-4°. T. I.   Oh $\frac{x}{237}$

<small>Aux pages DXXIX à DXLII de l'*Appendice*, on trouve la liste des manuscrits orientaux que M. Anquetil du Perron a rapportés pour la Bibliothèque royale. Savoir :
Nos 1-2. — Manuscrits turcs.</small>

Nos 3-9. — Mss. arabes.
Nos 10-96. — Mss. persans.
Nos 97-99. — Mss. maures en caractères persans.
Nos 100-102. Mss. en indien du Guzarate.
No 103. — Ms. canarin.
Nos 104-105. — Mss. en tamoul de la côte malabare.
Nos 106-109. — Mss. en tamoul de la côte de Coromandel.
Nos 110-115. — Mss. Samskretans.

1340. — Zotenberg (H.). — Manuscrits orientaux. Catalogues des manuscrits éthiopiens (Gheez et Amharique) de la Bibliothèque nationale. — *Paris, imp. nationale*, 1877, in-4°, v, 287 p.   4° Q 60 et inv. Q1831

Le fonds des mss. éthiopiens de la B. N. compte aujourd'hui 170 volumes. Le catalogue de 1739 n'en énumérait que 7. Ce petit nombre de volumes s'accrut, dans le courant du 18e siècle, d'une vingtaine de mss. parmi lesquels on remarque un très bel exemplaire du livre d'Hénoch, offert à Louis XV par le chevalier Bruce. Lors de la Révolution, la suppression des couvents fit entrer à la B. N. 46 volumes en langue éthiopienne : 41 proviennent de l'abbaye de Saint-Germain-des-Prés, 4 mss. avaient été légués par L. Picques au couvent des Frères prêcheurs de la rue Saint-Honoré; l'autre volume faisait partie de la bibliothèque du couvent des Récollets.

Dans les premières années de ce siècle, Asselin de Cherville, agent consulaire de France au Caire, avait fait exécuter par des savants indigènes différents volumes de la traduction amharique de la Bible. Sept de ces volumes ont été déposés à la B. N. En 1837, cet établissement acquit 28 mss. éthiopiens vendus par M. Coste, puis, en 1846 et 1850, 20 mss. éthiopiens que Rochet d'Héricourt avait rapportés de son 3e voyage en Abyssinie. Ce même voyageur, au retour de ses deux premiers voyages, avait présenté au roi Louis-Philippe, de la part de Sâhela-Selâsâ, roi de Schoa, six manuscrits qui ont été également déposés à la Bibliothèque.

Une vingtaine de mss. éthiopiens, les uns acquis, les autres offerts, sont venus, dans ces dernières années, enrichir les collections de l'établissement.

Les manuscrits décrits dans ce catalogue sont classés d'après l'ordre méthodique suivant :

I. Bible. — II. Livres apocryphes et pseudépigraphes. — III. Commentaires de la Bible. — IV. Liturgies. — V. Rituels. — VI. Offices, hymnes et prières. — VII. Théologie. — VIII. Canons. — IX. Vie des saints. — X. Histoire. — XI. Grammaires et dictionnaires. — XII. Ouvrages divers et supplément.

A la suite on trouve sept tables : 1° Table des divisions du Catalogue du *fonds éthiopien* et des matières se rattachant à chacunes d'elles. — 2° Table alphabétique des auteurs et des ouvrages. — 3° Table alphabétique des scribes mentionnés dans les manuscrits. — 4° Table alphabétique des patriarches, métropolitains, évêques et abbés mentionnés dans ce catalogue. — 5° Table alphabétique des possesseurs des manuscrits, des donateurs et autres personnages cités dans ce catalogue. — 6° Table alphabétique des couvents mentionnés dans ce catalogue. — 7° Table alphabétique des noms des rois d'Abyssinie mentionnés dans ce catalogue.

Le volume se termine par une page d'additions et de corrections.

1341. —. — Manuscrits orientaux. Catalogues des manuscrits hébreux et samaritains de la Bibliothèque impériale. — (*Paris*), *imp. impériale*, 1866, in-4°, VIII-263 p.

Rédigé par M. Zotenberg, ce catalogue est précédé d'un rapport de M. J. Taschereau au Ministre de l'Instruction publique.

La collection comprise sous le titre général de *Manuscrits hébreux* embrasse en même temps des mss. chaldéens et quelques mss. en langues arabe, persane et même allemande, tous écrits en caractères hébreux.

L'ancien fonds comprend d'abord 30 mss. hébreux revêtus, sous le règne de Henri II, de la belle reliure de ce monarque. Il s'enrichit, en 1599, d'une vingtaine de volumes provenant de la bibliothèque de Catherine de Médicis et ayant appartenu au cardinal Gilles de Viterbe, et, plus tard, de quelques volumes venant, les uns de Hurault de Boistaillé, les autres du cardinal de Richelieu. Il s'accrut ensuite de 200 mss. lors de l'échange ordonné par Louis XIV (arrêt rendu en son conseil le 12 janvier 1668) entre la bibliothèque du Collège Mazarin et la Bibliothèque du Roi. A peu près à la même époque on y adjoignit 127 mss. qui se trouvaient dans la collection de mss. orientaux acquise par Gilbert Gaulmin, doyen des maîtres des requêtes.

En 1700, on y ajouta 14 mss. provenant de la bibliothèque de l'archevêque de Reims; puis, en 1712, 12 autres mss. faisant partie de la collection orientale de Melchisédec Thévenot. En 1732, lors de l'acquisition de la collection de mss. de Colbert, le fonds reçut 171 mss. hébreux. Quelques autres mss. provinrent aussi de Philibert de la Mare et d'Emery Bigot. Il comprenait 516 numéros lorsque fut publié le catalogue de 1739.

De toutes les Bibliothèques ayant appartenu à des établissements religieux ou à des particuliers, qui, à la Révolution, entrèrent à la Bibliothèque nationale, trois seulement renfermaient des mss. hébreux : celle de l'Oratoire (207 mss.), celle de l'Abbaye de St Germain des Prés (34 mss.) et celle de la Sorbonne (258 volumes, tous reliés aux armes du cardinal de Richelieu.)

Depuis l'impression de l'ancien catalogue, le *fonds hébreu* s'est augmenté de 148 mss. provenant, soit d'acquisitions partielles, soit de volumes trouvés dans des fonds où la distinction des différentes langues n'avait pas été établie, soit des versements opérés à la B. I. par les bibliothèques de Ste Geneviève et de l'Arsenal en vertu de l'arrêté ministériel du 15 novembre 1860, soit enfin de l'échange ordonné par l'Arrêté du 19 avril 1862 entre la Bibliothèque et les Archives de l'Empire. Le *fonds hébreu* comprend aujourd'hui 1313 mss. Quant au *fonds samaritain*, il se compose de 11 mss., dont 6 se trouvaient à la Bibliothèque en 1739. M. Taschereau parle ensuite du catalogue dont s'occupèrent successivement l'orientaliste Adolphe, Louis de Compiègne, l'abbé Renaudot, Bernard Devalabrègue, Richard Simon, Munk, Derenbourg, Ad. Franck et Zotenberg. Voici les divisions du catalogue du *Fonds hébreu* et des matières se rattachant à chacune d'elles.

I. Textes et traductions de l'Écriture sainte (nos 1 à 132).
II. Concordances, ouvrages massorétiques et commentaires (nos 133 à 305).
III. Halâkha. Talmud, droit canon et droit civil, pratiques religieuses (nos 306 à 589).
IV. Livres liturgiques (nos 590 à 668).
V. Théologie (nos 669 à 762).
VI. Cabale (nos 763 à 882).
VII. Sciences philosophiques (nos 883 à 1009).
VIII. Mathématiques, physique, astronomie, astrologie (nos 1010 à 1105).
IX. Medecine et chirurgie (nos 1106 à 1213).
X. Philologie (nos 1214 à 1278).
XI. Histoire (nos 1279 à 1281).
XII. Poésie (nos 1282 à 1288).
XIII. Lettres et formulaires (nos 1289 à 1293).
XIV. Bibliographie (nos 1294 à 1307).
Supplément (nos 1308-1313).

Le volume se termine par une Table alphabétique des titres hébreux, une Table alphabétique des auteurs (*fonds hébreu*), avec indication, en français, de leurs ouvrages, et par des Additions et corrections.

1342. — — Manuscrits orientaux. Catalogues des manuscrits syriaques et sabéens (mandaïtes) de la Bibliothèque nationale. — *Paris, imp. nationale*, 1874, in-4°, VIII, 248 p.   Inv. Q 1831

Rédigé par M. H. Zotenberg, ce catalogue commence par un Rapport de M. J. Taschereau au Ministre de l'Instruction publique. (6 janvier 1874.)

Le catalogue des mss. syriaques comprend un total de 288 volumes et renferme un certain nombre d'ouvrages carschouni, c'est-à-dire rédigés en langue arabe, mais écrits en caractères syriaques. Quant au Catalogue des mss. sabéens, il se compose de 19 numéros, dont 12 seulement sont des manuscrits originaux, c'est-à-dire transcrits par des scribes indigènes de la secte mandaïte.

L'origine du *fonds syriaque* ne remonte pas au-delà du XVIIᵉ siècle, sauf un ms. syriaque écrit, en Europe, à la reliure de Henri II, qui devait se trouver à la bibliothèque de François Iᵉʳ à Fontainebleau. Les premières acquisitions furent faites sous le règne de Louis XIV. La collection des mss. orientaux de Gilbert Gaulmin, acquise en 1667, renfermait 4 mss. en langue syriaque ; 5 autres mss. entrèrent à la Bibliothèque du Roi, en 1668, lors de l'échange avec la Bibliothèque du Collège Mazarin. En 1671, le P. Vansleb rapporta du Levant 15 volumes syriaques. Deux autres mss. de provenance inconnue portèrent à 27 le nombre des volumes syriaques qui figurent au Catalogue ms. dressé en 1682.

Ce fonds s'enrichit ensuite de 7 mss. faisant partie de la collection orientale de Melchisédec Thévenot, puis de 119 volumes syriaques qui furent achetés en 1732 avec les mss. de Colbert ; 28 autres mss. furent rapportés du Levant et de Constantinople par Paul Lucas, l'abbé Sévin et le marquis de Villeneuve. Grâce à ces accroissements successifs, le nombre des manuscrits de l'*ancien fonds syriaque*, ayant leurs notices dans le Catalogue imprimé de 1739, s'élevait déjà à 174 volumes.

Les 114 nouveaux volumes proviennent, pour la plus grande partie, d'acquisitions faites depuis 1739 jusqu'en 1873 ; — pour une part aussi des établissements religieux supprimés à l'époque de la Révolution (28 mss. viennent de l'abbaye de St-Germain des Prés, 7 de l'Oratoire, 3 des Jacobins St-Honoré et 2 de la Sorbonne) ; — enfin des bibliothèques de l'Arsenal et de Stᵉ Geneviève qui remirent leurs mss. orientaux à la B. N. en 1860.

Quant aux mss. sabéens, la plupart entrèrent à la Bibliothèque au siècle dernier. De ce nombre, 4 volumes provenaient de la collection Colbert ; 4 autres consistaient en copies faites par L. Picques, docteur en Sorbonne, et se trouvaient autrefois au couvent des Jacobins Saint-Honoré.

Les notices du Catalogue des mss. syriaques de la Bibliothèque ont été faites par divers savants et, entre autres, par l'abbé Eusèbe Renaudot vers la fin du XVIIᵉ siècle, par Joseph Ascari entre 1733 et 1736, par E. Renan en 1854, et enfin par M. H. Zotenberg.

Les manuscrits sabéens ont été examinés et décrits à 4 reprises différentes : par Fourmont en 1741, par de Sacy en 1797, par Renan et par Euting en 1864.

Les divisions adoptées pour le Catalogue des *fonds Syriaque* et *Sabéen* (mandaïte) et des matières se rattachant à chacune d'elles, sont les suivantes :

I. Bible et parties de la Bible (nᵒˢ 1 à 61).
II. Livres apocryphes et pseudépigraphes (nᵒˢ 62 et 63).
III. Exégèse de la Bible (nᵒˢ 64 à 69).
IV. Liturgies (nᵒˢ 70 à 99).
V. Rituels et pontificaux (nᵒˢ 100 à 120).
VI. Offices des morts (nᵒˢ 121 à 126).
VII. Offices (prières, cantiques, hymnes, etc.) (nᵒˢ 127 à 188).
VIII. Homélies (nᵒˢ 189 à 197).
IX. Traités de théologie (nᵒˢ 198 à 222).
X. Conciles et canons (223 à 229).
XI. Histoire, vies des saints et apophthegmes des Pères (nᵒˢ 230 à 239).
XII. Cosmographie. Philosophie (nᵒˢ 240 à 250).
XIII. Grammaires et dictionnaires (nᵒˢ 251 à 269).
XIV. Ouvrages divers (poésie, sentences, anecdotes, astrologie, comput, etc.) (nᵒˢ 270 à 280).
XV. Bibliographie (nᵒˢ 281, 282).
Supplément (nᵒˢ 283 à 288).
Manuscrits du *fonds sabéen* (nᵒˢ 1 à 19).

Le volume se termine par une Table alphabétique des auteurs et des ouvrages ; une Table alphabétique des scribes mentionnés dans les manuscrits; une Table alphabétique des patriarches, métropolitains et évêques mentionnés dans les manuscrits ; une Table alphabétique des villes et couvents mentionnés dans les manuscrits; des additions et corrections.

Zotenberg (H.). — Voyez : Notices et extraits des mss. de la B. N.

LA BIBLIOTHÈQUE NATIONALE

CHOIX DE DOCUMENTS

POUR SERVIR A L'HISTOIRE

DE L'ÉTABLISSEMENT ET DE SES COLLECTIONS

TABLE ALPHABÉTIQUE

Abel-Rémusat.

Klaproth. — Lettre à M. Auguis au sujet des travaux de M. Abel-Rémusat. 571

Pauthier. — Vindiciæ Siniciæ novæ, I. Abel-Rémusat défendu contre les imputations mensongères de St. Julien. 1154

Rochette. — Funérailles de M. Abel-Rémusat. 1240

Sacy (de). — Funérailles de M. Abel-Rémusat. 1257

— Vie et ouvrages de M. Abel-Rémusat. 1261

Walckenaer. — Funérailles de M. Abel-Rémusat. 1325

Académie française.

Catalogue des livres donnés par le Roi à l'Académie française en 1674. 179

Accroissements de la Bibliothèque.

Linant. — Les accroissemens de la B. R. sous le règne de Louis XIV. 658

Achille.

Prou. — Bassin de bronze du XIᵉ ou du XIIᵉ siècle représentant la jeunesse d'Achille. 1181

Almery du Peyrat.

Bréquigny (de). — Chronique d'Aimery du Peyrat, abbé de Moissac. 820

Aisne (Départ. de l').

Bouchot. — Inventaire des dessins et estampes relatifs au dépt de l'Aisne, légués à la B N. par Ed. Fleury. 129

Albert-le-Grand.

Camus. — Notice sur un ms. contenant les Traités d'Albert-le-Grand sur les animaux. 856

Alcoran.

Sacy (de). — Notice d'un ms. arabe de l'Alcoran. 1052

— Notice d'un Traité des pauses dans la lecture de l'Alcoran. 1059

— Notice du ms. arabe nᵒ 239, contenant un Traité sur l'orthographe primitive de l'Alcoran. 1062

— Recueil de traités relatifs à l'orthographe et à la lecture de l'Alcoran. 1067

— Traité des repos de voix dans la lecture de l'Alcoran, par Saad-allah. 1071

Alexandre.

Legrand d'Aussy. — Alexandre, roman historique et de chevalerie de Lambert-le-Court. 973

Alexandre-le-Grand (Histoire d').

Berger de Xivrey. — Notice des mss. contenant l'histoire fabuleuse d'Alexandre-le-Grand, connue sous le nom de Pseudo-Callisthène. 808

Vallemont (de). — Sur une médaille singulière d'Alexandre-le-Grand. 1306

— Réponse à M. Baudelot. 1308

Allier de Hauteroche.

Dumersan. — Description des médailles antiques du cabinet de feu M. Allier de Hauteroche. 110

Amécourt (d').

Voyez : Ponton d'Amécourt.

Amérique.

Codex Peresianus. Ms. hiératique des anciens Indiens de l'Amérique centrale. 246

Fondation Angrand, Prix d'histoire et d'archéologie américaine. 103

Inventaire des livres et documents relatifs à l'Amérique recueillis et légués à la B. N. par M. Angrand. 80

IVe centenaire de la découverte de l'Amérique. Catalogue des documents géographiques exposés à la Section des Cartes de la B. N. 1186

Marcel. — Reproductions de cartes et de globes relatifs à la découverte de l'Amérique du XVIe au XVIIIe siècle. 687

Vattemare. — Collection de monnaies et médailles de l'Amérique du Nord de 1652 à 1858 offerte à la B. I. 1313

Amiens.

Garnier. — Catalogue des mss. de la ville d'Amiens. 500

Amulette.

Lenormant. — Note sur un amulette chrétien conservé au Cabinet des médailles. 627

Anacréon du Vatican.

Lévesque. — Notice du ms. de la B. N. dit l'*Anacréon du Vatican*. 1000

Anglais (Mss.).

Raynaud. — Catalogue des mss. anglais de la B. N. 1200

Angleterre.

Millin. — Conjectures sur un camée allégorique relatif à l'histoire d'Angleterre. 713

Angrand.

Fondation Angrand. Prix d'histoire et d'archéologie américaine. 103

Anti-Claudien.

Legrand d'Aussy. — Notice sur un poème intitulé *Anti-Claudien*. 996

Antiquité.

Millin. — Discours [sur la connaissance de l'antiquité.] 720

Montfaucon (dom B. de). — L'antiquité expliquée et représentée en figures. 752

Babelon. — Satyre dansant. 30

Barbet de Jouy. — Notice des antiquités composant le Musée des souverains. 43

Caylus. — Recueil d'antiquités égyptiennes, étrusques, grecques et romaines. 201

Derenbourg. — Les monuments Sabéens et Himyarites de la B. N. 377

Ledrain. — Les monuments égyptiens de la B. N. 617

Millin. — Monuments antiques inédits ou nouvellement expliqués. 729

Rochette. — Notice sur deux vases d'argent provenant du dépôt de Bernay. 1211

— Notice sur quelques vases d'argent trouvés près de Bernay. 1213

Witte (J. de). — Choix de terres cuites antiques du cabinet Durand. 1334

Witte (de). — La naissance et l'éducation de Bacchus. 1335

Voyez aussi : Archéologie. — Bernay. — Monnaies. — Numismatique. — Pierres gravées.

Arabes (Mss.).

Quatremère. — Notice d'un ms. arabe contenant la description de l'Afrique. 1024

— Notice de l'ouvrage qui a pour titre : *Mesalek alabsar*. 1026

— Prolégomènes d'Ebn-Khaldoun. 1027

Sacy (de). — Commentaire sur le poème nommé Raiyya. 1034

— Définitions. Ouvrage du Seid Schérif Zeïn-eddin Abou'lhasan Ali. 1036

Sacy (de). — La Foudre du Yémen, mss. arabes de la B. N. 1048

— Le Lever des astres, par Ahmed ben Youssouf ben Mohammed Firouz. 1043

— Le Livre des couronnes d'un grand prix, ou histoire du Yémen. 1047

— Le Livre des étoiles errantes, par Schemseddin Mohammed ben Abilserour. 1048

— Le Livre des Perles, par Schéhabeddin Ahmed. 1049

— Le Livre du secret de la créature par le sage Bélinous. 1050

— Le Livre qui apprend à connaître la Ville sainte de Dieu, par le Scheikh Kotbeddin alhanéfi. 1051

— Notice d'un ms. arabe de l'Alcoran. 1052

— Notice de deux mss. arabico-espagnols. 1060

— Notice du ms. arabe n° 239 de la B. I. 1062

— Recueil de traités relatifs à l'orthographe et à la lecture de l'Alcoran. 1067

— Les sept Moallakas. 1069

— Traité de la prononciation des lettres arabes. 1070

— Traité du repos de voix dans la lecture de l'Alcoran, par Saad-allah. 1071

Sédillot. — Notice d'opuscules mathématiques composant le ms. arabe n° 1101, ancien fonds. 1074

Slane (de). — Catalogue des mss. arabes de la B. N. 1277

Woepcke. — Trois traités arabes sur le Compas parfait. 1098

Zotenberg. — Sur quelques mss. des *Mille et une nuits*, et la traduction de Galland. 1101

Arabie.

Doughty. — Documents épigraphiques recueillis dans le nord de l'Arabie. 879

Archéologie.

Cours d'antiquités près la B. R. 1832, par Raoul Rochette. 283

Cours d'archéologie. (Affiches.) 66, 67

Cours d'archéologie, par Raoul Rochette. (Affiche). 1832. 281
— 1845, par Raoul Rochette. 291
— 1858, par Beulé. 292
— 1861, par Beulé. 285
— 1862, par Beulé. 286
— 1863, par Beulé. 287
— 1864, par Beulé. 288
— 1865, par Beulé. 289
— 1867, par Beulé. 290

Le Hay. — Remarques sur la manière de graver et d'expliquer les pierres antiques. 620

Loi qui ordonne l'exposition des antiques à la B. N, et établit des cours publics sur les inscriptions et médailles. An III. 666

Millin. — Discours [sur la connaissance de l'antiquité]. 720

— Introduction à l'étude de l'archéologie, des pierres gravées et des médailles. 727

— Introduction à l'étude des médailles. 724

— Introduction à l'étude des monumens antiques. 725

— Introduction à l'étude des pierres gravées. 726

— Programme du cours d'histoire des arts chez les anciens. 732

Rochette. — Cours d'archéologie (1828). 1237

Archives.

Ravaisson. — Rapport au Ministre d'État au nom de la commission instituée le 22 avril 1861. 1198

Wailly (de). — La B. I. et les Archives de l'Empire. 1320

Aristote.

Camus. — Notice des [6] mss. de la B. N. contenant l'*Histoire des animaux d'Aristote*. 856

Lévesque. — Notice du ms. grec de la B. N. coté 2036 contenant les Problèmes d'Aristote. 1001

Thurot. — Alexandre d'Aphrodisias. Commentaire sur le traité d'Aristote *De sensu et sensibili*. 1081

Arméniens (Mss.).

Chahan de Cirbied. — Notice de 2 mss. arméniens de la B. I. n°s 95 et 90. 859

Armoiries.

Convention nationale. Décret qui défend d'enlever, de détruire,... sous prétexte de faire disparaître les signes de féodalité ou de royauté, les livres imprimés, mss... 268

Conversation familière sur le projet de supprimer les armoiries empreintes sur la reliure des livres de la B. N. 269

Voir aussi : Emblèmes.

Armorial.

Indicateur du grand Armorial général de France. 510

Indicateur nobiliaire. 511

Robert. — Indicateur des armoiries contenues dans l'Armorial général de d'Hozier. 1232

Arrêtés.

Arrêté du Directoire exécutif qui prescrit des mesures provisoires pour la sûreté de la Bibliothèque nationale. (13 germinal an VII.) 18

Arrêté (29 frim. an IX) qui nomme Dacier garde des mss. français de la B. N. 19

Direction de la B. N. Dépt des médailles. Le ministre... arrête. 387

Recueil des décret, ordonnances, arrêtés et règlements concernant la B. R. (1817). 1207

Robert. — Recueil de lois, décrets, ordonnances, arrêtés concernant les bibliothèques. 1236

Arrêts du Conseil d'État.

Arrest du Conseil d'Estat du Roy concernant la Bibliothèque du 11 oct. 1720. 15

Arrest du Conseil d'Estat (27 déc. 1726) qui ordonne le transport à la B. des papiers de Berthier et d'Ille. 16

Arrêt qui attache irrévocablement à la Chancellerie de France une bibliothèque de législation, administration, histoire et droit public, 10 oct. 1788. 17

Arson (Jean d').

Gaillard. — Instructions baillées à Jehan d'Arson envoyé par Louis XI à Ferdinand d'Aragon pour le mariage du Dauphin. 883

Artois (Robert d').

Averdy (de l'). — Notice du ms. de la B. R. intitulé *Procès criminel fait à Robert d'Artois*. 860

Ashburnham.

Bond. — Description of the Ashburnham mss. 121

Ashburnham manuscripts. For copy of papers relating to the purchase of the Stowe collection by Her Majesty's government (1883). 21

A Catalogue of the manuscripts at Ashburnham Place, 1853. 193

A Catalogue (id.) comprising a collection formed by professor Libri. 195

A Catalogue (id.) comprising a collection formed by Mons. J. Barrois. 197

Delisle. — Les mss. du comte d'Ashburnham. Rapport au Ministre de l'Instruction publique, suivi d'observations sur les plus anciens mss. des fonds Libri et Barrois. 319

— The manuscripts of the earl of Ashburnham. Report... translated by H. Wright. 320

— Les très-anciens manuscrits du fonds Libri dans les collections d'Ashburnham Place. 341

Eighth report of the royal commission of historical mss. 452

Lacroix. — Catalogue raisonné des mss. rassemblés par M. Guillaume Libri et possédés aujourd'hui par lord Ashburnham. 587

Notice sur la collection de lord Ashburnham. 790

Wright. — The mss. of the earl of Ashburnham. 1318

Asie.

Catalogue de l'Histoire d'Asie. 532

Astronomie.

Miller. — Poëmes astronomiques de Théodore Prodrome et de Jean Camatère. 1014

Paravey (de). — Illustrations de l'astronomie hiéroglyphique. 1136

Atabeks (Histoire des).

Guignes (de). — Histoire des princes Atabeks en Syrie, par Aboulhasan Aly. 900

Augustin (S^t).

Bordier. — Restitution d'un ms. du VIe siècle contenant des lettres et des sermons de St Augustin. 161

Auriol (Découverte d').

Chabouillet. — Rapport sur une communication de M. Blanchard relative à la découverte à Auriol, en 1867, d'une monnaie grecque d'argent. 212

Autographes.

Lalanne et **Bordier.** — Dictionnaire de pièces autographes volées aux bibliothèques publiques de la France. 604

Avit (St).

Rilliet. — Conjectures historiques sur les homélies prêchées par St Avit. 461

Delisle. — Notice sur un feuillet de papyrus récemment découvert à la B. I. 461

Aymon.

Aymon. — Lettre à M. N. 23

Delisle. — Au conseil des Trustees du Musée britannique. 325

Hauréau. — Singularités historiques et littéraires. 525

Bacchus (Naissance de).

Witte (de). — Naissance et éducation de Bacchus. 135

Bachelin-Deflorenne.

Pinart. — Note pour Bachelin-Deflorenne contre la B. N. 1168

Ballesdens (J.).

Brièle. — La bibliothèque d'un académicien (Ballesdens) au XVIIe siècle. 139

Baluze.

Bibliotheca Baluziana. 57, 63

Bamberg.

Camus. — Notice d'un livre imprimé à Bamberg en 1462. 156

Barbié du Bocage.

Discours prononcés aux funérailles de Barbié du Bocage. 389

Notice sur la vie et les ouvrages de M. J.-D. Barbié du Bocage. 701

Walckenaer. — Funérailles de M. Barbié du Bocage. 1326

Barbier (Olivier).

Delisle. — Discours prononcé sur la tombe de M. Ol. Barbier. 326

Barlaam et Joasaph.

Zotenberg. — Notice sur le texte et sur les versions orientales du livre de Barlaam et Joasaph. 1100

Barrois.

B. N. *Notice* d'un choix de mss. des fonds Libri et Barrois exposés dans la salle du Parnasse français. Avril 1888. 106

Catalogue of the Mss. at Ashburnham Place, 11 comprising a collection formed by Mons. J. Barrois. 197

Delisle. — Catalogue des mss. des fonds Libri et Barrois. 315

— Les mss. des fonds Libri et Barrois à la B. N. 317

— Les mss. des fonds Libri et Barrois. Rapport au Ministre de l'Instruction publique. 318

— Les mss. du comte d'Ashburnham, Rapport au Ministre de l'Instruction publique suivi d'observations sur plusieurs mss. du fonds Barrois. 319

— Observations sur l'origine de plusieurs mss. de la collection de M. Barrois. 362

Barthelemi de Barateriis.

Bréquigny (de). — Notice d'un Traité des fiefs, intitulé *Libellus feudorum reformatus*, par Barthelemi de Barateriis. 825

Barthélemy (Abbé).

Barthélemy. — Mémoires sur la vie de l'abbé Barthélemy. 38, 39

Boufflers (du). — Éloge historique de l'abbé Barthélemy. 135

Duquesnay. — Éloge historique de l'abbé Barthélemy. 137

Barthélemy (J.-J.).

Éloge de J.-J. Barthélemy. 453, 454

Mancini-Nivernois. — Essai sur la vie de J.-J. Barthél. 680

Basile de Césarée.

Boissonade. — Notice des scholies inédites de Basile de Césarée sur S. Grégoire de Nazianze. 812

Bassin de bronze.

Prou. — Bassin de bronze du XIe ou du XIIe siècle représentant la jeunesse d'Achille. 1181

Bastard d'Estang (Cte de).

Delisle. — Les collections de Bastard d'Estang à la B. N. 323

— Donation faite à la B. N. par la famille de Bastard d'Estang. 327

— L'œuvre paléographique de M. le Cte de Bastard. 363

Delisle. — Peintures, ornements... de la Bible de Charles-le-Chauve, publiés par A. de Bastard. 366

Bataille des sept arts.

Legrand d'Aussy. — La bataille des sept arts, par Henri d'Andeli. 974

Bataille des vices contre les vertus.

Legrand d'Aussy. — La bataille des vices contre les vertus, par Rutebeuf. 975

Bâtiments.

Adjudication aux enchères publiques (1858) de matériaux à provenir de la démolition de bâtiments dépendant de la B. I. 1173

Adjudication de travaux relatifs à l'installation de casiers à la B. N. 1222

Barthélemy St-Hilaire. — Bâtiments de la Bibliothèque nationale, Rapport. 41

Blondel. — Architecture française. 119

[**Boullée**]. — Mémoire sur les moyens de procurer à la B. R. les avantages que ce monument exige. 705

Comptes des bâtiments du Roi sous Louis XIV, publiés par Guiffrey. 260

Deschanel. — Achèvement de la B. N. Rapport. 378

Labrouste. — La Bibliothèque nationale, ses bâtiments et ses constructions. 585

Peyre. — Œuvres d'architecture. 1162

Restauration du vieux bâtiment de la cour d'honneur, Adjudication des travaux de couverture et de plomberie. 737
— Travaux de menuiserie. 738
— Travaux de peinture et vitrerie. 739
— Travaux de serrurerie. 740
— Travaux de terrasse et maçonnerie. 741

Baudement.

Travers. — Baudement. 1300

Beaux-Arts.

Duplessis. — Catalogue de la collection de pièces sur les beaux-arts recueillie par Pierre-Jean Mariette, Charles-Nicolas Cochin et Deloynes. 430

Bégis.

Procès Bégis. 458, 1221

Bégon.

Duplessis. — Michel Bégon. 431

Belgique.

Gachard. — La B. N. à Paris. Notices et extraits des mss. qui concernent l'histoire de Belgique. 495
— Notice sur une collection de 180 vol. mss. concernant l'histoire de la Belgique. 496

Bénédictins.

Riant. — Inventaire des matériaux rassemblés par les Bénédictins au XVIIIe siècle pour la publication des *Historiens des Croisades*. 1225

Bérard de Naples.

Delisle. — Notice sur 5 mss. de la B. N. contenant des recueils épistolaires de Bérard de Naples. 867

Berger de Xivrey.

Brunet de Presles. — Discours prononcé aux funérailles de M. Berger de Xivrey. 143

Bernay.

Antiquités romaines trouvées à Berthouville près Bernay. 11

Carnot. — A M. le Rédacteur de la *Liberté de penser*. 157
— Réponse à M. Raoul Rochette, suivie du Rapport d'une commission d'enquête instituée en 1848 pour examiner la conduite de M. R. Rochette dans l'acquisition des vases de Bernay. 158

Histoire (L') des vases de Bernay à propos de ce qui se passe à la B. R. 533

Leprevost. — Liste des principaux objets trouvés à Berthouville. 632
— Mémoire sur la collection de vases antiques trouvée à Berthouville. 633

Rochette. — Exposé succinct de l'acquisition des vases de Bernay. 1238
— Lettre à M. Carnot sur sa Réponse à M. R. Rochette insérée dans la *Liberté de penser*. 1241
— Sur 2 vases d'argent provenant du dépôt de Bernay. 1243
— Sur quelques vases antiques d'argent trouvés près de Bernay. 1244
— Post-scriptum à ma Lettre à M. Carnot. 1246

Berry (Duc de).

Bastard (A. de). — Librairie de Jean de France, duc de Berry, frère du roi Charles V. 44

Bibliothèque protypographique. 112
Delisle. — Les Livres d'Heures du duc de Berry. 346
La Librairie de Jean, duc de Berry, au château de Mehun-sur-Yèvre, 1416. 645

Berthereau (dom).

Collection dite de dom Berthereau. 1225

Berthouville.

Voyez : Bernay (Trésor de).

Bestiaire.

Legrand d'Aussy. — Notice sur deux ouvrages mss. du XIII° siècle intitulés *Bestiaire*. 988

Bible.

Pell-Platt. — A catalogue of the Ethiopic biblical mss. in the Royal Library of Paris. 1157

Bible de Charles-le-Chauve.

Delisle. — Peintures... de la Bible de Charles-le-Chauve. 366

Bibles.

Legrand d'Aussy. — Notice sur deux pièces de vers, religieuses, morales et satiriques, intitulées *Bibles*. 989

Bibliographie.

[*Décret* portant que les travaux de la bibliographie et du Dictionnaire des municipalités seront placés près la B. N.]. 1176
Delisle. — Mélanges de paléographie et de bibliographie. 851
Grégoire. — Convention nationale. Rapport sur la bibliographie. 509

Bibliothécaire (Charge de).

Lettre à un ami, sur la suppression de la charge de bibliothécaire du roi. 611
Voir aussi : Bignon. — Édits.

Bibliothéconomie.

Delisle. — Instructions pour la mise et le maintien en ordre des livres d'une bibliothèque. 353

Bibliothèques.

Bailly. — Notice sur les bibliothèques anciennes et modernes. 32
Coupé. — Convention nationale. Rapport sur les bibliothèques nationales. 281
Exposé succinct d'un nouveau système d'organisation des bibliothèques publiques, par un Bibliothécaire. 463
Foisy. — Sommaire d'un opuscule intitulé : Essai théorique et pratique sur la conservation des bibliothèques publiques. 487
Franklin. — Histoire générale de Paris. Les anciennes bibliothèques de Paris. 491
Hébrard. — Réorganisation des bibliothèques publiques. 527
Instruction pour procéder à la confection du catalogue des bibliothèques sur lesquelles les Directoires ont apposé les scellés. 514
Jacob (L.). — Traicté des plus belles bibliothèques publiques et particulières qui ont esté... 553
Laborde (Léon de). — De l'organisation des bibliothèques dans Paris. 579-582
Lacroix. — Dissertations sur quelques points curieux de l'histoire de France et de l'histoire littéraire. 590
La Fizelière (A. de). — Rymaille sur les plus célèbres bibliotières de Paris en 1649. 597
Lavoix. — Les bibliothèques et leur public. 611
Petit-Radel. — Recherches sur les bibliothèques anciennes et modernes. 1160
Richou. — Traité de l'administration des bibliothèques publiques. 1228
Robert. — État des catalogues des bibliothèques publiques de France. 1230
— État des catalogues des mss. des bibliothèques de France. 1231
— Recueil de lois, décrets, ordonnances, arrêtés, circulaires concernant les bibliothèques. 1236
Rymaille sur les plus célèbres bibliotières de Paris, par le Gyrouague Simpliste. 1255
Ternaux-Compans. — Lettre au Ministre de l'Instruction publique sur l'état des bibliothèques publiques de Paris. 1289
Vergé. — Du rôle des bibliothèques et de l'extension qu'elles pourraient prendre. 1314

Bibliothèque (la) Nationale en général.

Voyez : Généralités.

Bidpaï.

Sacy (de). — Notice d'un ms. hébreu de la B. I. contenant les *Fables de Bidpaï*. 1051

— Notices sur les traductions des Fables de Bidpaï. 1032

Bignon.

Pérau. — Vie de Jérôme Bignon. 1159
Provisions de la charge de bibliothécaire du Roy accordées le 15 sept. 1719 à l'abbé Bignon. 1184

Bigot.

Bibliotheca Bigotiana manuscripta. 58

Billard (Paul).

Delisle. — Funérailles de M. Paul Billard. 334

Billard (René).

Delisle. — René Billard, Paroles prononcées sur sa tombe. 370

Birmans (Mss.).

Féer. — Notice des mss. birmans de la B. N. 479

Blois.

Le Roux de Lincy. — La bibliothèque de Charles d'Orléans à son château de Blois. 636
Michelant. — Catalogue de la bibliothèque de François Ier à Blois en 1518. 710
Omont. — Catalogues des mss. grecs de la bibliothèque de François Ier au château de Blois. 1110

Blondeau de Charnage.

Dictionnaire de titres originaux. 385
Inventaire du cabinet de Blondeau de Charnage. 117
Vente de plusieurs parties du cabinet de Blondeau de Charnage, 1770. 118

Blondel (Robert).

Vallet de Viriville. — Nouvelles recherches sur Robert Blondel. 1084

Boëce.

Jourdain. — Des commentaires inédits de Guillaume de Conches et de Nic. Triveth sur la *Consolation de la philosophie* de Boèce. 917

Borso.

Voyez : Ducat de Borso.

Bouclier de Scipion.

Millin. — Disque d'argent connu sous le nom de *Bouclier de Scipion*. 721

Bouhier.

Caillemer. — Manuscrits de la bibliothèque de Lyon provenant des collections du Président Bouhier. 152-153
Pinart. — Note pour Bachelin de Florenne contre la B. N. 1168

Bouillon.

Gaillard. — Négociation de MM. Bouillon et de Sancy, en Angleterre, en 1596, pour une ligue contre l'Espagne. 886

Bourbon (Ducs de).

Le Roux de Lincy. — Catalogue de la bibliothèque des ducs de Bourbon. 637

Bourgogne (Philippe de).

Bibliothèque protypographique. 112

Bourgogne (Ducs de).

Peignot. — Catalogue d'une partie des livres composant la bibliothèque des ducs de Bourgogne au XVe siècle. 1155
Laborde (L. de). — Les ducs de Bourgogne. 577

Bourré (Jean).

Væsen. — Notice sur Jean Bourré et catalogue chronologique du fonds ms. de la B. N. auquel il a donné son nom. 1301

Bretagne.

Gaillard. — Instruction pour l'évêque duc de Langres envoyé auprès du duc de Bretagne. 883

Brèves (de).

Gaillard. — Mss. français de la B. N. contenant les pièces relatives à l'ambassade de M. de Brèves à Rome. 881
Guignes (de). — Réponse à la Lettre de l'abbé de Sansale au sujet des mss. de M. de Brèves. 512
Histoire du procès qu'on renouvelle de temps en temps à A. Vitré à cause de l'achat des mss. de M. de Brèves. 531

Brichemer.

Legrand d'Aussy. — Brichemer, épitre badine de Rutebeuf. 977

Bruges (Louis de).

Van Praet. — Recherches sur Louis de Bruges, seigneur de la Gruthuyse. 1311

Budget.

Bibliothèque du Roi. Rapport du Comité des finances (1789). 65

Décret réduisant provisoirement à 110,000 livres la dépense de la B. R. (1790). 311

Proclamation du roi sur le Décret de l'Assemblée Nationale du 3 sept. 1790 qui réduit la dépense de la B. R. 1177

Rochette. — Lettre à M. Paris sur le projet de mettre en direction la B. R. 1242

Wilson. — Rapport sur le projet de loi portant ouverture d'un crédit de 62,000 fr. (vente Didot). 1332

Bulletins.

Bulletin mensuel des publications étrangères reçues par le Dépt. des Imprimés de la B. N. 111, 115

Bulletin mensuel des récentes publications françaises. 79

Cadre de classement de la table méthodique du « Bulletin mensuel des publications étrangères. » 85

Burcard.

Bréquigny (de). — Notice du Journal de Burcard. 831, 832, 833

Burnouf (Eugène).

Catalogue des livres de la bibliothèque de M. Eugène Burnouf. 186

Cabinet du Roi.

Duplessis. — Le Cabinet du roi. 420

Catalogue des estampes... qui forment le Recueil connu sous le nom du *Cabinet du Roi.* 177

Calais (Conférence de).

Gaillard. — Conférence de Calais en 1521. 882

Calila.

Sacy (de). — Notice d'un ms. hébreu de la B. I. contenant *Calila et Dimna.* 1054

— ... Le Parangon de la science ; traduction persanne du Livre de Calila. 1064

Camatère (Jean).

Miller. — Poèmes astronomiques de Théodore Prodrome et de Jean Camatère. 1011

Cambodge.

Barth. — Inscriptions sanscrites du Cambodge. 807

Féer. — La collection Hennecart de la B. N. 477, 479

— Les inscriptions du Cambodge. 478

— Notice des mss. cambodgiens de la B. N. 479

Cambridge.

Meyer. — Notice sur le ms. II, 6, 24 de la bibliothèque de l'université de Cambridge. 1006

Camées.

Chabouillet. — Camée du grand Mogol Chah-Djihan. 210

— Étude sur quelques camées du Cabinet des médailles. 215

— Notice sur un camée antique inédit. 221

Dumersan. — Les preintes polychromes ou camées coloriés. 412

— Silène précepteur des amours. 425

Millin. — Conjectures sur un camée allégorique relatif à l'histoire d'Angleterre. 713

— Description d'un camée du Cabinet des Antiques de la B. N. [Vainqueurs à la course.] 716

Campion de Tersan.

Catalogue des objets d'antiquité et de curiosité qui composaient le cabinet de M. Campion de Tersan. 1

Canabutza (Jean).

Sainte-Croix (de). — Notice du ms. grec de la B. R. n° 1746. 1073

Cangé (Chatre de).

Catalogue des livres du cabinet de M***. 181

Catalogue des livres du cabinet de M. de Cangé acheté par le roi en 1733. 182

Canons.

Camus. — Notices de mss. contenant des collections de Canons et de Décrétales. 859

Koch. — Notice d'un code de canons écrit par les ordres de Rachion de Strasbourg, en 787. 951

Hauréau. — Notice sur une exposition du canon de la messe contenue dans les n°s 1009, 11579, 15088 et 16499 des mss. latins de la B. N. 938

Capperonnier.

Le Febvre de St Marc. — Éloge de M. Capperonnier. 618

Caractères orientaux.

Guignes (de). — Essai sur l'origine des caractères orientaux de l'Imprimerie royale. 897

Cartes.

Règles pour la confection des cartes. 1212

Cartes à jouer.

Jeux de cartes tarots et de cartes numérales du XIVe au XVIIIe siècle. 554

Cartes en relief.

Jomard. — Des cartes en relief. 556

Cartes et plans (Section des).

Voyez : Section de géographie.

Carthage.

Berger. — Les Ex-Voto du temple de Tanit à Carthage. 50, 51
— Rapport sur les inscriptions puniques découvertes à Carthage. 49

Cartulaires.

Depping. — Notice sur deux anciens cartulaires mss. de la B. R. 376
Guérard. — Notice du cartulaire de l'abbaye de Notre-Dame de la Roche. 895
Robert. — Inventaire des cartulaires conservés dans les bibliothèques de Paris. 1233

Casaubon (J.).

Oratio anniversaria dicta honori literarum principis Isaaci Casauboni. 1129

Catalogues.

Albert. — Recherches sur les principes fondamentaux de la classification bibliographique. 9
Debry. — Projet de décret présenté au nom du Comité de l'Instruction publique. 305
Hébert. — Essai sur la formation d'un catalogue général des livres et des mss. existant en France à l'aide de l'immatriculation. 526
Idée d'une nouvelle manière de dresser le catalogue d'une bibliothèque. 538

Plessier et Lockroy. — Proposition de loi tendant à ordonner le dépôt à la B. N. d'un double des catalogues des autres bibliothèques. 1170
Projet d'une nouvelle méthode pour dresser un catalogue selon les matières. 1180
Steeg. — Rapport sur la proposition de loi de MM. Plessier et Lockroy tendant à ordonner le dépôt à la B. N. d'un double des catalogues des autres bibliothèques. 1281
Techener. — Considérations sérieuses à propos de diverses publications sur la B. R. 1287
Robert. — État des catalogues des bibliothèques publiques de France. 1230
— État des catalogues des mss. des bibliothèques de France. 1231
Champollion-Figeac. — État actuel des catalogues des mss. de la B. R. 236
Delisle. — Note sur les catalogues de la B. N. 356
Inventaire des livres et documents relatifs à l'Amérique recueillis et légués à la B. N. par M. Angrand. 89
Lettres d'un académicien à M*** sur le catalogue de la B. R. 612
Note sur le classement des imprimés, la rédaction et le catalogue général de la B. R. 784
Paris. — De la B. R., et de la nécessité de publier le catalogue général des livres imprimés. 1138, 1140
Pierret. — Inventaire détaillé des catalogues usuels de la B. N. 1167
Regiæ bibliothecæ librorum editorum classis prima. 1208

Catalogues et Inventaires.

Département des Estampes.

Bouchot. — Les portraits aux crayons des XVIe et XVIIe siècles (1525-1646). 132
— Inventaire des dessins et estampes relatifs au dépt de l'Aisne légués à la B. N. par Ed. Fleury. 129
— Inventaire des dessins exécutés par Roger de Gaignières. 130
Courboin. — Inventaire de la collection de dessins sur Paris formée par M. H. Destailleur. 282
Duchesne. — Observations sur les catalogues de la collection des estampes. 400

Duplessis. — Catalogue de la collection de pièces sur les beaux-arts recueillie par P. J. Mariette, Ch. Nic. Cochin et M. Deloynes. 430

— Inventaire de la collection d'estampes relatives à l'histoire de France léguée en 1863 à la B. N. par M. Hennin. 433

Notice des objets exposés, 1878. 82

Département des Imprimés.

Bulletin mensuel des publications étrangères reçues par le Dép^t des Imprimés. 144, 145

Bulletin mensuel des récentes publications françaises. 79

Cadre de classement de la table méthodique du « Bulletin mensuel des publications étrangères. » 85

Catalogue alphabétique des ouvrages mis à la libre disposition des lecteurs dans la salle de travail. 86

Catalogue de l'histoire d'Asie. 532

Catalogue de l'histoire d'Espagne. 87

Catalogue de l'histoire de France. 68

Catalogue de l'histoire de la Grande-Bretagne. 80

Catalogue de l'histoire de Portugal. 531

Catalogue des livres imprimés de la B. R. Belles-lettres, 1750. 183

Catalogue des livres imprimés de la B. R. Jurisprudence, 1753. 184

Catalogue des livres imprimés de la B. R. Théologie, 1739-1742. 185

Catalogue des l^{res} provenant des collections d'Eugène Piot. 88

Catalogue des ouvrages donnés par M. V. Schœlcher. 81

Catalogue des sciences médicales. 69

Corda. — Catalogue des factums et d'autres documents judiciaires antérieurs à 1790. 271

Cortambert. — Classification de la Section géographique. Plan. 274

Delisle. — État des catalogues du département des Imprimés de la B. N. 329

— Notice sur les anciens catalogues des livres imprimés de la B. R. 350

— Rapport au Ministre de l'instruction publique sur les travaux d'inventaire et de catalogue de la B. N. 367

Dubois. — Rapport sur le classement des livres de médecine, de chirurgie et de pharmacie de la B. I. 392

Essai d'un catalogue des livres imprimés sur vélin. 459

Essai du catalogue des livres imprimés sur vélin de la B. I. 460

Foisy. — B. R. Département des Imprimés. Travaux du catalogue. 486

B. N. **Imprimés**, manuscrits, estampes. Notice des objets exposés, 1881. 104

— Id. — mai 1889. 105

Inventaire alphabétique de l'histoire d'Italie. 545

Inventaire alphabétique de l'histoire générale. 546

Inventaire alphabétique des livres imprimés sur vélin de la B. N. 547

Liste alphabétique des ouvrages mis à la libre disposition des lecteurs dans la salle de travail. 90

Liste d'ouvrages donnés à la B. N. par le Ministère de l'Instruction publique en 1870. 659

Liste des ouvrages communiqués dans la salle publique de lecture. 91

Liste des ouvrages mis à la disposition du public dans la salle de travail (1869). 70

Liste des périodiques étrangers reçus par le dépt des Imprimés. 660, 661

Liste sommaire des ouvrages mis à la disposition des lecteurs dans la salle de travail du dépt des Imprimés. 662

Magnin. — Note en réponse à une des questions posées par les membres de la Commission chargée de l'examen du Catalogue de la B. N. 676

Naudet. — Rapport sur la situation du catalogue du dépt des Imprimés. 774

Merlin. — Réflexions impartiales sur le catalogue des livres imprimés de la B. R. 708

Notice des objets exposés (1878). 92

Département des Manuscrits.

Bosredon (Ph. de). — Inventaire sommaire de la collection Périgord. 127

Bouchot. — Inventaire des dessins exécutés par Roger de Gaignières. 130

Catalogue des mss. français. Ancien fonds. 71

Catalogus codicum manuscriptorum bibliothecæ regiæ. 200

Delisle. — Catalogue des mss. des fonds Libri et Barrois. 345

Delisle. — Catalogue des mss. du fonds de la Trémoille. 316
— État des mss. latins de la B. N. 343
— Inventaire des mss. conservés à la B. I. sous les n°s 8823-11503 du fonds latin. 337, 343
— Inventaire des mss. de l'abbaye de St-Victor conservés à la B. I. sous les n°s 14232-15175 du fonds latin. 338, 343
— Inventaire des mss. de la B. N. Fonds de Cluni. 339
— Inventaire des mss. de la Sorbonne conservés à la B. I. sous les n°s 15176-16718 du fonds latin. 340, 343
— Inventaire des mss. de St-Germain des Prés conservés à la B. I. sous les n°s 11501-14231 du fonds latin. 341, 343
— Inventaire des mss. latins conservés à la B. N. sous les n°s 8823-18613. 343
— Inventaire des mss. latins de la B. N. insérés au fonds des Nouvelles acquisitions du 1er août 1871 au 1er mars 1874. 342
— Inventaire des mss. latins de Notre-Dame conservés à la B. N. sous les n°s 16719-18613. 343, 344
— Inventaire général et méthodique des mss. français de la B. N. 345
— Mss. latins et français ajoutés aux fonds des Nouvelles acquisitions pendant les années 1875-1891. 319, 320

Dictionnaire des manuscrits publié par l'abbé Migne. 386

Inventaire sommaire des mss. italiens acquis par la B. N. (1886-1892). 550

Liste des catalogues et livres imprimés mis à la disposition des lecteurs dans la salle de travail. 95

Marsand. — I manoscritti italiani della regia biblioteca Parigina. 694

Martinof. — Les mss. Slaves de la B. I. de Paris. 686

Molinier. — Inventaire sommaire de la collection Joly de Fleury. 718

Montfaucon (B. de). — Bibliotheca bibliothecarum nova. 753

Morel-Fatio. — Catalogue des mss. espagnols et portugais. 762

Notice des objets exposés (1878). 95

Ochoa (de). — Catalogo razonado de los mss. españoles existentes en la B. R. de Paris. 1104

Omont. — Additions au Supplément grec de la B. N. (1883-1885). 1116
— Catalogue des mss. danois, islandais, norvégiens et suédois de la B. N. 1108
— Inventaire de la collection Visconti conservée à la B. N. 1118
— Inventaire des mss. de la collection Moreau. 1105
— Inventaire sommaire de la collection du Parlement conservée à la B. N. 1119
— Inventaire sommaire des archives de la Chambre syndicale de la librairie et imprimerie de Paris. 1120
— Inventaire sommaire des mss. de la collection Renaudot. 1121
— Inventaire sommaire des mss. grecs de la B. N. 1123
— Inventaire sommaire des mss. du Supplément grec de la B. N. 1122

Raynaud. — Catalogue des mss. anglais de la B. N. 1200
— Inventaire des mss. italiens de la B. N. qui ne figurent pas dans le catalogue de Marsand. 1202

Reinaud. — Notice sur le catalogue général des mss. orientaux de la B. I. 1214

Robert. — Inventaire sommaire des nouvelles collections de titres originaux de la B. N. 1235

Slane (de). — Catalogue des mss. arabes (Ghéez et Amharique) de la B. N. 1237

Zotenberg. — Catalogues des mss. éthiopiens de la B. N. 1340
— Catalogues des mss. hébreux et samaritains de la B. I. 1341
— Catalogues des mss. syriaques et sabéens de la B. N. 1342

Département des Médailles.

Babelon. — Catalogue des monnaies grecques de la B. N. Les Perses Achéménides, les Satrapes et les Dynastes tributaires de leur empire, Cypre et Phénicie. 27
— Catalogue des monnaies grecques de la B. N. Les rois de Syrie, d'Arménie et de Commagène. 26

Chabouillet. — Catalogue général et raisonné des camées et pierres gravées de la B. I. 211

Description sommaire des monuments exposés (1867). 72

Lavoix père. — Catalogue des monnaies musulmanes de la B. N. 611, 612, 613, 614

La Tour (de). — Atlas de monnaies gauloises. 609

Luynes (d'Albert de). — Rapport sur l'état des catalogues du Cabinet des Médailles. 673

Morel-Fatio. — Catalogue de la collection de deniers mérovingiens, trouvaille de Cimiez. 763

Muret et Chabouillet. — Catalogue des monnaies gauloises de la B. N. 765

Prou. — Introduction au Catalogue des monnaies mérovingiennes de la B. N. 1182

— Inventaire sommaire des monnaies mérovingiennes de la collection d'Amécourt. 1183

Catino (Sacro).

Gaetano de Ste-Thérèse (fra). — Il Catino di smeraldo orientale. 497

Millin. — Note sur le vase conservé à Gênes sous le nom de Sacro Catino. 730

Caylus.

Collection d'antiquités égyptiennes, étrusques, grecques et romaines. 204

Cedrenus.

Delisle. — Feuillets d'un ms. de Cedrenus offerts à la B. N. par la bibliothèque de l'Université de Bâle. 332

Chamfort (Sébastien).

Le citoyen Chamfort au citoyen Laveau. 228

Le citoyen Chamfort à ses concitoyens, en réponse aux calomnies de Tobiesen-Duby. 229

Champollion-Figeac.

David. — Notice sur J.-J. Champollion-Figeac. 304

Nécrologie. Champollion-Figeac. 780

Champollion-le-Jeune.

Champollion-Figeac. — Notice sur les mss. autographes de Champollion-le-Jeune perdus en 1832 et retrouvés en 1840. 238

Chanson.

Schäfer. — Über die Pariser Hss. 1151 und 22555 der Huon de Bordeaux-Sage. 1269

Chansonniers.

Raynaud. — Bibliographie des chansonniers français des XIIIe et XIVe siècles. 1199

— Le chansonnier Clairambault de la B. N. 1201

Chardon de la Rochette.

Amanton. — [Chardon de la Rochette]. 12

Charles V (Bibliothèque de).

Bibliothèque protypographique. 112

Charles VII.

La Porte-du-Theil. — Notice des mss. de la B. R. cotés 5962 et 5963 contenant l'histoire des règnes de Charles VII et de Louis XI par Amelgard. 971

Chartes (Cabinet des).

Champollion-Figeac. — Notice sur le Cabinet des chartes et diplômes de l'histoire de France. 237

Charmes. — Le Comité des travaux historiques et scientifiques. 239

Lepage. — Le trésor des chartes de Lorraine. 620

Ravaisson. — Rapport adressé au Ministre d'état au nom de la commission instituée le 22 avril 1861. 1198

Recueil des chartes de l'abbaye de Cluny, formé par Bernard, publié par Bruel. 1206

Wailly (de). — La B. I. et les Archives de l'Empire. 1320

Chassaing.

Don de M. Chassaing. 166

Chastillon (Louis de).

Camus. — Trois lettres écrites en 1562 par L. de Chastillon sur des morceaux de toile. 818

Chauffage.

Letronne. — Rapport sur le chauffage des salles de la B. R. 639

Chemici Græci veteres.

Ameilhon. — Notice de la collection des mss. grecs de la B. N. désignés dans Fabricius sous le titre de *Chemici græci veteres*. 801, 802, 803, 804.

Chezy (de).

Naudet et **S. de Sacy.** — Discours prononcés aux funérailles de M. de Chezy. 778

Sacy (de). — Vie et ouvrages de M. de Chézy. 1262

Childéric Ier (Tombeau de).

Chiflet. — Anastasis Childerici Francorum regis, sive thesaurus sepulchralis Tornaci Nerviorum effossus. 241

Cochet. — Le tombeau de Childéric Ier, roi des Francs. 245

Chinois (Livres).

Abel-Rémusat. — Mémoire sur les livres chinois de la Bibliothèque. 2

Cordier. — Essai d'une bibliographie des ouvrages publiés en Chine par les Européens. 272

Fourmont. — Sinicorum regiæ bibliothecæ librorum catalogus. 488

Hager. — Description des médailes chinoises du Cabinet impérial de France. 518

Langlès. — Notice des livres de Tatars-Mantchoux de la B. N. 958

— Notice des ouvrages mss. sur la langue chinoise que possède la B. N. 007

Christine (Reine).

Hauréau. — Notice sur un ms. de la reine Christine à la bibliothèque du Vatican. 935

Chronicon Briocense.

Bréquigny (de). — Notice du ms. de la B. R. contenant une Histoire de Bretagne sous le titre de *Chronicon Briocense*. 835

Gaillard. — Notice du ms. latin de la B. N. coté 6003. 880

Chronique de Reims.

Wailly (de). — Notice sur 6 mss. contenant la *Chronique de Rains*. 1096

Chroniques.

Bréquigny (de). — Notice d'un ms. contenant un Recueil des Chroniques d'Idace, de Frédégaire, etc. 824

Delisle. — Notice sur la chronique d'un anonyme de Béthune du temps de Philippe-Auguste. 870

Chypre.

Luynes (H. de). — Numismatique et inscriptions cypriotes. 671

Cimiez.

Morel-Fatio. — Catalogue de la collection de deniers mérovingiens, trouvaille de Cimiez. 763

Cistophores (Médailles).

Dumersan. — Description des médailles cistophores du Cabinet de France. 408

Dumersan. — Médaille cistophore inédite de Thyatire de Lydie. 409

Clairambault.

Demay. — Inventaire des sceaux de la collection Clairambault à la B. N. 374

Flandrin. — Inventaire des pièces dessinées ou gravées relatives à l'histoire de France conservées au dép^t des Mss. dans la collection Clairambault sur l'ordre du Saint-Esprit. 485

Reynaud. — Le chansonnier Clairambault de la B. N. 1201

Claude.

Delisle. — Funérailles de M. Claude. 333

Clermont (Mss. du collège de).

Catalogus manuscriptorum codicum collegii Claromontani. 202

Cluny.

Bernard. — Archives de l'abbaye de Cluny. Plan de publication. 53

Dargaud. — Un voyage à Cluny. 290

Delisle. — Inventaire des mss. de la B. N. Fonds de Cluni. 339

Huillard-Bréholles. — Examen des chartes de l'Église romaine contenues dans les rouleaux dits de Cluny. 911

Recueil des chartes de l'abbaye de Cluny, formé par Bernard, publié par Bruel. 1206

Cochin (Charles-Nicolas).

Voyez : Mariette (P.-J.).

Code d'Alaric.

Bouchaud. — Notice de 2 mss. de la B. N. sur le *Code d'Alaric*. 815

Coffret d'argent.

Chabouillet. — Notice sur un coffret d'argent exécuté pour Frantz de Sickingen. 222

Cognac.

Sénemaud. — La bibliothèque de Charles d'Orléans au château de Cognac en 1496. 1272

Cohen (Henry).

Chabouillet. — Allocution prononcée sur la tombe de M. Henry Cohen à Bry-sur-Marne. 209

Coislin.

Montfaucon (B. de). — Bibliotheca Coisliniana. 751

Colbert.

Clément. — Lettres, instructions et mémoires de Colbert. 243

Colbertine (Bibliothèque).

Bibliotheca Colbertina. 59

Comité des travaux historiques.

Charmes. — Le Comité des travaux historiques et scientifiques. 239

Concordance.

Concordance des n^{os} anciens et des n^{os} actuels des mss. latins. 261
— mss. grecs. 262

Constellations.

Caussin. — Les constellations d'Aboul-hossain Abderrahman es-Soufi er-razi. 858

Coptes (Mss.).

Quatremère. — Daniel et les 12 petits prophètes, mss. coptes de la B. I. 1023

Corbie.

Delisle. — Recherches sur l'ancienne bibliothèque de Corbie. 369
Garnier. — Mss. de Corbie. 500

Corneille.

B. N. Notice des objets exposés dans la salle du Parnasse français à l'occasion du 2e centenaire de la mort de Pierre Corneille, 1884. 107

Coronelli (Globes de).

Jubinal. — Les globes de Coronelli. 565
La Hire (de). — Description et explication des globes du château de Marly. 601

Cosmographie.

Langlès. — L'Odeur des fleurs dans les merveilles de l'Univers, par Mohammed ben-Ahhmed ben-Ayâs. 959

Coupé (Abbé).

Caille. — Discours prononcé sur la tombe de l'abbé Coupé. 151

Cours d'archéologie.

Voyez : Archéologie.

Cours de langues orientales.

Dulaurier. — Mémoires, lettres et rapports sur le cours de langues malaye et javanaise fait à la B. R. en 1841-1843. 401

Voyez aussi : École des langues orientales.

Cousinot.

Gaillard. — Relation de l'ambassade de Guillaume Cousinot au pape Paul II en août 1469. 883

Coutans (dom).

Marcel. — Un Bénédictin géographe, Dom G. Coutans. 684

Cratès-le-Cynique.

Boissonade. — Notice des Lettres de Cratès-le-Cynique. 810

Cyrénaïque.

Duchalais. — Monnaies inédites de Cyrénaïque. 394

Dacier.

Naudet et Letronne. — Discours prononcés aux funérailles de M. Dacier. 777
Sacy (de). — Vie et ouvrages de Dacier. 1263

Dagobert.

Notice sur le fauteuil de Dagobert. 792

Danemark.

De Keralio. — Instructio legationis a sacra regia majestate Poloniæ ad seren. regem Daniæ dominum Fredericum secundum... 948

Danois (Mss.).

Omont. — Catalogue des mss. Danois de la B. N. 1108

Dauban.

Paroles prononcées sur la tombe de Charles-Aimé Dauban. 1148

Daunou.

Guérard. — Notice sur M. Daunou. 1323

Davillier (Ch.).

Catalogue de la collection léguée à la B. N. par M. le baron Ch. Davillier. 166

Décrétales.

Camus. — Notice de mss. contenant des collections de Canons et de Décrétales. 853

Décrets.

Décret concernant la B. N. 307, 308, 309, 310, 311

Rapport à l'Empereur sur la réorganisation de la B. I. et décret. (1858). 1194

Robert. — Recueil de lois, décrets concernant les bibliothèques. 1236

Recueil des décret. ordonnances, arrêtés concernant la B. R. (1847). 1207

Delannoy.

Souvenirs de la vie et des ouvrages de F. J. Delannoy. 1280

Deloynes.

Voyez : Mariette (P. J.).

Dendérah.

Voyez : Zodiaque de Dendérah.

Deniers mérovingiens.

Morel-Fatio. — Catalogue de la collection de deniers mérovingiens de la trouvaille de Cimiez. 763

Dénonciations.

Courtes observations. Sur les dénonciations de Tobiésen-Duby contre les Employés de la B. N. 203

Voyez aussi : Tobiezen-Duby.

Dépôt de législation.

Charmes. — Le Comité des travaux historiques et scientifiques. 239

Dépôt légal.

Delisle. — Note sur le Dépôt légal. 355

Picot. — Le Dépôt légal et nos collections nationales. 1164

Dépôts littéraires.

Camus. — Projet de résolution sur la manière de disposer des livres dans les Dépôts littéraires. 7 fructidor an IV. 151

— Id. — 27 floréal an V. 185

Creuzé-Latouche. — Opinion sur la résolution du 30 floréal, relative à la disposition des livres conservés dans divers dépôts, an V. 205

Labiche. — Notice sur les Dépôts littéraires. 576

Marmontel. — Rapport sur la manière de disposer des livres conservés dans les dépôts littéraires, an V. 692

Desana.

Chabouillet. — Monnaies inédites de Desana. 217

Desnoyers (Jules).

Delisle. — Collections de M. Jules Desnoyers. Catalogue des mss. anciens et des chartes. 324

Destailleur (H.).

Courboin. — Inventaire de la collection de dessins sur Paris formée par M. H. Destailleur. 282

Diacre.

Hase. — Notice de l'Histoire composée par Léon Diacre. 467

Didot.

[*Achats* à la vente Didot.] 1332

Ferry (J.) et L. Say. — Projet de loi portant ouverture d'un crédit extraordinaire de 62,600 fr. applicable à l'achat de livres et de mss. (vente Didot). 481

Digby (sir Kenelm).

Delisle. — Sir Kenelm Digby et les anciens rapports des bibliothèques françaises avec la Grande-Bretagne. 371

Dina.

Sacy (de). — Notice de l'ouvrage intitulé Liber de Dina et Kalila. 1061

Diogène-le-Cynique.

Boissonade. — Notice des lettres inédites de Diogène-le-Cynique. 81

Diplomatique.

Nouveau traité de diplomatique. 1103

Diptyque de St-Junien.

Chabouillet. — Le diptyque consulaire de St-Junien. 213

Dissertations.

Catalogue des dissertations et écrits académiques provenant des échanges avec les universités étrangères, 1882. 170
— 1883. 171
— 1884. 172
— 1885. 173
— 1886-1887. 174
— 1888. 175
— 1889. 176

Dit d'aventures.

Legrand d'Aussy. — Dit d'aventures, conte burlesque et critique tiré du ms. 7218. 979

Djami.

Sacy (de). — Notice d'un ms. pris mal-à-propos pour le catalogue des livres de la Djami. 1055

Doctrinal.

Legrand d'Aussy. — Notice de quelques ouvrages intitulés Doctrinal. 987

Doctrines grammaticales.

Thurot. — Notices et extraits de divers mss. latins pour servir à l'histoire des doctrines grammaticales au moyen-âge. 1082

Doubles de la Bibliothèque (Livres).

Catalogue d'une bibliothèque composée de 18,000 volumes qui se vendront le 4 janvier 1734. 161

Draco-Normannicus.

Brial. — Notice du ms. 1367 qui a pour titre *Draco-Normannicus*. 844

Dracon de Stratonicée.

Hase. — Sur les περὶ μέτρων de Dracon de Stratonicée. 907

Du Bellay (Guillaume).

Hauréau. — La première Ogdoade de Guillaume du Bellay. 939

Dubeux.

Audley. — Notice nécrologique sur Louis Dubeux. 22

Du Cange.

Mémoire sur les mss. de M. du Cange. 701
Notice des ouvrages mss. de M. du Cange. 787

Ducat de Borso.

Chabouillet. — Notice sur un ducat d'or inédit de Borso, mis d'Este, puis duc de Ferrare. 223

Duchesne (J.).

Desnoyers. — Notice sur J. Duchesne. 382
Bonnardot. — Lettre au bibliophile Jacob sur le Cabinet des estampes et l'excellente administration de M. Duchesne aîné. 125
Paris. — Notice sur la vie et les ouvrages de J. Duchesne aîné. 1142

Dumersan.

Biographie de M. Marion du Mersan. 116
Marion Dumersan. 691
Notice sur Marion Dumersan. 704

Dunoyer.

Lélut. — Discours prononcé aux funérailles de M. Dunoyer. 622

Dupaty.

Villemain. — Discours prononcé aux funérailles de M. Dupaty. 1316

Durand (E.).

Witte (de). — Description des antiques du cabinet Durand. 1331

Durham.

Meyer. — Notice sur un recueil d'*Exempla* renfermé dans le ms. B. IV, 19 de la bibliothèque capitulaire de Durham. 1008

Dutheil.

Dacier. — Notice sur la vie et les ouvrages de Dutheil. 298

Échanges.

A M. le doyen et MM. les professeurs de la faculté de médecine de Montpellier. 1146
Arrêtés, circulaires et instructions. 735
Delisle. — Au conseil des Trustees du Musée britannique. 325
Passier. — Les échanges internationaux littéraires ou scientifiques. 1149

Echternach.

Reiners. — Les mss. de l'ancienne abbaye d'Echternach conservés à la B. N. 1215

École des Chartes.

Recueil de fac-similés à l'usage de l'École des Chartes. 1201

Voir aussi : Paléographie.

École des langues orientales.

École impériale des langues orientales vivantes près la B. I. Programme des cours. 440-443

— royale des langues orientales vivantes... (id.). 444

— spéciale des langues orientales vivantes près la B. N. Programme des cours. 445

— spéciale de langues orientales à la B. N. Loi... du 10 germinal an III. 446-447

Millin. — Cours d'histoire héroïque. Programme pour 1810. 714

— Exposé du cours de mythologie de M. Millin. 1809. 722

Voyez aussi : Cours de langues orientales.

Édits.

Édit du roi portant réunion de la charge de garde du Cabinet particulier des livres au Louvre à celle de garde de la bibliothèque du roi, janvier 1720. 418

— du roi portant réunion de la charge de bibliothécaire de Fontainebleau à celle de garde de la bibliothèque dont est pourvu l'abbé Bignon, mars 1720. 419

— du roi portant réunion de la charge de garde de la Librairie du Cabinet du Louvre à la charge de bibliothécaire du roi (1720). 1184

— du roi pour la réunion de la charge de garde de la bibliothèque de Fontainebleau à la charge de bibliothécaire du roi (1720). 1184

Église romaine.

Huillard-Bréholles. — Examen des chartes de l'Église romaine contenues dans les rouleaux dits de Cluny. 911

Égypte.

Langlès. — Le Livre des avis et sujets de réflexions sur la Description historique des divisions territoriales de l'Egypte, par Ebn Al-Maqryzy. 955

Ledrain. — Les monuments égyptiens de la B. N. 617

Sacy (de). — Le Livre des étoiles errantes qui contient l'histoire de l'Egypte par Schemseddin Mohammed ben Abilsorour. 1048

Égyptienne (Collection).

Champollion (le jeune). — Rapport sur la collection égyptienne acquise à Livourne. 231

Émaux.

Les Émaux de Petitot du Musée impérial du Louvre. 455

Emblèmes.

Convention nationale. Décret qui défend d'enlever... sous prétexte de faire disparaître les signes de féodalité ou de royauté, les livres imprimés, mss. 268

Romme. — Rapport sur les abus qui se commettent dans l'exécution du décret relatif aux emblèmes de la féodalité et de la royauté. 1248

Voyez aussi : Armoiries.

Empreintes.

Dumersan. — Empreintes polychromes ou camées coloriés. 412

Mionnet. — Catalogue d'une collection d'empreintes en soufre de médailles grecques et romaines. 742

Encyclopédie japonaise.

Abel-Rémusat. — Notice sur l'*Encyclopédie japonaise*. 707

Enfer.

L'Enfer de la B. N. 158

[*Jugement* rendu dans le procès Régis.] 1221

Ennery (d').

Catalogue des médailles du Cabinet de M. d'Ennery. 192

Éparque.

Omont. — Catalogue des mss. grecs d'Antoine Éparque. 1109

Éraclès.

Riant. — Inventaire sommaire des mss. de l'Éraclès. 1226

Eretz (Mathieu).

Chahan de Cirbied. — Notice de deux mss. Arméniens de la B. I. contenant l'histoire écrite par M. Eretz, de la première croisade. 859

Eryx.

Dumersan. — Description d'un médaillon inédit de la ville d'Eryx. 405

Eschyle.

Vauvilliers (de). — Notice de la tragédie d'Eschyle intitulée les Sept à Thèbes. 1085

— Notice des mss. d'Eschyle, de la B. R., n° 2782. 1087

— Notice du ms. d'Eschyle, n° 2789. 1088

— Notice du ms. d'Eschyle, n° 2788. 1089

— Notice du ms. d'Eschyle, n° 2790. 1090

— Notice du ms. d'Eschyle, n° 2791. 1091

— Notice du Prométhée d'Eschyle, ms. grec de la B. R., n° 2785. 1092

— Notice de la tragédie des Perses, ms. du roi n° 2785. 1086

Esnans.

Collection d'Esnans. 406

Ésope.

Miller. — Notice d'un ms. grec contenant une rédaction inédite des fables d'Ésope. 1011

Espagne.

Catalogue de l'histoire d'Espagne. 87

Espagnols (Mss.).

Morel-Fatio. — Catalogue des manuscrits espagnols. 762

Ochoa (de). — Catalogo razonado de los mss. españoles existentes en la B. R. de Paris. 1104

Sacy (de). — Notice d'un ms. espagnol contenant un Traité de la croyance des Musulmans. 1053

— Notice de 2 mss. arabico-espagnols. 1060

Estampages.

Barth. — Inscriptions sanscrites du Cambodge. 807

Doughty. — Documents épigraphiques recueillis dans le nord de l'Arabie. 679

Liste des estampages exécutés par M. Fichot pour le Recueil de M. le baron de Guilhermy et exposés dans la salle qui précède la Galerie Mazarine. 353

Estampes.

Basan. — Catalogue raisonné des différens objets de curiosités du cabinet de M. Mariette. 12

B. N. Imprimés, manuscrits, estampes. Notice des objets exposés, 1881. 101

— mai 1889. 105

Cabinet d'estampes de feu Monsieur le Premier. 147

Catalogue des estampes... qui forment le recueil connu sous le nom du Cabinet du Roi. 177

Catalogue des volumes d'estampes dont les planches sont à la B. R. 194

Duchesne. — Notice des estampes exposées à la B. R. 396, 397, 398, 399, 401

— Observations sur les catalogues de la collection des estampes. 400

Duplessis. — Le Cabinet du roi. 429

Laborde (Léon de). — La plus ancienne gravure du cabinet des estampes de la B. R. est-elle ancienne ? 583

Le Hay. — Remarques sur la manière de graver et d'expliquer les pierres antiques. 620

Marolles (de). — Catalogue de livres d'estampes et de figures en taille-douce. 683

Estampes (Dépt des).

Bonnardot. — Lettre au bibliophile Jacob sur le Cabinet des Estampes et l'excellente administration de M. Duchesne ainé. 125

Delaborde. — Le Département des estampes à la B. N. 312

Duchesne. — Description des estampes exposées dans la galerie de la B. I. 395

— Recherches sur une ancienne galerie du palais Mazarin où se trouve maintenant le dépt des Estampes. 402

Duplessis. — Le département des Estampes à la B. I. 432

— Rapport à M. l'Administrateur général de la B. N. 435

— Inventaire de la collection Hennin. 433

Hennin. — Les monumens de l'histoire de France. (Collection Hennin). 529

Estampilles.

Renouard. — Au Comité d'instruction publique, an II. 1217

Éthiopiens (Mss.).

Pell-Platt. — A catalogue of the Ethiopic biblical mss. in the Royal Library of Paris. 1157
Zotenberg. — Catalogues des mss. éthiopiens (Ghéez et Amharique) de la B. N. 1310
— Chronique de Jean, évêque de Nikiou. 1099

Ethnographie.

Hamy. — Les origines du musée d'ethnographie. 520
Jomard. — Lettre à M. de Siebold sur les collections ethnographiques. 562
Siebold (de). — Lettres sur l'utilité des musées ethnographiques. 1274

Étienne.

Brial. — Mss. latins de la B. R. nos 8630 A, 8566 A, 2023 contenant des Lettres d'Étienne. 813

Évangéliaire latin.

Champollion-Figeac. — Notice descriptive d'un évangéliaire latin. 233

Exempla.

Meyer. — Notice sur un recueil d'Exempla renfermé dans le ms. B. IV, 19 de la bibliothèque capitulaire de Durham. 1008

Expositions.

B. N. Imprimés, manuscrits, estampes. Notices des objets exposés. (1881.) 101
B. N. Notice d'un choix de manuscrits, d'imprimés et d'estampes acquis dans ces dernières années et exposés dans le vestibule, Mai 1889. 105
Congrès international des sciences géographiques. Exposition de 1875. Annexe A. Bibliothèque nationale. 265
Delaborde. — Le Dépt des Estampes à la B. N. Catalogue des estampes exposées dans ses salles. 312
Dépt des Estampes. Notice des objets exposés. (1878). 82
Dépt des Imprimés. Notice des objets exposés. (1878). 92
Duchesne. — Description des estampes exposées dans la galerie de la B. R. 395
— Notice des estampes exposées à la B. R. 396, 397, 398, 399, 401
B. N. Notice des objets exposés dans la Section de géographie, Mai 1889. 108

B. N. Notice des objets exposés dans la salle du Parnasse français à l'occasion du 2e centenaire de la mort de Pierre Corneille. 1884. 107
B. N. Notice d'un choix de mss. des fonds Libri et Barrois exposés dans la salle du Parnasse français. Avril 1888. 106
B. N. Département des manuscrits. Notice des objets exposés. (1878). 95
Description sommaire des monuments exposés. (1867). 72
Dumersan. — Notice abrégée des principaux monuments exposés dans le Cabinet des médailles. 417, 418, 419, 420, 421
Exposition des récentes acquisitions de la B. N. (1879). 461
Liste des estampages exécutés par M. Fichot et exposés dans la salle qui précède la Galerie Mazarine. 352
Loi qui ordonne l'exposition des antiques à la B. N. an III. 666
Notice sommaire des principaux monuments exposés dans le dépt des médailles. (1889). 788
Pannier. — Note sur les cartes et plans de Paris et de l'Ile de France exposés dans la galerie Mazarine. 1135
IVe Centenaire de la découverte de l'Amérique. Catalogue des documents exposés à la section des Cartes de la B. N. 1186
Renier. — Inscriptions latines exposées dans la Salle du zodiaque de la B. I. 1216

Expropriations.

Logerotte. — Rapport sur un crédit supplémentaire de 2,950,000 fr. pour faire face aux expropriations poursuivies en exécution de la loi du 28 déc. 1880. 665
Voir aussi : Isolement de la Bibliothèque.

Factions.

Ameilhon. — Notice d'un ms. sur les Factions qui troublèrent le règne de Charles VI. 800

Factums.

Corda. — Catalogue des factums et d'autres documents judiciaires antérieurs à 1790. 271
Patey. — Factums normands conservés à la B. N. 1150

Falconet.

Catalogue de la bibliothèque de feu M. Falconet. 161

Fauriel.

Guigniaut. — Discours prononcé aux funérailles de M. Fauriel. 515, 516

Félicité (Débat de).

Legrand-d'Aussy. — Le débat de Félicité. 978

Feuillet de Conches.

Naudet. — A M. le président et MM. les juges du tribunal de 1re instance. 770

— Réponse de la B. N. à M. Feuillet de Conches. 776

Paris. — Rectification indispensable au sujet de la Réponse de la B. N. à M. Feuillet de Conches, par M. Naudet. 1141

Févret de Fontette.

Recueil d'estampes, dessins, etc. 621

Fictions.

Legrand d'Aussy. — La folle et la sage, fiction morale tirée du ms. 7218. 981

— Notice de l'ouvrage intitulé *Le Chevalier errant*, par Thomas, marquis de Saluces. 986

Finances (Bibliothèque des).

Charmes. — Le Comité des travaux historiques et scientifiques. 239

Firmano (Corneille).

Bréquigny (de). — Journal de Corneille Firmano. 822

Firmano (Jean-François).

Bréquigny (de). — Journal de Jean François Firmano. 823

Flamenca.

Raynouard. — Notice de Flamenca poème provençal, ms. de la bibliothèque de Carcassonne. 1028

Fleury (Édouard).

Bouchot. — Inventaire des dessins et estampes relatifs au dép¹ de l'Aisne, légués à la B. N. par Ed. Fleury. 120

Fleury (Joly de).

Molinier. — Inventaire sommaire de la collection Joly de Fleury. 718

Floride.

Gaillard. — La reprise de la Floride par le capitaine Gourgues. 891

Fontainebleau (Bibliothèque de).

Abel de Sainte-Marthe. — Discours au Roy sur le rétablissement de la bibliothèque de Fontainebleau. 1

Barbier. — Discours sur le rétablissement de la bibliothèque du palais de Fontainebleau. 34

Édit du roi pour la réunion de la charge de garde de la bibliothèque de Fontainebleau à la charge de bibliothécaire du roi. (1720). 419, 1181

Lhuillier. — La bibliothèque et les bibliothécaires du château de Fontainebleau au temps passé. 644

Omont. — Catalogues des mss. grecs de Fontainebleau sous François Ier et Henri II. 1111

— Le premier catalogue des mss. grecs de la bibliothèque de Fontainebleau sous Henri II. 1126

Quentin-Bauchart. — La bibliothèque de Fontainebleau et les livres des derniers Valois à la B. N. 1187

Fontanieu.

Recueil Fontanieu. 621

Fonteneau.

Tables des mss. de D. Fonteneau. 1281

Forget de Fresne.

Gaillard. — Négociation de Forget de Fresne en Espagne en 1589. 885

Formulaires.

Langlois. — Formulaires de lettres du XIIe, du XIIIe et du XIVe siècle. 931, 962

Foucquet.

Mémoire des mss. de la bibliothèque de M. Foucquet. 702

Français (Mss.).

Bruel. — Les mss. français de la B. I. 141

Camus. — Notice de 2 mss. de la B. N. cotés 6829 et 6829². 852

— Notice de 3 mss. du XVe siècle contenant un abrégé d'Histoire universelle. 855

Catalogue des mss. français. 71

Delisle. — Inventaire général et méthodique des mss. français de la B. N. 315

— Mss. latins et français ajoutés aux fonds des Nouvelles acquisitions (1875-1891). 320

Langlois. — Notice des mss. français et provençaux de Rome antérieurs au XVIe siècle. 163

Meyer. — Notice du ms. fr. 1852 de la B. N. contenant divers opuscules religieux en rouergat. 709

— Notice sur 2 anciens mss. français ayant appartenu au Mis de la Clayette. 1004

— Notices sur quelques mss. français de la bibliothèque Phillipps à Cheltenham. 1007

Paris. — Les mss. français de la B. R. 1141

Raynaud. — Bibliographie des chansonniers français des XIIIe et XIVe siècles. 1109

Robert. — Inventaire sommaire des nouvelles collections de titres originaux de la B. N. 19..

Vallet de Viriville. — Notice du ms. intitulé : Geste des nobles françois descendus du roy Piram. 1083

Wailly (de). — Notice sur 6 mss. contenant la *Chronique de Rains.* 1096

— Notice sur 6 mss. de la B. N. contenant le texte de G. de Ville-Hardouin. 1097

Voyez aussi : Catalogues.

France (Histoire de).

Boutaric. — Notices et extraits de documents inédits relatifs à l'histoire de France sous Philippe-le-Bel. 819

Bréquigny (de). — Table chronologique des diplômes, chartes, concernant l'histoire de France. 137

Camus. — Notice d'un ms. n° 1594 contenant plusieurs pièces historiques du IXe siècle. 849

— Notice de 5 vol. mss. contenant des Lettres originales des souverains et des ministres (règnes de Louis XIII et Louis XIV). 851

Catalogue de documents historiques et de lettres autographes relatifs au règne de Louis XIII; portefeuilles de la correspondance du cardinal Quirini. 163

Catalogue de l'histoire de France. 68

Catalogue des Actes de François Ier. 3

Champollion-Figeac. — Correspondance de Bréquigny relative à ses recherches sur l'histoire de France dans les archives d'Angleterre. 235

Champollion-Figeac. — Notice sur le Cabinet des chartes et diplômes de l'histoire de France. 267

Collection de documents inédits sur l'histoire de France. 253

Delisle. — Catalogue des Actes de Philippe Auguste. 322

Deschiens. — Collection de matériaux pour l'histoire de la Révolution française depuis 1787. 379

Documents historiques inédits tirés des collections mss. de la B. R. 7

Duplessis. — Inventaire de la collection d'estampes relatives à l'histoire de France léguée en 1863 à la B. N. par M. Hennin. 433

Flandrin. — Inventaire des pièces dessinées ou gravées relatives à l'histoire de France conservées au dépt. des Mss. dans la collection Clairambault sur l'ordre du Saint Esprit. 185

France. — Description de la collection du comte de la Bédoyère sur la Révolution française, l'Empire et la Restauration. 189

Franklin. — Les sources de l'histoire de France. 191

Hennin. — Histoire numismatique de la Révolution française. 528

— Les monuments de l'histoire de France. Catalogue des productions de la sculpture, de la peinture et de la gravure. 529

Legrand d'Aussy. — La branche aux royaux lignages. 976

Lelong. — Bibliothèque historique de la France. 621

Martial et Delpit (J.). — Notice d'un ms. de la bibliothèque de Wolfenbüttel relatif à l'histoire de la France méridionale. 1002

Molinier. — Inventaire sommaire de la collection Joly de Fleury. 718

France (Monnaies de).

Le Blanc. — Traité historique des monnoyes de France. 615

Franche-Comté.

Robert. — Catalogue des mss. relatifs à la Franche-Comté conservés dans les bibliothèques de Paris. 1229

— Inventaire sommaire des documents mss. relatifs à la Franche-Comté. 1231

Frezzi.

Ginguené. — Notice d'un ms. italien contenant un poème de Federico Frezzi sous le titre de *Cosmografia.* 892

Gaguin.

Roty. — Études sur Robert Gaguin. 1251

Gaignières (Roger de).

Bouchot. — Inventaire des dessins exécutés par Roger de Gaignières. 130

Duplessis. — Roger de Gaignières et ses collections iconographiques. 436

Grandmaison (Ch. de). — Gaignières et ses collections de portraits. 508

Table générale du Recueil de portraits des rois et reines de France... fait par Gaignières. 624

Gallien.

Galland. — Lettre sur la Nouvelle explication d'une médaille d'or du Cabinet du Roy. 499

Lettre à M. de Vallemont sur la Nouvelle explication qu'il a donnée à une médaille d'or de l'empereur Gallien. 610

Réponse à la Dissertation sur le Gallien d'or du Cabinet du Roy. 1219

Vallemont (de). — Nouvelle explication d'une médaille d'or de l'empereur Gallien. 1307

Garlande (Jean de).

Hauréau. — Notice sur les œuvres de Jean de Garlande. 933

Gaule.

Duchalais. — Description des médailles gauloises de la B. R. 393

Lagoy (M¹ˢ de). — Essai de monographie d'une série de médailles gauloises d'argent. 580

— Notice sur l'attribution de quelques médailles des Gaules. 600

La Tour (de). — Atlas de monnaies gauloises. 609

Muret et Chabouillet. — Catalogue des monnaies gauloises de la B. N. 765

Généalogie.

Caffiaux (Dom). — Trésor généalogique. 150

Dictionnaire de titres originaux, ou inventaire général du cabinet du chevalier Blondeau. 385

Indicateur du grand armorial général de France. 510

— nobiliaire. 511

Généralités.

L'an 1787. Précis de l'administration de la Bibliothèque du roi sous M. Le Noir. 13

Bonnaffé. — Les collectionneurs de l'ancienne France. Notes d'un amateur. 122

Couderc. — Notice sur la B. N. 280

Delisle. — La B. N. en 1875. Rapport à M. le Ministre de l'Instruction publique. 318, 731

— La B. N. en 1876. Rapport à M. le Ministre de l'Instruction publique. 352

Desessarts. — Notice historique... de la B. N. 381

Dibdin. — A bibliographical, antiquarian, and picturesque tour in France. 384

Dumersan. — Guide des curieux et des étrangers dans les bibliothèques publiques de Paris. 414

— Notice sur la bibliothèque royale et particulièrement sur le Cabinet des médailles. 422

Dunoyer. — La bibliothèque du roi. 427, 428

Edwards. — Memoirs of libraries. 450

Franklin. — Précis de l'histoire de la Bibliothèque du Roi. 492

Geschichte d. Königl. Pariser Bibliothek von ihrem ersten Ursprunge an. 504

Instruction concernant la conservation des mss., chartes, sceaux, livres imprimés. 543

Le Gallois. — Traité des plus belles bibliothèques de l'Europe. 619

Le Prince. — Essai historique sur la bibliothèque du roi. 631, 635

Lubersac (de). — Discours sur les monuments publics de tous les âges. 670

Maichelius. — Introductio ad historiam literariam de praecipuis bibliothecis parisiensibus. 678

Mémoire présenté au gouvernement par le conservatoire de la B. R. et relatif à l'état et aux besoins de cet établissement. 703

Mérimée. — Rapport au Ministre de l'Instruction publique sur les modifications à introduire dans l'organisation de la B. I. 707

Ministère de l'Instruction publique. Rapport à l'empereur, avril 1860. 736

Monselet. — Les tréteaux. 750

Mortreuil. — La B. N., son origine et ses accroissements. 764

The National Library. 768

Pautet. — Réorganisation de la B. I. 1151

Pautet du Rozier. — Rapport à M. de Salvandy sur l'organisation du personnel, la reconstruction du monument et la rédaction du catalogue de la B. R. 1152, 1153

32

Pierret. — Essai d'une bibliographie historique de la B. N. 1166

Quesada. — Las bibliotecas europeas. 1189

Rapport sur la B. R. présenté au Ministre de l'instruction publique (1831). 1195

Rapports sur le service des Archives de la B. N. et des Missions pendant 1876. 731

Saint-Léger (de). — Projet pour l'établissement d'une B. N. en 5 sections. 1261

Téchener. — Considérations sérieuses à propos de diverses publications récentes sur la B. R. 1287

Voyez aussi : Expositions.

Gênes.

Sacy (de). — Pièces diplomatiques tirées des Archives de la République de Gênes. 1065

Saint-Martin (de). — Privilège de Léon III, roi d'Arménie, en faveur des Génois. 1072

Géographie.

Buchon et **Tastu**. — Notice sur un atlas en langue catalane de l'an 1375. 846

Choix de documents géographiques conservés à la B. N. 212

Cortambert. — Note sur 3 cartes mss. des XIII° et XIV° siècles. 275

— Rapport sur les documents géographiques de diverses bibliothèques publiques de France. 276

— Trois des plus anciens monuments géographiques du moyen âge conservés à la B. N. 277

Guignes (de). — Chaîne historique des contrées, des mers et des poissons. 895

— Exposition de ce qu'il y a de plus remarquable sur la terre par Abdorraschid, surnommé Yakouti. 899

— Perle des Merveilles, par Zein-eddin Omar surnommé Eben-al-ouardi. 901

Jomard. — De l'utilité qu'on peut tirer de l'étude comparative des cartes géographiques. 961

— Introduction à l'Atlas des monuments de la géographie. 961

— Sur la publication des Monuments de la géographie. 963

Marcel. — Cartographie de la Nouvelle-France. 683

Géométrie.

Vincent. — Extraits des mss. relatifs à la géométrie pratique des Grecs. 1093

Woepcke. — Trois traités arabes sur le Compas parfait. 1098

Gilles de Pontoise.

Delisle. — Notice sur un recueil historique présenté à Philippe-le-Long par Gilles de Pontoise. 877

Giraud (P.-E.)

Delisle. — Donation de M. Paul-Émile Giraud. 31

Glyptique.

Trésor de numismatique et de glyptique. 125

Gohory (Jacques).

Bréquigny (de). — Notice de l'histoire de Charles VIII et de Louis XII. 822

Gouboust.

Notice sur le plan de Paris de Jacques Gouboust. 72

Gossellin.

Sacy (de). — Funérailles de M. Gossellin. 125

Grande-Bretagne.

Catalogue de l'histoire de la Grande-Bretagne. 80

Grandmont (Ordre de).

F. réau. — Sur quelques écrivains de l'ordre de Grandmont. 94

Grassis.

Bréquigny (de). — Notice du Journal de Paris de Grassis. 834

Graux.

Mélanges Graux. 501

Gravure en pierres fines.

Le Hay. — Manière de graver les pierres antiques. 620

Millin. — De l'anneau de Polycrates. 715

Gravure sur bois.

Thierry-Poux. — Emploi de la gravure sur bois dans quelques livres imprimés à Venise de 1469 à 1472. 1291

Grèce.

Voyez : Médailles grecques.

Grecs (Mss.).

Ameilhon. — Notice de la collection des mss. grecs de la B. N. désignés dans Fabricius sous le titre de *Chemici Graeci veteres*. 801, 802, 803, 804

Anse de Villoison (d'). — Notice des mss. grecs des anciens empereurs grecs et du sérail de Constantinople. 806

Berger de Xivrey. — Notice d'un mss. grec du XIII° siècle renfermant le Nouveau-Testament. 52

Boissonade. — Lexique des synonymes grecs. 809

Bordier. — Description des peintures et autres ornements contenus dans les mss. grecs de la B. N. 126

Brunet de Presles. — Les papyrus grecs du Louvre et de la B. I. 815

Camus. — Notice d'un mss. grec de la bibliothèque de Venise. 850

Concordance des n°ˢ anciens et des n°ˢ actuels des mss. grecs. 262

Hase. — Notice de 3 pièces satyriques imitées de la Nécyomantie de Lucien. 906

— Recueil de mémoires sur différents mss. grecs de la B. I. 907

Jacob. De nonnullis codicibus graecis palimpsestis in bibliotheca majore parisiensi asservatis. 552

La Porte-du-Theil. — Notice d'un mss. de la bibliothèque du Vatican, coté CCCV parmi les mss. grecs. 964

— Notice et extraits d'un volume coté MCCIX parmi les mss. grecs et contenant les *Opuscules* et les *Lettres de Théodore l'Hyrtacénien*. 972

Lévesque. — Notice du mss. grec de la B. N. coté 2036 et contenant les *Problèmes d'Aristote* et le *Traité du Sublime de Longin*. 1001

— Notice des amours de Drosille et de Chariclès, par Nicétas Eugénianus. 998

Martin. — Description des mss. grecs relatifs au Nouveau Testament conservés dans les bibliothèques de Paris. 695

Miller. — B. R. de Madrid. Catalogue des mss. grecs. 1009

— Glossaire grec-latin de la bibliothèque de Laon. 1010

— Notice d'un ms. grec contenant une rédaction inédite des fables d'Ésope. 1011

— Notice sur le ms. grec n° 2322 de la B. I. contenant le recueil des παίγνια. 1012

Montfaucon (B. de). — Palaeographia graeca. 785

Nolhac P. de). — Inventaire des mss. grecs de Jean Lascaris. 781

Omont. — Additions au Supplément grec de la B. N. 1883-1885. 1116

— Catalogue des mss. grecs d'Antoine Éparque 1538. 1109

— Catalogues des mss. grecs de la bibliothèque de François I°ʳ au château de Blois. 1110

— Catalogues des mss. grecs de Fontainebleau sous François I°ʳ et Henri II. 1111

— Fac-similés de mss. grecs des XV° et XVI° siècles, d'après les originaux de la B. N. 1112

— Fac-similés des plus anciens mss. grecs en onciale et en minuscule de la B. N. du IV° au XII° siècle. 1114

— Fac-similés des mss. grecs datés de la B. N. du IX° au XIV° siècle. 1113

— Le fonds grec de la B. N. 1115

— Introduction à l'inventaire sommaire des mss. grecs de la B. N. 1117

— Inventaire sommaire des mss. du Supplément grec de la B. N. 1122

— Inventaire sommaire des mss. grecs de de la B. N. 1123

— Notice sur un très ancien ms. grec en onciales des Épîtres de St Paul. 1016

— Le premier catalogue des mss. grecs de la bibliothèque de Fontainebleau sous Henri II. 1126

— Un premier catalogue des mss. grecs du cardinal Ridolfi. 1127

Rochefort de). — Notice d'un ms. grec de la B. R. coté 1277. 1030

— Notice d'un lexique grec ms. n° 2408. 1029

Sainte-Croix de). — Notice du ms. grec de la B. R. n° 1716. 1073

Séguier de Saint-Brisson. — Notice du ms. grec n° 1871. 1075

Tannery. — Notice sur des fragments d'onomatomancie arithmétique. 1078

— Notice sur les 2 lettres arithmétiques de Nicolas Rhabdas. 1079

Vauvilliers (de). — Notice des mss. d'Eschyle. 1085 à 1092

Vincent. — Extraits des mss. relatifs à la géométrie pratique des Grecs. 1093

— Notice sur divers mss. grecs relatifs à la musique. 1094

Zotenberg. — Notice sur le texte grec et les versions orientales du livre de Barlaam et de Joasaph. 1100

Voyez aussi : Basile de Césarée, — Cratès-le-Cynique, — Diogène-le-Cynique, — Dracon de Stratonicée, — Eschyle, — Esope, — Hiérophile, — Lapithès, — Pollux.

Grégoire IX.

Hauréau. — Quelques lettres de Grégoire IX extraites des mss. de la B. I. 942

Grégoras.

Parisot. — Notice sur le livre XXXVII de Nicéphore Grégoras. 1017

Grenier (dom).

Dufour. — Pouillé des mss. composant la collection de dom Grenier sur la Picardie à la B. R. 103

Gueldres (Adolphe duc de).

Gaillard. — Instructions baillées à Joachim de Velor pour faire alliance contre Charles, duc de Bourgogne. 883

Guérard.

Guérard. — Lettre au sujet d'un article de la *Quotidienne*. 511
Lenormant. — Funérailles de M. Guérard. 1854
Naudet. — Vie et travaux de M. Guérard. 771
Wailly (de). — Notice sur M. Guérard. 1323

Gui (Bernard).

Delisle. — Notice sur les mss. de Bernard Gui. 871

Guidonis Bernard).

Bréquigny (de). — Notice des *Flores chronicorum* de Bernard Guidonis. 830

Guillaume de Paris.

Tanon. — Notice sur le formulaire de Guillaume de Paris. 1080

Guillaume de Puy-Laurens.

Bréquigny (de). — Notice de 2 mss. de la chronique de Guillaume de Puy-Laurens. 828

Hagiographie.

Catalogus codicum hagiographicorum latinorum antiquiorum sæculo XVI qui asservantur in B. N. parisiensi. 199

Hakémite (Table).

Caussin. — Le livre de la grande table Hakémite observée par Aboul-hassan... 85

Hase (Ch.-B.).

Guigniaut. — Notice sur la vie et les travaux de Charles-Benoît Hase. 513

Hauteroche (Allier de).

Voyez : Allier de Hauteroche.

Hébreux (Mss.).

Sacy (de). — Notice d'un ms. hébreu de la B. I., n° 510. 1051
Zotenberg. — Catalogues des mss. hébreux et samaritains de la B. I. 1311

Hélie de Bordeille.

Gaillard. — Instructions baillées à Hélie de Bordeille envoyé par Louis XI à François II, duc de Bretagne. 883

Hennecart.

Féer. — La collection Hennecart de la B. N. 177

Hennequin.

Catalogue de livres, brochures et journaux composant la bibliothèque de feu Amédée Hennequin. 167

Hennin (Michel).

Duplessis. — Inventaire de la collection d'estampes relatives à l'histoire de France léguée en 1863 à la B. N. par M. Hennin. 133
Hennin. — Les monuments de l'histoire de France. 529

Héron d'Alexandrie.

Prou. — La Chirobaliste d'Héron d'Alexandrie. 1021
— Les ressorts-battants de la Chirobaliste d'Héron d'Alexandrie. 1022

Hiérophile.

Boissonade. — Traité alimentaire du médecin Hiérophile. 814

Hildebert de Lavardin.

Hauréau. — Notice sur les Mélanges poétiques d'Hildebert de Lavardin. 832
— Notice sur les sermons attribués à Hildebert de Lavardin. 834

Histoire.

Sacy (de). — L'ordre des chroniques ou chronologie de l'histoire. 1063

Histoire universelle.

Camus. — Notice de 3 mss. du 15ᵉ siècle contenant un abrégé d'Histoire universelle. 855
Guignes (de). — Les Prairies d'or et les Mines de pierres précieuses, par Aboulhassan-aly, surnommé Maçoudi. 932
Inventaire alphabétique de l'histoire générale. 516
Legrand d'Aussy. — Image du monde. (Tableau de l'Univers). 982
Sacy (de). — Le Livre des Perles, par Schéhabeddin Ahmed. 1049

Historiens des Croisades.

Riant. — Inventaire des matériaux rassemblés par les Bénédictins au 18ᵉ siècle pour la publication des *Historiens des Croisades*. 1225

Hitoupadésa.

Sacy (de). — L'électuaire des cœurs, ou traduction persane de l'*Hitoupadésa* par Tadj-eddin. 1037

Hollande.

Huet. — Catalogue des mss. néerlandais de la B. N. 536

Honorius III.

Hauréau. — Quelques lettres d'Honorius III extraites des mss. de la B. I. 940

Housseau (dom).

Mabille. — Catalogue analytique des diplômes, chartes et actes relatifs à l'histoire de Touraine contenus dans la collection de dom Housseau. 675

Hozier (d').

Indicateur du grand Armorial général de France. 559
Indicateur nobiliaire. 511
Robert. — Indicateur des armoiries contenues dans l'Armorial de d'Hozier. 1232

Huon de Bordeaux.

Schëler. — Über die Pariser Hss. 1454 u. 22555 der Huon de Bordeaux-Sage. 1269

Ibn Khaldoun.

Prolégomènes historiques d'Ibn Khaldoun. 1020

Imprimerie.

Thierry-Poux. — Premiers monuments de l'imprimerie en France au XVᵉ siècle. 1292
Voyez aussi : Incunables. — Vélin.

Imprimés (Département des).

La Bibliothèque nationale et l'opinion publique. 101
Delisle. — Notes sur le dépt. des Imprimés. 358
— Rapport sur les collections du département des imprimés, 1885. 321
Franklin. — La Bibliothèque impériale, son organisation, son catalogue (1861). 78
Voyez aussi : Catalogues.

Incendie.

Ruyssen. — Règlement de sapeurs-pompiers, B. N. Moyens de secours. 1253
— Consigne particulière du poste de la B. N. 1254
Villerme. — Règlement de sapeurs-pompiers de Paris. Consigne particulière du poste de la B. I. Moyens de secours. 1317

Incunables.

Camus. — Notice d'un livre imprimé à Bamberg en 1462. 156
Delisle. — Instructions pour la rédaction d'un inventaire des incunables conservés dans les bibliothèques publiques de France. 336
Fischer. — Notice du premier monument typographique en caractères mobiles avec date connu jusqu'ici. 184
Thierry-Poux. — Premiers monuments de l'imprimerie en France au XVᵉ siècle. 1292

Indiens (Mss.).

Catalogue des livres de la bibliothèque de M. Eugène Burnouf. 186

Innocent III.

La Porte-du-Theil. — Notices de plusieurs lettres anecdotes du pape Innocent III, concernant le procès de déposition de Mahen (ou Matthieu) de Lorraine. 965

Innocent IV.

Hauréau. — Quelques lettres d'Innocent IV extraites des mss. de la B. N. 941

Inscriptions.

Barth. — Inscriptions sanscrites du Cambodge. 807
Berger. — Rapport sur les inscriptions puniques découvertes à Carthage. 49

Chabouillet. — Inscription Mithriaque du Cabinet des médailles. 216
— Monument Mithriaque apocryphe de la B. I. 218

Féer. — Les inscriptions du Cambodge. 478

Renier. — Inscriptions latines exposées dans la salle du Zodiaque de la B. I. 1216

Sacy (de). — Lettre à Chaptal au sujet de l'inscription égyptienne de Rosette. 1260

Ἰσπιατρικα.

Miller. — Notice sur le ms. grec n° 2322 de la B. I., contenant le recueil des ἰατρικα. 1012

Isabeau de Bavière.

Vallet de Viriville. — La bibliothèque d'Isabeau de Bavière. 1309

Islamisme.

Sacy (de). — Notice d'un ms. espagnol contenant un Traité de la croyance... des Musulmans. 1053

Islandais (Mss.).

Omont. — Catalogue des mss. danois, islandais de la B. N. 1108

Ismaélis.

Guyard. — Fragments relatifs à la doctrine des Ismaélis. 901

Isolement de la Bibliothèque.

Faye. — Rapport sur le projet de loi ayant pour objet d'affecter à l'isolement de la B. N. une somme de 3,700,000 fr. (1880). 175
— Rapport sur le projet de loi adopté par la Chambre des députés relatif à l'isolement de la B. N. et portant ouverture d'un crédit supplémentaire de 2,950,000 fr. pour faire face aux dépenses des expropriations (1882). 176

Ferry (J.) et Say (L.). — Projet de loi relatif à l'isolement et à l'agrandissement des bâtiments de la B. N. et portant ouverture d'un crédit supplémentaire de 2,950,000 fr. (1882). 480, 482

Lettre adressée aux membres de la commission chargée de l'enquête ouverte au sujet de l'isolement de la B. N. 1171

Lockroy. — Rapport ayant pour objet d'affecter à l'isolement de la B. N. la somme de 5,100,000 fr., destinée à la restauration du Palais des Tuileries. 663, 664

Pellet. — Rapport sur la proposition de loi de M. Lockroy ayant pour objet d'affecter 5,100,000 fr. à l'isolement de la B. N. 1158

Préseau. — Mon idée pour isoler, achever et démocratiser la B. N. 1175

Proposition de loi ayant pour objet d'affecter à l'isolement de la B. N. la somme de 5,100,000 fr. (1878). 227

Sénat. Proposition de loi ayant pour objet d'affecter à l'isolement de la B. N. une somme de 3,700,000 fr. 1271

Voyez aussi : Transfert de la B. N.

Italie.

Inventaire alphabétique de l'histoire d'Italie. 515

Italiens (Mss.).

Marsand. — I manoscritti italiani della regia biblioteca Parigina. 691

Mazzatinti. — Inventario dei mss. italiani delle biblioteche di Francia. 706

Raynaud. — Inventaire des mss. italiens de la B. N. qui ne figurent pas dans le catalogue de Marsand. 1202

Iterius (Bernard).

Bréquigny (de). — Notice d'une chronique autographe de Bernard Iterius. 820

Inventaires.

Voyez : Catalogues et inventaires.

Janzé (H^{te} de).

Witte (de). — Choix de terres cuites antiques du cabinet d'H^{te} de Janzé. 1343

Japonais Livres.

Fourmont. — Linguae Sinarum mandarinicae hieroglyphicae grammatica duplex. 188

Jean, évêque de Nikiou.

Zotenberg. — Chronique de Jean, évêque de Nikiou. 109

Jeanne d'Arc.

Del' Averdy. — Notice du procès criminel de condamnation de Jeanne d'Arc. 861
— Notice du procès de révision et d'absolution de Jeanne d'Arc. 862
— Notice de 28 mss. concernant les Procès criminels et l'histoire de Jeanne d'Arc. 863

Jérusalem.

Guignes (de). — Prérogatives de la mosquée Alacsa, ou de Jérusalem par Ebn Aboul Scherif.   903

Jeu spirituel de la paume.

Legrand d'Aussy. — Le jeu spirituel de la paume ou de l'éteuf.   983

Joly.

Nécrologie. A la mémoire de Hugues Adrien Joly.   759

Joly de Fleury.

Voyez : Fleury (Joly de).

Jomard (E. F.).

Cortambert. — Notice sur la vie et les œuvres de M. Jomard.   278
Godart de Saponay. — Notice sur la vie et les travaux de E. F. Jomard.   507
Guigniaut. — Discours prononcé aux funérailles de M. Jomard.   514
La Roquette (de). — Notice sur la vie et les travaux de M. Jomard.   608

Julien (Stanislas).

Hauréau. — Discours prononcé aux funérailles de M. Stanislas Julien.   522
Julien. — Copie de la lettre adressée à M. le Président de l'Académie des Inscriptions.   550

La Bédoyère.

France. — Description de la collection du comte de la Bédoyère sur la Révolution française, l'Empire et la Restauration.   189

La Berge (Camille de).

Egger. — Notice sur Camille de la Berge.   151

Labrouste (Henri).

Bailly. — Notice sur Henri Labrouste.   31
Millet. — Henri Labrouste.   711

Lacabane.

Mas Latrie (L. de). — M. Lacabane.   695

La Clayette.

Meyer. — Notice sur 2 anciens mss. français ayant appartenu au m⁹ de la Clayette.   1001

Lagoy (M¹⁸ de).

Collection Lagoy.   598, 599, 600

Lair.

Catalogue des livres du cabinet de feu M. Lair.   180

La Mecque.

Sacy (de). — Le livre qui apprend à connaître la Ville sainte de Dieu, par le Scheikh Kotbeddin alhanéfi.   1051

Lamoignon.

Catalogue particulier des mss. de la bibliothèque de feu M. de Lamoignon.   178

Laon.

Miller. — Glossaire grec-latin de la bibliothèque de Laon.   1009

Lapithès (Georges).

Boissonade. — Poème moral de Georges Lapithès publié d'après un mss. grec de la B. N.   813

La Porte du Theil.

Notice sur la vie et les ouvrages de M. de la Porte du Theil.   185
Sacy (de). — Discours prononcé aux funérailles de M. Laporte du Theil.   1256, 1258

Lascaris.

Nolhac (P. de). — Inventaire des mss. grecs de Jean Lascaris.   781

Latins (Mss.)

D'Anse de Villoison. — Notice des mss. grecs et latins des anciens empereurs grecs et du sérail de Constantinople.   806
Auvray. — Inventaire sommaire des mss. latins acquis par la B. N. 1886-1892.   550
Concordance des n⁰ˢ anciens et des n⁰ˢ actuels des mss. latins.   261
Couderc. — Note sur le ms. latin 12814 de la B. N.   279
Delisle. — État des mss. latins de la B. N. au 1ᵉʳ août 1871.   339
— Inventaire des mss. conservés à la B. I. sous les n⁰ˢ 8823-11503 du fonds latin.   317, 343
— Inventaire des mss. de l'abbaye de St Victor conservés à la B. I. sous les n⁰ˢ 14232-15175 du fonds latin.   338, 343

Delisle. — Inventaire des mss. de la Sorbonne conservés à la B. N. sous les n°s 16176-16718 du fonds latin. 340, 343

— Inventaire des mss. de Saint-Germain des Prés conservés à la B. N. sous les n°s 11504-14231 du fonds latin. 341, 343

— Inventaire des mss. de Notre-Dame, conservés à la B. N. sous les n°s 16719-18613. 343, 344

— Inventaire des mss. latins conservés à la B. N. sous les n°s 8823-18613. 343

— Inventaire des mss. latins de la B. N. insérés au fonds des Nouvelles acquisitions du 1er août 1871 au 1er mars 1874. 342

— Mss. latins ajoutés aux fonds des Nouvelles acquisitions en 1875-1891. 320

Gaillard. — Notice du ms. latin de la B. N. coté 5288. 888

Hauréau. — Notice sur le n° 617 des mss. latins. 909

— Notice sur le n° 712 des mss. lat. 910
— — 991 911
— — 2513 913
— — 2599 914
— — 3203 915
— — 8083 916
— — 8299 917
— — 8433 918
— — 13168 919
— — 13579 920
— — 13602 921
— — 14596 922
— — 14877 923
— — 14883 924
— — 14886 925
— — 14952 926
— — 14954 927
— — 15131 928
— — 16599 929
— — 17251 930
— — 17813 931

— Notice sur le n° 1514 des Nouvelles acquisitions (fonds latin). 912

— Notice sur un poème contenu dans le n° 386 des mss. de Cambrai. 907

— Notices et extraits de quelques manuscrits latins de la B. N. 924

La Porte-du-Theil. — Notice des articles contenus dans le ms. de la B. N. coté MMMDCCCXXXIV A. 966

— Notice des deux derniers articles contenus dans le ms. coté 7592 (a). 967

— Notice des différents articles contenus dans le ms. de la B. N. coté 5150. 968

— Notice des articles contenus dans le ms. de la B. R. n° 5086. 969

— Id. — Ms. coté 7592. 950

Miller. — Glossaire grec-latin de la bibliothèque de Laon. 1010

Perret. — Le ms. de Cicco Simonetta, ms. latin 10133 de la B. N. 1048

Sacy (de). — Notice de l'ouvrage intitulé *Liber de Dina et Kalila*. 1061

Thurot. — Alexandre d'Aphrodisias, Commentaire sur le traité d'Aristote *de sensu et sensibili*. 1081

— Notices et extraits de divers mss. latins pour servir à l'histoire des doctrines grammaticales au moyen-âge. 1082

Valentinelli. — Bibliotheca mss. ad S. Marci Venetiarum. Codices mss. latini. 1305

Voyez aussi : Barthelemi de Barateriis. — Burcard. — Grassis. — Guidonis. — Guillaume de Puy-Laurens. — Iterius. — Le Muisit. — Mucanté. — Rabekesina elogia. — Salisburi.

La Trémoille.

Delisle. — Catalogue des mss. du fonds de la Trémoille. 316

La Vallière (Duc de).

De Bure. — Catalogue des livres de la bibliothèque du duc de La Vallière. 306

Législation Bibliothèque de.

Charmes. — Le Comité des travaux historiques et scientifiques. 239

Le Muisit (Gilles).

Bréquigny (de). — Notice du ms. de la B. R. contenant une chronique latine par Gilles Le Muisit. 836

Le Noir.

Gadet de V. aux. — Éloge de Monsieur Le Noir. 149

Suard. — Apologie de messire Jean Charles Pierre Le Noir. 1282

Lenormant (Ch.)

Laboulaye. — Charles Lenormant. 584
Notice biographique sur M. Lenormant (Charles). 786
— Résumé des publications archéologiques de Ch. Lenormant. 628
Wallon. — Discours aux funérailles de Charles Lenormant. 1328
Witte (de). — Notice sur Charles Lenormant. 1336

Lenormant (François).

Babelon. — François Lenormant. 24
Discours prononcés sur la tombe de M. François Lenormant. 390
Heuzey et Delisle. — Funérailles de M. F. Lenormant. 530
Dauriac. — M. Lenormant. 303
Porée. — Notice sur François Lenormant. 1172
Witte (de). — Notice sur François Lenormant. 1337

Lespine.

Fonds Lespine. 127

Le Tellier (Ch. M.)

Bibliotheca Telleriana. 61

Letronne.

Barthélemy St-Hilaire. — Letronne. 40
Discours prononcés aux funérailles de M. Letronne. 542
Notices sur J.-A. Letronne. 1102
Wailly (de). — Notice sur M. Letronne. 1321

Leydet.

Fonds Leydet. 127

Librairie et Imprimerie (Chambre syndicale de la).

Omont. — Inventaire sommaire des archives de la Chambre syndicale de la librairie et imprimerie de Paris. 1120

Libri

Acte d'accusation contre Libri-Carucci. 6
Affaire Libri. (Jugements rendus par la Cour d'Assises et le tribunal civil de la Seine.) 8
Arrêts, décrets et ordonnances relatifs à l'affaire Libri. 20

Bibliothèque de M. Guillaume Libri. 61
Brunet (G.). — Lettre au bibliophile Jacob au sujet de l'étrange accusation intentée contre M. Libri. 112
The Case of M. Libri, reprinted from Bentley's Miscellany, July 1852. 159
Catalogue de la bibliothèque de M. L*** Libri, dont la vente se fera le lundi 28 juin 1847. 165
— de la plus belle partie de la magnifique bibliothèque formée par M. G. Libri. 649
— de livres provenant de la bibliothèque de M. Libri Carucci dont la vente aura lieu le 12 avril 1855. 168
— de livres provenant de la bibliothèque de M. Libri Carucci dont la vente aura lieu le 15 avril 1857. 169
— of the Mss. at Ashburnham Place, I, comprising a collection formed by professor Libri. 196
— of the mathematical... portion of the celebrated library of M. G. Libri. 647
Colliez. — Mémoire sur les irrégularités de la procédure criminelle suivie contre M. Libri. 205, 206
— M. Libri n'est pas contumax. 207
Cretaine. — Lettre à M. Naudet en réponse à quelques passages de sa lettre à M. Libri. 294
Delisle. — Catalogue des manuscrits des fonds Libri et Barrois. 315
— Les mss. des fonds Libri et Barrois à la B. N. 317
— Les mss. des fonds Libri et Barrois. Rapport au Ministre de l'Instruction publique. 318
— Les mss. du comte d'Ashburnham. Rapport au Ministre de l'Instruction publique suivi d'observations sur les plus anciens mss. du fonds Libri. 319
— Notice sur des mss. du fonds Libri conservés à la Laurentienne. 868
— Notice sur les mss. disparus de la bibliothèque de Tours. 872
— Notice sur plusieurs mss. de la bibliothèque d'Orléans. 873
Sui manoscritti del fondo Libri ceduti dal conte Ashburnham all' Italia. 328
— Les très anciens mss. du fonds Libri dans les collections d'Ashburnham Place. 331, 342, 374

Jubinal. — Lettre à M. Paul Lacroix contenant : Un curieux épisode de l'histoire des Bibliothèques publiques, avec quelques faits nouveaux relatifs à M. Libri. 566

— Un nouvel épisode de l'affaire Libri ou lettre à M. le directeur de l'Athenœum. 568

Lacroix (P.). — Catalogue des mss. rassemblés par M. Guillaume Libri et possédés par lord Ashburnham. 587

— Lettres à M. Hatton, au sujet de l'incroyable accusation intentée contre M. Libri. 593

Lalanne, Bordier et **Bourquelot.** — Affaire Libri. Réponse à M. Mérimée. 605

Lepelle de Bois-Gallais. — Encore une lettre inédite de Montaigne accompagnée d'une Lettre à M. Jubinal. 630

Libri. — A M. Chasles, membre de l'Institut de Paris, 7 sept. 1867. 646

— Douze mots aux magistrats français. 648

— Introduction au catalogue des livres imprimés de M. Libri. 649

Lettre à M. de Falloux. 650

Libri. — Lettre à M. Barthélemy Saint-Hilaire, administrateur du Collège de France. 651

— Lettre à M. le Ministre de la Justice à Paris. 652

— Lettre à M. le président de l'Institut de France. 653

— M. M. Libri, ancien membre de l'Institut de France. 654

— Réponse au Rapport de M. Boucly publié dans le *Moniteur Universel.* 655

Loiseleur. — Les larcins de M. Libri à la bibliothèque publique d'Orléans. 667

Lorédan Larchey. — Libri. 669

M. Libri et les journaux anglais. 656

M. Libri, le National et *le Moniteur.* 657

Monuments inédits du cabinet de G. Libri qui se rapportent à l'histoire de l'ornementation. 757

Naudet. — Lettre à M. Libri au sujet de quelques passages de sa lettre à M. de Falloux. 773

— Rectification d'un passage de ma Réponse à M. Libri. 775

Notice d'un choix de mss des fonds Libri et Barrois exposés dans la salle du Parnasse français. Avril 1888. 106

Pétition adressée au Sénat sur l'affaire de M. Libri. 1161

Ranieri Lamporecchi. — Mémoire sur la persécution qu'on a fait souffrir en France à M. Libri. 1193

Rapport de Boucly au garde des sceaux Hébert, suivi du procès intenté par Libri contre le gérant du *Moniteur Universel.* 1195

Sénat. Pétition n° 212 signalant des irrégularités dans une instruction judiciaire contre Libri. 1270

Supplément au Rapport de M. Bonjean sur la Pétition adressée au Sénat au sujet de l'affaire Libri. 1283

Tarrien. — Aux lecteurs du bulletin scientifique du *National;* réponse à plusieurs assertions de Libri. 1290

Linguistique.

Abel-Rémusat. — Notice sur le dictionnaire intitulé : *Miroir des langues mandchoue et mongole.* 796

Boissonade. — Lexique des synonymes grecs. 809

Bréquigny (de). — Observations sur un ms. du Lexique de Suidas. 838

Daulaurier. — Mémoires, lettres et rapports sur le cours de langues malaye et javanaise fait à la B. R. en 1841-1843. 404

Rochefort (de). — Notice d'un ms. grec de la B. R. coté 1277. 1030

— Notice d'un lexique grec de la B. N., ms. n° 2408. 1020

Sacy (de). — Traité de la prononciation des lettres arabes. 1070

— Traité des repos de voix dans la lecture de l'Alcoran, par Saad-allah. 1071

Wailly (de). — Sur les actes en langue vulgaire du xiiie siècle contenus dans la collection de Lorraine à la B. N. 1095

Livres moraux.

Abel-Rémusat. — Notice sur les quatre *Livres moraux* attribués à Confucius. 708

Lois.

Robert. — Recueil de lois, décrets concernant les bibliothèques. 1236

Loménie (de).

Gaillard. — Négociation de M. de Loménie envoyé vers la reine d'Angleterre en 1595. 887

Longin.

Lévesque. — Notice du ms. grec de la B. N. contenant le *Traité du Sublime* de Longin. 1001

Longpérier (Adrien de).

Babelon. — Adrien de Longpérier. 24

Lorraine.

Lepage. — Le trésor des chartes de Lorraine. 429

Wailly (de). — Sur les Actes en langue vulgaire du XIII° siècle contenus dans la collection de Lorraine à la B. N. 1095

Louis de Bourbon.

Gaillard. — Relation de l'ambassade de Loys de Bourbon envoyé en Angleterre pour traiter la paix en juillet 1445. 883

Louis XI.

La Porte-du-Theil. — Notice des mss. de la B. R. cotés 5662 et 5663 contenant l'histoire des règnes de Charles VII et de Louis XI par Amelgard. 971

Louvre (Le).

Boivin-le-Cadet. — Bibliothèque du Louvre sous les rois Charles V, VI, VII. 120

Discours prononcé dans l'Académie royale de peinture en présence du duc d'Antin. 388

Édit du roi portant réunion de la charge de garde de la Librairie du Louvre à la charge de bibliothécaire du roi (1720). 418, 1181

Inventaire de la bibliothèque du roi Charles VI fait au Louvre en 1423. 518

Lacrosse. — Projet de loi relatif à l'achèvement du Louvre. 595, 586

Mallet. — Catalogue des livres de l'ancienne bibliothèque du Louvre fait en 1373, avec la dissertation de Boivin. 679

Maspero. — Mémoire sur quelques papyrus du Louvre. 1003

Rapport au Ministre de l'Instruction publique sur le projet de translation de la B. N. au Louvre. 1223

Rathery. — L'ancien Cabinet du Roi et la B. I. du Louvre. 1197

Techener. — Un musée bibliographique au Louvre. 1288

Lucidaire (le).

Legrand d'Aussy. — Le Lucidaire. 984

Luxembourg.

Van Werveke. — Documents luxembourgeois à Paris concernant le gouvernement du duc Louis d'Orléans. 1312

Luxeuil.

Delisle. — Notice sur un ms. de l'abbaye de Luxeuil. 874

Luynes (Duc de).

Huillard-Bréholles. — Notice sur M. le duc de Luynes. (Sa donation à la B. N.) 537

Lyon (Mss. de la bibliothèque de).

Caillemer. — Manuscrits de la bibliothèque de Lyon provenant des collections de l'abbé Nicaise et du Président Bouhier. 152

— Les mss. Bouhier, Nicaise et Peiresc de la bibliothèque du Palais des Arts de Lyon. 153

Delisle. — Notice sur plusieurs anciens mss. de la bibliothèque de Lyon. 878

Madrid.

Miller. — B. R. de Madrid. Catalogue des mss. grecs. 1009

Magnin.

Paris. — Discours prononcé aux funérailles de M. Magnin. 1139

Ruelle. — Notice sur Charles Magnin. 1252

Wallon. — Vie et travaux de Ch. Magnin. 1327

Main de bronze.

Chabouillet. — Sur une main de bronze appartenant à une peuplade gauloise. 225

Manessé.

Kraus. — Die Miniaturen der Manesseschen Liederhandschrift. 573

Mantchou.

Langlès. — Notice des livres de Tatars-Mantchoux de la B. N. 958

Langlès — Recueil des usages établis pour les offrandes et les sacrifices des Mantchoux. 960

Manuscrits.

Accounts and extracts of the mss. in the library of the King of France. 4

Bibliotheca *Baluziana.* 57, 63

Bibliotheca *Bigotiana* manuscripta. 58

Bibliotheca *Colbertina.* 59

Bibliotheca ecclesiæ sanctissimi Martialis Lemovicensis. 60

Bibliotheca *Telleriana.* 61

Bibliotheca *Thuanotiana.* 62

B. N. Imprimés, manuscrits, estampes. Notice des objets exposés, 1881. 101

— Id. mai 1889. 105

B. N. Notice d'un choix de mss. des fonds *Libri* et *Barrois*, exposés dans la salle du Parnasse français. 106

Bonnaffé. — Inventaire des manuscrits de Catherine de *Médicis* en 1589. 123

Briéle. — La bibliothèque d'un académicien (*Ballesdens*) au XVIIe siècle. 139

De Bure. — Catalogue des livres de la bibliothèque du duc de La Vallière. 166

Catalogue des objets d'antiquité et de curiosité qui composaient le cabinet de M. *Campion de Tersan.* 193

Catalogue particulier des mss. de la bibliothèque de feu M. *de Lamoignon.* 176

Catalogus bibliothecæ *Thuana.* 198

Catalogus librorum bibliothecæ Raphaelis *Tricheti du Fresne.* 201

Catalogus manuscriptorum codicum collegii *Claromontani.* 202

Clément. — Lettres, instructions et mémoires de *Colbert.* 243

Cocheris. — Notices et extraits des documents manuscrits conservés dans les dépôts publics de Paris et relatifs à l'histoire de la *Picardie.* 211

Catalogue des mss. de la bibliothèque du chancelier *Séguier.* 191

Delisle. — Le Cabinet des manuscrits de la B. I. 335

— Catalogue des mss. du fonds de la Trémoille. 316

— Les collections de Bastard d'Estang à la B. N. 323

— Collections de M. Jules Desnoyers, Catalogue des mss. anciens et des chartes. 324

— Les Livres d'Heures du duc de Berry. 346

Delisle. — Note sur le catalogue général des mss. des bibliothèques des départements. 351

— Notice sur deux livres ayant appartenu au roi Charles V. 369

— Notice sur un livre à peinture exécuté en 1250 dans l'abbaye de Saint-Denis. 330

— Notice sur un sacramentaire de l'église de Paris. 361

— Notice sur un ms. mérovingien de la B. R. de Belgique. 375

Desnoyers. — Note sur un monogramme d'un prêtre artiste du IXe siècle. 383

Éclaircissements sur le travail dont l'Académie des Inscriptions et Belles-Lettres est chargée relativement aux mss. de la B. R. 139

Gachard. — La B. N. à Paris. Notices et extraits des mss. qui concernent l'histoire de Belgique. 195

— Notice sur une collection de 180 volumes mss. concernant l'histoire de la Belgique. 195

Guérard. — Notice d'un ms. de la B. R. coté 4628 A. 893

— Notice d'un ms. latin de la B. R. coté S. Germ. lat. 811. 894

Inventaire général sommaire du cabinet du chevalier *Blondeau de Charnage.* 117

Labbé. — Nova bibliotheca mss. librorum. 575

Lacroix. — Description des mss. relatifs à la numismatique conservés dans les bibliothèques de Paris. 589

La Porte-du-Theil. — Notice des mss. de la B. R. cotés 5962 et 5963 contenant l'histoire des règnes de Charles VII et de Louis XI par Amelgard. 971

Mabille. — Catalogue des diplômes, chartes et actes relatifs à l'histoire de Touraine contenus dans la collection de dom Housseau. 675

Mémoires lus dans la séance publique du bureau académique d'écriture le 8 déc. 1785. 706

Molinier. — Compte rendu : Le Cabinet des manuscrits de la B. N. par Delisle. 747

Monteil. — Traité de matériaux manuscrits de divers genres d'histoire. 751

Montfaucon (B. de). — Bibliotheca bibliothecarum nova. 753

Nachrichten und Auszüge aus den Handschriften d. Königl. Bibliothek zu Paris. Übersetzt von J.-M. Lobstein. 765

Narducci. — Fonti per la storia di Venezia ricercate nei manoscritti delle biblioteche di Francia. 767
Note sur la rédaction des catalogues de mss. 782
— sur le catalogue général des mss. des bibliothèques des dépts. 783
Notice sur des collections mss. de la B. N. Collections relatives à l'histoire des provinces. 789
Notices et extraits des mss. de la B. R. 795
Nouveau traité de diplomatique. 1103
Programme sur la continuation de la notice des mss. de la B. N. 1619
Recensio mss. codicum qui ex bibliotheca Vaticana selecti a. 1797 procuratoribus Gallorum traditi fuere. 1203
Robert. — Catalogue des mss. relatifs à la Franche-Comté conservés à Paris. 1229
— État des catalogues des mss. des bibliothèques de France. 1231
Vente de plusieurs parties du Cabinet de Blondeau de Charnage. 118
Wauters. — Rapport à la Commission royale d'histoire sur des documents mss., chartes et documents qui se trouvent à la B. N. et aux Archives. 1331
Voyez aussi : Arabes (mss.). — Anglais. — Arméniens. — Chinois. — Coptes. — Danois. — Espagnols. — Éthiopiens. — Français. — Grecs. — Hébreux. — Indiens. — Islandais. — Italiens. — Japonais. — Latins. — Mantchoux. — Norvégiens. — Orientaux. — Palis. — Persans. — Portugais. — Provençaux. — Samaritains. — Sanscrit. — Slaves. — Suédois. — Syriaques.

Mariage des sept arts.

Legrand d'Aussy. — Le mariage des sept arts, conte philosophique par Tainturier. 985

Marie-Antoinette.

Quentin-Bauchart. — Bibliothèque de la reine Marie-Antoinette au château des Tuileries. 1188

Mariette (Pierre-Jean).

Basan. — Catalogue raisonné des différens objets de curiosité du cabinet de M. Mariette. 12
Duplessis. — Catalogue de la collection de pièces sur les beaux-arts recueillie par Pierre-Jean Mariette, Charles-Nicolas Cochin et M. Deloynes. 130

Marolles (Michel de).

Marolles (de). — Catalogue de livres d'estampes et de figures en taille-douce. 603
Duplessis. — Michel de Marolles, abbé de Villeloin. 131

Martellange (Étienne).

Bouchot. — Notice sur la vie et les travaux d'Étienne Martellange. 131

Mathématiques.

Sédillot. — Notice d'opuscules mathématiques du mss. arabe n° 1104, ancien fonds. 1074
Tannery. — Notice sur des fragments d'onomatomancie arithmétique. 1078
— Notice sur les 2 lettres arithmétiques de Nicolas Rhabdas. 1079

Mazarin.

Naudé. — Avis à nos seigneurs de Parlement sur la vente de la bibliothèque de M. le cardinal Mazarin. 769

Mazarin (Palais).

Duchesne. — Recherches sur une ancienne galerie du palais Mazarin où se trouve maintenant le dépt. des Estampes. 162
Laborde L. de. — Le Palais Mazarin et les grandes habitations de ville et de campagne au XVIIe siècle. 582
Le Roux de Lincy. — Le Palais Mazarin, par le cte de Laborde. 638
Sauval. — Histoire et recherches des antiquités de Paris. 1268

Médailles (Dépt. des).

Babelon. — Le Cabinet des antiques à la Bibliothèque Nationale. 95
Barthélemy. — Mémoire sur le Cabinet des Médailles. 37
B. R. Extraits du *Moniteur* des 13 et 17 mai 1847. 114
Chabouillet. — Note sur les dons faits au Dépt des médailles et sur les acquisitions opérées en 1849-1850. 220
— Recherches sur les origines du cabinet des médailles et particulièrement sur le legs des collections de Gaston duc d'Orléans au roi Louis XIV. 221
Dauban. — Le Cabinet des médailles de la B. I. 300

Direction de la B. N. Dépt des médailles. Le Ministre... arrête. 387

Dumersan. — Histoire du Cabinet des médailles. 415

Du Molinet. — Le cabinet de la bibliothèque de Sainte-Geneviève. 426

Luynes (d'Albert de). — Rapport sur l'état des catalogues du Cabinet des médailles de la B. N. 673

Mariette. — Relevé des pierres gravées du Cabinet du Roy. 690

Notice abrégée des principaux monuments exposés dans le Cabinet des médailles. 117 à 121

Rochette. — Pétition pour demander le rétablissement de l'emploi de conservateur du Cabinet des médailles. 1245

Voyez : Antiquités. — Bernay. — Camées. — Médailles. — Monnaies. — Numismatique. — Pierres gravées. — Zodiaque.

Médailles.

Adele. — Lettre à M. le Mis de Dangeau sur une prétendue médaille d'Alexandre publiée par M. de Vallemont. 7

Catalogue des médailles du Cabinet de M. d'Ennery. 192

Dumersan — Description d'un médaillon inédit de la ville d'Eryx. 405

— Description d'une médaille inédite de l'île de Seyros. 406

— Description de médailles antiques grecques et romaines, par Mionnet. 407, 411

— Description des médailles antiques du cabinet de feu M. Allier de Hauteroche. 410

— Description des médailles Cistophores du Cabinet de France. 408

— Médaille Cistophore inédite de Thyatire de Lydie. 409

— Médailles inédites ou nouvellement expliquées. 416

— Notice sur la description des médailles antiques de M. Mionnet. 423

Galland. — Lettre touchant la Nouvelle explication d'une médaille d'or du Cabinet du roi (médaille de Gallien). 199

Hager. — Description des médailles chinoises du Cabinet impérial de France. 518

Lagoy (Mis de). — Description de quelques médailles inédites de Massilia, de Glanum, des Cremicenses et des Auseri. 598

Le Blant. — Sur une médaille d'argent de la B. N. 616

Lettre à M. de Vallemont sur la Nouvelle explication qu'il a donnée à une médaille d'or de l'empereur Gallien. 649

Millin. — Description d'une médaille de Siris dans la Lucanie. 718

Rainssant. — Sur 12 médailles des jeux séculaires de l'empereur Domitien. 1191

Recueil de médailles de peuples et de villes qui n'ont point encore été publiées. 1205

Réponse à M. G*** où l'on examine la Dissertation sur le Gallien d'or du Cabinet du roi. 1219

Thiers. — Projet de loi pour ouverture d'un crédit de 200,000 fr. afin d'acquérir la collection de médailles de M. de Saulcy. 1294

Vallemont. — Sur une médaille singulière d'Alexandre le Grand. 1305

— Réponse à M. Baudelot sur l'antiquité de la médaille d'Alexandre. 1308

Vallemont (de). — Nouvelle explication d'une médaille d'or de l'empereur Gallien. 1307

Voyez aussi : Monnaies. — Numismatique.

Médailles françaises.

Collection des médailles des rois et des reines de France depuis Pharamond jusqu'à Louis XVII. 254

Médailles gauloises.

Duchalais. — Description des médailles gauloises de la B. R. 393

Lagoy (Mis de). — Essai de monographie d'une série de médailles gauloises d'argent. 599

— Notice sur l'attribution de quelques médailles des Gaules. 600

Voyez aussi : Monnaies.

Médailles grecques.

Babelon. — Catalogue des monnaies grecques de la B. N. Les rois de Syrie, d'Arménie et de Commagène. 26

— Catalogue des monnaies grecques de la B. N. Les Perses Achéménides, les Satrapes et les Dynastes tributaires de leur empire, Cypre et Phénicie. 27

Cadalvène (Ed. de). — Recueil de médailles grecques inédites. 148

Mionnet. — Catalogue d'une collection d'empreintes en soufre de médailles grecques et romaines. 742
— Description de médailles antiques grecques et romaines. 744, 745
— Poids des médailles grecques d'or et d'argent du Cabinet royal de France. 746

Médecine.

Boissonade. — Traité alimentaire du médecin Hiérophile. 814
Voyez aussi : Catalogues.

Médicis (Catherine de).

Bonnaffé. — Inventaire des manuscrits de Catherine de Médicis en 1589. 123

Méliténiote.

Miller. — Poème allégorique de Méliténiote publié d'après un ms. de la B. I. 1013

Mellin de Saint-Gelais.

Phelippes-Beaulieux. — Essai sur Mellin de Saint-Gelais. 1163

Mérigot (J.-G.).

Catalogue des livres provenant du fonds d'ancienne librairie du citoyen J.-G. Mérigot. 190

Mexique.

Commission scientifique du Mexique. Ms. dit Mexicain n° 2 de la B. I. 259

Michel-Ange (Cachet de).

Rossmann. — Remarques sur le cachet de Michel-Ange. 1249

Mille et une nuits.

Zotenberg. — Notice sur quelques mss. des Mille et une nuits et la traduction de Galland. 1101

Millin.

Krafft. — Notice sur Aubin-Louis Millin. 572
Millin. — Lettre à M. Koreff (sur l'incendie allumé par A. Mention.) 728
Souscription pour le monument sépulcral de M. A.-L. Millin. 1279

Mionnet.

Lenormant. — Discours prononcé aux funérailles de T.-E. Mionnet. 625, 626

Miroir des langues mandchoue et mongole.

Abel-Rémusat. — Notice. 796

Moïse (Livres de).

Sacy (de). — Notice d'un ms. syriaque contenant les livres de Moïse. 1056

Moissac (Aimery du Peyrat abbé de).

Bréquigny (de). — Chronique d'Aimery du Peyrat, abbé de Moissac. 820

Moldavie.

Hase. — Notice d'un ms. de la B. R. contenant une histoire inédite de la Moldavie par Nic. Costin. 905

Monnaies.

Babelon. — Catalogue des monnaies grecques de la B. N. Les Rois de Syrie, d'Arménie et de Commagène. 26
— Catalogue des monnaies grecques de la B. N. Les Perses Achéménides, les Satrapes et les dynastes tributaires de leur empire, Cypre et Phénicie. 27
— Description des monnaies de la République romaine appelées monnaies consulaires. 28
Belfort (A. de). — Description des monnaies mérovingiennes. 47
Caylus. — Numismata aurea imperatorum romanorum. 203
Chabouillet. — Monnaies inédites de Dessau. 217
— Rapport sur une communication de M. Blanchard relative à la découverte à Auriol d'une monnaie grecque d'argent. 212
Cohen. — Description des monnaies de la République romaine appelées médailles consulaires. 217
— Description des monnaies frappées sous l'Empire romain appelées médailles impériales. 248, 249
Duchalais. — Monnaies inédites de Cyrénaïque. 394
Longpérier (A. de). — Notice des monnaies françaises composant la collection de M. J. Rousseau. 668
Saulcy (de). — Recueil de documents relatifs à l'histoire des monnaies frappées par les rois de France. 1267

Tobiésen-Duby. — Traité des monnaies des barons. 1208

La Tour (de). — Atlas de monnaies gauloises. 609

Prou. — Introduction au Catalogue des monnaies mérovingiennes de la B. N. 1182

— Inventaire sommaire des monnaies mérovingiennes de la collection d'Amécourt. 1183

Lavoix père. — Catalogue des monnaies musulmanes de la B. N. 611 à 614

Vattemare. — Collection de monnaies et médailles de l'Amérique du nord de 1652 à 1858 offerte à la B. I. 1313

Voyez aussi : Médailles. — Numismatique.

Monogramme.

Desnoyers. — Note sur un monogramme d'un prêtre artiste du IXᵉ siècle. 383

Montaigne.

Chaix d'Est-Ange. — [Sur une lettre de Montaigne.]. 226

Feuillet de Conches. — Réponse à une incroyable attaque de la B. N. touchant une lettre de Michel de Montaigne. 483

Jubinal. — Une lettre inédite de Montaigne. 569

Lepelle de Bois-Gallais. — Encore une lettre inédite de Montaigne accompagnée d'une lettre à M. Jubinal. 630

Le Petit. — Le dᵉ Payen et sa collection relative à M. Montaigne. 631

Observations du conservatoire au Ministre de l'Instruction publique sur une brochure de M. Jubinal relative à un autographe de Montaigne avec une Réponse de M. Paulin Paris. 109

Paris. — Rectification indispensable au sujet de la Réponse de la B. N. à M. Feuillet de Conches par M. Naudet. 1114

Richou. — Inventaire de la collection réunie par Payen et Bastide sur M. de Montaigne. 1227

Montfaucon.

Omont. — Note sur les mss. du *Diarium italicum* de Montfaucon. 1125

Montpellier.

A M. le doyen et MM. les professeurs de la faculté de médecine de Montpellier (Échange.). 1146

Monuments.

Commission des monuments. Exposé de ses travaux en 1780. 258

Moralités.

Legrand d'Aussy. — La Sale. 925

Moreau.

Omont. — Inventaire des mss. de la collection Moreau. 1105

Moreau de Wissant.

Gaillard. — Instructions baillées à Moreau de Wissant envoyé par Louis I duc d'Anjou à Henri roi de Castille. 881

Morel de Thoisy.

Catalogue abrégé des recueils de pièces rassemblées par Morel de Thoisy. 361

Mouchet.

Barbier. — Particularités sur feu M. Mouchet. 35

Mucanté (Jean-Paul).

Bréquigny (de). — Notice d'une partie du Journal de Jean-Paul Mucanté. 827

Muret (Ernest).

Babelon. — Ernest Muret. 24

Chabouillet. — Allocution prononcée à Viroflay sur la tombe de M. Ernest Muret. 208

Musique.

Paléographie musicale. 1131

Vincent. — Notice sur divers mss. grecs relatifs à la musique. 1091

Mythologie.

Dumersan. — Galerie mythologique, par Millin. 113

Naples.

Delisle. — Notes sur les anciennes impressions des classiques latins conservées au XVᵉ siècle dans la librairie royale de Naples. 701

Napoléon.

Millin et Millingen. — Histoire métallique de Napoléon. 733

Nicaise (Abbé).

Caillemer. — Manuscrits de la bibliothèque de Lyon provenant des collections de l'abbé Nicaise. 152, 153

Normandie.

Bréquigny (de). — Conquête de la Normandie par Charles VII. 821

— Notice du roman de Rou et des ducs de Normandie. 837

Delisle. — Jugements de l'échiquier de Normandie au XIII° siècle. 866

Patey. — Factums normands conservés à la B. N. 1139

Norvégiens (Mss.).

Omont. — Catalogue des mss. danois, islandais, norvégiens de la B. N. 1108

Notices et Extraits.

Notices et extraits des mss. de la B. N. 795 à 1101

Tables alphabétiques des matières contenues dans les *Notices et extraits des mss. de la B. N.* 1056, 1057

Notre-Dame (Mss. de).

Delisle. — Inventaire des mss. latins de Notre-Dame, conservés à la B. N. sous les n°ˢ 16719-18613. 343, 344

Franklin. — Recherches sur la bibliothèque publique de l'église Notre-Dame de Paris au XIII° siècle. 693

Nouvelle-France.

Marcel. — Cartographie de la Nouvelle-France. 683

Nuit (Service de).

B. N. Règlement pour le service de nuit. 111

Numismatique.

Babelon. — Mélanges numismatiques. 29

Hennin. — Histoire numismatique de la Révolution française. 528

Lacroix. — Description des mss. relatifs à la numismatique conservés dans les bibliothèques de Paris. 529

Luynes (H. de). — Numismatique et inscriptions cypriotes. 674

Millin. — Histoire métallique de la Révolution française. 723

Millin et Millingen. — Histoire métallique de Napoléon. 734

Trésor de numismatique et de glyptique. 1302

Voyez aussi : Médailles. — Monnaies.

Obituaires.

Molinier. — Les obituaires français au moyen-âge. 749

Orbis christianus.

Riant. — Dépouillement des t. 21-22 de l'*Orbis christianus* de H. de Suarez. 1221

Ordonnances.

Collection des Ordonnances des rois de France. Actes de François I°. 3

Lettres des conservateurs de la B. R. sur l'Ordonnance du 22 février 1839. 643

Ordonnance du Roi et règlement concernant la B. R., avril 1829. 1130

— Avril 1834. 1131

— 1839. 1132

Recueil des décrets, ordonnances, arrêtés concernant la B. R. 1847. 1207

Robert. — Recueil de lois, décrets, ordonnances concernant les bibliothèques. 1236

Orient.

Sacy (de). — Pièces diplomatiques tirées des Archives de la République de Gênes. 1065

Orient (Histoire de l').

Jourdain. — Le Jardin de la pureté, par Mohammed, fils de Khavendschah connu sous le nom de Mirkhond. 946

Orient latin.

Inventaire sommaire des mss. relatifs à l'histoire et à la géographie de l'Orient latin. 551

Orientaux Caractères.

Guignes (de). — Essai historique sur l'origine des caractères orientaux de l'imprimerie royale. 897

Orientaux Mss.

Collection orientale. Mss. inédits de la B. R. traduits et publiés par ordre du Roi. 257

Guignes (de). — Réponse à la lettre de M. de Sansale au sujet des mss. de M. de Brèves. 512

Histoire du procès qu'on renouvelle à M. A. Vitré à l'occasion des mss. achetés par M. de Brèves. 534

Langlès. — Notice de trois mss. orientaux que le général Bonaparte a fait déposer à la B. N. 696

— Notice d'un Recueil de pièces en turc, en arabe et en persan n° 79 des mss. turcs de la B. N. 956

33

Reinaud. — Notice sur le catalogue général des mss. orientaux de la B. I. 1214
Zend-Avesta. Traduit par Anquetil du Perron. 1339
Zotenberg. — Manuscrits orientaux. 1340, 1341, 1342

Voyez aussi : *Manuscrits...*

Origines de la B. N.

Bastard (A. de). — Librairie de Jean de France, duc de Berry, frère du roi Charles V. 41
Bibliothèque protypographique ou librairies des fils du roi Jean, Charles V, Jean de Berri, Philippe de Bourgogne. 112
Boivin le Cadet. — Bibliothèque du Louvre sous les rois Charles V, VI, VII. 120
Bonnaffé. — Les collectionneurs de l'ancienne France. Notes d'un amateur. 122
Delisle. — Les Livres d'Heures du duc de Berry. 346
Gosselin. — Ensuit une remonstrance touchant la garde de la Librairie du Roy. 507
Inventaire de la bibliothèque du roi Charles VI, fait au Louvre en 1423. 518
Labarte. — Inventaire du mobilier de Charles V, roi de France. 574
Le Roux de Lincy. — La bibliothèque de Charles d'Orléans à son château de Blois en 1427. 646
— Catalogue de la bibliothèque des ducs de Bourbon. 637
La librairie de Jean, duc de Berry, au château de Mehun sur Yèvre 1416. 645
Mallet. — Catalogue des livres de l'ancienne bibliothèque du Louvre fait en 1373. Avec la dissertation de Boivin. 679
Michelant. — Catalogue de la bibliothèque de François Iᵉʳ à Blois, en 1518. 710
Omont. — Catalogues des mss. grecs de la bibliothèque de François Iᵉʳ au château de Blois. 1110
Sénemaud — La bibliothèque de Charles d'Orléans au château de Cognac en 1496. 1272

Voyez aussi : *Fontainebleau*.

Orléans (Charles d').

Le Roux de Lincy. — La bibliothèque de Charles d'Orléans à son château de Blois. 636

Sénemaud. — La bibliothèque de Charles d'Orléans au château de Cognac en 1496. 1272

Orléans (Gaston duc d').

Chabouillet. — Recherches sur le legs des collections de Gaston duc d'Orléans au roi Louis XIV. 224

Orléans (Louis).

Van Werveke. — Documents Luxembourgeois concernant le gouvernement du duc Louis d'Orléans. 1312

Orléans.

Delisle. — Notice sur plusieurs mss. de la bibliothèque d'Orléans. 873
Extrait du Registre des délibérations du conseil municipal, 23 avril 1888. 375
Loiseleur. — Les larcins de M. Libri à la bibliothèque publique d'Orléans. 667

Ormesson (d').

Bossu. — Oraison funèbre. 128

Ornements des Manuscrits.

Bastard (A. de). — Peintures et ornements des mss. 45
Monuments inédits du cabinet de G. Libri qui se rapportent à l'histoire de l'ornementation. 757

Voyez aussi : *Peinture*.

Paléographie.

Album paléographique. 10
Champollion-Figeac. — Documents paléographiques relatifs à l'histoire des Beaux-Arts et des Belles-Lettres pendant le moyen-âge. 232
— Paléographie des classiques latins. 231
Chatelain. — Paléographie des classiques latins. 210
Delisle. — L'œuvre paléographique de M. le comte de Bastard. 363
— Mélanges de paléographie et de bibliographie. 351
Études paléographiques et historiques sur des papyrus du VIᵉ siècle renfermant des homélies de St Avit et des écrits de St Augustin. 461
Montfaucon (B. de). — Palæographia græca. 755
Paléographie musicale. 1131
Recueil de fac-similés à l'usage de l'École des chartes. 1201

Silvestre. — Paléographie universelle. 1275, 1276
Wailly (de). — Éléments de paléographie. 1321

Paléologue (Manuel).

Hase. — Notice d'un ouvrage de Manuel Paléologue intitulé Entretiens avec un professeur mahométan. 905

Palimpseste de Montpellier.

Boucherie. — Le palimpseste de Montpellier. 818

Palis mss.

Burnouf et Lassen. — Notice des mss. palis de la B. R. 146

Pannier.

Delisle. — Paroles prononcées sur la tombe de Léopold Pannier. 365

Papyrus.

Amélineau. — Notice sur le papyrus gnostique Bruce. 805
Brunet de Presles. — Les papyrus grecs du Louvre et de la B. I. 845
Delisle. — Notice sur un feuillet de papyrus récemment découvert à la B. I. de Paris. 461
Maspero. — Mémoire sur quelques papyrus du Louvre. 1003
Virey. — Études sur le papyrus Prisse. 1318

Paris.

Lacombe. — Bibliographie parisienne. Tableaux de mœurs (1600-1880). 586
Courboin. — Inventaire de la collection de dessins sur Paris formée par M. H. Destailleur. 282
Pannier. — Note sur les plans de Paris exposés dans la galerie Mazarine. 1135
Tourneux. — Bibliographie de l'histoire de Paris pendant la Révolution française. 1299
Tuettey. — Répertoire des sources mss. de l'histoire de Paris pendant la Révolution française. 1303
Notice sur le plan de Paris de Jacques Gomboust. 793

Paris (Paulin).

Castonnet des Fosses. — Paulin Paris. 169

Tamizey de Larroque. — A la mémoire d'Alexis Paulin Paris. 1285

Parlement (Actes du).

Delisle. — Fragments du registre dans lequel Nicolas de Chartres avait consigné les Actes du Parlement de 1269 à 1298. 865

Parlement (Collection du).

Catalogue des livres provenant du fonds d'ancienne librairie du citoyen J. G. Mérigot. 193
Omont. — Inventaire sommaire de la collection du Parlement conservée à la B. N. 1119

Parnasse

Le Parnasse français. 1117
Titon du Tillet — Description du Parnasse français. 1295-1296

Pastoralet (le).

Ameilhon. — Notice d'un mss. intitulé le *Pastoralet*. 709

Paul (Saint).

Omont. — Notice sur un très ancien ms. grec en onciales des Épîtres de Saint Paul. 1016

Pavie.

Indagini storiche, artistiche e bibliografiche sulla libreria Visconteo-Sforzesca del castello di Pavia. 530

Payen.

Le Petit. — Quelques mots sur le docteur J. F. Payen. 631
Richou. — Inventaire de la collection Payen sur M. de Montagne. 1227

Pays-Bas.

Catalogue d'une collection de thèses publiées dans les Pays-Bas, donnée à la B. N. 162

Peinture.

Bordier — Description des peintures et autres ornements contenus dans les mss. grecs de la B. N. 126
Delisle. — Notice sur un livre à peintures exécuté en 1250 dans l'abbaye du St Denis. 369

Peiresc.

Caillemer. — Les mss. Peiresc de la bibliothèque du Palais des Arts de Lyon. 153

Lettres de Peiresc aux frères Dupuy publiées par **Tamizey de Larroque**. 1156

Omont. — Les mss. et les livres annotés de Fabri de Peiresc. 1121

Tamizey de Larroque. — Les correspondants de Peiresc : P. A. de Rascas, sieur de Bagarris. 1286

Perceval.

Gaillard. — Instructions baillées à Perceval de Dreux envoyé à Metz par Louis XI en janvier 1479. 883

Périodiques.

Liste des périodiques étrangers reçus par le Dép¹ des Imprimés. 660, 661

Périgord.

Bosredon (Ph. de). — Inventaire sommaire de la collection Périgord. 127

Persans (Mss).

Langlès. — Notice de l'histoire de Djenguyz-Khân contenue dans le ms. Persan n° 101 de la B. N. 957

Quatremère. — Notice de l'ouvrage persan qui a pour titre Matla Assadem ou Madjma-Albahrem. 1025

Sacy (de). — Le capital des objets recherchés, ms. persan de la B. I. 1033

— L'électuaire des cœurs ou traduction persane de l'*Hitopadesa* par Tadj-eddin. 1037

— Les Haleines de la familiarité, par Abd-Alrahman Djami. 1039

— Histoire de Yémined-doula Mahmoud, par Aboulschéréf Nassih Monschi. 1040

— Histoire des poètes, par Douletschah ben Alaeddoulet algazi alsamareandi. 1041

— Histoire des rois de Perse par Nikbe ben-Massoud. 1042

— Livre de Calila et Damna traduit en persan par Abou'lmaali Nasr-allah. 1044

— Le livre des Conseils, par Férideddin Mohammed ben Ibrahim. 1046

— Notice d'un Traité des pauses dans la lecture de l'Alcoran. 1050

— L'ordre des chroniques par le cadhi Beidhawi. 1053

— Le Paragon de la science ; traduction persane du Livre de Calila faite par Abou'lfazl. 1064

— Le Présent sublime, ou histoire des poètes de Sam Mirza. 1066

— La règle des Schiis et le soutien de la loi, par Motahher-ben-Mohammed almokdadi. 1068

Petitot.

Émaux (les) de Petitot du Musée impérial du Louvre. 155

Pétrarque.

Delisle. — Anciennes traductions françaises du traité de Pétrarque sur les *Remèdes de l'une et l'autre fortune*. 861

Nolhac (Ph. de). — *Le De viris illustribus* de Pétrarque. 1015

Phile (Manuel).

Camus. Notice de 4 mss. des vers de Manuel Phile sur les animaux. 815, 851

Phillipps.

Meyer. — Notices sur quelques mss. français de la bibliothèque Phillipps à Cheltenham. 1007

Photographie.

Curmer. — La photographie à la B. I. 295

Watteville (de). — Service de la photographie. Rapport. 1339

Picardie.

Cocheris. — Notices et extraits des documents mss. conservés dans les dépôts publics de Paris et relatifs à l'histoire de la Picardie. 214

Dufour. — Pouillé des mss. composant la collection de dom Grenier sur la Picardie à la B. R. 493

Pierres gravées.

Baudelot. Feste d'Athènes représentée sur une cornaline antique. 16

Le Hay. — Remarques sur la manière de graver les pierres antiques. 620

Mariette. — Traité des pierres gravées. 699

Millin. — Pierres gravées inédites tirées des plus célèbres cabinets de l'Europe. 731

Pierres antiques gravées tirées des principaux cabinets de la France. 1165

Réponse à un écrit intitulé : Remarques de M. le Hay sur la manière de graver les pierres antiques. 1220

Voyez aussi : Archéologie.

Piot (Eugène).

Catalogue des livres provenant des collections d'Eugène Piot. 88

Piram.

Vallet de Viriville. — Notice du ms. intitulé : Geste des nobles françoys descendus du roy Piram. 1083

Plaintes.

Seré. — Lettre protestant contre les abus de pouvoir de l'administrateur de la B. R. 1273

Poids monétaires.

Chabouillet. — Note sur deux poids monétaires italiens. 219

Pollux.

Boucherie. — Ἐπρηγματα καὶ ἐκδρομετρι, ὁμοτα de Julius Pollux. 816, 817

Pongerville (de).

Barbier. — Notice sur M. de Pongerville. 36

Ponton d'Amécourt.

Belfort A. de). — Description générale des monnaies mérovingiennes (Collection de Ponton d'Amécourt). 17

Prou. — Inventaire sommaire des monnaies mérovingiennes de la collection d'Amécourt. 1183

Portraits.

Bouchot. — Les portraits aux crayons des XVIᵉ et XVIIᵉ siècles (1525-1646). 132

— Les portraits peints de Charles VIII et d'Anne de Bretagne à la B. N. 133

Portugal.

Catalogue de l'histoire de Portugal. 531

Morel-Fatio. — Catalogue des manuscrits portugais. 702

Santarem (de). — Mss. pertencentes ao direito publico externo diplomatico de Portugal, que existem na B. R. de Paris. 1205

Poste militaire.

Consigne pour le poste de la B. R., 1832. 267

Prêt.

B. R. Extraits du *Moniteur* des 13 et 17 mai 1847. 114

B. R. Nous avons l'honneur de vous prévenir... personnes auxquelles il sera prêté des livres. 115

Prisse (Papyrus).

Virey. — Études sur le papyrus Prisse. 1318

Procès.

Enfer (L'. de la B. N. 168, 1224

Feuillet de Conches. — Réponse à une incroyable attaque de la B. N. touchant une lettre de M. de Montaigne. 183

Jugement rendu dans le procès Régis. 1221

Naudet. — A M. le Président et MM. les juges du Tribunal de 1ʳᵉ instance. 770

Pinart. — Note pour Bachelin-Deflorenne contre la B. N. 1168

Procès de béatification et de canonisation.

Bourmont A. de). — Index processuum beatificationis et canonizationis. 136

Prodrome (Théodore).

Miller. — Poëmes astronomiques de Théodore Prodrome et de Jean Camatère. 1014

Programmes.

Programme de l'examen des candidats au titre de stagiaire. 83, 93, 97, 99

Programme de l'examen des candidats au titre de sous-bibliothécaire. 84, 94, 98, 100

B. N. Programme des examens d'admission au bureau du catalogue. 110

Provençaux (Mss.).

Langlois. — Notice des mss. français et provençaux de Rome antérieurs au XVIᵉ siècle. 463

Prudence.

Robert. — Notice paléographique sur le ms. de Prudence, nᵒ 8084 du fonds latin de la B. N. 701

Prunis.

Fonds Prunis. 127

Psautier.

Delisle. — Notice sur un psautier latin-français du XIIᵉ siècle. 876

Pseudo-Callisthène.

Berger de Xivrey. — Notice des mss. contenant l'histoire fabuleuse d'Alexandre-le-Grand, connue sous le nom de Pseudo-Callisthène. 808

Puy-Laurens (Guillaume de).

Bréquigny (de). — Notice de 2 mss. de la Chronique de Guillaume de Puy-Laurens. 828

Quirini.

Correspondance du cardinal Quirini. 163

Rabelais.

Bréquigny (de). — Rabelaesina elogia. 849

Rascas, sieur de Bagarris.

Tamizey de Larroque. — P. A. de Rascas, sieur de Bagarris. 1286

Rathery.

Delisle. — Paroles prononcées sur la tombe de M. Rathery. 844

Ravenel.

Thierry-Poux. — Paroles prononcées sur la tombe de M. Jules Ravenel. 1203

Rebdorff (Abbaye de).

Mss. provenant de l'abbaye de Rebdorff. 193

Reconstruction de la B. N.

Laborde (L. de). — Étude sur la construction des bibliothèques. 581

Voyez aussi : Isolement de la B. N. — Transfert de la B. N.

Réformes.

Bonnardot. — Histoire de la gravure en France; les réformes applicables à la B. N. 124

Lacroix. — Réforme de la B. R. 594

Mémoire sur les réformes faites à la B. N. adressé à la Convention par Roland, 1792. 1176

Villar. — Rapport et projet de décret sur l'organisation de la B. N., an IV. 1315

Voir aussi : Réorganisation.

Règlement.

Extrait du Règlement pour la B. N. Brumaire an V. 472

Extrait du Règlement de la B. I. 1811. 469

Extrait du Règlement de la B. R. 31 déc. 1828. 468

Extrait du Règlement de la B. R. mars 1833. 471

Extrait du Règlement de la B. R. mai 1833. 470

Extrait du Règlement ministériel (1858). 102

Extrait du Règlement. Articles modifiés par arrêté ministériel du 10 avril 1854. 77

Extrait du Règlement. Dispositions concernant la salle publique de lecture du dépt des imprimés 1868. 75

Extrait du Règlement. Dispositions concernant les salles de travail et en particulier les salles du dépt des imprimés, cartes et collections géographiques (1868). 76

Extrait du Règlement. Dispositions concernant la salle de travail du dépt des mss. (1868). 73

Extrait du Règlement. Dispositions concernant la salle de travail du dépt des médailles (1868). 74

Ordonnance du roi et règlement concernant la B. R., avril 1829. 1130

Ordonnance du roi et règlement concernant la B. R., avril 1833. 1131

Ordonnance du roi et règlement concernant la B. R. (1839). 1132

Recueil des décret, ordonnances, arrêtés et règlements concernant le régime de la B. R. (1847). 1207

Règlement de la B. N. (1886). 1209

Règlement pour la B. N. (fructidor an IV). 1211

Règlement pour la B. N. (vendémiaire an V). 1210

B. N. Règlement pour le service de nuit. 111

Reliures.

Bouchot. — Les reliures d'art à la B. N. 134

Renouard. — Au Comité d'instruction publique. An II. 1217

Voyez aussi : Armoiries. — Emblèmes

Renard (le).

Legrand d'Aussy. — Le Renard. 994
— Renard le Bestourné. 993
— Le Renard contrefait. 992
— Le nouveau Renard, par Jacquemars Gelée. 991

Renaudot.

Omont. — Inventaire sommaire des mss. de la collection Renaudot. 1121

Réorganisation de la B. N.

Rapport à l'Empereur par le Ministre de l'Instruction publique sur la réorganisation de la B. I. 1194
Réorganisation des bibliothèques publiques. 1218
Voir aussi : Réformes.

Révolution française.

Catalogue de livres, brochures et journaux composant la bibliothèque de feu Amédée Hennequin. 167
Deschiens. — Collection de matériaux pour l'histoire de la Révolution de France depuis 1787. 379
France. — Description de la collection du comte de La Bédoyère sur la Révolution française. 189
Hennin. — Histoire numismatique de la Révolution française. 528
Millin. — Histoire métallique de la Révolution française. 723
Tourneux. — Bibliographe de l'histoire de Paris pendant la Révolution française. 1290
Tuettey. — Répertoire des sources mss. de l'histoire de Paris pendant la Révolution française. 1303
Voir aussi : France (Histoire de).

Richard II.

Gaillard. — Relation de la mort de Richard II, roi d'Angleterre, 1399. 893

Ridolfi.

Omont. — Un premier catalogue des mss. grecs du cardinal Ridolfi. 1127

Robertet.

Keralio (de). — Notice d'un ms. ayant pour titre : Lettres envoyées par maistre Jehan Robertet à monseigneur de Montferrant. 951

Rochette (Raoul).

Carnot. — A M. le Rédacteur de la *Liberté de penser*. 157
— Réponse à M. Raoul Rochette, suivie du Rapport d'une Commission d'enquête instituée en 1848 pour examiner la conduite de M. Raoul-Rochette dans l'acquisition des vases de Bernay. 158
Mission de Raoul-Rochette à Troyes. 521

Rochette. — Lettre à M. Carnot sur sa Réponse à M. R. Rochette insérée dans la *Liberté de penser*. 1911
Paris. — Raoul Rochette. 1115

Romain (Empire).

Cohen. — Description historique des monnaies frappées sous l'Empire romain, appelées médailles impériales. 218, 219

Romaine République.

Babelon. — Description des monnaies de la République romaine appelées monnaies consulaires. 28
Cohen. — Description des monnaies de la république romaine appelées médailles consulaires. 217

Romaines (Médailles).

Mionnet. — Catalogue d'une collection d'empreintes en soufre de médailles grecques et romaines. 742
— Rareté et prix des médailles romaines. 743
— Description de médailles antiques grecques et romaines. 744, 745
Voir aussi : Antiquité — Archéologie.

Romans.

Bréquigny (de). — Notice du roman de Rou et des ducs de Normandie. 837
Legrand d'Aussy. — Alexandre, roman historique et de chevalerie de Lambert-le-Court. 973
Lévesque. — Notice des amours de Drosille et de Chariclès, par Nicétas Eugénianus. 998

Rosette.

Sacy (de). — Lettre à Chaptal au sujet de l'inscription égyptienne de Rosette. 1260

Rouergat (Mss. en).

Meyer. — Notice du ms. français 1852 de la B. N. 709

Rousseau.

Longpérier (A. de). — Notice des monnaies françaises composant la collection de M. J. Rousseau. 668

Sabéens (Mss.).

Zotenberg. — Catalogues des mss. syriaques et sabéens de la B. N. 1342

Sacramentaire.

Delisle. — Notice sur un sacramentaire de l'église de Paris. 361

Sacy (Silvestre de).

Daunou. — Notice sur la vie et les ouvrages du baron Silvestre de Sacy. 301

Johnate (de). — Notice sur M. S. de Sacy. 555

Jomard, Hase... — Discours prononcés aux funérailles du baron S. de Sacy. 560

Reinaud. — Notice sur M. Silvestre de Sacy. 1213

Saga.

Keralio de. — Jons Wickinge Saga. 949

Saint-Denis.

Inventaire du trésor de St-Denys. 549

Millet (dom S.). — Le Trésor sacré de l'abbaye royale de St-Denis en France. 712

Le Trésor de l'abbaye royale de St-Denys en France. 1301

Saint-Esprit (Ordre du).

Flandrin. — Inventaire des pièces dessinées ou gravées relatives à l'histoire de France conservées au dépt des Mss, dans la collection Clairambault sur l'ordre du St-Esprit. 185

Saint-Germain-des-Prés.

Delisle. — Inventaire des mss. de St-Germain-des-Prés conservés à la B. I. sous les nos 11504-14231 du fonds latin. 341, 343

Saint-Junien.

Chabouillet. — Le diptyque consulaire de Saint Junien. 213

Saint-Martial.

Bibliotheca ecclesiae sanctissimi Martialis Lemovicensis. 60

Saint-Omer.

Fierville — Notice et extraits des mss. de la bibliothèque de St-Omer. 880

Saint-Victor.

Delisle. — Inventaire des mss. de l'abbaye de St-Victor conservés à la B. I. sous les nos 14232-15175 du fonds latin. 338, 343

Fabre. — Observations sur la dissertation de M. Mortreuil : L'ancienne bibliothèque de l'abbaye de St-Victor. 173, 174

Franklin. — Histoire de la bibliothèque de St-Victor à Paris. 190

Sainte-Chapelle de Bourges.

Delisle. — Notes sur la bibliothèque de la Sainte-Chapelle de Bourges. 357

Sainte-Geneviève.

Du Molinet. — Le Cabinet de la bibliothèque de Sainte-Geneviève. 126

Salisburi Jean de).

Brial. — Notice de 2 mss latins de la B. I. contenant les lettres de Jean de Salisburi. 812

Hauréau. — Notice sur un pénitentiel attribué à Jean de Salisbury. 936

Salmon (Pierre).

Lévesque. — Notice du Livre de Pierre Salmon, présenté par l'auteur à Charles VI. 922

Sam Mirza.

Sacy de. — Le Présent sublime, ou histoire des poètes de Sam Mirza. 1066

Samaritains.

Sacy de. — Correspondance des Samaritains de Napiouse. 1036

Zotenberg. — Catalogues des mss. hébreux et samaritains de la B. N. 1341

Sancy de).

Voyez : Bouillon de.

Sanscrit.

Barth. — Inscriptions sanscrites du Cambodge. 807

Hamilton et Langlés. — Catalogue des mss. sanskrits de la B. I. 519

Sapeurs-pompiers.

Ruyssen — B. N. Moyens de secours. 1253

— Consigne particulière du poste de la B. N. 1254

Villermé. — Régiment de sapeurs-pompiers de Paris. Consigne particulière du poste de la B. I. Moyens de secours. 1317

Saulcy (de).

Thiers. — Projet de loi pour ouverture d'un crédit de 200,000 francs afin d'acquérir la collection de médailles de M. de Saulcy. 1294

Sceau d'or.

Millin. — Description d'un sceau d'or de Louis XII.   717

Sceaux.

Demay. — Inventaire des sceaux de la collection Clairambault à la B. N.   371

Schiis (Règle des).

Sacy (de). — La règle des Schiis et le soutien de la loi, par Motahher ben-Mohammed almokdadi.   1068

Schœlcher.

Catalogue des ouvrages donnés par M. V. Schœlcher.   81

Schœner.

Marcel. — Un globe ms. de l'école de Schœner.   685

Sciences médicales.

Catalogue des sciences médicales.   69

Scot (Jean).

Haureau. — Commentaire de J. Scot sur Martianus Capella.   908

Scyros.

Dumersan. — Description d'une médaille inédite de l'île de Scyros.   105

Section de géographie.

Accroissement de la collection géographique de la B. R. en 1841.   5

Berthelot. — Extrait du Rapport fait à la Société de géographie de Paris, 6 décembre 1839.   51

— Extrait du Rapport fait à la Société de géographie de Paris pour 1840.   55

Beugnot. — Rapport sur l'état des catalogues du dép¹ des imprimés et de la collection géographique de la B. N.   56

B. R. Collection géographique. 8ᵉ rapport, 1816.   113

B. N. Notice des objets exposés dans la Section de géographie, Mai 1889.   108

Collection géographique de la B. R. 1840.   167

— géographique de la B. R. Développement de la collection pendant 1842.   255

— *Id.* — en 1845.   256

— géographique de la B. R. 1843.   165

Congrès international des sciences géographiques, Exposition de 1875. Annexe A. Bibliothèque nationale.   265

Coronelli. — Atlas céleste.   273

Cortambert. — Classification de la Section géographique. Plan.   274

Hamy. — Les origines du musée d'ethnographie.   520

Jomard. — Considérations sur l'objet et les avantages d'une collection spéciale consacrée aux cartes géographiques.   558

— De la collection géographique créée à la B. R.   557

— Dépôt de géographie créé à la B. R.   559

— Lettre à M. de Siebold sur les collections ethnographiques.   562

Marcel. — Note sur une sphère terrestre en cuivre faite à Rouen.   686

— Reproductions de cartes et de globes relatifs à la découverte de l'Amérique.   687

— Un Bénédictin géographe, dom G. Coutans.   684

— Un globe ms. de l'école de Schœner.   685

Progrès de la collection géographique de la B. R. en 1844.   1178

— *Id.* — En 1847.   1179

IVᵉ centenaire de la découverte de l'Amérique. Catalogue de documents exposés à la Section des cartes de la B. N.   1186

Séguier.

Catalogue des mss. de la bibliothèque du chancelier Séguier.   191

Montfaucon (B. de). — Bibliotheca Coisliniana, olim Segueriana.   754

Sendabad.

Sacy (de). — Notice d'un ms. hébreu contenant le roman intitulé Paraboles de Sendabad.   1054

Sept Moallakas.

Sacy (de). — Les Sept Moallakas, mss. arabes.   1060

Serlon.

Brial. — Notice d'un ms. de la bibliothèque du chevalier Cotton.   840

Serpent d'airain.

Orlandi. — Osservazioni sopra un sacro cameo antico rappresentante il serpente di bronzo.   1133

Siamois (Mss.).

Croizier (M¹⁵ de). — Notice des mss. Siamois de la B. N. 206

Silène.

Dumersan — Silène précepteur des amours. 125

Simonetta (Cicco).

Porret. — Le ms. de Cicco Simonetta, ms. latin 10133 de la B. N. 1018

Simples (Traité des).

Ibn-el-Beïthar. — Traité des simples. 945

Siris.

Millin. — Description d'une médaille de Siris, dans la Lucanie. 718

Slaves (Mss.).

Martinof. — Les mss. Slaves de la B. I. de Paris. 696

Sorbonne (Mss. de la).

Delisle. — Inventaire des mss. de la Sorbonne conservés à la B. I. sous les nᵒˢ 15176-16718 du fonds latin. 340, 343

Sphère terrestre.

Marcel. — Note sur une sphère terrestre en cuivre faite à Rouen. 686

Statère.

Chabouillet. — Dissertation sur un statère d'or du roi inconnu Acès ou Acas. 214

Stowe Collection).

Copy of papers relating to the purchase of the Stowe collection by Her Majesty's government. 270

Suarez (H. de).

Riant. — Dépouillement des t. 21-22 de l'*Orbis christianus* de Henri de Suarez. 1224

Suède.

Keralio (de). — Notice d'un ms. coté 7830 contenant les *Lois municipales* de Suède. 950

— Notice du ms. de la B. N. nᵒ 10503 (contenant les *Lois provinciales*). 951

— Notice d'un ms. suédois intitulé : Chronicon regum Sueciæ scriptum ab Olao Petri. 952

Suédois (Mss.).

Omont. — Catalogue des mss. danois et suédois de la B. N. 1108

Suidas.

Bréquigny (de). — Observations sur un ms. du Lexique de Suidas. 838

Suisse (Histoire de).

Rott. — Inventaire sommaire des documents relatifs à l'histoire de Suisse conservés dans les bibliothèques de Paris. 1250

Syriaques (Mss..)

Sacy (de). — Notice d'un ms. syriaque contenant les livres de Moïse. 1056

— Notice d'un ms. syriaque contenant une partie des Livres du Nouveau Testament. 1057

— Notice d'un ms. syriaque écrit à la Chine. 1058

Zotenberg. — Catalogues des mss. syriaques et sabéens de la B. N. 1312

Tartares (Livres).

Fourmont. — Linguæ Sinarum mandarinicæ hieroglyphicæ grammatica duplex. 488

Terres cuites.

Witte (de). — Choix de terres cuites antiques du cabinet d'Hᵗᵉ de Janzé. 1333

Tessère.

Allier de Hauteroche. — Essai sur l'explication d'une tessère antique portant deux dates. 11

Testament (Ancien).

Sacy (de). — Notice d'un ms. syriaque contenant une portion de la version syriaque de l'Ancien Testament. 1058

Testament (Nouveau).

Martin. — Description des mss. grecs relatifs au Nouveau Testament conservés dans les Bibliothèques de Paris. 695

Sacy (de). — Notice d'un ms. syriaque contenant une partie des livres du Nouveau Testament. 1057

Théodore l'Hyrtacénien.

La Porte du Theil. — Les *Opuscules* et les *Lettres* anecdotes de Théodore l'Hyrtacénien. 972

Thèses.

Catalogue d'une collection de thèses publiées dans les Pays-Bas donnée à la B. N. 162

Ministère de l'Instruction publique. Service des thèses. Échanges universitaires, Arrêtés, circulaires et instructions. 735

Voyez aussi : Dissertations.

Thévenin.

Garnier. — Discours prononcé aux funérailles de M. Thévenin. 501

Thévenot.

Bibliotheca Thevenotiana. 62

Thomas de Cantorbéry.

Brial. — Ms. latin de la B. I., n° 5372 contenant l'histoire de St-Thomas de Cantorbéry. 811

Thou (Bibliothèque de).

Catalogus bibliothecæ Thuanæ. 198

Tobiesen-Duby.

Copie de la lettre adressée à la citoyenne Rolland. 1297

Le citoyen Chamfort au citoyen Laveaux. 228

Le citoyen Chamfort à ses concitoyens, en réponse aux calomnies de Tobiesen-Duby. 229

Touraine.

Mabille. — Catalogue des diplômes, chartes et actes relatifs à l'histoire de Touraine contenus dans la collection de dom Housseau. 655

Tours.

Delisle. — Notice sur les mss. disparus de la bibliothèque de Tours. 872

Transfert de la B. N. (Projets de).

Brey. — Projet pour la construction d'une B. R. 138

Considérations importantes sur un des plus précieux monuments de la République française. 266

Delessert. — Mémoires sur la Bibliothèque Royale. 313-314

Gauché. — Projets proposés en 1841 pour transférer la B. R. dans les XI° et XII° arrondissements. 503

Gisors. — Projet d'établissement de la B. N. dans l'édifice de la Magdelaine. 595

Grille. — Lettre à M. Darreste sur le Louvre, la Bibliothèque et l'Opéra. 510

Laborde (L. de). — La B. R. occupe le centre topographique et intellectuel de Paris. 579

— Revue critique des projets présentés pour le déplacement de la B. R. 580

— Nouveau projet pour déplacer la B. R. 578

Lacrosse. — Projet de loi relatif à l'achèvement du Louvre. 595, 598

Lusson. — Projet de réunion du Louvre aux Tuileries. 671, 672

Marchebeus. — Plan de la Bibliothèque et de l'Opéra sur la place du Carrousel. 689

Mauduit. — Description d'un projet de bibliothèque composé à Rome en 1833 pour la ville de Paris. 698

— Propositions pour l'achèvement des Tuileries et du Louvre. 699

L'Opéra, le Trésor et la Bibliothèque du Roi. 1128

Piré (de). — Pétition demandant la translation de la B. N. dans le palais des Tuileries. 1169

Plaintes de la B. N. au peuple français. 1170

Ramel. — Discours au Conseil des Cinq-Cents pour le transfert de la B. N. au Louvre. 1192

Rapport au Ministre de l'Instruction publique sur le projet de translation de la B. N. au Louvre. 1223

Rolland. — Proposition tendant à faire transporter la B. N. au palais des Tuileries 1848. 1217

Travaux littéraires.

Moreau. — Progrès des travaux littéraires ordonnés par Sa Majesté. 758-760

Trésor de Brunetto-Latini.

Legrand d'Aussy. — Trésor de Brunetto-Latini. 956

Trichet du Fresne (Bibliothèque de).

Catalogus librorum bibliothecæ Raphaelis Tricheti du Fresne. 201

Troyes.

Harmand. — Notice sur la bibliothèque de Troyes. 521

Tuileries.

Quentin-Bauchart. — Bibliothèque de la reine Marie-Antoinette au château des Tuileries. 1188

Rolland. — Proposition tendant à faire transporter la B. N. au palais des Tuileries (1848). 1247

Vanloo.

Dauban. — Interprétation des tableaux de Vanloo. 300

Van Praet.

Daunou. — Notice sur la vie et les ouvrages de Van Praet. 302

Dureau de la Malle. — Discours prononcé aux funérailles de M. Van Praet. 438

Magnin. — Notice sur Van Praet. 677

Paris. — Notice sur M. Van Praet. 1143

Vélin Livres sur.

Catalogue des livres imprimés sur vélin, de la Bibliothèque du Roi. 187

— Catalogue des livres imprimés sur vélin, de la Bibliothèque Impériale. 188

— Catalogue des livres imprimés sur vélin, qui se trouvent dans des bibliothèques tant publiques que particulières. 189

Essai d'un catalogue des livres imprimés sur vélin. 159

Essai du catalogue des livres imprimés sur vélin de la B. I. 160

Inventaire alphabétique des livres imprimés sur vélin de la B. N. 547

Van Praet. — Catalogue des livres imprimés sur vélin avec date. 1310

Venise.

Baschet. — Mémoire sur le recueil original des dépêches des ambassadeurs vénitiens pendant le XVIe, le XVIIe et le XVIIIe siècle. 43

Narducci. — Fonti per la storia di Venezia ricercate nei manoscritti delle biblioteche di Francia. 767

Sarfatti. — I codici Veneti delle biblioteche di Parigi. 1264

Thierry-Poux. — Emploi de la gravure sur bois dans quelques livres imprimés à Venise de 1469 à 1472. 1298

Valentinelli. — Bibliotheca mss. ad S. Marci Venetiarum. Codices mss. latini. 1305

Villehardouin (Geffroi de).

Wailly (de). — Notice sur 6 mss. de la B. N. contenant le texte de Geoffroi de Villehardouin. 1097

Visconti.

Eméric-David. — Discours prononcé aux funérailles de M. Ennius-Quirinus Visconti. 156

— Notices historiques sur J. B. A. Visconti et sur E. Q. Visconti. 457

Galerie historique du XIXe siècle, L. Visconti. 498

Hittorff. — Inauguration du monument élevé à la mémoire de Louis Visconti au cimetière de l'Est. 535

Monument élevé à la mémoire de Visconti. 754

Omont. — Inventaire de la collection Visconti conservée à la B. N. 1118

Quatremère de Quincy. — Funérailles du chevalier Visconti. 1185

Rochette. — Discours prononcé aux funérailles de M. Visconti. 1239

Visconti. Extraits du Moniteur Universel. 1319

Vols.

Condamnation du sieur A. pour vol d'estampes à la B. N. 263

Condamnation du sieur C. pour vol de mss. à la B. N. 264

Jubinal. — Soustractions et mutilations qu'a subies le dépt des mss. de la B. N. 589

Lacroix. — Les cent et une Lettres bibliographiques à M. l'Administrateur de la B. N. 588

Lalanne et **Bordier.** — Dictionnaire de pièces autographes volées aux bibliothèques publiques de la France. 604

Lepelle de Bois Gallais. — Lettre à M. Jubinal relative aux livres soustraits de la B. N. et qui se trouvent en Angleterre. 630

Lettre du sieur Aymon, à M. N. 23

Racinet. — De la revendication des livres, estampes et autographes appartenant à la B. I. 1190

Voyez aussi : Barrois. — Libri. — Procès.

Voltaire.

Bengesco. — Voltaire, Bibliographie de ses œuvres. 48

Volucraire (le).

Legrand d'Aussy. — Le Volucraire. 997

Wailly (Natalis de).

Wallon. — Vie et travaux de Natalis de Wailly. 1329

Walckenaer (Ch. Ath.).

Lacroix. — Charles Athanase Walckenaer. 592

Naudet. — Vie et ouvrages de Walckenaer. 772

Wailly (de). — Discours aux funérailles du baron Walckenaer. 1322

Winckler.

Millin. — Discours prononcé aux obsèques de M. Winckler. 719

Wolfenbüttel.

Martial et Delpit. — Notice d'un ms. de la bibliothèque de Wolfenbuttel relatif à l'histoire de la France méridionale. 1002

Yémen.

Sacy (de). — Le lever des astres ou particularités de l'histoire du Yémen, par Ahmed ben-Youssouf ben-Mohammed Firouz. 1043

— Le livre des couronnes d'un grand prix, ou histoire du Yémen. 1047

Zodiaques.

Brière (M. de). — Éclaircissements sur la destination de trois zodiaques. 110

Champollion le jeune. — Lettre à M. le rédacteur de la *Revue encyclopédique* relative au zodiaque de Dendéra. 230

Description du zodiaque circulaire de Denderah, par B. F. C. 380

Dumersan. — Notice sur le zodiaque de Dendera et sur son transport en France. 421

Explication du zodiaque de Denderah (Tentyris). 462

Lenoir. — Essai sur le zodiaque circulaire de Dendera. 623

Paravey (de). — Illustrations de l'astronomie hiéroglyphique et des planisphères et zodiaques retrouvés en Égypte. 1136

— Rapport de M. Delambre sur... les zodiaques découverts en Égypte. 1137

RENNES, IMPRIMERIE POLYGLOTTE ALPH. LE ROY

Imprimeur breveté.

www.ingramcontent.com/pod-product-compliance
Lightning Source LLC
Chambersburg PA
CBHW071407230426
43669CB00010B/1474